Handbuch Sprache im Recht

HSW 12

Handbücher Sprachwissen

Herausgegeben von
Ekkehard Felder und Andreas Gardt

Band 12

Handbuch Sprache im Recht

Herausgegeben von
Ekkehard Felder und Friedemann Vogel

DE GRUYTER

ISBN 978-3-11-029579-5
e-ISBN [PDF] 978-3-11-029619-8
e-ISBN [EPUB] 978-3-11-039390-3

Library of Congress Cataloging-in-Publication Data
A CIP catalog record for this book has been applied for at the Library of Congress.

Bibliografische Information der Deutschen Nationalbibliothek
Die Deutsche Nationalbibliothek verzeichnet diese Publikation in der Deutschen Nationalbibliografie; detaillierte bibliografische Daten sind im Internet über http://dnb.dnb.de abrufbar.

Satz: fidus Publikations-Service GmbH, Nördlingen
Druck und Bindung: CPI books GmbH, Leck
♾ Printed on acid-free paper
Printed in Germany

www.degruyter.com

Inhaltsverzeichnis

V. Rechtssprache und Verwaltung

VI. Rechtssprache und Justiz

VII. Sprachgebrauch im Kontext des Tathergangs

Ekkehard Felder/Friedemann Vogel

Einleitung

Mit dem *Handbuch Sprache im Recht* liegt der zwölfte Band der *Handbücher Sprachwissen* (HSW) vor. In ihm wird das Reihenkonzept, das in Band 1 *Handbuch Sprache und Wissen* dargelegt wird (Felder/Gardt 2015, IX), auf die Rechtspraxis angewendet. *Sprachwissen* meint dabei sowohl das Wissen über Rechtssprache bzw. Rechtskommunikation als auch die Art und Weise, wie der Fach- und Sachbereich des Rechts durch Sprache konstituiert und geregelt wird.

Die Sprachlichkeit des Rechts ist unhintergehbar:

> Es ist eine Binsenweisheit, dass Rechtsarbeit [...] immer Spracharbeit ist, in dem doppelten Sinn von ‚Arbeit mit der Sprache' und ‚Arbeit an der Sprache'. Man kann sagen, das Gericht macht seine Rechtsarbeit, indem es Spracharbeit macht. (Wimmer 2009, 237)

In der Versprachlichung des Rechts werden Rechts- und Gerechtigkeitsauffassungen durch Sprache verhandel- und kontrollierbar. Mit dieser Sichtweise beleuchten wir das Wissen um Sprache und Recht vom demokratischen Grundsatz gesellschaftlicher Partizipationsmöglichkeiten her.

> Denn die Möglichkeit, Rechtszusammenhänge zu verstehen, Recht zu erstreiten, vor Gericht Recht zu bekommen oder Rechtsschutz zu gewährleisten, ist unmittelbar an juristisches Wissen und an das Verstehen von rechtlichen Zusammenhängen und das Handeln in ihnen gebunden. Wissen wird damit zum zentralen Element gesellschaftlicher Rechtewahrnehmung. (Felder/Vogel 2015, 359)

Zum Wissen im Allgemeinen und zum rechtlichen Wissen im Besonderen gelangen wir über die Sprache. Die Sprachlichkeit der Wissenskonstituierung ist unmittelbar verwoben mit dem Gedanken der Sozialität. Wissen und seine Formate lassen sich nicht ohne die Gesellschaftlichkeit von Sprache als Medium der Wissenstransformation adäquat erfassen. Daraus folgt: Sprache und Wissen sind zentrale Machtfaktoren und konstitutiv für die Erschließung der Welt. In sprachlich gebundenem Rechtswissen verdichten sich – mitunter spannungsgeladen – gesellschaftliche Wertevorstellungen und Verwirklichungsmöglichkeiten von Individuen.

DOI 10.1515/9783110296198-203

1 Sprachlichkeit des Rechts und Fachkommunikation im Recht

Vor diesem Hintergrund stehen die Zeichenhaftigkeit des Rechts und der Zeichengebrauch in der rechtlichen Praxis im Aufmerksamkeitsfokus des Bandes. Der erste Teil *Sprachlichkeit des Rechts und Fachkommunikation im Recht* beschäftigt sich mit der *Rechtssemiotik* als der Lehre von den Zeichen im Recht. Dort wird herausgestellt, dass das, was man Recht nennt, ein besonderes Welt- und Textverständnis verlangt. Jedoch besteht das Recht nicht nur aus Texten (Busse 1992), sondern auch aus Personen, die beispielsweise mit Akten, Verhandlungen und Urkunden umgehen. Die damit angesprochenen Texte bedeuten für unterschiedliche Zeichenbenutzer in institutionellen Handlungen nicht zwingend das Gleiche. Daher ist die Sichtweise auf das Recht aus dem semiotischen Blickwinkel der Zeichen, der Zeichenketten und der Zeichenbenutzer grundlegend für das Verhältnis von Sprache und Recht.

Ausgangspunkt der Betrachtungsweisen in diesem Handbuch sind damit die sprachwissenschaftlich beschreibbaren Phänomene im Recht, wie sie uns in Lebenswirklichkeiten begegnen. Denn Zeichen und Zeichenverkettungen orientieren und instruieren „kognitive wie kommunikative Prozesse“ (Schmidt 1996, 16). Eine solche Sichtweise auf Gesellschaft und ihre regulativen Kräfte verlangt nach einer genaueren Betrachtung von Sprache und Kommunikation in den einschlägigen Handlungsfeldern – hier also nach einer adäquaten Beschreibung der kommunikativen Praxis im Recht.

Aus diesem Grund widmen sich die beiden folgenden Beiträge der Semantik und der Pragmatik des Rechts. Die *Semantik des Rechts* ist ein in der juristischen Auslegungs- bzw. Methodenlehre intensiv diskutierter Aspekt, schließlich liegen den konkurrierenden rechtstheoretischen Positionen unterschiedliche Bedeutungstheorien zugrunde. In diesem Handbuch wird gemäß der Grundidee der *Handbücher Sprachwissen* eine wissensanalytische Semantik präferiert, die an Beispielen für derartige Beschreibungsansätze erörtert wird.

Dementsprechend werden auch in dem Beitrag zur *Pragmatik des Rechts* das Handeln und die Handlungsfähigkeit der Akteure im Recht an Wissen geknüpft, und dieses Wissen ist ohne Sprache nicht zu haben. Rechtshandeln vollzieht sich also mit und in Sprache. Zum Transparent-Machen rechtlichen Sprachhandelns werden (1) die Transformation eines Lebenssachverhalts in einen Rechtsfall, (2) die Bezugnahme auf verschiedene Normtexte zur Behandlung des Falls und (3) die zentrale juristische Sprachhandlung per se – nämlich das Entscheiden – anschaulich in einem Modell vorgestellt. Dadurch wird nachvollziehbar, mit welchen Handlungen juristische Funktionsträger Lebenssachverhalte in die Welt des Rechts übertragen und dort bis zu einer rechtsgültigen Entscheidung weiterverarbeiten. Wenn diese Form des sprachlich gebundenen Rechtshandelns zumindest in seinen Grundzügen für Nicht-Juristen verstehbarer wird, so sind damit die Voraussetzungen für eine reflektierte und kritische Loyalität gegenüber dem Rechtsstaat geschaffen.

Dieser Gedanke und Anspruch dominiert auch die Erfassung mündlicher Situationen vor Gericht. Ein weiterer Artikel behandelt daher das *Prinzip der Mündlichkeit* als eine Schnittstelle des Rechtsverfahrens zur Außenwelt. In der Verhandlung wird der Fall mündlich in spezifischen Routinehandlungen und Sprachmustern bearbeitet. So führen beispielsweise narrative Darstellungen und Fragemuster Sachverhalte in einer Gerichtsverhandlung ein und klären ihre Zusammenhänge. Durch Begründungen wird das Verständnis der Zusammenhänge gestützt, des Weiteren sollen Belehrungen das Verstehen der Laien sichern.

Die *Schriftlichkeit im Recht* folgt ähnlichen, aber anders gelagerten Regeln, wie der folgende Artikel ausführt. Auch wenn in manchen Bereichen der juristischen Praxis – etwa bei Gerichtsverhandlungen – bis heute am Prinzip der Mündlichkeit festgehalten wird, ist das Recht nachhaltig von Schriftlichkeit geprägt – gerade auch aus historischer Perspektive. Dies hängt mit der hohen Spezialisierung der Rechtsbereiche zusammen, die sich unter anderem in einer großen Anzahl von Textsorten mit je eigenen Routinen und Mustern manifestiert. Eine besondere Rolle spielt die Schriftlichkeit bei der Normgebung, bei den Entscheidungstexten der Rechtsprechung, beim anwaltlichen Handeln und der juristischen Vertragsgestaltung. Nicht minder wichtig ist die Schriftlichkeit im Kontext von Wissenschaft und Lehre sowie beim Verwaltungsrecht.

Im Kontext der reflektierten Loyalität des Staatsbürgers gegenüber dem Rechtsstaat sind die Bereiche der innerjuristischen Fachkommunikation und der fachexternen Vermittlungskommunikation (Experten-Laien-Kommunikation) zu sehen. In dem Artikel zur *Fachkommunikation und fachexternen Kommunikation* werden zentrale Termini und Konzepte des Themenkomplexes anhand von Beispielen erläutert. Dazu charakterisiert der Beitrag vom Standpunkt der Wissensorientierung die fachinterne und die fachexterne Rechtskommunikation und liefert Beschreibungsansätze, die bei der Beschäftigung mit rechtlichem Wissen und rechtlichen Texten besonders relevant sind. Außerdem werden die typischen Funktionen (Information, Verhaltensbeeinflussung, Abbau emotionaler Hürden) fachexterner Rechtskommunikation anhand von Analysebeispielen vorgestellt. Abschließend wird die besondere Kommunikationssituation bei Gesetzes- und anderen Normtexten behandelt, wenn diese als Beispiel für fachinterne Kommunikation in fachexternen Kontexten dargestellt werden.

Die Artikel des ersten Handbuchteils unter der Überschrift *Sprachlichkeit des Rechts und Fachkommunikation im Recht* machen deutlich, wie die gesellschaftliche Handlungsfähigkeit im Recht an die Sprachlichkeit des Rechts gebunden ist, weil die

Rechtssprache und Rechtskommunikation die Schnittstelle zwischen rechtlichem Wissen und seinen regulativen Funktionen in Gesellschaft und Staat darstellen. Partizipation an gesellschaftlichen Prozessen und Identifikation mit Staat und Rechtsstaat bedürfen einer soliden Grundlage an gesellschaftlich relevantem Wissen und dessen Aushandlungsprozessen durch Bürger und Akteure verschiedener Institutionen.

2 Sprachkonzepte des Rechts

Der erste Beitrag des zweiten Teils widmet sich den *sprachwissenschaftlichen Aspekten in rechtstheoretischen Ansätzen*. Die Sprachwissenschaft ist eng mit der Rechtswissenschaft verwoben, wie schon die Ausdrücke „Text", „Interpretation" und „Wörtlichkeit" illustrieren, die bei der auf sprachlicher Evidenz basierenden Beweisführung im Rahmen von Gerichtsverfahren eine wichtige Rolle spielen. Dies wird auch anhand von Unterschieden bei einem Vergleich des deutschen mit dem amerikanischen Rechtssystem gezeigt.

Der darauffolgende Beitrag behandelt den Stellenwert der *Sprache und der Sprachwissenschaft in der juristischen Ausbildung*. Das in Sprache verfasste Recht muss in seiner Anwendung den normativen Gehalt seiner Begrifflichkeiten reflektieren. Denn widerstreitende Parteien bilden ihre Interessen in divergierender Auslegung als Sinnermittlung ab, und Gerichte müssen über Bedeutungskonflikte entscheiden. Dieser Problemkreis ist für das Selbstverständnis der Juristen als Berufsstand sowie für das Verständnis der Rechtsanwendung durch Studierende der Rechtswissenschaft grundlegend.

Der anschließende Beitrag arbeitet den Stellenwert der pragmatischen Wende der Linguistik für das Recht und die dazugehörige Theoriebildung heraus. Die *Strukturierende Rechtslehre als juristische Sprachtheorie* (Friedrich Müller ²1994) wird als eine durch Reflexion juristischer Entscheidungspraxis generierte Theorie erörtert. Damit können komplexe Prozesse strukturierter Rechtserzeugung verdeutlicht werden, die bislang in den herrschenden Methodenlehren als bloße „Anwendung" des Rechts betrachtet wurden. Somit werden Recht und Sprache als emergente Phänomene der dritten Art verständlich gemacht.

Kritische Reflexionen der häufig erwähnten *Wortlautgrenze* und Wortsinnermittlung schließen das Kapitel ab. Sie zu leugnen hilft nur bedingt bei der Frage nach der Angemessenheit einer Interpretation weiter, weil in der Bestimmung von Normtextbedeutungen die eigentliche Rechtfertigung rechtsstaatlichen Handelns angelegt ist. Das Recht muss sich dazu positionieren, denn es beansprucht mit dem Urteil auszusprechen, was im Gesetz für den jeweiligen Fall vorgesehen ist.

3 Untersuchungsfelder und Zugänge der Rechtslinguistik

Der dritte Teil nimmt sich einzelne *Untersuchungsfelder und Zugänge der Rechtslinguistik* vor. Schließlich werden die sprachlichen Erscheinungsformen des Rechts in wissenschaftlich etablierten Paradigmen beschrieben, verortet und für Theorie wie Praxis fruchtbar gemacht. Deshalb werden die analytischen Zugänge der Rechtslinguistik, der Text- und Diskurslinguistik, der Gesprächslinguistik und der Forensischen Linguistik dargelegt und diskutiert.

Die *Rechtslinguistik* beschäftigt sich als neue Teildisziplin von Sprach- und Rechtswissenschaft mit der sprachlich-kommunikativen Verfasstheit der gesellschaftlichen Institution Recht. Reflexionen über die Verfasstheit von Gesellschaft und Recht finden sich vereinzelt seit der Antike, aber erst im Kontext der Aufklärung entstehen Versuche, Rechtssprache zu sammeln, zu beschreiben und zu kritisieren. Die moderne Rechtslinguistik konsolidiert sich als akademische Fachrichtung seit den 70er Jahren des 20. Jh. Zu den etablierten Arbeitsfeldern von Rechtslinguisten zählt insbesondere die Beschäftigung mit juristischem Fachwissen und institutionalisierten Interpretationsverfahren im Spiegel der Rechts- als Fachsprache bzw. schriftlicher und mündlicher Kommunikation. Offen sind Untersuchungen der Folgen digitalisierter und supranationaler Rechts(text)arbeit, der Möglichkeiten und Grenzen korpuslinguistischer Zugänge zur Rechtssemantik sowie der Vertextungsverfahren bei Normgenese und Gesetzgebung.

In dem Beitrag zu den *diskurs- und textlinguistischen Ansätzen im Recht* richtet sich das Erkenntnisinteresse auf die juristische Textarbeit in Form von diskursbasierten Kämpfen einzelner Akteure um Geltungsansprüche in der juristischen Entscheidungspraxis. Ein solcher Streit um das Recht oder im Recht ist hierbei als ein Kampf um konkurrierende Varianten bei der Interpretation und Korrelierung von Normtext und sozialem Sachverhalt zu sehen. Wenn man diese Agonalität anhand sprachlicher Mittel zu objektivieren versucht, so können einerseits konfligierende handlungsleitende Konzepte in Diskursen herausgearbeitet und andererseits die spezifischen Perspektivierungen zur Dominant-Setzung eines bestimmten Geltungsanspruchs transparent gemacht werden.

Der Beitrag zur *Gesprächslinguistik* stellt verschiedene Ansätze der Gesprächsanalyse vor und beschreibt exemplarisch die Analyse mündlicher Kommunikation. Der Artikel gibt einen Überblick über gesprächslinguistische Arbeiten zur Kommunikation vor Gericht, zur Schlichtung, zu anwaltlichen Mandantengesprächen und zu polizeilichen Vernehmungen. Zur Veranschaulichung des gesprächslinguistischen Zugangs wird eine Transkriptanalyse unter Bezugnahme auf die verschiedenen Analyseansätze vorgestellt. Im Ausblick werden Anwendungsmöglichkeiten gesprächslinguistischer Forschung im Recht thematisiert und Forschungsdesiderata genannt.

Forensische Linguistik als ein Teilgebiet der Angewandten Linguistik beschäftigt sich mit sprachlichen Fragen im forensischen Kontext. Diese Fragen stellen sich dort, wo eine linguistische Analyse als rechtliches Beweismittel dienen soll. Der Artikel gibt einen Überblick über Anwendungsbereiche forensischer Linguistik, Aufgabenstellungen wie auch über Bezüge zu den Nachbarwissenschaften. Die vorgestellten Analysen reichen von sprachlicher Ähnlichkeit bei Markennamen über Bedeutungsanalysen inkriminierter geschriebener und gesprochener Äußerungen (einschließlich streitiger Fälle von Beleidigung) bis zur gesprächsanalytischen Auswertung beweiskräftiger Gesprächsmitschnitte. Ebenso einschlägig ist die erläuterte Sprachanalyse in Asylverfahren, in der Plagiatsprüfung und schließlich der Autorschaftsbestimmung, die als etabliertestes Arbeitsfeld forensischer Linguistik ausführlicher vorgestellt wird.

Der enorme Stellenwert von *Kommentaren, einsprachigen Wörterbüchern und Lexika des Rechts* wird häufig nicht gebührend wahrgenommen. Jedoch zählen Gesetzeskommentare sowie (einsprachige) juristische Wörterbücher und Lexika zu den zentralen Hilfsmitteln im Bereich des Rechts, die von Juristen und Laien mit unterschiedlichen Absichten und Erwartungen konsultiert werden. Kommentare deuten und erläutern einzelne Gesetzesstellen, gehen also auf Termini in ihrer spezifischen Verwendung in einem bestimmten Rechtssatz ein. Rechtswörterbücher erklären demgegenüber die Bedeutung von Fachtermini bezogen auf die (gesamte) Rechtssprache oder (komplette) Teilwortschätze (z. B. des Strafrechts oder Baurechts). Rechtslexika gehen über die Bedeutung einzelner Wörter hinaus auf inhaltliche Zusammenhänge ein, vermitteln somit (ebenso wie Kommentare, aber in allgemeinerer Form) zusätzliches Sachwissen. Während sich Kommentare vornehmlich an Juristen oder Jurastudierende richten, haben Wörterbücher und Lexika sehr unterschiedliche Zielgruppen.

Ein zentrales Problem beim Übersetzen und Dolmetschen von Rechtstexten ergibt sich aus ihrer kulturspezifischen Dimension. Ein Beitrag beleuchtet daher sowohl die lexikalische Ebene mit den häufig als unübersetzbar betrachteten rechtskulturgebundenen Begriffen als auch die textuelle Ebene mit den Vertextungskonventionen, in denen sich die unterschiedlichen Diskurstraditionen manifestieren. Bei der Verdolmetschung vor Gericht und bei Behörden sind in besonderem Maße soziolinguistische und soziokulturelle Aspekte relevant, wenn nämlich die Interaktionen zwischen verschiedensprachigen Akteuren die Form des mündlichen Dialogs annehmen und die Gefahr von kultur- und sprachgebundenen Missverständnissen gegeben ist.

Welche Einstellungen gegenüber dem Rechtsstaat können in der Öffentlichkeit entstehen, wenn der sprachliche Zugang zum Recht für den Staatsbürger nicht allgemein verständlich ist? Diesem Problemkreis widmet sich der Artikel *Rechtsverständlichkeit in der Sprachkritik der Öffentlichkeit.* In dem Beitrag werden öffentlich artikulierte Erwartungen der Verständlichkeit diskutiert ebenso wie die grundsätzliche Frage, ob Gesetze überhaupt ‚verständlich' sein können. Dazu werden Beispiele von öffentlicher Sprachkritik am rechtlichen Sprachgebrauch präsentiert. Diese wird kontrastiert mit juristischer Gegenkritik, um anschließend einen Überblick über Verständlichkeitsbarrieren im Recht darlegen zu können. Besondere Aufmerksamkeit erfahren dabei der spezifische Adressatenbezug und die daraus abzuleitenden Konsequenzen. Der politische Charakter dieser Fragen wird verdeutlicht, indem sie mit den Themen der „Rechtsverständlichkeit und Fremdheit" und mit einem Ausblick zu „Gerechtigkeitsempfinden und Gewalt" verknüpft werden.

4 Rechtssprache und Normsetzung

Der vierte Teil fokussiert vom Standpunkt der Legislative das Verhältnis von *Rechtssprache und Normsetzung*: Zum einen wird der *Sprachgebrauch im Gesetzgebungsverfahren und der Normgenese* als Textstruktur im modernen Rechtsstaat (Müller ^{2}1994) analysiert. Andererseits wird die Komplexität text- und konzeptseitiger Entwicklungen von der ersten Gesetzesinitiative über die legislatorischen Vertextungsverfahren bis hin zur Konkretisierung des später in Geltung gesetzten Normtextes zur fallspezifischen Rechtsnorm vor Gericht modelliert.

In dem anschließenden Beitrag *Einsprachigkeit und Mehrsprachigkeit im Gesetzgebungsverfahren* wird an Beispielen aus der Gesetzgebungspraxis der Schweiz der Mehrwert zeitgleich entstehender Gesetzesformulierungen aufgezeigt, die im Kontext von mehrsprachigen Rechtsordnungen – nationalen und supranationalen wie auch im Völkerrecht – stehen. Dabei ist linguistisch relevant, dass die nebeneinander stehenden Texte in gleicher Weise ‚gelten' und postulieren und dass sie ‚das gleiche Recht' in unterschiedlichen Sprachen ‚enthalten'. Vor diesem Hintergrund mehrsprachiger Rechtsetzung wird erörtert, was es heißt, übereinstimmendes Recht in mehreren Sprachen zu haben und welche Risiken und Chancen damit einhergehen.

Abgerundet wird das Kapitel durch das deutsche Pendant im Bundesjustizministerium – dem 2009 von der Bundesregierung eingerichteten Redaktionsstab Rechtssprache –, das seine Arbeit zur Optimierung der Verständlichkeit von Gesetzesentwürfen und schließlich Gesetzestexten erläutert. Der Beitrag *Verständlichkeit von Gesetzestexten und ihre Optimierung in der Praxis. Der Redaktionsstab Rechtssprache beim Bundesministerium der Justiz und für Verbraucherschutz* zeigt anhand eines umfangreichen Textbeispiels Möglichkeiten und Grenzen sprachlicher Textüberarbeitung auf, wenn komplexe Regelungsmaterie durch Rechtstexte verständlich oder zumindest verständlicher gemacht werden soll.

5 Rechtssprache und Verwaltung

Der Teil *Rechtssprache und Verwaltung* beschäftigt sich aus der Blickrichtung der Exekutive mit der gegenwärtigen Situation der Verwaltungssprache in Deutschland und Europa. Betrachtet man die *Verwaltungssprache und Staat-Bürger-Interaktion* unter der Annahme, dass die Staat-Bürger-Interaktion eine asymmetrische Kommunikation darstellt, so bedarf die Entwicklung der Verwaltungssprache und die sie betreffende Sprachkritik der Erläuterung. An konkreten Beispielen werden Möglichkeiten der sprachlichen Verbesserung zur leichteren Verstehbarkeit aufgezeigt.

In einem weiteren Beitrag mit dem Titel *Verständlichkeit und Verwaltungssprache* werden anhand der Schlüsselwörter „Verwaltungsmodernisierung", „Bürgerorientierung", „Schlanker Staat", „E-Government", „Einheitlicher Ansprechpartner", „Verwaltung 2.0" Probleme und Potentiale einer bürgernahen Sprache der öffentlichen Verwaltung dargelegt. Dabei stehen vor allem die Verhinderungsfaktoren für eine bürgernahe Verwaltungssprache im Mittelpunkt, um diesen im Rahmen einer kombinierten Ausbildungs-, Schulungs- und Trainingsstrategie entgegenwirken zu können.

6 Rechtssprache und Justiz

Der Teil *Rechtssprache und Justiz* perspektiviert die Judikative und wird in dem Beitrag *Rezeption von Gerichtsentscheidungen in der Öffentlichkeit durch Medien* durch eine Analyse von deutschsprachigen Entscheidungen und ihrer Rezeption in der Öffentlichkeit eröffnet. Wenn der einzelne Staatsbürger nicht selbst von einem konkret zu regelnden Rechtsproblem betroffen ist, so begegnet ihm als Nicht-Jurist das Recht vor allem durch mediale Berichterstattung. Deswegen ist das Bild der Öffentlichkeit von der Arbeit im Recht wesentlich dadurch geprägt, insbesondere wenn es um ‚brisante' Verfahren geht. Der Beitrag zeigt, wie die fachlich stark verdichtete Expertenkommunikation innerhalb der Institution Recht einem breiteren Publikum vermittelt werden kann. Dazu werden diskurslinguistische Verfahren erläutert, welche den Umgang der Juristen mit Rechtstexten zur Bearbeitung rechtlicher Aufgaben erklären können. Die Analysen zeigen Unterschiede zwischen den Sprecherhandlungen der Expertenwelt und denen der Alltagswelt auf. Neben den klassischen journalistischen Textsorten (Meldung, Bericht, Reportage, Kommentar, Interview) werden in den Studien auch Leserbriefe herangezogen.

Im Anschluss widmen sich zwei Beiträge der europäischen Gerichtsbarkeit unter dem Aspekt der Mehrsprachigkeit und dem Spannungsverhältnis von Verkehrssprache(n) einerseits und den gültigen EU-Sprachen andererseits. In dem Artikel *Multilingualität im europäischen Rechtsdiskurs* werden auftretende Sprachdivergenzen zwischen verschiedensprachigen EU-Normtexten reflektiert und in einem Sprachenmodell als Reformvorschlag verdichtet. Wie ausgesprochen relevant und dringlich dieser Forschungsbereich ist, zeigt allein der Umstand, dass nach dem mehrsprachigen Grundprinzip die EU-Organe und die Unionsbürger theoretisch in 24 EU-Sprachen kommunizieren, da die Sprachenverordnung die Amts- und Arbeitssprachen der Mitgliedsstaaten jeweils gleichstellt. Die Praxis sieht freilich anders aus und kann den Sprachen unter Beibehaltung ihrer Gleichrangigkeit nicht gerecht werden. Eine besondere Stellung kommt dabei dem Europäischen Gerichtshof zu, der als Dreh- und Angelpunkt der praktizierten Multilingualität im europäischen Rechtsdiskurs für verbindliche Kriterien der Verständlichkeit und der einheitlichen Rechtssemantik verantwortlich ist. Aber auch das Gericht verwendet nur eine Verfahrenssprache und nur eine Arbeitssprache (Französisch).

Der Beitrag *Multilingualität in der supranationalen Judikative und Rechtspraxis* problematisiert ebenfalls die Konzentration auf einzelne Verkehrssprachen trotz der prinzipiellen Gleichrangigkeit, betont allerdings anders gelagerte Konsequenzen. Ein Spannungsverhältnis entsteht dadurch, dass die Entscheidungen des Europäischen Gerichtshofs nur in der jeweiligen Verfahrenssprache verbindlich sind. Unterschiede zwischen verschiedenen Sprachauffassungen ergeben sich in der Form von Begriffs- oder Bedeutungsdivergenzen, die der Gerichtshof im Wege sprachvergleichender Wortlautauslegung und anhand anderer Interpretationsmethoden auflöst. Dieses Vorgehen leistet dem Transparenzgebot nicht immer genüge. Dieser Umstand ist für das Gesamtgefüge von Brisanz, denn auch die mitgliedsstaatliche Judikative und Rechtspraxis ist von der Multilingualität in der Europäischen Union betroffen, da diese die reiche kulturelle Vielfalt und die Verfassungsidentität der Mitgliedstaaten berührt.

7 Sprachgebrauch im Kontext des Tathergangs

Der letzte Abschnitt widmet sich dem *Sprachgebrauch im Kontext eines tatsächlichen oder vermeintlichen Tathergangs*. Zunächst wird in dem Beitrag *Verbotene Sprache* ein Überblick darüber gegeben, in welchen Varianten der Gebrauch von Sprache bei Strafe verboten ist. Dabei wird offengelegt, wie sprachbezogene Gebote und Verbote unmittelbar Freiheitseingriffe unterschiedlichen Ausmaßes darstellen, was sowohl unter verfassungsrechtlichen als auch strafrechtlichen Gesichtspunkten diskutiert wird. Besonders illustrieren lässt sich dies anhand der Beleidigung und Volksverhetzung, die näher vorgestellt werden.

Abschließend erläutert der Beitrag *Texte als Straftat und im Straftatkontext* die Autorenerkennung als linguistische und als kriminaltechnische Disziplin in der deutschen und angloamerikanischen Forschungsliteratur. Der Beitrag zeigt auf, wie kriminaltechnisch relevante Texte systematisch darzustellen und unter verschiedenen Aspekten zu beschreiben sind. Dies geschieht auf der Grundlage des AnoText-Korpus, einer Sammlung anonymer Texte, die im Bundeskriminalamt zu forensisch-linguistischen Untersuchungen eingereicht wurden.

8 Fazit

Es dürfte als unstrittig gelten, dass unsere Gesellschaft als „verrechtlicht" betrachtet werden kann. Die Verrechtlichung manifestiert sich im Sprachgebrauch der Diskursakteure, die in institutionellen und juristischen Handlungsfeldern tätig sind. Im Unterschied zu der Forschung der Rechtswissenschaft nimmt die Rechtslinguistik nicht nur die Inhalte von Rechtstexten (Gesetzestexte, Urteile, Vertragstexte etc.) und mögliche Interpretationen in Augenschein, sondern interessiert sich an ausgewählten Beispielen – metaphorisch gesprochen – vor allem für das „davor liegende" Medium, nämlich die Rechtssprache, mit der auf die Inhalte referiert wird (Jeand'Heur 1989) oder durch welche uns überhaupt erst die Inhalte zugänglich gemacht werden. Damit rückt diese Disziplin im Sinne Humboldts konsequent die aus der natürlichen Sprache hervorgegangene Fachsprache (Neumann 1992) in den Mittelpunkt der Wahrnehmungs- und Kategorisierungsprozeduren. Der Fokus wird also von den Dingen und Inhalten weg auf deren Anschauungen im Sinne Kants verlagert, die uns in der Gestalt kommunikativ eingesetzter Sprachzeichen begegnen. In diesem Sinne stellt die Rechtslinguistik als hermeneutisch ausgerichtete Sprachwissenschaft auch ihr erkenntnistheoretisches und -praktisches Potential unter Beweis, insofern sie stets das Verhältnis zwischen Ausdruckskomplex, begrifflich-konzeptueller Inhaltsfüllung und den (rechtlich oder alltagsweltlich) konstituierten Sachverhalten der Welt problematisiert. Dieses Wechselverhältnis bildet die Grundlage für das Handeln in und mit Sprache und ist als soziale Praxis begreifbar. Vor diesem Hintergrund liegt dem Handbuch die Sprachauffassung zugrunde, dass Staatsbürger als sprechende Akteure in der Kommunikation sozio-kulturelle Praktiken (Routinen der Aufgabenbewältigung) vollziehen, die sich an der Sprachoberfläche in beschreibbaren Strukturen manifestieren und daher systematisch erfassen lassen.

Das vorliegende Handbuch dokumentiert den aktuellen Forschungsstand der Rechtslinguistik, mit einem besonderen Fokus auf der deutschsprachigen Literatur. Wenngleich dieser Bereich im internationalen Vergleich auf eine lange Forschungstradition zurückblicken kann, sind dennoch auch Beschränkungen zu konstatieren. Hierzu zählen in erster Linie diejenigen Aspekte der Rechtssprache und -kommunikation, die bislang auch international noch unzureichend rechtslinguistisch untersucht sind: etwa die medientechnische Entwicklung (Digitalisierung) der Lebenswelt und ihre Folgen für die binnen- und transjuristische Fachkommunikation; die Gesetzgebung zumal im Geflecht inter- und transnationalen Rechts und der Mehrsprachigkeit; die Geschichte und der Stand rechtslinguistischer Forschung in den verschiedenen Teilen der Welt (insb. mit Blick auf Afrika, Asien, Osteuropa). Nicht zuletzt steht die Rechtswelt – als Fluchtpunkt sozialer Konfliktbearbeitung der Welt – trotz oder gerade auf Grund ihrer Orientierungsfunktion immer in stetem Wandel.

Die Herausgeber des *Handbuchs Sprache im Recht* danken Daniel Gietz vom Verlag De Gruyter für die sehr gute Zusammenarbeit. Laura Kleitsch und Antonia Bahria sei herzlich für die redaktionelle Arbeit gedankt.

9 Literatur

Busse, Dietrich (1992): Recht als Text. Linguistische Untersuchungen zur Arbeit mit Sprache in einer gesellschaftlichen Institution. Tübingen (Reihe Germanistische Linguistik 131).

Felder, Ekkehard/Andreas Gardt (2015): Einleitung zur Reihe Handbücher Sprachwissen. In: Ekkehard Felder/Andreas Gardt (Hg.): Handbuch Sprache und Wissen. Berlin/Boston, IX–XII (Handbücher Sprachwissen – HSW 1).

Felder, Ekkehard/Friedemann Vogel (2015): Sprache im Recht. In: Ekkehard Felder/Andreas Gardt (Hg.): Handbuch Sprache und Wissen. Berlin/Boston, 358–372 (Handbücher Sprachwissen – HSW 1).

Schmidt, Siegfried J. (1996): Die Welten der Medien. Grundlagen und Perspektiven der Medienbeobachtung. Braunschweig.

Jeand'Heur, Bernd (1989): Sprachliches Referenzverhalten bei der juristischen Entscheidungstätigkeit. Berlin (Schriften zur Rechtstheorie 139).

Müller, Friedrich ([2]1994): Strukturierende Rechtslehre. Berlin.

Neumann, Ulfrid (1992): Juristische Fachsprache und Umgangssprache. In: Günther Grewendorf (Hg.): Rechtskultur als Sprachkultur. Zur forensischen Funktion der Sprachanalyse. Frankfurt, 110–121.

Wimmer, Rainer (2009): Zur Verflechtung von Spracharbeit und Rechtsarbeit in der EU. In: Muttersprache 3/2009, 234–239.

I. Sprachlichkeit des Rechts/Fachkommunikation im Recht

Thomas-Michael Seibert

1. Semiotik im Recht

Abstract: Die Semiotik als Lehre von den Zeichen verlangt für die Beobachtung dessen, was man ‚Recht' nennt, ein besonderes Welt- und Textverständnis. Das Recht besteht nicht nur aus Texten, sondern aus Personen, die mit Akten, Verhandlungen und Urkunden umgehen, wobei die darin enthaltenen Texte für unterschiedliche Zeichenbenutzer in institutionellen Handlungen (die auch nicht nur aus artikulierter Sprache bestehen) eine Rolle spielen, in einem Satz: Das Recht besteht aus Zeichenketten und ist ein Zeichen (Abschnitt 1). Die Semiotik erweitert die Zuordnung einer Bedeutung zu einem Ausdruck um ein Drittes, das zum einen als Objekt und zum anderen als Interpretant jede Ordnung in eine ständige Bewegung bringt. Paragrafenzeichen wie Roben als Objekte oder Anklagen und Urteilssausprüche als Handlungen sind Rechtszeichen (2). Die Semiotik erweitert deshalb den Beschreibungsrahmen über Sprechakte hinaus und akzentuiert das Verhältnis zwischen Zeichen, Bezeichnetem und Zeichenbenutzern in den Teildisziplinen der Syntaktik, Semantik und Pragmatik (3–5). Analysen der mündlichen Verhandlung geben derzeit am besten Auskunft über die Beschreibungsmöglichkeiten einer Semiotik im Recht (6).

1 Recht, Zeichen und Zeichentheorie

Was ist Recht? Das ist die Grundfrage jeder Rechtstheorie, und sie kann abstrakt ebenso wenig beantwortet werden wie Fragen nach der Zeit oder der Gesellschaft. ‚Was ist Recht?' kann aber auch eine konkrete Frage oder eine spontane Anklage sein. Mann und Frau haben ein Gefühl für das Recht, das sog. ‚Rechtsgefühl', das professionelle Juristen manchmal als etwas betrachten, das zu überwinden ist. Heutzutage äußert sich das Rechtsgefühl häufig negativ, als Anklage empfundener Ungerechtigkeit. Hinter der Frage steckt – theoretisch gesehen – das Gerechtigkeitsproblem, und aufgedrängt wird ein erster Zugriff: die Ablehnung des Erfahrenen, Bestehenden (Seibert 2003, 2860). Mit ‚Was ist Recht?' setzt man selbst ein Zeichen, meist für abwesendes Recht. Recht ist nicht das, was einem begegnet. Der Zeichenbenutzer,

DOI 10.1515/9783110296198-001

der nach dem Recht fragt, teilt damit anderen mit, dass als Recht etwas bezeichnet werden muss, das mit einer vorhandenen Tatsache (die selbst rechtlich sein kann: ein Urteil oder ein Gesetz) nicht übereinstimmt. Damit beginnt eine semiotische Operation, eine Zeichenhandlung. Zeichenhandlungen im Recht sollen etwas Rechtliches herbeiführen.

Dafür gibt es äußere Zeichen. Auf dem alten römischen Forum erteilte der Prätor eine Klageformel als Zeichen dafür, dass die Geltendmachung eines Rechts vor einem *iudex* zugelassen war. Denn der Zugang zum Gericht und zum gerichtlichen Recht ist nicht selbstverständlich. Es macht einen gewaltigen zeichenpraktischen Unterschied, ob man sich oder seinen Nachbarn fragt ‚Was ist Recht?' oder ob man es vor Gericht fragt und dabei zeichenpraktisch über Anwälte auch gleich die gewünschte Antwort geben lässt. Auf die alltägliche Frage ‚Was ist Recht?' wird nicht selten gesagt, man möge ins Gesetz sehen oder ein Urteil lesen. Aber mit einer schlichten Auskunft, welcher Text im Gesetzbuch zu lesen sei, ist die Frage fast nie beantwortet. Das Lesen des Gesetzes löst weitere Fragen aus, auf die es teilweise Antworten gibt, die weitere Fragen auslösen. Sieht man die Frage zeitgeschichtlich, erfährt man, dass ‚Was ist Recht?' heute anders beantwortet wird als vor 5 oder 10 Jahren, sicher anders als vor 50 Jahren und für jeden sichtbar anders als vor 500 Jahren. Recht ist ein großer Diskurs mit vielen Teilnehmern.

In allen diesen zeitgeschichtlichen Zusammenhängen geht es jeweils um ein anderes Zeichen. Um das zu verstehen, kann man ein Dreieck zwischen zwei Zeichenbenutzern konstruieren, die sich über Texte als Zeichen verständigen. Das ist die Situation in Verhandlungen vor Gericht und außerhalb davon, und die Konstellation ist bereits aus der Sprechakttheorie bekannt: Sprecher und Hörer verständigen sich über Zeichen, und „über" heißt hier: vermittels oder mit.

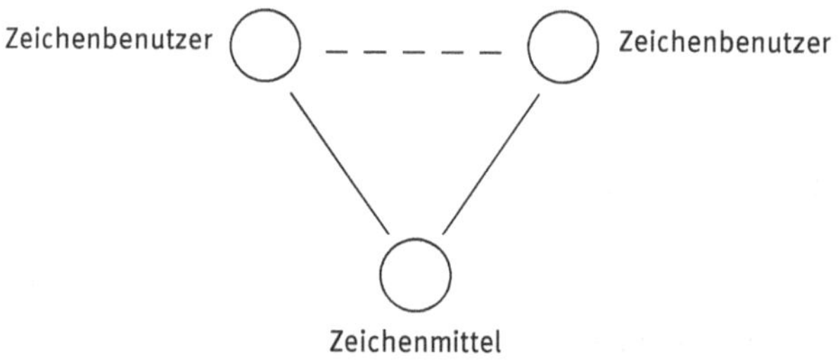

Abb. 1: Handlungsbezogenes Zeichenmodell

Die Eigenart des Zeichens bleibt in dieser Konstellation zunächst ungeklärt. Es ist ein Medium, ein Mittleres, das man – eben weil es Mittel ist – normalerweise gar nicht bemerkt. Den normalen Juristen fällt nichts dabei auf, wenn sich die Saaltüren hinter ihnen schließen, sie wissen, auf welche Seite des Saales sie gehen müssen, und sie denken nicht darüber nach, dass sie sich eine Robe anziehen.

Den Beobachtern einer Semiotik im Recht sollte all das auffallen. Man kann das Dreieck anders konstruieren, und es sind in der Geschichte der Semiotik ganz unterschiedliche Dreiecke vorgeschlagen worden bis hin zu dem nicht fernliegenden Einwand, auf Dreiecke ganz zu verzichten und miteinander verkettete Grapheme zu entwerfen (Posner 1988). Für die Zwecke einer Beobachtung muss man sich auch näher mit dem Zeichenmittel beschäftigen und es aus seiner Position als bloßes Medium herausrücken. Das Mittel vermittelt ein Objekt, jedenfalls etwas anders als es selbst ist. Das muss interpretiert werden, weshalb das Zeichen ein Doppel von Ausdruck (Zeichenmittel oder Zeichenträger) und Inhalt (das Interpretierende, lat.: Interpretant) ist. Wenn man „Inhalt" sagt, ist aber noch nicht klar, wo man Inhalte findet und wie man sie beschreibt. Wenn es nicht gleichgültig ist, auf welcher Seite eines Saales jemand Platz nimmt, dann ist noch offen, ob jetzt die Seite das Entscheidende ist oder das, was sie bedeutet. So besetzt in europäischen Gerichtssälen der Ankläger die Fensterseite (zweckgerichtete Inhaltsinterpretation: Er versperrt dem Angeklagten einen Fluchtweg). Weil aber dieser Inhalt den meisten heutzutage als ziemlich künstlich erscheint, ist die Seite am Ende nicht entscheidend. Man kann die Seiten tauschen. Es bleibt nur dabei, dass ein Verfahren zwei Seiten hat. Diese Seiten sind „Objekt", auf das sich eine Bewegung richtet, und es wird vom Mittel her interpretiert, was das Objekt bedeutet:

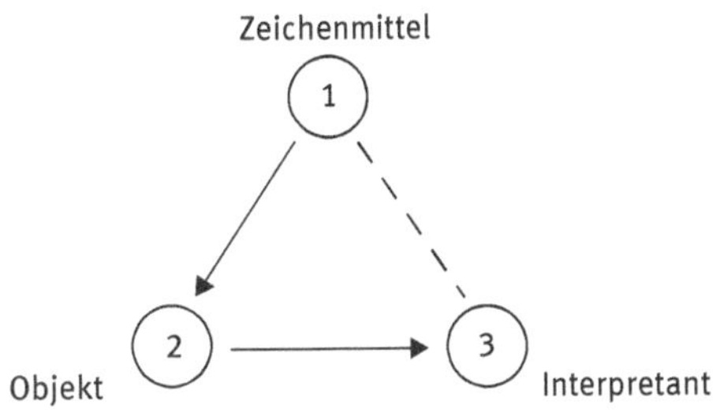

Abb. 2: Inhaltsbezogenes Zeichenmodell

Wenn hier Ziffern in die Kreise eingesetzt sind, dann hat das eine theoretische Bedeutung für die Semiotik. Damit werden Typen von Zeichen unterschieden (Linke/Nußbaumer/Portmann 2004, 19), die in der Ausdrucksweise des Begründers der modernen Semiotik, Charles Sanders Peirce (1993, 55), als Erstheit, Zweitheit und Drittheit unterschieden werden (*firstness, secondness, and thirdness*). Als Erstes stößt man auf ein Zeichen als Mittel, also auf etwas, das sich aufdrängt, ohne selbst aufzufallen. Wendet man sich diesem Mittel zu, entdeckt man seine Objektqualität. Das Gesetzbuch war ein Foliant, das Verfahren besteht aus miteinander vernähten einzelnen Folien (Blätter, die eine Akte ergeben), die Verhandlung besteht aus Person und Tisch. Bücher, Akten und Verhandlungen sind Medien, in denen Rechtshandlungen stattfinden (Vismann 2011, 98–111). Dabei streiten Rechtshistoriker schon darüber, ob ein Stuhl notwendig dazu gehört (Setzen Sie sich!) oder ob man für sein Recht ‚aufsteht', es also selbstbewusst im Stehen vorträgt (für sein Recht also einsteht – Vismann 2011, 164). Was diese Objektpositionen jeweils bedeuten, muss interpretiert werden. Vom Objekt als Zweitem des Zeichenprozesses drängt es alle Beobachter zu einem Dritten, das erklären soll, warum man bei einer Verhandlung Roben anlegt, ob man wirklich auf verschiedene, gegenübergestellte Seiten verteilt werden muss (oder nicht an einem runden Tisch sitzen kann) und ob die Akten genäht werden müssen (gängige Praxis bis ca. 1920, in Bayern überdauernd) oder ob auch Schnellhefter mit variablen Heftklammern genügen. Die Bewegung der Interpretanten ist das Dritte, mit dem sich jede Semiotik beschäftigt. Sie ist nur vermittelt über Objekte zugänglich (Peirce 2000/1: 375).

Die Konzepte über Zugänge fallen unterschiedlich aus. Für Linke/Nußbaumer/Portmann (2004, 31) ist beispielsweise wesentlich, dass es keinen direkten Zugriff von Sprachzeichen auf Bedeutungen gibt, sondern nur Zeichenbenutzer eine solche Bedeutung vermitteln, indem sie etwas so bezeichnen, wie sie es tun (manche sagen noch darüber hinaus: Benutzer konstruieren Signifikanten). Damit wird die Semiotik luftig. Peirce war Mathematiker, Landvermesser und Philosoph. Er hat die amerikanische Küstenlinie vermessen. Für ihn waren es beispielsweise Küstenpunkte und Uferlinien, die Zeichenbeziehungen vermitteln, wobei Peirce (2000/3, 134) darauf hinweist, dass chemische wie geodätische Verhältnisse objektiv nur durch Zeichen erfasst werden können, die man zu seiner Zeit mit Stiften auf Papier eintrug. Mit Rechtsobjekten ist es ähnlich. Für Rechtsbedeutungen gibt es keine bildhaften Einträge (von Bäumen u. a.), mit denen Saussure die interpretierende Relation gehörig vereinfacht hat (Linke/Nußbaumer/Portmann 2004, 30f). Es gibt aber im praktischen Recht immer Handlungsbeziehungen. Die Praxis des Rechts spielt sich in Verfahren ab, und Verfahren sind gegliederte, auf Zuständigkeiten und Zeitpunkte verteilte Handlungen. Praktisch denkt man nicht für sich allein über Recht nach, sondern verhandelt, produziert Schriftsätze, stellt Anträge und nimmt Entscheidungen entgegen oder erlässt sie. Für die Semiotik im Recht funktioniert jedes Zeichenmittel nur in einer Benutzerbeziehung. Deshalb muss man die Dreiecke verdoppeln, wie das bereits Linke/Nußbaumer/Portmann (2004, 33) mit etwas anderer Notation auch vorgeführt haben, etwa so:

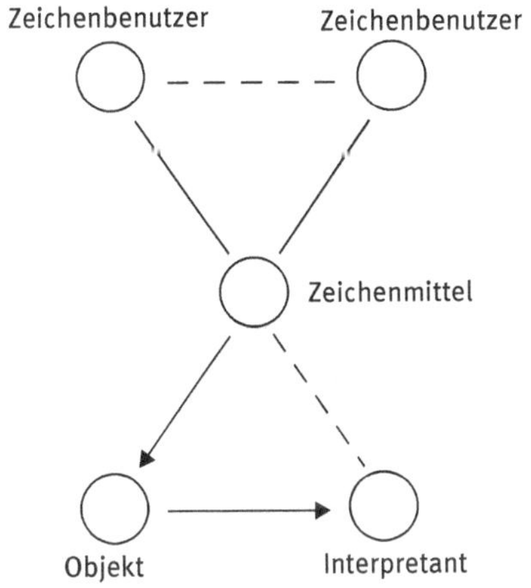

Abb. 3: Zeichenhandlungen im Modell

Es gibt in diesem doppelten Dreieck zwei indirekte Beziehungen, über die man sich wundern kann. Erstaunlicherweise stehen die „Benutzer" der Zeichen nicht in einer direkten Beziehung zueinander. Es gibt nur eine zeichenvermittelte Beziehung zwischen Ego und Alter. Nur der vermittelte Umweg (aber ohne ihn geht es nicht) stellt ein kommunikatives Verhältnis her. Für die Semiotik im Recht muss man auf vermittelte Rechtshandlungen abstellen. Verdacht und Aufklärungsarbeit stehen im semiotischen Zentrum dieser Rechtspraxis (Schulz 2000). Unter Juristen in formalisierten Verfahren gibt es Beziehungen nur im Medium von Schriftsatz (Akten) und Verhandlung. Den unmittelbaren „menschlichen" Kontakt sucht man nicht im Recht. Man mag beim Verlassen des Saals aneinander stoßen. Das gehört aber nicht mehr zur Verhandlung und müsste auch erst zeichenhaft interpretiert werden. Ebenfalls nur indirekt sind die Interpretanten zu erschließen, sie werden aber durch ein Objekt (Schriftsatz) unmittelbar hervorgerufen. Dann ist zu deuten, worauf der Schriftsatz abzielt, und man kann nicht anders als interpretieren, wie ein Auftreten in der Verhandlung gewirkt hat. Recht im eigentlichen Sinne, als Interpretation der leitenden Symbole nämlich, ist hingegen nicht direkt zugänglich. Es verlangt immer ein nächstes, anderes und weiteres Zeichenmittel, so dass auf diese Weise die unendliche Semiose zum Charakteristikum des Rechts wird (Felder 2012).

2 Rechtszeichen

Man kann die dreistellige Beziehung vereinfachen, und das geschieht häufig, wenn von ‚Zeichen' die Rede ist. Dann sind Zeichen die bezeichnenden Signifikanten (oben als „Zeichenmittel" vorgestellt) und die Bedeutung wird in die Signifikate verlagert, wobei in dieser Redeweise niemand klärt, ob damit Objekte oder Interpretanten gemeint sind. Dafür ist die Unterscheidung leicht handhabbar (Linke/Nußbaumer/Portmann 2004, 31). Unter den das Recht als Ganzes bezeichnenden Signifikanten denken die meisten an historische Symbole: vielleicht an die Dame Justitia, die eine Waage in der einen Hand, manchmal auch ein Schwert in der anderen hält und deren Augen verbunden sind (Kocher 1992, 25), oder überhaupt nur an Waage, Robe oder Schwert. Justitia wie Waage waren und sind in der wirklichen Justiz nicht anzutreffen, die Schwerter haben anderen Ersatz gefunden, Roben und Paragrafenzeichen gibt es aber nach wie vor. Während man nun mit der Waage auch einen Inhalt symbolisiert, der als Gleichheitsgrundsatz für eine Entscheidung Bedeutung gewinnen kann, bezeichnen weder Robe noch Paragrafenzeichen einen bestimmten Sinn jenseits der Form. Robenträger sind Richter, Justizpersonen und in irgendeiner Form Amtsträger (auch Staatsanwälte und Rechtsanwälte tragen Roben). Das Paragrafenzeichen stammt aus der Neuzeit. Das preußische allgemeine Landrecht aus dem Jahre 1794 enthält etwa im 17. Titel des Zweiten Teils als Paragrafen den Satz:

> § 1. Der Staat ist für die Sicherheit seiner Unterthanen, in Ansehung ihrer Personen, ihrer Ehre, ihrer Rechte, und ihres Vermögens, zu sorgen verpflichtet.

Diese Passage enthält ein Rechtszeichen, und zwar nicht einfach wegen des Satzinhalts, sondern auch wegen der neuen semiotischen Technik, längere Abschnitte durch Paragrafenzeichen zu gliedern. In der von Charles W. Morris (1972, 24 f.) eingeführten Terminologie ist damit die syntaktische Zeichenrelation gemeint, die von der pragmatischen und semantischen Beziehung zu unterscheiden ist. In der syntaktischen Relation bezieht man Zeichen nur auf Zeichen (Morris 1972, 32) und sieht von den Objekten ebenso ab wie von der Art und Weise, in der sich das Zeichen interpretierend und vermittelnd auf das Objekt bezieht. Syntaktik – die meisten sprachwissenschaftlichen Autoren sagen „Syntax" – ist formal. Formbedingung für das moderne Gesetzesrecht sind nun Paragrafenzeichen, und es ist eine Aufgabe für Rechtssemiotiker herauszubekommen, was diese Zeichen eigentlich bewirken, warum man sie so setzt und ob man sie damit gut, weniger gut oder überhaupt verstehen kann. Das sind in der Terminologie semantische und pragmatische Fragen, die aber mit der Syntaktik des Gesetzestextes verbunden sind. Juristen sprechen nicht über Paragrafenzeichen, sondern über Normen, weil sie wissen, dass ‚der Paragraf' nichts ist, solange daraus keine sinnvolle Handlung bezeichnet ist. Wenn es dennoch Paragrafen gibt, dürften damit Wirkungen auf das Verstehen von Gesetzestexten verbunden sein. Selten sind sinnhafte Texte derartig satzweise zergliedert. Wenn man solche Sätze zusammenfügen will, muss das System der (Zer-)Gliederung bekannt sein. Zwar führt nicht § 2 den Sinn von § 1 fort, aber man ahnt, dass 1 eine hervorgehobene Stellung im System zukommt. Bezogen auf das öffentliche Recht, für das dieser § 1 im 17. Titel des ALR den Anfang bildet, heißt das inhaltlich, dass der Staat eine Anzahl wesentlicher Rechtsgüter in ihrem Bestand garantiert. Damit fängt juristische Arbeit an.

Auch Roben sind Rechtszeichen, und für Kleidungsstücke ist noch weniger als für Sprache klar, wofür sie stehen. Vom Objekt ‚Robe' her wird erst einmal ein Zeichen konstituiert, das lauten könnte: Dies ist ein Amtsträger. Nun hat es eine Diskussion darüber gegeben, ob Amtsträger im demokratischen Staat ihre Differenz bereits durch hervorgehobene Kleidungsstücke zum Ausdruck bringen sollten (Wassermann 1974, 89). Die Diskussion ist nicht abgeschlossen, aber verstummt. Auch Strafverteidiger, die den Staat und seine Strafjustiz grundsätzlich bezweifeln, tragen Roben.

Wenn man weniger an Sachen und Objekten haftet und Bewegungen objektiviert, sind Anklage, Vernehmung oder Verurteilungen in ähnlicher Weise Rechtszeichen wie Paragrafen oder Roben. Nur ist es bei solchen komplexen Rechtshandlungen viel schwieriger als bei Text- oder Kleidungsstücken die Mittel des Zeichens vom Objekt zu unterscheiden und dieses auf eine Interpretation zu beziehen. Man muss sich an den öffentlichen Ankläger aus der Französischen Revolution erinnern, man sollte die Haltung des Zeugen zu einem Geschehen herausarbeiten, und man darf den Strafausspruch in einem Urteil als Zeichen einer Sanktion verstehen, ohne dass es auf eine Vollstreckung im Gefängnis ankommt. Diese drei Beispiele markieren historische Rechtszeichen.

Die Anklage erhielt in der Revolution öffentliche Bedeutung. Seitdem handelt ein öffentlicher Ankläger unabhängig vom Gericht mit dem Auftrag, jeden ungeachtet seines Standes der Strafe für eine Gesetzesverletzung zuzuführen. Die Staatsanwaltschaft ist als Behörde ein Rechtszeichen der Französischen Revolution. Der Sprechakt *J'accuse* stammt ebenfalls aus Frankreich und datiert auf das Jahr 1898. Emile Zola schrieb damals mit diesem Beginn an den Präsidenten der Republik und brandmarkte die Verurteilung von Alfred Dreyfus als Rechtsbeugung mit antisemitischen Motiven. Ausgehend von dieser Anklage ist die Staatsverfassung der dritten französischen Republik im Sinne eines strikten Laizismus neu bestimmt worden. *J'accuse* ist seitdem ein Zeichen für die mutige öffentliche Anklage geworden. Man kann dieses Zeichen durch Objekte veranschaulichen und einen Text zum Rechtszeichen machen. Es war Fritz Bauer, der Kämpfer um Gerechtigkeit gegen die Mörder der Shoah, der an den Staatsanwaltschaften in Braunschweig und Frankfurt a. M. (denen er vorstand) den Satz anbringen ließ: Die Würde des Menschen ist unantastbar. Das sind 6 Worte aus Art. 1 des Grundgesetzes der Bundesrepublik Deutschland, die als Lettern vor einem Gebäude der Anklagebehörde mahnen, dass die Ankläger nicht nur irgendeine Gesetzesverletzung zur Ahndung bringen, sondern vor allem dies: die Würdeverletzung.

Abb. 4: Wand (Straßenseite) eines Verhandlungssaals beim Landgericht Frankfurt a. M.

Es ist nicht ganz einfach zu bestimmen, ob es sich dabei um ein Symbol des Rechts oder einen Index des Grundgesetzes handelt, jedenfalls möchte die Schrift den Charakter eines Rechtszeichens beanspruchen.

Auch der Zeuge ist ein Rechtszeichen, obwohl es sich um ein schlichtes Verfahrensmittel handelt. Er ist eines unter mehreren Beweismitteln, aber darüber hinaus ein Zeichen in sich selbst (Niehaus 2003, 76–92). Zeugnis geben heißt heute jenseits des Rechtsverfahrens aus der Betroffenenperspektive das Zeichen setzen, dass sich etwas ereignet hat. Je größer und je unfassbarer Verbrechen werden, umso mehr und desto länger besteht die überlebende Öffentlichkeit darauf, von Zeitzeugen zu hören, welche Taten tatsächlich verübt worden sind, selbst wenn man das nicht einfach ‚hören' kann und es manchmal unmöglich ist, durch Sprache Zeugnis zu geben (Lyotard 1987, 20). Das gilt für die Shoa, es ist übertragen worden auf die Spitzelpraktiken der Stasi in der DDR, und schließlich ist „Zeugenschaft" zum Zeichen einer auf Rechtsverirrungen bezogenen Literatur geworden (Weitin 2009, 257–368). Zeugen setzen Rechtszeichen.

Dass Gerichte selbst durch ihre Urteilssprüche solche Rechtszeichen setzen, versteht sich ohne tiefere Erläuterung. Das Urteil des Nürnberger Tribunals gegen die Hauptkriegsverbrecher im Jahre 1946 setzte ein Rechtszeichen. Dabei musste dem Publikum gegenüber nicht erläutert werden, aus welchem genauen Rechtsgrund Angeklagte verurteilt worden sind oder nicht. Der expressive Akt war das Zeichen, das von nun an Mörder im Staatsauftrag bedrohte. Die Verurteilung von Adolf Eichmann 1961 durch ein Gericht in Jerusalem hat ebenso ein Rechtszeichen gesetzt wie die Durchführung des Auschwitz-Prozesses beim Landgericht Frankfurt im Jahre

1965. Über die Verantwortlichkeit Einzelner im Rahmen staatlich organisierter Kriminalität kann man weiterhin nachdenken und diskutieren. Dass aber Einzelne verurteilt worden sind, war für das öffentliche Rechtsbewusstsein von wegweisender, zeichenhafter Bedeutung.

In diesem Sinne begründen Rechtszeichen die Bedeutung einer Handlung als rechtlich. Das sieht man der Handlung nicht an, es muss zusätzlich bezeichnet werden. Diesen Akt der Bezeichnung haben Philosophen wie Josef Simon (1989) und Tilmann Borsche (1995) zum Ausgangspunkt einer Semiotik im Recht gemacht. Sie gehen dabei davon aus, dass Recht der empirischen Realität aufgelagert ist, oder anders: Erst ist die Welt da, und an sie schließt mit Zeichen an, was man „Recht" nennt. Für diesen Anschluss brauchen wir besondere Zeichenhandlungen. So reden Juristen über „Sachen" einmal als Dinge in der Welt (Krüge, die zerbrochen sind), dann aber auch in der Form eines rechtswissenschaftlichen Gesamtbegriffs, der „Rechtssachen" erst in der Verfahrensform des Gesetzes entstehen lässt: die Sache „Kramer gegen Kramer". Das Rechtszeichen vermittelt rechtliche Interpretanten für Sachen. Im Rechtszeichen werden andere Zeichen verkettet, deren Herstellung dann zum Gegenstand der juristischen Darstellung wird. Dementsprechend erklärt Borsche (1995, 250) Rechtszeichen zu „Zeichen zweiter Ordnung" und geht auf der Suche nach ihrer Existenz vom einen zu den vielen Rechtszeichen über. Die Idee des Rechts – wie sie in Eigentum, Vertrag und Delikt zum Ausdruck kommt – wird juristisch in viele, kaum mehr zählbare Bezeichnungen vervielfältigt. Aber es gibt auch die Einheit des Rechtszeichens, eben das Rechtszeichen. Es ist der Interpretant für eine gerechte Sache (Seibert 2003, 2852). In dieser Form handelt es sich nicht mehr um einen juristischen Begriff, sondern um ein oft tief empfundenes Alltagsbedürfnis. In Kampf und Leid der Menschen, in ihren Bedrückungen und Verstrickungen möchte sich unter normalen Umständen niemand als Schurke vorkommen und mit dem Bewusstsein eines Verbrechens gegenüber (Mit-)Menschen und Umwelt leben. Das Rechtszeichen liefert die Interpretanten dieser mitmenschlichen Bewegung.

Analytisch ist diese Art der Semiotik im Recht schwer zu erfassen. Vor allem geht oft das Gefühl für die unterschiedlichen Faktoren des Zeichenprozesses (Objekte, Zeichenmittel, Interpretanten) verloren. Man denkt an Sachen und ihre Repräsentation (im Recht), man fragt für Zeichen nach zugeordneten Sachen (was sie am Fall bedeuten) oder nach ihrer Bedeutung (im Gesetzbuch). Die eingangs geschilderte dreifache Operation zwischen Zeichenmittel, Objekt und Interpretant wird dabei vereinfacht, und das geschieht mit den Fachworten von Syntaktik (Syntax), Semantik und Pragmatik. Das sind drei Betrachtungsweisen, die von der Semiotik ausgehend in die allgemeine Wissenschaftssprache übergegangen sind.

3 Zeichenketten und ihre Logik

Die Semiotik im Recht ist Signifikantenpraxis. Rechtszeichen sind miteinander in rechtseigentümlicher Weise verknüpft und bilden aus, was Müller/Christensen/Sokolowski (1998, 32) „Zeichenketten" nennen und zunächst einmal nur besagt, dass Zeichenmittel, die man im Einzelnen nicht verstehen muss, miteinander verknüpft sind. Es ist noch zu entdecken, worin die rechtliche Bedeutung dieser Zeichenketten eigentlich steckt, ob es nun die ausgefeilte inhaltliche Begründung oder die Inszenierung durch ein Tribunal ist, die Zeichen setzt. Verlangt ist deshalb ein analytischer Zugriff, der über die Umgangssprache hinausgeht. Man kann Rechtsinhalte untersuchen, ohne auf die Bedeutung der Rechtssprache einzugehen. Das leisten logisch-syntaktische Analysen. Syntaktik verlangt in der Rechtsforschung Formalisierung im logischen Kalkül. Die semiotische Grundlage dafür hat Charles W. Morris 1938 mit einem knappen Text zu den „Grundlagen der Zeichentheorie" (*Foundations of the Theory of Signs*) gelegt. Morris handelt in selbständigen Kapiteln Syntaktik, Semantik und Pragmatik als Teildisziplinen der Semiotik ab. Bei Peirce waren die Teildisziplinen noch am alten Modell des Triviums orientiert als Grammatik, Logik und Rhetorik. Morris geht anders vor. Für ihn ist Syntaktik nicht die Logik im Sinne folgerichtiger Ableitung in der Umgangssprache, sondern eine Disziplin, die Beziehungen der Zeichen unter Absehung von Objekten und Interpretanten untersucht (Morris 1972, 32). Für das Recht heißt das: Die moderne formale Logik übersetzt nicht mehr sprachliche Beziehungen in eine besondere Ausdrucksweise, sondern ersetzt Sprache durch etwas anderes, den Kalkül, der in seinen Elementen wie in den Beziehungen, die sie eingehen können, vorab vollständig definiert sein muss (Neumann 2011, 306). Mit den juristischen Logikern kann man dann überlegen, ob der Aussagen- oder der Prädikatenkalkül besser geeignet sind, um Normen und ihre Anwendung wiederzugeben, man kann auch erwägen, die monotone, nämlich durch die definitorischen Festlegungen schon bestimmte Folgerungsweise durch neu zuzulassende Prämissen zu erweitern, man bleibt aber bei alledem in Denkweisen und Entscheidungen, die auch vor der Formalisierung vorhanden waren. Ulfrid Neumann (2011, 311) empfiehlt die logisch-syntaktische Betrachtung, um Widersprüche aufzudecken und Mehrdeutigkeiten zu beseitigen. Eine anwendungsbezogene Disziplin wie die Rechtsinformatik beschränkt sich für die juristischen Informationssysteme (zum Beispiel „Juris") darauf, dass Wortzeichen aus der Sprachoberfläche (als Suchworte) miteinander verknüpft werden und man sich die Logik der Verknüpfung selbst suchen muss (oder darf). Was inhaltlich interessant werden könnte, wird durch diese Art der Syntaktisierung nicht erfasst, und man mag das als Vorteil für eine inhaltlich unabhängige Arbeit empfinden. Die beiden anderen semiotischen Teildisziplinen, nämlich Semantik und Pragmatik, treten demgegenüber in eine Konkurrenz, die Morris in seiner Grundlegung nicht thematisiert.

4 Die syntaktisch-semantische Dimension

Von den durch Morris eingeführten Teildisziplinen der Semiotik sind im Recht meist nur zwei Betrachtungsweisen präsent, die man – je nach Theorieverständnis – „Dimension“, „Perspektive“ oder „Praxis/Praktik/Disziplin“ nennen kann (v. Schlieffen 2007, 206). In der Rechtstheorie werden eine syntaktisch-semantische und eine pragmatische Dimension unterschieden (Viehweg 1995, 201). Man bewegt sich dabei zwischen den Instanzen des Zeichenprozesses, die in Abb. 1 und 2 veranschaulicht worden sind. Die syntaktisch-semantische Dimension entsteht aus den Beziehungen in Abb. 2; sie bestimmt die Bedeutung eines Zeichenmittels unter Bezug auf ein Objekt und setzt für eine solche Bestimmung im Rechtstext eingeführte Ordnungen und definierte Zusammenstellungen, insofern also auch Syntaktik voraus. In der Sprache des Gesetzes kann man nach der richtigen Bedeutung eines gesetzlichen Ausdrucks fragen (Wann wird bei einer Demonstration ‚Gewalt‘ verübt?) und stellt damit eine semantische Frage, wie sie Felder (2003, 180–189) für die Demonstrationsrechtsprechung untersucht hat. In syntaktisch-semantischer Dimension ist die Verwendung festgelegt, dort gibt es ‚herrschende Bedeutungen‘, Kommentarpraxis und Auslegungslehren, während es in pragmatischer Perspektive auf den Erfolg im Forum (Gerichtssaal) ankommt. Der Fall konkurriert mit dem Gesetz, tritt oft genug in Gegensatz dazu, weil das Gesetz fallunabhängige Allgemeinbedeutungen enthält.

In der syntaktisch-semantischen Dimension werden Bedeutungen aus definierten Zeichenvorkommen abgeleitet und deren Regeln festlegt. So wird der „positive“ (d. h. vom Gesetzgeber erlassene) Inhalt festgestellt, und die Art, wie das geschieht, nennen Müller/Christensen (2013, Rdz. 213) syntaktisch und unterscheiden dabei positivistische (syntaktische) von semantischen Methoden „im Denkstil der Hermeneutik“. Praktiker des Rechts denken meist syntaktisch-semantisch. Sie lassen allerdings etwas übrig, ein Etwas, das man „Angemessenheit“, „Billigkeit“ oder überhaupt „Gerechtigkeit“ nennt (Viehweg 1974, 114), methodisch der Situations- oder Fallbezug. Das ist semiotisch erklärbar. Die Semantik umfasst in der Definition der Grundlagen durch Morris (1972, 42) nur die Beziehung der Zeichen „zu ihren Designaten und darum zu den Objekten, die sie denotieren oder denotieren können“. Man pflegt heutzutage oft von der Beziehung zwischen Zeichen und Bedeutung zu reden. Darin fehlen Fälle als Objekte (Abb. 2). Allerdings kann man in die Semantik auch die Relationen zwischen den Zeichen (ihre Logik im Peirceschen Sinne) und die zu den Zeichenverwendern einbeziehen, wenn die Bedeutung – wie es unter Juristen zu sein pflegt – festgelegten Gebrauchsgewohnheiten folgt. Mit einer „Willenserklärung“ wird auf wirkliche Folgen verwiesen, nicht nur einem Verhalten ein Namen gegeben. Das hat Morris (1973, 92) in der späteren Entwicklung veranlasst, sich vom Begriff der „Bedeutung“ zu lösen und nur noch davon zu reden, dass ein Zeichen „ein Signifikat signifiziert“. Der Begriff taucht bei Morris im Rahmen einer 1946 pragmatisch integrierten Betrachtungsweise als Erklärung für Semantik auf. Es werden jetzt nicht mehr einfach Bezeichnungen und Objekte in Beziehung gesetzt, sondern Bezeichnungen mit Vorstellungen von Personen über Objektverhältnisse. Damit wird die Benutzerperspektive (Abb. 3) in die syntaktisch-semantische Dimension integriert, so dass man von einer pragmatischen Semantik-Auffassung sprechen kann (Felder 2003, 42).

In der Jurisprudenz ist diese Art der Semantik aber nicht zu Hause. Der juristische Zugriff auf Bedeutung und Zeichenverhältnisse ist in erster Linie regulativ, und fallbezogene Korrekturen erfolgen durch Taxensysteme. Dazu ein Beispiel. Es heißt im Bürgerlichen Gesetzbuch bis zum heutigen Tage (in § 253 Abs. 1):

> Wegen eines Schadens, der nicht Vermögensschaden ist, kann Entschädigung in Geld nur in den durch das Gesetz bestimmten Fällen gefordert werden.

Lange wurde darum gestritten, ob und in welchem Umfang der Verzicht auf das eigene Fahrzeug ein Vermögensschaden sei. Es handelte sich jedenfalls nicht um einen besonderen durch das Gesetz bestimmten Fall, denn eine gesetzliche Regelung dafür fehlt. Erst syntaktisch-semantische Praktiken veränderten die Gesetzesbedeutung. Weil jeder Auto fährt, keiner auf sein Auto verzichten will und den erzwungenen Verzicht (etwa bei einer Unfallreparatur) als Eingriff in seine Handlungsfreiheit ansieht, wird als Bedeutung im Rechtsprogramm syntaktisch zugeordnet, dass die Verursacher eines Unfalls für den Fahrzeugverzicht auch dann zahlen, wenn kein Mietwagen gefahren wird. So geschieht es seit 1963 in Form einer sogenannten „Nutzungsausfallentschädigung“, obwohl die Norm des § 253 BGB seit 1900 gilt und noch heute im Gesetz nachzulesen ist. Die syntaktisch-semantische Auffassung gerät in Schwierigkeiten, wenn man weiter fragt, ob entgangene Gebrauchsvorteile nicht nur bei Autos, sondern auch für Häuser, Schwimmhallen, Segeljachten oder Flugzeuge verlangt werden können oder vielleicht auch für den Ausfall eines Fernsehers. Beantwortet werden solche Fragen syntaktisch-semantisch mit der Formel des Großen Senats für Zivilsachen des Bundesgerichtshofs aus dem Urteil vom 9.7.1986. Diese wird im führenden juristischen Kommentar mit folgender bemerkenswerter Syntaktik wiedergegeben: „Bei Sachen, auf deren ständige Verfügbark der Berecht für die eigenwirtschaftl Lebenshaltg typw angewiesen ist, begründet der (delikt) Eingriff in den Ggst des Gebrauchs einen ersfähigen Vermögensschaden“ (als Rdz. 48 zu § 249 BGB in: Palandt 2014, 313). Die dafür notwendige Wertung sei – sagt der Kommentar – aus dem Gesetz nicht ableitbar, stelle aber „nicht unvertretb offene Rechtsfortbildung“ dar. Worte werden hier morphologisch verkürzt, denn es müssen viele Rechtsprechungsargumente nachgewiesen werden, und der Platz ist knapp im Palandt, der als „Kurz-Kommentar“ trotz 3200 Seiten noch buchstäblich in die Hand genommen werden soll.

Die Berechnung der Nutzungsausfallentschädigung erfolgt heutzutage syntaktisch mit Hilfe von Tabellen und ist als Bedeutung besser bekannt ist als der Gesetzestext. Das ist eine mögliche Konsequenz. Juristische Semantik wird nach einer positiv verstandenen rechtlichen Bedeutung festgesetzt. Die Rechtsbeziehungen zwischen Bürgern, die meist um Geld streiten, werden ständig neu bestimmt, und benutzt werden dafür Taxensysteme wie sie nicht nur für den Nutzungsausfall, sondern auch für Kindesunterhalt, Mietmängel, Mitverschuldensanteile oder Schmerzensgeld entstanden sind. Aber es gibt auch jenen „Denkstil der Hermeneutik" (Müller/Christensen 2013, Rdz. 213), der eine vermeintlich offene Semantik pflegt. Dieser Stil der Semantik findet sich auch im sonst durchweg syntaktisierten Schmerzensgeld, nämlich bei Verletzungen des Persönlichkeitsrechts. Man trifft dabei auf die berühmte und gleichzeitig berüchtigte Formulierung des Bundesverfassungsgerichts im „Soraya-Beschluss" aus dem Jahre 1973, mit der gegen den Text des Bürgerlichen Gesetzbuchs und gegen den Willen des Gesetzgebers Geldersatz für Ehrangriffe (heute als allgemeines Persönlichkeitsrecht etikettiert) gerechtfertigt worden ist. Deren semantischen Kernsätze (BVerfGE 34, 269, 288) lauten:

> Die Aufgabe der Rechtsprechung kann es insbesondere erfordern, Wertvorstellungen, die der verfassungsmäßigen Rechtsordnung immanent, aber in den Texten der geschriebenen Gesetze nicht oder nur unvollkommen zum Ausdruck gelangt sind, in einem Akt des bewertenden Erkennens, dem auch willenhafte Elemente nicht fehlen, ans Licht zu bringen und in Entscheidungen zu realisieren. Der Richter muss sich dabei von Willkür freihalten; seine Entscheidung muss auf rationaler Argumentation beruhen.

Diese beiden Sätze enthalten Leerformeln, aber für die syntaktisch-semantische Behandlung der Sprache dürfen sie nach wie vor exemplarisch einstehen. Die zentrale Auslegung des Gesetzes wird seltsam umständlich und wenig fachlich als „Akt des bewertenden Erkennens" umschrieben. An Willkür soll aber niemand denken, weshalb das Beruhen auf „rationaler Argumentation" sogleich nachgeschoben wird. Man merkt dieser Satzfolge an, dass sie auf Benutzerverhalten und Folgenüberlegungen Rücksicht nehmen will, also nichts verbietet, was sinnvoll erschiene. Sie lässt aber auch offen, wieviel persönlichen Willen der Akt des Erkennens verträgt und wo die rationale Argumentation endet. „Argumentation" wird nach dem oben zitierten Soraya-Beschluss zum Schlüsselwort für Praxis wie Theorie des Rechtsbetriebs (Müller 1986, 104). Ergebnisse sollen praktisch über Begründungen kontrolliert werden, und Begründungen sollen in einem überzeugenden Ableitungszusammenhang stehen, dessen Prinzipien aber fallweise und anhand nicht ausgesprochener Regeln umgestellt werden (Müller/Christensen 2013, Rdz. 256). Regeln wie Prinzipien beruhen nämlich auf normativen pragmatischen Annahmen. Die Pragmatik ist die Grundlage für alle Bedeutungsfestsetzungen. Trotzdem wird sie juristisch nicht selten als nachrangig behandelt.

5 Juristische Pragmatik

Die pragmatische Dimension betrifft das Verfahren, und man könnte denken, alle Praktiker des Rechts wären auch Pragmatiker, weil die Zeichendimension sich aus dem Handeln ergibt. In Wirklichkeit trifft das so nicht zu. Pragmatik ist vielmehr eine Beobachtungsdisziplin für Soziologen und Linguisten, die über eine Theorie zur Verwendung (Mitteilungsabsicht) und Wirkung (auf juristische Überzeugungen) von Zeichen verfügen. Die Pragmatik erfasst die Austauschbeziehungen zwischen Sendern und Empfängern von Rechtszeichen (Abb. 1) und muss deshalb immer als eine Relation zwischen Person und Zeichen aufgefasst werden, in vollständiger Weise als eine solche zwischen mindestens zwei Personen und der zwischen ihnen kommunizierten Bedeutung, was zu einem merkwürdigen Transportmodell der Bedeutung führt (Busse 1993, 251). Der Sender heißt so, weil er eine Zeichenfolge sendet, die der Rezipient in einer der Codierung möglichst ähnlichen Weise decodiert oder dies zumindest tun sollte. Der Code müsste die Identität des Zeichens verbürgen. Ein Gesetzbuch leistet das aber nicht aus sich heraus, aus dem Codex muss man den Code erst entstehen lassen (Seibert 2003, 2884). Das Modell in Abb. 1 ist deshalb eigentlich von Anfang an defekt. Der Code als Codex, also als staatliches Gesetz (wie oben im preußischen Allgemeinen Landrecht) tut nur so, als gäbe es ein Bedeutungssystem, das er nur spiegelte. Aus dem Text entsteht im Verfahren „situatives" Recht, das anders als „vorgeschriebenes" (also syntaktisch-semantisch schon niedergelegtes) Recht ausfallen kann. Die hier relevanten Beziehungen werden schnell unübersichtlich, so dass Beobachter dazu tendieren, entweder nur die Wirkung von Botschaften auf ihre Empfänger oder auch nur die Absichten der Sender zu thematisieren, die Eingang in die übermittelte Botschaft gefunden haben (v. Schlieffen 2007, 206). Der Gerichtssaal ist ein hervorgehobenes Feld juristischer Pragmatik (Hoffmann 1983) wie auch alle Schriftformen in Akten, durch Urkunden und aufgrund von Urteilen (Hoffmann 1989).

Für die juristische Pragmatik gibt es seit mehr als zweitausend Jahren eine lehrbare und eingeübte Disziplin, die Rhetorik der Gerichtsrede (v. Schlieffen 2007). Adressatenorientierung und Überredungskunst prägen und konservieren sie. Neue Auffassungen und abweichende Redeweisen haben es schwer gegen den gesammelten Bestand kanonisierter rhetorischer Formeln. Die Pragmatik reicht weiter und lässt mehr zu als in Form der Rhetorik gewusst und praktiziert wird. Eine konsequent pragmatische Auffassung des Rechts würde das Verständnis der Rechtsdisziplin insgesamt verändern. Denn wenn Bedeutungen aus dem Spiel der Positionsdifferenzen neu entstehen, vermindert sich die Bedeutung des Gesetzbuchs, und stattdessen treten persönliche und situative Differenzen hervor (Viehweg 1974, 112). Unter Juristen kann man deshalb eine Konkurrenz zwischen Pragmatikern und Semantikern des Rechts ausmachen. Pragmatiker halten Ausnahmen immer für möglich, betonen den Fallbezug und übernehmen aus der Rhetorik die Praktiken der Adressatenorientierung und Überredungskunst. Der Nachteil daran: Verlässlichkeit schwindet. Was Recht ist, weiß man immer erst, nachdem Personen in Situationen ihre Differenzen ausgetragen haben. Da pragmatisch die Bedeutung nicht vorweggenommen, sondern nur situativ erprobt werden kann, kommt die pragmatisch gewonnene Bedeutung nachträglich, was gleichzeitig heißt: zu spät. Denn der rechtsstaatliche Anspruch lautet doch: Der Bürger solle schon vorher wissen, was Recht ist; jedermann soll – wenigstens mit fachlicher Hilfe – wissen können, was er tun soll. Stattdessen weiß man, was man hätte tun sollen, erst wenn man es getan hat und sich mit anderen darüber streitet, was sonst noch hätte getan werden müssen. Das Ganze ist nie greifbar (Christensen/Fischer-Lescano 2007, 113). Die Bindung an feststehende Gesetze wandelt sich wie in der halbwegs paradox wirkenden altenglischen Sentenz des Dr. Samuel Johnson, der gefragt wird, ob er denn als Anwalt eine schlechte Sache unterstützen könne, und antwortet (Boswell 1888, 342): „Sir, you do not know it to be good or bad till the Judge determines it."

Die Sentenz ist ein pragmatischer Kernsatz: Was Recht ist, weiß man erst am Ende des Verfahrens, das mit der Behauptung begonnen hat, man habe es von Anfang an gewusst. Folgt man der Weisheit von Doctor Johnson, dann ist Recht, was ein Gericht als rechtens entschieden hat, und genauso hat Chief Justice Oliver Wendell Holmes (1898, 163) auf die Frage geantwortet, was denn Recht sei. Trotzdem bleibt die semantische Frage, was Recht vor oder jenseits der gerichtlichen Entscheidung sei, was es schließlich in all den Fällen ist, in denen eine solche Entscheidung gar nicht ergeht. Dann muss die syntaktisch-semantische Orientierung aus Abb. 2 mit der Verwendungsbeziehung in Abb. 1 zusammengeführt werden, und man sieht zunächst auf das Zeichenmittel, das in Abb. 3 in der Mitte zu finden ist. Es gibt Versuche, die prozedurale (pragmatische) und die dogmatische (syntaktisch-semantische) Orientierung zusammenzuführen, und dafür eignen sich in Gesellschaften, in denen die Rechtsverhandlung öffentlich ist, Analysen solcher Verhandlungen.

6 Verhandlungsanalysen

Über die Semiotik im Recht geben Untersuchungen zum Sprachverhalten zwischen Richtern und Angeklagten derzeit die beste Auskunft. Sie zerlegen die Zeichen des Rechts exemplarisch in einzelne Äußerungen von Verfahrensakteuren (den Zeichenbenutzern aus Abb. 1 und 3), in Interventionen des Gerichts oder der Gegenseite und zeigen schließlich, wie sich daraus ein Urteil, ein Vergleich oder eine andere Form der juristischen Erledigung ergibt. Vor Gericht wird der Fall dargestellt, nicht das Gesetzbuch. Wie eine Darstellung verläuft und mit welchen Mitteln sie vorgeht, übersehen praktizierende Juristen meist, weil sie ihre Arbeit vom Ergebnis her sehen und bewerten, also vom erzielten Verhandlungserfolg und den Inhalten des Urteilsspruchs bis zu einer Freilassung aus der Haft. Den Zeichenprozess mit seinen wirksamen Interpretanten kann man erst beobachten, wenn man nach einem Tonbandprotokoll über eine Transkription einer Verhandlung verfügt. Dabei sieht man aus der Beobachterperspektive in Strafsachen (die meist untersucht werden) vor allem die Macht- und Beschädigungspraktiken der Richter, die etwas beim Namen nennen, das der Angeklagte nicht gelten lassen will oder unerwähnt lässt. Dazu gibt es hilfreiche Literatur zur Hypothesenbildung.

Im Jahre 1956 hat Harold Garfinkel unter dem Titel „Conditions of Successful Degradations Ceremonies" die Zeichenvermittlung zwischen den Akteuren im Gerichtssaal in provozierender Weise kommentiert. Der Hauptverhandlung in Strafsachen legen Juristen meist nur die Funktion der Wahrheitsfindung bei. Tatsächlich beobachtet man nun, dass von der Wahrheitsfindung nicht viel übrig bleibt und Theater zum Nachteil des Angeklagten gespielt wird. Zurück zur Wahrheit – rufen manche und übersehen dabei, dass man „nur in vollständig demoralisierten Gesellschaften keine derartigen Rituale wird vorfinden können" (Garfinkel 1977, 31). Garfinkel ging davon aus, dass jede nicht vollständig anomische Gesellschaft über Prozeduren verfügen müsse, mit denen Gesellschaftsmitgliedern ihr Unwert gezeigt werden könne. Die öffentliche Anklage entspreche insofern dem Paradigma moralischer Entrüstung und müsse aus diesem Grunde eine Anzahl besonderer, alltäglich bekannter Zeremonien pflegen. Sie machen den Rechtsfall aus und werden von Garfinkel in acht Stufen geschildert, die damit beginnen, dass Vorfall und Täter als „außergewöhnlich" hervorgehoben und in ein Wertschema überpersönlicher Art gebracht werden, und die damit enden, dass der an den unteren Rand der Werteskala herabgestufte Täter als „Fremdling" der Gesellschaft erscheine.

Damit wird die Rolle des Angeklagten mit der Figur des Bösewichts besetzt. Oft genug entspricht dem weder, was man in einer wirklichen Verhandlung sehen kann, noch vermögen alle Anklagen auf der Klaviatur von Gut und Böse zu spielen. Die Rolle des Angeklagten kann tragisch von der Macht des Richters abhängen. Wenn 1955 vor dem Obersten Gericht der DDR gegen Elli Barczatis wegen Spionage verhandelt wird, hört man den Richter schneidend, kreischend, unpassend jovial und höhnisch triumphieren, obwohl es gar keine Schlacht zu schlagen gibt. Gegeben wird ein grausiges Exempel auf die Degradierungsthese. Am Ende beantragt der Staatsanwalt die Todesstrafe, und man hört in der Aufzeichnung den Schrei der Angeklagten (Schönherr 2011). Die Todesstrafe wird auch verhängt – natürlich, Milderungen darf man im Dispositiv der Klassenjustiz von den Darstellern nicht erwarten.

Was Garfinkel als Prozess gesellschaftlicher Herabwürdigung beschreibt, ist keine Fehlform, kein Auswuchs in einem Verfahren. Nicht nur Strafprozesse nach Schändungen und Tötungen sind Foren für die Reaktion auf üble Taten, und es ist eine Kulturleistung, wenn es gelingt, durch Verfahrensgestaltung die blinde Rache in das von Garfinkel beschriebene Ritual der herabwürdigenden Verständigung zu überführen. Nur sind die Erwartungen des Publikums in heutiger Zeit differenzierter als in den Jahrhunderten, in denen sich der Strafprozess als Forum richterlicher Herabwürdigung des Angeklagten ritualisiert hat. Strafprozesse haben sich ausgebreitet. Mit der Abschaffung der Klassenjustiz durch flächendeckende Strafverfolgung gelangt jedenfalls in weiten Teilen Europas und Nordamerikas grundsätzlich jeder als Verkehrsstraftäter, Steuerbetrüger oder Wirtschaftsverbrecher irgendwie und irgendwann vor die Schranken eines Gerichts. Das Justizdispositiv (Seibert 2003, 2862) bemächtigt sich eines jeden, und das müssen wir im demokratischen Sinne gut finden. Natürlich muss offen bleiben, wer verurteilt wird, aber eben um die Offenhaltung dieser Möglichkeit geht es. In dem Maße, in dem die Rolle des Angeklagten auch von mächtigen Privilegienträgern besetzt wird, sind auch die Sympathien für die Angeklagten gestiegen. Der Richter als Machthaber kann des Beifalls im großen Publikum nicht mehr sicher sein, wenn er die unglückliche Autofahrerin abkanzelt. Mit einer solchen Verhandlungsanalyse hat zum ersten Mal die Linguistin Ruth Leodolter (1975) der wissenschaftlichen Öffentlichkeit den Unterwerfungscharakter eines Rechtsverfahrens demonstriert. Was 1910 in Wien außer Karl Kraus niemanden beunruhigt hätte, war im Jahre 1975 doch befremdlich. Die Rolle des Richters ist seitdem umgestellt worden. Gehörte es einmal zu den rituellen Aufgaben des Richters, dem Angeklagten klarzumachen, dass sein Platz in der Gesellschaft ganz unten und seine Tat Ausdruck verwerflicher Neigungen ist, sind seit der Renovierung der Gerichtsbühne für eine bürgerfreundliche Justiz Takt, Abwarten und das Bemühen um Ausgleich und Würde für alle zu Merkmalen der richterlichen Rolle geworden.

Die Rolle des Angeklagten ist besser ausgestattet worden, und der Angeklagte soll auch besser behandelt werden. Solche Forderungen haben Juristen innerhalb der Gerichtsbarkeit selbst formuliert. In Deutschland war etwa Rudolf Wassermann ein solcher Jurist mit rechtspolitischer Macht und öffentlichem Einfluss als Gerichtspräsident. Sein Titel „Justiz im sozialen Rechtsstaat" (Wassermann 1974) wirkte als Programm für weitere praktische und politische Veränderungen in der Justiz. Die Degradierung ist seitdem nicht tot, sie ist auch nicht generell überwunden, sie ist aber eine deutliche Abweichung von der Norm. Die Praxis des Jugendrichters Ronald Schill (der einmal Hamburger Senator für Inneres wurde) und dessen ebenso ungnädige wie ignorante Härte in dieser Rolle sind schon in den 1990er Jahren mehrheitlich auf Widerspruch in der Justiz selbst gestoßen.

Die Verhandlung soll nicht mehr mit schreienden, drohenden oder gelangweilten bis zu verächtlichen Richtern stattfinden, wie sie in Honoré Daumiers viel zitierten Grafiken über die *gens de justice* zu sehen sind. Das Gebot der Verständigung hat Eingang in die Forschungen über den Gerichtssaal gefunden. Verständlichkeit führt ins Feld der linguistischen Pragmatik, wie sie – ausgehend von einer damals programmatischen Studie von Dieter Wunderlich (1976) – durch differenzierte Interpretationen anhand von Transkripten Ludger Hoffmann (1983) weitergeführt worden ist und wie sie heute mit konversationsanalytischem Methodenverständnis (Conley/O'Barr 1998) praktiziert wird. Die Mikroanalyse der Verhandlung – einst als reine Einzelfallbetrachtung ohne Aussagekraft abgetan – ist inzwischen als soziologische wie linguistische Methode anerkannt. Sie gehört zum interpretativen Verstehensmodell. „Mikroanalyse" heißt dabei jede Verhandlungsnotation, die einzelne Sprecherbeiträge in ihrem Wechselverhältnis und Situationsbezug deutlich macht und Interpretationen veranlasst. Die Aufmerksamkeit verschiebt sich von der Entscheidung auf die Verhandlung, vom Urteil auf die Bedingungen seines Zustandekommens und seiner Vermeidbarkeit. Dazu liegen Ergebnisse in Strafsachen vor. Paul Drew (1992) und Gregory M. Matoesian (1993) haben Hauptverhandlungen wegen Vergewaltigung untersucht, Matoesian (2001) gehörte als Soziologe und Linguist sogar zur erweiterten Verteidigung des prominenten Angeklagten Kennedy-Smith, dessen Freispruch er untersucht.

Am Beispiel des Gerichtssaals werden unterschiedliche Zeichenpraktiken des Rechts deutlich. Man kann Zeichen (Ikone) identifizieren, die als Gefühle oder als Auftritte, Eingriffe und Zwänge sichtbar werden, also aus den Handlungen, aus denen Verhandlungen und Anhörungen bestehen. Aber das ist nicht alles. Nach und in diesen Verhandlungen wird auch entschieden. Entscheidungen sind ein indexikalisch Zweites (Linke/Nußbaumer/Portmann 2004, 20), das von außen eingreift und das Ergebnis bestimmt, auf das sich alle Handlungen im Verfahren richten. Aber Entscheidungen erschöpfen sich darin nicht, sie reichen im Modus des gelehrten Rechts auch in dessen symbolische Repräsentation hinein und damit in den gelehrten Diskurs, der vom Gerichtssaal handelt, aber nicht mehr in ihm stattfindet. Recht – semiotisch gesehen – ist also weder gefühlte Gerechtigkeit noch erlebte Justiz oder richtige Auslegung eines Gesetzes. Es ist ein Zeichen aus diesen drei Bestimmungen. Als Rechtszeichen kann es nur in der wissenschaftlichen Beobachtung erfahren werden.

7 Literatur

Borsche, Tilman (1995): Rechtszeichen. In: Josef Simon (Hg.): Distanz im Verstehen. Zeichen und Interpretation II. Frankfurt a. M., 239–259.

Boswell, James (1888): The Life of Samuel Johnson, LL.D., together with a Journal of a tour to the Hebrides. London (Nachdruck der Ausgabe v. 1792).

Busse, Dietrich (1993): Juristische Semantik. Grundfragen der Interpretationslehre in sprachwissenschaftlicher Sicht. Berlin.

Conley, John M./William O'Barr (1998): Just Words. Law, Language and Power. Chicago.

Christensen, Ralph/Andreas Fischer-Lescano (2007): Das Ganze des Rechts. Vom hierarchischen zum reflexiven Verständnis deutscher und europäischer Grundrechte. Berlin.

Drew, Paul (1992): Contested evidence in courtroom cross-examination: the case of a trial for rape. In: Paul Drew/John Heritage (Hg.): Talk at work. Interaction in institutional settings. Cambridge, 470–520.

Felder, Ekkehard (2003): Juristische Textarbeit im Spiegel der Öffentlichkeit. Berlin/New York.

Felder, Ekkehard (2012): Unendliche Semiose im Recht als Garant der Rechtssicherheit. In: Carsten Bäcker/Matthias Klatt/Sabrina Zucca-Soest (Hg.): Sprache – Recht – Gesellschaft. Tübingen, 141–162.

Garfinkel, Harold (1977): Conditions of successful degradation ceremonies (1956). In: Klaus Lüderssen/Fritz Sack (Hg.): Abweichendes Verhalten III. Die gesellschaftliche Reaktion auf Kriminalität. Frankfurt a. M., 31–40.

Hoffmann, Ludger (1983): Kommunikation vor Gericht. Tübingen.

Hoffmann, Ludger (Hg.) (1989): Rechtsdiskurse. Untersuchungen zur Kommunikation in Gerichtsverfahren. Tübingen.

Holmes, Oliver Wendell Jr. (1897): The Path of Law. In: The Essential Holmes. Selections from the Letters, Speeches, Judicial Opinions, and Other Writings of Oliver Wendell Holmes Jr., hg. v. Richard A. Posner. Chicago/London 1992, 160–177.

Kocher, Gernot (1992): Zeichen und Symbole des Rechts. Eine historische Ikonographie. München.
Leodolter, Ruth (1975): Das Sprachverhalten von Angeklagten bei Gericht. Ansätze zu einer soziolinguistischen Theorie der Verbalisierung. Kronberg.
Linke, Angelika/Markus Nussbaumer/Paul R Portmann (2004): Studienbuch Linguistik. 5. Aufl. Tübingen.
Lyotard, Jean-François (1987): Der Widerstreit. München.
Matoesian, Gregory M. (1993): Reproducing Rape: Domination through Talk in the Courtroom. Chicago.
Matoesian, Gregory M. (2001): Law and the Language of Identity. Discourse in the William Kennedy Smith Rape Trial, New York.
Morris, Charles William (1972): Grundlagen der Zeichentheorie. München. [zuerst 1938]
Morris, Charles William (1973): Zeichen, Sprache und Verhalten. Mit einer Einführung von K.-O. Apel. Düsseldorf. [zuerst 1946]
Müller, Friedrich (1986): „Richterrecht". Elemente einer Verfassungstheorie IV. Berlin.
Müller, Friedrich/Ralph Christensen (2013): Juristische Methodik. Band I: Grundlegung für die Arbeitsmethoden der Rechtspraxis. Berlin.
Müller, Friedrich/Christensen, Ralph/Sokolowski, Michael (1997): Rechtstext und Rechtsarbeit. Berlin.
Neumann, Ulfrid (2011): Juristische Logik. In: Arthur Kaufmann/Winfried Hassemer/Ulfrid Neumann (Hg.) Einführung in die Rechtsphilosophie und Rechtstheorie der Gegenwart. 8. Aufl. Heidelberg, 298–319
Niehaus, Michael (2003): Das Verhör. Geschichte – Theorie – Fiktion. München.
Palandt (2014): Bürgerliches Gesetzbuch. Bearbeitet v. Peter Bassenge/Gerd Brudermüller u. a. 73. Aufl. München.
Peirce, Charles S. (1993): Phänomen und Logik der Zeichen, hg. u. übers. v. H. Pape. 2. Aufl. Frankfurt a. M.
Peirce, Charles S. (2000): Semiotische Schriften, hg. u. übers. v. Christian J. W. Kloesel und Helmut Pape. 3 Bde. Frankfurt a. M.
Posner, Roland (1988): Metamorphosen des semiotischen Dreiecks, Zeitschrift für Semiotik 10, 185–187.
Schönherr, Maximilian (2011): Fallbeil für Gänseblümchen. Der Spionageprozess gegen Elli Barczatis und Karl Laurenz im Originalton. Basel (CD).
Schlieffen, Katharina Gräfin v. (2007), Rhetorische Rechtstheorie. In: Gert Ueding (Hg.): Historisches Wörterbuch der Rhetorik. Tübingen, 198–214.
Schulz, Lorenz (2000): Semiotik und Recht: das Zeichen im Recht und das Recht des Zeichens. In: Uwe Wirth (Hg.), Die Welt als Zeichen und Hypothese. Frankfurt.
Seibert, Thomas-M. (2003): Rechtssemiotik. In: Roland Posner/Klaus Robering/Thomas A. Sebeok (Hg.): Semiotik. Semiotics. Handbuch zu den zeichentheoretischen Grundlagen von Natur und Kultur. Berlin/New York, 3. Teilbd., 2847–2904.
Simon, Josef (1989): Philosophie des Zeichens. Berlin/New York.
Viehweg, Theodor (1974): Topik und Jurisprudenz. Ein Beitrag zur rechtswissenschaftlichen Grundlagenforschung. 5. Aufl. München.
Viehweg, Theodor (1995): Rechtsphilosophie und Rhetorische Rechtstheorie. Gesammelte kleine Schriften. Mit einer Einleitung hg. v. Heino Garrn. Baden-Baden.
Vismann, Cornelia (2011): Medien der Rechtsprechung, Frankfurt a. M.
Wassermann, Rudolf (1974): Justiz im sozialen Rechtsstaat. Darmstadt/Neuwied.
Weitin, Thomas (2009): Zeugenschaft. Das Recht der Literatur. München.
Wunderlich, Dieter (1976): Studien zur Sprechakttheorie. Frankfurt a. M.

Dietrich Busse

2. Semantik des Rechts: Bedeutungstheorien und deren Relevanz für Rechtstheorie und Rechtspraxis

Abstract: Die Semantik des Rechts ist ein in der juristischen Auslegungs- bzw. Methodenlehre intensiv diskutierter Aspekt. Unterschiedlichste Bedeutungstheorien werden für konkurrierende rechtstheoretische Positionen in Anschlag gebracht. Doch auch für die Linguistik wirft sie interessante Fragestellungen auf. Diese sind nicht nur geeignet, traditionelle linguistische, philosophische oder logische Bedeutungsauffassungen in Frage zu stellen, sondern legen ein Bedeutungsmodell nahe, welches gezielt die hinter den Wörtern und Sätzen stehenden Wissensstrukturen in den (linguistischen, semantischen) Fokus nimmt. Nur eine wissensanalytische Semantik scheint geeignet, für die juristische Semantik einen angemessenen Erklärungs- und Beschreibungs-Ansatz zur Verfügung stellen zu können. Beispiele für solche Beschreibungsansätze werden erörtert.

1 Die Rolle der Semantik für Rechtsprechung, Rechtstheorie und juristische Methodenlehre

Die zentrale Rolle, die die Semantik im weiteren Sinne, ‚Bedeutungsfeststellung' und ‚Bedeutungsfestsetzung' im engeren Sinne in der Jurisprudenz spielen, steht heutzutage außer Frage. Doch musste sich ein Verständnis dafür, dass es einer eigenen ‚Juristischen Semantik' bedürfe, und dass es sich lohnen würde, wenn im Rahmen der Rechtstheorie (insbesondere der juristischen Auslegungs- und Methodenlehre) den Aspekten von Bedeutung und Bedeutungstheorie ein besonderes Augenmerk gewidmet würde, erst allmählich durchsetzen. Bis dahin bezogen sich die Überlegungen von Juristen eher in allgemeinerer Weise auf das Verhältnis von Recht und

DOI 10.1515/9783110296198-002

Sprache, wobei die Semantik meistens nur zwischen den Zeilen hervorschimmerte, statt explizit auch als solche thematisiert zu werden (siehe zum Nachfolgenden auch Busse ²2010, 7 ff.).

Wenn der in der Nachkriegsjurisprudenz einflussreiche Rechtswissenschaftler Ernst Forsthoff in seinem berühmten Traktat „Recht und Sprache" eine „nicht nur zufällige, sondern ins Wesen treffende Verbindung des Rechts zur Sprache" (Forsthoff 1940, 1) feststellte, dann griff er damit zwei seit Entstehen der modernen Rechtswissenschaft in Deutschland gängige Einschätzungen auf. Die eine formulierte schon zu Beginn des 19. Jahrhunderts Friedrich Karl von Savigny in seiner bis heute nachwirkenden juristischen Methodenlehre: „Die Jurisprudenz ist eine philologische Wissenschaft." (Savigny 1802, 15) Sie betrifft mehr die methodische Seite der Rechtswissenschaft und der richterlichen Gesetzesauslegung. Die andere betrifft den Gegenstand *Recht* selbst, von dem Weck zu Anfang des 20. Jahrhunderts sagte: „In dem Urgrund der Sprache liegt also der Begriff des Rechts. Sprache ist Recht." (Weck 1913, 7) Rechtswissenschaftliche (Auslegungs-)Methodik stand also schon seit Entstehen des modernen Rechtssystems in großer Nähe zu den anderen philologischen Disziplinen: der theologischen Bibel-Exegese und der literaturwissenschaftlichen Interpretationslehre.

Hatte die juristische Interpretationslehre in ihrer auf praktische Zwecke gerichteten anwendungsorientierten Methodik Vorbildfunktion für die literarische Hermeneutik bis hinein noch in Gadamers Hermeneutik und seinen Begriff der „Applikation" (vgl. Gadamer 1960, 330 ff. und Busse 2007), so konnten umgekehrt die Juristen lange Zeit nicht auf einen ausdifferenzierten sprachtheoretischen Beitrag der Philologien bauen. Die Sprachwissenschaft hat lange das starke Bedürfnis nach sprachtheoretischer Unterstützung (insbesondere im Bereich der Semantik) verkannt, welches aus der engen Verflechtung des Rechts mit Sprache erwächst, und das in der Jurisprudenz in einem (vor allem seit der ‚sprachphilosophischen Wende' in den Geisteswissenschaften) eher zunehmenden Maße besteht. Für den Juristen Heck galt sogar, dass „die Jurisprudenz eine besondere ‚Juristenphilosophie', eine für ihre Zwecke geschaffene Philosophie der Sprache" braucht. (Heck 1932, 133 [zit. nach Clauss 1963, 400]) Schon Hume postulierte im ‚Treatise on Human Nature' „eine Auffassung des Rechts als Sprachform." (Vernengo 1965, 293) Die Nähe des Rechts zur Sprache liegt angesichts der sprachlichen Niederlegung rechtlicher Bestimmungen und Entscheidungen in Gesetzes-, Kommentar- und Urteilstexten auf der Hand. Charakterisierungen der Funktion der Sprache werden dann auf das Recht übertragen. Recht muss *mitteilbar* sein, um als allgemeingültige Regel fungieren zu können: „Damit ist die Sprache die erste und wesentliche Voraussetzung für das Gelten des Rechts." (Kramm 1970, 5) In dieser Hinsicht kann Recht als das Gelten von Sprache, von in Sprache gefassten rechtlichen Regeln und Normen aufgefasst werden. Diese sprachlichen Norm-Formulierungen müssen, um von den Rechtsanwendern angewendet werden zu können, zuvor *ausgelegt*, *interpretiert* werden. Daher ist alles Recht zugleich Sprach-Auslegung, Verstehen von sprachlichen Äußerungen, mithin: Semantik. So formuliert

Larenz in einer weitverbreiteten Methodenlehre: „Es geht in der Jurisprudenz weithin um das Verstehen von sprachlichen Äußerungen, des ihnen zukommenden normativen Sinnes.“ (Larenz 1979, 181)

Die Sprachlichkeit des Rechts kommt jedoch nicht nur in dessen Textförmigkeit zum Ausdruck. Ein wichtiger und häufig unterschätzter Aspekt, der insbesondere die Rolle der Semantik in der Analyse des Rechts und der juristischen Methodik betrifft, der vor allem aber auch starke Auswirkungen darauf hat, welche Art von semantischer Theorie als für die Beschreibung der Semantik des Rechts passend erachtet werden kann, ist die Tatsache, „dass Gegenstand rechtlicher Überlegungen nie Sachverhalte sind, sondern sprachlich gefasste Beschreibungen von Sachverhalten.“ (Podlech 1975, 171) Genauer: es geht um das Verhältnis von Sprache, Texten (und deren Bedeutung) und Wirklichkeit.

Die seit dem *linguistic turn* (der sprachlichen Wende in den Geisteswissenschaften seit Anfang der 1970 Jahre) zunehmende Beschäftigung mit dem Verhältnis zwischen Recht und Sprache gründet sich nicht zuletzt auf die Vermutung, dass „zwischen Recht und Sprache eine enge Strukturverwandtschaft [besteht]“ (Lampe 1970, 17. Vgl. auch Großfeld 1984, 1). Eine Strukturanalogie wurde auch von linguistischer Seite vermutet, wenn der von Juristen zu Rate gezogene Sprachwissenschaftler Hartmann „Bindungen bzw. Vergleichbarkeiten zwischen den Regionen des Rechts und der Sprache, wie gruppenspezifische Normativität, [...] Rolle von Interpretation und Bedeutung u. a. m.“ (Hartmann 1970, 47) zu erkennen glaubte. Mit *Normativität*, *Bedeutung* und *Interpretation* benennt Hartmann jene drei Begriffe, welche bis heute das Zentrum der juristischen Überlegungen zum Verhältnis von Recht und Sprache bilden und die rechtslinguistische Diskussion beherrschen. Zugleich sind es die Aspekte, die auch für die Aufgabenstellung einer juristischen Semantik zentral sind. Genauer: eine angemessene juristische Semantik kann nur eine solche sein, welche den Aspekten der *Normativität* und der *Interpretativität* von ‚Bedeutung‘ zugleich Rechnung trägt. Und zwar nicht als Addendum, das leicht übersehen werden kann, sondern im Kern der semantischen Theorie selbst.

Betrachtet man die Literatur in diesem Feld, dann muss man jedoch feststellen, dass der rechtsphilosophische Fragen berührende Aspekt der *Normativität* in der juristischen Diskussion sprachbezogener (insbesondere semantischer) Theorien zurücktritt gegenüber der Beschäftigung mit den eher die praktische juristische Tätigkeit betreffenden Aspekten der *Bedeutung* und *Interpretation* juristischer Normtexte. Dass auch diese beiden Konzepte erhebliche rechtstheoretische Implikationen haben, wurde oft nicht gesehen, auch wenn die Modelle unterschiedlicher sprachwissenschaftlicher Theorien hierzu als Hilfstruppen in die Bataille juristischen Methodenstreits geführt wurden. Das Problem der juristischen Semantik – oder besser: der Semantik juristischer Begriffe und Texte – ist mehr als nur ein technisch zu lösendes Auslegungsproblem; es betrifft das schwierige, mit sprach- und erkenntnistheoretischen ebenso wie mit rechtstheoretischen Grundüberzeugungen verflochtene Problem des Zusammenhangs von Sprache und in ihr ausgedrückter Wirklichkeit: „Die

Rechtsbegriffe und Rechtsvorstellungen haben in der realen Welt kein Gegenstück, lassen sich ohne Sprache zumeist nicht darstellen. Sie existieren durch Sprache und in Sprache." (Großfeld 1984, 3) Juristische Semantik darf das Verhältnis der Sprache zur Welt nicht außer Acht lassen, wenn sie im juristischen Methodendiskurs eine hilfreiche Funktion haben soll. Juristische Tätigkeit hat die Herstellung einer Beziehung zwischen (sprachlich gefasster) Rechtsnorm und (außersprachlichem, d. h. zunächst auch außerrechtlichem) Sachverhalt zur Grundlage. Rechtsanwendung besteht in der Anwendung von Texten auf Wirklichkeitsausschnitte. Insofern enthält jede Rechtsanwendung ein Stück Semantik, indem Sachverhalte, von denen ausgesagt wird, dass sie unter eine bestimmte Norm fallen, zugleich als semantische Spezifikationen des Bedeutungsbereichs der Norm fungieren können. So gesehen ist Rechtsprechung (sic!) nur ein Spezialfall von Sprachverwendung (so Haft 1978, 15).

Eine juristische Semantik (oder, wem dies passender erscheint: eine Semantik, die auch geeignet ist, das Funktionieren von Sprache im Recht zu erklären, also zu erklären, was ‚Bedeutung' in Bezug auf die Texte des Rechts und den Umgang mit ihnen überhaupt heißen kann) muss sich also mit folgenden Kernfragen beschäftigen: (a) Welche Auffassung von ‚*Bedeutung*' (welche Bedeutungstheorie) ist überhaupt oder am besten geeignet, das Funktionieren von Sprache im Recht angemessen zu erklären? (b) Welche Bedeutungstheorie wird dem Aspekt der *Interpretativität*, also dem Umstand, dass die Bedeutung von Rechtsausdrücken und -texten sich immer im Spannungsfeld von Bedeutungsfeststellung und Bedeutungsfestsetzung bewegt, überhaupt oder am besten gerecht? (c) In welcher Weise kann der Aspekt der *Normativität* des Rechts am besten in eine semantische Konzeption des Rechts (oder für juristische Zwecke) integriert werden, und wie interagiert er mit dem Aspekt der Normativität der Sprache? (d) Welche semantische Konzeption (welche Sprach- und Bedeutungsauffassung) ist überhaupt oder am besten dafür geeignet, das spezifische Verhältnis, in dem *Sprache* (bzw. Textualität) *und Wirklichkeit* im Recht zueinander stehen, angemessen zu erfassen? (e) Welche Form von Semantik ist am besten geeignet, in eine adäquate Beschreibung der tatsächlichen praktischen Funktionsweise von Sprache in den institutionell geprägten alltäglichen Arbeitszusammenhängen und -abläufen des Rechtswesens integriert zu werden? Nur eine Semantik, die all die genannten Aspekte adäquat berücksichtigt und zu integrieren erlaubt, kann zu Recht eine ‚Juristische Semantik' im vollen Sinne genannt werden.

2 Bedeutungstheorie(n) in der Rechtwissenschaft: zwischen Utilitarismus und Ignoranz

Setzt man sich mit den in der Rechtswissenschaft gehandelten Bedeutungsauffassungen und den dort rezipierten Typen von Bedeutungskonzeptionen und -theorien auseinander und fragt anschließend, in welcher Weise man einen Einfluss solcher

Konzepte auf die juristische Sichtweise von Sprache und Interpretation (Juristen bevorzugen den Terminus ‚Auslegung') feststellen kann, dann kann man folgende Feststellung machen: Der juristische Umgang mit Theorien der Semantik schwankt zwischen den Polen Utilitarismus und Ignoranz (so Busse ²2010). Mit Utilitarismus ist gemeint, dass Rechtstheoretiker und -methodiker in aller Regel nicht den Weg wählen, sich bei Fachleuten für die Sprache (und Sprachtheorie) anzuschauen, wie diese solche Phänomene wie Sprache, Bedeutung, Interpretation erklären, und im Anschluss daran zu überlegen, wie die eigenen juristischen Erklärungsansätze und Methodenrichtlinien in Bezug auf sprachbezogene Aspekte der Rechtstheorie und der juristischen Tätigkeit an die Erkenntnisse aus diesen Fachdisziplinen angepasst werden können, sondern umgekehrt auf der Basis festgefügter vortheoretischer (und darum wohl eher intuitiver als begründeter) Auffassungen aus dem verfügbaren Strauß von Sprach- bzw. Bedeutungstheorien genau diejenigen auswählen, welche der vorgefassten Meinung zu Bedeutung oder Interpretation am genauesten entsprechen und diese zu stützen geeignet sind. (Dies entspricht wohl einer generellen Umgangsweise von Juristen mit fachfremden Theorien und Sachauffassungen.) Mit Ignoranz ist gemeint, dass Juristen und Rechtstheoretiker, die es mit einer Disziplin zu tun haben, in der es auf die detaillierte und akribische Arbeit mit und an Sprache alltäglich ankommt, im Zuge der rechtstheoretischen und auslegungsmethodischen Begründungen und Konzeptionen ausgerechnet die Erkenntnisse aus derjenigen der sprachbezogenen Disziplinen lange vollständig ignoriert haben, die sich am genauesten und akribischsten mit der Sprache und ihrer Funktionsweise selbst beschäftigt und beschäftigt hat, der Linguistik. Der mindestens bis zum Beginn dieses Jahrhunderts nahezu vollständigen Ignoranz gegenüber der sprachwissenschaftlichen Semantik und Texttheorie steht eine willige (aber, siehe oben, stets rein utilitaristische bis camouflierende) Rezeption von philosophischen und logischen Sprach- und Bedeutungskonzeptionen gegenüber.

Welche bedeutungstheoretischen Ansätze sind nun (auf der Basis des Wechselspiels von Utilitarismus und Ignoranz) in der Rechtswissenschaft und juristischen Auslegungslehre besonders gerne adaptiert worden? Eine wissenschaftshistorisch orientierte mögliche Differenzierung von Semantik-Theorien könnte (nach Busse 2009, 22 ff.) folgende Einteilung ergeben:

1. Klassische zeichentheoretische Ansätze;
2. Vorstellungs- und Begriffstheorien der Wortbedeutung;
3. Logische Semantik (Intension und Extension);
4. Strukturalistische Semantik (Merkmal-bzw. Komponentensemantik);
5. Prototypen- bzw. Stereotypen-Semantik;
6. Pragmatische (gebrauchstheoretische und/oder intentionalistische) Semantik;
7. Schematheoretische bzw. Frame-Semantik (Wissensrahmen-Semantik);
8. Textsemantische und/oder interpretative (verstehenstheoretische) Semantik.

Vergleicht man diese Liste mit den in der Rechtswissenschaft überhaupt rezipierten Modelltypen, dann muss man feststellen, dass immerhin 5 von 8 Typen von Bedeutungstheorien dort mehr oder weniger (wenn nicht völlig) unbekannt sind (die Nummern 1, 4, 5, 7 und 8). Auffällig ist, dass darunter alle im engeren Sinne linguistischen Modelle sind; der juristische Fokus geht eindeutig in Richtung auf philosophische und insbesondere auf formallogisch fundierte Modelle. Hinzu kommt, dass in der juristischen Diskussion über Bedeutung und Interpretation Ansätze der traditionellen wie der modernen Hermeneutik eine große Rolle spielen, die jedoch weitgehend frei von bedeutungstheoretischen Überlegungen sind und meist eher unreflektiert auf Gedanken aus einem der oben erwähnten Modelltypen zurückgreifen. (Zu Details siehe Busse ^{2}2010, Kap. 2 und 3, 54 ff)

Von den genannten semantischen Modelltypen sind mindestens die ersten vier stark begriffstheoretisch geprägt (oder umfassen auch begriffstheoretische Varianten). Es ist wohl kein Zufall, dass von den juristisch präferierten Modelltypen zwei dieser Gruppe der begriffstheoretisch durchdrungenen Ansätze zugehören; lediglich jüngere pragmatische Modelle (vor allem – aber nicht nur – solche, die in der Nachfolge Wittgensteins entstanden sind) stehen dem entgegen (und entfalten manchmal sogar einen dezidiert anti-begriffstheoretischen Impetus). In diesem Befund wird man unschwer das starke Nachwirken der ‚Begriffsjurisprudenz' des 19. Jahrhunderts bis in die heutige Rechtstheorie, Auslegungslehre und juristische Semantik hinein entdecken können. Nicht (wie es linguistisch und sprachtheoretisch gesehen angemessener wäre) das Zusammenspiel unterschiedlicher Typen sprachlicher Zeichen mit Regeln der Zeichenanordnung (morphologisch, syntaktisch) und dem sinnprägenden textuellen und epistemischen Kontext bestimmen danach die Bedeutung eines Gesetzestextes oder Wortes; vielmehr wird weiterhin, wie in der Begriffsjurisprudenz des 19. Jahrhunderts, davon ausgegangen, dass isolierte ‚Begriffe' die ganze Last der Semantik tragen. Diese Heraushebung isolierter und quasi-verdinglichter ‚Begriffe' als Zentrum der juristischen Standard-Semantik-Auffassung kann unschwer als Fortsetzung der antiken und vor allem mittelalterlichen *institutiones*-Auffassung des Rechts betrachtet werden. (Zu Details siehe Busse 1992, 283 ff. mit weiteren Nachweisen.)

Aus der begriffstheoretischen Präferenz der klassischen (und bis heute vorherrschenden) Rechtstheorie und Auslegungslehre lässt sich auch bei denjenigen (eher wenigen) Rechtstheoretikern, die überhaupt Anleihen bei modernen sprachtheoretischen Ansätzen nehmen und es nicht bei mehr oder weniger klassischen hermeneutischen Überlegungen belassen, die spürbare Neigung zu Bedeutungsmodellen aus der (formalen) Logik und Sprachphilosophie erklären (Details m. w. N. siehe Busse ^{2}2010, 104 ff. und 1989, 94 ff.). Da logisch-semantische Ansätze letztlich auf eine Merkmal-Listen-Semantik hinauslaufen, die dem juristischen Bedürfnis nach Klarheit, Übersichtlichkeit und eindeutigen Ja/Nein-Entscheidungen (die freilich alle in Sachen der Semantik trügerisch sind) entgegenkommt, lässt sich diese Vorliebe ein Stück weit nachvollziehen. Dies ändert aber nichts an der Tatsache, dass solche Modelle, wenn sie denn (was bei Carnap 1956 selbst eigentlich gar nicht direkt der Fall war) als Bedeutungsmodelle auch im linguistischen Sinne ausgegeben werden, die auch für natürliche Sprachen taugen sollen, für eine auf die Methoden der Textauslegung und die Prinzipien der Bedeutungsbestimmung im Prozess der Interpretation ausgerichtete Semantik letztlich unzureichend sind und sich scharfer Kritik aussetzen.

Modelle zu einer theoretischen Begründung der juristischen Semantik und Auslegungslehre, die dem Reduktionismus der logizistischen Modelle entgegengesetzt sind, wurden zwar von einzelnen Autoren mit Nachdruck vertreten; man gewinnt jedoch den Eindruck, dass sie jeweils singulär geblieben sind und sich in der Rechtstheorie (soweit in dieser überhaupt im engeren Sinne semantische bzw. bedeutungstheoretische Argumente vorgebracht werden) in keiner Weise durchgesetzt haben oder auch nur fest etablieren konnten. Man kann dabei eine frühe Rezeption von Wittgensteins Spätwerk (mitsamt der dort entfalteten Auffassung von „Bedeutung als Gebrauch" und den Begriffen *Regel*, *Sprachspiel* und *Lebensform*) im Anschluss an den analytischen Philosophen H. L. A. Hart (1961) von solchen Ansätzen unterscheiden, die sich durchaus tiefer auf Gedanken der u. a. durch Wittgenstein angeregten linguistischen Pragmatik berufen. Neben sich als semiotisch (Schreckenberger 1978. Vgl. dazu Busse ²2010, 169 f.) oder sich als rhetorisch verstehenden (Haft 1978. Vgl. dazu Busse ²2010, 171 f.) oder argumentationstheoretischen Ansätzen (Alexy 1978. Vgl. dazu Busse ²2010, Kap. 5.3, 172 ff.), die eher nebenbei den Handlungsaspekt von Wittgensteins Sprachspiel-Konzept im Blick haben, ragen Ansätze heraus, in denen intensiv auf wittgensteinscher Basis ein eigenes Sprachmodell für juristische Zwecke entfaltet wird. Zu nennen ist hier insbesondere Schiffauer, der (1979, 28) seine Überlegungen dezidiert als „Absage an den formalen Begriffsrealismus der sog. ‚Begriffsjurisprudenz'" versteht. Kritisiert wird von ihm insbesondere das Beharren der herrschenden Meinung der juristischen Methodenlehren auf der begriffstheoretisch unterfütterten Gedankenfigur der „Wortlautgrenze", deren Unhaltbarkeit er detailliert und überzeugend herausarbeitet. Schiffauer führt in konsequenter Berufung auf den gebrauchssemantischen Ansatz Wittgensteins diese Frage auf die Verwendungsregeln und Verwendungssituationen für juristische Begriffe zurück. (Vgl. dazu Busse ²2010, 190 ff.).

Während Schiffauer seinen wittgensteinianisch untermauerten Ansatz noch als einen Beitrag zu einer reformierten und weiterentwickelten Hermeneutik versteht, wendet sich Hegenbarth (1982) mit seiner Anlehnung an die ebenfalls der linguistischen Pragmatik zuzurechnende intentionalistische Semantik explizit gegen die Hermeneutik. Mit Schiffauer teilt Hegenbarth jedoch die überzeugende Argumentation gegen die „*Wortlautgrenze*" und die sie begründende Reduktion der Semantik auf *Wort*semantik. Dieser Position wirft er vor, dass sie gleichsam „von einer natürlichen Beziehung zwischen Wörtern und ihrer Bedeutung" (Hegenbarth 1982, 42) ausgehe. Mit dieser Kritik will er vor allem die sog. „*objektive Lehre*" der Gesetzesauslegung treffen, mit welcher er die juristische Hermeneutik schlechthin gleichsetzt. Indem er umstandslos die Gegenposition einer „subjektiven" Auslegung bezieht, verspricht er sich von einer entsprechend gedeuteten *Linguistischen Pragmatik* Beistand, schüttet aber mit seiner radikal subjektiven, das „Sprecher-Meinen" verabsolutierenden Deutung sprechhandlungstheoretischer Ansätze das Kind mit dem Bade aus. Dies entspricht seinen rechtstheoretischen Zielvorgaben: Im Gegensatz zu Schiffauer, der die Grenze zwischen *Auslegung* und *Analogie* mit sprachtheoretischen Argumenten in Frage stellte und sie schließlich allein noch als Problem einer nur durch Konsens gestützten *Praxis* (ohne die Möglichkeit absoluter Gewissheit) gelten ließ, möchte Hegenbarth den Unterschied zwischen Rechts*auslegung* und Rechts*fortbildung* wieder schärfer ziehen. Mittel dafür ist ihm (darin ähnlich seinem Hauptgegner Koch 1979) die scharfe Grenzziehung zwischen Bedeutungsfest*stellung* und Bedeutungsfest*setzung*, die er mit falscher Berufung auf die Linguistische Pragmatik stützen will. Hatte Koch die Möglichkeit dieser Grenzziehung mit der (Illusion einer) objektiv bestehenden Relation zwischen Bedeutungsmerkmalen und Dingeigenschaften begründet, so sieht Hegenbarth sie durch die Berufung auf die als empirisch feststellbar missverstandenen *realen* Äußerungsintentionen realer historischer Sprecher (Gesetzgeber) gesichert. Juristische Gesetzesauslegung gerät ihm so zu einem umfangreichen Forschungsprozess, der sich mit den linguistischen Verfahren einer historischen Semantik vergleichen lässt. (Zu den Details und einer kritischen Diskussion von Hegenbarths Ansatz siehe ausführlich Busse ²2010, Kap. 6.2, 201 ff. oder Busse 1989, 114 ff.).

Ebenso singulär wie die auf einem vergleichsweise hohen bedeutungs- und sprachtheoretischen Niveau argumentierenden Arbeiten von Schiffauer und Hegenbarth sind Ansätze, die in intensiverer Form Bedeutungstheorien aufgreifen, wie sie auch in der Sprachwissenschaft im engeren Sinne gehandelt werden. Zu nennen ist hier u. a. die Referenzsemantik, die Jeand'Heur (1989a und 1989b) rezipiert hat (siehe dazu Busse ²2010, 211 ff.), die praktische Semantik, auf die sich Wimmer/Christensen 1989 berufen, sowie neuerdings die Frame-Semantik (siehe dazu Busse 2008a und 2008b). Verblüffend ist, dass die in der jüngeren Linguistik stark verbreitete Prototypensemantik (die aus der Psycholinguistik angeregt wurde) oder ihr sprachphilosophisch motiviertes Pendant, die Stereotypensemantik, auf dem Markt der Meinungen der juristischen Semantik bisher keinen Verkaufsstand erhalten haben. – Zusammenfassend kann festgestellt werden, dass die juristisch-semantische Theorie-Diskussion eine starke Präponderanz für philosophische und/oder logische Theoreme aufweist, und demgegenüber genuin linguistische Bedeutungskonzeptionen stark vernachlässigt bis völlig ignoriert. Man könnte aus diesem Befund auch den Schluss ziehen, dass eine juristische Semantik in vollem Sinne, die diesen Namen sprachwissenschaftlich gesehen überhaupt verdient – d. h. eine Semantik, die den sprachlichen Details und Detailproblemen bei der Bestimmung dessen gerecht wird, was man ‚Bedeutung' einer sprachlichen Form nennen kann (sei sie ein Wort, eine Wortfolge, ein Satz oder ein Textelement) – bislang so gut wie noch gar nicht existiert, sondern allererst geschaffen werden muss. Welche spezifischen Aspekte der Semantik juristisch verwendeter Sprachelemente dabei berücksichtigt werden müssen, soll im folgenden Abschnitt vertiefend behandelt werden.

3 Juristische Semantik zwischen Bedeutungsfeststellung und Bedeutungsfestsetzung: Rahmenbedingungen und Eigenschaften juristischer Semantik-Arbeit

Eine tiefergehende Erörterung der Frage, welche Fragestellungen sich für eine (linguistisch reflektierte) juristische Semantik ergeben, könnte mit der Frage beginnen, ob die gängigen bedeutungstheoretischen sowie lexikalisch-semantischen Ansätze überhaupt den spezifischen Problemen des juristischen Wortschatzes und des Umgangs mit Texten in der Praxis des Rechts gerecht werden. Die Intensität der juristischen Diskussion über die unterschiedlichsten bedeutungstheoretischen Modelle und ihre Eignung für die Beantwortung der juristischen Methodenfragen könnte zumindest ein Indiz dafür sein, dass die Übertragbarkeit linguistischer Bedeutungsbegriffe auf den juristischen Spezialwortschatz offenbar ein Problem darstellt. Das Auftreten eines solchen Problems könnte dann aber wiederum als Indiz dafür gedeutet werden, dass linguistische Bedeutungsbegriffe nicht so ohne weiteres alle Aspekte des juristischen Spezialwortschatzes abdecken. Auf einige dieser semantischen Probleme mit der Rechtssprache möchte ich kurz eingehen. (Die nachfolgende Darstellung übernimmt Gedanken aus Busse (1998), wo diese Thematik bzw. Problematik sehr viel ausführlicher diskutiert wurde.)

Dem in der Linguistik gebräuchlichen Begriff der *lexikalischen Bedeutung* (dem weitgehend das vorwissenschaftliche Verständnis von *Wortbedeutung* entspricht) liegt eine Abstraktion zugrunde, die sich insbesondere im Hinblick auf die Semantik von Rechtsbegriffen (und hier vor allem der Norm- oder Gesetzesbegriffe) als problematisch erweisen könnte. Der Begriff der lexikalischen Bedeutung ist von seinem Status her eindeutig ein Beschreibungsbegriff. Das heißt, dass der Gegenstand, den er bezeichnet, die lexikalische Bedeutung, ein Phänomen ist, das unter einer analytischen Perspektive, zum Zwecke der (z. B. lexikographischen) Beschreibung von Wortbedeutungen, von der linguistischen Analyse mehr oder weniger erst konstituiert wird. Bei näherer sprachtheoretischer Reflexion erweisen sich Wortbedeutungen aber, auf die sprechenden Individuen bezogen, als Fähigkeiten der regelgerechten Verwendung sprachlicher Zeichen. (Siehe dazu ausführlich das als Antwort auf die Probleme der juristischen Semantik verfasste Buch Busse 1991a/²2014.) Da diese Fähigkeiten jedoch eng mit den Kommunikations- bzw. Wortverwendungserfahrungen zusammenhängen, kann man nicht davon ausgehen, dass alle Sprachteilhaber über exakt dieselben Verwendungsfähigkeiten und -gepflogenheiten für ein Wortzeichen verfügen. Spricht man von Wortbedeutungen hinsichtlich einer ganzen Sprachgemeinschaft, etwa derjenigen der Sprecher des Deutschen, dann liegt dem eine Abstraktion von den erheblichen Unterschieden in den Verwendungskompetenzen für ein Sprachzeichen zugrunde. Das Ergebnis ist dann eine semantische Beschreibung, die als weitestgehend abgeschlossen und einheitlich aufgefasst, und die dann als ‚lexikalische Bedeutung' eines Wortes bezeichnet wird. Wo zwischen verschiedenen Verwendungsbereichen einer Wortform keine oder nur noch wenige inhaltliche Gemeinsamkeiten bestehen, spricht man dann von Teilbedeutungen bzw. *Lesarten*, die in den Wörterbüchern oft durch Nummerierung markiert werden.

Die Leistungsfähigkeit dieses lexikalischen Bedeutungsmodells findet jedoch ihre Grenze in Sprachverwendungsbereichen, in denen möglicherweise gerade nicht die Eindeutigkeit, sondern die Uneindeutigkeit bzw. Deutungsoffenheit strategisches Ziel der Wortverwendungen ist, wie etwa bei vielen Rechts- und Gesetzesbegriffen. Gerade bei Gesetzesbegriffen ist es anschaulich, dass es dem Gesetzgeber gar nicht darauf ankommen kann, die Begriffe möglichst eindeutig zu verwenden, sondern dass es ein sinnvolles strategisches Ziel ist, eine möglichst große Offenheit oder Ausfüllungsbedürftigkeit zu erzielen, damit der Gesetzestext auch bei einer Veränderung der Lebenswirklichkeit noch auf eine Vielfalt von Sachverhalten bezogen werden kann und so seine Regelungsfunktion behält. Diese für die Rechtssprache und für die Textsorte Gesetzestext typische semantische Offenheit kann jedoch mit dem herkömmlichen lexikalischen Bedeutungsbegriff nicht oder nur schwer erfasst werden. Dies zeigt sich sofort, wenn man die einzelnen bedeutungstheoretischen Modelle zur Beschreibung der lexikalischen Bedeutungen betrachtet. Rechts- und Gesetzesbegriffe sind, so könnte man diese Beobachtungen zusammenfassen, stets in besonderer Weise *auslegungsfähig* und *auslegungsbedürftig*, und vor allem, sie sind dies (nicht immer, aber oft genug) in strategisch gewollter Absicht.

Von Juristen wird unter den einzelnen bedeutungstheoretischen Modellen meist das klassische, aus der Logik stammende begriffstheoretische Modell von *Inhalt* und *Umfang* einer Wortbedeutung (*Intension* und *Extension*) bevorzugt. Eine rein extensionale Bedeutungsbeschreibung juristischer Fachbegriffe (insbesondere der Gesetzesbegriffe) kommt sicherlich ihrer strategisch beabsichtigten semantischen Offenheit entgegen. Eine streng extensionale Beschreibung einer Wortbedeutung, d. h. eine Beschreibung des Umfangs der Menge der Gegenstände und Sachverhalte, auf die ein Wort zurecht angewendet werden kann, würde letztlich auf eine Aufzählung aller aufgrund der Verwendungsregel des Wortes zulässigen Bezugsobjekte hinauslaufen. Eine solche extensionale Form der Bedeutungsbeschreibung käme auch dem juristischen Subsumtionsmodell der Gesetzesauslegung entgegen. Eine solche rein extensionale Methode ist jedoch mit dem lexikalischen Bedeutungsbegriff, der ja auf eine inhaltliche oder intensionale Bedeutungsbeschreibung abzielt, nicht vereinbar. Die strategische semantische Offenheit bzw. Auslegungsbedürftigkeit von Rechtsbegriffen bezieht sich in erster Linie auf die referenzielle bzw. extensionale Offenheit (im Sinne eines Fehlens fester Grenzen der Extension); doch schlägt diese stets auf die intensionale Beschreibung durch, die die Offenheit im Bereich der Referenz (des Sach- oder Wirklichkeitsbezugs) stets nachvollzieht (und nachvollziehen muss).

In der juristischen Semantik wird daher gerne die Metapher von *Kern* und *Hof* eines Begriffsinhaltes verwendet. Diese Metapher vereinigt intensionale und extensionale Gesichtspunkte. Man geht davon aus, dass es in der Klasse aller für eine bestimmte Begriffsbedeutung stehenden Anwendungsfälle eines Wortes solche Fälle gibt, die den Kern des Begriffsumfangs darstellen, und solche Fälle, die eher zum Rand oder Hof des Anwendungsbereiches dieses Begriffs gehören. Die Kernelemente würden sozusagen die wesentlichen Bedeutungselemente verwirklichen, während die Hof- oder Randelemente eher unwesentliche Bedeutungsmomente enthalten. Diese Trennung von Wesentlichem und Unwesentlichem, die ja auch für die linguistische Merkmalsemantik kennzeichnend ist (siehe dazu die Darstellung und Problemdiskussion in Busse 2009, 41 ff.), enthält nun letztlich nichts anderes als den Versuch, die Begriffsbedeutung durch inhaltliche Beschreibung (statt durch Aufzählung der Bezugsobjekte) deutlicher abzugrenzen. Die Metapher vom Kern und Hof einer Begriffsbedeutung eröffnet jedoch das Problem der unscharfen Ränder des Kernbereichs. Genauer gesagt stellt sich die Frage, ob durch die Bedeutungsbeschreibung der Kernbereich mit seinen wesentlichen Bedeutungselementen auch wirklich trennscharf vom Randbereich mit seinen unwesentlichen Bedeutungselementen abgegrenzt werden kann. Dies ist nun, wie auch die meisten Juristen anerkennen, gerade angesichts der strategischen Uneindeutigkeit bzw. Offenheit vieler Gesetzesbegriffe nicht möglich.

Rechts- und Gesetzesbegriffe entziehen sich einer ‚normalen' semantischen Analyse auch durch ihre in der Regel hohe semantische bzw. begriffliche Komplexität. So wird etwa die Bedeutung des Ausdrucks „*Wegnahme*" im Diebstahlparagraphen in der für die Anwendung dieses Paragraphen in der juristischen Alltagspraxis ausschlaggebenden Kommentar-Literatur in ein komplexes Netz von Teildefinitionen und Unterklassen aus(einander)gelegt, die kaum noch zusammenfassend in übersichtlicher Form beschrieben werden können. (Siehe dazu vertiefend und Beispiele in Busse 1992, 119 ff.) Was in den Gesetzeskommentaren entfaltet wird, sind also nicht nur ‚Wort- oder Satzbedeutungen' im üblichen Sinn, sondern eine komplexe, schon über ein Jahrhundert andauernde institutionelle Praxis der entscheidungsbezogenen richterlichen Arbeit mit einem Gesetzesparagraphen. Letztlich enthält die Auslegung eines Paragraphen in einem guten Gesetzeskommentar das gesamte juristische Wissen zu den Anwendungsbedingungen und semantischen Verästelungen dieses Textes und seiner Bestandteile. Da dieses Phänomen den gängigen Begriff von ‚Wort- oder Satzbedeutung' sprengt, wäre es angemessener, stattdessen den in der neueren Textlinguistik, Sprachverstehensforschung und kognitiven Linguistik eingeführten Begriff des ‚Wissensrahmens' zu verwenden. Institutionalität der Interpretation und Bedeutung eines Gesetzestextes heißt dann u. a. auch die Einbindung des Textes und seiner Auslegung/Anwendung in einen solchen komplexen Wissensrahmen, d. h. in einen Rahmen vernetzten institutionalisierten Fach- und Bedeutungswissens.

Die juristische (rechtstheoretische bzw. auslegungstheoretische) Diskussion über Semantik bzw. die Frage, wie *Bedeutung* in Hinblick auf Rechtsbegriffe aufgefasst werden kann und wie Bedeutungen von Rechtsbegriffen konkret angemessen erschlossen werden können, kreist um einige (untereinander eng verflochtene)

Aspekte bzw. Fragen, auf die aus den unterschiedlichen rechtstheoretischen Positionen heraus immer wieder unterschiedliche bzw. gegensätzliche Antworten gegeben worden sind. Dies sind u. a.: (1) Die Unterscheidung zwischen Bedeutungs*feststellung* und Bedeutungs*festsetzung*; (2) der Gegensatz zwischen *objektiver* und *subjektiver* Methode der Interpretation bzw. Bedeutungserschließung; (3) die Konkurrenz unterschiedlicher juristischer Auslegungsprinzipien (der sog. Kanones); (4) der (mit dem verfassungsrechtlichen Prinzip der „Gesetzesbindung" begründete) Gedanke einer „Wortlautgrenze".

Die von manchen Juristen getroffene Unterscheidung zwischen Bedeutungs*feststellung* und Bedeutungs*festsetzung* beruft sich auf einen verfassungsrechtlich begründeten Gegensatz von Rechts*anwendung* und Rechts*fortbildung*. Danach dürfe ein Richter keineswegs die Bedeutung eines Gesetzeswortes oder -satzes einfach selbstherrlich festsetzen, sondern müsse genau die Bedeutung feststellen, die nach dem Willen des Gesetzgebers gemeint gewesen ist. Der Rechtsentscheider wird nach dieser Position zu einem bloßen Rechtsanwender; er fungiert als bloßer „Mund des Gesetzes" (*bouche de la loi* nach Montesquieu). Eine Folge davon wäre: Der Richter wird zum reinen „Subsumtionsautomaten". Aber: Diese Automatenillusion der Rechtsprechung scheitert hart an der sprachlichen Wirklichkeit. Mit dieser Unterscheidung hängt die zweite eng zusammen: In der juristischen Auslegungstheorie stehen sich die sog. „subjektive" und die sog. „objektive" Auslegungslehre nahezu unversöhnlich gegenüber (Engisch 1956, 88). Dabei kann, entsprechend dem in der deutschen Rechtstheorie bis heute vorherrschenden Rechts- bzw. Gesetzes-Positivismus eine eindeutige Präferenz für die sog. „objektive" Auslegungstheorie festgestellt werden. Vertreter einer solchen Position werden von ihren Kritikern daher einer Präferenz für „Bedeutungsfestsetzung", also eines voluntaristischen Dezisionismus geziehen. „Objektive" Methode meint daher nicht, wie man als Laie oder Linguist vermuten könnte, eine Präferenz für die „Bedeutungsfeststellung" statt der „Bedeutungsfestsetzung"; ganz im Gegenteil. Gemeint ist eine vermeintliche „objektive Bedeutung", die auch jenseits des historisch feststellbaren Gesetzgeberwillens und durchaus auch über diesen hinaus gehend zu aktuell gewünschten Ergebnissen kommen kann. Von Gegnern wird daher den Vertretern der „objektiven Lehre" immer wieder unterstellt, sie trachteten nach (vom Gesetzgeberwillen nicht gedeckter) Rechts*fortbildung*, statt sich, wie es in einem demokratischen Rechtsstaat, in dem diese Aufgabe allein einem durch Wahlen legitimierten Parlament zukäme, allein angemessen wäre, auf die Gesetzes*anwendung* zu beschränken.

Wie auch heute noch weitgehend üblich, wird dabei Bezug genommen auf die letztlich auf Friedrich Karl von Savigny 1802 zurückgehende Einteilung der juristischen Auslegungsmethoden in vier Auslegungsgesichtspunkte bzw. -verfahren, die meist als „Kanones" der Auslegung von Gesetzestexten bezeichnet werden. Die Tatsache, dass heute meist die Auffassung vertreten wird, dass je nach Sachlage alle vier Kanones (freilich in einer gewissen Rangfolge) zum Zuge kommen können, macht bereits die Komplexität juristischer semantischer bzw. Auslegungsarbeit recht anschaulich. In linguistischer Redeweise entsprechen die vier Auslegungs-Kanones wohl folgenden Aspekten der Text-Interpretation: (1) Die sog. „grammatische Interpretation" (oder „Auslegung nach dem Wortlaut") entspricht wohl weitgehend dem vorwissenschaftlichen Begriff der ‚wörtlichen Bedeutung". (2) Die „systematische Auslegung" bezieht sich auf den Text- und Gedanken-Zusammenhang einer Gesetzesformulierung, wobei allerdings nicht nur innertextliche Bezüge gemeint sind, sondern auch intertextuelle Relationen bis hin zu Verknüpfungen im juristischen Wissen, die wohl eher als epistemisch-semantische denn als im engeren Sinne textlinguistische Relationen aufgefasst werden müssten. (3) Die „historisch-genetische" Auslegung wird oft mit der sog. „subjektiven" Auslegung gleichgesetzt, die nach den Mitteilungsintentionen des ursprünglichen Textverfassers fragt. (4) Die sog. „teleologische" Methode schließlich lässt sich mit sprachwissenschaftlichen Begriffen gar nicht mehr fassen. Hier geht es um die von einem Textinterpreten angestellten Vermutungen über „Ziel und Zweck" einer Gesetzesnorm, die zu deliberativen Überlegungen weitgespannter Art verführen können, weshalb dieser Auslegungskanon auch der zweifelhafteste und ‚anrüchigste' unter den vier Auslegungsgesichtspunkten ist.

Die geschilderten Bedingungen juristischer Semantik und Semantik-Arbeit sind auch bei dem Versuch einer Analyse und Erklärung der spezifischen Bedingungen der juristischen Semantik aus sprachwissenschaftlicher Sicht zu beachten.

4 Juristische Semantik als Analyse juristischen Wissens: Modelle und Methoden

Will man das Grundproblem der juristischen Semantik systematisch angehen, sind dabei aus linguistischer Sicht zunächst folgende grundlegende sprachtheoretische, texttheoretische und verstehenstheoretische Voraussetzungen zu beachten:

- Jeder Text existiert zunächst nur als reine sprachliche Ausdrucksform („Textformular" nach Schmidt 1976, 150 f.).
- Jedes Textformular kann nur auf der Grundlage einer bestimmten Wissensbasis mit Sinn gefüllt werden.
- Jeder Schrifttext, der über einen längeren Zeitraum hinweg existiert und benutzt wird, erhält eine Auslegungsgeschichte.
- Bei der Interpretation von Texten (vor allem bei zentralen gesellschaftlichen Texten, wie z. B. Gesetzestexten) muss mit dem Problem der Mehrfachadressierung gerechnet werden.
- Gesetzestexte haben nicht vorrangig die Funktion der „Informationsübermittlung"; auch nicht die Funktion, ihre Deutung eindeutig festzulegen; sie haben viel eher die Funktion, semantische Interpretationsspielräume in gewissen Grenzen zu eröffnen und damit die Funktionalität des Textes für unterschiedliche Entscheidungssituationen und Lebensweltsachverhalte offenzuhalten.

- Die geforderte Verfahrensfestigkeit der Gesetzessprache wird weniger über semantische Eindeutigkeit, als vielmehr durch die Etablierung einer institutionell gebundenen Auslegungs- und Anwendungspraxis der Gesetzesformulierungen und -begriffe angestrebt.

Aus diesen Voraussetzungen ergibt sich folgende zentrale rechtslinguistische bzw. juristisch-semantische Frage: Wie wird das der funktionalen Zweckgebung von Gesetzestexten in unserem Rechtssystem entsprechende Ziel der Verfahrensfestigkeit von Rechtsentscheidungen verwirklicht und welche Rolle spielen dabei die sprachlichen Eingangsdaten (also die Gesetzesformulierungen)?

Hinsichtlich der Frage, wie mit dem Problem ‚Bedeutung' von Rechtsbegriffen bzw. -texten angemessen umgegangen werden kann, sollten folgende Aspekte berücksichtigt werden:
- Bedeutungsaktualisierung ist Wissensaktivierung und Kontextualisierung der beim Textrezipienten einlaufenden Sprachdaten im Rahmen der bei ihm verfügbaren Wissensrahmen und deren Konstellation.
- Da eine Einheitlichkeit der verfügbaren Wissensrahmen und Konstellationen vorab niemals garantiert werden kann, kann von einer vorab garantierten Eindeutigkeit der Bedeutungskonkretisierung ebenfalls nie gesprochen werden.
- ‚Garantiert' wird adäquates Verstehen nur durch die Einheitlichkeit bzw. weitgehende Entsprechung der Lebensverhältnisse und damit Wissenshorizonte der Individuen.
- Eine wichtige rechtslinguistische Konsequenz daraus ist: Die tendenzielle Einheitlichkeit und darum Vorhersehbarkeit und Verlässlichkeit von Rechtsentscheidungen ist an die in epistemischer Hinsicht unterstellte Einheitlichkeit einer Interpretationsgemeinschaft (z. B. derjenigen der formal bzw. institutionell legitimierten Rechts-Anwender und -Entscheider) delegiert.
- Textbasierte Rechtsentscheidungen sind immer Entscheidungen von Konflikten.
- Konflikte entstehen aber aus Gegensätzen von Interessen.
- Aktualisierung von ‚Bedeutungen' beruht auf Wissens-Aktivierung und Inferenzen.
- Inferenzen, auch solche im Prozess des Verstehens bzw. der Deutung sprachlicher Zeichenketten bzw. Texte, können immer auch durch Interessen geleitet sein und sind es auch häufig.
- Daraus folgt: Im Verstehen/Interpretieren von Rechtstexten (und damit in der Beurteilung der Semantik der in diesen verwendeten sprachlichen Mittel) sind konträre bzw. konfligierende Interessen konstitutiv.
- Wenn dies so ist, dann können die Gesetzes-Texte die ihnen von der rechtstheoretischen Fiktion her zugedachte Gewährleistungs- und Sicherungsfunktion als solche oder allein nicht mehr erfüllen.
- Mit anderen Worten: Unser Rechtssystem lebt mit einer Fiktion, die sprachtheoretisch gesehen jeder realen Grundlage entbehrt.

Hier schließt sich eine notwendig zu stellende Frage an: Wenn dies so ist, wie wird die tendenziell tatsächlich beobachtbare Einheitlichkeit bzw. Verlässlichkeit der Normtextauslegung (und Bedeutungserschließung) dann überhaupt hergestellt? Die Antwort darauf kann eigentlich nur lauten: Durch die faktisch immer wieder hergestellte Konvergenz der Entscheidungshandlungen. Dabei stellt sich aber folgendes Problem: Wie kommt diese Konvergenz zustande, wenn sie schon nicht von den Rechtstexten als solchen garantiert bzw. herbeigeführt werden kann? Kann man in Hinblick auf den rechtlichen Entscheidungsfindungsprozess überhaupt von einem Primat des Textes über die Deutung reden? Oder anders ausgedrückt: Sucht sich der Text (in der Rezeption) die passende Bedeutung, oder wird für eine den Eingangsinteressen entsprechende Deutung der Text zurecht-interpretiert? Dies ist eigentlich eine Fragestellung, die die Kompetenzen der Linguistik (und insbesondere der Semantik) im engeren Sinne überschreitet. Die Rechtssysteme dieser Welt haben darauf unterschiedliche Antworten gefunden: Das angelsächsische case-law stellt das Vertrauen in Personen und in die Verlässlichkeit einer Entscheidungs-Praxis in den Vordergrund. Das text-fixierte kontinental-europäische Gesetzes-Recht dagegen versteckt Personen und Entscheidungspraxis hinter der sprachtheoretisch nicht haltbaren Figur des „Wortlauts".

Aus den vorangehenden Überlegungen kann man (auch in semantischer Hinsicht) eigentlich nur eine Schlussfolgerung ziehen: Rechtstexte entfalten ihre für die Zwecke bzw. Aufgaben der Institution Recht relevanten Bedeutungen im Kontext der für ihre Auslegung und Anwendung ausschlaggebenden fachspezifischen Wissensrahmen. Nur eine Analyse dieser Wissensrahmen kann das entfalten, was man die ‚Bedeutung' eines Gesetzestextes oder eines Rechtsbegriffs nennen könnte. Eine Voraussetzung ihrer angemessenen Erforschung wäre es also, dass die (linguistische) Semantik eine Wende hin zu einer wissensanalytischen Semantik vollzieht. Nachfolgend sollen die wichtigsten Grundzüge eines solchen Ansatzes in aller gebotenen Kürze dargestellt werden.

Wörter (in Sätzen, Texten) evozieren Wissen. Die Aktualisierung verstehensrelevanten Wissens ‚unterläuft' den Rezipienten häufig genug quasi ‚automatisch' im Zuge selbstverständlichen, ‚unbewussten', meist nicht explizit reflektierten Verstehens; sie kann aber auch Ergebnis von das Verstehen vorbereitenden schlussfolgernden geistigen Akten sein. Im Falle der juristischen Semantik (hier verstanden als eine alltägliche Praxis) kann und sollte man sogar von einer „Arbeit mit Texten" (einer „Arbeit mit Bedeutungen") sprechen. (Aus welchen Gründen, wird in Busse 1991a, 187 ff. auf der Basis von Biere 1989 ausführlich dargelegt.). Für die systematische Beschreibung der Strukturen und Formen, in denen diese Wissensaktualisierung (und das dazugehörige Schlussfolgern, technisch gesprochen: das Vollziehen von „Inferenzen") verläuft, ist schon früh der Begriff „Rahmen" (frame) angeboten worden. Etwa zeitgleich verwenden sowohl der Linguist Fillmore (z. B. 1977, 1982) als auch der Kognitionswissenschaftler Minsky (1974) diesen Terminus, den sie beide (wohl unabhängig voneinander) auf den „Schema"-Begriff des Psychologen und Gedächtnis-Forschers

Bartlett (1932) zurückführen. In Busse (1992) wurde (mit Blick insbesondere auf die juristische Semantik) vorgeschlagen, als Oberbegriff für die verschiedenen Typen des verstehensrelevanten Wissens den Ausdruck „Wissensrahmen" zu verwenden.

Man kann nach Minsky davon ausgehen, dass das gesamte Wissen (und damit auch das „semantische", das für das Verstehen sprachlicher Zeichen und Texte relevante Wissen) in Wissensrahmen organisiert und strukturiert ist. Wissensrahmen können so gesehen als das Format von Wissen aufgefasst werden. Sie sind dynamisch (d. h. folgen je unterschiedlichen Perspektivierungen), polyvalent (d. h. zu unterschiedlichen Funktionen und Zwecken nutzbar) und vielstufig in Ebenen gestaffelt. Jeder Begriff (jedes Konzept) ist in dieser Sichtweise selbst ein Rahmen, der entweder Teil eines übergeordneten Rahmens ist, oder selbst auf Rahmen unterer Ebene basiert oder in Beziehung zu benachbarten Rahmen oder Rahmenelementen steht. Die Gemeinsamkeit von Fillmores Satz- oder Verb-orientierter Frame-Konzeption mit dem von Minsky (1974) begründeten allgemeinen kognitionswissenschaftlichen Frame-Modell liegt vor allem in dem, was den Charme, die Besonderheit und den wesentlichen Kern der Frame-Theorien ausmacht: nämlich die Rede von *Leerstellen* und ihren *Füllungen.*

Diese besagt Folgendes (nachfolgende Darstellung folgt den Definitionen in Busse 2012, Kap. 7, 533 ff. und 818 ff.): Ein Frame/Wissensrahmen ist eine Struktur des Wissens, in der mit Bezug auf einen strukturellen Frame-Kern, der auch als „Gegenstand" oder „Thema" des Frames aufgefasst werden kann, eine bestimmte Konstellation von Wissenselementen gruppiert ist, die in dieser Perspektive als frame-konstituierende Frame-Elemente fungieren. Diese Wissenselemente (oder Frame-Elemente) sind keine epistemisch mit konkreten Daten vollständig „gefüllte" Größen, sondern fungieren als Anschlussstellen (Slots), denen in einer epistemischen Kontextualisierung (Einbettung, „Ausfüllung") des Frames konkrete („ausfüllende", konkretisierende) Wissenselemente (sog. Füllungen, Werte oder Zuschreibungen) jeweils zugewiesen werden. Frames stellen daher (vereinfacht gesagt) Wissensstrukturen dar, die eine Kategorie mit bestimmten Attributen verknüpfen, die jeweils mit bestimmten konkreten Werten gefüllt werden können. (In anderen Frametheorien heißen die Attribute „Leerstellen" oder „slots" und die Werte „Füllungen" oder „fillers".) Die Zahl und Art der Attribute eines Frames ist nicht zwingend für immer festgelegt, sondern kann variieren. So können z. B. neue Attribute hinzukommen.

In der Beschreibung von Frames kommt der Beschreibung der Slots (bzw. Leerstellen/Attribute/Anschlussstellen) und ihrer Beziehung untereinander wie zum Frame-Kern eine zentrale Funktion zu. Sie kann man wie folgt definieren: Anschlussstellen (Slots, Frame-Elemente, „Attribute") sind die in einem gegebenen Frame zu einem festen Set solcher Elemente verbundenen, diesen Frame als solche konstituierenden Wissenselemente; diese Wissenselemente definieren das Bezugsobjekt (den Gegenstand, das Thema) des Frames; sie sind in ihrem epistemischen Gehalt nicht voll spezifiziert, sondern müssen nur die Bedingungen festlegen, die konkrete, spezifizierende Wissenselemente erfüllen, die als konstitutive Merkmale oder Bestandteile des Frames diesen zu einem epistemisch voll spezifizierten (*instantiierten*) Wissensgefüge/Frame machen (sollen). Da Anschlussstellen konkretisierende Bedingungen für die epistemischen Eigenschaften der Füllungen festlegen, können sie auch als ein „Set von Anschlussbedingungen" (oder „Set von Bedingungen der Anschließbarkeit", „Set von Subkategorisierungsbedingungen") charakterisiert werden.

Eine Arbeitsdefinition zu den Fillern bzw. Werten könnte dann folgendermaßen lauten: Zuschreibungen/Filler/Werte sind solche Wissenselemente, die über Anschlussstellen an einen (abstrakten, allgemeinen) Frame angeschlossen werden, um diesen zu einem epistemisch voll spezifizierten Wissensrahmen (einem instantiierten Frame) zu machen. Für eine epistemologische Analyse wichtige Zuschreibungen oder Filler oder Werte sind solche Zuschreibungen von (in *dieser* Relation als „Filler" fungierenden) Konzepten zu anderen (in *dieser* Relation als „Anschlussstellen" fungierenden) Konzepten, die nach den Bedingungen, welche die Anschlussstelle (Slot, Attribut) dieses Frames definiert, erwartbare oder mögliche Konkretisierungen/Instantiierungen der allgemeinen Typ-Bedingungen des Slots sind.

Das Wissensrahmen-Modell (Frame-Modell) scheint besonders gut geeignet, die komplexen semantischen Strukturen von Rechts- und insbesondere Gesetzesbegriffen aufzuklären (so bereits Busse 1992). Gerade bei solchen semantisch hochgradig komplexen Begriffen kann die vollständige semantische Struktur mit frame-analytischen Verfahren weitaus präziser erfasst werden, als dies mit traditionellen semantischen Verfahren möglich ist. In Bezug auf die hochkomplexe Semantik juristischer Fachbegriffe und vor allem der Gesetzestexte bietet ein frame-semantischer Ansatz erhebliche Vorzüge gegenüber den bisher meist angewendeten, eher intuitiv-hermeneutischen Verfahrensweisen. Mithilfe eines frame-bezogenen abstrakten Darstellungsformats können Bezüge und Strukturen im semantisch relevanten Wissen (und Konzeptsystem) offen gelegt und in ihren Querbezügen und Einbettungsverhältnisse präzise beschrieben werden. Eine formalisierte Darstellungsweise der für die Semantik wichtiger Rechtsbegriffe zugrundezulegenden Konzeptstruktur erlaubt zudem beispielsweise eine bessere Vergleichbarkeit juristischer Konzepte über Sprachgrenzen hinweg (etwa im Vergleich von deutschen und englischen Rechtsbegriffen). (Für eine frame-semantische Darstellung von Rechtsbegriffen gibt es mittlerweile umfassende Erfahrungen, die u. a. in Busse 2012, Busse 2014b, 2015 und 2016 sowie in Busse/Felden/Wulf 2017 dokumentiert sind.)

5 Zur Relevanz einer linguistisch reflektierten Semantik für die Rechtstheorie und Rechtspraxis

Wir haben oben den Befund festgestellt, dass in der Rechtstheorie und juristischen Methoden- bzw. Auslegungslehre zwar durchaus eine intensivere Rezeption und Diskussion von Bedeutungstheorien und -modellen erfolgt ist, dass diese aber meistens den vorgeprägten Interessen der verschiedenen Parteien in den verschiedenen Konfliktlinien der juristischen Methodenlehre folgt und praktisch niemals dazu eingesetzt wird, diese Präjudizien in Frage zu stellen. Wir haben ebenfalls gesehen, dass insbesondere im engeren Sinne linguistische Bedeutungsmodelle praktisch gar nicht rezipiert wurden und werden. Eine Ausnahme hiervon stellen die Arbeiten von Jeand'Heur (1989), Christensen (1989a) und Müller (1997 und 2009) dar. Philosophische oder logische Sprachtheorien und Bedeutungsmodelle sind durchgängig durch den Mangel gekennzeichnet, dass sie den präzisen Beiträgen einzelner sprachlicher Zeichen und Strukturen zur Bedeutung eines Textstücks oder einer Aussage zu wenig oder fast gar keine Aufmerksamkeit widmen. Solche Bedeutungstheorien sind durchgängig hinsichtlich der notwendig zu beachtenden sprachlichen Details wie auch linguistisch gesehen unterkomplex und können daher aus Sicht der Sprachwissenschaft als der zuständigen Fachwissenschaft nicht das leisten, was ihnen von Philosophen und Logikern, aber auch von den deren Ansätze rezipierenden Juristen als Leistung zugeschrieben wird.

Gefragt nach der Relevanz einer spezifisch sprachwissenschaftlich reflektierten Sicht auf das Phänomen *Bedeutung* für die Jurisprudenz muss zunächst festgestellt werden, dass die bei Juristen sehr beliebte Gedankenfigur einer „Wortlautgrenze" linguistisch bzw. sprachtheoretisch gesehen nicht gerechtfertigt werden kann. Dieser Befund ist keineswegs neu, doch sind Rechtstheoretiker und -methodiker in ihrer überwältigenden Mehrzahl anscheinend nicht gewillt, ihn zu akzeptieren; eine der wenigen Ausnahmen wäre etwa Christensen (1989b). Eher schon könnte eine linguistisch-semantisch geleitete Bedeutungsanalyse dazu beitragen, Bedeutungen von Sprachelementen (seien es einzelne Wörter bzw. Begriffe oder Textbestandteile, wie Sätze, Halbsätze usw.) in dem Sinne ‚festzustellen', dass auf der Basis eines gegebenen Korpus von Texten die sich aus diesem Korpus ergebende(n) kontextuelle(n) Bedeutung(en) mit geeigneten sprachwissenschaftlichen Methoden ermittelt wird (werden). Ein probates Verfahren, das den Bedürfnissen der Rechtstheorie und der juristischen Methodenlehre am nächsten kommt, wäre die oben geschilderte Wissensrahmen- oder Frame-Analyse. Ihre Ergebnisse könnten einer allzu willkürlichen ‚Bedeutungsfestsetzung' einen Riegel vorschieben. Dieser Gewinn ist aber nur relativ, da aus linguistischer Sicht die Differenz zwischen ‚Feststellung' und ‚Festsetzung' von Bedeutung(en) keine absolute ist. Will man es nicht dabei bewenden lassen, all die differenten Verwendungsweisen z. B. eines bestimmten Wortes in der Menge der Korpustexte einfach nur aufzulisten (was zu einer ziemlich unübersichtlichen und darum in der Praxis wenig hilfreichen ‚Bedeutungs-Darstellung' führen würde), muss man zum Mittel der Abstraktion und Zusammenfassung greifen. Jede solche Aktivität ist aber verbunden mit Auslassungen (von Bedeutungselementen, Frame-Elementen, Aspekten, im Korpus gegebenen Referenzobjekten bzw. Extensions-Mitgliedern usw.). Jeder solcher Akt der Auslassung (der in der linguistischen lexikalischen Semantik, insbesondere in der Lexikographie bzw. Wörterbuch-Arbeit ganz normal und unproblematisch ist) beruht aber auf einer Entscheidung, ist mithin unvermeidlich dezisionistisch, und erfüllt das, was Rechtstheoretiker in kritischer Absicht als ‚Bedeutungsfestsetzung' (im Gegensatz zu einer akzeptablen ‚Bedeutungsfeststellung') bezeichnet haben.

Hinsichtlich der Unterscheidung von (und Entscheidung zwischen) der sog. „objektiven" und der „subjektiven" Methode der Gesetzestextauslegung kann ein genuin sprachwissenschaftlicher Blick auf das Bedeutungsproblem der Jurisprudenz ebenfalls nur bedingt weiterhelfen. Für die „objektive Methode" gilt dasselbe, was zur ‚Bedeutungsfeststellung' gesagt wurde. Da hinsichtlich des „subjektiven" Aspekts die juristische Methodenlehre unter der Bezeichnung „historisch-genetische Methode" detaillierte Kriterien dazu, welche Quellen (über den reinen Normtext, dessen Bedeutung erschlossen werden soll, hinaus) hier in welcher Gewichtung berücksichtigt werden sollen oder dürfen, bereits entwickelt hat, und diese Methoden weitgehend denen entsprechen, die auch in einer Textwissenschaft (wie der Linguistik) benutzt werden würden, könnte die Linguistik hier kaum entscheidend Neues beitragen. Hinsichtlich des theoretischen Aspekts dieser Frage wäre darauf hinzuweisen, dass zwar das Modell der intentionalistischen Semantik aus theoretischer Sicht überzeugende Gründe für sich hat, dass aber hinsichtlich der praktischen Interpretation und Bedeutungserschließung für gegebene Sprachproduktionen (Äußerungen, Sätze, Texte und die in ihnen enthaltenen Wörter) über das gegebene Textmaterial (ggf. ergänzt um Begleitmaterialien wie bei der historisch-genetischen Methode) nicht hinausgegangen werden kann.

So viel zur Relevanz linguistischer Theoreme und Erkenntnisse für die Rechtstheorie und insbesondere juristische Auslegungs- bzw. Methodenlehre. Wie steht es nun mit der Relevanz für die juristische Praxis? Eine dezidiert linguistische Semantik kann insbesondere Hinweise darauf geben, welche Aspekte und welche methodischen Regularien bei dem Bemühen um die Erschließung von Wort- und Textbedeutungen berücksichtigt werden sollten. Aus der hier vertretenen Sicht kann insbesondere die Frame- oder Wissensrahmen-Semantik ein semantisches Erschließungspotential, vor allem aber ein Veranschaulichungspotential haben, das über die (bei weitem nicht nur bei Juristen) übliche ‚Lehnstuhl-Methode' und intuitive Bedeutungs-‚Analyse' deutlich hinausgeht. Zwar ersetzt auch eine Frame-Semantik nicht ein Verstehen des Textes und seines epistemischen Hintergrundes, aber sie kann bei der Vorbereitung des Verstehens und bei der Aufschließung dieses Hintergrundes ein deutlichen Zugewinn (an Klarheit und Umfang) bringendes methodisches Mittel sein. Frame-Semantik erlaubt es, semantische und/oder konzeptuelle Relationen in dem mit einem Wort oder Textausschnitt zusammenhängenden Begriffswissen präzise zu identifizieren und zu benennen und die konzeptuellen/semantischen Strukturen dadurch genauer herauszuarbeiten. Sie macht verschiedene konkurrierende Deutungen besser miteinander vergleichbar, indem sie präzise deren Gemeinsamkeiten und Unterschiede veranschaulichen kann. Sie kann jedoch die Entscheidung für eine der konkurrierenden Deutungen nicht ersetzen; vielmehr verbleibt diese immer in der Hand der Recht anwendenden oder Recht erzeugenden Individuen – eine Tätigkeit, von der diese Individuen durch keine Theorie und keine Methodik (wie lucide diese auch immer aussehen mögen) entlastet werden können. Linguistisch reflektierte Semantik ist kein Allheilmittel für alle rechtstheoretischen und rechtsmethodischen Probleme rund um Auslegung und Bedeutung, aber sie kann zu einem Surplus an Klarheit in der juristischen Bedeutungserschließung und -durchdringung einiges beitragen.

6 Von der juristischen Domäne zu den Domänen des Alltags: Was kann die linguistische Semantik von der juristischen lernen?

Die Entscheidung für ein auf die Analyse und den Einbezug des verstehensrelevanten (nota bene: bedeutungsrelevanten oder bedeutungsgebenden) Wissens in seiner Gesamtheit zurückgreifendes frame-theoretisches Modell der Semantik ist (für den Verfasser dieses Textes) wesentlich beeinflusst und mitbedingt worden durch die Erfahrungen mit den Spezialproblemen der juristischen Semantik (siehe dazu bereits Busse 1992). Hier wurde in besonderer Schärfe deutlich: Bedeutungsbestimmung ist ohne die Bestimmung der hinter der Verwendung eines Wortes (Satzes, Textbestandteils) stehenden, dieses motivierenden, von ihr evozierten Wissens nicht denkbar. Bei der Prüfung der gängigen Bedeutungsmodelle aus Zeichentheorie, Philosophie, Logik und Linguistik wurde aber auch deutlich: alle traditionellen Bedeutungstheorien haben den Umfang und die Subtilität des verstehensrelevanten Wissens bislang grandios unterschätzt. (Dies hat – wiederum in unübertroffener Klarheit – Fillmore 1970, 120 ausgedrückt: „Was ein Sprecher einer Sprache über die einzelnen ‚Wörter' einer Sprache und über die Bedingungen, die ihren angemessenen Gebrauch bestimmen, weiß, ist vielleicht der zugänglichste Aspekt des sprachlichen Wissens, aber gleichzeitig ist es extrem subtil und extrem komplex.") Sie befleißigen sich eines theoretischen, aber auch in den praktischen Analysen spürbaren extremen Reduktionismus. Einzig die vor allem auch aus der Erkenntnis dieser Defizite und mit der Intention der Überwindung dieses ubiquitären semantischen Reduktionismus entwickelten Frame-Modelle in kognitiver und linguistischer Semantik stellen den geeigneten Weg dar, diese Defizite zu überwinden.

Nachdem (in Busse 1992) erstmals die Idee einer Wissensrahmen-Analyse in den Kontext der Rechtslinguistik und juristischen Semantik eingebracht worden war, und diese Idee insbesondere mit den im Kontext der juristischen Semantik und Spracharbeit aufgefundenen (scheinbaren) Spezialproblemen dieser Domäne des Sprachgebrauchs begründet wurde, war es dann doch überraschend, als erst viele Jahre später festgestellt werden konnte, dass praktisch alle wichtigen Begründer der Frame-Konzeption (Fillmore, Minsky und Barsalou) unabhängig voneinander die Analyse juristischer Begriffe bzw. Semantik als ein Paradefeld der nützlichen Anwendung eines semantischen bzw. begriffsanalytischen Frame-Modells hervorgehoben haben. Letztlich kommt es hier jedoch zu einer Umkehrung des Blicks: Ein an der Analyse der komplexen Wissenshintergründe im Bereich der juristischen Semantik und juristischen Textauslegungspraxis geschulter linguistischer wie sprachtheoretischer Blick, wendet man ihn nicht nur auf andere Domänen institutionellen, theoretisch definierten und wissenschaftlichen Sprachgebrauchs, sondern durchaus auch auf den Sprachgebrauch in Domänen der Alltagssprache bzw. des sog. Alltagslebens an, bekommt die ganze Breite, die ganze Subtilität, die gesamten Strukturen und Hintergründe des verstehens-relevanten (bedeutungsrelevanten, und darum zu Recht als im weitesten Sinne ‚semantisch' bezeichneten) Wissens in den Fokus. Geschult nicht zuletzt auch an den Problemen der juristischen Semantik kann die ‚normale' linguistische Semantik jetzt sehen und berücksichtigen, was (in Theorie wie in Analyse- und Beschreibungspraxis) so lange Zeit unterdrückt und übersehen worden ist. Oder anders ausgedrückt: Juristische und linguistische Semantik können durchaus wechselseitig voneinander lernen.

7 Literatur

Monographien und Sammelbände

Alexy, Robert (1978): Theorie der juristischen Argumentation. Die Theorie des rationalen Diskurses als Theorie der juristischen Begründung. Frankfurt a. M.

Bartlett, Frederick C. (1932): Remembering: A Study in Experimental and Social Psychology. Cambridge.

Biere, Bernd Ulrich (1989): Verständlich-Machen. Hermeneutische Tradition-Historische Praxis-Sprachtheoretische Begründung. Tübingen.

Busse, Dietrich (1991a): Textinterpretation. Sprachtheoretische Grundlagen einer explikativen Semantik. Opladen.

Busse, Dietrich (1992): Recht als Text. Linguistische Untersuchungen zur Arbeit mit Sprache in einer gesellschaftlichen Institution. Tübingen. (Reihe Germanistische Linguistik, 131).

Busse, Dietrich (2009): Semantik. Eine Einführung. München.

Busse, Dietrich (^{2}2010): Juristische Semantik. Grundfragen der juristischen Interpretationstheorie in sprachwissenschaftlicher Sicht. 2. Aufl. Berlin. (Schriften zur Rechtstheorie 157). [zuerst 1993].

Busse, Dietrich (2012): Frame-Semantik – Ein Kompendium. Berlin/Boston.

Busse, Dietrich (^{2}2014): Sprachverstehen und Textinterpretation. Grundzüge einer verstehenstheoretisch reflektierten interpretativen Semantik. Wiesbaden.

Busse, Dietrich/Felden, Michaela/Wulf, Detmer (2017): Bedeutungs- und Begriffswissen im Recht: Frame-Analyse von Rechtsbegriffen im Deutschen. Düsseldorf.

Carnap, Rudolf (1956): Meaning and Necessity. 2. Aufl. Chicago/London. [zuerst 1947].

Christensen, Ralph J. (1989a): Was heißt Gesetzesbindung? Eine rechtslinguistische Untersuchung. Berlin.

Engisch, Karl (1956): Einführung in das juristische Denken. Stuttgart u. a. 8. Aufl. 1983.

Forsthoff, Ernst (1940): Recht und Sprache. Prolegomena zu einer richterlichen Hermeneutik. Darmstadt 1964. [zuerst 1940].

Gadamer, Hans-Georg (1986): Wahrheit und Methode. Grundzüge einer philosophischen Hermeneutik. 5. Aufl. Tübingen. [zuerst 1960].
Haft, Fritjof (1978): Juristische Rhetorik. Freiburg/München.
Hart, H. L. A. (1961): The concept of Law. Oxford. (deutsch: Der Begriff des Rechts. Frankfurt a. M. 1973).
Heck, Philipp (1932): Begriffsbildung und Interessenjurisprudenz. Tübingen.
Hegenbarth, Rainer (1982): Juristische Hermeneutik und linguistische Pragmatik. Königstein/ Taunus.
Jeand'Heur, Bernd (1989b): Sprachliches Referenzverhalten bei der juristischen Entscheidungstätigkeit. Berlin.
Koch, Hans-Joachim (1979): Unbestimmte Rechtsbegriffe und Ermessensermächtigungen im Verwaltungsrecht. Eine logische und semantische Studie zur Gesetzesbindung der Verwaltung. Frankfurt a. M.
Kramm, Manfred (1970): Rechtsnorm und semantische Eindeutigkeit. Dissertation: Erlangen-Nürnberg.
Lampe, Ernst-Joachim (1970): Juristische Semantik. Bad Homburg/Berlin/Zürich.
Larenz, Karl (1979): Methodenlehre der Rechtswissenschaft. 4. Aufl. Berlin/Heidelberg/New York.
Müller, Friedrich (1997): Methodik, Theorie, Linguistik des Rechts. Neue Aufsätze (1995–1997). Hg. von Ralph Christensen. (Schriften zur Rechtstheorie, 181) Berlin.
Müller, Friedrich/Ralph Christensen (2009): Juristische Methodik Bd. I: Grundlegung für die Arbeitsmethoden der Rechtspraxis. 10., neu bearbeite. und stark erweiterte Aufl. Berlin.
Savigny, Friedrich Karl von (1802): Juristische Methodenlehre. („Anleitungen zu einem eigenen Studium der Jurisprudenz." 1802/3). Hg. von Gerhard Wesenberg. Stuttgart 1951.
Schiffauer, Peter (1979): Wortbedeutung und Rechtserkenntnis. Berlin.
Schmidt, Siegfried J. (1976): Texttheorie. Probleme einer Linguistik der sprachlichen Kommunikation. München.
Schreckenberger, Waldemar (1978): Rhetorische Semiotik. Analyse von Texten des Grundgesetzes und von rhetorischen Grundstrukturen der Argumentation des Bundesverfassungsgerichtes. Freiburg/München.
Weck, Hermann (1913): Die Sprache im deutschen Recht. Berlin.
Wittgenstein, Ludwig (1971): Philosophische Untersuchungen. Frankfurt a. M.

Artikel in Zeitschriften

Busse, Dietrich (1998): Rechtssprache als Problem der Bedeutungsbeschreibung. Semantische Aspekte einer institutionellen Fachsprache. In: Sprache und Literatur in Wissenschaft und Unterricht 29, Heft 81, 24–47.
Busse, Dietrich (2014b): Begriffsstrukturen und die Beschreibung von Begriffswissen. Analysemodelle und –verfahren einer wissensanalytisch ausgerichteten Semantik (am Beispiel von Begriffen aus der Domäne Recht) In: Archiv für Begriffsgeschichte 56, 135–195.
Busse, Dietrich (2015): Juristisches Wissen als institutionelle Begriffsstrukturen. Analyseansätze aus Kognitionswissenschaften und wissensanalytischer Semantik (am Beispiel von Gesetzes-Begriffen) in: Archiv für Rechts- und Sozialphilosophie 101, Heft 3, 354–385.
Clauss, Karl (1963): Semantik im Dienste des Rechts. In: Archiv für Rechts- und Sozialphilosophie 49, 375–407.
Großfeld, Bernhard (1984): Sprache und Recht. In: Juristen Zeitung 39, 1–6.
Hartmann, Peter (1970): Sprachwissenschaft und Rechtswissenschaft. Eine vergleichende Konfrontation. In: Rechtstheorie 1, 45–68.

Vernengo, Roberto J. (1965): Recht und Sprache. In: Archiv für Rechts- und Sozialphilosophie Beiheft Neue Folge 4, 293–297.

Artikel in Sammelbänden (Lexika)

Barsalou, Lawrence W. (1992): Frames, concepts, and conceptual fields. In: Adrienne Lehrer, Eva. F. Kittay (ed.): Frames Fields and Contrasts. Hillsdale, 22–74.
Busse, Dietrich (1989): Was ist die Bedeutung eines Gesetzestextes? Sprachwissenschaftliche Argumente im Methodenstreit der juristischen Auslegungslehre-linguistisch gesehen. In: Friedrich Müller (Hg.): Untersuchungen zur Rechtslinguistik. Interdisziplinäre Studien zu Praktischer Semantik und Strukturierender Rechtslehre in Grundfragen der juristischen Methodik. (Schriften zur Rechtstheorie, 133). Berlin, 93–148.
Busse, Dietrich (2007): Applikationen. Textbedeutung, Textverstehen, Textarbeit (am Beispiel der juristischen Textauslegung). In: Fritz Hermanns/Werner Holly (Hg.): Linguistische Hermeneutik. Theorie und Praxis des Verstehens und Interpretierens. (Reihe Germanistische Linguistik, 272). Tübingen, 101–126.
Busse, Dietrich (2008a): Semantische Rahmenanalyse als Methode der Juristischen Semantik. Das verstehensrelevante Wissen als Gegenstand semantischer Analyse. In: Ralph Christensen/Bodo Pieroth (Hg.): Rechtstheorie in rechtspraktischer Absicht. Freundesgabe zum 70. Geburtstag von Friedrich Müller. (Schriften zur Rechtstheorie, 235). Berlin, 35–55.
Busse, Dietrich (2008b): Interpreting law: text understanding – text application – working with texts. In: Frances Olsen/Alexander Lorz/Dieter Stein (eds.): Law and Language: Theory and Society. Düsseldorf, 239–266.
Busse, Dietrich (2016): Juristische Semantik als Frame-Semantik. In: Friedemann Vogel (Hg.): Zugabe zur Rechtssemantik. Interdisziplinäre Ansätze im Zeitalter der Mediatisierung. Berlin/Boston, 41–68 (Reihe linguae & litterae des FRIAS Freiburg, Bd. 53).
Christensen, Ralph J. (1989b): Der Richter als Mund des sprechenden Textes. Zur Kritik des gesetzespositivistischen Textmodells. In: Friedrich Müller (Hg.): Untersuchungen zur Rechtslinguistik. Berlin, 47–92.
Fillmore, Charles J. (1970): The Grammar of Hitting and Breaking. In: Roderick A. Jacobs/Peter S. Rosenbaum (eds.): Readings in English Transformational Grammar. Waltham, Massachusetts, 120–134.
Fillmore, Charles J. (1977): Scenes and Frames Semantics. In: Antonio Zampolli (ed.): Linguistic Structure Processing. Amsterdam, 55–81.
Fillmore, Charles J. (1982): Frame Semantics. In: The Linguistic Society of Korea (ed.): Linguistics in the Morning Calm. Seoul, 111–137.
Jeand'Heur, Bernd (1989a): Der Normtext: Schwer von Begriff oder Über das Suchen und Finden von Begriffsmerkmalen. Einige Bemerkungen zum Referenzverhältnis von Normtext und Sachverhalt. In: Friedrich Müller (Hg.): Untersuchungen zur Rechtslinguistik. Berlin, 149–188.
Minsky, Marvin (1974): A Framework for Representing Knowledge. In: Artificial Intelligence Memo No. 306, (M. I. T. Artificial Intelligence Laboratory.) [Reprint in: Patrick H. Winston (ed.): The Psychology of Computer Vision. New York, 1975, 211–277].
Podlech, Adalbert (1975): Die juristische Fachsprache und die Umgangssprache. In: Janos S. Petöfi/Adalbert Podlech/Eike von Savigny (Hg.): Fachsprache-Umgangssprache. Kronberg/Taunus, 161–190.
Wimmer, Rainer/Christensen, Ralph (1989): Praktisch-semantische Probleme zwischen Linguistik und Rechtstheorie. In: Friedrich Müller (Hg.): Untersuchungen zur Rechtslinguistik. Berlin, 27–46.

Ekkehard Felder

3. Pragmatik des Rechts: Rechtshandeln mit und in Sprache

Abstract: Der Beitrag beschreibt die Tätigkeit juristischer Funktionsträger bzw. die Wissens- und Handlungsdomäne des Rechts aus der Sicht eines Sprachhandlungsansatzes. Dazu werden die Transformation eines Lebenssachverhalts in einen Rechtsfall, die Bezugnahme auf verschiedene Normtexte zur Behandlung des Falls und schließlich die zentrale juristische Sprachhandlung per se – nämlich das Entscheiden – analysiert. Im Ergebnis wird das Handeln der Akteure im Recht in einer Sprachhandlungstypik modelliert, um es auch für Nicht-Juristen verstehbarer zu machen. Reflektierte Loyalität gegenüber dem Rechtsstaat und letztlich Rechtssicherheit ist dann gewährleistet, wenn die Staatsbürger als juristische Laien das sprachliche Handeln der Akteure im Recht wenigstens gemäß den prinzipiengeleiteten Grundzügen zu durchschauen vermögen. Die Frage nach der Rolle der Sprache im Recht ist deshalb so zentral, weil in der pragma-linguistisch erklärbaren Explizierung von Normtextbedeutungen die eigentliche Rechtfertigung rechtsstaatlichen Handelns begründet ist.

1 Einleitung

Das Recht manifestiert sich im Handeln mit und in Sprache. Mit der richterlichen Entscheidungsformel „Im Namen des Volkes“ leitet beispielsweise das Gericht aus linguistischer Sicht den Vollzug einer Sprachhandlung ein, und zwar in erster Linie eine deklarative. Nach dem Vollzug dieser Sprachhandlung (in der Sprechakttheorie spricht man von *Illokution*) ist die Welt eine andere: Es gelten geänderte Beziehungen zwischen Menschen (z. B. Kläger und Beklagter) und Sachverhalten bzw. Ereignissen in der Welt, weil mit der deklarativen Sprecherhandlung eine Entscheidung institutionell vollzogen wurde. Im rechtlichen Aushandlungsprozess stehen sich verschiedene Sachverhaltsdarstellungen in Form assertiver Sprachhandlungen (zum Teil unvereinbar) gegenüber. Das Gericht hat auf Grundlage dieser verschiedenen Assertionen eine deklarative Sprachhandlung in Gestalt einer Entscheidung zu fällen – also bestimmte Assertionen rechtlich zu legitimieren und als gültig bzw. rechtsverbindlich zu dekla-

DOI 10.1515/9783110296198-003

rieren (vgl. grundlegend zu Sprache und Recht die drei Bände *Recht verstehen, Recht verhandeln, Recht vermitteln* von Lerch 2004/2005).

Vor diesem sprach- und handlungstheoretischen Hintergrund kann die rechtliche Praxis als eine Praxis des Handelns in und mit Sprache aufgefasst werden: „in Sprache“, weil die Gegenstände der rechtlichen Aushandlung nur mittels der sprachlichen Zeichen zu konstituieren und zu verhandeln sind (Nussbaumer 2009); und „mit Sprache“, weil die eintretenden Rechtsfolgen das Resultat von Zeichenhandlungen sind, denen in einer Gesellschaft Gültigkeit zugesprochen werden. Der Redeweise „Recht ist Handeln mit und in Sprache“ basiert auf einem pragma-semiotischen Ansatz oder Blickwinkel (Felder 2012, 149).

Ein solchermaßen handlungstheoretischer Fokus auf die Sprache des Rechts und im Recht weist der Rechtskommunikation zwei Eigenschaften zu: Aus der Perspektive des Sprechers gilt „Sprechen ist Handeln“, aus Hörerperspektive gilt „Sprechen wird als Handeln interpretiert“ (Burkhardt 1986, 426). Somit manifestiert sich einerseits Sprachhandlung als Handlungsvollzug aus einer Perspektive des Sprechers und andererseits als Zuschreibung von Handlungsbedeutung aus Sicht des Hörers (Burkhardt 1986, 407; Rolf 1997, 37). Sprachwissenschaftlich besonders interessant ist die akteursspezifische Verwendungsweise sprachlicher Zeichen. Akteure stellen durch ihre Verwendungsweise von Zeichen eine spezifische Faktizität her, sie versuchen die jeweilige perspektivierte Wirklichkeitskonstitution im Spiegel der im Diskurs vorkommenden und divergierenden Wissenskonstitutionen stark zu machen (Felder 2013, 15). Die je spezifische Wissenskonstitution wird hier als ein sprachliches Agieren – genauer Dominant-Setzen von sprachlich gebundenen Perspektiven (Köller 2004) – aufgefasst, das von juristischen Funktionsträgern und außerjuristischen Akteuren (z. B. Sachverständigen, Gutachtern) vor dem Hintergrund der Einflussnahme praktiziert wird.

> Für die Legitimierung der deklarativen und assertiven Sprachhandlungen im Recht benötigt man neben fachlichem Expertenwissen auch Sprachhandlungswissen. Wissen um diese Zusammenhänge wird damit zum zentralen Element gesellschaftlichen Rechtsverständnisses. Den Zugang zum Wissen bekommen wir über die Sprache einer Kommunikationsgemeinschaft. Darin liegt die Gesellschaftlichkeit von Sprache begründet, dass nämlich die Menschen, die einem bestimmten Kulturkreis angehören, über das gleiche sprachliche Inventar verfügen: Zeichen sind demnach als kollektive Größen zu denken. Daraus folgt: *Die Sprachlichkeit der Wissenskonstituierung hat die Gesellschaftlichkeit von Sprache zur Folge.* Für eine gesellschaftlich reflektierte Sichtweise auf Sprache und die wissenschaftliche Beschäftigung mit ihr bedeutet dies: Sprache und Wissen sind zentrale Machtfaktoren und konstitutiv für die Erschließung der Welt; in ihnen verdichten sich spannungsgeladen gesellschaftliche Gerechtigkeitskonzeptionen und Verwirklichungsformen von Individuen. (Felder 2012, 142)

Im Folgenden werden zunächst Gemeinsamkeiten und Unterschiede von einer handlungstheoretischen Semantik und linguistischen Pragmatik entfaltet, bevor der pragmatische Zugang zum Recht als eine linguistische Aufgabe dargestellt wird. Im Anschluss wird eine Sprachhandlungstypologie präsentiert, welche den Umgang der juristischen Funktionsträger mit Sprache bei deren Aufgabenbewältigung aus einer pragma-linguistischen Sicht darlegt. Ziel der linguistischen Pragmatik in der Rechtslinguistik ist es, das Handeln der Akteure im Recht aus der Analyseperspektive des sprachlichen Handelns zu beschreiben. Das Recht wird dann unter Gesichtspunkten der Performanz gefasst – also dem konkreten sprachlichen Auftreten als eine realisierte Auswahl aus der Gesamtheit sprachlicher Handlungsmöglichkeiten (Bülow u. a. 2016). Denn es „ist eines, was der Einzelne von der Sprache weiß und wie er davon Gebrauch macht, und ein anderes, was die Sprache selbst ist" (Dietrich/Klein 2000, 5). Darüber hinaus kann dem Nicht-Juristen deutlicher gemacht werden, wie juristisch ausgebildete Akteure – vom Lebenssachverhalt ausgehend – einen Fall vor dem Wissenshintergrund von Normtexten zunächst „zubereiten" (Jeand'Heur 1998, 1292; Hoffmann 2013) und unter Bezugnahme auf Normtexte dann entscheiden.

2 Der Übergang von einer handlungstheoretischen Semantik zur linguistischen Pragmatik

Die Abgrenzung von Semantik auf der einen Seite und Pragmatik auf der anderen Seite ist bisher nicht trennscharf geglückt (Gloning 1996, 275; Felder 2003, 42; Busse 2015, 39). Manche Autoren plädieren deswegen für eine pragmatische Semantikauffassung (Hundsnurscher 1998; Fritz 1998, 10; Felder 2003, 42). Illustrieren lässt sich dies an folgendem rechtslinguistischen Beispiel eines unbestimmten Rechtsbegriffs: In der salienten Mehrwortverbindung *Würde des Menschen* können wir von einer außerrechtlichen Bedeutungskonstituierung und einer innerrechtlichen Bedeutungsfixierung durch die höchst richterliche Rechtsprechung und die diskursive Auseinandersetzung mit dem Phänomen und Begriff *Menschenwürde* ausgehen. Eine semantische Sichtweise fokussiert die von vielen Einzelkontexten abstrahierende Grundbedeutung im Kommunikationsbereich des Alltags, der Politik oder des Rechts. Um das Prinzip der konsequenten Kontextualisierung des *Würde*-Begriffs im innerrechtlichen Kontext erfassen zu können, müssen wir möglichst viele konkrete Verwendungszusammenhänge von Juristen und Rechtswissenschaftlern analysieren – das ist die pragmatische Herangehensweise. Vogel (2012) zeigt im Paradigma der Korpuspragmatik (Felder/Müller/Vogel 2012) an Entscheidungen des Bundesverfassungsgerichts auf, wie korpusbasierte Verfahren die je akteursspezifische Kontextualisierung der „Würde des Menschen" (Art. 1 Abs. 1 Grundgesetz) verdeutlichen können.

Die Unterscheidung von Semantik und Pragmatik zeichnet sich durch die heuristische Annahme aus, dass auf theoretischer Ebene zwar eine Grenze zwischen der Theorie der konventionellen (und in Fachsprachen teilweise gesetzten) Bedeutungsregeln (Semantik) einerseits und der Theorie der konversationellen Charakteristika des Gebrauchs (Pragmatik) andererseits gezogen werden kann (Fritz 1998, 9). Darüber hinaus muss man aber berücksichtigen, dass sich bei konkreten Beschreibungsversuchen von Äußerungen in Verwendungszusammenhängen eine klare Grenzbestimmung zwischen Semantik und Pragmatik als illusorisch erweist. Grundsätzlich lässt sich bei der Untersuchung rechtssprachlicher Kommunikation festhalten, dass sowohl semantische als auch pragmatische Ansätze zur Bedeutungsexplizierung herangezogen werden (Felder/Vogel 2015, 360 und der Beitrag von Busse zur *Semantik des Rechts* in diesem Band).

Die linguistische Problematik der mangelnden Abgrenzbarkeit von Semantik und Pragmatik ist hier nicht von primärem Interesse, wir richten im Folgenden den Blick vorrangig auf die Pragmatik. Linguistisch inspirierte Analysen rechtlicher Zeichenverwendungskontexte liegen seit geraumer Zeit vor und firmieren unter „Recht als Text" (Busse 1992), „Rechtsarbeit als Textarbeit" (Müller/Christensen/Sokolowski 1997) oder „juristische Textarbeit" (Felder 2003). Der rechtslinguistische Ansatz der juristischen Textarbeit modelliert den rechtssprachlichen Gebrauch von Ad-hoc-Bildungen (als sprachliche Neuprägung) über die Habitualisierung bis hin zur Konventionalisierung als einen graduellen Prozess (Fritz 1998, 102 f.; Beckmann 2001, 79 ff. und Felder 2003, 43). Somit können sprachliche Neubildungen bzw. Erstverwendungen bis hin zu musterhaften oder typologisierten Zeichenverwendungen (in der Jurisprudenz begegnen solche Zeichenverwendungen insbesondere im Kontext der „herrschenden Meinung" bzw. Rechtsdogmatik) analysiert werden. In diesem Zusammenhang sind korpuslinguistische Verfahren und das derzeit im Aufbau befindliche juristische Referenzkorpus (JuReko) (Vogel 2012, Vogel/Hamann 2015, Vogel 2015) wegweisend, weil semi-automatisierte Verfahren auf einfache und ressourceneffiziente Weise die Voraussetzung dafür schaffen, dass Juristen und Linguisten die Verwendungsweisen sprachlicher Zeichen zum Zwecke der sprachhandlungsorientierten Bedeutungsexplizierung untersuchen können. Exemplarisch sei daher verwiesen auf eine korpuspragmatische Untersuchung der konkreten Wortumgebung der Ausdrücke *Wille, Einwilligung, Patientenwille, Wunsch, Verlangen, Einstellung* in einem großen Textkorpus zum Rechtsdiskurs über Sterbehilfe mit Entscheidungstexten, Kommentaren und Fachliteratur, welche die Perspektivensetzung von juristischen und nicht-juristischen Akteuren systematisch darstellt (Felder/Luth/Vogel 2016, 24).

Semantische Ansätze, die sich in besonderem Maße um handlungstheoretische Aspekte kümmern – im Unterschied zu Semantikansätzen mit einem Fokus auf Kognition oder Referenz (vgl. die Übersicht in Felder 2003, 47 und 50) –, berufen sich im Wesentlichen auf die sogenannte Gebrauchstheorie von Wittgenstein (1958/[11]1997, § 7, § 19, § 23), der die Bedeutung eines sprachlichen Zeichens als die Regel seines Gebrauchs betrachtet – oder den von Grice (1957) entwickelten Ansatz der intentionalen Semantik, der Bedeutung über die Relation „intention – recognition" definiert.

Handlungstheoretische Ansätze sind ungeachtet einzelner Parzellierungen Teil einer Theorie der Verwendung und des Verstehens sprachlicher Ausdrücke (Fritz 1998, 101). Für dieses Erkenntnisinteresse bietet die Sprachhandlungstheorie Searle'scher (1969) Prägung (speech acts, Sprechakttheorie) einen theoretisch reflektierten Rahmen, in dem das schriftliche und mündliche Kommunizieren als eine Form sozialen Handelns verstanden wird. „Die verschiedenen Arten des Sprachgebrauchs bilden ein System von Handlungsmustern, die allem Sprechen zugrunde liegen und die kommunikative Kompetenz der Sprecher/Hörer ausmachen" (Hundsnurscher 1984, 32).

Es lässt sich also resümieren: Pragmatik als linguistische Teildisziplin erforscht das Handeln mit und in Sprache. Charles W. Morris (1938; 1946) prägte die Denkrichtung in den 1930er Jahren für die sich sukzessive etablierende Linguistik und fasste darunter die Lehre der Zeichenverwendung, die er der Syntax als Lehre der Zeichen-Kombinatorik und der Semantik als Lehre der Zeichen-Bedeutung an die Seite stellte. Neben der Dimension der Zeichen-Verwendung berücksichtigt die Konzeption von Morris auch das Verhältnis von Zeichen und Zeichen-Benutzer – es handelte sich also um eine pragmatische und semiotische Perspektive. Die Pragmatik ist inzwischen eine Art linguistische Weltanschauung, welche die „Verwendungszusammenhänge von Sprache auf interaktionaler, kognitiver und sozialer Ebene als Explicans für deren lexikalische und syntaktische Verfasstheit auffasst" (Felder/Müller/Vogel 2012, 3). Im Mittelpunkt steht dabei eine Sprachbetrachtung, die ihr Augenmerk auf „Sprache in Situationen" und auf die Perspektive des Sprachhandelns bzw. kommunikativen Wirkens von sprachlich agierenden Akteuren richtet (vgl. einführend Finkbeiner 2015).

3 Pragmatik des Rechts als linguistische Aufgabe

Schriftliche und mündliche Kommunikation entfaltet adressatenspezifische Wirkungen und lässt sich als Funktionen in Sprachspielen (Wittgenstein 1958/¹¹1997) bzw. in kommunikativen Handlungsspielen (Schmidt 1976) analysieren. Texte und Gespräche erfüllen ihre Funktion stets nur als sozial und kulturell situierte Interaktionen. Semantisch-pragmatische Analysen ergänzen Untersuchungen auf Wort- und Satzebene um inhaltsseitige kommunikative Einheiten wie Sprachhandlungen (die in Fachkontexten als Handlungsmuster auftreten). Mit v. Polenz (²1988, 67 ff.) lassen sich die Inhalte von Äußerungen nach dem Aussagegehalt und dem Handlungsgehalt (von Menschen in sozialen Situationen) beschreiben und kategorisieren. Im Aussagegehalt wird über wahrgenommene Dinge und Sachverhalte in der Welt, auf die man Bezug nimmt (Referenz), etwas ausgesagt (Prädikation). Im Hinblick auf den Handlungsgehalt hat schon Austin (1962/²1975, 100) die Lehre von den verschiedenen Funktionstypen der Sprache „as the doctrine of ‚illocutionary forces'" bezeichnet. Diese Illokutionskräfte identifiziert Rolf (1997, 7) als „Eigenschaften sprachlicher Handlungen", die eine kommunikative Funktion entfalten. Hundsnurscher (1984, 32) unterscheidet bei der Beschreibung sprachlicher Handlungen drei Komponenten:

1. der kommunikative Zweck, der mit der Sprachhandlung angestrebt wird;
2. die Bedingungen, unter denen die Sprachhandlung vollzogen wird (Handlungsbedingungen);
3. die Äußerungsform, mit der die Sprachhandlung realisiert wird (sprachliche Ausdrücke als Handlungsmittel).

3.1 Sprachhandlungen als Funktionen von Texten und Gesprächen

In sprachhandlungstheoretischen Ansätzen konkurrieren unterschiedliche Termini. Der vorliegende Beitrag verwendet den Terminus *Sprecherhandlung* für schriftlich und mündlich medialisierte Äußerungen (als Hyponym von Sprachhandlung) und legt folgende terminologische Differenzierung (Felder 2003, 65) zugrunde:

Bezeichnungen	**Erläuterungen**
Oberste Abstraktionsstufe: ***Sprachhandlungsklassen*** oder ***Oberklassen von Sprachhandlungen***	Die aus der Sprechakttheorie bekannten, aber unterschiedlich bezeichneten Klassen wie *Repräsentativa/Assertiva, Deklarativa, Expressiva, Direktiva, Kommissiva*
Mittlere Abstraktionsstufe: Kulturspezifische ***Sprachhandlungstypen*** (= Handlungsmuster), die in der deutschen oder einer anderen Sprache auf mehrere Weisen ausgedrückt werden können	Sinnverwandte Sprachhandlungen z. B. des Berichtens, des Klassifizierens, des Entscheidens usw.
Unterste Abstraktionsstufe: Einzelne ***Sprachhandlungen***, die ***Sprecherhandlungen*** genannt werden, wenn sie konkret von einer oder mehreren Personen in einem Text oder Gespräch vollzogen werden	Mittels Sprachhandlungsverben realisierte oder nur implizierte (mittels indirekter Indikatoren wie z. B. Satzform, Verwendung von Modalverben usw.) Sprach- bzw. Sprecherhandlungen wie *etwas als gegebenen Sachverhalt behaupten, als Daten anführen, als Faktum darstellen, feststellen, als erwiesen erklären, zusammenfassen* etc. (als Beispiele für den Sprachhandlungstyp des Berichtens)

Im Folgenden werden die vorgestellten Kategorien des Schaubilds genauer erläutert.

3.2 Sprachhandlungsklassen als oberste Abstraktionsstufe

Zunächst werden die von Searle prominent gemachten *Sprachhandlungsklassen* oder *Oberklassen von Sprachhandlungen* an allgemeinen Beispielen erläutert und für die Rechtskommunikation fruchtbar gemacht (Felder 2003, 70 und 203 f.):

- Repräsentativa/Assertiva: Es handelt sich dabei um kognitive, darstellende, informierende Sprecherhandlungen wie z. B. *mitteilen, hinweisen, erinnern, erzählen, erörtern, zur Sprache bringen, als Argument vorbringen*. In der Rechtskommunikation besonders relevant sind vor allem Sprecherhandlungen wie z. B. *etwas darstellen, etwas feststellen, etwas begründen, etwas zusammenfassen, etwas behaupten, eine Vermutung äußern/eine Hypothese aufstellen, an etwas erinnern (in Erinnerung rufen), etwas voraussagen/etwas vorhersagen, wissen, etwas billigend in Kauf nehmen*. Rolf umschreibt die assertive Wirkung damit, dass es in dem vorliegenden Kontext Evidenzen dafür gebe, so dass der von den Verben indizierte Satzinhalt bzw. die „Proposition P tatsächlich einen bestehenden Sachverhalt" in der Welt „repräsentiert" (Rolf 1997, 140) oder repräsentieren soll.
- Deklarativa: Darunter fallen tatsachen- und sinnschaffende Sprecherhandlungen, die nur von anerkannten Institutionen vollzogen werden können (z. B. Standesbeamter, Pfarrer), wie beispielsweise *taufen, ernennen, festsetzen, für gültig erklären, entscheiden*. Mit Deklarativa werden durch autorisierte Institutionen Fakten geschaffen bzw. soziale Sachverhalte vor dem Hintergrund institutionalisierter Autorität konventionalisiert und gegebenenfalls mit Sanktionen durchgesetzt. Deklarative Sprachhandlungen, die allgemeinverbindliche Normen setzen, sind Fakten einer bestimmten Art wie z. B. *etwas als X betrachten, definieren, benennen, so-aber-nicht-so-nennen, klassifizieren, datieren, anerkennen als, Rechtsmittel einlegen, jemanden zu etwas bevollmächtigen, etwas für gültig/ungültig erklären, etwas bestätigen, ein Urteil aufheben, einer Berufung stattgeben oder sie verwerfen, jemanden für schuldig oder unschuldig erklären, jemanden verurteilen, jemanden von einer Anklage freisprechen, sich selbst Zuständigkeit bescheinigen*. Das definierende Merkmal der Klasse der Deklarativa besteht darin, dass der „erfolgreiche Vollzug eines ihrer Elemente eine Korrespondenz von propositionalem Gehalt und Realität zustande bringt" (Searle 1982, 17 und 36). Die Welt ist dann eine andere, weil der Satzinhalt (also der propositionale Gehalt) in der Welt gilt und damit den gültigen Zustand in der Welt festlegt.
- Expressiva: Diese Klasse gibt Einstellungsäußerungen, Gefühle, Absichten, Meinungen, Bewertungen usw. wieder; exemplarisch *bereuen, bekennen, zugeben, missbilligen*. Im Rechtskontext als einschlägig gelten Sprachhandlungen wie z. B. *etwas gutheißen, kritisieren, befürworten, ablehnen*. Meinungsäußerungen und Beurteilungen jeglicher Art fallen unter diese Sprachhandlungsklasse.
- Direktiva: In diese Oberklasse fallen Aufforderungshandlungen wie beispielsweise *jmd. um etwas bitten, einen Antrag stellen, befehlen, erlauben, verbieten, beauftragen, fragen*. Im Rechtskontext sind die folgenden Beispiele anzuführen: *Anzeige erstatten, Verfassungsbeschwerde einreichen, jemanden etwas zu tun gebieten, jemanden etwas verbieten, eine Sache zur erneuten Verhandlung zurückverweisen, jemanden ersuchen, einem Gericht eine Rechtsfrage zur Entscheidung vorlegen, einer Instanz eine Rechtsfrage vorlegen, um Prüfung bitten*.

- Kommissiva: Mit dieser Kategorie sollen selbstverpflichtende Sprecherhandlungen erfasst werden wie z. B. *versprechen, ankündigen, garantieren, geloben*. Für den Rechtsbereich exemplarisch sei hier *die Klärung einer Rechtsfrage übernehmen, eine Aufgabe wahrnehmen, sich mit der Übernahme einer Verpflichtung einverstanden erklären* angeführt.

Im Rechtskontext bedürfen die im juristischen Diskurs besonders relevanten Sprachhandlungsklassen der Deklarativa (in dieser Oberklasse insbesondere der Sprachhandlungstyp des Klassifizierens) und Repräsentativa/Assertiva besonderer Aufmerksamkeit. Mittels dieser Sprachhandlungen wird über die Inhalte – die Propositionen – gestritten, während Direktiva (z. B. in Berufung oder Revision gehen oder die Aufforderung des Oberlandesgerichts an den Bundesgerichtshof, eine bestimmte Rechtsfrage zu entscheiden), Expressiva (z. B. sich der herrschenden Meinung anschließen oder ein verbreitetes Begriffsverständnis ablehnen) und Kommissiva (z. B. der Bundesgerichtshof kommt der Aufforderung des Oberlandesgerichts nach und bescheinigt sich selbst die Zuständigkeit, die gestellte Rechtsfrage zu klären) als Sprachhandlungen überwiegend zum formellen Recht (Verfahrens-, Organisations- und Prozessrecht) gehören. Insofern ist im Recht besonders relevant, wie formelle Fragen eines Rechtsfalls oder die damit verbundenen Inhalte (Propositionen) als Bestandteil des materiellen Rechts mit sprachlichen Mitteln je spezifisch perspektiviert werden, um die jeweiligen Sachverhaltskonstitutionen durchzusetzen. Im Folgenden stehen Aussage- und Handlungsgehalt mit dem Schwerpunkt auf repräsentativen/assertiven und deklarativen Sprecherhandlungen im Aufmerksamkeitsfokus.

Wenn Juristen Sachverhaltserzählungen als Eingangsdaten der juristischen Textarbeit weiterverarbeiten (vgl. Neumann 1992, 110 zum Unterscheid von Rechtssprache und Gemeinsprache sowie Felder 2011), dann handelt es sich dabei meist um weltbezogene Sprecherhandlungen des Typs *x tut etwas in Bezug auf einen über z ausgesagten Sachverhalt*. Bereits angeführte Exempel für repräsentative/assertive Sprecherhandlungen wie *etwas erwähnen, feststellen, zusammenfassen, aussagen, behaupten, begründen* sind vor dem Hintergrund zu sehen, dass juristische Funktionsträger oder Diskursakteure durch ihr Referieren auf spezifische Wirklichkeitsausschnitte zur interessengeleiteten Konstitution von Wirklichkeit beitragen. Eine besondere Rolle spielen in diesem Kontext die von Gerichten bestellten Gutachter (Luth 2015). Die erwähnten Beispiele für deklarative Sprecherhandlungen von Gerichten oder Behörden wie z. B. *etwas feststellen, eine Entscheidung einer anderen Instanz aufheben, klassifizieren, anerkennen als, jmd. verurteilen/freisprechen* usw. erzielen vor allem dann eine besondere Wirkung, wenn diese Sprachhandlung von einer anerkannten staatlichen Autorität im Rahmen ihrer Zuständigkeit mit besonderer Reputation vollzogen wurde (z. B. dem Bundesverfassungsgericht, Bundesgerichtshof usw.).

Bereits Searle hat darauf hingewiesen, dass die Abgrenzung von repräsentativen/assertiven Sprachhandlungen auf der einen und deklarativen auf der anderen Seite schwierig sein kann, weil in ein und derselben Äußerung mehrere Sprachhandlungen vollzogen werden können. Dieses Phänomen der Polyfunktionalität (Holly 1990, 54) in Bezug auf assertive und deklarative Sprecherhandlungen kommt im Recht besonders häufig vor. Es geht in der rechtlichen Interaktion meistens darum, die juristisch umstrittene Sache des Rechtsfalls zu beenden und die nächsten institutionellen Schritte zu ermöglichen. Searle (1982, 39) spricht hinsichtlich solcher Tatsachenentscheidungen von „assertiven Deklarationen". In seinem Werk *Die Konstruktion der gesellschaftlichen Wirklichkeit* beschäftigt sich Searle intensiver mit der Schaffung und den Eigenschaften institutioneller Tatsachen und stellt fest, dass diese sowohl durch explizite performative Formeln bzw. Äußerungen geschaffen werden können, gleichwohl aber nicht geschaffen werden müssen (Searle 1997, 41 ff). Gerade in der hier relevanten Rechtskommunikation sind explizite Performative in der Minderzahl, deklarative Sprecherhandlungen werden in aller Regel implizit vollzogen in Sprachhandlungen, die ebenfalls assertiven und repräsentativen Charakter haben.

> In Deklarationen wird der Sachverhalt, der durch den propositionalen Gehalt des Sprechakts repräsentiert wird, durch die erfolgreiche Verrichtung eben jenes Sprechakts geschaffen. (Searle 1997, 44)

Die in der Institution Recht nicht minder wichtigen Sprecherhandlungen – und zwar die kommissiven (z. B. *sich-zuständig-erklären, die Zuständigkeit anderer Gerichte anerkennen*), direktiven (z. B. *eine Rechtsfrage zur Entscheidung vorlegen* oder *die Sache zur erneuten Entscheidung an eine andere Strafkammer zurückverweisen*) und expressiven (z. B. *eine Begriffsauslegung gutheißen* oder *beanstanden*) Sprecherhandlungen des formellen Rechts – sind im Rahmen der Prozessordnung ebenfalls prinzipiell bestreitbar und können sowohl in Rechtsverfahren als auch in der Literatur eine Kontroverse auslösen. Sie bewirken wie alle anderen juristischen Sprecherhandlungen im rechtlich institutionellen Rahmen erhebliche rechtliche Auswirkungen und eine spezifische Bindungswirkung für die Betroffenen.

3.3 Sprecherhandlungen als unterste Abstraktionsstufe

Nachdem im vorherigen Kapitel auf Makroebene die Sprachhandlungsklassen (Oberklassen) dargelegt wurden, richten wir nun den Blick auf die Mikroebene (um im darauffolgenden Kapitel die Genese der Mesoebene darstellen zu können). Wir stellen im Folgenden exemplarisch zusammen, inwiefern die Analyse konkreter Sprachhandlungen in der Rechtskommunikation die Funktionen und das Verstehen der Rechtssprache erklären können (Felder 2003, 66 ff.). Es geht dabei um relevante Kriterien wie die Mehrdeutigkeit von Sprecherhandlungen, die unterschiedliche Interpretation von Sprachhandlungen und die unterschiedlichen Wirkungen von juristischen Sprecherhandlungen auf Juristen mit dem entsprechenden Rechtswissen im Vergleich zu Akteuren im außerjuristischen Kontext.

- Sprecherhandlungen (Illokutionen), die in mündlichen oder schriftlichen Äußerungen vollzogen werden, sind nicht immer eindeutig und bedürfen daher der kontroversen Deutung der beteiligten Akteure. Das gilt im juristischen Sprachspiel für die vollzogenen Sprachhandlungen selbst (welche die juristischen Funktionsträger auf der Grundlage von Normtexten vollziehen), insbesondere für die höchstrichterliche Rechtsprechung. Explizit durch Verben realisierte Textfunktionen sind ebenso wie nicht explizit ausgedrückte Satzillokutionen ohne performative Verben nicht immer eindeutig zu ermitteln und daher Gegenstand weiterer rechtsdiskursiver Auseinandersetzungen (z. B. wenn Diskursakteure über Gerichte etwas aussagen wie z. B. in den Sentenzen *Der BGH hat in seiner Rechtsprechung nicht ..., sondern ...* oder *Das BVerfG hat die Zuständigkeit des EuGH zwar anerkannt, aber ...*). Daher ergibt sich auch keine eindeutige Zuordnung von sog. sprachlichen Indikatoren und Sprachhandlungen oder Textfunktionen (vgl. z. B. den inter-institutionellen Diskurs zwischen Europäischem Gerichtshof für Menschenrechte, Bundesverfassungsgericht und Oberlandesgericht Naumburg in Luth 2015 ebenso wie die dort beschriebene Problematik der gutachterlichen Stellungnahmen anderer Wissensdisziplinen und ihre intertextuelle Weiterverarbeitung im Rechtsdiskurs).
- Gerade was das Hineinwirken des Rechtswesens und der Justiz in den Alltag und die Wahrnehmung und Beurteilung von Sprachhandlungen im Alltag anbelangt, so kann die Analyse der Sprecherhandlungen vor dem Hintergrund möglicher Unterschiede zwischen intendiertem Handlungsvollzug (aus Perspektive des Textverfassers) und tatsächlich vorgenommener Handlungszuschreibung (aus Sicht des Rezipienten) von großem Nutzen sein (z. B. wenn der politische Zweck einer politisch motivierten Sitzblockade oder Sitzdemonstration aus dem Blickwinkel des § 240 StGB „Nötigung" in deklarativen Sprecherhandlungen in „Fernziel" – also das politische Ziel der Demonstration betreffend – und „Nahziel" – gemeint ist die unmittelbare Blockade eines Durchgangs – aufgeteilt wird, um eine bestimmte juristische Argumentation vorzubereiten; siehe dazu Felder 2003, 198). Sprecherhandlungen im Rahmen der juristischen Fachkommunikation sind nicht nur zwischen Rechtsexperten (intrafachliche Auseinandersetzung) umstritten, sondern auch zwischen Juristen und Experten anderer Wissensdomänen (interfachliche Deutungsunterschiede) wie z. B. der Biologie (vgl. den „Streit" zwischen einer juristischen und naturwissenschaftlichen Sichtweise bezüglich der begrifflichen Fixierung von Pilzen als Pflanzen im Kontext des Strafrechtsproblems, ob psilocin- oder psilocybinhaltige Pilze als Betäubungsmittel zu klassifizieren sind, da deren Besitz strafbar ist; siehe dazu weiter unten Kapitel 3.5 und zur eigentlichen Untersuchung Li 2011, 186).
- Sprecherhandlungen in Texten sind interpretative Leistungen des Rezipienten auf Grund der „durch die strategische und informatorische Gesamtheit der Sprecheräußerungen in ihrem Kontext bereitgestellten Textmerkmale" (Burkhardt 1986, 407). Für den hier relevanten juristischen Kontext ist die Rechtsprechung

von Richtern von Berufungs- und Revisionsverfahren einschlägig, wenn auf ihre frühere Rechtsprechung in inadäquater Weise Bezug genommen wird (z. B. von Gerichten der ersten Instanz). Sie sehen sich in der Folge mitunter dazu veranlasst, „korrigierend" einzugreifen und ihre ursprüngliche Autorintentionen als korrigierende Handlungszuschreibung in den Diskurs einzubringen und somit – wenn auch mit Verzögerung – zu einer Deckung von beabsichtigtem Handlungsvollzug (Sicht des Textverfassers) und tatsächlicher Handlungszuschreibung (Sicht des Textrezipienten) beizutragen (z. B. *Der BGH präzisiert seine Rechtsprechung ..., Das BVerfG hat sein Verständnis von ...* oder *Der Gesetzgeber wollte lediglich ...*). Einen Sonderfall stellt der Umstand dar, wenn der Gesetzgeber auf Grund einer Entscheidung des Bundesverfassungsgerichts ein Gesetzgebungsverfahren initiiert oder einleiten muss (vgl. zur Normgenese am Beispiel der sog. Online-Durchsuchung Vogel 2012a).

3.4 Juristische Sprachhandlungstypen als mittlere Abstraktionsstufe

Die Vielzahl der erwähnten Sprachhandlungen bedarf nun einer von vielen Rechtskontexten abstrahierenden Ordnung in einem rechtspraktisch relevanten Modell. Wir nehmen damit eine Mesoebene ein, eine Ebene der mittleren Abstraktion (im Vergleich zu den zuvor erläuterten Ebenen). In Band 1 der Reihe *Handbücher Sprachwissen* (HSW) wurde von Felder/Vogel (2015, 361) auf die (im Kontext der Bedeutungsexplizierung von Normtexten) widerstreitenden Paradigmen der Bedeutungsermittlung (Engisch [11]2010, Haft [8]2009, Larenz [6]1991, Zippelius [11]2012, Klatt 2004) versus Bedeutungsfestsetzung (Müller [2]1994, Busse 1992, [2]2010, Müller/Christensen/Sokolowski 1997, Christensen/Lerch 2007) sowie in Fortsetzung bzw. Weiterführung auf das linguistische Analysemodell der pragma-semiotischen Textarbeit (Felder 2003, 6; Felder 2012, 148) hingewiesen, das sich durch einen pragmatischen Teil unter Bezugnahme auf Searle und einen semiotischen Anteil unter Bezugnahme auf Peirce auszeichnet.

Folgt man also dem Ansatz der pragma-semiotischen Bedeutungsexplikation, so kann die juristische Textarbeit als akteursbezogene, zeichengebundene Tätigkeit bzw. als eine Form des kommunikativen Handelns aufgefasst werden, dem in verschiedenen Situationskontexten unterschiedliche Lebensformen oder „Sprachspiele" (Wittgenstein 1958/[11]1997, § 7, § 19, § 23) zugrunde liegen.

In diesem sprachhandlungstheoretischen Sinne lassen sich juristische Texte (Entscheidungstexte der Gerichte, die Kommentarliteratur und weitere Literatur innerhalb der juristischen Binnenkommunikation) und mündliche Kommunikationsformen unter handlungstheoretischen Gesichtspunkten analysieren. Dazu muss von vielen Einzelkontexten abstrahierend untersucht werden und die Vielzahl der vorgenommenen Sprecherhandlungen hinsichtlich ihres gemeinsamen Grundcharakters gebündelt werden, so dass sich drei Sprachhandlungstypen (= Handlungsmuster) herausdestilliert haben. Diese sinnverwandten Sprecherhandlungen sind in jeweils einer dieser übergeordneten Kategorien des Sprachhandlungstyps beschreibbar. Diese Sprachhandlungstypen korrespondieren mit den in Felder 2003 unter Bezugnahme auf die Strukturierende Rechtslehre des Rechtstheoretikers Friedrich Müllers generierten Textstufen (vgl. Hamann in diesem Band). Die Textstufen Müllers stellen den rechtstheoretischen Rahmen für die linguistische Analyse dar, die im Paradigma der juristischen Textarbeit zu modellieren beabsichtigt, wie im Rahmen einer konkreten Judikatur ein Lebenssachverhalt in einen Rechtsfall überführt wird (Hoffmann 2013) und dort im Rahmen formellen und materiellen Rechts bearbeitet wird (Jeand'Heur 1998, 1292 spricht von der „Zubereitungsfunktion" des Rechts). Es handelt sich um die folgenden drei Sprachhandlungstypen (Felder 2003, 205):

1. Sachverhalt-Festsetzen mit Bezug auf den verhandelten Sachverhalt: Dabei gilt es verschiedene Lebenssachverhaltsdarstellungen diverser Akteure mit divergierenden Zweckinteressen zu berücksichtigen.
2. Rechtliche Sachverhaltsklassifizierung mit Bezug auf die ausgewählten Normtexte (z. B. Gesetzestexte) auf der Grundlage diverser Normtexthypothesen (vgl. genauer zu diesen Prozessen und den Termini *Normprogramm* und *Normbereich* das rechtstheoretische Modell der *Strukturierenden Rechtslehre* von Müller ²1994 und die Weiterführung in Felder 2003, 38 ff. am Beispiel der Nötigung bei politisch motivierten Sitzblockaden nach StGB § 240);
3. Entscheiden mit Bezug auf die Rechts- und Entscheidungsnorm, wobei mit der Sprecherhandlung des Entscheidens eine des Argumentierens einhergeht.

Auf der analytischen Basis dieser drei grundlegenden Sprachhandlungstypen können rechtskommunikative Interaktionen untersucht werden. Derartige Sprachhandlungstypen manifestieren sich im Vollzug einzelner konkreter Sprecherhandlungen und stellen Analyseraster dar, um Perspektivendivergenzen aus pragma-linguistischer Sicht zu erklären.

3.5 Exemplifizierung der juristischen Sprachhandlungstypen

An Beispielen aus drei verschiedenen Judikaturen soll die Relevanz der drei Sprachhandlungstypen verdeutlicht werden.

Der *Sprachhandlungstyp des Sachverhalt-Festsetzens* setzt sich das Dechiffrieren des konfliktgeladenen und interpretativen Potentials bei der Überführung eines Lebenssachverhalts in einen Rechtsfall (Jeand'Heur 1998, 1292 und Felder 2003, 124) zum Ziel. Aus dem Blickwinkel der Kommunikationssituation muss man sich hierbei bewusst machen, dass in der Regel Nicht-Juristen den Lebenssachverhalt aus ihrer Sicht formulieren und die damit beschäftigen juristischen Funktionsträger die Lebenssachverhalte vor dem Hintergrund ihres juristischen Wissensrahmens in einen Rechtsfall transformieren (Hoffmann 2013) – und zwar vor dem Hintergrund der rechtsbegrifflichen Strukturierung ihres idiomatischen und terminologischen Wahrnehmungs- und Verarbeitungsmodus. Exemplifiziert sei dies an der Untersuchung in Luth (2015) zum medial aufmerksam begleiteten Fall „Görgülü“ (ein zwischen nationalen und internationalen Gerichten ausgetragener Rechtsstreit um das Sorge- und Umgangsrecht zwischen leiblichem Vater und Pflegeeltern). Das Amtsgericht Wittenberg perspektiviert dominant die Möglichkeit, das Kind in die inzwischen vom leiblichen Vater gegründete „Familie zu integrieren“ (Luth 2015, 109), während das Oberlandesgericht Naumburg – wohl gemerkt im Textabschnitt, in dem die Sachverhaltsfestsetzung vorgenommen wird – unter Bezugnahme auf eine fachmedizinische Einschätzung mit der Verwendung des Ausdrucks „herausreißen“ eine spezifische Perspektivierung eines möglichen Familienwechsels von der Pflegefamilie in die neue Familie des leiblichen Vaters vornimmt (Luth 2015, 127). Die Art und Weise der Sachverhaltsdarstellung der Gerichte indiziert nicht selten die in der Folge des Textes hergeleitete und begründete Entscheidung (siehe ebenfalls zu Divergenzen der Sachverhaltsdarstellung bei einem vermeintlich identischem Rechtsfall in verschiedenen Instanzen Felder 2003, 212).

Auch Li (2011) arbeitet dezidiert in ihrer Untersuchung im Kontext eines Strafrechtsproblems die Weglassungen und Hinzufügungen bei Wiederaufnahme und Reformulierung von Sachverhaltsdarstellungen heraus (Li 2011, 96 ff.). Es ging um die Frage (die der Gesetzgeber inzwischen geregelt hat), ob psilocin- oder psilocybinhaltige Pilze als Betäubungsmittel zu klassifizieren sind und ob deren Besitz strafbar ist. Sie belegt dies an Formulierungen, die einen impliziten semantischen Kampf offenbaren: Hat der Angeklagte die Pilze erworben, um sie „gewinnbringend zu veräußern“ (wie die Staatsanwaltschaft formuliert) oder um sie als „Werbegeschenke“ zu verteilen, wie der Angeklagte behauptet (Li 2011, 104)? Unterschiedliche Darstellungen von Einstellungsbekundungen können durch Verbmodi oder weitere Modalitätsmarkierungen (z. B. Modalverb, Partikel) im Hinblick auf Gültigkeitsansprüche graduell abgestuft ausgedrückt werden – oder eben nicht:

> Wenn man nicht über eigene subjektive Einstellungen spricht, sondern sich über subjektive Einstellungen eines anderen äußern will, hat man hauptsächlich zwei Möglichkeiten zur Ermittlung dieser subjektiven Informationen. Entweder stützt man sich auf die Einlassungen des anderen, oder man erschließt diese aus dessen Handeln. Auf jeden Fall geht es dabei um ein Ergebnis dialogischer oder gedanklicher Prozesse, zu dessen Geltung man beim sprachlichen Referieren durch Modalitätsmarkierung Stellung hätte nehmen können und müssen. An den [in ihrer Untersuchung angeführten/Anm. E. F.] Beispielen ist zu beobachten, dass in der Anklageschrift und im BGH-Beschluss der Modus Indikativ (*wusste*, *erkannte*) ohne eine sonstige modale Abtönung eingesetzt wird [im Unterschied zu anderen Instanzen/Anm. E. F.]. Damit wird im Rahmen festsetzender Sprecherhandlungen die Aussage über die subjektive Einstellung des Angeklagten ohne Geltungsvorbehalte als uneingeschränkt gültige Wahrheit akzentuiert. (Li 2011, 103 f.)

Der *Sprachhandlungstyp der rechtlichen Sachverhaltsklassifizierung* soll an einem Fall zur Strafbarkeit religiös motivierter Knabenbeschneidung illustriert werden. Die Staatsanwaltschaft Köln erhob Anklage gegen einen Arzt wegen Körperverletzung, weil in Folge einer (aus medizinischer Sicht) fachgerechten Operation der Zirkumzision Nachblutungen auftraten, die in der Kindernotaufnahme der Universitätsklinik behandelt wurden, da die Mutter dort um medizinische Hilfe für ihren Vierjährigen bat. Keding (2016, 74) stellt in seiner Entscheidungsanalyse einen wichtigen Unterschied zwischen dem Amtsgericht und dem Landgericht Köln in Hinblick auf die rechtliche Sachverhaltsklassifizierung heraus. Sozialadäquanz (mit Verweis auf eine innerjuristische Rechtsdebatte um die Bestimmung dessen, was als sozial üblich und allgemein gebilligt gelten kann) und „Wohl des Kindes" (§ 1627 BGB) werden von beiden Instanzen unterschiedlich bewertet: Das AG Köln konstatiert das Vorliegen der elterlichen Erlaubnis zur Zirkumzision, stellt darüber hinaus die Sozialadäquanz als zentralen Rechtfertigungsgrund für die Beschneidung fest, sieht infolgedessen das Kindeswohl nicht beeinträchtigt und spricht daher den Arzt frei. Das LG Köln sieht die Relevanz dieses Aspekts in dem vorliegenden Fall nicht gegeben (Keding 2016, 84 mit Originalbelegen aus dem Urteil auf S. 110) – bestreitet also überhaupt die Bedeutung der Sozialadäquanz bei der rechtlichen Beurteilung des vorliegenden Lebenssachverhalts der Zirkumzision. Stattdessen begründet das LG Köln den Freispruch mit dem sogenannten Verbotsirrtum. „Fehlt dem Täter bei Begehung der Tat die Einsicht, Unrecht zu tun, so handelt er ohne Schuld, wenn er diesen Irrtum nicht vermeiden konnte" (§ 17 StGB). Aus rechtstheoretischer Sicht ist gemäß der Strukturierenden Rechtslehre von Müller (^{2}1994) die Relevanzprüfung einschlägiger (also für den Fall zu berücksichtigender) Normtexte von grundlegender Bedeutung. Sie ist der Kern des Sprachhandlungstyps der rechtlichen Sachverhaltsklassifizierung. Es ist für den Nicht-Juristen immer wieder bemerkenswert, wie das Referieren auf bestimmte Normtexte und das explizite oder implizite Nicht-Referieren auf Normtexte zwischen den juristischen Funktionsträgern umstritten ist. Im Urteil des LG Köln wird beispielsweise ein bestimmter juristischer Standpunkt abgelehnt, weil er „die Einwilligung unter Berücksichtigung verfassungsrechtlicher Kriterien als rechtfertigend [bewertet], er geht jedoch nur auf die Elternrechte aus Artikel 4 und 6 GG, nicht hingegen – was notwendig wäre – auf die eigenen Rechte des Kindes aus Artikel 2 GG ein. Seine Auffassung kann schon aus diesem Grunde nicht überzeugen" (LG Köln, zitiert nach Keding 2016, 112).

Juristische Funktionsträger streiten also schon um die als einschlägig zu berücksichtigenden Normtexte. Ihre Relevanz wird ebenfalls diskursiv ausgehandelt – nicht nur die In-Beziehung-Setzung konkreter Normtexte mit einem Rechtsfall. In der Konsequenz ergibt sich daraus, dass der Sprachhandlungstyp der rechtlichen Sachverhaltsklassifizierung das Recht von der Performativität her denkt und sich der Idee der Repräsentativität von Zeichen gegenüber skeptisch zeigt – oder gar die Idee verwirft, Bedeutung und Verknüpfungen seien dem Text inhärent (Christensen/Lerch 2005, 106):

> Eine vom Begriff der Performativität ausgehende Perspektive auf das Recht einzunehmen bedeutet also zusammenfassend, die Rechtserzeugung in den Mittelpunkt der Rechtsbetrachtung zu

stellen und Recht u. a. über die Begriffe der Rekursivität, der Rezeptivität und der Relationalität zu beschreiben. Dies kann rechtswissenschaftlich besonders für ein transnationalisierendes und hybridisierendes, für ein plural wachsendes und ein global verflochtenes Recht eine produktive theoretische Betrachtung eröffnen. Die Perspektive erlaubt außerdem (und zwingt dazu), den Begriff rechtlicher Normativität dynamisch zu denken. (Müller-Mall 2016, 33)

3.6 Konsequenzen des Performanzgedankens für das Recht

Im Sinne dieses Performanzgedankens oder auch im Geiste der Semiose nach Peirce sind bei der Knabenbeschneidung vom AG und LG Köln die folgenden Ausdrücke *Körperverletzung, gefährliche Körperverletzung, Sozialadäquanz, Kindeswohl, Einwilligung, Verbotsirrtum* als relevant eingeschätzt und in Sprachhandlungen spezifisch adaptiert worden (Keding 2016, 69 ff.). Ein besonders schillerndes Beispiel dürfte das der Sozialadäquanz sein, die nach Fischer (2014, § 14 Rn. 13) vorliegt, „wenn das Verhalten des Täters sich nur im Rahmen des sozial Üblichen und von der Allgemeinheit Gebilligten hält." Diskursakteure im Allgemeinen und Rechtsakteure im Besonderen erfahren und rezipieren Informationen, Wissensbestände und Sachverhalte in interaktiven Kontexten als sprachgebundene, sozio-kommunikative Phänomene. Aus diesem Grund ist der Untersuchungsgegenstand der linguistischen Performanz (Feilke/Linke 2009) für das Recht von zentraler Bedeutung (vgl. dazu „Performativität in Sprache und Recht" in Bülow u. a. 2016): In ihr zeigt sich das Handeln in und mit Sprache (Sprachhandeln). „In der Performanz verbindet sich der Aspekt der Wiederholung [...] mit dem der Abweichung bzw. der Variation von Mustern, der Aspekt des Wiedererkennens verbindet sich [...] mit dem des Kontrasterlebnisses" (Linke/Feilke 2009, 9).

Auch die im Rechtsdiskurs formatierten Zeichen sind deshalb mitnichten statisch, sondern ganz im Gegenteil zeigt der juristische Sprachgebrauch eine beachtliche Dynamik. Auf der Grundlage dieses Gedankens kann mit Hilfe der linguistischen Pragmatik verdeutlicht werden,

> dass die aus der Semiotik stammende Annahme der unendlichen Semiose – jedes Zeichen wird zum Interpretanten eines anderen (unbegrenzte Ersetzbarkeit von Zeichen durch Zeichen) – das Theoriedefizit in der Erklärung, wie Bedeutung im Recht zustande kommt, zu schließen vermag, ohne dass in der rechtstheoretischen Erklärung der Rechtspraxis eine Lücke der Rechtsunsicherheit aufklafft. (Felder 2012, 147)

Eine solche Herangehensweise, wie sie hier dargestellt wird, setzt sich eine handlungstheoretisch reflektierte Systematisierung der Praxis zum Ziel, um damit intuitives Können (auf Grund internalisierter Regeln) im Rahmen teilweise unbewusst ablaufender Textproduktionsschemata und Textrezeptionsverfahren über die Explizierung von Teilprozessen bewusst zu machen. Gelingt es, ein solches kontextgebundenes Vorwissen gerade auch für juristisch Unkundige transparent zu machen, so sind damit die Übersetzungsversuche von Rechtstermini (als vermeintlich zentrales Verstehensproblem rechtssprachlicher Äußerungen) zugunsten von Sprachhandlungen als grundlegenden Beschreibungsaspekten von (fach)kommunikativen Interaktionen zu relativieren. Damit wird deutlich, dass vor allem die mit der Verwendung von Wörtern vollzogenen Sprecherhandlungen im juristischen Textgeflecht zu analysieren sind.

Es lässt sich schlussfolgern: Rechtslinguistische Analysen von Textsorten und Kommunikationsformen im Recht untersuchen die Art und Weise des Referierens (wie auf die Wirklichkeit Bezug genommen wird), des Prädizierens (wie Aussagen Eigenschaften zugeschrieben werden), des Quantifizieren (wie Größenangaben gemacht werden) und des Herstellens von Relationen (wie also Aussagen, vor allem zwischen Teilsätzen oder komplexen Sätzen, verknüpft werden; v. Polenz ²1988, 91 ff.). Untersucht man rechtliche Texte oder mündliche Interaktion vor Gericht (Hoffmann 1983, 1989), so bilden die drei grundlegenden juristischen Sprachhandlungstypen *Sachverhalt-Festsetzen, rechtliche Sachverhaltsklassifizierung, Entscheiden (inklusive Argumentieren)* ein Analyseraster, welches es ermöglicht, unterschiedliche Sprecherhandlungen unter juristischen Funktionsträgern (z. B. Richter, Anwälte, Gesetzgeber usw.) sowie auch zwischen Experten und außerjuristischen Diskursakteuren (Gutachter, Medien, Interessengruppen, Lobbyisten) zu kategorisieren. Durch das Transparent-Machen von Zeichenhandlungen divergierender Diskursakteure werden die juristischen Aushandlungsprozesse im Medium der Sprache sichtbarer und für Außenstehende verstehbarer. Eine solche Sichtweise leistet damit durch mehr Sprachbewusstheit im Recht auch einen Beitrag zur Loyalität dem Rechtsstaat und seinen Verfahren gegenüber.

Ausgehend von dem Textstufenmodell der Strukturierenden Rechtslehre (Müller ²1994, 246 ff.; Müller/Christensen/Sokolowski 1997, 35) machen die drei Sprachhandlungstypen die zentralen Aktivitäten juristischer Funktionsträger transparent – nämlich die Untersuchungsebenen der Sachverhaltsfestsetzung, der rechtlichen Sachverhaltsklassifizierung und des Entscheidens (inklusive Argumentieren) (Felder 2003, Li 2011, Luth 2015, Keding 2016). Diese Handlungstypen mittlerer Abstraktion sind empirisch im Rechtsdiskurs ermittelt worden (Felder 2003) und in verschiedenen Arbeiten – wie im nächsten Abschnitt ausgeführt wird – weitergeführt worden. Sie liegen quer zu Searles (1982, 31 ff.) Klassifikation der fünf Oberklassen von Sprechakten.

3.7 Erweiterungen der juristischen Sprachhandlungstypik

Li (2011) erweitert das von Felder (2003) entwickelte Modell der juristischen Sprachhandlungstypen um Subtypen, die im Folgenden skizziert werden, und trägt damit zur Präzisierung des Modells gemäß den analytischen Anforderungen bei, die sich durch das induktive Vorgehen der juristischen Textarbeit ergeben. Dies macht sie durch die Analyse einer Judikatur zum Rechtsstreit um die Auslegung des Pflanzenbegriffs im Betäubungsmittelgesetz (mit der Leitfrage „Sind Pilze Pflanzen?") und macht dadurch die einzelnen Verfahrensstufen der Bedeutungsexplikation im Rechtsfindungsprozess transparent.

Sprachhandlungstyp 1: Vor diesem Hintergrund sind die Präzisierungen von Li (2011, 95 ff. und 157 ff.) zu sehen, die den Handlungstyp *Sachverhalt-Festsetzen* in „fallorientiertes" (ereignis- und auf die inneren Beweggründe der Akteure bezogen) und „prozessorientiertes" (Rekontextualisierung vorangegangener juristischer Textarbeit in anschließenden Instanzverhandlungen) Sachverhalt-Festsetzen untergliedert. Im Zusammenhang des fallorientierten Sachverhalt-Festsetzens kann mit Blick auf das „objektivierte Ereignis festgestellt werden, dass verschiedene Parteien vor Gerichten" (Li 2011, 152) je nach Standpunkt divergierende Eigenschaften, aussagenlogische Sachverhaltsverknüpfungen „und in ihrer Textarbeit durch sprachliche Perspektivierungsmöglichkeiten" unterschiedliche Sachverhaltskonstitutionen des vermeintlich identischen Sachverhalts durchsetzen möchten (Li 2011, 153), obwohl ihnen die gleichen Daten des verhandelten Sachverhalts zur Faktenherstellung vorliegen (vgl. zum Unterschied von Daten und Fakten Felder 2013, 14). Nicht minder aufschlussreich ist in der Kategorie des fallorientierten Sachverhalt-Festsetzens der zweite Subtyp, nämlich der des Sachverhalt-Festsetzens in Bezug auf subjektive Einstellungen der in den Rechtsfall involvierten Personen. Li (2011, 163 ff.) zeigt in dem von ihr untersuchten Strafrechtsfall, wie der Angeklagte selbst die strafrechtliche Relevanz seines Verhaltens einschätzt, was für den gesamten Verhandlungsverlauf sich als nicht unerheblich herausstellt.

Sprachhandlungstyp 2: Den zweiten juristischen Sprachhandlungstyp – die *rechtliche Sachverhaltsklassifizierung* – differenziert Li in „Klassifizierung der Rechtsklassifikation" (erneute Einordnung bereits getroffener Klassifikationen anderer juristischer Funktionsträger) und „Klassifizierung argumentativ relevanter Umstände". Mit diesen Erweiterungen belegt die Untersuchung von Li, wie mittels pragma-linguistischer Kriterien innerhalb des linguistischen Methodenrepertoires rechtliche Prozesse der Bedeutungsexplikation pragmatisch sinnvoll und präzisierend beschrieben werden können (in Erweiterung und im Unterschied zu Busse 1992 und ^{2}2010 mit seinem semantischen Schwerpunkt). Juristisches Sprachhandeln kann dadurch auch für Laien transparent gemacht werden.

Sprachhandlungstyp 3: Den letzten der drei juristischen Sprachhandlungstypen – bei Felder (2003, 205) *Entscheiden (inklusive Argumentieren)* genannt – bezeichnet Li als „rechtliche Beurteilung inklusive Argumentation" (Li 2011, 118 ff.) und unterscheidet dabei „die rechtliche Beurteilung" von der Analyse der Argumentationsmuster mit den Topoi *Berufung auf den Sprachgebrauch, Berufung auf die Gesetzessystematik, Berufung auf andere Rechtsprechungen, Berufung auf den Gesetzgeberwillen, Berufung auf andere Rechtssysteme bzw. Rechtsvorschriften* (vgl. die Exemplifizierung anhand einer Judikatur in Li 2011, 184 ff.).

Luth (2015) erweitert in ihrer Untersuchung zum viel diskutierten Sorgerechtsfall „Görgülü" den zugrundeliegenden Sprachhandlungsansatz in Hinblick auf eine besonders relevante und einflussreiche Textsorte – nämlich Gutachten bzw. Stellungnahmen. Da die Sachverständigen den Sachverhalt nicht wie z. B. die Gerichte in einem deklarativen Sprechakt festsetzen, sondern den verhandelten Lebenssachverhalt aus dem Blickwinkel ihres Expertenkontexts perspektivisch in den diskursiven Aushandlungsprozess einbringen, erweitert Luth (2015, 207 ff.) das Modell um den Handlungstyp *Sachverhalt-Gewichten und Bewerten (inkl. Handlungsempfehlung)* in Bezug auf externe Gutachten und Stellungnahmen. Dieser Zugriff soll in der juristischen Textarbeit die Besonderheiten und (Aus-)Wirkungen der Textsorte Gutachten und Stellungnahmen erfassen – und zwar in Form von textuellen Spuren in weiteren Texten des Rechtsdiskurses. Luth weist nach, wie gerade beim Sprachhandlungstyp Sachverhalt-Festsetzen die Prädisposition der zu konstituierenden Wissensrahmen durch die Texte von Fachgutachtern und staatlich betreuenden Akteuren wesentlich beeinflusst wird. Rechtsstaatliche Faktizitätsherstellung bewegt sich damit im Spannungsfeld objektivierter und intersubjektiv unstrittiger Daten (= Gegebenem) und der akteurs- und interessengeleitet hergestellten Fakten (als etwas Gemachtem), das Akteure innerhalb und außerhalb des Rechts „aus beobachtbaren Ereignissen sowie anschließend abstrahierten und damit hergestellten Tatsachen" (Felder 2013, 14) generieren.

4 Fazit: Erkenntnisinteresse einer pragmatisch orientierten Rechtslinguistik

Die pragmatisch orientierte Semantik kondensiert Verwendungsweisen sprachlicher Zeichen, die in Rechtsausdrücken kontextabstrahiert (also von vielen Einzelkontexten abstrahierend) verdichtet werden (z. B. *Gewalt, Verwerflichkeit, Zweck-Mittel-Relation, Kindeswohl, Körperverletzung*). Die pragmatisch orientierte Rechtslinguistik bzw. der rechtslinguistische Sprachhandlungsansatz präzisiert die Verwendungsweisen der Rechtsausdrücke dahingehend, dass die konkreten Verwendungsweisen in Beziehung gesetzt werden zu Akteuren, deren Interessen und deren Sprachhandlungsstrategien im Recht. Die Interessen der Akteure werden untersucht, indem die in ihren Texten und Gesprächsbeiträgen vollzogenen Handlungen als zeicheninduzierte Textfunktionen dechiffriert werden. Diese Art der Kommunikationsanalyse fokussiert die sprachgebundene spezifische Perspektivierung von Sachverhalten und deutet sie als Durchsetzungsversuche von Sichtweisen. Wie bestimmte Perspektiven dominant gesetzt werden können, offenbart die Analyse von Form-Funktions-Wechselwirkungen. Wenn bestimmten Sprachformen spezifische Funktionen in der Rechtskommunikation zugeschrieben werden können, dann vermag die rechtslinguistische Forschung verallgemeinernd etwas über an bestimmte Sprachformen gebundene Wirkungen zu sagen, die typologisch in Erklärungsmodellen gebündelt werden. Anders kommen wir als Analytiker oder rechtspolitisch interessierte Staatsbürger nicht an die „wahren" Interessen der Akteure heran – so sehr wir danach trachten: Sie sind in der Black Box der individuellen Kognitionen versteckt.

Die drei Sprachhandlungstypen *Sachverhalt-Festsetzen*, *rechtliche Sachverhaltsklassifizierung* und *Entscheiden* bieten eine Orientierung und legen die akteursbezogenen Bewältigungsformate von Aufgaben offen. Akteure handeln mit Sprache, weil sie durch ihre Sprecherhandlungen die Welt im Sinne der von ihnen geäußerten Propositionen (Satzinhalte) verändert wissen wollen. Schon die sprachliche Darstellungsweise des vermeintlich identischen Sachverhalts kann in der nächsten Instanz eine grundlegende Neuformulierung und Neuperspektivierung erfahren (vgl. Felder 2003, 205; Li 2011, 157; Luth 2015, 109). Gleiches gilt für den Streit um die relevanten Normtexte im Rahmen der rechtlichen Sachverhaltsklassifizierung innerhalb einer rechtlichen Auseinandersetzung (Felder 2003, 207 ff.; Li 2011, 172; Luth 2015, 89 ff.; Keding 2016, 68): Akteure fordern häufig die Berücksichtigung weiterer Normtexte, die im bisherigen Verfahren noch keine Rolle spielten. Im Aushandlungsprozess der jeweiligen Relevanzkriterien zeigen sich die interessengebundenen Perspektivensetzung und die daraus hervorgehende Faktizitätsherstellung, welche die Grundlage für die zu treffende Entscheidung darstellt.

Damit wird die Relevanz des Performanzgedankens im Recht deutlich. Diese Mechanismen muss der mündige Staatsbürger zumindest in den prinzipiengeleiteten Grundzügen verstehen, nur dann kann er sich voller Überzeugung mit dem Rechtsstaat identifizieren oder sich zumindest loyal gegenüber den rechtsstaatlichen Verfahren verhalten (ein wichtiger Aspekt der Rechtssicherheit). Das ist die Prämisse eines funktionierenden Rechtsstaates: die Akzeptanz von prozessualem und materiellem Recht und seiner Genese und Anwendung. In der Folge sind dann auch – so bleibt zu hoffen – die Voraussetzungen dafür gegebenen, dass der Staatsbürger den besonders aufmerksam beobachteten Sprachhandlungstyp im Recht – nämlich den des Entscheidens – zu reflektieren und akzeptieren bereit ist. Dabei darf man nicht vergessen: Im Recht muss entschieden werden, auch wenn die Akteure (Richter und Schöffen usw.) in besonders heiklen Fällen vielleicht manchmal eine Entscheidung gerne vermeiden würden.

5 Literatur

Beckmann, Susanne (2001): Die Grammatik der Metapher. Eine gebrauchstheoretische Untersuchung des metaphorischen Sprechens. Tübingen (Linguistische Arbeiten 438).

Burkhardt, Armin (1986): Soziale Akte, Sprechakte, Teilillokutionen. A. Reinachs Rechtsphilosophie und die moderne Linguistik. Tübingen (Reihe Germanistische Linguistik 69).

Bülow, Lars u. a. (Hg.) (2016): Performativität in Sprache und Recht. Berlin/Boston (Sprache und Wissen 23).

Busse, Dietrich (1992): Recht als Text. Linguistische Untersuchungen zur Arbeit mit Sprache in einer gesellschaftlichen Institution. Tübingen (Reihe Germanistische Linguistik 131).

Busse, Dietrich (²2010): Juristische Semantik. Grundfragen der juristischen Interpretationstheorie in sprachwissenschaftlicher Sicht. Berlin (Schriften zur Rechtstheorie 157).

Busse, Dietrich (2015): Bedeutung. In: Ekkehard Felder/Andreas Gardt (Hg.): Handbuch Sprache und Wissen. Berlin/Boston, 34–56 (Handbücher Sprachwissen – HSW 1).

Christensen, Ralph/Kent D. Lerch (2005): Performanz. Die Kunst, Recht geschehen zu lassen. In: Kent D. Lerch (Hg.): Recht vermitteln. Strukturen, Formen und Medien der Kommunikation im Recht. Berlin/New York, 55–132.

Christensen, Ralph/Kent D. Lerch (2007): Von der Bedeutung zur Normativität oder von der Normativität zur Bedeutung? In: Jochen Bung/Brian Valerius/Sascha Ziemann (Hg.): Normativität und Rechtskritik. Archiv für Rechts- und Sozialphilosophie. Beiheft 114. Stuttgart, 98–110.

Dietrich, Rainer/Wolfgang Klein (2000): Einleitung „Sprache des Rechts". In: Zeitschrift für Literaturwissenschaft und Linguistik 30/118, 5–6.

Engisch, Karl (1956/¹¹2010): Einführung in das juristische Denken. Stuttgart u. a.

Felder, Ekkehard (2003): Juristische Textarbeit im Spiegel der Öffentlichkeit. Berlin/New York (Studia Linguistica Germanica 70).

Felder, Ekkehard (2011): Juristische Fachsprache. In: Albrecht Cordes u. a. (Hg.): Handwörterbuch zur deutschen Rechtsgeschichte (HRG). Berlin, 1443–1449.

Felder, Ekkehard (2012): Unendliche Semiose im Recht als Garant der Rechtssicherheit. In: Carsten Bäcker/Matthias Klatt/Sabrina Zucca-Soest (Hg.): Sprache – Recht – Gesellschaft. Tübingen, 141–162.

Felder, Ekkehard (2013): Faktizitätsherstellung mittels handlungsleitender Konzepte und agonaler Zentren. Der diskursive Wettkampf um Geltungsansprüche. In: Ekkehard Felder (Hg.): Faktizitätsherstellung in Diskursen. Die Macht des Deklarativen. Berlin/Boston, 13–28 (Sprache und Wissen 13).

Felder, Ekkehard/Marcus Müller/Friedemann Vogel (2012): Korpuspragmatik. Paradigma zwischen Handlung, Gesellschaft und Kognition. In: Ekkehard Felder/Marcus Müller/Friedemann Vogel (Hg.): Korpuspragmatik. Thematische Korpora als Basis diskurslinguistischer Analysen. Berlin/New York, 3–30 (Linguistik – Impulse und Tendenzen 44).

Felder, Ekkehard/Friedemann Vogel (2015): Sprache im Recht. In: Ekkehard Felder/Andreas Gardt (Hg.): Handbuch Sprache und Wissen. Berlin/Boston, 358–372 (Handbücher Sprachwissen – HSW 1).

Felder, Ekkehard/Janine Luth/Friedemann Vogel (2016): ‚Patientenautonomie' und ‚Lebensschutz'. Eine empirische Studie zu agonalen Zentren im Rechtsdiskurs über Sterbehilfe. In: Zeitschrift für Germanistische Linguistik 44/1, 1–36.

Finkbeiner, Rita (2015): Einführung in die Pragmatik. Darmstadt.

Fischer, Thomas (2014): Strafgesetzbuch: StGB. 61. Auflage. München.

Fritz, Gerd (1998): Historische Semantik. Stuttgart.

Gloning, Thomas (1996): Bedeutung, Gebrauch und sprachliche Handlung. Ansätze und Probleme einer handlungstheoretischen Semantik aus linguistischer Sicht. Tübingen (Reihe Germanistische Linguistik 170).

Grice, H. Paul (1957): Meaning. In: The Philosophical Review 66, 377–388; republished in: Danny Steinberg/Leon A. Jakobovits (Hg.) (1971): Semantics. An interdisciplinary reader in philosophy, linguistics and psychology. Cambridge, 53–59.

Haft, Fritjof (1978/⁸2009): Juristische Rhetorik. Freiburg/München.

Hoffmann, Ludger (1983): Kommunikation vor Gericht. Tübingen.

Hoffmann, Ludger (Hg.) (1989): Rechtsdiskurs. Untersuchungen zur Kommunikation in Gerichtsverfahren. Tübingen.
Hoffmann, Ludger (2013): Der Fall des Rechts und wie er zur Sprache kommt. In: Jörg R. Bergmann/Ulrich Dausendschön-Gay/Frank Oberzaucher (Hg.): „Der Fall". Zur epistemischen Praxis professionellen Handelns. Bielefeld, 287–345.
Holly, Werner (1990): Politikersprache. Inszenierungen und Rollenkonflikte im informellen Sprachhandeln eines Bundestagsabgeordneten. Berlin/New York.
Hundsnurscher, Franz (1984): Probleme einer semantischen Beschreibung des Wortschatzes. In: Energeia 10, 30–45.
Hundsnurscher, Franz (1998): Pragmatische Wortsemantik. Zum pragmatischen Hintergrund einer gebrauchstheoretisch orientierten lexikalischen Semantik. In: Eva Schmitzdorf/Nina Hartl/Barbara Meurer (Hg.): Lingua Germanica. Studien zur deutschen Philologie. Jochen Splett zum 60. Geburtstag. Münster, 128–142.
Jeand'Heur, Bernd (1989): Sprachliches Referenzverhalten bei der juristischen Entscheidungstätigkeit. Berlin (Schriften zur Rechtstheorie 139).
Jeand'Heur, Bernd (1998): Die neuere Fachsprache der juristischen Wissenschaft seit der Mitte des 19. Jahrhunderts unter besonderer Berücksichtigung von Verfassungsrecht und Rechtsmethodik. In: Lothar Hoffmann/Hartwig Kalverkämper/Herbert Ernst Wiegand (Hg.): Fachsprachen. 1. Halbband. Berlin/New York, 1286–1295.
Keding, Lennart (2016): Sprache als Schlüssel zum Recht. Zur Strafbarkeit religiös motivierter Knabenbeschneidungen aus rechtslinguistischer Sicht. Hamburg.
Klatt, Matthias (2004): Theorie der Wortlautgrenze. Semantische Normativität in der juristischen Argumentation. Baden-Baden.
Köller, Wilhelm (2004): Perspektivität und Sprache. Zur Struktur von Objektivierungsformen in Bildern, im Denken und in der Sprache. Berlin/New York.
Larenz, Karl (1960/[6]1991): Methodenlehre der Rechtswissenschaft. Berlin u. a.
Lerch, Kent D. (Hg.) (2004/2005): Die Sprache des Rechts. Studien der interdisziplinären Arbeitsgruppe Sprache des Rechts der Berlin-Brandenburgischen Akademie der Wissenschaften. 3 Bände. Berlin u. a.
Li, Jing (2011): „Recht ist Streit". Eine rechtslinguistische Analyse des Sprachverhaltens in der deutschen Rechtsprechung. Berlin/Boston (Sprache und Wissen 8).
Linke, Angelika/Helmuth Feilke (Hg.) (2009): Oberfläche und Performanz. Untersuchungen zur Sprache als dynamischer Gestalt. Tübingen (Reihe Germanistische Linguistik 283).
Luth, Janine (2015): Semantische Kämpfe im Recht. Eine rechtslinguistische Analyse zu Konflikten zwischen dem EGMR und nationalen Gerichten. Heidelberg (Schriften des Europäischen Zentrums für Sprachwissenschaften 1).
Morris, Charles W. (1938): Foundations of the theory of signs. Chicago.
Morris, Charles W. (1946): Signs, Language and Behavior. New York.
Müller, Friedrich ([2]1994): Strukturierende Rechtslehre. Berlin.
Müller, Friedrich/Ralph Christensen/Michael Sokolowski (1997): Rechtstext und Textarbeit. Berlin (Schriften zur Rechtstheorie 179).
Müller-Mall, Sabine (2016): Rekursion. Rezeption. Relation. Rechtstheoretische Aspekte des Performativen. In: Bülow u. a., 21–34.
Neumann, Ulfrid (1992): Juristische Fachsprache und Umgangssprache. In: Günther Grewendorf (Hg.): Rechtskultur als Sprachkultur. Zur forensischen Funktion der Sprachanalyse. Frankfurt, 110–121.
Nussbaumer, Markus (2009): Rhetorisch-stilistische Eigenschaften der Sprache des Rechtswesens. In: Ulla Fix/Andreas Gardt/Joachim Knape (Hg.): Rhetorik und Stilistik/Rhetoric and stylistics.

Ein internationales Handbuch historischer und systematischer Forschung. 2. Halbbd. Berlin/New York, 2132–2150.
Peirce, Charles Sanders (1960): Collected Papers. Cambridge/Massachusetts.
Schmidt, Siegfried J. (1976): Texttheorie. Probleme einer Linguistik der sprachlichen Kommunikation. München.
Rolf, Eckard (1997): Illokutionäre Kräfte. Grundbegriffe der Illokutionslogik. Opladen.
Searle, John R. (1969): Speech acts. Cambridge.
Searle, John R. (1982): Ausdruck und Bedeutung. Untersuchungen zur Sprechakttheorie. Frankfurt.
Searle, John R. (1997): Die Konstruktion der gesellschaftlichen Wirklichkeit. Zur Ontologie sozialer Tatsachen. Hamburg.
Seibert, Thomas-Michael (1981): Aktenanalyse. Zur Schriftform juristischer Deutungen. Tübingen.
Vogel, Friedemann (2012): Das Recht im Text. Rechtssprachlicher Usus in korpuslinguistischer Perspektive. In: Felder/Müller/Vogel, 314–353.
Vogel, Friedemann/Hanjo Hamann (2015): Vom corpus iuris zu den corpora iurum – Konzeption und Erschließung eines juristischen Referenzkorpus (JuReko). In: Jahrbuch der Heidelberger Akademie der Wissenschaften für 2014. Heidelberg.
Vogel, Friedemann (2012a): Linguistik rechtlicher Normgenese. Theorie der Rechtsnormdiskursivität am Beispiel der Online-Durchsuchung. Berlin (Sprache und Wissen 9).
Vogel, Friedemann (Hg.) (2015): Zugänge zur Rechtssemantik. Interdisziplinäre Ansätze im Zeitalter der Mediatisierung. Berlin/Boston (FRIAS-Reihe linguae & litterae 53).
Wittgenstein, Ludwig (1958/[11]1997): Philosophische Untersuchungen. Werkausgabe Band 1. Frankfurt.
Zippelius, Reinhold (1971/[11]2012): Juristische Methodenlehre. München (Schriftenreihe der Juristischen Schulung 93).

Ludger Hoffmann

4. Mündlichkeit im Recht: Kommunikationsformen/Gesprächsarten

Abstract: Der Artikel behandelt das Prinzip der Mündlichkeit als eine Schnittstelle des Rechtsverfahrens zur Außenwelt. In der Verhandlung wird der Fall mündlich in spezifischen Handlungsmustern bearbeitet. Narrative Darstellungen und Fragemuster führen Sachverhalte ein und klären ihre Zusammenhänge, Begründungen stützen ihr Verständnis, Belehrungen sollen das Verstehen der Laien sichern.

1 Das Prinzip der Mündlichkeit

Mündlichkeit ist in jeder Sprache der primäre Modus sprachlicher Verständigung. Auch wenn sie flüchtig und der Kanal anfällig ist, die Planung unvollständig, das Gesagte nicht rückholbar ist („Gesagt ist gesagt“), das Gesagte schnell vom Hörer zu verarbeiten ist, so hat dieser Sprachmodus doch viele Vorzüge:

- Der Hörer und seine Wahrnehmung und Reaktion sind unmittelbar zugänglich; Indizien von Nicht-Verstehen oder Verstehensdivergenz können für eine geänderte Planung genutzt werden.
- Der Sprecher hört, was er sagt, und gleicht es mit seinem Plan ab; er kann spontan umorganisieren, reparieren oder paraphrasieren.
- Der Sprecher kann nonverbale Mittel (Blickausrichtung, Mimik, Gestik, Raumpositionierung etc.) unterstützend einsetzen.
- Jede Formulierung eines Gedankens gewichtet ihn (was ist thematisch und schon im Wissen zugänglich, was ist neu, relevant, kontrastiert zu bereits Gesagtem); das Mittel des Gewichtungsakzents profiliert einen Gedanken, wie es in der Schriftlichkeit nicht möglich ist.
- Jeder Mensch verfügt über eine mehr oder minder ausgebaute mündliche Sprachkompetenz.

Der Vorzug der Schriftlichkeit besteht in der Möglichkeit, sprachliche Äußerungen sorgfältig zu planen und auf einem Träger zu fixieren, die Gestalt weitgehend zu konservieren und über Zeiten und Räume zugänglich zu halten. Das Verständnis ist aber auch gefährdet (kein Zugang zum Autor, Sprachwandel, unzureichender Adres-

DOI 10.1515/9783110296198-004

satenzuschnitt, keine Reparatur). Im Problemfall setzen wir eher auf ein Gespräch. Andererseits wird Unzuverlässigkeit des Gedächtnisses kompensiert: Welche Verpflichtungen wurden eingegangen, wie ist der Wortlaut eines religiösen, rechtlichen, ökonomischen Textes? Schriftliche Texte dokumentieren den ordentlichen Gang eines Rechtsverfahrens und die Resultate.

Das Mündlichkeitsprinzip ist eine Errungenschaft moderner Rechtsstaatlichkeit seit der Mitte des 19. Jahrhunderts. Es besagt als aufklärerisches Ideal, dass mündliche Kommunikation und freie Rede vor einem Auditorium, zu dem im Prinzip jeder gehören kann (Prinzip der Öffentlichkeit), primär sein sollen; dem Urteil darf nur mündlich in der Interaktion der Prozessbeteiligten Vorgetragenes und Verhandeltes zugrunde gelegt werden: „Vor Gericht hat jedermann Anspruch auf rechtliches Gehör" (Art. 101 GG). Das Gericht muss alle Betroffenen anhören, ihnen an den Entscheidungspunkten Gelegenheit zur Stellungnahme geben. Das Mündlichkeitsprinzip, das Rechtssicherheit durch die Möglichkeit, Zweifel öffentlich zu machen, gewährleisten soll, gilt für viele Verfahrensordnungen (§ 261, 249 StPO, § 128 ZPO). Allerdings gibt es bei Zeugen Ausnahmen unvermeidbarer Abwesenheit (z. B. V-Mann), die Vorlesen gestatten. Die Akten dokumentieren die Fallgeschichte und bilden das institutionelle Gedächtnis.

2 Mündliche Kommunikation in Rechtsverfahren

2.1 Orte der Mündlichkeit

Mündliche Kommunikation findet sich an den Schnittstellen zwischen Rechtssystem und Außenwelt. Laien als „Klienten" (Ehlich/Rehbein 1980) der Institution können durch Darstellungen beim Anwalt, bei der Polizei oder Staatsanwaltschaft einen Fall des Rechts initiieren; die Fallbearbeitung durch rechtliche Verfahren mit institutionellen „Agenten" (Ehlich/Rehbein 1980) ist ebenfalls auf die Mitwirkung von Klienten angewiesen. Sie findet sich auch innerfachlich: zwischen verfahrensbeteiligten Juristen (z. B. Anwalt – Richter – Staatsanwalt) und natürlich auch in der Behördenkommunikation.

Das Rechtssystem bearbeitet Einzelfälle des Alltags: Delikte, Vertragsverletzungen, Eingriffe in die informationelle Selbstbestimmung etc., die auf der Folie von Normen als abweichend gelten können – vorausgesetzt, die fraglichen Ereignisse lassen sich in einer Sprachform darstellen, die eine Rechtsanwendung erlaubt. An den Ereignissen haben die institutionellen Agenten (Richter, Staatsanwälte, Verteidiger, Sachverständige) nicht teilgenommen. Sie werden von Laien in Klientenrollen (Anzeigeerstatter und Zeugen, Angeklagte) für die rechtliche Bearbeitung ins Medium der Sprache gebracht. Damit werden die Ereignisse relativ zu den kommunikativen Welten der Darsteller mit ihren eigenen Geltungsansprüchen und Normen, Glaubenssätzen, Annahmen über die Wirklichkeit (Hoffmann 2011) ins Spiel gebracht. Wahrheit wird relativ zu einer kommunikativen Welt beansprucht, die nur von einigen geteilt wird. Fallarbeit besteht zu großen Teilen darin, Darstellungen auf ein handhabbares, gewichtetes, vom Beiwerk befreites Format zu bringen, das argumentativ zu behandeln ist und in die Entscheidung eingehen kann. Vor dem Urteil sind kommunikative Prozesse zu durchlaufen, die den Fall in seinen variablen Elementen verändern können. Der Fall muss in überschaubarer Zeit entschieden werden, es gibt einen Entscheidungszwang. Ein Urteil setzt einen als wahr beanspruchten, auf seinen Begründungscharakter hin kondensierten Sachverhalt in Geltung. Unabhängig davon bleiben für die Beteiligten andere Versionen in ihrer kommunikativen Welt wahr.

Fälle sind keine materiellen, sondern kommunikative Objekte. Die Einheit des Falls besteht im Wissen der Beteiligten, das sich in den Kommunikationen zeigt. Der Fall ist als Aggregat zu kollektivem, asymmetrisch verteilten Wissen zu verstehen (Hoffmann 2014). Aggregiert werden Wissenselemente, die nicht wie in einem System durch das Ganze bestimmt sind, sondern die in der Dynamik des Prozesses als Ressourcen für institutionelles Handeln dienen können. Die Bearbeitung basiert auf alltäglichen Plausibilitäts- und Normalitätsvorstellungen sowie institutionellen Relevanzen. Sie schränkt schrittweise die Offenheit der Fallkonstruktion ein und nutzt dafür Fragen und Reformulierungen, Vorhalte aus der Schriftlichkeit, Projektionen möglicher Alternativen, Erwartungskontraste. So entsteht der Fall des Gerichts als eigene Wirklichkeit, stillgestellt im Urteil.

Wie läuft die Fallgeschichte ab? In der Vorgeschichte liegt ein Ereignis mit rechtlichem Potenzial: Jemand wird verletzt, durch nicht eingehaltene Verpflichtungen geschädigt etc. Das Ereignis selbst ist für das Rechtssystem nur zugänglich über das Wissen beteiligter Personen. Es gilt, ihre Beobachtungen einzuholen, ihre Erfahrungen beim Geschehen zugänglich zu machen. Das geschieht in sprachlichen Interaktionen. Im Zivilverfahren entwickelt sich die Fallkarriere über ein Gespräch mit einem Anwalt, der nach Beratung den Kläger gegen Honorar vertreten kann. Das Gegenstück ist das Anwaltsgespräch des Beklagten. Im Strafverfahren vernehmen Polizei und Staatsanwaltschaft nach einer Anzeige Geschehensbeteiligte und klären die Rechtsrelevanz. Die Hauptverhandlung besteht im Kern ebenfalls aus Vernehmungen, aus dem „Inbegriff der Verhandlung" (§ 261 StPO) – mündlicher Interaktion und ihrer Bewertung – wird die Generierung von Fallwissen final sistiert und rechtlich mit dem Urteil (vorerst) entschieden. In diesen Phasen wird Wissen von Klienten (Laien) zu Agenten kommunikativ transferiert und geht auf der Folie unterschiedlicher Kategorien (Recht, Alltag, Normalitätswissen etc.) in den Fall ein. Der Prozess ist anfällig durch Gedächtnisschwächen, Missverständnisse, fehlerhaftes Auffüllen von Wissenslücken durch Inferenzen, den sachlichen Gehalt überlagernde Kategorisierungen von Personen (glaubwürdig, sozial angepasst etc.). Die Übertragung zwischen den Wissensbereichen der Beteiligten nutzt sprachliche Handlungsmuster, die im Alltag vertraut sind – Frage/Antwort, Erzählen – und vorderhand von allen genutzt werden können; eingelagert sein können auch argumentative Sprechhandlungen (Begründen, Bestreiten). Im angloamerikanischen Verfahren muss alles auf das Frageformat gebracht werden. Die Muster des Wissenstransfers zeigen in institutionellen Diskursen eine spezifische Prägung, die Laien verborgen bleiben kann. Hinzu kommen institutionsspezifische Formen wie das Berichten, Belehren, Anklagen, Urteilen, Vorhalten. Im Anwaltsgespräch finden sich Beratungen, in denen der Sachverhalt mithilfe der Expertise eines Juristen rechtlich eingeordnet, Handlungsoptionen bestimmt und bewertet werden und eine gemeinsame Planung sowie eine Kostenverhandlung unternommen werden (Pick 2013).

Die mündliche Wechselrede in rechtlichen Verfahren ist immer auch von übergreifenden Strategien und lokalen Taktiken bestimmt, es gibt keine reine Verständigung über die Sache. Gleichwohl gibt sie auch Zugang zur persönlichen Identität, die sich in der Rede darstellt. Somit geht es in der Fallbearbeitung um drei relevante Ressourcen:

i. die *Plausibilität des Vorgebrachten* nach Maßstäben und Erwartungen des Alltagwissens (was ist in spezifischen Konstellationen normal und üblich?)
ii. die *persönliche Glaubwürdigkeit*, die sich aus sozial geteilten Merkmalen der Gesamtdarstellung, dem gesellschaftlichen „Habitus“ (Bourdieu) sowie individuenspezifischen Eigenschaften ergibt;
iii. die der sprachlichen Präsentation des Geschehens innewohnenden *Potentiale rechtlicher Kategorisierung*, wobei die sprachlichen Fassung relevant ist (es besteht kein einfaches Subsumtionsverhältnis).

Abb. 1 zeigt die grundlegenden Kommunikationsformen und Wissensstrukturen.

2.2 Kommunikative Formen

2.2.1 Fragen zur Person: Identität und Glaubwürdigkeit

Zum Eintritt in jedes rechtliche Verfahren müssen Identitäten festgestellt werden; den Zuständigen gegenüber müssen persönliche Daten angegeben werden. Angaben zur Person sind vor Gericht auch dann Pflicht, wenn ein Aussageverweigerungsrecht in der Sache besteht (Angeklagte haben eines, Zeugen bestimmter Berufsgruppen, als Angehörige etc.). Aber es geht im Rechtsverfahren um mehr: Mit der Identifizierung der Person wird sie kategorisiert. Es werden Eigenschaften sichtbar gemacht, die eine Einschätzung der Glaubwürdigkeit erlauben. Das setzt sich in der Vernehmung zur Sache fort.

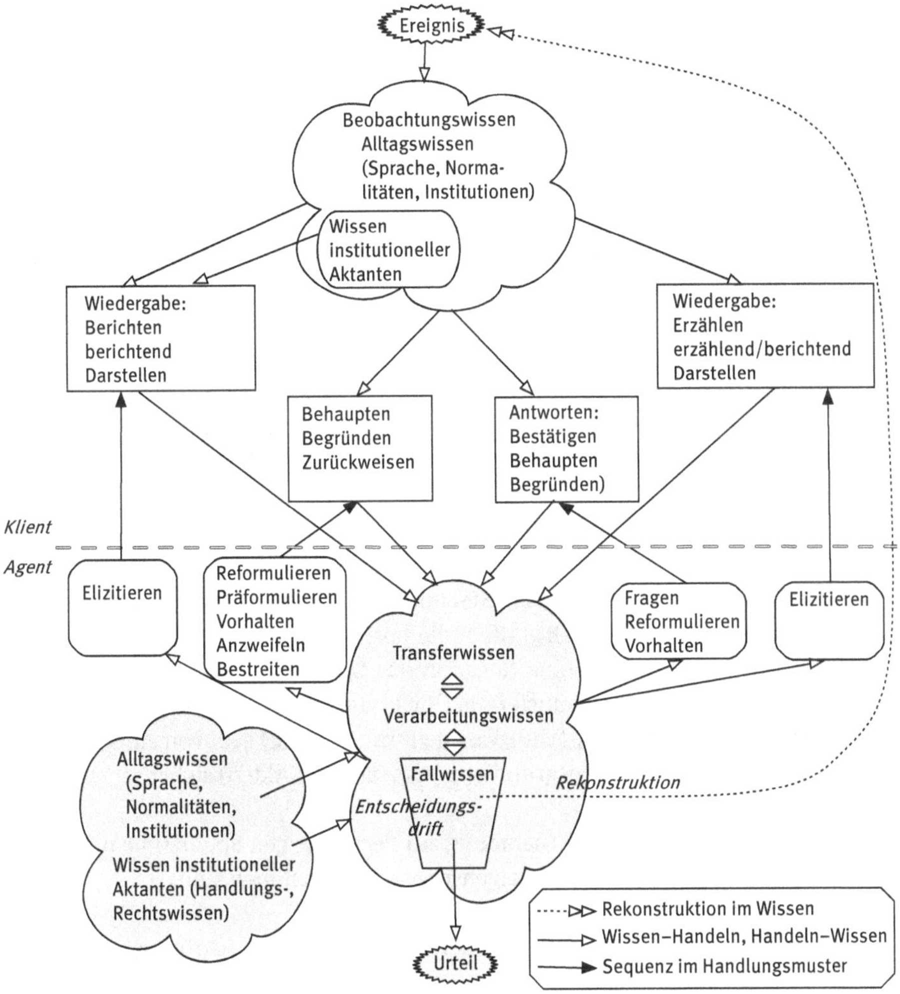

Abb. 1: Kommunikationsformen und Wissensstrukturen im Rechtsverfahren

Fragen setzen ein spezifisches Wissen voraus: Wer fragt, weiß schon etwas und im Verhältnis zum Gewussten kann er sein Wissen mit Hilfe des Hörers erweitern oder bestätigen. Der Zweck liegt im Transfer des Wissens. Der Sprecher sagt also, was er nicht weiß, und eröffnet einen Raum für einen speziellen Wissenstransfer. Seine Frage kennzeichnet möglichst exakt das Defizit. Am Ende steht geteiltes Wissen über einen Sachverhalt. Die Rechtsinstitutionen haben einen fallspezifischen Wissensbedarf, der nur mit Hilfe Anderer zu beheben ist. Sie sind auf Aussagen vor der Polizei, Staatsanwaltschaft oder im Gericht angewiesen, um den Sachverhalt klären und festzustellen, ob zutrifft, was schon ausgesagt wurde oder in den Akten steht. Die Verpflichtung des Alltags, auf eine Frage, wenn zumutbar, zu reagieren, wird verschärft:

Über die Personenidentität und als Zeuge für die fraglichen Sachverhalte muss man aussagen und das wahrheitsgemäß. Wer beschuldigt ist, kann taktisch schweigen. Verwandte oder Angehörige bestimmter Berufsgruppen (Pfarrer, Journalisten z. B.) können auch verweigern.

Mit einer ***Frage*** im Rechtsverfahren wird

(a) ein bestimmtes Wissen X angefordert, das dem Agenten auf dem Hintergrund dessen, was er aus der Fallgeschichte (Akten etc.) weiß, fehlt;

(b) eine Wissenslücke X spezifiziert: Er kann sie als Element eines Sachverhalts durch ein Interrogativum (*wer, was* ...) kennzeichnen; sie kann als Entscheidung zwischen der Wahrheit oder Falschheit eines Sachverhalts oder als Auswahl zwischen Alternativen formuliert werden;

(c) der Befragte so eingeschätzt, dass er X weiß und das Defizit beheben kann;

(d) das Rederecht für eine Antwort übergeben und der Befragte auf eine Mitwirkung (Wissensprüfung und Äußerung) verpflichtet; wer X nicht weiß, kann die Frage zurückweisen;

(e) in der Form der Ergänzungsfrage mit einem Interrogativum (Verbzweit, fallender Tonverlauf) das Defizit gekennzeichnet, im Satzrest das Mitbehauptete, während die Entscheidungsfrage (Verberst, Steigton) die Geltung des ausgedrückten Sachverhalts zur Disposition stellt. Allein die positive Formulierung beinhaltet aber eine affirmative Tendenz, eine Negation das Gegenteil. Bei anderen Voraussetzungen kehrt sich das Tonmuster um (Rückfrage bzw. kontextuelle Antwortpräferenz). Die assertive Frage (Verbzweitstellung, Steigton) geht von einer positiven Antwort aus, da die Wissensgrundlage (etwa aus den Akten) sicher scheint.

Die Gegenstandsbereiche der Vernehmung zur Person zeigen Spielräume und Randbereiche, in denen Kategorisierungseigenschaften zu gewinnen sind:

Strafverfahren: Angeklagte (§ 243 StPO)

Name > Geburtsdatum/Alter (Geburtsort) > Wohnort > Beruf/Arbeitsstelle > Familienstand > Staatsangehörigkeit

Zu klären ist auch die Vernehmungsfähigkeit. Weitere Angaben (Eltern, Schulden, Vorstrafen) lassen sich der Vernehmung zur Sache zuordnen und können dem Verweigerungsrecht unterliegen.

Strafverfahren: Zeugen (§ 68a StPO)

Name > Alter > Beruf/Arbeitsstelle > Wohnort > Beziehung zu den Angeklagten (verwandt oder verschwägert) > (Vorstrafen). Die Beschränkungen gelten auch im Zivilverfahren (§ 395 ZPO).

Der Zugriff auf die Identität erfolgt von außen: Niemand kann seine Sichtweise geben, aus dem Leben erzählen, sich positionieren. Vielmehr bildet ein Schema aus vornehmlich Bestätigungsfragen die Basis, die fallweise um einzelne relevante Aspekte erweitert wird. Programmatisch sollten im Strafverfahren persönliche Charakteristika und Identitätsmerkmale wie Ausbildung, Verschuldung, Beschäftigungszeiten, Krankheiten, Familien-/Migrationsgeschichte erst dort erhoben werden, wo es um die Sache geht und auch verweigert werden könnte – faktisch funktioniert die Abgrenzung aber oft nicht.

(1) Strafverhandlung (Fall 2) (Zeichen: □ markiert Partiturfläche (Zeitachse); → progedientes, ↓ fallendes, ↑ steigendes Grenztonmuster; hm̃ Tonverlauf auf Interjektionen; / Abbruch; Unterstreichung Gewichtungsakzent; • kurze Pause, (1.2s) Pause in Sek.; ((nickt)) Nonverbales; (...) Auslassung)

01	Richter	Sie heißen mit Vornamen Heiner→		Wohnen wo↑	
	Angeklagter		((nickt))		
02	Richter		Bei Ihren Eltern is das↓		Sind Sie
	Angeklagter	Bentingstraße zwanzig↓		((nickt))	
03	Richter	da gemeldet auch↓		hm̃ Halten Sie sich da auch auf↓	
	Angeklagter		t/ türlich↓		((nickt))

In diesem Ausschnitt überprüft der Vorsitzende sein Wissen aus den Akten an der anwesenden Person, um sie als Angeklagten zu identifizieren. Die assertive Frage (01) setzt die Wahrheit des Gefragten voraus, sie wird denn auch nur minimal bestätigt. Es schließt sich eine Ergänzungsfrage an, die eine Wissenslücke markiert: Der Angeklagte hat einen Wohnsitz (Fragepräsupposition) und soll ihn für die Akten nennen. Die Antwort beschränkt sich (mit gewichteter Analepse) auf die Behebung des Defizits. Der Richter weiß offenbar, dass dies die Adresse der Eltern ist, und stellt dazu wieder eine assertive Frage (02), die wiederum nonverbal bestätigt wird. Offener sind die Entscheidungsfragen (02 f.), die aus dem thematischen Programm der Vernehmung zur Person fallen (möglicher Hintergrund: Erreichbarkeit). Sie verdeutlichen zugleich eine Eigenschaft, die für die Charakteristik des Angeklagten von Interesse sein kann: Er lebt bei den Eltern, erscheint abhängig. Mehr Kategorisierungen liefert der folgende Fall:

(2) Strafverhandlung (Fall 13)

01	Richter	Was sind Sie von Beruf↓
02	Angeklagter	((1.4s)) Tjaa/ (1.6s) ich bin schon äh • arbeitslos seit • fast zwei
03	Angeklagter	Jahren→ ((1.6s) ich mache allerdings/ ich arbeite äh/ sozusagen
04	Angeklagter	als Nebenbeschäftigung aufm Wochenmarkt→ jede Woche/
05	Angeklagter	(2.2s) [und]/ bekomme vom Arbeitsamt n bisschen Geld dazu
06	Richter	(3.3s) Was bekomm Sie denn insgesamt↑
	Angeklagter	• Ja, alles in allem/
07	Angeklagter	mit Kindergeld • und so weiter komm wir im Monat ungefähr
08	Angeklagter	auf vierhundertachtzig Mark→ (1,2s) von meinen Eltern
09	Angeklagter	bekomm ich auch ab un zu n bisschen Geld/ (2.1s) [und]/
10	Richter	(4.6s) Da/mit kommt die Familie aus↑
11	Angeklagter	Wir ham ne sehr günstige Miete→ (1.8s) die liegt ungefähr bei
12	Angeklagter	hundert Mark→ und wir kommen deshalb mit dem Geld aus→
13	Angeklagter	weil wir sehr viele Sachen auch • selber machen im Haus • äh/

14	Angeklagter	weil wer zum Beispiel nich mit Waschmaschine waschen→
15	Angeklagter	sondern • die Wäsche eben kochen und/ ja und so weiter↓

Auf die Fragen nach Beruf und Einkünften (wichtig für die Strafzumessung) liefert der Angeklagte eine Selbstkategorisierung, aus der das Bild eines jungen Langzeitarbeitslosen entsteht. Das wird dann vertieft durch die skeptische (Intonation) assertive Frage (10), die auf weitere Einkünfte zielt (Schwarzarbeit? Mehr Unterstützung?) und eine begründete Aussage verlangt. Die positive Antwort wird unterstellt, der Angeklagte begründet das Auskommen mit geringen Mietkosten, Eigenarbeit und Verzicht auf eine Waschmaschine. Es entsteht durch drei Fragen das Bild eines prekären, ökologisch radikalen Lebens. Ist das jemand, von dem Widerstand gegenüber der Staatsgewalt zu erwarten ist, wie die Anklage behauptet?

2.2.2 Die Anklage

(3) Strafverhandlung (Fall 3)

01	Staatsanwalt	Dem Angestellten Josef Seifert→ Personalien wie erörtert →
02	Staatsanwalt	wird (angeklacht) in Wilhelmsburg im Februar 1996 und am
03	Staatsanwalt	19. 4. 1996 durch zwei selbständige Handlungen den Zeugen
04	Staatsanwalt	Wolfgang Lang und den Zeugen Konrad Fischer körperlich
05	Staatsanwalt	misshandelt und an der Gesundheit geschädigt zu haben und
06	Staatsanwalt	jeweils durch dieselbe Handlung einen anderen beleidigt zu
07	Staatsanwalt	haben↓ Ihm wird zur Last gelecht→ den Zeugen Lang grundlos
08	Staatsanwalt	unvermutet mit der Faust ins Gesicht geschlagen und ihn als
09	Staatsanwalt	Arschloch und Spinner und den Zeugen Fischer mehrfach ins
10	Staatsanwalt	Gesicht geschlagen und Haare ausgerissen und ihn dann mit den
11	Staatsanwalt	Worten alte Drecksau→ dummes Arschloch beschimpft zu haben→
12	Staatsanwalt	wobei zur Zeit der Taten verminderte Schuldfähigkeit vorlag→
13	Staatsanwalt	Vergehen strafbar nach den Paragraphen 223→ 185→ 52 und
14	Staatsanwalt	53→ und 21↓

Die Anklage im Strafverfahren wird vom Staatsanwalt schriftbasiert mündlich (mit typischen Fehlern) vorgetragen. Sie gibt die Exposition zur Sache, die verhandelt wird. Zweck der Anklage ist es, den Kern des zu Verhandelnden für die mündlichen Diskurse zum Ausdruck zu bringen und damit die rechtliche und tatsächliche Auseinandersetzung zu präparieren. Im Blick auf das rechtliche Gehör aber ist diese institutionelle Textform (Abb. 2) eher für die professionellen Akteure verständlich. Sie bezieht ein als faktisch ausgegebenes Ereignis auf einen gesetzlichen Tatbestand und wechselt zwischen juristischer Fachsprache und Alltagssprache.

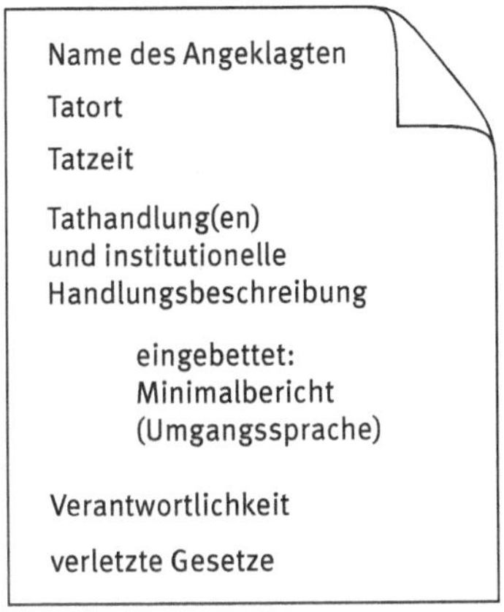

Abb. 2: Symbolische Konstituenten der Anklage

Die fachsprachliche Folie zeigt sich in festen Formeln („Personalien wie erörtert", „an der Gesundheit geschädigt" (§ 223 StGB), „Beleidigung" (§ 185 StGB), „verminderte Schuldfähigkeit" (§ 51 StGB) und Matrixkonstruktionen (x wird angeklagt, ...", x wird zur Last gelegt, einen anderen..."), in die alltagssprachliche Elemente („ins Gesicht geschlagen", „Haare ausgerissen", „alte Drecksau") eingelagert sind.

Am Ende werden die entsprechenden Paragraphen benannt, wobei §§ 52 und 53 die Taten bündeln und § 21 für den psychisch vorbelasteten Angeklagten „verminderte Schuldfähigkeit" ins Spiel bringt. In der Verhandlung eröffnet sich nun ein mündlicher Raum, in dem der Sachverhalt der Anklage in Darstellungen, Befragungen und argumentativ erörtert werden kann. Zeugen, Sachverständige, Dokumente können als Beweismittel dienen. Jede symbolische Kategorisierung des Geschehens ist zugleich Gegenstand rechtlicher Einordnung.

2.2.3 Belehrungen

Wo im Handlungsverlauf der Fallbearbeitung für Klienten Weichen gestellt werden können, sieht das Rechtssystem Belehrungen vor, die von zuständigen Agenten durchzuführen sind. Ihr Ausbleiben wird als Fehler gewertet, der das Verfahren gefährden kann (Revisionsgrund). Im Zivilprozess sind sie nicht vorgesehen, da der Anwalt seine Partei informieren kann. Im Strafverfahren ist es bereits im Vorfeld und dann in der Verhandlung wichtig, dass es dem Beschuldigten/Angeklagten freisteht, sich zum Vorwurf zu äußern (§ 243 (5) StPO). In der Hauptverhandlung wird vor der Vernehmung zur Sache belehrt. Zeugen und Sachverständige werden eingangs über die Wahrheitspflicht und die Folgen einer Falschaussage, ggf. auch über den Eid und seine Bedeutung belehrt (§ 57 StPO). Zeugen haben als Angehörige oder als Vertreter bestimmter Berufsgruppen ein Verweigerungsrecht, auch darüber müssen sie belehrt werden (§ 52 ff. StPO). Rechtliche Verfahren sehen an weiteren Punkten Belehrungen vor.

Zweck der Belehrung ist es, unabhängig von den Wissensvoraussetzungen des Belehrten (er könnte Jurist sein) eine rechtliche Handlungsoption, eine Entscheidung oder Handlungsfolgen in einer Verfahrenskonstellation zu verdeutlichen und einen für das Weiterhandeln hinreichenden Wissensstand sicher zu stellen. Der Inhalt der Belehrung steht nicht zur Disposition.

(4) Strafverhandlung (Fall 3)

01	Richter	Herr Seifert→ Sie brauchen sich zu den beiden Vorwürfen nicht zu
02	Richter	äußern↓ Sie haben das Recht→ die Aussage zu verweigern↓
03	Richter	Wolln Sie was dazu sagen oder wolln Sie schweigen?
04	Angeklagter	((1.4s)) Jā ich kann da was zu sagen↓
	Richter	Jā bitte↓

Der Vorsitzende wählt die typische Doppelstruktur, zunächst die alltagssprachliche Formulierung, die sich auf die Handlungsplanung (Klärung des Spielraums) des Angeklagten bezieht, dann die institutionelle, die das Recht angibt. Ein Diskurs zur Verständigung findet hier üblicherweise nicht statt; stattdessen wird mit einer Kooperationsfrage (03) geklärt, ob der Angeklagte aussagt. Ohne eine Kooperation kann die Beweisführung schwierig sein.

2.2.4 Narrative Formen: erzählende Darstellung

Das Erzählen ist das primäre Handlungsmuster, in dem ein Sprecher einer Hörerschaft eine Geschichte, an der er selbst als Aktant beteiligt war oder zu der er einen Zugang hat, und ihre Kategorisierung so übermitteln kann, dass sie als bewertete in die gemeinsame kommunikative Welt eingehen kann. Dieser Zweck lässt sich für Institutionen funktionalisieren. Für Zeugen gilt generell, dass sie ihre Angaben „im Zusammenhang" (§ 69 StPO) machen können; damit können sie unbeeinflusst von Fragen und Vorhalten, die auf dem Vorwissen des Gerichts beruhen, ihre Darstellung abgeben. Dies ist auch höchstrichterlich als Anspruch bekräftigt, Unterbrechungen allerdings sind möglich und statthaft (BGH).

(5) Strafverhandlung (Fall 3)

01	Richter	Erzähln Sie mal→ wie das/	von Anfang an→
	Angeklagter		Jā
02	Richter		Beim/
	Angeklagter	Jā genau↓ Komme dahin→	jā schelle anner Tür→ und macht

03	Angeklagter	keiner auf→ und da seh ich→ dass da unten n Zettel dranhängt
04	Angeklagter	nich is ja ganz richtig→ dass die/ wir kam angemeldet→ nich
05	Angeklagter	und dass/ da kommt die Frau rauf und sacht Hier/ öh also viel-
06	Angeklagter	leicht ist er da→ und/ und andernfalls hätte sies Cheld↓
	Richter	hm‹
07	Angeklagter	Das konnt ich ja nich wissen↓
	Richter	Hat sie gesagt↓
08	Angeklagter	Jà Und da hab ich für den Lenk gesacht Warten wer mal n
09	Angeklagter	Moment↓ Vielleicht is keiner da→ nich→ dann brauchen wer
10	Angeklagter	se gar nich vom Wagen erst hochtragen→ nich→ und da aufma/
11	Angeklagter	macht die offen↓ Könn se raufbringen→ bringen se oben hin und
12	Angeklagter	da fing er an→ wir sollten se auspacken→ und das is ja unsere
13	Angeklagter	Sache nich↓ • Nich→ uns chehts ja genau wie de Post zustellen
14	Angeklagter	und damit fertig→ nich Und da wollt er se dann noch weiter
15	Angeklagter	rüber haben und da sach ich Das geht uns nix an→ er müsste
16	Angeklagter	die bezahlen und damit fertig→ sonst wollt ich se wieder
17	Angeklagter	mitnehmen↓ Und da fing er an→ wollt er das nich→ wollt se
18	Angeklagter	selber im Geschäft bezahlen→ und dann hat er/ wurd er frech→
19	Angeklagter	hat das verweigert→ wollt er nich→ und da kommt er ran und
20	Angeklagter	packt mich vorm Hals→ und wie er mich da packte, hab ich n
21	Angeklagter	wiedergepackt und hab n inne Ecke gedrückt→ und da ham wer
22	Angeklagter	uns n paar geknallt, beiderseits/ er so gut wie ich. Und er hat
	Richter	hm‹
23	Angeklagter	mich angegriffen→ meine Uhr→ alles war kaputt→ kann die
24	Angeklagter	Polizei bezeugen↓
	Richter	hm‹

Der Angeklagte erzählt seine Version von der Lieferung einer Waschmaschine, in deren Verlauf es zu körperlicher Auseinandersetzung und vielleicht auch Beleidigungen gekommen war. Seiner Darstellung fehlt die übliche räumlich-zeitliche und personale Orientierung; sie wird aber durch die Elizitierung des Vorsitzenden und die Exposition der Anklage (Beispiel 3) vorausgesetzt. Der Vorstellungsraum scheint bereits geöffnet, mit „dahin" kann auf den Ort des Geschehens (Neubergstraße, Treppenhaus) gezeigt werden. Der erste Erzählschritt scheint atemlos (Sprecherellipse im Vorfeld, Aussagesatz mit Verb-Erststellung): Niemand macht auf, trotz Ankündigung, aber ein Zettel war „unten". Die Lieferung war angemeldet. Zweites Ereignis: „die Frau" (sie wird mit dem Artikel als dem Hörer bekannt unterstellt, was aber nicht zutrifft) kommt (die Treppe) herauf. Ihre Äußerung erscheint im ersten Teil in szenischer, im zweiten in indirekter, eine mögliche Welt beanspruchender Wiedergabe (Konjunktiv II).

Die Darstellung setzt ein im vergegenwärtigenden Präsens (02–11), die szenische Wiedergabe direkter Rede (05) markiert einen Relevanzpunkt, der für die Hörer wichtig gesetzt ist: Die Frau macht keine klare Aussage, wohin er soll, er aber muss die Waschmaschine übergeben. Der Richter signalisiert Verstehen mit der Interjektion *hm̌* und lässt sich die Tatsache der Äußerung bestätigen (07), ihr Inhalt wird nicht reformuliert, das Vorfeld bleibt analeptisch unbesetzt. Der Gehalt ist im Fallwissen.

Der Dialog mit dem Kollegen Lenk (08 ff.) bringt einen zweiten Relevanzpunkt; das Planproblem wird in einen situativen Gesprächsbeitrag (Vorschlag zu warten) transformiert. Das dient der Normalisierung des Geschehens aus der Perspektive von Auslieferern.

Im vierten Schritt (11) macht jemand, wohl der eigentliche Adressat der Lieferung, die Tür auf („macht die offen") und öffnet den Handlungsraum („könn se") für den Transport („raufbringen"), der dann auch erfolgt.

Der Adressat der Lieferung und Geschädigter/Nebenkläger im Verfahren ist bisher nicht eingeführt, in der mit der lokalen Deixis „da" markierten szenischen Wende wird auf ihn mit betontem, daher deiktisch zu verstehenden, „er" verwiesen. Lokal könnte man von der Person nur wissen: Adressat, männlich, macht Ärger. Aber die Agenten wissen mehr. Mit der „da"-Szene beginnt der Streit, der indirekt und als Zielübertragung wiedergegeben („sollten") wird. Der Adressat habe Auspacken verlangt, was in der Wirklichkeit der Zusteller niemandem zusteht (Indikativ). Das wird durch einen Vergleich mit der Post begründet (13). „Nich" als *Tag* am Äußerungsrand (13 f.) zielt auf affirmative Wissensübernahme. Der Widerstand gegen das Ansinnen wird in szenisch-direkter Rede („Das geht uns nix an") formuliert, gefolgt von einem Hinweis auf die Verpflichtung zu zahlen und die Alternative (keine Warenübergabe).

Darüber beginnt der zunächst verbale Streit, den der Kunde begonnen hat, indem er nicht gleich bezahlen wollte. Er sei „frech" (18) geworden. Der Streitausbrauch wird in Termini eines Kinderstreits, als Rauferei gefasst. Die Schuld scheint klar verteilt, der Angeklagte hat sich gewehrt, alles geschieht „beiderseits" (22). Hier erscheint der Erzähler eher als Opfer: „Er hat mich angegriffen", „alles war kaputt" (23). Die Folgen könne die Polizei bezeugen (23 f.). Das Verhalten soll als in der Situation gebotene Notwehr gelten, um den Angriff abzuwenden (§ 32 StGB), wäre dann nicht „rechtswidrig".

Die Darstellung durchzieht eine strategische Positionierung in der Sache. Es sind Elemente eingelagert, die den Wahrheitsanspruch deutlich machen. Die Erzählfragmente fügen sich nicht zu einer Ordnung. So ist der Übergang zur Schlägerei nicht motiviert, es bleibt unerklärt, wieso er als Angeklagter vor Gericht gebracht wurde, wo er doch ein Opfer sei. Eine solche Geschichte muss ein stimmiges, Normalerwartungen entsprechendes Gegenbild entwerfen, das vom Gericht geteilt und nicht leicht widerlegt werden kann. Eine perspektivische Engführung wie bei streitenden Kindern kann nicht erfolgreich sein. Denn der nächste, zu antizipierende Schritt in einer Verhandlung ist die argumentative Auseinandersetzung bzw. gleich die Beweisführung mit Zeugen. Der Vorteil des Erzählens ist es, dass eine schlüssige Ereigniswelt entworfen werden kann. Er wird hier nicht genutzt, so dass es auf die Zeugenaussagen ankommt.

Auch Zeugen können eine erzählende Darstellung liefern. Typischerweise tun sie das, wenn sie selbst in einen Konflikt involviert waren wie im vorliegenden Fall der Zeuge Fischer in die Rauferei. Ein Ausschnitt:

(5) Strafverhandlung (Fall 3)

01	Zeuge	Ja er is dann in die Wohnung dann nach oben→ • daraufhin fing er an zu
02	Zeuge	schreien→ macht Tür zu ganz egal wies war→ also so ungefähr is das da
03	Zeuge	gewesen da↓ Ich sachte da raus hier→ ich sage samt Ihrer Waschmaschine
04	Zeuge	né /mitsamt eurer Waschmaschine→ jà

Wir sehen in Beispiel (5) die Übergange von der Ablaufdarstellung in die szenische Vergegenwärtigung mit Präsens („macht Tür zu", „ich sage"), direkter Rede („raus hier", „samt Ihrer ... Waschmaschine"), die klar subjektive Perspektive („ganz egal wies war"). Das führt zu intervenierenden Fragen des Vorsitzenden, der die Geschichte in den Fall integrieren will.

Die *erzählende Darstellung* ist eine institutionell funktionalisierte Form:

(a) Der Sprecher erinnert sich an Ereignisse, die er wahrgenommen hat (Beobachtungswissen) oder in die er involviert war (Aktantenwissen).

(b) Der Sprecher hält die Ereignisse in der aktuellen Konstellation (mit institutioneller Relevanzvorgabe) für erzählenswert und nutzt die Erzähllizenz (Elizitierung) für eine längere Darstellung in einzelnen Schritten.

(c) Der Sprecher arrangiert das Wissen hörerorientiert in Form einer Geschichte nach einem Handlungsschema (Orientierung und Konstellation, Handlungsfolge, Relevanzpunkt, Abschluss, Bewertung).

(d) Der Sprecher entwickelt hörerorientiert die Orientierung auf die Konstellation der Geschichte (Zeit, Ort, Ausgangssituation, beteiligte Aktanten) und baut mit Mitteln der Symbolfelds einen szenischen Vorstellungsraum auf, den der Hörer teilen und in dem verwiesen und symbolisiert werden kann. Die Darstellung ist mindestens partiell von der Aktantenperspektive geprägt und szenisch und kann anschaulich (Wiedergabe eigener und fremder Stimmen) und bildhaft sein, die Teile können gewichtet werden (Steigerung, Kontrast, Pointe).

(e) Die Handlungsschritte und Ereignisse werden – normalerweise entsprechend der Wirklichkeit oder logischer Plausibilität – so wiedergegeben, dass die Hörer die Erzählperspektive durch Versetzung möglichst nachvollziehen können. Deutlich wird der Relevanzpunkt, um dessentwillen erzählt wird (Normbruch, Erwartungsabweichung etc.), herausgearbeitet und bewertet; der Relevanzpunkt kann durch Tempuswechsel (vom Präteritum oder Präsensperfekt zum Präsens), Übergang zu direkter Redewiedergabe oder durch Kommentierung markiert werden. Ziel ist die Herstellung einer gemeinsamen Bewertungsgrundlage.

(f) Die Darstellung der Geschichte wird abgeschlossen durch Angabe eines Resultats oder von Handlungsfolgen oder Konsequenzen, die bis in die Aktualität reichen; möglich ist eine verallgemeinernde Bewertung.

(g) Für die Geschichte wird ein Wahrheitsanspruch, für die Bewertungen und expliziten Kommentare ein Geltungsanspruch erhoben.
(h) Mit dem Abschluss wird in die laufende Interaktion zurückgeleitet, das Rederecht fällt zurück an den Vorsitzenden Richter.

2.2.5 Narrative Formen: Bericht und berichtende Darstellung

Es folgt ein klassischer, institutionell geprägter Zeugenbericht:

(6) Zeugenbericht/segmentiert (Fall 2)

01	Richter	Herr Möller→ was könn Sie uns über die beiden/ den Einbruch
02	Richter	bei Schäfer sagen↓ Ham Sie die Ermittlungen geführt oder↑
03	Zeuge	Jā ich hab die Ermittlungen in dem Fall geführt↓ Äh zunächst→ als der
04	Zeuge	Sachverhalt aufgenommen wurde→ wurde von Herrn Schäfer ein
05	Zeuge	möglicher Tatverdacht genannt gegen Mitarbeiter→ da die
06	Zeuge	Ortskenntnisse wohl am Tatort/ äh es muss davon ausgegangen
07	Zeuge	werden, dass die Täter Ortskenntnisse hatten/ äh hinzukam→ dass
08	Zeuge	Herr Schäfer dann wohl in der Tagespresse veröffentlichte→ dass
09	Zeuge	äh für Hinweise auf eine Täterschaft eine Belohnung ausgesetzt
10	Zeuge	war äh ich weiß also nicht→ wieviel Tage nach der Tat es
11	Zeuge	gewesen ist→ als Herr Schäfer die Dienststelle darüber
12	Zeuge	informierte→ dass er einen Anruf erhalten habe→ wo Herr Meyer
13	Zeuge	als Täter des Einbruchs benannt worden ist↓

Ein Bericht ist an die jeweiligen Zwecke im Verfahren gebunden und folgt den – dem Sprecher bekannten, die Vororganisation in der Planung bestimmenden – institutionellen Relevanzmaßstäben. Der Vorsitzende eröffnet schon dem Zeugen den institutionellen Handlungsraum („könn Sie über ... sagen"), das Ereignis ist schon als „Einbruch" kategorisiert (01 f.), ebenso die Handlungsrolle („Ermittlungen führen"). Auch der Zeuge abstrahiert und verwendet institutionelle Termini aus Justiz und Polizeiarbeit („Sachverhalt", „Tatverdacht", „Ortskenntnisse", „Täter", „Tatort", „Hinweise auf eine Täterschaft", „Dienststelle"), die symbolische Ankerpunkte seiner Darstellung bilden. Er beschränkt sich auf die Abfolge relevanter Ereignisse, dargestellt – in objektivierender Perspektive auf Vorgänge und Zustände – im Passiv (04 f., 09 f. 13). Der Zeuge macht die eigene Sicht deutlich, markiert Wissensdefizite (10) und Schlussfolgerungen (06). Er zeigt keine persönliche Involviertheit, verfolgt nicht offen Strategien, erzählt nicht szenisch, gewichtet die Segmente nicht. Für alle dargestellten Propositionen wird ein Wahrheitsanspruch erhoben.

Eine *berichtende Darstellung* (Beispiel 7) hingegen verbindet szenisch-dialogische und wertende Elemente mit berichtenden, die Wahrnehmungsweise und Wissenszugang (05 ff.) verdeutlichen und auch relativieren, auf subjektive Perspektive, Folgerungen, Kommentare und offen verfolgte Strategien partiell verzichten; es handelt sich also um eine Mischform, typisch für Laien als Zeugen:

(7) Strafverhandlung (Fall 3)

01	Zeugin	Nein unten anner Haustür wurde geschellt→ dann wurde ich/ also
02	Zeugin	aufgrund des Schellens wurd ich dann wach→ noch so halb im Schlaf/
03	Zeugin	ja und/ hört ich dann wie da unten gesacht wurde wir ham hier für den
04	Zeugin	Fischer ne Waschmaschine↓ (2.0s) Das/ das/ Jā sie solln Se oben→
05	Zeugin	hört ich dann von äh Frau Gießholz né die sachte dann jā Sie sollens
06	Zeugin	oben vor die Tür stellen↓ So/ hat der Kerl überhaupt Geld→ kann er
	Kommentar	((imitiert Angeklagten))
07	Zeugin	denn überhaupt bezahlen↑ Ich denk was is das denn↓ Na/ dann hatten se
08	Zeugin	die Tür aufgemacht→ dann kam die mit der Maschine dann hoch↓
09	Zeugin	né Jā aufgrund dessen gabs dann oben n Wortgefecht→ • hab ich
10	Zeugin	ihn zur Rede gestellt→ ich sag Hör zu→ was erlaubst du dir fürn Ton↑
11	Zeugin	Ich kenn n doch von früher→ von der Firma Kollberg→ wo ich auch
12	Zeugin	mal gearbeitet habe schon/ waas/ viernachtzig Militär→ • ja also vor
13	Zeugin	zehn zwölf Jahrn/ muss das jetzt her sein↓ ((2.1s)) Jā daraufhin gabs
14	Zeugin	dann n Wortgefecht→ wir schnauzten uns dann gegenseitig dann noch
15	Zeugin	an/ also er hat gesacht was erlaubst du dir↑ né dann is die/ is die Gegend
16	Zeugin	ja teilweise sowieso anrüchig (ganz)/ Jā Auf jeden Fall gings
	Richter	Sacht er↑
17	Zeugin	dann ne ganze Zeit lang da hin und her↓

Die Darstellung beginnt mit das Ereignis objektivierender Passiv-Perspektive (Agenaussparung) (01), die beibehalten wird (02). Nach subjektivem Einschub („halb im Schlaf“) wird dann mit Matrixkonstruktion eine Wahrnehmung ausgedrückt („hörte ich dann wie“, 03). Die Erwiderung wird dann Frau Gießholz zugeordnet, die der Zeugin bekannt ist (05). Es folgt ein vergegenwärtigender Übergang in die direkte Rede („hat der Kerl überhaupt Geld...“, 06 f.); die Äußerung wird als unerhörte unmittelbar und mit Stimmenimitation und den eigenen Gedanken (06 f.) vergegenwärtigt, so dass hier ein erzählerisches szenisches Moment ins Spiel kommt. Es folgen vier objektivierte Erzählschritte, die den Fortgang berichten, bevor dann wieder szenisch vergegenwärtigt wird, was die Zeugin dem Angeklagten, den sie von einer alten Arbeitsstelle her kannte, gesagt hat (10). Die Äußerung wird durch ihren Hintergrund erklärt. Dann wird der Fortgang berichtet, in dem es zu rhetorischer Eskalation durch den Angeklagten kommt (15 f.). Damit belastet die Zeugin ihn, die Äußerung kann als beleidigend verstanden werden. Der Vorsitzende reformuliert sie denn auch kurz mit Vorfeldanalepse (16), so dass sie ins Protokoll eingehen kann. Im nächsten Schritt wird wiederum abstrakt berichtet („hin und her“). Die Darstellung ist so aufgebaut, dass die berichteten Punkte ins Fallwissen eingehen und dort eine bestimmte rechtliche Gesamtwürdigung stützen können: Der Angeklagte war in die Rangelei verwickelt, er hat sich ungebührlich verhalten und die Anwesenden beleidigt.

Die wichtigsten Kennzeichen von *Bericht* und *berichtender Darstellung* sind:

(a) Der Sprecher erinnert sich an Ereignisse, die er wahrgenommen hat (Beobachtungswissen: Bericht) oder in die er involviert war (Aktantenwissen: berichtende Darstellung).

(b) Er folgt ganz (Bericht) oder partiell der institutionellen Anforderung, diese Ereignisse unter vorgegebenen Relevanzgesichtspunkten und wahrheitsgemäß als Instanz eines bestimmten Typs (Unfall, Ermittlung, Konferenz usw.) wiederzugeben.

(c) Der Sprecher gewichtet, reorganisiert und gliedert die gespeicherten Ereignisse als zeitlich oder sachlich geordnete Abfolge von Relevanzpunkten auf möglichst hoher Abstraktionsebene (so abstrakt wie möglich, so nahe an Basishandlungen wie nötig).

(d) Nach vorgreifender Orientierung werden die Elemente der gewichteten Ereigniskette wiedergegeben, wobei Realitätsbezug und Beobachterzugang (Perspektive, Quelle, Wissensstatus) zu verdeutlichen sind und einzelne Punkte je nach Gewicht gerafft und detailliert werden. Die Perspektivierung erfasst typischerweise Vorgänge und Resultatszustände; dafür werden vor allem Passivformen verwendet. Im Zentrum stehen die einzelnen Relevanzpunkte, diese müssen für sich präzise und verständlich wiedergegeben werden (gegebenenfalls mit Vor- und Rückgriffen, Einbezug von späterem Wissen usw.), so dass eine Bewertung durch Dritte möglich wird. Es erfolgt nur in Teilen berichtender Darstellung eine vergegenwärtigende Versetzung in den Vorstellungsraum.

(e) Ein Abschluss des Ereigniszusammenhangs fehlt, globale Schlussfolgerungen oder ein Resümee sind ggf. deutlich von der Wiedergabe abgehoben. Formale Abschlussmarkierungen leiten mündlich in die laufende Interaktion zurück (Rückgabe des Rederechts).

2.2.6 Befragen und Argumentieren

Im Anschluss an die Darstellung – noch vor einer Argumentation – sind meist offene Elemente des Sachverhalts zu klären:

(8) Strafverhandlung (Fall 20)

01	Richter	Meine Frage lautet vorab noch: • Äh • wie sind Sie in das Lokal gekom-
02	Richter	men↓
	Angeklagter	((räuspert sich)) (1.8s) Da sind wir zusammen hingefahren→ aber/
03	Richter	Mit welchem Fahrzeuch↑ Mit Ihrem Fahrzeug↓
	Angeklagter	Mit dem • [äh]/ Mit/ Ja jà
04	Richter	Mit Ihrem Fahrzeug sind Sie • äh äh • selbst • zum Köpi gefahren↑

05 Richter Der Verteidiger weiß es nicht↓
Angeklagter ((blickt zum Verteidiger, 3.7s))

06 Richter Sie wissens allein↓
Angeklagter ((lacht nervös)) Ja jà Ich überlech ja gerade→ is

07 Angeklagter tatsächlich/ Jā dòch Ich bin selber hingefahren↓

Das Fallwissen des Fragestellers bildet den Hintergrund der ersten Frage. Der Angeklagte hatte ausgesagt, dass er in dem Lokal „Köpi" war. Aus diesem Wissen ist ableitbar: Er ist irgendwie dahin gekommen. Mit einer Zoom-Strategie in einer Serie von Fragen verengt der Vorsitzende den Fragebereich, bis er weiß, wie das geschehen ist. Der Fragefokus wird eingeschränkt bis zur Bestätigungsfrage (04), deren Voraussetzung nur als wahr hinzustellen ist (07). Der Angeklagte, der keinen fertigen Plan hat, daher Hilfe sucht, ist zu Präzisierungen gezwungen (Abb. 3): Er war in dem Lokal, also muss er hingekommen sein; er ist hingefahren, also mit einem Fahrzeug, es kann sein eigenes gewesen sein und er kann es selbst gefahren haben. Eine komplette Planung und Planentwicklung während der laufenden Interaktion ist riskant.

Abb. 3: Zoomstrategie in einer Frageserie

(9) Strafverhandlung (Fall 3)

01 Richter Ham Sie unten, äh als Sie ins Haus reinkamen, was davon gesagt •
02 Richter kann der das überhaupt bezahlen oder so ähnlich↑
03 Angeklagter Ich habe nur gefracht→ Wir müssen erst mal sehn→ ob überhaupt
04 Angeklagter Cheld da is→ ních ich mein→ ich schlür doch nich son Ding da
05 Angeklagter ne/ zwei Zentner ne Treppe hoch und muss die wieder runter schlürn

06 Angeklagter ních
Richter Jā ham Sie diesem auch Ausdruck verliehen↓

07 Richter Ich trag n ers gar nich hoch wenn das nich klar is↓
((simuliert überspitzt die Sprechweise))

08	Angeklagter	Das ham die hier ja aufjebracht né
	Richter	Stimmt also nich↑
09	Angeklagter	Das is also nich wahr→ char nix↓

Der Vorsitzende konfrontiert den Angeklagten in einem Vorhalt (01 f.) mit einem Äußerungsgehalt, den er Zeugenaussagen entnimmt – eine solche Äußerung könnte das motivierende Bindeglied sein zwischen Vorgeschichte und Auseinandersetzung. Damit wird die Geschichte um Elemente anderer Geschichten angereichert und der Versuch einer geteilten Sachverhaltskonstruktion gemacht. Der Vorsitzende verfügt bereits über ein bestimmtes Wissen aus einer Quelle, mit der (mit ihrer Glaubwürdigkeit) sich der Angeklagte auseinandersetzen müsste, wenn er den Sachverhalt bestreiten wollte. Der Angeklagte räumt den ersten Teil ein und präzisiert seine Version (03f). Daraufhin simuliert der Vorsitzende eine mögliche Äußerung des Angeklagten in dessen Stimmlage. Das Nutzen fremder Stimmen in Abwesenheit ist ein alltägliches narratives Verfahren; in Anwesenheit des Sprechers erscheint es diskriminierend und provoziert. Der Angeklagte bestreitet die Wendung, verweist sie ins Reich der Kolportage.

Während das Diktieren das mündlich Vorgetragene in eine Transferform für die Schriftlichkeit bringt, in der es bei ausbleibendem Einspruch in das institutionelle Wissen eingeht, hat der Vorhalt den Zweck, über eine Konfrontation mit einer vorliegenden Aussage, die importiert wird, deren Wahrheitsgehalt zu überprüfen, also einen Abgleich zu ermöglichen. Typisch sind Konstruktionen mit dem epistemischen Modalverb *soll*.

Die folgende Tabelle stellt Verfahren des Transfers in die Mündlichkeit dar:

Tab. 1: Verfahren des Transfers in die Mündlichkeit

Transfer Schriftlichkeit → Mündlichkeit
Vorhalten/Rephrasieren: Propositional wörtliche Konfrontation mit einer schriftlich fixierten Aussage, um eine aktuelle Aussage, deren Wahrheit kritisch ist, zu überprüfen. Muster: Assertion; Form: modalisierter Aussagesatz
Vorhalten/Umformulieren: Schriftliche Aussage in eigener Formulierung, u. U. in eigener Gewichtung, *salva veritate* zur Bestätigung vorlegen. Muster: Assertion oder Frage; Formen: andere lexikalische Wahl, intonatorische Markierung (Gewichtungsakzent, progredientes oder steigendes Tonmuster)
Vorhalten/Zusammenfassen: Schriftliche Aussage nach Relevanzaspekten verkürzt bzw. abstrahiert wiedergeben, um den Kern bestätigen zu lassen. Muster: Assertion oder Frage; Formen: Kondensierung des Gesagten, abstraktere Symbolausdrücke, intonatorische Markierung (progredientes/steigendes Tonmuster)
Verlesen: Einführen schriftlich vorliegender Äußerungen in die Verhandlung, um sie dem Diskurs zugänglich zu machen (unter spezifischen Bedingungen) Muster: Verkettung von Assertionen; Form: Leseintonation (gewichtend)

Im folgenden Fall kommt es zu einer argumentativen Konfrontation zwischen ungleichen Gegnern:

(10) Strafverhandlung (Fall 1)

01	Richter	Ja und wie sind Sie denn in dieses/ Gaststätte reingekommen↓
02	Angeklagter	Das kann ich nicht sagen↓
03	Richter	Warum nich↓
	Angeklagter	Nein weil ich • keine Gastwirtschaft mit Gewalt aufge/
04	Richter	Ja wie sindse denn reingekommen↓ Ham Schlüssel
	Angeklagter	öh macht hab↓
05	Richter	gehabt↓
	Angeklagter	Ich wüsste überhaupt gar nicht→ dass ich da drin war→
06	Richter	•Warum nich↓ Warum wissen Sie das nicht↓
	Angeklagter	Neìn • Jaha Wie gesagt
07	Richter	(2.4s) Wovon↑
	Angeklagter	weil ich • ziemlich betrunken war↓
08	Richter	Jà Tun Sie das/ trinken
	Angeklagter	(2.2 Sek) Etliche • Liter Bier • mal sagen↓
09	Richter	trinken Sie das nich jeden Tag↓
	Angeklagter	Jā so zwei drei Flaschen Bier aufer
10	Richter	Sie sind doch Alkohol gewöhnt↓
	Angeklagter	Baustelle→ das stimmt↓ (2.3s)
11	Richter	Sie ham nämlich heute auch (wieder→) die Fahne
	Angeklagter	Kann man sagen↓
12	Richter	stinkt bis hier→ Alkohol getrunken↓

Die Anklage geht von schwerem Fall des Diebstahls (§ 242, 243 StGB) aus. Die Frage des Vorsitzenden (01) setzt schon das Eindringen voraus und zielt auf einen gewaltsamen Modus (§ 243). Der Angeklagte weist sie zurück (02) und mit der Begründungsfrage (03) kommt es zu einem argumentativen Diskurs. Der Angeklagte leugnet generell gewaltsames Eindringen in eine Gastwirtschaft (03 f.), lässt unerlaubtes Betreten aber offen. Der Vorsitzende insistiert und bietet eine Möglichkeit („Schlüssel") an. Daraufhin wird Nichtwissen vom Angeklagten beansprucht, allerdings im Konjunktiv II einer möglichen, gedachten Welt (05) – was der Vorsitzende begründet sehen möchte. Der Zweck einer Handlungsbegründung ist es, die Bezugshandlung dem Hörer so verständlich und nachvollziehbar zu machen, dass eine weitere Kooperation möglich ist. Aus Unverstandenem soll Verstandenes, aus Strittigem – über geteiltes Wissen – Unstrittiges werden. Die Begründung des Angeklagten nutzt einen *weil*-Satz und führt ein schwieriges Standardargument an (Volltrunkenheit zur Tatzeit, 06–08). Damit soll eine Reduktion der Schuldfähigkeit (§§ 20, 21 StGB) reklamiert werden. Es gab aber keine Alkoholmessung, die Behauptung kann nicht empirisch begründet, aber auch nicht unmittelbar widerlegt werden. Der Vorsitzende greift den Begründungszusammenhang an, indem er gewohnheitsmäßiges Trinken suggeriert (Frage in 10); er hat überraschend Erfolg damit und bekommt den Punkt bestätigt. Als zusätzlichen Beleg führt er nachträglich den gegenwärtig alkoholisierten Zustand des Angeklagten (11 f.) an und leistet damit eine weitere Kategorisierung (Disposition). Das argumentative Spiel ist verloren:

(a) Trunkenheit beeinträchtigt die Handlungssteuerung und kann die Schuldfähigkeit mindern oder ausschließen.
(b) Das gilt nicht bei Gewohnheitstrinkern.
(c) Der Angeklagte war betrunken.
(d) Der Angeklagte ist Gewohnheitstrinker.
(e) *Die Schuldfähigkeit des Angeklagten ist nicht gemindert.*

2.2.7 Plädoyers und Urteil

Die Plädoyers vor dem Urteil werden schriftbasiert (Notizen) ohne viel Planungszeit mündlich vorgetragen. Sie geben auf der Basis des Sachstands und mit rechtlicher Würdigung eine Version des Falles, die in das Urteil eingehen könnte. Sie können sogar antizipierend andere Versionen vorschlagen (im Fall einer Verurteilung muss berücksichtigt werden...).

Zunächst setzt sich der Staatsanwalt mit den erörterten Sachverhalten und den Rechtsfolgen auseinander. Im folgenden Beispiel geht es um Nötigung – der Angeklagte habe sich absichtlich auf einen langsam entgegenkommenden Polizeiwagen geschwungen:

(09) Strafverhandlung (Fall 13)

Staatsanwalt Wie es tatsächlich gewesen ist→ kann man sicherlich nicht mehr
Staatsanwalt ganz genau feststellen↓ Wahrscheinlich scheint mir Folgendes zu
Staatsanwalt sein. Der eine Zeuge→ nämlich der Zeuge Vanlo→ hatte
Staatsanwalt gesacht→ dass drei Personen • durchaus provokativ, das lässt sich
Staatsanwalt nach dem vergangenen/ ja gerade (vorher) abgeschlossenen Poli-
Staatsanwalt zeieinsatz erklären→ auf den Polizeiwagen zugegangen auch so
Staatsanwalt unter dem Vorzeichen→ hier ist der Haltern-Platz→ hier ist
Staatsanwalt Fußgängerzone,→ was wollt ihr mit den • PKWs hier überhaupt
Staatsanwalt und dass die ihrerseits→ weil die runterwollten • und natürlich
Staatsanwalt auch sich als • Polizeibeamte im Recht glaubten→ dann ihrerseits
Staatsanwalt auch nich ausgewichen sind→ sondern wieder auf diese drei
Staatsanwalt Leute losgegangen sind oder losgefahren sind→ und zwar offen-
Staatsanwalt sichtlich, das scheint • so zu sein→ durchaus in einem vernünf-
Staatsanwalt tigen Tempo↓ Wenn man • die Zeugen•aussagen richtig hört •
Staatsanwalt oder würdigt→ scheinen sich hier keine wesentlichen Wider-
Staatsanwalt sprüche zu ergeben ↓ Und der Angeklachte Puhlmann hat dann→
Staatsanwalt (1s) was weiß ich→ sicher nicht von langer Hand geplant→

18	Staatsanwalt	dann in dem Augenblick wohl den Entschluss gefasst→ (1s)
19	Staatsanwalt	entweder die Beamten noch etwas weiter zu ärgern→jedenfalls
20	Staatsanwalt	aber nicht wegzugehen. (...)
21	Staatsanwalt	Aber immerhin glaube ich • und das will ich als erstes
21	Staatsanwalt	festhalten→ dass er da erstmal durchaus in provokativer und
22	Staatsanwalt	unlauterer Absicht sich auf die Kühlerhaube begeben hat↓ (...)
23	Staatsanwalt	Bezüchlich • Herrn Puhlmann (1.2s) meine ich→ (0.8s) dass
24	Staatsanwalt	(1.3s) eine (2.5s) Einstellung (2.4s) wegen (1.4s) des
25	Staatsanwalt	(1.1) Springens oder wie immer man das bezeichnen soll • auf
26	Staatsanwalt	die Kühlerhaube des Fahrzeuchs nicht in Frage kommen kann↓
27	Staatsanwalt	(Vielmehr) meine ich dass→ in dieser Handlungsweise durchaus
28	Staatsanwalt	eine Gesinnung zum Tragen kommt→ die auf Aggression und
29	Staatsanwalt	Provokation • der Polizeibeamten gerichtet war↓ Ich meine
30	Staatsanwalt	allerdings nicht dass (1.6) seine Be/ Schuld • bei dieser ersten
31	Staatsanwalt	Tat weil sie in ihrem aus dem Augenblick heraus geborenem
32	Staatsanwalt	Handeln sehr erheblich ist↓ Andererseits meine ich→ dass
33	Staatsanwalt	bei der zweiten Tat • das strafrechtliche Verschulden durchaus
34	Staatsanwalt	(2.3s) von erheblicher Bedeutung is→ weil er längere Zeit
35	Staatsanwalt	durchaus Anstrengungen gemacht hat um sich den berechtigten
36	Staatsanwalt	Maßnahmen der Beamten • zu widersetzen↓ (1,6s) Insgesamt
37	Staatsanwalt	halte ich folgende Einsatzstrafe für angebracht→ so weit
38	Staatsanwalt	anfangs→ eine Nötigung vorliecht→ mit begangen/ weil sie
39	Staatsanwalt	begangen worden ist weil Herr Puhlmann (1.1s) seinen Körper
40	Staatsanwalt	zur Einwirkung auf andere eingesetzt hat→ eine Einsatzstrafe von
41	Staatsanwalt	• zehn Tagessätzen und für die weitere Tat→ (0.8s) eine • solche
42	Staatsanwalt	• von • sechzig Tagessätzen↓ Insgesamt komme ich dann zu
43	Staatsanwalt	einer Geldstrafe von fümensechzig Tagessätzen→ ich meine dass
42	Staatsanwalt	der Tagessatz (1.4s) angesichts der Einkommensverhältnisse
43	Staatsanwalt	des Angeklachten mit fünf Mark • richtig berechnet is↓

Die Sachverhaltskonstruktion stützt sich auf eine Einschätzung der Aussagen und favorisiert eine Fassung, wobei die Würdigung Differenzen einzuebnen oder zu erklären sucht (14 f.). Die Tat wird dann – sprachlich im Vorbereich rechtlicher Kategorisierung (19) mit ihrer an sich unzugänglichen mentalen Seite (Planung, Absicht/Vorsatz, Entschluss, 17 f., 21 f.) – zugeschrieben. Hier handelt es sich rechtlich um Nötigung, eine Einstellung wird bei diesem Sachverhalt als Alternative ausgeschlossen (24). Abwägend wird die Schwere abgemildert (30–32), während sie bei den späteren Handlungen so hoch gesetzt wird, dass ein „strafrechtliches Verschulden von erheblicher Bedeutung" (33 f.) angenommen wird. Hier wird eine „Gesinnung" unterstellt, die auf Aggression und Provokation der Beamten gezielt habe (28 f.). Mit der „Einwirkung auf den Körper anderer" wird juristisch das Gewaltkonzept gefasst und appliziert. Auf die Sachverhaltskonstruktion folgt dann ein Strafantrag wegen Nötigung (§ 240 StGB) und ein die Tatumstände und die Verantwortlichkeit berücksichtigender Vorschlag für die Strafzumessung.

Abb. 4: Konstituenten des Plädoyers

Im Plädoyer kann auch ein begründeter Antrag auf Freispruch oder Einstellung des Verfahrens gestellt werden. Es folgt ein Plädoyer der Verteidigung, ggf. ein Schlusswort des Angeklagten, ehe dann – nach Beratung – das Urteil verkündet wird. Schriftliche Basis des Urteils ist der Tenor. Auch dazu ein Ausschnitt:

(10) Strafverhandlung (Fall 13)

01	Richter	Ich verkünde im Namen des Volkes folgendes Urteil→ Der Angeklagte
02	Richter	Matthias Puhlmann wird wegen Nötigung und Widerstands gegen
03	Richter	Vollstreckungsbeamte zu einer Gesamtgeldstrafe von fünfundfünfzig
04	Richter	Tagessätzen zu je zehn D-Mark verurteilt↓ Er trägt die Kosten des
05	Richter	Verfahrens. (...)
06	Richter	Ich werde mich beschränken auf die ((1s)) nackten Tatsachen→ wie man
07	Richter	immer so schön sagt→ soweit wir sie hier heute in der Hauptverhandlung
08	Richter	haben feststellen können↓ Da ist zunächst • die Einlassung des Herrn Puhl-
09	Richter	mann→ der uns den Vorfall so geschildert hat→ als sei dieser Funkstrei-
10	Richter	fenwagen für ihn völlig überraschend und plötzlich auf ihn zugekommen→
11	Richter	als habe er keine Möglichkeit mehr gehabt→ beiseite zu springen und sei
12	Richter	dann/ habe sich dann plötzlich auf der Motorhaube wiedergefunden→
13	Richter	anschließend habe man ihn eben mit Gewalt bearbeitet→ mit Gewalt fest-
14	Richter	nehmen wollen→ aber malträtiert und in Wirklichkeit gar kein Recht dazu
15	Richter	gehabt↓ Diese Darstellung→ das sei vorwechgesagt→ die ist in der
16	Richter	heutigen Hauptverhandlung in keiner Weise bestätigt worden↓ Keiner der
17	Richter	Zeugen hat auch nur annähernd eine solche • Schilderung gegeben wie der
18	Richter	Angeklagte selbst↓

Auf die Urteilsformel folgt die Sachverhaltskonstruktion nach der Verarbeitung der Vernehmungen und Plädoyers. Dabei soll eine Beschränkung auf die „nackten Tatsachen" (06) erfolgen – eine Rechtsfiktion, als könne man sie von ihrer sprachlichen Fassung und rechtlicher Kategorisierung trennen. Es kann auch gemeint sein, dass eine politische Einschätzung wie vom Staatsanwalt angedeutet vermieden werden soll. Der Vorsitzende konstruiert zwischen der Aussage des Angeklagten und allen Zeugenaussagen einen Gegensatz (16), tatsächlich sind zwei Zeugen mit seiner Aussage kongruent, während die beiden Polizeibeamten die Anklage stützen und ein weiterer Zeuge nur das Ergebnis (er saß auf der Haube) gesehen hat. Es genügt allerdings, dass das Gericht auf Grundlage der Verhandlung, des darin zur Sprache gekommen Wissens, in „freier Beweiswürdigung" (§ 261 StPO) von einer bestimmten Wahrheit überzeugt ist. Diese Überzeugung kann nicht auf reiner Vermutung beruhen, wie sie hier der Staatsanwalt äußert (Beispiel 9, 02), sondern soll intersubjektive Geltung und Nachvollziehbarkeit beanspruchen können, insofern objektivierbar sein, wie Bundesgerichtshof und Gesetzeskommentare betonen. Das Urteil wird von der Mündlichkeit in die Schriftform transferiert und so zugänglich gemacht. Insgesamt allerdings sind rechtliche Verfahren schriftdominiert.

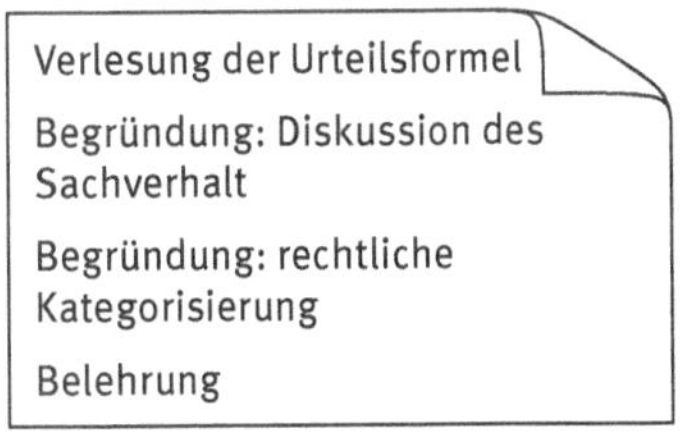

Abb. 5: Konstituenten des Urteils

Plädoyers und Urteil machen deutlich, dass für die Entscheidung darüber, was der Fall ist, Begründungen und ihre Qualität ausschlaggebend sind.

3 Literatur

Ehlich, Konrad/Jochen Rehbein (1980): Kommunikation in Institutionen. In: Hans Peter Althaus/Helmut Henne/Herbert Ernst Wiegand (Hg.) Lexikon der germanistischen Linguistik. Bd. II. Tübingen, 338–346.
Haß-Zumkehr, Ulrike (Hg.)(2002): Sprache und Recht. Berlin/New York.
Hee, Katrin (2012): Polizeivernehmungen von Migranten. Heidelberg.
Hoffmann, Ludger (1983): Kommunikation vor Gericht. Tübingen.
Hoffmann, Ludger (Hg.) (1989): Rechtsdiskurse, Tübingen.
Hoffmann, Ludger (1997): Fragen nach der Wirklichkeit. In: D. Frehsee et al. (Hg.) Konstruktion der Wirklichkeit durch Kriminalität und Strafe. Baden-Baden, 200–221.
Hoffmann, Ludger (2010): Wissensgenerierung: der Fall der Strafverhandlung. In: Ulrich Dausendschön-Gay/Christina Domke/Sören Ohlhus (Hg.) Wissen in (Inter-) Aktion. Berlin/New York, 249–280.
Hoffmann, Ludger (2011): Kommunikative Welten: das Potenzial menschlicher Sprache. In: Ludger Hoffmann/Kerstin Leimbrink/Uta Quasthoff (Hg.) (2011) Die Matrix der menschlichen Entwicklung. Berlin/Boston, 165–210.

Hoffmann, Ludger (2014): Der Fall des Rechts und wie er zur Sprache kommt. In: Jörg R. Bergmann/ Ulrich Dausendschön-Gay/Frank Oberzaucher (Hg.) „Der Fall" Zur epistemischen Praxis professionellen Handelns. Bielefeld, 287–345.

Hoffmann, Ludger (2016[3]): Deutsche Grammatik. Berlin.

Pick, Ina (2013): Das anwaltliche Mandantengespräch. Diss. TU Dortmund.

Seibert, Thomas-Michael (2004): Gerichtsrede. Berlin.

Schwitalla, Johannes (1969): Herr und Knecht auf dem Polizeirevier: Das Werben um Kooperation und zunehmende Aussageverweigerung in einer polizeilichen Beschuldigtenvernehmung. In: Folia Linguistica XXX/3–4, 217–244.

Andreas Deutsch

5. Schriftlichkeit im Recht: Kommunikationsformen/Textsorten

Abstract: Auch wenn in manchen Bereichen der juristischen Praxis – etwa bei Gerichtsverhandlungen – bis heute am Prinzip der Mündlichkeit festgehalten wird, ist das Recht nachhaltig von Schriftlichkeit geprägt. Nicht zuletzt aufgrund der hohen Spezialisierung weiter Rechtsbereiche hat sich eine große Anzahl von Textsorten herausgebildet, deren Aufteilung der Linguistik bislang Schwierigkeiten bereitet; eine Einbeziehung der von den Juristen selbst entwickelten Unterscheidungskriterien könnte hier hilfreich sein. Der Beitrag skizziert die historische Entwicklung der Verschriftlichung des Rechts sowie der Schriftlichkeit im – v. a. deutschen – Recht, um dann auf jene Bereiche des Rechts näher einzugehen, in welchen Schriftlichkeit eine besondere Rolle spielt: Die Normgebung (hier speziell die Kodifikation), die Rechtsprechung (mit dem zentralen Beispiel eines zivilrechtlichen Urteils), das anwaltliche Handeln und die juristische Vertragsgestaltung (mit einem besonderen Augenmerk auf juristischen Formvorschriften), ferner Wissenschaft und Lehre sowie das Verwaltungsrecht.

1 Einführung

Historisch betrachtet gehört das Recht zweifellos zu den Bereichen des Lebens, in welchen Schriftlichkeit sehr früh einsetzte – gewährt die Schrift doch eine Perpetuierung der Gedanken und damit Sicherheit. Trotzdem wäre es selbst aus moderner Sicht falsch, das Recht als (reine) Schriftdisziplin zu bezeichnen, wird doch bis heute u. a. vor Gericht am Prinzip der Mündlichkeit – jedenfalls als Ideal – festgehalten. Die dennoch unbestritten zentrale Bedeutung des Schriftlichen für das moderne deut-

DOI 10.1515/9783110296198-005

sche Recht zeigt sich bereits darin, dass in annähernd allen Bereichen rechtlichen Handelns Schriftlichkeit begegnet.

Die hohe Bandbreite der juristischen Arbeitsfelder wird eindrücklich durch die von Busse (2000a) aus linguistischer Perspektive vorgenommene Feingliederung juristischer Textsorten illustriert, die zwischen mehr als sechzig Haupttextsorten differenziert. Doch selbst diese hohe Zahl berücksichtigt noch bei weitem nicht alle relevanten Aspekte und bedarf zumindest einer weiteren Feingliederung (s. u. 2). Im Folgenden werden unter dem Aspekt der Schriftlichkeit besonders relevante Textsorten herauszugreifen sein. Die Untergliederung soll sich hierbei – dem Ansatz dieses Handbuchs folgend – in erster Linie an der juristischen Praxis orientieren.

Verschriftlichung von Recht erfolgte und erfolgt in den verschiedenen Bereichen des Rechts mit unterschiedlicher Zielrichtung und Intensität. Im Bereich der Normgebung kann die Verschriftlichung u. a. einen Herrschaftsanspruch zum Ausdruck bringen, indem sich ein Gesetzgeber oder -initiator ein Denkmal setzt (z. B. Codex Hammurabi, Code Napoléon, s. u. 3). Geschriebene Normen haben gegenüber Gewohnheitsrecht den Vorteil der Überprüfbarkeit – und werden aus diesem Grund alsbald als vorrangig betrachtet. Die Perpetuierungs- und Beweisfunktion tritt wohl bei Grundbucheinträgen und anderen Eigentumsnachweisen, Vertrags- und Testamentsurkunden am deutlichsten zum Vorschein, werden diese doch oft noch Generationen später zu Information und Streitentscheidung herangezogen. Die konservierende Wirkung schriftlich vorformulierter Texte (z. B. Vertragsformulare) kommt sicherlich am deutlichsten im Bereich der Anwalts- und Notariatspraxis zum Ausdruck, während Schrift als Wissensspeicher namentlich für den Bereich der (Rechts-) Wissenschaft relevant ist, wo das über die Zeit angesammelte schriftlich verfügbare Wissen nachhaltig zur Professionalisierung des Fachs beigetragen hat. Nicht zuletzt für die Rechtswissenschaft vermag Schrift ferner dynamisierend zu wirken: Druckwerke und neuerdings auch Internetpublikationen ermöglichen einen überörtlichen wissenschaftlichen Diskurs und können so die Verbreitung und Etablierung neuer Gedanken vorantreiben.

2 Juristische Textsorten

In der Linguistik wurden vielfältige Kriterien zur Aufgliederung von Textsorten entwickelt, doch haben sich diese für eine Aufteilung des juristischen Textmaterials teils als nicht hinreichend feingliedrig, teils als unpassend erwiesen (Überblick bei Brinker 2010, 94 ff., 126 ff.). Die linguistische Diskussion um rechtliche Textsorten wird daher bis heute von der von Große eingeführten (u. a. anhand von Präsignalen vorgenommenen) Differenzierung zwischen Texten mit normativer Textfunktion und Texten mit nichtnormativer Funktion mitbestimmt. Nach Große (1976, 29) sind Texte mit normativer Funktion solche, die explizit bindende Regeln des Verhaltens und Geltens aussprechen, worunter er „Rechte, Verpflichtungen und Geltungsregeln" fasst. Diese Definition ist schon deshalb nicht unproblematisch, weil das Adjektiv *normativ* bereits vielfältig in anderer Weise besetzt ist. In der Rechtswissenschaft bezieht es sich insbesondere auf Rechtsnormen (Gesetze, Verordnungen) – und wäre damit deutlich enger als Großes Wortgebrauch. Daneben wird – noch enger – bei der Auslegung von Rechtsnormen zwischen normativen (wertenden und daher ausfüllungsbedürftigen) und deskriptiven (beschreibenden) Tatbestandsmerkmalen unterschieden; Teile der Strafrechtswissenschaft propagieren zudem eine sog. *normative Auslegung*, womit spätestens die Einheitlichkeit des Begriffs aufgegeben wurde. Schroeder (2011) bezeichnet denn *normativ* als eine der nebulösesten Vokabeln der Rechtssprache.

Schwerer wiegt die inhaltliche Kritik (Brinker 1983, 140 f., und 2010, 94 f.; Busse 2000a, 660) an Großes Differenzierung zwischen Texten mit oder ohne normative Funktion. Wenn eine *normative Funktion* nach Große voraussetzt, dass der Text „explizit bindende Regeln" ausspricht, fallen zunächst all jene Gesetze und sonstigen Normen aus dem Raster, die nicht binden, sondern Ziele (z. B. für staatliches Handeln) definieren; dies gilt beispielsweise für die im Grundgesetz verankerten (aber nicht einklagbaren) Staatszielbestimmungen, mit der fast schon kuriosen Folge, dass selbst verfassungsrechtliche Normen nach Großes Definition nicht normativ wären. Ferner fielen nach Großes Definition des Normativen auch all jene Gesetze und sonstigen Normen aus dem Raster, die nur dispositive (nachgiebige) Geltung beanspruchen, also nur dann anzuwenden sind, wenn die Parteien keine eigene Vereinbarung getroffen haben. Damit wäre ein Großteil des BGB kein normativer Text. Ob eine Bestimmung des BGB dispositive oder zwingende Geltung hat, ist weder anhand von Präsignalen, noch anhand von Satzbau oder sonstigen formalen Kriterien ohne weiteres ablesbar. Die Einstufung als normativ oder nichtnormativ wäre folglich eher willkürlich. Wenig aussagekräftig und wohl auch lückenhaft ist ferner Großes Feinaufteilung der normativen Texte (a. a. O., 58 ff.) in solche mit legislativer Funktion (Gesetze und Satzungen), proklamatorischer Funktion (offenbar sowohl Urteile wie z. B. Ernennungen), zertifikatorischer Funktion (Beglaubigungen u. ä.), prokuratorischer Funktion (Vollmacht) sowie solche mit selbstverpflichtender, vereinbarender und deklarierender Funktion (z. B. Verträge). Zielführender erscheint eine Aufteilung, die sich an den klassischen Unterteilungen des Rechts orientiert, also namentlich Rechtsetzung, Rechtsanwendung und Rechtsauslegung (z. B. Mortara Garavelli 2001, 19 ff.). Allerdings droht jede allzu grobe Aufteilung die Unterschiede zwischen den einzelnen Textsorten zu verwischen. Demgegenüber erscheint Busses Ansatz hilfreich, zunächst einen Überblick über das gesamte Material juristischer Textproduktion zu erstellen. Busse (2000) teilt die von ihm herausgearbeiteten über sechzig Haupttextsorten – wohl v. a. anhand praxisbezogener Kriterien – neun Kategorien zu:

1. Textsorten mit normativer Kraft
2. Textsorten der Normtextauslegung
3. Textsorten der Rechtsprechung

4. Textsorten des Rechtfindungsverfahrens
5. Textsorten der Rechtsbeanspruchung und Rechtsbehauptung
6. Textsorten des Rechtsvollzugs und der Rechtsdurchsetzung
7. Textsorten des Vertragswesens
8. Textsorten der Beurkundung
9. Textsorten der Rechtswissenschaft und -ausbildung.

Busses Gliederung kann der Linguistik eine gute Grundlage für weitere Untersuchungen liefern. Was v. a. noch aussteht, ist eine vertiefte Analyse und Feinunterteilung. Hierbei wird es auch darauf ankommen, präzisere Kriterien für die Aufteilung der Textsorten zu entwickeln.

Zahlreiche juristische Texttypen sind in sich derart heterogen, dass sie aus sprachlicher Perspektive kaum als eine einzelne Textsorte betrachtet werden können. So sollten etwa die unterschiedlichen Elemente, aus denen ein Urteil zusammengesetzt ist (s. u. 5.1), zumindest als *Teil-Textsorten* separat erfasst werden (so schon Busse 2000a, 669). Doch noch in anderer Hinsicht wird weiter zu differenzieren sein: Gibt es doch, um beim Beispiel des Urteils zu bleiben, einander höchst verschiedene Urteilsarten: Bereits ein zivilrechtliches Endurteil erster Instanz unterscheidet sich vom Versäumnisurteil derselben Instanz in Inhalt und Umfang erheblich, viel mehr noch von einer Entscheidung des Bundesverfassungsgerichts. Wie tief Textsorten wie *juristischer Fachaufsatz* und *Urteilsanmerkung* weiter untergliedert werden können, stellt Frilling (1995) dar. Nicht nur *Urteile*, *Fachaufsätze* und *Urteilsanmerkungen*, sondern auch die allermeisten anderen von Busse aufgelisteten Haupttextsorten kommen in unterschiedlichen juristischen Materien (Zivilrecht, Strafrecht, Verwaltungsrecht usw.) vor – und sollten dann im Zweifel jeweils als eigene Textsorte angesehen werden. Dass die Terminologie etwa des Zivil- und Strafrechts voneinander abweicht, braucht nicht hervorgehoben zu werden. Aufgrund der unterschiedlichen Anforderungen differieren Textsorten in unterschiedlichen Rechtsmaterien zudem meist in Aufbau und Inhalt.

Für eine Feinaufteilung der juristischen Textsorten wird u. a. von Große (1976, 30, 59) mit Präsignalen gearbeitet. Gerade bei juristischen Texten ist hierbei Vorsicht geboten. So deutet der Titel oder Titelbestandteil *Ordnung* sehr häufig auf eine Verordnung nach Bundes- oder Landesrecht hin (z. B. Straßenverkehrsordnung), aber auch Gesetzbücher wie die Zivilprozessordnung führen das Wort im Namen. Daneben sind nicht selten kommunale Satzungen oder sogar Allgemeinverfügungen mit *Ordnung* überschrieben – ja selbst von Privatleuten aufgesetzte Texte wie die *Hausordnung* oder die *Treppenreinigungsordnung*. Die Nützlichkeit von Präsignalen als Kriterium für eine Feinaufteilung der juristischen Textsorten ist in der Linguistik somit berechtigterweise umstritten. Daher sollten wenigstens zusätzliche Kriterien hinzugezogen werden, so namentlich der Produzent (Verfasser/Aussteller), der Adressat (Empfänger/Zielgruppe) und die Textstrukturierung (vgl. Busse 2000a). Als zentrales Kriterium bietet sich die Textfunktion an, sofern man diese auf die juristischen Bedürfnisse zuschneidet – und hierbei die juristische Binnensicht mit berücksichtigt. Dies soll hier aus Platzgründen nur angedeutet werden:

Als Vorfrage bietet es sich an, den Produzenten festzustellen: Ist dies (1.) ein Träger hoheitlicher Gewalt (Bund, Land, Gemeinde) ist (a.) weiter zu fragen, ob der Text *regelnd* ist, also eine Regelung trifft. Dies kann dann entweder *abstrakt-generell* geschehen, also auf vielerlei Sachverhalte anwendbar und mit Wirkung für eine Vielzahl von Personen; dann liegt eine Rechtsnorm vor (also z. B. ein Gesetz, s. u. 4). Oder aber es erfolgt *konkret* (auf einen Einzelfall oder eine bestimmbare Zahl von Fällen zugeschnitten), dann dürfte es sich – wenn der Text einen Adressaten außerhalb der Verwaltung anspricht – um einen Verwaltungsakt handeln (s. u. 8).

Ist der Text nicht regelnd, so kann er (b.) (einen Rechtsstreit) *entscheidend* sein, also in einem Streitfall zwischen zwei oder mehr Parteien eine Entscheidung fällend – sei es durch Schlichtung, gerichtlichen Vergleich oder Urteil. Zumeist handelt es sich dabei um Texte der Judikative (s. u. 5). Gerichtliche Entscheidungen sind im deutschen Recht einzelfallbezogen und in der Regel nur für die betroffenen Parteien bindend, was die Wirkrichtung (den unmittelbaren Adressatenkreis) solcher Entscheidungen deutlich von jener der Rechtsnormen unterscheidet.

Ist der Text eines Trägers hoheitlicher Gewalt weder regelnd noch entscheidend so kann er (c.) *vereinbarend (konsensual)* sein, also einen Vertrag beinhaltend oder eine sonstige zwischen zwei oder mehr Parteien, die sich auf einer Ebene gegenüberstehen, einvernehmlich geschlossene Vereinbarung. Eine solche Vereinbarung entfaltet Bindungswirkung (nur) zwischen den Beteiligten. Auch die Verwaltung kann z. B. Verträge mit anderen Trägern öffentlicher Gewalt oder mit Privatparteien abschließen, hierbei ergeben sich keine größeren Besonderheiten gegenüber privaten vereinbarenden Texten (s. u. 8). Daneben gibt es (d.) Texte internen Verwaltungshandelns, die mangels Außenwirkung in der Regel keine Bindungswirkung nach außen (weder für den Träger hoheitlicher Gewalt noch gegenüber diesem) entfalten.

Auch wenn es sich (2.) um keinen Text eines Trägers öffentlicher Gewalt handelt, sind (a) *regelnde* (z. B. Vereinssatzung) und (b) *entscheidende* Texte (z. B. private Schlichtung) möglich, sie entfalten aber regelmäßig eine geringere Bindungswirkung. Die Bindung beruht dann nicht auf der hoheitlichen Gewalt sondern allein auf der Selbstverpflichtung der Parteien, wodurch sich diese Texttypen den (c) *vereinbarenden* Texten annähern, die den Großteil privaten rechtlichen Handelns ausmachen (s. u. 6). Daneben treten (d) *einseitig verpflichtende* Texte, in denen sich der oder die Aussteller zu einer Leistung verpflichten, ohne dass ihm oder ihnen hierfür eine Gegenleistung versprochen wird; eine solche einseitige Verpflichtung kann allerdings sehr wohl an Bedingungen geknüpft sein. Typische Beispiele hierfür sind das Testament und die Auslobung, wenn etwa dem (unbekannten) Finder der entlaufenen Katze eine Belohnung versprochen wird. (e.) Anwaltliche Korrespondenz (etwa zur Vorbereitung eines Vertrags) und Korrespondenz zwischen Prozessparteien und Gericht (z. B. Klageschrift, Replik, Duplik usw.) kann für die Parteien verbindliche Elemente enthalten, wenn diese nämlich zur Grundlage z. B. eines Vertrag oder Urteils werden. Dominierend ist aber oftmals der *darstellende* Charakter – die Darstellung der rechtlichen und sachlichen Position der betreffenden Partei. Andere juristische Textsorten haben keine (unmittelbare) Bindungswirkung. Dies gilt etwa (f.) für wissenschaftliche juristische Texte (s. u. 7). Sie unterscheiden sich zudem von den vorangehenden Textsorten durch die für einen wissenschaftlichen Diskurs allgemein typischen sprachlichen Merkmale und formale Kriterien, etwa das Setzen von Fußnoten.

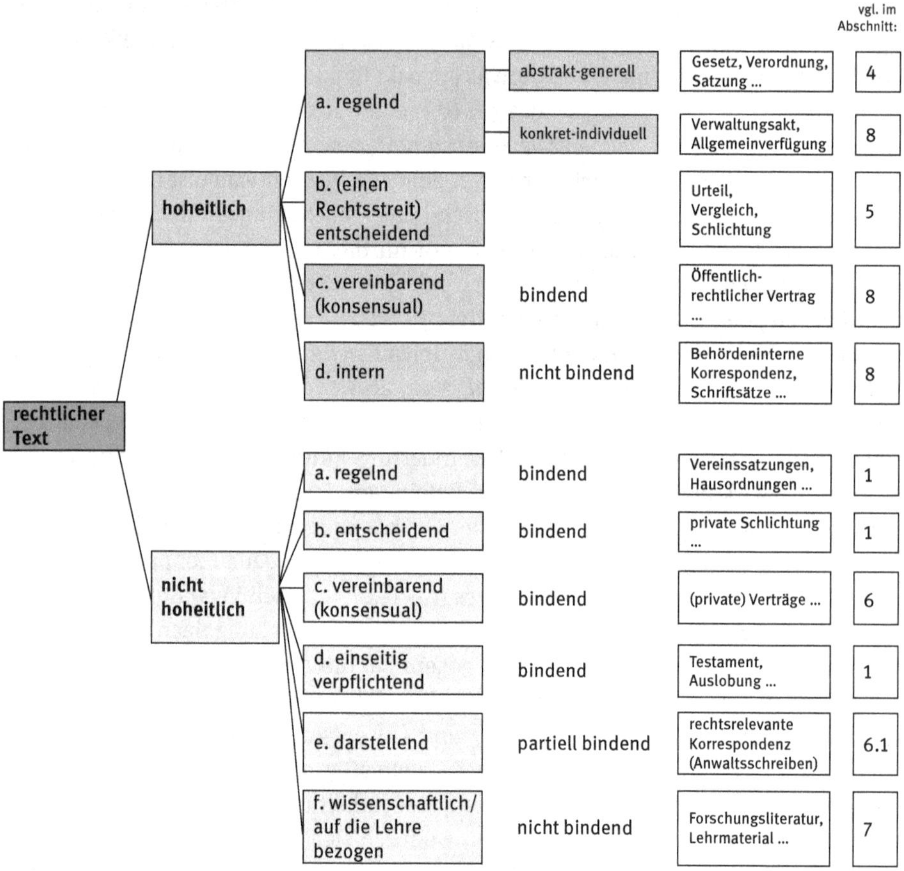

Abb. 1: Grobaufteilung rechtlicher Textsorten

3 Historischer Überblick

In zahlreichen Kulturen entwickelte sich sehr früh ein Bedürfnis zur schriftlichen Fixierung von Recht – zur Erhöhung der Rechtssicherheit und damit Gerechtigkeit. So sind bereits aus der Zeit seit dem späten 3. Jahrtausend vor Christus in Keilschrift festgehaltene Rechtssammlungen aus Mesopotamien überliefert. Das berühmteste Beispiel ist der zirka 1750 v. Chr. entstandene babylonische *Codex Hammurabi*. Als vermutlich älteste im Original erhaltene Kodifikation Europas gelten die um 500 v. Chr. in helle Steinplatten gemeißelten Stadtrechtsinschriften von Gortyna auf Kreta. Um 450 v. Chr. entstanden in Rom die berühmten *Zwölftafelgesetze*. Damit begann die römische Kodifikationsgeschichte, die das Recht v. a. Kontinentaleuropas bis heute nachhaltig prägt. Direktes oder indirektes Vorbild für die meisten nachfolgenden Kodifikationen Europas und weit darüber hinaus wurde das unter dem oströmischen Kaiser Justinian in den Jahren 528 bis 534 n. Chr. erarbeitete *Corpus Iuris civilis*, bestehend aus Codex, Digesten, Institutionen und Novellen.

Im germanisch-deutschen Rechtsraum dominierte demgegenüber bis ins späte Mittelalter die Mündlichkeit. Die ältesten Nachweise für germanische Rechtswörter finden sich in nichtrechtlichen Quellen, so etwa in der Bibelübersetzung von Bischof Wulfila (gestorben 383 n. Chr.), die am Anfang der germanischen Schriftüberlieferung steht. Soweit Recht aufgezeichnet wurde, geschah dies fast ausschließlich in Latein. An die lateinischen Buchstaben schien auch die lateinische Sprache gebunden, nicht zuletzt weil die Träger der Schriftlichkeit der lateinisch-sprachigen Geistlichkeit entstammten. Bedeutende Ausnahme im westgermanischen Sprachraum bilden die ab zirka 600 n. Chr. entstandenen und teils bereits um 925 n. Chr. aufgezeichneten altenglischen Gesetze. Die ungefähr zwischen 450 n. Chr. und 800 n. Chr. entstandenen kontinentaleuropäischen germanischen Volksrechte (sog. *Leges Barbarorum*) waren hingegen lateinisch verfasst. Ebenso wie in zahlreichen Urkunden der Zeit finden sich darin immerhin einzelne volkssprachige Wörter eingeschoben – in Bezugnahme auf den mündlichen Rechtsalltag (Sonderegger 1965; Schmidt-Wiegand 1979).

Im Mittelalter waren es außer den höfischen, kirchlichen und städtischen Schreibern v. a. die oft von Ort zu Ort wandernden Notare, die rechtliche Vereinbarungen (Verträge) oder Willensäußerungen (z. B. Testamente) zu Papier oder Pergament brachten. Um formale Fehler in den strikt vorgegebenen Klauseln zu verhindern, hielten sie sich dabei an Formuliervorlagen (Formulare), die sie von Generation zu Generation weitergaben – ein Verfahren das erheblich zum Konservatismus in der Rechtssprache beitrug (Deutsch 2013, 44 ff.). Als älteste deutschsprachige Stadtrechtsaufzeichnungen gelten jene von Mühlhausen in Thüringen (um 1225) und Braunschweig (1227), weitere Stadtrechte folgten alsbald. Einen Markstein auf dem Weg zur deutschsprachigen Schriftlichkeit im Recht stellt aber v. a. der um 1224/35 entstandene *Sachsenspiegel* Eikes von Repgow dar. Die Urfassung dieses wohl ältesten umfassenden Prosawerks in deutscher Sprache dürfte noch lateinisch gewesen sein. Obgleich es sich um eine private Aufzeichnung vornehmlich des (zuvor mündlich tradierten) sächsischen Land- und Lehenrechts handelt, wurde das Rechtsbuch bald wie ein Gesetz angewandt – und dies bis ins 19. Jahrhundert hinein. Ähnliches gilt für den um 1275 verfassten sog. *Schwabenspiegel*, was eindrücklich die Autorität bezeugt, die von schriftlich fixierten rechtlichen Texten ausgehen kann.

Die noch vergleichsweise spärliche Reichsgesetzgebung blieb bis ins 15. Jahrhundert hinein fast durchweg lateinisch. Bemerkenswert ist, dass zu einzelnen besonders wichtigen Texten nichtamtliche deutsche Übersetzungen angefertigt wurden, so zuerst vom Mainzer Reichslandfrieden (1235), mit einigen Jahren Verzögerung auch von der Goldenen Bulle (1356). Mit dem Aufstieg des Reichstags als Verfassungsorgan und der Reichsreform im 15. Jahrhundert setzte sich das Deutsche in der Reichsgesetzgebung durch. Fast zeitgleich fand einer der größten Umbrüche der Rechtsgeschichte statt: Die weitgehende Übernahme (Rezeption) des römisch-kanonischen Rechts in Deutschland unter gleichzeitiger Verdrängung oder Umformung der heimischen Rechte – ausgehend von den Universitäten, an denen das römische und kanonische Recht (in lateinischer Sprache) unterrichtet wurde, befördert durch die Ausbreitung des Buchdrucks. Denn im Druck erschienen alsbald nicht nur lateinische Fach- und Lehrbücher, sondern auch deutschsprachige praxisnahe Formular- und Handbücher, allen voran der bereits um 1436 verfasste *Klagspiegel* und der *Laienspiegel* von 1509. Diese Werke wandten sich an die Masse der Rechtsanwender, die zumeist nicht studiert hatten und dafür oft auch nicht hinreichend Latein konnten. Gemeinsam mit den damals zahlreichen Neufassungen von Stadt- und Territorialrecht etablierten sie eine hohe Anzahl von Übersetzungslehnwörtern (z. B. Auslegung für interpretatio, Besitz für possessio) und Fremdwörtern (Hypothek, Interesse, Präskription usw.), welche erheblich zur Festigung einer überregional einheitlichen Fachsprache des Rechts beitrugen und diese bis heute mitprägen (Deutsch 2013, 54 ff.).

Vor Gericht herrschte zum Teil bis in die Neuzeit hinein das Prinzip der Mündlichkeit vor. Anfänglich waren nicht einmal Urkunden als Beweismittel zugelassen. Soweit im Spätmittelalter Rechtsstreitigkeiten protokolliert wurden, so geschah dies meist sehr kursorisch. Selbst die von einem Gericht erfolgte Anrufung eines sog. Oberhofs (also eines für rechtlichen Rat anerkannten übergeordneten Gerichts) sowie der von dort erteilte Rechtsrat erfolgten zum Teil bis ins 16. Jahrhundert hinein mündlich. Allerdings sind etwa aus Magdeburg bereits seit dem 13. Jahrhundert schriftliche Rechtsweisungen und Oberhofurteile nachweisbar. Im Zuge der Rezeption des römischen Rechts wurden die Anfragen an Oberhöfe allmählich durch die sog. *Aktenversendung*, also die – in vielen Gesetzen der Zeit für bestimmte Sachverhalte explizit vorgeschriebene – Anfrage um Rechtsrat bei einer juristischen Fakultät verdrängt. Die von den Fakultäten allein auf Aktenbasis erstellten schriftlichen *Konsilien* dienten dann als verbindliche Vorlage für das Gerichtsurteil, waren zum Teil bereits im Stil eines Urteils vorformuliert.

Im Strafverfahren führte die mit der Rezeption einsetzende Etablierung des *Inquisitionsverfahrens* zum Ausschluss der Öffentlichkeit. Zeugen wurden nun außerhalb der Verhandlung anhand von Fragekatalogen verhört, die Befragungsprotokolle dienten dann als Grundlage der gerichtlichen Beweiswürdigung. Das Gerichtsurteil wurde schriftlich verfasst und beim *endlichen Rechtstag* öffentlich verlesen. In Zivilsachen setzte sich der Schriftlichkeitsgrundsatz mit dem vom 1495 gegründeten Reichskammergericht betriebenen sog. *Kameralprozess* in voller Strenge durch, der alsbald zum Vorbild für alle höheren Gerichte im Reich (außer im Bereich des sächsischen Rechts) wurde. Aktenberge prägen spätestens seit Goethe unser Bild von dieser Hochgerichtsbarkeit.

Während in der gerichtlichen Praxis bis hin zum Reichskammergericht das – nun oft von Fremdwörtern durchtränkte – Deutsch dominierte, blieb es in der Wissenschaft – und damit auch für die Fachliteratur – beim Latein. Nach dem Dreißigjährigen Krieg (1618–1648) kam es immerhin zu einem distanzierten Umgang mit dem römischen Recht, das man nun nach Vernunftregeln neu ordnete. Der sog. *Usus modernus pandectarum* setzte auf eine Rückkoppelung mit dem (deutschen) Gewohnheitsrecht und der (deutschen) Rechtspraxis. Die allmähliche Abkehr vom Lateinischen wurde dann durch die nun aufblühenden Sprachgesellschaften befördert. Als einer der ersten hielt Christian Thomasius ab 1687 juristische Vorlesungen auf Deutsch ab. 1700 schlug Gottfried Wilhelm Leibniz vor, den historisch gewachsenen deutschen Rechtswortschatz in einem Wörterbuch zu sammeln – auch als Basis für eine deutsche Fachsprache des Rechts. Sein Vorschlag wurde erst 200 Jahre später mit Gründung des Deutschen Rechtswörterbuchs aufgegriffen. Wie etwa Schottel und Harsdörffer forderte auch Leibniz zusätzlich die Schließung von Wortschatzlücken durch die Neubildung von möglichst eindeutigen sog. *Kunst-Wörtern*, also deutschen Fachwörtern. Zahlreiche derartige Wortschöpfungen wurden von Christian Wolff und seinen Schülern entwickelt. Die Eindeutschung des Fachdiskurses sollte aber keineswegs dazu dienen, diesen allgemeinverständlich zu machen. Nach Wolff sollte vielmehr allein eine die Studienanfänger abschreckende Distanz abgebaut werden. Trotz all dieser Bemühungen blieb Latein aber bis ins späte 18. Jahrhundert juristische Wissenschafts- und vielerorts auch universitäre Unterrichtssprache (Deutsch 2013, 61 ff.).

In Bezug auf Gesetze setzte sich derweil der Gedanke durch, sie sollten möglichst knapp und klar in der Sprache der Bevölkerung abgefasst werden (bereits Conring 1665, 243). Das sog. Zeitalter der Kodifikationen brach aber frühestens mit dem – noch äußerst fremdwortlastigen – *Codex Maximilianeus Bavaricus Civilis* (1756) an. Während dieser noch subsidiär die Anwendung des römischen Rechts zuließ, sollte das von Friedrich dem Großen bereits 1746 angeregte *Preußische Allgemeine Landrecht* (ALR) das Recht abschließend regeln, also eine Kodifikation im engeren Sinne (s. u. 4.2) sein. Das Projekt geriet – nicht zuletzt aufgrund des hohen Anspruchs u. a. an Sprache und Stil – mehrfach ins Stocken, sodass es erst 1794 in Kraft treten konnte (Schott 1984, 205). Auch die von Maria Theresia 1753 angeordnete Schaffung eines „vollständigen Codex" für Österreich sollte Generationen von Juristen beschäftigen. Das 1811 endlich in Kraft getretene *Allgemeine Bürgerliche Gesetzbuch* (ABGB) zeichnet sich durch einen fast unnachahmlich knappen und klaren Stil aus, ist aber deutlich abstrakter als das ALR (Deutsch 2012, 382). Ebenso wie das ABGB ist auch die vierte große zivilrechtliche Kodifikation der Epoche, Napoleons *Code civil* (1804), im Kern bis heute in Kraft. Da das Gesetzbuch während der napoleonischen Ära auch in Teilen Deutschlands galt, prägte es die deutsche Rechtsterminologie der Epoche deutlich mit. Die damals angefertigten, in ihrer Qualität extrem unterschiedlichen deutschen Fassungen illustrieren, welche Herausforderung es darstellt, fremdländisches Recht adäquat zu übersetzen (Deutsch 2011).

Im Vormärz zählte die Reform des Strafprozesses zu den zentralen Forderungen – u. a. ging es hierbei um ein Zurück zur öffentlichen Hauptverhandlung unter Laienbeteiligung und damit auch zur Mündlichkeit im Prozess. Nach der Reichsgründung 1871 kam es auf Reichsebene zu einer nie gekannten Kodifikationswelle, die nicht zuletzt das Bürgerliche Gesetzbuch (BGB, 1900) hervorbrachte. Wie das BGB sind die meisten der Gesetzbücher dieser Epoche bis heute in Kraft.

4 Normgebung und Schriftlichkeit

Während das im anglo-amerikanischen Raum dominierende *Common Law* primär auf Gewohnheitsrecht und Präzedenzfällen aufbaut, daher – idealtypisch betrachtet – weitgehend ohne Gesetzgebung auskommt, es in Großbritannien beispielsweise nicht einmal eine in einem schriftlich fixierten Gesetz festgehaltene Staatsverfassung gibt, dominiert im heutigen kontinentalen Recht die schriftliche Normgebung. Mündlich tradiertes Gewohnheitsrecht spielt seit Jahrhunderten nur noch eine ganz untergeordnete Rolle. Laut einer Pressemeldung waren Ende 2010 in Deutschland allein auf Bundesebene 1900 Gesetze und gut 3400 Verordnungen mit zusammen über 75.000 Paragrafen bzw. Artikeln in Kraft. Hinzu kommen die sicherlich noch zahlreicheren Normen auf Landes- und Kommunalebene. Wenngleich die Texte der Normgebung trotz dieser eindrücklichen Zahlen auch in Deutschland nur einen kleinen Teil der juristischen Textproduktion ausmachen, steht ihre zentrale Bedeutung für Recht und Rechtssprache nicht in Frage. Außerhalb des juristischen Fachs wird *Rechtssprache* häufig sogar mit *Gesetzessprache* gleichgesetzt, wenn von *Rechtstexten* die Rede ist, sind damit oft schlichtweg *Gesetze* gemeint. Hierin spiegelt sich zum einen die hohe Relevanz von Rechtsnormen im Alltag einer modernen Gesellschaft: Wir sind es gewohnt, uns tagtäglich an Rechtsnormen zu halten, etwa im Straßenverkehr. Darin spiegelt sich zum anderen auch die prägende Wirkung von Rechtsnormen auf die juristische Praxis – und zwar auch dann, wenn Normen (wie etwa im Bereich des Zivilrechts häufig) keinen verbindlichen Charakter haben. Zentral ist die Bedeutung der Rechtsnormen nicht zuletzt für die Rechtssprache. Denn anders als in anderen Fachsprachen, werden Wörter der Rechtssprache häufig durch Einführung und Definition in Gesetzen und Verordnungen verbindlich vorgegeben.

4.1 Formen der Normgebung

Im Gegensatz zum vornehmlich mündlich tradierten Gewohnheitsrecht und dem keiner Kodifizierung bedürfenden Naturrecht (sog. überpositives Recht, insb. Menschenrechte) ist gesetztes, also von einem hierzu legitimierten Gesetzgeber festgelegtes Recht in der modernen Gesellschaft an Schriftlichkeit gebunden (sog. positives Recht). Unter einer Rechtsnorm wird jede (in persönlicher Hinsicht) generelle und (in sachlicher Hinsicht) abstrakte Regelung verstanden. Hat diese generell-abstrakte Regelung eine über das regelnde Organ hinausreichende Außenwirkung, wird sie auch als Gesetz im materiellen Sinne bezeichnet.

Zu unterscheiden ist hierbei primär nach der Art des Zustandekommens der Rechtsnormen – und damit zugleich nach dem rechtsetzenden Organ: Als *Gesetz (im formellen Sinne)* wird eine Sammlung von Rechtsnormen verstanden, die nach dem vorgegebenen Verfahren durch ein Parlament beschlossen und dann im jeweiligen Gesetzblatt bekannt gemacht worden ist; auf Bundesebene werden Gesetze von Bundestag und Bundesrat verabschiedet (Bundesgesetz), auf Landesebene vom jeweiligen Landtag (Landesgesetz).

Wird eine Rechtsnorm mit Außenwirkung hingegen durch ein hierzu gesetzlich ermächtigtes Organ der Exekutive, also die Regierung oder eine Verwaltung, erlassen, so handelt es sich um eine *Verordnung (VO)*, auch Rechtsverordnung genannt (vgl. Art. 80 GG). Zumeist dienen solche Verordnungen der Konkretisierung von Inhalten, die zuvor bereits gesetzlich geregelt wurden; ein bekanntes Beispiel ist die Straßenverkehrsordnung, die vom Bundesverkehrsministerium zur Konkretisierung der Bestimmungen des Straßenverkehrsgesetzes erlassen wurde. Soll in einer Verordnung nur das Verfahren, also die Anwendung und Ausführung von bereits in einem Gesetz oder einer anderen Verordnung bestimmten Regeln festgelegt werden, spricht man von einer Ausführungs- oder Durchführungsverordnung. In jedem Fall muss das Gesetz, das den Verordnungsgeber ermächtigt, Inhalt, Zweck und Ausmaß dieser Ermächtigung explizit bestimmen. Die Verordnung wiederum muss die gesetzliche Ermächtigungsgrundlage zu erkennen geben. Nicht nur anhand des Ausstellers, sondern auch anhand der meist formelhaften Benennung der ermächtigenden Normen sind Verordnungen leicht von Gesetzen zu unterscheiden. Aufgrund des Zwecks der Verordnungen, die in den Gesetzen offen gebliebenen Einzelfragen zu klären, ist ihr Stil meist konkreter und detailreicher als die möglichst knapp und abstrakt gehaltenen Gesetze.

Eine dritte Kategorie sind die öffentlich-rechtlichen Satzungen: Gemäß der Definition des Bundesverfassungsgerichts versteht man hierunter

> Rechtsvorschriften, die von einer dem Staat eingeordneten juristischen Person des öffentlichen Rechts im Rahmen der ihr gesetzlich verliehenen Autonomie mit Wirksamkeit für die ihr angehörigen und unterworfenen Personen erlassen werden. (BVerfGE 10, 49 f.)

Es handelt sich also wie bei (formellen) Gesetzen und Verordnungen um grundsätzlich generell-abstrakte Rechtsnormen, die aber nicht vom Staat selbst geschaffen, sondern von einer Körperschaft, Anstalt oder Stiftung des öffentlichen Rechts erlassen wurden. Zu den Körperschaften des öffentlichen Rechts zählen zunächst die Gebietskörperschaften, also etwa Landkreise, Städte und Gemeinden. Soweit also ein Gemeinderat von der jeder Gemeinde im Rahmen ihrer kommunalen Selbstverwaltung zustehenden Rechtsetzungshoheit Gebrauch macht, geschieht dies im Wege der Satzung. Weitere Typen von öffentlich-rechtlichen Körperschaften sind die Real- und Personalkörperschaften, wozu z. B. Deichverbände, Industrie- und Handelskammern, Berufsgenossenschaften sowie die meisten Universitäten und Akademien der Wissenschaften zählen – auch diese Institutionen haben also ein Satzungsrecht. Als Anstalten des öffentlichen Rechts sind viele mit einer speziellen öffentlichen Aufgabe betraute Institutionen organisiert, so z. B. die meisten Landesrundfunkanstalten der ARD und das ZDF, aber auch das Technische Hilfswerk. Ebenfalls der Erfüllung eines bestimmten Zwecks dienen die Stiftungen des öffentlichen Rechts, also etwa die Stiftung Preußischer Kulturbesitz.

Zu nennen sind schließlich noch die *Verwaltungsvorschriften* (Verwaltungsrichtlinien): Hierbei handelt es sich um generell-abstrakte Regelungen, deren Wirkungsbereich sich grundsätzlich auf das Innenrecht der Verwaltung beschränkt; sie ergehen etwa von einer übergeordneten Behörde an untergeordnete Verwaltungen oder innerhalb einer Behörde vom Behördenleiter an die Bediensteten. Da sich die Rechtswirkung der Verwaltungsvorschriften auf den Innenbereich der Verwaltung beschränkt, können sie nicht einmal im materiellen Sinne als Gesetz bezeichnet werden. Aufgrund ihres abstrakt-generellen Regelungsinhalts, der sie von den Verwaltungsakten unterscheidet (s. u. 8), zählen sie zwar zu den Rechtsnormen, sind aber häufig im Stil der Verwaltungssprache (*Beamtenstil*) verfasst.

Einer eigenen Terminologie folgt die *Normgebung der Europäischen Union (EU)*: Bei den sog. *Gesetzgebungsakten* wird insbesondere zwischen Verordnungen und Richtlinien unterschieden. Beide kommen, soweit nicht im Einzelfall etwas anderes bestimmt ist, auf Vorschlag der Kommission durch Verabschiedung im Europäische Parlament und im Rat der EU zustande (Art. 289, 294 Vertrag über die Arbeitsweise der EU). Unter dem (unglücklich gewählten) Überbegriff *Verordnungen der EU* werden jene Rechtsakte der EU zusammengefasst, die allgemeine Gültigkeit und unmittelbare Wirksamkeit in den Mitgliedstaaten entfalten (Art. 288); sie richten sich somit an die Bürger. Auch die *Richtlinien* haben einen generell-abstrakten Regelungsinhalt, entwickeln aber grundsätzlich keine unmittelbare Geltung; sie verpflichten vielmehr die EU-Mitgliedstaaten, den Regelungsinhalt innerhalb einer bestimmten Frist in nationales Recht umzusetzen, wobei den Staaten zumeist eine gewisse Gestaltungsfreiheit verbleibt. Die Richtlinien wenden sich somit primär an die Regierungen und Parlamente. Nur wenn diese ihrer Verpflichtung nicht rechtzeitig nachkommen, können auch Richtlinien unmittelbare Wirkung für die Bürger entfalten.

4.2 Sonderfall Kodifikation

Einen Spezialfall des Gesetzes stellt die Kodifikation dar (zum Ganzen: Kroppenberg 2008; Mertens 2004; Zimmermann 1995); gemeint ist damit eine systematisierte Zusammenfassung von Rechtsvorschriften, die (für ein bestimmtes Rechtsgebiet oder auch die gesamte Rechtsordnung) Vollständigkeit beansprucht. Typischerweise verzichten Kodifikationen – wie die meisten modernen Gesetze – auf lehrbuchartige Erläuterungen und Exemplifikationen. Obgleich das Wort Kodifikation sprachlich an Codex, also das römische Recht, anknüpft, entspringt der Kodifikationsgedanke letztlich dem Naturrecht und der Aufklärung. Ein in sich geschlossenes, logisch aufgebautes Rechtssystem entsprach dem Vernunftgedanken; die Zusammenfassung wenigstens einer vollständigen Rechtsmaterie in der Form der Kodifikation war insoweit das (mehr oder weniger utopische) Ideal. Die Wege dorthin waren unterschiedlich (s. o. 3): Preußen entschied sich zu einer knapp und klar formulierten Auflistung aller erdenklicher Rechtsfragen fast der gesamten Rechtsordnung – das ALR von 1794 enthielt denn auch kaum mehr überschaubare 20.000 Paragraphen (knapp 550.000 Wörter). In Österreich hingegen gelang es durch Konzentration auf das zentrale Rechtsgebiet des Zivilrechts, Weglassung alles Überflüssigen, eine klare Systematik und nicht zuletzt eine präzise Terminologie, die Wortreihungen und Wiederholungen erspart, eine Kodifikation mit nur 1502 Paragraphen (ca. 72.500 Wörter) vorzulegen.

Mit der Wissenschaftsschule der *Pandektistik* wurde die Kunst des Abstrahierens im 19. Jahrhundert noch verstärkt zum Maßstab gesetzgeberischen Könnens. Das berühmteste Produkt dieser Epoche, das deutsche BGB von 1900, gilt für viele bis heute als Inbegriff der Kodifikation schlechthin. In ursprünglich 2385 Paragrafen (mit ca. 130.000 Wörtern; heute deutlich mehr) ist der Stoff allerdings so gedrängt dargestellt, dass er für juristische Laien weitgehend unzugänglich ist. Auf Fremdwörter wurde bewusst verzichtet; um dennoch eine durchweg präzise und einheitliche Terminologie zu gewährleisten, musste eine Kunstsprache – vielfach aus Übersetzungslehnwörtern – etabliert werden, die häufig mit der Allgemeinsprache nicht korrespondiert. Häufig werden Termini technici bei ihrer ersten Nennung im Gesetz definiert. Um unnötige Wiederholungen zu vermeiden, finden sich all jene Regelungsprobleme, die inhaltlich übereinstimmend in verschiedenen Kontexten relevant sind, in abstrahierter Form vorab – vor die Klammer gezogen – abgehandelt. Hierdurch hat das BGB einen geschachtelten Aufbau: So sind etwa Kauf, Miete und ähnliche Verträge im sog. *Zweiten Buch* des BGB zum *Recht der Schuldverhältnisse* geregelt. Fragen wie Verzug, Nichtleistung oder andere Formen der Pflichtverletzung, die für all diese Verträge gleichermaßen gelten, sind vorab im *Allgemeinen Teil des Schuldrechts* abgehandelt. Zu Problemen, die nicht nur schuldrechtliche Verträge, sondern ebenso dingliche Verträge (z. B. Übereignung einer Sache), familienrechtliche Verträge (z. B. Ehevertrag) und erbrechtliche Verträge (z. B. Erbverzicht) betreffen können, also etwa Vertragsschluss und Vertragsauslegung, finden sich die einschlägigen Regelungen noch weiter vorne, nämlich im *Allgemeinen Teil* des (gesamten) BGB.

Wie sich am BGB zeigt, verhilft ein hoher Abstraktionsgrad nicht nur dazu, den Umfang eines Gesetzes überschaubar zu halten, sondern senkt zugleich die Gefahr von Regelungslücken und erhöht die Anpassungsfähigkeit eines Gesetzes, was sich etwa daran illustrieren lässt, dass es zu (weitgehenden) Übernahmen des BGB selbst in fernen Ländern wie etwa Russland, Brasilien, Japan oder China kam. Ein abstraktes Gesetz ist zudem im Kern zeitlos; daher konnte das BGB den vielfältigen politischen und gesellschaftlichen Wandel Deutschlands seit 1900 fast unbeschadet überstehen. Eine präzise, in sich schlüssige Terminologie ohne Redundanzen und Zweideutigkeiten fördert die Rechtssicherheit, verhindert unnötige Gerichtsprozesse und trägt somit maßgeblich zum Rechtsfrieden bei. Gleichzeitig führen hohe Abstraktion, das gänzliche Fehlen von Anschauungsbeispielen und eine zu spezielle Terminologie zur Unzugänglichkeit der Kodifikation für juristische Laien – eine Kritik, welche die Geschichte des BGB seit seinem ersten Entwurf begleitet. Ein allgemeinverständlicherer Wortschatz würde freilich zulasten der Präzision gehen, eine weniger abstrakte Formulierung zulasten der Kürze und/oder Vollständigkeit. Diesem im Kern unlösbaren Dilemma ist letztlich jeder Gesetzgeber ausgesetzt.

4.3 Sprachkritik und -kontrolle im Gesetzgebungsverfahren

Im Gesetzgebungsverfahren wird seit einigen Jahren verstärkt auf sprachliche Korrektheit und gute Verständlichkeit der Texte Wert gelegt. Eine Anleitung hierfür gibt das 2008 in dritter Auflage erschienene Handbuch der Rechtsförmlichkeit des Bundesjustizministeriums. 2009 wurde in diesem Ministerium zudem ein *Redaktionsstab Rechtssprache* eingerichtet, dem alle Gesetzesvorlagen der Bundesregierung „zur Prüfung auf ihre sprachliche Richtigkeit und Verständlichkeit" zugeleitet werden sollen (§ 42 Gemeinsame Geschäftsordnung der Bundesministerien, GGO, Stand 2011; vgl. hierzu ausführlich der Beitrag Thieme in diesem Band). Die Ergebnisse dieser Prüfung sind für die weiteren Gesetzesberatungen freilich nicht verbindlich. Gelangt der Gesetzentwurf dann in den Bundestag, so erfolgt die weitere flankierende Sprachberatung durch den bereits 1966 eingerichteten *Redaktionsstab der Gesellschaft für deutsche Sprache beim Deutschen Bundestag*. Gemäß § 80a der Geschäftsordnung des Deutschen Bundestages (Stand 2014) kann jeder für einen Gesetzentwurf federführende Ausschuss beschließen, den jeweiligen Entwurf durch den Redaktionsstab „auf sprachliche Richtigkeit und Verständlichkeit prüfen" zu lassen.

Wie etwa § 42 GGO erklärt, sollen Gesetzentwürfe auch „die Gleichstellung von Frauen und Männern sprachlich zum Ausdruck bringen", was die Redaktionsstäbe bei ihrer Prüfung zu berücksichtigen haben. Die sperrige permanente Nennung beider Geschlechter widerspricht allerdings nicht nur der Gesetzgebungstradition und dem sprachlichen Prinzip des „geschlechtsneutralen Maskulinum", sondern auch dem Ideal eines schlanken, eingängigen Sprachstils. In einigen Gesetzen begegnet daher, gewissermaßen als „salvatorische Klausel", ein Hinweis auf die geschlechtsneutrale

Verwendung der männlichen Form (so etwa in § 4 des Wohn- und Teilhabegesetzes von 2008). Eine solche Ergänzung erscheint indes aus juristischer Sicht entbehrlich.

5 Rechtsprechung und Schriftlichkeit

Wie die Bezeichnung ‚Recht*sprechung*' zum Ausdruck bringt, überwiegt im Bereich der Justiz traditionell die Mündlichkeit. Jedenfalls im Bereich der untergerichtlichen ordentlichen Gerichtsbarkeit nimmt die mündliche Verhandlung nach wie vor eine zentrale Rolle ein. Freilich wird sie von Schriftlichkeit flankiert: So geht der mündlichen Verhandlung im Zivilprozess ein Austausch von Partei-Schriftsätzen (z. B. Anwaltsschreiben) voraus, die bei Gericht in einer Akte gesammelt werden und neben den (gegebenenfalls protokollierten) Ergebnissen der mündlichen Verhandlung zur Entscheidungsgrundlage des Gerichts werden. Wie das auf Cicero zurückgehende Rechtssprichwort „Quod non est in actis, non est in mundo" zum Ausdruck bringt, darf der Richter nur das zur Entscheidungsgrundlage machen, was von den Parteien zuvor vorgebracht und so in die Akten gelangt ist.

5.1 Urteile

Die zentrale schriftliche Textsorte im Bereich der Justiz ist das *Urteil*, also die (jedenfalls für die jeweilige Gerichtsinstanz) abschließende gerichtliche Entscheidung über den im Prozess abgehandelten Streitgegenstand. Auch in Bezug auf das Urteil betont das Gesetz zwar den Grundsatz der Mündlichkeit. So sieht § 311 II ZPO für ein zivilrechtliches Urteil vor: „Das Urteil wird durch Vorlesung der Urteilsformel verkündet." Ähnliches bestimmt § 268 StPO für den Strafprozess. Freilich kann eine Urteilsformel nur dann vorgelesen werden, wenn sie das Gericht zuvor (zumindest hand-) schriftlich niedergelegt hat, wozu allerdings selbst eine stenographische Notiz des Textes genügen soll (BGH NJW 1999, 794; Jauernig 1986, 117). Der Gesetzgeber hatte bei seiner Formulierung sichtlich den Idealfall eines unmittelbar auf die mündliche Verhandlung folgenden sog. *Stuhlurteils* vor Augen. Doch ist dieses in der heutigen Praxis absolute Ausnahme. Statt dessen wird üblicherweise ein Verkündungstermin bestimmt, zu dem die Parteien gemäß § 312 II ZPO nicht erscheinen müssen – und dies jedenfalls in Anwaltsprozessen regelmäßig auch nicht tun; ihnen wird vielmehr das Urteil in Schriftform zugestellt. Schon allein aufgrund ihrer Beweisfunktion ist die schriftliche Urteilsversion die maßgebliche, sodass faktisch auch hier die Schriftlichkeit dominiert.

Aufbau und Inhalt des schriftlichen Urteils sind streng geregelt. Verstößt das Gericht gegen die gesetzlichen Vorgaben, droht eine Revision. Das Erlernen des Urteilsaufbaus, insbesondere des sog. *Urteilsstils*, also der im Urteil anzuwendenden

Argumentationstechnik, gehört daher zu den zentralen Aufgaben der Juristenausbildung v. a. im Referendariat (zum Gegenstück, dem *Gutachtenstil* s. u. 7). Je nach Art des Urteils sind unterschiedliche Dinge zu beachten. Ein zivilrechtliches streitiges Endurteil etwa enthält im Kern folgende Punkte (insb. § 313 ZPO): Auf die Überschrift und das *Rubrum* mit der Bezeichnung der Parteien und ihrer Vertreter folgt die *Urteilsformel* (auch Tenor genannt) mit der Entscheidung über den Streitgegenstand – aufgeteilt in Sachentscheidung und Kostenentscheidung sowie Entscheidung über die vorläufige Vollstreckbarkeit. Ausschließlich diesem Urteilsabschnitt kann im weitesten Sinne ein ‚normierender Charakter' zugesprochen werden – freilich grundsätzlich nur mit Wirkung für die Prozessparteien.

In der Regel mit dem Wort *Tatbestand* überschrieben, schließt sich eine Zusammenfassung aller für das Urteil relevanten Fakten an; dieser zentrale Abschnitt des Urteils hat rein deskriptiven Charakter. Am Anfang steht der *unstreitige Sachverhalt* mit allen von den Prozessparteien übereinstimmend vorgetragenen und daher vom Gericht auch nicht in Frage stellbaren Umständen und Begebenheiten. Hieran schließt die Zusammenfassung jener Fakten an, die der Kläger behauptet hat, die aber vom Beklagten bestritten wurden. Dieser *streitige Vortrag des Klägers* endet mit dem *Antrag des Klägers*, also seinem Klagebegehren. Dem wird der *Antrag des Beklagten* gegenübergestellt, also etwa dessen Begehren, die Klage abzuweisen. Erst danach wird der *streitige Vortrag des Beklagten* zusammengefasst, also die vom Beklagten angeführten Fakten, die der Kläger nicht gelten lassen will. Fand eine gerichtliche Beweisaufnahme statt, so endet der Abschnitt mit einer Darstellung von deren Ergebnissen.

Der Tatbestand dient als Grundlage für die anschließenden *Entscheidungsgründe*, also der gerichtlichen Urteilsbegründung. Hier muss das Gericht nicht nur die im Tatbestand vorgetragenen Argumente der Parteien würdigen und ein eigenes Bild der Fakten entwickeln (Beweiswürdigung), sondern darauf aufbauend die Streitigkeit auch rechtlich bewerten. Aus juristischer Sicht ist dies der Kernbereich des Urteils. Hier kommt der sog. *Urteilsstil* zum Tragen, bei dem das Ergebnis jedes einzelnen Argumentationsabschnitts vorab festgestellt und erst im Anschluss in logischer Abfolge der Argumente begründet wird. Typisch für den Urteilsstil sind daher *Denn*-Sätze. Gemäß § 315 ZPO ist das Urteil von den Richtern, die bei der Entscheidung mitgewirkt haben, zu unterschreiben.

Wie sich aus § 184 Gerichtsverfassungsgesetz ergibt, müssen Urteile und sonstige gerichtliche Entscheidungen in deutscher Sprache verfasst sein; sie müssen ferner hinreichend klar und eindeutig formuliert sein (etwa § 313 III ZPO, § 267 StPO). Dies verbietet aber weder eine Abfassung in altertümlicher Sprache noch in Reimform (Beaumont 1990).

5.2 Sonstige Gerichtsentscheidungen

Neben dem Urteil sind Beschluss und Verfügung die wichtigsten Formen der gerichtlichen Entscheidung. *Beschlüsse* dienen v. a. zur Entscheidung über einzelne Verfahrensschritte (etwa die Eröffnung des Hauptverfahrens im Strafprozess, § 207 StPO, oder die Feststellung des Zustandekommens einer gütlichen Einigung in Zivilsachen, § 278 ZPO) oder sonstige Verfahrensfragen (etwa die Ablehnung eines Beweisantrags, u. a. § 86 VwGO, §§ 355 ff. ZPO). Insbesondere im Bereich der sog. freiwilligen Gerichtsbarkeit können Beschlüsse auch verfahrensabschließend wirken, so endet etwa ein Rechtsstreit um das Sorgerecht für ein Kind mit dem Beschluss des Familiengerichts (§§ 38, 151 FamFG); desgleichen erfolgt die Adoption eines Kindes (§ 1752 BGB) ebenso wie die (in Deutschland stets) gerichtliche Ehescheidung nach heutigem Recht durch Beschluss (§ 1564 BGB). Beschlüsse können mündlich wie schriftlich ergehen. Soweit das Gesetz Schriftlichkeit vorschreibt, muss ein Beschluss neben dem Tenor regelmäßig eine Rechtsmittelbelehrung enthalten. Nur für manche Beschlüsse ist zudem eine Begründung erforderlich (etwa § 38 FamFG). Die meisten Beschlüsse unterscheiden sich also im Aufbau deutlich von einem streitbeendenden Urteil. Gegen Beschlüsse steht als Rechtsmittel regelmäßig die Beschwerde zur Verfügung (z. B. § 58 FamFG). Auch der Erlass eines Strafbefehls, der im Strafverfahren unter bestimmten Umständen ein Urteil ersetzen kann, ist in formaler Hinsicht ein gerichtlicher Beschluss (Burhoff/Kotz 2012, Rn. 838).

Prozessleitende Entscheidungen eines Richters (oder auch eines Rechtspflegers) können anstatt durch Beschluss auch als – meist formlose – *Verfügung* ergehen. So erfolgt etwa die richterliche Anordnung zur Ladung von Zeugen oder Sachverständigen oder zur Herbeischaffung anderer Beweismittel in die Hauptverhandlung regelmäßig als Verfügung (§ 219 StPO). Auch gegen Verfügungen besteht häufig das Rechtsmittel der Beschwerde (z. B. §§ 304 ff. StPO).

6 Anwaltliches Handeln und juristische Gestaltungsfreiheit

6.1 Anwaltliche Tätigkeit und Schriftlichkeit

Das Berufsbild des Rechtsanwalts in Deutschland wurde bis vor wenigen Jahrzehnten vom anwaltlichen Allrounder geprägt, dem im Juristenjargon romantisierend sog. ‚Feld-Wald-und-Wiesen-Anwalt'. Seither hat sich das Berufsbild geradezu dramatisch verändert. Laut Statistik der Bundesrechtsanwaltskammer hat sich die Zahl der in Deutschland zugelassenen Anwälte seit 1996 verdoppelt und seit 1980 sogar vervierfacht – auf über 160.000 im Jahr 2014. Im Zuge der Globalisierung haben sich international agierende Anwaltsfirmen mit zum Teil mehreren hundert Beschäftigten etabliert. So haben in Deutschland 26 Anwalts-AGs und 654 Anwalts-GmbHs einen Sitz. Zugleich kam es zu einer erheblichen Spezialisierung. Hatten 1980 in Deutschland gerade einmal 1600 Männer und Frauen den Titel eines *Fachanwalts*, waren für 2014 von den Anwaltskammern rund 50.000 sog. Fachanwaltschaften vergeben. Während es anfänglich nur die Möglichkeit gab, Fachanwalt für Steuerrecht oder für Verwaltungsrecht zu werden, kann man heute den Titel des Fachanwalts in über zwanzig verschiedenen Rechtsgebieten erwerben, wobei Arbeits-, Familien-, Steuer-, Verkehrs-, Miet- und Strafrecht am verbreitetsten sind. Diese Ausdifferenzierung des anwaltlichen Berufsbilds blieb nicht ohne Auswirkungen auf die Sprache in der anwaltlichen Praxis: Die Dominanz des Fachvokabulars in fachanwaltlichen Schriftsätzen nimmt mit fortschreitender Spezialisierung zu; die Fachsprache des jeweiligen Rechtsgebiets verdrängt hierbei auch Termini der allgemeinen Rechtssprache.

Zum klassischen Anwaltsbild gehört neben der Rechtsberatung vornehmlich die Vertretung der Mandantschaft vor Gericht. Die Zahl der Prozesse vor den ordentlichen Gerichten in Deutschland nimmt indes seit Jahren ab – auf nun noch gut 1,5 Millionen erledigte erstinstanzliche Zivilverfahren und rund 790.000 erstinstanzliche Strafprozesse (2011). Immer bedeutsamer wird für die Anwaltschaft demgegenüber die außergerichtliche Streitbeilegung durch – vielfach schriftlich geführte – Verhandlung mit der Gegenpartei sowie die ebenfalls außergerichtliche Durchsetzung von Ansprüchen, etwa durch anwaltliche Aufforderungsschreiben, Abmahnungen und ähnliches. Der v. a. für die großen Kanzleien wichtigste Geschäftsbereich ist freilich die Rechtsgestaltung, insbesondere die Ausarbeitung komplizierterer Verträge für international agierende Unternehmen. Der Geschäftsverkehr läuft hierbei vornehmlich auf Englisch und nach internationalen, d. h. zumeist am anglo-amerikanischen Recht orientierten Standards ab – mit nicht zu unterschätzenden Übersetzungsproblemen.

6.2 Gesetzliche Formvorschriften

Anders als von juristischen Laien vielfach vermutet, gibt es im modernen Privatrecht keinen generellen Vorrang der Schriftlichkeit. Verträge können folglich in der Regel (zu den Ausnahmen sogleich) frei nach Wahl der Parteien schriftlich oder mündlich abgeschlossen werden. Diese Formfreiheit ist Teil des im Privatrecht vorherrschenden Prinzips der Vertragsfreiheit: Jeder Mensch darf, sofern kein Ausnahmetatbestand vorliegt, frei entscheiden, ob und mit wem er einen Vertrag schließen will (sog. Vertragsabschlussfreiheit), welchen Inhalt der betreffende Vertrag haben soll (Vertragsinhaltsfreiheit) und eben auch in welcher Form er den Vertrag abschließen möchte. Die Vertragsfreiheit ergibt sich aus dem Grundsatz der Privatautonomie und fußt damit letztlich auf der im Grundgesetz verankerten Allgemeinen Handlungsfreiheit (Art. 2 I GG). Schon deshalb hat jede gesetzliche Formvorschrift in Abwägung der unterschiedlichen Interessen aller (potenziell) Beteiligten zu erfolgen. Dem Freiheitsinteresse des Einzelnen stehen nicht nur die Interessen der anderen gegenüber, sondern auch sein eigenes Schutzinteresse: Schriftform wird im Gesetz vornehmlich angeordnet, um einen übereilten, unbedachten Vertragsschluss mit größeren Folgewirkungen zu verhindern (Übereilungsschutz), so etwa bei Bürgschaften, Verbraucherdarlehens- und Ratenlieferungsverträgen (§§ 766, 492, 510 BGB). Ein zweiter wichtiger Grund ist die Erleichterung des Nachweises im Falle späterer Streit- und Zweifelsfälle (Beweisfunktion), weshalb z. B. die Kündigung von Miet- und Arbeitsverhältnissen schriftlich geschehen muss (§§ 568, 623 BGB). Um den unterschiedlichen Interessenlagen möglichst genau zu entsprechen, stuft das BGB die vorgeschriebenen Formerfordernisse ab – von der bloßen Textform bis hin zur notariellen Beurkundung. Wollen Vertragsparteien bei einem Geschäft, für welches das Gesetz keine spezielle Form vorschreibt, eine solche freiwillig vereinbaren, so können sie die gesetzlichen Formvorschriften zum Modell nehmen.

Soweit das BGB die *Schriftform* vorschreibt, so ist damit nicht nur das Festhalten des Textes mittels Schriftzeichen auf einem Träger (etwa Papier) gemeint. Gemäß § 126 I BGB verlangt die Einhaltung der *schriftlichen Form* zusätzlich die eigenhändige Namensunterschrift des oder der Erklärenden, denn nur so erfüllt die Form ihre Warn- und Beweisfunktion hinreichend. Während es in der Regel gleichgültig ist, ob der Text oberhalb der Unterschrift hand- oder maschinenschriftlich verfasst ist, schreibt § 2247 BGB für das sog. *eigenhändige Testament* zur Minimierung des Manipulationsrisikos vor, dass es komplett eigenhändig ge- und dann auch unterschrieben werden muss.

Im Jahre 2001 reagierte der Gesetzgeber auf die damals in der Geschäftswelt wachsende Bedeutung elektronischer Kommunikationswege (BGBl. I, 2001, 1542) mit Einführung der sog. *elektronischen Form* ins BGB. Um eine der Schriftform vergleichbare Sicherheit – insbesondere vor Fälschung, aber auch vor Übereilung – zu gewährleisten, verlangt § 126a BGB als Ersatz für die im *elektronischen Dokument* wegfallende eigenhändige Unterschrift, dass der Erklärende seinen Namen hinzufügt und das elektronische Dokument „mit einer qualifizierten elektronischen Signatur nach dem Signaturgesetz" versieht. Die Verwendung der elektronischen Form anstelle der klassischen Schriftform ist nur dann unzulässig, wenn dies im Gesetz explizit – also als Ausnahme von der Regel – so bestimmt wird (§ 126 III BGB). Dies ist typischerweise bei Rechtsgeschäften und Erklärungen der Fall, bei denen der Gesetzgeber von einem erhöhten Schutzbedürfnis zumindest für eine der beteiligten Parteien ausgeht und daher auf die vermutlich sicherere, in der Regel jedenfalls dauerhaftere Schriftform nicht verzichten will. Ein Lehrbuchbeispiel hierfür ist die Bürgschaftserklärung, deren Erteilung in elektronischer Form gemäß § 766 BGB ausgeschlossen ist. Gleiches gilt nach § 623 für die Beendigung von Arbeitsverhältnissen durch Kündigung oder Auflösungsvertrag. Die klassische Papierform ist hier auch deshalb vorzuziehen, weil der Arbeitnehmer ein solches Dokument in vielen Fällen auch zur Vorlage bei künftigen Bewerbungen benötigt.

Ebenfalls 2001 wurde die sog. *Textform* eingeführt (§ 126b BGB), die von allen im BGB geregelten speziellen Formen für Willens- und sonstige Erklärungen die niedrigsten Anforderungen hat: Sie entbindet zum einen von der Unterschrift; die Person des Erklärenden muss nur genannt und der Abschluss der Erklärung etwa durch Nachbildung der Namensunterschrift erkennbar gemacht werden. Zum anderen besteht nicht einmal mehr das Erfordernis, dass die abgegebene Erklärung in Form von Schriftzeichen dauerhaft (z. B. auf Papier) fixiert ist. Es genügt vielmehr, wenn sie in Form von Schriftzeichen in einer zur Wiedergabe geeigneten Form in dauerhafter Weise abgespeichert ist. Die Textform umfasst somit neben klassischen Schriftstücken, die – im Gegensatz zur Schriftform – ohne Unterschrift sein können, auch Telefax-Mitteilungen, selbst wenn diese direkt aus dem Computer generiert sind, es also kein verkörpertes, unterschriebenes Original gibt (sog. Computerfax), ferner maschinell erstellte Briefe ohne Unterschrift, Telegramme, E-Mails und SMS. Es ist klar, dass es den Zweck der Schriftform unterminieren würde, wenn diese ohne weiteres durch die Textform ersetzt werden könnte. Daher sieht das Gesetz die Textform nur in einer sehr begrenzten Anzahl von Fällen vor – und zwar typischerweise zugunsten eines Endverbrauchers gegenüber einem Unternehmen. So kann ein (z. B. vorschnell eingegangener) Verbrauchervertrag gemäß § 355 BGB in Textform, also etwa per E-Mail, widerrufen werden.

Die strengste gesetzliche Form ist die *notarielle Beurkundung* (§ 128 BGB). Sie dient, neben einer gegenüber der Schriftform nochmals deutlich erhöhten Warnfunktion, dem verbesserten Beweis. Dem Notar kommt zudem eine Beratungs- und Kontrollfunktion zu. Es sind daher besonders gewichtige, oft weite Teile des Vermögens einer Person berührende Verträge und sonstige Erklärungen, die vor dem Notar vorgenommen werden müssen, um rechtswirksam zu sein, so namentlich ein Kaufvertrag über Immobilien (§ 311b I BGB), die Verpflichtung zur Übertragung des gesamten Vermögens einer Person (§ 311b III BGB) und das Versprechen einer Schenkung (§ 518 I BGB). Ebenso wie der Erbvertrag (§ 2276 BGB) bedarf ferner etwa das öffentliche Testament (im Gegensatz zum eigenhändigen, s. o.; § 2232 BGB) der notariellen Beurkundung. Ist – zum Beispiel für einen bestimmten Vertrag – notarielle Beurkundung vorgeschrieben, so müssen die Vertragsparteien vor einem Notar ihrer Wahl erscheinen und dort ihren zu beurkundenden Willen kundtun, also erklären, welchen Vertrag sie abschließen wollen. Der Notar soll nun den Willen der Beteiligten erforschen, den Sachverhalt klären und über die rechtliche Tragweite des geplanten Geschäfts informieren. Er fertigt dann die Niederschrift des gewünschten Vertrags an; typischerweise greift er hierzu auf vorformulierte Musterverträge zurück, die alle Eventualitäten berücksichtigen und zugleich unklare oder zweideutige Ausdrucksweisen vermeiden. Den ausgearbeiteten Text muss er anschließend gut verständlich verlesen – hier findet sich also ein Element der Mündlichkeit. Die Urkundssprache ist grundsätzlich deutsch. Ist eine der Parteien dieser Sprache nicht mächtig, muss ihm der Vertragsinhalt übersetzt werden. Genehmigen die Vertragsparteien das Dokument, müssen sie und der Notar noch eigenhändig unterschreiben. Die Urschrift, also die vom Notar formgerecht ausgefertigte Originalurkunde, verbleibt in den meisten Fällen in dessen sicherer Verwahrung; die Parteien erhalten Ausfertigungen oder beglaubigte Abschriften (insb. §§ 5 ff., 45 Beurkundungsgesetz).

Eine Zwischenform stellt die öffentliche Beglaubigung (§ 129 BGB) dar. Gemeint ist damit die von einem Notar vorgenommene Bescheinigung der Richtigkeit der Abschrift eines Textes oder der Echtheit einer (vor seinen Augen erfolgten) Unterschrift bzw. eines die Unterschrift ersetzenden Handzeichens. Keine Aussage trifft die Beglaubigung über den Urkundeninhalt (§§ 39 f. BeurkG). Sie bleibt somit deutlich hinter der notariellen Beurkundung zurück. Aufgrund der geringen Beweisfunktion sieht sie das Gesetz nur in einigen eher speziellen Fällen vor, etwa bei der Veräußerung eines Seeschiffs, das nicht im Schiffsregister eingetragen ist (§ 929a BGB).

7 Schriftlichkeit in Wissenschaft und Lehre

Ob Lehrbücher, Fachmonographien, Handbuchbeiträge, Aufsätze in Zeitschriften und Festschriften usw. – die juristischen Textsorten im Bereich der Lehre und im wissenschaftlichen Diskurs unterscheiden sich zumeist nicht elementar von jenen anderer Disziplinen. Gesetzeskommentare sowie juristische Wörterbücher als spezielle Textsorten des Rechts behandelt ein separater Beitrag in diesem Band. Daher genügt es an dieser Stelle auf einige Besonderheiten hinzuweisen.

So ist es ein Spezifikum des rechtswissenschaftlichen Diskurses, dass die Rechtswissenschaftler nicht nur untereinander, sondern auch mit dem Gesetzgeber und der Jurisdiktion interagieren: Gegenüber der Legislative tritt die Rechtswissenschaft nicht selten wie eine ‚vierte Staatsgewalt' auf, begleitet und kritisiert offizielle Gesetzgebungsvorhaben und entwickelt eigene (alternative) Vorschläge für Gesetzesnovellen. Nicht weniger wichtig ist ihr kritisches Auge auf die Justiz; rechtlich fehlerhafte Urteile blieben sonst sicherlich oft unentdeckt. Diese besondere Rolle der Rechtswissenschaft spiegelt sich auch in einzelnen juristischen Textsorten wider. Bestes Beispiel ist die Urteilsanmerkung – also die kritische Kommentierung eines Gerichtsurteils. Juristische Fachzeitschriften drucken solche Anmerkungen zumeist im Anschluss an den (auszugsweisen) Originaltext des betreffenden Urteils ab. Vom Urteil selbst werden hierbei regelmäßig nur Tatbestand und Entscheidungsgründe angeführt, dafür wird es zumeist durch *Leitsätze* eingeleitet, welche den rechtlichen Kerngehalt des Urteils zusammenfassen. Es gibt einzelne Zeitschriften, die sich auf den Abdruck von Urteilen und Anmerkungen spezialisiert haben. Verbreitet sind inzwischen auch Urteilsanmerkungen in Internetzeitschriften sowie Online-Urteilssammlungen (mit und ohne Anmerkungen). Aus linguistischer Sicht hat Frilling (1995, 144) die Textsorte *Urteilsanmerkung* (von ihr genannt *Entscheidungsrezension*) ausführlich analysiert.

Wie bereits das Beispiel der Urteilsabdrucke zeigt, dienen juristische Fachzeitschriften durchaus nicht nur dem wissenschaftlichen Diskurs, sondern zugleich der

Fortbildung und Information der Rechtspraktiker, die über rechtliche Entwicklungen wenigstens in ihrem Tätigkeitsfeld auf dem Laufenden bleiben müssen. Ganz allgemein dürfte die hohe Bedeutung der Aktualität in der Auseinandersetzung mit dem geltenden Recht ein Hauptgrund sein, weshalb Fachzeitschriften im Bereich des Rechts in Deutschland im Vergleich zu anderen Disziplinen traditionell einen besonders breiten Raum einnehmen (vgl. Stolleis 1999). So gibt es weit mehr als tausend deutschsprachige juristische Fachzeitschriften bzw. Periodika mit juristischen Inhalten (berechnet anhand der durchaus unvollständigen Siglen-Liste von Juris). Neben einigen wohl jedem deutschen Juristen bekannten Flaggschiffen wie der *Juristenzeitung* und der *Neuen Juristischen Wochenschrift* gehören hierzu auch entlegenere und spezialisiertere Blätter wie etwa die *Abfallrechtliche Praxis*, die *Monatsschrift für Kriminologie und Strafrechtsreform* oder die Zeitschrift für Rechtsarchäologie und rechtliche Volkskunde *Signa Iuris*. In einer Umfrage unter Juristen nach den wichtigsten und besten Zeitschriften des Fachs wurden rund zweihundert Titel benannt (Gröls/Gröls 2009), was sich nicht zuletzt durch die hohe Bandbreite rechtlicher Betätigung erklärt – die Befragten ordneten sich selbst achtzehn unterschiedlichen Fachbereichen innerhalb des Rechts zu.

Ein nicht unerheblicher Teil der Zeitschriften gehört dem sehr heterogenen Bereich der juristischen Ausbildungsliteratur an. Da sich die juristische Aus- und Fortbildung auf sehr unterschiedlichen Ebenen abspielt, werden mit juristischen Lehrbüchern und sonstigen -materialien sehr verschiedene Zielgruppen auf unterschiedlichstem Niveau angesprochen. Jurastudierende haben die Wahl zwischen – in der Regel in Fachverlagen publizierten – von Universitätsdozenten verfassten Lehrbüchern, Fallsammlungen und sonstigen unterrichtsbegleitenden Publikationen einerseits und einer breiten Palette von v. a. durch private Repetitorien aufbereiteten, oft leichter verständlichen Lernmaterialien: Neben Lehrbücher, Fallsammlungen und sog. Skripte treten hier Prüfungsschemata, Übersichtsgraphiken, Lernbögen, Lern-Karteikarten, Lernspiele und vieles mehr – auch in multimedialer Form für Computer und Smartphone.

Andere Publikationen richten sich speziell an Fachhochschulstudenten oder Studierende mit Jura im Nebenfach. Vielfach von Rechtspraktikern, namentlich Richtern und Anwälten, verfasst ist die Literatur für Referendare, aber auch hier gibt es zahlreiche Angebote von Repetitorien. Schließlich gibt es einen kaum überschaubaren Markt an Einführungs- und Ratgeberliteratur für Nichtjuristen.

Im Zentrum des Jurastudiums steht die Lösung von Fällen. Die meisten universitären Klausuren und Hausarbeiten bestehen aus Falllösungen, ebenso große Teile beider juristischen Staatsexamina. Zumindest im Studium, vielfach aber auch noch im Referendariat, soll die Falllösung in Form eines juristischen Gutachtens erfolgen; nur selten wird eine anwaltsorientierte Prüfung oder die Anfertigung eines Urteils abverlangt. Die Beherrschung des sog. *Gutachtenstils* und der zugehörigen Subsumtionstechnik, die jedem korrekten juristischen Gutachten zugrunde liegen, zählt daher neben dem Erlernen der rechtlichen Inhalte zu den Kernaufgaben jedes Jurastudiums

(Kühl/Reichold/Ronellenfitsch 2011, 46 ff.; Tettinger 2003, 126 ff.; zum Gegenstück, dem *Urteilsstil* s. o. 5.1). Jedes Einzelstück eines Gutachtens beginnt mit der Aufstellung eines Obersatzes, in welchem zunächst eine These aufgestellt wird. So wird etwa im Zivilrecht die Möglichkeit des Bestehens eines bestimmten Anspruchs formuliert, im Strafrecht die Möglichkeit des Vorhandenseins einer bestimmten Straftat, typische Ausdrucksweisen sind hierbei: „möglicherweise besteht...“ oder „...könnte gegeben sein“. Dem Obersatz folgt eine Auflistung der jeweils erforderlichen Voraussetzungen, die sich zumeist aus dem Gesetz ergeben. Typischerweise werden sie im Konjunktiv formuliert („hierfür müsste...“ oder „Voraussetzung hierfür wäre...“), um dann Punkt für Punkt durchgeprüft zu werden. Anders als beim Urteil erfolgt erst am Ende die Feststellung des Ergebnisses, das aus der vorangegangenen Untersuchung hergeleitet wird, wie sich regelmäßig an Wörtern wie *folglich, somit, daher* oder *mithin* ablesen lässt. Vielen Studierenden fällt diese Art der Argumentation schwer; Lehrbücher und Lernhilfen hierzu sind daher Legion (vgl. nur Brian 2009; Schimmel 2014; Puppe 2014).

8 Verwaltungsrecht und Schriftlichkeit

Obgleich die übergroße Mehrheit der Beamten und Verwaltungsangestellten keine Juristen sind, wird die Verwaltungssprache (‚Beamtenstil‘) nur allzu oft mit der Rechtssprache gleichgesetzt oder gar verwechselt. Dies mag zum einen daran liegen, dass es Aufgabe jeder Verwaltung ist, Recht und Gesetz auszuführen, weshalb sich viele gesetzliche Vorschriften erst durch Verwaltungshandeln beim Bürger bemerkbar machen, zum anderen daran, dass jede Verwaltung auf der Basis und nach Vorgabe der Gesetze zu agieren hat. Verwaltungshandeln erfolgt somit in gewisser Weise allgemeinsprachlich (bzw. administrationssprachlich, falls man den Verwaltungsjargon als eigene Fachsprache anerkennen will), aber zugleich im juristischen Korsett. Die rechtliche Natur des Verwaltungshandelns kann hierbei nicht in Frage gestellt werden. Schriftlichkeit im Rahmen der Verwaltung darf deshalb in diesem Beitrag nicht vollständig ausgeklammert bleiben.

Administrative Maßnahmen sind im weitesten Sinne auf Einzelfälle bezogen, also konkret und individuell, wenigstens konkretisierbar und individualisierbar, wodurch sie sich von den abstrakt-generellen Rechtsnormen (s. 2) unterscheiden.

Das zentrale Instrument des Verwaltungshandelns ist der sog. Verwaltungsakt (kurz VA). Gemäß § 35 S. 1 Verwaltungsverfahrensgesetz (VwVfG) ist dies jede von einer Behörde vorgenommene Maßnahme (insb. Verfügung oder Entscheidung) zur Regelung eines Einzelfalls auf dem Gebiet des öffentlichen Rechts, die nicht nur Verwaltungsinterna betrifft, sondern unmittelbare Rechtswirkung für außerhalb der Behörde Stehende entfalten soll. Verwaltungsakte sind also z. B. die Abrissverfügung für ein baufälliges Haus, die Einbürgerung eines Ausländers und die gebührenpflichtige Verwarnung wegen Falschparkens (‚Strafzettel'). Verwaltungsakte müssen zwar stets hinreichend bestimmt sein (§ 37 I VwVfG), sie sind aber oft nicht an eine bestimmte Form gebunden. So stellt etwa auch das seitliche Ausstrecken beider Arme durch einen Verkehrspolizisten (Stoppzeichen) einen VA dar. Für zahlreiche Verwaltungsakte, etwa für Baugenehmigungen oder Steuerbescheide, ist aber die Schriftform vorgeschrieben, für andere sogar eine besondere Form; so erfolgt die Ernennung von Beamten mittels einer Ernennungsurkunde (z. B. § 10 Bundesbeamtengesetz). Sehr oft begegnen Verwaltungsakte mit vorformulierten Satzbausteinen oder gar in Formularform.

Dass daneben auch Raum für Verwaltungsakte in elektronischer Form sei, stand aufgrund der offenen Formulierung im VwVfG nie in Frage. Seit 2003 zählt § 37 VwVfG neben dem schriftlichen und mündlichen auch den in elektronischer Weise erlassenen VA explizit auf. Er kann nun nicht mehr als ein Unterfall des schriftlichen VAs betrachtet werden; der Gesetzgeber scheint die elektronische Form in diesem Fall vielmehr als Zwischenform zwischen Schriftlichkeit und Mündlichkeit anzusehen: Einerseits muss ein elektronischer VA ebenso wie ein schriftlicher die erlassende Behörde erkennen lassen und die Unterschrift oder die Namenswiedergabe des Behördenleiters oder seines Beauftragten enthalten (§ 37 III VwVfG); auch ist in der Regel eine Begründung beizugeben (§ 39 VwVfG). Da aber ein elektronischer VA nicht dieselbe Sicherheit gewährleistet wie ein amtliches Schreiben auf Papier, steht es dem Betroffenen eines elektronischen VAs andererseits genau wie dem eines mündlichen VAs zu, bei berechtigtem Interesse eine schriftliche Bestätigung zu verlangen (§ 37 II VwVfG). Für Verwaltungsakte aller Art gilt gemäß § 42 VwVfG, dass Schreib-, Rechenfehler oder ähnliche „offenbare Unrichtigkeiten" nicht zur Unwirksamkeit führen, vielmehr kann die Behörde die Vorlage des Dokuments verlangen, um den Text zu berichtigen.

Ein besonderer Typ des VAs ist die *Allgemeinverfügung*: Gemäß § 35 S. 2 VwVfG wird so jeder VA bezeichnet, der sich nicht an (ggfs. mehrere, aber benannte) Einzelpersonen richtet, sondern „an einen nach allgemeinen Merkmalen bestimmten oder bestimmbaren Personenkreis" (z. B. alle Hundehalter oder Ladenbetreiber einer Stadt) oder aber „die öffentlich-rechtliche Eigenschaft einer Sache oder ihre Benutzung durch die Allgemeinheit betrifft" (gemeint ist damit etwa die Umwidmung einer Straße zur Fußgängerzone oder die Benutzungsordnung für ein öffentliches Hallenbad). Der sicherlich am meisten verbreitete Fall der Allgemeinverfügung ist das den Verkehr regelnde Schild. Während also ein gewöhnlicher VA eine konkret-individuelle Regelung trifft, stellt die Allgemeinverfügung eine konkret-generelle Regelung dar. Konkret bleiben nämlich Adressatenkreis oder Bezugsobjekt. Dies unterscheidet die Allgemeinverfügung von einer (abstrakt-generell regelnden) Rechtsnorm.

Liegt keine behördliche Regelung vor, sondern einigt sich eine Behörde mit einer Privatperson oder auch einem anderen Träger obrigkeitlicher Gewalt konsensual über einen Gegenstand, der dem öffentlichen Recht zugehört, so liegt ein öffentlich-rechtlicher *Vertrag* vor (§§ 54 ff. VwVfG). Anders als beim VA stehen sich hier also zwei

Vertragsparteien gegenüber, die beide auf den Inhalt des Vertrages Einfluss nehmen können und dürfen. Ihrem Charakter nach ähneln solche Verträge häufig denen des Zivilrechts. Gemäß § 62 VwVfG sollen im Zweifel sogar die Bestimmungen des BGB ergänzend Anwendung finden. Sonstiges behördliches Handeln ohne regelnde Wirkung – z. B. Behördenschreiben mit Hinweisen, Warnungen oder Belehrungen, ferner Maßnahmen zur Vorbereitung eines VAs – wird als *Realakt* bezeichnet.

9 Ausblick

Im Kern lassen sich im Bereich des verschriftlichen Rechts drei einander widerstreitende Tendenzen ausmachen, die mit gewissen Einschränkungen für das gesamte Recht gelten dürften:

1. Rechtsterminologie, juristische Formulierungsmuster und Textstrukturen (etwa der Aufbau eines Urteils) zeichnen sich in weiten Teilen durch hohe Beständigkeit aus. Dieser Konservatismus der Rechtssprache dient der Rechtssicherheit und ist durch den historischen Rahmen – etwa etablierte Gesetzbücher und zentrale Urteile als Präzedenzfälle – bedingt, wird daher wohl das Recht auch in Zukunft prägen.

2. Die schon seit Jahrhunderten bestehenden Bemühungen um eine möglichst allgemeinverständliche Rechtssprache wurden in den letzten Jahrzehnten deutlich intensiviert; zweifellos werden auch zukünftige Gesetzgeber dieses Ziel im Auge behalten. Eine *Fach*sprache (mit all ihren Anforderungen für den fachinternen Diskurs) für Laien klar und eindeutig zu gestalten, wird indes auch bei größter Anstrengung nur in engen Grenzen möglich sein.

3. Aufgeschlossen erweisen sich die Juristen hinsichtlich des Gebrauchs neuer Medien – von digitalen Lernhilfen fürs Studium über online publizierte Urteile bis hin zum elektronischen Verwaltungsakt. Hier werden weitere durchgreifende Veränderungen zu erwarten sein. Zusammen mit der Europäisierung und Globalisierung des Rechts könnte der Medienwandel eine nachhaltige Modernisierung des Rechts bewirken.

10 Literatur

Beaumont, Werner (1990): Vom Amtsschimmel zum Pegasus, die Sprache des Rechts in Vers und Reim. In: Neue Juristische Wochenschrift 1990, 1969–71.

Becker-Mrotzek, Michael/Maximilian Scherner (2000): Textsorten der Verwaltung. In: Brinker u. a., 628–641.

Brian, Valerius (2009): Einführung in den Gutachtenstil. 3. Aufl. Berlin/Heidelberg.

Brinker, Klaus (1983): Textfunktion. Ansätze zu ihrer Beschreibung. In: Zeitschrift für Germanistische Linguistik 11, 127–148.

Brinker, Klaus u. a. (Hg.) (2000): Text- und Gesprächslinguistik. Ein internationales Handbuch zeitgenössischer Forschung. Berlin/New York.
Brinker, Klaus (2010): Linguistische Textanalyse. Eine Einführung in Grundbegriffe und Methoden. Bearb. v. Sandra Ausborn-Brinker. 7. Aufl. Berlin (Grundlagen der Germanistik 29).
Burhoff, Detlef/Peter Kotz (2012): Handbuch für die strafrechtlichen Rechtsmittel und Rechtsbehelfe. Neuwied.
Busse, Dietrich (1992): Recht als Text. Linguistische Untersuchungen zur Arbeit mit Sprache in einer gesellschaftlichen Institution. Tübingen (Germanistische Linguistik 131).
Busse, Dietrich (2000a): Textsorten des Bereichs Rechtswesen und Justiz. In: Brinker u. a., 658–675.
Busse, Dietrich (2000b): Textlinguistik und Rechtswissenschaft. In: Brinker u. a., 803–810.
Bundesministerium der Justiz (Hg.) (2008): Handbuch der Rechtsförmlichkeit, 3. Aufl. Köln.
Christensen, Ralph/Kent D. Lerch (2007): Ein Urteil, wie es im Buche steht. Vom Aufstieg und Niedergang des Gesetzbuchs. In: Friedrich Müller (Hg.): Politik, (Neue) Medien und die Sprache des Rechts. Berlin, 221–260.
Conring, Hermann (1665): De Origine Iuris Germanici. Helmstedt.
Deutsch, Andreas (2011): Die Rechtssprache des Badischen Landrechts im Vergleich mit anderen deutschen Fassungen des Code civil. In: Christian Hattenhauer/Klaus-Peter Schroeder (Hg.): 200 Jahre Badisches Landrecht von 1809/1810. Frankfurt a. M., 245–283.
Deutsch, Andreas (2012): „Billig streitet die Vermuthung, daß ein Gesetz bedachtsam abgefaßt" – Zu Wortwahl und Gesetzessprache im ABGB. In: Barbara Dölemeyer/Heinz Mohnhaupt (Hg.): 200 Jahre ABGB (1811–2011) – Die österreichische Kodifikation im internationalen Kontext. Frankfurt a. M., 375–407.
Deutsch, Andreas (2013): Historische Rechtssprache des Deutschen – Eine Einführung. In: Andreas Deutsch (Hg.): Historische Rechtssprache des Deutschen. Heidelberg (Schriftenreihe des Deutschen Rechtswörterbuchs), 21–80.
Gröls, Marcel/Gröls, Tanja (2009): Ein Ranking juristischer Fachzeitschriften. In: Juristenzeitung 2009, 488*-499*.
Große, Ernst Ulrich (1976): Text und Kommunikation. Eine linguistische Einführung in die Funktionen der Texte. Stuttgart.
Hattenhauer, Hans (1987): Zur Geschichte der deutschen Rechts- und Gesetzessprache. Hamburg.
Jauernig, Othmar (1986): Muß die Urteilsformel bei der Verkündung eines Zivilurteils stets schriftlich vorliegen? In: Neue Juristische Wochenschrift 1986, 117–118.
Kroppenberg, Inge (2008): Mythos Kodifikation – Ein rechtshistorischer Streifzug. In: Juristenzeitung 2008, 905–912.
Kühl, Kristian/Hermann Reichold/Michael Ronellenfitsch (2011): Einführung in die Rechtswissenschaft. München.
Mertens, Bernd (2004): Gesetzgebungskunst im Zeitalter der Kodifikationen. Tübingen.
Mortara Garavelli, Bice (2001): Le parole e la giustizia. Divagazioni gram-maticali e retoriche su testi giuridici italiani. Torino.
Puppe, Ingeborg (2014): Kleine Schule des juristischen Denkens. 3. Aufl. Göttingen.
Roelcke, Thorsten (2010): Fachsprachen. 3. Aufl. Berlin (Grundlagen der Germanistik 37).
Schimmel, Roland (2014): Juristische Klausuren und Hausarbeiten richtig formulieren. 11. Aufl. München.
Schmidt-Wiegand, Ruth (1979): Die volkssprachigen Wörter der Leges Barbarorum. In: Frühmittelalterliche Studien 13, 56–87.
Schott, Clausdieter (1984): Gesetzesadressat und Begriffsvermögen. In: Gottfried Baumgaertel (Hg.), Festschrift für Heinz Hübner zum 70. Geburtstag. Berlin/New York, 191–214.
Schroeder, Friedrich-Christian (2011): Die normative Auslegung. In: Juristenzeitung 2011, 187–194.

Sonderegger, Stefan (1965): Die ältesten Schichten einer Germanischen Rechtssprache. In: Ferdinand Elsener u. a. (Hg.): Festschrift Karl Siegfried Bader. Zürich u. a., 419–438.
Stolleis, Michael (Hg.) (1999): Juristische Zeitschriften – die neuen Medien des 18.–20. Jahrhunderts. Frankfurt a. M.
Tettinger, Peter J. (2003): Einführung in die juristische Arbeitstechnik. 3. Aufl. München.
Zimmermann, Reinhard (1995): Codification: history and present significance of an idea. In: European Review of Private Law 1995, 95–120.

Jan Engberg

6. Fachkommunikation und fachexterne Kommunikation

Abstract: In dem Beitrag werden Begriffe und Konzepte mit Relevanz für die Charakterisierung fachexterner Rechtskommunikation eingeführt, erörtert und an Beispielen dargestellt. Dabei steht die kommunikative und wissensorientierte Unterscheidung fachinterner und fachexterner Rechtskommunikation ebenso im Mittelpunkt, wie die Vorstellung von Beschreibungskonzepten, die bei der Beschäftigung mit rechtlichem Wissen und rechtlichen Texten besonders relevant sind. Weiter werden die typischen Funktionen (Information, Verhaltensbeeinflussung, Abbau emotionaler Hürden) fachexterner Rechtskommunikation anhand von Analysebeispielen dargelegt. Abschließend wird die besondere Kommunikationssituation bei Gesetzes- und anderen generellen Normtexten als Beispiel für fachinterne Kommunikation in fachexternen Kontexten dargestellt.

1 Einleitung und theoretischer Rahmen

Wenn wir von Fachkommunikation im Rahmen von Sprache und Wissen sprechen, liegt es auf der Hand, eine frühe Definition von Lothar Hoffmann als Ausgangspunkt der hiesigen Darlegungen zu nehmen:

> Fachkommunikation ist die von außen oder von innen motivierte bzw. stimulierte, auf fachliche Ereignisse oder Ereignisabfolgen gerichtete Exteriorisierung und Interiorisierung von Kenntnissystemen und kognitiven Prozessen, die zur Veränderung der Kenntnissysteme beim einzelnen Fachmann und in ganzen Gemeinschaften von Fachleuten führen. (Hoffmann 1993, 614)

Es handelt sich hier um die Kommunikation unter Fachleuten, die sogenannte *fachinterne* Kommunikation. Aus der Definition ist die Auffassung ersichtlich, dass die kommunikative Tätigkeit von Fachleuten konstitutiv für die Erhaltung und Entwicklung von Kenntnissystemen ist, die der Fachlichkeit unterliegen. Inhalt und Struktur eines fachlichen Kenntnissystems (= das fachliche Wissen einer Disziplin, Schmatzer 1995)

DOI 10.1515/9783110296198-006

ist also abhängig von der Tatsache, dass und wie über die Bestandteile dieser Kenntnissysteme durch die Fachleute kommuniziert wird.

In diesem Beitrag soll aber nicht der Bereich der fachinternen, sondern der der *fachexternen* Kommunikation im Mittelpunkt stehen. Dabei befasst sich der Beitrag mit rechtlicher Vermittlungskommunikation, d. h., mit Kommunikation durch Vermittlungstexte, bei denen lediglich auf der Senderseite eine Person mit entsprechendem Fachwissen steht.

Auf der Grundlage der Definition fachinterner Kommunikation von Hoffmann sind die Unterschiede theoretisch gut darstellbar: In fachexterner Vermittlungskommunikation wird auf die mit bestimmten Gemeinschaften von Fachleuten verbundenen Kenntnissysteme Bezug genommen. Die Relationen der Teilnehmer an der Kommunikation zu diesen Kenntnissystemen unterscheiden sich von denen der fachinternen Kommunikation. Erstens müssen keine der Kommunikationsteilnehmer an dem fachkommunikativen Entwicklungsprozess (*Veränderung der Kenntnissysteme ...*) teilnehmen. Beim Sender kann dies über seine Ausbildung (z. B. Jurist) oder seine Anstellung (z. B. Journalist) der Fall sein, dies ist aber kein entscheidendes Merkmal. Der Sender muss aber zu dem entsprechenden entwickelten Fachwissen verstehend Zugang haben.

Definierend für diese Art der Kommunikation ist damit, dass der Sender über ein Wissen verfügt, das umfassend genug ist, um Empfänger mit weniger umfangreichem Wissen zu informieren (Liebert 2002, 93). Bei fachexterner Vermittlungskommunikation be- und entsteht damit eine Asymmetrie auf der Ebene der in der konkreten Kommunikationssituation von den Teilnehmern einsetzbaren Kenntnissysteme (Jacobsen 2012; Kastberg 2011; Liebert 2002, 79; 94). Die fachexterne Kommunikation im Recht kann theoretisch in hohem Maße als von diesen Wissensasymmetrien induziert aufgefasst werden: Anlass fachexterner Kommunikation wird der Wunsch sein, entsprechendes fachliches Wissen an Kommunikationspartner zu vermitteln, die dieses Wissen nicht vorrätig haben, es aber in ihrem Alltag benötigen (bewusst oder unbewusst).

Mit Vermittlungstexten sind gemeint „Text[e], mit [denen] Wissenschaft hinsichtlich eines bestimmten Ziels vermittelt wird." (Liebert 2002, 106). Dabei können unterschiedliche Ziele verfolgt werden. Liebert (2002, 84) schlägt die folgenden adressatenbezogenen Ziele für die Vermittlungskommunikation vor:
- Nutzen haben
- Gefahr erkennen und sich davor schützen
- Horizont [des Adressaten] erweitern
- Schönheit erleben
- Legitimation geben [an den Sender]
- Kontrolle besitzen
- unterhalten werden
- politische Entscheidung treffen
- Neugier befriedigen

Auf dem Gebiet der fachexternen Rechtskommunikation schlage ich vor, die Ziele übergeordnet unter zwei Haupttypen zu sammeln, die zu zwei Arten der fachexternen Vermittlung führen: Die *informationsorientierte* und die eher *verhaltensbeeinflussende Vermittlung*. Im Folgenden soll eine kurze Charakterisierung der beiden Haupttypen erfolgen, die dann in Kap. 4 weiter ausgeführt und mit Beispielen vorgestellt werden.

Die informationsorientierte Vermittlung umfasst auf dem Gebiet des Rechts insbesondere textuelle Kommunikation, mit der solche Ziele wie *Nutzen haben, Gefahr erkennen, Horizont erweitern, dem Sender Legitimation geben* und *Neugier befriedigen* verfolgt werden. In anderen Wissenschaftszusammenhängen spricht man dabei auch häufig von Popularisierung. Sie erschöpft sich nicht darin, fachliche Inhaltselemente lediglich neu zu formulieren, obwohl die Neuformulierung konstitutiv ist:

> Popularization involves not only a *reformulation*, but in particular also a *recontextualization* of scientific knowledge and discourse that is originally produced in specialized contexts to which the lay public has limited access. This means that popularization discourse must always adapt to the appropriateness conditions and other constraints of the media and communicative events, e.g. those of the daily press or specialized magazines, in which they appear. (Calsamiglia and Van Dijk 2004, 371; Hervorhebung des Verf.)

Bei der Popularisierung oder der informationsorientierten Vermittlung handelt es sich um die Vermittlung von (Teilen der) fachlichen Kenntnissystemen in neuen Situationen (z. B. mit anderen Teilnehmer-Konstellationen) und regelmäßig mit anderen Kombinationen von Zielen (z. B. Informationszwecke kombiniert mit Handlungsaufforderungen) als dies in der fachinternen Kommunikation der Fall ist (vgl. Definition von Hoffmann 1993 oben).

Unter der verhaltensbeeinflussenden Vermittlung auf der anderen Seite lassen sich prototypisch die Ziele fassen, den Empfänger zum *Treffen politischer Entscheidungen* zu befähigen und *Kontrolle* über die Ausübung des eigenen Rechts zu *besitzen*, aber wohl auch die *Erweiterung des Horizonts* des Adressaten. Auch bei dieser Art der Vermittlung erfolgt eine Rekontextualisierung. Der Unterschied zur informationsorientierten Vermittlung liegt darin, dass der Kontextwechsel die Informationsfunktion aus dem Zentrum verdrängt. Ein Beispiel ist die unten (4.2.) erwähnte mögliche Nebenfunktion von Zeitungsbeiträgen, die politische Diskussion über Gerichtsurteile zu beeinflussen. Es ist hier derselbe Mechanismus wie bei der Popularisierung am Werke, und zwar eine Auswahl von Elementen aus den fachinternen Kenntnissystemen. Aber die Dominanz von Zielen, die nicht zentral mit Informationen gekoppelt sind, führt zu einer anderen Qualität der Vermittlung, unterschiedlich zu dem, was man gemeinhin unter Popularisierung versteht.

Zusammenfassend möchte ich in den folgenden Kap. 2–4 die grundlegenden Merkmale fachexterner Kommunikation aus der Perspektive von Wissen erörtern und ein gegenstandsrelevantes Beschreibungsraster vorschlagen. Es handelt sich dabei grundsätzlich um einen theoretisch begründeten Entwurf eines Beschreibungsrasters, das durch Beispiele von Analysen juristischer Vermittlungskommunikation in der Öffentlichkeit untermauert wird. Umfassende empirische Arbeiten fehlen weithin auf diesem Gebiet. Zuerst werden in Kap. 2 die charakteristischen Ziele und einige relevante Beschreibungsbegriffe theoretisch vertieft und auf der Grundlage dieser Überlegungen hypothetisch eine Art Definition des Gegenstandes vorgestellt. In Kap. 3 werden drei Aspekte der fachlichen Wissensstrukturen mit Bedeutung für die fachexterne Kommunikation erarbeitet, ehe in Kap. 4 unterschiedliche Arten fachexterner Rechtskommunikation anhand von einschlägigen Arbeiten konkret vorgestellt und im Rahmen der drei Aspekte beschrieben werden.

2 Ziele und Arten fachexterner Kommunikation im Recht

Im naturwissenschaftlichen Bereich ist die arbeitsteilige Unterscheidung zwischen einem fachinternen und einem fachexternen Bereich inhaltlich recht unproblematisch: Die Fachleute (z. B. Astrophysiker) entwickeln durch ihre wissenschaftlichen Arbeiten und über ihre wissenschaftliche Kommunikation die fachlichen Kenntnissysteme; Nicht-Fachleute können sich für diese Kenntnissysteme interessieren, ihr Interesse und ihre Einsicht sind aber für die fachliche Tätigkeit peripher. Der auch von Liebert angeführte Zweck der Unterhaltung spielt auch deshalb bei der Popularisierung oft eine Rolle, insbesondere außerhalb der ausbildungsorientierten Kommunikation (vgl. auch Preite 2013, 246). Dies ist anhand solcher Zeitschriften wie *Spektrum der Wissenschaft* oder noch populärer ausgerichteter Magazine ersichtlich.

Im Bereich des Rechts stellt sich die Sache anders dar: Hier spielt die Kommunikation der Nicht-Fachleute auch eine Rolle für die fachinterne Tätigkeit. Jedenfalls in Demokratien westlicher Prägung ist das Bestehen konkreter Kenntnissysteme im Recht u. a. davon abhängig, dass die Bevölkerung diese Systeme (in Form von Rechten und Pflichten) kennt und befolgt. Recht kann sich nur in bedingtem Maße vom Rechtsempfinden der Bevölkerung entfernen. Dabei erhält der Aspekt der Verständlichkeit performativer Rechtstexte wie Gesetze oder Urteile wegen des direkten Einflusses solcher Texte auf das Leben der Bürger eines Staates Bedeutung für die Akzeptanz, Befolgung und Gültigkeit des Rechts.

Dieser Aspekt ist eine Besonderheit der fach*internen* Kommunikation im Rechtsbereich. Denn die Bedeutung der Verständlichkeit basiert auf der Besonderheit, dass die Kommunikation der juristischen Fachleute aufgrund der Bedeutung dieser Kommunikation für das in einer Gesellschaft geltende Recht entscheidend ist. Wegen ihres fachinternen Charakters soll der Aspekt der Rechtsverständlichkeit deshalb in diesem Beitrag nicht behandelt werden.

Auch inhärent fachexterne Handlungen wie die Popularisierung können aber für den für das Bestehen des Rechts notwendigen Austausch zwischen Rechtsfachleuten und Nicht-Fachleuten eine zentrale Rolle spielen. Ein einschlägiges Beispiel stellt die von Preite untersuchten informativ-anleitenden Online-Hefte des französischen *Ministère de la Justice et des Libertés de la République Française* dar. Untersuchungen dieser Texte zeigen zwei zentrale Ziele fachexterner, popularisierender rechtlicher Kommunikation: Auf der einen Seite die vereinfachte Darbietung des Inhalts (performativer) juristischer Fachtexte und der darin enthaltenen Termini; und auf der anderen Seite den Abbau der Verfremdung oder der Animosität, die bei vielen Bürgern gegenüber dem Rechtssystem herrscht (Preite 2013, 258). Dieses letzte Ziel ist nicht unmittelbar unter die obigen 9 Zieltypen von Liebert zu subsumieren. Es handelt sich um ein besonderes Ziel fachexterner *Rechts*kommunikation, das aus dem Zusammentreffen von Popularisierung mit den rechtlichen Institutionen erwächst. Bei der Popularisierung rechtlicher Kenntnissysteme muss nicht immer das Ziel des Verfremdungsabbaus verfolgt werden, zumal es auch viele Beispiele rein informativer fachexterner Rechtskommunikation gibt. Die Verfolgung sowohl des Popularisierungs- als des Verfremdungsabbauziels in Kombination trägt aber dazu bei, dass die Bürger ihre tatsächlichen Rechte als Staatsbürger nicht nur kennen, sondern auch eher wahrnehmen. In dieser Weise ist die fachexterne Rechtskommunikation mit-konstitutiv für das Funktionieren des Rechtssystems: Der demokratische Rechtsstaat hat als zentrale Aufgabe dafür zu sorgen, dass die Bürger das ihnen zustehende Recht bekommen und wahrnehmen, damit dieses Recht auch tatsächlich gesellschaftlich existiert. Über die Formulierung verständlicher Gesetze hinaus, die ich oben als fachinterne Handlung definiert habe, gehört zur Erreichung dieses Ziels eben auch, das Recht tatsächlich an die Staatsbürger heranzutragen. Hier liegt eine wesentliche Rolle fachexterner, popularisierender Kommunikation auf dem Gebiet des Rechts (Preite 2012, 169).

Die popularisierende Rechtskommunikation dient aber trotzdem vorwiegend als Brücke für Nicht-Fachleute zur zentralen, fachinternen Rechtskommunikation. Ausschlaggebend für das geltende Recht ist das Gesetz in seiner Auslegung durch die Juristen (= die Gemeinschaft der Fachleute) eines Rechtssystems (Engberg 2009a). Für die popularisierende Rechtskommunikation bedeutet dies, dass sie erstens typischerweise immer an bestimmte Situationen gebunden ist, in denen die Staatsbürger mit dem Recht in Kontakt kommen: Den Staatsbürgern muss bei der konkreten Interaktion mit dem Rechtssystem auch mit Instruktionen geholfen werden, und die Staatsbürger verspüren auch selbst diese Notwendigkeit (Preite 2012, 177). Hier sehen wir ein Beispiel des Ziels von Vermittlungstexten, dem Adressaten die Kontrolle über etwas zu verschaffen. Und zweitens bedeutet es, dass der Brücken-Charakter der fachexternen Kommunikation ständig expliziert werden muss. Es muss z. B. darauf hingewiesen werden, dass man sich in bestimmten Fällen mit einem Rechtsanwalt oder direkt mit einer Behörde in Verbindung setzen sollte, um weiteren Rat und weitere Hilfe einzuholen (Preite 2013, 247).

Interessanterweise hat der hier behandelte Bereich der fachexternen Kommunikation in der bislang am gründlichsten durchdachten Textsortentypologie zum Bereich des Rechtswesens und der Justiz (Busse 2000) keinen Platz gefunden. Grundlegendes Kriterium dafür, eine Textsorte in dieser Typologie zu berücksichtigen, ist, dass die jeweilige Textsorte ein Element institutionellen Handelns darstellt (Busse 2000, 663). Auf dieser Grundlage erfolgt die Aufstellung der folgenden übergeordneten Textsortenbereiche für die Typologie (Busse 2000, 669–675):

1. Textsorten mit normativer Kraft
2. Textsorten der Normtext-Auslegung
3. Textsorten der Rechtsprechung
4. Textsorten des Rechtsfindungsverfahrens
5. Textsorten der Rechtsbeanspruchung und Rechtsbehauptung
6. Textsorten des Rechtsvollzugs und der Rechtsdurchsetzung
7. Textsorten des Vertragswesens
8. Textsorten der Beurkundung
9. Textsorten der Rechtswissenschaft und -ausbildung

Busse fasst somit die fachexterne Kommunikation nicht als Teil des institutionellen Handelns auf, was nachvollziehbar ist, wenn institutionelles Handeln gleichgesetzt wird mit *Handeln innerhalb einer Institution*. Dies kann folglich als weiteres Kriterium für die Unterscheidung fachinterner von fachexterner Kommunikation auf dem Gebiet des Rechts gesehen werden: fachinterne Rechtskommunikation erfolgt innerhalb der Institution des Rechts, wogegen die hier behandelte fachexterne Rechtskommunikation in der Institution beginnt, jedoch über ihre Grenzen hinausgeht. Diese Sichtweise komplementiert das oben in Anlehnung an Hoffmann (1993) vorgeschlagene Merkmal, dass fachinterne Kommunikation direkt an der Erhaltung und Entwicklung der charakterisierenden Kenntnissysteme eines Fachgebietes arbeitet. Um die Brücken-Metapher noch einmal zu bemühen: zur fachexternen Rechtskommunikation gehört Kommunikation, bei der nicht alle (oft tatsächlich nicht einmal einer der) Kommunikationspartner eine (rechts-)institutionelle Rolle ausüben, jedoch das Hauptziel verfolgen, dem oder den anderen Kommunikationspartner(n) den Zugang zu der Institution zu erleichtern.

Diese Art der Rechtskommunikation gehört somit zu, ist aber nicht identisch mit der Großgruppe von Textsorten auf der Beschreibungsebene, die ich in einer früheren Arbeit vorgeschlagen habe (Engberg 1993). Sie umfasst alle Rechts-Textsorten, mit denen Recht beschrieben, aber nicht direkt performativ beeinträchtigt wird. Diese Textsorten können auf einer Skala von wenig (z. B. Informationsmaterial für Kinder) bis in hohem Maße fachlich (z. B. Gesetzeskommentare) verortet werden. Die Textsorten der fachexternen Rechtskommunikation befinden sich natürlich am Ende der Skala mit der weniger ausgeprägten Fachlichkeit.

Fassen wir also die bisherigen Überlegungen in folgende Aussagen hypothetischen und definierenden Charakters zusammen: Unter *fachexterner Kommunikation* soll in diesem Beitrag Kommunikation verstanden und behandelt werden, die institutionsexternen Kommunikationspartnern einen relevanten Zugang zu den Kenntnissystemen einer rechtlichen Institution geben soll. Sie dient der Überbrückung von Wissensasymmetrien, ohne dabei eine Aufnahme des Empfängers in die Institution zu bezwecken (da es sich um die Vermittlung in der Öffentlichkeit handelt). Verfolgte Ziele gehören regelmäßig zu den informations- und befähigungsorientierten Typen bei Liebert (2002), ergänzt durch das Ziel der Überwindung mentaler und emotionaler Barrieren. Begründet ist dieser letzte Zieltyp wahrscheinlich in dem Wunsch, den institutionsexternen Kommunikationspartnern zu ermöglichen, ihre vom Rechtssystem gewährten Rechte optimal auszuüben.

In den folgenden Kapiteln des Beitrags werden konkrete Beispiele dieser Art von Kommunikation vorgestellt, um in einem wenn auch unsystematischen Format die Grundlagen der Hypothesen zu stärken.

3 Fachliche Wissensstrukturen und ihre Vermittlung

Die Kommunikationskonstellationen, die vom Definitionsvorschlag umfasst werden, sind übergeordnet dadurch gekennzeichnet, dass in der fachinternen Rechtskommunikation entwickeltes Wissen in fachexternen Kommunikationssituationen unter den Bedingungen einer Rekontextualisierung vermittelt wird, u. a. mit dem Ziel, das rechtsbezogene Wissen im fachexternen Kontext durch das fachintern entwickelte Wissen dadurch zu beeinflussen, dass es dort bekannt ist. In diesem Zusammenhang ist sowohl die Auswahl eines relevanten Wissenskonzepts als auch unterschiedliche zu vermittelnde Inhaltsarten des Wissens von Interesse.

3.1 Konzeption von fachlichem Rechtswissen

Das Interesse in diesem Kapitel richtet sich darauf, in welcher Weise die Rekontextualisierung von juristischem Fachwissen in fachexternen Kontexten die Darbietung des Wissens beeinflusst. Deshalb bietet es sich an, das Konzept von Wissensrahmen anzuwenden, wie es u. a. von Busse und Felder vorgeschlagen und für die Beschreibung rechtlicher Begriffe angepasst und verwendet worden ist (vgl. auch z. B. Biel 2009, 179–80; Engberg 2007a, 2009b; Kjær 2000, 150–156). Beschrieben wird nach diesem Ansatz das sogenannte „sprachzeichenbezogene verstehensrelevante Wissen“ (Busse 2008, 37). Es handelt sich darum, „die ganze Fülle der Bedingungen zu erfassen, die gegeben sein müssen, damit man eine Form/einen Satz angemessen verstehen kann.“ (Busse 2008, 38). Dieses Wissen ist nicht nur das direkt in z. B. Wörterbüchern und Lexika auffindbare Wissen, sondern alles Wissen, das man braucht, um Elemente eines Textes so zu interpretieren, wie die besondere Situation und der besondere Wissens- und Kommunikationsbereich es erfordern (Felder 2003a, 90). Das Aufrufen und Konstruieren dieses Wissens ist sozusagen das Ziel, worauf die sprachlichen Ausdrücke, die den Text konstituieren, ausgerichtet sind: „Sprachliche Zeichen (und Zeichenketten) haben vielmehr die Funktion, Wissensrahmen zu evozieren ..." (Busse 2008, 42). Sprachliche Mittel werden eingesetzt, um entsprechende Wissenselemente beim Empfänger aufzurufen, damit sie beim Verstehen eines Textes als Grundlage dienen können.

Als Beschreibungsbegriff ist das Konzept der Wissensrahmen im Kontext der fachexternen Kommunikation im Recht deshalb interessant, weil in Verbindung mit der Rekontextualisierung regelmäßig eine Vereinfachung und Begrenzung fachlicher Wissensstrukturen erfolgt. In den Termini dieses Ansatzes kann man im Beschreibungsraster davon ausgehen, dass das verstehensrelevante Wissen im fachexternen Kontext tendenziell geringer ist, d. h. weniger umfangreich und detailliert als in Texten der fachinternen Kommunikation. Diese Annahme fußt u. a. auf der unten in 4.1 dargestellten Beobachtung, dass bei fachexternen Texten Teile des Wissens ausgewählt bzw. besonders fokussiert werden, worauf sich Fachleute beim Kommunizieren beziehen. Die Auswahl erfolgt in Abhängigkeit der angenommenen Interessenperspektive der angepeilten Zielgruppe, damit die Zielgruppe Zugang zu genau dem für sie relevanten Teil des juristischen Fachwissens erhält. Analytisch kann man auf der Grundlage dieser Annahme prüfen, welches Wissen beim popularisierenden Text im Vergleich zu eigentlichen Fachtexten elizitiert wird.

3.2 Rechtstexte und fachinterne Kommunikation

Die Charakterisierung juristischen Wissens als gebunden an Texte (in der Form verstehensrelevanter Wissensbestände) erteilt juristischen Texten eine zentrale Rolle für die Untersuchung dieses Wissens. Wodurch sind solche fachinternen Rechtstexte als Mittel der kommunikativen Ausübung und Entwicklung des Rechts unter Experten gekennzeichnet? Charakteristisch ist, dass es bei dieser Kommunikation um besondere sprachliche Handlungen geht, deren Besonderheit man (er-)kennen muss, um die fachinterne Rechtskommunikation und die darin vermittelten Wissenselemente tiefergehend zu verstehen. Diese Handlungen werden in Verbindung mit der performativen Verabschiedung von Normtexten unterschiedlicher Reichweite (hierunter Verträge) und (insbesondere) mit dem Treffen von Entscheidungen in der Form von Urteilen, Beschlüssen und anderen autoritativen Maßnahmen ausgeführt. Bei den Besonderheiten des fachinternen Wissens handelt es sich also nicht lediglich um deklaratives Wissen über Recht und über die Struktur bestimmter Rechte, das der Fachmann hat und zu dem der Nicht-Fachmann Zugang erhalten soll. Vielmehr handelt es sich auch und vielleicht insbesondere um Wissen über die Art der kommunikativen Aktivitäten juristischer Fachleute und deren Einfluss auf das deklarative Rechtswissen. So bedarf es z. B. der Einsicht in die genaue Rolle von Rechtsanwälten im Prozess der Rechtsfindung im Gerichtsverfahren um abzuschätzen, wann und in welcher Form man als Bürger einen Rechtsbeistand einschaltet. Denn die Rolle von Anwälten ist es nicht nur objektiv zu erklären. Sie beeinflussen durch Inhalt und Form ihrer Argumentation auch die Auffassungen von Richtern (Staffe 2008). Da dies eine

Rolle für Geld im Rechtsfindungsprozess schafft (indem man potentiell durch Beauftragung eines zwar teuren, aber effizienten Anwalts eher zu seinem Recht kommen kann), schafft die Einsicht in das Handlungswissen auch Ungerechtigkeitsgefühle, die für das Ansehen des Rechts im fachexternen Kontext eine negative Auswirkung haben kann.

Wissen um diese Aktivitäten ist Teil des erwähnten verstehensrelevanten Wissens, das die fachinternen Wissensrahmen ausmacht. Und dieses Wissen um die Aktivitäten muss vermittelt werden, wenn ein Verständnis des eigentlich Besonderen des fachinternen juristischen Wissens erreicht werden soll (Felder 2003a, 112).

Busse spricht in diesem Zusammenhang von der besonderen Interpretations- und Verstehenstätigkeit von Juristen als *Arbeit mit Texten* und unterscheidet dies von anderen Rezeptionstätigkeiten wie *Verstehen* und *Interpretieren* (Busse 1992, 2002; ähnlich auch Nussbaumer 2007, 26). Nur wer diese besonderen Rezeptionsaktivitäten beherrscht, wird auch als Jurist anerkannt. Und nur wer die Besonderheiten dieses Einbeziehens von vielerlei Texten aus einem umfangreichen Textgeflecht kennt und versteht, aus dem Juristen ihr Wissen über das Recht schöpfen, hat auch Zugang zu dem Wissen, das für fachinterne Rechtskommunikation verstehensrelevant ist. Ähnlich spricht Felder (2003a, 206) von drei Sprachhandlungstypen, die spezifisch für die fachinterne Arbeit von Gerichten ist. Es handelt sich dabei um *Sachverhalt-Festsetzen, Rechtliche Sachverhaltsklassifizierung* und *Entscheiden (einschl. Argumentieren).* Zusätzlich kann auch Wissen über den situationellen Rahmen für die Vermittlung des besonderen juristischen Wissens in diesem Sinne relevant sein (Vogel 2012, 352–356).

Zum Wissen über die Entstehungsprozesse gehört über das Wissen von den besonderen Strukturen der Rechtsbegriffe und von den besonderen Verstehensprozessen hinaus schließlich auch die Einsicht, dass die Natur der Verstehensprozesse dazu führt, dass eine gewisse Dynamik unausweichlich ist: Das juristische Wissen ist Ergebnis nicht statischer, sondern laufender Interpretationsprozesse unter den Fachleuten. Diese Prozesse werden zwar durch bestehende Interpretationen stabilisiert, sind aber im Endeffekt grundsätzlich dynamisch (Engberg 2007b; Felder 2003a, 111). Für fachexterne Rechtskommunikation ist eine Einsicht in alle drei hier erarbeiteten Aspekte fachinternen Wissens (deklarativer Inhalt, funktional-situativer Kontext, inhärente Dynamik) prinzipiell relevant. Im Folgenden soll anhand einer Behandlung von existierenden Arbeiten zu einschlägigen Kommunikationskonstellationen dargestellt werden, welche Rolle die unterschiedlichen Aspekte bei verschiedenen unterschiedlichen Formen der fachexternen Rechtskommunikation spielen.

4 Beispiele fachexterner Rechtskommunikation

In diesem Abschnitt möchte ich mich der Vorstellung von Studien widmen, die sich mit prototypischen Fällen fachexterner Rechtskommunikation und ihren zentralen Merkmalen befassen. Dabei werde ich zwei Funktionen bearbeiten (Informationsvermittlung und Verhaltensbeeinflussung), bei denen man auf der Grundlage des bisher Gesagten davon ausgehen kann, dass sie dominant sind. Schließlich werde ich das Augenmerk auf die Besonderheiten richten, die multimodale Arten der Wissenspräsentation für fachexterne Rechtskommunikation bieten.

4.1 Fachexterne Rechtskommunikation mit dominanter Informationsfunktion

Bei der primär informationsorientierten fachexternen Rechtskommunikation handelt es sich zentral darum, dass der Sender dem Empfänger Einsicht in einen juristischen Sachverhalt verschaffen möchte. Im Folgenden werden wir uns einige Beispiele von Untersuchungen solcher fachexternen Kommunikationssituationen ansehen. Interessant ist dabei, welche Teile des juristischen Wissens im fachexternen Kontext nicht vermittelt werden.

Bei der informationsorientierten Vermittlung juristischen Wissens werden nicht immer alle drei Aspekte des juristischen Wissens übermittelt, die in Abschnitt 3 erarbeitet wurden. Ein Beispiel dafür findet sich in den Untersuchungen von Ekkehard Felder zu Urteilen zu Sitzblockaden als Nötigung (z. B. Felder 2003b, 2003a). Er untersucht in diesen Arbeiten, wie sich die durch unterschiedliche Gerichtsinstanzen und Gerichte als Rechtsinstitutionen durchgeführte Bedeutungsfestlegung und Begriffs- und Wissensentwicklung in einem konkreten Rechtsfall in überregionalen deutschen Zeitungen spiegeln. Beim Fall, der zwischen 1984 und 1995 die Gerichte beschäftigte, handelt es sich um die Frage, inwiefern Sitzblockaden gegen Militärstützpunkte juristisch als Gewalt klassifiziert werden und folglich zur Bestrafung wegen des Straftatbestandes der Nötigung führen können. Der Fall ist ein Beispiel für einen Wechsel in dem gerichtlich anerkannten und dadurch autorisierten juristischen Wissen auf dem untersuchten Gebiet, da insbesondere das Bundesverfassungsgericht im Laufe der Prozessdauer seine grundlegende Interpretation der Normtexte ändert und durch diese Veränderung die Grundlage für die Auslegung von Sitzblockaden als Nötigung bei den anderen Gerichten verändert. Als Konsequenz wechselt das anerkannte juristische Wissen in diesem Zusammenhang von einer Bejahung zu einer Verneinung von Sitzblockaden als Form der Nötigung.

Felder untersucht die durch die Zeitungen „veröffentlichte Meinung“ (Felder 2003a, 246). Er sucht also Informationen dazu, wie Sender einen konkreten Fall und seine Bedeutungsentwicklung darstellen. Wie oben in Abs. 3.2 ausgeführt, hat Felder drei Sprachhandlungstypen ermittelt, die auch in ihren internen Relationen für die juristische Auslegungsarbeit als Textarbeit konstitutiv sind: *Festsetzung eines Sachverhalts* in Kombination mit einer *Klassifikation des Sachverhalts* in den Termini des Gesetzes bilden die unausweichliche Grundlage für die zu fällende *Entscheidung*. Es ist somit Teil des den juristischen Wissensrahmen konstituierenden Wissens, dass schon bei den beiden erstgenannten Sprachhandlungstypen eine wesentliche evaluative Vor-Deutung erfolgt, wogegen die eigentliche Entscheidung eher als automatisierter Schluss nach der Lage des Falles gesehen wird (Felder 2003a, 291–292). In der Medien-Darstellung kommt diese Relation nicht zum Vorschein. Hier kommt eher ein Wissen zum Ausdruck, bei dem lediglich der Sprachhandlungstyp *Entscheiden* als evaluativ gesehen wird, wogegen die beiden anderen Sprachhandlungstypen erstens nicht unterschieden und zweitens als repräsentativ und deklarativ gesehen werden. Dieser Teil des fachinternen Wissens, nämlich die Spezifika der juristischen Sprachhandlungskonstellation, die für ein volles Verständnis des Prozesses der Bedeutungsveränderung wesentlich sind, wird also nicht vermittelt. Stattdessen konzentriert sich die Vermittlung auf das Ergebnis (d. h., auf den Inhalt des deklarativen Rechtswissens) und blendet den Prozesscharakter der Entscheidungsfindung und damit die beiden anderen in Abs. 3.2 ermittelten Aspekte des juristischen Wissens aus.

Bei der informationsorientierten fachexternen Rechtskommunikation erfolgt natürlich auch eine Auswahl aus den Elementen des inhaltlichen Begriffswissens, die den fachinternen Wissensrahmen ausmachen. Dies ist z. B. ein Hauptpunkt in den Untersuchungen von Simonnæs (2005) und von Engberg (2013). Ausgangspunkt für die erstgenannte Untersuchung ist die Hypothese, dass in institutionellen Vermittlungskontexten juristisches Begriffswissen erstens in der Form von Paraphrasen formuliert wird, die ihren Ausgangspunkt in den Termini der jeweiligen Gesetzesparagraphen nehmen, das entsprechende Wissen jedoch mit anderen Worten und einem geringeren Umfang wiedergibt. Zweitens wird dabei auf die sogenannte „ontische Ebene“ gewechselt, d. h., die praktische Welt des Empfängers wird für die Erklärung in den Text einbezogen (Simonnæs 2005, 11). Simonnæs untersucht dazu die Häufigkeit solcher Paraphrasen in deutschen Gerichtsurteilen unterschiedlicher Instanzen und findet heraus, dass sie wie von ihr angenommen auf der Ebene des BGH seltener vorkommen als in den entsprechenden Landgerichtsurteilen (Simonnæs 2005, 7). Sie sieht dies als Anzeichen dafür, dass die größere Nähe zu nicht-juristischen Empfängern bei Landgerichtsurteilen eine Bedeutung für die Verwendung von Paraphrasen hat (Simonnæs 2005, 168). Ein Wechsel auf die ontische Ebene erfolgt im Gerichtskontext insbesondere als Konsequenz daraus, dass im Rahmen der Entscheidungsfindung gesetzliche Normen auf den konkreten Fall bezogen werden. Begriffe (z. B. *Sache*) aus dem Gesetz, worauf sich eine Entscheidung bezieht, werden durch die konkreten Elemente ersetzt, die in dem Fall zentral sind (z. B. *Rind*). Sprachlich erfolgt dies stärker und bis zu einer konkreteren Ebene in den von Simonnæs untersuchten Landgerichts- als in den BGH-Urteilen (Simonnæs 2005, 167).

Mit Ausgangspunkt in derselben Hypothese analysiert Engberg (2013, 23–26) einen Auszug (Satz 1–9) aus dem Artikel zum strafrechtlichen *Ermittlungsverfahren* aus der deutschen Version des Internetlexikons *Wikipedia* (http://de.wikipedia.org/wiki/Ermittlungsverfahren – letzter Zugriff 17.3.2015). Hier handelt es sich im Gegensatz zur Situation bei Simonnæs (2005) um eine inhärent *fachexterne* Kommunikationssituation, die außerhalb rechtlicher Institutionalität stattfindet. Die Analyse zeigt, dass hier kein Wechsel auf die ontische Ebene, also keine Konkretisierung in Form von Beispielen, erfolgt. Stattdessen bleibt der Verfasser auch im Vermittlungstext auf der begrifflich-theoretischen Ebene. Die erfolgten Reformulierungen betreffen auch nicht die Termini aus dem Gesetz. Diese werden typischerweise wortgetreu übernommen. Dagegen werden Elemente des fachlichen Wissensrahmens explizit ausgedrückt, die in den relevanten Gesetzesparagraphen (und in entsprechenden fachinternen Lexikoneinträgen) als Hintergrundinformation implizit vorausgesetzt werden. Es handelt sich dabei u. a. um Rechtsprinzipien wie das Legalitätsprinzip, das nicht gesetzlich verankert, sondern durch die Rechtswissenschaft entwickelt worden und einem jeden Juristen bekannt ist. Und es erfolgt eine gewisse Vereinfachung des vermittelten Fachwissens. Im Gesetz und insbesondere in dem entsprechenden Artikel im fachinternen Lexikon stehen z. B. sowohl der Ablauf des Ermittlungsverfahrens als auch die zuständigen Institutionen (*Staatsanwaltschaft, Polizei, Finanzamt, Zollfahndungsstelle* (Creifelds 2002, 435) im Mittelpunkt der Darstellung. Der Wikipedia-Artikel konzentriert sich dagegen auf das Verfahren an sich, u. a. durch die Verwendung von agensvermeidenden Passivkonstruktionen. Im Wikipedia-Artikel werden daher in der Darstellung teils einige Elementen aus dem fachinternen Wissensrahmen explizitiert, teils andere Elemente implizit gehalten.

Ein ähnlicher Befund zeigt sich in einer Untersuchung der Vermittlung rechtlichen Wissens durch den BGH. Hansen-Schirra/Neumann (2004) untersuchen Pressemitteilungen des BGH, in denen die Pressestelle des BGH über ihre eigenen Entscheidungen informiert. Diese Pressemitteilungen dienen ausdrücklich der Verständlichmachung der Inhalte der Entscheidungen (Hansen-Schirra/Neumann 2004, 168). Es handelt sich damit wie bei Simonnæs (2005) um eine Konstellation mit einem institutionellen Sender, aber anders als dort um keine eigentliche institutionelle Kommunikationshandlung. Sie untersuchen insbesondere, inwiefern typische sprachliche Merkmale fachinterner Rechtstexte wie Gerichtsurteile in den Pressemitteilungen wieder gefunden werden können, als Ausdruck für eine direkte Übernahme der Auswahl und des Detaillierungsgrads von Elementen aus dem fachinternen Wissensrahmen. Für den hiesigen Zweck besonders relevant sind die folgenden Befunde:

– Die untersuchten Pressemitteilungen enthalten weniger formelhafte Ausdrücke, die typisch für Rechtstexte sind (Hansen-Schirra/Neumann 2004, 176). Bezogen auf die unterschiedlichen Kommunikationskonstellationen von BGH-Urteilen und Pressemitteilungen ist dies darauf zurück zu führen, dass formelhafte Ausdrücke nur eine Funktion ausüben können, wenn auch beim Empfänger ein Wissen über die Bedeutung der Formel besteht. In der Vermittlungssituation ist dies nicht gegeben, weshalb von den Formeln abgewichen werden kann – und wird. (ebd., 181)

- Die untersuchten Pressemitteilungen enthalten in etwa denselben Anteil von Nominalisierungen wie die Gerichtsurteile (ebd., 178). Eine komprimierte Ausdrucksform wird somit generell aufrechterhalten. (ebd., 181)
- Die Nominalphrasen in den untersuchten Pressemitteilung sind durchschnittlich weniger komplex (ebd., 178). Dies führt zu einer Vereinfachung der Texte, die auch mit einer Explizierung von Elementen aus dem Wissensrahmen einhergeht, die in den komplexen Nominalphrasen implizit enthalten sind. So kommt das Wort „Gesetzgeber" deutlich häufiger in den Pressemitteilungen als in den untersuchten BGH-Urteilen vor. (ebd., 182)

Aus der Untersuchung ist keine besondere Rolle des Einbezugs konkreter Beispiele, d. h. kein Wechsel auf die ontische Ebene, zu ersehen. Dies kann aber darauf zurückzuführen sein, dass sowohl Pressemitteilungen als auch Gerichtsurteile Gesetz und Fall in Kombination behandeln und sie deshalb ein identisches Verhalten hier aufweisen.

In den Kommunikationskonstellationen, die in den vorgestellten Untersuchungen analysiert worden sind, erfolgen insgesamt die zu erwartenden Änderungen anhand der Rekontextualisierung: Bei der Information wird eine Auswahl getroffen, die den antizipierten Interessen der nicht-fachlichen Empfänger in Form der interessierten Journalisten entspricht und dabei den Vermittlungsgegenstand zurechtschneidet. Und diese Auswahlprozesse beziehen sich auf alle drei in Abs. 3 vorgestellten Aspekte juristischen Wissens.

4.2 Fachexterne Rechtskommunikation als Verhaltensbeeinflussung

Wir haben oben in Verbindung mit dem Gegenstand der Untersuchung von Felder (2003a) ein Beispiel dafür gesehen, dass fachexterne Kommunikation außerhalb der Institutionen des Rechts zwar dominant informationsorientiert sein kann, aber gleichzeitig auch (wegen der politischen Haltung der Sender) vom Wunsch getragen sein kann, die (politische) Haltung in der Gesellschaft zu beeinflussen. Bei den jeweiligen Presseautoren gibt es u. a. haltungsabhängige und kommerzielle Motive dafür, den Gerichtsprozess in einer bestimmten Weise darzustellen und dadurch auch jedenfalls mittelbar den fachinternen Prozess der Bedeutungsveränderung aus der außergerichtlichen Position mit zu beeinflussen. Insofern haben wir schon ein Beispiel intendierter Verhaltensbeeinflussung gesehen, wenn auch dies nicht die dominierende Funktion war. Es gibt aber auch Beispiele von Konstellationen, in denen die Kommunikationsintention der Verhaltensbeeinflussung dominant ist, insbesondere bei institutionellen Sendern. Es handelt sich hier regelmäßig nicht um eine gewünschte Beeinflussung der politischen Haltung der Empfänger, sondern eher darum, dass sie sinnvoll agieren und dabei auch tatsächlich ihre Rechte wahrnehmen (vgl. das oben erwähnte Ziel *Kontrolle besitzen*). Man kann somit sagen, dass es sich bei dieser Spielart der fachexternen, aber institutionsbezogenen Rechtskommunikation um eine Erweiterung der Perspektive handelt, die für die Wahrung der gesellschaftlichen Aufgabe der rechtlichen Institution notwendig ist: Nicht nur muss wie bei den Pressemitteilungen des BGH Einsicht in das Funktionieren des Rechts geschaffen werden, sondern der Empfänger muss zum Handeln im Rahmen seiner Rechte befähigt werden. Im Folgenden werden wir uns zwei Beispiele von Untersuchungen fachexterner Kommunikation ansehen, die dieser Charakterisierung entsprechen.

Schon erwähnt wurden die Informationsbroschüren (*fiches*) über rechtliche Themen und Prozeduren des französischen *Ministère de la Justice et des Libertés de la République Française* (Preite 2012; Preite 2013). Diese Broschüren sind deshalb hier einschlägig, weil es sich um eine Art der fachexternen Rechtskommunikation handelt, bei der zwar übergeordnet expositorisch Rechtsbegriffe in ihren relevanten Hauptpunkten dargestellt werden, gleichzeitig aber auch mit dem Abbau emotionaler Hürden gegenüber juristischen Institutionen gearbeitet wird (vgl. oben). Darüber hinaus sind die Texte in ihrer Strukturierung stark auf die Vorwegnahme von möglichen Fragen prozeduraler Art ausgerichtet, die Mitglieder der Zielgruppe haben könnten. Dies ist teilweise in der Verwendung der Frageform für Überschriften ersichtlich, spiegelt sich aber auch teilweise darin, dass die *fiches* bei der Beantwortung der Fragen häufig Instruktionen dazu geben, wie man sich als Bürger als Konsequenz der Beantwortung der Fragen verhalten sollte. Mit dieser Art der fachexternen Rechtskommunikation soll also nicht lediglich über das französische Rechtssystem informiert werden. Zusätzlich sollen den Nicht-Fachleuten Instruktionen dazu gegeben werden, wie sie sich so verhalten können, dass sie ihre gesicherten Rechte ausüben können.

Eine ähnliche Art der fachexternen Rechtskommunikation wird in der Arbeit von Engberg/Luttermann (2014) untersucht. Gegenstand ist hier die Kommunikation des deutschen Bundesministeriums der Justiz mit jugendlichen Zielgruppen über die Webseite www.gerechte-Sache.de, die zwischen 2011 und 2013 aktiv war. Untersucht werden insbesondere in der Sektion „Opfer & Recht" enthaltene Seiten, auf denen über Ermittlungsverfahren und gerichtliches Strafverfahren informiert wird. Intendierte Empfänger sind Jugendliche, die sich über ihre Rechte und Pflichten informieren wollen (Engberg/Luttermann 2014, 69).

Systematische und umfassende Informationen über rechtliche Begriffe, wie z. B. bei dem oben beschriebenen Wikipedia-Artikel, sind hier zwar vorhanden, nehmen aber keine dominierende Stellung in den Texten ein. Stattdessen werden die intendierten Empfänger direkt angesprochen, und durch die Wahl der damit verbundenen Verben (Tätigkeitsverben, Direktiva und Assertiva) werden die Empfänger als aktive Mitspieler dargestellt, die eine wichtige Rolle in Verbindung mit den Verfahren (als Anzeiger und als Zeugen) haben (z. B. „Eine Anzeige kannst Du entweder schriftlich erstatten oder einfach zu jeder Polizeidienststelle hingehen und sie dort aufschreiben lassen.“) (Engberg/Luttermann 2014, 79). Den Empfängern wird somit vermittelt, dass sie handeln können und sollten, wenn sie Opfer oder Zeugen von Straftaten gewesen sind, damit die Gesellschaft die Täter verfolgen kann. Auch bei den eher sachlich-informierenden Elementen werden tendenziell solche Informationen gegeben, die die Behörde betreffen, mit der man als Opfer oder Zeuge vorerst in Kontakt kommt, d. h. der Polizei (z. B. „Das Verfahren beginnt oft mit der Erstattung einer Strafanzeige bei der Polizei“) (Engberg/Luttermann 2014, 86). Und auch bei der Auswahl von Teilen des fachinternen Wissensrahmens werden vorwiegend Elemente ausgewählt, die das Verfahren aus der Sicht des auf Genugtuung ausgerichteten Opfers darstellt. So wird z. B. in Verbindung mit der Vorstellung des Ermittlungsverfahrens kein Wert auf die Tatsache gelegt, dass die Staatsanwaltschaft als neutrale Ermittlungsinstanz tätig ist, die sowohl für den Beschuldigten be- als auch entlastende Elemente prüft und berücksichtigt (Engberg/Luttermann 2014, 79).

Diese Form der Vermittlung rechtlichen Wissens an Nicht-Fachleute dient der Wahrung der Interessen sowohl der Opfer als auch der den Fall bearbeitenden Institutionen (Polizei und Staatsanwaltschaft). Interessanterweise erfolgt die Vereinfachung der rechtlichen Sachverhalte hier (im Gegensatz zu dem, was wir oben bei der Besprechung des Wikipedia-Artikels gesehen haben) nicht lediglich nach einem Kriterium der Aussparung von Details, die zu spezifisch für die Informationsbedürfnisse der Nicht-Fachleute sind. Stattdessen werden auch Elemente ausgespart, die die Opfer dazu verleiten könnten, keine Anzeige zu erstatten, weil die Behörde nicht mit Sicherheit auf ihrer Seite steht. Damit wird die Bedeutung der Intention, durch die fachexterne Rechtskommunikation Verhalten zu beeinflussen, bei dieser Art der Kommunikation deutlich. Und damit sehen wir wiederum die Realisierung des oben angesprochenen besonderen Ziels fachexterner Rechtskommunikation, emotionale Barrieren bei den Nicht-Fachleuten abzubauen.

4.3 Fachexterne Rechtskommunikation und Multimodalität

Fachexterne Kommunikation ist durch Reformulierung und Rekontextualisierung fachinternen Wissens gekennzeichnet. Nachdem die Rekontextualisierung in der Form anderer funktionaler Kontexte vorgestellt worden ist, sollen abschließend noch Fragen der Konsequenzen aus der medialen Rekontextualisierung behandelt werden, d. h. der Wechsel vom Papierformat auf andere Medien wie z. B. das Internet. Für die fachinterne Rechtskommunikation, insbesondere auf dem Gebiet der Normenkommunikation, spielt der Wechsel in ein anderes Medium kaum eine Rolle. Normen gehören mit ihrer grundlegend logischen Struktur inhärent zum schriftlichen Medium, auch wenn sie über das Internet zugänglich gemacht werden. Die Rekontextualisierung erfolgt lediglich in der Form eines Anbietens desselben Textes in einem anderen Medium. Als Beispiel kann die Bereitstellung von deutschen Gesetzen auf der Webseite www.gesetze-im-internet.de erwähnt werden, bei dem die Möglichkeiten der hypertextualen Vernetzung zwar ausgenutzt werden, jedoch ansonsten keine Versuche der Ausnutzung des anderen Mediums mit seinen multimodalen Möglichkeiten unternommen werden. Ein wenig weiter geht die Seite www.retsinformation.dk des dänischen Justizministeriums. Hier werden für die bereitgestellten Gesetze auch Links geschaltet, die zu früheren Gesetzesversionen, zu Vorarbeiten und zu relevanten EU-Richtlinien führen. Aber auch hier gibt es keine Verweise auf Kommentare, Lexikoneinträge oder Erklärungen.

Die Ziele der fachexternen Rechtskommunikation sind jedoch wie beschrieben anders als die der fachinternen Normkommunikation. Im Gegensatz zu den Zielen der fachinternen Normkommunikation sind diese Ziele schon sensibel gegenüber einer medialen Rekontextualisierung. Im Folgenden möchte ich einige Impressionen zu der Verwendung multimodaler Kommunikationsmittel (faktische sowie mögliche) in diesem Bereich vorstellen. Es kann hier nur bei Impressionen bleiben, weil das Thema bislang forschungsmäßig recht sporadisch behandelt worden ist. Zuvor möchte ich aber noch anmerken, dass wie im Beitrag von Vogel in diesem Band angeführt andere Modi wie z. B. Bilder schon in den mittelalterlichen Rechtsbüchern wie der Sachsenspiegel eine Rolle gespielt haben. Hier soll es aber eher um multimodale Aspekte der modernen Medien handeln, insbesondere solche, die mit der Ausnutzung der Möglichkeiten des Computers zu tun haben.

Bei der *Informations-* und bei der *Verhaltensbeeinflussungsfunktion* in der fachexternen Rechtskommunikation, d. h. bei der Darlegung systematischer Merkmale von juristischen Begriffen, Situationen und Prozessen (darunter auch institutionellen Sprachhandlungen) bietet sich sehr wohl der Einsatz multimodaler Mittel an. Denn nicht-sprachliche Darstellungsweisen eignen sich gut zur Darlegung hierarchischer und chronologischer Zusammenhänge. Dies kann z. B. in der Form von Flussdiagrammen oder Netzwerkdarstellung von Begriffen erfolgen. Ein Beispiel für ein Flussdiagramm findet sich auf der dänischen Seite www.kenddinret.dk/retssystemet. Es handelt sich um eine von der staatlichen Gerichtsbehörde angebotene Darstellung des dänischen Rechtssystems und den Gang von Rechtssachen durch unterschiedliche Instanzen auf Informationsseiten zur Verwendung in den Unterricht für Jugendliche. Als Beispiel von begrifflichen Netzwerkdarstellungen können die Einträge in der Online-Version von Gablers Wirtschaftslexikon erwähnt werden (http://wirtschaftslexikon.gabler.de – letzter Zugriff 17.3.2015), das auch juristische Begriffe enthält. Hier wird bei jedem Eintrag eine Mindmap eingeblendet, die Zusammenhänge zwischen dem behandelten Begriff und verwandten Begriffen anzeigt. Trotz dieser auf der Hand liegenden Möglichkeiten bekommt man aus der Beschäftigung mit entsprechenden Webseiten über die letzten Jahre den Eindruck, dass diese Möglichkeiten in der Tat recht selten umgesetzt werden. So gilt sowohl für die in Engberg (2013) und Engberg/Luttermann (2014) untersuchten deutschen Popularisierungstexte als auch für die nicht an Jugendliche orientierten Informationsseiten der staatlichen dänischen Gerichtsbehörde, dass hier bei den Sachdarstellungen nur das schriftliche Medium verwendet wird. Texte werden zwar in Hypertextformaten mit Verlinkung dargeboten.

Aber ein Einbeziehen anderer Modalitäten bei der Erklärung kommt hier nicht vor. Es scheint somit eine gewisse Zurückhaltung oder Scheu zu geben, bei der Vermittlung von Rechtsinformationen das vertraute Medium der Schriftlichkeit zu verlassen, die aber natürlich nicht unbedingt auf inhaltliche Ablehnung anderer Medien zurückzuführen sein müssen. Fehlen entsprechender Mittel könnte auch ein Grund sein.

Interessant ist hier noch das sogenannte *Yale Visual Law Project* (http://yalevisuallawproject.org/). Es handelt sich dabei um ein an der Yale Law School in den USA angesiedeltes Projekt, das sich mit der Anwendung von Visualität im Rahmen des Rechts befasst. Interessanterweise wird dabei aber nicht mit klassischer Vermittlung fachinterner rechtlicher Wissensrahmen gearbeitet. Stattdessen wird die Visualität im Dienste der Befürwortung bestimmter rechtspolitischer Standpunkte gestellt:

> The Yale Visual Law Project seeks to advance the work of legal advocates by using film and storytelling to make collaborative and high-impact documentaries that explore pressing legal issues. (https://www.law.yale.edu/admissions/profiles-statistics/student-perspectives/yale-visual-law-project – letzter Zugriff 27.1.2017)

Diese Ausrichtung ist natürlich eine Konsequenz aus der generellen Ausrichtung der amerikanischen Juristenausbildung auf die Anwaltstätigkeit. Sie spiegelt aber auch eine Einsicht darin, wozu das Filmmedium besonders geeignet ist, und zwar zur persuasiven Darstellung von Sachverhalten, insbesondere durch die Personifizierung allgemeiner Fragestellungen. Damit werden sie vorwiegend als Element bei der verhaltensbeeinflussenden Funktion gesehen. Die Vermittlungsseiten für Jugendliche der staatlichen dänischen Gerichtsbehörde zeigen aber, dass man diese Wirkmittel auch zur reinen Information einsetzen kann. So enthalten diese Seiten kleine Filme, in denen z. B. die Arbeitsaufgaben von erstinstanzlichen dänischen Gerichten behandelt werden (http://folkeskole.kenddinret.dk – letzter Zugriff 27.1.2017).

Diese Wirkmittel bieten aber auch für die Erreichung des besonderen Ziels des *emotionalen* Hürdenabbaus Möglichkeiten aus der Rekontextualisierung im Rahmen der neuen Medien. So können Bild, Film und Ton eingesetzt werden, um einen persönlicheren und weniger trockenen bzw. beamten- und institutionenhaften Eindruck des Senders in der Kommunikation zu erreichen. Auf diesem Gebiet werden die Möglichkeiten eher ausgenutzt. So wurde bei den Jugendseiten zum Thema Opfer und Recht des deutschen Bundesministeriums der Justiz durchgängig mit Bildern insbesondere bei Links gearbeitet, die Auflockerungs- und Überraschungseffekte bewirken (Engberg/Luttermann 2014, 71). Auf den Vermittlungsseiten für Jugendliche der staatlichen dänischen Gerichtsbehörde gibt es eine durchgehende junge gezeichnete Avatar-Frau, die die Informationen zum Thema der jeweiligen Seiten vermittelt. Und die Informationen werden nur über diese auditive Modalität vermittelt. Die Ausschließlichkeit trägt zur Personifizierung der Vermittlung bei: Das Wissen existiert nicht lediglich in Isolation, sondern es ist das Wissen einer konkreten Person, die es uns mitteilen möchte. Und auch auf den Seiten der staatlichen dänischen Gerichtsbehörde, die keine jugendliche Zielgruppe haben, gibt es durchgehend Bilder vom Inneren der Gerichtsgebäude, und jedenfalls auf einigen werden auch Menschen gezeigt.

Zusammenfassend eignet sich die fachexterne Rechtskommunikation bestens für den Einsatz multimodaler Kommunikationsmittel, insbesondere wenn im Rahmen der Rekontextualisierung auf das Medium des Internets gewechselt wird. Bislang scheint aber noch eine gewisse Scheu vor der Verwendung der Möglichkeiten für die Informationsfunktion zu herrschen. Dagegen werden bei der Funktion des emotionalen Hürdenabbaus die Möglichkeiten schon jetzt stärker eingesetzt.

5 Ausblick: Merkmale fachinternen juristischen Fachwissens im fachexternen Kontext

Wie in anderen Fachbereichen ist auch im Recht die Unterscheidung fachinterner und fachexterner Kommunikationskonstellationen relevant: Recht wird nicht nur ausgeübt, sondern es wird auch von den relevanten Institutionen und von außerinstitutionellen Experten über die Ausübung informiert. Besonders für die Kommunikation im Recht ist, dass auch die fachinterne Kommunikation nicht völlig unter Ausschluss von Nicht-Fachleuten erfolgen kann und sollte. Es handelt sich somit um institutionell definierte Kommunikation, was die Bedeutungen (und damit das vermittelte Wissen) angeht. Diese institutionell definierte Bedeutung hat aber insbesondere in ihren Konsequenzen einen direkten Einfluss auf die Bürger, obwohl diese nicht Teil der eigentlichen Institution des Rechts sind (Engberg 2008a, 2009a). Auf der Grundlage u. a. der gerade genannten Arbeiten und der darin behandelten Beispiele ist die Auffassung gerechtfertigt, dass wir es hier mit fachinterner Kommunikation mit direktem Einfluss auf den und aus dem fachexternen Kontext zu tun haben. Um eine eigentliche Vermittlung handelt es sich bei der Normenkommunikation aber nicht, u. a. weil das institutionelle Verstehen ein Wissen voraussetzt und voraussetzen muss, das beim Nicht-Fachmann nicht gegeben ist (Busse 1994; Engberg 2008b; Vogel 2012).

Von fachexterner Vermittlung sollte aber gesprochen werden, wenn entweder eine Popularisierung juristischen Wissens oder eine Verhaltensbeeinflussung des Empfängers bezüglich eines Rechts bezweckt ist. Als charakteristischer Teil der letztgenannten Funktion hat sich anhand empirischer Arbeiten die Funktion herausgestellt, Entfremdung gegenüber juristischen Institutionen abzubauen. Diese Funktionen arbeiten auf der Grundlage des juristischen Wissens und seiner besonderen Aspekte (deklarativer Inhalt, funktionaler Kontext, inhärente Dynamik), die ich in Kap. 3 vorgestellt habe. Die in Kap. 4 anhand empirischer Untersuchungen vorgestellten Bereiche fachexterner Rechtskommunikation unterscheiden sich u. a. dadurch, welche der Aspekte fachinternen Rechtswissens im Mittelpunkt stehen.

Anhand der obigen Überlegungen wird ersichtlich, warum der Begriff der vermittlungsbezogenen fachexternen Rechtskommunikation zwar helfen kann, problematische Aspekte auch der Verständlichkeit von Normentexten zum Vorschein zu bringen, der Begriff aber bestimmte Aspekte der faktischen Rechtskommunikation, insbesondere auf dem Gebiet der Normsätze, schwer greifen kann. Dies hängt auch in hohem Maße damit zusammen, dass Gesetzestexte wegen ihrer besonderen Kommunikationssituation in Bezug auf die fachtexterne Relation zusätzliche Funktionen (zur Informationsfunktion) besitzen. Es handelt sich insbesondere um die Integrations- und Orientierungsfunktion, die darin besteht, dass sie „grundlegende gesellschaftliche Auseinandersetzungen zu einem vorläufigen Abschluss" bringen (Nussbaumer 2007, 23–24). Gesetzestexte vermitteln folglich zwar Verhaltensregeln, sind darüber hinaus aber auch Vermittler des Stands laufender gesellschaftlicher Auseinandersetzung zwischen Interessen, was wiederum Gegenstand fachexterner Vermittlungskommunikation werden kann.

6 Literatur

Biel, Lucja (2009): Organization of Background Knowledge Structures in Legal Language and Related Translation Problems. In: Comparative Legilinguistics. International Journal for Legal Communication 1, 176–89.

Busse, Dietrich (1992): Recht als Text. Tübingen.

Busse, Dietrich (1994): Verständlichkeit von Gesetzestexten – ein Problem der Formulierungstechnik? In: Gesetzgebung heute (2), 29–47.

Busse, Dietrich (2000): Textsorten des Bereichs Rechtswesen und Justiz. In: Klaus Brinker u. a. (Hg.): Text- und Gesprächslinguistik. Halbband I. Berlin, 658–676.

Busse, Dietrich (2002): Bedeutungsfeststellung, Interpretation, Arbeit am Text? Juristische Auslegungstätigkeit in linguistischer Sicht. In: Ulrike Haß-Zumkehr (Hg.): Sprache und Recht. Berlin/New York, 136–162.

Busse, Dietrich (2008): Semantische Rahmenanalyse als Methode der Juristischen Semantik. Das verstehensrelevante Wissen als Gegenstand semantischer Analyse. In: Ralph Christensen (Hg.): Rechtstheorie in rechtspraktischer Absicht. Berlin, 35–55.

Calsamiglia, Helena/Teun Adrianus Van Dijk (2004): Popularization discourse and knowledge about the genome. In: Discourse & Society 15 (4), 369–389.

Creifelds, Carl (2002): Rechtswörterbuch. München.

Engberg, Jan (1993): Prinzipien einer Typologisierung juristischer Texte. In: Fachsprache 15 (1/2), 31–38.

Engberg, Jan (2007a): Wie und warum sollte die Fachkommunikationsforschung in Richtung Wissensstrukturen erweitert werden? In: Fachsprache 29 (1–2), 2–25.

Engberg, Jan (2007b): Synchrone und diachrone Bedeutungsdynamik – eine Herausforderung für die Beschreibung fachlicher Kommunikation. In: LSP & Professional Communication (12), 26–60.

Engberg, Jan (2008a): Das Grundmerkmal der Dynamik in der juristischen Fachkommunikation. In: Hans Peter Krings/Felix Mayer (Hg.): Sprachenvielfalt im Kontext von Fachkommunikation, Übersetzung und Fremdsprachenunterricht. Berlin, 335–345.

Engberg, Jan (2008b): Begriffsdynamik im Recht – Monitoring eines möglichen Verständlichkeitsproblems. In: Hajo Diekmannshenke/Susanne Niemeier (Hg.): Profession & Kommunikation. Frankfurt a. M., 75–95.
Engberg, Jan (2009a): Von der Rolle des institutionellen Verstehens für das professionelle Kommunizieren im Recht. In: Jahrbuch Deutsch als Fremdsprache 34, 97–111.
Engberg, Jan (2009b): Methodological aspects of the dynamic character of legal terms. In: Fachsprache 31 (3–4), 126–138.
Engberg, Jan (2013): Legal terminology: On intelligibility and strategies for dissemination. In: 29–2013; 18–30. In: Synaps (29), 18–30.
Engberg, Jan/Karin Luttermann (2014): Informationen auf Webseiten als Input für Wissenskonstruktion im Recht. In: Zeitschrift für Angewandte Linguistik 59 (1), 63–87.
Felder, Ekkehard (2003a): Juristische Textarbeit im Spiegel der Öffentlichkeit. Studia Linguistica Germanica; 70. Berlin/New York.
Felder, Ekkehard (2003b): Juristische Sprachnormierungskonflikte in Sitzblockadenentscheidungen. In: Linguistische Berichte (194), 153–182.
Hansen-Schirra, Silvia/Stella Neumann (2004): Linguistische Verständlichmachung in der juristischen Realität. In: Kent D. Lerch (Hg.): Recht Verstehen. Verständlichkeit, Missverständlichkeit und Unverständlichkeit von Recht. Berlin/New York, 167–184.
Hoffmann, Lothar (1993): Fachwissen und Fachkommunikation. Zur Dialektik von Systematik und Linearität in den Fachsprachen. In: Theo Bungarten (Hg.): Fachsprachentheorie. Bd. 2: Konzeptionen und theoretische Richtungen. Tostedt, 595–617.
Jacobsen, Ushma Chauhan (2012): Knowledge Asymmetries. A Situated inquiry in Three Sites of Professional Communication. Aarhus: Aarhus University (Manuskript).
Kastberg, Peter (2011): Knowledge asymmetries: Beyond to have and have not. In: Fachsprache – International Journal of Specialized Communication 34 (3–4), 137–151.
Kjær, Anne Lise (2000): On the structure of legal knowledge: The importance of knowing legal rules for understanding legal texts. In: Lita Lundquist/Robert J. Jarvella (Hg.): Language, Text, and Knowledge. Berlin/New York, 127–161.
Liebert, Wolf-Andreas (2002): Wissenstransformationen: Handlungssemantische Analysen von Wissenschafts- und Vermittlungstexten. Berlin
Nussbaumer, Markus (2007): Gesetzestext und Wissenstransfer? – Welche Funktionen Gesetzestexte erfüllen müssen und wie man sie optimieren kann. In: Dorothee Heller/Konrad Ehlich (Hg.): Studien zur Rechtskommunikation. Bern, 17–45.
Preite, Chiara (2012): Le *fiches* del *Ministère de la Justice et des Libertés* della *République Francaise* come genere divulgativo: un esempio de trasmissione del sapere giuridico. In: Giuliana Diani/Chiara Preite (Hg.): La trasmissione del sapere nelle diverse comunità accademiche: Una prospettiva plurilingue. Roma, 167–184.
Preite, Chiara (2013): Comunicare il diritto: strategie di divulgazione del discorso giuridico. In: Cristina Bosisio/Stefania Cavagnoli (Hg.): Comunicare le discipline attraverso le lingue: prospettive traduttiva, didattica, socioculturale. Perugia, 245–262.
Schmatzer, Johannes (1995): Multidimensionale und integrative Untersuchungen komplexer Fachtexte am Beispiel ausgewählter Jahresberichte US-amerikanischer börsennotierter Industrieaktiengesellschaften. Wien.
Simonnæs, Ingrid (2005): Verstehensprobleme bei Fachtexten. Frankfurt a. M. et al.
Staffe, Maria Louise (2008): Retsretorik. Et retorisk fundament for juridisk argumentation. København.
Vogel, Friedemann (2012): Linguistik rechtlicher Normgenese. Theorie der Rechtsnormdiskursivität am Beispiel der Online-Durchsuchung. Berlin.

II. Sprachkonzepte im Recht

Dieter Stein

7. Sprachwissenschaftliche Aspekte rechtstheoretischer Ansätze im Überblick

Abstract: Die Sprachwissenschaft ist in vielfältiger Weise mit der Rechtswissenschaft verwoben. Neben den eher offensichtlichen Fällen, in denen sprachliche Fragen Gegenstand von Rechtsstreitigkeiten sind, fungiert Sprachwissenschaft zunächst als eine Art Hilfswissenschaft für das Recht im Bereich der Forensischen Linguistik oder der Verständlichmachung von Texten des Rechts. Eine eher fundierende Funktion hat die Sprachwissenschaft insofern in essentiellen, konstitutiven Teilen des Rechts selbst als wesentliche Kategorien und Begriffe von der Sprachwissenschaft gestiftet werden. Dazu gehören Konzepte wie „Text“ und „Interpretation“ in der gleichen Weise wie Begriffe wie „Wörtlichkeit“, wie sie bei der auf sprachlicher Evidenz basierten Beweisführung im Rahmen von Gerichtsverfahren eine Rolle spielt. Nicht nur dabei zeigen sich deutliche Unterschiede bei einem Vergleich des deutschen mit dem amerikanischen Rechtssystem.

1 Hinführung

Grundsätzlich liegt zwischen Sprache und Recht ein sehr komplexes Verhältnis in mehrfachen Spielarten und verschiedenen Einflussrichtungen vor. Eine Grundstruktur mit der Sprachwissenschaft als einer Art Matrixwissenschaft ergibt sich daraus, dass die Seins- und Funktionsweise von Recht auf Sprache als Medium beruht. Die Funktion der Sprachwissenschaft ist dabei die – in der Regel in der Rechtswissenschaft nicht als solche wahrgenommene – Stifterin von theoretischen Basisstrukturen. Es ergeben sich aber auch Effekte auf die Anwendbarkeit von unterschiedlichen sprachwissenschaftlichen Disziplinen. Unterschiedliche Rechtskulturen – hier sollen lediglich Unterschiede zwischen Deutschland und USA angedeutet werden – haben unterschiedliche geschichtliche und kulturelle Einbettungen. Diese führen ihrerseits zu unterschiedlichen Folgen für die Rolle, die sprachwissenschaftliche Analyseverfahren und Disziplinen bei der Charakterisierung der sprachlichen Verfahren

DOI 10.1515/9783110296198-007

und Prozesse in ihnen haben, wobei die Bewusstheit dieser Beziehungen zwischen Sprache und Recht im Bereich der Rechtswissenschaft wiederum sehr differenziert vorhanden ist.

2 Sprachauffassung und Rechtsauffassung

Eine erste und grundlegende Beziehung zwischen Sprache und Recht betrifft den Zusammenhang zwischen der Seinsweise des Rechts und der Sprachauffassung bzw. Sprachtheorie. Dabei muss unterschieden werden zwischen der Sprach- und Texttheorie als eigenständiger linguistischer Disziplin einerseits und der Sprachauffassung oder Sprachideologie in der betroffenen Kontaktdisziplin, den Rechtswissenschaften. Die intern in Theorie und Praxis des Rechts Denken und praktisches rechtliches Handeln bestimmenden Auffassungen von Sprache sind, wenn auch in Teilen deckungsgleich, im Prinzip doch sehr anders als die in der Sprachwissenschaft, und hier insbesondere in der neueren, von der Pragmatik bestimmten Sprachwissenschaft. Dies betrifft insbesondere originär von der Sprachwissenschaft gestiftete Konzepte, die in der Rechtswissenschaft eine besondere Bedeutung haben, wie „Wörtlichkeit", die Rolle von Wörterbüchern und die Hypostasierung eines sprachlichen Systems als fertig daliegende statische Menge von Zuordnungen von Bedeutungen und Ausdrücken. Insofern ist die domänenspezifische Sprachauffassung natürlich ein Explanandum für die Sprachwissenschaft. Ob sich daraus eine emanzipatorische Aufgabe für die Sprachwissenschaft für die Rechtswissenschaft ergibt, die sich sehr leicht und nicht ganz ohne Recht dekonstruiert fühlen könnte, ist eine mehr als heikle Frage, wie sie sich in diesem Kontaktbereich als taktisches Metaproblem immer wieder stellt. Angesichts der Bedeutung der Sprachauffassung für Theorie und Praxis des Rechts wäre es sicher wünschenswert, wenn auch in der Praxis nicht einfach, eine aufgeklärte Sprachwissenschaft in die Juristenausbildung einfließen zu lassen. Mindestens wäre es sicher durchführbar, Richtern eine moderne sprachwissenschaftliche Praxis zugänglich zu machen, darunter beispielsweise ein Wissen um die Rolle von Korpora oder die Natur von Lexika.

Nicht zu gering zu schätzen – und von uninformiertem Hochmut mancher „reinen" Sprachwissenschaft oft als „nur angewandt" oder „fachsprachenhaft" abgetan – ist der erhebliche Nutzen, den die Analyse von domänenspezifischer Sprache mit ihrem hohen Grad an Genre- und Kontextredundanz an Nutzen für unser allgemeines Wissen über sprachliche Kommunikation und die Rolle dieser Kontextredundanz bei der Stiftung von Spielraum für Sprachveränderung liefern kann.

Das Bild von Sprache, das in der Rechtswissenschaft besteht, ist selektiv von den professionellen Gegebenheiten der gesellschaftlichen Handlungsdomäne Rechtswissenschaft geprägt, z. B. von der praktischen Notwendigkeit, sprachliche Fakten als Entscheidungsgrundlage zu identifizieren, andererseits ist es aber auch generell nicht denkbar, dass eine solch sprachbasierte Disziplin von modernen Entwicklungen in der Sprachwissenschaft isoliert und auf Dauer unbeeindruckt bleiben kann. Dies gilt für den Zusammenhang zwischen der internen Seinsweise von Recht und Sprache, es gilt aber auch für die externen Aspekte des Rechtsbetriebs, bei denen die Sprachwissenschaft eine Art Hilfswissenschaft für die Rechtsentscheidungen darstellt und für Fälle, in denen die Sprache selbst Gegenstand von Rechtsstreit ist.

3 Interne wesensmäßige Beziehungen zwischen Sprache und Recht: das Recht im Text?

Von allen Kontaktbeziehungen zwischen Sprache und anderen Domänen, sei es Sprache und Wirtschaft, Sprache und Musik, Sprache und Wissenschaft usw., ist die Beziehung zwischen Sprache und Recht grundsätzlich anders: für keine der anderen Disziplinen gilt, dass Sprache für die Existenz, die Formulierung und die praktische Ausübung derart konstitutiv ist: „Die juristische Arbeit mit Normen ist also eine Arbeit in, mit und an sprachlichen Zeichen" (Vogel 2015, 11).

Die Rolle der Sprache – die letztlich selbst auch ein System von Normen zum Erreichen kommunikativer Ziele im weitesten Sinn ist – und insbesondere einer zugrundeliegenden Theorie von Sprache in Texten wird auch sichtbar bei einer Betrachtung der Existenzform des Rechts als Normensystem. Hier wird ein Zusammenhang zwischen der zugrundeliegenden Sprachauffassung und der Rechtsauffassung aufzuzeigen sein.

Die sprachliche Verpackung der Normen involviert in jedem Fall eine Übersetzung von einer abstrakten, wie auch immer gedächtnismäßigen, narrativen oder intuitiven Existenz in eine linearisierte und physisch existierende, als sprachliche Realisierung zu denkende Seinsform. Diese kann durchaus unterschiedliche Formen annehmen, gesprochen, gedacht und geschrieben. In jedem Fall involviert diese Übersetzung eine „Inskription" (Ferraris 2013, 41–44) von „ideal objects" in die Form eines „social objects", im weitestgehenden Fall in die verschriftete Form von Gesetzen oder niedergelegten Gerichtsentscheidungen, je nach Rechtssystem, und damit in die mediale Domäne von Sprache und ihren den Gegenstand in Form und Inhalt bedingenden Repräsentationsfaktoren.

Tiersma (2010) hat eine Theorie der „textualization" entwickelt, „the increasing transfer of performative authority from the social-contractual inscription to the written text, especially in the common law system" (Stein 2015, 53). Beide Ansätze (Kulturwissenschaft und Sprach- sowie Rechtswissenschaft) beschreiben aus unterschiedlicher theoretischer Provenienz den entscheidenden Schritt im Transfer des Rechts in die Bedingungswelt des Sprachlichen.

Insofern ist in einem fundamentalen Sinn die Konstitution von Recht auch ein Fall von „sprachlicher Wissenskonstitution" (Ziem 2009). Dies gilt in einem statischen und in einem dynamischen Sinn. Zum einen ist zu einem je gegebenen Zeitpunkt das sprachlich konstituierte und verpackte Rechtswissen damit gemeint, also das „law in books", ebenso das „law in action", aber auch das „law in minds" (Pound 1910). Mit Letzteren sind sowohl die Vorstellungen vom Recht als „idea" wie auch als „social objects" gemeint. Es ist andererseits auch die permanente Neuschöpfung von Recht in jedem einzelnen Rechtsprechungsakt gemeint.

Diese Unterscheidung der drei Existenzebenen des Rechts erweist sich als wichtig im Hinblick auf die Diskussion der Problematik der „wörtlichen" Interpretation wie auch für die Diskussion der Seinsform des Rechts: liegt das Recht als „law in the books" in verschrifteter Form vor, dann wird dadurch eine Auffassung nahegelegt, dass das Recht dort arretiert, gesichert und schwer veränderbar festliege und man nur in einem Subsumtionsverfahren den einzelnen Fall automatenhaft entscheiden könne. Das Recht wird gleichsam mit seiner Versprachlichung in Texten gleichgesetzt, und von dort ist es nicht mehr weit bis zu einer Ideologie, die besagt, dass der vertextete Inhalt – das „law in the books" – effektiv das Recht selbst sei und damit sehr schwer zu dynamisieren und zu verändern. Diese Sicht des Rechts korrespondiert damit einer eher traditionell philologischen, prä-pragmatischen Sicht von Texten als direkt ohne interpretatorischen oder bedeutungskonstruierenden Zwischenschritt zugänglich oder abrufbar.

Die Auffassung, dass der Text das Recht selbst sei, steht auch im Zusammenhang mit dem bereits erwähnt Prozess der „Textualisierung", der „authoritative expression of a legal act" (Tiersma 2010, 35), durch den der Text selbst eine performative Kraft erhält. Der Text ist kein „...record of a legal event. Rather, the text constitutes the transaction" (Tiersma 2010, 40). Dem Text wird dann auch unterstellt, dass der Autor den Text mit Absicht und mit Wissen um diese performative Kraft geschaffen hat. Daran ändert auch nichts das Problem, dass bei einem Gesetzestext mehrere Kandidaten für die Autorschaft im Spiel sind, wie interne Gruppen in der gesetzgebenden Körperschaft oder die „Drafters", bei denen es sich z. B. um eine „law firm" handeln kann, und dass diese Tatsache oft argumentativ gegen die Suche nach der Gesetzesintention verwendet wird. Grundsätzlich wird Textualisierung sowohl diachron (als historisch zunehmende Tendenz) wie auch synchron (als der Prozess des „Verpackens" eines Rechtsaktes oder eine Rechtssetzung in Textform) verstanden (Tiersma 2010, 34 f.). Wichtig ist, dass als eine natürliche Folge von Textualisierung eine Fokussierung auf die Wörter des Texts wenn nicht geschaffen, so doch verstärkt wird, und in der Weiterführung dieser Fokussierung natürlich der Eindruck befördert wird, in den Worten des Gesetzes selbst sei in einer physischen Realisierung ehern, unverrückbar und unverfälschlich das Recht enthalten.

Begünstigt wird diese Auffassung auch von der besonderen Bedeutung, die der wortgetreuen Performanz von rechtlichen Ritualen zukommt: die performative Kraft von Rechtsritualen und Zeremonien ist häufig an den genau wortgetreuen Vollzug von Rechtsformeln gebunden. Bekannt ist der Fall, dass Präsident Obama bei seiner Vereidigung die Formel nochmal wiederholen musste, nachdem ihm der Richter

Roberts beim ersten Mal die Formal in einer nicht wortgetreuen Form vorgesprochen und Obama entsprechend die Formel nicht wortgetreu wiederholt hatte. Im Übrigen sei an dieser Stelle nur noch darauf hingewiesen, dass in einem weiteren Kontext die Bindung des Rechts an die äußere sprachliche Form in extremen Formen von Wörtlichkeit in anderen Rechtskulturen durchaus verbreitet ist, so bei religiösen Texten wie beim Koran.

Natürlich begünstigt diese Auffassung einer Vertextung von Recht die Annahme von „wörtlichen Bedeutungen", für die es aus der Sicht einer pragmatisch orientierten Theorie von linguistischer (langue-) Bedeutung und Referenz keinerlei Berechtigung geben kann, außer dass es für die Rechtspraxis „operativ" günstig und zweckmäßig ist, eine solche anzunehmen (Slocum in Vorb.). Insbesondere ist die Auffassung, dass Alles an Bedeutung „im Text" vorhanden sein müsse, an sich schon eine aus pragmatischer Sicht unrealistische Sprachideologie, die selbst für die autonomsten, oberflächen-explizitesten Genres nicht gelten kann. Hierbei handelt es sich um einen sehr spezifischen Zusammenhang zwischen Sprachtheorie, insbesondere Theorie der sprachlichen Varietäten, und Rechtstheorie.

Und je eher die Sprachtheorie pragmatisch im linguistischen Sinn ist, umso eher sie damit die prinzipielle Konstruktivität und den Verhandlungscharakter von sprachlichen Bedeutungen sieht, umso eher wird sie auch dazu neigen, die gleiche Konstruktivität und den gleichen Verhandlungscharakter in der juristischen Theorie zu sehen, wie dies etwa die „Strukturierende Rechtslehre" (Hamann, in diesem Band) tut. Der prinzipiell eher unsemiotischere und tendenziell eher auf die Formseite von Sprache fokussierte, formalere Charakter der sprachwissenschaftlichen Theorienbildung in den USA ist deshalb eher einem „textinternen" Standpunkt in der Rechtswissenschaft affin, der sich mit einer prinzipiellen Einbindung von schwer „domestizierbaren" nichtsprachlichen Wissensbeständen und Schlussprozeduren sehr schwertut. Es gibt sicher dazu einzelne Ausnahmen (Easterbrook 1994), das Gesamtbild der Sprachauffassung im Rechtsbereich folgt jedoch eindeutig dem beschriebenen unsemiotischen Duktus.

Im Einklang damit steht auch die Einstellung zu den sogenannten „canons of interpretation" (siehe § 5), die – als sprachexterne Interpretationsprinzipien – nur als notwendiges Übel und Notbehelf in einem sprachlichen Kosmos gesehen werden, in dem idealerweise sämtliche notwendigen Informationen im Text selbst vorzufinden sein sollten. Diese „canons" werden in der Praxis natürlich permanent angewendet. Allerdings wird ihre Existenz in einer Theorieauseinandersetzung selten reflektiert. Scott (2010) gibt eine ausführliche Übersicht und Typisierung der in den USA üblichen „canons of interpretation". Sie sind ein Eingeständnis, dass der vermeintlich autonome Text an sich und der Gesetzestext im Besonderen dann doch nicht ganz so autonom sind (Tiersma 2010, 25–29; Tiersma 2001), wie es Theorien der geschriebenen Sprache üblicherweise nahelegen.

4 Externe Beziehungen zwischen Sprache und Recht – Sprachwissenschaft als Hilfswissenschaft

Hier ist in erster Linie die forensische Linguistik zu nennen (Fobbe in diesem Band), die mittlerweile immer stärker ihren Platz als eine Angewandte Sprachwissenschaft mit einer eigenständigen Theorienbildung herausarbeitet (Chaski 2013), wie es auch als Fundament einer qualitätsgesicherten und von der Richterschaft ernstgenommenen eigenständigen Ausbildung in dieser Disziplin her erforderlich ist. Dabei sind z. B. neben Kenntnissen aus dem Bereich des Rechts und seiner Institutionen spezifische Kenntnisse in bestimmten Bereichen der Sprachwissenschaft erforderlich.

Eine solche selbständige, selbstbewusste und nicht mehr bloß appendizitische Positionierung im Spektrum angewandter Wissenschaften wird zusehends gerade in Europa gefordert. Die Situation wird zutreffend geschildert von Campos und Isani:

> Curiously enough, in spite of its highly linguistic nature, this metadiscoursal activity remained largely intraprofessional in that it was essentially confined to specialists of law with little involvement of language specialists. Until relatively recently, the idea that linguists and legal professionals could share a common discipline would probably have been met with astonishment if not skepticism. (Campos/Isani 2015, 5)

Dazu gehört aber auch vor allem, dass sich der Horizont einer Rechtslinguistik erweitert über schon klassische Gegenstände hinaus wie Übersetzung von Rechtstexten (Olsen/Lorz/Stein 2009) oder die wohlfeile, aber unrealistische, Forderung nach „plain English". Moderne Problemstellungen erzwingen geradezu die Beschäftigung mit Sprachwissenschaften, so z. B. Auseinandersetzungen um „trade marks" (exemplarisch Guillén Nieto 2011). Diese Beschäftigungsfelder, wenn auch offensichtlich Prioritäten in einer vielsprachigen Welt, insbesondere auch in Europa, hatten allerdings auch oft genug zu einem Odium einer bloß „praktischen" Tätigkeit geführt, mit allen staturmäßigen und remunerativen Folgen in der Wissenschaft, insbesondere wenn sie von einer simplistischen Sprachvorstellung einer Backsteintheorie, oder besser, gar keiner Theorie, einhergingen, und damit einer eigenständigen Theorienbildung eher im Weg standen. Ein wichtiger Aspekt einer solche Entwicklung, die dem „intrinsic cross-disciplinary nexus" (Campos/Isani 2015, 6) zwischen Sprache und Recht Rechnung trägt, wäre auch die noch entwicklungsfähige gegenseitige Kenntnisnahme über die Sprach- und Kulturgrenzen hinweg, wie sie sich oft noch in den Literaturlisten als Manifestation der Diskussionshorizonte in der fachlichen Diskussion zeigen.

Die infragekommenden sprachwissenschaftlichen Ansätze können nicht nur von der Sprachwissenschaft eklektisch übernommen werden, was z. B. gerade von der internen Entwicklung der Sprachwissenschaft zufällig zur Verfügung gestellt wird, sondern sie müssen auch von einer Sprachwissenschaft, die einen sehr spezifischen Anwendungsbereich im Auge hat, in einem eigenständigen Nachfrageprozess entwickelt werden. Dazu gehören insbesondere Kenntnisse in Herstellung und statistisch angemessenem Umgang mit elektronischen Datenkorpora, oder spezifische Kenntnisse in Phonetik. Daraus ergeben sich Anforderungen an eigenständige Studiengänge, die nur sehr eingeschränkt einfach Erweiterungen bestehender Studiengänge sein dürften.

Eine andere Spielart des Zusammenhangs zwischen Sprache und Recht ist ein Falltyp, bei dem sprachliches Verhalten oder sprachliche Eigenheiten der Sprecher Grundlage von Gerichtsverfahren sind. Hier sind insbesondere in den Vereinigten Staaten von Amerika Fälle zu zählen, bei denen etwa die gesprochene Varietät – der Dialekt – der Sprecher Anlass zu beruflichen Nachteilen, zu Entlassungen oder Nicht-Einstellungen geführt hat (Lippi-Green 1997) oder in denen varietale Eigenheiten der Sprecher vor Gericht zu Nachteilen führen (Rickford/King 2016; vgl. auch der Beitrag von Schuhr und Oğlakcıoğlu in diesem Band).

Es gibt noch eine ganze Reihe von weiteren Spielarten des Zusammenhangs von Sprache und Recht, bei denen insbesondere der Zugang zum Recht und die Sicherstellung eines ordentlichen Verfahrens als ein wichtiger Aspekt der Teilhabe am politischen Prozess Gegenstand von Gerichtsverfahren ist. Dazu gehört die Verankerung von Sprachen in der Verfassung in mehrsprachigen Staaten, und dazu gehört auch das Recht von Sprechern von indigenen oder anderen Minoritätensprachen, ihre Anliegen vor Gericht und in der Verwaltung in ihrer Sprache zu vertreten. In diesen Fällen ist die Verankerung einer Sprache in der Verfassung und die Zulassung zur Gerichtssprache ein wichtiges Element in der Einstufung einer Sprache als Standardsprache. Wiederum vor allem in den USA, wenn auch weniger in Deutschland, gibt es eine Tradition der Beschäftigung mit varietaler Sprachausprägung vor Gericht bei den Instruktionen für Geschworene, denen in den USA aufgrund der Praxis der dortigen Verfahrensordnungen eine ganz besondere Bedeutung zukommt. Hier liegt eine wichtige Spielart des Effektes vor, dass unterschiedliche Rechtssysteme zu unterschiedlichen Anforderungen und Spielarten für die sprachliche Fundierung von Rechtsstruktur und Rechtspraxis führen. So ist die sprachliche Form der „jury instructions“ deshalb eine besondere Rolle und spielt in den USA ein Standardthema im Bereich Sprache und Recht, weil in einer Rechtskultur, in denen die „Jury“ eine zentrale Rolle spielt, die Geschworenen ohne Rücksicht auf Bildungsstatus ausgewählt werden. Es ist nun für die Tätigkeit der Geschworenen vor Gericht von besonderer Bedeutung, dass ihnen ihre Rechte und Pflichten bewusst sind, und sichergestellt wird, dass ihnen dies in einer Sprachform erklärt wird, die sie auch bei geringem Bildungsgrad und geringerer Sprachmächtigkeit verstehen können.

Ist hier die praktische Durchführung des Rechts betroffen, so ist im deutschsprachigen Kontext eher die Verfassung der Urteile in einer allgemeinverständlichen Form ein Anliegen, das einen breiten Zugang zum Recht garantieren soll. Die Redigierung von Gerichtsurteilen, als eine Aufgabe der Varietätenlinguistik, ist deshalb ein Anliegen dort, wo die Rechtskultur in eine plebiszitnahe politische Kultur des direkteren Zugangs der breiten Bürgerschaft zur politischen Teilhabe eingebettet ist, wie etwa in der Schweiz. Grundsätzlich bestehen vielfache Zusammenhänge der Rechtssprache mit der Standardsprache. Neben dem diagnostischen Status der Sprache der Rechtsdomäne als Indiz für den Nobilitätsstatus einer Sprache in einem Staat und einer Sprachausprägung innerhalb dieser Sprache sowie den verschiedenen Aspekten des Status von Varietäten bei und vor Gericht gilt auch grundsätzlich, dass die Sprachauffassung der Rechtswissenschaftler dadurch gekennzeichnet ist, dass sie der Ideologie der Standardsprache (Milroy 2001) sehr nahekommt und sie fast noch übertrifft. Dies gilt vor allem für die Vorstellung der festen und stabilen Verschränkung von Ausdruck und Bedeutung, die keinen Platz mehr lässt für die Verhandlung der Veränderung von Inhalten, mit der dann nur konsequenten Annahme, dass man diese zementierten Zuordnungen so auch im Wörterbuch finde (die „Backstein"-Auffassung). Es gilt gleichermaßen für die Annahme eines rigiden „one form"-„one meaning" Prinzips, und es gilt für die evaluativen Vorstellungen von „guten" und „schlechten" Sprachformen.

5 Rechtsverletzungen durch und in Sprache: Probleme der Sprachauffassung

Die sogenannten „language crimes" sind eine Spielart des Zusammentreffens von Sprache und Recht, an denen sich sprachwissenschaftliche Auffassungen in einer aufschlussreichen Weise manifestieren. Wenn Vergehen sprachlich manifestiert sind, dann ist in der Sprache ausgedrückte Evidenz ein oder das Hauptmittel, ein Vergehen so dingfest zu machen, dass Justitiabilität gegeben ist. Nun liegt es gerade bei einer Sprachauffassung, die jede sprachliche Kommunikation als primär oder gar ausschließlich in den Inhalten sprachlicher Morpheme gegeben sieht, nahe, an den „Wörtern" justitiable Befunde festzumachen.

Zur Verdeutlichung sollen zwei Beispiele angeführt werden. Der erste Fall – der „Bronston case" – ist ein Klassiker in der amerikanischen Rechtsgeschichte (No 409 U.S. 352,353 (1973), hier zitiert nach Tiersma/Solan 2012, 349):

> Q. Do you have any bank accounts in Swiss banks, Mr Bronston?
> A. No, sir.
> Q. Have you ever?
> A. The company had a bank account there for about six months, in Zurich. [...]
> In fact, Bronston had once had a large personal bank account in Switzerland, where over a five-year period he had deposited more than $180,000.

Bronston wurde zunächst wegen Falschaussage schuldig gesprochen und verurteilt. Die nächste Instanz, der Supreme Court, sprach ihn jedoch frei, weil das Gericht danach gehen müsse, was effektiv – propositional – gesagt wurde, nicht was inferiert wurde.

Ein noch eklatanterer Fall von Wörtlichkeitsverhaftetheit wird von Kischel (2015, 190) berichtet. Durch „...ein Gesetz, das es für strafbar erklärte, ‚to stab, cut, or wound any person'" wird ein Fall als nicht subsumierbar gesehen, in dem ein Angeklagter einer anderen Person die Nasenspitze abbeißt:

> In einem als Klassiker geltenden Fall [...] sah das englische Gericht dies in Anwendung der sog. literal rule aber keineswegs so. Vielmehr ging es davon aus, daß nach dem Wortlaut des Gesetzes irgendein Instrument verwendet werden mußte, was beim Abbeißen nun einmal nicht der Fall sei. (Kischel 2015:190)

Ein deutsches Gericht würde diesen Fall mit Sicherheit anders entschieden haben.

Dies gilt auch für den „Bronston case". Für ein deutsches Gericht würde in jedem Fall eine unwahre Aussage vorliegen. Für amerikanische Gerichte ist es tatsächlich eine reale Möglichkeit, dass das Gericht „wörtlich" vorgeht und sich nur an die effektive Aussage – also die durch Morpheme ausgedrückte Proposition – hält. Dieser Unterschied in den beiden Einstellungen zur Sprache soll im Folgenden als eine „wörtliche" gegenüber einer „pragmatischen" Sprachauffassung bezeichnet werde. Letztere folgt dem normalen, nicht-wörtlichen, Sprachgebrauch und sieht eine Lüge als dann gegeben an, wenn die vom Sprecher gemeinte und vom Hörer in der vom Sprecher als unwahr beabsichtigt rekonstruierten Äußerungsabsicht nicht wahr ist, und zwar in einer angesichts des geteilten Redekontextes unvollständigen Art. Es ist völlig klar, dass dieser Sprachauffassung damit einem nicht „objektivierbaren" hermeneutischen Prozess der Vorrang zu einem Verständnis von Sprache mit perzipiert „objektiveren" Sprachdaten der Vorrang gegeben wird. Dies ist im normalen, nicht-juristischen, Sprachgebrauch der Normalfall. Offensichtlich ist nun im amerikanischen Bereich die Tendenz erkennbar, der wörtlichen Sprachauffassung eine viel stärkere Bedeutung bei der Interpretation von sprachlichen Befunden einzuräumen als etwa im deutschen Bereich.

Natürlich ist die Tendenz, als Beweisgrundlage sich „objektiv" vorliegende Wörter an der sprachlichen Oberfläche zu halten, und nicht an inferierte Endprodukte von hermeneutischen Bedeutungsbildungsprozessen, im Rahmen von Rechtsverfahren verständlich. Es liegt hier also eine Art domänenspezifische – und letztendlich auch genre-typische – Sprachauffassung vor, die als eine notwendige „déformation professionelle" und letztlich als eine Übertragung von Beweistendenzen in den Bereich der Sprache hinein gesehen werden muss.

Das Beispiel mit der Schweizer Bank muss natürlich auch mit einem anderen linguistisch-pragmatischen Hintergrund gesehen werden. Für den deutschen Betrachter handelt es sich eindeutig um eine Verletzung der Maxime der „quantity" im Grice'schen Sinne: nach dem normalen Sprachgebrauch sagt der Sprecher deutlich weniger an der sprachlichen Oberfläche, als in einem Normalkontext zu erwarten wäre. Nun kann man aber argumentieren, dass der Befragte sich durchaus an eine genre-spezifische Ausformung der Maximen hält. Dabei könnte unterstellt werden, dass das, was eben als domänenspezifische Literalitätstendenz beschrieben wurde, unter dem Gesichtspunkt des „Cooperative Principle" als eine domänenspezifische

Ausformung von Genres zu verstehen ist. Diese kann sich dann der Befragte – legitimerweise – zunutze machen. Dies aber nur in einer amerikanischen, und nicht in einer deutschen Rechtskultur. Dass Genres in unterschiedlichen Domänen auch nach ihren Kooperationsregeln definiert sind, erscheint angesichts z. B. der amerikanischen Praxis im „cross-exam" augenscheinlich.

Dass allerdings Konkludenz allein mit sprachlicher Evidenz in den seltensten Fällen erreicht werden kann, wird an einem zweiten Bereich sichtbar. So hat Muschalik (im Druck) herausgearbeitet, dass nur in den wenigsten Fällen der Sprechakt einer Drohung effektiv durch eine solche sprachlich gekennzeichnete sprachliche Handlung angezeigt ist. So ist im Sinne der Sprechakttheorie der Sprechakt der Drohung in den seltensten Fällen durch eine explizite Benennung der Drohung als Drohung charakterisiert, also „Ich drohe Dir, Dich umzubringen", oder „Wenn Du mir nicht das Geld gibst, dann..." , sondern eher durch Aussagen wie „I know where your daughter lives", die keinerlei sprachlich realisierte Drohung enthalten, sondern wo die Sprecher intendieren, dass der Hörer eine Drohung inferiert. Für die praktische Arbeit des Gerichts ist aber das Vorliegen eines „objektiven" Tatbestandes einer „wörtlichen" Realisierung – der Benennung als Drohung – immer einfacher zu handhaben als das Sich-Verlassen auf eine „pragmatische", aber im Sprachgebrauch normale, kontextuelle erwartbare Interpretation. Insofern ist eine literalere Sprachauffassung auch hier zwar aus den prozessualen Bedürfnissen der Domäne verständlich, wenn auch vom Sprachgebrauch her eher unrealistisch.

Eine verwandte Spielart der Tendenz zur Präferierung einer literaleren Sprachauffassung wurde von Tiersma (2004) als „selective literalism" beschrieben und von Ainsworth (2008) detailliert dokumentiert. So wurden vor Gericht Äußerungen wie „I think I would like to talk to a lawyer" (zitiert in Solan/Tiersma/Ainsworth 2015, 50) keinesfalls als eine Aufforderung zur Wahrnahme der sogenannten „Miranda" Rechte interpretiert, also direktiv das Verlangen nach einem Rechtsanwalt in diesem Fall, sondern nur – wohl aufgrund des „I think" – als wenig verpflichtende Gefühlsäußerung, also eher als durch eine „Hecke" abgeschwächter expressiver Sprechakt.

Diese Tendenz zur größeren Literalität im Rechtsbereich hat natürlich auch eine schichtenspezifische Dimension. Nicht jeder Sprecher ist in der Lage, sich an diese domänen- und genrespezifische Sprachausgestaltung in der besonderen Situation einer Interaktion im exekutiven Rechtsbereich anzupassen und in ihr erfolgreich zu bestehen. Das Verbleiben auf einem „pragmatischeren" Sprachmodus, der sich auf das kontextuelle Erschließen von Bedeutungselementen verlässt, führt leicht zu Nachteilen und zu einer Verstellung des Zugangs zum Recht. An dieser Stelle soll der Hinweis genügen, dass man natürlich fragen kann, in wieweit das Wissen um dieses Defizit im Umgang mit einem Sprachstil von der Exekutive bewusst ausgenutzt wird, um Ziele zu erreichen.

Es ist eher ein Hinweis auf die Bewusstheit der Normalität der „Wörtlichkeit" vor allem im amerikanischen Rechtsbereich, dass auch die genaue gegenteilige Strategie eingesetzt wird, um auf semi-legale Weise Ziele der Rechtsexekutive zu erreichen, wie Davis/Leo (2012, 256–366) zeigen.

Auf einer allgemeinen Ebene schließlich zeigt sich eine allgemein zur „Wörtlichkeit" tendierende Sprachauffassung schließlich in der Auseinandersetzung um „textualism" gegenüber „originalism" und „intentionalism" (Bennett 2012). Bei aller internen Differenzierung der Positionen kann man grundsätzlich sagen, dass der amerikanische Rechtsraum auf allen Ebenen grundsätzlich stärker zu einer prinzipiellen Betonung des im Text, also an der sprachlichen Oberfläche Gesagten neigt und der Rolle der Pragmatik bei der Konstruktion der Äußerungsabsicht ein größeres Misstrauen entgegenbringt als der deutsche Sprachraum. So zeigt sich Miller überrascht (1990, 1: „the puzzling persistence of maxims of statutory interpretation"), dass sich die Maxims of Interpretation (siehe den Beitrag von Christensen in diesem Band) so lange gehalten haben und sogar wieder neue Bedeutung zu erlangen scheinen. Insbesondere weist Miller (1990, 2) auf den zunächst wenig zu erwartenden Effekt hin, dass die Tendenz zu einer Hinwendung zum Textinhalt („textualism") interessanterweise wieder die Rolle der „maxims of interpretation", also letztendlich nichtsprachlicher Inferenzprozeduren, in den Vordergrund der Diskussion zu rücken scheint. Dies gilt vor allem bei der Auslegung der amerikanischen Verfassung, dem „constitutional law".

6 Unterschiedliche Rechtskulturen

Es wurden wiederholt Unterschiede zwischen deutscher und amerikanischer Rechtskultur oder Rechtsstile (Kischel 2015, 157 f.) angedeutet. Zu den grundsätzlichen Unterschieden zwischen den beiden Rechtssystemen gehört in Deutschland die Bindung der Rechtsprechung an Gesetze, während im amerikanischen „common law" die Präzedenzbindung gilt. Natürlich gibt es auch im angloamerikanischen Common Law Raum Gesetze. Nur: „Das Fallrecht bildet die Basis des common law. Das Gesetzesrecht dient demgegenüber vor allem dazu, das Fallrecht punktuell zu ändern" (Kischel 2015, 260). Es liegt eine vom Civil Law fundamental unterschiedene kulturelle Einbindung des Rechts in die Gesellschaft vor: „Das common law wird insofern als eine Art naturrechtlicher Ausdruck der speziellen Vorstellungen und Lebensumstände des englischen Volkes angesehen, als ein überlegenes, demokratisches Produkt, das die Freiheit des einzelnen schützt" (Kischel 2015, 260). Das hat zunächst einmal eine sehr unterschiedliche Rhetorik zur Folge. In der Theorie wird im deutschen Rechtsraum per Syllogismus „wenn-dann" in einem Prozess der Subsumption entschieden. Die Auseinandersetzung vor Gericht, vor der Jury, vor dem Richter, die überzeugt werden müssen, sind im Common Law Raum der Hauptort der Argumentation und weisen dem Streit über den Stellenwert von verschiedenen Präzedenzfällen den entscheidenden Stellenwert zu.

Der sich linguistisch auswirkende Hauptunterschied liegt nun darüber hinaus in der Tatsache, dass diese Argumentationen zu wesentlichen Teilen in oralen Genres vor Gericht ausgetragen werden. In einem deutschen Verfahren passiert vor Gericht dagegen vergleichsweise wenig. In einem Common Law Verfahren kommt in einem Kontext ausgeprägten Richterrechts dem oralen rhetorischen Argumentationsgeschick ein entscheidender Stellenwert zu. So weist Kischel (2015, 312) darauf hin, dass „[...] der Richter gar nicht erst versucht, herauszufinden und zu entscheiden, was objektiv wahr, was wirklich passiert ist.[...] Stattdessen geht es darum, welche Partei überzeugender vorgetragen hat." Diese Besonderheit des Common Law Prozesses hat – neben den ausbildungsinhaltlichen Aspekten – nun für die disziplinäre Relevanz linguistischer Teilgebiete drastische Folgen. Für das ein Common Law Rechtssystem ist die Relevanz von diskursanalytischen Ansätzen insbesondere gesprochener Genres wesentlich wichtiger als für den deutschen Raum. Infolgedessen ist auch in der sprachwissenschaftlichen Literatur zu Sprache und Recht für den amerikanischen Raum ein deutliches Übergewicht an diskursanalytischen Untersuchungen zum Rechtsgeschehen zu beobachten. Als ein Hinweis auf den Stellenwert der Analyse von gesprochenen Genres vor Gericht in einem amerikanischen Gericht kann allein schon die Tatsache gelten, dass in dem am amerikanischen Common Law orientierten „Handbook of Language and Law" (Tiersma/Solan 2012) sechs Kapitel allein der Analyse gesprochener Sprache im Rechtsprozess zugewiesen sind.

Der Vollständigkeit halber sei nur noch daraufhingewiesen, dass es zwischen den Common Law Ländern zwar auch durchaus Unterschiede zwischen den USA und Großbritannien gibt. So in der Rolle der Supreme Courts in beiden Ländern: im Gegensatz zum Vereinigten Königreich, in dem es keine geschriebene Verfassung gibt, ist es die Aufgabe des Supreme Court in den USA, Gesetze auf ihre Vereinbarkeit mit der Verfassung zu überprüfen. Insofern ist dann auch eine „judicial review", obwohl in beiden Rechtskulturen der Ausdruck existiert, in den USA eine solche Überprüfung eines Gesetzes durch den Supreme Court, während in Großbritannien damit eine Überprüfung von Entscheidungen durch Exekutive und Verwaltung durch den UK Supreme Court gemeint ist (Charret-del Bove und Francoz-Terminal 2015). Diese lokalen Unterschiede im Common Law Bereich berühren jedoch nicht die getroffenen Feststellungen hinsichtlich der Charakterisierung dieses Rechtstyps in Bezug auf Eigenheiten der Sprachverwendung und der Folgen für sprachwissenschaftliche Disziplinen.

Darunter fallen auch die Analysen sprachlichen Verhaltens bei Polizeimaßnahmen und Verhören, bei denen insbesondere die sprechakttheoretische Untersuchung (etwa ob ein direktiver oder expressiver Sprechakt vorliegt, s. o.) eine große Rolle spielt. Der Sprechakttheorie, die im juristischen Bereich oft als einziger Zweig der Pragmatik bekannt ist, kommt traditionell eine größere Bedeutung zu, etwa auch bei der Charakterisierung der Frage, welcher Sprechakt ein Gesetz sei. Wird ein normativer Zustand beschrieben (repräsentativer Sprechakt)? Handelt es sich um eine Verhaltensanweisung (direktiver Sprechakt)? Oder handelt es sich um den Ausdruck eines gesellschaftlichen Wunsches, dass die Welt so sein möge (expressiver Sprechakt)?

Weitere, im Rechtsstil begründete Unterschiede in der Bedeutung von sprachwissenschaftlichen Disziplinen sind natürlich Unterschiede in der Verfahrensweise. So ist das amerikanische Kreuzverhör ein eminent wichtiger und häufiger Gegenstand von diskursanalytischen Untersuchung. So ist in einem Land mit großer Bedeutung des Geschworenengerichts die sogenannte „Jury-Instruction“ besonders wichtig.

Grundsätzlich scheint im gesamten amerikanischen Rechtssystem die Präokkupation mit Sprache und Sprachlichem auf allen Ebenen (von oralen Gernes bis hin zur Betonung des Wörtlichen) geradezu ein Stilmerkmal des dortigen Rechtsstils zu sein. Eine Begründung für diesen durchgehenden Zug mag spekulativ darin gesehen werden, dass dies ein kompensatorischer Effekt für den geringeren Grad an gesetzlicher Verschriftlichung ist.

7 Literatur

Ainsworth, Janet E. (2008): “You have the right to remain silent…But only if you ask for it just so”: The role of linguistic ideology in American police interrogation law. In: International Journal of Speech, Language and Law 15, 1–21.

Campos, Miguel Á./Shaeda Isani (2015): Aspects of language and the law: Exploring further avenues. In: Isani/Campos, 5–12.

Charret-Del Bove, Marion/Laurence Francoz-Terminal (2015): How common is the Common Law? Some differences and similarities in British and American superior court decisions. In: Isani/Campos, 59–82.

Chaski, Carole E. (2013): Best practices and admissibility in forensic author identification. In: Journal of Law & Policy, Brooklyn Law School.

Davis, Deborah/Richard A. Leo (2012): Interrogation through pragmatic implication: Sticking to the letter of the law while violating its intent. In: Tiersma/Solan, 354–366.

Easterbrook, Frank (1994): Text, History, and Structure in Statutory Interpretation. 17 Harvard Journal of Law and Public Policy 61.

Ferraris, Maurizio (2013): Documentality. Why It Is Necessary to Leave Traces. Fordham.

Guillén Nieto, Victoria (2011): The linguist as expert witness in the community trademark courts. In: International Journal of Applied Linguistics 162, 63–83.

Isani, Shaeda/Miguel Ángel Campos (2015): Special issue: Language and the law. In: Revista Alicantina de Estudios Ingleses 28. Departamento de Filologia Inglesa Universidad de Alicante.

Kischel, Uwe (2015): Rechtsvergleichung. München.

Lippi-Green, Rosina (1997): English with an Accent. London.

Milroy, James (2001): Language ideologies and the consequences of standardization. In: Journal of Sociolinguistics 5/4, 530–555.

Olsen, Frances/Alexander Lorz/Dieter A. Stein (2009): Translation Issues in Language and Law. Basingstoke.

Pound, Roscoe (1910): Law in books and law in action. In: American Law Review 44, 12–36.

Rickford, R. John/Sharese King (2016): Language and lingustics on trial: hearing Rachel Jeantel (and other vernacular speakers) in the courtroom and beyond. In: Language 92:4, 948–988.

Scott, Jacob J. (2010): Codified canons and the common law of interpretation. In: The Georgetown Law Journal 98, 341–431.
Slocum, Brian (in Vorb.): Pragmatics and legal texts. In: Janet Giltrow/Dieter Stein (Hg.): The Pragmatic Turn in Law. Inference and Interpretation in Legal Discourse. Berlin.
Solan, Lawrence M. (2010): The Language of Statutes. Chicago/London.
Stein, Dieter A. (2015): "Words, words, words" – But what's in a legal text? In: Lawrence M. Solan/ Janet Ainsworth/Roger Shuy (Hg.): Speaking of Language and Law. Conversations on the Work of Peter Tiersma. Oxford, 51–55.
Tiersma, Peter M. (2001): A message in a bottle: Text, autonomy, and statutory interpretation. In: Tulane Law Review 76, 431–483.
Tiersma, Peter M. (2004): Cops and robbers: Selective literalism in American criminal law. In: 38 Law and Society Review 229, 1–24.
Tiersma, Peter M. (2010): Parchment, Paper, Pixels: Law and the Technologies of Communication. Chicago.
Tiersma, Peter M./Lawrence M. Solan (2012) (Hg.): The Oxford Handbook of Language and Law. Oxford.
Tiersma, Peter M./Lawrence M. Solan (2012): The Language of Crime. In: Tiersma/Solan, 340–353.
Vogel, Friedemann (2015): Zwischen Willkür, Konvention und Automaten: Die interdisziplinäre Suche nach Bedeutungen in Recht und Gesetz. In: Friedemann Vogel (Hg.): Zugänge zur Rechtssemantik. Interdisziplinäre Ansätze im Zeitalter der Mediatisierung zwischen Introspektion und Automaten. Berlin/New York, 3–19.
Ziem, Alexander (2009): Sprachliche Wissenskonstitution aus Sicht der Kognitiven Grammatik und Konstruktionsgrammatik. In: Ekkehard Felder/Marcus Müller (Hg.): Wissen durch Sprache. Theorie, Praxis und Erkenntnisinteresse des Forschungsnetzwerkes „Sprache und Wissen". Berlin, 171–204.

Hans Kudlich

8. Sprache und Sprachwissenschaft in der juristischen Ausbildung

Abstract: Recht – und das gilt besonders plastisch für geschriebenes Gesetzesrecht – ist in natürlicher Sprache verfasst. Damit gilt für die Anwendung des Rechts, für den normativen Gehalt der in ihm verwendeten Begrifflichkeiten, für die Entscheidung über Bedeutungskonflikte etc. erst einmal nichts anderes als für andere sprachliche Äußerungen. Obwohl diese Implikationen nicht nur für das Selbstverständnis der Juristen als Berufsstand, sondern auch für das Verständnis der Rechtsanwendung durch Studierende der Rechtswissenschaft durchaus von Interesse wären, werden sie jedenfalls in der Ausbildungsliteratur zu den dogmatischen Fächern nicht abgebildet. Die Vagheit der Sprache wird zwar meist erwähnt – Folgerungen für das Verständnis des Auslegungsvorganges, für die Bestimmung der sog. Wortlautgrenze etc. werden aber meist nicht gezogen. Dennoch scheinen junge Juristen ‚ihr Handwerk' mehr oder weniger gut zu lernen. Das spricht dafür, dass die gängigen Metaphern (z. B. ‚Auslegung als Sinnermittlung') die Realität (‚Auslegung als Entscheidung über einen Bedeutungskonflikt') offenbar akzeptabel abbilden.

1 Bedeutung von Sprache und Sprachwissenschaft für das Recht und Relevanz für die juristische Ausbildung

Recht ist – und dies gilt insbesondere für die geschriebenen gesetzlichen Regelungen eines auf Gesetzesrecht basierenden Rechtssystems wie etwa dem deutschen – in Sprache verfasst. Und es ist, auch wenn man dies z. B. bei einem Blick in so manche Vorschrift des Einkommensteuergesetzes nicht spontan glauben mag, in ‚natürlicher Sprache' verfasst, also etwa nicht in einer künstlichen Computersprache. Die damit einhergehenden vielfältigen Implikationen können und müssen an dieser Stelle nicht ausführlich dargestellt werden, finden sich jedoch in verschiedenen Kapiteln dieses Bandes (insbesondere in den Beiträgen von Busse, Felder, Wimmer und Christensen).

DOI 10.1515/9783110296198-008

Vielmehr soll an dieser Stelle nur skizziert werden, welche Aspekte aus dem Themenfeld ‚Recht und Sprache' auch über das Interesse an wissenschaftlicher Grundlagenforschung hinaus für das bessere Verständnis der Rechts*anwendung* und damit – da wir an unseren Universitäten im Wesentlichen Rechtsanwender ausbilden – auch für die Ausbildung potentiell von Bedeutung sind.

1.1 Juristische Methodik und Sprachtheorie

1.1.1 Juristische Methodik als Sprachtheorie der Juristen

Weil das Recht in Sprache formuliert ist, bringen Annahmen darüber, wie ‚Recht funktioniert' bzw. wie mit den in Sprache verfassten Gesetzen gearbeitet werden kann, auch eine bestimmte Sprachtheorie zum Ausdruck (vgl. zum Folgenden näher bereits Christensen/Kudlich 2002, 230 ff.): So wird im Gesetz verbreitet ein zweifelsfreier *Maßstab* und Gegenstand der Gesetzesbindung des Richters gesehen, der als ‚gesetzgeberische Weisung' oder Direktive in der Lage ist, dem Richter für sein Tun einen *Maßstab* (und damit zugleich Entlastung von seinem Legitimationsdruck) zu verschaffen. Diese Sichtweise korrespondiert – jedenfalls bei einem engen/idealtypischen Verständnis – mit einer Theorie sprachlicher Bedeutung, in der Letztere im Text objektiv vorgegeben ist, so dass der Richter keine Entscheidung zu treffen, sondern nur eine Erkenntnis nachzuvollziehen hat. Dies wiederum setzt die Vorstellung einer vollen und mit sich selbst identischen Textbedeutung als sicherem Ausgangspunkt für weitere Ableitungen und juristische Entscheidungen voraus. ‚Normativität' ist nach diesem Verständnis sowohl vom Entscheidungssubjekt als auch vom Argumentationsprozess vollkommen abgelöst und in die Sprache projiziert.

Dies hat Konsequenzen sowohl für das Ziel als auch für die Mittel der Auslegung (zum Folgenden ausführlicher Christensen/Kudlich 2002, 230, 231 ff.): In der Vorstellung von einer im Text feststehenden Bedeutung, die für den Einzelfall nur ‚erkannt' und nachvollzogen werden muss, kann die Rückkopplung entweder an den Verfasser oder an den objektiven Text selbst erfolgen. Demgegenüber entfällt die mit dem Lesen verbundene Sinnverschiebung (vgl. dazu *Frank 1982*, 123 ff., 134 f.; Gloy 1997, 27 ff., 30; Wellmer 1985, 48 ff., 81) und damit eine nähere Auseinandersetzung mit dem Lesevorgang.

Die sog. *subjektive Lehre*, die nach dem tatsächlichen Willen des historischen Gesetzgebers fragt, stellt einer Sinnverschiebung durch den Leser als sicheren Ursprung das Prinzip der Autorschaft entgegen. Der Autor fungiert als Einheit und Ursprung der Bedeutung. Die Gedanken des Autors stehen hinter den Zeichen des Normtextes und machen sie zu einem sinnvollen Ganzen (vgl. zum damit gesetzten Repräsentationsmodell Haug 1962, 329, 330 f.). Die in der Sprachphilosophie gegen ein solches Verständnis vorgebrachten Einwände werden auch schon seit Jahrzehnten in der Rechtswissenschaft formuliert:

> Gegen die realpsychische Zurechnung des Gesetzes auf den Willen ist jedoch insbesondere der Einwand zu erheben, dass sie an dem Wesen der Rechtssetzung vorbeisieht und damit die sprachlichen Qualitäten des Gesetzes verkennt [...]. Die Setzung bedeutet als Vorgang der sprachlich-logischen Sphäre eine Objektivierung, welche ihren Gegenstand dem Vorgang subjektiver Willensbildung entzieht und ihm ein Eigendasein zuweist (vgl. Forsthoff 1940, S. 45).

Demgegenüber sieht die (in den methodischen Exkursen der rechtsdogmatischen Literatur herrschende) sog. *objektive Lehre* den sicheren Ursprung der Entscheidung im Gegenstand der Auslegung: dem Text. Aus dem soeben angeführten Argument, dass der gesetzgeberische Wille gerade in einem Textformular mit allgemein verständlichen Zeichen niedergelegt ist, wird hier also gefolgert, das Ziel der Auslegung könne nicht die Wiederherstellung eines vom Autor intendierten Wortsinnes, sondern nur der dem Text immanente objektive Sinn des Gesetzes selbst sein. Dies erinnert an das Prinzip der diskursiven Verknappung, das Foucault (1977, 16 ff., insb. 18.) unter dem Stichwort ‚Kommentar' beschrieben hat. Es geht nicht um die Produktion einer Entscheidung, sondern um die Affirmation eines bereits Vorentschiedenen (krit. zum Bild des „Nachsprechens" aber Kirchhof 1987, 23).

Wie man es dreht und wendet: In der Konsequenz sind – jedenfalls idealtypisch betrachtet – für das tradierte Sprachverständnis der juristischen Lehre die *Instrumente der Auslegung* eine Art von Förderband, welches die in der Sprache enthaltene normative Bedeutungssubstanz zum Anwender schafft. Insgesamt werden die Canones der Auslegung damit substantialisiert als Instrumente zur Feststellung eines vorgegebenen Bedeutungsgehalts.

1.1.2 Sprachtheorie und Auswirkungen auf eine rechtsmethodische ‚Theorie der Praxis'

Solche Vorstellungen werden allerdings der Realität natürlichen Sprechens nicht gerecht (vgl. Christensen/Kudlich 2002, 230, 234 ff., dies. 2001, 128 ff.), und dies insbesondere nicht in der für Juristen – soweit eine streitige Auslegung im Raume steht – typischen Situation der ‚Krise'. Hier verläuft die Kommunikation nicht als reibungslos eingespielte Gewohnheit, in der Unklarheiten entweder einvernehmlich beseitigt oder als irrelevant behandelt werden. Vielmehr kommt es zum juristischen Konflikt gerade dann, wenn über die Fortsetzung der Kommunikation Streit besteht. Dieser wurde durch die Einschaltung von professionellen Juristen, durch Anfertigung von Schriftsätzen, durch Ausgestaltung eines Verfahrens usw. allmählich auf den Gesetzestext hingeführt, über dessen Lesart man sich nicht einig ist.

Da mag es zwar eine erste und naheliegende Reaktion sein, zu fragen, was die Wörter, um die Streit besteht, wirklich bedeuten und damit ihre Bedeutung zu isolieren. Allein durch die Sprache lässt sich der Streit jedoch nicht entscheiden. Wörterbücher sind keine ‚Sprachgesetzbücher', und in der Sprachwissenschaft ist heute allerdings anerkannt, dass sich eine funktionierende Sprache nur als Gesamtheit beschreiben lässt (vgl. zur Holismus-Debatte etwa Schaedler-Om 1997, V. Mayer 1997), die einem Netz gleicht, dessen Architektur vom einzelnen Nutzer – mehr oder weniger relevant – mitgestaltet wird. Sind nun aber Sprachregeln eine soziale Praxis, die vom Sprecher mitgeformt wird, und ist jede Beschreibung wegen des holistischen Charakters der Sprache mit der Einschränkung der Beobachterperspektive zu versehen, so bleibt dies nicht ohne Folgen für die in der juristischen Sprachtheorie gesuchte Normativität. Zwar hat Sprache natürlich mit Normativität zu tun und ist gewissermaßen ‚tendenziell normativ': Wenn ein Sprecher das Wort ergreift, postuliert er damit üblicherweise, dass er die Sprache korrekt verwendet. Die daraus entstehende Normierung der Begriffsverwendung dient indes nur den Zwecken der Vereinfachung und der Stabilisierung von Kommunikation und kann jederzeit gekündigt werden, wenn die Zwecke der Kommunikation es fordern oder erlauben. Da Juristen aber regelmäßig gerade erst im Kommunikationskonflikt auftreten, in dem unterschiedliche Sichtweisen des Sachverhalts und unterschiedliche Lesarten des Normtextes antagonistisch aufeinander treffen, kann man sich für diese Zwecke nicht darauf beschränken, auf die Normativität als implizite Tendenz der Sprache zu verweisen, sondern muss eine Entscheidung treffen – und diese begründen. Damit trifft sich die ‚normativistische Wende' der analytischen Philosophie mit den Ergebnissen der Linguistik. Denn dort wurde schon immer betont, dass eine Sprachnorm nicht durch Sprachgründe gerechtfertigt werden kann, sondern Sachgründe aus dem jeweiligen Sprachspiel braucht.

Juristisches Entscheiden ist semantische Arbeit *an* der Bedeutung sprachlicher Ausdrücke. Diese Arbeit besteht in der Entscheidung von Bedeutungskonflikten zur Festlegung auf normtextadäquate Sachverhaltstransformationen. Erforderlich sind legitimatorische Standards, die angesichts der Vielfalt und Divergenz des Sprachgebrauchs immer wieder gesetzt und auch durchgesetzt werden müssen. Solange Äußerungen überhaupt verständlich sind, ist jeder Versuch zu ihrer Korrektur oder Zurückweisung bereits der erste Zug in einem Normierungskonflikt, der auf bestimmte Standards der Legitimierung pocht. Normativität ist also in der Tat kein Naturprodukt der Sprache, das man abbauen kann wie Bodenschätze. Sprache ist ein Marktphänomen. Legitimität kann man sich dort nicht umsonst besorgen. Man bezahlt mit Argumenten.

Für den Gegenstand juristischer Textarbeit hat das zur Folge (vgl. Christensen/Kudlich 2002, 230, 239): Ihr Anknüpfungspunkt ist nicht die Bedeutung (die vielmehr erst am Ende juristischer Arbeit steht), sondern das Textformular, die bloße Zeichenkette. Das heißt nun nicht, dass dem vom Gesetzgeber geschaffenen Normtext keinerlei sprachliche Bedeutung zukäme (vgl. auch Somek 1996, 59 Fn. 284 und ders./Forgo 1996, 36), ganz im Gegenteil: Normtexte haben in der Situation juristischer Entscheidung eher zu viel als zu wenig Bedeutung. Mit dem Normtext als Zeichenkette wird eine große Anzahl von Verwendungsmöglichkeiten verknüpft, die der Text in die Entscheidungssituation mitbringt. Diese schließen einander – zumindest im Streitfall – wechselseitig aus, in die Entscheidungssituation vom Normtext ‚mitgebracht' wird also nicht ‚die Bedeutung', sondern der Konflikt um diese, den der Richter am praktischen Fall entscheiden muss.

Wenn das, was die Sprache des Gesetzes für den neuen Fall bedeutet, erst noch ausdiskutiert werden muss und die beteiligten Parteien dafür Argumente liefern, bedeutet das für den Richter, dass er den Weg zur Bedeutung nicht auf der Route monologischer Erkenntnis beschreitet, sondern wesentlich auch auf die Beteiligten und deren Argumente rekurriert. Die Sprachwissenschaft hat für die Analyse solcher Konflikte die Kategorie „semantischer Kampf" (vgl. Rudi Keller 1977, 3, 24; zuvor schon Koselleck 1979, 107, 113; für den vorliegenden Zusammenhang auch Christensen/Kudlich 2001, 165 ff.) entwickelt. Vor diesem Hintergrund lässt sich das juristische Handeln somit als Versuch zur Durchsetzung einer bestimmten Textbedeutung verstehen. Mittel zur Durchsetzung im Bedeutungskonflikt ist die Kontextualisierung der fraglichen Zeichenkette. Der Rechtsanwender bestimmt die Bedeutung eines Gesetzestextes, indem er andere Texte zur Bestätigung oder Abgrenzung heranzieht, welche die mögliche Bedeutung nicht nur fortschreitend reduzieren, sondern auch gegenüber dem vorigen Kontext noch vermehren kann. Ob eine Reduzierung oder eine Vermehrung von Bedeutung durch die Kontextualisierung vom Rechtsanwender gewünscht ist, hängt dabei auch davon ab, wie er mit einer gegenläufigen Lesart umgehen will. Hilfsmittel bei der Erschließung sind die sog. Canones der Auslegung.

1.2 Potentielle Relevanz einer sprachwissenschaftlich reflektierten Methodik für die Ausbildung

Die oben angedeutete Kombination aus sprachtheoretischen Erwägungen einerseits und dem Hinweis auf das Handeln von Juristen in der Praxis (‚Theorie der Praxis') andererseits mag auf den ersten Blick zu der Annahme verleiten, dass diese Überlegungen für die Juristen*ausbildung* weniger bedeutsam sind, weil sie entweder ‚nur die Wissenschaft' betreffen oder aber die Beschreibung von etwas leisten sollen, womit Studierende noch nicht konfrontiert sind. Aber abgesehen davon, dass für Studierende, die für die spätere Praxis ausgebildet werden sollen, eine ‚Theorie der Praxis' wichtig und interessant sein sollte, geht es natürlich nicht nur um die Betrachtung dessen, was (fertige) Juristen *in der Praxis* tun, sondern auch um die Selbstreflexion dessen, was die Studierenden bei der Rechtsanwendung *im Studium und vor allem in Prüfungen* eigentlich tun (sollten). Zentral und nicht zu unterschätzen, ist hier vor allem die Selbsterkenntnis, dass bei der Auslegung einer Vorschrift letztlich eine Entscheidung getroffen werden muss, durch die in einem Bedeutungskonflikt eine eigene Position bezogen (und nicht nur die im Verborgenen schon immer bestehende Lösung aufgefunden) wird (vgl. dazu sogleich 1.2.1.). Jenseits solcher ‚Metakenntnisse', die dem Verständnis der eigenen Tätigkeit dienen, gibt es aber auch ganz ‚handfeste' Konsequenzen (dazu im Anschluss 1.2.2. und 1.2.3.).

1.2.1 Verständnis der Auslegung und der Auslegungsmethoden

Das Begreifen des Auslegungsvorganges als begründete Entscheidung eines Bedeutungskonfliktes dadurch, dass die konfliktbehaftete Zeichenkette in verschiedene Kontexte gestellt wird, macht zugleich deutlich, dass der häufig auf das klassische Methodenquartett verengte Kanon der Auslegungsmethoden grundsätzlich offen und unbegrenzt ist. Dies soll die Bedeutung des klassischen Kanons nicht schmälern, da die dort benannten Kontexte (Sprachgebrauch, Systematik, Entstehungsgeschichte, Teleologie) besonders oft herangezogen werden können. Das ändert allerdings nichts daran, dass keine Scheu davor bestehen darf, andere Argumente heranzuziehen. Dies gilt insbesondere auch für „Sachargumente" (vgl. etwa Röhl/Röhl 2008, § 81 zur „Rechtswirklichkeit als Argument") wie etwa den Vergleich mit ‚Normalfällen' oder für Rechtsfolgenabschätzungen. Sie dürfen nicht als eine pejorativ konnotierte ‚ergebnisorientierte Auslegung' abgetan werden, sondern Sachargumente haben prinzipiell die gleiche Berechtigung wie das klassische Methodenquartett, das auch in keinem Normtext vorgeschrieben ist.

Vergegenwärtigt man sich ferner die prinzipiellen Grenzen sprachlicher Festlegungen (die nicht nur bei vagen unbestimmten Rechtsbegriffen eine Rolle spielen, sondern die natürliche Sprache generell kennzeichnen), erklärt sich auch, weshalb eine isolierte grammatische Auslegung so häufig „blutleer" wirkt und in der Rechtspraxis sehr häufig mit anderen Argumenten kombiniert wird (vgl. Kudlich/Christensen 2008, 25 f., 48 f.) – sowie auch von Studenten damit kombiniert werden sollte. Zuletzt liegt eine für die Rechtsanwendung durch Studierende wichtige Konsequenz auch schon darin, dass die ‚Wortlautgrenze' als Grenze der Verständlichkeit nicht allein auf der Grundlage der sogenannten grammatischen Auslegung gezogen werden kann, sondern letztlich das Ergebnis des Auslegungsvorganges unter Berücksichtigung auch anderer Auslegungsargumente darstellt (Kudlich/Christensen 2008, 48 ff.; Kudlich 2010, 93, 97 f.). Diese Erkenntnis wird auch vom Bundesverfassungsgericht zumindest angedeutet (vgl. BVerfG NJW 2007, 1666, 1667 [Rn. 21]; NJW 2008, 3627, 3628 [Rn. 18]), hat jedoch den Weg in das allgemeine methodische Bewusstsein der Juristen offenbar noch nicht gefunden (krit. zum BVerfG bzw. abweichend in der Deutung der Entscheidung etwa Dehne-Niemann 2008, 135, 137, 141; Küper 2008, 597, 600).

1.2.2 Verständnis für die erforderliche ‚Tiefe von Streitdarstellungen'

Eine Frage, welche Studierende (letztlich zu Recht und verständlicherweise) zu Beginn des Studiums häufig beschäftigt, geht dahin, wie ausführlich ein Auslegungsproblem an einer bestimmten Stelle in Klausuren erörtert werden muss. Einerseits ist schon aus Zeitgründen unmöglich, jedes zu prüfende Tatbestandsmerkmal umfassend zu problematisieren; andererseits möchte man sich nicht dem Vorwurf der Oberflächlichkeit ausgesetzt sehen. Es geht also um die ‚richtige Schwerpunktsetzung in der Klausur', welche ein erfahrener Jurist über weite Strecken intuitiv erahnt, aber für Studierende oft nicht ohne weiteres erkennbar ist.

Im Grunde genommen ergibt sich der Begründungsbedarf aus dem tatsächlichen oder zumindest potentiellen semantischen Streit über die Begriffsbedeutung. Das bedeutet, dass jedenfalls überall dort, wo in einem Prüfungssachverhalt verschiedene Rechtsansichten oder Auslegungsauffassungen angedeutet werden, diese natürlich aufbereitet und mit Argumenten gegenübergestellt werden müssen. Plakativ ist hier in der juristischen Ausbildung vom ‚Echo-Prinzip' die Rede. Rechtstheoretisch bzw. sprachwissenschaftlich betrachtet geht es darum, dass über den Begriff eben *tatsächlich* ein Streit besteht, der entschieden werden muss.

Nun lässt freilich nicht jeder Ersteller eines Prüfungssachverhaltes die beteiligten Personen Rechtsfragen erörtern, so dass es im Zweifelsfall nicht genügt, dort gründlich zu argumentieren, wo verschiedene Auffassungen schon durch die Protagonisten des Sachverhaltes vorgetragen werden. Vielmehr muss auch überlegt werden, wo ein ‚potentieller semantischer Streit' auftreten könnte. Begriffe, über die ungeachtet der Vagheit der natürlichen Sprache nicht ernsthaft gestritten werden wird, müssen daher auch nicht mit ausführlichen Auslegungsüberlegungen bedacht werden. Konstellationen, in denen man sich als Leser des Prüfungssachverhaltes leicht vorstellen könnte, dass ein solcher Streit entstehen könnte (selbst wenn man persönlich eine eindeutige Meinung hat), bedürfen dagegen einer eingehenderen Behandlung.

Um dies an einem Beispiel zu verdeutlichen: Stellt man sich eine gesetzliche Vorschrift vor, die in irgendeiner Weise etwas zum Thema ‚Fische' regelt, so ist kaum vorstellbar, dass ein Rechtsanwender die Begründungslasten tragen kann, die damit einhergehen würden, die Vorschrift auf Kanarienvögel anzuwenden. Der Sprachgebrauch dazu, was ‚Fische' sind, ist relativ klar und durch Kategorisierungen in der Fachwissenschaft (Zoologie) abgesichert. Kanarienvögel befinden sich so weit weg davon, dass auch noch so gute (z. B. teleologische oder Sach) Argumente im Einzelfall ein anderes Ergebnis kaum tragen werden. Hier dürfte nicht ernsthaft ein ‚potentieller semantischer Streit' bestehen, und entsprechend müsste auch der Studierende in einer Prüfung die Ablehnung der Subsumtion des Kanarienvogels unter das Merkmal ‚Fisch' nicht näher begründen. Anders könnte dies bei Delfinen oder anderen Walarten sein: Hier gibt es – und zwar ungeachtet der ebenso klaren biologischen Klassifikation als Säugetiere – bereits umgangssprachlich die Bezeichnung der ‚Walfische', und in teleologischer Hinsicht mögen je nach konkretem Regelungszusammenhang sehr wichtige Argumente dafür sprechen, dass Vorschriften, die auf Fische bezogen sind, z. B. mit Blick auf den Schutz vor Gewässerverunreinigungen, vor Sekundärschäden durch kommerzielle Fischerei etc., in gleicher Weise auch Delfine betreffen sollten. Überspitzt ausgedrückt: Derjenige, der die Anwendung der ‚Fisch-Vorschrift' auf Delfine postuliert, dürfte zwar regelmäßig damit erfolglos sein, macht sich aber nicht in gleicher Weise ‚lächerlich' wie derjenige, der dies für Kanarienvögel in Anspruch nimmt. Der vorhersehbar unterschiedlich stark ausgeprägte (potentielle) semantische Kampf ist also das Kriterium dafür, wie intensiv eine Auseinandersetzung mit einem Merkmal von einem Prüfling auch dann erwartet werden kann, wenn im Prüfungssachverhalt kein entsprechender Streit zwischen den Beteiligten mitgeteilt wird.

1.2.3 Die Bedeutung von ‚Fällen' für die Praxis und die Lehre

Eine realistischere Einschätzung der Sprache und ihrer (nur eingeschränkt vorhandenen) Bindungswirkung, aber auch ihrer Kopplungspotentiale öffnet nicht zuletzt auch den Blick für die Bedeutung von ‚Fällen', mit denen sich Studierende der Rechtswissenschaft – als Quelle juristischer Kenntnisse ebenso wie als Prüfungsgegenstand – ganz typischerweise ihr Studium lang beschäftigen müssen (vgl. dazu sowie auch zum Folgenden Kudlich 2013, 82 ff.).

Das Recht als System von in natürlicher Sprache niedergelegten Regeln hat mit konkreten Fällen nicht nur den Berührungspunkt, dass die allgemein-abstrakten Regeln auf konkrete Fälle angewendet werden. Vielmehr dienen die Fälle auch ihrerseits der Konkretisierung und Fortentwicklung des rechtlichen Systems insgesamt; man könnte sogar formulieren: Letztlich entsteht in den Fällen überhaupt erst ‚das Recht', an welches der Richter verfassungsrechtlich gebunden ist. Dieses Paradox zwischen Normkonkretisierung und Gesetzesbindung ist pragmatisch dadurch aufzulösen, dass die Normkonkretisierung auch ohne Anerkennung einer Determination durch die Semantik des Gesetzestextes nicht als willkürliche, sondern als Entscheidung verstanden wird, die durch methodische Vorgaben, aber eben auch durch das Einrücken in das System bereits entschiedener Fälle als Systematik zweiter Ordnung beeinflusst ist.

Vor diesem Hintergrund kann nicht erstaunen, dass auch größere Sprünge im Sinn von Rechtsprechungsänderungen durch konkrete Fälle motiviert werden, welche argumentationstheoretisch gesprochen den gültigen Diskussionsstand überwinden. Sie liefern Einwände, welche weder wiederlegt noch in den bisherigen Stand integriert werden können (vgl. zu diesem Modell im Anschluss an allgemeine argumentationstheoretische Überlegungen von Harald Wohlrapp Christensen/Kudlich 2001, 230 ff., 256 ff.).

In diesen beiden Spielarten sowohl der anschaulicheren Konkretisierung als auch der fallweisen Fortentwicklung des Rechtssystems hat die Kategorie des Falls auch ihre notwendige Bedeutung für die juristische Ausbildung. Auch Studierende der Rechtswissenschaft in einem durch geschriebenes Gesetzesrecht geprägten Rechtssystem lernen für ihre Prüfungen – wenn auch vielleicht weniger explizit als in Case Law-Systemen – Fälle. Dies erfolgt nicht nur auf Grund der im Vergleich zu abstrakten Zusammenhängen größeren Anschaulichkeit von Fällen, sondern durchaus sinnvollerweise auch deshalb, weil die entschiedenen Fälle sich in ihrer Gesamtheit überhaupt erst zum juristischen System verdichten. Exemplarisch: Der Unterschied zwischen § 242 StGB (Diebstahl: „Wer eine fremde bewegliche Sache wegnimmt“) und § 263 StGB (Betrug – verkürzt: „Wer durch eine Täuschung einen Irrtum des Opfers verursacht und so dessen Vermögen schädigt“) ist noch relativ klar. Allein anhand des Gesetzes kann man nachvollziehen bzw. als System schnell verständlich erklären, dass der Diebstahl eine Fremdschädigung durch eigenmächtigen Zugriff des Täters auf die fremde Sache darstellt („Wegnahme“), während es beim Betrug um eine irrtumsbedingte Selbstschädigung des Opfers geht. Das abgestufte System von klaren Wegnahmefällen (Wegnahme ohne jeden Kontakt mit dem Opfer) über Grenzfälle (Erleichterung des Zugriff auf die Beute durch eine Täuschung) bis hin zu klaren Verfügungsfällen muss indes entlang von (im Einzelfall sich vielleicht von Schritt zu Schritt nur in einem Sachverhaltsdetail unterscheidenden) Fällen skizziert werden. Auch für den Studierenden ist es hilfreich, wenn er sich klar vor Augen führt, dass diese einzelnen Schritte – und vor allem derjenige, an dem die Beurteilung durch die Rechtsprechung ‚von der Wegnahme hin zur Verfügung kippt‘ – Entscheidungen des Rechtsanwenders sind, die dieser *treffen* muss und die mit Argumenten zu begründen sind, die aber nicht *durch* die Sprache vorentschieden sind.

Nicht zuletzt wird damit auch ein (scheinbarer) Widerspruch aufgelöst, mit dem Studierende durchaus zu kämpfen haben: Einerseits wird ihnen oft erklärt, es käme für die Bewertung ihrer Klausuren „nicht auf das Ergebnis, sondern auf die Argumentation“ an; andererseits wird in den Vorlesungen großer Wert auf die Kenntnis von Entscheidungen der Obergerichte gelegt. Dies erklärt sich damit, dass zwar mangels verbindlicher sprachlicher Festlegungen ‚auf der Grundlage einer tabula rasa‘ tatsächlich sehr viele Deutungen möglich sind und die Bewertung einer jeweiligen Deutung vorrangig von der Kraft der verwendeten Argumente abhängt. Soweit allerdings für eine bestimme Konstellation eine Lesart besteht, welche ‚höchstrichterliche Weihen‘ erfahren hat, (ist diese zwar nicht notwendig verbindlich, aber) darf sie in der Auseinandersetzung zumindest nicht vernachlässigt werden, sondern ist – ganz in Übereinstimmung auch mit den sprachwissenschaftlichen Erkenntnissen über Bedeutungsverfestigung (vgl. Knell 2000, 225) – als eine ‚gelungene‘ bzw. zumindest: als eine intrasystemisch bedeutsame Performanz zu berücksichtigen.

2 Sprache und Sprachwissenschaft als tatsächliches Thema in der Ausbildung?

Die vorhergehenden Überlegungen haben gezeigt, dass durchaus Anlass besteht, die Implikationen der Formulierung des Gesetzes in natürlicher Sprache zumindest in den Grundzügen zum Gegenstand der Ausbildung zu machen. Und zwar nicht nur aus wissenschaftlichem Interesse, sondern auch mit Blick auf die Ausbildung junger Juristen im Sinn eines anwendungsbezogenen und an die Praxis anschlussfähigen

Studiums. Inwieweit dies in der (mündlichen) universitären Lehre an den verschiedenen Hochschulorten erfolgt, lässt sich naturgemäß nicht ohne weiteres beantworten.

Dagegen ist durchaus einer Analyse zugänglich, in welchem Umfang dieses Thema in den gängigen Lehrbüchern (mit) behandelt wird. Dies lässt – nebenbei bemerkt – auch einen gewissen Rückschluss auf die Vorlesungspraxis zu. Denn viele Lehrbücher sind aus entsprechenden Vorlesungsmanuskripten bzw. sind zumindest bemüht, die Themen zu behandeln, die üblicherweise auch in Vorlesungen angesprochen werden. In diesem Zusammenhang ist auch zu beachten, dass die juristische Ausbildung tendenziell stark ‚kanonisiert' ist und die Ausbildungsinhalte aufgrund der Vorgaben durch die Justizausbildungsgesetze und das Deutsche Richtergesetz an den meisten Studienorten sehr nahe beisammen liegen.

2.1 Sprache und Sprachwissenschaft als Gegenstand in der rechtsmethodischen Ausbildungsliteratur

Die oben skizzierten Implikationen der ‚Sprachlichkeit' rechtlicher Regelungen sind selbstverständlich Gegenstand der – oben auszugsweise bereits zitierten – nicht nur sprachwissenschaftlichen, sondern auch rechtsmethodischen Literatur. Dies gilt nicht nur für einschlägige Monographien oder stärker forschungsbezogene Darstellungen der juristischen Methodik (so exponiert etwa von Müller/Christensen 2013), sondern auch in der Methodenliteratur für die Ausbildung. Die einschlägigen Werke zur Rechtstheorie bzw. zur Methodenlehre, die sich dezidiert auch an Studierende richten, greifen das Thema naturgemäß auf, allerdings in unterschiedlichem Umfang, Zuschnitt und Kontext.

So liefert etwa Mahlmann 2016 (§ 27 Rn. 1 ff.) einen ausführlichen Abschnitt über Recht und Sprache, in welchem die neueren sprachwissenschaftlichen Entwicklungen knapp zusammengefasst sind (allerdings in ihren Bezügen für die konkrete Rechtsanwendung allenfalls knapp eingeordnet werden). Vesting 2015 (Rn. 54 ff.) behandelt den *linguistic turn* insbesondere im Zusammenhang mit dem Inhalt von Rechtsnormen. Rüthers/Fischer/Birk 2016 präsentieren ein relativ ausführliches Kapitel zu Recht und Sprache (Rn. 150 ff.), in dem insbesondere auch zur ‚Ungenauigkeit von Sprache' in verschiedenen Facetten Stellung genommen wird und die Auswirkungen auf die Rechtsanwendung zumindest andeutungsweise geschildert werden (Rn. 164 ff.). Röhl und Röhl bezeichnen gleich vier Kapitel explizit als „sprachtheoretische Diskurse" (2008, §§ 3, 4, 10, 14) und behandeln das Thema auch an anderen Stellen in ihrem Werk vergleichsweise breit. Vogel befasst sich ebenfalls mit der Vagheit der Sprache (1998, 101 ff.), betont jedoch sehr stark die große Bedeutung von „sprachlich evidenten" Fällen bzw. Ergebnissen (103). Überraschend knapp dagegen wird in dem explizit der „Auslegung von Gesetzen" gewidmeten Kurzlehrwerk von Wank auf das Problem sprachlicher Vagheit bzw. auf die Konsequenzen der Verfasstheit des Rechts in natürlicher Sprache eingegangen (2015, 41 ff.).

Zusammengefasst finden sich hier also Ausführungen, die je nach Vorliebe bzw. Interesse der Autoren irgendwo zwischen dem Verweis auf ‚Standardrepräsentanten der Sprachphilosophie' und einer knappen eigenständigen Auseinandersetzung mit den jeweiligen Problemen liegen. Allerdings darf man die Bedeutung dieser Ausführungen für die Ausbildungspraxis insgesamt nicht überschätzen. Aus Sicht anderer Wissenschaften mag dies paradoxerweise anmuten – aber die Methodenlehre gehört (zumindest als eigenes Fach) nicht zum Pflichtkanon eines jeden Jurastudenten im Grundstudium. Vielmehr ist es nach den Ausbildungs- und Prüfungsordnungen der meisten Universitäten so, dass das Fach Methodenlehre – soweit es überhaupt angeboten wird – nur eines aus mehreren denkbaren ‚Grundlagenfächern' ist, aus deren weiter, von der römischen Rechtsgeschichte bis zur Rechtsökonomik reichenden Schar eines oder zwei in den ersten Semestern gehört werden müssen. Dabei hat es die juristische Methodenlehre deshalb nicht ganz leicht, weil man zu ihrer Veranschaulichung vielfach auf Beispiele zurückgreifen müsste, die materiell erst zum Stoff späterer Semester gehören. Zwar gibt es an einigen Universitäten eine Vertiefung in Rechtstheorie bzw. Methodenlehre auch im Rahmen des sogenannten Schwerpunktbereichsstudiums (dort meist neben anderen Fächern wie Rechtsgeschichte oder Rechtsphilosophie); freilich fristen diese Grundlagen-Schwerpunktbereiche an den meisten Universitäten ein absolutes Randdasein und werden nur von einer verschwindend geringen Anzahl von Studenten gewählt. Hinzukommt, dass – wie oben bereits knapp angedeutet – auch in vielen Lehrbüchern zur Rechtstheorie bzw. Methodenlehre das Thema „Recht und Sprache" zwar angesprochen, aber nicht wirklich in seinem Bezug zur konkreten Rechtsanwendung erklärt wird.

2.2 Sprache und Sprachwissenschaft in der dogmatischen Ausbildungsliteratur

2.2.1 Betrachtungsgegenstand

Einen weit größeren Anteil der Studierenden der Rechtswissenschaft als die Bücher zur Vorlesung zur Methodenlehre erreichen die Veranstaltungen und Lehrwerke zu den zentralen dogmatischen Fächern aus dem Privatrecht, dem Strafrecht und dem Öffentlichen Recht. Diese widmen sich der Rechtsanwendung in diesen Fächern; wie oben deutlich geworden sein sollte, wären aber gerade auch für das Verständnis dieser konkreten Rechtsanwendung sprachwissenschaftliche Implikationen hilfreich. Daher wird im Folgenden untersucht, in welchem Umfang Aussagen über die Sprache und deren Konsequenzen für die Rechtsanwendung in solchen Lehrbüchern eine Rolle spielen. Dabei muss es aus dem dogmatischen Bereich insbesondere um die Lehrbücher zu Fächern gehen, welche traditionell am Anfang des Studiums stehen. Denn die Grundlagen der Rechtsanwendung müss(t)en naturgemäß auch hier eine Rolle in den Vorlesungen der Anfangssemester spielen. Ausgewertet werden daher im Folgenden Lehrwerke – gezielt ganz unterschiedlichen Umfangs und Zuschnitts – zum Allgemeinen Teil des Strafrechts, zum Allgemeinen Teil des Bürgerlichen Gesetzbuches sowie zum Staatsrecht (in seinen beiden Unterdisziplinen Staatsorganisationsrecht und Grundrechtslehren), da diese Fächer regelmäßig den Stoff der ersten Vorlesungssemester bilden.

2.2.2 Bestandsaufnahme

In einer Reihe der hier untersuchten Lehrwerke taucht bereits das allgemeine Thema der Gesetzesauslegung (und naturgemäß auch dasjenige der Bedeutung der Sprache für das Recht in vertiefter Form) überhaupt nicht auf (so etwa bei Freund 2008, Kühl 2017, Faust 2013, Schack 2016 oder Wertenbruch 2014). Das ist (gewiss ‚schade', aber) konzeptionell wohl damit zu erklären, dass es sich hier um ein gleichsam übergeordnetes Problem handelt, das in seiner allgemeinen Dimension keine spezifische Fragestellung des in ihrem jeweiligen Lehrbuch behandelten Stoffes darstellt. Zum Teil wird auch durchaus explizit darauf hingewiesen, dass Fragen der Gesetzesauslegung nicht mitbehandelt werden, da diese „in die Methodenlehre gehören" (in diesem Sinne Medicus/Petersen 2016, Rn. 311; Rüthers/Stadler 2014, § 18 Rn. 3).

Besonders auffällig ist hierbei, dass in den Werken zum Staatsrecht als der Materie, in welcher die Ausbildung im Öffentlichen Recht beginnt, Auslegungsfragen (und damit auch Fragen der Sprachlichkeit) fast flächendeckend und damit offenbar gewissermaßen traditionell nicht mitbehandelt werden (vgl. statt vieler nur die vier Klassiker Ipsen I 2016, Ipsen II 2016, Degenhart 2016 sowie Pieroth/Schlink/Kingreen/Poscher 2016), obwohl auch diese Lehrbücher sich typischerweise an Studierende der Anfangssemester richten. Hier spiegelt sich möglicherweise eine Besonderheit gerade des Staatsrechts wider: Es handelt sich um eine Materie mit relativ wenigen und knappen, vielfach eher programmatisch gehaltenen Rechtssätzen in Gestalt der Artikel des Grundgesetzes auf der einen und einem reichhaltigen Korpus an unbedingte Geltung beanspruchenden Entscheidungen des Bundesverfassungsgerichts auf der anderen Seite. In diesem Szenario scheint die ‚klassische' Gesetzesauslegung eine geringere Rolle zu spielen. Behandeln nämlich Lehrbücher überwiegend Vorschriften, die in ihrer knappen, programmsatzartigen Fassung kaum Anknüpfungspunkte für eine Auslegung bieten, und muss stattdessen ein über weite Strecken richterrechtlich geschaffenes System nachgezeichnet werden, so erübrigen sich auch allgemeine Ausführungen darüber, wie ‚Auslegung funktioniert'. Umgekehrt fügt sich in dieses Bild, dass tendenziell in den Lehrwerken zum Strafrecht öfter und mehr zur Auslegung im Allgemeinen und auch zum Problem der Vagheit von Sprache geschrieben wird. Hintergrund ist, dass die Rechtsanwendung im Strafrecht doch in besonderer Weise dem Gesetzlichkeitsprinzip des Art. 103 II GG („*nulla poena sine lege*") verpflichtet ist, dessen Garantien (insbesondere mit Blick auf den Bestimmtheitsgrundsatz und Analogieverbot) mit einem Medium, wie es die neuere Sprachwissenschaft zeichnet, nicht ohne vertiefte Überlegungen in Übereinstimmung zu bringen sind.

Aus dem Vorangegangenen ergibt sich zugleich, dass in zahlreichen anderen Werken (insbesondere zum Allgemeinen Teil des Strafrechts und des Bürgerlichen Rechts) zumindest die Gesetzesauslegung durchaus Gegenstand knapper Hinweise ist. Dort wird dann auch durchaus betont, dass ‚Sprache' ein unbestimmtes Medium sei. Dies alles erfolgt aber doch unterschiedlich ausführlich und auch mit offenbar unterschiedlichem Problembewusstsein: In einer Reihe von Werken wird zwar kurz etwas zu den verschiedenen Auslegungsmethoden referiert; auf die Implikationen des ‚Sprachproblems' wird dabei aber nicht eingegangen (vgl. etwa Hilgendorf/Valerius 2015, § 1 Rn. 43 ff.; Kindhäuser 2015, § 3 Rn. 7; Brox/Walker 2016 Rn. 59 f.; Wörlen/Metzler-Müller 2016, Rn. 155 f.).

Von vielen anderen Autoren wird immerhin betont, dass sprachliche Äußerungen des Gesetzgebers „nicht immer begrifflich exakt" sind (vgl. Rengier 2016, § 5 Rn. 5; Boecken 2012, Rn. 69 [„nicht immer endgültige Gewissheit"]; Köhler 2016, § 4 Rn. 12 [„Begriffe der Sprache (...), die in ihrem Bedeutungsgehalt unbestimmt oder mehrdeutig sein können"]; Wolf/Neuner 2016, § 4 Rn. 33 [„Schwankungsbreite und Variationsmöglichkeiten der meisten Begriffe"]; Bömke/Ulrici 2014, § 3 Rn. 7 [„gewisse Schwankungsbreiten der Bedeutung aufgrund genereller Schwächen sprachlicher Äußerungen"]) und/bzw. dass (deshalb) „jede Norm der Auslegung" bedürfe (vgl. Wessels/Beulke/Satzger 2016, Rn. 56; Heinrich 2014, Rn. 136).

Nur wenige Lehrbücher zu den dogmatischen Fächern steigen hier tiefer ein: So spricht Frister 2015 (Kap. 4 Rn. 12) davon, dass an die Bestimmtheit „keine illusionären Vorstellungen" gerichtet werden dürften und erwähnt hierzu „sprachtheoretische Gründe", die insbesondere darin liegen sollen, dass die Rechtssprache „keine formalisierte Sprache" darstelle; freilich lässt diese Problembeschreibung auch mehr erahnen, als sie tatsächlich ausführt. Eine vergleichsweise ausführliche Auseinandersetzung findet sich in dem großen Lehrbuch von Roxin (2006, § 5 Rn. 26 ff.), der betont, dass alle – und damit auch sogenannte deskriptive – Begriffe mehrdeutig seien und ihr Inhalt letztlich durch den Richter bestimmt werde. Insoweit verwendet Roxin das Bild, dass der durch den Gesetzestext gesetzte Rahmen durch den Rechtsanwender konkretisiert wird. Die so vorgefundene Unbestimmtheit soll allerdings – für das Strafrecht besonders wichtig – die Figur einer „Wortlautgrenze" nicht ausschließen. Roxin scheint diese offenbar dennoch vorrangig als sprachlich gezogene zu verstehen, da er der Auffassung ist, so schlimm könne es mit der Unbestimmtheit letztlich nicht sein, da sonst auch im Alltag keine Verständigung möglich sei (Roxin 2006, § 5 Rn. 37). Das dürfte zumindest mit dieser Begründung wohl ein unterkomplexes Bild sein. Denn es wird nicht hinreichend berücksichtig, dass die Alltagskommunikation gerade durch das „Prinzip der Nachsicht" geprägt ist, nach dem alle Beteiligten um eine funktionierende Kommunikation bemüht sind (vgl. Stüber 1993, 144 ff.; Schädler-Om 1997, 54 ff.), während im Rechtsstreit bei Auslegungsdifferenzen gerade auf die vermeintliche Unrichtigkeit der Lesart der Gegenseite fokussiert wird.

Soweit der Begriff der Auslegung nicht nur mittelbar die verwendeten Methoden verdeutlicht, sondern auch als solcher definiert bzw. paraphrasiert wird, dominiert das Bild eines „Erkenntnisaktes" die dogmatische Literatur: So sprechen Wessels/Beulke/Satzger (2016 Rn. 56) davon, dass durch die Auslegung der Bedeutungsgehalt „klargestellt" werde (verwenden andererseits aber den Begriff der Sinndeutung); Heinrich (2014 Rn. 138) spricht von der „Feststellung des Inhalts", Kindhäuser (2015, § 3 Rn. 6) von der „Ermittlung der sprachlichen Bedeutung", Medicus/Petersen (2016 § 24 Vor Rn. 307) vom „Verstehen des Sinnes", Köhler (2016 § 4 Rn. 12) von seiner „Ermittlung" (ebenso Brox/Walker 2016, Rn. 59; Bömke/Ulrici 2014, § 3 Rn. 7) sowie schließlich Wörlen/Metzler-Müller (2016 Rn. 160 f.) von der „Erforschung des Willens des Gesetzgebers". Das kreative Moment, das mit der Auslegung als Entscheidung eines Bedeutungskonflikts verbunden ist, wird auch wieder am ehesten von Roxin (2006, § 5 Rn. 27), daneben aber auch von Wolf/Neuner (2016, § 4 Rn. 27) erfasst, die beide den „schöpferischen" Gehalt richterlicher Tätigkeit betonen.

Die im Strafrecht wegen des Analogieverbotes des Art. 103 II GG / § 1 StGB besonders wichtige, aber auch in anderen Rechtsgebieten als Grenze der Auslegung bedeutsame ‚Wortlautgrenze' wird von vielen Autoren mehr oder weniger mit der Grenze der grammatischen Auslegung gleichgesetzt (vgl. Heinrich 2014, Rn. 143; Köhler 2016, § 4 Rn. 15; Hilgendorf/Valerius 2015, § 1 Rn. 44), soweit dazu überhaupt explizit Stellung bezogen wird. Zumindest teilweise wird aber auch gesehen, dass die endgültige Klärung der Wortlautgrenze bzw. dessen, was ‚nicht mehr zur Sprache' gehört, allein mit der grammatischen Auslegung nicht möglich ist (vgl. Boemke 2012, Rn. 72 ff.) bzw. zumindest darauf hingewiesen, dass es stets „überzeugender" ist, die Ablehnung der Subsumtion unter ein bestimmtes Merkmal nicht allein auf die grammatische Auslegung zu stützen, sondern sie mit anderen Methoden abzusichern (vgl. Rengier 2016, § 5 Rn. 6).

2.2.3 Zwischenergebnis

In der Ausbildungsliteratur zu den dogmatischen Fächern finden sich in der Mehrzahl der hier untersuchten Fälle Ausführungen zur Auslegung, welche nicht immer, aber gelegentlich zumindest knappe (nur selten ausführlichere) Bemerkungen auch zur Sprache als Medium des Rechts und den Implikationen des Charakters natürlicher Sprache einhergehen. Die Frage, ob überhaupt etwas zu diesem Thema geschrieben wird, scheint tendenziell weniger vom Umfang des Werkes abzuhängen (so ist etwa Schack 2016 eines der kürzesten Lehrbücher zum Allgemeinen Teil des Bürgerlichen Gesetzbuches, Kühl 2017 eines der umfangreichsten zum Allgemeinen Teil des Strafrechts), sondern von der Vorliebe der Autoren, oder genauer gesagt: davon, ob sie der Meinung sind, dass Methodenfragen (allein) in entsprechende Speziallehrbücher gehören. Tendenziell wird auch deutlich, dass die typischen Anfängerwerke zum Öffentlichen Recht auf auch nur knappe Ausführungen zur Auslegung tendenziell verzichten (was wohl den Besonderheiten eines extrem knappen Normtextes und einer elaborierten, systembildenden Rechtsprechung des Bundesverfassungsgerichts geschuldet ist), während die Überlegungen in strafrechtlichen Lehrbüchern am ausdifferenziertesten sind (was wohl mit dem speziellen strafrechtlichen Gesetzlichkeitsprinzip nach Art. 103 II GG erklärt werden kann).

Die tendenzielle ‚Unbestimmtheit' der Sprache wird erkannt (oder als Erkenntnis zumindest referiert), ohne dass etwa für die Beschreibung dessen, was ‚Auslegung' eigentlich bedeutet oder ob eine ‚Wortlautgrenze' durch die Sprache determiniert ist oder aber durch Rechtsanwender gezogen wird, wirklich Konsequenzen gezogen werden. Vertiefte Überlegungen finden sich nur sehr vereinzelt; klare Folgerungen und insbesondere darauf aufbauende Hinweise für das Arbeiten der Studenten erfolgen fast nie.

Berücksichtigt man, wie zentral eigentlich diese Fragen auch für Studierende der Rechtswissenschaften sind, ist diese teilweise vollständige, ganz überwiegend aber jedenfalls weitgehende Abstinenz auf den ersten Blick erstaunlich. Denn solche grundsätzlichen strukturellen Fragen spielen – anders als dogmatische Detailprobleme, die dem Studenten möglicherweise nie wirklich in einer Klausur begegnen – letztlich in jeder einzelnen Prüfung zumindest ‚als Hintergrundrauschen' eine Rolle. Auf den zweiten Blick wird sie aber erklärbar (und sollte auch keinesfalls mit einer grundsätzlichen ‚Methodenvergessenheit' erklärt werden): Die Lehrbücher aller Rechtsgebiete haben mit einer enormen, durch die aktive Rechtsprechung und die geradezu hyperaktive Literatur ständig anschwellenden Stoffmenge zu kämpfen. Vor diesem Hintergrund ist es nur allzu leicht erklärbar, wenn ein Autor auf die Darstellung von zwar theoretisch wichtigen, für sein Fach aber letztlich unspezifischen Fragestellungen weitgehend verzichtet, weil diese theoretisch letztlich genauso gut in einem anderen Lehrbuch (oder aber eben: in spezieller Literatur zur Methodenlehre) aufgehoben sind. Insoweit spiegelt sich hier ein allgemeines Dilemma der rechtswissenschaftlichen Ausbildung wider, dass regelmäßig keine organisch aufeinander aufbauende, auf den Grundlagen und der juristischen Methode fußende Ausbildung erfolgt. Vielmehr werden die Vorlesungen in den drei großen dogmatischen Fächern weitgehend unabhängig voneinander und nebeneinander her konzipiert, und ebenso isoliert findet oft auch das Lernen statt. In dieser Situation werden Grundlagenfächer von den Studierenden oft eher als eine lästige und mit dem ‚Kernstoff' unverbundene Pflicht und nicht als hilfreiche, vereinigende Klammer empfunden werden. Freilich dürfte dieses Defizit vielfach gar nicht als so schwerwiegend empfunden werden. Denn oft scheint die Ausbildung der Studierenden trotz theoretischer Defizite im Zusammenhang mit dem Medium, in welchem ihr Gebiet ‚stattfindet', mit Blick auf das Erlernen der späteren praktischen Rechtsanwendung gar nicht so schlecht zu ‚funktionieren '. Den Fragen, ob dieser Eindruck zutreffend ist und womit dieser Befund dann gegebenenfalls begründet werden kann, ist das letzte Kapitel gewidmet.

3 Das Funktionieren der juristischen Ausbildung ohne explizite Bezüge zu den Sprachwissenschaften

3.1 Summarische Einschätzung der Situation

Die Gegenüberstellung der Relevanz sprachwissenschaftlicher Überlegungen für das Recht und auch für die juristische Ausbildung auf der einen Seite und der tatsächlichen Vermittlung solcher Erkenntnisse in breiten Rahmen der Ausbildungsliteratur zu den dogmatischen Hauptfächern auf der anderen Seite zeigt, dass die Modelle von Auslegung, die vermittelt werden (bzw. die Theorien von Sprache, die diesen Modellen mittelbar zugrunde liegen), im Wesentlichen unterkomplex sind. Die mit der sprachlichen Verfasstheit des Rechts zusammenhängenden Fragen werden ganz überwiegend – von feigenblattartigen Hinweisen auf das ‚Fehlen letzter Bestimmtheit' abgesehen – ausgeblendet, jedenfalls aber nicht theoretisch reflektiert und auch kaum in ihren praktischen Konsequenzen expliziert. Dennoch – dies ist jedenfalls der intuitive Befund eines Rechtswissenschaftlers, der auch immer wieder an Schnittstellen mit der Rechtspraxis zu tun hat – scheint die Ausbildung ‚zu funktionieren' bzw. akzeptable Ergebnisse hervorzubringen. Dass dies nicht in jedem einzelnen Fall gilt und dass die Qualität auch der rechtswissenschaftlichen Absolventen unterschiedlich ist, dürfte kein spezifisches Problem dieses Faches sein. In der Praxis jedenfalls treffen Gerichte vielfach umsichtige und gründlich begründete Entscheidungen (und wo sie dies nicht tun, hängt dies wohl nur sehr selten mit einer fehlenden Reflexion über die Natur der Sprache zusammen); Anwälte vertreten in ihren Schriftsätzen ihre ‚Lesart' und leisten damit ihren Beitrag im semantischen Streit; die Argumente in Entscheidungen, aber auch in Schriftsätzen werden nicht allein auf die vermeintliche Semantik gestützt, sondern greifen vielfältige Argumente auf; die Begründungsstrukturen juristischer Texte und die Argumentationsverläufe in Rechtsstreitigkeiten vollziehen vielfach die Schritte nach, die man auf der Grundlage argumentationstheoretischer Modelle auch idealtypisch erwarten würde (vgl. Christensen/Kudlich 2001, 256 ff.), ja, mitunter werden rechtliche Argumentationsverläufe geradezu als Phänotypen für Begründungsabläufe herangezogen. Dieses Funktionieren von ‚Recht' und damit die dafür erforderliche Leistungsfähigkeit auch der juristischen Ausbildung trotz unterkomplexer (sprach-) theoretischer Modelle dürfte zwei Gründe haben:

3.2 Können und Wissen – Praxis und Theorie

Professionssoziologisch ist es kein ganz ungewöhnlicher Befund, dass das tatsächliche Können eines Berufsstandes über das explizite Wissen hinausgeht; ebenso entspricht es der Alltagserfahrung, dass in anwendungsbezogenen Tätigkeiten gute praktische Ergebnisse auch dann erzielt werden können, wenn der theoretische Background fehlt. Beispiele hierfür sind Legion – man mag hier im beruflichen Bereich etwa an das sogenannte ‚Mischungskreuz' denken, mit dem Konzentrationen bzw. Mengenverhältnisse in Flüssigkeiten oder Mischungen aus festen Komponenten errechnet werden können (und das etwa für Bäckereiberufe zum Standard der Ausbildung in der Berufsschule gehört), auch ohne dass die mathematische Grundlage der Lösung von Gleichungen mit zwei Unbekannten, die sich umgekehrt proportional zueinander verhalten, bekannt ist. Ein jedermann aus dem Alltag bekanntes Beispiel ist der Spracherwerb bei kleinen Kindern, lange bevor irgendwelche Regeln der Grammatik auch nur ansatzweise von diesen formuliert werden könnten. In diesem Sinne ist auch die Rechtswissenschaft eine anwendungsbezogene Disziplin, in welcher das Differenzierungspotential von Gerechtigkeitsgefühl und gesundem Menschenverstand, ein reichhaltiges Bezugsmaterial (in Gestalt von Normen und Vorentscheidungen) sowie nicht zuletzt die Dynamik des Verfahrens mit den Vorträgen und Deutungsweisen der beteiligten Parteien zusammenwirken. In diesem Zusammenspiel können auch ohne theoretische Reflexionen vielfach Ergebnisse erzielt werden, welche die Verfahrensbeteiligten zufrieden stellen und welche in den Mustern ihrer Begründung mit den Schritten der Begründung und der Gewichtungen der Argumente übereinstimmen, die man auch mit größerer rechtstheoretischer Sensibilität erwarten würde.

3.2.1 Gelungene Metaphorik auch unterkomplexer Modelle

Hinzukommt, dass sich auch in der (und sei es auch in ihren sprachtheoretischen Annahmen vielfach unterkomplexen) juristischen Tradition hilfreiche Metaphern herausgebildet haben, die aus sprachwissenschaftlicher Sicht vereinfacht sein mögen, in sehr vielen Fällen aber den Kern treffen: So wurde oben darauf hingewiesen, dass vielfach vorschnell eine in der Sprache vorhandene und daher allein durch die grammatische Auslegung erkennbare Wortlautgrenze angenommen wird. In den meisten Fällen wird dies aber dann der Fall sein, wenn im oben genannten Sinne kein tatsächlicher bzw. kein potentieller ‚ernsthafter semantischer Streit' entstehen wird, weil neben dem Alltagssprachgebrauch auch tatsächlich die meisten anderen Kontexte (auch wenn sie nicht explizit herangezogen werden) für ein bestimmtes Ergebnis streiten. Die denkbaren unterschiedlichen Grundgestaltungen kennen alle Juristen: Mitunter wird darauf abgestellt, dass „bereits nach dem Wortlaut feststeht", ein bestimmtes Tatbestandsmerkmal sei erfüllt bzw. sei nicht erfüllt; demgegenüber ist in anderen Konstellationen die Rede davon, dass sich „zwar nach dem Wortlaut der Vorschrift" das Ergebnis sich so oder so darstellen könne, und im Anschluss wird mit anderen Auslegungsargumenten fortgefahren. Diese beiden unterschiedlichen Begründungssituationen kennzeichnen die Situation des Gleichlaufs der übrigen

Auslegungsmethoden mit der grammatischen Auslegung oder eben der Abweichung davon.

Des Weiteren spielt – vielfach unhinterfragt – in der Rechtspraxis die Berufung auf Vorentscheidungen (Selbstreferenzen) eine überragende Rolle (vgl. Kudlich/Christensen 2009, 23, 38 ff.). Dies mag bis zu einem gewissen Grad an der Bequemlichkeit des Rechtsanwenders hängen und auch praktischen Strukturen innerhalb der Justiz geschuldet sein – es ist aber auch sprachwissenschaftlich insoweit ganz ‚korrekt', als sich höchstrichterliche Entscheidungen innerhalb des Subsystems Recht als typischerweise positiv konnotierte Performanz (dazu allgemein vgl. Knell 2000, 225) darstellen dürften, die auch aus sprachwissenschaftlicher Sicht nachvollziehbar zu einer Stabilisierung bestimmter Lesarten führt.

Ferner bildet mit Blick auf die Auslegungsmethoden das klassische Methodenquartett wichtige Kontexte ab, in welche der Normtext sinnvollerweise häufig gestellt werden kann. Die Tatsache, dass nach herrschender Meinung keine feste Rangfolge der Auslegungsmethoden angegeben werden kann, ist für den Rechtsanwender auf den ersten Blick vielleicht unbefriedigend, spiegelt aber letztlich die holistische Struktur der Sprache wider, auf die es aus keinem Kontext heraus einen generell privilegierten Zugriff geben kann.

Wenn schließlich – um ein letztes Beispiel zu nennen – in Kommentaren oder Aufsätzen die Rede davon ist, dass eine bestimmte Rechtsfrage „noch nicht geklärt" sei, hat dies zwar eine starke Affinität an die an sich verfehlte Auffindungsmetapher, nach welcher die Entscheidung über die richtige Lesart im Gesetzestext schon vorvollzogen sei und nur noch erkannt werden müsse. Sie bringt aber doch ebenso das wohl realistischere Szenario zum Ausdruck, dass in dem Bedeutungskonflikt noch keine mehrheitliche bzw. mehrheitlich konzipierte Entscheidung getroffen worden ist.

4 Fazit

Das juristische Studium ist in vielen Bereichen eher anwendungs- als grundlagenorientiert. Auch dafür würde es sich allerdings lohnen, sich zumindest in den Grundzügen mit der Frage zu befassen, welche Auswirkungen es auf die „juristische Textarbeit" hat, ja zwangsläufig haben muss, dass auch rechtliche Normen in (natürlicher) Sprache verfasst sind. In der Rechtstheorie ist hier einiges angekommen, allerdings fristet diese ein Schattendasein in der Ausbildung. In der Ausbildung in den dogmatischen Fächern, die mit dem sie prägenden Streit um die ‚richtige Bedeutung' von Normtexten gerade zentral von diesen Auswirkungen betroffen sind, spielen sprachwissenschaftliche Elemente in der Ausbildung regelmäßig keine Rolle; im Gegenteil wird vielfach ein verkürztes und damit unterkomplexes Sprachmodell zugrunde gelegt. Das methodische Können in der Praxis ist dabei aber vielfach weit größer als das explizite theoretische Wissen. Deshalb wissen Juristen oft nicht genau, was sie in und mit der Sprache tun, und beschreiben ihre eigenen Tätigkeiten deshalb ‚schief' – gemessen orientieren sie sich bei der juristischen Textarbeit am Ende aber relativ häufig an einem auch theoretisch überzeugenden Relevanzhorizont und kommen vielfach zu überzeugenden Ergebnissen. Das für das Alltagsgeschäft erforderliche praktische Können scheint also auch ohne das theoretische Wissen in der Ausbildung gut vermittelt zu werden.

5 Literatur

Boecken, Winfried (2012): BGB – Allgemeiner Teil, 2. Aufl. Stuttgart.

Bömke, Burkhard/Bernhard Ulrici (2014): BGB Allgemeiner Teil, 2. Aufl. Berlin.

Brox, Hans/Wolf-Dietrich Walker (2016): Allgemeiner Teil des BGB, 40. Aufl. München.

Christensen, Ralph/Hans Kudlich (2001): Theorie richterlichen Begründens. Berlin.

Christensen, Ralph/Hans Kudlich (2002): Die Auslegungslehre als implizite Sprachtheorie der Juristen. In: Archiv für Rechts- und Sozialphilosophie 2002, 230–246.

Degenhart, Christoph (2016): Staatsorganisationsrecht, 32. Aufl. Karlsruhe.

Dehne-Niemann (2008): Das Ende der Gleichsetzung unvorsätzlich = entschuldigt (§ 142 II Nr. 2 StGB)? – BVerfG, Beschluss vom 19.3.2007. In: Jura 2008, 135–141.

Faust, Florian (2016): Bürgerliches Gesetzbuch Allgemeiner Teil, 5. Aufl. Baden-Baden.

Forsthoff, Ernst (1940): Recht und Sprache. Halle.

Foucault, Michel (1977): Die Ordnung des Diskurses. Frankfurt a. M./Berlin/Wien.

Frank, Manfred (1982): Textauslegung In: Dietrich Harth/Peter Gebhardt, Erkenntnis der Literatur, 123–160. Stuttgart.

Freund, Georg (2008): Strafrecht Allgemeiner Teil, 2. Aufl. Karlsruhe.

Frister, Helmut (2015): Strafrecht Allgemeiner Teil, 7. Aufl. München.

Gloy, Klaus (1997): Sprachnormen als ‚Institutionen im Reich der Gedanken' und die Rolle des Individuums in Sprachnormierungsprozessen. In: Klaus Mattheier (Hg.), Norm und Variation, 27–36 Frankfurt a. M. u. a.

Haug, Winfried (1962): Zur verfassungsrechtlichen Bedeutung der objektiven Auslegung von Gesetzen. In: Die Öffentliche Verwaltung 1962, 329–332.

Heinrich, Bernd (2014): Strafrecht – Allgemeiner Teil, 4. Aufl. Stuttgart.

Hilgendorf, Eric/Brian Valerius (2015): Strafrecht Allgemeiner Teil, 2. Aufl. München.

Ipsen, Jörn (2016):Staatsrecht I, 28. Aufl. München.

Ipsen, Jörn (2016): Staatsrecht II, 19. Aufl. München.

Keller, Rudi (1977): Kollokutionäre Akte. In: Germanistische Linguistik 1/2, 3–50

Kindhäuser, Urs (2015): Strafrecht Allgemeiner Teil, 7. Aufl. Baden-Baden.

Kirchhof, Paul (1987): Die Bestimmtheit und Offenheit der Rechtssprache. Berlin.

Knell, Sebastian (2000): Die normativistische Wende in der analytischen Philosophie. Zu Robert Brandoms Theorie begrifflichen Gehaltes und diskursiver Praxis. In: Allgemeine Zeitschrift für Philosophie 200, 225–245.

Köhler, Helmut (2016): BGB Allgemeiner Teil, 40. Aufl. München.

Koselleck, Reinhart (1979): Begriffsgeschichte und Sozialgeschichte. In: ders.: Vergangene Zukunft. Zur Semantik geschichtlicher Zeiten, (urspr. 1972), 107–129. Frankfurt.

Kudlich, Hans (2010): „Gesetzesumgehung" und andere Fälle teleologischer Lückenschließung im Strafrecht. In: Matthias Jahn/Hans Kudlich/Franz Streng (Hg.): Strafrechtspraxis und Reform: Festschrift für Heinz Stöckel zum 70. Geburtstag. Berlin, 93–116.

Kudlich, Hans (2013): Der Fall in der Jurisprudenz – Zwischen Einzelfallentscheidung und systembildendem Baustein, in Susanne Düwell/Nicolas Pethes (Hg.), Fall – Fallgeschichte – Fallstudie, 82–99. Frankfurt a. M.
Kudlich, Hans/Ralph Christensen (2009): Die Methodik des BGH in Strafsachen. Köln.
Kühl, Kristian (2017): Strafrecht Allgemeiner Teil, 8. Aufl. München.
Küper, Wilfried (2008): Verfassungswidrige und verfassungskonforme Auslegung des § 142 StGB. In: Neue Zeitschrift für Strafrecht 2008, 597–605.
Mahlmann, Matthias (2016): Rechtsphilosophie und Rechtstheorie, 4. Aufl. Baden-Baden.
Mayer, Verena (1997): Semantischer Holismus. Berlin.
Medicus, Dieter/Petersen, Jens (2016): Allgemeiner Teil des BGB, 11. Aufl. München.
Müller, Friedrich/Ralph Christensen (2013): Juristische Methodik, Band I: Grundlegung für die Arbeitsmethoden der Rechtspraxis, 11. Aufl. Berlin.
Pieroth, Bodo u. a. (2016): Grundrechte. Staatsrecht II, 32. Aufl. Heidelberg.
Rengier, Rudolf (2016): Strafrecht Allgemeiner Teil, 8. Aufl. München.
Röhl, Klaus/Christian Röhl (2008): Allgemeine Rechtslehre, 3. Aufl. Köln.
Roxin, Claus (2006): Strafrecht Allgemeiner Teil Band I: Grundlagen. Der Aufbau der Verbrechenslehre, 4. Aufl. München.
Rüthers, Bernd/Christian Fischer/Axel Birk (2016): Rechtstheorie mit juristischer Methodenlehre, 9. Aufl. München.
Rüthers, Bernd/Astrid Stadler (2014): Allgemeiner Teil des BGB, 18. Aufl. München.
Schack, Haimo (2016): BGB – Allgemeiner Teil, 15. Aufl. Karlsruhe.
Schaedler-Om, Mathias (1977): Der soziale Charakter sprachlicher Bedeutung und propositionaler Einstellungen. Würzburg.
Somek, Alexander (1996): Der Gegenstand der Rechtserkenntnis, Baden-Baden.
Somek, Alexander/Nikolaus Forgo (1996): Nachpositivistisches Rechtsdenken. Wien.
Stüber, Karsten (1993): Davidsons Theorie sprachliche Verstehens, Frankfurt a. M.
Vesting, Thomas (2015): Rechtstheorie, 2. Aufl. München.
Vogel, Joachim (1998): Juristische Methodik. Berlin.
Wank, Rolf (2015): Die Auslegung von Gesetzen, 6. Aufl. München.
Wellmer, Albrecht (1985): Zur Dialektik von Moderne und Postmoderne. Frankfurt a. M.
Wertenbruch, Johannes (2014): BGB Allgemeiner Teil, 3. Aufl. München.
Wessels, Johannes/Werner Beulke/Helmut Satzger (2016): Strafrecht Allgemeiner Teil, 46. Aufl. Karlsruhe.
Wolf, Manfred/Jörg Neuner (2016): Allgemeiner Teil des Bürgerlichen Rechts, 11. Aufl. München.
Wörlen, Rainer/Karin Metzler-Müller (2016): BGB AT – Einführung in das Recht des Allgemeinen Teils des BGB, 14. Aufl. Köln.

Hanjo Hamann

9. Strukturierende Rechtslehre als juristische Sprachtheorie

Abstract: Was bedeutet die pragmatische Wende der Sprachwissenschaft für das Recht als ein mit Sprache und Sprachverstehen eng verknüpftes Handlungssystem? In der juristischen Methodenlehre wächst seit einem halben Jahrhundert eine Theorie heran, die das Recht pragmatisch zu verstehen sucht und dadurch zum juristischen Brückenkopf der modernen Rechtslinguistik wurde. Durch die induktive Reflexion juristischer Entscheidungspraxis macht diese Theorie komplexe Prozesse strukturierter Rechtserzeugung erkennbar, wo die bislang herrschenden Methodenlehren bloße Rechts‚anwendung' sehen. Die Strukturierende Rechtslehre zeigt auf, dass juristische Deutungen als eine Form des Sprachverstehens ihren Sinn nur aus dem sozialen Miteinander gewinnen können und dass sich sogar die bisweilen als lebensfremd verbrämte Rechtsdogmatik nur in intensiver Wechselwirkung mit der Lebenswirklichkeit denken lässt. Dadurch werden Recht und Sprache als emergente Phänomene einer dritten Art verständlich und das Gebot einer interdisziplinär operierenden Rechtswissenschaft unabweislich.

Das deutsche Recht gilt manchem als düsterer und undurchdringlicher ‚Paragraphendschungel'. Welche Rolle aber spielt der praktisch tätige Jurist, der sich Tag für Tag in diesem Urwald bewegt?

Im Legitimationsnarrativ der vorherrschenden juristischen Methodik gleicht er Alexander von Humboldt, der an der Wende vom 18. zum 19. Jahrhundert die empirische Geographie begründete: Er tritt an seinen Untersuchungsgegenstand von außen heran, findet den gewachsenen Urwald vor, nähert sich behutsam und beginnt seine Erkundung. Er kartographiert und misst das Vorhandene aus und erschließt so nach und nach das unbekannte Territorium. Er bringt ans Licht, was der Urwald schon immer verbarg, er sortiert und systematisiert es. Kurz: Der Rechtspraktiker ist ein Entdecker des Rechts (vgl. Dölle 1958).

Die Strukturierende Rechtslehre hingegen, um die es im Folgenden geht, sieht im Juristen eher den Alexander Selkirk, der die Robinsonaden des 18. und 19. Jahrhunderts inspirierte: Er findet sich unverhofft in den Urwald hineingeworfen und muss aus der Not heraus Verantwortung übernehmen und Entscheidungen treffen. Er muss

DOI 10.1515/9783110296198-009

seine Umwelt zwar nehmen, wie er sie findet, zwingt ihr aber eigene Strukturen auf und kann nicht umhin, sie für immer zu verändern. Er entwickelt den Urwald nach seinen Bedürfnissen, baut und konstruiert dadurch seine eigene Existenzgrundlage. Kurz: Der Rechtspraktiker ist ein Erfinder des Rechts.

Was für die beiden Alexanders die Botanik, ist für Juristen die Sprache. Mit dem Perspektivwechsel vom Entdecker zum Erfinder des Rechts geht deshalb ein Wandel im juristischen Sprachverständnis einher, den die Strukturierende Rechtslehre bewusst vollzieht und ausdrücklich reflektiert. Diese sprachtheoretische Dimension ist im Folgenden darzustellen.

1 Hintergrund

Studien über juristische Methodik dienen zumeist dazu, angehende und praktizierende Juristen bei der Entscheidung von Fällen anzuleiten. Diese handlungsanleitende (normative) Funktion prägt alle vorherrschenden Methodenlehren, die ihre Orientierung meist aus allgemeinen Denksystemen wie der Logik (Koch/Rüßmann 1982), der Hermeneutik (Larenz 1991) oder der Diskurstheorie (Alexy 1996) gewinnen.

Einen anderen Ansatz als die „aus diesen Strömungen zusammengesetzte noch herrschende Meinung" (Müller/Christensen 2013, 519) wählt die Strukturierende Rechtslehre (Müller 1994, 1. Aufl. 1984), die auf das Jahr 1966 zurückgeht, aber bis heute als Dauerbaustelle (*work in progress*) kontinuierlich fortentwickelt wird (Müller 2012, 379 ff.): Sie arbeitet schwerpunktmäßig handlungsbeschreibend (deskriptiv), indem sie aus „regelmäßig zu beobachtenden" Handlungsschritten verallgemeinert (Müller/Christensen 2013, 236) und dadurch induktiv einen Prototyp der rechtlichen Entscheidungspraxis modelliert, „ohne Anleihen bei philosophischen oder theoretischen Konzepten außerhalb der Jurisprudenz" (Müller 1994, 374). Dadurch gelangt auch sie letztlich zu einer normativen Methodenkritik, allerdings nicht aufgrund axiomatisch abgeleiteter Sollenssätze, sondern durch den Versuch, „im Maß ihrer Stimmigkeit, Brauchbarkeit und Realitätsnähe exemplarisch" zu wirken (Müller 2012, 386). Mit einer in anderem Zusammenhang geprägten Metapher (vgl. Hamann 2014a) lässt sich das Vorgehen der Strukturierenden Rechtslehre deshalb als „evidenz-" statt „eminenzbasiert" beschreiben: Ihr Anspruch als „Rechts(norm)theorie" geht nicht dahin, normative Prinzipien zu entwickeln, die der Handlungspraxis axiomatisch vorausliegen, sondern dahin, die herrschende Handlungspraxis an den Maßstäben diskursiver Überzeugungskraft bewusst zu reflektieren. Diese Art der Prozeduralisierung bedingt einen Verzicht auf jeden „Ergebniskonsens", birgt dafür aber das Versprechen auf einen methodenehrlichen „Arbeitskonsens" (Müller 2012, 51).

2 Strukturierende Rechtslehre

Das zuletzt angesprochene Prozeduralisierungselement prägt den (namensgebenden) Kern der Strukturierenden Rechtslehre, die sogenannte „Normstruktur“. Die Normstruktur ist ein dynamisches Ablaufmodell und soll – ähnlich wie die linearen Strukturgleichungsmodelle der quantitativ-empirischen Forschung (dazu Döring/Bortz 2016, 945 ff.) – latente Wirkungspfade zwischen beobachtbaren Größen interpolieren. Genauer gesagt geht es ihr darum, zwischen dem beobachtbaren Gesetzestext und einem ebenso beobachtbaren Urteilstext den verborgenen Prozess der Entscheidungsfindung (die *black box* im sozialwissenschaftlichen Sprachgebrauch) aufzudecken. Dafür postuliert die Strukturierende Rechtslehre mehrere verborgene Zwischenschritte (vgl. Müller/Christensen 2013, 517 f., 529 f.), die sich in einem Ablaufdiagramm wie folgt darstellen lassen:

```
Realdaten:     Sachverhalt  Sach-/Fallbereich → Normbereich
                    ↓                     ↑          ↓
Normen:             ↓                     ↑        Rechtsnorm → Entscheidungsnorm
               Normtext-                  ↑          ↑
Sprachdaten:   hypothesen → Normtext → Normprogramm
```

Aus dem Ablaufdiagramm ist zunächst ersichtlich, dass die Strukturierende Rechtslehre drei Strukturebenen unterscheidet: Um eine Handlungsanleitung (Norm) für die Entscheidung eines konkreten Falls zu gewinnen, müssen Juristen die relevanten Real- und Sprachdaten erkennen und zusammenführen, also strukturiert aufeinander beziehen. Dieser Vorgang kann mehrere Zwischenschritte umfassen, die aber nicht stets durchlaufen oder ausdrücklich expliziert werden. Da die Strukturierende Rechtslehre für diese Zwischenschritte eine eigene „technische Terminologie“ entwickelt hat (Müller/Christensen 2013, 517 f.; Müller 2012, 401 ff.), lässt sich der von ihr skizzierte Idealtyp am besten an einem Beispiel aus der Rechtsprechung illustrieren (OLG Bamberg 2008):

Ausgangspunkt der juristischen Entscheidung ist die Begegnung mit einem Rechtsfall, dessen Elemente in ihrer nur grob geordneten Vielfalt den *Sachverhalt* bilden. Im Beispiel:

> Person X ist beim Krematorium angestellt. Dort erfolgt die Verbrennung von Leichen in drei Arbeitsgängen. In einem Arbeitsgang werden Grobteile aussortiert. Dabei fällt auch das Zahngold der Verstorbenen an. X und zwei Kollegen verbrennen über 600 Leichen mit Zahngold. Dabei nehmen sie gut 12 Kilogramm Gold an sich und verkaufen es. [usw. usf.]

Anhand dieses Sachverhalts erwägt der Jurist, welche Vorschriften einschlägig sein könnten, er wechselt also in den Bereich der *Sprachdaten* und erzeugt zunächst *Normtexthypothesen*:

> X könnte wegen Verwahrungsbruchs (§ 133 Strafgesetzbuch), Diebstahls (§ 242 Strafgesetzbuch) oder einer Störung der Totenruhe (§ 168 Strafgesetzbuch) zu bestrafen sein.

Diesen Normtexthypothesen geht er im nächsten Schritt nach: Er wendet sich einem konkreten *Normtext* (genauer: ‚Textformular') zu, wie er amtlich verkündet wurde, also regelmäßig im Bundesgesetzblatt abgedruckt ist. Ein solcher Normtext ordnet abstrakt-generell bestimmte Voraussetzungen und Folgen einander zu, wie etwa der aus § 168 Strafgesetzbuch entnommene Satz

> Wer unbefugt die Asche eines verstorbenen Menschen wegnimmt, wird bestraft.

Dieser von den Institutionen des Staates für verbindlich erklärte Satz hat „Geltung", weil er *etwas* bedeutet (Christensen/Kudlich 2002, 238), ist aber nicht „normativ" (Müller 1994, 42), weil er noch kein konkretes Handeln anleitet. Der Weg zur Handlungsanleitung (Norm) besteht deshalb aus einer schrittweisen Kontextualisierung des Normtextes (Christensen/Kudlich 2002, 244 f.), für die verschiedene Interpretationselemente herangezogen werden können – insbesondere „die Aspekte grammatischer, historischer, genetischer, systematischer und teleologischer Auslegung" (Müller/Christensen 2013, 327). Hier liegt der klassische Kern der juristischen Text- und Begriffsarbeit, auf dessen Darstellung sich andere Methodenlehren weitgehend beschränken.

Die erfolgreiche Kontextualisierung des Normtextes führt (wie im Ablaufdiagramm angedeutet) zu einer Auswahl der relevanten Sprachdaten in Form des *Normprogramms*. Dieses könnte wie folgt lauten:

> „Asche eines verstorbenen Menschen" im Sinne des § 168 Abs. 1 StGB umfasst sämtliche nach einer Einäscherung verbleibenden Verbrennungsrückstände. (OLG Bamberg 2008, 1543)

Dieses Normprogramm – das veröffentlichten Gerichtsentscheidungen oft, wie hier, als sog. „Leitsatz" vorangestellt wird – verwendet der Jurist nun, um aus allen Tatsachen der Lebenswirklichkeit (dem *Sachbereich*) jene auszuwählen, die mit dem Normprogramm vereinbar sind (Laudenklos 1997, 148). Dabei mag sich herausstellen, dass auch das Normprogramm noch weiter interpretationsbedürftig ist (Was z. B. bedeutet der Begriff der ‚Einäscherung'?), so dass eine Fortführung der unendlichen Semiose (dazu Felder 2012) so lange erforderlich ist, bis ein konsensfähiger Grad der Konkretisierung erreicht ist. Dann wechselt die Perspektive von der Ebene der Sprach- zurück auf jene der Realdaten. (Genauer: Von der Ebene der primären auf die der sekundären Sprachdaten – denn auch Realdaten lassen sich nicht in ihrer „rohen", sondern nur in einer sprachlich „konstruierten" Form verarbeiten, Müller 2012, 31, 128.) Anhand des Normprogramms wird nun der *Normbereich* ausgewählt, also die für die Handlungsanleitung relevanten Tatsachen der Lebenswirklichkeit. Das wären im Beispiel etwa folgende:

Die Feuerbestattung erfolgt bei Temperaturen bis zu 1.200 °C. Gold schmilzt bei 1.064 °C, kann aber als Edelmetall nicht oxidieren – also weder rosten noch brennen. (Wikipedia)

Aus der Verbindung von Normprogramm und Normbereich entsteht schließlich die allgemeine, über den Einzelfall hinausweisende Rechtsnorm, konkret also:

Teil dieser Asche sind [lies: Dem Wegnahmeverbot unterfallen] somit auch alle [...] mit einem menschlichen Körper *fest verbundenen* fremden Bestandteile, soweit sie *nicht verbrennbar* sind und als Verbrennungsrückstand verbleiben. (OLG Bamberg 2008, 1543)

Unter diese Rechtsnorm schließlich ist im letzten Schritt zu ‚subsumieren', also logisch zu schlussfolgern, ob der zu entscheidende Fall von der Rechtsnorm erfasst ist. Für den Beispielsfall ist also festzustellen, dass die eben kursiv hervorgehobenen Voraussetzungen vorliegen: Zahngold ist sowohl mit dem menschlichen Körper fest verbunden als auch nicht verbrennbar. Daraus folgt im letzten Schritt die sog. *Entscheidungsnorm*, die das Gericht für den konkreten Fall ausspricht:

Der Angeklagte wird wegen Störung der Totenruhe zu einer Freiheitsstrafe von ... Jahren verurteilt.

Erst diese im letzten Schritt gewonnene Norm leitet das Handeln im konkreten Einzelfall: Die Bestrafung des Täters. Dieses Handeln mag man im Einzelfall für unangemessen halten – und in der Tat hat in einem dem Beispiel ähnlichen Fall nur wenig später und kaum 60 Kilometer entfernt ein anderes Oberlandesgericht umgekehrt entschieden (OLG Nürnberg 2010; krit. Christensen/Kübbeler 2011) – doch die strukturierte Normerzeugung macht die Entscheidungen transparent (und damit kritisierbar), auf die sich dieses Handeln stützt.

3 Sprachtheoretische Aspekte

Die Strukturierende Rechtslehre versteht sich als originär juristische Systematisierung, die ganz ohne Anleihen bei anderen Disziplinen „immanent aus den Arbeitserfahrungen" der Rechtspraxis geschöpft wurde (Müller 1994, 374; Müller 2012, 431 ff.). Zugleich beruft sie sich allerdings auf „die Wichtigkeit der Sprachwissenschaft" für jede Analyse der „Beziehung zwischen Norm und Fall" (Müller/Christensen 2013, 521 f., 528 f.). Denn die Strukturierende Rechtslehre will von der „durchgängigen *Sprachlichkeit*" des Rechts „nicht abstrahieren, etwa zu ‚Recht und Sprache'" (Müller 2012, 323), sondern sprachtheoretische Reflexionen gezielt als einen ihrer Kondensationskerne nutzen.

Die deutlichste sprachtheoretische Dimension der Strukturierenden Rechtslehre liegt in der Parallelität, „die dieses Konzept, ohne mit den Disziplinen der Sprachwissenschaft in Austau[s]ch zu stehen, mit der inzwischen vollzogenen sogenannten *pragmatischen Wende in der Linguistik* aufweist“ (Müller 1994, 374). Denn ebenso wie die moderne Sprachwissenschaft versteht auch die Strukturierende Rechtslehre sprachliche Bedeutung nicht länger „im Sinn eines abgeschlossen Vorgegebenen“, sondern als situationsgebundenes Resultat kreativer Sprechakte, die „in umfangreichere Vorgänge von Kommunikation eingebettet“ sind (Müller 1994, 375–377). Damit wendet sich die Strukturierende Rechtslehre ebenso gegen eine strikte Trennung von Intension und Extension (Müller 1994, 372 ff.) wie gegen die strukturalistisch inspirierte Vorstellung einer „Grammatik von Normtexten“, die klären könnte, „ob eine bestimmte Entscheidungsnormhypothese als zulässige Paraphrase des betreffenden Normtextes anzusehen ist oder nicht“ (Müller 1994, 376).

Daher lässt sich mit einer Anleihe aus der Physik sagen, dass Normen im Bezugssystem der Strukturierenden Rechtslehre keine „Ruhemasse“ haben: Man kann sich einen Normtext zwar „in Ruhe“ vorstellen, also außerhalb jedes semantischen Streits. Dann lässt sich aber nichts als seine bloße Existenz konstatieren – ob man das als „Normanwendung“ bezeichnet oder nicht (Müller 2012, 333). Etwa zu sagen, die Vorschrift ‚Einhörner sind anzuleinen.‘ werde in Deutschland ausnahmslos befolgt, ist zugleich weder falsch noch sinnvoll. Denn semantische Masse gewinnt die Vorschrift erst, wenn sie in Bewegung gerät – also strittig (semantisch ‚umkämpft‘) wird: Verlangt sie das Anleinen von Narwalen und Nashörnern? Oder gar („erst recht“) von Zwei- und Mehrhörnern? Diese Fragen stellen, heißt Paraphrasen des Normtextes erzeugen und deren Überzeugungskraft hinterfragen. Sowie eine solche Paraphrase in den Blick gerät, verliert sich allerdings das ursprüngliche Sprachzeichen daraus, so dass mit einer weiteren physikalischen Metapher von einer ‚Relation der Unschärfe‘ zwischen Zeichen und Sinn gesprochen werden kann:

> Ich kann einen Text vorlesen, *ihn* damit sinnlich machen, doch nicht seinen Sinn. Sobald ich es versuche, deklamiere ich schon einen zweiten Text, den ich zur ‚Bedeutung des ersten‘ erkläre. (Müller 2012, 332)

Indem sie sprachliche Bedeutung ausschließlich im Handeln der Sprechenden sucht, verschreibt sich die Strukturierende Rechtslehre zwar mitnichten einer konstruktivistischen Ontologie (Müller 2012, 30, 394), wohl aber einem pragmatischen Grundverständnis, das „auf glückliche Weise zu Wittgensteins Spätphilosophie parallel“ läuft und aus dieser „auch sprachtheoretisch begründbar gewesen“ wäre (Müller 2013, 202; 1994, 376; 2012, 335). Denn ebenso wie der späte Wittgenstein unter der Bedeutung von Worten nichts als deren „Gebrauch in der Sprache“ verstand (PhU 43), befasst sich die Strukturierende Rechtslehre mit den „Verwendungsweisen“ von Normtexten (vgl. Laudenklos 1997, 156; Christensen/Kudlich 2002, 239) und will juristische Begriffe „nur auf ihre Gebrauchsweise hin untersucht“ wissen, denn allein dieser führe sie vom bloßen „Zeichenwert“ zur sprachlichen Bedeutung (Müller/Christensen 2013, 525). Damit lässt sich in Abwandlung des wittgensteinschen Diktums formulieren, dass ‚Normen' für die Strukturierende Rechtslehre nichts anderes sind als der Gebrauch von Textformularen im juristischen Diskurs.

Diese für Rechts- und Sprachwissenschaft parallel „über Wissenschaftsgrenzen hinweg" entwickelten Ansätze zu einer „praktischen Semantik" (Müller 1994, 378) führen zur Kategorisierung von Sprache als „Phänomen der dritten Art" (Keller 1990, 87 ff.): Die Struktur der Sprache als „die im Ganzen unbeabsichtigte kollektive Nebenfolge im einzelnen durchaus beabsichtigten Sprechens" (Müller 2012, 368) verortet sie zwischen Naturphänomen einerseits und menschlichem Artefakt andererseits (Christensen/Kudlich 2002, 234; Christensen/Kübbeler 2011, Rn. 24; Müller 2012, 67; Müller 2013, 204). Sprache wird folglich als Erscheinung verstanden, die in der Komplexitätsforschung „emergent" genannt und mit einer zunächst religiös gemeinten und später säkularisierten Sentenz (Kennedy 2012) als „Resultat zwar menschlichen Handelns, doch keines menschlichen Planes" beschrieben werden kann. Diese Unplanbarkeit der Sprachentwicklung steht im diametralen Gegensatz zu einem instrumentalistischen Sprachverständnis: „Wenn schon von Instrumentalität die Rede sein soll, dann sind eher noch die Juristen Instrumente der Texte." (Müller 2013, 190; Du Plessis 2001).

Das gilt in gewisser Weise auch für die Strukturierende Rechtslehre selbst, denn wegen ihres induktiven Ansatzes gewinnt sie ihre theoretischen Strukturen „aus der Sache" selbst (Müller 2012, 381, 432), unterwirft sich also ihrem Gegenstand und dürfte deshalb mit einem Begriff der qualitativ-empirischen Sozialforschung als gegenstandsbezogene Theoriebildung (*grounded theory*) bezeichnet werden. Der Komplexität ihres Gegenstands entspricht also eine vergleichbar komplexe Methode: Die Strukturierende Rechtslehre verschreibt sich einer holistischen Analytik unter impliziter Ablehnung reduktionistischer Ansätze, indem sie überkommene Trennlinien (etwa zwischen ‚Sein' und ‚Sollen', ‚Recht' und ‚Sprache' nicht einmal als analytische Kategorien gelten lässt, sondern durch „zahlreiche Verweisungen, Querspiegelungen ein [...] komplexeres, aus verschiedenen Winkeln ausgeleuchtetes Gesamtbild" entwerfen will (Müller 2012, 412). Dieser Holismus geht einher mit einer gewissen Selbstreferentialität: Die Strukturierende Rechtslehre bleibt ihrer sprachtheoretischen Grundannahme – dass Bedeutung nur im Handeln liege – auch in ihrem eigenen Fachvokabular treu. Denn obwohl sie aus Gründen der sprachlichen Schärfung eine eigene Arbeitssprache entwickelt habe, könne diese „nicht anders, als eine *arbeitende Sprache* zu sein. Als die eines Work in progress auch eine *Speech in progress*" (Müller 2012, 403).

4 Rezeption und Diskussion

Während die Strukturierende Rechtslehre international einige Aufmerksamkeit erregte – von Frankreich (Jouanjan 1996; 2000; 2001) und Spanien (Pérez Luño 1995, Villacorta Mancebo 2008; 2010; 2013; 2014) bis Südafrika (Blaauw-Wolf/Wolf 1996;

276, 283; Du Plessis 2001) und Brasilien (Barreto Lima 2006; Castilho Gomes 2009; Macedo Silva 2005; Miozzo 2014; Naumann/Avance de Souza 2012; Silva da Fontoura 2009; Valladão Ferraz 2009) – wird sie in Deutschland kaum wahrgenommen, geschweige denn universitär gelehrt. Das mag sowohl an ihrer anspruchsvollen Formulierung (Müller 1994, V; Simon 1998, 122) und der „Kompliziertheit der Modellkonstruktion" liegen (Ladeur 2000, 72; weitere Nachw. bei Müller 2012, 418 f.), denn „anders als der induktive Vorgang der Forschung" verbleibt ihre Darstellung „auf einer *mittleren* Höhe von Abstraktion" (Müller 2012, 57), als auch an ihrem energischen und unmissverständlichen Aufbegehren gegen frühere Methodenlehren.

Dabei wendet sich die Strukturierende Rechtslehre nicht gegen *eine* Methodenlehre im Speziellen. Zwar entstand sie ursprünglich als „bewusst nachpositivistischer" Gegenentwurf zur positivistischen Rechtslehre Hans Kelsens (Müller 1994, 1) als „einzigem traditionellen Gesamtentwurf" der juristischen Methodentheorie (Müller/Christensen 2013, 519). Mittlerweile verwendet sie den Begriff „Rechtspositivismus" allerdings nur noch als sprachliche Kurzformel, die ebenso griffig wie missverständlich ist. Denn der „klassische Positivismus wird heute kaum mehr als programmatische Position vertreten" (Müller 2013, 20) und keine der noch gängigen Methodenlehren dürfte sich als „positivistische" angesprochen fühlen, weil die meisten ihrerseits den Rechtspositivismus überwunden zu haben glauben (vgl. nur Larenz 1991, 84 ff., 241 f.). Einzig die Strukturierende Rechtslehre wittert dessen Nachwirkungen bis heute in „einigen Grundirrtümern und zahlreichen Einzelfaktoren in der weithin unreflektierten Praxis" sowie „in mitgeschleppten Aporien der Norm- und Methodentheorie" (Müller 2013, 20). Dazu gehören

> u. a. die der Identität von Rechtsnorm und Normtext, der Bindung des Richters durch den zu erkennenden Inhalt der so verstandenen Rechtsnorm, der strikten (normtheoretischen) Trennung von Recht und Wirklichkeit usw. (Laudenklos 1997, 144)

Dieser vehemente Angriff auf breiter Front blieb nicht ohne Gegenwehr der Angegriffenen: Gegen die Kritik der Strukturierenden Rechtslehre wurde insbesondere die Annahme verteidigt, dass sich Sprachverwendung anhand von „Wortlautgrenzen" situationsübergreifend normativ bewerten lasse (ausf. Klatt 2004, 103 ff.; Kuntz 2015). Für diese Unterscheidung von „richtigem" und „falschem" Sprachgebrauch beruft sich die Rechtspraxis sowohl in Deutschland (dazu Li 2011, 149; Hamann 2014b) als auch den USA (z. B. Scalia/Garner 2013) vornehmlich auf die Autorität von Wörterbüchern. So verfuhr auch das Oberlandesgericht im obigen Beispiel („Ist Zahngold Asche?"), denn statt des oben explizierten normstrukturierenden Vorgehens behauptete das Gericht schlicht, der Begriff „Asche" umfasse

> schon nach seinem allgemeinen sprachlichen Verständnis generell die bei einer Verbrennung verbleibenden Rückstände und damit grundsätzlich alles, was von verbranntem Material übrig bleibt (OLG Bamberg 2008, 1544)

Dafür berief sich das Gericht auf Meyers Enzyklopädisches Lexikon und das Duden-Wörterbuch der deutschen Sprache, reflektierte aber weder diese konkrete Auswahl noch die Interpretationsbedürftigkeit der Wörterbuchtexte ihrerseits. Dass dies nach herrschendem Methodenverständnis völlig *lege artes* ist, zeigt sich schon daran, dass ein anderes Oberlandesgericht zwar das Ergebnis der Interpretation beanstandete, aber keinerlei Anstoß an der Art seiner Begründung nahm, sondern selbst etliche Lexika ins Feld führte (OLG Nürnberg 2010), unter denen sich sogar *die selben* befanden, die zugunsten der Gegenansicht zitiert worden waren.

Dies verdeutlicht, dass der Verweis auf Wortlautgrenzen innerhalb des „allgemeinen" Sprachverständnisses oft nur „eine die wirklichen Vorgänge latent haltende Metaphorik" darstellt (Laudenklos 1997, 152). Sie trägt dazu bei, die Entscheidungsverantwortlichkeit von Gerichten an „die" Sprache zu delegieren (Christensen/Kübbeler 2011, Rn. 3 ff.) und gegen allfällige Kritik zu immunisieren. Dabei muss diese Wirkung weder bewusst noch gewollt sein, denn sie folgt als Reflex unmittelbar aus dem Sprachverständnis der herrschenden Rechtslehre:

> Die klassische Auslegungslehre ist damit nicht nur ein Modell zur Rechtfertigung juristischen Handelns, sondern gleichzeitig eine Theorie sprachlicher Bedeutung. (Christensen/Kudlich 2002, 231)

Eine Anekdote mag dies zuspitzen: Dem berühmten Künstler Michelangelo, der sich auch als Bildhauer betätigte, wird die Bemerkung zugeschrieben (z. B. Archer 2010, 18), er habe seine Engelsstatue gar nicht erschaffen, sondern sie im Marmor gefangen gesehen und mit dem Meißel lediglich befreit. Das mag man wohlwollend als künstlerische Bescheidenheit auffassen, lässt sich mit gleichem Recht aber als Anmaßung einer göttlichen Erkenntnisfähigkeit verstehen – und nichts weniger werfen Vertreter der Strukturierenden Rechtslehre bisweilen den herrschenden Methodenlehren vor (Christensen/Kudlich 2002, 241). Denn ebenso wie das „Freilegen" eines Marmorengels ist das ‚Freilegen' sprachlicher Bedeutung kein Erkenntnisakt, sondern ein Prozess des Entscheidens, Weichenstellens und Wertens. Dieser Einsicht widmet die herrschende Rechtsmethodik bestenfalls eine zögerliche Fußnote, wie etwa – rhetorisch gut kaschiert – in der prominentesten Selbstbeschreibung der richterlichen Rechtsfindung als „Akt der bewertenden Erkenntnis, dem auch willenhafte Elemente nicht fehlen" (BVerfG 1973, 293; dazu Müller 2012, 78).

5 Fazit

Mit ihrer zwischen Sprach- und Rechtswissenschaft angesiedelten Grundsatzkritik lässt die Strukturierende Rechtslehre zwei wesentliche Anliegen erkennen: Rechtspolitisch die „funktionale Ergänzung" demokratischer Elemente in der Rechtspraxis, wo „demokratische Partizipation von Verfassungs wegen nicht vorgesehen ist" (Laudenklos 1997, 158), epistemologisch die „Abkehr von unhaltbar gewordenen linguistischen Fiktionen“ (Laudenklos 1997, 157).

Um den sprachtheoretischen Mehrwert der Strukturierenden Rechtslehre anhand der Parabel vom Beginn des Beitrags auf den Punkt zu bringen: Der Geobotaniker und der Schiffbrüchige mögen zwar gleichermaßen nach dem Sinn einer in ihrer Heimat unbekannten Palme fragen. Doch meint der Geobotaniker mit ‚Sinn‘ wohl die Funktion der Palme im Ökosystem und fragt damit nach einem evolutionstheoretischen *nullum*. Denn die Palme *hat* keine Funktion, weil auch die Natur keinen Generalplan hat. Was der Geobotaniker zu erfragen meint, muss er der Palme im Rahmen eines funktionalen Vorverständnisses selbst zuschreiben. Der Schiffbrüchige hingegen fragt nach dem ‚Sinn‘ der Palme als jener Vielfalt von Verwendungsweisen (Palmnüsse als Nahrungsmittel, Holz und Palmwedel als Baumaterial, etc.), die auch menschliche Sprachen auszeichnet. Er muss selbst, wie der Sprachbenutzer, die Verantwortung für die Auswahl einer Verwendungsweise übernehmen, indem er gute Gründe dafür findet. Das gilt ganz genauso für die sprachlich vermittelte Suche der Juristen nach Normen:

> Normativität ist also in der Tat kein Naturprodukt der Sprache, das man abbauen kann wie Bodenschätze. Sprache ist ein Marktphänomen. Legitimität kann man sich dort nicht umsonst besorgen. Man zahlt mit Argumenten. In der Praxis ihres Entscheidens wissen die Juristen das. Nur in der Theorie ist es noch nicht angekommen. (Christensen/Kudlich 2002, 237)

Die Strukturierende Rechtslehre ist der Versuch, das zu ändern.

6 Literatur

Alexy, Robert (1996): Theorie der juristischen Argumentation. 3. Aufl. Frankfurt a. M.

Archer, Peter (2010): The Quotable Intellectual: 1,417 Bon Mots, Ripostes, and Witticisms for Aspiring Academics, Armchair Philosophers… And Anyone Else Who Wants to Sound Really Smart. Avon (MA): Adams Media.

Barreto Lima, Martonio Mont’Alverne (Hg.) (2006), Democracia, Direito e Política: estudos internacionais em homenagem a Friedrich Müller. Florianópolis.

Blaauw-Wolf, Loammi/Joachim Wolf (1996): A Comparison Between German and South African Limitation Provisions. In: The South African Law Journal 113, 267–296.

BVerfG (1973): „Soraya“-Beschluss vom 14.2.1973, Aktenzeichen 1 BvR 112/65. In: Entscheidungen des Bundesverfassungsgerichts 34, 269–293.

Castilho Gomes, Nestor (2009): A teoria de norma de Friedrich Müller: reflexos na metódica jurídica. Florianópolis.

Christensen, Ralph/Christian Kübbeler (2011): Wortlautgrenze und Wörterbuch. In: Zeitschrift für Europäische Rechtslinguistik. http://nbn-resolving.de/urn:nbn:de:0009-24-29545.

Christensen, Ralf/Hans Kudlich (2002): Die Auslegungslehre als implizite Sprachtheorie der Juristen. In: Archiv für Rechts- und Sozialphilosophie 88, 230–246.

Dölle, Hans (1958): Juristische Entdeckungen. Tübingen (Verhandlungen des 42. Deutschen Juristentages, II/B).
Döring, Nicola/Jürgen Bortz (2016): Forschungsmethoden und Evaluation für Human- und Sozialwissenschaftler, 5. Aufl. Heidelberg.
Du Plessis, Lourens (2001): Lawspeak as text... and textspeak as law. Reflections on how jurists work with texts – and texts with them. In: The South African Law Journal 118, 794–811.
Felder, Ekkehard (2012): Unendliche Semiose im Recht als Garant der Rechtssicherheit, In: Carsten Bäcker/Matthias Klatt/Sabrina Zucca-Soest (Hg.), Sprache – Recht – Gesellschaft. Tübingen, 141–162.
Hamann, Hanjo (2014a): Evidenzbasierte Jurisprudenz. Methoden empirischer Forschung und ihr Erkenntniswert für das Recht am Beispiel des Gesellschaftsrechts. Tübingen.
Hamann, Hanjo (2014b): Der „Sprachgebrauch" im Waffenarsenal der Jurisprudenz. Die Rechtspraxis im Spiegel der quantitativ-empirischen Sprachforschung, In: Friedemann Vogel (Hg.), Zugänge zur Rechtssemantik. Interdisziplinäre Ansätze im Zeitalter neuer Medien. Berlin (linguae & litterae), 184–204.
Jouanjan, Olivier (1996): Présentation du traducteur. In: Friedrich Müller: Discours de la Méthode Juridique. Paris, 5–23.
Jouanjan, Olivier (2000): Nommer/Normer. Droit et langage selon la « Théorie structurante du droit ». In: Le Temps des savoirs. Revue interdisciplinaire 1, 39–60.
Jouanjan, Olivier (2001): D'un retour de l'acteur dans la théorie juridique. In: Revue européenne des sciences sociales 121, 55–64.
Keller, Rudi (1994): Sprachwandel. Von der unsichtbaren Hand in der Sprache. 2. Aufl. Tübingen.
Kennedy, Gavin (2012): For the loss of a footnote a theory is compromised. In: Adam Smith's Lost Legacy. http://adamsmithslostlegacy.blogspot.de/2012/03/for-loss-of-footnote-theory-is.html.
Klatt, Matthias (2004): Theorie der Wortlautgrenze. Semantische Normativität in der juristischen Argumentation. Baden-Baden (Studien zur Rechtsphilosophie und Rechtstheorie, 38).
Koch, Hans-Joachim/Helmut Rüßmann (1982): Juristische Begründungslehre. Eine Einführung in die Grundprobleme der Rechtswissenschaft. München.
Kuntz, Thilo (2015): Die Grenze zwischen Auslegung und Rechtsfortbildung aus sprachphilosophischer Perspektive. In: Archiv für die civilistische Praxis (AcP) 215, 387–449.
Ladeur, Karl-Heinz (2000): Die rechtswissenschaftliche Methodendiskussion und die Bewältigung des gesellschaftlichen Wandels. In: Rabels Zeitschrift für ausländisches und internationales Privatrecht (RabelsZ) 64, 60–103.
Larenz, Karl (1991): Methodenlehre der Rechtswissenschaft. 6. Aufl. Berlin/Heidelberg (Enzyklopädie der Rechts- und Staatswissenschaft).
Laudenklos, Frank (1997): Rechtsarbeit ist Textarbeit. Einige Bemerkungen zur Arbeitsweise der „Strukturierenden Rechtslehre". In: Kritische Justiz (KJ), 142–158.
Li, Jing (2011): „Recht ist Streit". Eine rechtslinguistische Analyse des Sprachverhaltens in der deutschen Rechtsprechung. Berlin (Sprache und Wissen, 8).
Macedo Silva, Anabelle (2005): Concretizando a Constituição. Rio de Janeiro.
Miozzo, Pablo (2014): Interpretação Jurídica e Criação Judicial do Direito. De Savigny a Friedrich Müller. Joinville.
Müller, Friedrich (1994): Strukturierende Rechtslehre. 2. Aufl. Berlin.
Müller, Friedrich (2012): Syntagma. Verfasstes Recht, verfasste Gesellschaft, verfasste Sprache im Horizont von Zeit. Berlin.
Müller, Friedrich (2013): Essais zur Theorie von Recht und Verfassung, von Methodik und Sprache. 2. Aufl. Berlin (Schriften zur Rechtstheorie, 264).

Müller, Friedrich/Ralph Christensen (2013): Juristische Methodik Bd. I: Grundlegung für die Arbeitsmethoden der Rechtspraxis. 11. Aufl. Berlin.

Naumann, Peter/Eurides Avance de Souza (Übers.) (2012): Teoria Estruturante do Direito [portug. Übers. von Müller 1994]. 3. Aufl. São Paulo.

OLG Bamberg (2008): Urteil vom 29.1.2008, Aktenzeichen 2 Ss 125/07. In: Neue Juristische Wochenschrift, 1543–1547.

OLG Nürnberg (2010): Urteil vom 20.11.2009, Aktenzeichen 1 St OLG Ss 163/09. In: Neue Juristische Wochenschrift, 2071–2074.

Pérez Luño, Antonio-Enrique (1995): [spanische Rezension zu Müller 1994]. In: Revista de Estudios Políticos (Nueva Epoca) 88, 341–344.

Scalia, Antonin/Bryan A. Garner (2013): A Note On The Use Of Dictionaries. In: Green Bag 2D 16, 419–428.

Silva da Fontoura, João Fábio (2009): Positivismo jurídico e pos-positivismo à luz da metódica estruturante. Florianópolis.

Simon, Dieter (1998): Das besondere Gewaltverhältnis: Rechtstext und Interpret. In: Rechtshistorisches Journal 17, 118–122.

Valladão Ferraz, Sérgio (2009): Hermenêutica constitucional estruturante: concretismo normativo para a efetividade da constituição e promoção da cidadania. Curitiba.

Villacorta Mancebo, Luis-Quintín (2008): Postpositivismo. Santander.

Villacorta Mancebo, Luis-Quintín (2010): El giro hermenéutico desde la teoría estructurante del Derecho. In: Revista de las Cortes Generales 80, 7–57.

Villacorta Mancebo, Luis-Quintín (2013): El Derecho de creación judicial, formulado desde el punto de vista de la Teoría del Derecho. In: Asamblea. Revista Parlamentaria de la Asamblea de Madrid 28, 57–78.

Villacorta Mancebo, Luis-Quintín (2014): Una Perspectiva de Alternativa Normativa y Metódica Constitucional: La Teoría Estructurante del Derecho. Madrid.

Ralph Christensen

10. Die Wortlautgrenze

Abstract: Am Anfang steht das Wort des Gesetzes. Aber das hilflose Wort wird von den Prozessparteien ergriffen und an ihr Interesse gebunden. So beginnt der Streit der Auslegungen. Damit dieser Streit am Gesetz endet, gibt es die Wortlautgrenze. Gemeint ist nicht die äußere Klanggestalt, sondern der Wortsinn (Larenz 1991, 322; Bydlinski 1991, 445; Schiffauer 1979, 71; Klatt 2004, 36). Nun könnte man sagen, eine Wortsinngrenze gibt es in der Sprache nicht, ihre einzige Grenze liegt in der Verständlichkeit. Aber damit wäre das Problem nicht erledigt. Es bleibt, vor allem im Streit, die Frage nach der Angemessenheit einer Interpretation.

Immer wenn ein Fall auf die Entscheidung zuläuft, muss das Gesetz behaupten, schon da zu sein. Man beansprucht mit dem Urteil, zum ersten Mal das auszusprechen, was im Gesetz für diesen neuen Fall schon immer gedacht war. Die Kommentierung (Foucault 1977, 18) will den Wildwuchs des Diskurses beschneiden und beansprucht die Figur des Rückfalls in den Grund (Metalepse, Jäger 2009, 294 ff.). Aber handelt es sich bei dem Igel, der am Ende der Ackerfurche steht, wirklich um denselben, der auch am Anfang stand? Ist die Metalepse also eine Rückkehr in den Ursprung oder die Erinnerung an einen Verlust? Kann das Gesetz in seine sprachliche Heimat zurückkehren, oder kann es nur versuchen, in der Wanderung durch wechselnde Kontexte eine Kontinuität zu finden?

1 Bedeutungsfeststellung oder die Sprache als Rechtfertigungsinstanz

Im Recht sucht man nach einer Rechtfertigung für die Auslegung des Gesetzes. Der sprachliche Sinn soll sich aus dem Gesetz ergeben. Wie wird der Sinn des Gesetzes festgestellt?

1.1 Die Entwicklung von Begriff über Interesse zum Wert

Es gibt ein einfaches Bild des Rechts: Der Entscheider soll durch eine Aufzählung von Merkmalen die Bedeutung eines Wortes im Gesetz bestimmen, um sie dann mit der

DOI 10.1515/9783110296198-010

Wirklichkeit zu vergleichen und am Ende zu subsumieren. Worte haben danach eine feste Umgebung von anderen Worten. *Presse* etwa ist ein Druckerzeugnis, welches zur Verbreitung geeignet und bestimmt ist. Wenn es Streit um dieses Wort gibt, genügt es, das Wort auf seine heimatliche Umgebung zurückzuführen. Wenn dies nicht funktioniert, handelt es sich eben um Ausnahmen (Wank 1985, 6 ff.; Herberger/Simon 1980, 243 ff., 285 ff.). Als Ausnahmen gelten die unbestimmten Begriffe (vgl. Engisch, 1977, Fn. 118b, 118c, 119 sowie Cattepoel 1979, 231 ff.). Sie haben keine feste Heimat in der Sprache und müssen deshalb von Interesse oder Wert aufgenommen werden.

Man hält weiterhin daran fest, dass Texte etwas ausdrücken, was hinter ihnen liegt und tauscht lediglich den von der historischen Rechtsschule überlieferten Volksgeist gegen die etwas handfesteren Interessen. Der Text ist aber weder Ausdruck des Volksgeistes noch von Interessen, sondern vor allem anderen Gegenstand der Lektüre. Lesen ist kein Rückgang in den Grund, sondern ein kreatives Unternehmen. Mit der Schriftlichkeit wird der Unterschied von Zeichenkette und Sinn, von Text und Interpretation erzeugt (Luhmann 1993, 289). Deswegen kann der Richter kein Subsumtionsautomat sein. Das wird von der sog. Interessensjurisprudenz zugegeben. Aber man glaubt, dass man die Einheit des Rechts durch eine Betrachtung der Interessen herstellen könne. Vielleicht sind die Merkmale als Umgebung des Begriffs variabel, aber der Begriff hat eine zentrale Funktion. Der „Arbeitnehmer" des Arbeitsrechts ist vielleicht nicht fremdbestimmt was Zeit, Ort oder Inhalt seiner Leistung betrifft, aber es bleibt zur Orientierung der zentrale Zweck der Schutzbedürftigkeit. Mittels einer Wertung könne man dem Wort dann seine Heimat zuweisen. Von der Schutzbedürftigkeit aus lässt sich sagen, wer Arbeitnehmer ist und wer nicht.

Die Lehre vom „Typus" (Engisch 1977, 255 ff., Fn. 118a; Wank 1985, 124 ff. Kritisch zur Typenlehre: Kindhäuser 1984, 226 ff.; Kuhlen 1977; Schiffauer 1979, 76 ff.) greift aber die von der Begriffsjurisprudenz vorausgesetzte Wertfreiheit der Rechtsbegriffe an. Die insbesondere von Larenz entwickelte Position wendet sich mit ihrer Unterscheidung zwischen Begriff und Typus gegen die Auffassung der Rechtsanwendung als mechanische Subsumtion unter die artbildenden Merkmale klassifikatorischer Begriffe (vgl. dazu und zum folgenden Larenz 1983, Kap. 7, 420 ff.). Die klassifikatorischen Begriffe, hier abstrakt allgemeine Gattungsbegriffe genannt, beziehen sich danach nur auf das äußere System der Rechtsordnung und können deren innere wertungsmäßige Einheit nicht sichtbar machen. Dazu bedürfe es der Ergänzung durch andere Denkformen, wie das konkretisierungsbedürftige Prinzip und den funktionsbestimmten Begriff (Beispiel: Begriff des Rechtsgeschäfts als Mittel der Privatautonomie). Letzterem komme die Aufgabe zu, zwischen den Prinzipien und dem äußeren System zu vermitteln. Aufgefächert wird der funktionsbestimmte Begriff nicht durch klassenbildende Merkmale, sondern im Wege einer Typenbildung. Es gibt bei einem solchen Begriff keine Kernmerkmale, die in allen Anwendungsfällen vorliegen müssen. Danach sind alle Merkmale ersetzbar, solange die zentrale Funktion des Begriffs erhalten bleibt. Anstelle des Merkmals tritt die Funktion, welche darin liegt, das grundlegende Systemziel der Gerechtigkeit zu erreichen. Wenn nun aber das grundlegende Systemziel des Rechts in Frage gestellt wird, dann wird der Zweck oder die Funktion selbst zur auszulegenden Größe, statt zur Grundlage der Auslegung. Damit gerät der Zweck wieder in den Sog der Sprache, statt sie von außen zu beherrschen. Weder Definition noch Zweck können in der Sprache eine Grenze vorgeben (zur Bedeutungsfindung durch Auslegung Binz 2008, 14).

1.2 Die Sprachregel und ihr Spielraum

Vom „Begriff" über das „Interesse" und den „Zweck" kehrt die Jurisprudenz damit zur Sprache zurück. Jetzt soll die Anwendung des Gesetzes durch ein Set abschließend ermittelbarer Regeln der Semantik bestimmt sein.

Diese Regel darf nicht schon Teil dieses Handelns selbst sein. Wir entscheiden nicht mitten in sprachlicher Bedeutung, sondern mit Hilfe sprachlicher Bedeutung. Sie ist uns vorgegeben, wie dem Steinmetz Hammer und Meißel. Daher postuliert die herkömmliche Lehre eine *„Externalität der Sprache für das Recht"* (Klatt 2004, 282; dagegen Christensen/Kudlich 2003, 58 ff.). Diese Externalität bedeutet hier, dass die Sprache über den anderen juristischen Argumentformen als Rechtfertigungsinstanz operiert. Sie wird aus dem Entscheidungsvorgang ausgeklammert und als Steuerungs- und Kontrollinstanz gesetzt. Herauskommen soll dann eine Relation, die über die Berechtigung jener Interpretationen entscheidet. Die herkömmliche Lehre spricht hier ausdrücklich von der „Steuerungsfähigkeit der Sprache" (Klatt 2004, 30; dagegen Christensen/Kudlich 2003, 128 ff.) und des näheren von der „Steuerungskraft der Semantik" (Klatt 2004, 21).

Die angenommene „semantische Normativität" soll das „Fundament semantischer Grenzen" (Klatt 2004, 219 ff.) für die Gerichte abgeben. Semantische Korrektheit rechtfertigt den Sprachgebrauch des urteilenden Gerichts. Der Richter entscheidet auf der „Basisstruktur einer Wortgebrauchsregel W", welche lautet: „Für alle Objekte x gilt: Wenn x die Eigenschaften M hat, dann ist x unter den Gesetzesbegriff T zu subsumieren. Formalisiert: W: (x) (Mx → Tx)" (Klatt 2005, 343, 359).

Danach betrachtet man Regeln als „Normen, die stets nur entweder erfüllt oder nicht erfüllt werden können" (Alexy 1994a, 76), als seien sie „definitive Gebote" (Alexy 1994b, 120). Das kann natürlich weder methodisch noch praktisch funktionieren. Das zentrale Problem ist die Frage der Regelbeschreibung. Die Vorstellung von Kommunikation als Tätigkeit, die sich darauf beschränkt, offenbar fertige Absichten mit Hilfe eines vorgegebenen Codes zu transportieren, erweist sich in der Praxis als nicht einlösbar. Diese Semantik neigt dazu,

> die System- und Regelhaftigkeit ihres Phänomenbereichs zu axiomatisieren und Universalien auch dort zu postulieren, wo tatsächlich nur historische oder gesellschaftsformativ bedingte Formen des (Sprech-)Handelns vorliegen. Für eine Analyse des realen Sprachgebrauchs taugen ihre formulierten Gesetzmäßigkeiten nicht, denn diese erlauben nur Hinweise dieses Typs: ‚Da

> eine Person A x erfragt, weiß sie x nicht – *vorausgesetzt, es liegen Normalbedingungen der Rede vor.*' Und ob solche Normalbedingungen in einem gegebenen Fall vorliegen oder nicht, wird [...] zur kontingenten Angelegenheit erklärt; Systematisierungsmüll. (Gloy 1984, 104 f.)

In der Diskurstheorie des Rechts wird dieses Problem der Regelformulierung unter dem verkürzenden Stichwort „Defeasibility" rubriziert (Becker 2008, 135). Nachdem es erwähnt wurde, wird es sogleich beiseite geschoben mit folgender Formulierung:

> Im Vorgriff auf den noch zu entwickelnden Begriff des tatsächlichen Diskurses besteht eine diskurstheoretische Möglichkeit zu erklären, warum Regeln defeasible sind, also die Ausnahmen zu Regeln nicht aufzählbar sind, darin, dass uns nur der tatsächliche Diskurs mit beschränkten Erkenntnismöglichkeiten dessen, was richtig ist, zur Verfügung steht. Diese Überlegung zeigt, dass Regeln nur dann endgültige konkrete Handlungsanweisungen beinhalten können, wenn die Voraussetzungen des in allen Hinsichten idealen Diskurses vorlägen, wenn wir also etwa unendlich viel Zeit hätten und alles wüssten. (Becker 2008, 135, Fn. 475)

Die Regel ist also wegen „Defeasibility" (grundlegend dazu Waismann 1962, 160 f.; Christensen 1998, 103 f.) nicht verfügbar. Wir müssen also warten. Verfügbar ist die Regel lediglich, wenn die Bedeutung bekannt oder unstreitig ist. Der Begriff der Regel ist also leer. Das drückt sich auch im Bedeutungsbegriff dieser Theorie aus. Hier stoßen wir auf Vagheit und Mehrdeutigkeit (Koch 1978, 59 ff.; Rüßmann 2003, 135 ff.). Dem liegt noch immer die frühe analytische Auffassung von Sprache zugrunde, nach der Bedeutung eine mitgebrachte *Eigenschaft* von jeweils einzelnen Wörtern ist. Wegen des Fehlens der Anwendungsregel zur Sprachregel kommt man mit diesen unterkomplexen Voraussetzungen meist zu dem Schluss, dass Unbestimmtheit oder Mehrdeutigkeit vorliegt. Die fehlende Bedeutung wird dann durch andere Maßnahmen hergestellt, die als Präzisierung begriffen werden sollen.

Vor dieser Präzisierung hat man aber die fraglichen Ausdrücke von ihrem Kontext und ihrer Verwendungssituation isoliert. Das heißt in diesem Modell, die Entstehung des Problems von Mehrdeutigkeit und „Vagheit" setzt voraus, dass zunächst die Semantik von der Pragmatik künstlich getrennt wird. Pragmatik heißt nämlich, sich Bedeutung aus den Beziehungen zu erschließen, in denen eine Äußerung steht und diese wiederum mit entsprechenden Überzeugungen in Einklang zu bringen. Wenn man die Begriffe „Vagheit" und „Mehrdeutigkeit" sinnvoll verwenden will, muss man sie anders fassen. Sie hängen von dem Zweck ab, zu dem Ausdrücke in der Verständigung verwendet werden, und damit von den Personen und Umständen, die dabei eine Rolle spielen. Vagheit und Mehrdeutigkeit sind allein pragmatisch begründbar. Es ist ja nicht etwa eine Verwaschenheit des Wortlauts, die den Streit provoziert hat, sondern eine Störung im gesellschaftlichen Zusammenleben. Der Normtext weist also nicht ein „zu wenig", sondern ein „zu viel" an Klarheit auf. Es gibt mehrere vollkommen verständliche, aber sich gegenseitig ausschließende Lesarten. Mehrdeutigkeit und Vagheit sind damit keine Eigenschaften der Bedeutung. Sie sind Formen, mit denen man Konfliktkonstellationen im semantischen Streit beschreiben kann, und somit geht es letztlich um Pragmatik und nicht um Erkenntnisprobleme. Die Pragmatik der Sprache soll aber abgeschnitten werden zugunsten von Spekulationen über Prinzipien und den Rechtsbegriff.

1.3 Die empirische Regelmäßigkeit als Grundlage

Nach Binz (2008, 51 ff.) funktioniert die Sprachregel als Grundlage der Begriffsbestimmung nicht. Sobald die Regel streitig wird, brauche man eine weitere, die ebenso wenig verfügbar sei. Dieser unendliche Regress soll beendet werden durch den Hinweis auf eine empirische Grundlage. Der Glaube an Regeln wird damit ersetzt durch den Glauben an Regelmäßigkeiten (vgl. zur Unterscheidung von Regulismus und Regularismus: Brandom 2000, 56 ff., 79 ff., 93 f., 824).

Vier Kandidaten kommen in Betracht, um die Gewissheit der Juristen im Bereich der Sprache zu befördern: die eigene Sprachkompetenz, das Wörterbuch, der Kommentar und der Computer.

Zunächst zur Sprachkompetenz als Quelle der Orientierung: Über die grammatische Auslegung findet ein Jurist erste Beispiele für die Verwendung eines streitigen Begriffs. Diese Fähigkeit sollte man allerdings nicht überschätzen. Wenn ihm keine Beispiele mehr einfallen, ist nicht die Grenze der Sprache erreicht, sondern die Grenze seiner Kompetenz. Deswegen kann die grammatische Auslegung niemals Wortlautgrenze sein (vgl. in diesem Sinn aber die ganz herrschende Meinung, welche z. B. referiert wird bei Jacobi 2008, 4 ff.). Jeder Sprecher kennt die Sprache nur zu einem kleinen Teil. Zumeist überschätzt man die eigene Sprachkompetenz (Sang-Don Yi 1992, 81). Als Heilmittel gibt es in der Sprachwissenschaft dazu die Regel „Never trust a native speaker" (Stein 2010, 140 f.). Menschen können viel mehr als sie wissen und es bedarf der reflexiven Anstrengung der Wissenschaft, um diesen Abstand zu bearbeiten. Deswegen ist der natürliche Sprecher kein Maßstab für die Wissenschaft, sondern nur die Grundlage für deren Arbeit. Halbwegs geben die juristischen Vertreter dieser Theorie dies auch zu, wenn sie die Methode des Besinnens auf die eigene Sprachkompetenz nicht ganz ohne Ironie als „Lehnstuhlmethode" bezeichnen.

Juristen beschränken sich daher nicht auf die grammatische Auslegung, sondern fragen mit den anderen Auslegungsregeln nach Zusammenhang, Geschichte und Zweck des streitigen Begriffs. Mit dieser Sammlung von Gebrauchsbeispielen arbeiten sie ähnlich wie jemand, der ein Wörterbuch schreibt. In der Praxis werden Wörterbücher von Juristen selten verwendet (vgl. Kudlich/Christensen 2009, 29 f.), in der Theorie aber sollen sie die Alltagssprache vertreten. Im Wörterbuch erwarten Juristen eine Abbildung des Sprachgebrauchs der Gegenwart zu finden. Diese Erwartung wird von dem angestrebten Objektivitätsanspruch mancher Lexikographen unterstützt. Schon die in Lexika vorhandenen vielen Abkürzungen erinnern an den Kommentar Palandt, der ja unter Juristen als Buch der Bücher gilt. Aber die Objektivität von Lexikografie ist eben nicht mit der Abbildung der Gegenwartssprache gleichzusetzen.

Wenn man schon an Wörterbücher glauben will, sollte man auch an die Definition des *Wörterbuchs* im Wörterbuch glauben. Die Erklärung im Duden lautet: „Nachschlagewerk, in dem die Wörter einer Sprache nach bestimmten Gesichtspunkten ausgewählt, angeordnet und erklärt sind“ (Duden 1999). Ein Wörterbuch ist also keine Schublade, worin schon vorher feststehende Informationen lediglich nur eingeräumt würden (Reichmann 2003, 51; Kühn 1989, 111 ff.).

Kein Lexikograf würde beanspruchen, „die“ Wortlautgrenze zu ziehen. Nur Juristen glauben dies (zur Kritik daran auch Sang-Don Yi 1992, 83). Wenn sie aber das Wörterbuch einer juristischen Begriffsbildung entgegenhalten wollen, finden sie genau in diesem Wörterbuch die Beispiele des juristischen Gebrauchs. So hat man etwa den weiten Gewaltbegriff des BGH im Rahmen der Nötigung unter Hinweis auf den natürlichen Sprachgebrauch kritisieren wollen. Aber die Wörterbücher hatten diesen weiten Gewaltbegriff aus der Rechtsprechung längst in ihre Belegsammlung aufgenommen. In modernen Wörterbüchern ist die Heterogenität der Begriffsverwendung und ihr umstrittener Charakter aber dokumentiert. So findet man etwa bei „Gewalt“ auch Hinweise auf die Kritik an dieser weiten Fassung. Gerade darin besteht die Objektivität eines Wörterbuchs. Erst der Hinweis auf die Vielfalt sprachlicher Varianten mit entsprechenden Belegen erlaubt es dann den Juristen zu entscheiden, welche Variante in den Zusammenhang des Rechts passt. Deswegen hat das Bundesverfassungsgericht den weiten Gewaltbegriff nicht mit dem Hinweis auf den natürlichen Sprachgebrauch zu Fall gebracht, sondern unter Hinweis auf die Rechtssystematik. In der juristischen Sichtweise, welche die Semantik des Gesetzes mit der grammatischen Auslegung und diese mit dem Lexikon gleichsetzen will, wird also die Objektivität der Lexikografie gerade verkürzt, statt sie zu nutzen.

Wenn Juristen ihre eigene Sprachkompetenz reflektieren, stoßen sie auf Kommentare. Hier werden die Meinungen von Gerichten und Wissenschaftlern zu Rechtsfragen zusammengetragen. Ihre Bedeutung für die praktische Rechtsarbeit ist jedem Juristen bekannt (Morlok 2004, 103 f.). Der Richter geht von der Akte zum Gesetz und weiter zu Kommentar und Präjudizien, wenn er die mündliche Verhandlung vorbereitet. Diese „stark ausgeprägte Absicherung rechtstextlicher Aussagen durch den Verweis auf andere Rechtstexte“ ist Folge des grundlegenden Unsicherheitsproblems in der Jurisprudenz, die gerade daraus entsteht, dass die Vielfalt des Lebens nicht durch die Sprache im Vorhinein umschrieben und mit klaren Handlungsdirektiven versehen werden kann: „Das intertextliche Geflecht stellt sozusagen ein Sicherheitsnetz dar, mit dessen Hilfe die Ungewissheit überwunden werden soll“ (Morlok 2004, 134).

Die Entstehung eines Kommentars ist dabei gar nicht verschieden von der eines Wörterbuchs: Wie der Lexikograph sammelt auch der Kommentator vorrangig gelungene Gebrauchsbeispiele.

Die Suche orientiert sich im Grundsatz an den Auslegungsregeln: Beispiele, die ihm ohne Nachdenken einfallen, gehören in den Kontext der grammatikalischen Auslegung; um weitere Beispiele zu finden, hat er als Suchstrategien Systematik, Entstehungsgeschichte, Vorläufernormen und Zweck. Ganz wesentliche Quelle ist die Auswertung von Vorentscheidungen und wissenschaftlichen Stellungnahmen. Aber die Unverträglichkeit von Meinungen und der Streit werden darin nicht aufgehoben, sondern dargestellt. Eine sichere Heimat findet der streitige Begriff auch im Kommentar nicht.

Es bleibt noch der Computer. Die Hoffnung, für eine Wortlautgrenze nicht argumentieren zu müssen, sondern diese einfach zu erkennen, ist nicht leicht zu enttäuschen. Es handelt sich um eine Wunschkonstellation (Winkler 1997, 11). Der Wunsch nach Instruktivität (Morlok 2008, 31) wird mitunter auf die neuen Medien übertragen: Dabei wird nicht nur den „Suchfunktionen juristischer Datenbanken" zugetraut herauszufinden, „mit welcher Bedeutung ein Begriff im Gesetz und von der Rechtsprechung verwendet wird" (Knauer 2009, 288 f., 397), sondern auch der Rückgriff des BGH (vgl. dazu BGH. In: NJW 2007, 524 ff., 226) auf die Diskussionen im Internet zur Frage, „ob psilocybin- und psilocinhaltige Pilze vom Pflanzenbegriff des § 2 Abs. 1 Nr. 1 BtMG erfasst werden", wird gelobt, da das jedermann „zur Veröffentlichung eigener Texte zugängliche" Internet „eine umfassende Auskunft über das gesamte Spektrum des aktuellen Sprachgebrauchs geben" könne (Knauer 2009, 279, 298).

Haben wir also mit dem neuen Medium Computer endlich das Wörterbuch, welches den Sprachgebrauch der Gegenwart abbildet?

Tatsächlich kann man mit dem Computer in der Sprachwissenschaft empirisch arbeiten. Die korpuslinguistische Kookkurrenzanalyse operationalisiert etwa den Wittgensteinschen Grundsatz, dass die Bedeutung eines Wortes durch die Wendungen bestimmt wird, die in seiner Umgebung erscheinen. Dies kann man heute, bezogen auf Textkorpora, mit dem Computer auswerten (vgl. hierzu ausführlich Vogel/Pötters/Christensen 2015). Wir können jetzt computerbasiert viel mehr an Information auffinden und sind nicht mehr so stark der hermeneutischen Kompetenz des jeweiligen Wissenschaftlers ausgeliefert, weil wir die Belegstellen gegebenenfalls selbst aussuchen können. Dieses Vorgehen liefert uns nicht die Wortlautgrenze, aber es liefert uns eine Fülle von Möglichkeiten, vorgeschlagene Lesarten zu stützen oder zu relativieren. Ohne diese Grundlage arbeiten wir nicht nach den Regeln der Kunst. Aber die Notwendigkeit, über den Konflikt der Lesarten juristisch zu entscheiden, kann uns das beste Wörterbuch und die beste Kookkurrenzanalyse nicht abnehmen.

Wörterbuch und Computer helfen uns also, eine große Zahl von Bedeutungsvarianten zu entdecken und auch dabei, diese auf Kontexte zu beziehen. Aber eine Sprachgrenze liefern sie nicht. Denn die einzige Grenze in der Sprache ist die Verständlichkeit. Die empirische Analyse entlastet uns also nicht von dem Streit, welche der gefundenen Verwendungsweisen für unsere Zwecke die beste ist.

2 Bedeutungsfestsetzung oder die Sprache als Beute

Die Sprache ist weder Definitionskalender noch Regelmaschine, welche Ja/Nein-Antworten liefert. Damit ist sie überfordert. Aber Juristen sind darüber nicht enttäuscht. Ganz im Gegenteil. In der Sprache muss man mit jedem reden. Das stört den autoritären Stil der Rechtsfindung. Deswegen ist man froh, die Sprache durch Überforderung entsorgen zu können. Die zur Sicherung der Wortlautgrenze gesuchte Sprachregel kann also ruhig vage bleiben. Die Sprache liefert keine Entscheidung, immerhin haben wir sie gefragt. Daraus wird dann gefolgert, dass die Sprache keinerlei Kontrollfunktion für die Gesetzesbindung ausüben könne, sondern diese durch Wertungen der Juristen sichergestellt werden müsse (zum „Scheitern" der Wortlautgrenze Binz 2008, 97 ff.). Die Sprache des Gesetzes wird damit zum Privateigentum der Juristen. Aber ist die Sprache des Gesetzes wirklich so inhaltslos, dass sie zur Beute ihrer Anwender werden muss?

2.1 Bedeutung verschwindet nicht

Der radikalste Versuch zur Entsorgung von Sprache aus der Rechtsfindung ist der Dezisionismus Carl Schmitts. Danach ist im Urteil Bedeutung nichts und Entscheidung alles. Diese Position versucht man heute mit sprachskeptischen Argumenten wiederzubeleben.

Juristen verstehen Sprachregeln häufig als Konventionen (kritisch dazu Sang-Don Yi 1992, 80 ff.). Die Auszeichnung einer Konvention setzt aber einen beschreibbaren Kontext voraus. Brauchen wir also die Totalität der Sprache, um die Angemessenheit oder Richtigkeit einer Bedeutungszuschreibung beurteilen zu können? Wenn das so wäre, dann ginge die spezifische Bedeutung eines Zeichens in einem einzigen nicht beherrschbaren Kontext unter. Aber mit der Behauptung „Es gibt kein außerhalb des Kontextes" (Derrida 2001, 211), setzt man nicht einen einzigen grenzenlosen Zusammenhang, sondern eine Vielzahl von Zusammenhängen. Keiner dieser Kontexte erreicht seine Bestimmtheit in sich selbst, sondern benötigt dazu den Umweg über andere. Damit gibt es einen Verweisungsraum des Textes, welcher nicht die Spezifität des jeweiligen Zusammenhangs beseitigt, sondern nur begrenzt. Wenn man heute mit den Mitteln der Korpuslinguistik die Bedeutung eines Wortes untersucht (Felder/Müller/Vogel 2012, 3 ff.), so betrachtet man die Wörter, die in der Umgebung dieses Wortes auftauchen. Dann die Umgebung der Wörter, die in der Umgebung aufgetaucht sind. So ergeben sich allmählich Strukturen. Natürlich kann man die Umgebung nie abschließend beschreiben. Der totale Kontext ist nicht verfügbar. Aber man kann die Umgebung eines Wortes relativ zu einem bestimmten Korpus beschreiben, etwa das Wort „Menschenwürde" im Korpus der Bundesverfassungsgerichtsentscheidungen.

Dann kann man damit die Umgebung des Wortes „Menschenwürde" (Vogel 2012, 314 ff.) in einem Medienkorpus vergleichen. Wir finden dabei niemals die Bedeutung heraus, aber doch sehr viele Bedeutungen, die man jetzt auf guter Grundlage diskutieren kann.

2.2 Die Bedeutung wird vervielfältigt

Aufgegeben wird heute ein Begriff von Bedeutung, der etwas in der Wiederholung nur erneut abbildet (Derrida 1995, 187). Zeichen unterscheiden sich nicht nur von anderen Zeichen, sondern auch von sich selbst (Derrida 1999, 42). Sie sind in der Selbstunterscheidung ein Verschiedenes. Das Zeichen muss also einen Umweg über sich selbst zurücklegen, um sich zu wiederholen. Damit ist eine ideale Identität, welche unverändert ewig wiederkehrt, ausgeschlossen. Aber es sind gleichzeitig die Möglichkeitsbedingungen für eine wiedererkennbare Identität des Selben angegeben (Derrida 1983, 373; Coendet 2012, 38). Damit werden also Logik und Wahrheitsbedingungen nicht über Bord geworfen.

Verschwindet durch die Aufpropfung des Zeichenkörpers auf einen neuen Kontext wirklich die Bedeutung oder wird sie nur vervielfältigt? Nur ein grenzenloser Kontext würde die Spezifität von Bedeutung aufheben. Eine Vielzahl von Kontexten ermöglicht sie im Gegenteil jetzt gerade. Es geht also nicht um einen undifferenzierten Text ohne Wahrheitswert, sondern im Gegenteil um die Wahrheit von Differenzen. Diese Wahrheit ist zwar mit einer Nichtabschließbarkeitsklausel versehen. Aber dieser Rest an Unvorhersehbarkeit verbietet nur eine, der Argumentation entzogene Wahrheit, nicht dagegen eine Wahrheit relativ zum Stand der vorgebrachten Argumente.

Wenn man heute an der klassischen Metaphysik kritisiert (Derrida 2003b, 30 f.), dass diese die Bedeutung dem Zeichenkörper vorordnet, bezweckt sie keine einfache Umkehrung der Hierarchie, sondern eine Verschiebung (Coendet 2012, 41). Bedeutung hat im Zeichenbegriff ihren Platz als spezifische Spurung des Zeichens aus seinen Differenzen zu sich selbst und anderen Zeichen. Diese Selbstverortung des Zeichens durch Differenzierung ist seine Bedeutung. Abgeschafft ist nur das transzendentale Signifikat einer wörtlichen Bedeutung, die sich immer selbst gleich bleibt und jedem Sprechen vorgeordnet wäre.

2.3 Vom Gesetzespositivismus zum Richterpositivismus

Wenn es keine Steuerung durch Regeln gibt, dann kann man die Anwendung nicht mehr hierarchisch dem Gesetz unterordnen. Heute will man die Normativität des Gesetzes nicht als Kraft oder als Wirkung verstehen, sondern rekursiv durch wiederholte Bezugnahme. Normativität wird damit zu einem passiven Konzept (Müller-Mall

2012, 204, Skizze 213 und 219) und die Trennung von Gesetz und Anwendung aufgegeben.

Tatsächlich kann man das Verhältnis von Norm und Anwendung grundsätzlich gar nicht anders fassen. Wie Wittgenstein schon für den Begriff der Regel gezeigt hat, können Normen nie in eine irgendwie geartete äußerliche Beziehung zu ihrer Verwendung gesetzt werden (Wittgenstein 1984, § 195 ff.; McDowell 1984, 325 ff.). Das Befolgen leitet sich weder aus der Regel ab, noch gibt die Regel ihre Befolgung vor:

> Die Regel steht ihrer Aktualisierung nicht als eine Instanz gegenüber, die außerhalb dieser Aktualisierung Bestand hätte. Es gibt kein Auseinanderstehen zwischen Regel und Aktualisierung derart, dass man betrachten könnte, inwieweit die Aktualisierung der Regel gerecht wird. (Bertram 2002, 296)

Vielmehr zeigt sich die Regel erst in der Praxis ihrer Anwendung. „Regel", sagt Wittgenstein, ist das, was „sich, von Fall zu Fall der Anwendung, in dem äußert, was wir ‚der Regel folgen' und was wir ‚ihr entgegenhandeln' nennen" (Wittgenstein 1984, § 201). Und das wiederum entscheidet sich daran, welche Ereignisse wir als die Anwendung von Regel auszeichnen (Davidson 1990, 155 ff.). Indem wir dies tun, entziehen wir diesen Bezug unserem Handeln, „entäußern" ihn, um diesem durch den Verweis auf die andere Anwendung als Fall von Regel ein Maß zu setzen. Zugleich hat das normativ anleitende Moment darin keinen anderen Sitz als in diesem Verhältnis der Beobachtung. Ganz analog dazu, dass wir die Welt nicht wahrnehmen, sondern sie uns durch die Beobachtung schaffen, ganz so befolgen wir nicht Regeln, sondern wir machen sie uns mit der Frage der Anwendung zu einer solchen. Wir machen „es uns zur" Regel, in dieser und keiner anderen Weise vorzugehen.

In der fallorientierten Arbeit der Gerichte zeigt sich ein Verhältnis von Immanenz und Transzendenz, welches Normativität konstituiert (Bertram 2002, 296 ff.). Die Anwendung greift nicht direkt auf die Norm zu. Vielmehr wird diese erst eingesetzt: „Die Norm wird dadurch erneuert, dass der neue Fall in sie eingetragen wird. Sie tritt dem Fall nicht als gegebene Größe gegenüber. Der Eintrag macht sie zu einer neuen, immanenten Größe" (Bertram 2002, 296). Dies kann aber nur die eine Seite der Medaille sein. Zwar ist damit das Verhältnis von Norm und Fall grundsätzlich als ein internes markiert. Bliebe es aber dabei, so fielen allerdings Norm und Anwendung amorph in sich zusammen: „Im Sinne der Immanenz gibt es keinen Abstand zwischen Norm und Anwendung. Es ist unmöglich, zwischen die Norm und ihre Anwendung zu treten und zu überprüfen, ob das eine auf das andere passt oder umgekehrt" (Bertram 2002, 296). Das Normativität allein ausmachende, interne Verhältnis von Anwendungsfall und Normauszeichnung hat sich seiner selbst gewahr zu werden. Fälle lassen sich ohne Regeln nicht beurteilen (Müller-Mall 2012, 241 f.). Die Blindheit des Normativen in der Anwendung ist also durch Beobachtung der darin liegenden Beobachtung von Handeln als normativ gehaltvoll aufzuheben. Genau hier kommt die Transzendenz der Norm gegenüber dem Fall ins Spiel. Wenn die Norm angewendet wird, verschwindet sie im Fall. Aber wenn man ihre Anwendung als geglückt und vorbildlich beobachtet, wird sie als Anwendung eines Anderen wieder vom Fall abgehoben (Bertram 2002, 297). Wenn sich Gerichte also für das Verständnis der Gesetze an Vorentscheidungen orientieren, so tun sie das, weil es gar nicht anders geht. Sprache ist die Verknüpfung gelungener Kommunikationsakte unter mitlaufender normativer Bewertung.

Den normativen Aspekt der Orientierung an Vorentscheidungen kann ein dezisionistisches Modell nicht aufnehmen. Vorgängigkeit und Selbstbezüglichkeit sind im Dezisionismus durch das Ereignis der Rechtserzeugung nur zeitlich, aber nicht inhaltlich verknüpft (Müller-Mall 202, 179 ff.). Autorität oder Richtigkeit spielen dafür keine Rolle, weil Sinnzuschreibungen zu einem Normtext nicht empirisch zu bestimmen sind. Rein empirisch kann man die Bedeutung eines Textes tatsächlich nicht sinnvoll beschreiben. Die Datenmasse einer linguistischen Korpusanalyse kann ohne gute Vorbereitung jede Frage erschlagen (Lobenstein-Reichmann 2007, 279 ff.). Es bedarf also für sinnvolle Analysen einer strukturierenden Vorbereitung. Empirisch und normativ kann man die in den Kontexten gefundenen Belege für eine bestimmte Lesart argumentativ bewerten. Die normative Dimension der Sprache wird vom Dezisionismus allerdings geleugnet (Müller-Mall 2012, 207 und durchgängig).

Der Ursache-Wirkungsgedanke von Regel und Anwendung muss nicht nur umgekehrt, sondern auch disloziert werden, von der Regelebene auf die Fallebene oder von der langue auf die parole. Dabei zeigt sich Folgendes: Ein Normtext hat tatsächlich nicht eine Bedeutung. Aber deswegen hat er nicht gar keine Bedeutung. Abzulehnen ist ein transzendentales Signifikat. Beim Schach wäre dies eine Figur, die alle anderen schlägt und selber nicht geschlagen werden kann. Damit könnte das Spiel nicht mehr funktionieren. Die wörtliche Bedeutung ist ein solches transzendentales Signifikat, welches einen bestimmten speziellen Kontext und eine bestimmte Verständnisweise sakrosankt macht. Wörtliche Bedeutung ist Fundamentalismus in der Methodik. Diese Konstruktion ist im Lichte der heutigen Kritik nicht mehr haltbar. Aber deswegen kann man nicht Bedeutung und Sprachregeln abschaffen. Es muss in jedem Spiel einen offenen Ereignisraum geben, in dem man argumentieren kann. Das Gesetz bindet nicht durch seinen Inhalt, sondern als Form. Aber diese Form ist nicht leer, sie ist übervoll mit gegenläufigen Lesarten. Dieser Streit ist zu klären. Sonst hätte ein Verfahren keinen Sinn.

Im Recht gibt es eine Grundparadoxie, die darin besteht, dass wir an Normen gebunden sind, die wir selbst schaffen. Ein solches Paradox muss praktisch entfaltet werden. Dies geschieht, indem wir die Norm als Form gemeinsam voraussetzen, aber über ihren Inhalt streiten. Zwischen dem „Dass" der Norm und dem „Was" ihres Inhalts kann nicht die Erkenntnis, sondern nur die Praxis der Argumentation eine vorläufige Brücke schlagen. Normativität ist kein dem Handeln vorgegebener Maßstab, sondern eine perspektivische Form (vgl. dazu Brandom 2000, 813 ff., 839 ff., 896 f.), welche die Kommunikationsteilnehmer sich gegenseitig unterstellen.

3 Bedeutungsfestlegung oder die Sprache als Überprüfungsinstanz

Der Richter kann sich also auch mit Hilfe von Wörterbüchern für die Wortlautgrenze nicht an einer vorgegebenen Regel orientieren. Er hat nur Beispiele. Und genau solche Beispiele liefern auch Kommentare, gerichtliche Präjudizien und Kookkurrenzanalysen. Aber wenn die Beispiele, an denen der Richter sich orientieren kann, nicht homogen sind, bedarf es einer Auswahl. Diese muss der Richter selbst treffen und dabei die Kette der Verwendungsbeispiele und Vorentscheidungen selbst knüpfen. Er kann nicht einfach in die Tradition einrücken wie eine Truppe in die Kaserne. Schon bei schriftlicher, und erst recht bei computerunterstützter Überlieferung macht allein die Vielzahl der erfassten Entscheidungen deutlich, dass Tradition nicht homogen ist, sondern heterogen, umstritten und widersprüchlich. Hier geht es den Gerichten nicht anders als denjenigen, die ein Wörterbuch erstellen – sie können zunächst an der Komplexität der Sprache verzweifeln und müssen dann ihre Befunde gewichten, nach Fragestellungen ordnen und andere Strategien anwenden, um diese Komplexität abzuarbeiten. Solche Strategien ergeben sich zum Beispiel aus anerkannten Auslegungsregeln, aus methodenrelevanten Normen der Verfassung und vor allem aus der Argumentation der Beteiligten im Verfahren.

Die Verwendung von Wörterbüchern und Kommentaren zur Bestimmung einer Wortlautgrenze ist insoweit Einstieg in die Debatte und nicht deren Grenze. Früher war man bei der Analyse der Sprache auf Introspektion angewiesen und es gab als Grundlage für die Sprachbeschreibung nur wenige Gebrauchsbeispiele. Heute wird über den Computer eine große Zahl von Gebrauchsbeispielen erfasst. Damit sieht man viel deutlicher, was tatsächlich in der Sprache geschieht. Auch in der Sprache des Rechts. Juristen beschreiben Begriffe, indem sie die Worte betrachten, die in ihrer Umgebung auftreten. Beim Begriff „Versammlung" sind dies *Personenmehrheit, kommunikativer Zweck* usw. Diese Beschreibungen werden aufgenommen und eventuell fallbezogen weiterentwickelt. Allerdings sind Juristen bei diesen Beschreibungen häufig zu stark von Einzelfällen beeindruckt und vergessen den Zusammenhang. Das ist die Gefahr des Impressionismus. Die Korpuslinguistik kann durch methodisch geleitete Suchanfragen diesen Impressionismus korrigieren. Damit wird der tatsächliche Zusammenhang juristischer Debatten ohne voreilige Parteinahme sichtbar. Die eigentliche Stellungnahme, ob diese Weiterentwicklung wünschenswert ist oder nicht, wird damit nicht vorentschieden. Aber niemand kann dann noch behaupten, er sei die herrschende Meinung bzw. den Gerichten eine Meinung unterstellen, die sie gar nicht vertreten. Die leicht zugänglichen Instrumente der Korpusanalyse verschaffen der juristischen Diskussion also eine sicherere Grundlage. Die scheinbare Objektivität von Wertungen aus Gerechtigkeit, Rechtsidee usw. wird ersetzt durch die Objektivität, die sich in der juristischen Diskussion herausbildet. Auch die Korpuslinguistik kann natürlich die Begriffe des Rechts nicht definieren. Aber sie führt zu einer besseren Grundlage für vorläufige Umschreibungen der gesetzlichen Begriffe, die dann natürlich am Fall zu diskutieren sind. Korpuslinguistik wird in einigen Jahren, wie heute schon in den USA (Mouritsen 2011, 156 ff.), Teil der Entscheidungsarbeit von Gerichten sein. Diese Entwicklung führt nicht dazu, dass wir den Gesetzespositivismus durch einen Richterpositivismus ersetzen. Das Recht ist weder im Gesetz, noch in der Wissenschaft oder bei den Gerichten vorgegeben. Es muss immer diskutiert werden. Aber diese Diskussion hat Anschlusszwänge, in dem, was wir bisher schon für Recht gehalten haben. Diese Anschlusszwänge macht die Korpuslinguistik sichtbar.

In der juristischen Diskussion ist zu prüfen, ob die von den Beteiligten geltend gemachten Verknüpfungen einer normativen Bewertung standhalten, oder anders formuliert, ob sie zu einer Traditionslinie verknüpft werden können, die auch künftigen Bewertungen standhalten wird. Das schließt natürlich nicht aus, dass die in Wörterbüchern oder Kookkurrenzanalysen nachgewiesenen Beispiele aus der Alltagssprache so weit vom Fall weg sind, dass sie ihn nicht zu beeinflussen vermögen. Aber trotzdem bildet ihre Summe doch ein Potential von Argumentationsmöglichkeiten, die im Verfahren abgearbeitet werden müssen.

Die Wortlautgrenze ist keine einfache Größe, sondern eine komplexe Größe. Sie besteht aus juristischer Methodik, den Präjudizien und der Argumentation der Verfahrensbeteiligten und alles vollzieht sich in der Sprache.

3.1 Der Kampf um Sprache

Mit dem Vorschlag, einen Normtext für das Verfahren zugrunde zu legen und ihn in einer bestimmten Weise zu lesen, wird dieser Normtext im Verfahren als Verkörperung von Recht sichtbar. Jetzt kann er mit anderen Lesarten besetzt werden; über die konkurrierenden Weisen, diesen Text zu verstehen, kann dann im Verfahren gestritten werden.

Vor Gericht geht es nicht um Verständigungsprobleme, die man unter Berufung auf die gemeinsame Sprache beilegen könnte. Beide Parteien haben das Gesetz verstanden. Nur in gegensätzlicher Weise. Der Rechtsstreit ist die Krise von Kommunikation par excellence. Auf eine Formel gebracht sind die Parteien in den „Kampf um das Recht im Raum der Sprache" verstrickt (Müller/Christensen/Sokolowski 1997, 68 ff.). Die Sprache gibt keine den Parteien gemeinsame Verständigungsbasis ab. Vielmehr steht sie als Einsatz selbst auf dem Spiel. Die Parteien wollen sie durch ihr jeweiliges Verständnis vereinnahmen und dieses so als Recht im anstehenden Fall durchsetzen. Die Bedeutung der betroffenen Normtexte und Begriffe löst sich in eine Vielzahl konträrer Bedeutsamkeiten auf.

Dass Sprache umstritten ist, heißt aber nicht, dass die Akteure im Rechtsstreit hoffnungslos aneinander vorbeireden müssten. Im Gegenteil. Kompetitives Handeln wie der semantische Kampf ist Inter-Aktion auf dem höchsten Niveau der wechselseitigen Angewiesenheit der einzelnen Züge der Sprecher aufeinander. Jedes Missdeuten wird sofort mit dem Misserfolg bestraft. Um also im Rechtsstreit bestehen zu können, sind die Parteien darauf angewiesen, genau auf den anderen zu hören. Ein Konflikt ist soziologisch gesehen ein hoch integriertes System von Kommunikation (Luhmann 1999, 101). Von zentraler Wichtigkeit ist vor allem, dass jede der beiden Seiten gewinnen will. Dazu muss sie allerdings die Position des Gegners verstehen, denn nur dann findet man Wege, sie argumentativ anzugreifen. Durch diesen ganzen Vorgang löst sich der Streit von der konkreten Person ab und wird in die Welt des Rechts transportiert, der tatsächliche Streit wandelt sich zum Rechtsstreit.

3.2 Die Sprache ist kein Privateigentum

Bisher hat man versucht, die Arbeit des Richters von der Sprache her zu kontrollieren. Die Härte des Gesetzes besteht darin, dass der einzelne Sprecher und seine Lesarten von der ihm vorgeordneten Sprache her korrigiert wird. Diese einseitige Auffassung der Sprache hindert aber daran, die sprachliche Dimension des Gesetzes zu begreifen. Die Sprache gibt uns das Gesetz nicht vor. Mit ihr geht es uns genau wie mit der Welt. Niemand hat die versionslose Beschreibung. Heute versteht die Sprachphilosophie die Sprache nicht mehr primär vom Soziolekt her, sondern eher vom Idiolekt. Die Sprache gibt es nicht, sondern nur Einzelsprachen. Wie soll man also den Richter am Gesetz kontrollieren?

Das gerichtliche Verfahren zwingt den Idiolekt der Beteiligten zur Reflexion. Sie erfahren, dass sie nur eine Sprache haben, aber diese nicht ihre eigene ist (Derrida 2003b, 13). Die Faltung des Konflikts in die Sprache des Rechts faltet auch die Sprache der Beteiligten. Die Gewalt des Gesetzes besteht darin, dass sie den selbstgenügsamen Lauf der Autoaffektion stört (Ladeur/Augsberg 2009, 431 ff., 458). Ich muss, um zu gewinnen, die Position des anderen verstehen und mich jedenfalls ein Stück weit darauf einlassen. Auch der Gegner spricht. Aber anders als ich. Die Ordnung der Sprache liegt also nicht im Subjekt, sie liegt auch nicht im objektiven Geist, sie konstituiert sich vielmehr in einem Netzwerk von Relationen, die zwischen den Individuen bestehen und sich laufend verändern (Ladeur/Augsberg 2009, 465).

Das Verfahren ist damit eine List der Sprache unter latenter Hilfe der Gewalt. Durch manifeste Gewalt würde diese List zerstört. Der Richter kann also Recht nicht einfach erzeugen. Die Beteiligten haben im Verfahren subjektive Rechte wie effektiven Rechtsschutz, Justizgewährungsrecht und rechtliches Gehör. Das Justizgewährungsrecht soll ein faires Verfahren und Waffengleichheit der Prozessparteien gewährleisten. Vor allem aber das rechtliche Gehör gibt den Beteiligten die Möglichkeit, den Fortgang des Verfahrens zu beeinflussen. Eine Entscheidung, solange sie eine Rechtsentscheidung und keine bloße Gewalt sein will, muss dem Betroffenen Einfluss auf die sprachliche Formulierung des Urteils geben. Wenn dieser Einfluss fehlt, haben wir kein Recht vor uns, sondern nur sprachlich verbrämte Gewaltsausübung. Der Richter muss also den Streit der Parteien so gegeneinander setzen, dass er in seiner Begründung die beste Lesart des Gesetzes validieren kann. Nur dann lässt er Recht geschehen.

3.3 Die Rückbindung an den Wortlaut des Gesetzes

Ganz so wie sich die Beobachtung nicht selbst beobachten kann, kann die Entscheidung sich nicht selbst entscheiden. Das Entscheidungsparadox lässt sich nicht aufheben, aber bearbeiten:

> Die Entscheidung muss über sich selbst, aber dann auch noch über die Alternative informieren, also über das Paradox, dass die Alternative eine ist (denn sonst wäre die Entscheidung keine Entscheidung) und zugleich keine ist (denn sonst wäre die Entscheidung keine Entscheidung). (Luhmann 2000, 140)

Mit der Befragung des Entscheiders als „re-entry", mit einer Beobachtung, die ihn unterscheidet auf die Frage hin, ob seine Entscheidung von Recht zu Recht oder Unrecht besteht, kann der kommunikative Zug des Entscheidens zum Tragen gebracht werden. Und zwar in den beiden Richtungen des Vorher und Nachher.

Die Entscheidung kann daher die Last der Entparadoxierung des Rechts nicht alleine tragen. Denn als Entscheidung macht sie ja deutlich, dass auch anders entschieden werden könnte. Deswegen braucht sie die Hilfe der Begründung. Diese stellt eine Hilfssemantik dar und ist als Supplement der ideale Ansatzpunkt einer Dekonstruktion (vgl. zum Sprachgebrauch „Zusatzsemantik oder Supplemente" Luhmann 1999, 101 ff., 107). Dagegen setzen Carl Schmitt und Niklas Luhmann vor seiner Auseinandersetzung mit der Dekonstruktion die Stabilität des Rechts. Argumentation „besitzt für die Entscheidung selbst keinerlei Bedeutung und deckelt nur nachträglich das Begründungsloch" (Wirtz 1999, 182 f.). Stabilität des Rechts soll garantiert werden, indem man die Entscheidung von der Argumentation im Verfahren und auch ihrer Zusatzsemantik, dem Supplement der Begründung, radikal abtrennt.

Aber lässt sich das Ziel der Stabilität wirklich erreichen? Ist die richterliche Entscheidung überhaupt in der Lage, den Aufschub der Bedeutung durch die Kontexte und damit das Gleiten der Schrift ruhig zu stellen?

Die Begründung und damit die Argumentation lässt die feste Regel des Rechts nicht unangetastet, sondern verschiebt sie:

> Dies Dilemma des Einschlusses des Ausgeschlossenen, dies Problem des Systemgedächtnisses, das auch die nichtaktualisierten Möglichkeiten festhält, wird als Text verbreitet. Das mulipliziert die Möglichkeiten, den Text anzunehmen oder abzulehnen, das heißt: die Entscheidung als Prämisse für weitere Entscheidungen zu verwenden – oder auch nicht. Die Information, also die konstative Komponente des Textes, die besagt, dass der Text kraft seines Ursprungs verbindlich ist, besagt noch nicht, dass er im weiteren Verlauf als verbindlich behandelt wird. Dazwischen

> vergeht Zeit, und Zeit heißt unabwendbar: Offenheit für Einflüsse aus dem unmarkierten Bereich des Ausgeschlossenen. Von der Texttheorie her gesehen, bedeutet dieser Befund, dass die im Text vorgesehenen Unterscheidungen dekonstruierbar sind und dass der Text selbst dazu den Schlüssel liefert. (Luhmann 1999, 106 f.)

Die Dekonstruktion ist jetzt für Luhmann nicht länger eine äußere Kritik des Rechts, welche von romantischen Individuen ausgeht (Luhmann 1993, 172: „Überhaupt darf man die romantische Bewegung als die vorläufig letzte gezielte Opposition gegen die Dominanz des binären Codes Recht/Unrecht einschätzen."). Sie wird jetzt nicht nur innerer, sondern auch konstitutiver Moment des Rechts. Man muss die Differenz zwischen der Entscheidung als Behauptung von Recht und ihrer Kommunikation als Entscheidung, die auch anders sein könnte, ernst nehmen. Das performative Element der Entscheidung lässt sich vom konstativen Element der behaupteten Rechtserkenntnis nicht festbinden. Darin liegt eine Stärke des Rechts. Es kann sich damit über Irritationen an gesellschaftlichen Strukturwandel anpassen. Die Begründungstexte der Gerichte speichern nicht einfach Vergangenheit, um sie der Gegenwart als mit sich identischen Sinn zur Verfügung zu stellen, sondern sie halten nicht aktualisierte Möglichkeiten fest und stellen sich neuen Kontexten zur Sinnverschiebung durch Lektüre bereit. Sie öffnen damit das Recht für „den unmarkierten Bereich des Ausgeschlossenen" (Luhmann 1999, 107). Die Regel bleibt also durch ihre beständige Begründung gerade nicht fest und unangetastet, sondern sie verschiebt sich und macht Metamorphosen durch. Das Recht beendet nicht den Streit der Bürger in der Stabilität der Entscheidung. Vielmehr verschieben die für das Recht kontingenten Streitigkeiten der Bürger ständig das Recht und zwingen es in Metamorphosen (Werber 2002, 381 f.).

Damit entwickelt sich Recht über Konfirmierung und Kondensierung von Sinn. Die Struktur ist nicht fest, sondern ihre Einheit wird „als ob" gesetzt und damit unabhängig von den konkreten Idiosynkrasien der Kommunikationsteilnehmer (Brandom 1999, 355 ff.). Es gibt kein Fundament des Rechts im starken Sinne. Recht beruht auf vergangener Kommunikation und eröffnet künftige. Keine der in der Vergangenheit liegenden einzelnen Episoden ist für sich gesehen sakrosankt:

> Denn die Bewertung dessen, was als Verständigung ermöglichende Tradition gilt, muss jedes Mal aufs Neue erfolgen. Einzelne Kommunikationsakte, die bisher als Teil der Tradition gegolten haben, werden eventuell im Licht neuer Äußerungen nachträglich als missglückt bewertet, andere, die bisher von der Tradition ausgeschlossen waren, nachträglich aufgenommen. (Liptow 2007, 66)

Aber sie müssen sich in den Zusammenhang eines „Gesetzes" stellen lassen, welches von diesen einzelnen Episoden ebenso konstituiert wird, wie es diese konstituiert.

Was geschieht also, wenn der Fall auf sein Ende zuläuft und den Ausgangspunkt des Gesetzes trifft? Damit die Gesetzesbindung als Metalepse funktioniert, brauchen wir einen Hasen und zwei Igel. Aber die Igel müssen miteinander verwandt sein und wir müssen es dem Hasen mitteilen.

4 Literatur

Alexy, Robert (1994a): Theorie der Grundrechte. 2. Aufl. Frankfurt a. M.

Alexy, Robert (1994b): Begriff und Geltung des Rechts. 2. Aufl. München.

Becker, Carsten (2008): Begründen und Entscheiden. Baden-Baden.

Bertram, Georg W. (2002): Die Dekonstruktion der Normen und die Normen der Dekonstruktion. In: Andrea Kern/Christoph Menke (Hg.): Philosophie der Dekonstruktion. Zum Verhältnis von Normativität und Praxis. Frankfurt a. M., 289–310.

Binz, Elisabeth (2008): Gesetzesbindung. Aus der Perspektive der Spätphilosophie Ludwig Wittengensteins. Basel.

Brandom, Robert (1999): Pragmatische Themen in Hegels Idealismus. In: Deutsche Zeitschrift für Philosophie 47, 355–381.

Brandom, Robert (2000): Expressive Vernunft. Franfurt a. M.

Bydlinski, Franz (1991): Juristische Methodenlehre und Rechtsbegriff. 2. Aufl. Wien/New York.

Cattepoel, Jan (1979): Der unbestimmte Rechtsbegriff als Problem der Rechtssprache. In: Rechtstheorie 10, 231–246.

Christensen, Ralph (1989): Was heißt Gesetzesbindung? Berlin.

Christensen, Ralph/Hans Kudlich (2003): Theorie richterlichen Begründens. Berlin.

Coendet, Thomas (2012): Rechtsvergleichende Argumentation. Tübingen.

Davidson, Donald (1990): Die logische Form von Handlungssätzen. In: Donald Davidson: Handlung und Ereignis. Frankfurt a.M, 155–177.

Derrida, Jacques (1983): Die Schrift und die Differenz. Frankfurt a. M.

Derrida, Jacques (1995): Dissemination. Wien.

Derrida, Jacques (1999): Randgänge der Philosophie. 2. Aufl. Wien.

Derrida, Jacques (2001): Limited Inc. Wien.

Derrida, Jacques (2003a): Einsprachigkeit. München.

Derrida, Jacques (2003b): Die Stimme und das Phänomen. Frankfurt a. M.

Duden (1999): Das große Wörterbuch der deutschen Sprache in 10 Bänden. 3., völlig neu bearbeitete und erweiterte Aufl. Hg. vom Wissenschaftlichen Rat der Dudenredaktion. Mannheim u. a.

Engisch, Karl (1977): Einführung in das juristische Denken, 7. Aufl. Stuttgart u. a.

Felder, Ekkehard/Marcus Müller/Friedemann Vogel (2012): Korpuspragmatik. Paradigma zwischen Handlung, Gesellschaft und Kognition. In: Ekkehard Felder/Marcus Müller/Friedemann Vogel (Hg.): Korpuspragmatik. Berlin/Bosten, 2–29.

Foucault, Michel (1977): Die Ordnung des Diskurses. Frankfurt a. M./Berlin/Wien.

Glaser, Ivo (1972): Sprachphilosophie und rechtswissenschaftliche Begriffsbildung. In: Hans Albert/Niklas Luhmann/Werner Maihofer (Hg.): Rechtstheorie als Grundlagenwissenschaft der Rechtswissenschaft. Düsseldorf (Jahrbuch für Rechtssoziologie und Rechtstheorie 2), 246–253.

Gloy, Werner (1984): Unbehagen an der Linguistik. In: Osnabrücker Beiträge zur Sprachtheorie 29, 97–117.

Hausmann, Franz Josef (1989): Wörterbücher und Öffentlichkeit. Das Wörterbuch im Urteil der gebildeten Öffentlichkeit in Deutschland und in den romanischen Ländern. In: Franz Josef Hausmann u. a. (Hg.): Wörterbücher. Dictionaries. Dictionnaires. Ein internationales Handbuch zur Lexikographie. Band 1. Berlin (HSK 5.1), 19–28.

Herberger, Maximilian/Dieter Simon (1980): Wissenschaftstheorie für Juristen. Frankfurt a. M.

Hruschka, Joachim (1972): Das Verstehen von Rechtstexten. München.

Jäger, Ludwig (2008): Rekursive Transkription. Selbstlektüren diesseits der Schrift. In: Davide Giuriato u. a. (Hg.): Schreiben heißt sich selber lesen. Schreibszenen als Selbstlektüren. München, 283–300.

Jacobi, Christoph Alexander (2008): Methodenlehre der Normwirkung. Baden-Baden.

Kindhäuser, Urs (1984): Zur Definition qualitativer und komparativer Begriffe – Eine Entgegnung auf Herschels Typologie im Arbeitsrecht. In: Rechtstheorie 12, 226–248.
Klatt, Matthias (2004): Theorie der Wortlautgrenze. Baden-Baden.
Klatt, Matthias (2005): Die Wortlautgrenze. In: Kent Lerch (Hg.): Recht verhandeln. Argumentieren, Begründen und Entscheiden im Diskurs des Rechts. Berlin/New York, 343–368.
Koch, Hans-Joachim (1978): Das Frankfurter Projekt zur juristischen Argumentation: Zur Rehabilitation des deduktiven Begründens juristischer Entscheidungen. In: Archiv für Rechts- und Sozialphilosophie, Beiheft 14, 59–86.
Knauer, Florian (2009): Juristische Methodenlehre 2.0? Der Wandel der juristischen Publikationsformate und sein Einfluss auf die juristische Methodenlehre. In: Rechtstheorie 40, 379–403.
Kudlich, Hans/Ralph Christensen (2009): Die Methodik des BGH in Strafsachen. Köln/München.
Kuhlen, Lothar (1977): Typuskonzeption in der Rechtstheorie. Berlin.
Ladeur, Karl-Heinz/Ino Augsberg (2009): „Der Buchstaben tödtet, aber der Geist machet lebendig"? In: Rechtstheorie 40, 431–471.
Larenz, Karl (1979): Methodenlehre der Rechtswissenschaft. 4. Aufl. Berlin.
Larenz, Karl (1991): Methodenlehre der Rechtswissenschaft. 6. Aufl. Berlin.
Liptow, Jasper (2007): Das Fallrecht als Modell sprachlicher Praxis. In: Friedrich Müller (Hg.): Politik, (Neue) Medien und die Sprache des Rechts. Berlin, 55–69.
Lobenstein-Reichmann, Anja (2007): Medium Wörterbuch. In: Friedrich Müller (Hg.): Politik, (Neue) Medien und die Sprache des Rechts. Berlin, 279–313.
Luhmann, Niklas (1993): Das Recht der Gesellschaft, Frankfurt a. M.
Luhmann, Niklas (1999): Konflikt und Recht. In: Niklas Luhmann: Ausdifferenzierung des Rechts. Frankfurt a. M., 92–112.
Luhmann, Niklas (1999): Metamorphosen des Staates. In: Niklas Luhmann: Gesellschaftsstruktur und Semantik, Band 4. Frankfurt a. M.
Luhmann, Niklas (2000): Organisation und Entscheidung. Opladen/Wiesbaden.
McDowell, John (1984): Wittgenstein on Following a Rule. In: Synthese 58, 325–363.
Morlok, Martin (2004): Der Text hinter dem Text. In: Alexander Blankenagel u. a. (Hg.): Verfassung im Diskurs der Welt, 93–136.
Morlok, Martin (2008): Neue Erkenntnisse und Entwicklungen aus sprach- und rechtswissenschaftlicher Sicht. In: Bernhard Ehrenzeller u. a. (Hg.): Präjudiz und Sprache. Zürich u. a., 27–74.
Mouritsen, Stephen C. (2011): Hard Cases and Hard Data: Assessing Corpus Linguistics as an Empirical Path to Plain Meaning. In: The Columbia. Science and Technology Law Review 8, 156–205.
Müller, Friedrich (1975): Recht – Sprache – Gewalt. Berlin.
Müller, Friedrich u. a. (1997): Rechtstext und Rechtsarbeit. Berlin.
Müller-Mall, Sabine (2012): Performative Rechtserzeugung. Weilerswist.
Reichmann, Oskar (1987): Resümee der Tagung. I: Das Wörterbuch: Artikel und Verweisstrukturen. In: Gisela Harras (Hg.): Jahrbuch 1987 des Instituts für Deutsche Sprache. Düsseldorf, 394–408.
Reichmann, Oskar (2003): Lexikografie und Kulturgeschichte. In: Wolfgang Fleischer/Gerhard Helbig/Gotthard Lerchner (Hg.): Kleine Enzyklopädie deutsche Sprache. Frankfurt a. M., Art. 3.3.
Rüßmann, Helmut (2003): Möglichkeiten und Grenzen der Gesetzesbindung. In: Robert Alexy u. a. (Hg.): Elemente einer juristischen Begründungslehre. Baden-Baden, 135–154.
Sang-Don, Yi (1992): Wortlautgrenze, Intersubjektivität und Kontexteinbettung. Frankfurt a. M.
Schiffauer, Peter (1979): Wortbedeutung und Rechtserkenntnis, Berlin.

Schneider, Ulrich Johannes/Helmut Zedelmaier (2004): Wissensapparate. Die Enzyklopädistik der frühen Neuzeit. In: Richard van Dülmen/Sina Rauschenbach (Hg.): Macht des Wissens. Die Entstehung der modernen Wissensgesellschaft. Köln/Weimar/Wien, 349–363.
Speer, Heino (2007): Grenzüberschreitungen – Vom Wörterbuch zum Informationssystem. Das Deutsche Rechtswörterbuch im Medienwandel. In: Friedrich Müller (Hg.): Politik, (Neue) Medien und die Sprache des Rechts. Berlin, 261–278.
Stein, Dieter (2010): Vom Bedeuten in der Sprach- und Rechtswissenschaft. In: Julian Grüber u. a. (Hg.): An den Grenzen der Rechtsdogmatik. Tübingen, 139–145.
Vogel, Friedemann (2012): Das Recht im Text. Rechtssprachlicher Usus in korpuslinguistischer Perspektive. In: Ekkehard Felder/Marcus Müller/Friedemann Vogel (Hg.): Korpuspragmatik. Berlin/Boston, 314–353.
Vogel, Friedemann/Stephan Pötters/Ralph Christensen (2015): Richterrecht der Arbeit – empirisch untersucht. Möglichkeiten und Grenzen computergestützter Textanalyse am Beispiel des Arbeitnehmerbegriffs. Berlin.
Waismann, Friedrich (1962): Verifizierbarkeit. In: Rüdiger Bubner (Hg.): Sprache und Analysis – Texte zur englischen Philosophie der Gegenwart. Göttingen, 154–196.
Wank, Rolf (1985): Die juristische Begriffsbildung. Schriften des Instituts für Arbeits- und Wirtschaftsrecht der Universität zu Köln Bd. 48/I. München.
Werber, Niels (2002): Vor dem Vertrag. Probleme des Performanzbegriffs aus systemtheoretischer Sicht. In: Uwe Wirth (Hg.): Performanz. Zwischen Sprachphilosophie und Kulturwissenschaften. Frankfurt a. M., 366–382.
Wiegand, Herbert Ernst (1998): Wörterbuchforschung, Untersuchungen zur Wörterbuchbenutzung, zur Theorie, Geschichte, Kritik und Automatisierung der Lexikografie. 1. Teilband. Berlin/New York.
Winkler, Hartmut (1997): Docuverse. Regensburg.
Wirtz, Thomas (1999): Entscheidung. Niklas Luhmann und Carl Schmitt. In: Albrecht Koschorke/Cornelia Vismann (Hg.): Widerstände der Systemtheorie. Berlin, 175–197.
Wittgenstein, Ludwig (1984): Philosophische Untersuchungen. Werkausgabe Band 1. Frankfurt a. M.

III. Untersuchungsfelder und Zugänge der Rechtslinguistik

Friedemann Vogel

11. Rechtslinguistik: Bestimmung einer Fachrichtung

Abstract: Die Rechtslinguistik beschäftigt sich als neue Teildisziplin von Sprach- und Rechtswissenschaft mit der sprachlich-kommunikativen Verfasstheit der gesellschaftlichen Institution Recht. Reflexionen über die Verfasstheit von Gesellschaft und Recht finden sich vereinzelt seit der Antike, aber erst im Kontext der Aufklärung entstehen Versuche, Rechtssprache zu sammeln, zu beschreiben und zu kritisieren (1). Die moderne Rechtslinguistik konsolidiert sich als akademische Fachrichtung seit den 70er Jahren des 20. Jh. Auf ihrem Weg der Professionalisierung entstehen interdisziplinäre Arbeitsgruppen, wichtige Publikationen, erste Studiengänge sowie praktische Anwendungen im Kontext der Gesetzgebung (2). Zu den etablierten Arbeitsfeldern von Rechtslinguisten zählt insb. die Beschäftigung mit juristischem Fachwissen, Rechts- als Fachsprache bzw. schriftlicher und mündlicher Kommunikation sowie institutionalisierten Verfahren der Interpretation in der juristischen Theorie und Praxis (3). Noch unklar sind die Folgen digitalisierter und supranationaler Rechts(text)arbeit, Möglichkeiten und Grenzen korpuslinguistischer Zugänge zur Rechtssemantik sowie die Vertextungsverfahren bei Normgenese und Gesetzgebung (4).

1 Die sprachliche Verfassbarkeit von Gesellschaft und Recht

Die Beschäftigung mit der Medialität, respektive der Sprachlichkeit des Rechts sui generis ist keine Erfindung der modernen Rechtslinguistik. Reflexionen darüber, auf welche Weise und warum Normen des gesellschaftlichen Zusammenlebens sprachlich zu verfassen und zu verarbeiten sind, finden sich seit der Antike (vgl. unten). Gleichwohl ist dieser Frage in der bisherigen sprach- wie rechtshistorischen Forschung bislang nicht systematisch nachgegangen worden, mutmaßlich aus dreierlei Gründen: Erstens liegt der Großteil der rechtslinguistischen wie rechtshistorischen Forschungsbemühungen nach wie vor auf der Erschließung und Beschreibung der Rechts(sprach)geschichte selbst, einem Unterfangen, das – wie das Deutsche Rechts-

DOI 10.1515/9783110296198-011

wörterbuch (DRW) zeigt – noch zahlreiche Desiderata bereithält. Zweitens finden sich zu dieser metadiskursiven Frage kaum einschlägige Belege: entweder es liegen – wie im Falle mündlicher Rechtskulturen – keine schriftlichen Zeugnisse vor oder aber es lässt sich nicht eindeutig klären, inwiefern sich metasprachliche Äußerungen tatsächlich auf die Sprach- und nicht etwa auf die Sachebene beziehen. So bleiben in der Regel allein indirekte Quellen (also Äußerungen, die sich als Folge von metasprachlichen Reflexionen symptomatisch interpretieren lassen) als Grundlage für Schlussfolgerungen. Die folgenden historischen Ausführungen können daher nicht mehr sein als Schlaglichter und Orientierungspunkte zukünftiger Untersuchungen.

Eines der frühesten expliziten Zeugnisse für Reflexionen darüber, in welcher medialen Form über Gesellschaftsordnung und damit normative Zusammenhänge zu beraten sei, findet sich in Platons philosophischem Dialog *Phaidros* (274b-278e; 2011). Gegenstand des fiktiven, etwa im 4. Jh. v. Chr. entstandenen Dialogs zwischen Sokrates und dem Athener Phaidros ist die Frage, ob man über das Gute und Gerechte und damit letztlich auch etwa über die griechische Polis (*Politeia*) auch in Schriftform verhandeln, ob also die Schrift ein Medium der Erkenntnis sein könne (Schriftkritik). Sokrates (und mit ihm Platon) verneint dies: Die Schrift sei – gleich einem Adonisgärtchen – nur als Medium des schönen Spiels (Literatur) geschaffen, für Urteilsprozesse jedoch ungeeignet, da stumm und hilflos gegenüber argumentativen Angriffen oder Missverständnissen. Nur die lebendige Rede könne dialektische Erkenntnis vorantreiben (vgl. Szlezák 1985: 7–19, 386–405).

Das metadiskursive Verhältnis von Schriftlichkeit und Mündlichkeit spielt auch im Frühmittelalter bis in die Reformation hinein eine wichtige Rolle, insofern es für das rivalisierende kulturell-hegemoniale Verhältnis von (alter) römischer und (erstarkender) germanischer Gesellschaftsordnung und Rechtskultur bzw. allgemeiner zwischen lateinsprachiger Herrschafts- und ‚volks'-sprachiger Subalternenklasse steht.

Von einer solchen Auseinandersetzung zwischen lateinischer Schrift- und Rechtskultur und germanischer, v. a. auf Oralität basierender Rechtskultur zeugen indirekt schon die im 6. Jh. unter dem fränkischen König Chlodwig I. verfassten *Malbergischen Glossen*. Letztere sind keine Glossen im üblichen Sinne, sondern volkssprachige Zusätze (Bußweistümer) zur ersten, lateinischen Fassung der *Pactus Legis Salicae* und zählen zur ältesten Schicht der germanischen Rechtssprache (Roll 1972; Schmidt-Wiegand et al 1991; Schmidt-Wiegand 1998a: 76 f.)

Im Anschluss bemühte sich Karl der Große zwei Jahrhunderte später um eine Verschriftlichung mündlichen Rechts in Form der karolingischen Kapitularien und ordnete 802/3 an, die Richter mögen nunmehr nur noch nach geschriebenem Recht urteilen (ebd. 77).

Aus der gleichen Zeit (8./9. Jh.) sind auch zahlreiche Belege des Ausdrucks *theodiscus* dokumentiert (Jakobs 2011: 37 f.). Das Wort (lat. für ‚Volkssprache'), das später auch einmal die Bedeutung ‚Deutsch' erhält, findet seinen Ursprung genetisch wie historisch in seiner „Affinität zum Recht" (ebd.). Als „theodisca lingua" dient es zur „Apostrophierung von Gerichts- und Rechtswörtern" und dabei zur „Hervorhebung solcher verfahrensrechtlich wie für den Urteilsspruch belangvoller Wörter in den Volksrechten". Alle Rechtswörter der lingua theodisca sind fränkische Wörter, akzentuieren im Wort den fränkischen Herrschaftsanspruch (*sicut Franci dicunt*) und verweisen auf eine auf Oralität gegründete Rechtserheblichkeit. (ebd.)

Im 13. Jh. schließt der bekannte, unter der Hand Eike von Repgows entstandene und vielfach kopierte *Sachsenspiegel* an die Motivation Karl des Großen an, indem er bislang rein mündlich tradierte, nicht-lateinische Rechtskultur des Landes Sachsen schriftlich für die Nachwelt fixiert und teilweise umfangreich bildhaft illustriert. Der Sachsenspiegel bildet erstmals einen spezifischen Fachwortschatz und eine Art Fachsyntax aus und begründet die neue Rechtsquellen-Gattung der Rechtsbücher (1200–1500; vgl. Schmidt-Wiegand 1998a: 80 ff.). Letztere sollten das Recht nicht nur erhalten. Vielmehr sind die Rechtsbücher Teil der Bestrebungen, Rechtstexte aus dem Lateinischen volksnäher und für einen größeren Adressatenkreis allgemeinverständlich zu machen. (Deutsch 2013: 35 ff.) Sie zeugen indirekt von einer sehr frühen Reflexion über Sprache als Vermittlungsinstanz zwischen Rechtssystem (das ansonsten nur Gelehrten zur Verfügung stand) und Rechtspraxis (der alle Subalternen angehörten).

Versteht man Religion und Kirche als zentrale Institution der Gesellschaftsordnung und als einflussreiche Instanz der gesamten Rechtskultur, so ist auch die Reformation ein wichtiges diskursives Schlachtfeld um die sprachliche Verfassung von Normen und ihren Geltungsraum im 16./17. Jh. Martin Luther wollte das Testament durch Übersetzung aus dem Lateinischen nicht nur allgemeinverständlich machen. Durch das Sola-scriptura-Prinzip wertete er das Evangelium in der reformatorischen Theologie auf und löste ihre Schrift von der Deutungshoheit von Papst und Konzilien (Blickle 2000: 52 ff.). Nunmehr konnte und sollte sich jeder selbst ein Bild von der gottgewollten Ordnung des Lebens machen können, wenn auch immer am Maßstab des Bibeltextes. Diese Autorität der Schrift (das *verbum externum*) lehnte Thomas Müntzer in seiner „Antithetik von Schrift und Geist" (ebd. 76) wiederum ab und setzte an ihrer statt die individuelle Gotteserfahrung (*verbum internum*) dominant. Für Müntzer war Schrift ohne Geist tot, der Geist ohne Schrift aber durchaus lebensfähig.

Im 17. und 18. Jh. entwickeln sich sprachpatriotische sowie aufklärerische Motive, die – nunmehr vor allem schriftliche – Verfasstheit des Rechts zu diskutieren.

Zwar findet sich eine Schelte der Juristensprache schon im *ackermann aus Böhmen* des Prager Notars Johannes von Tepl (um 1400) oder bei Luther, eine systematische, kulturpatriotisch gerahmte Sprachpflege und mit ihr Bemühungen um eine deutsche Hochsprache entstehen aber erst im 17. Jh. (Schmidt-Wiegand 1998b: 90; von Polenz 2013: 117 ff.). Maßgeblich treibende Kraft bildeten hierbei verschiedene Sprachgesellschaften wie die *Fruchtbringende Gesellschaft* (sog. „Palmenorden", 1617–1680). Zahlreiche ihrer Mitglieder waren Juristen („Dichterjuristen"), die sich um eine kulturpolitisch idealisierte reine deutsche Sprache bemühten. Ziel war die Befreiung des Deutschen von fremd(sprachlich)en Einflüssen und die Eindeutschung lateinischer oder französischer Wörter. Teilweise nachhaltigen Einfluss auf die Rechtssprache hatten hierbei etwa Justus Georg Schottelius (1612–1676) sowie der Gründer der *Teutsch-gesinnten Genossenschaft*, Philipp von Zesen (1619–1689). (Schmidt-Wiegand 1998b: 91)

Im Kontext aufklärerischer Sprachreflexion hielt der Jurist und Philosoph Christian Thomasius (1655–1728) im Jahre 1687 in Leipzig seine erste Vorlesung in deutscher Sprache und ebnete den Weg zu einer deutschen Rechtssprache auch im Bereich der Wissenschaft (Thomasius 1699). Sein Schüler Christian Wolff (1679–1754) entwickelte zahlreiche juristische Definitionen und gebrauchsstabile termini technici im Bemühen um „Klarheit und Durchsichtigkeit der Juristensprache auf Grund logisch-definierter Begriffe in einer widerspruchsfreien Begriffspyramide" (Schmidt-Wiegand 1998b: 92; König 2001). Montesquieu (1689–1755) forderte 1748 im Sinne der Vernunftlehre einen knappen Stil und Verständlichkeit als Grundlage für vernünftiges Denken (Schmidt-Wiegand 1998b: ebd.). Besonderen Einfluss hatte auch Gottfried Wilhelm Leibniz (1646–1716) als Präsident der *Sozietät der Wissenschaften in Preußen* und seiner Initiative zur Reinhaltung der deutschen Sprache. Unter der Generalinspektion (11.07.1700) des Kurfürsten von Brandenburg, Friedrich III., bemühte er sich um eine Inventur der aktuellen und eine Sammlung historischer Rechtswörter und motivierte in seiner Folge die Entstehung zahlreicher Nachschlagewerke zur Rechtssprache. (Kronauer/Garber 2001: 1; Gardt 2001)

Ziel der Aufklärer waren vor allem allgemeinverständliche Gesetze (etwa in Form des Preußischen Allgemeinen Landrechts), damit auch juristische Laien Recht von Unrecht unterscheiden könnten (Deutsch 2013: 60). Die Bedeutung von Sprache und Sprachgeschichte auch für die juristische Methodik (zu ihrer Reflexion vgl. Bühler 2001) erkannte schließlich Friedrich Carl von Savigny (1779–1861). Der Begründer der historischen Rechtsschule konstatierte, „das Recht wie die Sprache [lebe] im Bewußtſeyn des Volkes" (ähnlich schon Johann Gottfried Herder, vgl. Schmidt-Wiegand 1998a: 73) und fragte

> jeden, der für würdigen, angemeſſenen Ausdruck Sinn hat, und der die Sprache nicht als eine gemeine Geräthſchaft, ſondern als Kunſtmittel betrachtet, ob wir eine Sprache haben, in welcher ein Geſetzbuch geſchrieben werden könnte. (von Savigny 1814: 52)

Eine Reformierung der Behörden- und Amtssprache wurde – vor allem durch den Wiener Juristen Joseph von Sonnenfels (1732–1817) sowie den Bibliothekar und Sprachforscher Johann Christoph Adelung (1732–1806) angetrieben – unter dem Leitbegriff *Geschäftsstil* verhandelt. (Asmuth 2013) Sonnenfels und Adelung entwickelten in Abgrenzung zum verpönten älteren ‚barbarischen' *Kanzleistil* des 15. Jh. (Adelung 1785: 82) Lehrbücher für die Abfassung von Behördentexten wie Bescheide, Protokolle, Bittschriften usw. Ein wohlgeformter Geschäftsstil folge nach Sonnenfels in Anlehnung an die *virtutes elocutionis* der antiken Rhetorik den Prinzipien der Deutlichkeit, Richtigkeit, Kürze, des Anstands sowie der Schmucklosigkeit (Asmuth 2013: 86). Die Stillehren der beiden wirkten stark in die juristische und Verwaltungsausbildung sowie – mit Sonnenfels als Redaktor – bis in die Gesetzesredaktion unter Joseph II. hinein (vgl. Kocher 2013: 211).

Anfang des 19. Jh. entwickeln sich erste lexikographische und grammatische Ansätze zur systematischen Beschreibung der Rechtssprache. Allen voran und durch Prägung seines Lehrers Savigny untersuchte Jacob Grimm (1785–1863) das historische Verhältnis von Recht und Sprache (Grimm 1815/1972) und entwickelte mit Blick auf Wörter, Formeln, Symbole u. a. eine erste Grammatik des Rechts (Grimm 1828/1899; vgl. Schmidt-Wiegand 1998a: 73 f.). Die ebenfalls von Jacob Grimm herausgegebenen *Weisthümer* (1840–1878/1957) bilden eine für empirische Zwecke systematische Sammlung jener historischen Rechtsquellen, die ansonsten nur durch rechtskundige Personen mündlich überlieferte Rechtstraditionen dokumentieren.

Die lexikographischen Arbeiten der Brüder Grimm legten die Grundlagen für die moderne, im Fächerkanon etablierte Rechtslexikographie (zur – weithin unerforschten – Fachgeschichte der Rechtslexikographie vgl. Speer 1989). Zu zentralen Nachfolgeprojekten zählen insb. das *Deutsche Rechtswörterbuch* (DRW, 1896/97; ebd. sowie Deutsch 2010) sowie das *Handwörterbuch zur deutschen Rechtsgeschichte* (HRG, 1971–).

2 Zur Professionalisierung rechtslinguistischer Forschung, Lehre und Praxis

2.1 Erkenntnisinteresse der Rechtslinguistik

Als universitäre Disziplin auch über lexikographische Forschungsinteressen hinaus entwickelt sich die Rechtslinguistik erst im 20. Jh., der Ausdruck findet sich sporadisch seit den 70er Jahren (Nussbaumer 1997: 10). Inwiefern man von einer „etablierten" Disziplin sprechen kann, ist noch Ende der 90er Jahre umstritten (ebd.). Auch zehn Jahre später sind etwa Lehrstühle mit einer Denomination „Rechtslinguistik" im Vergleich etwa zu solchen der „Rechtsgeschichte" oder „Sprachgeschichte" eher die Ausnahme. Gleichwohl lässt sich mittlerweile ein Kern rechtslinguistischen Erkenntnisinteresses konturieren, dessen Professionalisierung in Forschung, Lehre und Praxis kontinuierlich voranschreitet (2.2):

(a) Die moderne Rechtslinguistik beschäftigt sich als etablierte Teildisziplin von Sprach- und Rechtswissenschaft mit der *sprachlich-kommunikativen Verfasstheit der gesellschaftlichen Institution Recht*. Sie untersucht empirisch mit Hilfe qualitativer und quantitativer Methoden sprachliche wie multimediale Formen und ihren zeichenhaften Gebrauch von Akteuren im Kontext von Gesetzgebung, Gerichtswesen und Verwaltung, rechtswissenschaftlicher Forschung und Lehre wie Kommentarliteratur.

(b) Die Klassifikation und Beschreibung sprachlicher Phänomene verbinden Rechtslinguisten häufig mit einer *aufklärerischen Haltung* mit Blick auf eine angemessene Theorie und Methodik der Rechtsarbeit sowie deren Transparenz gegenüber allen Rechtsunterworfenen, insb. juristischen Laien.

(c) Über den klassischen Phänomenbereich allgemeiner Sprachwissenschaft hinaus widmet sich die rechtslinguistische Forschung *verstärkt folgenden Aspekten*: Juristische Semantik, Verstehensprozesse und (institutionalisierte) Verfahren der Interpretation wie Argumentation in der juristischen Theorie und Praxis (vom Normtext zur Entscheidung); Recht als (inter-)textuelles Netzwerk; die konfliktreiche Beziehung zwischen juristischer Fachsprache (Fachwissen) und gemeinsprachlichen Varietäten (Alltagswissen); Gespräche vor Gericht und in der Verwaltung; sowie explizite und implizite Sprachtheorien im Recht.

(d) Der *neuere Phänomenbereich* der Rechtslinguistik überschneidet sich vielfach mit dem anderer (Teil-)Disziplinen wie insb. der Soziologie (rechtliche und außerrechtliche Normen, semiotische Handlungsmuster im Recht), Medienlinguistik (Wechselwirkung von Medien und Recht), Politolinguistik (politische Sprache), Soziolinguistik (Sprachenpolitik, Linguistic Human Rights), Sprachkritik (Verstehbarkeit, Gender), Diskurslinguistik (Verhandlung von Epistemen und Macht durch Rechtssprache), Computerlinguistik (Analyse juristischer Sprachmuster) und Gesetzgebungslehre (Norm(text)genese).

(e) Die *forensische Linguistik* und forensische Phonetik des deutschsprachigen Raums zielt demgegenüber nicht primär auf den Phänomenbereich des ‚Rechtsstaats als Textstruktur', sondern realisiert seit den 70er Jahren (im Kontext des RAF-Terrorismus) auf Basis (allgemein-) sprachwissenschaftlicher Theorie und Methodik anwendungsorientierte Dienstleistungen als Beitrag zur Sachverhaltsaufklärung im Gerichtsverfahren und in der Strafverfolgung (insb. im Rahmen der Sprecher- und Autorenerkennung). In diesem Sinne verfügt die forensische Linguistik über eine starke Professionalisierung bis in die Ausbildung bei den Kriminalämtern hinein (vgl. den Beitrag von Fobbe). Im angelsächsischen Raum firmiert unter dem Titel der *Forensic Linguistics* über den engeren kriminalistischen Anwendungsbereich hinaus am Rande auch eine rechts- und sprachtheoretische Forschungsrichtung in dem oben genannten Sinne (a), weshalb entsprechende Literatur im Folgenden vereinzelt ebenso unter dem Stichwort *Rechtslinguistik* gesichtet werden.

(f) Aktuelle *Forschungsdesiderata* der Rechtslinguistik liegen in den Bereichen (im Einzelnen hierzu Kap. 4):

- Digitalität des Rechts (Recht als Hypertext);
- korpus- und computerlinguistische Zugänge zum Recht in Deutschland und in den USA;
- Zugänglichkeit von Rechtstexten allgemein und speziell für Forschung und Lehre (Bereitstellung großer Rechtstextkorpora);

- sprachvermittelte Normgenese quer zu Fach- und Gemeinsprache allgemein wie in Fallstudien;
- Probleme der Mehrsprachigkeit im Kontext supranationaler Rechtsräume.

2.2 Aspekte rechtslinguistischer Professionalisierung

Inwiefern von einer ‚etablierten' Rechtslinguistik die Rede sein kann, lässt sich am Grade ihrer Professionalisierung insb. mit Blick auf Arbeitsgruppen (2.2.1), Publikationen und Referenzen (2.2.2) sowie die Entstehung universitärer Profile (2.2.3) prüfen.

2.2.1 Interdisziplinäre Arbeitsgruppen zu Sprache und Recht

Ein Großteil der heutigen Forschungsgrundlagen wurde und wird im Rahmen interdisziplinärer Arbeitsgruppen, bestehend aus Sprach- und Rechtswissenschaftlern, Juristen der Praxis (Anwälte, Richter) sowie vereinzelt Philosophen, Historikern, Sozialwissenschaftlern und Informatikern, entwickelt. In der *Bundesrepublik Deutschland* lassen sich zumindest die folgenden Gruppen dokumentieren:

Die *Darmstädter Gruppe „Analyse der juristischen Sprache"* gilt heute als früheste Arbeitsgruppe, die sich auf Initiative von Juristen und Informatikern von 1970 bis 1974 im Rahmen mehrerer Tagungen mit dem Thema Sprache und Recht auseinandersetzte (vgl. Rave/Brinkmann/Grimmer 1971). Gegenstand war insbesondere die Entwicklung automatischer (maschineller) Verfahren der Gesetzesanalyse und -interpretation („Subsumtionsautomaten" im wörtlichen Sinne), wobei Sprachwissenschaftler allerdings nur eine untergeordnete Rolle spielten. Die Gruppe löste sich bald wieder auf, was heute auf ihr Festhalten an Gesetzespositivismus und Ausblendung hermeneutischer Grundkenntnisse zurückgeführt wird (vgl. Busse 2000: 804 ff.).

Kontinuierlich seit 1984 treffen sich verschiedene Sprach- und Rechtswissenschaftler aus Forschung und Praxis in regelmäßigen Abständen um die Gründer der *Heidelberger Arbeitsgruppe der Rechtslinguistik*, den Rechtswissenschaftler Friedrich Müller (Heidelberg) sowie den Rechtslinguisten Rainer Wimmer (Trier/Mannheim). Aus der Gruppe sind mittlerweile zahlreiche Dissertationen (u. a. Christensen 1989, Jeand'Heur 1989, Li 2011, Vogel 2012, Luth 2015), Habilitationen (etwa Busse 1992, Felder 2003) sowie verschiedene Gemeinschaftspublikationen (Müller 1989, 2007; Müller/Wimmer 2001, Müller/Burr 2004) hervorgegangen. Die Gruppe eint die theoretische Basis, Rechtsarbeit sei eine institutionalisierte Form der Textarbeit, wie sie einerseits in der juristischen Theorie der *Strukturierenden Rechtslehre* (vgl. den Beitrag von Hamann), andererseits im Kontext der linguistischen Pragmatik und Fachsprachenforschung fundiert wird (vgl. auch http://www.recht-und-sprache.de/, 27.11.2013).

Die interdisziplinäre Arbeitsgruppe *Sprache des Rechts* an der Berlin-Brandenburgischen Akademie der Wissenschaften wurde unter der Leitung von Wolfgang Klein gegründet und beschäftigte sich mit Fragen der Textverständlichkeit (dokumentiert im Band von Becker/Klein 2008). Die zahlreichen Beiträge der interdisziplinär besetzten Kolloquien wurden zwischen 2001 und 2005 in einer dreibändigen Publikationsreihe veröffentlicht (Lerch 2004–2005).

Der Arbeitskreis *Sprache und Recht* an der Universität Regensburg, begründet und angeleitet von dem Rechtswissenschaftler und Richter Christian Lohse, veranstaltet regelmäßig disziplinübergreifende Tagungen und vergibt seit 2008 jährlich einen Förderpreis für Qualifikationsschriften, die sich dem gemeinsamen Rahmenthema widmen (http://www-spracheundrecht.uni-regensburg.de, 29.11.2013).

In dem im Jahre 2005 gegründeten internationalen Forschungsnetzwerk „Sprache und Wissen" ist eine Wissensdomäne *Recht* etabliert (geleitet von Ekkehard Felder und Markus Nussbaumer). Sie reagiert auf die Klage über die Unverständlichkeit juristischer Denkweisen und rechtssprachlicher Texte mit ein- und mehrsprachigen Untersuchungen zu sprachlichen Aspekten bei der Konstitution juristischen Fachwissens. Das Erkenntnisinteresse zielt auf einen Vergleich zweier Zugangsweisen und fragt, wie in einer juristischen Sicht Sachverhalte sprachlich konstituiert werden, um im Anschluss zu erörtern, wie zwischen einer juristischen und einer außerjuristischen Sichtweise auf denselben Sachverhalt vermittelt werden könnte. Die Transparenz derartiger Konstitutionsbedingungen im Recht gilt als die unverzichtbare Voraussetzung für die Erörterung von Vermittlungsaspekten.

Auf computer- und korpusgestützte Ansätze fokussiert die *International Research Group Computer Assisted Legal Linguistics* (CAL^2, https://www.cal2.eu, 04.10.2015), die 2015 von Friedemann Vogel und Hanjo Hamann gegründet wurde und ihre Aktivitäten auf Tagungen sowie gemeinsamen Publikationen dokumentiert.

Das sog. *Zentrum für Rechtslinguistik* an der Universität Halle-Wittenberg (gegründet 2008) ging aus einer *Arbeitsgruppe Rechtslinguistik* hervor und beschäftigt sich in Kooperation mit der Gesellschaft für deutsche Sprache mit Fragen der Rechtssprachverständlichkeit.

Die rechtslinguistische Forschung koordiniert sich auch in verschiedenen *internationalen Dachverbänden*, nationalen Organisationen und unabhängigen Vereinen. Die *International Language and Law* Association (ILLA, https://www.illa.online, 04.10.2017) zählt mittlerweile fast 100 Mitglieder aus verschiedenen Fachdisziplinen. Die *International Association of Forensic Linguists* (IAFL, seit 2005) versammelt im wesentlichen Forschung im Kontext der Forensischen Linguistik (s. o.), bündelt jedoch auch darüber hinausgehende theoretische Ansätze ähnlich wie die *International Association for Forensic Phonetics and Acoustics* (IAFPA, seit 1991). Stärker auf die Praxis fokussiert der Dachverband der Rechtsfachdolmetscher und -übersetzer, die *European Legal Interpreters and Translators Association* (EULITA), während wiederum die *International Roundtables for the Semiotics of Law* (IRSL) seit 2002 übergreifende Forschungsthemen auf jährlichen Tagungen diskutieren.

Weitere (inter-)nationale Dachverbände lauten etwa *Académie internationale de droit linguistique* (AIDL; seit 1989), die *Japan Association for Language and Law* (seit 1990), *Multicultural Association of Law and Language* (China) und die *China Association of Forensic Linguistics*, der *Amsterdam Circle for Law and Language* (seit 2007) sowie das *Centre for Forensic Linguistic* der Aston University (Birmingham, GB); *RELINE – Legal Linguistic Network* (University of Copenhagen,Faculty of Law seit 2011)

2.2.2 Meilensteine rechtslinguistischer Publikationen und Publikationsorgane

Spuren der zunehmenden Profilierung einer akademischen Rechtslinguistik finden sich insb. auch in den Publikationen wieder. So existieren mittlerweile eine Reihe an *Print- und Onlinebibliographien* (etwa Bülow/Schneider 1981, Reitemeier/Bettscheider 1985, Levi 1994 oder die Onlinebibliographien von Ruth Morris, Ludger Hoffmann und der *International Language and Law Association* (ILLA)). Hervorzuheben ist schließlich vor allem die ausführliche und kommentierte Bibliographie von Nussbaumer (1997) sowie die von Nussbaumer gepflegte Online-Bibliographie DORES (http://www.dores.admin.ch/, 21.04.2015).

Einführungen, Studien- und Handbücher zur Rechtslinguistik bzw. ihrem Gegenstandsbereich sind bislang noch überschaubar: Tiersma/Solan (Hg.) 2012, Fobbe 2011, Rathert 2006 und Tiersma 2000.

An internationalen *Periodika* und rechtslinguistischen Publikationsorganen haben sich als einflussreich erwiesen: *The International Journal of Speech, Language and Law* (IJSLL, seit 1994 Zeitschrift der *International Association of Forensic Linguists*), *International Journal of Language & Law* (E-Journal seit 2012 der *International Language and Law Association*, https://jll.illa.online, 01.10.2015), das *International Journal for the Semiotics of Law* (seit 1987) sowie das *International Journal of Law, Language & Discourse* (www.ijlld.com; seit 2011); *ZERL Zeitschrift für Europäische Rechtslinguistik (ZERL*, E-Journal seit 2010 www.zerl.uni-koeln.de

Die Domain *www.rechtslinguistik.de* schließlich ist seit 2007 registriert; am 05.06.2004 wurde von einem namentlich unbekannten Informatiker erstmals ein *Wikipedia-Artikel* unter dem Lemma *Rechtslinguistik* angelegt.

2.2.3 Denominationen und Studiengänge

Gemessen am Forschungsvolumen und der steigenden Relevanz der Rechtslinguistik weltweit überrascht es, dass das Fachgebiet über Forschungsschwerpunkte einzelner WissenschaftlerInnen hinaus bislang nur wenige institutionelle Ausbildungsbasen innerhalb der Hochschullandschaft aufweist. Bis Redaktionsschluss finden sich bislang lediglich drei Hochschulprofessuren mit entsprechender Denomination: Edward Finegan, *Professor of Linguistics and Law* seit 1996 an der University of Southern California; Heikki E. S. Mattila, Chair of Legal Linguistics an der Universität Lappland, Rovaniemi seit 2000; seit 2011 Jaako Husa ebd., jetzt Chair of Legal Culture and Legal Linguistics; sowie Annarita Felici, *Juniorprofessur für Europäische Rechtslinguistik*, von 2011 bis 2014 an der Universität Köln). Im Wintersemester 2007/2008 startete unter der Leitung der Romanistin und Rechtslinguistin Isolde Burr der Bachelorstudiengang *Europäische Rechtslinguistik* (ERL) an der Universität Köln. Das Studium fördert neben juristischen und sprachwissenschaftlichen Schwerpunkten besonders auch den Erwerb mehrsprachiger Kompetenzen. Mit Blick auf künftige Berufsfelder in der EU leistet der Studiengang besondere Dienste zur Professionalisierung der Rechtslinguistik. Seit dem WS 2008/09 kann zudem auch ein ERL-Master erworben werden. Mit einem ähnlichen Programm bietet die *Riga Graduate School of Law* (Latvia, Lettland) einen einjährigen *LL.M. in Legal Linguistics* an. Im Kontext der juristischen Dolmetschen- und Translationswissenschaft finden sich in allen Ländern eine Vielzahl an Studiengängen, wenngleich mit sehr unterschiedlichen methodologischen Reflexionstiefen (vgl. 2.1a). Ähnliches gilt auch für (allerdings deutlich seltenere) Studiengänge unter dem Titel *Forensic Linguistics* (etwa an der Cardif University, Wales oder der Massy University, Neuseeland).

2.2.4 Rechtslinguisten im Kontext der Gesetzgebung und Normgenese

Den größten Grad an Professionalisierung erreicht wohl die in den letzten beiden Jahrzehnten zunehmende Etablierung von rechtslinguistischen Fachkräften im Kontext der sprachübergreifenden Gesetzesredaktion. Vor dem Hintergrund vermehrter Sprachkritik an „unverständlichen" Gesetzestexten entstanden seit den 70er Jahren verschiedene Projekte und Ansätze zu einer „bürgerfreundlicheren" Gesetzessprache (Nussbaumer 1997: 6). Dabei wurden an verschiedenen administrativen Orten (insb. in der Gesetzgebung) auch sog. „Sprachdienste" geschaffen, in denen LinguistInnen und JuristInnen gemeinsam an der Optimierung von anordnenden Textsorten (Gesetze, Verordnungen usw.) arbeiten. Wegweisend in Theorie und Praxis wurden hierbei die Zentralen Sprachdienste der Schweizerischen Bundeskanzlei. Deren deutsche Sektion wurde von Werner Hauck aufgebaut und von Markus Nussbaumer weiter ausgebaut (Nussbaumer 2002).

Seit 1966 bietet der *Redaktionsstab der Gesellschaft für Deutsche Sprache (GfDS) beim Bundestag* den Angehörigen von Legislative und Exekutive redaktionelle sowie allgemeine Sprachberatung. Der Auftrag des Redaktionsstabes ist in § 80a der Geschäftsordnung des Deutschen Bundestags (GOBT) festgeschrieben, wonach er etwa

> auf Beschluss des federführenden Ausschusses einen Gesetzentwurf auf sprachliche Richtigkeit und Verständlichkeit prüfen und bei Bedarf Empfehlungen an den Ausschuss richten (§ 80a GOBT)

Im Anschluss eines Modellprojektes *Verständliche Gesetze* der GfDS (2007–2008) beim Bundesjustizministerium (BMJ) wurde 2009 unter Leitung der Juristin und Linguistin Stephanie Thieme ein ständiger *Redaktionsstab Rechtsprache* mit bis zu neun RechtslinguistInnen eingerichtet. § 42 der Gemeinsamen Geschäftsordnung der Bundesministerien (GGO) schreibt nunmehr vor, dass dem neuen Redaktionsstab „Gesetzesentwürfe [...] grundsätzlich [...] zur Prüfung auf ihre sprachliche Richtigkeit und Verständlichkeit zuzuleiten" seien (vgl. die Beiträge von Thieme und Vogel).

3 Etablierte Arbeitsfelder der Rechtslinguistik

Die wesentlichen, etablierten Arbeitsfelder der Rechtslinguistik werden in den Artikeln dieses Handbuchs im Einzelnen behandelt. Die folgenden drei Phänomenbereiche seien allerdings hervorgehoben:

3.1 Fachsprache, Gemeinsprache und ihr konfligierendes Verhältnis zueinander

Ein Großteil rechtslinguistischer Forschung beschäftigt sich mit den lexikalisch-grammatischen Spezifika der geschriebenen und gesprochenen juristischen Fachsprache im Kontrast zur Gemeinsprache bzw. anderen Fachsprachen (vgl. im Überblick: d'Heur 1998, Felder 2011), wobei die Domänen der Rechtslexikographie sowie der Gesprächsforschung im Kontext der Gerichtskommunikation am profiliertesten erscheinen. Dabei wurde früh erkannt, dass Rechtssprache nicht nur termini technici, sondern auch große Anteile gemeinsprachlicher Ausdrücke umfasst. Dass letztere im institutionellen Gebrauch jedoch teilweise eine fachspezifische Bedeutung angenommen haben und dies insb. für juristische Laien nicht erkennbar ist, hat ebenso frühzeitig für erhebliche Kritik an ‚der' Verständlichkeit des Rechts beigetragen. Die Diskussion, ob und wie Rechtssprache „allgemeinverständlich" zu machen sei, hält in der allgemeinen Linguistik (v. a. Sprachkritik) sowie noch stärker in Sprachvereinen und linguistischen Laienzirkeln ungebrochen an (Schendera 2004, Sternberger 1981, Lerch 2004, Eichhoff-Cyrus/Antos 2008).

Innerhalb der Rechtslinguistik hat sich mittlerweile mehrheitlich die Einsicht durchgesetzt, dass der Maßstab der „Verständlichkeit" adressatenorientiert ausdifferenziert werden muss (Nussbaumer 2002, 2004). Ein Norm- oder Verwaltungstext kann demnach immer nur mit Blick auf spezifische Rezipientengruppen optimiert werden. „Allgemeinverständlichkeit" der Rechtssprache als solche dagegen wird inzwischen als zwar demokratietheoretisch wünschenswert, aber unter den gegebenen gesellschaftlichen Ordnungsrahmen sprachtheoretisch wie -praktisch als nicht realisierbar betrachtet (Busse 2004).

Vor diesem Hintergrund sind verschiedene Rezeptionsstudien sowie Projekte zur Verbesserung der Verwaltungssprache entstanden (vgl. etwa zu einem Projekt in Kooperation mit der Stadt Bochum: Händel et al 2001; Fluck 2004, 2007). Um die professionelle Optimierung von Normtexten auf der Ebene der Gesetzgebung (Nussbaumer 2007) bemühen sich die *Zentralen Sprachdienste* der Schweizerischen Bundeskanzlei sowie der *Redaktionsstab Rechtssprache* beim Bundesjustizministerium (vgl. 2.2.4), deren Arbeit jedoch bislang kaum empirisch begleitet wird (vgl. 4.3)

3.2 Juristische Semantik: Rechtsarbeit als Textarbeit

Die enge Zusammenarbeit zwischen Juristen und Sprachwissenschaftlern insb. der *Heidelberger Gruppe der Rechtslinguistik* (2.2.1) hat verschiedene Arbeiten hervorgebracht, die das Sprachverständnis in der juristischen Theorie, Methodik und Praxis reflektieren. Ihnen gemeinsam ist die Kritik am positivistischen Sprachmodell der traditionellen Rechtslehre, das von einer zuverlässigen, festen Bindung von Bedeutung (d. h. auch Norm) und Ausdruck (d. h. oft Normtext) ausgeht. Sprache ist in diesem Modell ein Werkzeug, ein „Instrument der Auslegung [...], eine Art Förderband, welches die in der Sprache enthaltene normative Bedeutungssubstanz zum Anwender schafft." (kritisch Christensen/Kudlich 2002: 239 f., Christensen/Jeand'Heur 1989: 12; Christensen/Sokolowski 2002) In diesem mechanistischen Sprachbild gibt es keine Sprecher bzw. für die Interpretation Verantwortliche. Der Gesetzestext spricht sich selbst, der Richter degradiert zum Mund des Gesetzes (Montesquieu), der die im Text ‚enthaltene' Semantik nur noch „auslegt".

Rechtslinguisten betonen dagegen mit pragmatischen Argumenten den konstruktiven Beitrag des Sprecher-Schreibers zur Rechtsarbeit als Textarbeit (Busse 1992, 1993; Müller/Christensen/Sokolowski 1997). In dieser Forschungsperspektive rücken die institutionalisierten Verfahren der Vertextung – von der ersten lebensweltlichen Sachverhaltsbeschreibung und deren sprachlichen Zubereitung zum juristischen Fall nebst Akten (Seibert 1981) bis hin zum Text der richterlichen Entscheidung – in den Fokus. Die Studien untersuchen, wie die verschiedenen Eingangsdaten in Text verarbeitet und sowohl strittige Sachverhalte als auch rechtliche Normen erst im performativen Vollzug konstituiert und kontrovers perspektiviert werden (Felder 2005, 2010). Das Gesetz ist demnach als geltendes, institutionell gesetztes Recht zentrale Bezugsgröße der juristischen Argumentation, es ist aber nur der Gipfel des Eisbergs: „Der Rechtstext ist nicht Behälter der Rechtsnorm, sondern Durchzugsgebiet konkurrierender Interpretationen." (Müller/Christensen/Sokolowski 1997: 19)

Von dieser hermeneutischen Grundeinsicht ausgehend wurde für zahlreiche Teile der juristischen Theorie und Methodenlehre die Pragmatik rechtlichen Texthandelns herausgearbeitet, so etwa mit Blick auf den Rechtsstreit als semantischen Kampf in judikativen (Felder 2010, Li 2011, Luth 2015) und legislativen (Vogel 2012) Diskursen, die Gesetzesbindung bzw. Wortlautgrenze (Christensen 1989), die Kanones der

Auslegung (Kudlich/Christensen 2004) sowie andere Konkretisierungselemente (vgl. Müller/Christensen [11]2013, Müller/Christensen/Sokolowski 1997 u. a.) und Fragen der juristischen Wissensproduktion und Interpretation (Busse 1989, 1998, 2000, 2001, 2004, Felder 2003, 2005; vgl. auch den Beitrag von Busse).

3.3 Kommunikation vor Gericht

Während die Analyse von juristischen Textsorten noch große Desiderata bereithält (Busse 2000a, 2000b), kann die mündliche Kommunikation vor Gericht im Vergleich als gut erforscht gelten (Überblick bei Hoffmann 1983, 1989, 2001; vgl. die Beiträge von Hoffmann und Pick). Im Mittelpunkt der ethnomethodologischen, soziolinguistischen, konversations- und gesprächsanalytischen Studien stehen vor allem die Prozeduren des Verstehens und Missverstehens, der Kontextualisierung verschiedener Akteure (Gumperz 1982) sowie deren Rituale und Stile kommunikativen Handelns in Abhängigkeit habitueller Variablen (Herkunft, Bildungshintergrund, Alter, Geschlecht usw.). Mit Hilfe auditiver und audiovisueller Aufnahmen und Transkriptionen werden alle Ebenen der Sozialsymbolik wie Mimik, Gestik, Prosodie, Proxemik und ihr Beitrag zur Beziehungsebene der kommunikativen Mikrostrukturen berücksichtigt.

Der lebensweltlich scheinbar nur gegebene ‚Fall' zeigt sich dabei als ein Geflecht der interaktiven Sachverhaltskonstitution, die beteiligten Akteure als perspektivierende Erzähler einer (in der Regel) umstrittenen Geschichte (zur „story construction" Benett/Feldman 1981). Welchen Erfolg die Akteure haben, etwa bei der Präsentation von „Fakten", „wird im Lichte [...] [ihrer] Persönlichkeitspräsentation gesehen." (Hoffmann 2001: 1541; vgl. schon früher Wodak 1975) Für Prozessbeteiligte wird Imagearbeit und Glaubwürdigkeit (Wolff 1995; vgl. auch Pic 2015) zu einer zentralen Währung, die über den Ausgang des institutionalisierten wie ritualisierten Verfahrens sowohl vor Gericht (Atkinson/Drew 1979, Drew 1985) als auch im Schlichtungsverfahren vor dem Schiedsgericht (z. B. Nothdurft/Stickel 1995, Nothdurft 1997) entscheiden kann.

4 Offene Fragen und neue Arbeitsfelder

4.1 Digitalisierung des Rechts

Die Einführung und kontinuierliche Zunahme computergestützter Arbeitsprozesse hat bereits seit geraumer Zeit auch das Rechtssystem erreicht: Juristen stehen mittlerweile eine Vielzahl spezialisierter Fachdatenbanken zur Verfügung, die herkömmliche Textquellen und damit verbundene Arbeitsroutinen verdrängen oder zumindest modifizieren. Große Datenbanken wie Juris oder Beck Online halten Millionen von

Texte „auf Mausklick“ jederzeit bereit und stellen den Rechtsarbeiter immer häufiger vor das Problem eines „Information Overload“ (Morlok 2015). Zugleich ermöglichen sie eine effektive Suche und Filterung nach einschlägigen Präjudizien unabhängig vom Ort. Gerichtsentscheidungen lassen sich durch geeignete Software ‚vor‘schreiben, d. h. Textbausteine oder erfolgreiche Argumentationsketten abspeichern und nach Bedarf wieder zusammensetzen. Diese „Bausteintechnik“ (ebd.) kann zur Standardisierung und Rechtssicherheit beitragen; sie kann aber auch eine Fokussierung auf leicht zugängliche (und damit vor allem neuere) Präjudizien, der Informationsüberfluss zu einer „Tendenz zum argumentum ab auctoritate“ oder Tendenz zur „Zerstückelung“ (Auswahl von Passendem bei Vernachlässigung der jeweiligen kontextuellen Zusammenhänge, „Dekontextierung“) führen. Auch ist unklar, inwiefern die Digitalisierung der Texte zukünftig zu Monopolstellungen weniger Verlage beitragen und deren Grenzen zugleich auch zu methodischen Grenzen avancieren (d. h. wer ‚nur‘ noch druckt oder was ‚nur‘ gedruckt ist, verlöre faktisch an Bedeutung). Andererseits wird das Recht durch das neue Medienformat des Hypertextes (d. h. vor allem digital gestützte Interaktivität und Non-Linearität der Textverarbeitung, vgl. Sager 2000) in seiner originären Anlage als intertextuelles (Morlok 2004, 2014; Müller/Christensen 2012: 235 ff.), aus verknüpften Texten bestehendes Geflecht transparent und falsifiziert überkommene Annahmen der traditionellen Rechtsmethodologie (Christensen/Lerch 2005: 111 f., Kudlich 2009: 21).

Diese und andere Folgen der neuen Medialität des Rechts auf die institutionelle Rechtsarbeit sind rechtslinguistisch (wie auch rechts- oder sozialwissenschaftlich) bislang unerforscht oder auf dem Stand ungeprüfter Hypothesen (eine erste Sortierung sowie einen Überblick zur Mediatisierung des Rechts gibt Vogel (2015).

Das Internet hat nicht nur für Rechtsarbeiter, sondern auch für juristische Laien den Zugang zu juristischen Informationen erheblich erleichtert: Juristische Laien finden mittlerweile fast sämtliche Gesetze digital für persönliche Recherchen vor. Hinzu kommen neue Kommunikationsformate wie – analog etwa zum *netdoctor* – juristische (Fern-)Beratung über Wikis, Foren oder kommerziellen Anbietern sowohl zwischen Laien als auch zwischen Fachjuristen und Laien. Unklar ist, wie sich diese neuen Verfahren der Informationsbeschaffung und Wissenskonfiguration sowie die damit verbundenen Interaktionsprozesse von Fach- und Laiensprache (z. B. als öffentliches ‚Fachsimpeln‘) auf konkrete Rechtsverfahren auswirken und umgekehrt, wie rechtliche Ereignisse der Normgenese in der ‚Netzgemeinde‘ verarbeitet werden. Dabei ist auch zu berücksichtigen, dass der leichtere Zugang zu anordnenden Texten zugleich bislang unberücksichtigte Probleme birgt: Denn er verschleiert, dass die wesentlichen Texte der Normtextkonkretisierung und damit der Gesetzesinterpretation – Kommentare, Aufsätze, Gerichtsentscheidungen – nicht, selektiv oder nur gegen hohe Gebühren aufgerufen werden können. Gerade die lizenzrechtliche Kommerzialisierung und künstliche Verknappung von für das Rechtssystem tragenden Texten wie den oben Genannten sollte auch von Rechtslinguisten demokratiekritisch begleitet und ggf. gerichtlich überprüft werden.

4.2 Computergestützte Zugänge zur Rechtssemantik

Versuche, juristische Bedeutung oder gar gerichtliche Entscheidungen mit dem Computer automatisch zu lösen und damit das aus rechtslinguistischer Sicht irreleitende Konzept des „Subsumtionsautomaten" in die Praxis umzusetzen, gibt es seit den frühen 70er Jahren (vgl. Kudlich 2009 sowie Kap. 2.2.1). Diese Ansätze scheiterten jedoch bislang an ihrem mechanistischen Sprachverständnis sowie an mangelnder Berücksichtigung der kognitiv-konstruktiven Komplexität der juristischen Fall-„Zubereitung" (Jeand'Heur 1998: 1292).

Vor allem ausgehend von einer Kritik an der Introspektion juristischer Bedeutungszuschreibungen (etwa bei der Frage, was der *Sprachgebrauch* des ‚Durchschnittsbürgers' sei, Hamann 2015) haben sich sowohl im angelsächsischen Raum wie auch in Deutschland seit den frühen 2000er Jahren parallel neue Ansätze zur computergestützten Analyse von Sprache im juristischen Kontext entwickelt. Gemeinsam ist diesen Ansätzen der Einsatz von (korpuslinguistischer) Spezialsoftware sowie aufbereiteter Textkorpora zur induktiv-empirischen Berechnung und anschließenden Interpretation von sprachlichen Gebrauchsmustern in enger interdisziplinärer Kooperation mit den jeweiligen Fachjuristen. Die bislang der Anzahl nach überschaubaren Studien verstehen sich etwa als datengeleitetes Korrektiv zum richterlichen Blick ins Wörterbuch (Mouritsen 2010, 2011) oder versuchen rekurrente Sprachmuster in Großkorpora der Judikative als Sedimente juristischer Dogmatik zu deuten (Vogel 2012, Vogel et al 2015, Vogel/Pötters 2015, Christensen/Vogel 2013, Vogel/Hamann/Gauer in Begutachtung).

Die größte Herausforderung für die weitere korpuslinguistisch orientierte Rechtslinguistik besteht derzeit im Aufbau aufbereiteter juristischer Textkorpora. Mittlerweile existieren zahlreiche kleinere Projektkorpora. Derzeit wird unter Leitung von F. Vogel und H. Hamann sowie mit Unterstützung der Heidelberger Akademie der Wissenschaft das weltweit erste Referenzkorpus des deutschsprachigen Rechts aufgebaut (JuReko), das alle relevanten Arbeitsbereiche des Rechtssystems (Judikative, Legislative, Exekutive, Rechtwissenschaft) berücksichtigt. (vgl. Vogel/Hamann 2015; http://www.jureko.de)

Weiter zu erproben ist auch der heuristische Mehrwert der neuen methodischen Zugänge über kernlinguistisches Interesse (Beschreibung der Rechtssprache und -kommunikation) hinaus für die praktische Rechtsarbeit. Erste Überlegungen zeigen etwa, dass die qualitative und quantitativ gestützte (nicht ersetzte) Interpretation spekulative Hypothesen in der Rechtstheorie einer empirischen Prüfung zuführen kann. Damit stehen zugleich auch Grundsätze der Rechtsmethodik zur Diskussion (vgl. etwa zum Modell der „Abwägung" Christensen/Vogel 2013). Schließlich zeigen sich Einsatzmöglichkeiten in der Gesetzgebung und dort im Bemühen um eine konsistente Gesetzessprache (vgl. Baumann 2015).

4.3 Prozesse und Verfahren der Normgenese

Die Verfahren der judikativen Textproduktion und Wissensgenese von den ersten Eingangsdaten bis zur Gerichtsentscheidung können als rechtslinguistisch gut erforscht gelten. Dagegen weitestgehend unbekannt sind nach wie vor die diskursiven Prozesse sowie konkreten Vertextungsverfahren am anderen Ende der Normgenese, nämlich im Kontext von Legislative und Exekutive (nebst Ministerien und angegliederten Institutionen).

Die Gründe hierfür sind vielfältig. Zum einen ist bereits der Zugang zu Untersuchungsdaten im Vergleich zu judikativen Verfahren deutlich eingeschränkt. Während die Mehrheit der relevanten Texte im Gerichtsverfahren nicht nur allen Prozessbeteiligten, sondern in anonymisierter bzw. generalisierter Form auch allen Rechtsunterworfenen frei zugänglich ist, findet der Großteil der gesetzgeberischen Aushandlungs- und Vertextungsverfahren hinter verschlossenen Türen der Exekutive statt. Nur selten und in der Regel bei brisanten Gesetzesinitiativen finden frühere Versionen eines Normtextes (etwa Referatsentwürfe) und/oder politisch motivierte Begleittexte, die Rückschlüsse auf das dahinter stehende Prozedere zuließen, in die Öffentlichkeit.

Ein anderer Grund liegt in der Komplexität bzw. problematischen Eingrenzung des Untersuchungsgegenstandes: Wo ‚beginnt' die Normgenese (im Parlament, im Referat, in der konfliktären Lebenswelt usw.), wo endet sie (mit Beschluss, mit Veröffentlichung im Bundesgesetzblatt, mit „Geltung" eines Normtextes, seiner exekutiven Ausgestaltung, seiner Akzeptanz in der Bevölkerung etc.)? Welche Akteursgruppen und Diskursdomänen sind für das jeweilige Verfahren einschlägig und bedürfen auf welcher Weise der Berücksichtigung (Akteure bzw. Texte aus Judikative, Legislative, Exekutive, Medien, Rechtswissenschaft usw.)?

Diese und andere methodologische Fragen sind Gegenstand einer ersten rechtslinguistischen Studie (Vogel 2012), die am Beispiel der sog. *Online-Durchsuchung* die verschiedenen Verknüpfungen von Lebens-, Norm- und Textwelt nachzeichnet (s. ausführlich den Artikel zur Normgenese).

4.4 Mehrsprachigkeit im supranationalen Rechtsraum

Zahlreiche der bereits im nationalen Rechtssystem untersuchten sowie noch offenen Forschungsfragen stellen sich im supranationalen Raum in potenzierter Komplexität (vgl. die Beiträge von Rovere, Nussbaumer/Bratschi sowie Luttermann und Schübel-Pfister). Hintergrund ist vor allem die mit dem Aufeinandertreffen unterschiedlicher Rechtskulturen verbundene Mehrsprachigkeit (Müller/Burr 2004). Auf EU-Ebene begegnen sich mittlerweile 24 Amtssprachen, die nach Art. 55 des EU-Vertrages (EUV) alle gleichwertig nebeneinanderstehen und das gemeinsame (zu schaffende) EU-Recht konstituieren. Die Problematik lässt sich wie folgt auf den Punkt bringen:

> „Um in der Wirklichkeit anzukommen, bedarf das Gemeinschaftsrecht einer gemeinsamen Sprache. Nur dann ist es praktikabel. Aber gleichzeitig muss es die Nationalsprachen respektieren. Nur dann ist es für seine Bürger verständlich. Die Sprache wird damit zum entscheidenden Punkt für die Wirkung des Gemeinschaftsrechts." (Müller/Christensen ^{3}2012: 27)

Beim babylonischen Turmbau – wie kann mehrsprachiges Recht sowohl Praktikabilität als auch Rechtssicherheit gewährleisten? – arbeiten Rechtslinguisten an verschiedenen, zentralen Bereichen mit, von der juristischen Methodik (sprachvergleichende Auslegung; zu einer empirisch fundierten Kritik an der Methodik des EuGH vgl. Schübel-Pfister 2004) bis hin zu umfangreichen Dolmetsch- und Übersetzungsdiensten. Dabei ist bereits grundsätzlich umstritten, ob die normativ verankerte Mehrsprachigkeit nur ein verwaltungstechnisch zu reduzierendes Problem, oder nicht auch zu fördernde Chance sowohl für nationale als auch supranationale Rechtskulturen darstellt. Braselmann (1992, 2002) etwa problematisierte noch um die Jahrtausendwende, die normativ verordnete Vielfalt der Amtssprachen verdecke als „Fiktion" die faktische Dominanz des Französischen (und Englischen) in der Rechtspraxis. Sie plädierte daher analog zum Völkerrecht für ein transparentes „Prinzip des Vorranges der Urfassung" (Braselmann 2002: 252). Zedler (2016) dokumentiert mit Blick auf die aktuelle Situation die „Diskrepanz zwischen dem methodologischen Anspruch der sprachlichen Gleichbehandlung und der Rechtsprechungspraxis" und schlägt einen „praktikableren Umgang mit dem mehrsprachig verbindlichen Unionsrecht" vor. Auseinanderklaffen von Soll- und Ist-Zustand sowie Schwierigkeiten für die europäische Verständigung sehen auch C./K. Luttermann (2004) sowie Luttermann (2007) und plädieren daher für ein „Referenzsprachenmodell" für das EU-Recht, basierend auf einem System aus zwei Referenzsprachen für sämtliche europäischen Recht(setzung)sakte sowie nachgeordneten Amtssprachen.

Müller/Christensen (^{3}2012: 268 ff.) sehen ebenso zahlreiche praktische Schwierigkeiten durch die supranationale Mehrsprachigkeit begründet. Sie betonen aber mit Blick auf den EuGH den methodischen Mehrwert: Die Mehrsprachigkeit verlege den theoretischen Fokus von ‚dem' Normtext und ‚der' Norm hin zum Subjekt, das für seine methodische Daten- und (Norm-)Textstrukturierung argumentativ Verantwortung übernehmen müsse. Art 55 EUV zwinge damit „den Richter, die scheinbare Gewissheit der eigenen Sprache zu verlassen. Er muss in den unsicheren Raum zwischen verschiedenen Sprachen übersetzen." (ebd., 29). Eine Reduktion auf etwa nur zwei Referenzsprachen sei dementsprechend gar ein „Nachteil" (Wimmer 2009: 237): „Je mehr sprachlich formulierte/fixierte Aspekte das Gericht in den Blick nehmen kann, umso sicherer kann es sein, dass sein Urteil Bestand hat." (ebd.; Engberg 2009) Gleiches gelte auch für die Gesetzgebung, insofern die mehrsprachige Formulierung von Normtexten ihre Genauigkeit förderte:

> Mehrsprachiges Recht hat alle Chancen, klareres, verständlicheres Recht zu sein. Armselig ein Gemeinwesen, das diese Chance nicht zu nutzen weiss. Weiss es die Europäische Union? (Nussbaumer 2007: 40)

5 Literatur

Adelung, Johann Christoph (1785): Ueber den deutschen Styl 2/3. Zweyter Theil. Besondere Arten des Styles. Dritter Theil. Hülfsmittel der guten Schreibart. Berlin.

Asmuth, Bernhard (2013): Geschäftsstil. Seine Prägung durch Sonnenfels und Adelung um 1784. In: Andreas Deutsch (Hg.): Historische Rechtssprache des Deutschen. Heidelberg (Akademiekonferenzen, 15), S. 175–206.

Atkinson, J. Maxwell/Paul Drew (1979): Order in Court: The Organization of Verbal Behavior in Judicial Settings. Atlantic Highlands, NJ.

Baumann, Antje (2015): Bedeutung in Gesetzen: Wie man eine spezielle Textsorte mit korpuslinguistischen Mitteln verständlicher machen könnte. In: Friedemann Vogel (Hg.): Zugänge zur Rechtssemantik. Interdisziplinäre Ansätze im Zeitalter der Mediatisierung zwischen Introspektion und Automaten. Berlin/New York (linguae & litterae), S. 254–274.

Bennett, W. Lance/Martha S. Feldman (1981): Reconstructing Reality in the Courtroom. London [u. a.].

Blickle, Peter (2000): Die Reformation im Reich. 3. Aufl. Stuttgart.

Braselmann, Petra (1992): Übernationales Recht und Mehrsprachigkeit. Linguistische Überlegungen zu Sprachproblemen in EuGH-Urteilen. In: Europarecht (1), S. 55–74.

Braselmann, Petra (2002): Gleiches Recht für alle – in allen Sprachen? In: Ulrike Hass-Zumkehr (Hg.): Sprache und Recht. Berlin/New York, S. 240–254.

Bühler, Axel (2001): Zum Anwendungsproblem in der juristischen Hermeneutik der Aufklärung. In: Ulrich Kronauer/Jörn Garber (Hg.): Recht und Sprache in der deutschen Aufklärung. Tübingen (Hallesche Beiträge zur Europäischen Aufklärung, 14), S. 27–36.

Bülow, Edeltraud/Rolf-Hubert Schneider (1981): Materialien zu einer Bibliographie der Rechtslinguistik. Münster.

Busse, Dietrich (1989): Was ist die Bedeutung eines Gesetzestextes? Sprachwissenschaftliche Argumente im Methodenstreit der juristischen Auslegungslehre – linguistisch gesehen. In: Friedrich Müller (Hg.): Untersuchungen zur Rechtslinguistik. Interdisziplinäre Studien zu praktischer Semantik und strukturierender Rechtslehre in Grundfragen der juristischen Methodik. Berlin (Schriften zur Rechtstheorie), S. 93–148.

Busse, Dietrich (1992): Recht als Text. Linguistische Untersuchungen zur Arbeit mit Sprache in einer gesellschaftlichen Institution. Tübingen.

Busse, Dietrich (1998): Rechtssprache als Problem der Bedeutungsbeschreibung. Semantische Aspekte einer institutionellen Fachsprache. In: Sprache und Literatur in Wissenschaft und Unterricht 29 (81), S. 24–47.

Busse, Dietrich (2000): Die juristische Fachsprache als Institutionensprache am Beispiel von Gesetzen und ihrer Auslegung. In: Lothar Hoffmann (Hg.): Fachsprachen. Ein internationales Handbuch zur Fachsprachenforschung und Terminologiewissenschaft. Berlin (Handbücher zur Sprach- und Kommunikationswissenschaft), S. 1382–1391.

Busse, Dietrich (2000): Textlinguistik und Rechtswissenschaft. In: Klaus Brinker u. a. (Hg.): Text- und Gesprächslinguistik. Ein internationales Handbuch zeitgenössischer Forschung = Linguistics of text and conversation. Berlin (Handbücher zur Sprach- und Kommunikationswissenschaft, 16.1), S. 804 ff.

Busse, Dietrich (2000): Textsorten des Bereichs Rechtswesen und Justiz. In: Klaus Brinker u. a. (Hg.): Text- und Gesprächslinguistik. Ein internationales Handbuch zeitgenössischer Forschung = Linguistics of text and conversation. Berlin (Handbücher zur Sprach- und Kommunikationswissenschaft, 16.1), S. 658–675.

Busse, Dietrich (2001): Semantik der Praktiker. Sprache, Bedeutungsexplikation und Textauslegung in der Sicht von Richtern. In: Friedrich Müller (Hg.): Neue Untersuchungen zur Rechtslinguistik. (= Schriften zur Rechtstheorie, Bd. 202). Berlin (202), S. 34–81.
Busse, Dietrich (2004): Verstehen und Auslegung von Rechtstexten – institutionelle Bedingungen. Vortrag vor der AG Sprache des Rechts der Berlin-Brandenburgischen Akademie der Wissenschaften. In: Kent D. Lerch (Hg.): Recht verstehen. Verständlichkeit, Missverständlichkeit und Unverständlichkeit von Recht. Berlin (1), S. 7–20.
Busse, Dietrich (2010): Juristische Semantik. Grundfragen der juristischen Interpretationstheorie in sprachwissenschaftlicher Sicht. Habilitationsschrift; Universität Darmstadt, 1993. 2. Aufl. Berlin (Schriften zur Rechtstheorie, 157).
Christensen, Ralph (1989): Was heisst Gesetzesbindung? Eine rechtslinguistische Untersuchung. Berlin.
Christensen, Ralph/Bernd Jeand'Heur (1989): Themen einer problembezogenen Zusammenarbeit zwischen Rechtstheorie und Linguistik. In: Friedrich Müller (Hg.): Untersuchungen zur Rechtslinguistik. Interdisziplinäre Studien zu praktischer Semantik und strukturierender Rechtslehre in Grundfragen der juristischen Methodik. Berlin (Schriften zur Rechtstheorie), S. 9–12.
Christensen, Ralph/Hans Kudlich (2002): Die Auslegungslehre als implizite Sprachtheorie der Juristen. In: Archiv für Rechts- und Sozialphilosophie (ARSP) (2), S. 230–246.
Christensen, Ralph/Kent D. Lerch (2005): Performanz. Die Kunst, Recht geschehen zu lassen. In: Kent D. Lerch (Hg.): Die Sprache des Rechts. Recht Vermitteln: Strukturen, Formen und Medien der Kommunikation im Recht. 3 Bände. Berlin (Die Sprache des Rechts, 3), S. 55–132.
Christensen, Ralph/Michael Sokolowski (2002): Wir normativ ist die Sprache? Der Richter zwischen Sprechautomat und Sprachgesetzgeber. In: Ulrike Hass-Zumkehr (Hg.): Sprache und Recht. Berlin, New York, S. 64–79.
Deutsch, Andreas (2013): Historische Rechtssprache des Deutschen – Eine Einführung. In: Andreas Deutsch (Hg.): Historische Rechtssprache des Deutschen. Heidelberg (Akademiekonferenzen, 15), S. 21–80.
Deutsch, Andreas (Hg.) (2010): Das Deutsche Rechtswörterbuch. Perspektiven. Kolloquium der Forschungsstelle „Deutsches Rechtswörterbuch". Heidelberg (Akademiekonferenzen, 8).
Drew, Paul (1985): Analyzing the use of language in courtroom interaction. In: Teun Adrianus van Dijk (Hg.): Handbook of Discourse Analysis. London, S. 133–147.
Eichhoff-Cyrus, Karin M./Gerd Antos (Hg.) (2008): Verständlichkeit als Bürgerrecht? Die Rechts- und Verwaltungssprache in der öffentlichen Diskussion. Mannheim (Thema Deutsch, 9).
Engberg, Jan (2009): Durchschaubarkeit durch Vielfalt – Vorteile eines mehrsprachigen Rechtssystems und ihre linguistische Beschreibung. In: Muttersprache. Vierteljahresschrift für deutsche Sprache 119 (3), S. 181–191.
Erler, Adalbert/Wolfgang Stammler/Albrecht Cordes (Hg.) (1971–1998): Handwörterbuch zur deutschen Rechtsgeschichte. Berlin.
Felder, Ekkehard (2003): Juristische Textarbeit im Spiegel der Öffentlichkeit. Berlin [u. a.].
Felder, Ekkehard (2005): Alltagsweltliche und juristische Wirklichkeitskonstitution im Modell der „Juristischen Textarbeit". Ein sprachhandlungstheoretischer Beitrag zur Kommunikation im Recht. In: Kent D. Lerch (Hg.): Die Sprache des Rechts. Recht Vermitteln: Strukturen, Formen und Medien der Kommunikation im Recht. 3 Bände. Berlin (Die Sprache des Rechts, 3), S. 133–168.
Felder, Ekkehard (2010): Semantische Kämpfe außerhalb und innerhalb des Rechts. In: Der Staat 49 (4), S. 543–571.

Felder, Ekkehard (2011): Juristische Fachsprache. In: Albrecht Cordes u. a. (Hg.): Handwörterbuch zur deutschen Rechtsgeschichte (HRG). 14. Lieferung. Zweite, völlig überarbeitete und erweiterte Auflage. Berlin, S. 1443–1449.

Fluck, Hans-R. (2004): Sprachliche Aspekte der Bürger-Verwaltungs-Kommunikation – Situationsbeschreibung und Forschungsperspektiven. In: Muttersprache. Vierteljahresschrift für deutsche Sprache 114 (3), S. 193–205.

Fluck, Hans-R. (2007): Optimierung der Verwaltungssprache – gestern und heute. In: Estudios Filológicos Alemanes (13), S. 57–70.

Fobbe, Eilika (2011): Forensische Linguistik. Eine Einführung. Tübingen (Narr-Studienbücher).

Gardt, Andreas (2001): Das rationalistische Konzept der Fachsprache: Gottfried Wilhelm Leibniz. In: Ulrich Kronauer/Jörn Garber (Hg.): Recht und Sprache in der deutschen Aufklärung. Tübingen (Hallesche Beiträge zur Europäischen Aufklärung, 14), S. 37–52.

Grimm, Jacob (1899): Deutsche Rechtsalterthümer. 4. verm. Ausg./besorgt durch Andreas Heusler u. Rudolf Hübner. 2 Bände. Hg. v. Rudolf Hübner. Leipzig.

Grimm, Jacob (1957 [1840–1878]): Weisthümer. 2. Aufl., unveraend. fotomechan. Nachdr. der 1. Aufl. von 1840–1878. Hg. v. Ernst Friedrich Johann Dronke. Darmstadt/Berlin.

Grimm, Jacob (1972 [1815]): Von der Poesie im Recht. Unveränd. reprogr. Nachdr. d. Ausg. von 1957. Darmstadt (Libelli, 36 ; Libelli).

Gumperz, John J. (1982): Fact and Inference in Courtroom Testimony. In: John J. Gumperz (Hg.): Language and social identity. Cambridge (Studies in interactional sociolinguistics, 2), S. 163–195.

Hamann, Hanjo (2015): Der „Sprachgebrauch" im Waffenarsenal der Jurisprudenz. Die Rechtspraxis im Spiegel der quantitativ-empirischen Sprachforschung. In: Friedemann Vogel (Hg.): Zugänge zur Rechtssemantik. Interdisziplinäre Ansätze im Zeitalter der Mediatisierung zwischen Introspektion und Automaten. Berlin/New York (linguae & litterae), S. 184–204.

Händel, Daniel u. a. (2001): Bürgernahe Verwaltungstexte: ein Kooperationsprojekt der Stadt Bochum und der Ruhr-Universität zur Textoptimierung. In: Fachsprache 23 (3–4), S. 139–152.

Heidelberger Akademie der Wissenschaften (1932-): Deutsches Rechtswörterbuch. Weimar.

Hoffmann, Ludger (1983): Kommunikation vor Gericht. Tübingen.

Hoffmann, Ludger (2001): Gespräche im Rechtswesen. In: Klaus Brinker u. a. (Hg.): Text- und Gesprächslinguistik. Ein internationales Handbuch zeitgenössischer Forschung = Linguistics of text and conversation. Berlin (Handbücher zur Sprach- und Kommunikationswissenschaft, 16.2), S. 1540–1555.

Hoffmann, Ludger (Hg.) (1989): Rechtsdiskurse. Untersuchungen zur Kommunikation in Gerichtsverfahren. Tübingen (Kommunikation und Institution).

Hoffmann, Ludger: Onlinebibliographie zu Sprache und Recht, Kommunikation vor Gericht (http://home.edo.uni-dortmund.de/~hoffmann/Biblios/Recht.html, 29.11.2013)

Jeand'Heur, Bernd (1989): Sprachliches Referenzverhalten bei der juristischen Entscheidungstätigkeit. Berlin.

Jeand'Heur, Bernd (1998): Die neuere Fachsprache der juristischen Wissenschaft seit der Mitte des 19. Jahrhunderts unter besonderer Berücksichtigung von Verfassungsrecht und Rechtsmethodik. In: Lothar Hoffmann u. a. (Hg.): Fachsprache: ein internationales Handbuch der Fachsprachenforschung und Terminologiewissenschaft. Handbücher zur Sprach- und Kommunikationswissenschaft. = Handbooks of linguistics and communication science = Manuels de linguistique et des sciences de communication, Bd. 1. Berlin, S. 1286–1295.

Becker, Angelika/Wolfgang Klein (2008): Recht verstehen. Wie Laien, Juristen und Versicherungsagenten die „Riester-Rente" interpretieren. Berlin.

Kocher, Gernot (2013): Rechtsvereinheitlichung und Rechtssprache von Maria Theresia bis Franz Joseph I. In: Andreas Deutsch (Hg.): Historische Rechtssprache des Deutschen. Heidelberg (Akademiekonferenzen, 15), S. 207–218.
König, Peter (2001): „Idiomate patrio dicitur": die Stellung deutscher Rechtsausdrücke in Wolffs „Jus naturae". In: Ulrich Kronauer/Jörn Garber (Hg.): Recht und Sprache in der deutschen Aufklärung. Tübingen (Hallesche Beiträge zur Europäischen Aufklärung, 14), S. 113–127.
Kronauer, Ulrich/Jörn Garber (Hg.) (2001): Recht und Sprache in der deutschen Aufklärung. Tagung „Recht und Sprache in der Deutschen Aufklärung". Tübingen (Hallesche Beiträge zur Europäischen Aufklärung, 14).
Kudlich, Hans (2009): Information als Herausforderung und Informatik als Hilfsmittel für die Rechtsanwendung im Straf- und Strafprozessrecht. In: Jürgen Taeger und Irini Vassilaki (Hg.): Rechtsinformatik und Informationsrecht im Spannungsfeld von Recht, Informatik und Ökonomie. 1. Wissenschaftliches Forum für Recht & Informatik ; [Tagungsband 1. WiFoRI ; am 14.3.2008 in Würzburg]. Edewecht, S. 13–23.
Kudlich, Hans/Ralph Christensen (2004): Die Kanones der Auslegung als Hilfsmittel für die Entscheidung von Bedeutungskonflikten. In: Juristische Arbeitsblätter, S. 74–83. Zit. nach: http://www.recht-und-sprache.de/PDF/kanones.pdf (abgerufen am 22.10.2012).
Lerch, Kent D. (Hg.) (2004): Recht verstehen. Verständlichkeit, Missverständlichkeit und Unverständlichkeit von Recht. Berlin (1).
Lerch, Kent D. (Hg.) (2004–2005): Die Sprache des Rechts. 3 Bände. Berlin.
Levi, Judith N. (1994): Language and Law: A Bibliographic Guide to Social Science Research in the U.S.A. (Teaching Resource Bulletin No. 4), Washington, DC.
Li, Jing (2011): „Recht ist Streit". Berlin/New York.
Luth, Janine (2015): Semantische Kämpfe im Recht. Eine rechtslinguistische Analyse zu Konflikten zwischen dem EGMR und nationalen Gerichten. 1. Aufl. Heidelberg, Neckar (Schriften des Europäischen Zentrums für Sprachwissenschaften (EZS), 1).
Luttermann, Claus/Karin Luttermann (2004): Ein Sprachenrecht für die Europäische Union. In: Juristenzeitung (20), S. 1002–1010.
Luttermann, Karin (2007): Mehrsprachigkeit am Europäischen Gerichtshof. Das Referenzsprachenmodell für ein EU-Sprachenrecht. In: Dorothee Heller/Konrad Ehlich (Hg.): Studien zur Rechtskommunikation. Bern (Linguistic insights, 56), S. 47–80.
Montesquieu, Charles Louis de Secondat de (1992 [1748]): Vom Geist der Gesetze. Unter Mitarbeit von Ernst Forsthoff. 2. Aufl., photomechan. Nachdr. d. Erstaufl. Tübingen, Laupp, 1951. Tübingen (Uni-Taschenbücher Rechtswissenschaften, politische Wissenschaften, 1710).
Morlok, Martin (2004): Der Text hinter dem Text. Intertextualität im Recht. In: Alexander Blankenagel, Ingolf Pernice und Markus Kotzur (Hg.): Verfassung im Diskurs der Welt. Liber Amicorum für Peter Häberle zum siebzigsten Geburtstag. Unter Mitarbeit von Peter Häberle. Tübingen, S. 93–136.
Morlok, Martin (2015): Intertextualität und Hypertextualität im Recht. In: Friedemann Vogel (Hg.): Zugänge zur Rechtssemantik. Interdisziplinäre Ansätze im Zeitalter der Mediatisierung zwischen Introspektion und Automaten. Berlin/New York (linguae & litterae), 69–90.
Morris, Ruth: A bibliography on court & legal interpreting http://aiic.net/page/235/a-bibliography-on-court-legal-interpreting/lang/1, 29.11.2013)
Mouritsen, Stephen C. (2010): The Dictionary Is Not a Fortress: Definitional Fallacies and a Corpus-Based Approach to Plain Meaning. In: Brigham Young University Law Review, S. 1915–1980
Mouritsen, Stephen C. (2011): Hard cases and hard data: Assessing corpus linguistics as an empirical path to plain meaning. In: The Columbia. Science and Technology Law Review (8), S. 156–205

Müller, Friedrich (Hg.) (1989): Untersuchungen zur Rechtslinguistik. Interdisziplinäre Studien zu praktischer Semantik und strukturierender Rechtslehre in Grundfragen der juristischen Methodik. Berlin (Schriften zur Rechtstheorie).

Müller, Friedrich (Hg.) (2007): Politik, [neue] Medien und die Sprache des Rechts. Berlin.

Müller, Friedrich/Isolde Burr (2004): Rechtssprache Europas. Reflexion der Praxis von Sprache und Mehrsprachigkeit im supranationalen Recht. Berlin (Schriften zur Rechtstheorie – Band 224).

Müller, Friedrich; Christensen, Ralph (2013): Juristische Methodik. Grundlegung für die Arbeitsmethoden der Rechtspraxis. 11., auf neuestem Stand bearb. und erw. Aufl. 11. Aufl. (1). Berlin.

Müller, Friedrich/Ralph Christensen/Michael Sokolowski (1997): Rechtstext und Textarbeit. Berlin (Schriften zur Rechtstheorie).

Müller, Friedrich/Rainer Wimmer (Hg.) (2001): Neue Studien zur Rechtslinguistik. Dem Gedenken an Bernd Jeand'Heur. Unter Mitarbeit von Bernd Jeand'Heur. Berlin.

Nothdurft, Werner (1997): Konfliktstoff. Gesprächsanalyse der Konfliktbearbeitung in Schlichtungsgesprächen. Berlin/New York (Schriften des Instituts für deutsche Sprache).

Nothdurft, Werner/Gerhard Stickel (Hg.) (1995): Streit schlichten. Gesprächsanalytische Untersuchungen zu institutionellen Formen konsensueller Konfliktregelung. Berlin (Schriften des Instituts für deutsche Sprache, 5,1).

Nussbaumer, Markus (1997): Sprache und Recht. Heidelberg (= Studienbibliographien Sprachwissenschaft 20).

Nussbaumer, Markus (2002): „Es gibt nichts Gutes, ausser man tut es" – Arbeit an der Verständlichkeit von Gesetzestexten in der Schweizerischen Bundeskanzlei. In: Hermes. Journal of Linguistics (29), S. 111–123.

Nussbaumer, Markus (2004): Von Schwärmern und Skeptikern und ein Versuch, Realist zu sein. Bilanz und Entwurf des Sprachspiels vom unverständlichen Gesetz. In: Kent D. Lerch (Hg.): Recht verstehen. Verständlichkeit, Missverständlichkeit und Unverständlichkeit von Recht. Berlin (1), S. 285–295.

Nussbaumer, Markus (2007): Gesetzestext und Wissenstransfer? – Welche Funktionen Gesetzestexte erfüllen müssen und wie man sie optimieren kann. In: Dorothee Heller/Konrad Ehlich (Hg.): Studien zur Rechtskommunikation. Bern (Linguistic insights, 56), S. 17–46.

Onlinebibliographie der International Language and Law Association (ILLA). Zit. nach: http://www.illa.org/BIBLIO.HTM (abgerufen am 29.11.2013).

Pick, Ina (2015): Das anwaltliche Mandantengespräch: linguistische Ergebnisse zum sprachlichen Handeln von Anwalt und Mandant. Frankfurt.

Plato u. a.(2011): Phaidros = Phaidros. Parmenidēs = Parmenides. Epistolai = Briefe. 6. Aufl. (unveränd. Nachdr. der 1. Aufl. 1981). Darmstadt.

Polenz, Peter von/Claudine Moulin-Fankhänel (2013): Deutsche Sprachgeschichte vom Spätmittelalter bis zur Gegenwart. Band 2. 2. Aufl. 3 Bände. Berlin.

Rathert, Monika (2006): Sprache und Recht. Heidelberg.

Rave, Dieter/Hans Brinkmann/Klaus Grimmer (Hg.) (1971): Paraphrasen juristischer Texte. Darmstadt.

Reitemeier, Ulrich/Otmar Bettscheider (1985): Studien zur juristischen Kommunikation. Eine kommentierte Bibliographie. Tübingen.

Roll, Hans-Achim (1972): Zur Geschichte der Lex-Salica-Forschung. Vol. N. F., 17. Untersuchungen zur deutschen Staats- und Rechts-Geschichte. Aalen.

Sager, Sven F. (2000): Hypertext und Hypermedia. In: Klaus Brinker u. a. (Hg.): Text- und Gesprächslinguistik. Ein internationales Handbuch zeitgenössischer Forschung = Linguistics of text and conversation. Berlin (Handbücher zur Sprach- und Kommunikationswissenschaft, 16.1), S. 587–603.

Savigny, Friedrich Carl von (1814): Vom Beruf unsrer Zeit für Gesetzgebung und Rechtswissenschaft. Heidelberg.
Schendera, Christian F. G. (2004): Die Verständlichkeit von Rechtstexten: Eine kritische Darstellung der Forschungslage. In: Kent D. Lerch (Hg.): Recht verstehen. Verständlichkeit, Missverständlichkeit und Unverständlichkeit von Recht. Berlin (1), S. 321–375.
Schmidt-Wiegand, Ruth (1998a): Deutsche Sprachgeschichte und Rechtsgeschichte bis zum Ende des Mittelalters. In: Werner Besch/Gerold Ungeheuer/Hugo Steger (Hg.): Sprachgeschichte. Ein Handbuch zur Geschichte der deutschen Sprache und ihrer Erforschung. 2., vollst. neu bearb. und erw. Aufl. Berlin (Handbücher zur Sprach- und Kommunikationswissenschaft), S. 72–87.
Schmidt-Wiegand, Ruth (1998b): Deutsche Sprachgeschichte und Rechtsgeschichte seit dem Ausgang des Mittelalters. In: Werner Besch/Gerold Ungeheuer/Hugo Steger (Hg.): Sprachgeschichte. Ein Handbuch zur Geschichte der deutschen Sprache und ihrer Erforschung. 2., vollst. neu bearb. und erw. Aufl. Berlin (Handbücher zur Sprach- und Kommunikationswissenschaft), S. 87–98.
Schmidt-Wiegand, Rut/Dagmar Hüpper/Hans Höfinghoff (1991): Stammesrecht und Volkssprache. Ausgewählte Aufsätze zu den Leges barbarorum. Festgabe für Ruth Schmidt-Wiegand zum 1.1.1991. Hg. v. Dagmar Hüpper. Weinheim.
Schübel-Pfister, Isabel (2004): Sprache und Gemeinschaftsrecht. Die Auslegung der mehrsprachig verbindlichen Rechtstexte durch den Europäischen Gerichtshof. Univ, Berlin/Bayreuth.
Seibert, Thomas-Michael (1981): Aktenanalysen. Zur Schriftform juristischer Deutungen. Tübingen.
Speer, Heino (1989): Das Deutsche Rechtswörterbuch. Historische Lexikographie einer Fachsprache. In: Lexicographica (5), S. 85–128.
Sternberger (1981): Staatliche Zwangsgewalt und bürgerliche Kommunikation. Eine Notiz zum Generalthema. In: Ingulf Radtke (Hg.): Die Sprache des Rechts und der Verwaltung. 2 Bände. Stuttgart (Der öffentliche Sprachgebrauch, 2), S. 16–19.
Szlezák, Alexander (1985): Platon und die Schriftlichkeit der Philosophie. Interpretationen zu den frühen und mittleren Dialogen. Berlin.
Thomasius, Christian (1699): Summarischer Entwurff Derer Grund-Lehren/ Die einem Studioso Iuris zu wissen/ und auff Universitäten zu lernen nöthig / nach welchen D. Christian Thomas. Künfftig/ so Gott will Lectiones privatissimas zu Halle/ in vier unterschiedenen Collegiis anzustellen gesonnen ist. Halle.
Tiersma, Peter M. (2000): Legal language. Chicago.
Tiersma, Peter Meijes/Lawrence Solan (Hg.) (2012): The Oxford handbook of language and law: Oxford (Oxford handbooks in linguistics).
Vogel, Friedemann (2012): Das Recht im Text. Rechtssprachlicher Usus in korpuslinguistischer Perspektive. In: Ekkehard Felder/Marcus Müller/Friedemann Vogel (Hg.): Korpuspragmatik. Thematische Korpora als Basis diskurslinguistischer Analysen. Berlin [u. a.], S. 314–353.
Vogel, Friedemann (2012): Linguistik rechtlicher Normgenese. Theorie der Rechtsnormdiskursivität am Beispiel der Online-Durchsuchung. Berlin [u. a.] (Sprache und Wissen, 9).
Vogel, Friedemann (Hg.) (2015): Zugänge zur Rechtssemantik. Interdisziplinäre Ansätze im Zeitalter der Mediatisierung zwischen Introspektion und Automaten. Berlin/New York (linguae & litterae).
Vogel, Friedemann/Ralph Christensen (2013): Korpusgestützte Analyse der Verfassungsrechtsprechung: Eine Abwägung von Prinzipien findet nicht statt. In: Rechtstheorie 44 (1), S. 29–60.
Vogel, Friedemann/Ralph Christensen/Stephan Pötters (2015): Richterrecht der Arbeit – empirisch untersucht. Möglichkeiten und Grenzen computergestützter Textanalyse am Beispiel des Arbeitnehmerbegriffs. Berlin.

Vogel, Friedemann/Hanjo Hamann (2015): Vom corpus iuris zu den corpora iurum – Konzeption und Erschließung eines juristischen Referenzkorpus (JuReko). In: Jahrbuch der Heidelberger Akademie der Wissenschaften für 2014. Heidelberg.
Vogel, Friedemann/Hanjo Hamann/Isabelle Gauer (in Begutachtung): Computer Assisted Legal Linguistics: Corpora as a New Instrument for Legal Studies. In: Law & Social Inquiry.
Wimmer, Rainer (2009): Zur Verflechtung von Spracharbeit und Rechtsarbeit in der EU. In: Muttersprache. Vierteljahresschrift für deutsche Sprache 119 (3), S. 234–239.
Wodak, Ruth (1975): Das Sprachverhalten von Angeklagten bei Gericht. Ansätze zu einer soziolinguistischen Theorie der Verbalisierung. Kronberg (Skripten Linguistik und Kommunikationswissenschaft, 11).
Wolff, Stephan (1995): Text und Schuld. Die Rhetorik psychiatrischer Gerichtsgutachten. Berlin/New York.
Zedler, Friederike (2016): Mehrsprachigkeit und Methode: Der Umgang mit dem sprachlichen Egalitätsprinzip im Unionsrecht. Baden-Baden. (Heidelberger Schriften zum Wirtschaftsrecht und Europarecht).

Jing Li

12. Diskurs- und textlinguistische Ansätze im Recht

Abstract: In diesem Beitrag handelt es sich um einen diskurs- und textlinguistischen Zugang zur Kommunikation im Recht. Das Haupterkenntnisinteresse richtet sich auf die juristische Textarbeit in Form des diskursbasierten Kampfs einzelner Akteure um das Recht in der juristischen Entscheidungspraxis. Der Strukturierenden Rechtslehre zufolge ergibt sich solcher Rechtsstreit aus konkurrierenden Varianten bei der Interpretation und Korrelierung von Normtext und sozialem Sachverhalt. Zur Explizierung dieser Agonalität gelten einerseits die Herausarbeitung von konfligierenden handlungsleitenden Konzepten und andererseits die Untersuchung von Perspektivierungsversuchen zur Konstitution des Geltungsanspruchs anhand sprachlicher Mittel.

1 Überblick

Gegenüber zahlreichen gesprächslinguistischen Studien von realen mündlichen Kommunikationsprozessen in gerichtlichen Verfahren gibt es vergleichsweise weniger diskurs- und textlinguistische Untersuchungen zu authentischen Textmaterialien. In einem zusammenfassenden Aufsatz über Textlinguistik und Rechtswissenschaft von Busse (2000) wurden zwei relevante empirisch fundierte Pionierarbeiten zu Rechtstexten in ausführlichem Umfang vorgestellt: „Aktenanalysen" von Seibert (1981) und „Rechtsarbeit als Textarbeit" von Busse (1992).

Auf der Basis einer gründlichen Analyse ausgewählter Akten (Anzeigen, Vernehmungsprotokolle, Entscheidungsbegründungen usw.) versucht Seibert zu vermitteln, dass die juristische Textarbeit nicht erst bei der Normtextinterpretation, sondern schon bei der aktenmäßigen Darstellung des außerjuristischen sozialen Sachverhalts beginnt. Dementsprechend wurde das Konzept der juristischen *Wirklichkeitsverarbeitung* gefasst, also die Erfassung der sozialen Wirklichkeit in Kategorien juristischer Tatbestandsbegriffe.

In Busses Studien wurden zwei unterschiedliche Zugangsweisen im Kontext juristischer Textarbeit – *vom Normtext zum Fall* und *vom Fall zum Normtext* – demonstriert. Zunächst wird ein strafrechtlicher Einzelparagraph anhand der juristischen

DOI 10.1515/9783110296198-012

Kommentarliteratur und der Urteilstexte auf die Explikation relevanten Wortlauts untersucht. An dem anderen zivilrechtlichen Beispiel wurde exemplarisch gezeigt, wie eine Vielzahl verschiedener Texte (z. B. Paragraphen, Kommentartexte, Gerichtsurteile usw.) zu einem neuen Entscheidungstext miteinander vernetzt werden muss, um einen konkreten Rechtsfall zu lösen. Durch den Vergleich beider Zugangsweisen soll herausgearbeitet werden, dass die juristische Textarbeit nicht *vom Normtext zum Fall* erfolgt, sondern eher *vom Fall zum Normtext* (Busse 2000, 809).

Darüber hinaus sei noch besonders auf den resümierenden Aufsatz von Lerch (2005) über die linguistische Analyse von Rechtstexten verwiesen. Durch Diskussion über die Komplexität der juristischen Arbeitsweise und die Bedeutung des Textes für die Kommunikation im Rahmen moderner Textlinguistik und Kommunikationswissenschaft kommt Lerch zu dem Schluss, dass „nicht isolierte Texte zum Thema" gemacht werden sollen, sondern eher „die Prozesse, die an und mit Texten in einer Gesellschaft stattfinden", und spricht für den „Übergang von einer sprachtheoretischen zu einer kommunikationstheoretischen Analyse der Rechtswissenschaft" (Lerch 2005, 180).

Aus der Forschungsliteratur ergeben sich folgende Einsichten in Bezug auf die diskurs- und textlinguistische Beschäftigung mit Rechtstexten: Im Mittelpunkt textlinguistischer Untersuchung stehen nicht die Rechtstexte per se, sondern das tatsächliche juristische Arbeiten mit Rechtstexten und die authentische Rechtskommunikation auf der Basis von Rechtstexten. Am häufigsten untersucht ist die juristische Textarbeit im Kontext der Entscheidungspraxis. Im Rechtsfindungsverfahren stützen sich die juristischen Funktionsträger auf verschiedenartige Rechtstexte und beziehen damit soziale Wirklichkeit in die juristische Kategorienbildung mit ein. Dabei bilden die einzelnen Rechtstexte wegen des thematischen Zusammenhangs und nicht zuletzt durch explizite oder implizite Verweisungen aufeinander ein kontinuierliches Textgeflecht, das eventuell durch intertextuelle Bezüge wiederum mit anderen (rechtlichen oder nicht-rechtlichen) Diskursausschnitten verbunden ist.

Der vorliegende Beitrag schließt sich unmittelbar an die oben skizzierten empirischen und theoretischen Vorarbeiten an und setzt seinen Schwerpunkt auf die Erläuterung neuerer diskurs- und textlinguistischer Ansätze in der jüngsten Vergangenheit. Bei diesen stehen die in Rechtsdiskursen zu ermittelnden Kämpfe einzelner Akteure zum Durchsetzen von eigenen (Norm-)Konzepten im Mittelpunkt systematischer linguistischer Analyse (Felder 2003, Li 2011, Vogel 2012, Luth 2015).

2 Recht als Streit – Theoretische Hintergründe

2.1 Rechtstext und Textarbeit in der Strukturierenden Rechtslehre

Als wichtigste theoretische Prämisse gilt die Strukturierende Rechtslehre (Müller 1994; vgl. ausführlich der Beitrag von Hanjo Hamann in diesem Band). In Übereinstimmung mit neueren textlinguistischen und kommunikationswissenschaftlichen Erkenntnissen wird im Rahmen der Strukturierenden Rechtslehre zwischen *Norm* und *Normtext* differenziert. Der Normtext liefert für die juristische Textarbeit nur Zeichenketten, nicht schon gleich die fertige Rechtsnorm, die unmittelbar auf das anstehende Rechtsproblem angewandt werden kann. In Entscheidungsprozessen versuchen die juristischen Funktionsträger einerseits die Normtexte bzw. andere relevante juristische Textsorten (Kommentare, Gesetzgebungsmaterialien, frühere Rechtsprechung usw.) und andererseits den zu entscheidenden sozialen Sachverhalt in strukturierte Beziehung zueinander zu setzen und daraufhin die für die Lösung des anstehenden Rechtsfalls gültige Rechtsnorm zu erzeugen bzw. zu konkretisieren.

Diese Normkonkretisierung erfolgt progressiv in fünf Hauptphasen, aus denen sich folgende *Textstufen* als heuristisches Modellierungskonstrukt ableiten lassen (Müller/Christensen 2004, 258):
1. Bildung/Verwerfung von Normtext-/Faktenhypothesen
2. Interpretation (=Bildung/Verwerfung von Normprogrammhypothesen)
3. Normbereichsanalyse
4. Synthese zur Rechtsnorm
5. Entscheidung des Falls (= Präzisierung)

Die Komplexität des Vorgangs lässt schon die Einsicht zu, dass es unterschiedliche Varianten geben könnte bei der Auswahl (1) und Bearbeitung (2, 3) von Eingangsdaten aus der Textwelt und der Lebenswelt, die wohl zu unterschiedlichen Ergebnissen der Rechtsnormkonkretisierung (4, 5) führen mögen. Insofern soll nicht unterstellt werden, dass es eine natürliche Verbindung zwischen dem Normtext und der zu konkretisierenden Rechtsnorm gäbe, sondern es soll prinzipiell von konkurrierenden Möglichkeiten ausgegangen werden, sofern die im institutionellen Rahmen zugelassen sind (Müller/Christensen 1997, 74):

> In diesem Rahmen gibt es keine notwendige Verknüpfung zwischen Normtext und vom Rechtsarbeiter hergestellter Rechtsnorm, zwischen Textformular und Text, sondern nur im Rahmen einer gegebenen Argumentationskultur miteinander vergleichbare Plausibilitäten.

Dadurch wird der Rechtsstreit – der Kampf um das Recht – als wesentliches Charakteristikum der juristischen Entscheidungspraxis deutlich. Hinsichtlich dieses Kampfs geht es nicht darum, welche Interpretation die einzige richtige Lösung ist, sondern es kommt vielmehr darauf an, welche Interpretation sich aus dem Argumentationsprozess als die plausiblere durchsetzen kann. Ähnlich spricht Lerch von *Lesartvalidierung* als „sozialem Interaktions- bzw. Kommunikationsprozess zum Zwecke der Etablierung sozial verträglicher Lesarthierarchien" (Lerch 2005, 180).

Auch Messmer verortet die Rechtskommunikation im Rahmen der Konfliktkommunikation und verweist auf ihre verstärkte Pointierung des Konfliktes (Messmer 2005, 263):

> [...] sind Konflikte vor Gericht nicht nur zugelassen und anerkannt, sondern sie werden im Hinblick auf die Einseitigkeit ihrer Interessenverfolgung zudem pointiert auf die Spitze getrieben.

All dies legimitiert und motiviert den linguistischen Zugang zum diskursbasierten Kampf in rechtlichen Prozessen und zur Herausarbeitung der damit verbundenen Perspektivendifferenzen der einzelnen Diskursakteure. Mit „Diskurs" wird hier vor allem transtextueller Strukturzusammenhang von gesellschaftlichen Akteuren, konfligierenden Interessen u. a. gemeint.

2.2 Rechtsstreit und sprachliche Perspektivität

Hoffmann verweist auf vier spezifische Distanzen, durch welche die Rechtsanwendung gekennzeichnet ist (Hoffmann 2002, 80):

- die zeitlich-räumliche Distanz zum Bezugsereignis;
- die Distanz zur Rechtsnorm, in ihrer Sprache und Anwendbarkeit;
- die Distanz zwischen Beteiligten unterschiedlichen Interesses;
- die Distanz zwischen Klienten (Angeklagte, Zeugen) und Agenten der Rechtsinstitutionen (Verteidiger, Staatsanwalt, Richter), die unterschiedliche Handlungsmöglichkeiten und Wissensdifferenzen einschließt.

Daraus lassen sich relevante Besonderheiten am Rechtsstreit folgern: Das Bezugsereignis als judikativ zu bewertender Sachverhalt befindet sich meistens in der zeitlich-räumlich distanzierten Vergangenheit gegenüber der diskursiven Erörterung darüber. Die einzelnen Diskursakteure (Angeklagte, Zeugen, Verteidiger, Staatsanwalt, Richter usw.) verfolgen im Rechtsstreit unterschiedliche Interessen. Sie verfügen über asymmetrisches Fachwissen zur Auseinandersetzung mit dem Normtext und dem sozialen Sachverhalt und auch über asymmetrische Informationen in Bezug auf das ursprüngliche Bezugsereignis. In Rechtsfindungsverfahren greifen die Diskursakteure mit sprachlichen Mitteln auf die zu problematisierende außersprachliche Wirklichkeit und den entsprechenden Normtext zu. Durch gezielten sprachlichen Zugriff können sie sowohl bei den auszulegenden Rechtstermini bzw. Normtexten unterschiedliche Bedeutungsaspekte unterstreichen als auch bei den zu entscheidenden Sachverhalten verschiedene Eigenschaften bzw. Merkmale akzentuieren, so dass der Normtext und die Wirklichkeit variierend aufeinander zugeschnitten werden, was zu unterschiedlichen Rechtsergebnissen führen mag. Diese diskursive Realisierung der *Zubereitungsfunktion* (Jeand'Heur 1998, 1292) kann mit dem Ansatz der sprachlichen Perspektivität (Köller 2004) besser beleuchtet werden.

In Bezug auf die sprachliche Perspektivität unterscheidet Köller zwischen der *kommunikativen* Perspektivität und der *kognitiven* Perspektivität (Köller 2004, 21 f.):

> Von der *kommunikativen Perspektivität* können wir immer dann sprechen, wenn wir uns auf der Analyseebene der Sprachverwendung danach fragen, in welcher Wahrnehmungsperspektive konkrete Vorstellungsinhalte für einen Adressaten objektiviert werden.
> Von der *kognitiven Perspektivität* sprachlicher Formen können wir dagegen immer dann sprechen, wenn sich unser Analyseinteresse nicht gegenstandsthematisch auf die Gestaltung konkreter Sachvorstellungen richtet, sondern reflexionsthematisch auf die konventionalisierte immanente Perspektivität der sprachlichen Muster, mit denen wir konkrete Vorstellungen objektivieren.

Bei der Untersuchung von diskursbasierten Rechtskonflikten kommt es vor allem darauf an, wie einzelne Diskursakteure – ausgehend vom jeweiligen Standpunkt – von der in ihrer Sprache reservierten kognitiven Perspektivität (Lexik, Grammatik usw.) Gebrauch machen und damit konkurrierende Perspektivierungsversuche in die reale Rechtskommunikation einbringen (kommunikative Perspektivität).

3 Methodischer Zugang zum Rechtsstreit am Beispiel authentischer Diskurs- und Textmaterialien

Der im Mittelpunkt des vorliegenden Beitrags diskutierte Ansatz versucht sowohl einen inhaltsorientierten als auch einen sprachorientierten Zugang zur Analyse der diskursbasierten *Agonalität* in der Rechtskommunikation zu schaffen und dies mit anschaulichen Beispielen zu illustrieren. Das Erkenntnisinteresse richtet sich 1) auf die Herausarbeitung der miteinander konkurrierenden *handlungsleitenden Konzepte* (Felder 2006, 18) verschiedener Abstraktionsebenen und 2) auf die systematische Beleuchtung der beim Prägen und Dominantsetzen dieser Konzepte eingesetzten sprachlichen Mittel zur Konstitution von Geltungsansprüchen. Es gilt nämlich die Frage, welche Konzepte werden von welchen Diskursakteuren mit welchen sprachlichen Mitteln geprägt und dominant gesetzt.

3.1 Agonale Zentren aufgrund konkurrierender handlungsleitender Konzepte

Im Rechtsdiskurs finden sich oft wiederkehrende Streitpunkte, sowohl mit Blick auf die Wirklichkeitskonstitution des problematischen Sachverhalts als auch hinsichtlich der Auslegung des relevanten Gesetzeswortlauts oder Paragraphen. Solche Streitpunkte können als *agonale Zentren* gefasst werden und verweisen auf besonders brisante diskursive Wettkämpfe um Geltungsansprüche (Felder 2012, 118). Sie lassen sich in Form von konkurrierenden *handlungsleitenden Konzepten* verschiedener Diskursakteure ermitteln.

Ein Beispiel für einen juristischen Disput zur Auslegung relevanter juristischer Begriffe liefert die Sitzblockaden-Debatte, in der es darauf ankommt, wie der Gewaltbegriff im Nötigungsparagraphen (§ 240, Abs. 1 StGB) auszulegen ist und ob die Form einer Sitzblockade – trotz geringen körperlichen Kraftaufwands – als Gewalt klassifiziert werden darf (Felder 2003). In gerichtlichen Verfahren wurden von unterschiedlichen Diskursakteuren divergierende Konzepte von *Gewalt* geprägt. Gegenüber dem üblichen gemeinsprachlichen Gewaltverständnis, bei dem gewöhnlicherweise unmittelbarer Einsatz körperlicher Kraft erwartet wird, sprechen die ersteren Instanzen von *entmaterialisierter/psychischer/vergeistigter Gewalt* und rücken dabei statt körperlichen Kraftaufwands den psychischen Prozess der Druckausübung in den Vordergrund (Felder 2003, 120). In einem Entscheidungstext wurde der Fahrzeugführer explizit als Opfer solcher Druckausübung dargestellt (Urteil des Amtsgerichts Münsingen vom 09.11.1984, S. 3):

> Als gegen 17.30 Uhr ein Fahrzeug der Bundeswehr, dessen Fahrzeugführer Hauptfeldwebel B. war, bei einer Versorgungsfahrt in das Lager einfahren wollte, *sah sich* der Hauptfeldwebel B. *angesichts* der auf der Fahrbahn sitzenden Angeklagten *gezwungen, den Befehl zum Anhalten zu geben.*

Hingegen wurde dieses Gewaltkonzept jedoch vom Bundesverfassungsgericht als *zu weit ausgelegt* qualifiziert und aus verfassungsrechtlichen Gründen zurückgewiesen (BVerGE 92, 1).

Ein weiteres Beispiel für unterschiedliche Konzeptualisierung aufgrund bestimmter Schlüsselparagraphen liefert die rechtslinguistische Untersuchung zum Sorgerechtsfall Görgülü zur Abwägung der „rechtliche[n] Stellung von Vätern gegenüber Müttern oder Dritten" (in diesem Rechtsfall Pflegeeltern und Jugendamt) in Sorgerechtsverfahren (Luth 2015). Besonders interessant an dieser Studie ist die systematische Aufzeichnung der semantischen Kämpfe auf verschiedenen Hierarchieebenen. Zum Leitkonzept ‚Kindeswohl', auf das sich fast alle Gerichte bei ihrer Argumentation berufen haben, werden Subkonzepte wie ‚Verwurzelung', ‚Zusammengehörigkeit und Interaktion zwischen dem Kind und dem Umfeld', ‚Schädigung des Kindes' gebildet; diese werden wiederum von einzelnen Diskursakteuren mit konkurrierenden Attribuierungen unterschiedlich belegt. Beispielsweise werden zum Subkonzept ‚Zusammengehörigkeit und Interaktion zwischen dem Kind und dem Umfeld' kontroverse Teilaspekte wie *bereits qua Geburt gegeben, biologisch* vs. *sozial, dynamisch, emotional, an gemeinsames Aufwachsen gebunden* erarbeitet und diskursiv akzentuiert (Luth 2015, 185).

Eine weitere sehr aufschlussreiche Studie für agonale Zentren umstrittener Sachverhalte ist die empirische Untersuchung zur Entstehung der kontrovers diskutierten rechtlichen Norm der sogenannten Online-Durchsuchung (Vogel 2012). Aufgrund größerer Textkorpora wird durch qualitative Auswertung und zum Teil quantitative Methoden herausgearbeitet, welche divergenten Konzeptkonfigurationen dessen, was die rechtliche Norm der Online-Durchsuchung sein soll, von einzelnen Diskursakteuren aus verschiedenen Kommunikationsbereichen (Exekutive, Legislative, Judikative, Rechtswissenschaft, Medien) geprägt und im gesamten Rechtsdiskurs durchgesetzt werden. Zur Ermittlung und Veranschaulichung dieser diskursbasierten Agonalität wird auf ein Raster abstrakter Oberkategorien wie EREIGNIS, HANDLUNG, AKTANT, GEGENSTAND (Konerding 1993) zurückgegriffen und auf dieser Basis eine Reihe für diesen spezifischen Diskurs relevanter „agonaler Zentren" eruiert (Vogel 2012, 84 ff., 254 f.):

Beispielsweise gilt die allgemeine Lebenswelt bereits als umstrittener Rahmensachverhalt. Rund um dieses agonale Zentrum werden von Befürwortern und von Gegnern der Online-Durchsuchung jeweils gegeneinander kämpfende Konzepte zugrunde gelegt: ‚allgegenwärtige latente Gefahr terroristischer Akte in Deutschland' (*die versuchten terroristischen Anschläge auf Regionalzüge in Koblenz und Dortmund*) vs. ‚keine akuten Bedrohungen, auf die zu reagieren wäre' (*Bedrohungsszenarien an die Wand gemalt, die gar nicht verifizierbar sind*) oder ‚Angst der Bevölkerung um Sicherheit' (*Sicherheitsbedürfnis der Menschen*) vs. ‚Angst der Bevölkerung um Rechtsstaatlichkeit' (*Gesetzesentwurf verletzen in eklatant Weise rechtsstaatlich Grundsatz, rechtsstaatlich Grundsatz über Bord werfen*). Auch die Online-Durchsuchung als Ganzes wird divergierend von manchen Akteuren als ‚notwendige Instrumente im Kampf gegen Terrorismus' (*als ein wichtig Instrument fachlich zwingend erforderlich, ein unabdingbar Instrumentarium zur Bekämpfung d international Terrorismus*) und von anderen als ‚überflüssiges bzw. illegitimes Überwachungsinstrument' (*ein schwerwiegend Eingriff in d Privatsphäre und „ein Schritt in d Überwachungsstaat"*) konzipiert. Selbst die Diskursakteure – die Befürworter (BEFW) und die Gegner (GEG) der Online-Durchsuchung – werden durch Selbst- oder Fremdetikettierungen mit konfligierenden Konzepten belegt. In Bezug auf die Etikettierung der BEFW gilt der Kampf zwischen ‚Patronen der Sicherheit zur Erhaltung von Freiheit' (durch BEFW: *für Sicherheit zu sorgen, im Interesse der Freiheit*) vs. ‚Gegner/Zersetzer von Freiheit, Demokratie und Rechtsstaat' (durch GEG: *werden Grundsatz unser Rechtsstaat und unser Demokratie in Frage stellen*), in Bezug auf die Etikettierung der GEG ‚weltfremde Blockierer und inszenierungsfreudige Übertreiber' (durch BEFW: *die Angst der Bürger geschürt, Dämonisierung des BKA*) vs. ‚Patronen von Freiheit, Demokratie und Rechtsstaat' (durch GEG: *Überwachungswahn zu stoppen*).

3.2 Sprachliche Perspektivität

Verschiedene Diskursakteure greifen auf geeignete sprachliche Mittel zurück, um Perspektivierungen zustande zu bringen, die ihrem Normkonzept und Rechtsinteresse entsprechen. Dass es sich bei vielen Formulierungen nicht um eine elementare Abbildung ontischer Strukturen, sondern um eine perspektivierte Modellierung der Wirklichkeit handelt, kann genau durch den Vergleich divergierender Formulierungsalternativen einzelner Diskursakteure transparent gemacht werden.

Das folgende Analysemodell basiert auf dem Untersuchungsprogramm der pragma-semiotischen Textarbeit (Felder 2009) und dem Ansatz der Perspektivität der Sprache (Köller 2004) und soll einen Versuch zur Vorsortierung von relevanten Kategorien auf verschiedenen Sprachebenen darstellen, an denen die sprachlich zu ermittelnde Perspektivität im Rechtsstreit von besonders großem Erkenntnisinteresse ist.

Tab. 1: Das Analysemodell der perspektivitätsorientierten Textanalyse (Li 2011, 81)

Ebene der Lexik	1) Benennungskonkurrenz		
	2) Bedeutungskonkurrenz		
Ebene des Syntagmas	1) Benennungskonkurrenz		
	2) Verknüpfungsmodalität zwischen den einzelnen Zeichen		
Ebene des Satzes bzw. der Äußerungseinheit	1) Bereich der grammatischen Grundformen	– Modusformen (Indikativ vs. Konjunktiv), andere Modalitätsmarkierungsmittel (z. B. Modalverben) – Genusformen (Aktiv vs. Passiv)	
	2) Bereich der Verknüpfungszeichen	– Präpositionen – Konjunktionen – Adverbien und Abtönungspartikeln Bedeutungsrelationen: 1) kopulativ (additiv, alternativ) 2) temporal (vorzeitig, nachzeitig und gleichzeitig) 3) konditional 4) im weiteren Sinne kausal (im engeren Sinne kausal, konsekutiv, modal-instrumental, final, adversativ, konzessiv) 5) spezifizierend (explikativ, restriktiv) 6) vergleichend (komparativ, proportional)	
	3) Bereich der Kommentierungszeichen	– Kommentaradverbien (geltungsbezogen, bewertend) – Abtönungspartikeln	
Ebene des Textes	1) Gewichtung		
	2) Reformulierung	– Information – (Um)Interpretation ← – Bewertung	– Hinzufügungen – Selektionen – Kombinationsvarianten

Dieser sprachorientierte Analyseansatz soll hauptsächlich mit ausgewählten Beispielen aus der Pilze-Debatte (Kudlich/Christensen/Sokolowski 2007; Li 2011) exemplifiziert werden. In diesem Rechtsstreit geht es darum, ob Pilze vom Pflanzenbegriff des Betäubungsmittelgesetzes erfasst werden können, so dass der Umgang mit rauschgifthaltigen Pilzen strafrechtlich geahndet werden darf. Denn nach betäubungsmittelrechtlichen Vorschriften fielen in der damals gültigen Fassung nur Pflanzen und Pflanzenteile, Tiere und tierische Körperteile unter den Bereich der Betäubungsmittel. Aber gemäß neueren biologischen Kenntnissen sind Pilze weder Pflanzen noch Tiere. Anhand authentischer Textmaterialien (Entscheidungen, Anklageschriften, Berufungs- bzw. Revisionsschriften usw.) aus sechs Rechtsfällen soll illustriert werden, wie sprachliche Mittel in einem spezifischen Rechtskontext konkret wirken.

3.2.1 Ebene der Lexik und des Syntagmas

1) Benennungskonkurrenz
Die einzelnen Diskursakteure können mit divergierenden Ausdruckseinheiten (Lexemen bzw. Syntagmen) auf dasselbe Referenzobjekt Bezug nehmen und dadurch unterschiedliche Eigenschaften des Sachverhaltskomplexes herausgreifen und akzentuieren.

Die verfahrensgegenständlichen Pilze werden von manchen Diskursakteuren als *Lebensmittel/Genussmittel* bezeichnet, wobei der Teilaspekt des Genusses an den Pilzen unterstrichen wird. Auf dieser Basis versuchen sie für die Einfuhr der Pilze das vergleichsweise harmlose Konzept *Transport von Genussmitteln* aufzubauen und beantragen daraufhin den Freispruch. Diejenigen Diskursakteure, die auf eine strafrechtliche Sanktion zielen, präferieren beim Bezugnehmen den Ausdruck *Betäubungsmittel* und realisieren dabei eine Zuordnung der Pilze zu Betäubungsmitteln.

In ähnlichem Spannungsverhältnis befinden sich die beiden Bezeichnungen *Zauberpilze* vs. *Psylocibinpilze*. Mit dem Bestimmungswort *Zauber-* wird eine eher positive Assoziation für die bewusstseinsändernde Wirkung realisiert, mit dem Bestimmungswort *Psylocibin-* wird dagegen eher auf den betäubungsmittelrechtlich strafbaren Inhaltsstoff aufmerksam gemacht.

Im folgenden Beispiel geht es um divergierende juristische Etikettierungen in Bezug auf die Einsicht des Angeklagten in die strafrechtliche Konsequenz seiner Handlung (Li 2011, 102 ff.):

> Er *wußte* um die *Strafbarkeit* seines Tuns.
> [...] er *habe die strafrechtliche Relevanz* seines Handelns *in Kauf genommen*.

Während der Staatsanwalt mit *Strafbarkeit* das Verhalten des Angeklagten als *strafbar* einstuft, vermeidet der Rechtsanwalt – zur Distanzierung von dieser juristischen

Bewertung – bewusst das Wort *Strafbarkeit* und bevorzugt dafür das eher neutrale Syntagma *die strafrechtliche Relevanz.*

Mit *wußte* und *habe in Kauf genommen* werden ebenfalls Unterschiede bezüglich der Art und Weise der Einsicht des Angeklagten in die strafrechtliche Konsequenz geprägt, die nicht nur von gemeinsprachlicher, sondern auch von fachsprachlicher Relevanz sind. Mit den beiden Ausdruckseinheiten werden nämlich zwei unterschiedliche Stufen des Tatbestandsvorsatzes (direkter Vorsatz vs. Eventualvorsatz) modelliert. Diese fachsprachliche Feindifferenzierung bleibt für juristische Laien mangels fachdomänenspezifischen Wissensrahmens unklar.

2) Bedeutungskonkurrenz
Wie oben bereits erwähnt wird, kommt es im Rechtsstreit sehr häufig vor, dass verschiedene Diskursakteure manche zentralen Rechtsbegriffe unterschiedlich auslegen und eigene Konzeptualisierungen in den Vordergrund rücken.

In der Pilze-Debatte steht der Pflanzenbegriff im Mittelpunkt der Diskussion. Es wird zwischen der biologischen, der juristischen und der allgemeinen Bedeutungsvariante/Lesart differenziert (Li 2011, 212). Diejenigen Diskursakteure, die den Freispruch des Angeklagten beanspruchen, betonen meistens die neuere biologische Einordnung, nach der Pilze keine Pflanzen mehr seien. Diejenigen Diskursakteure mit dem Ziel, den Angeklagten wegen Verstoßes gegen das Betäubungsmittelrecht zu verurteilen, rücken meist den juristischen Sprachgebrauch aus Kommentarliteratur oder Gesetzgebungsmaterialien, nach dem Pilze nach wie vor dem Pflanzenbereich zugerechnet werden, in den Vordergrund. Sehr interessant ist die unterschiedliche Konzipierung des allgemeinen Sprachgebrauchs durch die einzelnen Diskursakteure. Der wurde von manchen als identisch mit der juristischen Bedeutungsvariante (Pilze seien Pflanzen) und von anderen als identisch mit dem biologischen Sprachgebrauch (Pilze seien keine Pflanzen) erklärt. Der juristische Hintergrund für den Fokus auf die allgemeine Lesart ist, dass es bei der Gesetzesauslegung – nach der juristischen Begründungslehre – vor allem auf das allgemeine Sprachverständnis ankommt.

3.2.2 Ebene des Satzes und der Äußerungseinheit

1) Perspektivität im Bereich grammatischer Grundformen
Die Diskursakteure können durch den Einsatz verschiedener grammatischer Grundformen (vor allem Modusformen) dem Sachverhalt unterschiedlichen Faktizitätsgrad verleihen und damit ihre divergierenden Sprechereinstellungen gegenüber dem Sachverhalt zum Ausdruck bringen.

In Bezug auf den sprachlich konstruierten Geltungsanspruch kann das folgende Beispiel angeführt werden: Im Rahmen der Redewiedergabe im weitesten Sinne wird durch den Gebrauch des Indikativs statt des Konjunktivs I die hohe Akzeptanz gegenüber der wiedergegebenen Ansicht signalisiert; hingegen wird durch den Gebrauch des eigentlich grammatisch gewöhnlichen Konjunktivs I teilweise jedoch eine distanzierende Sprechereinstellung zur Kenntnis gebracht.

> Dort finden sich zwar durchaus etliche Webseiten, auf denen darauf hingewiesen wird, dass Pilze – aus wissenschaftlicher Sicht – keine Pflanzen *seien*, selbst dort aber auch mit dem Zusatz, dass Pilze irrtümlich (d. h. umgangssprachlich) immer noch den Pflanzen zugerechnet *werden*.

In diesem Beispiel geht es um einen Diskursbeitrag aus einem Entscheidungstext, in dem die BGH-Richter verschiedene Internetbeiträge zur Klärung der Pilze-Pflanzen-Problematik angeführt haben (Li 2011, 312 f.). Dabei haben sie für diejenige Ansicht, die ihrem Argumentationszweck entspricht und die Pilze dem Pflanzenbereich zuordnet, den Indikativ (*werden*) verwendet, um dies als Faktizität mit höchstem Geltungsanspruch zu etablieren. Im Gegensatz dazu haben sie für diejenige Meinungsalternative, die ihrem Argumentationsziel zuwiderläuft und die Pilze aus der Kategorie der Pflanzen herausnimmt, den Konjunktiv I (*seien*) verwendet.

2) Perspektivität im Bereich der Verknüpfungszeichen
Die Diskursakteure können durch verschiedene Verknüpfungszeichen wie Präpositionen, Konjunktionen, Adverbien usw. gezielte Verbindungen zwischen einzelnen Sachverhalts- oder Strukturelementen der Argumentationskette zugunsten des eigenen Perspektivierungszwecks herstellen.

Unter den divergierenden semantischen Relationsklassen bedienen sie sich häufig konzessiver und adversativer Verknüpfungszeichen, um den Geltungsanspruch der Gegenargumente sprachlich zu relativieren.

Folgendes Exempel soll dies illustrieren: Die neuere biologische Einordnung, Pilze seien keine Pflanzen, wird von vielen Diskursakteuren zur Unterstützung des Freispruchs zum aussagekräftigen Argument genutzt. Dieses Argumentationselement wird allerdings von anderen Diskursakteuren durch den Einbau in einen konzessiven oder adversativen Verknüpfungskontext zum unwirksamen Gegenargument verarbeitet und ihre Relevanz für die Auslegung herabgesetzt.

> Im Übrigen werden – *unabhängig von* der biologischen Einordnung der Pilze – in der nationalen und internationalen Rechtsprache und Rechtsliteratur Pilze als Pflanzen bezeichnet.
> *Unabhängig von* dieser naturwissenschaftlichen Frage handelte es sich aber auch schon vor der 19. BtMÄndV bei psilocybinhaltigen Pilzen um Betäubungsmittel im Sinne der §§ 1 Abs. 1, 2 Abs. 1 Nr. 1 in Verbindung mit Anlage I BtMG.
> *Auch wenn* aus heutiger wissenschaftlicher Sicht Pilze keine Pflanzen sind, sondern biologisch eine eigenständige Kategorie von Organismen darstellen, erfassten auch im Tatzeitraum die Strafvorschriften des BtMG den Umgang mit psilocinhaltigen Pilzen.
> *Auch wenn* im naturwissenschaftlichen Sinne Pilze keine Pflanzen darstellen sollten, so werden sie jedoch in der nationalen und internationalen Rechtssprache und Rechtsliteratur als Pflanzen bezeichnet und behandelt.

Ähnlich versuchen manche Diskursakteure – als Präventivtaktik –, die Sanktionswürdigkeit der Handlung des Angeklagten, welche die Gegner in ihre Argumentationskette einbringen mögen, mit konzessiv verbindenden Verknüpfungszeichen ins Spannungsverhältnis zum rechtsstaatlichen Bestimmtheitsgebot zu setzen und dadurch ihre Wichtigkeit schon im Voraus zu relativieren (Li 2011, 141 f.):

> Dieser [...] Bedeutungswandel des Pflanzenbegriffs [...] steht in einem Rechtsstaat einer Bestrafung [...] entgegen, und zwar *ungeachtet* der Sanktionswürdigkeit seines Tuns, die auch der Senat nicht in Zweifel zieht.
> Dies gilt auch dann, wenn als Folge der wegen des Bestimmtheitsgebots möglichst konkret abzugrenzenden Strafnorm besonders gelagerte Einzelfälle aus dem Anwendungsbereich eines Strafgesetzes herausfallen, *obwohl* das Verhalten – wie im vorliegenden Fall – in ähnlicher Weise strafwürdig erscheinen mag.

Diese Rechtsdebatte ist auch insofern von hohem linguistischem Interesse, als manche Diskursakteure durch eine Internet-Recherche das aktuelle allgemeine Sprachempfinden in Bezug auf die Pilze-Pflanzen-Zuordnung zu ermitteln versuchen. Im Internet gibt es diesbezüglich sowohl Pro-Meinungen (Pilze seien Pflanzen) als auch Kontra-Meinungen (Pilze seien keine Pflanzen). Sehr interessant ist die sprachliche Zubereitung bei der Anführung beider Typen von Meinungen.

> Dort finden sich *zwar* durchaus etliche Webseiten, auf denen darauf hingewiesen wird, dass Pilze – aus wissenschaftlicher Sicht – keine Pflanzen seien, *selbst dort aber auch mit dem Zusatz*, dass Pilze *irrtümlich* (d. h. *umgangssprachlich*) immer noch den Pflanzen zugerechnet werden [...]. Auf anderen Webseiten werden Pilze *hingegen wie selbstverständlich* als Pflanzen bezeichnet.

In diesem Beispiel (Li 2011, 124 f.) werden zunächst die Pro- und Kontra-Meinung mit den adversativen Konjunktionaladverbien *zwar* und *hingegen* verknüpft, so dass die Pro-Meinung aus dem Darlegungskomplex hervorgehoben wird. Durch das kommentierende Satzadverbial *wie selbstverständlich* wird der Geltungsanspruch der Pro-Meinung noch einmal bestärkt. Auch die Einschiebung der Information *selbst dort aber auch mit dem Zusatz, dass Pilze irrtümlich (d. h. umgangssprachlich) immer noch den Pflanzen zugerechnet werden* setzt wiederum die Gültigkeit der Kontra-Meinung eindeutig herab. Darüber hinaus vermittelt die eigentlich deklarative Umbenennung von *irrtümlich* zu *umgangssprachlich* noch in stärkerem Maße den Eindruck, dass der allgemeine Sprachgebrauch eher dazu tendiert, Pilze doch als Pflanzen anzusehen.

Neben der Relativierung des Gegenarguments gehört die gezielte Herstellung von Ursache-Folge-Verhältnissen ebenfalls zu den wichtigsten Verknüpfungen im Rechtsdiskurs. Manche Diskursakteure versuchen durch kausale Verknüpfungszeichen zwei Strukturelemente, die eigentlich nicht in einem zwangsläufigen Ursache-Folge-Verhältnis stehen, in solche Relation zu setzen.

> Dieser naturwissenschaftliche Streit ist für die Auslegung indes unerheblich, *weil* jedenfalls in der nationalen und internationalen Rechtssprache und Rechtsliteratur Pilze als Pflanzen bezeichnet werden.

Dass es im vorliegenden Rechtsstreit gerade andere Diskursakteure gibt, welche die Relevanz des juristischen Sprachgebrauchs herabsetzen und stattdessen die naturwissenschaftliche Einordnung in den Vordergrund rücken, ist allerdings Beweis dafür, dass es sich hierbei nicht um eine ontisch vorhandene, sondern eher um eine selbst konstituierte Korrelation handelt.

In Extremfällen können zwei Strukturelemente von unterschiedlichen Diskursakteuren mit expliziter kausaler Verknüpfung in genau umgekehrte Richtung miteinander korreliert werden (Li 2011, 221 f.):

> Dass im allgemeinen Sprachgebrauch Pilze als Pflanzen angesehen werden und der Normadressat (Bürger) auch im Jahre 2004 Pilze noch den Pflanzen zugeordnet hat, ergibt sich *aus* der Rechtsprechung des Bundesgerichtshofs (vgl. NStZ 2005, Seite 229)[,] der bei dem zugrunde liegenden Sachverhalt (Erwerb von psilocybinhaltigen Pilzen) den Begriff der Pflanze nicht einmal problematisiert hat.
> In der Grobunterteilung der Lebewesen in Pflanzen, Tier und Menschen gibt es keine Sonderkategorie für Pilze. Der Senat hat *deswegen* auch in seinem Beschluss vom 21.2.2002 [...] die Frage, ob Pilze den Pflanzen zuzuordnen sind, kaum der Erörterung wert gefunden.

Im ersten Diskursbeitrag wird der allgemeine Sprachgebrauch, nach dem Pilze keine Pflanzen seien, als Schlussfolgerung aus der Unterlassung der richterlichen Diskussion über den Pflanzenbegriff etabliert; im zweiten wird er eher als Ursache für die Unterlassung der gerichtlichen Diskussion über die Pilze-Pflanzen-Zuordnung sprachlich akzentuiert.

Insgesamt lässt dies die Einsicht zu, dass Verknüpfungszeichen als sehr produktive Perspektivierungsmittel vielfach von den Diskursakteuren zur angestrebten Faktizitätsherstellung eingesetzt werden.

3) Perspektivität im Bereich der Kommentierungszeichen

Mit Kommentierungszeichen machen die Diskursakteure ihre persönliche Einstellung gegenüber dem zu objektivierenden Sachverhalt kenntlich. Für die Perspektivierungsarbeit im Rechtsdiskurs sind die geltungsbezogenen Kommentierungszeichen (wie *vielleicht*, *zweifellos*, *angeblich*, *vermeintlich* usw.) besonders wichtig, weil sie den Geltungsanspruch des referierten Sachverhalts mitprägen.

Es kommt häufig vor, dass die Diskursakteure mit Kommentierungszeichen wie *jedenfalls*, *unzweifelhaft* usw. das eigene Konzept, das eigentlich nur eine Variante unter mehreren konkurrierenden Möglichkeiten ist, als Faktizität mit uneingeschränktem Geltungsanspruch sprachlich etablieren.

> Die Auslegung des Begriffes „Pflanze“ aus der Sicht des Bürgers erfasst *unzweifelhaft* auch Pilze, weil der Bürger im allgemeinen Sprachgebrauch nur zwischen 3 Kategorien (Mensch, Pflanze, Tier) unterscheidet und Pilze weder zu den Menschen noch Tieren gezählt werden.

Auch das folgende Beispiel soll dies veranschaulichen. Die von dem einen Diskursakteur als *ohne jeden Zweifel* qualifizierte Schlussfolgerung wird nämlich von dem anderen eher als *naturwissenschaftlicher Streit* bezeichnet.

> Aus botanischen Erkenntnissen läßt sich aber eindeutig und *ohne jeden Zweifel* der Schluß ziehen, daß Pilze einer völlig eigenständigen Eingruppierung unterliegen.
> Dieser *naturwissenschaftliche Streit* ist für die Auslegung indes unerheblich, weil jedenfalls in der nationalen und internationalen Rechtssprache und Rechtsliteratur Pilze als Pflanzen bezeichnet werden.

3.2.3 Ebene des Textes

1) Gewichtung
Im Rechtsdiskurs kommt es häufig vor, dass in einem Rechtstext vielfach auf andere Rechtstexte Bezug genommen wird (Intertextualität). Meistens versuchen die Diskursakteure diejenigen Rechtstexte, die eigene Argumentation unterstützen können, bewusst aufzuwerten und diejenigen Rechtstexte, die eigenem Rechtsinteresse entgegenstehen, bezüglich ihrer argumentativen Relevanz herunterzusetzen. Solche Gewichtung kann explizit oder implizit unternommen werden.

Explizite Gewichtung realisiert sich entweder durch die Perspektivierung mittels Kommentierungszeichen; oder es wird zum Teil auch von konzessiven oder adversativen Verknüpfungszeichen Gebrauch gemacht.

Implizite Gewichtung besteht meist darin, dass einzelne Diskursakteure jeweils passende Rechtsprechungen, Gutachten usw. aussuchen und sich bei der Argumentation explizit auf diese berufen. Damit stufen sie implizit diese Texte gegenüber anderen Optionen als relevant ein.

2) Reformulierung
Reformulierungen (Steyer 1994, Steyer 1997) erweisen sich als ein bedeutsames Intertextualitätsphänomen im Diskurs juristischer Fachkommunikation. Durch gezielte sprachliche Zubereitungsformen wie *Hinzufügungen, Selektionen, Kombinationsvarianten* (Steyer 1994, 149) können die Diskursakteure den reformulierten Inhalt so gestalten, dass bestimmte Perspektivierungen realisiert und daraufhin gewünschte Stimmungsbilder bewirkt werden.

Durch *Hinzufügungen* kann der Diskursakteur dem Rezipienten seine Sprechereinstellung gegenüber dem reformulierten Inhalt zur Kenntnis bringen oder im Rahmen der Reformulierung seine eigenen Interpretationsangebote integrieren (Li 2011, 226 f.).

Beispielsweise hat die Angeklagte in einem Rechtsfall bezüglich ihrer Erkundung nach der strafrechtlichen Konsequenz der Veräußerung von psilocinhaltigen Pilzen folgendes erwähnt:

> Ende 2003 haben wir im Internet durch die Fa. N. von der Legalisierung der sog. Stropharia Cubensis erfahren.

Bei der diesbezüglichen Reformulierungshandlung hat der Staatsanwalt jedoch durch das Hinzufügen des kommentierenden Adjektivs *angeblich* seinen Vorbehalt gegen die von der Angeklagten behauptete Legalität zum Ausdruck gebracht:

> Die Angeschuldigten P. und M. erfuhren Ende 2003 im Internet durch die holländische Firma N., dass der Handel mit den Frischpilzen Stropharia Cubensis *angeblich* erlaubt sei.

In einem anderen Rechtsfall hat sich die Rechtsanwältin des Angeklagten bei ihrer Argumentation auf eine niederländische Regierungsstudie – die CAM-Studie – berufen.

> Aus dem Gutachten ergibt sich, daß von den besagten Pilzen keinerlei Gefahr an der Beeinträchtigung der Gesundheit ausgehen kann und der Konsum auch zu keiner Sucht führen kann und *ein Mißbrauch ausgeschlossen ist.*

Im Rahmen des Reformulierungsakts hat die Rechtsanwältin den beiden der CAM-Studie zu entnehmenden Informationen *keinerlei Gefahr an der Beeinträchtigung der Gesundheit* und *der Konsum auch zu keiner Sucht führen* die betäubungsmittelrechtlich relevante Schlussfolgerung, dass *ein Missbrauch ausgeschlossen ist*, hinzugefügt. Durch diesen geschickten Einbau eigenen Interpretationsangebots in einen autoritativen Kontext (Regierungsstudie) wird eine höhere Plausibilität bewirkt.

Selektionen im Sinne selektiver Darstellung oder Tilgung bestimmter Argumentationselemente gelten ebenfalls als wichtige sprachliche Zubereitungsmethode. Ein gravierendes Beispiel gibt es bezüglich des häufig zitierten Begründungstextes zu der 19. Betäubungsmittelrechts-Änderungsverordnung (Li 2011, 203 f.). Der Originaltext lautet wie folgt:

> Nach der bisherigen Formulierung war *unklar*, ob Pilze als Betäubungsmittel anzusehen sind. In der neuen botanischen Literatur werden Pilze nicht mehr zum Pflanzenbereich gezählt, sondern als eigene Gruppe angesehen. Pilze wie z. B. Psilocybe-Arten und deren Mycelien, werden häufig missbräuchlich verwendet. Durch die Neufassung *wird klargestellt*, dass Pilze, sofern sie Stoffe enthalten, die in einer der Anlagen genannt sind, Betäubungsmittel sind.

Hierbei hat der Gesetzgeber die beiden Aspekte *unklar* und *wird klargestellt* erwähnt. Diejenigen Diskursakteure, die das Merkmal *unklar* hervorheben und dies dann zugunsten des Freispruchs der Angeklagten nutzen wollen, haben bei der Reformulierung meist nur den ersteren Satzteil mit dem vom Gesetzgeber gestandenen

Merkmal *unklar* wiedergegeben. Dagegen haben diejenigen Diskursakteure, die diese Unklarheit unterdrücken und die Angeklagten wegen Verstoßes gegen das Betäubungsmittelgesetz verurteilen wollen, meist bei der Reformulierung nur den letzteren Satzteil mit der Klarstellung in den Vordergrund gerückt und behauptet, dass es *lediglich* um eine Klarstellung gehe. Besonders mit der Partikel *lediglich* versuchen sie den Anschein zu vermitteln, als ob es keine Unklarheit gegeben habe.

Neben *Hinzufügungen* und *Selektionen* können die Diskursakteure noch *Kombinationsvarianten* zur sprachlichen Perspektivierung nutzen. Die im ursprünglichen Bezugstext nicht explizit miteinander korrelierten Strukturelemente können mit bewusst ausgewählten Verknüpfungszeichen in bestimmte semantische Relationen zugunsten des gewünschten Argumentationszwecks gesetzt werden.

Im folgenden Beispiel haben die Richter der ersten Instanz beim Bezugnehmen auf die Anklageschrift zwei in der Anklageschrift separat aufgeführte Sachverhaltselemente mit dem adversativ verbindenden Konjunktionaladverb *demgegenüber* explizit in eine kontrastive Beziehung gesetzt (Li 2011, 98 f.). Damit wird die Inkonsequenz des Angeklagten bei der Behandlung von zwei eigentlich gleichartigen Geschäftspapieren unterstrichen, so dass die darauf folgende Klassifizierung bezüglich seines Handlungszwecks – *um so den Anschein zu erwecken, dass er den Verkauf für legal hielt* – in der Plausibilität bestärkt werden kann.

> Aufzeichnungen über den oder die Lieferanten, insbesondere Lieferscheine und/oder Rechnungen konnten in den Geschäfts- und Privaträumen des Anklagten nicht aufgefunden werden. *Demgegenüber* fertigte der Angeklagte Rechnungen über die von ihm an gewerbliche Weiterverkäufer getätigten Lieferungen, die bei Versand erfolgten, an, die er auch aufbewahrte, *um so den Anschein zu erwecken, dass er den Verkauf für legal hielt.*

Nicht zuletzt muss angemerkt werden: Sowohl der inhaltsorientierte Zugang via handlungsleitende Konzepte als auch der sprachorientierte Zugang via eingesetzte sprachliche Mittel hängen stets voneinander ab und bleiben ineinander gewoben. Beide sollen gemeinsam dazu beitragen, die Konstitutionsfunktion der Sprache im Recht zu erhellen.

4 Forschungsausblick

Weitergehende methodische Überlegungen in Bezug auf effizientere Herangehensweisen an juristische Diskurse sollten verstärkt in zukünftigen Forschungsarbeiten geleistet werden. Bezüglich der Agonalität gilt vor allem die methodologische Suche nach geeigneten Oberkategorien unterschiedlicher Abstraktionsebenen und -bereiche, durch die man systematischer und transparenter die konkurrierenden Schlüsselkonzepte ableiten kann. Dabei sollte vor allem berücksichtigt werden, ob und welche vorhandenen Ansätze aus der Diskurs- und Textlinguistik behilflich sein können.

Aufgrund des weiten Spektrums sprachlicher Perspektivierungsmittel sollte ebenfalls überlegt werden, wie man effizienter – vor allem durch gezielten Einsatz von korpuslinguistischen Verfahren – einen Überblick zur gesamten Konstellation des Rechtsstreits gewinnt und danach Schritt für Schritt auf Spuren empirischer Daten agonale Zentren verschiedener Hierarchieebenen eruiert.

5 Literatur

Brinker, Klaus u. a. (Hg.) (2000): Text- und Gesprächslinguistik. Ein internationales Handbuch zeitgenössischer Forschung. 1. Halbband. Berlin (Handbücher zur Sprach- und Kommunikationswissenschaft, 16).

Busse, Dietrich (1992): Recht als Text. Linguistische Untersuchungen zur Arbeit mit Sprache in einer gesellschaftlichen Institution. Tübingen.

Busse, Dietrich (2000): Textlinguistik und Rechtswissenschaft. In: Brinker u. a., 801–811.

Busse, Dietrich/Fritz Hermanns/Wolfgang Teubert (Hg.) (1994): Begriffsgeschichte und Diskursgeschichte. Methodenfragen und Forschungsergebnisse der historischen Semantik. Opladen.

Christensen, Ralph (Hg.) (1997): Methodik, Theorie, Linguistik des Rechts. Berlin (Schriften zur Rechtstheorie, 181).

Felder, Ekkehard (2003): Juristische Textarbeit im Spiegel der Öffentlichkeit. Berlin/New York (Studia linguistica Germanica, 70).

Felder, Ekkehard (2006): Semantische Kämpfe in Wissensdomänen. Eine Einführung in Benennungs-, Bedeutungs- und Sachverhaltsfixierungs-Konkurrenzen. In: Felder, 13–46.

Felder, Ekkehard (Hg.) (2006): Semantische Kämpfe. Macht und Sprache in den Wissenschaften. Berlin/New York (Linguistik – Impulse & Tendenzen, 19).

Felder, Ekkehard (2009): Sprache – das Tor zur Welt!? Perspektiven und Tendenzen in sprachlichen Äußerungen. In: Felder, 13–57.

Felder, Ekkehard (Hg.) (2009): Sprache. Berlin/Heidelberg (Heidelberger Jahrbücher, 53).

Felder, Ekkehard (2012): Pragma-semiotische Textarbeit und der hermeneutische Nutzen von Korpusanalysen für die linguistische Mediendiskursanalyse. In: Felder/Müller/Vogel, 115–174.

Felder, Ekkehard/Marcus Müller/Friedemann Vogel (Hg.) (2012): Korpuspragmatik. Thematische Korpora als Basis diskurslinguistischer Analysen. Berlin/New York (Linguistik – Impulse & Tendenzen, 44).

Haß-Zumkehr, Ulrike (Hg.) (2002): Sprache und Recht. Berlin/New York (Jahrbuch/Institut für Deutsche Sprache, 2001).

Hoffmann, Lothar/Hartwig Kalverkämper/Herbert Ernst Wiegand (Hg.) (1998): Fachsprachen. Ein internationales Handbuch zur Fachsprachenforschung und Terminologiewissenschaft. 1. Halbband. Berlin/New York (Handbücher zur Sprach- und Kommunikationswissenschaft, 14).

Hoffmann, Ludger (2002): Rechtsdiskurse zwischen Normalität und Normativität. In: Haß-Zumkehr, 80–99.

Jeand'Heur, Bernd (1998): Die neue Fachsprache der juristischen Wissenschaft seit der Mitte des 19. Jahrhunderts unter besonderer Berücksichtigung von Verfassungsrecht und Rechtsmethodik. In: Hoffmann/Kalverkämper/Wiegand, 1286–1295.

Konerding, Klaus-Peter (1993): Frames und lexikalisches Bedeutungswissen: Untersuchungen zur linguistischen Grundlegung einer Frametheorie und zu ihrer Anwendung in der Lexikographie. Tübingen (Germanistische Linguistik, 142).

Köller, Wilhelm (2004): Perspektivität und Sprache. Zur Struktur von Objektivierungsformen in Bildern, im Denken und in der Sprache. Berlin/New York.
Kudlich, Hans/Ralph Christensen/Michael Sokolowski (2007): Zauberpilze und Cybernauten – oder: Macht Sprache aus Pilzen Pflanzen? Überlegungen zu BGH 1 StR 384/06 v. 25.10.2006 aus rechtslinguistischer Sicht. In: Müller, 119–133.
Lerch, Kent D. (2005): Justitia im Bett des Prokrustes. Sinn und Unsinn der linguistischen Analyse von Rechtstexten. In: Lerch, 169–182.
Lerch, Kent D. (Hg.) (2005): Recht vermitteln. Strukturen, Formen und Medien der Kommunikation im Recht. Berlin/New York (Sprache des Rechts, 3).
Li, Jing (2011): „Recht ist Streit". Eine rechtslinguistische Analyse des Sprachverhaltens in der deutschen Rechtsprechung. Berlin/New York (Sprache und Wissen, 8).
Luth, Janine (2015): Semantische Kämpfe im Recht. Eine rechtslinguistische Analyse zu Konflikten zwischen dem EGMR und nationalen Gerichten. Heidelberg (Schriften des Europäischen Zentrums für Sprachwissenschaften, 1).
Messmer, Heinz (2005): Zur kommunikativen Neutralisierung sozialer Konflikte in den Verfahren des Rechts. In: Lerch, 231–266.
Müller, Friedrich (1994): Strukturierende Rechtslehre. 2., vollständig neu bearbeitete und auf neuestem Stand ergänzte Auflage. Berlin.
Müller, Friedrich (Hg.) (2007): Politik, (neue) Medien und die Sprache des Rechts. Berlin (Schriften zur Rechtstheorie, 234).
Müller, Friedrich/Ralph Christensen (1997): Rechtstext und Textarbeit in der Strukturierenden Rechtslehre. In: Christensen, 71–92.
Müller, Friedrich/Ralph Christensen (2004): Juristische Methodik. Band I. Grundlagen Öffentliches Recht. 9., neu bearbeitete und stark erweiterte Auflage. Berlin.
Seibert, Thomas-Michael (1981): Aktenanalysen. Zur Schriftform juristischer Deutungen. Tübingen (Kommunikation und Institution, 3).
Steyer, Kathrin (1994): Reformulierungen. Zur Vernetzung von Äußerungen im Ost-West-Diskurs. In: Busse/Hermanns/Teubert, 143–160.
Steyer, Kathrin (1997): Reformulierungen. Sprachliche Relationen zwischen Äußerungen und Texten im öffentlichen Diskurs. Tübingen (Studien zur deutschen Sprache, 7).
Vogel, Friedemann (2012): Linguistik rechtlicher Normgenese. Theorie der Rechtsnormdiskursivität am Beispiel der Online-Durchsuchung. Berlin/New York (Sprache und Wissen, 9).

Ina Pick

13. Gesprächslinguistik

Abstract: Der Beitrag stellt wichtige Positionen der Gesprächslinguistik, namentlich der Gesprächsanalyse, der funktional-pragmatischen Diskursanalyse, der Gattungsanalyse und der Angewandten Gesprächsforschung, in einem kurzen Überblick dar und skizziert das Vorgehen bei der Analyse mündlicher Kommunikation. In der Folge werden gesprächslinguistische Arbeiten im Gebiet Sprache und Recht zur Kommunikation vor Gericht, zur Schlichtung, zu anwaltlichen Mandantengesprächen und zu polizeilichen Vernehmungen versammelt. Zur Veranschaulichung des gesprächslinguistischen Zugangs wird anschließend eine Transkriptanalyse unter Bezugnahme auf die verschiedenen Analyseansätze exemplarisch vorgeführt. Im Ausblick werden Anwendungsmöglichkeiten gesprächslinguistischer Forschung im Recht thematisiert und Forschungsdesiderata genannt.

1 Strömungen, Methoden und Ziele der Gesprächslinguistik

Neben der Untersuchung schriftlicher Texte und Diskurse im Recht widmet sich die linguistische Forschung im Rahmen der Gesprächslinguistik auch zunehmend der gesprochen-sprachlichen Seite rechtlichen Handelns. Wenngleich hier zwar der mündlichen rhetorischen Rede eine bis in die Antike zurückreichende Forschungstradition zukommt, ist das mündliche dialogische sprachliche Handeln im Recht, aber auch in anderen gesellschaftlichen Handlungsfeldern, erst vergleichsweise spät in den Forschungsfokus der Linguistik gerückt.

Die Gesprächslinguistik im deutschsprachigen Raum entsteht Anfang der siebziger Jahre und entwickelt sich in verschiedenen Strömungen. Allen Richtungen der Gesprächslinguistik liegen gemeinsam bestimmte Annahmen und Methoden zugrunde. So sind der Forschungsgegenstand der Gesprächslinguistik authentische Gespräche, die möglichst in durch die Forschung unbeeinflussten Situationen erhoben werden. Die zu untersuchenden Gespräche werden mit Audio- oder Videoaufnahmen aufgezeichnet, detailliert inventarisiert und transkribiert, um so das

DOI 10.1515/9783110296198-013

flüchtige Geschehen einer systematischen Analyse zugänglich machen zu können. Die dafür im deutschsprachigen Raum gängigen Transkriptionskonventionen sind GAT (vgl. Selting u. a. 2009) und HIAT (vgl. Rehbein u. a. 2004).

Die Analyse beschreibt empirisch, explorativ und qualitativ das sprachliche Handeln entlang von Fragestellungen, die aus dem zu beobachtenden Geschehen abgeleitet werden. Ziel ist die Entwicklung einer generalisierten Beschreibung und Kategorisierung des im untersuchten Gegenstand beobachteten sprachlichen Handelns. Es werden sequenziell dem Geschehen folgend im untersuchten Gesprächsmaterial typische Formen rekonstruiert, ohne von vornherein vorgeformte Kategorien unreflektiert darauf anzuwenden. Gleichzeitig werden dabei in einem zyklischen Forschungsprozess auch bekannte Kategorien und Ergebnisse für die Analyse fruchtbar gemacht (kontrastiert, adaptiert oder aufgegriffen). Es wird aus gesprächslinguistischer Sicht davon ausgegangen, dass sich sprachliches Handeln im Gespräch unter der Mitwirkung beider (bzw. aller) Gesprächsbeteiligter in der gemeinsamen Interaktion vollzieht, bei der das Handeln der Einzelnen sich gegenseitig bedingt. Weiter wird davon ausgegangen, dass sich bei gleicher Konstellation wiederkehrende Formen und Aufgaben für die Beteiligten ergeben. Die Kategorisierung des sprachlichen Handelns auf der Basis eines hinreichend großen Korpus authentischer Daten gewährleistet es, systematisch diese Formen, Aufgaben und Regelmäßigkeiten des beobachteten Gesprächstyps herauszustellen. Gleichzeitig wird es damit möglich, die Spezifika und Dynamiken einzelner Daten einzuordnen und mittels eines Kategoriensystems abbilden und erklären zu können. So führt die Kategorisierung und damit die Abstraktion zu einer Generalisierbarkeit gesprächslinguistischer Aussagen (vgl. Brünner 2009, 61; zum Ablauf eines gesprächslinguistischen Forschungsprojektes vgl. ausführlich Pick 2011b).

Innerhalb der Gesprächslinguistik haben sich verschiedene Strömungen ausgebildet, die sich vor allem in ihren theoretischen Konzeptionen unterscheiden. In der Folge sollen jene im deutschsprachigen Raum verwendeten Ansätze kurz skizziert werden, die auf die Untersuchung von Gesprächen und Diskursen in ihrer mündlichen, dialogischen Form abzielen. Diese sind die Konversations- oder Gesprächsanalyse, die funktional-pragmatische Diskursanalyse, die Gattungsanalyse sowie die Angewandte Gesprächs- oder Diskursanalyse.

Die Gesprächsanalyse geht zurück auf die von Garfinkel geprägte soziologische Forschungsrichtung der Ethnomethodologie und die sich daraus entwickelnde amerikanische conversation analysis (Sacks u. a. 1974; Hutchby/Wooffitt 2008). Hier wurden erstmals mit den Methoden der Ethnomethodologie Alltagsgespräche (conversations) systematisch untersucht und so Gesprächsmechanismen und Regeln erforscht, mittels derer die Beteiligten ein Gespräch entstehen lassen. Dabei wurden Formen des Sprecherwechsels untersucht ebenso wie Reparaturmechanismen, die Aufeinanderbezogenheit von Beiträgen oder die Sprecher- und Hörerrolle mit den jeweiligen Aktivitäten und der gegenseitigen Steuerung. Dabei wurde deutlich, dass einzelne Gesprächssequenzen sowie ganze Gespräche bestimmten Regelmäßigkeiten folgen („order at all points"). In Deutschland wurde die conversation analysis rezipiert und als Konversationsanalyse oder Gesprächsanalyse weiterentwickelt (Kallmeyer/Schütze 1976; Kallmeyer 1985; Deppermann 1999/2008). Gefragt wird hier, wie die Gesprächsbeteiligten gemeinsam soziale Wirklichkeit konstruieren, wie und durch welche sprachlichen Mittel sie zum Beispiel ein Gespräch eines bestimmten Typs erzeugen oder ihre sozialen Rollen etablieren. Ebenso werden Handlungsschemata für einzelne Gesprächstypen entwickelt, die sich aus den kommunikativen Aufgaben der Beteiligten zusammensetzen. In den Analysen wird sowohl das *Wie* als auch das *Wozu*, also sowohl die Formen als auch die Funktionen, der jeweiligen Äußerungen beleuchtet. Die Analysen basieren auf dem zu beobachtenden sprachlichen Handeln, wie es sich die Beteiligten im Gespräch gegenseitig (und damit auch dem Beobachter) anzeigen (display). Dies bezieht sich ebenfalls auf Kontextfaktoren, die nur in dem Maße berücksichtigt werden, wie sie im Gespräch verbal oder nonverbal offenbar werden.

Auch wenn Gülich/Mondada (2008, 19) betonen, dass in der Konversationsanalyse „von Anfang an auch an Daten aus institutionellen Kontexten gearbeitet wurde" (vgl. auch Drew/Heritage 1992, 4), so wurde es dennoch versäumt, Institution konzeptionell und theoretisch in die Analyse zu integrieren. Auch werden in konversationsanalytischen und teilweise auch gesprächsanalytischen Arbeiten ethnographische Daten nicht systematisch einbezogen, sofern sie im untersuchten Gespräch nicht expliziert werden, woran vor allem die ethnomethodologischen Wurzeln der Gesprächsanalyse deutlich werden.

Den Handlungscharakter von Sprache im institutionellen Zusammenhang macht ein weiterer im deutschsprachigen Raum verbreiteter theoretischer Ansatz, die funktional-pragmatische Diskusanalyse, stark (Ehlich/Rehbein 1986; Brünner/Gräfen 1994; Redder 2010), der sich maßgeblich aus der Sprechakttheorie (Austin, Searle) und der Sprachpsychologie Karl Bühlers entwickelt. Hier wird sprachliches Handeln als gesellschaftliches Handeln betrachtet und systematisch eine Institutionsanalyse in die Analyse der untersuchten Gespräche eingebettet. Institutionen werden hier verstanden als gesellschaftliche Apparate, mit denen unter gesellschaftlicher Zwecksetzung Handlungen zur (Re-)produktion in bestimmten repetitiven Formen prozessiert werden. So wird das sprachliche Handeln eingebettet in seinen Zweck betrachtet und rekonstruiert. Dazu gehört es auch, Wissensbestände und mentales Handeln, abgeleitet aus dem sprachlichen Handeln, systematisch zu rekonstruieren. Sprachliches Handeln wird hier als Möglichkeit der Veränderung von Wirklichkeit verstanden. Mit der Analyse werden sowohl sprachliche Handlungsmuster rekonstruiert, die je differenziert für bestimmte gesellschaftliche Zwecke von den Beteiligten – in der Institution als Agent und Klient – durchlaufen werden. Die Analyse baut auf ein breites Spektrum sprachlicher Mittel bis hin zu elementaren sprachlichen Einheiten, den Prozeduren.

Werden im Rahmen der Funktionalen Pragmatik sprachliche Handlungsmuster in Institutionen rekonstruiert, so werden diese maßgeblich in ihrer Abweichung zu

Mustern im Alltag konzeptualisiert. Durch diese Dichotomisierung werden allerdings in der Regel Formen des Handelns in Institutionen als im Vergleich defizitär oder fragmentiert dargestellt, was ihren spezifischen institutionellen Zwecken nicht immer genügend Rechnung trägt (vgl. Pick 2011a; Weber/Becker-Mrotzek 2012).

Gesellschaftliches Wissen wird ebenfalls in einer aus der Wissenssoziologie stammenden Strömung, der Gattungsanalyse, in die Analysen einbezogen (Berger/Luckmann 1966; Luckmann 1986/2007; Günthner/Knoblauch 1994; 1997). Hier geht es unter Rückgriff maßgeblich auf eine konversationsanalytische Methodik darum, die historisch gewachsenen sprachlichen Formen zu rekonstruieren, die je nach ihrem Grad der Verfestigung als kommunikative Gattung bezeichnet werden. Entsprechend werden hier im Gegensatz zur Konversationsanalyse systematisch auch ethnographische Daten für die Analyse fruchtbar gemacht.

> Gattungen stellen somit historisch und kulturell spezifische, gesellschaftlich verfestigte und formalisierte Lösungen kommunikativer Probleme dar, deren – von Gattung zu Gattung unterschiedlich ausgeprägte – Funktion in der Bewältigung, Vermittlung und Tradierung intersubjektiver Erfahrungen der Lebenswelt besteht. (Günthner/Knoblauch 1997, 282)

Bei der Analyse wird neben einer „situative[n] Realisierungsebene“ (Günthner/Knoblauch 1994, 704), die der Dialogizität sprachlicher Interaktion Rechnung trägt, zwischen einer Binnen- und Außenstruktur unterschieden. Erstere bezeichnet die sprachlichen Formen, letztere bezieht sich auf soziale Milieus und Akteursgruppen und stellt die Beziehung zur Sozialstruktur her.

In diesem Ansatz werden Gattungen für die Interaktion als ontologische Größen aufgefasst, an denen sich die Beteiligten orientieren (Günthner/Knoblauch 1997, 283). Die Trennung zwischen Institution und Kommunikation ist mit der Gattungstheorie nicht trennscharf möglich, da hier Kommunikation selbst als Institution kategorisiert wird (vgl. Berger/Luckmann 1966, 58; Günthner/Knoblauch 1997, 298; Knoblauch/Luckmann 2009, 539). Institution wird damit in der Gattungstheorie einerseits in kommunikativen Gattungen *als* Institution (zur Lösung gesellschaftlicher Probleme) konzeptualisiert, andererseits steht sie auch neben kommunikativen (Alltags-)Vorgängen, bei denen sprachliche Abläufe auch spontan und selbständig entwickelt werden können und „der Handelnde [...] *nicht* nach einem vorgefertigten Gesamtmuster des kommunikativen Verlaufs“ vorgeht (Luckmann 1986/2007, 285 Herv. i. O.).

Als eine weitere, erst in jüngerer Zeit sich etablierende Strömung kann ebenfalls die Angewandte Gesprächs- oder Diskursforschung genannt werden (Brünner u. a. 1999/2002; Becker-Mrotzek/Brünner 2004/2009; Knapp u. a. 2004/2011). Sie bedient sich methodisch und theoretisch der oben genannten Arbeitsweisen, bleibt aber nicht bei der Beschreibung des sprachlichen Geschehens stehen, wenngleich diese ebenfalls ein wichtiger Bestandteil ist, sondern legt den Fokus und die Zielsetzung auf die Rückbindung der Ergebnisse in das jeweils untersuchte Feld. Das bedeutet, dass sie sowohl bereits im Forschungsdesign als auch im Anschluss an die Analysen Wege der

Verankerung der Ergebnisse in der Praxis sucht und dabei das sprachliche Handeln nicht nur beschreibend, sondern darüber hinaus aus einer bewertenden Perspektive betrachtet.

2 Gesprächslinguistik im Recht

Recht ist sprachlich konstituiert und wird in der täglichen Auslegung, Bearbeitung und Verwendung sprachlich prozessiert. Meist ist das Recht mit Schriftsprache assoziiert, die Normtexte, Vertragswerke oder Bescheide sind dafür prominente Beispiele. Geschriebenes hat Bestand und Gültigkeit. Dennoch kommt aber gerade im Rechtswesen der mündlichen Kommunikation ein hoher Stellenwert zu. Denn auch wenn Urteile und Urteilsbegründungen schriftlich archiviert werden, so wird die Gerichtsverhandlung mündlich geführt, ebenso entstehen Protokolle polizeilicher Vernehmung auf der Basis mündlichen Handelns. Und so findet auch die Falltransformation mündlich statt, sei es beim Anwalt, bei der Polizei oder vor Gericht. Während dieses mündlichen Handelns wird das, was anschließend schriftlich niedergelegt wird, in der Interaktion bestimmt. Dabei werden wichtige Weichen gestellt, weshalb das mündliche Handeln als ein wichtiger Grundstein rechtlichen Handelns verstanden werden kann. All diese und weitere hier nicht genannte Formen mündlicher Kommunikation im Recht sind Gegenstand gesprächslinguistischer Forschung oder könnten es sein (vgl. die Desiderata in K. 4). Der folgende Überblick stellt gesprächslinguistische Forschungsergebnisse geordnet nach verschiedenen Handlungsfeldern im Recht zusammen. Gespräche in der Verwaltung und Behörden werden hier ausgeklammert (vgl. dazu die Beiträge von Fluck und Müller i. d. B.).

2.1 Kommunikation vor Gericht

Die Kommunikation vor Gericht, häufig im Strafverfahren, ist im Forschungsgebiet Sprache und Recht gesprächslinguistisch das wohl meistuntersuchte. Hier liegen bereits frühe Arbeiten vor. Erste authentische Daten von Verkehrsrechtsverhandlungen aus Österreich liefert Leodolter (1975) in ihrer soziolinguistischen Untersuchung des Sprachverhaltens von Angeklagten vor Gericht. Ergebnis ist, dass sich der Eindruck, den der Richter von Angeklagten bekommt, in der „Strafmessung und deren Begründung ganz deutlich nieder[schlägt]" (Leodolter 1975, 177, 241). Inwiefern dieser Imageaufbau dem Angeklagten gelingt oder nicht führt Leodolter (1975, 234 f.) auf die Schichtangehörigkeit und das damit verbundene sprachliche Repertoire des Angeklagten zurück. In Deutschland hat Hoffmann (1983) bereits früh eine grundlegende Arbeit zur Kommunikation vor Gericht anhand authentischer Daten aus Straf- und Bußgeldverhandlungen deutscher Stadt-/Amtsgerichte vorgelegt. Er legte bei seiner

Untersuchung das Augenmerk aus einer diskursanalytischen Perspektive auf die Verhandlung, gegliedert nach ihrem Ablauf.

Im Ablauf einer Verhandlung steht vor der Vernehmung zu Person und Sache eine Belehrung sowohl der Zeugen als auch der Angeklagten. In Interviews beklagen Richter die Routinehaftigkeit der Zeugenbelehrung, die gegenüber rechtskundigen Zeugen teils sehr verkürzt verbalisiert werden (Wolff/Müller 1995, 207 ff.). Richter sind zu Zeugenbelehrungen verpflichtet, sie dienen dazu, „generalisiert zu mißtrauen" (Wolff/Müller 1995, 217) und erlauben dadurch eine implizite Thematisierung von Glaubwürdigkeit, ohne einen „wechselseitigen Gesichtsverlust" (ebd.) zu riskieren.

Mit der Entwicklung des Sachverhalts in der Institution werden die partikularen Ereignisse zu Fällen und das damit verbundene in Sprache prozessierte Wissen institutionell transformiert. Die verschiedenen Wissenstypen (vom Ereigniswissen über das Transferwissen zum institutionellen Fall-Wissen) in einer Verhandlung bis zur Entstehung eines Falls beschreibt Hoffmann (2010, vgl. dazu auch Cotterill 2004). Die Vernehmung des Angeklagten sowie des Zeugen, jeweils zur Person und zur Sache, ist Aufgabe der Institution. Sprachlich vollzieht sie sich hauptsächlich mittels Fragen. Einen Überblick über Formen und deren Funktionen auch bei Gericht geben Holt/Johnson (2010). Sie stellen verschiedene Frageformen im „legal talk" zusammen und zeigen, dass diese sprachlichen Mittel im rechtlichen Rahmen neben dem Beschaffen von Informationen auch die Funktion haben, die Version des Sachverhalts zu etablieren, von der der Fragende ausgeht. Dies geschieht z. B. durch das Erzeugen einer Themenentwicklung und entsprechend einer zusammenhängenden Sachverhaltsentfaltung durch Frageverkettungen (and-prefaced-questions) oder Suggestivfragen (so-prefaced-questions) (Holt/Johnson 2010, 25 ff.; vgl. auch Hutchby/Wooffitt 2008, 142 ff. zur Funktion von Fragen bei der Zeugenbefragung). Eine Zurichtung von Aussagen von Seiten der Institution funktioniert ähnlich auch über Fragen oder Formen indirekter Rede, die bereits Gesagtes reformulierend aufgreifen und dabei Gewichtungen verschieben oder Zusammenhänge herstellen (Holt/Johnson 2010, 29 ff.). Diese Ergebnisse demonstrieren die kommunikative Macht der Institution, da nicht nur die Darstellung des Sachverhalts, sondern bereits die Formen dessen Ermittlung in der Institution einen entscheidenden Einfluss auf die Festlegung des der Entscheidung zugrunde zu legenden Sachverhalts nimmt.

Angeklagte und Zeugen nehmen durch die Formen ihrer Sachverhaltsdarstellungen ebenfalls Einfluss auf die zu etablierende Version des Sachverhalts. Typische Formen sind die erzählende Darstellung sowie die berichtende Darstellung, die jeweils für die institutionelle Wissensbearbeitung verschiedene Funktionen aufweisen. Sie werden in ihrer institutionellen Einbettung von den Beteiligten strategisch eingesetzt, um ihre Ziele zu erreichen (Hoffmann 1983; 2001; i. d. B.).

Diese Sachverhaltsdarstellungen sowie auch die Personen, die sie äußern, werden wiederum einer Einschätzung ihrer Glaubwürdigkeit unterzogen, was die Konstruktion des Sachverhalts weiter beeinflusst. Wolff (2010, 80) beschreibt Zeugenbefragungen als eine „soziale Testsituation", in der mit zunehmender Befragung nicht nur die

Aussage, sondern die Person des Zeugen selbst in den Mittelpunkt rückt. Wolff nimmt drei Stufen der Glaubwürdigkeitsprüfung an: Erstens Nachfragen mit Skepsis ausdrückenden Partikeln, zweitens die „Kontrastierung mit Normalitätsmodellen" (Wolff 2010, 79), drittens Vorhalte, also Aufforderungen zu Stellungnahmen, die Widersprüche betreffen (Wolff 2010, 79 f.). Glaubwürdigkeit wird hergestellt durch erzählende Darstellungen (Hoffmann 2007), direkte Rede (Holt/Johnson 2010, 32 f.) und einen erfolgreichen Abgleich mit Normalitätsfolien auf Seiten der Institution (Wolff/Müller 1997; Hoffmann 2002; 2014). Glaubwürdigkeit und damit ebenfalls Unglaubwürdigkeit ist also ein Produkt der Interaktion aller im Verfahren Beteiligten (Wolff 2010, 83).

Insgesamt beschreiben die Studien Richter weniger als ‚Subsumtionsautomaten', sondern stellen die Abhängigkeit von der in der Interaktion gemeinsam hergestellten Wirklichkeit heraus, auf die sie selbst und auch alle anderen Beteiligten durch ihr sprachliches Handeln Einfluss nehmen.

Dabei verfolgen die Beteiligten neben der Aufklärung des Sachverhalts jeweils auch individuelle Ziele. Die Angeklagten werden wie beschrieben möglichst glaubwürdig ihre Entlastung verfolgen, Richter sind eingebunden in die Institution und haben hier ihre Rolle auszufüllen. Betrachtet man die Urteilsgründe scheint sich zu zeigen, dass diese weniger detaillierte Prozessinformationen liefern, sondern vielmehr auf Angemessenheit und Revisionsfestigkeit zielen (Wolff 2010, 85). Dies bestätigt auch Lerch (2010), der verschiedene Studien zusammenfasst.

> Es bietet sich an, die Konstruktion des Sachverhalts und die Ermittlung der Entscheidung als einen Prozess aufzufassen, der durch justizsysteminterne Techniken [...] und rechtssysteminterne Kommunikationsanbindung [...] strukturiert wird. [...] Dabei wird der Sachverhalt, wie ihn die Parteien als soziale Wirklichkeit erlebt haben, weitgehend ausgeblendet. (Lerch 2010, 244)

Wolff geht sogar soweit, den Gerichten eine Vorsicht oder gar „Wissensvermeidung" im Umgang mit neuem Wissen zu bescheinigen (Wolff 2010, 85).

Auch im englischsprachigen Raum finden sich aktuelle Arbeiten zur Kommunikation vor Gericht. Relativ aktuelle (Sammel-)Bände mit gesprächslinguistischer Forschung, u. a. zur Gerichtskommunikation sind Heffer (2013), Tiersma/Solan (2012), Wagner/Cheng (2011) und Cotterill (2004; 2007). Einen Überblick zu Untersuchungen zur Kommunikation vor Gericht aus konversationsanalytischer Perspektive geben Komter (2013) sowie die Beiträge im Sammelband von Travers/Manzo (1997). Diese Ergebnisse sollten allerdings im Licht der unterschiedlichen Rechtssysteme und Verfahrensordnungen betrachtet werden und sind daher nur eingeschränkt auf die Situation auf dem europäischen Festland zu übertragen. Viele der englischsprachigen Arbeiten stehen in der Tradition der kritischen Diskursanalyse (zur Einordnung und Überblick vgl. Wodak 2005). Im Case-Law untersucht Cotterill (2003) die Verhandlungen zum Fall O. J. Simpson. Sie fokussiert dabei eine semantische Analyse und untersucht die institutionellen Machtstrukturen entlang der Gesprächsorganisation. Auf die sprachlichen Machtverhältnisse zielt auch Eads (2008) mit einer Studie zu einem Kreuzverhör in einer Verhandlung zu dem sogenannten „Pinkenba case" mit angeklagten Aborigines in Australien. Conley/O'Barr (2005) untersuchen Gerichtsverhandlungen ebenfalls entlang kommunikativer Machtstrukturen, sie nehmen aber ebenso Genderaspekte, interkulturelle Settings und auch die Mediation als Form der Konfliktbeilegung als Untersuchungsgenstände auf. Heffer untersucht die Laienrechtsprechung bei Geschworenengerichten in England und beschreibt die Struktur der Verhandlung (Heffer 2005, 70 ff.). Gender im Recht anhand von Verhandlungen zu sexuellem Missbrauch untersucht Ehrlich (2001, vgl. dazu auch Cotterill 2007).

2.2 Schlichtungsgespräche

Um eine Streitbeilegung herbeizuführen, besteht neben einem Gerichtsverfahren die Möglichkeit der Streitschlichtung. Zur außergerichtlichen Streitbeilegung gibt es verschiedene Möglichkeiten, die entweder innerhalb der Verfahrensordnungen einem gerichtlichen Verfahren vorgeschaltet sind oder freiwillig als Alternative zu gerichtlichen Verfahren angestrengt werden können. Limburg (2014, 15 ff.) unterscheidet die Schlichtung im Schiedsamt von der Mediation auf der einen und dem Gerichtsverfahren auf der anderen Seite durch ihre je verschiedenen Konstellationen. Sie legt eine Studie zum kommunikativen Handeln in Schlichtungsgesprächen im Schiedsamt vor, die auf insgesamt sieben analysierten Audioaufnahmen von Schlichtungsgesprächen basiert. Limburg geht dabei mit einem problemorientierten Fokus vor und entwickelt vor dem Hintergrund bestehender Ergebnisse zur Schlichtungsinterkation ein gesprächsanalytisch fundiertes Fortbildungskonzept. Dieses soll dazu beitragen, eine umfassendere Ausbildung der Schiedsleute zu ermöglichen. Inhaltlich fokussiert das Fortbildungskonzept drei wichtige, an „Musterpositionen" gebundene Inhalte (Limburg 2014, 281): die Gesprächseröffnung, die Entwicklung einer gemeinsamen Konfliktsicht und die gemeinsame Lösungsfindung.

Früher wurden Schlichtungsverfahren vor verschiedenen Gerichten, Behörden, Kammern und Schiedsstellen bereits in einem Projekt am Mannheimer IDS von einer Forschungsgruppe um Werner Kallmeyer und Werner Nothdurft anhand von Tonaufnahmen untersucht (Nothdurft 1995b; 1997, zum Material vgl. auch Schröder 1997). Schlichten wird hier einerseits beschrieben mit einem Handlungsschema mit den Komponenten „Herstellung der Schlichtungssituation", „Rekonstruktion des Konflikts", „Regelung des Konflikts" und „Auflösung der Schlichtungssituation" (Nothdurft 1995a, 14, vgl. dazu auch Nothdurft/Spranz-Fogasy 1991, 225; Schröder u. a. 1997). Ergänzend dazu werden als weitere Beschreibungsdimension fünf sogenannte Interaktionsqualitäten einbezogen (Nothdurft 1995a, 18 ff.), da Schlichten im untersuchten Korpus nicht immer konsistente Formen aufweist (zu methodischen Problemen vgl. Nothdurft/Spranz-Fogasy 1991).

Als paradoxe Anforderungen an die Beteiligten in Schlichtungsgesprächen werden beschrieben (Klein/Nothdurft 1987, 548; Nothdurft 1989): das Schaffen einer Balance zwischen dem Eindämmen des Konflikts und dem Besprechen möglichst aller Facetten; die Vereinbarkeit einer alltagsweltlichen Gesprächssituation, in der Konflikte nicht mit institutionellen Mitteln bearbeitet werden sollen, und dem dennoch institutionellen Hintergrund der Gesprächssituation; der Rollenkonflikt des Schiedsmannes, der aufgrund der Konstellation einerseits als neutraler Streitvermittler, zugleich aber auch als „Anwalt des Geschädigten“ (Nothdurft 1989, 205) auftritt.

2.3 Anwaltliche Mandantengespräche

Bevor Streit gerichtlich oder außergerichtlich beigelegt werden kann, wird er häufig zunächst in einem Gespräch mit einem Anwalt in die Rechtswelt getragen und dort für die institutionelle Bearbeitung vorbereitet (im Strafrecht auch zusätzlich durch die polizeiliche Vernehmung, vgl. K. 2.4). Das anwaltliche Mandantengespräch untersucht Pick (2013) auf der Basis von 86 Gesprächen. Hier wird neben der Beschreibung des Gesprächsablaufs ein Handlungsschema anwaltlicher Erstgespräche erarbeitet und die Realisierung besonders zentraler und komplexer kommunikativer Aufgaben als sprachliche Handlungsmuster (die Sachverhaltsdarstellung, die Sachverhaltsbegutachtung, das Entwickeln von Handlungsoptionen und das Verhandeln der Kosten) rekonstruiert. Als strukturelles Handlungsproblem wird das Changieren zwischen dem Beraten über die Rechtslage und dem Verkaufen einer anwaltlichen Vertretung als Dienstleistung herausgearbeitet. Diese Überlagerung der Handlungsmuster ist eng mit den anwaltlichen Rollen (Berater, Vertreter, Dienstleister) verknüpft (Pick 2013, 326 ff.).

Ein kleiner Anteil an Rechtsberatungen, untersucht als Beratungsgespräche, findet sich im Korpus eines IDS-Projekts zu Beratung. Reitemeier (1994, 256) stellt hier in seinen Analysen eine von Anwaltsinteressen geleitete Lösungsfindung fest. Eine kommunikative Dominanz des Anwalts im Gespräch bescheinigt auch Kozin. Er zeichnet nach, wie der Anwalt sein „standing-for the client“ (Kozin 2007, 174) und seine professionelle Identität im Gespräch etabliert. Er beobachtet den Einsatz der Verwendung und die Veränderung von Pronomina (Sie, wir, ich), die Engführung der Darstellung des Mandanten durch geschlossene Fragen oder das Tätigwerden für den Mandanten noch im Gespräch. Dass Anwälte aber umgekehrt auch einen klientennäheren Stil strategisch einsetzen können, um so überzeugender zu wirken, zeigen Maley u. a. (1995, 49). Die Herstellung und Aushandlung des Sachverhalts unter Berücksichtigung der Experten-Laien-Konstellation und Machtstrukturen untersuchen auch Sarat/Felstiner (1995). Sie zeigen, dass es nicht um das bloße Auffüllen gegenseitiger Wissenslücken geht, sondern sich die Welten der Beteiligten vermischen und miteinander interagieren müssen. Neben dem Sachverhalt ist auch das Anliegen des Mandanten vor allem für das weitere Handeln zentral. Die Anliegensformulierung und dabei auftretende Schwierigkeiten beschreibt Pick (2010).

Die Weiterentwicklung von Sachverhalten in die Institution untersucht Kozin (2008). Er zeichnet nach, wie „an object of discourse“ in verschiedenen Stadien der rechtlichen Bearbeitung, zunächst im Gespräch zwischen Anwalt und Mandant, dann über verschiedene Formen der Verschriftlichung (aus den Polizeiunterlagen oder den Notizen des Anwalts) verändert und so als juristisches Argument weiterentwickelt wird (im gezeigten Beispiel wird „illegal weapon“, zu „dangerous weapon“).

Den Einfluss durch die Rechtsberatung auf die Ver- oder Entschärfung des Konfliktes untersuchen Seyfarth u. a. (1996) mit authentischen Daten und einem objektiv hermeneutischen Zugang. Die Autorinnen arbeiten je zwei verschiedene Arbeitsstile von Anwälten sowie Mandantenstile heraus, auf deren Basis sie verschiedene Konstellationen der Konfliktbearbeitung herauskristallisieren (Seyfarth u. a. 1996, 44).

2.4 Polizeiliche Vernehmungen und Notrufe

Auch in polizeilichen Vernehmungen findet häufig eine erste Begegnung mit der juristischen Institution statt, teilweise noch bevor ein Sachverhalt mit einem Anwalt besprochen wird. Polizeiliche Vernehmungen sind im Gegensatz zum Mandantengespräch, in dem alle Rechtsgebiete bearbeitet werden, im Strafrecht zu verorten.

Polizeiliche Zeugen- und Beschuldigtenvernehmungen untersucht Hee (2012) gesprächsanalytisch. Sie legt das Augenmerk auf Vernehmungen von Migranten und untersucht hier die Makrostruktur der Gespräche. Hee stellt eine kooperative Vernehmung einer Vernehmung mit Konflikten gegenüber. Weiter werden Missverständnisse, die argumentative Leistung der Beteiligten sowie die Herstellung sozialer Nähe und Abschottungsstrategien beschrieben. Hee kann zeigen, dass Zeugen- oder Beschuldigtenvernehmungen sich wenig in ihrer Kooperativität unterscheiden, was sie darauf zurückführt, dass

> weniger der Gesprächstyp das Konfliktpotenzial darstellt, sondern vielmehr Gesprächsstrategien, Imagearbeit und andere Verfahren der Gesprächs- und Beziehungsgestaltung

für das Gelingen ausschlaggebend sind (Hee 2012, 319).

Die sprachlich-kommunikative Konstruktion von Machtverhältnissen und Rollen sowie kommunikative Strategien beider Seiten sind Gegenstand verschiedener Untersuchungen. Berk-Seligson (2009) untersucht Polizeiverhöre mit spanischsprachigen Verdächtigen mit verschiedenen Englischsprachniveaus ohne professionellen Übersetzer aus einer interaktional soziolinguistischen und kritisch diskursanalytischen Perspektive, mit der sie vor allem Asymmetrien und Machtstrukturen im Gespräch beleuchtet. Zwar kommt der Polizei eine institutionelle und sprachliche Dominanz zu, dennoch sollten die Machtverhältnisse in den Gesprächen als dynamisch und graduell betrachtet werden. So zeigt Schwitalla (1996), dass die Interaktion auch in Vernehmungen mit sprachlichen Mitteln bis hin zur Anpassung der Prosodie oder des

Stils als gemeinsames Handeln hergestellt wird. Entsprechend haben auch Beschuldigte die Möglichkeiten, die Vernehmung in ihrem Sinne strategisch zu steuern. Dies geschieht z. B. durch Verweigerungsstrategien wie einer Fragmentierung von Antworten, der Wiederholungen eigener oder fremder Äußerungen (Berk-Seligson 2007) oder genereller durch eine mangelnde Kooperation der Beschuldigten (Schröer 1996; 2002; 2003).

Die institutionelle Einbettung von polizeilichen Vernehmungen auch im Bezug zu einer Verwertung der Ergebnisse im Gerichtsverfahren untersucht Schröer (1992). Dabei stellt er vor allem die sich daraus für die Beamten ergebenden widersprüchlichen Anforderungen fest. Die Beamten stehen zwischen ihrer Sorgfaltspflicht auf der einen Seite und ihrer strukturell benachteiligten Lage auf der anderen Seite, die sie durch Strategien der Untergrabung der Entscheidungsmacht des Beschuldigten aufzulösen versuchen können (Schröer 1992). Die Transformation von mündlichen Verhören in schriftliche Unterlagen wie Vermerke und Protokolle, die von den Beteiligten gemeinsam hergestellt werden, untersucht Kurt (1996). Er zeigt den Einfluss institutioneller Vorgaben auf Seiten der Beamten bei der Entstehung der Protokolle und damit der Transformationsprozesse.

Neben polizeilichen Vernehmungen sind auch Notrufe bei der Polizei sporadisch gesprächslinguistisch untersucht. Sie lassen sich ebenfalls in das Gebiet Sprache und Recht einordnen, da hier eine erste Einschätzung zur Kriminalität und damit eine Entscheidung über eine weitere institutionelle Bearbeitung getroffen wird. Vor allem mit kommunikativen Problemen in Notrufen beschäftigt sich in den 90er Jahren eine Forschergruppe um Tracy. In einem neueren Beitrag geben Tracy/Agne (2004) einen Überblick über den Ablauf von Anrufen zu häuslichen Konflikten und zeigen als strukturelles Handlungsproblem für Polizisten (und zu beobachtende Strategien des Umgangs damit) die Vermittlung einerseits zwischen einer Nichtbearbeitbarkeit eines Anruferanliegens und der andererseits eigenen (und gesellschaftlichen) Erwartung für Hilfe zu sorgen auf. Die Aushandlung von Dringlichkeit und damit einer Bearbeitungsentscheidung untersuchen auch Drew/Walker (2010). Sie zeigen, dass Anrufer selbst die Schwere des Notfalls und damit die Dringlichkeit für polizeiliche Hilfe anzeigen, indem sie bei hoher Dringlichkeit Imperative oder Modalkonstruktionen verwenden, während bei weniger starken Notlagen Konditionalkonstruktionen bevorzugt werden. Die von Anrufern angezeigte Dringlichkeit und die institutionelle, polizeiliche Sicht können allerdings voneinander abweichen.

3 Exemplarische Transkriptanalyse: Transformationsprozess im anwaltlichen Mandantengespräch

Eine Analyse sprachlichen Handelns soll im Folgenden exemplarisch anhand eines typischen Auszugs aus einem anwaltlichen Erstgespräch vorgeführt werden (vgl. Pick 2013 zu den ausführlichen Analysen). Es wird der Transformationsprozess eines lebensweltlichen Sachverhaltes (Arbeitsplatzverlust in Folge eines Arbeitsunfalls) hin zu einer ersten Verortung und Bewertung in der Rechtswelt (Wirksamkeit der Kündigung) nachgezeichnet.

Dabei wird aus gesprächsanalytischer Untersuchungsperspektive gefragt, welche kommunikativen Aufgaben die Beteiligten bis zur Transformation zu bewerkstelligen haben. Aus gattungsanalytischer Perspektive sollen Merkmale der situativen Realisierungsebene (Zwischenstruktur) herausgearbeitet werden. Aus funktional-pragmatischer Sicht werden die interaktionalen Handlungen verknüpft und um ihre mentale Dimension ergänzt sowie die Rolle des Anwalts in der juristischen Institution rekonstruiert. Schließlich werden im Ausblick aus einer angewandt-gesprächslinguistischen Perspektive kommunikative Probleme aufgezeigt und Anschlussmöglichkeiten an die Praxis gesucht.

Das Gespräch beginnt mit der Sachverhaltsdarstellung des Mandanten (Transkriptkonventionen nach HIAT, teilweise als vereinfachtes Transkript ohne Partiturflächen dargestellt):

Mandant (M):
[5] Ich bin Gerüstbauer und äh hab am vierzehnten Zwoten •
[6] hab ich einen Arbeitsunfall gehabt, • • • Ähm • habe mich
[7] dann • wochenlang über die Runden geschleppt • bis ich
[8] dann doch den Weg angetreten bin äh mich untersuchen zu
[9] lassen ((1,4s)) Hab dann ne MRT gehabt • und dabei hat
[10] sich dann rausgestellt, dass ich äh einen
[11] Bandscheibenvorfall hab, • • Beziehungsweise...Also, äh,
[12] man weiß es noch nicht ganz genau, äh, s wurde
[13] Bandscheibenvorfall diagnostiziert, • • Nun hat der Arzt
[14] aber letztens gesagt, es könnte aber auch eine Stauchung
[15] der Wirbelsäule sein, • • • Also, darauf bin ich natürlich jetzt

[16]

A(m)		• Seit wann und bis wann?	
M(m)	äh krank geschrieben,		• • Äh,

[17]

M(m)	bis morgen noch einschließlich, aber es wird noch ((1s)) n

[18]

A(m)		Seit wann? Weil Sie waren
M(m)	weiterer Folgetermin kommen.	

[19]

A(m)	ja nach dem vierzehnten Zweiten • noch da, ne? Da hat...
M(m)	Achso.

[20]

M(m)	Richtig. Ja ich • bin / hab mich noch circa ich glaub vier bis

[21]

M(m)	fünf Wochen noch • • über die Runden gequält, • • weil dem

[22]

A(m)	((1,3s)) Das Übliche.
M(m)	Chef auch n Ruf vorauseilt, also ...

[23]

A(m)	Okay. Wir müssen das trotzdem noch bitte
M(m)	Ja. • Genau. Und...

[24]

A(m)	einmal kurz klären.
M(m)	Einfach aufgrund/ äändh aus

[25]

A(m)	• • Okay, ((ea 1s)) Äh
M(m)	Arbeitsplatzverlust/ aus Angst davor.

[26]

A(m)	• Der vierzehnte Zweite war ein • Montag, ((1s)) Und, äääh,

[...] Anwalt(A):
[31] • • So. Und dann • • kommt, was
[32] kommen muss. Oder wie? Die Kündigung.
Mandant (M):
[32] Genau. Ja. Dann kam jetzt
[33] überraschend gestern die Kündigung, ((ea 1,7s))
[34] Ohne Grund, ohne alles. Hab die Papiere auch mitgebracht.
Anwalt(A):
[35] ((2s)) Und Sie sind seit wann da schon? •
[36] Seit • wann sind sie da tätig... Oder/ ich seh s an den
[37] Unterlagen. Ne, zeigen Sie mal her, dann guck ich mir das einfach mal an.

Aus einer gesprächsanalytischen Perspektive lassen sich bei der Sachverhaltsklärung folgende kommunikative Aufgaben rekonstruieren, die der Mandant bearbeitet: *Sachverhalt einbringen* (Fl. 5 ff.) und *Unterlagen einbringen* (Fl. 34). Die kommunikativen Aufgaben, die der Anwalt in diesem Ausschnitt realisiert, sind *(fehlende) Sachverhaltsbestandteile ermitteln* (Fl. 16, 18 f., 23 ff., 31 f.) und *Unterlagen und daraus gewonnene Informationen integrieren* (Fl. 37). In der weiteren Folge des Gesprächs kommen dem Anwalt bei der Sachverhaltsklärung darüber hinaus die kommunikativen Aufgaben *Bearbeitungsstand in der Rechtswelt ermitteln* und *Beweise sichern* zu (vgl. Pick 2013, 151 ff.). Die für einen Gesprächstyp typischen Aufgaben lassen sich auf der Basis mehrerer Gespräche rekonstruieren und ergeben gemeinsam ein Handlungsschema für den untersuchten Gesprächstyp, das es einerseits ermöglicht, die Spezifika einzelner Mandantengespräche zu beschreiben und andererseits verschiedene Gesprächstypen in Relation zueinander zu setzen.

Betrachtet man aus einer gattungsanalytischen Perspektive die situative Realisierungsebene, lassen sich Rückschlüsse auf das Gattungswissen der Beteiligten und typische Gattungsmerkmale ziehen. In diesem Ausschnitt lässt sich feststellen, dass für beide Beteiligte ein Wissen und die Notwendigkeit einer Nennung von Daten und Fakten für die Gattung Rechtsberatung als relevant markiert wird, denn der Mandant betont das Datum des Arbeitsunfalls gleich zu Beginn (Fl. 5), darüber hinaus bemüht er sich um präzise Formulierungen („Arbeitsunfall", Fl. 6; die genaue medizinische Diagnose, Fl. 11 ff.) und belegt seine Aussagen durch die entsprechenden schriftlichen Unterlagen (Fl. 34). Diese Orientierung an Fakten wird auch auf Anwaltsseite deutlich: Die erste Rückfrage des Anwalts bezieht sich auf die Daten der Krankschreibung (Fl. 16), die Relevanz der Frage wird im weiteren Gesprächsverlauf durch ihre Wiederholungen und Präzisierungen weiter hervorgehoben (Fl. 18 f., 23 ff.). Ebenfalls wird die Rollenverteilung deutlich: der Anwalt etabliert sich als Experte und macht seine Zuständigkeit für die Themensteuerung deutlich, indem er sehr schnell in die Darstellung des Mandanten eingreift und diese strukturiert (präzisierende Nachfragen, Fl. 16,18; metakommunikativ kommentierte Nachfrage, Fl. 23; themensteuernde Frage, Fl. 31 f.) und erst einen Themenwechsel zulässt, wenn ein Thema aus seiner Sicht ausreichend bearbeitet wurde (Übergang der Themen Krankheit und Kündigung aus Mandantensicht bereits in Fl. 21 f., der Anwalt aber etabliert den Themenwechsel erst in Fl. 31). So schneidet der Anwalt den Sachverhalt bereits auf eine weitere Bearbeitung in der Rechtswelt zu.

Bezieht man aus einer funktional-pragmatischen Perspektive auch das mentale Handeln der Beteiligten mit ein, zeigt sich ein Selektionsprozess auf Seiten des Anwalts, der sich auf der Basis seiner verbalen Handlungen rekonstruieren lässt. Der Anwalt spitzt mit zunehmender Kenntnis des Sachverhalts sein für eine Bearbeitung notwendiges Wissen aus der Rechtswelt immer weiter zu. In diesem Ausschnitt lässt sich die Zuspitzung wie folgt beobachten: Zunächst richtet er den Fokus auf das Arbeitsrecht, denn der Mandant identifiziert sich durch seinen Beruf als Arbeitnehmer (Fl. 5), zudem ist der Anwalt Fachanwalt für Arbeitsrecht. Durch die Bezeichnung „Gerüstbauer" kann der Anwalt ebenfalls sein Wissen über die verbindliche Geltung von Tarifverträgen im Gerüstbauerhandwerk (hier im Transkript noch nicht verbalisiert, aber Fl. 81 ff.) aktualisieren. Daraufhin spitzt der Anwalt sein Wissen weiter auf das Gebiet Arbeitsunfall und Krankschreibung im Arbeitsrecht zu (Fl. 16) und weiter auf das Gebiet der Kündigung bei Krankschreibung durch Arbeitsunfall (Fl. 22, 31). Gleichzeitig selektiert er mittels Fragen aus dem Sachverhalt jene Informationen, die für die rechtliche Bearbeitung wichtig sind (hier den Zeitraum der Krankschreibung, nicht aber den genauen medizinischen Befund oder das „Über-die-Runden-Schleppen", das der Mandant relevant setzt, Fl. 7, 21, implizit auch 24 f.).

Diese Sachverhaltsselektion, die der Anwalt vornimmt, basiert auf dem für die rechtliche Begutachtung wichtigen Zwischenschritt, der Formulierung einer zu begutachtenden rechtlichen Fragestellung. Diese Frage (oder je nach Komplexität des Sachverhalts auch mehrere) antizipiert der Anwalt, sie ist in Verbindung mit dem sich zuspitzenden juristischen Wissen leitend für die Selektion der relevanten Sachverhaltsbestandteile. Ist die zu begutachtende rechtliche Fragestellung festgelegt, ist der Transformationsprozess abgeschlossen und in der Folge kann die Frage mental oder verbal begutachtet werden (Subsumtion), womit der Anwalt zu einer Einschätzung der Situation gelangt. In diesem Beispiel stellt der Anwalt (zunächst mental) die zu begutachtende Frage nach der Wirksamkeit der Kündigung:

Anwalt (A):
[513] So. Ich... ((1s)) Bei der Sachlage • • kann ich, • ja
[514] eigentlich gar nichts anderes empfehlen als ne
[515] Kündigungsschutzklage zu machen äääh m sprechen wir
[516] aber gleich drüber. Mal vorausgesetzt • wir machen das,
[517] • • steht ja noch nicht fest, ob Sie am zwanzigsten Vierten
[518] ((1s)) gekündigt/ wirksam gekündigt sind. Und das
[519] bliebe dann abzuwarten.

Dieser Gesprächsausschnitt steht am Ende des (bis dahin überwiegend mental verlaufenen) Begutachtungsprozesses des Anwalts und verbalisiert seine *Einschätzung*, also das Ergebnis seiner Begutachtung („• • kann ich, • ja eigentlich gar nichts anderes empfehlen", Fl. 513 f.) in Bezug auf den Sachverhalt („Bei der Sachlage", Fl. 513), der wie oben beschrieben bereits durch den Selektionsprozess zugerichtet wurde. In diesem Beispiel steckt die *Einschätzung* (die Kündigung ist unwirksam) allerdings in der Formulierung der Handlungsempfehlung (Fl. 513 f.), die sich – betrachtet man abstrahiert die Abfolgelogik des Gesprächs – an die Begutachtung anschließen würde. Erst in der Folge seiner Empfehlung formuliert der Anwalt hier die zu begutachtende Frage („ob Sie am zwanzigsten Vierten ((1s)) gekündigt/ wirksam gekündigt sind", Fl. 517 f.), über die letztlich das Gericht entscheiden muss („steht ja noch nicht fest, [...] Und das bliebe dann abzuwarten", Fl. 517 ff.).

4 Ausblick: Anwendung gesprächslinguistischer Ergebnisse im Recht und Forschungsdesiderata

An die deskriptiven Analyseergebnisse kann im Sinne einer Angewandten Gesprächsforschung eine Systematik kommunikativer Problemstellungen in verschiedenen Gesprächstypen entwickelt werden und die Ergebnisse für die Praxis didaktisiert werden. Als Formen der Anwendung werden beispielsweise Trainings, aber auch Einzelfeedbacks mit Gesprächsbeteiligten auf der Basis von transkribierten Gesprächsaufnahmen und deren Analysen durchgeführt. Gerade mit Einführung der Schlüsselqualifikationen im rechtswissenschaftlichen Studium 2003 (vgl. § 5 Abs. 3 DRiG) ergeben sich viele Anknüpfungspunkte für gesprächslinguistische Forschungen im Recht. Betrachten wir das Analysebeispiel (K. 3), so zeigen sich darin verschiedene typische kommunikative Probleme. Zum einen stellt sich als problematisch heraus, die Sachverhaltsdarstellung des Mandanten relativ früh zu unterbrechen und zu lenken. Fokussieren Anwälte bereits zu Beginn zu stark auf mögliche zu begutachtende Fragestellungen und legen dabei Standard-Ziele zugrunde, übergehen aber die Ziele und Vorstellungen des Mandanten, bearbeiten sie den Fall vielfach an den Interessen des Mandanten vorbei. Darüber hinaus sind in diesem Beispiel typische kommunikative Probleme bei der Sachverhaltsbegutachtung zu beobachten: Einerseits wird die Einschätzung des Sachverhalts nur sehr kurz und indirekt gegeben. Damit können Mandanten weder die Frage, auf die juristisch zugespitzt wird, erkennen noch das Ergebnis der Begutachtung in ihr bereits vorhandenes Wissen integrieren. Dies ist häufig dann problematisch, wenn Handlungsoptionen entwickelt werden sollen, woran der Mandant kaum beteiligt werden kann, wenn er die Einschätzung seiner Lage nicht verstanden hat. Andererseits kann hier problematisch werden, dass der Anwalt Pläne „zieht", er sich also bereits auf gängige Bearbeitungsmöglichkeiten festlegt (Kündigungsschutzklage). Andere (auch außergerichtliche) Optionen rücken dann gar nicht mehr ins Blickfeld und der Mandant kann, wenn er gleichzeitig auch seine Lage in der Rechtswelt nicht überblickt, keinen Einfluss nehmen.

Die gesprächslinguistische Forschung im Recht steht noch am Anfang. Weiterer Forschungsbedarf ist vorhanden, beispielsweise zur Kommunikation im Justizvollzug, zur Mediation, zum außergerichtlichen Verhandeln oder zum Zusammenspiel von Schriftlichkeit und Mündlichkeit in den verschiedenen rechtlichen Bearbeitungsstufen eines Falles bis hin zum Urteil (vgl. aber die Einzelfallstudien von Scheffer 2003 mit schriftlichen Daten, Halldorsdottir 2006 mit schriftlichen und mündlichen Daten und Kozin 2008). Darüber hinaus wäre auch gesprächslinguistische Forschung zu kommunikativen Anforderungen einzelner juristischer Berufsgruppen in verschiedenen Handlungszusammenhängen interessant, wenn möglich auch deren Zusammenarbeit bei der Entstehung und Bearbeitung einzelner Fälle bis hin zu ihrem institutionellen Abschluss. Ebenfalls zu untersuchen wären Gespräche mit Mitarbeitern, Referendaren oder Kollegen in der juristischen Institution, die ebenfalls eigene kommunikative Anforderungen an Juristen stellen und bislang nicht von der Forschung in den Blick genommen wurden.

Gesprächslinguistische Ergebnisse machen deutlich, dass nicht nur die Dogmatik, sondern auch kommunikative Interaktion erforschbar, vermittelbar und lernbar ist und für professionelles Handeln im Recht unabdingbar ist. Vor allem die Gesprächslinguistik kann mit ihren Methoden dort Transparenz schaffen, wo die entscheidenden Weichen gestellt werden.

5 Literatur

Becker-Mrotzek, Michael/Gisela Brünner (Hg.) (2004/2009): Analyse und Vermittlung von Gesprächskompetenz. 2. Aufl. Frankfurt a. M.

Berger, Peter/Thomas Luckmann (1966): Die gesellschaftliche Konstruktion der Wirklichkeit. Eine Theorie der Wissenssoziologie. Frankfurt a. M.

Berk-Seligson, Susan (2007): The Elicitation of a Confession: Admitting Murder but Resisting an Accusation of Attempted Rape. In: Cotterill, 16–41.

Berk-Seligson, Susan (2009): Coerced Confessions. The Discourse of Bilingual Police Interrogations. Berlin u. a.

Brünner, Gisela (2009): Analyse mündlicher Kommunikation. In: Michael Becker-Mrotzek (Hg.): Mündliche Kommunikation und Gesprächsdidaktik. Baltmannsweiler, 52–65.

Brünner, Gisela/Reinhard Fiehler/Walther Kindt (Hg.) (1999/2002): Angewandte Diskursforschung. Radolfzell.

Brünner, Gisela/Gabriele Gräfen (Hg.) (1994): Texte und Diskurse. Methoden und Forschungsergebnisse der funktionalen Pragmatik. Opladen.

Conley, John/William O'Barr (1998/2005): Just Words. Law, Language, and Power. Chicago.

Cotterill, Janet (2003): Language and Power in Court. A Linguistic Analysis of the O. J. Simpson Trial. Basingstoke.

Cotterill, Janet (2002/2004): 'Just One More Time...': Aspects of Intertextuality in the Trials of O. J. Simpson. In: Cotterill, 147–161.

Cotterill, Janet (Hg.) (2002/2004): Language in the Legal Process. New York.

Cotterill, Janet (Hg.) (2007): The Language of Sexual Crime. Basingstoke.

Deppermann, Arnulf (1999/2008): Gespräche analysieren. Eine Einführung. 4. Aufl. Wiesbaden.

Drew, Paul/John Heritage (1992): Analyzing talk at work: an introduction. In: Paul Drew/John Heritage (Hg.): Talk at work. Interaction in institutional settings. Cambridge, 3–65.

Drew, Paul/Tracy Walker (2010): Citizens' emergency calls. Requesting assistance in calls to the police. In: Malcolm Coulthard/Alison Johnson (Hg.): The Routledge Handbook of Forensic Linguistics. London, 95–110.

DRiG: Deutsches Richtergesetz. Zit. nach: http://www.gesetze-im-internet.de/drig/index.html. (abgerufen am 14.07.2014).

Eades, Diana (2008): Courtroom Talk and Neocolonial Control. London.

Ehlich, Konrad/Jochen Rehbein (1986): Muster und Institution. Untersuchungen zur schulischen Kommunikation. Tübingen.

Ehrlich, Susan (2001): Representing Rape. Language and sexual consent. London.

Gülich, Elisabeth/Lorenza Mondada (2008): Konversationsanalyse. Eine Einführung am Beispiel des Französischen. Tübingen (Romanistische Arbeitshefte 52).

Günthner, Susanne/Hubert A. Knoblauch (1994): "Forms are the Food of Faith". Gattungen als Muster kommunikativen Handelns. Kölner Zeitschrift für Soziologie und Sozialpsychologie 46 (4), 693–723.

Günthner, Susanne/Hubert A. Knoblauch (1997): Gattungsanalyse. In: Roland Hitzler/Anne Honer (Hg.): Sozialwissenschaftliche Hermeneutik. Eine Einführung. Opladen, 281–307.

Halldorsdottir, Iris (2006): Orientations to Law, Guidelines, and Codes in Lawyer–Client Interaction. In: Research on Language and Social Interaction 39 (3), 263–301.

Hee, Katrin (2012): Polizeivernehmungen von Migranten. eine gesprächsanalytische Studie interkultureller Interaktionen in Institutionen. Heidelberg.

Heffer, Chris (2005): The Language of Jury Trial: A Corpus-Aided Analysis of Legal-Lay Discourse. Basingstoke.

Heffer, Chris/Frances Rock/John Conley (Hg.) (2013): Legal-Lay Communication. Textual Travels in the Law. New York.
Hoffmann, Ludger (1983): Kommunikation vor Gericht. Tübingen.
Hoffmann, Ludger (2001): Gespräche im Rechtswesen. In: Klaus Brinker u. a. (Hg.): Text- und Gesprächslinguistik. Ein internationales Handbuch zeitgenössischer Forschung. (HSK 16/2). Berlin u. a., 1540–1555.
Hoffmann, Ludger (2002): Rechtsdiskurse zwischen Normalität und Normativität. In: Ulrike Haß-Zumkehr (Hg.): Sprache und Recht. Berlin, 80–99.
Hoffmann, Ludger (2007): Die Wirklichkeit des Gerichts. In: Der Deutschunterricht 59 (4), 36–48.
Hoffmann, Ludger (2010): Wissensgenerierung: der Fall der Strafverhandlung. In: Ulrich Dausendschön-Gay/Christine Domke/Sören Olhus (Hg.): Wissen in (Inter-)Aktion. Verfahren der Wissensgenerierung in unterschiedlichen Praxisfeldern. Berlin u. a., 249–279.
Hoffmann, Ludger (2014): Der Fall des Rechts und wie er zur Sprache kommt. In: Jörg Bergmann/ Ulrich Dausendschön-Gay/Frank Oberzaucher (Hg.): „Der Fall“: Zur epistemischen Praxis professionellen Handelns. Bielefeld, 287–343.
Holt, Elizabeth/Alison Johnson (2010): Socio-pragmatic aspects of legal talk: Police interviews and trial discourse. In: Malcolm Coulthard/Alison Johnson (Hg.): The Routledge Handbook of Forensic Linguistics. London u. a., 21–36.
Hutchby, Ian/Robin Wooffitt (2008): Conversation analysis. 2. Aufl. Cambridge.
Kallmeyer, Werner (1985): Handlungskonstitution im Gespräch. Dupont und sein Experte führen ein Beratungsgespräch durch. In: Elisabeth Gülich/Thomas Kotschi (Hg.): Grammatik, Konversation, Interaktion. Beiträge zum Romanistentag 1983. Tübingen, 81–122.
Kallmeyer, Werner/Fritz Schütze (1976): Konversationsanalyse. In: Studium Linguistik 1, 1–28.
Klein, Wolfgang/Werner Nothdurft (1987): „die rauferei ODER dat andere thema“. Einführende Bemerkungen zur Gesprächsanalyse einer Güterverhandlung vor dem Schiedsmann. In: Klaus Röhl (Hg.): Das Güteverfahren vor dem Schiedsmann. Soziologische und kommunikationswissenschaftliche Untersuchungen. Köln, 543–564.
Knapp, Karlfried u. a. (Hg.) (2004/2011): Angewandte Linguistik. Ein Lehrbuch, 3. Aufl. Tübingen.
Knoblauch, Hubert A./Thomas Luckmann (2009): Gattungsanalyse. In: Uwe Flick/Ernst von Kardorff/ Ines Steinke (Hg.): Qualitative Forschung. Ein Handbuch. Reinbek, 538–546.
Komter, Martha (2013): Conversation Analysis in the Courtroom. In: Jack Sidnell/Tanya Stivers (Hg.): The Handbook Of Conversation Analysis. Chichester, 612–629.
Kozin, Alexander (2007): Standing for the client: on the interactional becoming of the criminal defence attorney. In: International Journal of the Legal Profession 14 (2), 173–193.
Kozin, Alexander (2008): Unsettled facts: On the transformational dynamism of evidence in legal discourse. In: Text and Talk 28 (2), 219–238.
Kurt, Ronald (1996): „...sons gehste demnächst den Tierpark fegen!“ – Polizisten als Erzieher? Eine empirische Untersuchung über strukturelle Aspekte diversionsorientierter Polizeitätigkeit. In: Jo Reichertz/Norbert Schröer (Hg.): Qualitäten polizeilichen Handelns. Beiträge zu einer verstehenden Forschung. Opladen, 182–233.
Leodolter, Ruth (1975): Das Sprachverhalten von Angeklagten bei Gericht. Ansätze zu einer soziologischen Theorie der Verbalisierung. Kronberg.
Lerch, Kent D. (2010): Wissen oder Willkür? Zur Konstruktion des Rechtsfalls durch den Richter. In: Ulrich Dausendschön-Gay/Christine Domke/Sören Olhus (Hg.): Wissen in (Inter-)Aktion. Verfahren der Wissensgenerierung in unterschiedlichen Praxisfeldern. Berlin u. a., 225–247.
Limburg, Anika (2014): Schlichtung professionalisieren. – Methodenreflexion, Institutions- und Gesprächsanalysen, Fortbildungskonzept. Mannheim.

Luckmann, Thomas (1986/2007): Grundformen der gesellschaftlichen Vermittlung des Wissens: kommunikative Gattungen. In: Jochen Dreher (Hg.): Lebenswelt, Identität und Gesellschaft. Schriften zur Wissens- und Protosoziologie. Konstanz, 272–293.
Maley, Yon u. a. (1995): Orientations in lawyer-client interviews. In: Forensic Linguistics 2 (1), 42–55.
Nothdurft, Werner (1989): Interaktive Paradoxa konsensueller Konfliktlösung. Der Fall des ‚Schiedsmanns'. In: Ludger Hoffmann (Hg.): Rechtsdiskurse. Untersuchungen zur Kommunikation in Gerichtsverfahren. Tübingen, 197–215.
Nothdurft, Werner (1995a): Gesprächsanalyse von Schlichtung. Die Geschichte eines Forschungsprojektes und die Entwicklung seiner Ergebnisse. In: Nothdurft, 1–26.
Nothdurft, Werner (Hg.) (1995b): Streit schlichten. Gesprächsanalytische Untersuchungen zu institutionellen Formen konsensueller Konfliktlösung. Berlin/New York (Schriften des Instituts für deutsche Sprache 5.1).
Nothdurft, Werner (1997): Schlichtung. Konfliktstoff. Gesprächsanalyse der Konfliktbearbeitung in Schlichtungsgesprächen. Berlin (Schriften des Instituts für deutsche Sprache 5.2).
Nothdurft, Werner/Thomas Spranz-Fogasy (1991): Gesprächsanalyse von Schlichtungs-Interaktion. Methodische Probleme und ihre Hintergründe. In: Dieter Flader (Hg.): Verbale Interaktion. Studien zur Empirie und Methodologie der Pragmatik. Stuttgart, 222–240.
Pick, Ina (2010): „Äh • • wo drückt • bei Ihnen der Schuh?" Anliegensformulierung im anwaltlichen Erstgespräch. In: Gesprächsforschung Online-Zeitschrift zur verbalen Interaktion 11, 231–258.
Pick, Ina (2011a): Alltagskommunikation vs. institutionelle Kommunikation? Diskussion eines Begriffspaares am Beispiel anwaltlicher Mandantengespräche. In: Karin Birkner/Dorothee Meer (Hg.): Institutionalisierter Alltag: Mündlichkeit und Schriftlichkeit in unterschiedlichen Praxisfeldern. Mannheim, 67–91.
Pick, Ina (2011b): Praxisnahe Erforschung von (Beratungs-)Gesprächen: Ablauf eines sprachwissenschaftlichen Forschungsprojektes. In: Eva Graf u. a. (Hg.): Beratung, Coaching, Supervision. Multidisziplinäre Perspektiven vernetzt. Wiesbaden, 69–83.
Pick, Ina (2013): Das anwaltliche Mandantengespräch. Linguistische Ergebnisse zum sprachlichen Handeln von Anwalt und Mandant. Dortmund: Diss.
Redder, Angelika (2010): Functional Pragmatics. In: Gerd Antos/Eija Ventola (Hg.): Handbook of Interpersonal Communication. Berlin/New York, 133–178.
Reitemeier, Ulrich (1994): Beraten und institutioneller Kontext. Zum Einfluß institutioneller Handlungsbedingungen auf die Interaktionsbeziehung zwischen Ratsuchendem und Berater. In: Werner Nothdurft/Ulrich Reitemeier/Peter Schröder (Hg.): Beratungsgespräche. Analyse asymmetrischer Dialoge. Tübingen, 229–259.
Rehbein, Jochen u. a. (2004): Handbuch für das computergestützte Transkribieren nach HIAT. Hamburg (56).
Sacks, Harvey/Emanuel Schegloff/Gail Jefferson (1974): A simplest systematics for the organisation of turn-taking for conversation. In: Language 50, 696–735.
Sarat, Austin/William Felstiner (1995): Divorce Lawyers and their Clients. Power and Meaning in the legal Process. New York.
Scheffer, Thomas (2003): The Duality of Mobilisation. Following the Rise and Fall of an Alibi-Story on its Way to Court. In: Journal for the Theory of Social Behaviour 33 (3), 313–346.
Schröder, Peter (Hg.) (1997): Schlichtung. Schlichtungsgespräche – Ein Textband mit einer exemplarischen Analyse. Berlin (Schriften des Instituts für deutsche Sprache 5.3).
Schröder, Peter u. a. (1997): Schlichtungsgespräche verstehen. Exemplarische Fallanalyse einer Güterverhandlung vor dem Schiedsmann. In: Schröder, 16–52.
Schröer, Norbert (1992): Der Kampf um Dominanz. Hermeneutische Fallanalyse einer polizeilichen Beschuldigtenvernehmung. Berlin.

Schröer, Norbert (1996): Die informelle Aussageverweigerung. Ein Beitrag zur Rekonstruktion des Verteidigungsverhaltens von nichtdeutschen Beschuldigten. In: Jo Reichertz/Norbert Schröer (Hg.): Qualitäten polizeilichen Handelns. Beiträge zu einer verstehenden Forschung. Opladen, 132–162.

Schröer, Norbert (2002): Verfehlte Verständigung. Kommunikationssoziologische Fallstudie zur interkulturellen Kommunikation. Konstanz.

Schröer, Norbert (2003): Interkulturelles Patt. Kommunikationsprobleme zwischen deutschen Vernehmungsbeamten und türkischen Migranten in polizeilichen Beschuldigtenvernehmungen. In: Jo Reichertz/Norbert Schröer (Hg.): Hermeneutische Polizeiforschung. Opladen, 79–99.

Schwitalla, Johannes (1996): Herr und Knecht auf dem Polizeirevier. Das Werben um Kooperation und zunehmende Aussageverweigerung in einer polizeilichen Beschuldigtenvernehmung. In: Folia Linguistica XXX (3–4), 217–244.

Selting, Margret u. a. (2009): Gesprächsanalytisches Transkriptionssystem 2 (GAT 2). Gesprächsforschung Online-Zeitschrift zur verbalen Interaktion 10, 353–402.

Seyfarth, Elisabeth/Sybille Kreuzer/Verena Knott-Thiemann (1996): Anwaltliche Erstberatung und private Konfliktdynamik bei Trennung und Scheidung. Mitteilungsblatt der Arbeitsgemeinschaft Familienrecht (1), 39–46.

Tiersma, Peter/Lawrence Solan (Hg.) (2012): The Oxford Handbook of Language and Law. Oxford.

Tracy, Karen/Robert Agne (2002/2004): 'I Just Need to Ask Somebody Some Questions': Sensitivities in Domestic Dispute Calls. In: Cotterill, 75–90.

Travers, Max/John Manzo (Hg.) (1997): Law in Action. Ethnomethodological and Conversation Analytic Approaches to Law. Aldershot.

Wagner, Anne/Le Cheng (Hg.) (2011): Exploring Courtroom Discourse: The Language of Power and Control. Farnham.

Weber, Peter/Michael Becker-Mrotzek (2012): Funktional-pragmatische Diskursanalyse als Forschungs- und Interpretationsmethode. Zit. nach: http://www.fallarchiv.uni-kassel.de/wpcontent/. (abgerufen am 18.05.2012).

Wodak, Ruth (2005): Kommunikation in Institutionen. In: Ulrich Ammon u. a. (Hg.): Soziolinguistik. Ein internationales Handbuch zur Wissenschaft von Sprache und Gesellschaft (HSK 3/2). Berlin u. a., 1602–1615.

Wolff, Stephan (2010): Defensives Wissensmanagement im Strafverfahren. In: Ulrich Dausendschön-Gay/Christine Domke/Sören Olhus (Hg.): Wissen in (Inter-)Aktion. Verfahren der Wissensgenerierung in unterschiedlichen Praxisfeldern. Berlin u. a., 71–90.

Wolff, Stephan/Hermann Müller (1995): „Sie sind hier bei Gericht". Zeugenbelehrungen in Strafprozessen. In: Zeitschrift für Rechtssoziologie 16 (1), 192–220.

Wolff, Stephan/Hermann Müller (1997): Kompetente Skepsis. Eine konversationsanalytische Untersuchung zur Glaubwürdigkeit in Strafverfahren. Opladen.

Eilika Fobbe

14. Forensische Linguistik

Abstract: Forensische Linguistik ist ein Teilgebiet der Angewandten Linguistik, das sich mit sprachlichen Fragen im forensischen Kontext befasst. Sie bietet linguistische Expertise, wo Texte eine linguistische Analyse erfordern, weil sie als rechtliches Beweismittel dienen sollen. Der Artikel gibt einen Überblick über die aktuellen Anwendungsbereiche forensischer Linguistik, ihre Aufgabenstellungen in Verbindung mit dem jeweiligen Rechtssystem wie auch im Bezug zu den Nachbarwissenschaften. Die hier vorgestellten Anwendungsbereiche reichen von der Analyse sprachlicher Ähnlichkeit von Markennamen über Bedeutungsanalysen inkriminierter geschriebener und gesprochener Äußerungen (einschließlich streitiger Fälle von Beleidigung) bis zur gesprächsanalytischen Auswertung beweiskräftiger Gesprächsmitschnitte. Weitere Anwendungsfelder sind die Sprachanalyse in Asylverfahren, Plagiatsprüfung und die Autorschaftsbestimmung. Letztere stellt das etablierteste Arbeitsfeld forensischer Linguistik dar und wird daher ausführlicher vorgestellt, einschließlich der Methoden der Stil-, Fehler- und Textstrukturanalyse.

1 Einleitung

1.1 Definition

Das Adjektiv *forensisch* (von lat. *in foro* herrührend) in *forensische Linguistik* beschreibt die Anwendung der Linguistik im gerichtlichen Kontext. *Forensische Linguistik* hat zum Ziel, sprachliche Fragen und Problemstellungen, die sich aus der Ermittlungsarbeit oder im Rahmen eines Gerichtsverfahrens ergeben, mit ihren Methoden und Verfahren juristisch verwertbar zu beantworten. Sie ist damit eine spezifische Form angewandter Sprachwissenschaft; aus Sicht der Rechtswissenschaft gilt sie als eine juristische bzw. kriminologische Hilfswissenschaft.

Im Zentrum forensisch-linguistischer Arbeit steht die Analyse gesprochener und geschriebener Äußerungen und Texte mit Blick auf ihre formale wie inhaltliche Struktur, ihre sprachliche Gestaltung sowie ihre Produktions- und Rezeptionsbedingungen im jeweiligen kommunikativen Kontext. Die Bezeichnung selbst geht auf eine Publi-

DOI 10.1515/9783110296198-014

kation mit dem Untertitel *A case for forensic linguistics* von Jan Svartvik aus dem Jahr 1968 zurück.

1.2 Funktion und Aufgabenstellung

Werden für die Ermittlung oder im Zuge eines Gerichtsverfahrens Fachwissenschaften herangezogen, dienen sie dazu, die Behörde mit der Sachkunde zu versehen, die diese nicht hat. Die Aufgaben forensischer Linguistik sind daher so variabel wie die Problemstellungen, mit denen sie konfrontiert ist. Bedingt durch die Spezifik des Arbeitsfeldes gibt es jedoch einige typische Fragen, die regelmäßig von der Linguistik beantwortet werden sollen, wie z. B. die Frage nach dem Verfasser eines Textes (vgl. 2.5) oder danach, wie eine Äußerung in einem bestimmten Kontext zu verstehen ist (vgl. 2.2), siehe auch den Sammelband von Kniffka 1990.

Je nach Aufgabenstellung müssen Theorien und Verfahren aus unterschiedlichen Teildisziplinen herangezogen werden. Linguistik berät, analysiert und gibt Orientierung in allen Fällen, in denen es nicht um die Anwendung, sondern um die Beschreibung sprachlichen Wissens geht, das für die weitere Beurteilung der Sachlage entscheidend ist (Bierwisch 1992, 57). Der Umfang der angeforderten Sachkunde reicht dabei von der Darlegung bestimmter Sachverhalte (z. B. ob bestimmte Annahmen über Sprache zutreffend sind) über die Erörterung des streitigen Gegenstandes (wie es bspw. zu unterschiedlichen Lesarten kommt) bis hin zur Analyse ganzer Texte oder Gespräche.

1.3 Nachbardisziplinen

Stimme, Sprache und Handschrift gelten als Spuren, die individualisierende Merkmale aufweisen und anhand derer sich eine Person mit einer bestimmten Wahrscheinlichkeit identifizieren lässt. Gemeinsam ist ihnen auch, dass sie sowohl interindividuelle Unterschiede zeigen wie auch eine intraindividuelle, innere Variationsbreite aufweisen.

Als der forensischen Linguistik benachbarte Arbeitsbereiche gelten die *forensische Phonetik* und die *forensische Schriftvergleichung*; letztere ist streng zu trennen von der Deutung einer Handschrift als Ausdruck charakterlicher Eigenschaften (sog. Graphologie).

Über eine Handschriftenanalyse soll meist geklärt werden, ob eine Schreibleistung einer bestimmten Person zuzurechnen ist oder ob eine Unterschrift oder ein handschriftliches Dokument gefälscht wurde (Seibt 2005, 175 f.).

Eine phonetische Analyse einer gesprochenen Äußerung dient entweder der Sprecherverifizierung durch einen Stimmenvergleich oder der Erstellung eines Sprecherprofils, ggf. auch der Klärung, ob die Stimme verstellt wurde (Gfroerer 2006, 2512).

Analysiert werden die Stimmparameter, die Sprechweise und die Sprache. Analog zur Textanalyse kann über die Auswertung der Aussprache und des Sprachvermögens eine Kategorisierung des Sprechers hinsichtlich Muttersprache, regionaler Herkunft, Bildungsgrad, Gruppen- bzw. Schichtenzugehörigkeit erfolgen sowie die Zuordnung zu einem ‚sprechenden' oder einem ‚nicht-sprechenden' Beruf. Die Auswertung individualisierender Merkmale umfasst neben den Artikulationsgewohnheiten auch wiederkehrende Versprecher, Pausenfüller und bevorzugte Floskeln oder Partikeln (Gfroerer 2006, 2513).

1.4 Einbettung in das Rechtssystem

Die Nutzung linguistischer Expertise durch Kriminologie und Rechtswissenschaft, ihre Arbeitsfelder und ihre gesellschaftliche Präsenz hängen zu einem großen Teil vom jeweiligen Rechtssystem ab. So erklärt sich, dass das Arbeitsfeld forensischer Linguistik in den USA und in Großbritannien sehr viel weiter gesteckt ist als bspw. in Deutschland, denn durch das Rechtssystem bedingt, nehmen in den jeweiligen Ländern Sachverständige im Verfahrensablauf durchaus unterschiedliche Rollen ein und erfüllen z. T. andere Funktionen. Forensische Linguistik in den Ländern mit einem adversarischen System arbeitet auch in Bereichen, die in Deutschland entweder dem Gericht zufallen oder von anderen Experten abgedeckt werden. Zudem wirken die unterschiedlichen Prozessordnungen und die Regelungen zur Bestellung von Sachverständigen darauf ein, welche Fragen und Problemstellungen wann und unter welchen Bedingungen an das Fach herangetragen werden. Auch die Aufgabe des Wissenstransfers bzw. der Vermittlung der Sachkunde gestaltet sich in den USA anders als in Deutschland, da sowohl die Präsentation als Wissenschaft wie auch die für den Fall relevanten wissenschaftlichen Zusammenhänge vorrangig an eine Jury vermittelt werden müssen (vgl. dazu exemplarisch die Fallschilderungen von Shuy 2006, Rodman 2002). Ein Problem, das – anders als in den USA – in Deutschland eher marginal ist, ist die Zulassung linguistischer Expertise als Beweismittel. Forensische Linguistik wird für eine Autorenbestimmung ebenso regelmäßig hinzugezogen wie die Handschriftenanalyse, wenn es um die Echtheit von handgeschriebenen Dokumenten oder Unterschriften geht. Beide forensischen Disziplinen haben in den USA häufig das Problem, als nicht den wissenschaftlichen Standards genügend abgewiesen zu werden (vgl. dazu Tiersma/Solan 2004). In Deutschland hingegen wirkt sich hemmend auf die Anwendung linguistischer Expertise auf weitere Arbeitsfelder wie auf ihre Hinzuziehung aus, dass das Gericht nach Möglichkeit in eigener Sachkunde entscheiden soll und hinsichtlich sprachlicher Fragen eine solche Sachkunde für sich auch regelmäßig in Anspruch nimmt bzw. sich diese selbst aneignet. Zudem ist es allein für die Bestellung von Sachverständigen zuständig und entscheidet über die Verwertung von Parteiengutachten; auch sind an die Hinzuziehung weiterer Gutachten bestimmte Voraussetzungen geknüpft. In den Rechtssystemen der USA und Großbritanniens hingegen engagieren die Streitparteien im Vorfeld Sachverständige, über deren Zulassung das Gericht dann später entscheidet. Diese Bedingungen prägen das Arbeitsfeld forensischer Linguistik in den einzelnen Ländern sowohl in der Praxis wie auch in der Ausrichtung der Forschung nachhaltig.

2 Anwendungsbereiche

2.1 Sprachliche Ähnlichkeit

Ein vergleichsweise gut abgegrenzter und „genuin linguistischer Problembereich" (Grewendorf 1992, 23) ist die Ermittlung sprachlicher Ähnlichkeit im Zusammenhang mit dem Wettbewerbsrecht bzw. dem Markenrecht. Eine lautliche und ggf. auch graphische Ähnlichkeit eines Markennamens oder Namenszuges kann dazu führen, dass zwei Produkte unterschiedlicher Hersteller aufgrund ihres Namens verwechselt werden. Häufig wird das Phänomen nach alltagsprachlichen Kriterien beschrieben, welche die Ebene der Orthographie mit der Ebene der Phonologie vermischen; auch werden inkorrekte Annahmen über phonemische Realisationen geäußert (vgl. dazu Parádi 2005). Ob eine Verwechselbarkeit vorliegt, kann nur mittels linguistischer Ähnlichkeitskriterien wirklich entschieden werden, die sich aus der Analyse der phonemischen und morphologischen Strukturen der Bezeichnungen sowie ihrer jeweiligen Bedeutungsrelationen ergeben (Grewendorf 1992, 23). Die juristische Argumentation für oder wider eine Verwechslungsgefahr lässt sich damit direkt stützen oder in Frage stellen.

2.2 Bestimmung von Äußerungsbedeutungen

Linguistische Expertise kann des Weiteren dazu dienen, die Bedeutung einer Äußerung zu ermitteln, wenn die Bedeutung streitig und Gegenstand des Verfahrens ist. Sprecher wissen im Allgemeinen, wie sie eine Äußerung zu verstehen haben; allerdings können sie nicht erklären, auf welcher Grundlage sie zu ihrer Auffassung gelangt sind, so dass es schwierig wird, im Streitfall für die eigene Deutung zu argumentieren. Die linguistische Analyse soll in solchen Fällen darlegen, wie es zu den unterschiedlichen Lesarten gekommen ist und welcher aus linguistischer Sicht im Äußerungskontext der Vorzug zu geben ist. Ggf. wird darauf hinzuweisen sein, dass der streitige Ausdruck ambig ist, und beide Deutungen ihre Berechtigung haben. Derartige Auseinandersetzungen können sich auf jedes Wort, jeden Satz oder Text beziehen, an dessen Auslegung rechtliche Konsequenzen geknüpft sind (Passagen in Verordnungen, Verträgen, Publikationen u. dgl. mehr). Die linguistische Analyse streitiger Texte zur Klärung des Verständnisses erstreckt sich dabei auch auf Text-

Bild-Beziehungen einschließlich ihrer Rezeptionsbedingungen durch den Adressaten (bei Gebrauchsanweisungen, Beipackzetteln oder Warnhinweisen) und spielt z. B. in Fällen der Produkthaftung eine Rolle. In den USA sind auch die Anweisungen an die Jury oder die Verständlichkeit der ‚Miranda'-Rechte ein Gegenstand forensisch-linguistischer Analyse.

Im Zusammenhang mit § 185 StGB dient die Klärung einer Bedeutung dazu, festzustellen, ob eine bestimmte Äußerung als Beleidigung anzusehen ist oder nicht. Dazu ist zu ermitteln, welche Bedeutung die Äußerung im aktuellen Sprachgebrauch hat, ob sie pejorative Bedeutungsanteile enthält oder ob sie diese Anteile im konkreten Verwendungskontext entwickelt hat (ausführlich dazu Kniffka 1981). Die linguistische Beantwortung der letzten Frage kann ergeben, dass die Bedingungen, unter denen eine Äußerung beleidigenden Charakter entfaltet, z. T. sehr komplex sind (vgl. dazu auch Burkhardt 1996).

2.3 Gesprächsanalysen

Die Analyse von (verdeckt) mitgeschnittenen Gesprächen betrifft nicht die Bestimmung der Stimm- und Sprechparameter oder die Klärung, wer oder was auf dem Tonträger zu hören ist. Diese Aufgaben fallen der forensischen Phonetik zu (vgl. 1.3). Die Gesprächsanalyse untersucht den Aufbau, den Verlauf von Gesprächen sowie deren Inhalt. Häufig soll geklärt werden, ob eine bestimmte Sprachhandlung von einem der Beteiligten tatsächlich vollzogen wurde, ob bspw. jemand bedroht wurde oder jemand in eine Bestechung eingewilligt hat, denn dies ist keineswegs immer klar.

In solchen Fällen ist herauszuarbeiten, wer Gesprächsbeiträge initiiert, Themen einführt oder wieder aufnimmt und in welcher Form eine Respondierung durch den Gesprächspartner erfolgt oder auch nicht erfolgt. Die Analyse zeigt ggf., dass die Phasen komplexer sprachlicher Interaktionen tatsächlich vollzogen oder dass sie abgebrochen wurden (ausführlich Shuy 1997, 22 f., 33); sie kann offenbaren, dass ein Gesprächsteilnehmer für eine bestimmte Wortbedeutung eine entscheidende Bedeutungsverschiebung erfolgreich oder vergeblich eingeführt hat (z. B. ‚Interimsdeal' für ‚Drogendeal', Shuy 1997, 83 f.).

Die Auswertung einer verdeckten Aufzeichnung mit den Verfahren der Gesprächsanalyse ist auch deshalb sinnvoll, weil in diesem Fall dem Zuhörer weder die Anzahl der am Gespräch beteiligten Personen bekannt ist noch ihre Position im Raum, ihre Körperhaltung, Gestik und Mimik. Wenn nicht klar ist, nach welchen Regeln Gespräche organisiert sind, wie Sprecherwechsel erfolgen und wie einzelne Gesprächsbeiträge einzuordnen sind, fällt es dem ungeübten Hörer u. U. schwer, dem Gespräch zu folgen und zu beurteilen, ob das, was die Aufzeichnung belegen soll (z. B. die strafrechtlich relevante Sprachhandlung), tatsächlich gegeben ist.

In den USA, in Australien und in Großbritannien zählt auch die Kommunikation vor Gericht selbst zum potenziellen Untersuchungsgegenstand forensischer Linguistik. Gesprächsanalytische Auswertungen erstrecken sich daher z. T. auch auf die Gespräche der Prozessbeteiligten in der Verhandlung; häufig vor dem Hintergrund, dass nicht-muttersprachliche Zeugen oder Angeklagte möglicherweise sprachlich benachteiligt wurden.

2.4 Sprachanalysen (zur Herkunftsbestimmung)

Der Terminus *Sprachanalyse* beschreibt die Analyse der sprachlichen Sozialisation im forensischen Kontext. International firmiert sie unter dem Kürzel LADO (*Linguistic Analysis for Determination of Origin*). Sprachanalysen sollen bestimmen, welche Muttersprache, welchen Dialekt oder welche Regionalsprache eine Person spricht, um so die Frage zu beantworten, woher diese Person stammt. Derartige Analysen werden seit Ende der 1990er Jahre in stetig zunehmendem Umfang in mehreren europäischen Ländern, darunter auch in Deutschland, im Rahmen von Asylanträgen durch die Ausländerbehörden in Auftrag gegeben, wenn der Asylsuchende seine Nationalität nicht nachweisen kann oder will. Die Grundannahme der Sprachanalyse, dass die Sprache etwas über die Herkunft ihres Sprechers verrät, steht außer Frage, und in vielen Fällen ist das Land der sprachlichen Sozialisation auch das Herkunftsland; dies muss aber nicht notwendigerweise der Fall sein.

Bedenken von linguistischer Seite richten sich gegen unterschiedliche Aspekte dieses Verfahrens (vgl. auch den Überblicksartikel von Patrick 2012). An erster Stelle ist die häufig anzutreffende konzeptuelle Gleichsetzung von sprachlicher Herkunft und Nationalität zu nennen, die sich auf die falsche, aber weitverbreitete Vorstellung stützt, dass Sprechergemeinschaften im allgemeinen monolingual seien, eine gemeinsame Kultur teilten und einer Nation angehörten (Eades 2005, 511). Des Weiteren richten sich die Bedenken gegen die unterschiedlichen Verfahrensweisen der nationalen Behörden und deren unterschiedliche Qualifikationsanforderungen an die Gutachter. Hier unterscheiden sich die Vorgaben und das Vorgehen der Schweiz von denen anderer Länder in einigen wichtigen Punkten, die nach Einschätzung Eades‘ (2005, 506) z. T. Prinzipien einer möglichen ‚best practice‘ indizieren – die Sprachanalyse wird nur von Sprechern dieser Sprache ausgeführt, die zugleich Linguisten sind, und sie soll nicht die Nationalität klären, sondern die sprachliche Sozialisation (Singler 2004, 222).

In der Verbindung mit weiteren außersprachlichen Hinweisen kann eine Sprachanalyse im konkreten Fall eine bestimmte Herkunft wahrscheinlich oder weniger wahrscheinlich machen. Die Ermittlung der Herkunft über die Sprache setzt dabei jedoch voraus, dass das potenzielle Herkunftsgebiet ausreichend varietätenlinguistisch beschrieben und eine gesicherte empirische Basis sprachlicher Daten vorhanden ist. In vielen Fällen soll die Nationalität von Asylsuchenden ermittelt werden, die aus Afrika stammen, einem Kontinent, der sich durch eine große Sprachenvielfalt auszeichnet. In Afrika werden ca. 2000 Sprachen gesprochen, mit Sprechergemeinschaften, deren Größen zwischen einigen tausend und einigen Millionen Sprechern variieren, so dass von einer allgemeinen Mehrsprachigkeit auszugehen ist (Kastenholz 1998, [2]). Für viele Länder und Regionen Afrikas gilt zugleich, dass sie varietätenlinguistisch unterschiedlich, z. T. nur sehr großräumig erschlossen sind und dass nationale und sprachliche Grenzen „fast grundsätzlich nicht" übereinstimmen (Kastenholz 1998, [4]).

Die Daten, die die Grundlage einer Sprachanalyse bilden, werden in einem Interview mit dem Asylsuchenden erhoben. Dieses Interview wird aufgezeichnet und anschließend ausgewertet. Es erfolgt entweder in einer oder mehreren Sprachen, die der Betreffende spricht, auf Englisch oder in einer Kombination aus beidem. Der Interviewer erfragt sowohl sprachliche wie kulturelle Informationen, die bestimmte Kategorien abdecken, stellt also Fragen zu Phonologie, Morphologie, Syntax und Lexik bzw. zu Essgewohnheiten, Religion, Kleidung u. dgl. mehr (Meyer 2006, 710). Als weiterer bzw. alternativer Zugang zu einer Herkunftsanalyse – wenn es keinen Interviewer gibt, der die Muttersprache des Asylbewerbers spricht – gilt für das anglophone Afrika die Analyse der Aussprache und der Lexik des Englischen als *Zweitsprache* (Bobda/Wolf/Peter 2007, 24 [38]).

In der Interviewsituation zu erwarten und angemessen zu berücksichtigen sind eine Anpassung des Sprachverhaltens, Code-Switching-Effekte und Variierungen der Stilebene in Abhängigkeit von den sozialen Rollen, der Situation, dem Inhalt und der Beziehung der Gesprächspartner (Meyer 2006, 711). Die Ursachen des jeweiligen Sprachverhaltens können aus soziolinguistischer Sicht recht komplex sein, z. B. wenn das Interview auf Englisch mit Sprechern englisch-basierter Kreol- oder Pidginsprachen geführt wird (Eades 2005, 508).

An das Interview schließt sich eine Auswertung der Aufzeichnung an, die die sprachliche Herkunft des Asylbewerbers auf der Grundlage der Sprachanalyse bestimmt. Im Idealfall wird sie von einem Linguisten mit entsprechender muttersprachlicher Kompetenz durchgeführt, da Kenntnisse der Phonetik und phonetischer Transkriptionsverfahren ebenso notwendig sind wie soziolinguistisches Wissen in den Bereichen der Mehrsprachigkeits- und Kontaktsprachenforschung. Zudem muss der Gutachter Kenntnisse der kulturellen und landeskundlichen Gegebenheiten besitzen, die vor Ort gewonnen worden sein sollten. In der behördlichen Praxis vieler Länder werden jedoch häufig einfach Muttersprachler oder Dolmetscher mit der Analyse beauftragt, die keine linguistische Ausbildung besitzen und die nicht selten nicht nur die Herkunft des Probanden bestimmen, sondern auch dessen Nationalität festlegen. Den nationalen amtlichen Verfahren mit ihren differierenden Standards stehen private Institute wie *de taalstudio* in den Niederlanden gegenüber, die nach eigener Aussage nach wissenschaftlichen Standards arbeiten und die im Zuge zunehmend häufiger angeforderter Gegengutachten gegründet wurden. Die Einforderung einheitlicher wissenschaftlicher Standards für Sprachanalysen hat an Aktualität nichts eingebüßt. Problematisch ist insbesondere die Tatsache, dass der Gutachter der Behördengutachten anonym bleibt, so dass seine Qualifikation und damit seine

Eignung nicht nachgeprüft werden kann (Riehl 2007, 6 [49]). Die fehlenden Standards erschweren in Ländern mit einem adversarischen System (Australien, Großbritannien, USA) die Zulassung linguistischer Expertise (Eades 2005, 513). In Ländern mit einem inquisitorischen Rechtssystem würde ihr Vorhandensein die Bewertung der Frage erleichtern, ob ein sprachanalytisches Gutachten auch aus wissenschaftlicher Sicht methodisch die Anforderungen an Sachverständigengutachten erfüllt. Um zu überprüfen, ob ein Asylbewerber zu seinem Herkunftsland zutreffende Angaben macht oder nicht, ist die Sprachanalyse *ein* geeignetes Hilfsmittel (Bobda/Wolf/Peter 2007, 4 [18]); alleiniges Beweismittel kann sie nicht sein, da sie zur Bestimmung der Nationalität nur Indizienwert entwickelt.

2.5 Bestimmung der Autorschaft

Da linguistische Expertise zumeist in Fällen strittiger Autorschaft angefordert wird, ist es dadurch vorrangig dieser Arbeitsbereich, der Ermittlungsbeamten, Richtern und Anwälten bekannt ist (vgl. Wirth 2013, 217, 376). Als Resultat wird forensische Linguistik häufig mit der Autorschaftsanalyse gleichgesetzt oder auf sie verkürzt. Weitere Anwendungsmöglichkeiten sind überwiegend unbekannt.

Bei einer Autorschaftsbestimmung gibt es zwei Vorgehensweisen: die kategoriale Beschreibung eines anonymen Verfassers eines Einzeltextes und den Textvergleich mit dem Ziel, eine gemeinsame oder unterschiedliche Verfasserschaft zu bestimmen.

Die Analyse des Einzeltextes hat zum Ziel, den Autor hinsichtlich bestimmter sozialer Kategorien zu beschreiben, die eng mit dem Erwerb und dem Ausbau der Sprach- und Schreibkompetenz verbunden sind und die sich entsprechend aus den sprachlichen Befunden ableiten lassen. Die betreffenden Kategorien umfassen Muttersprache, Bildungsgrad, Ausbildung/Tätigkeit, Erfahrungen in der Textproduktion, Gruppenzugehörigkeit und Alter (Schall 2004, 556, Dern 2006, 2528 f.). Sie lassen sich durch eine Stil- und Fehleranalyse sowie eine Analyse der formalen wie inhaltlichen Struktur des Textes herausarbeiten. Der Textvergleich dient dazu, den fraglichen Text einem anderen Text oder einer Gruppe von Texten zuzuordnen. Dies können weitere, ebenfalls anonyme Texte z. B. aus Briefserien sein, es kann aber auch Vergleichsmaterial eines Verdächtigen sein. Der Textvergleich erfolgt unter der Fragestellung, ob eine gemeinsame Verfasserschaft anzunehmen ist oder nicht. Für jeden Text wird zunächst separat ein Befund erhoben, anschließend werden die Texte verglichen. Das Vergleichsmaterial zeigt im Allgemeinen die unverstellte Schreibkompetenz seines Autors, bei Tatschreiben hingegen muss auch immer mit Verstellungsversuchen gerechnet werden.

Für die Textanalyse zur Kategorisierung oder Bestimmung eines Autors haben sich mehrere Verfahren etabliert. Zentral sind die Stil- und die Fehleranalyse, hinzu tritt bei bestimmten Textsorten wie z. B. dem Erpresserbrief, für die entsprechende linguistische Forschungsergebnisse vorliegen, auch die Analyse der Textstruktur.

Alle (Teil-)Analysen sind eingebettet in eine Analyse des Textes als Exemplar einer Textsorte. Die Analyse der Textsorte gewährleistet, dass stilistische oder textstrukturelle Auffälligkeiten danach unterschieden werden können, ob sie den Vorgaben der Textsorte geschuldet sind oder ob sie individuelle Entscheidungen des Autors darstellen. So gilt z. B. für Erpresserschreiben, dass die Präsentation als Gruppe, eine fehlende Schlussformel oder sprechsprachliche Verkürzungen wie *keine Polizei, keine Tricks* erwartbare, textsortentypische Erscheinungen sind, die regelmäßig keine individuellen Züge tragen.

Unabhängig davon, ob er vor dem Hintergrund eines bestimmten Verdachts erbeten wird, erfolgt der Textvergleich stets ergebnisoffen. Mit dem Textvergleich werden die vorhandenen sprachlichen Unterschiede und Gemeinsamkeiten zwischen Text und Vergleichsmaterial herausgearbeitet. Zu viele Unterschiede machen einen gemeinsamen Autor eher unwahrscheinlich und können später dazu dienen, eine gemeinsame Verfasserschaft zurückzuweisen. Lassen die Texte auf den verschiedenen sprachlichen Ebenen viele Gemeinsamkeiten erkennen, ist es entsprechend weniger wahrscheinlich, dass die Texte unterschiedliche Verfasser haben. Steht allerdings der Verdacht im Raum, dass eine identische oder unterschiedliche Verfasserschaft nur vorgetäuscht werden soll, verändert sich der Aussagewert der jeweiligen Übereinstimmungen bzw. Unterschiede (Kämper 1996, 564). Was Ergebnis einer Verstellung und was unverstellte Kompetenz des Verfassers ist, ist dann unter Rückgriff auf Erkenntnisse zu Verstellungsstrategien sorgsam abzuwägen (weiterführende Literatur nennt Ehrhardt, in diesem Band).

Grundsätzlich zu bedenken ist, dass nicht jede Gemeinsamkeit und jeder Unterschied zwischen Texten einen Aussagewert erlangen muss. Daher werden nur Merkmalsbündel zur Bestimmung einer Autorschaft herangezogen und keine Einzelmerkmale.

Die Anwendung der im Folgenden erläuterten Verfahren setzt voraus, dass zuvor geklärt werden konnte, ob es sich bei Verfasser und Schreiber des Textes um ein und dieselbe Person handelt. Liegt Vergleichsmaterial eines Verdächtigen vor, muss auch hier sichergestellt sein, dass es tatsächlich von ihm stammt bzw. nicht von fremder Hand überarbeitet wurde (vgl. Fobbe 2013, 10). Insbesondere bei Bekennerschreiben ist damit zu rechnen, dass mehrere Personen an der Textproduktion beteiligt sind und dass fremde Texte oder Textteile in den Text mit einfließen. Auch ist es möglich, dass eine Diktatsituation vorliegt (weitere Konstellationen bei Kniffka 2007, 159 ff.). Bestehen in diesem Sinne Zweifel an der Herkunft und an den Umständen der Textproduktion, ist eine an den Texten durchgeführte Analyse zum Zwecke der Autorschaftsbestimmung wertlos.

Soll ein Textvergleich durchgeführt werden, sollte das Vergleichsmaterial einer ähnlichen Textsorte angehören und seine zeitliche Entstehung nicht zu weit zurückliegen. Liegen sehr unterschiedliche Textsorten vor, so kann ein Vergleich u. U. keine verwertbaren Ergebnisse bringen, da die Vorgaben der Textsorte den Stil zu einem großen Teil bestimmen und die Wahl bestimmter sprachlicher Mittel entweder beschränken oder erst möglich machen.

Die Analyse sollte an einer Fotokopie des Originals erfolgen. Abschriften eignen sich nicht, da die abschreibende Person – ob gewollt oder ungewollt – erfahrungsgemäß Veränderungen am Text vornimmt.

2.6 Stilanalyse

Der Stil einer Person gilt vielen Menschen als individualisierendes Merkmal. Wer mit den Texten einer Person lange vertraut ist, entwickelt ein Gespür für deren Stil und kann die Texte der Person zuordnen. Entsprechend nahe liegt es, auch bei Texten strittiger Herkunft über eine vergleichende Analyse des Stils den Autor des Textes identifizieren zu wollen. Stilanalytische Herangehensweisen mit dieser Zielsetzung haben in der historisch-kritischen Bibelexegese und den Philologien Tradition und reichen bis ins das 19. Jh. und z. T. darüber hinaus zurück (vgl. den historischen Überblick in Love 2001). Durch die Entwicklung moderner Datenverarbeitung haben sich seit der Mitte des 20. Jh. neue Möglichkeiten ergeben, auch sehr große Datenmengen und damit ganze Werke von Autoren auszuwerten. Mehrfach haben sich so die Ergebnisse älterer philologischer Arbeit bestätigt, wie z. B. im Falle der *Federalist Papers* (vgl. Holmes 1998). Literaturwissenschaftliche Autorschaftsbestimmungen zeichnen sich dadurch aus, dass neben sprachlichen Merkmalen auch biographische, literarhistorische und kulturgeschichtliche Argumente die Zuordnung eines Textes begründen. Demgegenüber liegen bei einer forensischen Textanalyse erschwerte Bedingungen vor, denn über den Autor ist nichts oder nur wenig bekannt, seine Identität ist ungeklärt bzw. es ist offen, ob er dem Kreis verdächtiger Personen angehört, und mit dem inkriminierten Text ist nur ein winziger Ausschnitt seines Idiolekts greifbar.

Die forensische Stilanalyse arbeitet mit einem weiten Stilbegriff, der die sprachliche Gestaltung eines Textes auf allen seinen Ebenen umfasst, und sich nicht auf die Bestimmung von Stilfiguren, von Auffälligkeiten oder Abweichungen beschränkt, denn auch stilistisch Unauffälliges kann je nach Konstellation einen Aussagewert erlangen. Stil basiert dabei auf einer Kombination von bewussten und unbewussten Entscheidungen in der Wahl der sprachlichen Mittel, welche ihrerseits weitere, vom Sprachsystem vorgegebene Entscheidungen nach sich ziehen.

Die Stilwirkung eines Textes entsteht nicht über die bloße Addition verschiedener Merkmale, sondern entfaltet sich über sog. Merkmalsbündel, wobei sich die Merkmale auf alle sprachlichen Ebenen des Textes verteilen können. Auch wenn ein bestimmtes Merkmal, das in zwei Texten auftritt, im Einzelfall sehr auffällig sein mag, kann es doch nur eine erste Indikatorfunktion für die Zugehörigkeit der Texte zueinander entwickeln, die dann durch eine Textanalyse geprüft werden muss.

Forensische Stilanalyse operiert unter zwei Annahmen. Die erste Annahme ist die, dass Stil linguistisch beschreibbar, aber nicht allein über die Beschreibung erfassbar ist, denn zwischen der Beschreibung eines Stils und seiner Wahrnehmung besteht immer eine Lücke, die auch durch eine noch so detaillierte Beschreibung nie ganz geschlossen werden kann. Diese Lücke kommt dadurch zustande, dass Stil eine virtuelle Eigenschaft von Texten ist, die vom Rezipienten im Zuge der Lektüre erst rekonstruiert werden muss (Sandig 2006). Ob und wie eine beabsichtigte Stilwirkung von diesem dann wahrgenommen wird, hängt von seiner Stilerfahrung und von seinen Erwartungen an den Text ab.

Die zweite Grundannahme forensischer Stilanalyse ist die, „dass das sprachliche Verhalten einer Person individuell geprägt ist" (Dern 2006, 2528) und sich über distinkte und idiosynkratische Sprachverwendungen in ihren Texten manifestiert (Coulthard 2004, 432). Obwohl jeder Sprecher prinzipiell jedes Wort zu jeder Zeit gebrauchen könnte, neigen Sprecher dazu, bestimmte Wortverwendungen zu bevorzugen. Häufig wird nun daraus abgeleitet, dass die Beschreibung eines individuellen Stils es zugleich möglich macht, über diesen Stil eine Person abzugrenzen bzw. einen Text einer Person eindeutig zuzuordnen. Dies würde voraussetzen, dass es Stil*kriterien* gibt, die von vornherein Texte und damit Autoren stilistisch voneinander scheiden könnten. Ferner würde so eine im Voraus festgelegte Beziehung zwischen Sprache und Sprecher impliziert (Olsson 2004, 34), und Stil wäre eine feste Größe. Sprache wird jedoch vom einzelnen kontinuierlich – und nicht nur in den ersten Lebensjahren – im Austausch mit der Sprechergemeinschaft erworben. Für die Bewältigung unterschiedlicher kommunikativer Aufgaben stellt das Sprachsystem unterschiedliche Möglichkeiten bereit. Wie ein Sprecher daraus wählt, wird beeinflusst von der Situation, den Vorgaben der Textsorte und seinen persönlichen Voraussetzungen. Je nach Kommunikationssituation können Wahlmöglichkeiten in unterschiedlichem Grade gegeben sein, so dass sich das sprachliche Verhalten der Sprecher unter bestimmten Bedingungen sehr ähneln, aber auch deutlich unterscheiden kann.

Entsprechend irreführend ist daher auch der Vergleich des Individualstils einer Person mit ihrem biologischen Fingerabdruck, wie es der vor allem in den Medien recht populäre Ausdruck vom Stil als ‚sprachlichem Fingerabdruck' suggeriert. Stil weist jedoch die zentrale Eigenschaften des biologischen Fingerabdrucks gerade nicht auf: Er ist nicht individuell in dem Sinne, dass er nur auf ein einziges Individuum verweist, er ist nicht unveränderlich und er ist nicht problemlos vom Stil anderer Personen unterscheidbar (vgl. Fobbe 2011, 122).

Mit einer Stilanalyse lässt sich die Nähe oder Ferne zweier oder mehrerer Texte zueinander im Rahmen einer verbalen Wahrscheinlichkeitsaussage bestimmen. Dies bedeutet noch nicht, dass die Texte einen gemeinsamen oder unterschiedliche Verfasser haben, kann aber unter geeigneten Bedingungen daraus abgeleitet werden, denn die Zahl der möglichen Autoren ist durch die polizeiliche Ermittlungsarbeit meist schon eng begrenzt und beläuft sich häufig genug nur auf zwei (Coulthard 2004, 432). Aufgabe der Stilanalyse ist es daher nicht, aus einer unbestimmt großen Menge den Verfasser herauszufiltern, sondern innerhalb eines festgelegten Personenkreises einen bestehenden Verdacht gegenüber einer Person zu bestätigen oder ihn zu entkräften.

Die bereits erwähnten verbalen Wahrscheinlichkeitsaussagen sind auf einer Skala angeordnet, die von *non liquet* (nicht entscheidbar) bis zu *mit an Sicherheit grenzender Wahrscheinlichkeit* reicht. Die einzelnen Stufen entsprechen grundsätzlich keinen Prozentzahlen, da sich der Sprachgebrauch in dieser Weise nicht quantifizieren lässt, und ihre Abstände zueinander werden „um so kleiner, je höher die Wahrscheinlichkeitsaussage ist" (Kniffka 2000, 41). Die getroffene Wahrscheinlichkeitsaussage ergibt sich jeweils in direkter Abhängigkeit von der Ergiebigkeit und dem Umfang des Materials sowie den sprachlichen Befundmerkmalen, die linguistisch von sehr unterschiedlicher Aussagekraft hinsichtlich einer möglichen Autorenidentität sein können.

Es gibt zwei Ansätze der Stilanalyse, die sich methodisch und hinsichtlich ihres Stilkonzepts auch theoretisch unterscheiden: die *quantitative* und die *qualitative* Stilanalyse. Die quantitative Stilanalyse ist für größere Textmengen geeignet und wertet das entsprechende Material mit statistischen Methoden quantitativ aus. Die zu analysierenden Merkmale liegen dabei fest bzw. es werden allgemein etablierte Merkmale untersucht, die sich an der Textoberfläche finden, wie z. B. die Satzlänge, die Wortlänge oder die Type-Token-Ratio. Gemäß dem Stilkonzept ist Stil über diese Merkmale und damit im Grunde rezipientenunabhängig erfassbar. Die quantitative Stilanalyse kann computergestützt zwar sehr viele Stilmerkmale bestimmen; dies bedeutet aber nicht, dass sich dadurch eine höhere Trefferquote bei der Textzuordnung ergeben würde. Methodologische Probleme bestehen nach wie vor darin, dass sich nur im Nachhinein feststellen lässt, dass ein Merkmal bei einem bestimmten Text dazu geeignet ist, diesen Text von anderen ausreichend zu unterscheiden. Ein bekanntes Problem ist auch, dass bestimmte Merkmale in ihrer Ausprägung in direkter Abhängigkeit von der Textlänge stehen. Ferner scheiden die statistischen Verfahren nicht zwischen Texten unterschiedlicher Textsorten. Auch können bestimmte statistische Verfahren auf Texte mit unter 1000 Wörtern nicht angewendet werden, da sie verzerrte Ergebnisse hervorbringen (vgl. das instruktive Beispiel in Olsson 2004, 65 f.).

Von der quantitativen Stilanalyse unterscheidet sich die qualitative Stilanalyse darin, dass sich die stilanalytisch relevanten Merkmale erst aus der Beschäftigung mit dem Text ergeben und jeweils neu festgelegt werden müssen. Es ist also denkbar, dass für jeden Text andere stilistische Merkmale eine Relevanz erlangen. Die qualitative Stilanalyse untersucht zudem die sprachlichen Strukturen auch hinsichtlich ihrer kommunikativ-pragmatischen Funktion, da sich aus stilpragmatischer Sicht ein individueller Stil am ehesten in der Verbindung der sprachlichen Mittel mit dem argumentativen Vorgehen des Verfassers manifestiert.

In diesem Zusammenhang ist dahingehend Kritik an der qualitativen Stilanalyse formuliert worden, dass sie keine sicheren Ergebnisse im Sinne anderer forensischer Wissenschaften hervorbringe, sondern auf subjektiven Einschätzungen basiere, die allein deshalb ein hohes Fehlerrisiko beherbergten (Eisenberg 2011, Rn 1988a, 1991).

Dass sich über Sprache keine absoluten Aussagen fällen lassen, liegt im Untersuchungsgegenstand selbst begründet, der anders als in den forensischen Naturwissenschaften nicht physikalischer, sondern sozialer Natur ist. Eine derartige Kritik übersieht zudem, dass die Bewertung der Ergebnisse aus der linguistischen Textanalyse einschließlich der Stilanalyse sowie ihre Formulierung als verbale Wahrscheinlichkeitsaussage durch einen Gutachter substantiiert begründet sein muss, um intersubjektiv nachvollziehbar zu sein. Gemessen an den wissenschaftlichen Standards des Faches kann eine solche Bewertung entsprechend angemessen oder verfehlt sein. Dem Gutachter und der Qualität seiner Ausbildung fällt damit in der Tat eine entscheidende Rolle zu; vergleichbar den Fällen der Glaubhaftigkeitsbeurteilung durch die forensische Psychologie.

2.7 Fehleranalyse

Das zweite Verfahren, das innerhalb der Textanalyse angewendet wird, ist die sog. Fehleranalyse. Die Erfahrung zeigt, dass es einen Zusammenhang zwischen dem zu erwartenden Grad der Fehlerhaftigkeit und der Textsorte gibt. Während die meisten Erpresser- und Drohschreiben deutlich fehlerbehaftet sind, treten in Bekennerschreiben oder politischen Positionspapieren deutlich weniger Fehler auf. Auch die Art der Fehler unterscheidet sich. In den meist elaboriert verfassten Bekennerschreiben finden sich vor allem syntaktische Bezugsfehler in komplexen Sätzen sowie Interpunktionsfehler, wohingegen Erpresserschreiben weniger komplex gehalten sind und häufiger Fehler in den Phonem-Graphem-Korrespondenzen aufweisen.

Die Analyse der Fehler erfolgt in einem Dreischritt (Spillner 1990, 104 ff.): Zunächst muss der Fehler identifiziert bzw. im Text lokalisiert werden. Dies ist eine durchaus anspruchsvolle Aufgabe, da sich die Entscheidung, ob es sich bei einer realisierten Form um einen Fehler handelt, an der an den Text angelegten Norm misst. Diese Norm muss ihrerseits erst ermittelt werden, denn was z. B. im Sinne der standardsprachlichen Norm fehlerhaft ist, kann gemäß der Norm eines Dialekts oder einer regionalen Umgangssprache korrekt sein (vgl. Schall 2004, 557 f.). Sind die Fehler identifiziert, werden sie danach beschrieben, um welchen Fehlertyp es sich handelt. Dies können Rechtschreibfehler sein, die Phonem-Graphem-Korrespondenzen verletzen, Flexionsfehler, syntaktische Fehler, lexikalische Fehler, Fehler auf der Textebene, die durch Brüche in der Kohäsion und der Kohärenz entstehen oder Verstöße gegen die Normen der Textsorte. Von Verstößen gegen die Norm der Textsorte bei inkriminierten Tatschreiben könnte man allenfalls dann sprechen, wenn z. B. ein Erpresserbrief nur unzureichend die Sprachhandlung der Erpressung realisiert; im Übrigen gelten gerade diese Texte als nur schwach normiert (ausführlicher Ehrhardt, in diesem Band).

Der dritte Schritt besteht darin, aus der Fehlerumgebung heraus Hinweise auf die Genese des Fehlers bzw. seine Ursache herauszuarbeiten. An dieser Stelle wird auch entschieden, ob es sich eher um einen Verschreiber, also Performanzfehler oder einen wirklichen Kompetenzfehler handelt. Dabei ist zu berücksichtigen, dass es eine Reihe von Fehlern gibt, die so häufig auch von kompetenten Schreibern gemacht werden, wie z. B. die Fehlschreibung von *dass* als *das*, dass sie keine Aussagekraft besitzen. Ähnliches gilt für Fehler, die Bereiche der Orthographie betreffen, die für alle Schreiber potenzielle Fehlerquellen bieten, wie z. B. die Getrennt- und Zusammenschreibung oder die Doppelkonsonanz.

Art und Umfang der vorkommenden Fehler erlauben es, den Verfasser hinsichtlich seiner Sprach- bzw. Schreibkompetenz einzuordnen. Zeigt der Text keine oder nur wenige Fehler, wird diese höher anzusetzen sein als beim Vorliegen eines erkennbar fehlerbehafteten Schreibens. Aus diesem Befund wiederum leiten sich bei einer kategorialen Beschreibung des Verfassers Hypothesen über den Bildungsgrad und die Erfahrung in der Textproduktion ab. Zugleich können bestimmte Fehlertypen direkt Aufschlüsse über die Person des Verfassers geben. So spiegeln fehlerhafte Phonem-Graphem-Korrespondenzen wie z. B. <Gepäck> statt <Gebäck> oder <betränkte> statt <bedrängte> einen möglicherweise dialektalen Einfluss und verweisen auf die regionale Herkunft des Emittenten. Stilblüten, die sich als Fehler auf syntaktischer, phraseolexematischer oder auch lexikalischer Ebene äußern, lassen auf eine Sprachkompetenz schließen, die der angestrebten Stilebene nicht genügt.

Wie bei der Stilanalyse sind es auch bei der Fehleranalyse Merkmalskonstellationen, die bei einer kategorialen Bestimmung oder bei einem Textvergleich die Grundlage jeder Bewertung bilden.

Im Zusammenhang mit der Fehleranalyse ist auch immer danach zu fragen, inwieweit die Fehler fingiert sind, um eine niedrige Sprachkompetenz vorzutäuschen oder auch eine nicht-muttersprachliche Kompetenz. In diesem Fall ist zum einen darauf zu sehen, ob die Fehlersetzungen auf allen sprachlichen Ebenen gleichermaßen erfolgen oder ob nur eine Ebene, meist die Ebene der Phonem-Graphem-Beziehungen, von Fehlern betroffen ist. Zum anderen ist zu prüfen, ob Fehlschreibungen neben korrekten Schreibungen vorliegen, da dann davon auszugehen ist, dass die richtige Schreibung bekannt ist. Bleibt eine Unsicherheit, so ist eine Sprachprofilanalyse des Textes zu empfehlen, mit der geprüft wird, inwieweit die Fehler des Textes einen bestimmten lernersprachlichen Sprachstand repräsentieren. Da es für alle sprachlichen Ebenen aufeinander aufbauende Phasen gibt, nach denen bestimmte Phänomene der Fremdsprache erworben werden, sollten Fehler bei bestimmten sprachlichen Strukturen dann noch oder schon nicht mehr vorkommen (vgl. dazu Fobbe 2014 und 2011, 167 ff.).

Auch im Hinblick auf den Stil ist Verstellung denkbar und belegt. Dabei bevorzugen die Emittenten eine niedrigere Stilschicht mit mehr Vulgärausdrücken und mit dialektalen und alltagssprachlichen Wendungen, um zu signalisieren, dass sie die schriftsprachliche Norm nicht kennen (vgl. Dern 2008).

2.8 Textstrukturanalyse

Mit der Untersuchung inkriminierter Schreiben unter textlinguistischen Aspekten hat sich neben der Stil- und Fehleranalyse auch die Textstrukturanalyse etabliert, die auf dem Ansatz von Brinker (2002, 2010) fußt. Brinker hat für Erpresserschreiben bestimmte textthematische Muster herausgearbeitet, die für diese Textsorte typisch sind und über die Textfunktionen realisiert werden, die entweder obligatorisch oder fakultativ sind. Zu den obligatorischen Grundfunktionen gehören die Handlungsaufforderung an den Adressaten und die sanktionierende Handlungsankündigung durch den Emittenten, falls der Adressat der Handlungsaufforderung nicht nachkommt. Als obligatorische Zusatzfunktion der Handlungsaufforderung gelten die Übergabemodalitäten, da ohne diese die Handlungsaufforderung nicht realisiert werden kann. Neben diesen Mustern bestehen mehrere fakultative Zusatzfunktionen, die nicht notwendig sind, um die Erpressungshandlung zu konstituieren, die aber dennoch regelmäßig realisiert werden. Es handelt sich nach Brinker (2002, 50 f.) um (a) die Versicherung der Ernsthaftigkeit, (b) die Aufforderung zum Wohlverhalten, (c) die Zuschreibung der Verantwortung, (d) die Selbstdarstellung des Verfassers. Dern (2009, 165 ff.) ergänzt diese um (e) die Rechtfertigung der Handlung, (f) die Zusicherung der Einmaligkeit sowie (g) die Begründung, eine Handlung nicht ausgeführt zu haben.

Allein damit, dass der Autor eine oder mehrere dieser Zusatzfunktionen realisiert, gibt er etwas über sich preis; auch wie er sie ausgestaltet, lässt im besten Fall Rückschlüsse auf seine Person zu. Dern (2009, 168) hat z. B. festgestellt, dass es in den Fällen, in denen eine Selbstdarstellung bzw. die Rechtfertigung des eigenen Handelns durch den Autor fehlt, deutlich häufiger zu dem Versuch kommt, etwa gefordertes Geld in einer Geldübergabe tatsächlich an sich zu bringen. Sie schließt daraus, dass Autoren, die sich rechtfertigen, stärker über ihr Tun reflektieren und es oft genug bei dem Versuch einer Erpressung belassen (ebd.). Für andere inkriminierte Textsorten wie z. B. den Abschiedsbrief oder die Zeugenaussage liegen Beschreibungen der Textsorte und damit der Textstruktur bislang nur in Ansätzen vor (vgl. Adams/Jarvis 2006; Fobbe 2011, 100f, 204 ff.; zu Bekennerschreiben vgl. Ehrhardt, in diesem Band).

2.9 Plagiatsprüfung

Eine besondere Form des Autorschaftsnachweises liegt bei einem Plagiatsverdacht vor. In diesem Fall wird für das Plagiat eine Autorschaft behauptet, die dieses nicht hat. Über den Textvergleich mit dem Vergleichsmaterial soll herausgearbeitet werden, dass der Text sich aus anderen Texten zusammensetzt oder eine mehr oder weniger bearbeitete Version eines anderen Textes ist. Dies kann, je nach Plagiatstyp, vorrangig auf der Basis einer rechnergestützten Analyse geschehen, und erfordert nicht notwendigerweise die Auswertung der Ergebnisse durch einen Linguisten bzw. eine

Linguistin. Einige quantifizierbare Kriterien zur Überprüfung der Nähe zweier Texte, wie die Aussagekraft singulärer Strings, der Vergleich der jeweiligen *hapax legomena* oder die Vorkommenshäufigkeit parallel belegter Wortformen hat Coulthard (2004, 435, 440 f.) vorgestellt. In anderen, weniger offensichtlichen Fällen kann es hingegen notwendig sein, eine qualitative textlinguistische Analyse durchzuführen. Die Analyse der einzelnen sprachlichen Ebenen hinsichtlich ihres Fehlervorkommens und die Analyse des Stils kann bei komplexen Strukturplagiaten durch die Analyse der Erzählperspektive, der Erzählstruktur und des verwendeten Wortschatzes ergänzt werden. Olsson (2009, 31 f.) hat bspw. anhand eines Textausschnitts aus zwei literarischen Werken herausgearbeitet, dass beide in der geschilderten Szene denselben *frame* aktivieren, dass aber das potenzielle Plagiat gegenüber dem Original dazu Lexeme verwendet, die eine deutlich geringere Gebrauchshäufigkeit aufweisen – nach Olsson Ergebnis einer Ersetzung der frequenten Basislexeme des Originals durch bedeutungsverwandte, aber eben nicht synonyme Ausdrücke im Plagiat.

2.10 Authentizität des Wortlauts

In den USA und in Großbritannien durchaus üblich, kann es eine weitere Aufgabe linguistischer Arbeit sein, mündliche und schriftliche Versionen einer Aussage auf ihre Übereinstimmungen und Unterschiede hin zu untersuchen.

Der Vergleich von Videomitschnitten und Vernehmungsprotokollen speziell von Zeugen- oder Tatverdächtigenaussagen erfolgt vor dem Hintergrund, dass das polizeiliche Protokoll häufig stellvertretend für die mündliche Aussage herangezogen oder sogar mit ihr gleich gesetzt wird. Die Protokollierung der Aussage durch den vernehmenden Beamten soll zwar in den Worten der Person erfolgen, in vielen Fällen stellen die Protokolle jedoch schriftliche Zusammenfassungen bestimmter Vernehmungsabschnitte dar, die der Beamte selbst abfasst. Darin gehen die Antworten des Zeugen oder des Verdächtigen auf die Fragen des vernehmenden Beamten mit ein, so dass sich z. T. für Narrationen untypische Strukturen ergeben: z. B. wird wiederholt erwähnt, was *nicht* geschah, anstatt dass die stattgefundenen Ereignisse wiedergegeben werden oder komplexe Nominalphrasen erscheinen wiederholt in ihrer Vollform (‚zwei weiße Tragetaschen') anstatt dass sie durch einfache Nominalphrasen (‚die Taschen') oder Proformen (‚sie') ersetzt werden (Coulthard/Johnson 2010, 174 ff.). Ein stilanalytischer Vergleich des Wortlauts des Protokolls mit dem Sprachgebrauch aller an der Vernehmung Beteiligten kann dabei u. U. ergeben, dass entscheidende Formulierungen nicht vom Zeugen oder Tatverdächtigen selbst stammen (vgl. die Fallbeispiele in Shuy 1998) und damit die Position des Betroffenen stärken. Für mehrere Strafprozesse in England konnte die linguistische Analyse der betreffenden Protokolle bewirken, dass diese im Berufungsverfahren nicht mehr als Beweis zugelassen werden durften (Coulthard/Johnson 2010, 174). Eine ähnlich gelagerte Problemstellung liegt vor, wenn der Wortlaut eines mitgeschnittenen Gesprächs nicht auf der Grundlage des Mitschnitts verhandelt wird, sondern auf der Grundlage eines (fehlerhaften) Transkripts; entsprechende Fälle vor u.s.-amerikanischen Gerichten schildert Shuy (1997).

3 Schlussbemerkung

Im Zuge der Ausbildung und zunehmenden Spezialisierung der Teildisziplinen der Linguistik im 20. Jh. haben sich sukzessive auch für die Anwendung sprachwissenschaftlichen Fachwissens im forensischen Kontext neue Möglichkeiten eröffnet. So haben sich z. B. durch die Etablierung der Textlinguistik seit den 1960er Jahren nicht nur die möglichen Zugänge zu inkriminierten Texten erweitert, sondern auch die Analyse dieser Texte hat sich verändert und damit die Bandbreite der Aussagen, die über einen Text gemacht werden können. Ähnlichen Veränderungen waren und sind auch die Stilkonzepte unterworfen, auf deren Grundlage Stilanalysen vorgenommen werden. Jüngste Forschungsansätze befassen sich mit schriftlich realisierten Formen sprachlicher Täuschung sowie der Integration psychologischer Erkenntnisse in die Analyse inkriminierter Texte, so dass in der Zukunft möglicherweise auch auf Fragen nach der Glaubwürdigkeit einer Selbstpräsentation oder eines Textes fundierter geantwortet werden kann.

Werden Fragen an die forensische Linguistik herangetragen, die von ihr aktuell nicht beantwortet werden können, hat dies unterschiedliche Gründe. Entweder bedeutet es, dass die Beantwortung der Frage nicht in ihr Aufgabengebiet fällt oder dass die Frage selbst auf Fehlannahmen über Sprache beruht. Für letztere steht (forensische) Linguistik in der Pflicht, diese im Zuge eines Wissenstransfers entsprechend zu korrigieren. Schließlich kann es sein, dass eine gesicherte Antwort auch deshalb nicht gegeben werden kann, weil die entsprechende linguistische Grundlagenforschung fehlt. Laut Dern (2009, 199) fehlt es u. a. an Arbeiten, die das Schreibverhalten erwachsener Muttersprachler unterschiedlicher sozialer Herkunft untersuchen. Derartige Studien würden zeigen, was jeweils an Schreibkompetenz zu erwarten ist, und eine qualitative Einordnung auch inkriminierter Texte erleichtern. Aktuell bleiben auch die methodologischen Probleme der quantitativen Stilanalyse, wenn diese dazu dienen soll, einen Autor zu identifizieren.

Forensische Linguistik als angewandte Sprachwissenschaft steht in einem spezifischen Spannungsfeld zwischen den Erwartungen der ‚Praktiker' auf der einen Seite und den Möglichkeiten der eigenen Disziplin auf der anderen. Gerade in der Praxisorientiertheit zeigt sich, welchen Stellenwert Theorieentwicklung und aktueller Erkenntnisstand des Faches haben, denn von ihnen hängt es ab, was forensische Linguistik zu einem bestimmten Zeitpunkt zur Klärung sprachbezogener Problemstellungen für Kriminologie und Rechtswissenschaft real leisten kann. Zugleich ist forensische Linguistik auch die Instanz, die laienlinguistische Verfahren sprachlicher

Analyse kritisch zu hinterfragen hat, wenn diese zur Beantwortung juristischer Fragen dienen sollen, auch, um Betroffene vor deren inadäquater Anwendung zu schützen.

4 Literatur

Adams, Susan/John P. Jarvis (2006): Indicators of veracity and deception: an analysis of written statements made to the police. In: Speech, Language and the Law 13/1, 1–22.

Bundesamt für Migration und Flüchtlinge (Hg.) (2007): Bundesamt und Diakonie im Dialog. Dokumentation. Gemeinsame Fachtagung zu asylrelevanten Themen [...]. Rendsburg. Zit. nach: http://www.diakonie-sh.de/fix/files/doc/Dokumentation_BAMF%20Rendsburg %2029-30102007.pdf

Bierwisch, Manfred (1992): Recht linguistisch gesehen. In: Grewendorf, 42–68.

Bobda, Augustin Simo/Hans-Georg Wolf/Lothar Peter (2007): Die Bestimmung der regionalen und nationalen Herkunft englischsprachiger Afrikaner, die in Deutschland Asyl suchen. In: BAMF, 1–27 [14–43].

Brinker, Klaus (2002): Textsortenbeschreibung auf handlungstheoretischer Grundlage (am Beispiel des Erpresserbriefs). In: Kirsten Adamzik (Hg.): Texte – Diskurse – Interaktionsrollen. Analysen zur Kommunikation im öffentlichen Raum. Tübingen (Textsorten, 6), 41–59.

Brinker, Klaus (2010): Linguistische Textanalyse. Eine Einführung in Grundbegriffe und Methoden. 7., durchges. und erg. Aufl. Berlin (Grundlagen der Germanistik, 29).

Burkhardt, Armin (1996): Das Zitat vor Gericht. Linguistische Anmerkungen zur Rezeption eines denkwürdigen Satzes von Kurt Tucholsky. In: Karin Böke/Matthias Jung/Martin Wengeler (Hg.): Öffentlicher Sprachgebrauch. Praktische, theoretische und historische Perspektiven. Georg Stötzel zum 60. Geburtstag gewidmet. Opladen, 138–172.

Coulthard, Malcolm (2004): Author identification, idiolect, and linguistic uniqueness. In: Applied Linguistics 25/4, 431–447.

Coulthard, Malcolm/Alison Johnson (2010): An introduction to forensic linguistics: Language in evidence. Reprint. London [u. a.].

Dern, Christa (2006): Autorenerkennung. In: Widmaier, 2527–2533.

Dern, Christa (2008): „Wenn zahle nix, dann geht dir schlecht". Ein Experiment zu sprachlichen Verstellungsstrategien in Erpresserschreiben. In: Zeitschrift für Germanistische Linguistik 36/2, 240–265.

Dern, Christa (2009): Autorenerkennung. Theorie und Praxis der linguistischen Tatschreibenanalyse. Stuttgart.

Eades, Diane (2005): Applied linguistics and language analysis in asylum seeker cases. In: Applied Linguistics 26/4, 205–526.

Eisenberg, Ulrich (2011): Beweisrecht der StPO. Spezialkommentar. 8. Aufl. München.

Fobbe, Eilika (2011): Forensische Linguistik. Eine Einführung. Tübingen.

Fobbe, Eilika (2013): Aufgaben und Möglichkeiten der Forensischen Linguistik. In: SIAK-Journal 4, 4–15.

Fobbe, Eilika (2014). Fingierte Lernersprachen. In: Zeitschrift für Germanistische Linguistik 42/2, 196–222.

Gfroerer, Stefan (2006): Sprechererkennung und Tonträgerauswertung. In: Widmaier, 2505–2526.

Grewendorf, Günther (1992): Rechtskultur als Sprachkultur. Der sprachanalytische Sachverstand im Recht. In: Grewendorf, 11–41.

Grewendorf, Günther (Hg.) (1992): Rechtskultur als Sprachkultur. Zur forensischen Funktion der Sprachanalyse. Frankfurt a. M.
Holmes, David I. (1998): The evolution of stylometry in humanities scholarship. In: Literary and Linguistic Computing 13/3, 111–117.
Kämper, Heidrun (1996): Nachweis der Autorenschaft. Methodische Überlegungen zur linguistischen Textidentifizierung und Täterermittlung. In: Kriminalistik 50/8–9, 561–566.
Kastenholz, Raimund (1998): Eine afrikanistische Stellungnahme zur Sprachanalyse zum Zwecke der Herkunftsbestimmung von Asylantragstellern. In: Pro Asyl (Hg): Sprachanalyse – Scharlatanerie oder Wissenschaft? Frankfurt a. M. Zit. nach: http://www.proasyl.de/lit/spranaly/spr2.htm.
Kniffka, Hannes (1981): Der Linguist als Gutachter bei Gericht. In: Günter Peuser/Stefan Winter (Hg.): Angewandte Sprachwissenschaft: Grundfragen, Berichte, Methoden. Festschrift für Günter Kandler. Bonn, 584–634.
Kniffka, Hannes (Hg.) (1990): Texte zu Theorie und Praxis forensischer Linguistik. Tübingen (Linguistische Arbeiten, 249).
Kniffka, Hannes (2000): Stand und Aufgaben der „forensischen Linguistik". In: Daniela Veronesi (Hg.): Linguistica giuridica italiana e tedesca. Rechtslinguistik des Deutschen und Italienischen. Padova, 29–46.
Kniffka, Hannes (2007): Working in language and law. A German perspective. Basingstoke/New York.
Love, Harold (2001): Attributing Authorship: An Introduction. Cambridge.
Meyer, Liliane (2006): Sprachanalysen zur Herkunftsbestimmung im Asyl- und Ausländerbereich. Ein neues Gebiet der forensischen Linguistik. In: Kriminalistik 11/06, 708–712.
Olsson, John (2004): Forensic Linguistics. An introduction to language, crime and the law. London.
Olsson, John (2009): Word crime. Solving crime through forensic linguistics. London.
Parádi, Zsuzsa (2005): Zum Verwechseln unähnlich. Ein sprachwissenschaftlicher Beitrag zur Argumentation in Markenrechtsurteilen. In: Kent D. Lerch (Hg.): Recht verhandeln. Argumentieren, Begründen und Entscheiden im Diskurs des Rechts. Berlin/New York (Die Sprache des Rechts, 2), 384–404.
Patrick, Peter L. (2012): Language analysis for determination of origin: Objective evidence for refugee status determination. In: Peter M.Tiersma/Lawrence M. Solan (Hg.): The Oxford Handbook of Language and Law. Oxford, 533–546.
Riehl, Ralph (2007): Sprach- und Textanalyse aus Sicht des Verwaltungsgerichts. In: BAMF, 1–6 [44–49].
Rodman, Robert (2002): Linguistics and the law: how knowledge of, or ignorance of, elementary linguistics may affect the dispensing of justice. In: Forensic Linguistics 9/1, 94–103.
Sandig, Barbara (2006): Textstilistik des Deutschen. 2., völlig neu bearb. und erw. Aufl. Berlin/New York.
Schall, Sabine (2004): Forensische Linguistik. In: Karlfried Knapp (Hg.): Angewandte Linguistik – Ein Lehrbuch. Tübingen, 455–562.
Seibt, Angelika (2005): Forensische Handschriftenuntersuchung. Wahrscheinlichkeit als Hypothesenvergleich. In: Kriminalistik 3/05, 175–179.
Singler, John Victor (2004): The ‚linguistic' asylum interview and the linguist's evaluation with special reference to applicants for Liberian political asylum in Switzerland. In: Speech, Language, and the Law 11/2, 222–239.
Shuy, Roger W. (2006): Linguistics in the courtroom. A practical guide. Oxford.
Shuy, Roger W. (1997): Language crimes. The use and abuse of language evidence in the courtroom. Oxford [u. a.].
Shuy, Roger W. (1998): The language of confession, interrogation and deception. Thousand Oaks [u. a.].

Spillner, Bernd (1990): Status und Erklärungspotential sprachlicher Fehler. In: Kniffka, 97–113.
Svartvik, Jan (1968): The Evans statements. A case for forensic linguistics. Göteborg (Gothenburg studies in English, 20).
Tiersma, Peter/Lawrence M. Solan (2004): Author identification in American courts. In: Applied Linguistics 25/4, 448–465.
Widmaier, Gunter (Hg.) (2006): Münchner Anwaltshandbuch Strafverteidigung. München.
Wirth, Ingo (Hg.) (2013): Kriminalistik-Lexikon, 4. Aufl. München.

Andreas Deutsch

15. Kommentare, einsprachige Wörterbücher und Lexika des Rechts

Abstract: Gesetzeskommentare sowie (einsprachige) juristische Wörterbücher und Lexika zählen zu den zentralen Hilfsmitteln im Bereich des Rechts. Diese Textsorten haben den Zweck gemeinsam, Termini der Rechtssprache – und damit verbunden auch rechtliche Inhalte – für den Leser zu erschließen. Hierbei gehen sie freilich unterschiedliche Wege: Kommentare deuten und erläutern einzelne Gesetzesstellen, gehen also auf Termini in ihrer spezifischen Verwendung in einem bestimmten Rechtssatz ein. Rechtswörterbücher erklären demgegenüber die Bedeutung von Fachtermini bezogen auf die (gesamte) Rechtssprache oder (komplette) Teilwortschätze (z. B. des Strafrechts oder Baurechts). Rechtslexika gehen über die Bedeutung einzelner Wörter hinaus auf inhaltliche Zusammenhänge ein, vermitteln somit (ebenso wie Kommentare, aber in allgemeinerer Form) zusätzliches Sachwissen. Während sich Kommentare vornehmlich an Juristen oder Jurastudierende richten, haben Wörterbücher und Lexika sehr unterschiedliche Zielgruppen. Die heutige Bedeutung, Ausrichtung und Marktposition ergibt sich jeweils aus der historischen Entwicklung.

1 Einführung

Ausgehend vom Umstand, dass sich die Rechtssprache vornehmlich durch ihren umfangreichen Spezialwortschatz von der Allgemeinsprache unterscheidet (vgl. etwa Fluck 1996, 12), mag es auf den ersten Blick verwundern, dass es im deutschsprachigen Raum verhältnismäßig wenige einsprachige Rechtswörterbücher und -lexika gibt, könnten diese doch die semantischen Unterschiede zwischen Rechts- und Allgemeinsprache Wort für Wort erläutern.

Dieser Umstand hat indes bei genauer Betrachtung nachvollziehbare Gründe: Für den juristischen Laien sind Rechtssprache und vor allem -systematik so unnahbar, dass ihm mit einem Wörterbuch oft wenig gedient ist. Gerade bei Rechtswörtern, die auch in der Allgemeinsprache vorkommen, (z. B. *Eigentum*, *Besitz*, *rechtswidrig*, *schuldig*, *leihen*) drohen dem Laien oft kaum überbrückbare Missverständnisse, die sich durch ein Wörterbuch oder Lexikon nur sehr schwer ausräumen lassen (zu den

DOI 10.1515/9783110296198-015

sog. „falschen Freunden" in Bezug auf die historische Rechtssprache vgl. Deutsch 2012a, 87 ff.). Erste – nicht unproblematische – Hinweise dürfte dem Laien auch ein allgemeinsprachliches Wörterbuch oder Lexikon liefern können.

Demgegenüber wird der ausgebildete deutsche Jurist vielfach zögern, ein Wörterbuch zu gebrauchen, obgleich auch er den Rechtswortschatz niemals vollständig beherrschen kann. Alternativ steht ihm allerdings ein anderes Hilfsmittel zur Verfügung, das in vielen Fällen die typische Aufgabe eines Wörterbuchs mit zu übernehmen vermag, aber in Teilen deutlich darüber hinausreicht: Der juristische Kommentar. Die meisten der vorhandenen Rechtswörterbücher und -lexika erläutern daher Spezialwortschätze innerhalb des Rechts (etwa die historische Rechtssprache oder das Baurecht) oder haben primär die Jurastudierenden und ausländischen Juristen, welche die deutsche Rechtsterminologie erst noch verinnerlichen müssen, als Zielgruppen vor Augen. Daneben gibt es spezialisierte Nachschlagewerke etwa zu den juristischen Abkürzungen.

Juristische Kommentare haben gegenüber den Wörterbüchern den Vorteil, dass sie jedes Wort mit direktem Bezug zu dem Text, in welchem es vorkommt, erläutern. Sie können daher sehr viel präziser auf die konkrete Verwendung des Wortes eingehen, als dies in einem vom Text losgelösten Wörterbuchartikel der Fall sein kann. Da – nicht zuletzt aufgrund modernerer gesetzgeberischer Fehlleistungen – von einer einheitlichen deutschen Rechtssprache immer weniger die Rede sein kann, gewinnt die einzelfallbezogene Worterläuterung (im Kommentar) zunehmend an Bedeutung, trägt aber letztlich auch dazu bei, die einheitliche Terminologie noch weiter aus den Augen zu verlieren.

2 Kommentare

Im Bereich des Rechts versteht man unter „Kommentar" in der Regel eine um erläuternde Annotationen (Kommentierungen) ergänzte Ausgabe eines Gesetzbuchs oder einer sonstigen Sammlung von Normen. Üblicherweise wird hierbei jeder Abschnitt des Werks durch den Abdruck einer einzelnen gesetzlichen Bestimmung (also eines Paragrafen oder Artikels) eingeleitet, dann folgen die zugehörigen Erläuterungen. Nur selten wird in Kommentaren der Wortlaut des kommentierten Gesetzes nicht mit abgedruckt, sodass das Werk dann allein aus den (in der Reihenfolge des Gesetzes angeordneten) Anmerkungen besteht. Die Kommentierungen selbst enthalten (obgleich es auch um eine argumentative Positionierung des jeweiligen Kommentators geht) typischerweise zu einem großen Teil Verweise, Zitate und Paraphrasen (namentlich Definitionen der rechtlichen Termini), wodurch sich der Kommentar als Textsorte markant von anderen dogmatischen Texten unterscheidet (Busse 2000, 670).

Im internationalen Vergleich ist diese Form der juristischen Publikation nicht überall gleichermaßen beliebt. Während der gesamte deutschsprachige Raum und beispielsweise Italien, Polen, Russland und die Türkei über eine blühende Kommentar-Tradition verfügen, besteht im von Präzedenzfällen geprägten anglo-amerikanischen Recht („Common Law“) mangels größerer Gesetzbücher, die kommentiert werden könnten, per se kein Raum für Gesetzeskommentare. Es verwundert also nicht, dass es beispielsweise in den USA keine Kommentare gibt (Henne 2006). Aber auch in Frankreich mit seinen berühmten, in vielen Ländern der Welt rezipierten Kodifikationen spielen Kommentare kaum eine Rolle; an ihre Stelle treten mit den „Encyclopédies“ und den „Jurisclasseurs“ traditionelle Nachschlagewerke (Hübner/Constantinesco 2001, 33).

2.1 Typen, Aufbau und Zielsetzung

Obgleich alle Kommentare der Erläuterung von gesetzlichen Normen dienen, kann ihre Zielrichtung höchst unterschiedlich sein: Studienkommentare sollen in erster Linie schwer verständliche Wörter und Regelungsinhalte erläutern, Praxiskommentare Informationen zur richtigen Anwendung der Normen liefern, hierzu namentlich Hinweise auf wichtige Präzedenzfälle geben. Eher wissenschaftlich ausgerichtete Kommentare haben – zusätzlich oder ausschließlich – den Anspruch einer kritischen Analyse. Daneben gibt es Spezialkommentare mit besonderer Ausrichtung, etwa den Historisch-Kritischen Kommentar zum BGB, der Lösungsansätze zu behandelten Rechtsproblemen aus vergleichend-geschichtlicher Perspektive beleuchtet.

So unterschiedlich moderne Kommentare im Einzelnen aufgebaut sein mögen (vgl. unten 2.4), haben doch fast alle eine Aufgliederung und Zählung in Randnummern gemeinsam; die Randziffern beginnen hierbei für jeden kommentierten Paragrafen oder Artikel neu. Dies ermöglicht ein exaktes Zitieren aus dem betreffenden Kommentar und ein schnelles Wiederauffinden der dargelegten Rechtsfrage in einer neuen Auflage, in welcher sich die Randnummern (anders als die Seitenzahlen) in der Regel nicht verschieben. Kommentare werden daher unter Juristen nicht nach Seitenzahl, sondern nach Paragraf/Artikel und Randzahl zitiert. Üblicherweise werden hierbei der Kurztitel des Werks und der Name des jeweiligen Abschnittsbearbeiters vorangestellt. So finden sich Erläuterungen zu den Rechtsfolgen eines Schatzfundes beispielsweise bei Jauernig-Berger § 984 Rn. 2, Staudinger-Gursky § 984 Rn. 12 ff. sowie bei MüKo-Oechsler § 984 Rn. 10 ff., wobei „MüKo“ eine geläufige Abkürzung für den Münchener Kommentar ist.

Unter jeder Randnummer wird ein einzelnes Rechtsproblem – oder bei größeren Kommentaren eine bestimmte Einzelfrage eines solchen Problems – abgehandelt. Zumeist orientieren sich die Kommentare hierbei am Wortlaut des Gesetzes, dessen einzelne Paragraphen oder Artikel Wort für Wort bzw. Teilsatz für Teilsatz erläutert werden. Oft werden hierbei zunächst in Fettdruck oder anderweitig hervorgehoben die zu betreffenden Termini wiederholt, um ein schnelles Auffinden der gesuchten Erläuterungen zu gewährleisten. Da die rechtstheoretischen oder -praktischen Problemstellungen in der Regel an einzelnen Termini oder Formulierungen der Norm festgemacht werden, hat die Auslegung der Termini hohe Relevanz für die juristische Arbeit und zählt zum Kernbereich der juristisch-wissenschaftlichen Auseinandersetzung. Je nach Ausrichtung des Kommentars folgen weitere Ausführungen, insbesondere zu wichtigen Gerichtsentscheidungen hinsichtlich bestimmter Einzelfragen, die vom Kommentator oft in Fallgruppen einsortiert werden, oder zu rechtsvergleichenden Aspekten, was in Anbetracht des stetig zusammenwachsenden Europas und auch der Globalisierung ein wachsende Rolle spielt.

2.2 Kommentiertechnik

Im Zentrum jeder Kommentierung sollte freilich die Erläuterung der gesetzlichen Bestimmungen stehen. Erste Aufgabe des Kommentars sollte es sein, die unterschiedlichen Positionen, die bei der Interpretation einer Gesetzesstelle oder in Bezug auf ein dahinterstehendes Rechtsproblem vertreten werden, darzustellen. Anders als zum Teil in der Vergangenheit, als der Staat (als Legislative oder Exekutive) die Interpretationshoheit über seine Gesetze beanspruchte (vgl. unten 2.3), ist die Freiheit der Diskussion und Interpretation von Normen im heutigen Rechtsstaat selbstverständlich. Dies hat eine große Vielfalt konkurrierender Positionen zur Folge – zum Teil sogar innerhalb der Justiz, der die Kontrolle des Gesetzgebers obliegt. In Deutschland sind die Gerichte nämlich in der Regel nicht an Präzedenzfälle gebunden; unbestritten ist zwar die hohe Autorität höchstrichterlicher und obergerichtlicher Entscheidungen, auch gilt für die Bundesgerichte das Prinzip einheitlicher Rechtsprechung. Allerdings kann dies nicht verhindern, dass etwa Oberlandesgerichte in rechtlichen Wertungen erheblich voneinander abweichen. Und selbst wenn es etwa infolge einer ständigen Rechtsprechung des Bundesgerichtshofs – also einer wiederholten gleichlautenden Beurteilung einer Rechtsfrage durch dieses Bundesgericht mit entsprechender Signalwirkung für die niederen Gerichte – im Bereich der Justiz zu einer so genannten „herrschenden Meinung“ (kurz h. M.) gekommen ist, heißt dies noch lange nicht, dass die Rechtswissenschaft mit dieser Beurteilung übereinstimmt. Zumeist gibt es innerhalb der Wissenschaft mehrere Meinungen, dominiert hierbei eine, nennt man sie „herrschende Lehre“ (kurz h. L.), vereinzelte abweichende Positionen werden „Mindermeinung“ (kurz MM.) genannt. Die Differenzierung erfolgt freilich nicht rein zahlenmäßig, vielmehr fließt die Reputation der Vertreter der einzelnen Meinungen in die Gewichtung mit ein.

Ein guter Kommentar wird erst nach einer Zusammenfassung wenigstens der wichtigsten vertretenen Positionen (also mindestens h. M. und h. L.) zur eigenen Beurteilung der zu kommentierenden Textstelle oder dahinterstehenden Rechtsfrage schreiten, sich nach erfolgter Argumentation einer bestehenden Meinung anschließen oder einen neuen eigenen Ansatz entwickeln und so zur allgemeinen Meinungsbildung beitragen.

Das Grundinstrumentarium für jede Norminterpretation und damit auch für die Kommentierung liefert der von Friedrich Carl von Savigny geprägte, auf antike Prinzipien zurückgehende klassische Kanon der juristischen Auslegungsmethoden (Savigny 1840, 212 ff.; Larenz 1991, 312 ff.; Busse 1992, 20): Die sog. „grammatische Auslegung" ist wortorientiert; sie greift auf den Wortlaut der Norm zurück, also die Bedeutung der verwendeten Wörter zunächst in der Allgemeinsprache, dann auch in der Rechtssprache. Von der Vorstellung einer in sich widerspruchsfreien Rechtsordnung ausgehend, stellt die „systematische Auslegung" demgegenüber auf die Stellung der Norm im Gesetz ab, also insbesondere den Sinnzusammenhang mit Regelungen im Kontext. Die „historische Auslegung" bezieht sich demgegenüber auf die Entstehungsgeschichte der Norm, vor allem den Willen des Gesetzgebers zur Entstehungszeit, wie er sich etwa aus Entwürfen und Beratungsprotokollen ergibt. Die „teleologische Auslegung" schließlich fragt nach dem Sinn und Zweck der Norm (aus heutiger Sicht). Die vier Techniken sollten stets kumulative Anwendung finden. In der Praxis spielt allerdings die teleologische Auslegung die bedeutendste Rolle; sie ermöglicht gegebenenfalls ein Abgehen von der historischen gesetzgeberischen Intension, insbesondere wenn sich diese mit aktuellen Problemstellungen nicht vereinbaren lässt. Dass eine solche Neuinterpretation zulässig ist, wurde verschiedentlich von der Rechtsprechung bestätigt, so stellte der Bundesgerichtshof bereits 1957 fest:

> Kein Gesetz verträgt eine starre Begrenzung seiner Anwendbarkeit auf solche Fälle, die der vom Gesetz ins Auge gefaßten Ausgangslage entsprechen; denn es ist nicht toter Buchstabe, sondern lebendig sich entwickelnder Geist, der mit den Lebensverhältnissen fortschreiten und ihnen sinnvoll angepaßt weitergelten will, solange dies nicht die Form sprengt, in die er gegossen ist. (BGHSt 10, 157, 159 f.)

Der – insb. von Felder auch aus linguistischer Sicht untersuchte – schleichende Bedeutungswandel von Gesetzen durch stetige Neuinterpretation (Felder 2013 m. w. N.), eröffnet daher ein schier gar unerschöpfliches Betätigungsfeld für die Bearbeiter juristischer Kommentare.

2.3 Historischer Überblick

Seit Entstehung der ersten Universitäten in Norditalien im frühen 12. Jahrhundert bearbeiteten die dortigen Rechtswissenschaftler das in alten Handschriften vorgefundene Corpus iuris Iustiniani im Wege der Glossierung: Nicht alle Wörter des Corpus iuris, dieser 529–533 n. Chr. angefertigten maßgeblichen Zusammenstellung des römischen Rechts, waren Jahrhunderte später noch klar und eindeutig. Soweit sich Fragen ergaben oder gar ein wissenschaftlicher Streit, vermerkten die Juristen dies in Anmerkungen zu den jeweiligen Wörtern (oder kurzen Textabschnitten) am Rand des als „ratio scripta" empfundenen und daher in seiner Rechtskraft nicht angezweifelten antiken Gesetzestextes. In den oft kunstvollen Abschriften wurde für die Randkommentare zum Teil weit mehr Platz eingeplant als für den Haupttext. Häufig wurden Ausgaben angefertigt, in welchen die Glossierungen selbst wiederum mit Randbemerkungen versehen wurden, sodass in der Mitte einer Seite oft nur noch Platz für wenige Zeilen des Gesetzes verblieb. Wegen dieser Annotationstechnik nennt man diese Rechtswissenschaftler der Anfangszeit Glossatoren. Ihre Technik wurde bald schon auf andere Bereiche des Rechts übertragen, namentlich das aufblühende Kirchenrecht (Kanonistik), wo insbesondere das Decretum Gratiani (verfasst um 1140) zum Objekt der Glossierung wurde. Zumindest hinsichtlich der justinianischen Gesetzgebung durften die Glossatoren die uneingeschränkte Interpretationshoheit für sich beanspruchen; ihr Einfluss wirkt bis in die moderne römisch-rechtliche Forschung nach. Höhepunkt und Abschluss dieser Epoche bildet die zwischen 1220 und 1240 vom Bologneser Rechtslehrer Accursius zusammengestellte „Glossa ordinaria", eine um eigene Anmerkungen ergänzte Zusammenfassung der Glossierungen seiner wichtigsten Vorgänger. Die über Jahrhunderte wirkende wissenschaftliche Autorität des über 96.000 Glossen umfassenden Werks lässt sich an ungezählten Abschriften und der hohen Anzahl von Druckausgaben nach Erfindung des Buchdrucks ablesen (zum Ganzen: Avenarius 2012; Kantorowicz 1938; Lange 1997).

Die Vertreter der nachfolgenden, nicht minder einflussreichen, vor allem das 14. und 15. Jahrhundert prägenden Juristenschule wurden zur Abgrenzung in der älteren Forschung „Postglossatoren" genannt. Um darauf hinzudeuten, dass sie die Methode der Glossierung durch eine von der einzelnen Textstelle losgelöstere, mehr am Rechtsproblem orientierte Bearbeitung ersetzten, werden sie heute zumeist als „Kommentatoren" bezeichnet (zum Ganzen: Lepsius 2012). Ihre Werke allein deshalb in unmittelbaren Zusammenhang mit den heutigen Kommentaren zu bringen, wäre allerdings verfehlt. In einigem ähnelt die wortorientierte Technik der Glossatoren dem modernen Kommentar deutlicher. So wurde von den Kommentatoren die Kenntnis der betreffenden Stelle des Corpus Iuris vorausgesetzt. Typischerweise fassten sie die analysierte Textstelle und deren Bewertung in der Glossa ordinaria zunächst zusammen, gingen dann auf hiervon abweichende Bewertungen ein, um dann ihre eigene Argumentation zu entwickeln – aufbauend auf dem Sinn und Zweck der Regelung und unter Heranziehung weiterer relevanter, z. B. widersprechender Corpusstellen. Einige Kommentatoren schlossen dem rechtspraktische Fragen an – ein Praxisbezug, der an einige moderne Kommentare erinnert.

Mit der im 13. Jahrhundert allmählich einsetzenden und um 1500 weitgehend abgeschlossenen sukzessiven Übernahme des römischen Rechts in weiten Teilen Deutschlands (sog. Rezeption), wurden hier auch die bedeutenden Werke der oberitalienischen Rechtswissenschaft bekannt – und damit zugleich die Technik des Glossierens und Kommentierens.

Vor allem die vom sächsisch-magdeburgischen Recht dominierten Regionen im Norden und Osten Deutschlands blieben demgegenüber vom römischen Recht – und damit der Verwissenschaftlichung des Rechts im Wege der Glossierung und Kommentierung – lange Zeit unberührt. Der von Eike von Repgow um 1224/35 als Privatarbeit verfasste Sachsenspiegel ist noch assoziativ und ohne wirkliche Systematik aufgebaut. Dennoch gewann das Werk schon bald gesetzesähnliche Autorität. Der Magdeburger Schöffenstuhl und andere bedeutende Gerichte hatten hierbei die alleinige Interpretationshoheit. In einer Zeit, zu der es im deutschsprachigen Raum noch keine Universitäten gab (Heidelberg als erste deutsche Universität wurde 1386 gegründet), verwundert dies kaum.

Umso beachtlicher erscheint die Leistung des märkischen Hofrichters Johann von Buch, der bereits um 1330 eine erste Glossierung zum Sachsenspiegel schuf (Kannowski 2007); das Werk darf als erster juristischer Kommentar in deutscher Sprache gelten. Der studierte Jurist griff in seiner sog. „Buch'schen Glosse" auf die von ihm in Bologna erlernten Techniken zurück. Jeweils auf den Text eines einzelnen Sachsenspiegel-Artikels folgt die „Glosa" mit den Erläuterungen. Jede Anmerkung darin wird durch Wiederholung des zu erklärenden Wortes bzw. der ersten Worte des zu kommentierenden Textabschnitts eingeleitet. Neben eine Erläuterung der zahlreichen hundert Jahre nach Entstehung des Sachsenspiegels kaum mehr verständlichen Wörter tritt eine oft umfassende rechtliche Einordnung der jeweiligen Bestimmung unter Bezugnahme auf andere Sachsenspiegelstellen und die Rechtspraxis vor allem Sachsens. Vielfach stellt Buch das Sachsenspiegelrecht zudem dem „gelehrten Recht", also der Aufarbeitung des römischen Rechts durch die vornehmlich italienische Rechtswissenschaft, gegenüber.

Die Buch'sche Glosse erfuhr in den nachfolgenden Jahrhunderten zahlreiche Bearbeitungen, die zum Teil derart selbständig sind, dass sie als eigenständige Kommentierung zum Sachsenspiegel angesehen werden können, so beispielsweise die Glossierungen von Nikolaus Wurm (vor 1401), Dietrich von Bocksdorff (u. a.; vor 1466) und Christoph Zobel (1537) (Lieberwirth 2012). In der weiteren Nachfolge verdient die stark praxisorientierte Kommentierung zum 1497 revidierten Hamburger Stadtrecht durch den in Perugia promovierten Juristen Hermann Langenbeck besondere Erwähnung (sog. Langenbecksche Glosse).

Neuen Aufschwung erfuhren die Kommentare nach der Etablierung des Buchdrucks. Verlegerischer Eifer brachte nicht nur Neudrucke älterer Kommentare zu Corpus Iuris, Decretum Gratiani und Sachsenspiegel hervor, es kam auch zu einer Welle neuer Kommentierungen.

Den ersten Kommentar zu einem deutschen Reichsgesetz dürfte Justin Gobler mit seiner 1543 in Basel gedruckten, um Annotationen ergänzten, lateinischen Fassung der Peinlichen Halsgerichtsordnung Kaiser Karls V. (1532) geschaffen haben (Deutsch 2012b). Das Werk regte zu mehr als einem Dutzend weiteren, dann bald auch deutschsprachigen Kommentierungen des bedeutenden Straf- und Strafprozessgesetzes an, so etwa durch Georg Remus (1594), Peter Musculus (als Verleger, 1614), Christoph Blumblacher (1670), Johann Christoph Frölich von Frölichsburg (1709) und Johannes Paul Kress (1721) (Kantorowicz 1904).

Auch folgten Kommentare zu weiteren Reichsgesetzen. Hervorhebenswert sind Caspar Kochs (alias Julian Magenhorsts) „Commentarii utilissimi" zur Reichskammergerichtsordnung (erstmals gedruckt Frankfurt 1600) und Johann Peter Ludewigs „Vollständige Erläuterung der Güldenen Bulle" in zwei Bänden (Frankfurt 1716/19).

Einigen Gesetzgebern waren Kommentare indes ein Dorn im Auge, weil kritische oder innovative Anmerkungen ihre gesetzgeberische Autorität in Frage stellen konnten. So verbot Papst Pius IV. 1564 jedwede Kommentierung der Konzilsdekrete von Trient. Vor allem aber absolutistische Herrscher beanspruchten die Interpretationshoheit über ihre Gesetze. Eine fehlgedeutete Textstelle aus dem Corpus Iuris (C. 1,17,1 u. 2) diente hierfür als willkommene Legitimation. Solche Kommentierverbote finden sich bis ins 19. Jahrhundert hinein, so etwa noch 1810 im Großherzogtum Berg bezüglich des Code civil und 1813 in Bayern in Bezug auf das Strafgesetzbuch (Becker 2012).

Das Preußische Allgemeine Landrecht von 1794 enthielt zwar entgegen der ursprünglichen Planung kein explizites Kommentierverbot, den Rechtslehrern wurde aber jeglicher Einfluss auf die Auslegung der Gesetze abgesprochen (etwa Einleitung §§ 6, 60); da zudem jede Interpretation des Gesetzes durch die Rechtsprechung untersagt war, mussten Richter in Zweifelsfällen eine „Gesetzcommißion" anrufen, die dann das Gesetz präzisieren sollte (Einleitung §§ 46 ff.). Nichts desto trotz entwickelte sich schnell eine rege Kommentierung zu dieser wichtigen Kodifikation, so erschien bereits ab 1797 der „Versuch eines Commentars" von Heinrich Stenger, ab 1804 folgten die Kommentare von Carl Wilhelm Ludwig und Johann Christoph Merckel, um nur die ersten zu nennen (Hattenhauer 1970, 45).

Zu einigen Gesetzbüchern dieser Epoche brachten die maßgeblichen Redaktoren selbst oft mehrbändige Kommentierungen heraus. Bedeutende Beispiele sind die „Anmerckungen" von Wiguläus Xaverius Aloysius von Kreittmayr zum „Codex Maximilianeus Bavaricus Civilis" (1756) und den anderen von ihm redigierten bayerischen Gesetzbüchern, die „Erläuterungen" von Johann Nikolaus Friedrich Brauer zum „Badischen Landrecht" (1809) und der „Commentar" von Franz von Zeiller zum österreichischen „Allgemeinen Bürgerlichen Gesetzbuch" (1811).

Eine Blütezeit der Kommentare begann in Deutschland mit der Kodifikationswelle auf Reichsebene gegen Ende des 19. Jahrhunderts. Insbesondere zum 1896 verabschiedeten und 1900 in Kraft getretenen Bürgerlichen Gesetzbuch (BGB) entstanden binnen weniger Jahre ungezählte Kommentare unterschiedlichsten Niveaus (Mohnhaupt 2000, 507 ff.). So erschienen ab 1898 die ersten Lieferungen des von Geheimrat Julius von Staudinger initiierten, ältesten bis heute fortgeführten Kommentars; 1903 war die erste – sechsbändige – Auflage abgeschlossen.

2.4 Moderne Marktvielfalt

Der heutige Markt wird von einer schier unüberschaubaren Vielfalt unterschiedlichster Kommentare geprägt: Ob zum Abfall- oder Gebrauchsmustergesetz, ob zum Schwarzarbeitsbekämpfungsgesetz oder zur Straßenverkehrsordnung, ob zum Versicherungsvertrags- oder zum Zahlungsdiensteaufsichtsgesetz – zu fast jeder Rechtsmaterie, jedem größeren Gesetz bestehen eigenständige Kommentierungen. Zu zentralen Gesetzbüchern wie dem BGB gibt es zudem Werke sehr unterschiedlicher Ausprägung. Das Bürgerliche Recht soll im Folgenden wegen seiner herausragenden Bedeutung unser Beispiel sein.

Besonders ausführliche, detaillierte Kommentierungen, die oft (je nach Umfang der behandelten Materie) über mehrere Bände reichen, werden *Großkommentar* genannt. Heute gilt der soeben erwähnte „Staudinger" als umfänglichstes Werk des Genres. Die zwölfte, 1973 begonnene und 1999 abgeschlossene Auflage umfasste bereits 44 Bände mit rund 37.000 Seiten. Die aktuelle, noch nicht vollständige Neubearbeitung hat derzeit einen Umfang von 95 Bänden mit rund 70.000 Seiten und einem regulären Ladenpreis von rund 27.000 EUR. Im Regal nicht viel weniger Platz nimmt der „Soergel" ein: 1921 durch zwei Praktiker, den bayerischen Hofrat Hans Theodor Soergel und Oberjustizrat Otto Lindemann, begründet, sollte der Großkommentar von Anfang an vornehmlich Rechtsanwendern dienen. Die im Jahre 2000 begonnene 13. Auflage ist auf 32 Bände angelegt. Seit 1978 erscheint in der Reihe der „Münchener Kommentare" auch eine Ausgabe zum BGB; sie umfasst in der aktuellen Auflage elf Bände.

Das Gegenstück zum Großkommentar ist der knapp gefasste, zumeist einbändige Kommentar. Er wird – je nach Verlag oder Reihe – mal *Kurz-*, mal *Hand-*, mal *Kompaktkommentar* genannt. Aus Platzgründen können diese Kommentare nicht jede juristische Streitfrage ausführlich thematisieren. In der Regel muss ein kurzer Hinweis auf die Position von (soweit vorhanden höchstinstanzlicher) Rechtsprechung und herrschender Lehre genügen. Dies entspricht zugleich dem Hauptbedürfnis des Nutzers nach knapper und schneller Information. Denn Hauptzielgruppe derartiger Kommentare sind in der Regel Rechtsanwälte und andere Praktiker, denen vor allem wichtig ist, wie die Streitfrage vor Gericht bewertet wird.

Als – auch über Juristenkreise hinaus – bekanntester BGB-Kommentar darf der nach seinem ersten Herausgeber benannte „Palandt" gelten. Otto Palandts 1938 zum ersten Mal gedruckter „Kurzkommentar" wird seit 1949 jährlich neu aufgelegt, sodass er 2015 in 74. Auflage erschien. Das – wie die Großkommentare – von einer großen Anzahl von Fachgelehrten bearbeitete Werk umfasst in der Neubearbeitung 3200 eng bedruckte Seiten. Um zusätzlich Platz zu sparen, werden häufig vorkommende Wörter abgekürzt, was die Lesbarkeit derart erschwert, dass dies eine Werbekampagne der Konkurrenz zum Anlass für bissige Satire nahm, der hohen Verbreitung des „Palandt" aber keinen Abbruch tut. Als Standardkommentar des Fachs ist der

„Palandt" in vielen Bundesländern sogar als Hilfsmittel bei der zweiten juristischen Staatsprüfung zugelassen.

Aus den sehr zahlreichen „Ein-Band-Kommentaren", die zum Teil in ihrer Zielrichtung mit dem „Palandt" vergleichbar sind (z. B. Prütting/Wegen/Weinreich), zum Teil noch etwas schlanker sind (z. B. Schulze/Dörner/Ebert), sei noch der kleinformatigere „Jauernig" herausgegriffen. In der neuesten Auflage (vergleichsweise geringe) 2367 Seiten stark und zudem fast ohne Abkürzungen auskommend, kann der von Othmar Jauernig 1979 begründete und 2014 in der 15. neubearbeiteten Auflage erschienene Klassiker nur auf ausgewählte Probleme eingehen. Wie viele der handlichen BGB-Kommentare ist er auch bei Studierenden beliebt und konkurriert insoweit mit ausschließlich für das Jurastudium bestimmten Werken, etwa dem von Jan Kropholler begründeten „Studienkommentar BGB", der binnen weniger Jahre dreizehn Auflagen erlebte. Derartige *Studien- oder Ausbildungskommentare* konzentrieren ihre Ausführungen auf diejenigen BGB-Normen, die für die Studierenden tatsächlich relevant sind und auch hierbei auf Rechtsprobleme, die typischerweise an der Universität abgefragt werden. Sie decken mithin typischerweise nicht das gesamte BGB ab.

Als „goldene Mitte" zwischen den einbändigen Kurzkommentaren und den Großkommentaren verstehen sich jene zwei- oder mehrbändigen Kommentare, die nicht den Umfang eines Großkommentars erreichen. Zumeist handelt es sich dabei um *Praktikerkommentare*, also Werke die sich vornehmlich an Anwälte sowie die Justiz richten. Die Bandbreite des Angebots ist hoch: Noch vergleichsweise schlank ist ein bereits 1952 in erster Auflage erschienenes, von Walter Alexander Erman begründetes und nach ihm benanntes Werk, das in der aktualisierten 14. Auflage 2014 mit zwei Bänden und rund 7000 Seiten auskommt. Der von Heinz Georg Bamberger und Herbert Roth herausgegebene BGB-Kommentar füllt drei Bände mit fast 10.000 Seiten; fünf Bände mit rund 15.000 Seiten umfasst die aktuelle Auflage des früher so genannten „Anwaltkommentars" von Barbara Dauner-Lieb, Thomas Heidel und Gerhard Ring. Und der in siebter Auflage (2014) achtbändige „juris PraxisKommentar BGB" steht mit seinen über 20.000 Seiten bereits an der Schwelle zum Großkommentar.

Dem Bedürfnis des Marktes folgend, bieten immer mehr Verlage von ihren Kommentaren zugleich – in der Regel kostenpflichtige – Online-Versionen an. Einige Anbieter haben komplexe Datenbanken entwickelt, in welchen Kommentare, Urteilssammlungen, Zeitschriften und sonstige Fachliteratur miteinander vernetzt sind, wodurch sich vielerlei effiziente Suchmöglichkeiten ergeben.

3 Wörterbücher und Lexika

Üblicherweise wird zwischen dem *Wörterbuch* als Nachschlagewerk, das vornehmlich die Bedeutung von Wörtern erklärt und weitere sprachliche Informationen liefert („Sprachwörterbuch"), und dem der Vermittlung von Sachwissen dienenden *Lexikon*

(*Enzyklopädie*, „Sachwörterbuch") differenziert. Eine solche Unterscheidung ist allerdings im Bereich der Fachlexikographie typischerweise nicht so trennscharf möglich wie im Bereich der Allgemeinsprache, da sich bei der Erläuterung eines Spezialwortschatzes spezifische Anforderungen ergeben (Herbst/Klotz 2003, 21; Schlaefer 2009, 74). Dies gilt nicht zuletzt für die (einsprachigen) Wörterbücher und Lexika im Bereich des Rechts. Vielleicht erklärt sich aus diesem Umstand, warum die Betitelung der Werke nicht selten eher irreführend gebraucht wird. So enthält etwa „Creifelds Rechtswörterbuch" für ein Sachwörterbuch typische themenbezogene Sacherklärungen – und keine Sprachinformationen. Ähnliches gilt für das „Handwörterbuch zur deutschen Rechtsgeschichte" (HRG), das – im Gegensatz zum ebenfalls historisch ausgelegten „Deutschen Rechtswörterbuch" (DRW, hierzu sogleich) – enzyklopädischen Charakter hat.

3.1 Typen von Wörterbüchern und Lexika

Zu den (Sprach-)Wörterbüchern im engeren Sinne zählen die meisten der – im Bereich des Rechts zahlreich vorhandenen – zwei- oder mehrsprachigen Wörterbücher; sie haben allerdings stets mit dem Problem zu kämpfen, dass es zu sehr vielen Rechtstermini aufgrund der Unterschiede zwischen den Rechtsordnungen keine exakte Entsprechung in der jeweils anderen Sprache gibt, sodass sie sich entweder mit einer ungefähren Übersetzung begnügen oder aber unter Hinzuziehung von Sachinformationen umschreiben müssen (vgl. hierzu den Beitrag von Rovere in diesem Band). Aufgrund dieser speziellen Problemstellung sollen zwei- oder mehrsprachige Nachschlagewerke im Folgenden ausgeklammert bleiben.

Im Übrigen gibt es zur Rechtssprache allerdings kaum (Sprach-)Wörterbücher im engeren Sinne. In der Regel handelt es sich um spezielle Nachschlagewerke. Das einzige größere Belegwörterbuch zur deutschen Rechtssprache ist das an der Heidelberger Akademie der Wissenschaft bearbeitete, bislang zwölf Bände mit über 90.000 Artikeln umfassende „Deutsche Rechtswörterbuch"; es erläutert allerdings (anders als sein Name vermuten lässt) ausschließlich historische Rechtstermini – genauer: den rechtlich relevanten deutschen und westgermanischen Rechtswortschatz seit Beginn der schriftlichen Aufzeichnung (um 450 n. Chr.) bis ins 19. Jahrhundert hinein (Deutsch 2010). Als Sprachwörterbuch gelten darf ferner etwa Gerhard Köblers „Etymologisches Rechtswörterbuch" (1995), das freilich im Kern ebenfalls zur vergangenheitsbezogenen Lexikographie (hierzu: Reichmann 2012, 16 ff.) zählt.

Am ehesten zu den Wörterbüchern zu rechnen sind ferner Werke, die juristische Abkürzungen erläutern, allen voran der berühmte „Kirchner", das von Hildebert Kirchner begründete und 2013 in siebter Auflage erschienene „Abkürzungsverzeichnis der Rechtssprache". Dieter Meyers Nachschlagewerk „Juristische Fremdwörter, Fachausdrücke und Abkürzungen" (13. Aufl. 2012) ist nur ein Beispiel für die diversen im Buchhandel angebotenen Wörterbücher zum juristischen Fremdwortschatz, zu juristischen Formeln und Redewendungen. Vielleicht können auch einige Werke, die in alphabetischer Ordnung Definitionen zu zentralen Termini des Rechts liefern zu den Wörterbüchern gezählt werden, etwa das in Fachkreisen vielgerühmte Werk von Wilfried Küper „Strafrecht, Besonderer Teil: Definitionen mit Erläuterungen" (8. Aufl. 2012), das aufgrund seiner zahlreichen Sacherläuterungen aber bereits an der Grenze zum Lexikon steht.

Es braucht nicht zu verwundern, dass die meisten juristischen Nachschlagewerke eher den Charakter eines Lexikons denn eines Wörterbuchs haben: Obgleich der Rechtswortschatz dem Allgemeinwortschatz oft genug wie eine fremde Sprache gegenübersteht, ist es nämlich sehr oft nicht möglich, ein befriedigendes Übersetzungsäquivalent zu finden, da die Allgemeinsprache weniger präzise ist, d. h. keine exakt entsprechenden Termini enthält. Es wird also in der Regel nichts anderes übrig bleiben, als die Bedeutung(en) eines Wortes (im Stil eines Sachwörterbuchs) zu erläutern – und zwar unter Einbeziehung des jeweiligen rechtlichen Kontexts. Zählen Juristen hierbei zur Zielgruppe, wird jeder Artikel neben Hinweisen zur weiterführenden Literatur auch Nachweise der einschlägigen Gesetzesstellen enthalten.

3.2 Historischer Überblick

Seit dem 8. Jahrhundert sind zumeist lateinische Schriften nachweisbar, die sich mit der Bedeutung von Wörtern beschäftigen (Grubmüller 1990, 2037 ff.; dort auch zur Geschichte der allgemeinsprachlichen Lexikographie, ferner Haß-Zumkehr 2001, 39 ff.). Die um 1285 durch Johannes von Erfurt verfasste immerhin 461 Blatt starke „tabula utriusque iuris" steht am Anfang der rechtlichen Lexikographie in Deutschland (Köbler 1978, Sp. 1982; zum Ganzen auch: Köbler 2007). Als Vorläufer der modernen Wörterbücher können ferner die sog. Abecedarien, Promptuarien oder Remissorien gelten: Unterschiedlich ausführliche alphabetische Verzeichnisse zur Erschließung zunächst des römischen und kanonischen, später auch des deutschen Rechts. Das älteste erhaltene deutsche Werk seiner Art ist wohl das 1400 entstandene „Greifswalder Abecedarium" zum Sachsenspiegel und der Buch'schen Glosse (Carls 2008). Hervorhebenswert ist ferner das um 1450 verfasste „Remissorium" des Dietrich von Bocksdorf. Mit dem Buchdruck kam eine neue Generation von Rechtswörterbüchern und juristischen Lexika namentlich zur Erläuterung des – europaweit geltenden – römisch-kanonischen Rechts auf. Mit Blick auf das gebildete Publikum ganz Europas waren diese Werke durchgängig lateinisch verfasst und konnten so einen internationalen Markt bedienen. So fand das 1506 erstmals gedruckte „Iuris civilis Lexicon" des Spaniers Elio Antonio de Nebrija auch in Deutschland breiten Absatz. Im Gebiet des Reichs entstanden etwa das gleichnamige Wörterbuch von Jakob Spiegel (Straßburg 1538) und Johann Oldendorps knappes Belegstellenglossar „De copia verborum et rerum in iure civili" (Köln 1542) (weitere Beispiele bei Köbler 2007, 212 ff.). Erste Ansätze über das römisch-kanonische Recht hinauszugehen und verstärkt auf die einheimische Rechtspraxis einzugehen (hierzu: Deutsch 2014), finden sich in dem 1600 in Frankfurt (Main) erstmals gedruckten „Lexicon Iuridicum Iuris Romani simul et Canonici, Feudalis item" des Johann Kahl und – bereits deutlich stärker im ebendort 1608 erschienenen Wörterbuch „Practicarum iuris Observationum Augustissimae Camerae Imperialis Liber Singularis" von Paul Matthias Wehner. Christoph Besold berücksichtigt in seinem viel gedruckten „Thesaurus practicus" (Tübingen 1629) fast ausschließlich deutschsprachige Rechtswörter, erklärt diese aber – wie seine Vorgänger – lateinisch. Klammert man einige Spezialwörterbücher aus, dürfte daher das 1721 erstmals gedruckte und später deutlich erweiterte „Lexicon iuridicum Romano-Teutonicum" des Nürnberger Anwalts Samuel Oberländer das erste rein juristische Wörterbuch in deutscher Sprache (Polley 2000, V) gewesen sein. Es erklärt allerdings – ähnlich wie das 1741 abgeschlossene „Teutsch-juristische Lexicon" von Johann Hieronymus Hermann – mehr lateinische als deutsche Rechtswörter. Anderes gilt für die beiden Nachschlagewerke des Thomas Hayme: Sein 1733 in Leipzig erschienenes „Lexicon juris criminalis" ist ein knappes Wörterbuch zur Terminologie des in Deutschland gültigen Strafrechts; das bekanntere 1738 auf den Markt gebrachte „Allgemeine Teutsche Juristische Lexicon" mutet bisweilen wie ein knappes Wörterbuch an, bisweilen eher wie eine Enzyklopädie mit sehr ausführlichen, themenorientierten Hauptartikeln. In eine ähnliche Richtung geht auch der Wittenberger Rechtslehrer Georg Stephan Wiesand mit seinem „Juristischen Hand-Buch" von 1762.

Die Zahl der rechtlichen Wörterbücher nahm nun immer weiter zu – ebenso die Spezialisierung: Es entstanden Wörterbücher zu speziellen Rechtsmaterien, etwa der vor dem Reichskammergericht gepflegten Terminologie (Ludwig August Würfel: Kurzgefasstes Cameral-Lexicon, Frankfurt a. M. u. a. 1766), zum Lehenrecht (Johann Christian von Hellbach: Woerterbuch des Lehnrechts, Leipzig 1803) oder zum sächsischen Kirchenrecht (Johann Paul Christian Philipp: Wörterbuch des chursächsischen Kirchenrechts, Zeitz 1803). Daneben erschienen Wörterbücher zu Rechtssprichwörtern (etwa von Georg Tobias Pistorius, 1714–25, in zehn Bänden; Johann Friedrich Eisenhart 1759) sowie – v. a. für die Strafverfolgungsbehörden bestimmte – Wörterbücher zum Rotwelsch und anderen Formen der Gauner- und Kriminellen-Sprache (so zuerst: Johann Christoph Sommer: Wörterbuch über die rothwelsche sogenannte Jauner- oder Zigeuner- und Spitzbuben-Sprache, Erlangen 1793; Friedrich Ludwig Adolf von Grolman: Woerterbuch der in Teutschland üblichen Spitzbuben-Sprachen, Gießen 1822).

Die im 18. Jahrhundert anbrechende Blütezeit der Großwörterbücher und Enzyklopädien ging auch an der Juristerei nicht spurlos vorüber. Ähnlich wie bei den allgemeinsprachlichen Nachschlagewerken (Adelung, Grimm, Zedler) entstanden zunächst Produkte von „Einzelkämpfern". Christian Friedrich Hempel etwa verantwortete nicht nur das zehnbändige „Allgemeine Lexicon iuridico-consultatorium" (Frankfurt 1751–1756), sondern auch ein fast zeitgleich erschienenes „Allgemeines Europäisches Staats-Rechts-Lexicon" in neun Bänden (Frankfurt [u. a.] 1751–1755), das in seinen umfänglichen Artikeln namentlich zum Staats- und Völkervertragsrecht auch zahlreiche Rechtstexte (Verträge, Abkommen) vollständig mitabdruckt, insoweit an der Grenze zu Repertorium und Quellenedition steht. Achtzig Jahre später, nämlich ab 1834, erschien das bis heute als Wegbereiter des Vormärz gefeierte (vgl. etwa Zehntner 1929), von Karl von Rotteck und Carl Theodor Welcker herausgegebene „Staats-Lexikon oder Encyklopädie der Staatswissenschaften", das in fünfzehn *Bänden plus vier Ergänzungsbänden* von den Autoritäten der Zeit verfasste Großartikel enthält und bis 1866 drei Auflagen und danach Reprints erlebte. Letzterem hinsichtlich der Konzeption vergleichbar, in politisch-weltanschaulicher Sicht aber divergierend, fanden daneben das von Johann Caspar Bluntschli und Karl Brater herausgegebene „Deutsche Staats-Wörterbuch" (11 Bände, 1857–1870) sowie das mittlerweile in achter Auflage bearbeitete (katholische) Staatslexikon der Görres-Gesellschaft (Erstausgabe: 5 Bände, 1889–1897) ihren Markt.

Die „gesammte Rechtswissenschaft" behandelte demgegenüber das von Julius Weiske redigierte „Rechtslexikon fuer Juristen aller teutschen Staaten", das sich mit seinen breit angelegten, von bekannten Juristen verfassten Artikeln zu den Zentralthemen des Rechts in fünfzehn zwischen 1839 und 1862 gedruckten Bänden (plus Repertorium) alsbald zum Referenzwerk der Zeit entwickelte. Erwähnung verdienen daneben das von Franz von Holtzendorff 1870/71 als zweiter, alphabetischer Teil der „Encyclopädie der Rechtswissenschaft" herausgebrachte „Rechtslexikon", das in der 1881 abgeschlossenen dritten Auflage auf mehrere (Teil-)Bände angeschwollen war, sowie das in Prag zwischen 1894 und 1898 gedruckte „Österreichische Rechtslexikon", ein „praktisches Handwörterbuch des öffentlichen und privaten Rechtes der im Reichsrathe vertretenen Königreiche und Länder". Hauptzielgruppe der meisten dieser Nachschlagewerke waren die Juristen selbst.

Als deutliche Zäsur wirkte die große Kodifikationswelle des ausgehenden 19. Jahrhunderts: Danach erschienen immer weniger größere (allgemeine) Rechtslexika. Ein Hauptzweck der für Juristen bestimmten Nachschlagewerke, nämlich das Auffinden der einschlägigen Rechtsregel in einem Normendschungel auf allen hierarchischen Ebenen, fiel im Zeitalter der nationalen Kodifikationen weg. Der Blick ins Gesetz, ergänzt durch eine Konsultation der einschlägigen Kommentare, die in immer größerer Zahl verfügbar wurden (vgl. oben 2.3), ersparte den Umweg über Fachlexika. Erwähnt werden kann immerhin noch das zweibändige „Rechtslexikon" von Paul Posener (Berlin 1909) und das zwischen 1926 und 1929 gedruckte sechsbändige „Handwörterbuch der Rechtswissenschaft" (mit zwei Ergänzungsbänden bis 1937), das unter der Regie von Fritz Stier-Somlo u. Alexander Elster erschien.

Zugleich setzte sich der Trend der Spezialisierung fort. Ob für Juristen oder das breite Publikum konzipiert: Lexika (und seltener auch klassische Wörterbücher) zu einzelnen Rechtsmaterien haben bis heute ihren festen Platz in der Bücherlandschaft. Neben unzähligen einbändigen Werken sei beispielhaft das „Deutsche Rechtswörterbuch" erwähnt (vgl. oben 3.1), dessen erste Lieferung 1914 erschien. Erwähnt sei auch das 1970 nachgedruckte, in seinem enzyklopädischen Teil sechsbändige, „Rechtsvergleichende Handwörterbuch für das Zivil- und Handelsrecht des In- und Auslandes" von Franz Schlegelberger (Berlin 1929–1939).

3.3 Spezialisierungstendenzen

Auf dem heutigen Buchmarkt sucht man vergeblich nach einem Großwörterbuch oder -lexikon zum Wortschatz der (gesamten) deutschen Rechtsordnung. Ein derartiges Mammutwerk, das aufgrund des Umfangs der Aufgabe auf eine längere Entstehungszeit angelegt sein müsste, würde auch kaum mehr in die heutige schnelllebige Zeit passen, zumal es in Anbetracht der wachsenden Komplexität des Rechts deutlich umfangreicher sein müsste als vergleichbare Werke in der Vergangenheit.

Überhaupt gibt es nur wenige (einsprachige) Werke, die sich darum bemühen, die deutsche Rechtssprache allgemein, also unter Berücksichtigung aller zentralen Rechtsmaterien in für den rechtlichen Alltag tauglicher Weise zu erfassen. Ein Beispiel ist das zuletzt 2001/03 in dritter Auflage erschienene „Deutsche Rechts-Lexikon" von Horst Tilch und Frank Arloth, das immerhin drei Bände und einen Ergänzungsband umfasst. Obgleich nur einbändig, gilt „Creifelds Rechtswörterbuch" als das deutsche Standardlexikon zum aktuellen Recht. 1968 von Carl Creifelds begründet, erschien es 2014 in 21. Auflage. Auf 1573 Seiten erklärt es in kurzen Sachartikeln etwa 12.000 zentrale Rechtsbegriffe.

Eine verhältnismäßig große Zahl von Rechtslexika und -wörterbüchern möchte zwar – wie die vorgenannten – einen Überblick über das gesamte Recht bieten, hat hierbei aber Studierende und Auszubildende als speziellen Nutzerkreis vor Augen. So etwa das 2014 in 4. Auflage erschienene, aus einer Kooperation zwischen einem Repetitorium und einem Lexikonverlag hervorgegangene „Alpmann-Brockhaus Studienlexikon Recht". Bereits in 15. Auflage (2012) liegt Gerhard Köblers „Juristisches Wörterbuch für Studium und Ausbildung" vor, während das „Rechtslexikon für Studium und Ausbildung" von Paul Kaller bislang eine Auflage erlebte. Diesen und ähnlichen Werken gelingt es, den Umfang überschaubar zu halten, indem sie ihren Fokus auf den in Studium und Ausbildung relevanten Stoff legen.

Daneben gibt es zahlreiche Lexika, die versuchen, Rechtsbegriffe für juristische Laien verständlich zu machen. Zumeist handelt es sich dabei um handliche, kostengünstige Bücher, oft im Taschenbuchformat. Aus einem renommierten juristischen Fachverlag stammt das „für Beruf und Alltag" bestimmte „Beck'sche Rechtslexikon" von Harald Geiger, Manfred Mürbe und Helmut Wenz (2. Aufl. 1996). Aufgrund der Allgemeinheit als Zielgruppe erscheinen derartige Nachschlagewerke aber nicht selten auch in Verlagshäusern ohne spezielle juristische Ausrichtung, so etwa „Der Brockhaus Recht: das Recht verstehen, seine Rechte kennen", der ganz auf das lexikographische Knowhow der Verlagsredaktion setzt (2. Aufl. 2005). Aus den etwas älteren Werken seien etwa noch das „Praktische Rechtslexikon für jedermann" von Dieter Bossmann (1983), das „Gabler Kleines Lexikon Recht" (1985) und das von Hermann

Avenarius bearbeitete und von der Bundeszentrale für Politische Bildung herausgebrachte „Kleine Rechtswörterbuch (7. Aufl. 1996) herausgegriffen. Ein Problem für all diese Nachschlagewerke ist die Schnelllebigkeit des Rechts. Aufgrund ihrer Sachbezogenheit veralten aktuellrechtliche Lexika zumindest in Teilen schon binnen weniger Jahre. Gerade für juristische Laien, die keinen Überblick über neuere Rechtsänderungen haben, kann dies zu unerwarteten Fehlinformationen führen.

Lexika, welche für die Rechtspraxis oder Rechtswissenschaft konzipiert sind, müssen – anders als die vorgenannten Werke – den Bedürfnissen von Wissenschaftlern, Anwälten und Justiz entsprechen, daher deutlich mehr in die Tiefe gehen, etwa auch die Problemausdifferenzierungen der Rechtsprechung mitabbilden und wichtige Präzedenzfälle benennen. In Anbetracht der Spezialisierung der meisten Rechtsberufe, namentlich der rasant steigenden Zahl von Anwälten, die sich auf einzelne Materien konzentrieren (vgl. Deutsch in diesem Band), behandeln derartige praxisorientierte Rechtslexika zumeist nur einzelne Rechtsmaterien. Als Gegenstand solcher Fachwörterbücher geeignet erscheinen insbesondere Rechtsgebiete, die nicht ohne weiteres durch einen Kommentar erschlossen werden können, etwa weil es kein einzelnes zentrales Gesetz gibt, das kommentiert werden könnte. Dies gilt namentlich für Lexika mit internationaler oder rechtsvergleichender Themensetzung, etwa das zweibändige „Handwörterbuch des Europäischen Privatrechts“ von Jürgen Basedow, Klaus J. Hopt, und Reinhard Zimmermann (2009) oder Burkhard Schöbeners „Völkerrecht: Lexikon zentraler Begriffe und Themen“ (2014), sowie historisch ausgerichtete Werke – auf DRW und HRG wurde oben (3.1) bereits hingewiesen.

Auch komplexe und gesetzesübergreifende Materien sind beliebter Gegenstand für Lexika. Musterbeispiel ist das Sozial- und Arbeitsrecht mit seiner großen Bandbreite unterschiedlichster Nachschlagewerke vom „Handwörterbuch Sozialhilferecht SGB XII“, 2013 herausgebracht von Jens Löcher, bis hin zum fast jährlich neu erscheinenden „Leitfaden ALG II/Sozialhilfe von A–Z“ von Frank Jäger und Harald Thomé (27. Aufl. 2013). Die beträchtliche Anzahl verfügbarer Lexika in diesem Bereich erklärt sich freilich vor allem durch die hohe Praxisrelevanz der Materie. Wie sich bereits an Titeln wie „Beck'sches Personalhandbuch (Band I): Arbeitsrechtslexikon“ (2011) ablesen lässt, zählen zu den Zielgruppen derartiger Bücher auch die mit Arbeitsrecht befassten Mitarbeiter in Unternehmen und Behörden und die Interessenvertretungen der Arbeitnehmer, also Nutzer, die durchaus nicht alle Jura studiert haben. Eine vergleichbar breite Auswahl an Nachschlagewerken mit ebenfalls sehr unterschiedlichen Zielgruppen gibt es unter anderem zum Familien-, Miet-, Bau- und Steuerrecht – also in allen Rechtsgebieten mit hoher Praxisrelevanz.

Nicht selten beschäftigen sich themenspezifische Rechtslexika und -wörterbücher auch mit Grenzbereichen zwischen Recht und anderen Disziplinen, so etwa das „Lexikon Medizin und Recht – Juristische Fachbegriffe für Mediziner“ von Hans Lilie und Joachim Radke (2004). In neuerer Zeit spielt auch das Computer- und Internetrecht eine wachsende Rolle, genannt sei nur das Büchlein „IT-Recht von A–Z“ von Michael Schmidl, das 2014 in 2. Auflage erschien.

Während die allgemeine Schriftsprache in Deutschland, Österreich und der deutschsprachigen Schweiz nur geringfügig voneinander abweichen, ebenso seinerzeit die Alltagssprache der Bundesrepublik und der DDR nur wenig differierten, lassen sich in Bezug auf die rechtlichen Terminologien jeweils ganz erhebliche Unterschiede ausmachen. Dennoch konzentrieren sich die meisten neueren Rechtslexika auf die Rechtssituation im bundesrepublikanischen Deutschland; immerhin gibt es daneben einige Nachschlagewerke speziell zur österreichischen und schweizerischen Rechtssprache, so etwa das 1988 gedruckte „Österreichische Rechtswörterbuch" von Heinz G. Russwurm und Alexander P. Schoeller oder das 2005 in erster Auflage erschienene „Schweizerische juristische Wörterbuch" von Peter Metzger. Aus der späten Vorwendezeit stammt das von einer „Redaktions-Kommission" erarbeitete „Rechtslexikon" der DDR (Berlin 1988). Kurz nach der Wende brachte dann Gerhard Köbler ein „Deutsch-deutsches Rechtswörterbuch" heraus (München 1991), das dazu beitragen sollte, Missverständnisse im innerdeutschen Rechtsverkehr auszuräumen. Ob dies noch ein einsprachiges Wörterbuch im eigentlichen Sinne ist, wäre zu diskutieren – immerhin werden zwei unterschiedliche Rechtssprachen einander gegenüber gestellt.

Auch im Bereich der Rechtswörterbücher und Lexika sind Onlineangebote von wachsender Relevanz (zu Wörterbüchern allg. etwa Herbst/Klotz 2003, 251 ff., Engelberg/Lemnitzer 2009,73 ff.). Als eines der ersten ging das Deutsche Rechtswörterbuch (DRW) stufenweise ab 1999 online (Speer 2007, Deutsch 2010). Inzwischen bieten zahlreiche Verlage auch elektronische Versionen ihrer juristischen Nachschlagewerke an, vielfach integriert in die oben angesprochenen (in der Regel lizenzpflichtigen) juristischen Datenbanken (vgl. oben 2.4). Einzelne Datenbankanbieter haben auch spezielle digitale Wörterbuchangebote entwickelt. Daneben gibt es mehrere im Internet frei verfügbare aktuellrechtliche Rechtslexika, deren Niveau allerdings zum Teil sehr zweifelhaft ist. Die Wikipedia bietet zum Teil – aber gewiss nicht durchgängig – qualitätvolle Artikel zu Rechtsthemen. Für den unkundigen Nutzer ergibt sich allerdings das Problem, dass er nicht abschließend beurteilen kann, ob er gerade einen guten oder zweifelhaften Artikel liest. Die Wikipedia versieht daher alle rechtlichen Beiträge mit einem warnenden und haftungsausschließenden „Hinweis" (https://de.wikipedia.org/wiki/Wikipedia:Hinweis_Rechtsthemen). Im Zweifel wird sich mithin die Konsultation eines zuverlässigeren Nachschlagewerks empfehlen.

4 Literatur

Avenarius, Martin (2012): Glossatoren. In: Cordes/Lück/Werkmüller, Bd. 2, Sp. 408–412.
Becker, Hans-Jürgen (2012): Kommentierverbot. In: Cordes/Lück/Werkmüller, Bd. 2, Sp. 1979–1981.
Busse, Dietrich (1992): Recht als Text: linguistische Untersuchungen zur Arbeit mit Sprache. Tübingen.

Busse, Dietrich (2000): Textsorten des Bereichs Rechtswesen und Justiz. In: Klaus Brinker u. a. (Hg.): Text- und Gesprächslinguistik, ein internationales Handbuch zeitgenössischer Forschung. Berlin/New York, 658–675.
Carls, Wieland (2008): Abecedarien. In: Cordes/Lück/Werkmüller, Bd. 1, Sp. 6–8.
Cordes, Albrecht/Heiner Lück/Dieter Werkmüller (Hg.) (2008 ff.): Handwörterbuch zur deutschen Rechtsgeschichte (HRG), 2. Aufl. Berlin.
Deutsch, Andreas (2010): Von „tausend Wundern" und einem „gewaltigen Zettelschatz" – Aus der Geschichte des Deutschen Rechtswörterbuchs. In: Andreas Deutsch (Hg.): Das Deutsche Rechtswörterbuch – Perspektiven. Heidelberg, 21–45.
Deutsch, Andreas (2012a): Nichts als Wörter? Synchrone und diachrone Schnitte durch die Rechtssprache. In: Heino Speer (Hg.): Wort – Bild – Zeichen: Beiträge zur Semiotik im Recht. Heidelberg (Akademiekonferenzen 13), 87–110.
Deutsch, Andreas (2012b): Gobler, Justin. In: Cordes/Lück/Werkmüller, Bd. 2, Sp. 438–440.
Deutsch, Andreas (2014): Von der Idee eines Wörterbuchs zur älteren Rechtssprache. Zur Konzeption des Deutschen Rechtswörterbuchs und seiner Vorläufer als vergangenheitsbezogene Nachschlagewerke. In: Michael Prinz/Hans-Joachim Solms (Hg.): vnuornemliche alde vocabulen – gute, brauchbare wörter. Zu den Anfängen der historischen Lexikographie. Berlin (Sonderhefte der Zeitschrift für deutsche Philologie 132), 269–297.
Engelberg, Stefan/Lothar Lemnitzer (2009): Lexikographie und Wörterbuchbenutzung. 4. Aufl. Tübingen.
Felder, Ekkehard (2013): Juristische Fachsprache oder wie Bedeutung im Recht entsteht. In: Andreas Deutsch (Hg.): Historische Rechtssprache des Deutschen. Heidelberg (Akademiekonferenzen 15), 81–100.
Fluck, Hans-Rüdiger (1996): Fachsprachen, Einführung und Bibliographie. 5. Aufl. München.
Grubmüller, Klaus (1990): Die deutsche Lexikographie von den Anfängen bis zum Beginn des 17. Jahrhunderts. In: Franz Josef Hausmann u. a. (Hg.): Wörterbücher. Dictionaries. Dictionnaires. Ein internationales Handbuch zur Lexikographie, 2. Teilband. Berlin/New York, 2037–2049.
Haß-Zumkehr, Ulrike (2001): Deutsche Wörterbücher – Brennpunkt von Sprach- und Kulturgeschichte. Berlin/New York.
Hattenhauer, Hans (Hg.) (1970): Allgemeines Landrecht für die preußischen Staaten von 1794, Textausgabe mit einer Einführung. Frankfurt a. M./Berlin.
Henne, Thomas (2006): Die Prägung des Juristen durch die Kommentarliteratur. In: Betrifft Justiz 2006, 352–356.
Herbst, Thomas/Michael Klotz (2003): Lexikografie. Paderborn u. a.
Hübner, Ulrich/Vlad Constantinesco (2001): Einführung in das französische Recht. 4. Aufl. München.
Kannowski, Bernd (2007): Die Umgestaltung des Sachsenspiegelrechts durch die Buch'sche Glosse. Hannover.
Kantorowicz, Hermann (1904): Goblers Karolinen-Kommentar und seine Nachfolger. Berlin.
Kantorowicz, Hermann (1938): Studies in the Glossators of the Roman Law. Cambridge.
Köbler, Gerhard (1978): Lexikon. In: Adalbert Erler/Ekkehard Kaufmann/Dieter Werkmüller (Hg.): Handwörterbuch zur deutschen Rechtsgeschichte, Bd. 2. 1. Aufl. Berlin, Sp. 1979–1987.
Köbler, Gerhard (2007): Vom Wachstum des Wissens im Wandel des Wörterbuchs. In: Stephan Buchholz/Heiner Lück (Hg.): Worte des Rechts – Wörter zur Rechtsgeschichte. Berlin, 193–226.
Lange, Hermann (1997): Römisches Recht im Mittelalter, Bd. 1: Die Glossatoren. München.
Larenz, Karl (1991): Methodenlehre der Rechtswissenschaft. 6. Aufl. Berlin/Heidelberg/New York.
Lepsius, Susanne (2012): Kommentatoren. In: Cordes/Lück/Werkmüller, Bd. 2, Sp. 1974–1979.
Lieberwirth, Rolf (2012): Glossen zum Sachsenspiegel. In: Cordes/Lück/Werkmüller, Bd. 2, Sp. 416–422.

Mohnhaupt, Heinz (2000): Die Kommentare zum BGB als Reflex der Rechtsprechung (1897–1914). In: Ulrich Falk/Heinz Mohnhaupt (Hg.): Das Bürgerliche Gesetzbuch und seine Richter – Zur Reaktion der Rechtsprechung auf die Kodifikation des deutschen Privatrechts (1896–1914). Frankfurt a. M., 495–531.
Polley, Rainer (2000): Vorwort. In: Samuel Oberländer: Lexicon juridicum romano-teutonicum. Unveränderter Nachdruck der 4. Aufl. Nürnberg 1753, hg. und eingeleitet von Rainer Polley. Köln/Weimar/Wien.
Reichmann, Oskar (2012): Historische Lexikographie. Ideen, Verwirklichungen, Reflexionen an Beispielen des Deutschen, Niederländischen und Englischen. Berlin/Boston.
Savigny, Friedrich Carl von (1840): System des heutigen Römischen Rechts, Bd. 1. Berlin.
Schlaefer, Michael (2009): Lexikologie und Lexikographie. Eine Einführung am Beispiel deutscher Wörterbücher. 2. Aufl. Berlin.
Speer, Heino (2007): Grenzüberschreitungen – vom Wörterbuch zum Informationssystem: das Deutsche Rechtswörterbuch im Medienwandel. In: Friedrich Müller (Hg.): Politik, (Neue) Medien und die Sprache des Rechts. Berlin, 261–278.
Wiegand, Herbert Ernst (1998): Wörterbuchforschung. Untersuchungen zur Wörterbuchbenutzung, zur Theorie, Geschichte, Kritik und Automatisierung der Lexikographie I. Berlin/New York.
Zehntner, Hans (1929): Das Staatslexikon von Rotteck und Welcker. Eine Studie zur Geschichte des deutschen Frühliberalismus. Jena.

Giovanni Rovere

16. Übersetzen und Dolmetschen im Recht

Abstract: Ein zentrales Problem beim Übersetzen und Dolmetschen von Rechtstexten ergibt sich aus ihrer kulturspezifischen Dimension. Diese äußert sich auf lexikalischer Ebene in den häufig als unübersetzbar betrachteten rechtskulturgebundenen Begriffen, auf der textuellen Ebene in Vertextungskonventionen, in denen sich die unterschiedlichen Diskurstraditionen manifestieren. Juristische Diskurstraditionen sind zum einen Ausdruck der geschichtlichen Entwicklung der jeweiligen Rechtsordnung, zum anderen werden sie durch die allgemeinen sprachlichen und kulturellen Gegebenheiten der Sprachgemeinschaften beeinflusst. Bei der Verdolmetschung vor Gericht und bei Behörden können in besonderem Maße soziolinguistische und soziokulturelle Aspekte hinzutreten, wenn die Interaktionen zwischen verschiedensprachigen Akteuren die Form des mündlichen Dialogs annehmen; die Gefahr von kultur- und sprachgebundenen Missverständnissen ist unter diesen Bedingungen erhöht.

1 Einleitung

Die juristischen Fachsprachen gehören auch in ihrer modernen, durch Tendenzen zur transnationalen Angleichung charakterisierten Ausprägung zu denjenigen sozial relevanten Fachsprachen, die sich durch eine auffällige Kulturspezifik auszeichnen. Anders als in der naturwissenschaftlichen, medizinischen, technologischen und in geringerem, aber zunehmendem Maße auch wirtschaftlichen Fachkommunikation, deren Gegenstandsbereiche naturgemäß meist keine oder nur marginale kulturspezifische Merkmale aufweisen und dementsprechend nicht oder kaum an Einzelsprachen gebunden sind, können rechtskulturgebundene Termini für die juristischen Fachsprachen als konstitutiv gelten. Dies ist auch in Bezug auf Sprachgemeinschaften der Fall, deren Rechtssysteme dem gleichen Rechtskreis angehören, aber durch eine nationale Begriffskultur geprägt sind. Daraus ergibt sich, dass eine Darstellung der Problematik des Übersetzens von Rechtstexten schon aus Gründen der Anschaulichkeit beispielhaft an einem konkreten Sprachenpaar ausgerichtet sein sollte. Im Folgenden stehen Deutsch und Italienisch im Vordergrund. Diese Wahl erlaubt, auf mehrsprachige Nationen oder Regionen mit übergeordnetem einheitlichem Rechts-

DOI 10.1515/9783110296198-016

system (Schweiz, Südtirol) sowie auf den Fall verschiedener standardsprachlicher Varietäten einer Sprache in Staatsgebieten mit unterschiedlichen Rechtssystemen (Deutsch in deutsch-, Italienisch in italienischsprachigen Ländern bzw. Regionen) zumindest punktuell hinweisen zu können. Außerdem sind die sozialen und wirtschaftlichen Beziehungen – auch aufgrund der hohen geographischen Mobilität – zwischen den deutsch- und den italienischsprachigen Gemeinschaften eng, so dass der Kontakt zwischen den jeweiligen Rechtsordnungen in der Rechtspraxis (Gerichte, Beratung usw.) intensiv ist.

Mit Kulturspezifik ist hier nicht nur die kulturelle Dimension gemeint, die generell und untrennbar dem Sprachsystem und dem Sprachgebrauch eigen ist, sondern insbesondere die in der Literatur mit dem Begriff der Realienbezeichnung erfassten einzelsprachlichen Bezeichnungen für einzelkulturspezifische Referenzobjekte (Gegenstände, Sachverhalte). Auf dieser lexikalischen Ebene tritt die kulturspezifische Dimension juristischer Texte am augenfälligsten in Erscheinung. In umgekehrter Perspektive ist ebenso offensichtlich, dass die Kultur einer Nationalgemeinschaft durch das Rechtssystem in seinen vielfältigen diskursiven Erscheinungen in spezifischer Weise geprägt ist.

Da im Umgang mit Rechtstexten dem Übersetzen und dem Dolmetschen wesentliche Aspekte gemein sind, lassen sich die Anmerkungen zu den kulturspezifischen Übersetzungsproblemen (vgl. 2.) auf das Dolmetschen übertragen. Dadurch können sich die Ausführungen zum Dolmetschen bei Gericht (vgl. 3.) auf dolmetschspezifische Gesichtspunkte beschränken.

2 Kulturspezifische Übersetzungsprobleme

Die besondere kulturspezifische Dimension von Rechtstexten stellt offenkundig sehr hohe Anforderungen an die fachlichen und sprachlichen Kompetenzen des Übersetzers. Insbesondere erscheint die Aufgabenstellung deutlich komplexer als beispielsweise für den Übersetzer technologischer oder naturwissenschaftlicher Texte: Zwischen dem ersten, analytischen Arbeitsschritt, der dem Verständnis des Ausgangstexts gewidmet ist, und der letzten Phase des Übersetzungsvorgangs, in welcher die Erstellung des zielsprachlichen Texts abgeschlossen wird, tritt die Rechtsvergleichung auf den jeweils relevanten juristischen Ebenen (Rechtssysteme, -ordnungen, -gebiete usw.). Dies gilt banalerweise dann nicht, wenn sich Ausgangs- und Zieltext auf das gleiche Rechtssystem (wie z. B. in der Schweiz) oder auf die gleiche supranationale Rechtsordnung (wie z. B. beim Unionsrecht) beziehen.

Sprachlich sind die einzelkulturspezifischen Erscheinungen in erster Linie auf zwei Ebenen angesiedelt: Lexik und Textsorte.

2.1 Die lexikalische Ebene

Zu den Realienbezeichnungen gehören zunächst kulturspezifische Bezeichnungen für Gegenstände und Sachverhalte der Alltagskultur, von der Gastronomie (*Schupfnudeln*) zum Kalender (*die kalte Sophie*), aber auch topographische Bezeichnungen, insbesondere in ihrer metonymischen Bedeutung (*Hardthöhe*), zählen dazu. Wie die Beispiele zeigen, handelt es sich jeweils um Wörter und lexikalisierte Wortverbindungen.

In der übersetzungstheoretischen Literatur wird die Übersetzbarkeit kulturspezifischer Begriffe traditionsgemäß in Zweifel gezogen, wenn nicht gar dann verneint, wenn Ausgangs- und Zielkultur zu wenige oder keine Schnittmengen aufweisen; Koller (2011, 167) spricht in Fällen, in denen der „kommunikative Zusammenhang" von Ausgangs- und Zieltext keinerlei Gemeinsamkeiten beinhaltet, von „absoluter Nicht-Übersetzbarkeit". Analog zu dieser radikalen Auffassung findet sich in der zweisprachigen Lexikographie die Kategorie ‚unübersetzbare Wörter'. Durch die explizite Markierung „unübersetzbar" oder implizit durch das Fehlen einer Äquivalentangabe wird in einem Wörterbuchartikel, beispielsweise zum deutschen Lemma *Minijob*, angezeigt, dass ein Äquivalent in der Zielsprache fehlt. Eine im Artikel angeführte zielsprachliche Bedeutungsparaphrase – entsprechend der deutschen Umschreibung „Tätigkeit, bei der das monatliche Entgelt eine bestimmte Summe nicht übersteigt oder die auf eine bestimmte Zahl von Arbeitstagen im Jahr begrenzt ist" (DUDEN – Das große Wörterbuch der deutschen Sprache. Mannheim, 4. Aufl. 2012, s. v.) – stellt nach dieser Auffassung deswegen kein Übersetzungsäquivalent dar, weil im jeweils vorgegebenen Kontext Bedeutungsparaphrasen aufgrund ihrer Komplexität und Länge als nichteinsetzbar eingestuft werden, vgl. hierzu de Groot (1999, 209). In dieser Perspektive sei hier an die vielfältigen Schwierigkeiten erinnert, welche die systematische Ersetzung von „Gott" durch die Periphrase „das höhere Wesen, das wir verehren" in Bölls „Dr. Murkes gesammeltes Schweigen" verursachen. Somit würden als Übersetzungsäquivalente nur Wörter und lexikalisierte Syntagmen gelten: *illegal Eingewanderte – clandestini, Mutterschutz – tutela della maternità*.

Wenn nun nach einer verbreiteten übersetzungstheoretischen Auffassung kulturspezifische Begriffe unübersetzbar sind, die entsprechenden Termini aber für die juristischen Fachsprachen als konstitutiv anzusehen sind, ergibt sich als Konsequenz eine prinzipielle Unübersetzbarkeit der Rechtstexte, die unterschiedlichen Rechtssystemen angehören. Dem steht die alltägliche Erfahrung der allgemein verbreiteten Praxis juristischer Übersetzungen gegenüber, die auch die Form des notariell beglaubigten Dokuments annehmen und damit amtlich anerkannt im Verkehr mit Gerichten und Behörden verwendet werden können. „Wie wären beispielsweise internationale Verträge möglich, wenn die Übersetzung unmöglich ist?" (Schmidt-König 2005, 214). Das „Übersetzungsparadox" (Mincke 1991, 446) löst sich auf, wenn man berücksichtigt, dass übersetzungstheoretische Arbeiten gemeinhin bestrebt sind, zu Aussagen zu gelangen, die für alle Textsorten und insbesondere für literarische Texte zutreffen. Dieser allgemeine Ansatz beinhaltet allerdings als Folge, dass die Gültigkeit der

Antwort auf die Frage nach den Invarianten, nach den Elementen also, die bei der Übertragung eines Texts aus der Ausgangs- in die Zielsprache zu erhalten sind, meist nicht intersubjektiv verifizierbar ist, wie insbesondere die mannigfaltigen Interpretationen literarischer Texte nahelegen. Ähnliche Schwierigkeiten bestehen bei der Funktionsbestimmung des ausgangssprachlichen Texts sowie beim Versuch einer trennscharfen Abgrenzung zwischen Übersetzung und Bearbeitung. Im Rahmen des fachsprachlichen Übersetzens juristischer Texte reduziert sich dagegen bei vielen Textsorten die Komplexität dieser in der Übersetzungsforschung erörterten Variablen. Erstens muss die Textfunktion nicht vom Übersetzer erarbeitet werden, da sie in der Regel durch die Textsorte explizit vorgegeben ist. Der Aufsatz eines Rechtswissenschaftlers zu einem Rechtsproblem in einer juristischen Fachzeitschrift ist beispielsweise ein wissenschaftlicher Text; eine Gesetzessammlung enthält hauptsächlich normative Texte. Mit Textfunktion ist hier die genuine Funktion eines Texts gemeint, d. h. die Funktion, zu deren Erfüllung der Text erstellt wurde. Wird das gewichtige Gesetzeswerk zum Trocknen eines vierblättrigen Kleeblatts verwendet, stellt dies keine genuine Funktion der Textsammlung dar. Dies bedeutet mit anderen Worten, dass aus linguistischer Sicht der normative Charakter auch dann erhalten bleibt, wenn die Gesetzestexte nach ihrer Erstellung nicht in Kraft treten und sie somit keine Rechtsgültigkeit erlangen, oder wenn sie wieder außer Kraft gesetzt werden, wenn sie also ihre illokutive Rolle wieder verlieren. Der Übersetzungszweck kann jedoch durchaus dazu führen, dass die Funktion der Übersetzung von derjenigen des Ausgangstexts abweicht, ohne dass der zielsprachliche Text den Status einer Übersetzung verliert (zu anderen übersetzungstheoretischen Auffassungen vgl. z. B. Albrecht 2013, 36). Ein Beispiel für den Funktionswechsel ist ein Gesetzestext, der für Juristen einer anderen nationalkulturellen Gemeinschaft übersetzt werden soll, um einem rechtswissenschaftlichen Interesse an Themen der Rechtsvergleichung zu entsprechen. Üblicherweise wird der Zweck der Übersetzung durch den Übersetzungsauftrag festgelegt oder er ist dem Text inhärent, wie im Fall einer Informationsbroschüre, die für ausländische Bürger über deren Rechte und Pflichten und zu ihrer Orientierung im Gesundheitswesen von der Verwaltung ihres Wohnortes auf Deutsch erstellt wurde und die nun in deren Herkunftssprachen zu übersetzen ist. Zweitens sind viele juristische Textsorten in ihrer sprachlichen, logisch-argumentativen Gestaltung durch das Bestreben des Verfassers gekennzeichnet, Unschärfe, also Mehrdeutigkeit und Vagheit, zu vermeiden und durch einen hohen Kohärenz- und Explizitierungsgrad eine verbindliche Interpretation der Äußerungen herbeizuführen, sei es, je nach Textsorte, aus Gründen der wissenschaftlichen Ausdrucksweise, sei es, um Anwendungsfehler zu vermeiden oder Fehldeutungen und Rekursmöglichkeiten auszuschließen. Zur Eingrenzung des Interpretationsspielraums können, je nach Kommunikationssituation, fachliche Kompetenzen beim Adressaten vorausgesetzt sein, was eine sprachökonomische Textgestaltung durch implizite Äußerungen, eine Reduktion der Kohäsionsmittel und der Redundanz im Allgemeinen gestattet. Der Übersetzungszweck bestimmt also auch, inwieweit das präsupponierte Vorwissen des Adressaten in der Wahl der sprachlichen Mittel einerseits und der jeweils notwendige Informationsumfang in der zielsprachlichen Darstellung der ausgangssprachlichen Realien andererseits berücksichtigt werden sollen. So kann in einer Übersetzung, die weder an Fachleute gerichtet ist, noch juristische Detailgenauigkeit verlangt, die in den öffentlichen Diskussionen über Wirtschaftskrise und Haushaltskonsolidierung in Italien verwendete abgekürzte Bezeichnung für die Steuer auf Immobilien *IMU* mit *Grundsteuer* übersetzt werden, wenn die Übersetzung für deutsche oder österreichische Zeitungsleser bestimmt ist. Falls die Kommunikationssituation dies nahelegt, kann der implizite Vergleich von der maximal vereinfachenden Gleichsetzung (italienische Immobiliensteuer = deutsche/österreichische Grundsteuer) auf die Ebene der funktionalen Gleichwertigkeit, eventuell mit relativierenden Graduierungen, angehoben werden: „...(grob/pauschal/...) vergleichbar mit der Grundsteuer in...“. Für Schweizer Leser ist hingegen eine Bedeutungsparaphrase notwendig, da weder *Grundsteuer* noch ein entsprechender landesspezifischer Terminus in ihrer nationalen Varietät des Deutschen existieren. Erhöht sich aufgrund des Übersetzungszwecks der Fachlichkeitsgrad, sind offenkundig andere Verfahren nötig, mittels derer dem sachunkundigen Adressaten der Übersetzung die zur Erreichung des Übersetzungszwecks notwendigen Informationen angeboten werden. Unter diesen Voraussetzungen bedingt der Übersetzungszweck, dass das Defizit ausgeglichen wird, mit welchen Mitteln auch immer. Reicht beispielsweise für die Übersetzung ins Italienische von *Minijob* eine allgemeine zielsprachliche Paraphrase nicht aus, müssen zusätzliche Angaben, etwa zu steuer- oder sozialversicherungsrechtlichen Aspekten oder auch zur Entgeltgrenze, in die Übersetzung eingehen. Die erwähnten Paraphrasen reichen dann nicht aus, wenn diese Informationen im vorliegenden kommunikativen Kontext für den zielsprachlichen Adressaten relevant sind und gleichzeitig angenommen werden muss, dass dieser einen geringeren fachlichen Wissensstand aufweist als der ausgangssprachliche. Unterschiede, beispielsweise in den verfassungsmäßigen Rechten zwischen dem deutschen oder österreichischen Staatsoberhaupt oder dem schweizerischen Bundespräsidenten einerseits, dem italienischen Staatsoberhaupt andererseits, können also in einem zu übersetzenden Text zum einen relevant oder irrelevant sein und zum andern beim Adressaten der Übersetzung als bekannt oder unbekannt vorausgesetzt werden. Der für die Übersetzung vom Übersetzungszweck geforderte Fachlichkeitsgrad ist daher nicht a priori vom Ausgangstext als die Rangordnung der Invarianten determinierende Größe vorgegeben. Denn eine ausgeprägte Orientierung an seiner fachlichen Dimension kann mit einer vom Übersetzungszweck bedingten, nicht minder ausgeprägten Orientierung an den Adressaten der Übersetzung korrelieren, zu deren Profil beispielsweise ein geringes Fachwissen oder aber umgekehrt, auch im Vergleich zu den ausgangsprachlichen Adressaten, besonders hohe fachliche Kompetenzen gehören können. Der Fachlichkeitsgrad wird somit durch das Zusammenspiel zweier Variablen näher bestimmt, von der jeweils notwendigen Ausrichtung auf den Ausgangstext einerseits und auf die intendierte Zielgruppe andererseits. Dies kann den Einsatz vielfältiger Übersetzungsverfahren zur Folge haben, von der Bedeutungsparaphrase zur ergänzenden Erklärung, zur Einführung von Termini mit entsprechenden metalinguistischen Erläuterungen usw., vgl. hierzu v. a. Šarčević (1997, 250 ff.), aber auch schon Jakobson (1959, 234 f.). Die Qualität der Übersetzung misst sich unter solchen Bedingungen nicht primär am Äquivalenzgrad der zielsprachlichen Entsprechungen im Sinne der Terminologielehre, sondern an der Adäquatheit der gewählten sprachlichen Mittel im Verhältnis zum jeweiligen Übersetzungszweck. Anders als bei literarischen Texten spielt im Zusammenhang mit der Übersetzung von Fachtexten die übersetzungstheoretische Diskussion über den Begriffsumfang von ‚Übersetzung' eine untergeordnete Rolle.

Was schließlich das Problem der lexikalischen Paraphrasen betrifft, die wegen ihrer umständlichen Länge nicht als Übersetzungseinheiten zu gelten hätten, ist erstens anzumerken, dass Paraphrasen und ausführliche Beschreibungen in juristischen Texten keineswegs unüblich sind, insbesondere als Komponenten extensionaler Legaldefinitionen, vgl. z. B.:

> Öffentliche Grün- und Erholungsanlagen im Sinne dieses Gesetzes sind alle gärtnerisch gestalteten Anlagen, Spielplätze, Freiflächen, waldähnlichen oder naturnahen Flächen, Plätze und Wege, die entweder der Erholung der Bevölkerung dienen oder für das Stadtbild oder die Umwelt von Bedeutung sind [...]. (Gesetz zum Schutz, zur Pflege und zur Entwicklung der öffentlichen Grün- und Erholungsanlagen vom 24. November 1997 (GVBl. S. 612) zuletzt geändert durch § 15 des Gesetzes vom 29. September 2004 (GVBl. S. 424))

Vgl. auch z. B. in einer Friedhofsverordnung: „Grüfte, das sind ausgemauerte Grabstellen", zit. in Soffritti (2012, 105). Zweitens können auch lexikalisierte Fachausdrücke – aufgrund fachsprachlicher Muster der Wort- und Syntagmenbildung – die Form komplexer Wortverbindungen annehmen, vgl. z. B. it. *attore convenuto in via riconvenzionale* – dt. *Widerbeklagte*; dt. *fahrlässige schwere Körperverletzung* – it. *lesione personale colposa grave*. Die Reihung subkategorisierender Adjektive, wie beim letzten italienischen Beispiel, ist potentiell unbegrenzt, da allgemein gilt, dass der Übergang vom komplexen Terminus zur kontextuellen Präzisierung fließend ist, vgl. Rovere (2005, 99 ff.).

Das Phänomen der Null- oder Teiläquivalenz existiert zunächst auf der Ebene der kulturspezifischen Referenzobjekte. Die Feststellung ist allerdings obsolet, da dieser Umstand zur Definition des Begriffs der Realienbezeichnung gehört. Null- oder Teiläquivalenz existiert weiterhin dann, wenn der Vergleich Sprachsysteme betrifft. Manche übersetzungstheoretischen und metalexikographischen Arbeiten zur juristischen Fachübersetzung bleiben primär dieser Perspektive verhaftet, wenn etwa von annähernder Äquivalenz in Bezug zu Einzellexemen der Ausgangs- und der Zielsprache die Rede ist. Sie haben ein rechtswissenschaftliches Pendant in der „Begriffsjurisprudenz", die ihre Aufmerksamkeit eher auf „die isolierten Rechtsbegriffe" als auf „textuelle Zusammenhänge im textlinguistischen Sinne" richtet (Busse 2000a, 810). Was den Ausgangspunkt des vorliegenden Beitrags bildet, der zentrale Stellenwert der kulturspezifischen Dimension der Rechtssprache, wird in einer Vielzahl von rechtswissenschaftlichen Studien als Bilanz differenzierender Analysen in der Feststellung semantischer Asymmetrien zwischen Rechtsbegriffen zweier Sprachen ausführlich dargelegt, in der Regel mit dem Hinweis auf ihre reziproke Unübersetzbarkeit. Da die Übersetzung jedoch als Prozess und Ergebnis eines kommunikativen Vorgangs auf der Ebene des Sprachgebrauchs anzusiedeln ist, geht es nicht um die Übertragung sprachlicher Zeichen, sondern semantischer Einheiten, die im jeweiligen Verwendungskontext zuerst zu ermitteln sind. Insofern ist die Fragestellung „Wie übersetzt man *Minijob* ins Italienische?" ohne Spezifizierung der in der vorliegenden Kommunikationssituation für die Übersetzung relevanten Bedingungen verkürzt formuliert. Ob die Übersetzung nun in der jeweils vorliegenden Kommunikationssituation, wie schon angedeutet, durch ein Wort, eine lexikalisierte Wortverbindung, durch komplexe Mehrwortlexeme oder textuelle Verfahren wie z. B. die Einfügung von erläuternden Elementen im Text oder in Fußnoten, oder gar durch die Kombination verschiedener Verfahren erfolgt, wird hier für die Frage der Übersetzbarkeit fachsprachlicher Realienbezeichnungen als nicht relevant betrachtet. Dies beinhaltet, dass die traditionelle Vorstellung von der Ranggebundenheit der Übersetzungseinheit, der gemäß von Übersetzung nur dann die Rede sein soll, wenn das zu suchende zielsprachliche Äquivalent nicht die Dimension des Syntagmas überschreitet, als praxisfern einzuschätzen ist. Die behördlichen Vorschriften für die Anfertigung von beglaubigten Übersetzungen sehen vor, dass die Übersetzer Erklärungen und Anmerkungen insbesondere dann anbringen, wenn

> es z. B. vergleichbare Rechtsinstitute nicht gibt oder die Begriffsinhalte erheblich voneinander abweichen. Bezeichnungen von Behörden, Gerichten und sonstigen öffentlichen Stellen [...] sollen übersetzt, hilfsweise in der Originalbezeichnung übernommen [...] und erläutert werden, wenn es in der Zielsprache keine entsprechende Institution gibt. (zit. in Driesen/Petersen 2011, 126 f.)

Die Äquivalenzprobleme, mit denen sich der fachsprachliche Übersetzer konfrontiert sieht, sind zweifellos vielfältig. Entscheidend ist aber, dass alles Fachliche, was in einem ausgangsprachlichen Fachtext ausgedrückt wird, und allgemeiner, mit den Worten Jakobsons (1959, 234), „all cognitive experience and its classification", grundsätzlich übersetzbar, da semantisch exakt beschreibbar ist. Nicht nur definierte Termini tragen zur angestrebten, für viele Fachtexte charakteristischen Genauigkeit bei, sondern auch – und häufig in deutlich ausgeprägterem Maße – kontextuelle Präzisierungen. Dies trifft auch auf Übersetzungen in Rechtsbereichen zu, in denen die Zielsprache nicht durchgehend über eine einheitliche Terminologie verfügt, wie z. B. im Völkerrecht (vgl. Garre 1999). Selbst die semantische Unbestimmtheit, die in Gesetzestexten eine funktionale Bedeutung hat (vgl. Busse 1999, 1384; vgl. auch Höhmann 2011, 60 ff.), lässt sich in einem gegebenen Kontext zumindest explizit darstellen. Meistens ist sie jedoch problemlos in den Zieltext übertragbar, wie beispielsweise im Fall von „geringfügig" in „geringfügige Beschäftigung" (§ 8 SGB IV) durch das gleichwertige zielsprachliche Adjektiv.

Ein fachlich defizitärer Ausgangstext kann zu schwierigen praktischen Übersetzungsproblemen führen. Fehlt beispielsweise der rechtssystematische Bezugsrahmen der verwendeten Termini („Der EU-Übersetzer weiß oft nicht, ob ein Begriff als nationalrechtlicher Begriff oder gemeinrechtlicher Begriff zu verstehen ist" (Kjaer 1999, 73)), ist deren Polysemie nicht ohne weiteres aufzulösen. Das Postulat der prinzipiellen Übersetzbarkeit wird dadurch nicht in Frage gestellt, da es offenkundig nur für wohlgeformte Ausgangstexte gilt.

2.2 Kulturspezifische Asymmetrien auf der Ebene der Textsorten

Die nähere Bestimmung von Texten durch das Adjektiv ‚juristisch' stellt eine Charakterisierung dar, die im Hinblick auf das Übersetzen nur von beschränkter Aussagekraft erscheint, da sie keine bedeutsamen Schlüsse auf die Konsequenzen für die Wahl der Übersetzungsstrategien zulässt. Relevanter ist eine Klassifizierung nach Textsorten. Denn unauffälliger zwar als Realienbezeichnungen, aber für das juristische Übersetzen nicht weniger anspruchsvoll, sind kulturspezifische Asymmetrien in den Textsortennormen und -konventionen, die auf Unterschiede im Rechtssystem und in der Rechtskultur sowie in den Diskurstraditionen der Nationalgemeinschaften zurückzuführen sind. Auch auf dieser Ebene stellt sich die Ausgangslage gegenüber dem weiten Gegenstandsbereich der allgemeinen Übersetzungsforschung in wesentlichen Aspekten als weniger komplex dar.

Nach dem bisher Gesagten scheint es aus übersetzerischer Perspektive angezeigt, von einer pragmatischen Klassifizierung der Texte auszugehen, die ihre primäre juristische Funktion als entscheidendes Einteilungskriterium festlegt. Denn die ausgeprägte Plurifunktionalität mancher juristischer Textsorten erschwert eine Überschneidungen ausschließende Typologisierung; Gerichtsurteile beispielsweise wenden Gesetze an, können aber auch durch deren Auslegung rechtsgestaltenden Einfluss ausüben. Einer prototypischen Ausrichtung entspricht die von Mortara Garavelli (2001) für die italienische Rechtssprache vorgeschlagene Klassifizierung, die von den drei grundlegenden juristischen Tätigkeiten ausgeht: der gestaltenden der Rechtsetzung, der theoretischen der Rechtsauslegung und der praktischen der Rechtsanwendung. Diesen drei Kategorien lassen sich, vom pragmatisch heterogenen Charakter und der ausgeprägten Intertextualität vieler juristischer Textinstanzen sowie der möglichen Mehrfachadressierung abstrahierend, die juristischen Texte gemäß ihrer primären Funktion zuweisen: zur Rechtsetzung gehören die normativen, zur Rechtsauslegung die interpretativen, zur Rechtsanwendung die applikativen Texte. Die erste Kategorie umfasst beispielsweise das Strafgesetzbuch, die Straßenverkehrsordnung, die Verwaltungsverordnungen, aber auch die Landesverfassungen in Deutschland und Österreich sowie die Kantonsverfassungen in der Schweiz, d. h. sämtliche Arten von Rechtsnormen. Zur zweiten Kategorie gehören alle Texte, die den Bereichen Wissenschaft und Lehre zugewiesen werden können, entweder im Rahmen der internen Fachkommunikation zwischen Experten (wissenschaftlicher Aufsatz, Urteilskommentar u. Ä.) oder der externen, in Form beispielsweise von Ratgebern, Lehr- und Nachschlagewerken. Zur dritten, umfassenden Kategorie zählen alle Texte, die einen Anwendungsbezug zu Rechtsnormen aufweisen, also beispielsweise die nach Handlungsträgern (Richter, Staatsanwalt usw.) unterscheidbaren Prozessakte, die verschiedenen Klassen von Texten der öffentlichen Verwaltung und die vielfältigen privaten Rechtsakte wie z. B. Kaufvertrag, Testament, Vollmacht.

Die Kategorie des Texttyps wird im Folgenden als die, durch die primäre Ausdrucksintention des Textproduzenten bestimmte Funktion eines Texts oder Teiltexts verstanden. Ein Texttyp kann eine Klasse von Texten funktional kennzeichnen, stellt aber nicht einen der Kategorie der Textsorte übergeordneten Begriff dar, da die einer Textsorte zugehörigen Texte texttypologisch betrachtet heterogen sein können (vgl. z. B. Albrecht 2013, 259). In der hier gewählten übersetzungsorientierten Perspektive erweist sich das Kriterium der unmittelbaren rechtlichen Relevanz eines Texts als zentral. Dadurch lässt sich die Zahl der Texttypen auf zwei begrenzen: 1) Der Ausgangstext hat für den ausgangssprachlichen Adressaten keine Rechtswirkung; seine genuine Funktion besteht darin, ihm die Möglichkeit zu geben, seinen Wissensstand hinsichtlich einer juristischen Thematik zu erweitern. Ob sich daraus in der weiteren Folge rechtliche Konsequenzen ergeben mögen oder nicht, ist für die Bestimmung des Texttyps unerheblich. So enthält ein juristischer Ratgeber hoffentlich die von seinem Benutzer gesuchten Informationen. Wenn dieser sich daraufhin entschließt, seinen Nachbarn anzuzeigen, ist das eine Folgehandlung, die nicht zu den genuinen Zielen der Verfasser von Ratgebern gehört, auch wenn sie Anleitungen zu den jeweiligen Vorgehensmodalitäten anbieten. 2) Der Ausgangstext hat für den ausgangssprachlichen Adressaten Rechtswirkung, im Wesentlichen nach Maßgabe der jeweils realisierten deontischen Modalitäten (Verpflichtung, Berechtigung, Verbot, Entpflichtung). Die allgemeinen Geschäftsbedingungen einer Pferdeklinik beispielsweise, die der Besitzer eines erkrankten Pferdes gelesen und zur Kenntnis genommen zu haben mit Unterschrift bekundet, berechtigen die aufnehmende Pferdeklinik, erforderliche Behandlungen des Tieres auch ohne ausdrückliche Genehmigung des Besitzers durchzuführen, und verpflichten diesen andererseits, bei der Einlieferung die Untugenden des Tieres anzugeben.

Eine vergleichbare texttypologische Einteilung findet sich bereits bei Madsen (1997, 19 und 21 f.), die zwischen informativem und performativem Texttyp unterscheidet. Im Gegensatz zu den traditionellen Bezeichnungen „deskriptiv“ vs. „präskriptiv“ (vgl. aber z. B. noch Cao 2007, 8 f.), die im Rahmen der juristischen Textproduktion begrenzte Phänomene abdecken, erscheinen „informativ“, durch das auch die typisch argumentativen Ziele der rechtswissenschaftlichen Literatur adäquat erfasst werden, und „performativ“ eher angemessen (andere Kritikpunkte finden sich in Busse 2000, 660). Mit „performativ“ lässt sich die Funktion von (Klassen von) juristischen Texten sowie Teiltexten beschreiben, mit denen rechtlich verbindliche Sprachhandlungen durchgeführt werden, unabhängig davon, ob es sich um rechtsetzende oder rechtsanwendende Texte handelt. Performative Rechtstexte können zwar einerseits unterschiedliche Sprechakte beinhalten (vgl. Wüest 1993, 115), meistens in Abhängigkeit von der Zugehörigkeit zu Teiltexten beziehungsweise aufgrund der Adressierung an unterschiedliche Zielgruppen, brauchen andererseits aber nicht Ausdrucksformen performativer Modalität oder gar performative Verben aufzuweisen. Performativ sind auch die konstitutiven Normen („Die Rechtsfähigkeit des Menschen beginnt mit der Vollendung der Geburt", § 1 BGB), da sie einen illokutiven Sprechakt implizieren („Das vorliegende Gesetz bestimmt, dass..."). Der Status performativer Texte verändert sich selbst dann nicht, wenn sie an der Textoberfläche durch keinerlei auch ausdrucksseitig als fachsprachlich erkennbare Merkmale gekennzeichnet sind und sich von einem gemeinsprachlichen Text nur darin unterscheiden, dass gemeinsprachliche Ausdrücke durch ihre kontextuelle Einbettung eine fachsprachliche Bedeutung erhalten oder dem fachsprachlichen Gebrauch entsprechend verwendet werden. Ein Beispiel für den ersten Fall wäre *auflassen* ‚(ein Grundstück o. Ä.) übereignen', vgl. „Das Grundstück wurde aufgelassen, die Kläger wurden als Eigentümer in das Grundbuch eingetragen" (BGH, 16.12.2005), ein Beispiel für den zweiten Fall wäre *durchgreifen* ‚greifen', vgl. „Der Einwand greift nicht durch" (BGH, 26.11.2012).

Auch ein von einem Laien verfasster Vertrag ist ein performativer Text. Entscheidend ist, dass der Autor berechtigt ist, dem Text Rechtskraft zu verleihen, die von ihm beabsichtigten Rechtsfolgen im Text ihren sprachlichen Niederschlag finden und der Text rechtsgültig ist. Für die informativen Rechtstexte gilt als ein definitorisches Kriterium, dass sie inhaltlich an juristische Sachverhalte gebunden sind und sprachlich den Konventionen der jeweiligen juristischen Textsorte entsprechen. Dadurch lässt sich das extrem heterogene, im Hinblick auf eine systematisierende Darstellung nicht eingrenzbare Feld der nur punktuell rechtlich relevanten Texte ausschließen. Eine zur Information an den Geschäftsfreund gesandte SMS-Nachricht wie „Habe mich heute 10.15 mit Max getroffen" mag eine prozessentscheidende Rolle spielen, ohne deswegen jedoch in den Rang eines informativen Rechtstexts aufzusteigen. Nicht jeder aus rechtlicher Sicht informative Text ist ein informativer Rechtstext, kann es aber durch einen Kategorienwechsel der Textsorte werden, in der Regel in Verbindung mit einer intralingualen Übersetzung aus der gemein- in die fachsprachliche Varietät.

Die Unterscheidung zwischen informativem und performativem Rechtstext gilt auch für den Bereich der Übersetzung. Allerdings ist festzustellen, dass ausgangssprachliche performative Texte selten diese Funktion in der Zielsprache beibehalten, wie etwa bei völkerrechtlichen Verträgen, bei der Anwendung von supranationalem Recht (vgl. hierzu v. a. Kjaer 1999) oder wenn vertragschließende Parteien übereinkommen, eine Übersetzung als Vertragstext und das entsprechende nationale Recht als anwendbares Recht festzulegen. Häufiger dient die Übersetzung eines performativen Ausgangstexts, beispielsweise eines ausländischen Gerichtsurteils, der jeweiligen Institution des Ziellandes als informativer Text zur Erstellung eines neuen zielsprachlichen Texts mit performativer Funktion. Die folgenden Anmerkungen stützen sich im Wesentlichen auf den differenzierten Überblick über die verschiedenen Kombinationsmöglichkeiten der Funktionen ausgangssprachlicher Rechtstexte und deren Übersetzung bei Wiesmann (2004, 90 ff.). Hervorzuheben ist hier vorweg, dass im Gegensatz zu der häufig vertretenen Auffassung, die Übersetzungsstrategie werde auf Textebene in der Regel vom ausgangssprachlichen Texttyp geprägt, in Wirklichkeit die zentrale Steuerungsinstanz der vom Übersetzungsauftrag festgelegte oder der Übersetzung inhärente Zweck ist. Dies gilt trivialerweise für alle Übersetzungen, deren Zweck institutionell vorgegeben ist, wie im Fall von rechtsverbindlichen Übersetzungen im Rahmen eines mehrsprachigen Landes mit übergeordnetem einheitlichem Rechtssystem, das den Übersetzungen den gleichen Status einräumt wie dem jeweiligen Ausgangstext, wie dies z. B. in der Schweiz der Fall ist. Aber auch dann, wenn der Zweck institutionell nicht vorgegeben ist, hängt es von der jeweiligen Funktion der Übersetzung ab, ob ausgangssprachliche Vertextungskonventionen invariante Größen darstellen oder ob zielsprachliche Konventionen eingehalten werden müssen. Wird ein ausgangssprachlicher performativer Rechtstext wie beispielsweise ein Gerichtsurteil zum Zweck der Rechtsvergleichung übersetzt, ist in der Regel eine Orientierung an den ausgangssprachlichen Konventionen für den Auftraggeber relevant, da sein Interesse an juristischen Details den Übersetzungszweck bestimmt. Der gleiche Text könnte jedoch auch mit dem Ziel übersetzt werden, einer vom Urteil betroffenen, der Ausgangssprache unkundigen Person in allgemeinverständlicher Weise den Inhalt und die für sie relevanten Folgen zu vermitteln, vgl. v. a. Engberg (1999) zu unterschiedlichen Übersetzungen des gleichen Rechtstexts. Vom Zweck und von der jeweiligen Kommunikationssituation hängt es ab, welchen Grad an inhaltlicher Genauigkeit, an Fachsprachlichkeit sowie an rechtlichen und metalinguistischen Erklärungen die Übersetzung aufzuweisen hat. Die Ausrichtung an ausgangssprachlichen Konventionen, die z. B. bei der Übersetzung von Urkunden auch die typographische Ebene des Layouts betreffen können, dürfte grundsätzlich in den Fällen gelten, in denen vom Auftraggeber eine präzise und umfassende Übersetzung erwartet wird und der Übersetzer die Vollständigkeit der Übersetzung zu beglaubigen hat. Wird der Übersetzung eine performative Funktion zugewiesen, wie z. B. im Fall eines performativen ausgangssprachlichen Texts, dessen Rechtsgültigkeit auf ein anderes Land mittels der Übersetzung übertragen wird, ist demnach die Anwendung oder Durchsetzung fremden Rechts das Ziel, dürfte eine Ausrichtung an den zielsprachlichen Konventionen der Textsorte zur Erreichung des Übersetzungszwecks zwingend sein. Dies trifft immer dann zu, wenn die Übersetzung nicht als informative Grundlage für die Erstellung eines zielsprachlichen performativen Texts dient, sondern den Zweck hat, selbst als verbindlicher Rechtstext verwendet zu werden. Der hohe Stellenwert, der den Vertextungskonventionen bei Asymmetrien zwischen ausgangs- und zielsprachlichen Texten im Hinblick auf das Gelingen der Übersetzung zukommt, stützt erneut die Auffassung, dass bei juristischen Texten eine enge Begriffsdefinition der Übersetzung kontraintuitiv ist: Der Status der Übersetzung ändert sich weder durch die Varianz der Textsorte noch durch Veränderungen der Textstruktur, wenn diese aufgrund des Übersetzungszwecks erforderlich sind.

Während Textsortennormen im Sinne von Formvorschriften einen verbindlichen Status haben, entsprechen Textsortenkonventionen einer statistisch ermittelbaren Gebrauchsnorm. Werden Erstere bei performativen Übersetzungen verletzt, führt dies zu deren Rechtsungültigkeit. Von der Einhaltung der Vertextungskonventionen hängt zunächst die qualitative Bewertung der Übersetzung insofern ab, als der fachkundige Leser der Übersetzung auf der Grundlage seines Textsortenwissens entsprechende Erwartungen an die Gestaltung des Texts hegt. Durch den hohen Standardisierungsgrad vieler juristischer Textsorten, insbesondere der performativen, verringert sich jedoch der Unterschied zwischen vorgeschriebenen Normen und zur Erreichung des Übersetzungszwecks einzuhaltenden und somit aus dieser Perspektive ebenfalls verbindlichen Konventionen.

Analog zur Einschätzung, dass die juristische Fachlexik in konstitutiver Weise durch rechtskulturgebundene Termini geprägt ist, dürfte für die juristischen Textsorten – aufgrund der wechselseitigen Bindung an das jeweilige Rechtsgefüge – die Annahme zutreffen, dass sich deren Vertextungskonventionen hinsichtlich ihrer Textstruktur und der allgemeinen sprachlichen Gestaltung in charakteristischer Weise von Rechtssystem zu Rechtssystem unterscheiden. Die vorliegenden Studien konzentrieren sich im Wesentlichen auf performative Textsorten, bei denen von einem hohen Konventionalisierungsgrad auszugehen ist, vgl. z. B. Arntz (1996) zu deutschen und italienischen Gerichtsurteilen, Soffritti (1999) zu deutschen und italienischen Gesetzesbüchern. Im Folgenden sollen – vor allem anhand eigener Beobachtungen – exemplarisch kulturspezifische Aspekte der Textgestaltung von Zivilgerichtsurteilen angeführt werden, die weitgehend unabhängig von der jeweiligen Instanz festzustellen sind.

Wie schon in Arntz (1996, 24) beobachtet, besteht auf der Ebene der Textgliederung der wichtigste Unterschied in der Reihenfolge der Textsegmente. In den deutschen Urteilen folgt auf den Urteilseingang die Urteilsformel, d. h. auf die Entscheidung folgt die Begründung, während in den italienischen Texten die Entscheidung, als logische Folgerung der Gesamtargumentation des Gerichts verstanden, den Schluss des Urteils bildet, eingeführt durch die Abkürzung „P. Q. M“ (*per questi motivi – aus diesen Gründen*). Ein zweiter wesentlicher Unterschied besteht darin, dass sich die Anträge des Klägers und des Beklagten in den italienischen Texten dem Urteilseingang, meist durch eine eigene Überschrift getrennt, anschließen, während sie in den deutschen Texten zum Tatbestand gehören. Tatbestand und „svolgimento del processo“ entsprechen sich also insofern nicht, als im letzteren der Gesamtverlauf des Prozesses beschrieben ist. Während in den deutschen Urteilen Kläger und Beklagter in der Rolle des Erzählers, der die eigene Sichtweise vorträgt, dargestellt sind (typische Verben sind *vortragen*, *behaupten*, *die Auffassung vertreten*, *der Ansicht sein*, *meinen* usw.), wird in den italienischen Urteilen eher auf den Inhalt des jeweiligen Schriftstücks abgehoben, so dass im Verhältnis zu Kläger und Beklagtem die zentrale Position des Gerichts und das Gerichtsverfahren als solches im Vordergrund stehen (die typischen Verben bezeichnen Rechtshandlungen wie „vor Gericht erscheinen“,

„verklagen", „Einspruch erheben" usw.). In den italienischen Entscheidungsgründen tritt das Gericht meist durchgehend und synonymreich als handelndes Subjekt auf. Diese Darstellungsweise findet sich naturgemäß auch in den deutschen Urteilen; häufiger sind dort jedoch Passivkonstruktionen mit Tilgung des Agens, womit der Anspruch auf Objektivität hervorgehoben wird. Die Namen des Beklagten, des Klägers und anderer Personen werden in den italienischen Texten vor allem im Urteilseingang, wie allgemein in den Dokumenten der italienischen Verwaltungssprache üblich, in der Regel in der Reihenfolge Name + Vorname angegeben. Diese hebt sich als verwaltungstechnische, unpersönliche Einordnung von der im Alltag üblichen Abfolge ab; sie findet sich nur sehr selten bei der Nennung der jeweiligen Richter, wohl aber vielfach bei der Nennung der Anwälte. Eine ähnliche distanzschaffende Wirkung wird durch den bestimmten Artikel vor dem Namen erzielt. Diese Betonung des hierarchischen Gefälles tritt schließlich auch in den Anträgen des Klägers und des Beklagten in Erscheinung, die formelhaft beim Antrag des Klägers mit „Piaccia alla Corte..." („Es möge dem Gericht gefallen..."), beim Antrag des Beklagten mit „Voglia la Corte..." („Das Gericht möge...") einsetzen. Steht die jeweilige Bezeichnung des Gerichts, wird diese durch eine in der gemeinsprachlichen Kommunikation nicht mehr üblichen Anredeform eingeleitet: „Piaccia all'Ill.mo Tribunale di Pesaro, *contrariis reiectis*, [...] condannare [...]" – „Es möge dem ehrwürdigen Gericht von Pesaro gefallen, unter Abweisung aller Einwendungen [...] zu verurteilen..." (Landgericht Pesaro, Urteil vom 20.6.2008). Beschränkt man sich nicht auf die Untersuchung von in Textsammlungen publizierten Urteilen, sondern nimmt Gerichtsakten zur Hand, fallen zudem äußerliche Unterschiede auf, die in einen Zusammenhang zu den erwähnten textuellen Erscheinungen gebracht werden können. Meist findet sich auf allen Seiten der italienischen Urteilsausfertigung der offizielle Stempel des Gerichts und auf (fast) jedem Stempelaufdruck das Namenszeichen des Urkundsbeamten. Weitere Stempeldrucke zeigen z. B. an, ob es sich bei der vorliegenden Ausfertigung um eine beglaubigte Kopie handelt, ob und wann sie in der Gerichtskanzlei hinterlegt worden ist; die Gerichtskostenzahlung ist durch Gebührenmarken belegt. Deutsche Urteilsausfertigungen sind in der Regel nur vom Urkundsbeamten unterschrieben; bei maschineller Bearbeitung werden sie nur mit dem Gerichtssiegel versehen; einer Unterschrift bedarf es nicht. Die italienische Zivilprozessordnung (art. 132 c. p. c.) regelt hingegen explizit und ausführlich, wer unter welchen Umständen die Urteilsausfertigungen zu unterschreiben hat. Diese sind, wie andere institutionelle Rechtstexte auch, mit „Repubblica Italiana" überschrieben, während der Kopf deutscher Urteilsausfertigungen keine entsprechende Überschrift enthält.

Der hohe Standardisierungsgrad der genannten Vertextungskonventionen lässt sich nur in begrenztem Maße auf die derzeit gültigen Zivilprozessordnungen zurückführen, die nur wenige Bestimmungen zu Form und Inhalt der Urteile (vgl. § 313 ZPO; art. 132 c. p. c.) enthalten. Als ausschlaggebend erweist sich das in der beruflichen Ausbildung vermittelte oder durch die Einarbeitung in die berufliche Praxis erworbene „Fachsprachwissen" (vgl. Vogel 2000, 317 Anm. 7), das sich an den Diskurstraditionen orientiert. Die besonderen Merkmale der italienischen Urteilstexte, die weitgehend mit der Beibehaltung von Mustern französischer Herkunft zu erklären sind, bleiben bezeichnenderweise von den Variationen unberührt, welche in der Regel die Textsorte in Abhängigkeit von der jeweiligen Instanz prägen (vgl. hierzu Engberg 1997, 36). Sie haben als gemeinsamen Nenner die ihnen zugrundeliegende traditionelle Vorstellung des Urteils als hoheitlichen Verwaltungsakt.

Eine weitere auf Textebene erkennbare kulturspezifische Erscheinung stellen die auffälligen Registerunterschiede in deutschen und italienischen Rechtstexten dar. Unter ‚Register' ist im Folgenden eine kontextuell-funktionale Varietät zu verstehen, die durch den Formalitätsgrad der jeweiligen kommunikativen Situation bestimmt wird. Juristische und administrative Texte weisen in der Regel grundsätzlich ein formales Register auf. Die „Untugenden" des kranken Pferds in den oben erwähnten Geschäftsbedingungen der Pferdeklinik beispielsweise werden in gemeinsprachlichen, im Register also nichtmarkierten Texten zu „schlechte Eigenschaften" oder „üble Gewohnheiten" und in informellen zu „Macken". Das Registerspektrum jenseits des formalen Registers ist im Italienischen aus sprachhistorischen Gründen breitgefächert. Diese Register, die typischerweise sehr feierliche, der literarisch-rhetorischen Tradition verpflichtete Reden kennzeichnen, finden sich auch in juristischen Textsorten. Selbst rechtswissenschaftliche Texte sind häufig durch lexikalische und morphosyntaktische Elemente gekennzeichnet, die zur traditionellen literarischen Sprache gehören und aus der Perspektive der nichtmarkierten Gemeinsprache als feierlich, literarisch oder veraltet eingestuft werden. Auffällig in italienischen Texten ist z. B. die hohe Zahl von lateinischen Ausdrücken, die dann als registermarkiert gelten, wenn sie eine pragmatisch bestimmte Auswahl unter semantisch gleichwertigen Möglichkeiten darstellen: Die rituelle Formel *contrariis reiectis*, im obenzitierten Antrag des Klägers, als fremdsprachlicher Ausdruck kursiv gesetzt und somit zusätzlich hervorgehoben, könnte durch eine der vielen in anderen Anträgen des Klägers an dieser Stelle verwendeten, semantisch entsprechenden italienischen Formulierungen ersetzt werden, wie z. B. „respinta ogni contraria istanza"; diese gehört ihrerseits durch die markierte Stellung des Adjektivs bereits einem sehr gehobenen Register an. Auch in deutschen Texten sind ähnliche Erscheinungen anzutreffen, vgl. z. B. das im Duden als veraltend eingestufte *obsiegen*: „Die Klägerin obsiegte in erster Instanz" (Urteil des LG München I vom 30.10.2008), allerdings in wesentlich schwächerer Ausprägung und deutlich seltener. Registerverwendungen sind Ausdruck von soziokulturell bestimmten, historisch gewachsenen Verhaltensnormen, die als kongruent zum Formalitätsgrad der Kommunikationssituation gelten. Die Wahl des Registers stellt aber auch ein sprachliches Mittel dar, das der Sprecher einsetzt, um sein Rollenverständnis in der Beziehung zum Adressaten zum Ausdruck zu bringen. Somit lassen sich die Beobachtungen zu den unterschiedlichen Registern in deutschen und italienischen Rechtstexten in die allgemeine Deutung der bislang festgestellten kulturspezifischen Unterschiede einfügen.

3 Dolmetschen bei Gericht

Auch ohne übersetzungstheoretische Fachkenntnisse ist die Unterscheidung zwischen Dolmetschen und Übersetzen, die im Wesentlichen der allgemeinen Erfahrung von Hören/Sprechen und Lesen/Schreiben entspricht, leicht nachvollziehbar. In der hier gewählten Perspektive ist nun bemerkenswert, dass bei Interaktionen auf dem Ausländeramt, bei Vernehmungen durch die Polizei und in erster Linie in den mündlichen Verhandlungen vor Gericht das Dolmetschen die Form der Sprachmittlung darstellt, in der im Rechtsbereich die soziokulturelle Dimension in besonderer Weise in Erscheinung tritt. Während die Tätigkeit des Konferenzdolmetschens im Kreis von Rechtsexperten die bereits erwähnten fachlichen und fachsprachlichen Kompetenzen verlangt, ist beim Behördendolmetschen eine spezifische soziolinguistische Kompetenz zusätzlich und in hohem Maße gefordert, wenn die Verwendung der Kontaktsprachen nicht auf deren standard- und fachsprachlichen Varietäten begrenzt ist, sondern auch soziale und geographische Varietäten umfasst, vgl. z. B. Sami Sauerwein (2006). Auch hier ist eine deutliche Asymmetrie zwischen den Sprachgemeinschaften zu erkennen. Insbesondere in Bezug auf die in den deutschsprachigen Ländern lebende italienischsprachige Bevölkerung ist – im Vergleich zum Durchschnitt der einheimischen Gesamtbevölkerung – die Zahl derjenigen, die eine geringe Schulbildung sowie eine soziale Varietät oder einen Dialekt als Primärsprache haben, relativ hoch. In diesem Zusammenhang ist von Bedeutung, dass die meisten italienischen Dialekte keine Dialekte des Italienischen sind, d. h. ihr struktureller Abstand zur Standardvarietät ist so geartet, dass von unterschiedlichen Sprachsystemen auszugehen ist. Soziokulturelle Verständigungsschwierigkeiten, die sich sprachlich nicht in der Gegenüberstellung von Fach- und Gemeinsprache erschöpfen, sind auch in Italien zwischen Richtern und Angeklagten keine Einzelfälle. Dies gilt ebenfalls, obgleich wohl in weniger auffälligem Maße, für die deutschsprachigen Gerichte. Die Herausforderungen an die kommunikative Kompetenz des Dolmetschers sind jedoch im Vergleich deutlich ausgeprägter und treten wesentlich häufiger auf, in Abhängigkeit von den verschiedenen Kommunikationssituationen, in denen der Dolmetscher tätig wird. Dies zeigt sich beispielsweise an folgender, an die Dolmetscher gewandte richterliche Aufforderung, die Zeugenaussagen „so authentisch wie möglich“ zu übertragen, „auch wenn die sprachliche Ausdrucksweise eines Zeugen komisch, einfach, primitiv oder für europäischen Geschmack lächerlich erscheinen mag“, weil „die Individualität der Ausdrucksweise“, der „authentische Sprachgebrauch, das Benutzen einer eigentümlichen Wendung ein wichtiges Realitätskennzeichen [ist]“ und Realitätskennzeichen „wesentliche Hilfsmittel bei der Aussagenanalyse“ (Daubach/Sprick 2007, 92 f.) sind. Am angeführten Beispiel einer metaphorischen somatischen Wendung in den Ausführungen eines aus Nordafrika stammenden Zeugen, die nicht einfach durch eine semantische Paraphrase (‚sich aufregen‘) zu übertragen sei, sondern – so ist das Beispiel zu verstehen – durch die Wiedergabe des Bildes, das der Metapher zugrunde liegt, lässt sich die angedeutete Problematik illustrieren. Da

Somatismen als Ausdruck von Emotionen kulturspezifisch bestimmt sein können, wäre für eine angemessene Übertragung einer somatischen Wendung bedeutsam, vorab zu klären, welche Vorstellung des Verhältnisses von Körper und Seele der Wendung zugrunde liegt. In Texten, in deren Herkunftskultur beide Komponenten als Einheit aufgefasst werden, würde sich die generelle Frage nach der Angemessenheit der Deutung der Wendung als Somatismus oder zumindest nach dem semantischen Stellenwert der somatischen Komponente stellen. Allgemein gesprochen, übersieht die Vorstellung, der Gebrauch einer Metapher sei an sich ein Merkmal des persönlichen Stils des Sprechers und Ausdruck seiner expressiven Äußerungsabsicht, dass ihr pragmatischer Wert zunächst im Rahmen ihrer kontextuellen Verwendung im Ausgangstext zu ermitteln ist. Im Extremfall kann der Lexikalisierungsgrad einer Metapher oder einer Metonymie diese zur Katachrese werden lassen: Ihre Bildlichkeit verblasst so sehr, dass jeglicher pragmatische Mehrwert entfällt. *Handschuh* ist eine Bezeichnung, die in der Ausgangssprache nur mit einer Bedeutungsparaphrase ersetzt werden kann; wird die verblasste Metapher in einer Übersetzung in eine nordafrikanische Sprache wiederbelebt, würde sie als Ausdruck einer persönlichen stilistischen Wahl des ausgangssprachlichen Senders missverstanden.

Werden in der Gerichtssprache schriftlich vorverfasste oder jedenfalls an der geschriebenen Standardvarietät orientierte Texte, wie z. B. Protokolle von Richtern, Anklageschriften von Staatsanwälten, Gutachten von Sachverständigen, vorgetragen, die für anderssprachige Angeklagte zu dolmetschen sind, besteht ein wesentlicher Unterschied zur bereits erörterten Problematik des Übersetzens von Rechtstexten in der zeitlichen Dimension. Wenn der simultan zu dolmetschende Text dem Dolmetscher vor seinem Einsatz nicht zur Verfügung steht, muss die Verdolmetschung spontan erfolgen, ist die Thematik unbekannt, ergibt sich zusätzlich keine Möglichkeit zur Vorbereitung, insbesondere hinsichtlich fachlicher (z. B. medizinischer) Sachverhalte und deren fachsprachlichen Benennungen. Dies bedeutet, dass der für das Dolmetschen typische Zeitdruck erhöht ist. Bei der Befragung von Zeugen oder Angeklagten, die der Gerichtssprache nicht mächtig sind, besteht die Notwendigkeit des bilateralen, in der Regel konsekutiven Dolmetschens. In diesem Fall wechseln die interagierenden Personen, zwischen denen gedolmetscht wird, ihre Rollen als Sender und Empfänger, der Dolmetscher wechselt die Sprachen. Mit anderen Worten, die Gefahr kulturell bedingter Missverständnisse zwischen Richter, Staatsanwalt, Anwalt einerseits und anderssprachigem Angeklagten oder Zeugen andererseits, verdoppelt sich. Entsprechend zentral ist die Funktion des Dolmetschers als Kulturmittler: „interpreters play a pivotal rule" (Inghilleri 2012, 72).

4 Nachbemerkungen

> Leitsätze: Ein ausländisches (hier: türkisches) Rechtshilfeersuchen um richterliche Vernehmung setzt voraus, dass der Sachverhalt, zu dem die Vernehmung erfolgen soll, nach der vorgelegten Übersetzung ins Deutsche soweit verständlich ist, dass eine sinnvolle Befragung der zu vernehmenden Personen möglich ist. Tenor: Die Leistung der Rechtshilfe, um die das 1. Strafgericht in F./Türkei ersucht hat, ist unzulässig. [...]. Gründe: [...]. Das Amtsgericht L. hat die Durchführung der Rechtshilfe mit der Begründung abgelehnt, die Übersetzung sei dermaßen fehlerhaft, dass unklar sei, was eigentlich passiert sein solle. [...]. Schließlich werden in der Anklageschrift die Bezeichnungen „Beschwerdeführer" bzw. „Beschwerdeführerin" missverständlich gebraucht. Es gibt sogar eine zweite Beschwerdeführerin S., deren Rolle im weiteren Verlauf der Darstellung auch nicht klar hervorgeht. Insgesamt ist die Übersetzung der türkischen Anklageschrift, die sich ohne Punkt über mehr als 1 ½ Seiten erstreckt, für eine Vernehmung und entsprechende Vorhalte ungeeignet. Dem schließt sich der Senat an. (Beschluss des OLG Köln vom 2. Februar 2009)

Von der im Zusammenhang mit der Übersetzung von Rechtstexten bedeutsamen Diskussion über die Kriterien der Orientierung an ausgangs- oder zielsprachlichen Vertextungskonventionen (vgl. 2.2) bleibt die evidente Forderung nach der Verständlichkeit der Übersetzung unberührt. Anzufügen ist allerdings auch, dass die Frage, ob der jeweilige Ausgangstext insbesondere aus der Sicht der Adressaten der Übersetzung mangelhaft sein könnte, zu klären wäre, bevor, wie im vorliegenden Fallbeispiel, die Übersetzung als Entscheidungsgrundlage vorgelegt wird. Andererseits dürfte hier die wahrscheinliche Orientierung an der ausgangssprachlichen syntaktischen Vertextungskonvention der sogenannten *phrase unique*, dem (zumindest hinsichtlich der Gliederung durch Satzzeichen) aus einem Satz bestehenden Text, die Verständlichkeit der Übersetzung schon aufgrund der fehlenden textuellen Strukturierung und der kurzatmigen Kohärenz in der Tat stark beeinträchtigt haben. So selbstverständlich die Forderung nach der Verständlichkeit der Übersetzung ist, auch im Hinblick auf die möglichen rechtlichen Folgen, die ihre Nichtbeachtung mit sich zieht, so sehr scheint sie in der Praxis eine ernsthafte Hürde darzustellen (vgl. hierzu v. a. Udvari 2013, 9). Ähnliches gilt für das Gerichtsdolmetschen, das offenbar nicht selten unter ungünstigen Arbeitsbedingungen stattfindet (vgl. z. B. Driesen 2002).

Als Fazit drängt sich der Eindruck auf, dass die theoretischen Überlegungen zur Problematik der Übersetzung juristischer Texte allgemein betrachtet einen weit entwickelten Stand erreicht haben. Was die übersetzerische Praxis angeht, ist hingegen zu vermuten, dass insbesondere aufgrund der sehr hohen fachlichen Anforderungen manche Übersetzungen nicht die zur Erreichung ihres Zwecks erforderlichen Qualitätsmerkmale aufweisen.

5 Literatur

Albrecht, Jörn (2013): Übersetzung und Linguistik. 2., überarb. Aufl. Tübingen.
Antos, Gerd u. a. (Hg.) (2000): Text- und Gesprächslinguistik. Ein internationales Handbuch zeitgenössischer Forschung. (Handbücher zur Sprach- und Kommunikationswissenschaft). Berlin/New York.
Arntz, Reiner (1996): Methoden und Probleme des juristischen Übersetzens im Sprachenpaar Italienisch-Deutsch. In: Der Gerichtsdolmetscher 1996/2, 17–31.
Busse, Dietrich (1999): Die juristische Fachsprache als Institutionensprache am Beispiel von Gesetzen und ihrer Auslegung. In: Ludwig Hoffmann/Hartwig Kalverkämper/Herbert Ernst Wiegand (Hg.): Fachsprachen. Ein internationales Handbuch zur Fachsprachenforschung und Terminologiewissenschaft. Teilband 2. Berlin/New York, 1382–1391.
Busse, Dietrich (2000): Textsorten des Bereichs Rechtswesen und Justiz. In: Gerd Antos u. a. (Hg.), 658–675.
Busse, Dietrich (2000a): Textlinguistik und Rechtswissenschaft. In: Gerd Antos u. a. (Hg.), 803–811.
Cao, Deborah (2007): Translating law. Clevedon.
Daubach, Helia/Claus Sprick (2007): Der Zivilprozess. Eine Einführung für Gerichtsdolmetscher und -übersetzer. Essen.
Driesen, Christiane (2002): Gerichtsdolmetschen – Praxis und Problematik. In: Joanna Best/Sylvia Kalina (Hg.): Übersetzen und Dolmetschen. Tübingen/Basel, 299–306.
Engberg, Jan (1999): Übersetzen von Gerichtsurteilen: Der Einfluss der Perspektive. In: Sandrini, 83–101.
Garre, Marianne (1999): Human rights in translation. Legal concepts in different languages. Copenhagen: Copenhagen Business School.
de Groot, Gerard-René (1999): Zweisprachige juristische Wörterbücher. In: Sandrini, 203–228.
Höhmann, Doris (2011): Lexikalische Konfigurationen. Korpusgestützte Mikrostudien zur Sprachlichkeit im deutschen und italienischen Verwaltungsrecht. Frankfurt a. M.
Inghilleri, Moira (2012): Interpreting Justice: Ethics, Politics and Language. New York/London.
Jakobson, Roman (1959): On Linguistic Aspects of Translation. In: Reuben A. Brower (Hg.): On Translation. Cambridge, Mass., 232–239.
Kjaer, Anne Lise (1999): Überlegungen zum Verhältnis von Sprache und Recht bei der Übersetzung von Rechtstexten der Europäischen Union. In: Sandrini, 63–79.
Koller, Werner (2011): Einführung in die Übersetzungswissenschaft. 8., neubearb. Aufl. Tübingen/Basel.
Madsen, Dorte (1997): Towards a description of communication in the legal universe. Translation of legal texts and the skopos theory. In: Fachsprache 19, 17–27.
Mincke, Wolfgang (1991): Die Problematik von Recht und Sprache in der Übersetzung von Rechtstexten. In: Archiv für Rechts- und Sozialphilosophie 77/4, 446–465.
Mortara Garavelli, Bice (2001): Le parole e la giustizia. Divagazioni grammaticali e retoriche su testi giuridici italiani. Torino.
Rovere, Giovanni (2005): Capitoli di linguistica giuridica. Ricerche su corpora elettronici. Alessandria.
Sami Sauerwein, Fadia (2006): Dolmetschen bei polizeilichen Vernehmungen und grenzpolizeilichen Einreisebefragungen: eine explorative translationswissenschaftliche Untersuchung zum Community Interpreting. Frankfurt a. M.
Sandrini, Peter (Hg.) (1999): Übersetzen von Rechtstexten. Fachkommunikation im Spannungsfeld zwischen Rechtsordnung und Sprache. Tübingen.
Šarčević, Susan (1997): New approach to legal translation. The Hague u. a.

Schmidt-König, Christine (2005): Die Problematik der Übersetzung juristischer Terminologie: eine systematische Darstellung am Beispiel der deutschen und französischen Rechtssprache. Münster.
Soffritti, Marcello (1999): Textmerkmale deutscher und italienischer Gesetzesbücher. Übersetzung und kontrastive Analyse. In: Sandrini, 119–135.
Soffritti, Marcello (2012): Lexikalische und terminologische Konsistenz in alltagsrelevanten Verordnungen. In: Sandro Moraldo (Hg.): Sprachenpolitik und Rechtssprache. Methodische Ansätze und Einzelanalysen. Frankfurt a. M., 93–116.
Udvari, Lucia (2013): Einführung in die Technik der Rechtsübersetzung vom Italienischen ins Deutsche. Berlin.
Vogel, Friedemann (2011): Das Recht im Text. Rechtssprachlicher Usus in korpuslinguistischer Perspektive. In: Ekkehard Felder/Marcus Müller/Friedemann Vogel (Hg.): Korpuspragmatik. Thematische Korpora als Basis diskurslinguistischer Analysen. Berlin/New York, 314–352.
Wiesmann, Eva (2004): Rechtsübersetzung und Hilfsmittel zur Translation. Wissenschaftliche Grundlagen und computergestützte Umsetzung eines lexikographischen Konzepts. Tübingen.
Wüest, Jakob (1993): Die Sprache der Gesetze. Ein Beitrag zu einer vergleichenden Pragmatik. In: Giovanni Rovere/Gerd Wotjak (Hg.), Studien zum romanisch-deutschen Sprachvergleich. Tübingen, 103–120.

Gerd Antos/Helge Missal

17. Rechtsverständlichkeit in der Sprachkritik der Öffentlichkeit

Abstract: Wie sollen Staatsbürger Recht verstehen, wenn allein schon der sprachliche Zugang zu Gesetzen behindert ist? Helfen dagegen Proteste und eine ‚Juristen-Schelte'? Ist ‚Verständlichkeit ein Bürgerrecht' oder nur eine Illusion von ‚Laien'? Können Gesetze überhaupt ‚verständlich' sein oder gemacht werden?

Im folgenden Beitrag werden nach einer die genannten Fragen aufgreifenden „Problemstellung" (1) zunächst drei folgenreiche Beispiele von öffentlicher Sprachkritik präsentiert (2). Im dritten Kapitel „Rechtsverständlichkeit" werden zunächst die begrifflichen und fachlichen Hintergründe beleuchtet (3.1) sowie die öffentliche Kritik und juristische Gegenkritik dazu referiert (3.2), gefolgt von einem Überblick über „Verständlichkeitsbarrieren" im Rechtssystem (3.3) und Konsequenzen für den „Adressatenbezug des Rechts" (3.4).

Dass Sprachkritik am Rechtssystem letztlich ein Politikum ist, sollen das Kapitel 4 zu „Rechtsverständlichkeit und Fremdheit" belegen, verknüpft mit einem Ausblick zu „Gerechtigkeitsempfinden und Gewalt" (Kapitel 5).

1 Problemstellung

Charakteristisch für moderne Gesellschaften ist eine fortschreitende Verrechtlichung der institutionellen, beruflichen, aber auch der privaten Lebenswelt. Immer mehr Akteure aus Handel, Handwerk, Dienstleistung, Technik sowie aus Schule, Hochschule, Sport, Tourismus usw. sehen sich zunehmend mit der Frage konfrontiert, welche rechtlichen Folgewirkungen ihre Angebote, Produkte oder Entscheidungen etc. haben können. Voraussetzung für ein dazu nötiges (partielles) Rechtsverständnis ist aber ein zumindest sprachlich ungehinderter Zugang zum Rechtssystem für im Prinzip alle Staatsbürger.

Vor diesem Hintergrund sind Ergebnisse einer 2008/2009 durch das Institut für Demoskopie Allensbach durchgeführten repräsentativen Umfrage der „Gesellschaft für deutsche Sprache" aufschlussreich. Auf die Frage „Wie denken die Deutschen

DOI 10.1515/9783110296198-017

über die Rechts- und Verwaltungssprache?“ antworteten die Befragten wie folgt: „Die Mehrheit der Bevölkerung hat sich immer wieder mit Schreiben von Ämtern, Behörden, Gerichten oder Anwaltskanzleien auseinanderzusetzen“ (Eichhoff-Cyrus/Antos/Schulz 2009, 5). 86 % davon gaben zu, Verständnisprobleme mit der genannten Rechtskommunikation zu haben (81 % davon mit Abitur oder Studium!). Nur 13 % finden die Rechtssprache ‚gut verständlich‘. Für 70 % der Befragten hat Allgemeinverständlichkeit Vorrang vor der „Verwendung juristischer Fachsprache“. „Nur 20 % halten in vielen Fällen die juristische Fachsprache trotz ihrer nicht immer leichten Verständlichkeit für unumgänglich“ (Eichhoff-Cyrus/Antos/Schulz 2009, 9). Auch wenn sich die Befragten vor allem an „erklärungsbedürftigen Fachbegriffen und umständlichen Formulierungen“ („Bandwurmsätze und Wortungetüme“ sowie an Fremdwörtern) stören, werden daraus „konkrete Nachteile“ bzw. „höhere Kosten“ eher selten (8,7 %) angegeben (Eichhoff-Cyrus/Antos/Schulz 2009, 5–10). Solche Befunde sollten nicht überbewertet werden: Dennoch stützen sie eine seit Jahrhunderten anhaltende Kritik an einer weithin als unzureichend empfundenen Rechtsverständlichkeit (Lück 2008, Schiewe 1998). Diese Sprachkritik an der Rechtsverständlichkeit umfasst viele Facetten: Im Vordergrund stehen Wünsche nach kürzeren Sätzen, nach einem nachvollziehbaren Fachwortschatz und nach einem ‚bürgerfreundlichen‘ Stil. Die Sprachkritik der Öffentlichkeit an einer als unzureichend unterstellten Rechtsverständlichkeit reicht aber mitunter weiter: Sie umfasst Forderungen nach Fairness und (z. B. geschlechterspezifischer) Gleichbehandlung ebenso wie die Propagierung persönlicher oder gesellschaftlicher Freiheitsrechte (z. B. Straßenverkehrs-Ordnung (StVO), mediale Persönlichkeitsrechte). Öffentliche Sprachkritik umfasst aber auch mitunter populistische Forderungen nach mehr ‚Rechtssicherheit‘ (z. B. Asyl- und Ausländerrecht). Wer dabei die Tradition ‚des gesunden Volksempfindens‘ nicht vergisst, weiß, dass öffentliche Sprachkritik am Rechtssystem durchaus zwiespältig zu beurteilen ist. Mit Blick auf die Tradition staatlicher Macht- und Gewaltentfaltung (im Obrigkeitsstaat, im Dritten Reich, in der DDR oder in der Nachkriegs-BRD mit seiner nachwirkenden nationalsozialistischen Vergangenheit) muss die Akzeptanz des Rechtsstaates in weiten Teilen der Öffentlichkeit immer wieder neu errungen werden.

In diesen Kontext gehören auch Debatten zum Zusammenhang von Recht und Vertrauen (Ebert 2010). Ein nicht uninteressanter Nebenaspekt ist in diesem Kontext einerseits die angebliche hohe Klagebereitschaft in Deutschland und andererseits die damit offenbar verbundene hohe Abschlussrate von Rechtsschutzversicherungen.

Fazit: In Teilen der Bevölkerung ist ein diffuses Gefühl von kommunikativer Fremdheit gegenüber dem Rechtssystem ebenso wenig unübersehbar wie die Bereitschaft, bei anstehenden Konfliktregelungen (im Privaten oder im Beruf) Gerichte anzurufen. All dies entlädt sich nicht selten in populären Forderungen nach vermeintlich verständlicheren Gesetzen. Ob angesichts u. a. der Fachsprachlichkeit des Rechtssystems Gesetze aber überhaupt verständlich sein können, ist einerseits Gegenstand einer langen Kontroverse (Lerch 2004, Lück 2008), andererseits eine sehr grundsätzliche Frage (Hoffmann 1992; Busse 1992, 1993; Felder 2003, 2005), die im Folgenden in ihren Grundzügen zumindest angesprochen werden soll.

2 Sprachkritik: Drei exemplarische Fälle

2.1 Beispiel 1: ‚Juristen-Schelte'

Seit es Juristen gibt, gibt es ‚Juristen-Schelte' (Lück 2008). Dass Juristen in der Öffentlichkeit oftmals als „Prügelknaben, Besserwisser, Musterschüler, Saubermänner" (so ein Titel von Nussbaumer 2000) gehandelt werden, mag für sie schon nicht recht schmeichelhaft sein. Darüber hinaus kennt die deutsche Sprache wenig schmeichelhafte Bezeichnungen und Schimpfwörter für Juristen, wie etwa ‚Rechtsverdreher' oder ‚Winkeladvokat'.

Unter einem ‚Rechtsverdreher' versteht der Duden einen Juristen, der nicht zuletzt mit Blick auf finanzielle Vorteile gesetzliche Regelungen bewusst falsch auslegt und anwendet (http://www.duden.de/rechtschreibung/Rechtsverdreher). Aber auch das Schimpfwort ‚Winkeladvokat' – ursprünglich juristische Laien bzw. gering Gebildete, die ihre Tätigkeit im Geheimen, im Winkel, nachgingen (Rücker 2007, 38 f.) – belegt eine tradierte Abwertung von Repräsentanten des Rechtssystems allein schon im Bereich der Lexik.

Mitunter zielt die ‚Juristen-Schelte' aber tiefer: So kritisiert der Publizist Hans Magnus Enzensberger (2004) die Rechtssprache als Herrschaftssprache: Ihre Schwer- beziehungsweise Unverständlichkeit würde – so sein Vorwurf – nicht nur billigend in Kauf genommen werden, sondern sie sei sogar stillschweigend beabsichtigt. Denn die Schwerverständlichkeit von Gesetzestexten sei ihrem Wesen nach eine entscheidende Grundlage für das florierende Geschäft von Anwälten. So werden Laien gezwungen, Anwälte als Dolmetscher engagieren zu müssen, um sich einen vermittelten und teuren Zugang zu diesem System erkaufen zu können. Hinzu käme, dass auch die Politik dies dadurch begünstige, dass sie zulasten der Bürger die Schwerverständlichkeit als mehr oder weniger alternativlos hinstelle.

Enzensberger verweist in seiner Polemik auf das Reizthema „Rentenbescheide", das als Musterbeispiel für die Schwerverständlichkeit der Verwaltungssprache gilt. Daraus leitet er offensichtlich als „Notwehr" billigend den Volkssport einer „Steuervermeidung" ab (Enzensberger 2004, 83 f.).

Diese auf Mischung von Fakten, Vorurteilen und Pauschalierungen beruhende Laien-Kritik am Rechtssystem gipfelt in der sicherlich nicht ganz abwegigen Unterstellung, dass viele aus der Schwerverständlichkeit des Rechtswesens im wahrsten Sinne des Wortes ‚Kapital schlagen'.

2.2 Beispiel 2: Kritik an der Europäisierung des Rechts

> Das Vaterunser hat 56 Worte, die Zehn Gebote 297 Worte, die amerikanische Unabhängigkeitserklärung 300 und eine Verordnung der Europäischen Kommission für den Import von Karamell und Karamellerzeugnissen 26911 Worte. (Die Zeit 14/1974)

Diese EWG-Verordnung über den Import von Karamellbonbons wurde nie umgesetzt. Überlebt hat sie in den Printmedien aber jahrzehntelang als angebliches Beispiel für die ‚Regulierungs-Wut' der Brüsseler Behörden. Nicht unähnlich der immer wieder zitierten ‚Gurkenverordnung' stehen solche inzwischen im kollektiven Gedächtnis verankerten Beispiele für die öffentliche Kritik an einer ausufernden EU-Bürokratie (Haak 2008). Hinter der medial karikierten und öffentlich kritisierten ‚Regulierungs-Wut' steht aber für viele noch etwas ganz anderes: ‚Brüssel' ist in Europa inzwischen zum Symbol einer Angst vor vermeintlichen Angriffen auf ‚nationale Identität' geworden, die zudem die Rechtshoheit der EU-Staaten in unzulässiger Weise beschneide oder aushöhle.

In vielen Ländern ist Kritik an der Europäisierung des Rechts, medial und populistisch geführt, überaus verbreitet. Die EU scheint in vielen Ländern ein willkommenes Ventil für eigene politische Unzulänglichkeiten zu sein. Obwohl weithin bekannt steht die EU, neben der Angleichung von Bürgerrechten in Europa, für den Abbau u. a. auch von rechtlichen Hemmnissen, die ihren Bürgern mehr Rechtssicherheit einräumen:

- „Nach Art. 5 der EG-Richtlinie über missbräuchliche Klauseln vom 5. April 1993 müssen alle Klauseln in Verbraucherverträgen ‚stets klar und verständlich abgefasst sein'" (Schwintowski 2004, 377). Auch wenn offen bleibt, was genau unter diesem sogenannten Transparenzgebot konkret zu verstehen ist: Das Verständlichkeitspostulat der EU ist „jedenfalls soweit es um Klauseln in Allgemeinen Geschäftsbedingungen geht" inzwischen zum Rechtsprinzip erhoben worden.
- Ferner wurde für Behörden der Europäischen Union in der Richtlinie 2006/123/EG, Artikel 6 Absatz 2 festgelegt, dass Informationen „in einfacher und verständlicher Sprache" formuliert sein müssen (Fluck i. d. Bd.).

2.3 Beispiel 3: Gender-Kritik an der Gesetzessprache

Mit der feministischen Sprachkritik seit den 1970er-Jahren wurde einer breiten Öffentlichkeit bewusst, dass Frauen als Frauen in den für sie geltenden Rechtstexten gar nicht vorkommen (Trömel-Plötz 1978). Beispielhaft dafür wurde der Satz: „Der Inhaber dieses Passes ist Deutscher" (Pusch 1984, 7), auch wenn die Inhaberin eine Frau ist.

Zwar hatte sich nach dem Zweiten Weltkrieg die soziale, berufliche und rechtliche Stellung der Frau verbessert. Übersehen wurde aber, dass sich diese Emanzipation der Frauen nicht in angemessener Weise im Sprachgebrauch widerspiegelte. Feministinnen kritisierten zudem das Fehlen des Faktors „‚Geschlecht' in der Analyse und Kritik der sozialen Bedingungen und Wirkungen der Sprache und des Sprechens" (Schiewe 1998, 270). Mit der Etablierung des Gender-Begriffs wurde zudem die begriffliche Basis für eine Sprachkritik gelegt, die gegenüber dem bis dahin dominierenden Begriff „Geschlecht" zwischen biologischem und sozialem Geschlecht unterscheidet und damit verdeutlicht, dass auch rechtlich relevante Termini letztlich Zuschreibungsprodukte bestimmter gesellschaftlicher Konventionen sind. Mit dieser Zuschreibungsargumentation hat der Begriff „Gender" für eine breite Öffentlichkeit den Blick dafür geöffnet, dass bestimmte Formen des juristischen wie nicht-juristischen Sprachgebrauchs oft ausgeblendete Aspekte wie „Macht" beziehungsweise „Unterdrückung" implizieren können (Soiland 2004, 98 f.; Tereick 2016).

Vor diesem Hintergrund wurde mit Beginn der 1980er-Jahre eine erfolgreiche Gleichstellungspolitik institutionalisiert, die mit dem Streben nach Veränderungen auf sprachlicher Ebene einherging. In offiziellen Texten – darunter auch in Gesetzen und Verordnungen – wurde das generische Maskulinum abgeschafft, um der Gleichberechtigung von Mann und Frau auch sprachlich Rechnung zu tragen. Verbesserungsvorschläge für eine solche sprachliche Gleichstellung wurden in das „Handbuch der Rechtsförmlichkeit des Bundesjustizministeriums" von 1991 aufgenommen und an die Landesregierungen weitergeleitet (vgl. Irmen/Steiger 2011, 297 ff.). Diese jetzt weithin umgesetzten Maßnahmen (Eichhoff-Cyrus 2008) lassen sich als Beleg verstehen, dass zumindest in Rechtstexten die sachlich wie sprachlich unverständliche Ausblendung von Frauen bzw. ihr systematisches Verschweigen überwunden werden kann.

Allerdings: Das Verschwinden des generischen Maskulinums bzw. seine gleichwertige Ergänzung durch weibliche Bezeichnungen führen einerseits zu bestimmten Bezeichnungsproblemen und vielfach zu einer sprachlichen Komplexität, die stilistisch überladen wirken kann. Überall wo es keine neutralen Bezeichnungen wie etwa „Studierende" für „Studenten und Studentinnen" gibt, muss man auf Ableitungen der männlichen Bezeichnungen zurückgreifen (Beispiel: „Käufer – Käuferin"), was zu einer Asymmetrie innerhalb des Sprachsystems führt (Schiewe 1998, 272).

Solche Asymmetrien haben zudem unerwünschte Nebeneffekte beim Verstehen solcher Bezeichnungen. So weisen Irmen/Steiger (2005) mit Verweis auf Lieb/Richter (1990, 157) darauf hin, dass zum Beispiel sexusspezifische akademische Grade den Eindruck erwecken, als würden diese Grade zu erleichterten Konditionen erhältlich und somit eine ‚Light-Version' des männlichen Grades sein (Irmen/Steiger 2005, 228).

In einer Studie mit juristischen Experten und juristischen Laien zeigten Irmen/Steiger auf, dass die beiden vorgenannten Kriterien – Geschlechtergerechtigkeit und Verständlichkeit – erfüllt werden können, wenn die Alternativformulierungen zum generischen Maskulinum flexibel und in Abhängigkeit vom jeweiligen Kontext eingesetzt werden. Diese linguistische Metakritik hat vielfach zu einer sprachlichen Neujustierung der Gleichbehandlung von Männern und Frauen in Rechtstexten geführt.

Dass aber in Zeiten der Transgender-Diskussion Art und Umfang von Verständlichkeits- und Auslegungs-Barrieren in Normtexten eher wieder steigen dürften, zeigt, dass die Forderung nach Rechtsverständlichkeit in diesem Punkt noch nicht abgeschlossen ist.

3 Rechtsverständlichkeit

3.1 Problemhintergrund

Wer als ‚Laie' Gesetze, Verordnungen oder juristische Schriftsätze liest, der wird sich nicht selten ganz spontan eine ‚verständlichere' Rechtssprache wünschen (Bock/Antos in Vorb.). „Verständlichkeit als Bürgerrecht?" wird zudem in Teilen der Öffentlichkeit, aber auch der Politik und den Medien heute ganz selbstverständlich als eine politische Forderung artikuliert (Eichhoff-Cyrus/Antos 2008) und daher als Politikum verstanden.

Nicht zuletzt durch das im Beratungs- und Trainingswesen weit verbreitete „Hamburger Verständlichkeitskonzept" (Langer/Schulz von Thun/Tausch 2002) ist weiten Teilen der Öffentlichkeit klar, nach welchen Verständlichkeits-Dimensionen Texte zu beurteilen sind: Es sind diese Einfachheit, Gliederung, Prägnanz und Anregung. Auch wenn man unterstellt, dass ein und derselbe Text von verschiedenen Personen oft ähnlich bewertet wird, übersehen solche Rating-Urteile, dass alltagsweltliche Verständlichkeitsbegriffe in einer kaum kontrollierbaren Weise höchst unklar sind! ‚Klartext-Garantien' wie in der Werbung mitunter suggeriert, sind linguistisch höchst fragwürdig. Denn „Verständlichkeit" ist ein semantisch offener, facettenreicher und daher bisweilen suggestiver, weil vager Sammelbegriff für höchst Unterschiedliches.

Denn manche verbinden z. B. mit Verständlichkeit vor allem alltagsweltlich Vertrautes, für andere Schreiber/Leser emotional Ansprechendes oder kognitiv Nachvollziehbares. Für andere ist verständlich, was kurz bzw. prägnant ist. Für wieder andere erscheint das als „verständlich", was unmittelbar schlüssig erscheint und daher ‚Sinn macht'. Selten tritt ins Bewusstsein der Öffentlichkeit aber das, was für manche Psychologen wichtig erscheint: Was können Probanden mit Blick auf angebotenes Material länger oder besser behalten? Wer zudem die aktuelle Literatur zur Verständlichkeitsforschung (Lutz 2015) oder zur Textoptimierung (Antos/Hasler/Perrin 2011) berücksichtigt, erkennt bald, dass ‚Verständlichkeit' – ähnlich wie ‚Glück', ‚Liebe' oder ‚Erfolg' – ein ‚schlecht definiertes Problemfeld' (ill-defined problem) ist, das viele, sehr unterschiedliche und z. T. je nach Umständen auch wechselnde begriffliche Aspekte umfasst.

Das betrifft vor allem die sogenannte ‚Rechtsverständlichkeit'. Zwar konnte der Verständlichkeits-Begriff in Teilbereichen präzisiert und weithin operationalisiert werden (Höfler 2012; Nussbaumer 1997, 2004; Rathert 2006). Das sollte aber nicht darüber hinwegtäuschen, dass im Bereich der Rechtskommunikation nicht nur sprachlich-stilistische, sondern auch kommunikative Maximen und Regeln eine wichtige Rolle spielen (Ebert 2010, 2011).

Bei der Rechtskommunikation entscheidend ist vorderhand das Rechtssystem in einer selbst für Juristen kaum mehr überschaubaren Ausdifferenziertheit. Die daraus resultierenden, z. T. fachsprachlich geprägten Wissenshintergründe schränken Verständlichkeitsspielräume einer sachangemessenen Rechtssprache naturgemäß ein. In einem Forschungsantrag der Berlin-Brandenburgischen Akademie der Wissenschaften (Klein und Berliner Arbeitsgruppe 2000) wird dieses Spannungsverhältnis so zugespitzt:

> Wovon hängen eigentlich Verständlichkeit und Unmissverständlichkeit ab? Welche Rolle spielen hier die Syntax, welche das Lexikon? Wie interagieren tatsächlich sprachliche ausgedrückte Information (‚Wortlaut') und kontextuelles Wissen (etwa jene Form der oft stillschweigenden Hintergrundannahmen, die man unter dem Wort ‚Rechtskultur' zusammenfasst) im weitesten Sinne? (Klein und Berliner Arbeitsgruppe 2000, 4 f.)

Antworten auf diese und weitere Fragen geben aus sprachwissenschaftlicher Sicht vor allem zwei Sammelbände:

- In einer von der Berlin-Brandenburgischen Akademie der Wissenschaften initiierten dreibändigen Publikation wurde die aktuelle Debatte im deutschsprachigen Bereich unter dem programmatischen Titel „Die Sprache des Rechts" (Lerch 2004, 2005) zusammengefasst. Einschlägig ist in unserem Zusammenhang vor allem der erste Sammelband über „Verständlichkeit, Missverständlichkeit und Unverständlichkeit von Recht".
- In dem von der „Gesellschaft für deutsche Sprache" initiierten Band „Verständlichkeit als Bürgerrecht? Die Rechts- und Verwaltungssprache in der öffentlichen Diskussion" (Eichhoff-Cyrus/Antos 2008), nehmen neben Wissenschaftlern u. a. auch Politiker und ‚Praktiker' zum Problem der Rechtsverständlichkeit Stellung. Diese facettenreiche Debatte macht auch deutlich, dass dieses Thema ein die Linguistik und die Rechtswissenschaften übergreifendes Problem darstellt, das weit in die Politik, die Medien und den Alltag hineinreicht.

Eines der zentralen Probleme beider Publikationen zur Rechtsverständlichkeit kreist um folgenden Fragenkomplex:

- Gilt, was der Linguist Wolfgang Klein programmatisch und provokativ in einem Aufsatztitel so zusammengefasst hat: „Ein Gemeinwesen, in dem das Volk herrscht, darf nicht von Gesetzen beherrscht werden, die das Volk nicht versteht" (Klein 2004)?
- Wie lässt sich aber ein solches „Bürgerrecht auf Verständlichkeit" (Eichhoff-Cyrus/Antos 2008, Antos 2008) mit der fachlichen Logik des Rechtssystems und seiner juristischen Fachsprache, die durch Exaktheit, Explizitheit und Ökonomie geprägt ist, überhaupt vereinbaren?

- Ist die naheliegende Forderung nach Rechtsverständlichkeit letztlich nicht ein ‚Wunschtraum' oder gar eine, den systemischen Charakter der Rechtssprache verkennende und daher gefährliche Illusion von ahnungslosen Laien?
- Aber selbst wenn es gelänge, jene Gesetze und Verordnungen, mit denen es vorzugsweise die Bürger zu tun haben (Strafrecht, Steuerrecht, Verkehrsrecht, Sozialgesetzbuch), verständlicher zu formulieren: Würde damit der Sprachkritik der Öffentlichkeit an der Rechtsverständlichkeit die Grundlage entzogen? Oder würde das weit verbreitete Stereotyp vom ‚unverständlichen deutschen Gesetz' (Warnke 2005) in der Öffentlichkeit nicht weiter fortwirken?

Im Folgenden sollen einige wichtige Positionen dieser Kontroverse gegenübergestellt werden und ansatzweise kommentiert werden.

3.2 Rechtsverständlichkeit kontrovers

Dass die Sprache des Gesetzes „nicht Eigentum der Juristen" ist (Vogel/Christensen 2014), scheint in einer Demokratie selbstverständlich zu sein. Dennoch ist die folgende Position keineswegs unumstritten: „Das Demokratiegebot bedeutet für das Recht ein Verständlichkeitsgebot. [...] Das Recht muss verständlich sein. Das ist selbstverständlich. Und es ist auch möglich", so der Jurist Uwe Wesel (2004, 457).

Demgegenüber steht mit Blick auf eine weit über zweitausendjährige Geschichte der ebenso programmatisch zugespitzte Befund des Rechtshistorikers Heiner Lück: „Recht war unverständlich, Recht ist unverständlich, Recht bleibt unverständlich" (2008, 23). Dazu scheint eine immanente Position aus dem Rechtssystem zu passen, die immer wieder (hier in der Formulierung von Lerch) unter Juristen so zitiert und tradiert wird:

> Gesetzbücher werden nicht für den Laien gemacht, sondern für den Richter. Der Wert eines Gesetzbuches liegt darin, daß es für den Richter verständlich ist. Der Laie braucht es nicht zu verstehen. (Lerch 2004c, 228)

Bei dieser Position wird vor allem darauf abgehoben, dass Gesetze ausgelegt werden müssen. Denn: „bekanntlich ist das ‚Wort' nur der Anfang, keineswegs das Ende der Auslegung" (Ogorek 2004, 300). Defizite auf sprachlicher Ebene werden zwar in Abrede gestellt, aber sie sind nur „zeitbezogene Angebote an die Deutungskultur" (Ogorek 2004, 299). Aus dem „Wortlaut des Gesetzes" allein lässt sich (noch) keine juristisch begründete Entscheidung in Konfliktfällen garantieren bzw. erzwingen, pflichtet der Linguist Dietrich Busse (2004, 9 ff.) bei. Und: „Keine sprachliche Formulierung ist ohne Bezug auf eine bestimmte Wissensbasis verstehbar bzw. verständlich" (Busse 2004, 10). Denn:

> Zum Wissen um die Bedeutung eines Rechtstextes gehört [...] nicht nur die Kenntnis der sprachlichen Ausdrucksketten und der deutschen Standardsprache, sondern zugleich entscheidend und notwendigerweise mindestens die Kenntnis der Auslegungs- und Rechtsentscheidungsgeschichte in Hinblick auf diesen Text. (Busse 2004, 19)

Juristische Texte werden durch eine sprachliche Überarbeitung „nicht besser verstanden, sondern lediglich flotter gelesen" (Ogorek 2004, 299 f.), so das zugespitzte Fazit dieser juristisch auf Auslegungskultur verengten Position!

Wenn aber Gesetzesformulierungen so peripher gegenüber dem Interpretationsvorgang erscheinen, warum werden sie dann oft direkt in z. B. Bescheide der Verwaltung übernommen (Müller i. d. Bd.)? Warum streiten sich Parteien in Parlamenten oftmals um den Wortlaut von Gesetzen? Und warum nehmen Lobbyisten auf bestimmte Formulierungen in Gesetzesvorlagen so intensiv Einfluss?

Dass ‚Laien' und ‚Fachleute' in der Regel unterschiedliche Wissenshintergründe haben, die ihre Lektüre und ihr Verständnis von Gesetzestexten entscheidend prägen, scheint selbstverständlich zu sein (Busse 1992, 1993, 2004; Felder 2003, 2013). Bisweilen wird aber übersehen, dass sogar „innerhalb einer Gruppe von Fachleuten (hier: von unterschiedlichen Juristen, G. A./H.M) das Verstehen, eventuell die Verständlichkeit ein und desselben Rechtstextes variiert" (Schendera 2004, 354). Insofern ist die Textoptimierung von Rechtstexten (Antos/Hasler/Perrin 2011, Lutz 2015) nicht nur für eine ‚laienhafte' Öffentlichkeit wünschenswert, sondern gelegentlich auch für Juristen selbst (Müller 2003).

Kritik an einer als problematisch empfundenen Rechtsverständlichkeit kommt aber nicht nur aus einer rechtsfernen Öffentlichkeit. Sprachkritik am Rechtswesen gehört zum Selbstverständnis eines u. a. durch das Richterrecht und durch die Rechtspraxis geprägten diskursiven Rechtswesens. So warnt der Strafrechtler Egon Müller vor der kaum kontrollierbaren ‚Sprachsuggestion' einschlägiger juristischer Begriffe in Abhängigkeit z. B. von der sogenannten ‚Unschuldsvermutung'.

> Wer vor einer Verurteilung von einem „Tötungsverbrechen", in dem ein „Unrechtsgehalt zutage getreten" sei, spricht, [...]verstößt gegen rechtliche Sprachvorgaben. (Müller 2003, 92)

Mit Blick auf mitunter der Sachlage hin „fehlplazierte", aber zentrale Begriffe wie „Schuld, Tat, Täter(-Schaft), Opfer(-Schutzgesetz)" usw. fordert er,

> die gesamte Strafprozeßordnung sprachanalytisch daraufhin zu untersuchen, ob ihre Normen ergebnisoffen formuliert sind, [...] ob die Prozeßdynamik hinreichend zum Ausdruck kommt und ob Instabilität und Variabilität der jeweiligen Verdachtslage respektiert werden. (Müller 2003, 88)

Sein Fazit:

> In der (Straf-)Justiz entfalten viele Entscheidungen schicksalshafte Bedeutung für die Betroffenen. Schon aus diesem Grund darf sie sich einen sorglosen Umgang mit der Sprache nicht leisten. (Müller 2003, 95)

Neben Kontroversen um die Rechtsverständlichkeit gibt es aber auch z. B. mit Blick auf die historische Rechtspraxis vermittelnde Positionen: So wird darauf verwiesen, dass viele rechtsstaatliche Begriffe trotz ihrer unbestrittenen Fachsprachlichkeit in einer kaum zu leugnenden „volkssprachlichen Tradition" stehen:

> Zumindest Teile der Rechtssprache haben weit engere Berührungspunkte mit der Allgemeinsprache, als dies bei Fachsprachen sonst der Fall ist. So gilt für die Gesetzessprache, also einem Kernbereich der Rechtssprache, seit Jahrhunderten das Allgemeinverständlichkeitspostulat, das es geradezu verbietet, allzu sehr von der Gemeinsprache abzuweichen. Es wäre allerdings ein Irrtum, dem Wortschatz der [...] Normtexte den Charakter der Fachterminologie abzusprechen und alle dem Laien schlechter verständliche Formulierungen als bürgerferne, angebliche Fachsprache des Rechts abzutun. (Deutsch 2013, 25)

3.3 Verständlichkeitsbarrieren im Recht

Für weite Teile der Öffentlichkeit stellt das Rechtsystems allein schon deshalb eine verwirrende Anhäufung von Verständnisbarrieren dar, weil darunter ganz verschiedene Register zusammengefasst werden, deren funktionale wie bürgerrelevante Unterschiede für Nicht-Juristen ebenso intransparent sind wie deren Zusammenspiel. Mit Deutsch (2013, 29 f.) lassen sich u. a. folgende sprachliche Register unterscheiden:
- Sprache der Normgebung („Gesetzessprache")
- Sprache der Jurisdiktion (Sprache der Rechtsprechung z. B. Urteile und sonstigen Gerichtsentscheidungen)
- Sprache der Rechtswissenschaft
- Sprache der Rechtspraxis/rechtlichen Korrespondenz (Schreiben von Anwalt zu Anwalt, auch zwischen Anwälten, Staatsanwaltschaft und Gericht)
- Grenzfall: Sprache der Verwaltung („Kanzleistil", „Beamtensprache", z. B. Meldeformulare, Steuererklärung, amtliche Anschreiben, Gebührenbescheide)
- Grenzfall: Rechtssprachliche Elemente der Allgemeinsprache

In all diesen Registern herrscht eine z. T. sehr unterschiedliche und für Bürger verwirrende Vielfalt von Verständlichkeitsbarrieren vor. Neben weithin von Bürgern zu akzeptierenden fachsprachlichen Barrieren, gibt es nach Ebert (2011, 16 ff.) bekannte bürokratie-stilistische (Fluck i. d. Bd.) und „beziehungsgefährdende Barrieren", die offenbar rechtssystemferne, aber kommunikativ folgenreiche Aspekte wie Respekt, Vertrauen oder Akzeptanz betreffen (Ebert 2010).

Verwirrend für Laien sind weitere Kommunikationsbarrieren. Da ist zunächst der mediale Aspekt: Wo wird Mündlichkeit bzw. Schriftlichkeit im Rechtswesen gefordert bzw. zugelassen – und heute auch: Inwieweit werden digitale Datenträger (etwa als Beweismittel) akzeptiert? Dass Verständlichkeitsstandards heute je nach Medium (Mündlichkeit, Schriftlichkeit, digitale Informationsmedien) divergieren, ist ein neuer Zweig in der Verständlichkeitsforschung (Kramer 2009, Antos/Hasler/Perrin 2011, Lutz 2015).

Ferner spielen vielfältige pragmatische Aspekte eine wichtige Rolle: In welchen Textsorten und Diskurskontexten manifestiert sich die Rechtssprache im Hinblick auf unterschiedliche Verbindlichkeitsgrade (z. B. Gesetz, Verordnung, Kommentar, Schriftsatz, Plädoyer, Urteilsverkündung) und was hat das für rechtliche Konsequenzen für die unterschiedlichen Geltungsbereiche und für das Verstehen dieser juristischen Textsorten (Nussbaumer 2008, Höfler 2012)?

Folgender Konsens scheint jedoch zu bestehen: Wenn die Rechtssprache als eine Fachsprache verstanden wird, so soll sie zwischen den Rechts-Akteuren eine effektive Kommunikation über fachliche Belange sicherstellen (Busse 2004, Felder 2005). Sie entspricht somit approximativ den kommunikativen Anforderungen an eine sich ausdifferenzierende Funktionalität in der Rechtssphäre (Hoffmann 1998, 681) – aber nicht in jedem Fall den Kommunikationserwartungen von Laien (Ebert 2010, 2011).

Juristische Texte, insbesondere natürlich Gesetzestexte, müssen jedoch so allgemein gehalten sein, dass unter sie eine Vielzahl von konkreten Sachverhalten sprachlich subsumierbar ist (Busse 1992, 1993). Knappe und verdichtete Darstellungen von juristischen Sachverhalten werden u. a. durch Nominalisierungen, komplexe Satzgefüge, Partizipien sowie durch einen unpersönlichen Stil erreicht (Fluck i. d. Bd.). Diese fachsprachlich begründete Funktionsadäquatheit geht aber in der Regel zu Lasten der Verständlichkeit.

Zu Verständnis- und Verständigungsbarrieren kann es aber nicht nur zwischen Experten und Laien, sondern in Abhängigkeit von Spezialisierungen zunehmend selbst unter Juristen kommen. Hier kommt es – bisweilen von den Beteiligten leicht übersehen – zu einem „Aneinandervorbeireden“ (Fluck 1991, 37), weil im Vertrauen auf einen gemeinsamen juristischen Korpsgeist die fachsprachenspezifischen Informationsbarrieren nicht immer von allen erkannt oder eingestanden werden (Fluck 1991, 37).

3.4 Adressatenbezug des Rechts

„Unwissenheit schützt nicht vor Strafe.“ Dieser Grundsatz setzt notwendigerweise die Chance auf einen auch sprachlich vermittelten Zugang zu jenen Normen voraus, die für Laien in der Öffentlichkeit einschlägig sind (Hoffmann 1992, 124 ff.). Vor diesem Hintergrund sieht Hoffmann die Logik und damit das Primat von gesetzlichen Normen gerade in ihrem Adressatenbezug. Allerdings ist es juristischen Laien oft kaum möglich, Anhaltspunkte für eine rechtliche Orientierung zu erhalten, „wenn das Recht auf begriffssystematisch arbeitende Juristen [...] zielt" (Hoffmann 1992, 125). Für Hoffmann ist dies gleichbedeutend mit einer Abkehr des Rechtssystems von einem seiner zentralen Akteure, nämlich dem juristischen Laien und dessen Lebenswelt. Hoffmann kommt daher zu dem Schluss, dass die immer wieder betonte oder geforderte Adressatenbezogenheit von Normen eine Fiktion ist. Diese Fiktion spiegle sich einerseits in der Sprache, andererseits aber auch in der Fiktion eines den Laien unterstellten juristischen Fach- und Weltwissens wider.

Damit wird ein weiterer kritischer Punkt berührt: Rüthers/Fischer (2010, 146) sehen die für Laien offenkundige Intransparenz des Rechts nicht allein sprachlich, sondern primär sachlich und fachlich begründet. Hoffmanns Feststellung, dass es für den juristischen Laien nahezu unmöglich (geworden) sei, sich durch einen Blick in ein Gesetz angemessen zu informieren, stimmen Rüthers/Fischer zu: Sie attestieren daher Laien wenig Aussichten auf Erfolg hinsichtlich der Ergreifung von „‚Do it yourself-Maßnahmen'" (Rüthers/Fischer 2010, 146) beim Auftreten juristischer Probleme im Alltag. Ihnen zufolge basiert die Komplexität des Rechts auf der Notwendigkeit, der „unübersehbare[n] Fülle ständig sich wandelnder Probleme und Konflikte mit praktikablen, systemverträglichen Lösungen" (Rüthers/Fischer 2010, 146) zu begegnen.

Auch wenn die Schwerverständlichkeit des Rechts nicht einseitig in seiner sprachlichen, sondern vornehmlich in seiner sach- und fachlichen Erscheinungsform begründet ist, so ist und bleibt der Adressatenbezug für das Rechtssystem ein grundsätzliches Problem und eine nicht zu marginalisierende Herausforderung für Politik, Öffentlichkeit und Akteure des Rechtssystems.

Neben Forderungen, sowohl den Fachsprachencharakter der Rechtssprache als auch Bedürfnisse von Laien zu berücksichtigen (Irmen/Steiger 2011, 297 ff.), gibt es auch unterschiedlich gelagerte Beiträge zu vermittelnden Positionen:

So steht die „Kleine Stilkunde für Juristen" von Tonio Walter (2009) für den nachahmenswerten und zugleich vergnüglichen Versuch, unter den Akteuren des Rechtssystems für sprachliche Transparenz und stilistische Akzeptanz zu werben – offenbar mit Resonanz, was den publizistischen Erfolg betrifft.

Eine für Laien unverständliche Rechtssprache fördert bekanntlich einen gesteigerten Beratungsbedarf, der seinen Niederschlag in einem vielfältigen Angebot von Ratgeberliteratur gefunden hat. Beratung bietet zwar neutrale Informationen und Verfahren der Operationalisierung an, ist jedoch unter sozialpsychologischem Blickwinkel nicht unproblematisch zwischen Selbst- und Fremdbestimmung angesiedelt (Duttweiler 2004, 27 f.). In der Rechtsberatung stoßen Fremdheitserfahrungen mit dem Rechtssystem auf den Zwang, dem Ratsuchenden gerade diese Fremdheit durch die Beratungs-Autorität verständlich und klientenzentriert verstehbar zu machen.

Das führt zu einer problematischen Nebenwirkung: Beratung fördert, aber hindert zugleich eine auf Wissenserwerb gerichtete Selbstbestimmung (Duttweiler 2004, 23). Dadurch entsteht eine für Beratungen mehrfach paradoxe Situation: Indem

Fremdheit mit dem Rechtssystem durch die Beratung von Anwälten oder durch die Ratgeberliteratur vermindert wird, wird sie gerade in ihrer Fremdheit für den Klienten explizit erfahrbar gemacht. Und: Je verständlicher ein Anwalt seinem Klienten die Rechtslage zugänglich zu machen versteht, umso mehr muss das bei Beratenden den Eindruck erwecken, dass trotz oder gerade wegen der in der Beratung zutage getretenen Fremdheitserfahrung Forderungen nach genereller Verständlichkeit des Rechtssystems nicht nur gerechtfertigt, sondern auch faktisch realisierbar seien.

4 Rechtsverständlichkeit und Fremdheit

> Die Anwälte und Richterinnen kennen das Recht, nicht aber den Sachverhalt, die Angeklagten kennen den Sachverhalt, oft aber das Recht nur undeutlich – diese Diskrepanzen im juristischen und im sachverhaltlichen Expertentum verknüpfen sich mit Unterschieden in der kommunikativen Macht: Die juristischen Expertinnen fragen, die Laien haben zu antworten. Dürfen die ‚Betroffenen' ihre Geschichte in eigener Regie erzählen oder wird sie ihnen mit Fragen systematisch weggenommen? Unweigerlich gibt es verschiedene Perspektiven auf die aussersprachliche Lebenswirklichkeit, und diese geraten miteinander in Konflikt. (Nussbaumer 1997, 2)

„Unterschiede in der kommunikativen Macht" sind häufig an Bildungsunterschiede geknüpft: Auch wenn die Beschäftigung bzw. die Auseinandersetzung mit Recht im privaten und beruflichen Alltag dazu geführt hat, dass sich heute das Kenntnisniveau der Bevölkerung deutlich erhöht haben dürfte, übrigens nicht zuletzt gefördert durch entsprechende Fernsehmagazine, so muss man doch von einem erheblich divergierenden Kenntnisniveau, von Irrtümern oder zumindest von ‚schiefen' Rechtsvorstellungen bis hin zu einer angelernten „juristischen Halbbildung" ausgehen (Raiser 2009, 341 ff.).

„Unterschiede in der kommunikativen Macht" haben aber auch mitunter unvorhergesehene Konsequenzen für den Gesetzgeber selbst. So hat sich seit der Einführung der Hartz IV-Regelungen die Einlösung sozialrechtlicher Ansprüche bei potenziellen oder faktischen Leistungsempfängern der Sozialleistung des Arbeitslosengeldes II nach dem Sozialgesetzbuch, Zweites Buch (SGB II) zu hohen Erfolgsquoten bei Einsprüchen gegen abgelehnte Leistungen geführt (Raiser 2009, 341).

Da sich das unter den Betroffenen offensichtlich herumgesprochen hat, hat das beachtliche Folgen: Allein im Jahr 2013 gab es ca. 196.000 Widersprüche (5,9 %) und ca. 200.000 Klagen (6,0 %). Interessant in unserem Zusammenhang ist, dass diese letztlich auch Kosten für den Staat verursachende Entwicklung immer wieder in Verbindung mit der sachlichen wie sprachlichen Unklarheit vieler rechtlicher Bestimmungen im SGB II gebracht wird (Müller i. d. Bd.).

„Unterschiede in der kommunikativen Macht" gegenüber dem Rechtssystem fördern bei vielen Laien auch Fremdheitsgefühle gegen ein als hegemonial empfundenes System. Kommunikative Fremdbestimmung führt nicht selten zu Abwehr, Kritik oder Ignoranz oder – wenn möglich – zu einer öffentlichen Sprachkritik an einer als mangelhaft empfundenen Verständlichkeit in der Rechts- und Verwaltungssprache. Das heißt aber auch: Sprachkritik kann einerseits als „Hilferuf", andererseits aber auch als Vorwand verstanden werden, um auf kommunikative Fremdheitserfahrungen mit dem Rechtswesen aufmerksam zu machen. Durch Sprachbarrieren verstärkte Fremdheitsgefühle sind daher ein (weithin übersehener) Schlüssel zum Verständnis öffentlicher Sprachkritik am Rechtswesen.

Öffentliche Kritik an der Rechtssprache ist ferner ein Indikator für die Akzeptanz des Rechtssystems durch die breite Öffentlichkeit. Angesichts einer im Vergleich zu anderen europäischen Ländern z. T. sehr hohen Klagebereitschaft im vereinigten Deutschland kommt der Stärkung der Rechts-Akzeptanz und damit auch des Rechtsfriedens eine besondere Bedeutung zu (Raiser 2009, 340 f.). Solange sich nämlich Bürger trotz oder gerade wegen der kommunikativen Fremdbestimmung vertrauensvoll darauf verlassen können, dass das Rechtssystem im Großen und Ganzen im Einklang mit ihrem Rechtsgefühl bzw. mit einem allgemein akzeptierten Rechtsbewusstsein steht, solange dürften weitergehende Forderungen nach rechtlicher Transparenz und nach Rechtsverständlichkeit eher virulent bleiben.

5 Gerechtigkeitsempfinden und Gewalt

Forderungen nach ‚Fairness' und ein damit einhergehendes Gerechtigkeitsgefühl scheinen tief in uns verwurzelt zu sein (Rawls 2007). Sie basieren auf dem intuitiven Wissen von Menschen darüber, was erlaubt oder verboten ist, sowie welche Verpflichtungen und Ansprüche in welchen gesellschaftlichen Kontexten als legal zu gelten haben.

Schon Kinder entwickeln nach Kohlberg (1996) einen ausgeprägten Sinn für Gerechtigkeit. In seiner kognitiven Entwicklungstheorie wird das Gerechtigkeitsempfinden sogar (idealtypisch) mit den sich wandelnden moralischen Urteilen bei Kindern gleichgesetzt. Forschungen in der Tradition des Verhaltensbiologen Frans de Waal (2015) legen zudem nahe, dass bereits Primaten über ein Gerechtigkeitsgefühl verfügen, das sich evolutionär zum Zweck von Altruismus und Kooperation entwickelt haben dürfte.

Insofern scheint schlüssig, dass Kritik am Rechtssystem und da insbesondere an rechtlicher Kommunikation mit einem weithin als gleich unterstellten Gerechtigkeitsempfinden begründet werden kann. Dieser evolutionäre bzw. ontogenetisch geprägte Hintergrund sollte nicht übersehen werden, wenn ‚das Recht' aus der Perspektive eines alltagsweltlichen und zudem öffentlich artikulierten Gerechtigkeitsempfindens diskutiert wird. Das im Übrigen „Recht und Gerechtigkeit" in einem Spannungsverhältnis zueinander stehen, ist ein gängiger Topos, sowohl innerhalb der öffentlichen

Kommunikation als auch in der Rechtsphilosophie und der Rechtswissenschaft (Ralws 2007, Zippelius 2011).

Neben der Berufung auf ‚Fairness' dürfen aus kommunikativer Perspektive noch zwei weitere alltagsweltliche Quellen der Rechtskritik nicht vergessen werden: Schon Kinder im Sandkasten wollen wie viele Erwachsene auch bei Konfliktregelungen vor allem eins: „Recht haben" und „Recht bekommen". Streitigkeiten darüber, was als ‚gerecht' gelten soll bzw. was in einer Gruppe als ‚(un)fair' empfunden wird, bedienen sich bekannter kommunikativer Muster wie Streit, Schlichtung, Schuldeingeständnis, Akzeptanz oder Abwehr von Strafe etc.

Allerdings: Das kommunikative Einfordern von Fairness/Gerechtigkeit und das (institutionelle) Praktizieren von Recht ist die eine Seite. Der gesellschaftliche Umgang mit Macht die andere: Wie der Kulturanthropologe und Religionssoziologe René Girard in seiner „mimetischen Theorie" der Gewalt gezeigt hat, ist die Etablierung und Ausübung von Macht als Mittel der Konfliktregelung und der Durchsetzung von Interessen eine ständige Bedrohung für Kulturen (Palaver 2008). Grund hierfür sind nicht selten individuelle oder kollektive Rivalität, Neid, Eifersucht oder Rache. Was sie für Kulturen so gefährlich macht, ist ihre ‚ansteckende' Wirkung und die damit verbundene wechselseitige Nachahmung von Gewalt mit der weithin unkontrollierbaren Eskalation von Vergeltung(svergeltung), wie sie in Form der sogenannten ‚Blutrache' in und zwischen vielen Kulturen früher nicht unüblich war.

Solche Formen der Konfliktaustragung wurden und werden nach Girard ergänzt durch eine häufig vorgelagerte besonders perfide Form der gemeinsamen Konfliktbewältigung: Statt Recht und Gerechtigkeit zu üben, liegt die Versuchung nahe, bestimmte Individuen oder ganze Gruppen zu ‚Sündenböcken' zu erklären. Das trifft vor allem religiöse, soziale, sexuelle oder politische Minderheiten (zum Thema „Sprache und Gerechtigkeit", vgl. Tereick 2016). Verfolgung oder gar Krieg führen nach Girard u. a. zu „Schuldgefühlen", die in vielen Kulturen zu kultischen, religiösen oder literarischen Verarbeitungsformen von Gewalt führen. Eine der Produktivsten ist aber zweifellos die Etablierung eines auf Fairness beruhenden Rechtssystems.

Vor diesem Hintergrund ist Sprachkritik immer auch Kritik an gesellschaftlicher Macht, die nicht selten auf der historischen Erfahrung von individueller oder sozialer Ohnmacht beruht (z. B. Justiz als ‚Büttel'). Das provoziert die Frage, inwieweit die Diskussion über und die Exekution von Recht unter historischen, gesellschaftspolitischen oder individuellen Randbedingungen in weiten Teilen der Öffentlichkeit als „Macht" und „Machtausübung" erlebt wird. Dazu gehört aber auch die Frage, inwieweit die „Machtfrage" zum „blinden Fleck" des deutschen Rechtssystems gehört (Rücker 2007, Schiewe 1998, Wesel 2003).

Fazit: Diskurse zu und Kritik an dem Phänomen „Rechtsverständlichkeit" münden unweigerlich in die Frage, wie mit Macht, Ohnmacht, Gewalt sowie mit Konflikten einerseits und mit ihren kommunikativen wie rechtlichen Anforderungen andererseits umgegangen wird. In diesem Sinne erscheinen Forderungen nach Rechtsverständlichkeit zugleich als Aufrufe, sich mit dem Phänomen von „Recht haben“ und „Recht bekommen“ auseinanderzusetzen – sowohl individuell als auch in ihren gesellschaftspolitischen wie historischen Kontexten. Insofern ist die heute weithin noch immer herrschende Praxis mangelnder Rechtsverständlichkeit als eine Herausforderung an die Rechts- wie die Sprachwissenschaft zu verstehen, den Zugang zum Rechtssystem sprachlich-kommunikativ transparenter zu gestalten, nicht zuletzt um dadurch die soziale Rechtsakzeptanz zu steigern – u. a. auch für Personen mit Flüchtlings- oder Migrationshintergrund.

6 Literatur

Antos, Gerd (2008): „Verständlichkeit“ als Bürgerecht? Positionen, Alternativen und das Modell der „barrierefreien Kommunikation“. In: Eichhoff-Cyrus/Antos, 9–20.

Antos, Gerd/Ursula Hasler/Daniel Perrin (2011): Textoptimierung. In: Stephan Habscheid (Hg.): Textsorten, Handlungsmuster, Oberflächen. Linguistische Typologien der Kommunikation. Berlin, 638–658.

Bock, Bettina/Gerd Antos (in Vorb.): ‚Öffentlichkeit‘ – ‚Laien‘ – ‚Experten‘: Strukturwandel von ‚Laien‘ und ‚Experten‘ in Diskursen über ‚Sprache‘. In: Gerd Antos/Thomas Niehr/Jürgen Spitzmüller (Hg.): Sprache im Urteil der Öffentlichkeit. Berlin (HSW 10).

Busse, Dietrich (1992): Recht als Text. Linguistische Untersuchungen zur Arbeit mit Sprache in einer gesellschaftlichen Institution. Tübingen.

Busse, Dietrich (1993): Juristische Semantik. Grundfragen der juristischen Interpretationstheorie aus sprachwissenschaftlicher Sicht. Berlin.

Busse, Dietrich (2004): Verstehen und Auslegung von Rechtstexten – institutionelle Bedingungen. In: Lerch (2004), 7–20.

Deutsch, Andreas (2013): Historische Rechtssprache des Deutschen – Eine Einführung. In: Andreas Deutsch (Hg.): Historische Rechtssprache des Deutschen. Heidelberg, 21–80.

Duttweiler, Stephanie (2004): Beratung. In: Ulrich Bröckling/Susanne Krasmann/Thomas Lemke (Hg.): Glossar der Gegenwart. Frankfurt a. M., 23–29.Ebert, Helmut (2010): Verständlichkeit und Vertrauen – die kommunikative Seite der Rechts- und Verwaltungssprache. In: Hans-Rüdiger Fluck/Michaela Blaha (Hg.): Amtsdeutsch a. D.? Europäische Wege zu einer modernen Verwaltungssprache. Tübingen, 45–57.

Ebert, Helmut (2011): Verwaltungssprache aus Sicht der Sprachwissenschaft. In: Michaela Blaha/ Hermann Wilhelm (Hg.): Verständliche Sprache in Recht und Verwaltung – Herausforderungen und Chancen. Frankfurt a. M., 13–23.Eichhoff-Cyrus, Karin M./Gerd Antos (2008) (Hg.): Verständlichkeit als Bürgerrecht? Die Rechts- und Verwaltungssprache in der öffentlichen Diskussion. Mannheim.

Eichhoff-Cyrus, Karin M. (2008): Rechtssprache im Wandel. Die sprachliche Gleichbehandlung von Frauen und Männern in Rechtstexten von Bund und Ländern. In: Eichhoff-Cyrus/Antos, 344–360.

Eichhoff-Cyrus, Karin M./Gerd Antos/Rüdiger Schulz (2009) (Hg.): Einstellung der Deutschen zur Rechts- und Verwaltungssprache. Wiesbaden.

Enzensberger, Hans Magnus (2004): Von den Vorzügen der Unverständlichkeit. In: Lerch (2004), 83–84.

Felder, Ekkehard (2003): Juristische Textarbeit im Spiegel der Öffentlichkeit. Berlin/New York.

Felder, Ekkehard (2005): Alltagsweltliche und juristische Wirklichkeitskonstitution im Modell der „Juristischen Textarbeit". Ein sprachhandlungstheoretischer Beitrag zur Kommunikation im Recht. In: Lerch (2005), V–VI, 133–168.
Felder, Ekkehard (2013): Juristische Fachsprache oder wie Bedeutung im Recht entsteht. In: Andreas Deutsch (Hg.): Historische Rechtssprache des Deutschen. Heidelberg, 81–101.
Festinger, Leon (2012): Theorie der kognitiven Dissonanz. 2. Aufl. Bern.
Fluck, Hans-Rüdiger (1991): Fachsprachen. 4., unveränderte Auflage. Tübingen.
Haak, Karen (2008): EU-Gurken dürfen sich wieder krumm legen. Zit. n.: www.handelsblatt.com/politik/international/qualitaetsnormen-eu-gurken-duerfen-sich-wieder-krumm-legen-seite-all/3052600-all.html (abgerufen am: 25. März 2014).
Hoffmann, Lothar (1998): Austauschprozesse zwischen fachlichen und anderen Kommunikationsbereichen: theoretische und methodische Probleme. In: Lothar Hoffmann/Hartwig Kalverkämper/Herbert Ernst Wiegand (Hg.): Fachsprachen: ein internationales Handbuch zur Fachsprachenforschung und Terminologiewissenschaft. Halbband 1. Berlin/New York, 679–689.
Hoffmann, Ludger (1992): Wie verständlich können Gesetze sein? In: Günther Grewendorf (Hg.): Rechtskultur als Sprachkultur. Frankfurt a. M., 122–156.
Höfler, Stefan (2012). „Ein Artikel – eine Norm". Redaktionelle Überlegungen zur Diskursstruktur von Gesetzesartikeln. In: LeGes – Gesetzgebung & Evaluation 23 (3), 311–335.
Irmen, Lisa/Vera Steiger (2005): Zur Geschichte des Generischen Maskulinums: Sprachwissenschaftliche, sprachphilosophische und psychologische Aspekte im historischen Diskurs. In: Zeitschrift für Germanistische Linguistik 33, 212–235.
Irmen, Lisa/Vera Steiger (2011): Recht verständlich und „gender-fair": Wie sollen Personen in amtlichen Texten bezeichnet werden? Ein Vergleich verschiedener Rezipientengruppen zur Akzeptanz geschlechtergerechter Rechtssprache. In: Linguistische Berichte 227, 297–322.
Klein, Wolfgang und Berliner Arbeitsgruppe (2000): Sprache des Rechts, Vermitteln, Verstehen, Verwechseln. In: Zeitschrift für Literaturwissenschaft und Linguistik 118, 7–33.
Klein, Wolfgang (2004): Ein Gemeinwesen, in dem das Volk herrscht, darf nicht von Gesetzen beherrscht werden, die das Volk nicht versteht. In: Lerch (2004), 197–204.
Kramer, Olav (2009): „Bin ich schon drin?" Zugänglichkeit als Problem der Internetkommunikation. In: Gerd Antos (Hg.): Rhetorik und Verständlichkeit. Tübingen (Rhetorik. Ein internationales Jahrbuch 28), 61–77.
Kohlberg, Lawrence (1996): Die Psychologie der Moralentwicklung. Frankfurt a. M.
Langer, Inghard/Friedemann Schulz von Thun/Reinhard Tausch (2002): Sich verständlich ausdrücken. München.
Lerch, Kent D. (2004) (Hg.): Recht verstehen. Verständlichkeit, Missverständlichkeit und Unverständlichkeit von Recht. Berlin/New York (Sprache des Rechts 1).
Lerch, Kent D. (2005) (Hg.): Recht vermitteln. Berlin/New York (Die Sprache des Rechts 3).
Lieb, Hans Heinrich/Helmut Richter (1990): Zum Gebrauch von Personenbezeichnungen in juristischen Texten. In: Deutsche Sprache 18, 148–157.
Lutz, Benedikt (2015): Verständlichkeitsforschung transdisziplinär. Plädoyer für eine anwenderfreundliche Wissensgesellschaft. Wien.
Lück, Heiner (2008): Von der Unverständlichkeit des Rechts. Die historische Dimension aus rechtsgeschichtlicher Sicht. In: Eichhoff-Cyrus/Antos, 21–44.
Müller, Egon (2003): Plädoyer für eine Verfahrenssprache – Ein Problemaufriß. In: Heike Jung/Bernd Lexenburger (Hg.): Egon Müller: Beiträge zum Strafprozeßrecht (1969–2001). Köln u. a. (Annales Universitatis Saraviensis. Rechts- und Wirtschaftswissenschaftliche Abteilung 135), 567–587.
Müller, Friedrich/Philippe Mastronardi (Hg.): „Abwägung". Herausforderung für eine Theorie der Praxis. Berlin.

Nussbaumer, Markus (1997): Sprache und Recht. Heidelberg.
Nussbaumer, Markus (2000): „Prügelknaben, Besserwisser, Musterschüler, Saubermänner ... „. Juristen und Sprachkritik. In: Axel Gellhaus/Horst Sitta (Hg.): Reflexionen über Sprache aus literatur- und sprachwissenschaftlicher Sicht. Tübingen (Reihe Germanistische Linguistik 218), 61–93.
Nussbaumer, Markus (2004): Von Schwärmern und Skeptikern und ein Versuch, Realist zu sein. Bilanz und Entwurf des Sprachspiels vom unverständlichen Gesetz. In: Lerch (2004), 285–296.
Ogorek, Regina (2004): ‚Ich kenne das Reglement nicht, habe es aber immer befolgt!' Metatheoretische Anmerkungen zur Verständnisdebatte. In: Lerch (2004), 297–306.
Palaver, Wolfgang (2008): René Girards mimetische Theorie. Im Kontext kulturtheoretischer und gesellschaftspolitischer Fragen. 3. Aufl. Münster.
Pusch, Luise F. (1984): Einleitung. Von der Linguistik zur Feministischen Linguistik. Ein persönlicher Bericht. Frankfurt a. M.
Raiser, Thomas (2009): Grundlagen der Rechtssoziologie. 5., durchges. und erw. Aufl. von „Das Lebende Recht". Tübingen.
Rathert, Monika (2006): Sprache und Recht. Heidelberg (KEGLI 3).
Rawls, John (2007): Gerechtigkeit als Fairneß. Ein Neuentwurf. 2. Aufl. Frankfurt a. M.
Rücker, Simone (2007): Rechtsberatung. Das Rechtsberatungswesen von 1919–1945 und die Entstehung des Rechtsberatungsmißbrauchgesetzes von 1935. Tübingen.
Rüthers, Bernd/Christian Fischer (2010): Rechtstheorie. Begriff, Geltung und Anwendung des Rechts. 5., überarbeitete Aufl. München.
Schendera, Christian F. (2004): Die Verständlichkeit von Rechtstexten. Eine kritische Darstellung der Forschungslage. In: Lerch (2004), 321–374.
Schiewe, Jürgen (1998): Die Macht der Sprache. Eine Geschichte der Sprachkritik von der Antike bis zur Gegenwart. München.
Schwintowski, Hans-Peter (2004): Sprachwissenschaftliche Kriterien für das Transparenzgebot. Die Bedeutung interdisziplinären Arbeitens von Rechts- und Sprachwissenschaft. In: Lerch (2004), 375–386.
Soiland, Tove (2004): Gender. In: Ulrich Bröckling/Susanne Krasmann/Thomas Lemke (Hg.): Glossar der Gegenwart. Frankfurt a. M., 97–104.
Tereick, Jana (in Vorb.): Sprache und Gerechtigkeit: Sprachpolitik als Mittel zur SubversionSubversion sozialer Schranken. In: Gerd Antos/Thomas Niehr/Jürgen Spitzmüller (Hg.): Handbuch „Sprache im Urteil der Öffentlichkeit".
Trömel-Plötz, Senta (1978): Linguistik als Frauensprache. In: Linguistische Berichte 57, 49–68.
Vogel, Friedemann/Ralph Christensen (2014): Die Sprache des Gesetzes ist nicht Eigentum der Juristen. Von der Prinzipienspekulation zur empirischen Analyse der Abwägung. In: Müller/Mastronardi, 87–132.
De Waal, Frans (2015): Der Mensch, der Bonobo und die zehn Gebote. Stuttgart.
Walter, Tonio (2009): Kleine Stilkunde für Juristen. 2., überarb. Aufl. München.
Warnke, Ingo (2005): Das Stereotyp vom ‚unverständlichen deutschen Gesetz' – Transfergrenzen in Zeiten des Verlangens nach Wissen. In: Gerd Antos/Sigurd Wichter (Hg.): Wissenstransfer durch Sprache als gesellschaftliches Problem. Frankfurt a. M. u. a., 327–335.
Wesel, Uwe (2003): Recht, Unrecht und Gerechtigkeit: Von der Weimarer Republik bis heute. München.
Wesel, Uwe (2004): Selbstverständlich. In: Lerch (2004), 455–458.
Zippelius, Reinhold (2011): Rechtsphilosophie. 6., neubearbeitete Aufl. München.

IV. Rechtssprache und Normsetzung

Friedemann Vogel

18. Sprache im Gesetzgebungsverfahren und der Normgenese

Abstract: Sprache spielt im modernen „Rechtsstaat als Textstruktur" (Friedrich Müller) eine konstitutive Rolle für die Genese rechtlicher Normen. In der rechtslinguistischen Forschung wird dies jedoch bislang überwiegend vernachlässigt. Hintergrund ist in erster Linie ein Mangel an empirischen Fallstudien, die die Komplexität text- und konzeptseitiger Entwicklungen erfassen –, von der ersten Gesetzesinitiative über die legislatorischen Vertextungsverfahren bis hin zur Konkretisierung des später in Geltung gesetzten Normtextes zur fallspezifischen Rechtsnorm vor Gericht. Der Artikel trägt in diesem Sinne die bisherigen Eckpunkte einer erst noch zu entwickelnden rechtslinguistischen Gesetzgebungslehre zusammen.

1 Der blinde Fleck: Sprache in der Normgenese

Die Verfahren und Arbeitsabläufe im Kontext der Gesetzgebung sind bislang Gegenstand vor allem der Politikwissenschaft, der juristischen Gesetzgebungslehre und vereinzelt der Soziologie. Ein Großteil der daraus entstandenen Literatur zeigt dabei eine normative Perspektive, die mit der tatsächlichen Praxis nur selten etwas gemein hat. Es fehlt nicht nur an einer geschlossenen Theorie, „nicht einmal über die Bezeichnung des Gegenstandes herrscht Einigkeit." (Mengel 1997: 210). So verwundert auch nicht, dass angehende Juristen zwar die verfassungsrechtlichen Regelungen im Gesetzgebungsprozess studieren, über die realen Abläufe, Probleme und Lösungsansätze aber wenig erfahren (ebd.). Grund ist in erster Linie der anhaltende Mangel an empirischen Arbeiten in allen Disziplinen sowie die Komplexität des Gegenstandsbereichs, die von Beginn an einen interdisziplinären und damit regelmäßig arbeitsaufwendigeren Zugang erfordert.

Auch innerhalb der Sprachwissenschaft bzw. der Rechtslinguistik im engeren Sinne spielt der Zusammenhang von Sprache, Normgenese und Vertextungsverfahren in der Gesetzgebung bislang nur eine marginale Rolle; in einschlägigen Bibliographien (etwa Nussbaumer 1997) oder bisherigen Handbüchern (z. B. Tiersma/Solan 2012) fehlt das Thema weitestgehend oder fokussiert allein Verständlichkeitsfragen.

DOI 10.1515/9783110296198-018

Lediglich in der Schweiz zeigt sich im Kontext der Gesetzesredaktion eine langjährige Tradition, auch die Sprache zum wissenschaftlichen Reflexionsgegenstand zu machen (vgl. etwa die Zeitschrift *LeGes*, hrsg. von der Bundeskanzlei, Zentrale Sprachdienste, Sektion Deutsch). Auf EU-Ebene rückt die Sprachlichkeit des Rechts erst seit wenigen Jahren vor dem Hintergrund eines zunehmend gemeinsamen, supranationalen Rechtsraums und damit verbundener Rechtsetzungsakte in das Erkenntnisinteresse.

Der vorliegende Artikel kann kaum auf ein akkumuliertes Wissen zurückgreifen oder gar einen Überblick darstellen, sondern muss sich damit begnügen, wichtige Eckpunkte und Fragestellungen als Desiderata für eine erst noch zu entwickelnde rechtslinguistische Gesetzgebungslehre zu benennen.

2 Spracharbeit im Kontext der Gesetzgebung

2.1 Von der „deskriptiven" reinen Rechtslehre zur normativen Gesetzgebungslehre

In den 60er und 70er Jahren entwickelte sich eine vom rechtswissenschaftlichen Mainstream sowie der juristischen Ausbildung bis heute kaum berücksichtigte Teildisziplin heraus, die

> als die Wissenschaft von der Gesetzgebung [...] unter anderem durch die Erarbeitung einer sog. ‚Gesetzgebungsmethodik' und einer ‚Gesetzgebungstechnik' dem Gesetzgeber Handreichungen für eine rationale Gesetzgebung geben [will]. (Köck 2002: 9)

Die damit bezeichnete „Gesetzgebungslehre" erhielt vor allem mit den grundlegenden Arbeiten von Jürgen Rödig (vgl. Baden 1978), Peter Noll (Noll 1973) und Eberhard Baden (Baden 1977, 1986 u. a.) ihre ersten Konturen. Während die „reine Rechtslehre" Kelsens Fragen der Rechtsetzung und Gesetzgebung als politisch-normative generell ausklammert (Römer 1986: 32 f.), sucht die Gesetzgebungslehre von Beginn an nach Bewertungsmaßstäben und „theoretische[n] Erkenntnisse[n] für die gesetzgebende Praxis" (Jutzi 1998: 1335). Ihre Perspektive ist empirisch-deskriptiv zum einen, wertend-gestaltend zum anderen: „Die Gesetzgebungslehre geht von der Frage aus: Wie können mit gesetzlichen Normen soziale Zustände in einem erwünschten Sinne beeinflusst werden?" (Noll 1973: 63 f.) Gesetzgebungslehre, so Noll weiter, könne daher unmöglich wertfrei sein; sie

> *kann* ihre kritische Funktion auch gar nicht aufgeben, weil nämlich schon die Definition des sozialen Problems, zu dessen Lösung sie antritt, nicht ohne Wertung von Prioritäten und ebensowenig ohne Machtkritik aufgestellt werden kann. [...] Demgegenüber ist festzuhalten, dass die Distanz kritischer Reflexion gegenüber Macht und faktischem Verhalten einerseits und die

> Möglichkeit abweichenden Verhaltens andererseits dem Recht notwendig eigentümlich ist. (Noll 1973: 63 f.)

Gesetzgebungslehre müsse daher ein „politisches Rechtsverständnis" zugrunde liegen.

> Dies wäre [...] ein funktionales, auf die soziale Realität bezogenes, Theorie und Praxis verbindendes, Recht als Gestaltung der Wirklichkeit, als Herrschaft über die Macht und über die Macht der Fakten begreifendes Rechtsdenken. (ebd. 31)

In diesem konzeptionellen Rahmen hat die juristische Gesetzgebungslehre ein breites Arbeitsfeld erschlossen, insb. im Bereich Gesetzgebungsanalytik (Begriffsentwicklung), empirische Analyse des Gesetzgebungsverfahrens, Gesetzesfolgenabschätzung (GFA) sowie Gesetzgebungstechnik. Ihr Verdienst liegt dabei zum einen in der Überwindung etablierter rechtstheoretischer Denkfiguren wie die ‚des' Gesetzgebers, ‚des' Gesetzesanwenders oder des Gesetzes als erkenntnisabhängiger Normbehälter. Zum anderen haben die Ansätze auch zu praktischen Veränderungen im Gesetzgebungsverfahren beigetragen. In Zusammenarbeit mit Angehörigen der Ministerialbürokratie auf Bundes- und Landesebene konnten erste Richtlinien zur Verbesserung von Transparenz und Gesetzesfolgenabschätzung etabliert werden. Die bekanntesten Erfolge dieser Art sind die sog. „Blauen Prüffragen" der 80er Jahre zur Vorprüfung von Gesetzesentwürfen, die ab 1996 sukzessive in die Gemeinsame Geschäftsordnung der Ministerien (GGO §§ 43, 44, später Besonderer Teil der GGO II) integriert wurden (vgl. Köck 2002: 4). Da die Vorschriften der GGO zwar bindend, die Nicht-Einhaltung jedoch sanktionsfrei blieben, wurden sie nur rudimentär beachtet (Leonhardt 1980: 59). Betrachtet man heutige Gesetzesentwürfe, so hat sich daran bislang nicht viel geändert: So schreibt etwa der Besondere Teil der GGO II vor, alternative Lösungsvorschläge zu einzelnen Gesetzesentwürfen zu formulieren, um Vor- und Nachteile unterschiedlicher Realisierungen abwägen zu können. Tatsächlich vermerken die Kabinettsentwürfe an dieser Stelle jedoch regelmäßig nur: „Alternativen: Keine."

Wie an diesem kurzen Streifzug deutlich wird, spielen Sprache und Linguistik in der juristischen Gesetzgebungslehre, wenn überhaupt, dann nur eine untergeordnete Rolle. Dies führte u. a. wiederum zu codemetaphorischen Kommunikationsmodellen, in denen der komplexe Rechtsstaat als Textstruktur (Müller/Christensen/Sokolowski 1997: 116) zu einem Sender-Empfänger-Problem der korrekten „Datenübermittlung" (Baden 1977: 181) verkürzt wird.

2.2 Normtextgenese und Normgenese; Normwelt, Lebenswelt und Textwelt

Versucht man Gesetzgebung und Normgenese aus rechtslinguistischer Perspektive zu beschreiben, bedarf es zweier grundlegender Differenzierungen, die dennoch oft fälschlicherweise miteinander vermischt werden.

Die erste betrifft die systematische Unterscheidung von Ausdrucks- und Konzeptebene. Damit ist gemeint, dass während der gesamten Analyse im Grunde zwei Entwicklungslinien verfolgt werden müssen, die sich ausdrucksseitig als „Normtextgenese" und konzeptseitig als „Normgenese" bezeichnen lassen. Normtextgenese bezieht sich auf Veränderungen der Formseite von Gesetzestexten, Verordnungen usw. über die Zeit (mit Blick auf Lexik, Syntax, Textaufbau usw. bis hin zur Frage der Materialität von der Skizze auf Papier über digitale Entwurfsmuster bis hin zum präsidial unterschriebenen Dokument). Normgenese dagegen bezieht sich auf Veränderungen auf semantischer Ebene, d. h. auf die sich über die Zeit wandelnden Konzepte, die einem oder mehreren Normtexten bzw. darin enthaltenden Ausdrücken zugeschrieben werden. Normtextgenese wie Normgenese bilden also zwei unterschiedliche, nur im Idealfall miteinander in rechtsstaatlich legitimer Weise (d. h. nach allen Regeln herrschender juristischer Methodik) verschränkte Prozesse.

Dass diese Trennung nicht nur eine heuristische, terminologische Spielerei darstellt, ergibt sich aus einem Vergleich der juristischen Textarbeit während und nach formellen Gesetzgebungsverfahren: Ein bereits in Geltung gesetzter Normtext bleibt (abgesehen von erneuten Gesetzgebungsakten) ausdrucksseitig mit sich selbst identisch und der Richter hat ihn allein konzeptseitig zu konkretisieren. Im laufenden Gesetzgebungsverfahren ist ein Normtext ausdrucksseitig jedoch fortwährenden Überarbeitungen unterworfen, was seine konzeptseitige Konkretisierung lange Zeit in eine prekäre, kontingente, weil nur durch Antizipation von möglichen Lesarten beherrschbare Lage versetzt. Auch die Tatsache, dass jeder Konkretisierungsakt vor Gericht transkriptive Spuren (Jäger 2015) für nachfolgende Interpretationen desselben Normtextes hinterlässt, ändert nichts an dem qualitativen Unterschied zwischen legislativ-exekutiver Normtextproduktion und judikativer Normtextrezeption.

Diese zweiseitige Heuristik bedarf einer weiteren Differenzierung, denn sie unterstellt einen ontisch gleichbleibenden, ‚gegebenen' Regelungskontext. ‚Die' zu regelnde Welt existiert jedoch nicht, sondern ist ebenfalls Teil konstitutiver Textarbeit der Legislatoren. Damit ergeben sich für eine rechtslinguistische Betrachtung des Gesetzgebungsverfahrens drei zu unterscheidende Ebenen: erstens die antizipierende Konzeptualisierung der „Lebenswelt" (Wissen über die Beschaffenheit und Funktionslogik der sozialen, technischen usw. Welt), zweitens die antizipierende Konzeptualisierung der „Normwelt" (des Rechtssystems, Gesamtheit der geltenden Sollens-Konzepte, nach denen die Welt einzurichten sei), drittens die diskursive Verschränkung von Lebens- und Normwelt durch eine erst zu schaffende, aber nie gänzlich kontrollierbare „Textwelt" (in Bezug-Setzen aller bestehenden sprachlichen

Artefakte und damit verbundenen sozialen Handlungen). Alle drei Ebenen sind dem zeitlichen Wandel unterworfen, speisen sich aus teilweise unterschiedlichen Wissensdomänen, diskursiven Prozeduren, institutionalisierten Verfahren und involvierten Akteursgruppen.

2.3 Domänen und Akteure, Vertextung und Semiose

Eine der größten forschungspraktischen Probleme besteht darin, dass sich die Vertextungsverfahren und -prozesse der Normgenese nicht allein auf einzelne Domänen oder funktionale Kommunikationsräume – etwa (zumal) ‚die' Legislative oder ‚die' Exekutive – beschränken lassen. Aus systemischer Perspektive sind vielmehr die folgenden, idealtypisch formulierten fünf Kommunikationsbereiche bei der text- bzw. diskursseitigen Konstitution von Lebens- und Normwelt miteinander verschränkt: Exekutive (Regierung und ministerial geleitete Behörden), Legislative (Parlament und Ausschüsse), Judikative (bisherige sowie von Praktikern antizipierte Rechtsprechung), Wissenschaften (insb. Rechtswissenschaft sowie – je nach sächlicher Relevanz – weitere Fachdisziplinen) sowie Medien (journalistische Print- und Onlinepresse, interaktive Kommunikationsformate wie Social Media usw.). Der Großteil an Rechtsetzungsinitiativen erfolgt in der Exekutive und durchläuft die Legislative nach Verfahren, die in bereits bestehenden Normtexten (insb. dem Grundgesetz, der GGO usw.) formuliert, aber wesentlich von Rechtswissenschaft und Judikative konkretisiert werden. Zugleich bindet ein neuer in Geltung gesetzter Normtext die Judikative und schafft Kristallisationskerne für Folgediskurse in Wissenschaft und Medien. Mediale Diskussion von lebensweltlichen Ereignissen und Problemfällen (oder Fallgruppen), brisanten Normtexten bzw. Normtextentwürfen, judikativen Ereignissen oder wissenschaftlichen Entwicklungen schafft ihrerseits einen Wissenshorizont, der in anderen Domänen explizit aufgegriffen oder (häufiger) implizit präsupponiert wird.

Ein besonderes und für das bundesdeutsche Rechtssystem aktuelles Beispiel bildet das Dreieck Legislative/Exekutive, Bundesverfassungsgericht (BVerfG) und Medien: Das BVerfG genießt Dank anhaltender Würdigung seiner Entscheidungen in der Presse eine hohe Akzeptanz innerhalb der Bevölkerung (Lembcke 2006). Erst diese Akzeptanz verschafft ihm gegenüber Legislative bzw. Exekutive eine hervorgehobene, beachtungsvolle Position, die teilweise auch als „juridical activism" (d. h. als eine unangemessene Einschränkung der gesetzgeberischen Freiheit) kritisiert wird (vgl. Sontheimer/Bleek/Gawrich 2007: 156 f.; Ismayr 2008: 411).

Aus diesem Blickwinkel lässt sich die Genese rechtlicher Normen im Paradigma der „unendlichen Semiose" begreifen.

> In der Semiotik und in der Sprachwissenschaft versteht man darunter den Umstand, dass das Zeichen im engeren Sinne oder die äußere Zeichengestalt [...] nur durch Interpretanten im Sinne anderer sprachlicher Zeichen erklärt werden kann – kurz gesagt: um die Bedeutungsfestsetzung

> eines Wortes im Diskurs zu erklären, benötige ich ein weiteres, und um dieses zu veranschaulichen, wiederum ein weiteres. (Felder 2012: 161)

Die verschiedenen Kommunikationsbereiche konkretisieren ‚ihren' Teil der rechtlichen Norm durch Anknüpfung an bisherige Konstituenten der eigenen sowie (in unterschiedlichem Maße) anderen Domänen. Die juristische Bildung von Fallketten – also die argumentative Anbindung einer Gerichtsentscheidung an vergleichbare, frühere Entscheidungen – als Versuch, Ordnung in den heterogenen Diskurs zu bringen, ist ein gutes Beispiel für die praktische Semiose rechtlicher Normgenese.

Der jeweilige Beitrag der fünf Domänen am Vertextungsprozess einer Norm ist dabei in sehr unterschiedlichen Graden institutionalisiert, aber nicht immer formalisiert. So gelten für die Gesetzgebungsabläufe in Ministerien und Parlamenten zwar strenge Vorschriften mit Blick auf Beteiligungs-, Anhörungs- und Prüfungsverfahren. Diese Verfahren werden aber faktisch zunehmend überlagert von informellen Praxen, in denen insb. lobbyistische Eingaben häufig bis in den Wortlaut hinein Normtextentwürfe prägen (Mengel 1997: 387; zur Rüge des Bundesgerichtshofs an der lobbyistischen Finanzierung von „Leihbeamten" in Ministerien vgl. Barth 2008 sowie früher Bundesdrucks. 16/3395).

Damit deutet sich auch bereits an, dass an Gesetzgebungsverfahren und Normgenese sehr unterschiedliche Akteursgruppen beteiligt sind, die bei aller professionellen Ausrichtung immer auch als Interessensgruppen agieren und als solche die Normgenese praktisch tangieren. Besonders deutlich wird dies am Beispiel „politischer" Beamter in der Ministerialbürokratie: Referenten (meist Juristen) sind es nämlich, die die überwiegende praktische Normtextarbeit leisten, dabei aber keineswegs „neutral" vorgehen (Murswieck 1975: 288 ff.; Mengel 1997: 289):

> „Die höhere Ministerialbürokratie betreibt Politikvorbereitung, also Politik. Ein Referent, der ein Gesetz entwirft, will, dass es ‚durchkommt'." Der Referent antizipiere verschiedenste Entscheidungen (des Ministers, der Ministerien, der Regierung, informelle Kanäle usw.), er „sichert also nach Möglichkeit das Verfahren ab. Das ist verständlich, führt aber dazu, dass nicht nur dem Parlament Entwurfsbegründungen lediglich im Indikativ – es geht nur so und nicht anders – vorgelegt werden, sondern auch bereits dem eigenen Minister." (Hesse/Ellwein 2004: 272)

Mit Blick auf entstehende Normtexte haben wir es damit nicht nur mit Mehrfachadressierung, sondern auch – und anders, als die öffentliche und teilweise auch rechtstheoretische Wahrnehmung oft annimmt – mit einer komplexen Mehrfachautorenschaft zu tun. Wie sich diese in konkreten Vertextungsverfahren bzw. allgemein im Prozess der Normgenese realisiert, ist eines von vielen Desideraten.

2.4 Sprachdienste, Textoptimierung und Rechtsförmlichkeit

Viele Legislatoren sahen und sehen häufig auch heute noch die Normwelt konstituierende Spracharbeit vor allem als Terrain von Fachjuristen oder juristisch geschultem Verwaltungspersonal an. Entsprechend war die sprachliche Fassung von Normtexten lange Zeit ausschließlich Gegenstand einer allgemeinen Rechts- bzw. Rechtsförmlichkeitsprüfung. In Deutschland etwa beschloss das Kabinett bereits 1949 eine „Beteiligung des Justizministeriums bei den Vorarbeiten von Gesetzentwürfen zur Prüfung der Rechtsförmlichkeit und Einheitlichkeit der Gesetzessprache" (Kabinettsprotokolle der Bundesregierung online). Seit 1991 gibt das Bundesjustizministerium das „Handbuch der Rechtsförmlichkeit" heraus. Erst aus Anlass zunehmender Kritik an der Verständlichkeit von Normtexten (seit den 60er Jahren) nicht nur unter Laien, sondern auch unter Fachjuristen, wurden Verfahren der Textoptimierung entwickelt und Sprachwissenschaftler in den Gesetzgebungsvorgang eingebunden.

In der Bundesrepublik Deutschland geht die Gründung von Gesetzesredaktionen auf das Jahr 1966 zurück. Infolge einer verwirrenden, zur allgemeinen Heiterkeit beitragenden Lesung des Raumordnungsgesetzes wurde mit Hilfe der Gesellschaft für deutsche Sprache (GfdS) ein Redaktionsstab beim Bundestag eingerichtet. Nach der Gemeinsamen Geschäftsordnung des Deutschen Bundestags (§ 80a I GOBT, mit Änderung vom Juli 2007)

> soll [er] auf Beschluss des federführenden Ausschusses einen Gesetzentwurf auf sprachliche Richtigkeit und Verständlichkeit prüfen und bei Bedarf Empfehlungen an den Ausschuss richten. Der federführende Ausschuss kann den Redaktionsstab im gesamten Verlauf seines Beratungsverfahrens hinzuziehen und um Prüfung bitten. Dies gilt insbesondere für die Prüfung von Änderungsanträgen, deren Annahme zu erwarten ist. Darüber hinaus bietet der Redaktionsstab auch sonstige sprachliche Beratung an.

Dieser Redaktionsstab existiert bis heute, umfasste jedoch nie mehr als 1–2 halbe Mitarbeiterstellen und seine Einbindung in den Gesetzgebungsvorgang hat nur empfehlenden Charakter. Vor diesem Hintergrund erfüllt(e) er kaum mehr als eine „Alibifunktion" (Raff/Schiedt 2012: 62 ff.). Nur ein Bruchteil der Gesetzesentwürfe wurde dem Redaktionsstab vorgelegt, lange Zeit

> „vor allem auf der [...] Annahme [...], die Gesellschaft für deutsche Sprache könne mangels juristischen Sachverstandes nicht hilfreich sein, und der [...] Annahme, man selbst beherrsche die deutsche Sprache in einem nicht mehr steigerungsfähigen Maße und könne daher der Anforderung [der Allgemeinverständlichkeit von Gesetzen] aus eigener Kraft gerecht werden." (Leonhardt 1984: 53)

Erst vierzig Jahre später initiierten die beiden Bundestagsabgeordnete Lothar Binding (SPD) und Ole Schröder (CDU) vor dem Hintergrund zunehmender ‚Gesetzesflutklage' 2006 die Aufnahme eines Pilotprojektes unter dem Titel „Verständliche Gesetze", das die Erfahrungen der Gesetzesredaktion im Bundesjustizministerium (BMJ) sowie des Redaktionsstabes zusammenführen sollte. Für zwei Jahre begleitete eine Arbeitsgruppe aus vier LinguistInnen der GfdS am BMJ die Bearbeitung von Gesetzesentwürfen von Anfang an. Dem Erfolg des Projektes schloss sich ein öffentlich ausgeschriebener und von der GfdS (2009–2012) bzw. der Lex Lingua Gesellschaft für Rechts- und Fachsprache mbH (seit 2013) akquirierter „Sprachberatungsvertrag" an und begründete mit 8 LinguistInnen den „Redaktionsstab Rechtssprache" (RR) beim BMJ unter Leitung von Stephanie Thieme.

Gemeinsam mit zwei weiteren LinguistInnen im „Sprachbüro" des BMJ (heute BMJV) gewährleisten die beiden Redaktionsstäbe mittlerweile eine kontinuierliche Sprachberatung im gesamten Gesetzgebungsverfahren. Während der Redaktionsstab beim Bundestag für die parlamentarische Phase (nach Kabinettsbeschluss) zuständig ist, kann der RR bereits in der ministeriellen Frühphase, noch vor Beteiligung der verschiedenen Resorts zu Gesetzes- und Verordnungsentwürfen aller Ministerien (außer des BMJ; zuständig ist hier das hauseigene Sprachbüro) beratend hinzugezogen werden. „Noch nutzen wenige Autorinnen und Autoren die Möglichkeit der frühen Sprachprüfung. Die Tendenz ist allerdings steigend." (Raff/Schiedt 2012: 64, 69). Eine verpflichtende Prüfung erfolgt nach § 46 der Gemeinsamen Geschäftsordnung der Ministerien (GGO) erst als Teil der Rechtsprüfung vor Kabinettsvorlage. Die redaktionellen Vorschläge des RR haben empfehlenden Charakter (vgl. auch den Beitrag von Thieme und Raff).

Eine linguistisch fundierte Normtextredaktion findet mittlerweile in zahlreichen Ländern sowie zunehmend auch auf EU-Ebene eine immer größere Bedeutung (vgl. Europäische Kommission 2011; Thieme/Schade 2011: 27). Gleichwohl folgen die konkreten Praxen im Einzelnen auf Grund ihrer jeweiligen historischen Genese und den gegebenen Rahmenbedingungen verschiedenen Konzepten. So stellen insbesondere mehrsprachige Rechtskontexte (wie etwa in der Schweiz oder im Kontext des Europäischen Parlaments) die Legislatoren vor ganz andere Herausforderungen als (überwiegend) einsprachige Rechtsräume wie etwa in Deutschland (Nussbaumer 2007). Auch die Reichweite des linguistischen ‚Eingriffs' in die Gesetzgebungsarbeit differiert: während die redaktionelle Textoptimierung in Deutschland getrennt von der juristischen Regelungstechnik sich eher zurückhaltend mit kommentierenden Empfehlungen zum Sprachgebrauch begnügen muss, berührt die linguistische Redaktion in der Schweiz in enger Zusammenarbeit mit den jeweiligen Fachjuristen auch direkt materielle, also rechtskonzeptuelle Fragen (Nussbaumer 2002: 119). Gemeinsam ist den verschiedenen Konzepten der Versuch, durch adressatengerechte und einheitliche Formulierungen, einfachere Syntax und logisch- bzw. sachgerechten Textaufbau zu einer verbesserten Verständlichkeit der Normtexte beizutragen.

2.5 Konkretisierung ex ante: Gesetzgebung als Antizipation von Lesarten

Die sprachlichen Konkretisierungsvorgänge vor Gericht sind mittlerweile gut erforscht und von der Strukturierenden Rechtslehre umfassend beschrieben worden (vgl. den Beitrag von Hamann). Die Konstitution einer Rechtsnorm erfolgt dabei als stufenweise Konkretisierung auf Basis von (Norm-)Texten und Eingangsdaten der sozialen Lebenswelt; d. h. „Konkretisierung" wird als aktiver Prozess der Auswahl und Verknüpfung von Texten und lebensweltlichen Eingangsdaten durch den Rechtsarbeiter konzeptualisiert. Die „Textstufen" dieses Konkretisierungsprozesses können sehr verkürzt wie folgt skizziert werden: Zu Beginn des Entscheidungsvorgangs liegt dem Richter eine sprachlich vermittelte Sachverhaltskonstitution, also eine Ersthypothese dazu vor, ‚was im vorliegenden Fall eigentlich geschehen ist' („Sachbereich"). Das juristische Vorwissen ermöglicht dem Richter hierzu eine Auswahl derjenigen Normtexte, die als relevant („einschlägig") für den vorliegenden Fall angesehen werden („Normtexthypothese"). Über mehrere Zwischenstufen und unter methodengeleiteter Verknüpfung (Ko[n]textualisierung) von weiteren Normtexten, Gesetzeskommentaren, Entscheidungstexten und Sekundärliteratur verengt der Richter synthetisch sowohl die Normtexthypothesen zum „Normprogramm" (‚leitende Fragestellungen zur juristischen Einordnung des Falls') als auch den Sachbereich zum „Normbereich" (Verkürzung der umfassenden Falllebenswelt zu den ‚entscheidungsrelevanten Fallelementen'). Normbereich und Normprogramm bilden die Grundlage für die abstraktgeneralisierend (im Sinne von Leitsätzen) zu formulierende „Rechtsnorm" (‚In einem Fall wie diesem gilt y als z'), die schließlich zur „Entscheidungsnorm" (‚Da X der Fall ist, gilt y als z') bzw. dem Urteilstenor verdichtet wird.

Die Normgenese im Gesetzgebungsverfahren unterscheidet sich wie folgt von derjenigen im Gericht (ausführlich Vogel 2012: 400 ff.): Zuallererst steht in der Gesetzgebung nicht ein zu entscheidender Fall, sondern umgekehrt die Voraussetzungen für eine strukturierte Entscheidbarkeit von antizipierten (potentiellen) Fällen im Fokus. Zweitens zergliedert sich die Konkretisierungsarbeit im Unterschied etwa zu derjenigen vor Gericht in zahlreiche arbeitsteilige Prozesse, Arbeitsgruppen und Arbeitskontexte, deren jeweilige Rollen im Gesetzgebungsverfahren nur marginal formalisiert sind oder im Zweifel von informellen Praxen überformt werden. Am Ende der legislatorischen Konkretisierungsarbeit steht zwar genauso wie vor Gericht ein Text (hier der Normtext, dort der Entscheidungstext), in der Gesetzgebung wird dieser fokussierte Text jedoch drittens weitestgehend von politischen Diskursen (anstelle von juristischen) dominiert, ohne dass die damit verbundenen Aushandlungsprozesse (wie im Gerichtsurteil durch die Urteilsbegründung) dokumentiert würden.

Ebenso wie für die Konkretisierung eines Normtextes vor Gericht lassen sich auch für die Normgenese im Gesetzgebungsverfahren verschiedene, aufeinander aufbauende Stufen der Vertextung differenzieren:

Am Anfang der Konkretisierungsarbeit steht eine *problematisierte Lebenswelt* als Sachbereich. Die (in der Regel ministerialen) Legislatoren erhalten oder sammeln Informationen über Sachverhalte der sozialen Lebenswelt, von denen sie denken, dass sie einer Normierung – also einer regelgeleiteten Sachverhaltsänderung – bedürfen. Zu diesem Sachbereich gehört zum einen die Lebenswelt$_t$ (‚Ist'-Zustand), zum anderen die Lebenswelt$_{t+1}$ (‚Soll'-Zustand) sowie bereits erste Überlegungen zu Regelungstechniken (also zur Transformation von ‚Ist'- zu ‚Soll'-Zustand).

Auf Basis dieser lebensweltlichen Vororientierung (‚Was soll gemacht werden?') sowie anhand des juristischen (und legislatorischen) Vorverständnisses (‚Was ist erlaubt?') entwickeln die beteiligten Juristen eine erste *Normtextprognose* (‚Was ist auf welcher Normtextbasis erlaubt?'). „Normtextprognose" meint dabei zunächst keine Vorauswahl eines bestimmten Normtextes, sondern den Rückgriff auf Institutionenwissen zu Norm- und Textwelt darüber, welche normtextseitigen Kriterien an den zu regelnden Sachbereich zu stellen sind. – Der bundesdeutsche Polizeirechtler etwa weiß, dass für Eingriffe in den Privatbereich bestimmte (v. a. dogmatisch entwickelte, aber auf Normtexte bezogene) Anforderungen an eine legitime Eingriffsermächtigung gestellt werden (z. B. Explikation der Eingriffsschwelle, Regelungen zum Rechtsschutz des Betroffenen, Dokumentations- und ggf. Löschungspflichten usw.).

Je nach Normtextprognose können die Legislatoren zu dem Schluss kommen, dass bereits ein Normtext existiert, der sich (nach allen Regeln der juristisch-methodischen Arbeitsdisziplinen) plausibel als Ermächtigungsgrundlage mit dem Sachbereich vermitteln lässt. Es ist dies der einfachste und kürzeste Weg, zumal damit formelle (parlamentarische) Gesetzgebungsvorgänge vermieden werden können. Dieser Weg lässt sich aber auch bewusst befördern, indem z. B. eine judikative oder rechtswissenschaftliche Konkretisierung provoziert bzw. herangezogen wird (also etwa die Entscheidung eines punktuell herbeigezogenen Ermittlungsrichters einen polizeilichen Eingriff mit Rückgriff auf einen Normtext legitimiert).

Kommt die Normtextprognose zu dem Schluss, dass für den beabsichtigten Sachbereich bislang keine plausible Normtextgrundlage existiert, wird sie zum *Normtextentwurf* konkretisiert. Bei diesem (über mehrere Stufen, Arbeitskontexte und Kommunikationsbereiche laufenden) Vorgang geht es um die Entwicklung normtextbasierter Kriterien

(a) für eine Normierung im Rahmen des ‚von Verfassungs wegen Vorgebenen' (Normprogramm; z. B. Einhaltung von verfassungsrechtlichen Schrankenschranken);
(b) für eine Verengung des Sachbereichs auf einen rechtsstaatlich (noch) angemessenen bzw. im politischen, juristischen und medialen Diskurs durchsetzbaren Normbereich und
(c) für die Explikation des Normbereichs im zu entwickelnden Normtext.

Folgende parallel laufenden, doch analytisch zu trennenden Teilakte lassen sich dabei differenzieren:

(1) Prüfung der textbasierten Normwelt auf bereits existierende, vergleichbare Regelungen (Gesetzes-,Vorbilder', etwa Länderpolizeigesetze für die Novellierung von Polizeiermächtigungsgesetzen auf Bundesebene);
(2) Materiell-, formell- und verfassungsrechtliche Prüfung zur Konkretisierung rechtsstaatlicher Anforderungen an den zu erstellenden Normtext (Berücksichtigung von Schranken und Schrankenschranken, Rechtsstaatsprinzipien usw.) bei
(3) Antizipation unterschiedlicher Fall- und Regelungskonstellationen;
(4) Vermittlung von politischer Lebenswelt und juristischer Normwelt zur rechtspolitisch ‚durchsetzbaren' Lebens- und Normwelt;
(5) Gesetzesfolgenabschätzung, d. h. Antizipation unterschiedlicher Normtextadressaten und Adressatenkontexte (insb. Antizipation judikativer, exekutiver (ausführende Behörden) und rechtswissenschaftlicher Lesarten), Antizipation systematischer Integrationen der Neuregelung und lebensweltlicher Folgen (fallspezifische Schäden, Haushaltskosten, öffentliche Reaktionen usw.).

Schließlich erfolgt über die verschiedenen formellen Instanzen und (überwiegend geschlossenen Gremien) hinweg die Verdichtung oder *normweltliche Adelung des Normtextentwurfes zum Normtext*, also seine In-Geltung-Setzung. Zu ihr gehören öffentliche und im Normtext selbst eingeschriebene Vorgänge, die ihre Bedeutung sowohl aus den dazugehörigen Verfahrensvorschriften (insb. des Grundgesetzes), als auch (zuweilen rituellen) Sprechakten ziehen (Beschlussformel des Bundestagspräsidenten, Ausfertigung durch den Bundespräsidenten einschließlich Signaturen usw.).

3 Genese rechtlicher Normen am Fallbeispiel *Online-Durchsuchung*

Neben der Komplexität des Phänomenbereichs liegt ein nicht unwichtiger Grund für den bisherigen Mangel an empirischen Studien vor allem auch in der erschwerten Zugänglichkeit von Primärdaten und deren konstitutiven Kontexten. Ein Großteil der Vertextungsprozesse verläuft in der Geheimhaltung unterliegenden juristischen wie politischen Diskursräumen. Nur selten dringen zum Beispiel Normtextentwürfe früher Entwicklungsstadien oder gar dazugehörige, für die Einordnung der Entwürfe wichtige Begleittexte (wie Kommentare von verschiedenen an der Normgenese Beteiligten) in die Öffentlichkeit. Und selbst wenn dies geschieht, bleiben die Entstehungsumstände dieser Texte oft unklar. Ähnliche Probleme hatte auch eine umfassende, explorative Fallstudie (Vogel 2012), die hier exemplarisch zur Illustration rechtlicher Normgenese herangezogen werden soll. (Zum besseren Nachvollzug werden Belege der Objektsprache kursiv, Konzepte als Ergebnis der Interpretationsarbeit in einfachen Anführungszeichen (‚...') gesetzt.)

Von 2007 bis 2009 erregte eine besondere Regelungsinitiative von Seiten polizeilicher und geheimdienstlicher Ermittlungsbehörden bzw. der damaligen schwarz-roten Bundesregierung bundesweit für großes Aufsehen. Es handelte sich um die Auseinandersetzung um die sogenannte *Online-Durchsuchung*, unter Rechtslaien auch besser bekannt als *Bundestrojaner* (im Folgenden objektspr.: „OD"). Mit OD gemeint waren

> verfassungskonforme Befugnisse sowie technische Möglichkeiten für ermittelnde Behörden, aus der Ferne und für Betroffene nicht erkenntlich digitale Daten auf informationstechnischen Systemen (z. B. Privat-PC) zu durchsuchen, intendiert oder nicht intendiert zu verändern, sicherzustellen und auszuwerten. (Vogel 2011: 7)

Die Auseinandersetzungen um OD schlugen sich in unterschiedlichsten Arbeitskontexten nieder, berührte neben Polizei-, Geheimdienst- und Verfassungsrecht auch informationstechnische Probleme, und führte zu Fragen, die bis vor dem Bundesverfassungsgericht verhandelt und mit weitreichenden Folgen für die Gesetzgebung entschieden werden mussten. Am (vorläufigen) Ende dieses dreijährigen Prozesses trat zum 01.01.2009 eine Bundesbefugnis für den *Verdeckte*[n] *Eingriff in informationstechnische Systeme* als § 20k Bundeskriminalamtsgesetz (BKAG; geändert durch BKATerrorG; G. v. 25.12.2008 BGBl. I S. 3083 (Nr. 66)) in Kraft, die angesichts der vorausgegangen Umbrüche in verschiedenen Teilen des Rechtssystems nur die normtextseitige Spitze des transtextuellen Eisbergs darstellt.

Bereits an dieser Stelle wird evident, dass rechtliche Normgenese – analog zur Textarbeit vor Gericht – sich nicht allein auf die Genese eines einzelnen Normtextes (hier etwa § 20k BKAG) reduzieren lässt. Vielmehr steht eine Reihe von verschiedenen Texten und bestehenden wie neu entwickelten rechtlichen Normkonzepten in wechselseitigen Verweisungszusammenhängen, die sich über die Zeit hinweg mehrfach verändern. Die Analyse dieses Prozesses mit Fokus auf eine rechtliche Normierung von Lebenssachverhalten (wie hier der Regelung von OD) gleicht damit einer detektivischen Spurensuche, bei der diese Verweisungszusammenhänge an der Textoberfläche aus der Retrospektive nachvollzogen werden. Die damit verbundenen methodischen Schwierigkeiten sind vielfach: so lassen sich etwa plötzliche oder temporäre semantische Verschiebungen einzelner normtextbezogener Ausdrücke (wer meint wann wo mit welchem Ausdruck was?) nicht immer eindeutig klären oder fallen erst in viel späteren Stadien der Normtextkonsolidierung rückblickend auf und müssen dann ‚rückwärts' aufgearbeitet werden mit teilweise gravierenden Folgen für die bis dahin rekonstruierte Konzeptualisierung. So auch wiederholt in der hier skizzierten Studie. Dabei scheinen OD auf den ersten Blick ein klarer Fall zu sein: es geht ‚nur' um die Bewertung und Regelung eines ‚technischen Ermittlungsinstruments'. – Allein, selbst nach 2 Jahren intensiver Debatten ist bis zuletzt (im Grunde bis heute) weitestgehend unklar, was die OD denn ‚tatsächlich' und ‚eigentlich' sei. Ein kurzer Abriss zur Entwicklung:

Die OD steht im Kontext der Sicherheitsdebatten seit den Ereignissen um den 11. September 2001 in den USA und ist Teil zahlreicher weiterer Sicherheitsinstrumente zur sog. ‚präventiven Gefahrenabwehr'. Als solches wurden OD (nach Aktenlage) erstmals 2004 Gegenstand in informellen Sicherheitsgesprächen im Innenministerium unter Beteiligung insbesondere der Exekutivorgane (Bundesamt für Verfassungsschutz (BfV), Bundesnachrichtendienst (BND), BKA u. a.). Das Innenministerium (damals unter Leitung von Otto Schily) erachtete OD in Folge als rechtskonform auf Basis einer hausinternen Dienstvorschrift (nach § 8 II BVerfSchG), die zu diesem Zweck ohne Parlamentsbeteiligung leicht abgeändert wurde. Mit Bekanntwerden dieses Vorgangs erst 2 Jahre später (2007) wurde diese Ermächtigungsgrundlage von Opposition und Medien als ‚irreführend' und ‚illegal' kritisiert, die Zulassung von OD auf Basis der Dienstvorschrift kurz darauf wieder untersagt.

Die Exekutive suchte jedoch parallel bereits eine alternative (juristische) Legitimationsquelle zur Durchführung von OD und sah eine solche in der Strafprozessordnung (StPO): OD als ‚digitale und heimliche Variante' der sog. ‚klassischen', seit langem etablierten ‚Hausdurchsuchung' (§§ 102 ff. StPO; u. a. daher auch das Kompositum: *Online-Durchsuchung*). So sah dies auch ein Ermittlungsrichter am Bundesgerichtshof (BGH), der mit seiner Entscheidung (3 BGs 31/2006 vom 21.02.2006) die öffentliche Legitimation schaffen sollte, OD technisch zu entwickeln und hierfür Bundeshaushaltsmittel bereit zu stellen (das geht u. a. aus einem internen, öffentlich gewordenen Brief der Generalbundesanwältin (GBA) an den damaligen BKA-Präsidenten hervor). Ein großer Teil der Rechtswissenschaften, der Medien, ein weiterer Ermittlungsrichter (BGH, 1 BGs 184/2006) sowie schließlich der 3. Strafsenat des BGH (StB 18/06) sahen dies anders und sprachen – letzterer mit der durchschlagenden Autorität eines Bundesgerichts – von einem ‚neuen Eingriffsinstrument mit massiven Folgen für die Persönlichkeitsrechte der Betroffenen', für das es bislang keine Gesetzesgrundlage gebe (OD als *Ausforschung*, *Ausspähung*, *Verdeckter Eingriff* usw.).

Ungeachtet der Kritik entwickelten Teile der Exekutive sowie Mitglieder im Bundesrat zeitgleich erste Gesetzesentwürfe nun für eine Neuzulassung von OD, wobei die konkrete Ausgestaltung eines Normtextes zwischen den damaligen Regierungsfraktionen SPD und Union zunächst heftig umstritten war: Zu unklar waren die anzunehmenden verfassungsrechtlichen Voraussetzungen (z. B. im Hinblick auf die gefährdeten Grundrechte) sowie die lebensweltlichen Realisierungen (z. B. welche ‚kontrollierten' oder ‚unkontrollierten' Folgen haben OD für Betroffene, für medizinische PC-Systeme, Herzschrittmacher usw. und wie ist damit regelungstechnisch umzugehen?).

Die Debatten hierzu wurden mit einem Urteil des Bundesverfassungsgerichts zu einer bereits bestehenden Ermächtigungsbefugnis für OD in Nordrheinwestfalen (BVerfGE 120, 274) beendet, indem das Gericht nachhaltig diskursprägende Sachverhaltsfixierungen (‚Was OD lebensweltlich ‚wirklich' sind') und Bedeutungsfixierungen (‚Wie ist das Grundgesetz im Hinblick auf Gefahren durch OD zu lesen') vornahm. Es konstatierte dabei neue Risiken für das Allgemeine Persönlichkeitsrecht (Art. 2 I

GG i. V. m. Art. 1 I GG) und erweiterte dessen Schutzbereich um das „Grundrecht auf Gewährleistung der Vertraulichkeit und Integrität informationstechnischer Systeme“. Dieses Grundrecht schütze auch die ‚digitalisierte Privatsphäre‘ gegen staatliche und private Eingriffe, dürfe jedoch in bestimmten Ausnahmefällen dennoch zu Ermittlungszwecken tangiert werden.

Die Gegner sahen in dieser Entscheidung eine ‚Stärkung der Grundrechte‘ durch ‚Einführung eines neuen Grundrechts zum Schutze von IT-Systemen‘, ein Argument gegen OD. Die Befürworter von OD nahmen das Urteil zur Legitimation für die ‚verfassungskonforme Einführung‘ des Ermittlungsinstruments, was deutliche Spuren bis in den heutigen Normtext hinterließ: die heute gültige Fassung von § 20k BKAG enthält geradezu wortwörtliche Übernahmen der Bundesverfassungsgerichtsentscheidung, was sich diskursstrategisch als einer am Ausdruck orientierten Inanspruchnahme des richterlichen Geltungsschattens einordnen lässt. Entsprechend wurde der vorausgehende Gesetzesentwurf in den Ausschüssen des Bundestages teilweise heftig kritisiert. Im Innenausschuss kamen die zur Anhörung geladenen juristischen Sachverständigen zu teilweise völlig gegensätzlichen Interpretationen des Normtextentwurfes, was die Legislatoren der OD-Befürworter jedoch nicht zu Präzisierungen veranlasste. Die OD normierenden Texte wurden nur mit marginalen Änderungen – nach mehrfacher Beratung in Bundestag, Bundesrat und Vermittlungsausschuss – am 19.12.2008 im Bundesrat verabschiedet, anschließend ausgefertigt und im Bundesgesetzblatt als geltendes Recht veröffentlicht. Damit hatten sich die sog. *Praktiker*, d. h. vor allem Angehörige der Exekutivorgane (BKA-Beamte und Sicherheitslobbyisten), gegenüber Datenschützern und Liberalen zumindest zwischenzeitlich durchgesetzt.

Die wesentlichen Konstitutionsfaktoren für die rechtliche Regulierung von OD und für die Genese der damit verbundenen rechtlichen Normen bestanden weniger in der Organisation von politischen Mehr- oder Minderheiten. Viel wichtiger wurde die Besetzung zentraler diskursiver Felder im semantischen Kampf um Deutungshoheit. Hierzu zählte insbesondere die Konzeptualisierung und damit sprachliche Perspektivierung der verschiedenen Lebensbereiche, darunter:

- allgemein lebensweltlich: ‚Akute *Terror*latenz und *angespannte Sicherheitslage*‘ vs. ‚Gefahr durch wachsenden Überwachungsstaat‘; ‚Sicherheitsbedürfnis der Bevölkerung‘ vs. ‚Freiheitsbedürfnis der Bevölkerung‘; Befürworter von OD als ‚*Terror-Jäger*‘ vs. Gegner als ‚*verantwortungslos*‘;
- techn(olog)isch: der Computer als ‚Teil des menschlichen Körpers (*Prothese*)‘ vs. ‚totes Arbeitsgerät‘; OD als ‚unkontrollierbarer *schnüffeln*der Griff in alle Bereiche der digitalen *Intim*sphäre‘ vs. ‚rational eingesetztes Fahndungsinstrument zur präzisesten Tatobjektsuche (*Remote forensic Software*)‘;
- rechtlich: Bedeutung des Normtextausdrucks *Durchsuchung* (StPO) als ‚obligatorisch offen‘ vs. ‚auch verdeckt‘ vollziehbare Durchsuchung; Bewertung von IT-Systemen als ‚digitale Wohnung‘ (Bezug zu Art. 13 GG) vs. ‚digitale Privatsphäre‘ (Bezug zu Art. 2 I in Verb. mit Art. 1 I GG) vs. ‚Teil der Telekommunikation‘ (Bezug

zu Art. 10 I GG) und damit jeweils verbundene Anforderungen für Eingriffe bzw. Beschränkungen für die Ausführungsorgane u. a.

Je nach Konstellation der verschiedenen Konzeptualisierungen und damit verschiedener Sachverhaltsantizipationen konstruierten die konkurrierenden Akteursgruppen unterschiedliche Argumentationsketten, die jeweils eine rechtliche, moralische oder politische Legitimation oder Delegitimation von OD zu stützen suchte. Zu differenzieren sind dabei Aushandlungsprozesse in direkter Interaktion (z. B. im Parlament, Ausschuss, in der mündlichen Gerichtsverhandlung) von diskursiven Auseinandersetzungen auf einer Makroebene und teilweise quer zu verschiedenen Domänen (etwa der Grundrechtsdiskurs in Rechtswissenschaft, Informatik und Medien). Die Verschränkung von Mikro- und Makroebene erfolgte teilweise koordiniert im Rahmen von institutionalisierten Verfahren (z. B. Ladung von IT-und Rechts-*Experten* in eine Ausschusssitzung), nicht selten aber entstanden unvermittelte Paralleldiskurse. Idealtypisch lassen sich daher nur tendenziell Akteursgruppen nach Kommunikationsräumen und der Art ihres Beitrags zur Normgenese einteilen:

Den größten Einfluss auf die Konstitution nicht nur der Norm-, sondern auch der Lebenswelt von OD zeitigen allgemein Juristen, respektive Richter der Oberinstanzgerichte. Dies mag der ‚juristischen Sache' wegen zunächst einleuchten, nicht jedoch im Hinblick auf die lebensweltlichen Sachverhalte. Allein: Es sind letztlich meist juristische Funktionsträger, ausgewählte Fachautoritäten (wie die Richter des BVerfG), die auch festsetzen, was OD aus ‚technischer' Sicht ‚sind', welche ‚lebensweltlichen Folgen' sie haben, ob IT-Systeme eher ‚sächliches Werkzeug' oder ‚Teile der menschlichen Physis' seien. IT-Wissenschaftler nehmen in dieser Debatte zwar regelmäßig Stellung (etwa als Zeugen vor Gericht oder durch Aufsätze auch in juristischen Fachzeitschriften) und ihre – im Duktus der ‚technischen Aufklärung' gehaltenen – Sachverhaltskonstitutionen dienen durchaus als Referenzen, jedoch in der Regel nur solange, bis sich juristische Autoritäten selbst zu Wort melden und den selbstreferentiellen Zirkel der Jurisprudenz wieder schließen.

Der Einfluss juristischen Prestiges zeigte sich auch im Bundestag: Im Grunde äußerten sich immer dieselben meinungsführenden Abgeordneten zum Thema OD, wobei ausgebildete Juristen interfraktionell eine fachsprachliche, d. h. konzeptuell stark implikativ und präsupponierende Ingroup zu pflegen scheinen (markiert etwa durch inklussives *wir*). Darüber hinaus ist der normweltliche Einfluss der Legislative zumindest im Falle der OD eher marginal. Die Abgeordneten (vor allem der Opposition) bemühen sich vielmehr um Formierung öffentlichkeitswirksamer diskursiver Mehrheiten und damit um Einfluss auf die Lebenswelt der OD (allgemeine Akzeptanz in der Bevölkerung).

Sofern sie nicht aktiv in die Gesetzgebungsvorgänge involviert werden, tragen Rechtswissenschaftler der Universitäten eher indirekt zur Normwelt-Genese der OD bei. Ihre Aufgabe liegt vor allem in der Verknüpfung, (Neu-) Bewertung, kurz: Transkription der kaum überschaubaren (juristischen wie lebensweltlichen) Eingangsdaten zu einem dichten Textnetz, das selbst als rechtsdiskursiver Hintergrund für andere Akteure (und deren Argumentationen) bereit steht. Die verschiedenen Beiträge übernahmen dabei häufig einen Großteil antizipatorischer Arbeit (Entwurf von Regelungsformulierungen, Diskussion verschiedener Normtext-Lesarten und Fallkonstellationen).

In eben dem gleichen Sinne ‚funktionieren' Medienakteure, jedoch vor allem mit Blick auf die allgemeine Lebenswelt. Die zahlreichen Medientexte stellen den RezipientInnen aller Kommunikationsbereiche einen diskursiven Ereignishorizont zur Verfügung, d. h. sie konstituieren nicht nur eine gemeinsame Timeline (‚Was geschieht wann wo?'), sondern durch Tendenz zur Schematisierung auch diskursive Mehr- und Minderheiten (z. B. *Terrorhysteriker* versus *Bürgerrechtler* (linksliberale Medien) bzw. [*Sicherheits-*] *Vordenker* versus *Grundrechtsfundamentalisten* (konservative Medien)). Darüber hinaus potenzieren Medien die Reichweite einzelner Äußerungen aus anderen Kommunikationsbereichen.

Eine eher unscheinbare, jedoch äußerst einflussreiche Akteursgruppe bildet schließlich die Exekutive: Ministerialbürokraten und lobbyistisch handelnde Ermittlungsbehörden (BKA, LKA, BfV usw.). Diese Akteure formulieren im Hintergrund nicht nur maßgeblich die jeweiligen Normtexte vor (z. B. die BKAG-Novelle), sie treten auch – vermittelt über die Medien – aktiv als Interessengruppe in die Öffentlichkeit: Etwa durch wiederholte Präsentation aktueller Kriminalitätsstatistiken, eigene Öffentlichkeitsarbeit im Internet oder gezielte Interviews (tendenziell eher mit konservativen Medien). Ihre diskursive Autorität vor allem gegenüber OD-Befürwortern wurzelt auf ihrem auch selbstinszenierten Image *als Praktiker*, also als Insider, die um die ‚eigentliche', doch geheimhaltungswürdige ‚Realität des Terrors, der Kriminalität und instrumentellen Bekämpfungsmöglichkeiten' wüssten.

4 Rechtslinguistische Gesetzgebungslehre

Die theoretische wie empirische Erfassung rechtlicher Normgenese und die Optimierung von Gesetzgebungsverfahren ist nach wie vor eine Herkulesaufgabe, die sich genau genommen nur interdisziplinär unter Beteiligung von Rechtssoziologie, Rechtstheorie, Politikwissenschaft, Gesetzgebungslehre und Rechtslinguistik bewältigen lässt. Der mögliche Beitrag einer rechtslinguistischen Gesetzgebungslehre läge darin, den strukturellen Zusammenhang von (a) sprachlichen Zeichen als elementare Konstituenten von Lebens- und Normwelt (Mikroebene), (b) kommunikativen Routinen und Vertextungsverfahren im konkreten Gesetzgebungsverfahren (Mesoebene) und (c) semantischen Kämpfen um Deutungshoheit und gesellschaftlichen Handlungsoptionen (diskursive Makroebene) in eine „Theorie der Praxis als Praxis" (Bourdieu 2009: 412, Fn. 17) und damit zugleich einer methodischen Kontrolle zuzuführen. Hierzu aber ist es unbedingt erforderlich, die bisherigen Erfahrungen aus der redaktionellen Praxis noch stärker einer empirischen Auswertung zugänglich zu machen und deren Ergebnisse nicht nur in die legislatorischen Verfahren zu überführen, sondern auch fest in der juristischen Ausbildung zu verankern (Vogel 2016).

5 Literatur

Baden, Eberhard (1977): Gesetzgebung und Gesetzesanwendung im Kommunikationsprozess. Studien zur jur. Hermeneutik u. zur Gesetzgebungslehre. 1. Aufl. Baden-Baden.

Baden, Eberhard (1978): Die gesetzgebungstheoretische Konzeption Jürgen Rödigs. Versuch einer Analyse. In: Ulrich Klug/Eberhard Baden/Jürgen Rödig (Hg.): Gesetzgebungstheorie, Juristische Logik, Zivil- und Prozessrecht. Gedächtnisschrift für Jürgen Rödig. Berlin/Heidelberg, S. 110–125.

Baden, Eberhard (1986): Auswahlbibliographie der Gesetzgebungslehre. In: Waldemar Schreckenberger/Klaus König/Wolfgang Zeh (Hg.): Gesetzgebungslehre. Grundlagen, Zugänge, Anwendung. Stuttgart, S. 187–201.

Barth, Thomas (2008). Und keiner nennt es Korruption. Das große Schweigen um die „Leihbeamten"-Affäre. In: Telepolis vom 14.04.2008. Zit. nach: http://www.heise.de/tp/artikel/27/27714/1.html (abgerufen am 27.03.2014).

Bourdieu, Pierre/Cordula Pialoux/Bernd Schwibs (2009): Entwurf einer Theorie der Praxis. Auf der ethnologischen Grundlage der kabylischen Gesellschaft. 2. Aufl. Frankfurt a. M. (Suhrkamp-Taschenbuch Wissenschaft, 291).

Deutschland/Bundesministerium der Justiz (1991): Handbuch der Rechtsförmlichkeit. Empfehlungen des Bundesministeriums der Justiz zur einheitlichen rechtsförmlichen Gestaltung von Gesetzen und Rechtsverordnungen nach § 38 Abs. 3 GGO II. Köln: Bundesanzeiger.

Europäische Kommission (Hg.) (2011): Proceedings of the Conference Clear Writing troughout Europe, 2010, Bruxelles, organised by the European Commission in Brussels. Luxembourg (Clear writing campaign).

Felder, Ekkehard (2012): Unendliche Semiose im Recht als Garant der Rechtssicherheit. In: Carsten Bäcker/Matthias Klatt/Sabrina Zucca-Soest (Hg.): Sprache – Recht – Gesellschaft. [versammelt die Ergebnisse einer interdisziplinären Tagung, die im Juli 2010 im Gästehaus der Universität Hamburg stattfand]. Tübingen, S. 141–162.

Hesse, Joachim Jens/Thomas Ellwein (2004): Das Regierungssystem der Bundesrepublik Deutschland. 9. vollständig neu bearbeitete Auflage. 2 Bände. Berlin (Recht und Politik (1)).

Ismayr, Wolfgang (2008): Gesetzgebung im politischen System Deutschlands. In: Wolfgang Ismayr (Hg.): Gesetzgebung in Westeuropa. EU-Staaten und Europäische Union. 1. Aufl. Wiesbaden, S. 383–409.

Jäger, Ludwig (2015): Textsinn und Verfahrenssinn. Überlegungen zum Problem der Transkriptivität des Rechts. In: Friedemann Vogel (Hg.): Zugänge zur Rechtssemantik. Interdisziplinäre Ansätze im Zeitalter der Mediatisierung zwischen Introspektion und Automaten. Berlin/New York (linguae & litterae).

Jutzi, Siegfried (1998): Gesetzgebungslehre: Zwischenbilanz eines neuen Forschungszweigs. In: Zeitschrift für Politikwissenschaft (4), S. 1335–1370.

Kabinettsprotokolle der Bundesregierung online (1949): Herausgegeben für das Bundesarchiv von Hans Booms, bearbeitet von Ulrich Enders und Konrad Reiser. Boppard am Rhein. Zit. nach: http://www.bundesarchiv.de/cocoon/barch/0101/k/k1949k/index.html (abgerufen am 26.03.2014).

Köck, Wolfgang (2002): Gesetzesfolgenabschätzung und Gesetzgebungslehre. In: Elke L. Barnstedt (Hg.): Verwaltungsarchiv. Zeitschrift für Verwaltungslehre, Verwaltungsrecht und Verwaltungspolitik, Heft 1. 93. Aufl. Köln, S. 1–20.

Lembcke, Oliver (2006): Über das Ansehen des Bundesverfassungsgerichts. Ansichten und Meinungen in der Öffentlichkeit 1951–2001. Berlin (Schriften des Hellmuth-Loening-Zentrums für Staatswissenschaften e. V., Jena).

Leonhardt, Klaus (1984): Vom Gesetzgebungsautrag bis zur Gesetzesverabschiedung. In: Ekkehard Novak (Hg.): Praxis der Gesetzgebung. Eine Lehr- und Lernhilfe. Regensburg, S. 47–61.

Leonhardt, Klaus (1984): Vom Gesetzgebungsautrag bis zur Gesetzesverabschiedung. In: Ekkehard Novak (Hg.): Praxis der Gesetzgebung. Eine Lehr- und Lernhilfe. Regensburg, S. 47–61.

Mengel, Hans-Joachim (1997): Gesetzgebung und Verfahren. Ein Beitrag zur Empirie und Theorie des Gesetzgebungsprozesses im föderalen Verfassungsstaat. Berlin.

Müller, Friedrich/Ralph Christensen/Michael Sokolowski (1997): Rechtstext und Textarbeit. Berlin (Schriften zur Rechtstheorie).

Murswieck, Axel (1975): Verlaufsmuster politisch-administrativer Handlungsprozesse. In: Wolf-Dieter Narr (Hg.): Politik und Oekonomie, autonome Handlungsmoeglichkeiten des politischen Systems. Tagung der Deutschen Vereinigung für politische Wissenschaft in Hamburg, Herbst 1973. Opladen (Politische Vierteljahresschrift : Sonderheft, 6), S. 281–298.

Noll, Peter (1973): Gesetzgebungslehre. Reinbek bei Hamburg (Rororo-Studium, 37).

Nussbaumer, Markus (1997): Sprache und Recht. Heidelberg.

Nussbaumer, Markus (2002): „Es gibt nichts Gutes, ausser man tut es" – Arbeit an der Verständlichkeit von Gesetzestexten in der Schweizerischen Bundeskanzlei. In: Hermes. Journal of Linguistics (29), S. 111–123.

Nussbaumer, Markus (2007): Gesetzestext und Wissenstransfer? – Welche Funktionen Gesetzestexte erfüllen müssen und wie man sie optimieren kann. In: Dorothee Heller/Konrad Ehlich (Hg.): Studien zur Rechtskommunikation. Bern (Linguistic insights, 56), S. 17–46.

Raff, Gudrun/Margret Schiedt (2012): Der Redaktionsstab Rechtssprache beim Bundesministerium der Justiz – Ein Situations- und Erfahrungsbericht. In: Gesetzgebung heute (LeGes, Bem) 6 (1), S. 61–74.

Römer, Peter (1986): Reine Rechtslehre und Gesetzgebungslehre. In: Ilmar Tammelo/Robert Weimar (Hg.): Rechtstheorie und Gesetzgebung. Festschrift für Robert Weimar. Frankfurt a. M./Bern: Lang (Beiträge zur allgemeinen Rechts- und Staatslehre), S. 25–36.

Sontheimer, Kurt/Wilhelm Bleek/Andrea Gawrich (2007): Grundzüge des politischen Systems Deutschlands. Völlig überarb. Neuausg. München/Zürich.

Thieme, Stephanie/Elke Schade (2011): Verständliche Gesetze. Sprachberatung im Gesetzgebungsverfahren. Erfahrungen aus Deutschland. Ein Bericht aus der Praxis. In: Europäische Kommission (Hg.): Proceedings of the Conference Clear Writing troughout Europe. In Brussels, 26 November 2010. Luxembourg (Clear writing campaign).

Tiersma, Peter Meijes/Lawrence Solan (Hg.) (2012): The Oxford handbook of language and law. Oxford (Oxford handbooks in linguistics).

Vogel, Friedemann (2011): Gefechtsspuren im gesetzgebenden Diskurs: Die Debatte um Normierung von „Online-Durchsuchungen" aus rechtslinguistischer Perspektive. In: Sprachreport (3), S. 7–14.

Vogel, Friedemann (2012): Linguistik rechtlicher Normgenese. Theorie der Rechtsnormdiskursivität am Beispiel der Online-Durchsuchung. Berlin u. a. (Sprache und Wissen, 9).

Vogel, Friedemann (2016): Recht sprechen und schreiben im Zeitalter der Mediatisierung. Rechtsdidaktische Überlegungen aus medien- und rechtslinguistischer Perspektive. In: Arne Pilniok (Hg.): Recht sprechen lernen: Sprache im juristischen Studium. Baden-Baden (Schriften zur rechtswissenschaftlichen Didaktik, 7).

Rebekka Bratschi/Markus Nussbaumer

19. Mehrsprachige Rechtsetzung

Abstract: In mehrsprachigen Rechtsordnungen – nationalen und supranationalen wie auch im Völkerrecht – stehen mehrere Texte nebeneinander, die in gleicher Weise ‚gelten' und die postulieren, ‚das gleiche Recht' in unterschiedlicher Sprache zu ‚enthalten'. In dem Beitrag wird gezeigt, über welche unterschiedlichen Verfahren solch mehrsprachiges Recht entsteht, und die Verfahren werden an Beispielen illustriert und in ihren Vor- und Nachteilen gewürdigt. Dabei wird auch unterschieden zwischen der Mehrsprachigkeit der entstehenden Rechtstexte und der Mehrsprachigkeit der Arbeitsabläufe, die solch mehrsprachiges Recht hervorbringen; deutlich wird dabei der Umstand, dass bei mehrsprachiger Rechtsetzung immer auch eine nichtjuristische Profession – die Sprachwissenschaftler und Übersetzerinnen – ihre Hand im Spiel hat. Sodann wird diskutiert, was es heißt, übereinstimmendes Recht in mehreren Sprachen zu haben. Schließlich wird auf die Risiken mehrsprachiger Rechtsetzung, vor allem aber auf die Chancen für die formale Qualität des dabei geschaffenen Rechts eingegangen.

1 Einleitung

Was zeichnet juristische Normtexte – Verfassung, Gesetz, Ausführungsverordnung, aber auch etwa den völkerrechtlichen Vertrag – vor allen anderen Textsorten aus? Vielleicht dies: Es sind ganz bestimmte, von der Gesellschaft dazu *ermächtigte Organe*, die diese Texte *nach einem ganz bestimmten Verfahren* entwerfen, verhandeln, beschließen, veröffentlichen und in Kraft setzen. Und bis zum Widerruf dieser Inkraftsetzung, wiederum durch ermächtigte Organe und nach einem bestimmten Verfahren, *gelten* diese Texte. In diesen geltenden Texten – so sagt man für gewöhnlich – ist das Recht, sind die rechtlichen Normen gefasst. Man sagt deshalb auch: Das in diesen Texten gefasste Recht gilt – man spricht vom *geltenden Recht*. Was aber eigentlich gilt, ist der *Text*; er – und nur er – ist, solange er gilt, unverrückbar. Welches Recht in diesem geltenden Text gefasst ist und ob es auch so unverrückbar ist wie der Text, das ist eine andere Frage, eine Frage der Rechtsauslegung in der

DOI 10.1515/9783110296198-019

Rechtsanwendung. Eigentlich sollte man also nicht von *Recht*setzung sprechen: Der so genannte Gesetzgeber setzt nicht Recht, er setzt Texte, er ‚gibt' Gesetze in Form von Texten; das Recht macht die so genannte rechtsanwendende Instanz, wenn sie Recht ‚spricht' (zu diesen theoretischen Unterscheidungen zwischen Normtext und Norm, Gesetz und Recht vgl. Müller/Christensen/Sokolowski 1997; vgl. auch Ziff. 4.). Trotz dieser Vorbehalte wollen wir in unserem Beitrag aber, im Einklang mit dem üblichen Sprachgebrauch, von *Rechtsetzung* sprechen, und wir meinen damit das Verfahren der Ausarbeitung, des Beschließens und des Publizierens von juristischen Normtexten.

Aus Sicht der europäischen Nationalstaaten, und ganz besonders derjenigen mit römisch-rechtlicher Tradition, ist das Recht prototypisch in *einem* Text gefasst. Es gibt aber auch Rechtsordnungen, in denen es mehrere parallel geltende Texte gibt, in die – so jedenfalls die Fiktion – ein und dasselbe Recht gefasst ist, wo also *mehrere* Texte gelten mit dem Anspruch, übereinstimmend *ein und dasselbe Recht* zu kodifizieren.

Um solche mehrsprachigen Rechtsordnungen und ihre mehrsprachige Rechtsetzung geht es in diesem Beitrag. In Ziffer 2 werden zunächst die Voraussetzungen und Implikationen mehrsprachiger Rechtsetzung vorgestellt, und es folgt ein Überblick über verschiedene ein- und mehrsprachige Rechtssysteme. In Ziffer 3 werden verschiedene Typen mehrsprachiger Verfahren der Rechtsetzung vorgestellt, illustriert und gewürdigt, und es wird unterschieden zwischen der Mehrsprachigkeit der dabei entstehenden Texte und der Mehrsprachigkeit der Verfahren. Ziffer 4 erörtert die Frage, was eigentlich postuliert wird, wenn man behauptet, es gebe *ein* Recht in *mehreren* Sprachen. Abschließend werden in Ziffer 5 Risiken und Chancen mehrsprachiger Rechtsetzung – insbesondere mit Blick auf die Qualität der Rechtsetzung – besprochen.

2 Mehrsprachige Rechtssysteme

2.1 Voraussetzungen und Implikationen mehrsprachiger Rechtsetzung

Mehrsprachige Rechtsordnungen treten dann auf, wenn ein Staat (oder eine internationale oder supranationale Organisation) mehrere offizielle Sprachen, so genannte Amtssprachen, hat. Die Mehrsprachigkeit der Menschen, die der Rechtsordnung unterworfen sind, die Mehrsprachigkeit des Territoriums, für das die Rechtsordnung gilt, oder auch die Mehrsprachigkeit der Menschen, die in den staatlichen Behörden arbeiten – sie allein bewirken noch nicht ein mehrsprachiges Recht: Sonst wären beispielsweise nahezu alle europäischen Rechtsordnungen mehrsprachig. Entscheidend ist der politische Wille zur *offiziellen* Mehrsprachigkeit des betreffenden Staates, das heißt, der Staat muss zwei oder mehr *Amtssprachen* haben.

Amtssprachen sind zunächst einmal Sprachen, in denen sich die Behörden untereinander und mit den Bürgerinnen und Bürgern verständigen. Amtliche Dokumente, die von der Regierung oder vom Parlament ausgehen, müssen in den Amtssprachen verfasst sein. Dies gilt auch für die juristischen Normtexte. Aber für sie gilt es zusätzlich in einem ganz spezifischen Sinn: In Staaten und überstaatlichen Organisationen mit mehr als einer Amtssprache liegen die Normtexte in mehreren Sprachversionen vor, und sie *gelten* in diesen verschiedenen Sprachversionen. Das ist qualitativ etwas anderes als einfach der Umstand, dass der Staat in mehreren Sprachen ‚spricht'.

In mehrsprachigen Rechtsordnungen werden alle amtssprachlichen Versionen der Normtexte von der zuständigen Institution (Parlament, Regierung) in einem festgelegten Verfahren beschlossen, in Kraft gesetzt und amtlich veröffentlicht. Damit gelten sämtliche Sprachversionen als authentisch (englisch: *authentic*), unabhängig von ihrer konkreten Entstehungsgeschichte. Das bedeutet, dass alle authentifizierten Versionen rechtlich verbindlich (englisch: *authoritative*) sind. Man nennt die authentischen, rechtsverbindlichen Sprachfassungen auch *Originale* oder *Urtexte*. Dies im Unterschied zu *Übersetzungen*, die nicht rechtsverbindlich sind, und zwar auch dann nicht, wenn sie das Prädikat „amtlich" oder „offiziell" tragen. Dabei gilt es zu unterscheiden zwischen Original und Übersetzung in diesem *juristischen* Sinn der Geltung einerseits und Original und Übersetzung im *linguistischen* Sinn, das heißt mit Blick auf die tatsächliche Entstehung der Texte, andererseits (vgl. Ziff. 3.1).

Was aber heißt rechtlich verbindlich oder authentisch jenseits des Entstehungsverfahrens? Es heißt, dass sich die rechtsanwendenden Behörden und die Rechtsunterworfenen im Streitfall auf einen authentischen Text berufen können, nicht aber auf eine ‚bloße' Übersetzung. Abgesehen von solchen Streitfällen mag die Unterscheidung weitgehend unerheblich sein: Wer beispielsweise einer Verordnung entnehmen will, was er genau zu tun hat, um eine finanzielle Unterstützung zu erhalten, der wird seine Antworten in einer nicht authentischen Übersetzung in der Regel genauso gut finden wie in einer geltenden Fassung.

Eine mehrsprachige Rechtsordnung ist also dadurch gekennzeichnet, dass die Gesetze in mehr als einer authentischen und verbindlichen Sprachversion vorliegen. Es gilt die Fiktion, dass die verschiedenen Sprachversionen zusammen eine materielle Einheit bilden: die Fiktion von *einem* Recht in *mehreren* Sprachen (vgl. Ziff. 4).

Eine mehrsprachige Rechtsordnung entsteht nicht einfach so, sie ist die Folge eines politischen Entscheids. Die dahinterstehende Argumentation ist zweiseitig: Einerseits hat der Staat ein Interesse daran, mit seinen Texten – und vornehmlich mit seinen juristischen Normtexten – seine Bürgerinnen und Bürger in ihren jeweiligen Sprachen zu erreichen. Nur so können diese Texte ihre Funktion entfalten. Nur so kann Rechtskenntnis erreicht und Recht durchgesetzt werden. Andererseits haben der einzelne Bürger und die einzelne Bürgerin ein Recht darauf, die Gesetze, denen sie ja unterworfen sind, in der eigenen Sprache zur Kenntnis nehmen zu können. Das Recht in der eigenen Sprache ist die Vorbedingung für ein Recht, das zugänglich und verständlich ist.

2.2 Ein- und mehrsprachige Rechtssysteme

Wirft man nun einen Blick auf die Realität, um Fälle mehrsprachiger Rechtssysteme zu finden, so stellt man fest, dass bei den Staaten die Einsprachigkeit überwiegt: Es gibt weltweit deutlich mehr Staaten, die (auf nationaler Ebene) eine einzige Amtssprache haben, als es Staaten mit mehreren Amtssprachen gibt. Für die 28 Mitgliedstaaten der Europäischen Union (Stand seit Beitritt Kroatiens am 1. Juli 2013) sieht das Bild wie folgt aus: 22 Staaten haben eine einzige nationale Amtssprache, 6 haben zwei oder drei nationale Amtssprachen, nämlich Belgien, Finnland, Irland, Luxemburg, Malta und in gewisser Weise auch Zypern.

Internationale und supranationale Organisationen praktizieren neben der Einsprachigkeit häufig eine selektive Mehrsprachigkeit: Die offiziellen Sprachen der Vereinten Nationen beispielsweise sind Arabisch, Chinesisch, Englisch, Französisch, Russisch und Spanisch, der Europarat kennt gar nur zwei offizielle Sprachen, nämlich Englisch und Französisch. Daneben gibt es Organisationen, in denen sämtliche Amtssprachen der Mitgliedstaaten auch Amtssprachen der Organisation sind. Dies ist beispielsweise in der EU der Fall (vgl. Ziff. 3.3.3), was dazu führt, dass mit nahezu jeder neuen Erweiterung der EU die Zahl der EU-Amtssprachen zunimmt (jeweils über eine Änderung der Verordnung [EWG] Nr. 1/58 zur Regelung der Sprachenfrage für die Europäische Wirtschaftsgemeinschaft, ABl. P 17 vom 6.10.1958, S. 385; vgl. auch Luttermann im vorliegenden Bd.). Die Gründungsverträge internationaler Organisationen und die später von diesen erlassenen multilateralen Rechtsakte haben nur in den Fassungen der jeweiligen Amtssprachen der betreffenden Organisation juristische Geltung.

Bei bilateralen völkerrechtlichen Verträgen gibt es eine große Vielfalt, was die Wahl der Vertragssprachen betrifft (vgl. dazu Gächter-Alge 2011, 149–153). Vertragssprachen können die Amtssprachen der beteiligten Staaten und Organisationen oder ein Teil dieser Amtssprachen sein. Es kommt aber auch vor, dass als Vertragssprache eine Drittsprache gewählt wird, die in keiner der beteiligten Parteien Amtssprache ist. Der Vertrag selbst hält üblicherweise in der so genannten *Sprachenklausel* fest, welche Sprachfassungen als rechtsverbindlich gelten. Nicht selten wird dabei auch festgelegt, dass eine bestimmte Fassung im Zweifelsfall maßgebend sein soll (zur Auslegung mehrsprachiger völkerrechtlicher Verträge vgl. Art. 33 des Wiener Übereinkommens vom 23. Mai 1969 über das Recht der Verträge; vgl. auch Schübel-Pfister im vorliegenden Bd.). Damit wird faktisch die Mehrsprachigkeit ausgehebelt: Zwar gelten nach wie vor sämtliche Sprachversionen des Vertrags als authentisch und verbindlich, im Streitfall ist aber einer einzigen Version der Vorrang zu geben. Hier ein Beispiel für eine solche Sprachenklausel:

> Geschehen zu Bern, am 21. Mai 2010, im Doppel in deutscher, japanischer und englischer Sprache, wobei jeder Wortlaut gleicherweise verbindlich ist. Bei unterschiedlicher Auslegung des deutschen und des japanischen Wortlauts soll der englische Wortlaut massgebend sein. (Pro-

tokoll zur Änderung des Abkommens zwischen der Schweiz und Japan zur Vermeidung der Doppelbesteuerung auf dem Gebiete der Steuern vom Einkommen; die Fundstellen aller in diesem Beitrag zitierten Normtexte finden sich im Literaturverzeichnis)

3 Unterschiedliche Verfahren der Rechtsetzung in mehrsprachigen Rechtssystemen

3.1 Entstehung der Sprachfassungen

Wie in Ziffer 2.1 erläutert wurde, zeichnen sich mehrsprachige Rechtssysteme dadurch aus, dass die Normtexte in mehr als einer Sprache in verbindlichen Fassungen vorliegen. Im Rechtsetzungsverfahren muss somit ein Normtext in verschiedenen Sprachfassungen ausgearbeitet werden. Die Hauptschwierigkeit liegt darin, dass Verfahren entwickelt werden müssen, mit denen die *inhaltliche Übereinstimmung* der verschiedenen Sprachfassungen sichergestellt werden kann. Dabei – so zeigt sich in der praktischen Erfahrung – reicht es nicht einfach aus, am Ende des Rechtsetzungsprozesses die verschiedenen Textfassungen für äquivalent zu erklären. Bereits bei der Textherstellung ist darauf zu achten, dass Divergenzen möglichst vermieden werden können.

3.1.1 Mehrsprachige Ausarbeitung der Texte: Koredaktion und gemischtsprachige Redaktion

Bei der von Beginn weg mehrsprachigen Ausarbeitung der juristischen Normtexte gilt es zu unterscheiden zwischen der parallelen Erarbeitung des Normtextes in mehreren, je einsprachigen Fassungen (Koredaktion) und der Erarbeitung eines gemischtsprachigen Textes (gemischtsprachige Redaktion).

Beim ersten Verfahren wird ein Regelungskonzept gleichzeitig in mehreren Sprachen ausformuliert. Die Sprachversionen werden gemeinsam erarbeitet: Je ein *Drafter* pro Sprache setzt den Regelungsinhalt in seine Sprache um. Dieses Verfahren wird meist *Koredaktion* (englisch: *co-drafting*) genannt. In der Literatur finden sich weitere Bezeichnungen wie parallele Redaktion, mehrsprachige Redaktion, vergleichende einsprachige Redaktion u. a. Beschrieben ist die Koredaktion beispielsweise in Gémar (2013) und Šarčević (2005) am Beispiel der Rechtsetzung in Kanada und in Lötscher (2009) am Beispiel der Rechtsetzung in der Schweiz.

In einem Koredaktionsverfahren entstehen mehrere Textversionen gleichzeitig. Es findet von Beginn weg eine Auseinandersetzung zwischen den verschiedenen Sprachfassungen statt. Von den beteiligten Fassungen geht keine den anderen zeitlich vor; unter ihnen gibt es keinen ‚Ausgangstext', es wird nicht übersetzt. Zur Veranschaulichung vgl. Abbildung 1. Bei der Koredaktion sind somit alle Textversionen de facto Originale, sie werden es nicht bloß de iure und am Ende des Verfahrens. Es gibt den Normtext vom Zeitpunkt seiner Entstehung an in mehreren Sprachen, und die verschiedenen Sprachfassungen liegen für den gesamten folgenden Beratungs- und Diskussionsprozess nebeneinander vor.

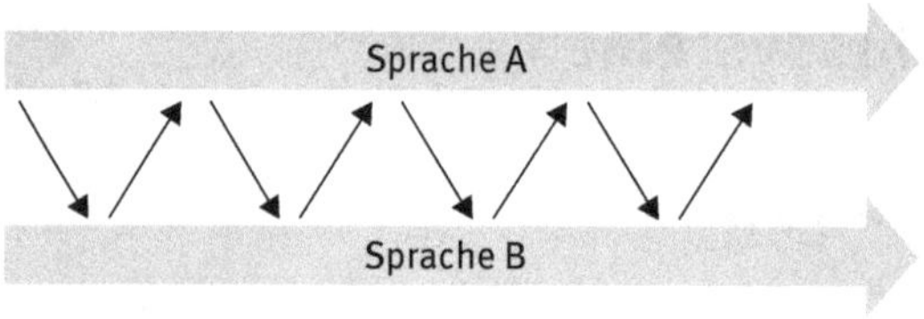

Abb. 1: Koredaktion

Bei der Koredaktion erhält man als Ergebnis mehrere separate Textfassungen, jede in einer anderen Sprache. Im Unterschied dazu wird bei der *gemischtsprachigen Redaktion* die Mehrsprachigkeit der Textverfasser nicht dafür genutzt, von Beginn weg jede Norm gleich in mehreren Sprachen zu verfassen, sondern von den Beteiligten schreibt jeder in seiner Sprache die Bestimmungen, für die er inhaltlich zuständig ist. Daraus resultiert ein gemischtsprachiger Entwurf.

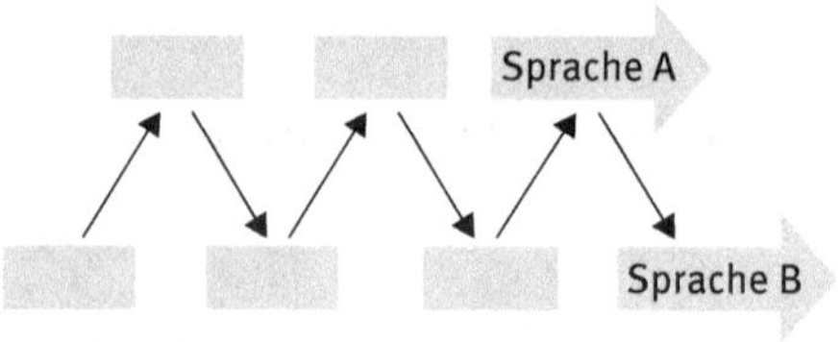

Abb. 2: Gemischtsprachige Redaktion

Anders als bei der Koredaktion findet hier nicht bei jeder einzelnen Bestimmung sogleich eine Auseinandersetzung zwischen mehreren Sprachen statt; dennoch gibt es von Anfang an eine starke Auseinandersetzung mit den anderen Sprachen, weil ja die Bestimmungen in den verschiedenen Sprachen Teile eines Ganzen werden müssen. Anders auch als bei der Koredaktion erhält man nicht vollständige Texte in den jeweiligen Sprachen, sondern nur einen ersten gemischtsprachigen Entwurf. Dessen einzelne Passagen müssen anschließend in die jeweils andere(n) Sprache(n) übersetzt werden, damit man separate, je einsprachige Sprachfassungen erhält. Siehe dazu Abbildung 2.

3.1.2 Mehrsprachige Überarbeitung der Texte (Korevision)

Im Modell einer mehrsprachigen Überarbeitung der Normtexte (Korevision) gibt es zunächst eine Phase, in welcher der Normtext in einer einzigen Sprache verfasst wird oder in der zunächst ein gemischtsprachiger Text entsteht. Aus diesem ein- oder gemischtsprachigen Text werden durch Übersetzung mehrere einsprachige Texte hergestellt. Darauf folgt ein institutionalisierter Verfahrensschritt, in dem die verschiedenen Sprachfassungen, also auch der Ausgangstext, gemeinsam überarbeitet und abgeglichen werden. Zum Zeitpunkt dieser Korevision ist der Ausgangstext – anders als bei der bloßen Übersetzung (vgl. Ziff. 3.1.3) – noch nicht fest, sodass sich seine Struktur, seine Formulierungen, ja unter Umständen sogar sein Inhalt noch ändern lassen. So können insbesondere Textstellen angepasst werden, die unklar, mehrdeutig oder in einer anderen Sprache schlecht auszudrücken sind (vgl. auch Ziff. 4.3). Durch die gemeinsame Überarbeitung von Ausgangstext und Übersetzung wird auch der übersetzte Text Teil des Redaktionsprozesses. Zur Veranschaulichung vgl. Abbildung 3.

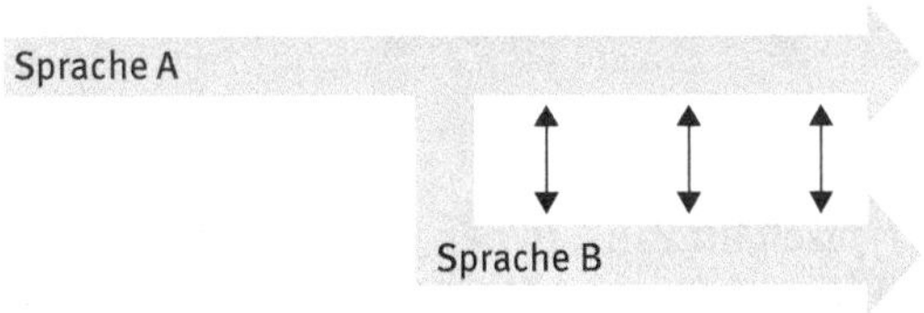

Abb. 3: Korevision

In der Literatur wird dieses Verfahren häufig ebenfalls unter den Begriff der Koredaktion gefasst (vgl. z. B. Lötscher 2009, 384 f.). Hier soll das Verfahren *Korevision* genannt werden, da es sich doch in einigen Punkten von der Koredaktion im engeren Sinn unterscheidet.

Faktisch gibt es am Anfang des Korevisionsverfahrens einen (ein- oder gemischtsprachigen) Ausgangstext und einen oder mehrere übersetzte Texte. Am Ende des Verfahrens haben sich jedoch alle Sprachfassungen verändert. Dabei geht es einerseits darum, dass die einzelnen Sprachfassungen inhaltlich und formal zur Übereinstimmung gebracht werden (vgl. dazu Ziff. 4). Andererseits sollen die ursprünglichen Übersetzungen jeglichen ‚Geruch' von Übersetzung verlieren und sprachlich zu Originalen werden. Mit Letzterem wird auf sprachlicher Ebene vorbereitet, was hinterher auch auf juristischer Ebene gilt: Es werden mehrere Texte als Originale verabschiedet, das heißt, es spielt (insbesondere für die Auslegung) keine Rolle mehr, ob ein Text ursprünglich der Ausgangstext war oder nicht. Alle Textversionen stehen gleichberechtigt nebeneinander.

3.1.3 Übersetzung eines feststehenden Ausgangstextes in die anderen Sprachen (‚bloße' Übersetzung)

Auch in diesem Fall wird der Normtext zunächst nur in einer einzigen Sprache ausgearbeitet. Dieser Ausgangstext wird danach in die anderen Sprachen übersetzt. Anders als bei der Korevision ist der Ausgangstext zum Zeitpunkt der Übersetzung aber bereits weitgehend fest; Rückwirkungen der Übersetzungen auf den Ausgangstext sind nicht oder nur noch in einem sehr begrenzten Umfang möglich, wie Abbildung 4 zu veranschaulichen versucht. Die Übereinstimmung der verschiedenen Sprachfassungen wird dadurch sichergestellt, dass der übersetzte Text an den Ausgangstext angeglichen wird – im Prozess der Übersetzung und in der anschließenden Revision der Übersetzung.

Abb. 4: Übersetzung

Dieses *reine Übersetzungsverfahren* ist typisch für Fälle, in denen bestimmte Sprachversionen erst sehr spät in den Rechtsetzungsprozess eingebunden werden (z. B. viele der Amtssprachen in der EU-Rechtsetzung, vgl. Ziff. 3.3.3). Im Extremfall kann eine Sprachversion sogar nachträglich, also nachdem eine andere Sprachversion schon in Kraft ist, erstellt und authentifiziert werden (z. B. die Übersetzung des *Acquis communautaire* in neue EU-Amtssprachen beim Beitritt eines neuen Mitglieds oder die Übersetzung der Gesetzgebung Hongkongs ins Chinesische bei der Schaffung der Sonderverwaltungszone 1997). Häufig ist es auch einfach so, dass die Übersetzung zu einem Zeitpunkt im Rechtsetzungsverfahren erfolgt, in dem der Ausgangstext bereits ausgiebig diskutiert wurde und daher kaum mehr veränderbar ist (das ist z. B. in der Schweiz in der Regel mit dem Italienischen der Fall, vgl. Ziff. 3.3.2).

Für den Status der verschiedenen Sprachfassungen gilt dasselbe wie beim Korevisionsverfahren: Obschon es sich bei den übersetzten Versionen faktisch um Übersetzungen handelt, gelten sie rechtlich nicht als Übersetzungen, sondern als authentische Texte, sobald sie verabschiedet worden sind.

3.1.4 Mischformen

Die in den Ziffern 3.1.1–3.1.3 beschriebenen idealtypischen Verfahren kommen in der Realität kaum je rein vor; vielmehr mischen sich diese in der Regel, wobei aber ein Verfahrenstyp jeweils dominant sein dürfte. Das Koredaktionsverfahren kommt vermutlich selbst in relativ einfachen Sprachkonstellationen nur selten vor. Die gemischtsprachige Redaktion dürfte demgegenüber häufiger anzutreffen sein; da ihr Resultat ein gemischtsprachiger, also gewissermaßen unfertiger Text ist, muss ihr zwingend noch eine Übersetzung und allenfalls noch eine Korevision folgen. Auch nach einer Koredaktion ist eine Korevision – eine gemeinsame Überarbeitung aller Sprachfassungen – möglich und auch zu empfehlen. Die Korevision findet sich entsprechend häufiger, zumeist wird sie aber nur mit einem Teil der Amtssprachen durchgeführt, während für die anderen nach dem Übersetzungsverfahren gearbeitet wird. In Rechtsordnungen mit vielen Amtssprachen und insbesondere im Bereich der (bilateralen und multilateralen) völkerrechtlichen Verträge dürfte das bloße Übersetzungsverfahren (ohne Korevision) weitaus überwiegen (vgl. dazu auch die drei Fallbeispiele in Ziff. 3.3).

3.2 Mehrsprachigkeit des Verfahrens und Arbeitsteilung

Neben der Frage, wie die verschiedenen Sprachfassungen der Normtexte entstehen, ist für die Mehrsprachigkeit eines Rechtsetzungsverfahrens auch von Bedeutung, welche Rolle die einzelnen Sprachen und Sprachversionen im *Verfahren* spielen.

Entscheidend ist dabei zunächst einmal, welche Sprachfassungen zu welchem Zeitpunkt überhaupt zur Verfügung stehen. Bei der Koredaktion werden definitionsgemäß mehrere Sprachfassungen bereits in der Ausarbeitungsphase produziert; sie stehen damit für die politischen Diskussionen in den interessierten Kreisen und in der Öffentlichkeit sowie für die Beratungen in den Entscheidungsgremien (Verwaltung, Regierung, Parlament) zur Verfügung. Auch bei der Korevision als institutionalisiertem Verfahrensschritt am Anfang des Rechtsetzungsprozesses liegen die mehrsprachigen Entwürfe in der Regel vor, bevor die breite Diskussion über die Vorlage beginnt. Bei der Übersetzung hingegen ist der Erstellungszeitpunkt sehr variabel, einzelne Sprachfassungen können erst kurz vor der Annahme des definitiven Normtextes durch das zuständige Organ, also nach den entscheidenden politischen Verfahrensschritten, vorliegen. Der Einfluss dieser Sprachversionen auf den politischen Prozess ist somit gleich Null.

Im Unterschied zur Übersetzung, bei welcher der Erstellungszeitpunkt sehr variabel ist, stellen Koredaktion und Korevison zwar sicher, dass die verschiedenen Sprachversionen eines Textes im Rechtsetzungsprozess früh vorliegen. Das bedeutet aber nicht zwingend, dass in Politik und Öffentlichkeit alle Sprachversionen den gleichen Stellenwert haben. Es ist beispielsweise möglich, dass sich die Beratungen hauptsächlich auf eine einzige Textversion stützen. Der Entwurf wird dann in dieser Sprache diskutiert, Änderungsanträge werden vorzugsweise in dieser Sprache formuliert, die anderen Sprachversionen rücken dadurch in den Hintergrund. Das hat vor allem damit zu tun, wie sehr die einzelnen Amtssprachen auch die *Arbeits-*

sprachen der ausarbeitenden Verwaltung und der beratenden und beschließenden politischen Gremien sind. Repräsentiert eine Amtssprache beispielsweise lediglich fünf Prozent der Bevölkerung des betreffenden Gemeinwesens, so sind ihre Chancen gering, auch als Arbeitssprache eine wichtige Rolle zu spielen. Die Arbeitssprachen können demnach einen großen Einfluss darauf haben, welche Sprachversionen in der Diskussion in den Vordergrund und welche in den Hintergrund rücken. Faktisch haben so nicht alle Sprachversionen denselben Einfluss und dieselbe politische Legitimation (vgl. dazu die Ausführungen zum Italienischen in der Schweiz in Ziff. 3.3.2; vgl. im Übrigen zu den Diskursen im Entstehungsprozess rechtlicher Normtexte Vogel im vorliegenden Bd.).

Wenn wir hier von Arbeitssprachen sprechen, rücken auch die Menschen in den Blickpunkt, die an den Normtexten arbeiten, das heißt diese Texte verfassen, übersetzen, überarbeiten und diskutieren, und damit rückt eine Besonderheit mehrsprachiger Rechtsetzung in den Blickpunkt: die *Arbeitsteilung* zwischen den Fachspezialisten und Juristen auf der einen Seite und den ‚Sprachlern' auf der anderen Seite. Die einen schreiben die ersten Entwürfe, die anderen sind für Übersetzung und Korevision zuständig. An Normtexten in einem mehrsprachigen Rechtssystem sind also – im Unterschied zu einem einsprachigen Rechtssystem – praktisch immer auch Sprachsachverständige, also Sprachwissenschaftler und Übersetzerinnen, beteiligt; Normtexte in einem mehrsprachigen Rechtssystem sind dadurch nicht nur ein Schmelztiegel von Fachkompetenzen, juristischen Kompetenzen und politischem Willen, sondern auch von Sprachkompetenzen und von Sprachen: ein für die Qualität dieser Texte nicht zu unterschätzender Faktor (vgl. Ziff. 5.2).

3.3 Beispiele

3.3.1 Kanada

Kanada ist im Bereich der mehrsprachigen Rechtsetzung ein vielzitiertes, weil besonderes Beispiel (vgl. z. B. Gémar 2013, 157–164): Im kanadischen Bundesstaat koexistieren nicht nur zwei Amtssprachen (Englisch und Französisch) –„English and French are the official languages of Canada and have equality of status and equal rights and privileges as to their use in all institutions of the Parliament and government of Canada" (Art. 16 Abs. 1 des kanadischen Constitution Act) –, sondern auch zwei Rechtssysteme (*Common law* und *Civil law*). Außerdem ist Kanada eines der wenigen Länder, in denen bei gewissen Normtexten – etwa bei neuen Gesetzen – ein Koredaktionsverfahren zum Einsatz kommt:

> Today the bilingual texts of new, non-amended federal statutes and most regulations are produced simultaneously by co-drafting. This method is considered ideal because both texts are "originals" in the sense that neither text serves as the source text for the other. Each bilingual

> team consists of two professional drafters (one Anglophone trained in the common law and one civilian Francophone), revisers (Revision Service) and jurilinguists (Jurilinguistic Service). (Šarčević 2005, 281)

Beim Koredaktionsverfahren wird die Rechtsnorm von Beginn weg parallel in eine englische und eine französische Form gekleidet. Diese beiden Sprachfassungen können eine recht unterschiedliche Gestalt annehmen, wie Abbildung 5 zeigt: In Artikel 7 verzichtet die französische Version auf die Buchstabenaufzählung, die in der englischen Version den Text gliedert. Dieses Verfahren hat den Vorteil, dass jede Sprachversion uneingeschränkt den Regeln und Vorlieben der eigenen Sprache folgen kann. Allerdings gehen dadurch eine gewisse Einheitlichkeit der Form und eine sprachunabhängige Zitierbarkeit verloren (vgl. dazu Ziff. 4.2).

PART II

Legislative and Other Instruments

Marginal note: Journals and other records

5 The journals and other records of Parliament shall be made and kept, and shall be printed and published, in both official languages.

Marginal note: Acts of Parliament

6 All Acts of Parliament shall be enacted, printed and published in both official langua-ges.

Marginal note: Legislative instruments

7 (1) Any instrument made in the execution of a legislative power conferred by or under an Act of Parliament that

(a) is made by, or with the approval of, the Governor in Council or one or more ministers of the Crown,

(b) is required by or pursuant to an Act of Parliament to be published in the *Canada Gazette*, or

(c) is of a public and general nature

shall be made in both official languages and, if printed and published, shall be printed and published in both official languages.

PARTIE II

Actes législatifs et autres

Note marginale: Documents parlementaires

5 Les archives, comptes rendus et procès-verbaux du Parlement sont tenus, imprimés et publiés dans les deux langues officielles.

Note marginale: Lois fédérales

6 Les lois du Parlement sont adoptées, imprimées et publiées dans les deux langues officielles.

Note marginale: Textes d'application

7 (1) Sont établis dans les deux langues officielles les actes pris, dans l'exercice d'un pouvoir législatif conféré sous le régime d'une loi fédérale, soit par le gouverneur en conseil ou par un ou plusieurs ministres fédéraux, soit avec leur agrément, les actes astreints, sous le régime d'une loi fédérale, à l'obligation de publication dans la *Gazette du Canada*, ainsi que les actes de nature publique et générale. Leur impression et leur publication éventuelles se font dans les deux langues officielles.

Abb. 5: Kanadischer Official Languages Act, englische und französische Version

3.3.2 Schweiz

Die Schweizer Gesetzgebung wird auf Bundesebene in den drei Sprachen Deutsch, Französisch und Italienisch ausgearbeitet (vgl. Schweizer u. a. 2011). Diese drei Fassungen der Normtexte sind gleichwertig, das heißt, alle gelten als authentisch und sind „in gleicher Weise verbindlich" (Art. 14 Abs. 1 zweiter Satz des Publikationsgesetzes; Art. 10 des Sprachengesetzes).

Im Gesetzgebungsverfahren werden aber nicht alle drei Sprachen gleich behandelt. Bei Verfassungsbestimmungen, Gesetzen und anderen wichtigen Normtexten kommt ein Korevisionsverfahren zum Einsatz: Der Textentwurf wird zunächst entweder auf Deutsch oder auf Französisch (manchmal auch gemischtsprachig) ausgearbeitet. Anschließend wird dieser Entwurf in die andere Sprache übersetzt; bei gemischtsprachigen Entwürfen werden eine rein deutsche und eine rein französische Fassung hergestellt. Danach werden beide Sprachversionen, also auch der Ausgangstext, intensiv überprüft, abgeglichen und überarbeitet. Für diese Arbeit ist ein spezielles Gremium zuständig, die so genannte *verwaltungsinterne Redaktionskommission (VIRK)*, die sich aus Linguisten und Juristen zusammensetzt und die Entwürfe durchaus radikal ‚auf Herz und Nieren' prüft und umformuliert (vgl. Nussbaumer 2008, 302–304; vgl. auch www.bk.admin.ch > Themen > Sprachen > Gesetzesredaktion > Verwaltungsinterne Redaktionskommission). Wie der Name dieses Gremiums und auch der Name des Schwestergremiums im Parlament (Redaktionskommission der eidgenössischen Räte) zeigen, nennt man das Korevisionsverfahren in der Schweiz Koredaktion. Das Korevisionsverfahren findet zu einem frühen Zeitpunkt im Entstehungsprozess des Normtexts statt, während der fachlichen Bereinigung des Entwurfs, also zu einem Zeitpunkt, in dem der materielle Gehalt noch nicht ‚in Stein gemeißelt' ist und die eigentliche politische Diskussion oftmals noch gar nicht begonnen hat.

Das Italienische ist an der Korevision durch die VIRK – von Ausnahmen abgesehen – nicht beteiligt. Die italienische Fassung entsteht erst später im Verfahren, häufig zu einem Zeitpunkt, in dem die beiden anderen Fassungen bereits weitgehend konsolidiert sind. Strukturelle Anpassungen und andere größere Änderungen sind da nicht mehr möglich. Die italienische Übersetzung bewegt sich also in einem engen Korsett, jedoch nicht ohne Einwirkungsmöglichkeiten auf wichtige Details in der deutschen und der französischen Fassung.

Im parlamentarischen Verfahren kommt der italienischen Fassung ebenfalls eine marginale Rolle zu. Diese Sonderstellung wird aus rechtlicher Sicht durchaus kritisch beurteilt (vgl. Baumann u. a. 2011, 394–397).

3.3.3 Europäische Union

In der EU erreicht die Mehrsprachigkeit verglichen mit Kanada oder der Schweiz ganz andere Dimensionen. Die EU hat inzwischen 24 Amtssprachen (Stand seit Beitritt Kroatiens am 1. Juli 2013); diese sind in Artikel 1 der Verordnung (EWG) Nr. 1/58 zur Regelung der Sprachenfrage für die Europäische Wirtschaftsgemeinschaft aufgeführt. Alle 24 Sprachen sind aus rechtlicher Sicht gleichwertig. Das heißt unter anderem: Die EU-Rechtsakte müssen in allen Amtssprachen zur Verfügung stehen und alle Sprachversionen sind gleichermaßen verbindlich.

Reine Koredaktions- und Korevisionsverfahren sind aufgrund dieser großen Zahl beteiligter Sprachen nicht durchführbar. Im Rechtsetzungsverfahren der EU überwiegt daher die Übersetzungskomponente.

Das Verfahren sieht wie folgt aus (vgl. dazu insbesondere Šarčević/Robertson 2013; Guggeis/Robinson 2012; Schilling 2011; Doczekalska 2009; Gallas 2006): Ein Textentwurf wird in der Regel in einer einzigen Sprache (meist Englisch, manchmal Französisch, kaum andere Sprachen) verfasst, häufig von Nichtmuttersprachlern. Die anderen Sprachfassungen entstehen als Übersetzungen aus diesem Ausgangstext. Im Verlauf des Verfahrens vom ersten Entwurf bis zum definitiven Normtext dient in der Regel eine einzige Sprachversion als Diskussionsgrundlage. Debatten, Diskussionen im Rat und im Parlament, Verhandlungen zwischen diesen beiden Organen, Änderungsanträge usw. beschränken sich in der Regel auf diese eine Sprachversion. Nur an bestimmten Stellen im Verfahren müssen die Texte mehrsprachig vorliegen, so etwa der Kommissionsentwurf oder der ‚fertige' Text für die Endrevision vor der Verabschiedung.

Die Endrevision erfolgt erst dann, wenn der Originaltext praktisch feststeht. Bei der Endrevision stellen Sprachjuristen (englisch: *lawyer-linguists*, französisch: *jurilinguistes*) sicher, dass alle Übersetzungen mit der Referenzversion übereinstimmen. Die Übersetzungen werden dabei einzeln geprüft, an einer gemeinsamen Sitzung werden nur die problematischen Stellen besprochen. Bei Formulierungsproblemen in den Übersetzungen oder unklaren oder mehrdeutigen Stellen im Ausgangstext kann der Ausgangstext punktuell noch angepasst werden. Eine grundlegende Überarbeitung des Ausgangstextes, die über minimale sprachliche Anpassungen hinausgeht, ist aber in dieser späten Phase nicht mehr möglich (vgl. auch Schilling 2011).

Die Meinungen darüber, wie sehr das Rechtsetzungsverfahren der EU tatsächlich mehrsprachig ist, gehen auseinander. De facto handelt es sich heute wohl weitgehend um ein Übersetzungsverfahren, mit wenigen Korevisionselementen. Die Koredaktions- und Korevisionselemente, die es früher durchaus gab (vgl. z. B. Burr/Gallas 2004), haben mit zunehmender Zahl der EU-Amtssprachen und der immer stärkeren Dominanz des Englischen abgenommen. Rechtlich gesehen gelten aber auch in der EU sämtliche Sprachversionen als Originale.

3.4 Würdigung der verschiedenen Verfahren

Die vorgestellten Verfahrensformen mehrsprachiger Rechtsetzung haben spezifische Vor- und Nachteile, die hier kurz erläutert werden sollen. Grundsätzlich gilt: Je früher eine Sprachversion in den Rechtsetzungsprozess eingebunden ist, desto größer sind die Chancen, dass die betreffende Sprachgemeinschaft dem Text ihren Stempel aufdrücken kann, dass sie also einen Einfluss auf den normativen Inhalt und damit auch auf die Konzipierung und die Redaktion der Vorlage hat. Je früher eine Sprachversion entsteht, desto mehr kann sie auch zur Klärung der Texte beitragen. Da sich im Idealfall die einzelnen Sprachversionen wechselseitig befruchten, hat dies den Effekt, dass die redaktionelle Qualität der Gesetzgebung insgesamt steigt (vgl. Ziff. 5.2). In besonderem Maß gilt dies für die Koredaktion und die Korevision. Aber auch in der Übersetzung liegt ein gewaltiges Klärungspotenzial, denn niemand liest einen Text genauer als derjenige, der ihn übersetzen muss. Kann dieses Potenzial nicht voll genutzt werden, weil die Übersetzung nicht mehr auf den Ausgangstext zurückwirken kann, so ist im Ergebnis nicht selten die Übersetzung der ‚bessere' Text als der Ausgangstext.

Bei der Koredaktion sind die beteiligten Sprachen gleichwertig; es gibt nicht nur rechtlich, sondern auch faktisch und chronologisch keinen einzelnen Ausgangstext, der zum Bezugstext werden kann. Diesbezüglich entspricht die Koredaktion am stärksten dem Idealfall einer mehrsprachigen Rechtsetzung. Bei der gemischtsprachigen Redaktion entsteht zu Beginn ein aus mehreren Sprachen zusammengesetzter Entwurf. Im Unterschied zur Koredaktion interagieren dabei nicht verschiedensprachige Fassungen ein und derselben Norm, aber immerhin verschiedensprachige Teile des künftigen Normtextes, die ja zu einem Ganzen zusammengefügt werden müssen.

Bei der Korevision interagieren die Sprachfassungen, die später hinzukommen, mit dem in einer Sprache abgefassten Entwurf. Dieser kann noch geändert werden, insbesondere aufgrund der Rückwirkung der anderen Sprachversionen; dennoch liegt mit ihm schon etwas Vorgeprägtes vor. So gesehen hat die Ausgangssprache im Korevisionsverfahren den größten Einfluss auf Konzeption und Redaktion der Vorlage, sie verliert im Korevisionsverfahren jedoch an Dominanz und wird tendenziell zu einer von mehreren ‚Ausgangssprachen'.

Bei der Übersetzung, die häufig erst spät im Verfahren erfolgt, ist der Einfluss der Ausgangssprache noch prägender; hier haben die übrigen Sprachen den geringsten Einfluss. Die anderen Sprachversionen entstehen als Reaktion auf einen bereits bestehenden Ausgangstext. Gerade zeitlich spät erstellte Texte sind teilweise weit entfernt von der ursprünglichen gesellschaftlich-kommunikativen Tätigkeit, aus der heraus sich die Konsenssuche und die Redaktion der ursprünglichen Texte ergaben. Die Authentizität aller Texte ist hier mehr juristische Fiktion als sprachliche Realität.

Wie in Ziffer 3.2 erläutert wurde, ist nicht nur relevant, wann die Entwürfe im Verfahren entstehen, sondern auch, welche dieser Entwürfe dann auch tatsächlich diskutiert werden, welche Sprachen im Diskussions- und Kommunikationsprozess eine Rolle spielen. Häufig redet man nur über eine oder über einzelne Textversionen; diese Versionen bilden die Grundlage der Diskussion, die anderen sind vom Ausarbeitungsprozess faktisch ausgeschlossen. Das führt dann auch dazu, dass in den Materialien zum Ausarbeitungsprozess (namentlich in den Protokollen der Ratsdebatten) die eine Sprache dominiert, was wiederum die Auslegung und Rechtsanwendung in der Praxis einseitig beeinflusst. Die Dominanz einer Sprache als Arbeits- und Verhandlungssprache kann auch dazu führen, dass im Lauf eines Rechtsetzungsverfahrens die Originalsprache wechselt: So kann man etwa in der Schweiz beobachten, wie in Rechtsetzungsprojekten, in denen Französisch die Sprache des ersten Entwurfs ist, im Lauf des Verfahrens Deutsch zum ‚Original' wird, weil die ganzen Diskussionen über den ersten Entwurf dominant auf Deutsch und an der deutschen Fassung – der eigentlichen Übersetzung – geführt werden, diese damit in erster Linie weiterentwickelt wird und die französische Fassung – das eigentliche Original – nur noch nachvollzieht, was an der deutschen geändert wurde (vgl. Grüter 2014, 13).

Alles in allem scheint viel für die Koredaktion und die Korevision, aber nur wenig für die (bloße) Übersetzung zu sprechen. Trotzdem ist die Übersetzung das in der Praxis am häufigsten zu beobachtende Verfahren. Das liegt daran, dass Koredaktion und Korevision nur bei einer kleinen Anzahl Sprachen (2–3) durchführbar sind.

4 *Ein* Recht in *mehreren* Sprachen – was heißt das eigentlich?

4.1 Inhaltliche Übereinstimmung

Wie wir in Ziffer 2 gesehen haben, postulieren mehrsprachige Rechtsordnungen, sie hätten *ein* Recht in *mehreren* Sprachen. In der Einleitung haben wir aber bereits darauf hingewiesen, dass die Annahme, juristische Normtexte würden das Recht enthalten oder in juristischen Normtexten würde das Recht gefasst, durchaus fragwürdig ist. Vieles spricht dafür, dass das Recht nicht bereits in den Gesetzestexten niedergelegt ist, sondern in den Prozessen der Rechtsfindung und Rechtsanwendung, bezogen auf den konkreten Fall, immer wieder neu konstruiert wird. Das Postulat, dass die verschiedenen sprachlichen Fassungen „übereinstimmen" oder „inhaltlich [...] übereinstimmen" – so die Formulierung in Artikel 57 Absatz 2 des schweizerischen Parlamentsgesetzes oder in Artikel 4 Absatz 1 Buchstabe b der schweizerischen Organisationsverordnung für die Bundeskanzlei –, wäre richtiger wohl so zu verstehen, dass eine Übereinstimmung im *Auslegungsangebot* gegeben sein sollte oder in der Anweisung, dieses Recht fallbezogen zu konstruieren (vgl. neben vielen anderen Müller/Christensen/Sokolowski 1997; sehr ausführlich Müller/Christensen 2012 am Beispiel EU-Recht; für eine eher praktische Diskussion am Beispiel Schweiz: Schnyder 2001, Schubarth 2001; vgl. auch Luttermann und Schübel-Pfister im vorliegenden Bd.).

Auch sprachwissenschaftlich betrachtet ist es ja eher verwegen zu behaupten, verschiedene Formulierungen oder gar Texte in unterschiedlichen Sprachen hätten exakt die gleiche Bedeutung. Ausdruck dieser Skepsis ist im Völkerrecht die Sprachenklausel, die im Zweifelsfall eine der rechtlich verbindlichen Fassungen für maßgeblich erklärt (vgl. Ziff. 2.2). Besonders aufschlussreich sind Fälle, bei denen es zunächst fraglich scheint, ob die Fassungen übereinstimmen. Entsprechende Diskussionen wurden unlängst auf akribische Weise in Schweizer/Borghi (2011) anhand des schweizerischen Berufsbildungsgesetzes geführt.

Sicherlich ist es so, dass in einer Konstellation wie der schweizerischen, wo es eine inzwischen über 160-jährige Geschichte einer gemeinsamen Rechtsordnung gibt, die Problematik der Übereinstimmung mehrsprachiger Gesetze entschärfter ist als in jüngeren mehrsprachigen Rechtsordnungen oder gar im internationalen Kontext, wo es diese Gemeinsamkeiten nicht gibt (vgl. Rovere im vorliegenden Bd.). Nicht umsonst sind deshalb gerade internationale Rechtstexte oftmals peinlich auf die Regelung des kleinsten Details und das Stopfen aller möglichen und unmöglichen Auslegungs-Schlupflöcher bedacht: Man produziert sehr viel Text in der Hoffnung, den Auslegungsspielraum kleiner zu machen – ein durchaus fragwürdiges Mittel!

Ein ganz besonderer Diskussionspunkt bei der Frage der inhaltlichen Übereinstimmung verschiedener Sprachfassungen ist die ab und zu anzutreffende Figur der *komplementären Rechtsetzung* oder der *constructive ambiguity*. Gemeint sind Textstellen in mehrsprachigem Recht, wo man sich bewusst dazu entschlossen hat, die einzelnen Sprachfassungen relativ deutlich divergieren zu lassen. Dies kann der Fall sein, weil ein bestimmtes Konzept der einen Sprache in der anderen schlicht nicht zufriedenstellend analog formuliert werden kann. Ein Beispiel dafür ist die *Würde der Kreatur* in der schweizerischen Bundesverfassung: In der französischen Fassung wird dieser verfassungsrechtliche Begriff mit *intégrité des organismes vivants* (wörtlich: *Integrität der lebenden Organismen)* wiedergegeben – die deutsche und die französische Fassung schreiben sich damit offensichtlich in unterschiedliche Diskurstraditionen ein.

Bewusst leicht divergierende Sprachfassungen sind gelegentlich auch zuzulassen, weil man sich eingestehen muss, dass ein bestimmtes normatives Konzept in keiner Sprache erschöpfend sprachlich gefasst werden kann, sodass die Mehrsprachigkeit ein willkommenes Mittel ist, den Facettenreichtum des Konzepts dadurch einzufangen, dass die eine Sprache die eine Facette in den Vordergrund rückt, die andere Sprache eine andere Facette und die dritte eine dritte Facette. Ein Beispiel hierfür ist die *nachhaltige Entwicklung*, die auf Französisch *développement durable*, auf Italienisch *svilippo sostenibile* und auf Englisch *sustainable development* heißt. Die verschiedenen Sprachen rücken unterschiedliche Facetten des Begriffs in den Vordergrund: die Langzeitperspektive, die Dauerhaftigkeit, das Erhalten, Überdauern und die Beständigkeit usw. Schließlich werden divergierende Textstellen von den Beteiligten manchmal auch ganz bewusst als Kompromissmöglichkeit in Kauf genommen, weil sich anders keine Einigung über den Text erzielen lässt (vgl. Gächter-Alge 2011, 209 f.). Man spricht in diesem Fall von *Formelkompromissen*. Dies kommt insbesondere bei internationalen Verträgen vor, denn während nationales Recht Mehrheitsrecht ist – im Streitfall wird über materielle Varianten, die immer auch Formulierungsvarianten sind, abgestimmt –, ist Völkervertragsrecht konsensuales Recht: Es kommt nicht per Mehrheitsentscheid zustande, sondern nur dann, wenn alle Beteiligten zustimmen. Zustimmungsfähig ist aber manchmal nur eine Formulierung, die undeutlich und damit offen für unterschiedliche Interpretationen ist.

Für die Auslegung ist es also durchaus ein Gewinn, dass mehrere Sprachfassungen vorliegen, solange die unvermeidlichen Spannungen zwischen den Fassungen nicht einfach inhaltliche Diskrepanzen darstellen (vgl. dazu Ziff. 5.1), sondern sich ergänzende Facetten ein- und desselben Normgehalts. In den verschiedenen Sprachfassungen wird ein Problem von verschiedenen Seiten her ausgeleuchtet, sodass sich ein vollständigeres und genaueres Bild ergibt. Textstellen, die in der einen Fassung unklar oder mehrdeutig sind, können durch Rückgriff auf die anderen Fassungen geklärt werden.

4.2 Formale Übereinstimmung

Sehr viel einfacher zu beantworten ist die Frage, was gemeint ist mit dem Postulat, dass die verschiedensprachigen Fassungen „formal übereinstimmen" (Art. 4 Abs. 1 Bst. b der schweizerischen Organisationsverordnung für die Bundeskanzlei). Dieses Postulat folgt unmittelbar daraus, dass die verschiedenen Fassungen in übereinstimmender Weise zitierbar sein müssen. Wo ein juristischer Normtext auf eine andere Stelle im gleichen Normtext oder auf eine Stelle in einem anderen Normtext verweist oder wo eine juristische Argumentation sich auf eine bestimmte Stelle im *Corpus iuris* beruft, da muss sichergestellt sein, dass unter diesem Verweis in jeder Sprachfassung ein übereinstimmendes Verweisobjekt gefunden wird. Demnach muss der Normtext in den verschiedenen Fassungen exakt übereinstimmend aufgebaut und gegliedert sein.

Die Anforderung der formalen Parallelität ist nicht in allen Rechtsordnungen gleich strikt. In der Schweiz, aber auch etwa in der EU oder bei mehrsprachigen völkerrechtlichen Verträgen, gilt sie uneingeschränkt. So muss in allen Fassungen die Anzahl der Sätze übereinstimmen, und die Gliederung des Textes in Absätze, Buchstaben, Ziffern usw. muss sich genau entsprechen (vgl. nachstehend Abb. 6). Bezieht man sich in einem juristischen Normtext auf „Artikel 14 Absatz 2 Buchstabe c", so muss in allen Fassungen ein übereinstimmender Normtext gefunden werden. Mehr Freiheiten in Bezug auf die formale Parallelität scheint es hingegen in Kanada zu geben (vgl. oben Abb. 5).

Art. 14 Veröffentlichung in den Amtssprachen	**Art. 14** Publication dans les langues officielles	**Art. 14** Pubblicazione nelle lingue ufficiali
[1] Die Veröffentlichung erfolgt gleichzeitig in den Amtssprachen Deutsch, Französisch und Italienisch. Bei Erlassen sind die drei Fassungen in gleicher Weise verbindlich.	[1] La publication a lieu simul-tanément dans les langues officielles que sont l'allemand, le français et l'italien. Dans le cas des actes, les trois versions font foi.	[1] La pubblicazione è fatta contemporaneamente nelle lingue ufficiali tedesco, francese e italiano. Per gli atti normativi, ciascuna delle tre versioni è vincolante.
[2] Der Bundesrat kann bestimmen, dass Texte, die nur mit Titel sowie Fundstelle oder Bezugsquelle veröffentlicht werden, nicht in allen drei Amtssprachen veröffentlicht werden oder dass auf eine Übersetzung in die Amtssprachen verzichtet wird, wenn:	[2] Le Conseil fédéral peut décider que les textes dont la publication se limite à la mention du titre et à l'adjonction d'une référence ou du nom de l'organisme auprès duquel ils peuvent être obtenus, ne seront pas publiés dans les trois langues officielles ou ne seront pas traduits dans les langues officielles, à condition que:	[2] Il Consiglio federale può decidere di non far pubblicare in ognuna delle tre lingue ufficiali o di non far tradurre nelle lingue ufficiali i testi pubblicati solo con il titolo corredato di un rimando o dell'indicazione dell'ente presso cui possono essere ottenuti, sempre che:
a. die in diesen Texten enthaltenen Bestimmungen die Betroffenen nicht unmittelbar verpflichten; oder	a. les dispositions contenues dans ces textes n'imposent pas directement des obli-gations aux personnes concernées; ou	a. le disposizioni contenute in tali testi non vincolino direttamente gli interessati; oppure
b. die Betroffenen diese Texte ausschliesslich in der Originalsprache benützen.	b. les personnes concernées utilisent ces textes uniquement dans la langue originale.	b. gli interessati usino tali testi esclusivamente nella lingua originale.

Abb. 6: Schweizerisches Publikationsgesetz, deutsche, französische und italienische Version

4.3 Formale Freiheit der einzelnen Sprachfassungen

Die verschiedenen Sprachversionen lassen sich auch danach untersuchen, wie sehr sie in Formulierung, Terminologie und Aufbau die *sprachlichen Eigenheiten* der jeweiligen Sprache berücksichtigen. Denn jede Sprache ist anders, hat ihre jeweils eigenen Strukturen und Ausdrucksmöglichkeiten. So ergeben sich Reibungsflächen zwischen den verschiedenen Sprachfassungen (vgl. Lötscher 2011, 118 f.). Angestrebtes Ideal ist, dass die Sprachfassungen nicht nur juristisch authentische Originale sind, sondern auch linguistisch – und bei allen Freiheiten dennoch inhaltlich übereinstimmen.

Je weniger eine Sprachversion in ein (durch eine andere Sprache) vorgegebenes Korsett gezwängt werden muss, desto mehr Freiheit besteht beim Formulieren dieser Version. Die Koredaktion, bei der alle Sprachversionen gleichzeitig ausgearbeitet werden und keine sich an einem bereits vorhandenen Ausgangstext ausrichten muss, schneidet hier naturgemäß am besten ab. Bei der Korevision liegt zwar ein bestehender Ausgangstext vor; dieser kann aber noch angepasst werden und den anderen Sprachen dort entgegenkommen, wo diese Schwierigkeiten haben, natürlich formulierte Lösungen zu finden (vgl. Albrecht 2001, 109). Am schlechtesten schneidet die reine Übersetzung ab, die der Terminologie und der Struktur eines vorgegebenen Ausgangstextes folgen muss; entsprechend häufig wirkt ein solcher Text nicht authentisch, sondern ‚riecht' nach Übersetzung.

5 Risiken und Chancen mehrsprachiger Rechtsetzung

5.1 Risiken

Mehrsprachigkeit hat ihren Preis. Zum einen im ökonomischen Sinn: Es ist naturgemäß aufwendiger, einen Rechtsetzungsprozess in mehreren Sprachen durchzuführen als in einer einzigen. Die mehrsprachige Rechtsetzung verursacht damit einen Mehraufwand personeller, finanzieller und zeitlicher Art, der leicht als Last gesehen werden kann – und auch oft gesehen wird.

Zum andern ‚kostet' die Mehrsprachigkeit des Rechts auch in funktionaler Hinsicht: Bei mehrsprachigem Recht lauert immer die Gefahr, dass die verschiedenen Sprachfassungen inhaltlich divergieren, und zwar in einem Maß, das eine einheitliche Auslegung verunmöglicht (vgl. Braselmann 1991). Diese Gefahr ist umso höher, je mehr Sprachen im Spiel sind. In einem solchen Fall wird die Mehrsprachigkeit von einer Auslegungshilfe zu einem Auslegungsproblem. Weil in einem solchen Fall *gegen* den Wortlaut einer oder mehrerer Sprachfassungen interpretiert werden muss, wird oft beklagt, dass die Mehrsprachigkeit zu Rechtsunsicherheit führe, da sich die Bürgerinnen und Bürger nicht mehr auf ihre Sprachversion verlassen können (vgl. dazu Luttermann und Schübel-Pfister im vorliegenden Bd.).

5.2 Chancen

Mehrsprachiges Recht birgt auf der anderen Seite aber auch ein ungeheures Potenzial: Rechtsunterworfene werden in ihrer Sprache erreicht, über die verschiedenen Sprachfassungen fließen verschiedene Weltsichten und Mentalitäten in das Recht ein, der Auslegung werden mehr Möglichkeiten geboten und das Recht wird damit flexibler und einzelfallgerechter (vgl. Ziff. 4.1). Hier soll es nun um ein weiteres, enormes Potenzial mehrsprachigen Rechts gehen: Mehrsprachige Rechtsetzung birgt

Chancen für die redaktionelle Qualität der juristischen Normtexte, die einsprachige Rechtsetzung nicht hat.

> Im allgemeinen haben auch die Beratungen dieses Entwurfes [gemeint ist das Schweizerische Zivilgesetzbuch, ZGB, von 1907] uns die Wahrheit des oft angeführten Satzes bestätigt, dass der Zwang, für eine Übersetzung zu sorgen, die Genauigkeit der Ausdrucksweise zu fördern vermag. Man wird es auch nicht bestreiten können, dass im syntaktischen Aufbau die französische Sprache mit ihrer Klarheit und Einfachheit der deutschen als Gesetzessprache oft als Vorbild dienen kann. Allein was die einzelne Redeweise anbelangt, so haben wir die Erfahrung gemacht, dass das französische Sprachgenie gegen eine deutliche Bezeichnung der Begriffe als etwas selbstverständlichem sich oftmals sträubt, wo die kürzere Ausdrucksart für die deutsche Sprache einfach eine Ungenauigkeit bedeutet. In dieser Beziehung bestand die Übersetzungsarbeit dann vielfach in einem wechselseitigen Zu- und Nachgeben. (Huber 1914, 18)

In der Einleitung zu seinen „Erläuterungen" zum Zivilgesetzbuch, die noch heute als eine ausgezeichnete kleine Lehre der Gesetzesredaktion gelten darf, spricht Eugen Huber die Chancen an, die für die Gesetzgebung im Zwang zur Mehrsprachigkeit liegen. Dieses Potenzial ist zumindest ein doppeltes: Denn einerseits bewirkt die Mehrsprachigkeit durch die Konfrontation der verschiedenen Formulierungen einen *Klärungsprozess*, und andererseits stehen die einzelnen Sprachfassungen untereinander in einem *Wettbewerb um die ‚beste' Formulierung.*

Man kann einen Normgehalt bereits innerhalb einer einzigen Sprache verschiedenartig fassen. Dass es konkurrierende sprachliche Zugangsweisen auf eine intendierte Norm gibt, wird dem einsprachigen Autor jedoch oftmals gar nicht bewusst; er testet die verschiedenen sprachlichen Möglichkeiten nicht systematisch durch. Anders, wenn mehrere Sprachen im Spiel sind: Da ist es evident, dass es für ein und denselben Normgehalt unterschiedliche sprachliche Fassungsmöglichkeiten gibt, und die Frage ist unvermeidlich, ob die verschiedenen Formulierungen inhaltlich äquivalent sind und welche der Formulierungen das Gemeinte wohl am genauesten trifft. Besonders eindrücklich ist in der Arbeit mehrsprachiger Rechtsetzung immer wieder die Erfahrung, dass die andere Sprache Fragen aufwirft, die sich in der eigenen Sprache gar nicht gestellt haben, dass die andere Sprache mithin Entscheidungen verlangt und etwas geklärt haben will, was in der eigenen Sprache unbemerkt und also ungeklärt geblieben wäre. Bekanntlich gibt es kaum einen genaueren Leser eines Textes als den Übersetzer (diese Einsicht hat sich mittlerweile auch in der juristischen Rechtsetzungslehre etabliert, vgl. z. B. Müller/Uhlmann 2013, Rz. 163 mit weiterführender Literatur). Auch bei der Koredaktion und der Korevision ist die Spannung zwischen den Sprachfassungen und die permanente Frage, ob sie inhaltlich übereinstimmen, eine ständige Quelle klärender Prozesse.

Dies soll an einem Beispiel aus der Praxis der VIRK (s. Ziff. 3.3.2) gezeigt werden (vgl. Abb. 7):

Vorher:

Art. 8 Befugnisse (...) ³ Sie [die Kommission] kann mit Personen, denen die Freiheit entzogen ist, entweder direkt oder bei Bedarf über eine Dolmetscherin oder einen Dolmetscher sowie mit jeder anderen Person, die sachdienliche Auskünfte erteilen könnte, ohne Zeuginnen und Zeugen sprechen.	**Art. 8** Compétences (...) ³ Elle peut s'entretenir sans témoins avec toute personne privée de liberté, soit directement, soit par le truchement d'un interprète en cas de nécessité, ainsi qu'avec toute autre personne susceptible de lui fournir les renseignements dont elle a besoin.

Nachher:

³ Sie kann mit Personen, denen die Freiheit entzogen ist, und mit jeder anderen Person, die sachdienliche Auskünfte erteilen könnte, ohne Zeuginnen und Zeugen direkt oder über eine Dolmetscherin oder einen Dolmetscher sprechen.	³ Elle peut s'entretenir sans témoins avec toute personne privée de liberté, soit directement, soit par le truchement d'un interprète, ainsi qu'avec toute autre personne susceptible de lui fournir les renseignements dont elle a besoin.

Abb. 7: Bundesgesetz über die Kommission zur Verhütung von Folter: Klärung durch Mehrsprachigkeit

Der deutsche und der französische Satz waren in einem ersten Entwurf auffällig ungleich aufgebaut. Bei der Diskussion der Frage, ob die beiden Sätze inhaltlich übereinstimmen, trat zutage, dass weder der Satz in der einen noch der Satz in der andern Sprache eigentlich das aussagen, was ausgesagt werden soll. Aus dieser Diskussion schälten sich schließlich die beiden Fassungen heraus, die zum einen nun wesentlich paralleler formuliert sind, jedoch immer noch den Wortstellungsregeln der einzelnen Sprache Rechnung tragen, und die nun das aussagen, was ausgesagt werden soll, und dies wohlgeordnet und klar.

Abgesehen von den inhaltlichen Klärungsprozessen, die durch die Mehrsprachigkeit angestoßen werden, bietet diese auch die Chance eines fruchtbaren Wettbewerbs um die bessere, die elegantere, die knappere, die einfachere, die direktere Formulierung. Wie oft ringt man doch in der eigenen Sprache um die gute Formulierung und findet sie einfach nicht, bis man die Formulierung in der anderen Sprache liest und schlagartig merkt, dass es eben auch ganz anders und viel besser geht. Die Sprachfassungen können sich gegenseitig inspirieren, die Fassung in der anderen Sprache kann helfen, aus den vorgestanzten Formulierungsmustern in der eigenen Sprache gewinnbringend auszubrechen.

Dabei darf freilich nicht vergessen gehen, dass gerade auch die Gesetzessprache von zahllosen Musterformulierungen lebt, die man nicht leichtfertig über Bord werfen sollte, und dass in vielen Fällen die andere Sprache einfache, elegante und knappe Formulierungen zur Verfügung hat, für die es in der eigenen Sprache einfach keine Entsprechung gibt.

Alles in allem: Mehrsprachigkeit der Rechtsetzung hat ihren ökonomischen Preis und birgt Gefahren, denen mit besonderer Sorgfalt im Redaktionellen begegnet werden muss. Gerade darin steckt aber eine große Chance, die man durch geeignete Verfahren unbedingt nutzen sollte: Mehrsprachiges Recht kann dadurch zu klarerem, einfacherem, verständlicherem Recht werden.

6 Literatur

6.1 Normtexte

Internationales Recht

Wiener Übereinkommen über das Recht der Verträge, abrufbar z. B. unter der SR-Nummer 0.111 der Systematischen Rechtssammlung der Schweiz (siehe unter Schweiz).

EU

Verordnung (EWG) Nr. 1/58 zur Regelung der Sprachenfrage für die Europäische Wirtschaftsgemeinschaft, ABl. P 17 vom 6.10.1958, S. 385; Fassung seit dem Beitritt Kroatiens gemäß der Verordnung (EU) Nr. 517/2013, ABl. L 158 vom 10.6.2013, S. 1, abrufbar unter: eur-lex.europa.eu > DE > Amtsblatt.

Kanada

Constitution Act, abrufbar unter: laws-lois.justice.gc.ca > English > Constitutional Documents.
Official Languages Act, abrufbar unter: laws-lois.justice.gc.ca > English > Consolidated Acts.

Schweiz

Bundesgesetz über die Kommission zur Verhütung von Folter, SR 150.1.
Bundesverfassung der Schweizerischen Eidgenossenschaft, SR 101.
Organisationsverordnung für die Bundeskanzlei, SR 172.210.10.
Parlamentsgesetz, SR 171.10.
Protokoll zur Änderung des Abkommens zwischen der Schweiz und Japan zur Vermeidung der Doppelbesteuerung auf dem Gebiete der Steuern vom Einkommen, SR 0.672.946.31.
Publikationsgesetz, SR 170.512.
Sprachengesetz, SR 441.1.
Alle Normtexte sind in der Systematischen Rechtssammlung (SR) über ihre SR-Nummer abrufbar: www.admin.ch > Bundesrecht > Systematische Rechtssammlung.

6.2 Sekundärliteratur

Albrecht, Urs (2001): Die mehrsprachige Redaktion in der Bundesverwaltung. In: LeGes – Gesetzgebung & Evaluation 12 (3), 99–114.

Baumann, Jérôme u. a. (2011): Mehrsprachige Gesetzgebung in der Schweiz: Thesen und Empfehlungen. In: Schweizer/Borghi, 389–405.

Borja Albi, Anabel/Fernando Prieto Ramos (Hg.) (2013): Legal Translation in Context. Professional Issues and Prospects. Oxford u. a.

Braselmann, Petra D. E. (1991): Der Richter als Linguist. Linguistische Überlegungen zu Sprachproblemen in Urteilen des Europäischen Gerichtshofs. In: Sprache und Literatur in Wissenschaft und Unterricht 22 (2), 68–85.

Burr, Isolde/Tito Gallas (2004): Zur Textproduktion im Gemeinschaftsrecht. In: Friedrich Müller/Isolde Burr (Hg.): Rechtssprache Europas. Reflexion der Praxis von Sprache und Mehrsprachigkeit im supranationalen Recht. Berlin, 195–242.

Doczekalska, Agnieszka (2009): Drafting and interpretation of EU law – paradoxes of legal multilingualism. In: Grewendorf/Rathert, 339–370.

Gächter-Alge, Marie-Louise (2011): Mehrsprachigkeit im Völkervertragsrecht – von der Ausarbeitung zur Auslegung. Dissertation der Universität St. Gallen, Hochschule für Wirtschaft-, Rechts- und Sozialwissenschaften (HSG) zur Erlangung der Würde einer Doktorin der Rechtswissenschaft. Bamberg.

Gallas, Tito (2006): Understanding EC Law as „Diplomatic Law“ and its Language. In: Barbara Pozzo/Valentina Jacometti (Hg.): Multilingualism and the Harmonisation of European Law. Alphen aan den Rijn, 119–128.

Gémar, Jean-Claude (2013): Translating vs Co-Drafting Law in Multilingual Countries: Beyond the Canadian Odyssey. In: Borja Albi/Prieto Ramos, 155–178.

Grewendorf, Günther/Monika Rathert (Hg.) (2009): Formal Linguistics and Law. Berlin/New York.

Grüter, Barbara (2014): Sprachen im Gesetzgebungsprozess. Eine Bestandesaufnahme der Vernehmlassungs- und Anhörungsvorlagen der Schweizerischen Eidgenossenschaft in den Jahren 2010–2012. Masterarbeit der Philosophischen Fakultät der Universität Freiburg (CH), abrufbar unter: http://doc.rero.ch („Sprachen im Gesetzgebungsprozess“ suchen).

Guggeis, Manuela/William Robinson (2012): „Co-revision“: Legal-Linguistic Revision in the European Union „Co-decision“ Process. In: Cornelis J. W. Baaij (Hg.): The Role of Legal Translation in Legal Harmonization. Alphen aan den Rijn, 51–81.

Huber, Eugen (1914): Schweizerisches Zivilgesetzbuch. Erläuterungen zum Vorentwurf des Eidgenössischen Justiz- und Polizeidepartements. Zweite, durch Verweisungen auf das Zivilgesetzbuch und etliche Beilagen ergänzte Ausgabe. 1. Bd. Bern.

Lötscher, Andreas (2009): Multilingual law drafting in Switzerland. In: Grewendorf/Rathert, 371–400.

Lötscher, Andreas (2011): Wortstrukturen und Wortschatzstrukturen im mehrsprachigen Erlass – Beobachtungen zur Terminologie im BBG. In: Schweizer/Borghi, 117–144.

Müller, Friedrich/Ralph Christensen/Michael Sokolowski (1997): Rechtstext und Textarbeit. Berlin.

Müller, Friedrich/Ralph Christensen (2012): Juristische Methodik. Band II: Europarecht. 3., neu bearbeitete und stark erweiterte Aufl. Berlin.

Müller, Georg/Felix Uhlmann (2013): Elemente einer Rechtssetzungslehre. 3. Aufl. Zürich.

Nussbaumer, Markus (2008): Der Verständlichkeit eine Anwältin! Die Redaktionskommission der schweizerischen Bundesverwaltung und ihre Arbeit an der Gesetzessprache. In: Karin M. Eichhoff-Cyrus/Gerd Antos (Hg.): Verständlichkeit als Bürgerrecht? Die Rechts- und Verwaltungssprache in der öffentlichen Diskussion. Mannheim u. a., 301–323.

Šarčević, Susan (2005): The Quest for Legislative Bilingualism and Multilingualism: Co-drafting in Canada and Switzerland. In: Jean-Claude Gémar/Nicholas Kasirer (Hg.): Jurilinguistique: entre langues et droits/Jurilinguistics: Between Law and Language. Montréal/Brüssel, 277–292.
Šarčević, Susan/Colin Robertson (2013): The Work of Lawyer-Linguists in the EU Institutions. In: Borja Albi/Prieto Ramos, 181–202.
Schilling, Theodor (2011): Gesetzgebung im Zeichen der Vielsprachigkeit. In: Michael Kloepfer (Hg.): Gesetzgebung als wissenschaftliche Herausforderung. Gedächtnisschrift für Thilo Brandner. Baden-Baden, 81–92.
Schnyder, Bernhard (2001): Zur Mehrsprachigkeit der schweizerischen Gesetzgebung im Allgemeinen. In: LeGes – Gesetzgebung & Evaluation 12 (3), 33–48.
Schubarth, Martin (2001): Die Bedeutung der Mehrsprachigkeit der schweizerischen Gesetze für die höchstrichterliche Rechtsprechung. In: LeGes – Gesetzgebung & Evaluation 12 (3), 49–57.
Schweizer, Rainer J./Jérôme Baumann/Jan Scheffler (2011): Grundlagen und Verfahren der mehrsprachigen Rechtsetzung im Bund. In: Schweizer/Borghi, 13–45.
Schweizer, Rainer J./Marco Borghi (Hg.) (2011): Mehrsprachige Gesetzgebung in der Schweiz. Juristisch-linguistische Untersuchungen von mehrsprachigen Rechtstexten des Bundes und der Kantone/Législation plurilingue en Suisse. Etude juridique et linguistique de textes légaux plurilingues de la Confédération et des cantons/Legislazione plurilingue in Svizzera. Studi giuridici e linguistici di testi legali plurilingue della Confederazione e dei cantoni/La legislaziun plurilingua en Svizra. Examinaziuns da texts legislativs plurilings da la Confederaziun e dals chantuns ord vista giuridica e linguistica. Zürich/St. Gallen.

Stephanie Thieme/Gudrun Raff

20. Verständlichkeit von Gesetzestexten und ihre Optimierung in der Praxis

Der Redaktionsstab Rechtssprache beim Bundesministerium der Justiz und für Verbraucherschutz

Abstract: Die Bundesregierung hat im Jahr 2009 den Redaktionsstab Rechtssprache eingerichtet, dessen Auftrag es ist, Gesetzentwürfe des Bundes auf Verständlichkeit zu prüfen. Die Einrichtung des Redaktionsstabs Rechtssprache kann als Reaktion auf eine anhaltende öffentliche Diskussion über die sprachliche Qualität von Gesetzestexten und, damit einhergehend, auf die Forderung nach einer besseren Verständlichkeit von Gesetzen verstanden werden.

Doch verträgt sich dieser Auftrag mit den besonderen Merkmalen der Textsorte Gesetz? Ist es möglich, die komplexe Regelungsmaterie von Rechtstexten verständlich oder zumindest verständlicher zu machen? Ist die Forderung, dass Bürgerinnen und Bürger Regelungen zumindest dann verstehen können, wenn ihr konkreter Lebensbereich davon betroffen ist, realistisch? Mit anderen Worten: Wie kann man sich die Arbeit an der Sprache von Gesetzen, an der Verständlichkeit von Rechtstexten vorstellen?

Der Beitrag stellt zunächst den Redaktionsstab Rechtssprache, seine institutionelle Einbindung und seine Verortung im Gesetzgebungsverfahren vor. Anschließend gibt er anhand eines umfangreichen Textbeispiels einen Einblick in die konkrete Arbeit des Redaktionsstabs Rechtssprache, in die Praxis der Gesetzesredaktion. Eine Reihe von Verständnishürden auf verschiedenen Ebenen – Gliederung und Aufbau des Textes und der Textelemente bis hin zur Satz- und Wortebene – sowie entsprechende Lösungsvorschläge werden vorgestellt. Dabei wird deutlich, dass die sprachliche Arbeit an der Verständlichkeit von Gesetzen – entgegen der immer noch verbreiteten Annahme – nichts mit „Schönschreiben" zu tun hat.

Der Beitrag zeigt aber auch, an welche Grenzen die Spracharbeit des Redaktionsstabs Rechtssprache stößt und dass Bemühungen um verständlichere Rechtsnormen nur erfolgreich sein können, wenn es einen Dialog zwischen allen am Gesetzgebungsprozess Beteiligten gibt.

DOI 10.1515/9783110296198-020

1 Einrichtung des Redaktionsstabs Rechtssprache

Seit 1949 begleitet das Bundesministerium der Justiz und für Verbraucherschutz (im Folgenden Justizministerium genannt) die Rechtsetzungsaktivitäten der Ministerien. Dem Justizministerium werden alle Gesetzentwürfe der anderen Bundesministerien zur so genannten Rechtsprüfung übermittelt. Das Justizministerium prüft Gesetze wie auch Verordnungen des Bundes. Im Folgenden wird aber der Einfachheit halber nur von Gesetzen als Textsorte bzw. von Gesetzentwürfen gesprochen. Die Juristinnen und Juristen im Justizministerium prüfen nicht nur, ob sich die Regelungen widerspruchslos in die bestehende Rechtsordnung einfügen, sondern sie beurteilen auch deren Klarheit und Verständlichkeit – in der Regel allerdings nur unter dem jeweiligen fachlichen und juristischen Blickwinkel.

Die Bundesregierung hat im April 2009 den *Redaktionsstab Rechtssprache* beim Justizministerium eingerichtet. Seit acht Jahren beurteilen nun auch Sprachwissenschaftlerinnen und Sprachwissenschaftler (Gesetzesredakteure) die Klarheit und Verständlichkeit von Gesetzentwürfen der Bundesregierung. Sie arbeiten seither an den Gesetzentwürfen mit, Hand in Hand mit den Textverantwortlichen oder den Mitprüfungsreferaten im Justizministerium.

Der Beitrag zieht – acht Jahre nach Einrichtung des Redaktionsstabs Rechtssprache – eine Zwischenbilanz.

2 Der Redaktionsstab Rechtssprache im Gesetzgebungsverfahren

Zur institutionellen Verortung des Reaktionsstabs Rechtssprache werden zunächst grob die Verfahren der Gesetzgebung und der Rechtsprüfung im Justizministerium dargestellt, um zu zeigen, mit welchen Rechten und Pflichten die Gesetzesredaktion in die Prüfaufgaben des Justizministeriums eingebunden ist.

2.1 Initiativrecht für Bundesgesetze

Die Initiative für ein Bundesgesetz kann von der Bundesregierung, vom Bundesrat und von den Mitgliedern des Parlaments, also vom Deutschen Bundestag, ausgehen

(Artikel 76 Absatz 1 des Grundgesetzes). Mehr als die Hälfte der Gesetzgebungsvorhaben werden in dem Ministerium entworfen, das für den jeweiligen Inhalt fachlich zuständig ist (federführendes Ministerium). Der von den Ministerien zu verantwortende Entwurf (Diskussionsentwurf) wird zunächst mit weiteren Beteiligten (z. B. andere Bundesministerien als das federführende, Bundesländer oder/und Verbände) abgestimmt. Anschließend wird die offizielle Ressortabstimmung über den Entwurf, der nun *Referentenentwurf* heißt, eingeleitet. Nach Abschluss der Ressortabstimmung wird der Entwurf zur Beschlussfassung ins Kabinett der Bundesregierung weitergeleitet. Der Gesetzentwurf ist nunmehr ein *Kabinettentwurf*. Die Bundesregierung bringt nach ihrer Beschlussfassung (Kabinettbeschluss) den Gesetzentwurf, der nun *Regierungsentwurf* heißt, beim Deutschen Bundestag zur Beratung und Abstimmung ein (vgl. auch den Beitrag von Vogel in diesem Band).

2.2 Von wem und in welcher Phase der Gesetzgebung der Redaktionsstab Rechtssprache beteiligt wird

Der Redaktionsstab Rechtssprache arbeitet ausschließlich für die Entwürfe, die von den Legisten in den Bundesministerien geschrieben werden, d. h. von allen Fachleuten, die mit der Schaffung von Recht betraut sind. Er kann von den Legisten sehr früh beteiligt werden, z. B. bereits beim Diskussionsentwurf (freiwillig), oder er wird erst dann beteiligt, wenn der Entwurf zur Rechtsprüfung in das Justizministerium gelangt (obligatorische Beteiligung des Redaktionsstabs Rechtssprache). Regelmäßig gewährleistet ist die Gesetzesredaktion also nur beim Referentenentwurf in der Rechtsprüfung.

Die Arbeit des Redaktionsstabs Rechtssprache endet immer dann, wenn der Gesetzentwurf ins Bundeskabinett geht. Doch auch im Bundestag ist eine Sprachberatung für Gesetzentwürfe verankert: der Redaktionsstab der Gesellschaft für deutsche Sprache, der ausschließlich in der parlamentarischen Phase auf Beschluss des federführenden Ausschusses tätig wird.

Die Möglichkeiten und die rechtlichen Grundlagen einer kontinuierlichen Spracharbeit vom ersten Entwurf an bis zur Verkündung des Gesetzes lässt das folgende Schaubild erkennen:

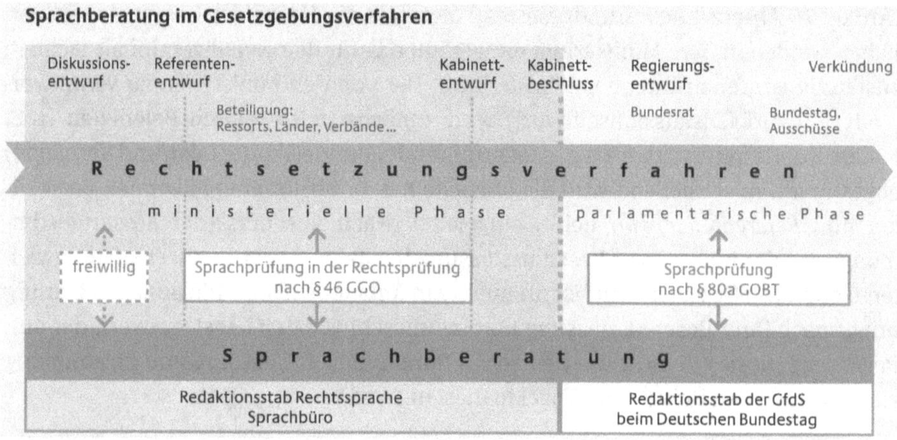

Abb. 1: Sprachberatung im Gesetzgebungsverfahren

Die Begriffe „Sprachberatung", „Sprachprüfung" und „Gesetzesredaktion" werden in diesem Beitrag synonym verwendet. Die Bezeichnung „Gesetzesredaktion" wurde vom Redaktionsstab Rechtssprache allerdings in den ersten Jahren seines Bestehens noch nicht verwendet. Erst seit 2011 bezeichnen die Mitarbeiterinnen und Mitarbeiter des Redaktionsstabs Rechtssprache ihre Arbeit zunehmend auch als Gesetzesredaktion – so wie die Mitarbeiterinnen und Mitarbeiter der zentralen Sprachdienste, Sektion Deutsch, der schweizerischen Bundeskanzlei in Bern. Der deutsche Sprachdienst der schweizerischen Bundeskanzlei ist das Vorbild für die Einrichtung der Sprachberatung in Deutschland. Siehe hierzu Näheres in den Kapiteln 3.3 und 3.4.

2.3 Die Gesetzesredaktion für die Bundesministerien

Zur Gesetzesredaktion beim Justizministerium gehört neben dem *Redaktionsstab Rechtssprache* auch das *Sprachbüro*. Die Sprachwissenschaftlerinnen des Sprachbüros sind im Justizministerium angestellt; sie bearbeiten ausschließlich die aus dem Justizministerium stammenden Entwürfe. Der Redaktionsstab Rechtssprache ist für die sprachliche Bearbeitung der Gesetzentwürfe aller anderen Bundesministerien zuständig. Er leistet als externer Dienstleister die Sprachberatung im Auftrag des Justizministeriums und ist von der Bundesregierung bis Dezember 2017 finanziert. Träger des Redaktionsstabs Rechtssprache ist die Lex Lingua Gesellschaft für Rechts- und Fachsprache.

Die Mitarbeiterinnen und Mitarbeiter des Sprachbüros und des Redaktionsstabs Rechtssprache prüfen und bearbeiten die Gesetzentwürfe nach den gleichen Kriterien; die Zweiteilung der Gesetzesredaktion hat lediglich pragmatische Gründe: Das Justizministerium stellte zunächst nur zwei Stellen im eigenen Haus zur Verfügung, und zwar für die sprachliche Bearbeitung der hauseigenen Entwürfe. Die Gesetzesredaktion für die anderen Ministerien wurden einer externen Arbeitseinheit übertragen.

2.4 Die Beteiligung des Redaktionsstabs Rechtssprache in der Rechtsprüfung

Das Justizministerium beauftragt den Redaktionsstab Rechtssprache, die zur Rechtsprüfung eingegangenen Gesetzentwürfe sprachlich zu prüfen. Die Juristinnen und Juristen, die im Justizministerium die Rechtsprüfung durchführen, gehören verschiedenen Referaten an, die – im Wesentlichen den fachlichen Zuständigkeiten der einzelnen Ministerien entsprechend – auf bestimmte Rechtsgebiete spezialisiert sind (sog. Mitprüfungsreferate bzw. Mitprüferinnen und Mitprüfer). Der Ablauf der Gesetzesredaktion in der Rechtsprüfung gestaltet sich in der Regel so, dass das für den jeweiligen Entwurf zuständige Mitprüfungsreferat den Redaktionsstab Rechtssprache mit der Sprachprüfung des Entwurfs beauftragt. Der Redaktionsstab Rechtssprache schickt den sprachlich bearbeiteten Text an das Mitprüfungsreferat zurück, das die Bearbeitung dann zusammen mit seiner rechtlichen Stellungnahme dem zuständigen Fachreferat des federführenden Ministeriums übermittelt. Die Mitprüfungsreferate sind gehalten, die Hinweise des Redaktionsstabs Rechtssprache in ihre Stellungnahmen einzubeziehen.

Die Rechtsprüfung erfordert Zeit, vor allem, wenn weitere Arbeitseinheiten beteiligt werden müssen. Dem Justizministerium muss daher auch genügend Zeit zur Prüfung und Erörterung der Fragen der Rechts- und Sprachprüfung eingeräumt werden. Es liegt im Interesse der Ministerien, wenn ihre Entwürfe in rechtlicher und sprachlicher Hinsicht sorgfältig geprüft werden. Die Frist zur abschließenden Prüfung eines Gesetzentwurfs wird in der Gemeinsamen Geschäftsordnung der Bundesministerien (GGO) geregelt. Die Frist soll in der Regel vier Wochen betragen (vgl. § 50 Satz 1 GGO). In der Praxis sind die Fristen allerdings oft viel kürzer. Hinzu kommt, dass der in der GGO für die Sprachprüfung bestimmte Zeitpunkt, die Rechtsprüfung, ein relativ später Zeitpunkt im Ablauf des ministeriellen Gesetzgebungsverfahrens ist: Die Entwürfe sind oft schon weitgehend mit allen übrigen Beteiligten abgestimmt, die Ansprechpartner für den Redaktionsstab Rechtssprache sind die Mitprüferinnen und Mitprüfer, nicht aber die Urheberinnen und Urheber der Texte, und die Zeit für gemeinsame Besprechungen aller Beteiligten ist häufig zu knapp.

2.5 Die Beteiligung des Redaktionsstabs Rechtssprache vor der Rechtsprüfung

Die Bundesministerien können den Redaktionsstab Rechtssprache aber auch in einem früheren Verfahrensstadium und damit unabhängig von der Rechtsprüfung kontaktieren. Diese Möglichkeit wird den Ministerien ebenfalls in ihrer GGO eröffnet:

> Gesetzentwürfe sind grundsätzlich dem Redaktionsstab Rechtssprache zur Prüfung auf ihre sprachliche Richtigkeit und Verständlichkeit zuzuleiten. Die Zuleitung soll möglichst frühzeitig erfolgen. (§ 42 Absatz 5 Satz 3 und 4 GGO)

Bei einer solchen frühen Prüfung kann das jeweilige Fachreferat des Ministeriums entscheiden, ob der Redaktionsstab Rechtssprache den Text vertraulich behandelt oder ob das zuständige Mitprüfungsreferat informiert und in die Prüfung einbezogen wird. In diesem Verfahrensstadium lassen sich im direkten Kontakt zum Fachreferat und – im Idealfall – im gemeinsamen Gespräch zwischen Fachebene, Mitprüfungsreferat und Redaktionsstab Rechtssprache rechtliche und sprachliche Fragen klären, bevor der Gesetzentwurf mit allen übrigen Beteiligten abgestimmt wird. Erfahrungsgemäß kann dies die abschließende Rechtsprüfung vor der Kabinettbefassung erleichtern und beschleunigen und lassen sich bessere Erfolge für einen möglichst klar und verständlich formulierten Entwurf erzielen.

3 Empirie und Selbstverständnis

3.1 Die Etablierungsphase

In der ersten Zeit seiner Tätigkeit war der Redaktionsstab Rechtssprache ein Fremdkörper im Getriebe der Gesetzesproduktion. Er stand vor der schwierigen Aufgabe, in einem weitgehend in sich abgeschlossenen System der Textproduktion für seine Arbeit zu werben. Gleichzeitig musste er sich mit der Textsorte Gesetz vertraut machen. Die Legisten und die Mitprüfungsreferate hatten keinerlei Erfahrung, wie der Redaktionsstab Rechtssprache in die Entwurfsarbeit einbezogen werden soll und wie verbindlich seine Änderungsvorschläge sind. Zudem war ungewiss, ob die Sprachberatung (nicht vorhandene) Zeit kostet und ob sie – zugespitzt formuliert – möglicherweise so unvermittelt wieder gehen würde, wie sie gekommen war. Nur wenige Juristinnen und Juristen im Justizministerium begegneten der Gesetzesredaktion mit positiver Neugier; im Allgemeinen wurde sie mit höflicher Distanz bedacht, teilweise aber auch mit Befremden oder gar Ablehnung. Nicht selten bedeutete eine sprachliche Prüfung aus Sicht der Juristinnen und Juristen lediglich „Schönschreiben". Eine solche Oberflächenkosmetik war aus ihrer Sicht entweder nicht erforderlich oder – bei sehr komplexen Texten – gar nicht möglich. Bestenfalls konnte sie nicht schaden. Die Skepsis war groß, ob eine gesonderte Sprachprüfung irgendeinen Mehrwert bringe.

Nicht alle Bedenken waren grundlos: Da die Linguistinnen und Linguisten einen anderen Blick auf die Verständlichkeit von Rechtstexten haben als deren Verfasser, kostet eine Auseinandersetzung mit der Sprachberatung natürlich Zeit – und in diesem Sinne war die Sprachberatung tatsächlich zunächst ein ‚Störfaktor'. Und da die Finanzierung der Sprachberatung zunächst nur für vier Jahre gesichert war, bis Ende 2012, war ihr Fortbestand keineswegs sicher.

In den ersten Jahren ihres Bestehens haben die Mitarbeiterinnen und Mitarbeiter des Redaktionsstabs Rechtssprache bei diversen Veranstaltungen in den Ministerien über ihre Tätigkeit berichtet und für diese geworben. Hierbei haben sie im Vergleich zum aktuellen Selbstverständnis eine eher vorsichtige Haltung zur eigenen Arbeit demonstriert:

- Sie haben regelmäßig hohen Respekt vor der juristischen Fachsprache zum Ausdruck gebracht und Beispiele für juristische Begriffe oder bestimmte juristische Formulierungen genannt, die Laien entweder gar nicht oder – schlimmer noch – nur falsch verstehen können.
- Sie haben regelmäßig versichert, dass solche Begriffe und Formulierungen selbstverständlich nicht angetastet würden.
- Sie haben als Beispiele für ihre Arbeit vor allem Bearbeitungen auf der Wortebene (uneinheitliche Begrifflichkeit, Fachsprache) und auf der Satzebene („Bandwurmsätze", „Schachtelsätze") angeführt.

3.2 Die Konsolidierungsphase

Das Team des Redaktionsstabs Rechtssprache hat mittlerweile Routine in der Bearbeitung von Gesetzentwürfen, und für die meisten Mitprüfungsreferate im Justizministerium ist die Gesetzesredaktion als Teil der Rechtsprüfung selbstverständlich geworden. Beide Seiten haben sich aufeinander eingestellt und die Zusammenarbeit hat sich im Laufe der Jahre eingespielt. Hinzu kommt, dass sich die personelle Zusammensetzung des Redaktionsstabs Rechtssprache seit 2009 nur gering verändert hat, während die Referentinnen und Referenten in den Mitprüfungsreferaten im Justizministerium häufig wechseln: Viele sind nur für zwei oder drei Jahre an das Justizministerium abgeordnet und kehren dann wieder in ihre ursprüngliche Institution (z. B. Gericht, Staatsanwaltschaft) zurück. Für viele Juristinnen und Juristen im Justizministerium ist die Gesetzesredaktion also auch insofern eine Selbstverständlichkeit, weil sie schon vor ihnen im Justizministerium tätig war. Die Kehrseite ist, dass sich oft keine kontinuierliche personelle Zusammenarbeit entwickeln kann.

3.3 Kooperation zwischen dem Redaktionsstab Rechtssprache und dem deutschen Sprachdienst der schweizerischen Bundeskanzlei

Nicht zuletzt beförderte der erste personelle Austausch zwischen dem deutschen Sprachdienst der schweizerischen Bundeskanzlei und dem Redaktionsstab Rechtssprache im Jahr 2011 die positive Entwicklung der Spracharbeit in Berlin. Der deutsche Sprachdienst der schweizerischen Bundeskanzlei in Bern, der bereits seit 1974 eine Gesetzesredaktion durchführt, hat in der Verwaltung und im Gesetzgebungsverfahren einen gefestigten Platz (vgl. den Beitrag von Nussbaumer/Bratschi). Die Erlassentwürfe, also Gesetzentwürfe und Gesetzesänderungen, werden in der Schweiz vom fachlich zuständigen Bundesamt (dies entspricht in Deutschland einem Bundesministerium) zur Sprach- und Rechtsprüfung an die Bundeskanzlei und das Bundesamt für Justiz übermittelt. Zu jedem Erlassentwurf wird in Bern eine Arbeitsgruppe gebildet (verwaltungsinterne Redaktionskommission, VIRK), in der je eine Vertreterin oder ein Vertreter des Sprachdienstes und des Bundesamtes für Justiz gemeinsam eine Stellungnahme erarbeiten und sich auf eine „gemeinsame Sprache" gegenüber dem federführenden Amt verständigen (vgl. dazu Nussbaumer 2008 und Höfler 2015).

Den beiden Frauen, die für drei Monate ihre Arbeitsplätze getauscht haben, wurde bei der praktischen Arbeit vor Ort bewusst, wie unterschiedlich der gleiche Auftrag der Spracharbeit in Bern und Berlin wahrgenommen wurde: Die Schweizer Kollegin hat ihre Tätigkeit in Berlin noch als „psychologisches und strategisches Korrigieren" wahrgenommen (nach dem Motto: dem Autor des Gesetzentwurfs oder dem jeweiligen Mitprüfer eher nicht zu viele sprachliche Eingriffe zumuten), während die Berliner Kollegin in Bern erfahren hat, wie hoch dort die Akzeptanz der Spracharbeit ist und wie selbstverständlich alle Beteiligten auf Augenhöhe miteinander umgehen (vgl. Raff/Schiedt 2012).

3.4 Ziel: die institutionelle Einbindung

Bei einem wiederholten personellen Austausch im Jahr 2014 hat sich gezeigt, dass bei der Textbearbeitung keine großen Unterschiede mehr zwischen Berlin und Bern bestehen. Das Selbstbewusstsein der Berliner Gesetzesredakteurinnen und Gesetzesredakteure ist im Laufe der Jahre mit ihrer Erfahrung und mit der Anerkennung gewachsen, die ihre Arbeit von vielen Mitprüferinnen und Mitprüfern und oft auch von den Fachleuten aus den Ministerien erfährt. Sie verstehen ihre Arbeit nicht mehr als „Korrigieren" und bezeichnen sie nicht mehr nur als „Sprachberatung", sondern auch – wie die Schweizer Kolleginnen und Kollegen – als „Gesetzesredaktion". Allerdings fehlt in Deutschland weiterhin eine institutionell geregelte Zusammenarbeit der Beteiligten, wie sie in der Schweiz so selbstverständlich praktiziert wird.

Bei einer Beteiligung des Redaktionsstabs Rechtssprache im Rahmen der Mitprüfung gibt es, anders als bei der frühen Beteiligung, nur selten Kontakt zwischen den Gesetzesredakteurinnen und Gesetzesredakteuren und dem zuständigen Fachreferat im federführenden Ministerium. Schriftliche Erläuterungen, Fragen und Anmerkungen müssen hier den direkten Kontakt zum federführenden Ministerium ersetzen.

Vom Engagement der Mitprüfungsreferate und letztlich auch vom jeweiligen Legisten im federführenden Ministerium hängt es ab, ob man sich zu einer gemeinsamen Textbesprechung aller Beteiligten (Mitprüfungsreferat, Ressort, Redaktionsstab Rechtssprache) zusammensetzt. Anders als in der Schweiz sind solche „Redaktionssitzungen" aber kein integraler Bestandteil des Gesetzgebungsverfahrens.

In Deutschland werden Sprachprüfung und Rechtsprüfung in der Regel separat durchgeführt und die Stellungnahmen bleiben zumeist getrennt, d. h. die Gesetzesredakteurinnen und Gesetzesredakteure haben von der rechtlichen Stellungnahme in den meisten Fällen keine Kenntnis. Die Mitprüferinnen und Mitprüfer entscheiden, welche Vorschläge des Redaktionsstabs Rechtssprache sie an das federführende Ministerium weiterleiten und in welcher Form sie dies tun. Das federführende Ministerium seinerseits kann entscheiden, ob es Anregungen der Gesetzesredaktion berücksichtigt oder nicht: Die Vorschläge der Sprachberatung haben empfehlenden Charakter, wie es auch in dem bereits zitierten § 42 Absatz 5 der GGO geregelt ist. Und da der Redaktionsstab Rechtssprache – anders als in der Schweiz – nicht automatisch in jeder Phase des Gesetzgebungsverfahrens wiederholt beteiligt wird, erfahren die Gesetzesredakteurinnen und Gesetzesredakteure oft nicht, was aus ihren Vorschlägen geworden ist, bevor der Entwurf verabschiedet und im Bundesgesetzblatt verkündet worden ist.

4 Verständlichkeit und die Textsorte Gesetz

4.1 Verständlichkeit als Ergebnis von Kommunikation

Bevor ein Überblick über die konkrete Arbeit an der Verständlichkeit von Gesetzen gegeben wird, sollen kurz Ergebnisse der Verständlichkeitsforschung im Hinblick auf Rechtstexte vorgestellt werden.

Verständlichkeit ist keine feste, unhistorische Größe, sondern immer das Ergebnis von (gelungener) Kommunikation zwischen Text und Leser. Ein Text ist verständlich in Relation zum Rezipienten, der über eine bestimmte Bildung, ein bestimmtes Vorwissen verfügt: Was für den einen verständlich ist, bleibt einem anderen weitgehend unverständlich (vgl. Hoffmann 1992, 124).

4.2 Gesetze sind Fachtexte sind (auch nur) Texte

Wer Gesetze verständlicher machen will, muss sich mit den besonderen Merkmalen dieser Textsorte (Abstraktheit, regelnder Charakter, juristische Logik, Kausalität von Tatbestand und Rechtsfolge usw.) auseinandersetzen. Doch auch Gesetzestexte sind Texte, sind Mittel einer Kommunikation, auf die sich grundlegende Kommunikationsregeln der Allgemeinsprache anwenden lassen (müssen). Darüber hinaus kann, da keine entsprechenden vergleichenden Analysen vorliegen, auf wissenschaftlicher Basis nicht einmal behauptet werden, „dass die Textsorte ‚Rechtstext' weniger verständlich ist als andere Textsorten" (Schendera 2004, 349). Ob ein Text verständlich ist, kommt offenbar weniger darauf an, welcher Textsorte er angehört, sondern eher darauf, wie er formuliert ist (vgl. Schendera 2004, 350).

Wie auf jede andere Textsorte lassen sich auch auf die Textsorte *Gesetz* allgemeine linguistische Prinzipien zur Verbesserung von Verständlichkeit anwenden: Elemente, die in der Allgemeinsprache die Interpretation lenken, greifen auch bei Fachtexten (vgl. Lötscher 2007). Die Ansicht, Gesetze seien Fachtexte, die ohnehin nur von Juristen gelesen würden und daher lohne es auch nicht, sie für die Allgemeinheit möglichst verständlich zu schreiben, ist nicht nur aus linguistischer Sicht problematisch, sondern auch aus gesellschaftspolitischer Sicht. In diesem Sinn fordert, wer von Gesetzen Verständlichkeit fordert,

> nicht einfach, dass der Laie in jedem Fall aus der Formulierung des Normsatzes eindeutig ableiten kann, was Recht ist und was Unrecht ist und was er zu tun und zu lassen hat, sondern Verstehen von Recht in jenem demokratiepolitischen Sinn, dass die Bürgerin und der Bürger doch zumindest der allgemeinen Richtung nach müssen verstehen können, was als Recht gesetzt werden soll, und zwar – und das ist wichtig – nicht bloss auf Grund dessen, was über das Gesetz gesagt und geschrieben wird, sondern auf Grund des Gesetzestextes selber. (Nussbaumer 2007, 28 f.)

Die Forderung nach Verständlichkeit in diesem Sinn kann sich wiederum auf die Verständlichkeitsforschung berufen, denn auch für Gesetzestexte gilt, dass

> ungefähres Verstehen mehr [ist] als gar nicht oder falsch verstehen. Approximatives Verstehen als Nicht-Verstehen zu qualifizieren und nur die Kenntnis der Auslegungen als Verstehen zu akzeptieren, verfehlt, dass in Wirklichkeit auch Juristen Sprache nicht anders verstehen können, selbst wenn sie Fachausdrücke verwenden. (Lötscher 2014, 14)

5 Arbeit an der Verständlichkeit von Gesetzestexten

Arbeit an der Verständlichkeit von Gesetzestexten ist Arbeit an diesen Texten in einem weit gehenden Sinn. Denn Verstehen heißt Textverstehen, nicht Wort- oder Satzverstehen. Eine unklare, unlogische Struktur, wechselnde Perspektiven etc. sind mindestens genauso entscheidend für die Verständlichkeit eines Textes wie klare, gut formulierte Sätze. Sprachliche Einflussnahme im Sinne von Klarheit und Verständlichkeit der Regelungen bedeutet,

> einem Text eine Form [zu] geben, aus der die Rezipientinnen und Rezipienten so klar und einfach wie möglich rekonstruieren können, was verstanden werden soll. Das bedeutet, dass die Form die Struktur des Inhalts transparent widerspiegelt, dass keine Irrwege für das Verstehen eingebaut werden, dass man bei der Suche nach dem Sinn den grundlegenden Interpretations- und Inferenzregeln für Texte folgen kann. Das ist eine übergreifende Perspektive, die alle Elemente eines Textes, von der Systematik über den Aufbau einzelner Paragraphen bis zum Satzbau und der Wortwahl umfasst. (Lötscher 2014, 15)

Arbeit an der Verständlichkeit von Gesetzestexten lässt sich daher nicht auf eine stilistische Oberflächenkosmetik reduzieren. Sie muss „integraler Bestandteil bei der Erarbeitung eines Gesetzestextes" sein und „kann nicht das nachträgliche Verschönern eines vorformulierten Textes sein, die Verbesserung des schlechten Baus durch eine schöne Tapete." (Lötscher 2014, 18)

Ein solch weiter Begriff von Arbeit an der Verständlichkeit bedeutet zugleich, dass Gesetzesredaktion „nicht ohne Eingriffe ins Materielle" möglich ist:

> Jede Änderung an Sprache im [...] weiten Sinn ist Änderung auch am Gehalt. Aber die Änderung ist nicht materiell induziert, sondern sprachlich-textuell, vom Willen, den Gehalt im Kern verständlich zu machen. (Nussbaumer 2004, 292)

Ein solcher Begriff von Gesetzesredaktion erfordert Interdisziplinarität, wie insbesondere Markus Nussbaumer, Leiter des deutschen Sprachdienstes der schweizerischen Bundeskanzlei, und Andreas Lötscher, langjähriger Gesetzesredakteur in Bern, immer wieder betonen (vgl. u. a. Nussbaumer 2004 und Lötscher 2014). Und dies gilt nicht nur für jeden einzelnen Entwurf. Textqualität realisiert sich vielmehr, so Lötscher (2014, 18), „nicht als einmalige, isolierte Anstrengung in einem einzelnen Text. Sie ist Ergebnis einer Kultur, die über lange Zeit entwickelt, gepflegt und gefördert werden muss."

Arbeit an der Verständlichkeit von Gesetzen kann nur im gemeinsamen Bemühen aller am Gesetzgebungsprozess Beteiligten gelingen. Es bedarf der Kommunikation zwischen den Juristinnen und Juristen, der Fachebene und den Gesetzesredakteurinnen und Gesetzesredakteuren.

6 Der Arbeitsalltag des Redaktionsstabs Rechtssprache

6.1 Pragmatische Textarbeit

Acht Jahre nach seiner Einrichtung hat der Redaktionsstab Rechtssprache ca. 1480 Gesetzentwürfe sprachlich geprüft. Darunter waren deutlich mehr Änderungsgesetze, d. h. Entwürfe, mit denen bestehendes Recht geändert wird, als neue Stammgesetze. Die Gesetzesredakteurinnen und Gesetzesredakteure erhalten Texte aus ganz verschiedenen Fachgebieten zur Sprachprüfung: Umwelt, Wirtschaft, Finanzen, Gesundheit, Beamtenrecht, Arbeitsschutz etc. Darunter sind Fachtexte, die sie als fachliche Laien lesen, mit Fachtermini und Wendungen, die das Verstehen für sie erschweren und hin und wieder tatsächlich unmöglich machen. Solche Texte sollen für Fachleute verständlich sein, die über das entsprechende Spezialwissen verfügen. Doch der Redaktionsstab Rechtssprache erhält auch viele Normen zur Sprachprüfung, die nicht nur von Fachleuten, sondern auch von Behörden, Unternehmen und Privatpersonen verstanden und angewandt werden müssen, die nicht in erster Linie zum Kreis der Fachleute gehören. Anders als Außenstehende vermuten könnten, bestimmt die Auseinandersetzung mit juristischen Fachtermini und Wendungen den Arbeitsalltag der Mitarbeiterinnen und Mitarbeiter des Redaktionsstabs Rechtssprache folglich nur wenig.

Die sprachliche Bearbeitung findet auf den verschiedenen Ebenen des Textes statt. Sie reicht vom Textkonzept über die Gliederung und den Aufbau des Textes und der Textelemente bis hin zur Satz- und Wortebene. Wie eine solche Bearbeitung aussehen kann, wird in Kapitel 7 an einem Beispiel aus der Praxis gezeigt. Jeder Entwurf bedarf einer individuellen Bearbeitung.

Die konkrete Textarbeit variiert; Bearbeitung und Bearbeitungstiefe hängen nicht nur von der sprachlichen Qualität des Entwurfs ab, sondern z. B. auch davon, ob es sich um ein (neues) Stammgesetz oder um ein Änderungsgesetz handelt, ob sich der Entwurf in einem frühen oder späten Stadium innerhalb des Gesetzgebungsprozesses befindet, ob der Redaktionsstab den Entwurf zum ersten Mal zur Prüfung erhält oder ob es sich um eine wiederholte Prüfung handelt.

Doch auch außertextuelle Faktoren beeinflussen die Bearbeitung und die Bearbeitungstiefe. So gilt es vor jeder Bearbeitung zu prüfen:

- Wie viel Zeit wird der sprachlichen Bearbeitung eingeräumt?
- Ist genügend Zeit für eine Kommunikation zwischen den Beteiligten vorhanden?
- Wie groß ist die Bereitschaft der Textverantwortlichen, für sprachliche Verbesserungen einzutreten?
- Wird vorgegeben, dass an der Terminologie oder am Aufbau des Textes nichts geändert werden darf, z. B. weil wegen der Übernahme aus dem europäischen Recht kein oder wenig Spielraum besteht?

- Wird vorgegeben, dass an bestimmten Formulierungen nichts geändert werden darf, weil diese als Kompromisse aus politischen Verhandlungen hervorgegangen sind?

6.2 Das Handbuch der Rechtsförmlichkeit

Das Justizministerium gibt im Handbuch der Rechtsförmlichkeit Empfehlungen zur Gestaltung von Gesetzen und Rechtsverordnungen. Dazu gehören auch Empfehlungen zur sprachlichen Gestaltung der Rechtstexte. Die letzte Auflage datiert aus dem Jahr 2008. Inzwischen haben die Sprachwissenschaftlerinnen und Sprachwissenschaftler des Sprachbüros und des Redaktionstabs Rechtssprache den sprachlichen Teil für eine geplante Neuauflage komplett neu bearbeitet. Zum ersten Mal werden die Empfehlungen nun auf linguistischer Grundlage und anhand der Erfahrungen von Gesetzesredakteurinnen und Gesetzesredakteuren gegeben.

Maßgeblich für den neuen Sprachteil sind Faktoren, die die Verständlichkeit erleichtern oder erschweren. Auf einige dieser Faktoren wird im folgenden Beispiel aus der Praxis näher eingegangen.

7 Ein Beispiel aus der Praxis der Gesetzesredaktion

7.1 Einführung in das zu bearbeitende Gesetz, außertextliche Faktoren

Im Folgenden werden verschiedene Aspekte der Arbeit des Redaktionsstabs Rechtssprache vorgestellt, und zwar anhand eines Paragrafen aus dem Gesetz zur Umsetzung der Richtlinie 2011/61/EU über die Verwalter alternativer Investmentfonds (AIFM-Umsetzungsgesetz).

Das AIFM-Umsetzungsgesetz ist ein Mantelgesetz, das eine EU-Richtlinie (Richtlinie 2011/61/EU über die Verwalter alternativer Investmentfonds) in nationales Recht umsetzen sollte. Ein Mantelgesetz besteht aus mindestens zwei Artikeln; durch jeden dieser Artikel wird ein Gesetz geändert, aufgehoben, erlassen oder neu gefasst.

Ziel der umzusetzenden EU-Richtlinie war es, gemeinsame Anforderungen für die Zulassung von und die Aufsicht über Verwalter alternativer Investmentfonds (AIF) festzulegen, um für den Umgang mit damit zusammenhängenden Risiken für Anleger und Märkte in der Union ein kohärentes Vorgehen zu gewährleisten.

Das AIFM-Umsetzungsgesetz besteht aus 28 Artikeln. Mit Artikel 1 wird das Kapitalanlagegesetzbuch (KAGB), ein neues Gesetz, erlassen. Das KAGB tritt an die Stelle des alten Investmentgesetzes, das teilweise darin aufging. Es enthält 355 Paragrafen, allein das Inhaltsverzeichnis erstreckt sich über sieben zweispaltig gedruckte Seiten im Bundesgesetzblatt. Als der Redaktionsstab Rechtssprache diesen Text im Jahr 2012 zur Gesetzesredaktion bekam, hatte er gut zwei Wochen Zeit für die Bearbeitung; auch die Frist für die rechtliche Prüfung dieses komplexen Vorhabens war nicht ausreichend und entsprach nicht den Vorgaben der GGO. Dennoch gab es eine intensive Zusammenarbeit mit der zuständigen Mitprüferin im Justizministerium. Letztlich fehlte aber die Zeit, um mehr als einzelne Formulierungsvorschläge oder Hinweise auf uneinheitliche Begrifflichkeiten zu prüfen. Vorschläge etwa zur Aufteilung einzelner Paragrafen, die der Redaktionsstab Rechtssprache an manchen Stellen dennoch unterbreitete, konnten kaum berücksichtigt werden, weil man die verbindliche Bezugnahme auf eine andere Regelung innerhalb des Entwurfs (Binnenverweise) nicht mehr hätte anpassen können.

Einige Zeit später erhielt der Redaktionsstab Rechtssprache weitere 24 Paragrafen zur Sprachprüfung. Es handelte sich dabei um die Vorschriften aus dem alten Investmentgesetz, das durch das AIFM-Umsetzungsgesetz aufgehoben wurde. Diese Vorschriften sollten als in sich geschlossener Teil, als Unterabschnitt mit der Überschrift „Immobilien-Sondervermögen", in das KAGB aufgenommen werden. Es gab im übrigen KAGB keine Verweise auf diesen Teil, und die zuständige Mitprüferin im Justizministerium signalisierte, dass eine intensive redaktionelle Bearbeitung dieses Teils gute Chancen einer Umsetzung haben könnte und dass der Redaktionsstab auch umfangreichere Vorschläge zur Struktur einzelner Paragrafen unterbreiten kann.

Im Folgenden sollen anhand eines Paragrafen aus dem Unterabschnitt „Immobilien-Sondervermögen" eine Reihe von Verständnishürden sowie entsprechende Lösungsvorschläge vorgestellt werden. Anschließend werden den ursprünglichen Regelungen die Kabinettfassung sowie die Fassung, die im Bundesgesetzblatt verkündet wurde, gegenübergestellt.

7.2 § 224b des Kapitalanlagegesetzbuches: Originalfassung

Da sich die Bearbeitung des Paragrafen 224b, wie sich noch zeigen wird, auch auf den Paragrafen 224a auswirkt, sei dieser im Folgenden schon mit aufgeführt. Die Nummerierung der Paragrafen ist hier noch provisorisch; Grund dafür ist, dass sie, wie oben erläutert, nachträglich in den Entwurf des KAGB eingefügt worden sind, dessen durchgängige Nummerierung zunächst nicht verändert werden sollte. Einige Textpassagen haben wir für diesen Beitrag kursiv formatiert; siehe dazu die Ausführungen unter 7.3.2.

Unterabschnitt
Immobilien-Sondervermögen

§ 224a
Immobilien-Sondervermögen

Für die Verwaltung von Sondervermögen, die nach den Anlagebedingungen das bei ihnen eingelegte Geld in Immobilien anlegen (Immobilien-Sondervermögen), gelten die Vorschriften der §§ 188 bis 209 sinngemäß, soweit sich aus den §§ 224b bis 224x nichts anderes ergibt.

§ 224b
Zulässige Vermögensgegenstände; Anlagegrenzen

(1) Die AIF-Kapitalverwaltungsgesellschaft darf *vorbehaltlich der Absätze 2 bis 6* für ein Immobilien-Sondervermögen nur folgende und die in den §§ 224c und 224q genannten Vermögensgegenstände erwerben:

1. Mietwohngrundstücke, Geschäftsgrundstücke und gemischtgenutzte Grundstücke;
2. Grundstücke im Zustand der Bebauung, wenn die genehmigte Bauplanung *den in Nummer 1 genannten Voraussetzungen* entspricht und nach den Umständen mit einem Abschluss der Bebauung in angemessener Zeit zu rechnen ist und wenn die Aufwendungen für die Grundstücke insgesamt 20 Prozent des Wertes des Sondervermögens nicht überschreiten;
3. unbebaute Grundstücke, die für eine alsbaldige eigene Bebauung *nach Maßgabe der Nummer 1* bestimmt und geeignet sind, wenn zur Zeit des Erwerbs ihr Wert zusammen mit dem Wert der bereits in dem Sondervermögen befindlichen unbebauten Grundstücke 20 Prozent des Wertes des Sondervermögens nicht übersteigt;
4. Erbbaurechte *unter den Voraussetzungen der Nummern 1 bis 3.*

(2) Wenn die Anlagebedingungen dies vorsehen und die Vermögensgegenstände einen dauernden Ertrag erwarten lassen, darf die AIF-Kapitalverwaltungsgesellschaft für Rechnung eines Immobilien-Sondervermögens *vorbehaltlich der Absätze 3 bis 6* auch andere Grundstücke und andere Erbbaurechte sowie Rechte in Form des Wohnungseigentums, Teileigentums, Wohnungserbbaurechts und Teilerbbaurechts erwerben. Die *Grundstücke und Rechte nach Satz 1* dürfen nur erworben werden, wenn zur Zeit des Erwerbs ihr Wert zusammen mit dem Wert der bereits in dem Sondervermögen befindlichen Grundstücke und Rechte gleicher Art 15 Prozent des Wertes des Immobilien-Sondervermögens nicht überschreitet. *Unter den Voraussetzungen des Satzes 1* darf die AIF-Kapitalverwaltungsgesellschaft für Rechnung eines Immobilien-Sondervermögens auch Nießbrauchrechte an Grundstücken *im Sinne des Absatzes 1 Nummer 1* erwerben, die der Erfüllung öffentlicher Aufgaben dienen, wenn zur Zeit der Bestellung die Aufwendungen für das Nießbrauchrecht zusammen mit dem Wert der bereits im Sondervermögen befindlichen Nießbrauchrechte 10 Prozent des Wertes des Sondervermögens nicht übersteigen.

(3) Außerhalb eines Vertragsstaates des Abkommens über den Europäischen Wirtschaftsraum belegene Vermögensgegenstände der *in den Absätzen 1 und 2 genannten* Art dürfen für ein Immobilien-Sondervermögen nur dann erworben werden, wenn

1. die Anlagebedingungen dies vorsehen;
2. eine angemessene regionale Streuung der Vermögensgegenstände gewährleistet ist;
3. in den Anlagebedingungen diese Staaten und der jeweilige Anteil des Sondervermögens, der in diesen Staaten höchstens angelegt werden darf, angegeben wird;
4. in diesen Staaten die freie Übertragbarkeit der Vermögensgegenstände *gemäß den Absätzen 1 und 2* gewährleistet und der Kapitalverkehr nicht beschränkt ist;
5. die Wahrnehmung der Rechte und Pflichten der Verwahrstelle gewährleistet ist.

(4) Die AIF-Kapitalverwaltungsgesellschaft hat sicherzustellen, dass die für Rechnung eines Immobilien-Sondervermögens gehaltenen Vermögensgegenstände nur insoweit einem Währungsri-

siko unterliegen, als der Wert der einem solchen Risiko unterliegenden Vermögensgegenstände 30 Prozent des Wertes des Sondervermögens nicht übersteigt.

(5) Ein Vermögensgegenstand *nach den Absätzen 1 und 2* darf nur erworben werden, wenn er zuvor von einem externen Bewerter im Sinne des § 224n Nummer 1, der nicht zugleich die regelmäßige Bewertung gemäß §§ 224m, 224o Absatz 1 durchführt, bewertet wurde und die aus dem Sondervermögen zu erbringende Gegenleistung den ermittelten Wert nicht oder nur unwesentlich übersteigt. Entsprechendes gilt für Vereinbarungen über die Bemessung des Erbbauzinses und seine etwaige spätere Änderung.

(6) Für ein Immobilien-Sondervermögen dürfen auch Gegenstände erworben werden, die zur Bewirtschaftung der Vermögensgegenstände des Immobilien-Sondervermögens erforderlich sind.

(7) Ein Grundstück *im Sinne des Absatzes 1 Nummer 1 bis 3 oder des Absatzes 2 Satz 1* darf die AIF-Kapitalverwaltungsgesellschaft nur unter den in den Anlagebedingungen näher festgelegten Bedingungen mit einem Erbbaurecht belasten. Die Angemessenheit des Erbbauzinses ist vor der Bestellung des Erbbaurechts von einem externen Bewerter im Sinne des § 224n Nummer 1, der nicht zugleich die regelmäßige Bewertung gemäß §§ 224m, 224o Absatz 1 durchführt, zu bestätigen. Ein externer Bewerter im Sinne des § 224n Nummer 1, hat innerhalb von zwei Monaten nach der Bestellung des Erbbaurechts den Wert des Grundstücks neu festzustellen. Ein Erbbaurecht darf nicht bestellt werden, wenn der Wert des Grundstücks, an dem das Erbbaurecht bestellt werden soll, zusammen mit dem Wert der Grundstücke, an denen bereits Erbbaurechte bestellt worden sind, 10 Prozent des Wertes des Immobilien-Sondervermögens übersteigt. Die Verlängerung eines Erbbaurechts gilt als Neubestellung.

(8) Die Nichtbeachtung der vorstehenden Vorschriften berührt die Wirksamkeit des Rechtsgeschäfts nicht.

(9) Das Immobilien-Sondervermögen darf nicht für eine begrenzte Dauer gebildet werden. § 158 Absatz 2 Nummer 7 ist nicht anzuwenden.

(10) Bei der Berechnung des Wertes des Sondervermögens *gemäß Absatz 1 Nummer 2 und 3, Absatz 2 Satz 2 und 3, Absatz 7 Satz 4* sowie bei der Angabe des Anteils des Sondervermögens *gemäß Absatz 3 Nummer 3* sind die aufgenommenen Darlehen nicht abzuziehen.

7.3 Verständnishürden

7.3.1 Gliederung: Umfang des Paragrafen und der Absätze

Auf den ersten Blick fällt auf, dass der Paragraf sehr lang ist: Er umfasst 10 Absätze, von denen wiederum einige, insbesondere die Absätze 2 und 7, recht umfangreich sind.

Zum Umfang von Paragrafen und Absätzen empfiehlt das Handbuch der Rechtsförmlichkeit, dass

- ein Paragraf nur einen Regelungsgegenstand enthalten und daher höchstens fünf Absätze umfassen soll,
- ein Absatz höchstens drei Sätze umfassen sollte,
- die Überschrift des Paragrafen aussagekräftig sein soll.

Hintergrund hierfür ist auch, dass Rechtsvorschriften in der Regel nicht linear gelesen werden, sondern punktuell auf eine bestimmte Fragestellung hin. Um das Auffinden einer bestimmten Regelung und ein gezieltes selektives Lesen zu ermöglichen, müssen sie nach festen Prinzipien untergliedert sein. Eine ausführliche Untergliederung und die nachvollziehbare Anordnung der Gliederungseinheiten sind somit wesentliche Voraussetzungen für die Verständlichkeit einer Rechtsvorschrift.

7.3.2 Aufbau: Binnenverweise

Weiterhin fällt auf, dass der Paragraf sehr viele Verweise auf Regelungen des gleichen Gesetzes (Binnenverweise) enthält. Einige von ihnen beziehen sich auf andere Paragrafen des Gesetzes, die meisten aber (im abgedruckten Text kursiv hervorgehoben) verweisen auf Regelungen des gleichen Paragrafen.

Binnenverweise behindern den Lesefluss und die Verständlichkeit eines Textes. Sie sollten deshalb so sparsam wie möglich eingesetzt werden. Ein häufiges Auftreten von Binnenverweisen kann ein Indiz für einen schlecht durchdachten Textaufbau sein: Mit Binnenverweisen muss unter anderem dann gearbeitet werden, wenn sachlich Zusammengehöriges nicht auch räumlich zusammensteht. Binnenverweise können aber auch Ausdruck eines „Versicherungsdenken[s]" (Nussbaumer 2007b, 53) sein, nach dem auch auf das Selbstverständlichste noch einmal Bezug genommen wird, was nicht nur unnötig ist, sondern auch irritiert.

7.3.3 Wort- und Satzebene, Struktur der Absätze

Bevor der Paragraf insgesamt daraufhin geprüft wird, ob er sich aufteilen und/oder anders strukturieren lässt, wird jeder Teil, wird jeder Absatz und jeder Satz, genau gelesen und auf Verständnishürden geprüft. Worauf der Redaktionsstab Rechtssprache bei einer solchen kritischen Lektüre achtet, wird nun am Beispiel der Absätze 1 und 2 gezeigt. Einige der Probleme, auf die dabei besonders eingegangen wird, sind durch unterschiedliche Formatierung der entsprechenden Textpassagen markiert:

(1) ***Die AIF-Kapitalverwaltungsgesellschaft*** *darf vorbehaltlich der Absätze 2 bis 6* ***für ein*** **Immobilien-Sondervermögen** nur folgende und die in den §§ 224c und 224q genannten Vermögensgegenstände erwerben:

1. Mietwohngrundstücke, Geschäftsgrundstücke und gemischtgenutzte Grundstücke;
2. Grundstücke im Zustand der Bebauung, ***wenn*** die genehmigte Bauplanung *den in Nummer 1 genannten Voraussetzungen* entspricht ***und*** nach den Umständen mit einem Abschluss der Bebauung in angemessener Zeit zu rechnen ist ***und*** wenn die Aufwendungen für die Grundstücke insgesamt 20 Prozent des Wertes des Sondervermögens nicht überschreiten;
3. unbebaute Grundstücke, die für eine alsbaldige eigene Bebauung *nach Maßgabe der Nummer 1* bestimmt und geeignet sind, wenn zur Zeit des Erwerbs ihr Wert zusammen mit dem Wert der bereits in dem **Sondervermögen** befindlichen unbebauten Grundstücke 20 Prozent des Wertes des Sondervermögens nicht übersteigt;
4. Erbbaurechte *unter den Voraussetzungen der Nummern 1 bis 3.*

(2) [1]***Wenn*** die Anlagebedingungen dies vorsehen ***und*** die Vermögensgegenstände einen dauernden Ertrag erwarten lassen, *darf die AIF-Kapitalverwaltungsgesellschaft* ***für Rechnung eines*** **Immobilien-Sondervermögens** *vorbehaltlich der Absätze 3 bis 6* auch andere Grundstücke und andere Erbbaurechte sowie Rechte in Form des Wohnungseigentums, Teileigentums, Wohnungserbbaurechts und Teilerbbaurechts erwerben. [2]Die ***Grundstücke und Rechte nach Satz 1*** dürfen nur erworben werden, wenn zur Zeit des Erwerbs ihr Wert zusammen mit dem Wert der bereits in dem **Sondervermögen** befindlichen Grundstücke und Rechte gleicher Art 15 Prozent des Wertes des **Immobilien-Sondervermögens** nicht überschreitet. [3]*Unter den Voraussetzungen des Satzes 1* darf die AIF-Kapitalverwaltungsgesellschaft ***für Rechnung eines*** **Immobilien-Sondervermögens** auch Nießbrauchrechte an Grundstücken *im Sinne des Absatzes 1 Nummer 1* erwerben, die der Erfüllung öffentlicher Aufgaben dienen, wenn zur Zeit der Bestellung die Aufwendungen für das Nießbrauchrecht zusammen mit dem Wert der bereits im **Sondervermögen** befindlichen Nießbrauchrechte 10 Prozent des Wertes des Sondervermögens nicht übersteigen.

7.3.3.1 Wortebene

Es fällt auf, dass zwei verschiedene Begriffe, „Immobilien-Sondervermögen" und „Sondervermögen", verwendet werden, die vermutlich das Gleiche bezeichnen sollen – diese Vermutung wird durch die Überschrift des Unterabschnitts und die Definition von Immobilien-Sondervermögen in § 224a gestützt. Im ersten Absatz entspricht die Verwendung der Begriffe einem erkennbaren Prinzip: Beim ersten Auftreten des Begriffs in dem Absatz wird die Langform verwendet und anschließend immer die Kurzform. Im zweiten Absatz wird dieses Prinzip allerdings nicht mehr angewendet.

Zur Wortwahl fällt auch auf, dass die AIF-Kapitalverwaltungsgesellschaft Vermögensgegenstände „für ein Immobilien-Sondervermögen" erwerben darf (erster Absatz) und Nießbrauchrechte an Grundstücken „für Rechnung eines Immobilien-Sondervermögens" (zweiter Absatz) erwerben darf. Hier stellt sich die Frage, ob mit den unterschiedlichen Formulierungen auch Unterschiedliches gemeint ist oder eben doch Gleiches.

Das Handbuch der Rechtsförmlichkeit empfiehlt, innerhalb einer Rechtsvorschrift darauf zu achten, dass der gleiche Gegenstand stets mit dem gleichen Begriff bezeichnet wird. Es dient der Verständlichkeit, wenn Begriffe kohärent verwendet werden. Unter anderem durch dieses Kohärenzgebot unterscheiden sich Fachtexte, zu denen auch Gesetze gehören, von anderen Textsorten, die sich durch stilistische Varianz auszeichnen.

7.3.3.2 Satzebene

Im ersten Satz des ersten Absatzes (bis zum Ende der Liste) werden die „in den §§ 224c und 224q genannten Vermögensgegenstände" nicht, wie die übrigen Vermögensgegenstände, in der Liste aufgeführt, sondern im einleitenden Satzteil. Hier stellt sich die Frage, warum so verfahren wurde. Haben z. B. die einen Vermögensgegenstände einen anderen Stellenwert als die anderen?

Mit der Aufzählung der Vermögensgegenstände in Listenform im ersten Absatz des Paragrafen ist eine entsprechende Empfehlung des Handbuchs der Rechtsförmlichkeit umgesetzt, Sätze, die längere Aufzählungen enthalten, durch eine übersichtliche Gliederung (Liste) besser lesbar zu machen. Hier bietet sich aber noch eine weitere Untergliederung der Listennummer 2 an, die ihrerseits eine Aufzählung enthält. Es wäre auch zu überlegen, ob sich der Verweis auf die „in Nummer 1 genannten Voraussetzungen“ auflösen ließe, zumal der Begriff „Voraussetzungen“ die dort genannten Grundstücke nicht treffend zu bezeichnen scheint. Entsprechend wäre zu prüfen, ob sich auch der Rückverweis in der Listennummer 3 („Bebauung nach Maßgabe der Nummer 1“) auflösen ließe, und es stellt sich die Frage, ob mit ihm nicht das Gleiche gemeint sein soll wie mit dem Verweis in der Nummer 2.

Im zweiten Absatz setzt der erste Satz mit zwei Voraussetzungen ein („**Wenn** die Anlagebedingungen **dies** vorsehen und die Vermögensgegenstände einen dauernden Ertrag erwarten lassen“), die zugleich auf den Hauptsatz vorausverweisen. Erst am Ende des Satzes (und nach dem Verweis auf die Absätze 3 bis 6) erfährt der Leser, dass es auch im zweiten Absatz darum geht, Vermögensgegenstände aufzuführen, deren Erwerb der AIF-Kapitalverwaltungsgesellschaft erlaubt ist. Absatz 1 und Absatz 2 regeln also vermutlich parallele Inhalte; durch den unterschiedlichen Satzaufbau ist dies aber nicht auf den ersten Blick zu erkennen. Der zweite Satz enthält weitere Voraussetzungen („Die Grundstücke und Rechte nach Satz 1 dürfen nur erworben werden, wenn …“) und der dritte Satz verweist auf Satz 1 und damit auf die dort geregelten Voraussetzungen.

Das Kohärenzgebot (siehe unter „Wortebene“) gilt auch für den Satzbau: Parallele Sachverhalte sollen auch sprachlich, durch einen parallelen Satzbau, als solche erkennbar sein; dies unterstützt und beschleunigt den Sprachverarbeitungsprozess. Im Übrigen gilt das Kohärenzgebot auch für die größeren Gliederungseinheiten, die Paragrafen, und – bei mehreren Gliederungsebenen – die einzelnen Abschnitte usw.

7.4 Vom Redaktionsstab Rechtssprache bearbeitete Fassung (§ 224b)

Die anhand der Originalfassung des § 224b vorgestellten Überlegungen zur Wort- und Satzebene wurden bei der Bearbeitung nachvollziehbar im Änderungsmodus von Microsoft Word umgesetzt: Die gelöschten Textpassagen sind durchgestrichen angezeigt und die eingefügten Textpassagen unterstrichen. Die Mitarbeiterinnen und Mitarbeiter des Redaktionsstabs Rechtssprache arbeiten grundsätzlich im Änderungsmodus und mit Kommentaren. In den Kommentaren erläutern sie die Änderungen, stellen Fragen, schlagen alternative Formulierungen vor und merken an, was ihnen darüber hinaus auffällt. Im Dokument, das die Mitprüferin vom Redaktionsstab Rechtssprache erhalten und an das federführende Ministerium weitergeleitet hat, sehen die ersten beiden Absätze des § 224b so aus (§ 224a sei auch hier wieder mit angeführt):

Textbeispiel 1:

§ 224a

Immobilien-Sondervermögen

Für die Verwaltung von Sondervermögen, die nach den Anlagebedingungen das bei ihnen eingelegte Geld in Immobilien anlegen (Immobilien-Sondervermögen), gelten die Vorschriften der §§ 188 bis 209 sinngemäß, soweit sich aus den §§ 224b bis 224x nichts anderes ergibt.

> **Kommentar [RedStab_1]:** In die Begriffsbestimmungen?

§ 224b

Zulässige Vermögensgegenstände; Anlagegrenzen

> **Kommentar [RedStab_2]:** Der Paragraf ist zu lang, vgl. Handbuch der Rechtsförmlichkeit (HdR): max. 5 Absätze je Paragraf. Vorschläge zur Aufteilung im Text

(1) Die AIF-Kapitalverwaltungsgesellschaft darf vorbehaltlich der Absätze 2 bis 6 für ein Immobilien-Sondervermögen nur folgende ~~und die in den §§ 224c und 224q genannten~~ Vermögensgegenstände erwerben:

> **Kommentar [RedStab_3]:** Entbehrlich (innerhalb eines Paragrafen)

> **Kommentar [RedStab_4]:** *für Rechnung eines* ? vgl. die Formulierungen in Absatz 2. Gleiches bitte gleich benennen. Im Folgenden nicht mehr angemerkt.

> **Kommentar [RedStab_5]:** Neu als Nummer 5

1. Mietwohngrundstücke, Geschäftsgrundstücke und gemischt_genutzte Grundstücke;

2. Grundstücke im Zustand der Bebauung, wenn

   a) die genehmigte Bauplanung ~~den in Nummer 1 genannten Voraussetzungen entspricht~~ die Nutzung als Mietwohngrundstücke, Geschäftsgrundstücke oder gemischt genutzte Grundstücke vorsieht, ~~und~~

   b) nach den Umständen mit einem Abschluss der Bebauung in angemessener Zeit zu rechnen ist und ~~wenn~~

   > **Kommentar [RedStab_6]:** entbehrlich?

   c) die Aufwendungen für die Grundstücke insgesamt 20 Prozent des Wertes des Sondervermögens nicht überschreiten;

   > **Kommentar [RedStab_7]:** Die Verben „überschreiten" und „übersteigen" werden im Dokument für den gleichen Sachverhalt verwendet. Ggf. vereinheitlichen

3. unbebaute Grundstücke, die für eine alsbaldige ~~eigene~~ Bebauung durch die AIF-Kapitalgesellschaft zur Nutzung als Mietwohngrundstücke, Geschäftsgrundstücke oder gemischt genutzte Grundstücke ~~nach Maßgabe der Nummer 1~~ bestimmt und geeignet sind, wenn zur Zeit des Erwerbs ihr Wert zusammen mit dem Wert der unbebauten Grundstücke, die sich bereits in dem Sondervermögen ~~befindlichen~~ befinden, ~~unbebauten Grundstücke~~ 20 Prozent des Wertes des Sondervermögens nicht übersteigt;

4. Erbbaurechte unter den Voraussetzungen der Nummern 1 bis 3;

5. die in den §§ 224c und 224q genannten Vermögensgegenstände.

> **Kommentar [RedStab_8]:** aus dem einleitenden Satzteil

(2) ~~Wenn die Anlagebedingungen dies vorsehen und die Vermögensgegenstände einen dauernden Ertrag erwarten lassen, darf die~~Die AIF-Kapitalverwaltungsgesellschaft darf für Rechnung eines Immobilien-Sondervermögens vorbehaltlich der Absätze 3 bis 6 auch folgende Vermögensgegenstände erwerben, wenn die Anlagebedingungen dies vorsehen und die Vermögensgegenstände einen dauernden Ertrag erwarten lassen:

> **Kommentar [RedStab_9]:** entbehrlich

1. andere als die in Absatz 1 genannten Grundstücke und ~~andere~~ Erbbaurechte sowie Rechte in Form des Wohnungseigentums, Teileigentums, Wohnungserbbaurechts und Teilerbbaurechts, ~~erwerben. Die Grundstücke und Rechte nach Satz 1 dürfen nur erworben werden,~~ wenn zur Zeit des Erwerbs ihr Wert zusammen mit dem Wert der Grundstücke und Rechte gleicher Art, die sich bereits in dem Sondervermögen befinden, ~~befindlichen Grundstücke und Rechte gleicher Art~~ 15 Prozent des Wertes des ~~Immobilien~~-Sondervermögens nicht überschreitet. ~~Unter den Voraussetzungen des Satzes 1 darf die AIF-Kapitalverwaltungsgesellschaft für Rechnung eines Immobilien-Sondervermögens auch~~

> **Kommentar [RedStab_10]:** wie in Absatz 1 und in Nummer 2

2.-Nießbrauchrechte an Mietwohngrundstücken, Geschäftsgrundstücken und gemischt genutzten Grundstücken, ~~im Sinne des Absatzes 1 Nummer 1 erwerben,~~ die der Erfüllung öffentlicher Aufgaben dienen, wenn zur Zeit der Bestellung die Aufwendungen für das Nießbrauchrecht zusammen mit dem Wert der Nießbrauchrechte, die sich bereits im Sondervermögen befinden, ~~befindlichen Nießbrauchrechte~~ 10 Prozent des Wertes des Sondervermögens nicht übersteigen.

Kommentar [RedStab_11]: Grundstücke dienen der Erfüllung von Aufgaben? Was ist gemeint?

7.5 Zur Bearbeitung

7.5.1 Wortebene

Zu den Begriffen „Immobilien-Sondervermögen" und „Sondervermögen" hat der Redaktionsstab Rechtssprache vorgeschlagen, das im ersten Absatz 1 verwendete Prinzip auch im zweiten Absatz anzuwenden (Kommentar 10). Alternativ könnte man durchgängig die Langform verwenden. Wichtig ist, dass im gesamten Text einheitlich verfahren wird. Zu den unterschiedlichen Formulierungen „für ein Immobilien-Sondervermögen" und „für Rechnung eines Immobilien-Sondervermögens" hat der Redaktionsstab Rechtssprache nur angemerkt, dass einheitlich formuliert werden sollte, wenn Gleiches gemeint ist (Kommentar 4).

7.5.2 Satzebene

Im ersten Absatz wurden die „in den §§ 224c und 224q genannten Vermögensgegenstände" aus dem einleitenden Satzteil in die Liste verschoben. Die Listennummer 2 ist weiter untergliedert und die Verweise in den Listennummern 2 und 3 sind aufgelöst. Der zweite Absatz wurde parallel zum ersten Absatz strukturiert; er setzt parallel ein und die Vermögensgegenstände sind wie dort zusammen mit den jeweils zugeordneten Voraussetzungen in einer Liste aufgeführt.

Schaut man sich die nun parallel strukturierten Absätze an, so stellt man fest, dass der zweite Absatz strukturell nur insofern von dem ersten Absatz abweicht, als er im einleitenden Satzteil Voraussetzungen enthält, die für sämtliche im zweiten Absatz aufgeführten Vermögensgegenstände gelten („wenn die Anlagebedingungen dies vorsehen und die Vermögensgegenstände einen dauernden Ertrag erwarten lassen"). Ansonsten handelt es sich in beiden Absätzen um allgemeine Regelungen zum Erwerb von Vermögensgegenständen, die sich zusammenfassen lassen könnten. Zusätzlich zur Bearbeitung hat der Redaktionsstab Rechtssprache daher einen alternativen Vorschlag unterbreitet:

Textbeispiel 2:

Alternativ: Zusammenfassung der Absätze 1 und 2 in einer Liste

(1) Die AIF-Kapitalverwaltungsgesellschaft darf für Rechnung eines Immobilien-Sondervermögens folgende Vermögensgegenstände erwerben:

1. Mietwohngrundstücke, Geschäftsgrundstücke und gemischtgenutzte Grundstücke;
2. Grundstücke im Zustand der Bebauung, wenn
   a) die genehmigte Bauplanung die Nutzung als Mietwohngrundstücke, Geschäftsgrundstücke oder gemischtgenutzte Grundstücke vorsieht,
   b) mit einem Abschluss der Bebauung in angemessener Zeit zu rechnen ist und
   c) die Aufwendungen für die Grundstücke insgesamt 20 Prozent des Wertes des Sondervermögens nicht übersteigen;
3. unbebaute Grundstücke, die für eine alsbaldige Bebauung durch die AIF-Kapitalgesellschaft zur Nutzung als Mietwohngrundstücke, Geschäftsgrundstücke oder gemischtgenutzte Grundstücke bestimmt und geeignet sind, wenn zur Zeit des Erwerbs ihr Wert zusammen mit dem Wert der unbebauten Grundstücke, die sich bereits in dem Sondervermögen befinden, 20 Prozent des Wertes des Sondervermögens nicht übersteigt;
4. Erbbaurechte unter den Voraussetzungen der Nummern 1 bis 3;
5. die in den §§ 224c und 224q genannten Vermögensgegenstände;

   Kommentar [RedStab_12]: ggf. als letzte Nummer in der Liste?
6. andere Grundstücke und andere Erbbaurechte sowie Rechte in Form des Wohnungseigentums, Teileigentums, Wohnungserbbaurechts und Teilerbbaurechts, wenn zur Zeit des Erwerbs ihr Wert zusammen mit dem Wert der Grundstücke und Rechte gleicher Art, die sich bereits in dem Sondervermögen befinden, 15 Prozent des Wertes des Sondervermögens nicht übersteigt;
7. Nießbrauchrechte an Mietwohngrundstücken, Geschäftsgrundstücken und gemischtgenutzten Grundstücken, die der Erfüllung öffentlicher Aufgaben dienen, wenn zur Zeit der Bestellung die Aufwendungen für das Nießbrauchrecht zusammen mit dem Wert der Nießbrauchrechte, die sich bereits im Sondervermögen befinden, 10 Prozent des Wertes des Sondervermögens nicht übersteigt.

Voraussetzung für Satz 1 Nummer 6 und 7 ist, dass der Erwerb in den Anlagebedingungen vorgesehen ist und die Vermögensgegenstände einen dauernden Ertrag erwarten lassen.

In dem Alternativvorschlag hat der Redaktionsstab Rechtssprache, zur besseren Übersichtlichkeit, alle zuvor von ihm vorgeschlagen Änderungen bereits angenommen, so dass die Änderungen nicht mehr hervorgehoben sind; zudem hat er den Alternativvorschlag farblich hinterlegt. Der Absatz besteht nun aus zwei Sätzen: Der erste Satz ist jetzt zwar ziemlich umfangreich, doch er umfasst nun, übersichtlich in Listenform, sämtliche allgemeine Regelungen zum Erwerb von Vermögensgegenständen. Der zweite Satz regelt die Voraussetzungen, die zuvor für alle Vermögensgegenstände des zweiten Absatzes geregelt wurden, nun für die in den Nummern 6 und 7 genannten Vermögensgegenstände.

7.5.3 Gliederung, Aufbau

Kommen wir zurück zur Struktur des Paragrafen, seinen zehn Absätzen und den vielen Binnenverweisen. Wie bereits festgestellt, enthalten die ersten beiden Absätze oder, alternativ, der erste Absatz, allgemeine Regelungen zum Erwerb von Vermögensgegenständen. Bei näherer Betrachtung der Absätze 3 bis 10 (siehe Originalfassung unter 7.2) lässt sich nun feststellen, dass der dritte Absatz den Erwerb von vorgenannten Vermögensgegenständen in Staaten, die keine Vertragsstaaten sind, behandelt und der vierte Absatz eine auf alle Vermögensgegenstände bezogene Pflicht zur Absicherung gegen Währungsrisiken enthält. Der fünfte Absatz nimmt Bezug auf die ersten beiden Absätze oder, alternativ, auf den ersten Absatz, indem er zusätzliche besondere Voraussetzungen für den Erwerb der dort genannten Vermögensgegenstände regelt; er gehört dorthin. Im siebenten Absatz wird wieder ein Sonderfall behandelt, die Belastung eines für das Immobilien-Sondervermögen erworbenen Grundstücks mit einem Erbbaurecht. Der achte Absatz regelt für § 224 b die Wirksamkeit eines Rechtsgeschäftes, die an anderer Stelle dieses Unterabschnitts (in § 224g, hier nicht aufgeführt) für eine Reihe von Paragrafen dieses Unterabschnitts ähnlich geregelt wird. Der neunte Absatz wiederum enthält eine grundsätzliche Regelung, nach der Immobilien-Sondervermögen nicht für eine begrenzte Dauer gebildet werden dürfen, und der zehnte Absatz enthält eine Wertberechnungsvorschrift, die zu den Festlegungen der bisherigen Absätze 1 bis 3 gehört.

Der Redaktionsstab Rechtssprache hat daher vorgeschlagen, die Regelungen der Absätze 3 und 4 einerseits und des siebenten Absatzes andererseits in eigene Paragrafen zu fassen (Kommentare 13 und 20 im bearbeiteten Dokument, siehe unten). Und er hat angeregt, die Regelung des achten Absatzes in § 224g und die Regelung des neunten Absatzes in § 224a zu integrieren (Kommentare 24 und 25).

§ 224b würde damit noch vier Absätze umfassen:

Textbeispiel 3:

(3) ~~Außerhalb eines Vertragsstaates des Abkommens über den Europäischen Wirtschaftsraum belegene Vermögensgegenstände der in den Absätzen 1 und 2 genannten Art~~ Vermögensgegenstände nach den Absätzen 1 und 2, die sich in Staaten befinden, die keine Vertragsstaaten des Abkommens über den Europäischen Wirtschaftsraum sind, dürfen für ein Immobilien-Sondervermögen nur dann erworben werden, wenn

1. die Anlagebedingungen dies vorsehen;
2. eine angemessene regionale Streuung der Vermögensgegenstände gewährleistet ist;
3. ~~in den Anlagebedingungen~~ diese Staaten und der jeweilige Anteil des Sondervermögens, der in diesen Staaten höchstens angelegt werden darf, in den Anlagebedingungen angegeben ~~wird~~sind;
4. in diesen Staaten die freie Übertragbarkeit der Vermögensgegenstände ~~gemäß den Absätzen 1 und 2~~ gewährleistet und der Kapitalverkehr nicht beschränkt ist;

Kommentar [RedStab_13]: Eigener Paragraf? (ggf. zusammen mit Absatz 4)

Kommentar [RedStab_14]: entbehrlich?

Kommentar [RedStab_15]: Umformulierung unter anderem deshalb zu empfehlen, weil ansonsten die Verweise in den Nummern 3 und 4 („diese Staaten“) ins Leere laufen.

Kommentar [RedStab_16]: Welche Region ist gemeint?

5. die Wahrnehmung der Rechte und Pflichten der Verwahrstelle gewährleistet ist.

(4) Die AIF-Kapitalverwaltungsgesellschaft hat sicherzustellen, dass die für Rechnung eines Immobilien-Sondervermögens gehaltenen Vermögensgegenstände nur insoweit einem Währungsrisiko unterliegen, als der Wert der einem solchen Risiko unterliegenden Vermögensgegenstände 30 Prozent des Wertes des Sondervermögens nicht übersteigt.

(5) Ein Vermögensgegenstand nach den Absätzen 1 und 2 darf nur erworben werden, wenn

1. er zuvor von einem externen Bewerter im Sinne des § 224n Nummer 1 bewertet wurde,

2. der externe Bewerter nicht zugleich die regelmäßige Bewertung gemäß den §§ 224m, und 224o Absatz 1 durchführt, bewertet wurde und

3. die aus dem Sondervermögen zu erbringende Gegenleistung den ermittelten Wert nicht oder nur unwesentlich übersteigt.

Entsprechendes gilt für Vereinbarungen über die Bemessung des Erbbauzinses und seine über dessen etwaige spätere Änderung.

(6) Für ein Immobilien-Sondervermögen dürfen auch Gegenstände erworben werden, die zur Bewirtschaftung der Vermögensgegenstände des Immobilien-Sondervermögens erforderlich sind.

(7) Ein Grundstück im Sinne des Absatzes 1 Nummer 1 bis 3 oder des Absatzes 2 Satz 1 darf die AIF-Kapitalverwaltungsgesellschaft nur unter den in den Anlagebedingungen näher festgelegten Bedingungen mit einem Erbbaurecht belasten. Die Angemessenheit des Erbbauzinses ist vor der Bestellung des Erbbaurechts von einem externen Bewerter im Sinne des § 224n Nummer 1 zu bestätigen;, der externe Bewerter darf nicht zugleich die regelmäßige Bewertung gemäß den §§ 224m und, 224o Absatz 1 durchführent, zu bestätigen. Ein externer Bewerter im Sinne des § 224n Nummer 1, hat iInnerhalb von zwei Monaten nach der Bestellung des Erbbaurechts ist der den Wert des Grundstücks von einem externen Bewerter im Sinne des § 224n Nummer 1 neu festzustellen. Ein Erbbaurecht darf nicht bestellt werden, wenn der Wert des Grundstücks, an dem das Erbbaurecht bestellt werden soll, zusammen mit dem Wert der Grundstücke, an denen bereits Erbbaurechte bestellt worden sind, 10 Prozent des Wertes des Immobilien-Sondervermögens übersteigt. Die Verlängerung eines Erbbaurechts gilt als Neubestellung.

(8) Die Nichtbeachtung der vorstehenden Vorschriften berührt die Wirksamkeit des Rechtsgeschäfts nicht.

(9) Das Immobilien-Sondervermögen darf nicht für eine begrenzte Dauer gebildet werden. § 158 Absatz 2 Nummer 7 ist nicht anzuwenden.

(10) Bei der Berechnung des Wertes des Sondervermögens gemäß Absatz 1 Nummer 2 und 3, Absatz 2 Satz 2 und 3, Absatz 7 Satz 4 sowie bei der Angabe des Anteils des Sondervermögens gemäß Absatz 3 Nummer 3 sind die aufgenommenen Darlehen nicht abzuziehen.

Kommentar [RedStab_17]:
dieser
?

Kommentar [RedStab_18]:
entbehrlich?
Gilt dies auch für Vermögensgegenstände nach Absatz 3 (dort wird ja wiederum auf die Absätze 1 und 2 verwiesen?)

Kommentar [RedStab_19]:
Jetzt eindeutig, sofern die etwaige spätere Veränderung Gegenstand der Vereinbarung ist.

Kommentar [RedStab_20]:
Eigener Paragraf „Erbbaurecht"?

Kommentar [RedStab_21]:
Handelt es sich um Grundstücke, die die Gesellschaft erwirbt bzw. erworben hat? Dann wären die Verweise überflüssig; Vorschlag:
Die AIF-Kapitalverwaltungsgesellschaft darf ein Grundstück nur unter den in den Anlagebedingungen festgelegten Bedingungen mit einem Erbbaurecht belasten.

Und: wird Absatz 3 absichtlich von dieser Regelung ausgenommen?

Kommentar [RedStab_22]:
Dieser externe Bewerter darf zugleich die regelmäßige Bewertung durchführen?

Kommentar [RedStab_23]:
Inwiefern neu? Von der Feststellung des Grundstückswerts war bisher noch nicht die Rede.

Kommentar [RedStab_24]:
Verhältnis zu § 224g? Vorschlag: hier raus und dort integrieren.

Kommentar [RedStab_25]:
Ließe sich dies (als allgemeine Regel) in § 224a integrieren?

Kommentar [RedStab_26]:
Versteht sich das nicht von selbst?

Kommentar [RedStab_27]:
werden die aufgenommenen Darlehen nicht abgezogen
analog § 224h
Wenn möglich, bitte im gesamten Dokument so formulieren

Im Anschluss an die Bearbeitung hat der Redaktionsstab Rechtssprache noch einen Vorschlag unterbreitet, wie die Regelungen zum Erbbaurecht aufgeteilt und damit übersichtlicher gestaltet werden können, wenn sie in einem eigenen Paragrafen zusammengefasst würden:

Vorschlag einer Aufteilung von Absatz 7 (wenn eigener Paragraf):

(1) Die AIF-Kapitalverwaltungsgesellschaft darf ein Grundstück nur unter den in den Anlagebedingungen festgelegten Bedingungen mit einem Erbbaurecht belasten.

(2) Vor der Bestellung des Erbbaurechts ist die Angemessenheit des Erbbauzinses von einem externen Bewerter im Sinne des § 224n Nummer 1 zu bestätigen; der externe Bewerter darf nicht zugleich die regelmäßige Bewertung gemäß den §§ 224m und 224o Absatz 1 durchführen.

(3) Innerhalb von zwei Monaten nach der Bestellung des Erbbaurechts ist der Wert des Grundstücks von einem externen Bewerter im Sinne des § 224n Nummer 1 neu festzustellen.

(4) Ein Erbbaurecht darf nicht bestellt werden, wenn der Wert des Grundstücks, an dem das Erbbaurecht bestellt werden soll, zusammen mit dem Wert der Grundstücke, an denen bereits Erbbaurechte bestellt worden sind, 10 Prozent des Wertes des Immobilien-Sondervermögens übersteigt.

(5) Die Verlängerung eines Erbbaurechts gilt als Neubestellung.

7.6 Umsetzung; weiterer Verlauf des Gesetzgebungsverfahrens

7.6.1 Kabinettfassung

Ein Blick in die Kabinettfassung des Kapitalanlagegesetzbuches zeigt, welche Anmerkungen und Vorschläge des Redaktionsstabs Rechtssprache (ohne Rücksprache) umgesetzt wurden und wie sie umgesetzt wurden. Hier kann man sehen, dass von anderen Beteiligten weitere Änderungen vorgenommen wurden: ein Absatz ist neu hinzugekommen (§ 224b Absatz 5, kursiv hervorgehoben).

§ 224a
Immobilien-Sondervermögen

(1) Für die Verwaltung von Immobilien-Sondervermögen gelten die Vorschriften der §§ 188 bis 209 sinngemäß, soweit sich aus den §§ 224b bis 224x nichts anderes ergibt.

(2) Das Immobilien-Sondervermögen darf nicht für eine begrenzte Dauer gebildet werden.

§ 224b
Zulässige Vermögensgegenstände; Anlagegrenzen

(1) [1]Die AIF-Kapitalverwaltungsgesellschaft darf für ein Immobilien-Sondervermögen nur folgende Vermögensgegenstände erwerben:

1. Mietwohngrundstücke, Geschäftsgrundstücke und gemischt genutzte Grundstücke;
2. Grundstücke im Zustand der Bebauung, wenn
   a) die genehmigte Bauplanung die Nutzung als Mietwohngrundstücke, Geschäftsgrundstücke oder gemischt genutzte Grundstücke vorsieht,
   b) mit einem Abschluss der Bebauung in angemessener Zeit zu rechnen ist und
   c) die Aufwendungen für die Grundstücke insgesamt 20 Prozent des Wertes des Sondervermögens nicht überschreiten;

3. unbebaute Grundstücke, die für eine alsbaldige eigene Bebauung zur Nutzung als Mietwohngrundstücke, Geschäftsgrundstücke oder gemischt genutzte Grundstücke bestimmt und geeignet sind, wenn zur Zeit des Erwerbs ihr Wert zusammen mit dem Wert der unbebauten Grundstücke, die sich bereits in dem Sondervermögen befinden, 20 Prozent des Wertes des Sondervermögens nicht übersteigt;
4. Erbbaurechte unter den Voraussetzungen der Nummern 1 bis 3;
5. andere Grundstücke und andere Erbbaurechte sowie Rechte in Form des Wohnungseigentums, Teileigentums, Wohnungserbbaurechts und Teilerbbaurechts, wenn zur Zeit des Erwerbs ihr Wert zusammen mit dem Wert der Grundstücke und Rechte gleicher Art, die sich bereits in dem Sondervermögen befinden, 15 Prozent des Wertes des Sondervermögens nicht überschreitet;
6. Nießbrauchrechte an Mietwohngrundstücken, Geschäftsgrundstücken und gemischt genutzten Grundstücken, die der Erfüllung öffentlicher Aufgaben dienen, wenn zur Zeit der Bestellung die Aufwendungen für das Nießbrauchrecht zusammen mit dem Wert der Nießbrauchrechte, die sich bereits im Sondervermögen befinden, 10 Prozent des Wertes des Sondervermögens nicht übersteigen;
7. die in den §§ 224c und 224q genannten Vermögensgegenstände.

[2]Weitere Voraussetzung für den Erwerb der in den Nummer 5 und 6 genannten Vermögensgegenstände ist, dass deren Erwerb in den Anlagebedingungen vorgesehen sein muss und dass die Vermögensgegenstände einen dauernden Ertrag erwarten lassen müssen.

(2) [1]Ein in Absatz 1 Nummer 1 bis 6 genannter Vermögensgegenstand darf nur erworben werden, wenn

1. er zuvor von einem externen Bewerter im Sinne des § 224n Nummer 1 bewertet wurde,
2. der externe Bewerter nicht zugleich die regelmäßige Bewertung gemäß den §§ 224m, 224ma und 224o Absatz 1 durchführt und
3. die aus dem Sondervermögen zu erbringende Gegenleistung den ermittelten Wert nicht oder nur unwesentlich übersteigt.

[2]Entsprechendes gilt im Fall des § 224ba für Vereinbarungen über die Bemessung des Erbbauzinses und über dessen etwaige spätere Änderung.

(3) Für ein Immobilien-Sondervermögen dürfen auch Gegenstände erworben werden, die zur Bewirtschaftung der Vermögensgegenstände des Immobilien-Sondervermögens erforderlich sind.

(4) Bei der Berechnung des Wertes des Sondervermögens gemäß Absatz 1 Nummer 2, 3, 6, 7, § 224ba Absatz 4 sowie bei der Angabe des Anteils des Sondervermögens gemäß § 224bb Absatz 1 Nummer 3 werden die aufgenommenen Darlehen nicht abgezogen.

(5) Im Fall des § 224c sind die von der Immobilien-Gesellschaft gehaltenen Vermögensgegenstände bei dem Immobilien-Sondervermögen bei der Anwendung der in Absatz 1 und 2, §§ 224ba und 224bb genannten Anlagebeschränkungen und der Berechnung der dort genannten Grenzen entsprechend der Beteiligungshöhe zu berücksichtigen.

§ 224ba

Erbbaurechtsbestellung

(1) Die AIF-Kapitalverwaltungsgesellschaft darf ein Grundstück nur unter den in den Anlagebedingungen festgelegten Bedingungen mit einem Erbbaurecht belasten.

(2) Vor der Bestellung des Erbbaurechts ist die Angemessenheit des Erbbauzinses von einem externen Bewerter im Sinne des § 224n Nummer 1 zu bestätigen; der externe Bewerter darf nicht zugleich die regelmäßige Bewertung gemäß den §§ 224m, 224ma und 224o Absatz 1 durchführen.

(3) Innerhalb von zwei Monaten nach der Bestellung des Erbbaurechts ist der Wert des Grundstücks von einem externen Bewerter im Sinne des § 224n Nummer 1 neu festzustellen.

(4) Ein Erbbaurecht darf nicht bestellt werden, wenn der Wert des Grundstücks, an dem das Erbbaurecht bestellt werden soll, zusammen mit dem Wert der Grundstücke, an denen bereits Erbbaurechte bestellt worden sind, 10 Prozent des Wertes des Immobilien-Sondervermögens übersteigt.

(5) Die Verlängerung eines Erbbaurechts gilt als Neubestellung.

§ 224bb
Vermögensgegenstände in Drittstaaten; Währungsrisiko

(1) Vermögensgegenstände, die sich in Staaten befinden, die keine Vertragsstaaten des Abkommens über den Europäischen Wirtschaftsraum sind, dürfen für ein Immobilien-Sondervermögen nur dann erworben werden, wenn

1. die Anlagebedingungen dies vorsehen;
2. eine angemessene regionale Streuung der Vermögensgegenstände gewährleistet ist;
3. diese Staaten und der jeweilige Anteil des Sondervermögens, der in diesen Staaten höchstens angelegt werden darf, in den Anlagebedingungen angegeben sind;
4. in diesen Staaten die freie Übertragbarkeit der Vermögensgegenstände gewährleistet und der Kapitalverkehr nicht beschränkt ist;
5. die Wahrnehmung der Rechte und Pflichten der Verwahrstelle gewährleistet ist.

(2) Die AIF-Kapitalverwaltungsgesellschaft hat sicherzustellen, dass die für Rechnung eines Immobilien-Sondervermögens gehaltenen Vermögensgegenstände nur insoweit einem Währungsrisiko unterliegen, als der Wert der einem solchen Risiko unterliegenden Vermögensgegenstände 30 Prozent des Wertes des Sondervermögens nicht übersteigt.

Der ehemalige Paragraf 224b wurde aufgeteilt. Der erste Absatz enthält die allgemeinen Regelungen zum Erwerb von Vermögensgegenständen. Die Absätze 2 bis 4 (und der neue fünfte Absatz) behandeln Besonderheiten, Einschränkungen und Bedingungen. Die Erbbaurechtsbestellung einerseits sowie die Vermögensgegenstände in Drittstaaten und das Währungsrisiko andererseits sind in eigenen, mit aussagekräftigen Überschriften versehenen Paragrafen geregelt. Sie können leicht gefunden werden und sind übersichtlich gegliedert. Bei einer Rücksprache mit dem Redaktionsstab Rechtssprache hätte sich auch ergeben können, dass wegen der beiden unterschiedlichen Regelungsinhalte in § 224bb auch zwei gesonderte Paragrafen denkbar sind. Die Regelungen der ehemaligen Absätze 8 und 9 sind jetzt in § 224a und (hier nicht abgebildet) in § 224g integriert. Die Definition des Begriffs „Immobilien-Sondervermögen" wurde, wie in Kommentar 1 vorgeschlagen, von § 224a in den Paragrafen „Begriffsbestimmungen" verschoben. § 224b umfasst jetzt fünf Absätze; die neu hinzugekommene Regelung des fünften Absatzes hat der Redaktionsstab Rechtssprache nicht mehr zur Sprachprüfung erhalten.

Die neuen Paragrafen enthalten nun deutlich weniger Verständnishürden. So entspricht die äußere Form (Umfang der Paragrafen, aussagekräftige Überschriften, Umfang der Absätze, Liste bei längeren Aufzählungen) nun den Empfehlungen des Handbuchs der Rechtsförmlichkeit. Dem Kohärenzgebot wird weitgehend entsprochen, sowohl auf der Wortebene als auch beim Satzbau. Die Anordnung der Paragrafen und die Reihenfolge der Absätze entspricht den sachlichen und logischen Ordnungsprinzipien: Die Argumentation soll stets vom Allgemeinen zum Besonderen führen und von der Regel zur Ausnahme. Das Grundsätzliche soll vor den Einzelbestimmungen stehen usw. Einige Binnenverweise wurden damit entbehrlich; andere sind hinzugekommen.

Zu überlegen wäre in diesem Zusammenhang, ob es sich nicht angeboten hätte, in § 224b die (teilweise etwas umständlich formulierten) Vorausverweise auf den neuen § 224ba (siehe Absatz 2 Satz 2 im Anschluss an die Liste: „Entsprechendes gilt im Fall des § 224ba für Vereinbarungen über die Bemessung des Erbbauzinses und über dessen etwaige spätere Änderung.“) und auf den (hier nicht abgebildeten) § 224c (siehe Absatz 5) zu tilgen und stattdessen von den §§ 224ba und 224c auf die entsprechenden Regelungen des § 224b zurückzuverweisen. Damit würde man die Verweise auf die allgemeinen Regelungen dort finden, wo sie anzuwenden sind: bei dem Besonderen, der Ausnahme.

7.6.2 Bundesgesetzblatt: verkündetes Gesetz

Nach der Entscheidung der Bundesregierung (Kabinettbeschluss) wurde der Entwurf als Regierungsentwurf im Finanzausschuss des Bundestags beraten. Die Ergebnisse dieser Beratung sind in den Entwurf eingeflossen. Einige Regelungen haben sich dadurch verändert, andere wurden noch eingefügt. Anschließend wurde das Gesetz im Bundesgesetzblatt verkündet.

Ein Vergleich zwischen dem § 231 (endgültige Nummerierung) im Bundesgesetzblatt und dem § 224b der Kabinettfassung (vorläufige Nummerierung) zeigt, dass die Absätze 1, 3, 4 und 5 der Kabinettfassung unverändert geblieben sind. Der zweite Absatz hingegen wurde verändert, er ist länger geworden. Die Abweichungen des § 231 im Bundesgesetzblatt von der Kabinettfassung sind im Text kursiv hervorgehoben:

Bundesgesetzblatt Jahrgang 2013 Teil I Nr. 35 vom 10. Juli 2013, Seite 2091:

§ 231

Zulässige Vermögensgegenstände; Anlagegrenzen

(1) [unverändert]

(2) Ein in Absatz 1 Nummer 1 bis 6 genannter Vermögensgegenstand darf nur erworben werden, wenn

1. der Vermögensgegenstand zuvor bei einem Wert des
   a) *Vermögensgegenstands bis zu einschließlich 50 Millionen Euro von einem externen Bewerter, der die Anforderungen nach § 216 Absatz 1 Satz 1 Nummer 1 und Satz 2, Absatz 2 bis 5 erfüllt, oder*
   b) *Vermögensgegenstands über 50 Millionen Euro von zwei externen, voneinander unabhängigen Bewertern, die die Anforderungen nach § 216 Absatz 1 Satz 1 Nummer 1 und Satz 2, Absatz 2 bis 5 erfüllen und die die Bewertung des Vermögensgegenstands unabhängig voneinander vornehmen, bewertet wurde,*
2. *der externe Bewerter im Sinne von Nummer 1 Buchstabe a oder die externen Bewerter im Sinne von Nummer 1 Buchstabe b Objektbesichtigungen vorgenommen haben,*

3. *der externe Bewerter im Sinne von Nummer 1 Buchstabe a oder die externen Bewerter im Sinne von Nummer 1 Buchstabe b nicht zugleich die regelmäßige Bewertung gemäß den §§ 249 und 251 Absatz 1 durchführt oder durchführen und*
4. die aus dem Sondervermögen zu erbringende Gegenleistung den ermittelten Wert nicht oder nur unwesentlich übersteigt.

§ 250 Absatz 2 gilt entsprechend. Entsprechendes gilt für Vereinbarungen über die Bemessung des Erbbauzinses und über dessen etwaige spätere Änderung.

(3) [unverändert]
(4) [unverändert]
(5) [unverändert]

Verständnishürden, die durch die Gesetzesredaktion abgebaut wurden, sind in den eingefügten Passagen wieder aufgestellt worden: Die Liste ist unübersichtlich und umständlich formuliert und der eingefügte Textteil enthält viele neue Binnenverweise. Auch formal entspricht die Liste nicht der Anforderung des Handbuchs der Rechtsförmlichkeit, nach der Sätze oder Satzteile vor der Aufzählung abgeschlossen sein sollen.

Der frühere § 224ba der Kabinettfassung (Erbbaurechtsbestellung) ist nur insofern verändert, als der externe Bewerter dort (jetzt § 232) nicht mehr explizit genannt wird; die Anforderungen werden nun durch einen Rückerweis auf die neu eingefügten Regelungen in § 231 Absatz 2 geregelt:

§ 232
Erbbaurechtsbestellung

(1) Die AIF-Kapitalverwaltungsgesellschaft darf ein Grundstück nur unter den in den Anlagebedingungen festgelegten Bedingungen mit einem Erbbaurecht belasten.

(2) Vor der Bestellung des Erbbaurechts ist die Angemessenheit des Erbbauzinses entsprechend § 231 Absatz 2 zu bestätigen.

(3) Innerhalb von zwei Monaten nach der Bestellung des Erbbaurechts ist der Wert des Grundstücks entsprechend § 231 Absatz 2 neu festzustellen.

(4) Ein Erbbaurecht darf nicht bestellt werden, wenn der Wert des Grundstücks, an dem das Erbbaurecht bestellt werden soll, zusammen mit dem Wert der Grundstücke, an denen bereits Erbbaurechte bestellt worden sind, 10 Prozent des Wertes des Immobilien-Sondervermögens übersteigt.

(5) Die Verlängerung eines Erbbaurechts gilt als Neubestellung.

Der frühere § 224bb der Kabinettfassung („Vermögensgegenstände in Drittstaaten; Währungsrisiko“) ist in der verabschiedeten Fassung unverändert geblieben.

8 Resümee

Die Gesetzesredakteure und Gesetzesredakteurinnen sind keine Finanzmarktexperten. Was ihnen an dem oben vorgestellten Teil des Gesetzentwurfs aufgefallen ist, beruht auf ihrer Erfahrung mit der Textsorte Gesetz und in der Gesetzesredaktion. Mit solchen Erfahrungen baut sich eine Art Spezialwissen auf:

> Redigieren ist eine Tätigkeit, die besondere Zugänge zur Sprachreflexion voraussetzt und bei der Einblicke in Strategien, praktische Erfahrungen und Routinen beim Formulieren und Umformulieren hilfreich sind, Kenntnisse und Routinen, die durchaus den Status von fachlichem Spezialwissen haben. (Lötscher 2007, 137)

Dennoch können die Gesetzesredakteure und Gesetzesredakteurinnen nicht wissen, ob ihre Vorschläge aus fachlicher und rechtlicher Sicht korrekt sind. Sie brauchen den Dialog mit den Urhebern des Textes aus dem zuständigen Fachministerium und mit den Juristinnen und Juristen aus dem Justizministerium. Nur im gemeinsamen Gespräch können sie auch die Hintergründe, die zu bestimmten Formulierungen geführt haben, nachvollziehen, nur gemeinsam können Lösungen gefunden werden. Nur ein kontinuierlicher sprach- und rechtswissenschaftlicher Diskurs zwischen allen Akteuren des Gesetzgebungsverfahrens kann Bemühungen um verständlichere Rechtsnormen voranbringen.

In diesem Sinne ist der Erfolg der Gesetzesredaktion abhängig von der Bereitschaft zur Zusammenarbeit auf Augenhöhe. Findet ein solcher Austausch nicht statt, geht die Arbeit der Sprachberatung oft ins Leere. Die Veränderungen, die der Entwurf des Kapitalanlagegesetzbuchs im weiteren Verlauf des Gesetzgebungsverfahrens erfuhr, machen deutlich, wie wichtig eine gemeinsame Arbeit aller Beteiligten an einem Gesetz auch nach der Rechtsprüfung ist. Dies gilt vielleicht besonders für solche Entwürfe, bei denen die Beteiligten bereits in der Rechtsprüfung gut und produktiv zusammengearbeitet haben.

Denn: Arbeit an der Verständlichkeit von Normtexten nützt nicht nur den Legisten und hilft ihnen im Abstimmungsprozess mit allen Beteiligten im Rechtsetzungsverfahren, sie nützt auch Politikerinnen und Politikern bei Entscheidungsprozessen, sie unterstützt Rechtsanwender bei der Anwendung und Auslegung von Recht und kann der Allgemeinheit helfen, politische Entscheidungen, die in Recht umgesetzt werden, besser zu akzeptieren. Damit ist der Beitrag der Gesetzesredaktion im besten Sinne eine Dienstleistung für die Demokratie. Sie muss einen festen Platz im Gesetzgebungsverfahren haben.

9 Literatur

Bundesministerium der Justiz (Hg.)(³2008): Handbuch der Rechtsförmlichkeit. Empfehlungen zur Gestaltung von Gesetzen und Rechtsverordnungen. Köln.

Bundesministerium des Innern (Hg.): Gemeinsame Geschäftsordnung der Bundesministerien (GGO). Stand: 1. September 2011. Zit. n.: http://www.bmi.bund.de/DE/Themen/Moderne-Verwaltung/Verwaltungsorganisation/GGO/ggo_node.html [Letzter Abruf: 18.1.2016].

Höfler, Stefan (2015): Die verwaltungsinterne Verständlichkeitskontrolle im Rechtsetzungsverfahren des Bundes. Zit. n.: http://dx.doi.org/10.5167/uzh-110371. (Letzter Abruf: 10.8.2015).

Hoffmann, Ludger (1992): Wie verständlich können Gesetze sein? In: Günther Grewendorf (Hg.): Rechtskultur als Sprachkultur. Zur forensischen Funktion der Sprachanalyse. Frankfurt a. M., 122–154.

Lötscher, Andreas (2007): Die Gesetzesredaktorin zwischen Philosoph, Bauer und Richter. In: Andreas Lötscher/Markus Nussbaumer (Hg.): Denken wie ein Philosoph und schreiben wie ein Bauer. Sprache, mit der ein Staat zu machen ist. Zürich/Basel/Genf, 135–156.

Lötscher, Andreas (2014): Theorien der Unverständlichkeit und Praktiken der Verständigung bei Gesetzestexten. Vortrag zum „Zweiten europäischen Symposium zur Verbesserung der Verständlichkeit von Rechtsvorschriften: Lehre und Praxis“ am 10. November 2014 im Bundesministerium der Justiz und für Verbraucherschutz. Vortragsmanuskript. Der Vortrag wurde 2016 in erweiterter Form elektronisch veröffentlicht: Lötscher, Andreas (2016): Die (Un-) Verständlichkeit von Gesetzen – eine Herausforderung für die Gesetzesredaktion. In: ZERL. Zeitschrift für Europäische Rechtslinguistik. www.zerl.uni-koeln.de.

Nussbaumer, Markus (2004): Von Schwärmern und Skeptikern und ein Versuch, Realist zu sein. Bilanz und Entwurf des Sprachspiels vom unverständlichen Gesetz. In: Kent D. Lerch (Hg.): Die Sprache des Rechts. Bd. 1. Recht verstehen. Verständlichkeit, Missverständlichkeit und Unverständlichkeit von Recht. Berlin/New York, 285–294.

Nussbaumer, Markus (2007): Gesetzestext und Wissenstransfer? – Welche Funktionen Gesetzestexte erfüllen müssen und wie man sie optimieren kann. In: Dorothee Heller/Konrad Ehlich (Hg.): Studien zur Rechtskommunikation. Bern u. a., 17–45.

Nussbaumer, Markus (2007b): Gesetze verständlicher machen – dass ich nicht lache! In: Andreas Lötscher/Markus Nussbaumer (Hg.): Denken wie ein Philosoph und schreiben wie ein Bauer. Sprache, mit der ein Staat zu machen ist. Zürich/Basel/Genf, 43–65.

Nussbaumer, Markus (2008): Der Verständlichkeit eine Anwältin! Die Redaktionskommission der schweizerischen Bundesverwaltung und ihre Arbeit an der Gesetzessprache. In: Karin M. Eichhoff-Cyrus/Gerd Antos (Hg.): Verständlichkeit als Bürgerrecht? Die Rechts- und Verwaltungssprache in der öffentlichen Diskussion. Mannheim, 301–321.

Raff, Gudrun/Margret Schiedt (2012): Der Redaktionsstab Rechtssprache beim Bundesministerium der Justiz. Ein Situations- und Erfahrungsbericht. In: LeGes 2012/1, 61–74.

Schendera, Christian F. G. (2004): Die Verständlichkeit von Rechtstexten. Eine kritische Darstellung der Forschungslage. In: Kent D. Lerch (Hg.): Die Sprache des Rechts. Bd. 1. Recht verstehen. Verständlichkeit, Missverständlichkeit und Unverständlichkeit von Recht. Berlin/New York, 321–373.

Adressen im Internet

Homepage des Bundesministeriums der Justiz und für Verbraucherschutz: www.bmjv.de; von dort aus gelangt man zur Sprachberatung im Justizministerium über folgende Schritte: → Ministerium → Die Abteilungen des Bundesministeriums der Justiz und für Verbraucherschutz

→ Öffentliches Recht → Rechtsprüfung; Sprachberatung; Allgemeines Verwaltungsrecht → Sprachberatung

Homepage der Lex Lingua Gesellschaft für Rechts- und Fachsprache: www.lex-lingua.de

Homepage der Gesellschaft für deutsche Sprache: www.gfds.de

Homepage der schweizerischen Bundeskanzlei: www.bk.admin.ch; von dort aus gelangt man zu den zentralen Sprachdiensten der schweizerischen Bundeskanzlei über folgende Schritte: → Die Bundeskanzlei → Organisation der Bundeskanzlei → Bereich Bundesrat → Zentrale Sprachdienste

V. Rechtssprache und Verwaltung

Hans-R. Fluck

21. Verwaltungssprache und Staat-Bürger-Interaktion

Abstract: Der Beitrag verdeutlicht die gegenwärtige Situation der Verwaltungssprache in Deutschland und Europa. Ausgehend von einer Darstellung der Organisation der Verwaltung und ihrer Aufgaben wird die Staat-Bürger-Interaktion als eine primär asymmetrische Kommunikation dargestellt. In diesem Rahmen wird auf die Entwicklung der Verwaltungssprache und die sie betreffende Sprachkritik eingegangen. Es folgt eine Beschreibung wichtiger verwaltungssprachlicher Strukturen der Gegenwart in Deutschland und Europa mit zahlreichen Beispielen. Anschließend werden Möglichkeiten, wie die Bürger-Verwaltungs-Kommunikation optimiert werden kann, beschrieben. In diesem Zusammenhang wird schließlich die Textsorte ‚Formular' als ein wichtiges Kommunikationsmittel zwischen Bürger und Verwaltung vorgestellt.

1 Sprache und Verwaltung

Unter Verwaltungssprache wird nach Becker-Mrotzek (1999, 1391) „eine spezifische Auswahl sprachlicher Mittel verstanden, derer sich die Verwaltung für die Realisierung ihrer Zwecke bedient". Die Sprache unterscheidet sich als Fachsprache gegenüber anderen Fachsprachen dadurch, dass sie eine besondere Stellung zwischen einer innerfachlichen Verständigung und dem alltäglichen Sprachgebrauch eines Jeden einnimmt:

> Eine Verwaltung kann [...] intern fachsprachlich verfahren, also Aufbau, Pflege und geordnete Verwendung ihrer Fachsprache betreiben, sie muss aber auch zu den notwendigen Umsetzungsprozessen in eine allgemeinsprachliche Verständigung bereit und in der Lage sein. (Knoop 1998, 866)

DOI 10.1515/9783110296198-021

Nach wie vor aber zeigt die Amtssprache insgesamt eine asymmetrische Kommunikation, die auf unterschiedlichem Fachwissen, ungleichen Machtverhältnissen und sprachlich unterschiedlichen Registern beruht (Fluck 2004). Der begonnene Demokratisierungsprozess in der Amtssprache lässt sich aber nicht aufhalten, sofern mündige Bürger ihren Anspruch auf eine verständliche und bürgerfreundliche Sprache immer wieder bei Ämtern einfordern.

Eine wichtige Aufgabe der Verwaltungssprache besteht demnach darin, dass sie im Stande sein muss in angemessener Art und Weise zwischen Ämtern und Bürgern zu kommunizieren. Darüber hinaus soll die Sprache von Ämtern und Behörden informativ und vollständig sein und genaue, eindeutige Äußerungen enthalten, d. h. klar und verständlich sein (Ebert 2011, 14). Diese Anforderung ist insbesondere auf juristischer Ebene von größter Bedeutung. Amtliche Texte, vor allem Bescheide, müssen daher in jedweder Hinsicht ‚rechtssicher' und ‚gerichtsfest' sein (Sahin 2010, 65).

Nach Max Weber (1980, 124 ff.) ist Verwaltung eine moderne Form von legaler Herrschaft, die unter anderem durch Amtshierarchie, Fachqualifikation und Aktenmäßigkeit gekennzeichnet ist. Verwaltungen sorgen für möglichst klare Verhältnisse in Kommunen, Städten und Bund, für konkrete Regelungen und Ordnungen, wie sie ihnen der jeweilige Gesetzgeber als Rahmen vorgibt. Von den Verwaltungspraktiken betroffen sind Bürgerinnen und Bürger, deren Verhältnis zum Staat von den einzelnen Verwaltungen stark mitbestimmt wird. Während dieses Verhältnis früher durch Obrigkeitsstaaten geprägt war, wandelt sich das Bild allmählich. Verwaltungen werden modernisiert und zum Dienstleister umfunktioniert, eine Reaktion vor allem auf das Demokratiegebot in der heutigen Gesellschaft und die Forderung nach Transparenz und Begründungen.

In diesem Zusammenhang der Bürger-Verwaltungs-Kommunikation spielt die Sprache als Verständigungsmittel, nicht nur in Deutschland, eine zunehmend beachtete Rolle. Entsprechend dem Slogan „Un langage clair, ça simplifie la vie!" („Eine klare Sprache macht unser Leben einfacher") der 2001 gegründeten französischen Initiative COSLA (Comité d'orientation pour la simplification du langage administratif) geht es dabei durchweg darum, durch verschiedene Maßnahmen wie Textoptimierungen, verwaltungsinterne Schulungen, Erarbeitung von Redaktionsleitfäden oder die lexikalische Aufbereitung des Fachwortschatzes Bürgerinnen und Bürgern den Zugang zur Verwaltungssprache und den Umgang mit ihr zu erleichtern. Das gilt auch über Europa hinaus.

Verwaltungsinstitutionen sind nach Niklas Luhmann (1964, 67) Systeme zur Herstellung bindender Entscheidungen. Solche Entscheidungen sind Antworten u. a. auf Anträge (z. B. Wohngeldantrag), auf Ereignisse (z. B. falsches Parken) oder Beschwerden (z. B. über Ausfall der Müllabfuhr, über getroffene Entscheidungen). Sie werden primär sprachlich vermittelt.

Sprache und Schrifttexte dienen der (öffentlichen) Verwaltung zum einen als Instrumente zur Erzeugung und Dokumentation von Wissensbeständen, die bei der Staat-Bürger-Interaktion verfahrensrelevant sind. Zum anderen prägen sie den Informationsfluss innerhalb einer Verwaltung und zwischen der Institution Verwaltung und der Öffentlichkeit. Dabei spielt die Schriftlichkeit in der Interaktion zwischen den Verwaltungsfachleuten und ihren Klienten, den Bürgerinnen und Bürgern, eine zentrale Rolle.

Rehbein (1988) hat Verwaltungsinstitutionen als einen zentralen Ort der Produktion und Verarbeitung von Wissen dargestellt, als einen „Sammelpunkt von Kommunikationen" (Luhmann 1966, 104). Er zeigt sich als eine applikative Vertextung und Reverbalisierung in einem institutionellen Bezugssystem, wobei sich die Verwaltungsfachleute auf bereits verschriftliches Wissen beziehen wie Verordnungen, Richtlinien, Gesetzestexte, Erlasse usw. (Rehbein 1988, 666).

Auch wenn es viele Formen der mündlichen Interaktion zwischen Staat und Bürgern gibt, so mündet das Interaktionsergebnis (fast) immer in einem schriftlichen Text, entsprechend der Aktenmäßigkeit der Verwaltung. Wichtigste Textsorte als Ergebnis der Staat-Bürger-Interaktion ist daher der *Bescheid*, den es nur in schriftlicher Form gibt.

2 Verwaltungssprache: Entwicklung – Zielvorstellungen – Sprachkritik

Von moderner Verwaltung und Verwaltungssprache kann man seit der Mitte des 19. Jahrhunderts sprechen, als durch das so genannte Legalitätsprinzip – Verwaltungsentscheidungen werden auf Grund bestehender Gesetze getroffen – die Verwaltung auf alle Lebensbereiche ausgedehnt und für alle Bürgerinnen und Bürger relevant wurde. Die Sprache dieser Verwaltung war zunächst noch stark von der so genannten Kanzleisprache beeinflusst. Dies zeigt sich etwa an den Unterwürfigkeitsformeln wie *gehorsamst, ehrerbietigst* oder *sehr geneigtest*, die bis zum Beginn des 20. Jahrhunderts noch den Briefunterschriften beigefügt worden sind. Hinzu traten formelhafte Wendungen wie *eingereichtes Gesuch* oder *eingestellte Ermittlungen*, unverständliche Fremdwörter (*Defunkter* ‚Erblasser', *Servituten* ‚Grunddienstbarkeiten'), häufige Substantivierungen (*Rückerbittung, Einvernahme*) und die Umschreibung von Verben (so genannte Funktionsverbgefüge wie *zur Ausführung bringen, in Wegfall kommen*).

Kritik an diesen Schreibformen kam vor allem durch die Bemühungen des Allgemeinen Deutschen Sprachvereins auf, der sich seit Ende des 19. Jahrhunderts auch auf die Verwaltungssprache konzentrierte. Seine vor allem sprachpuristischen Bemühungen führten dazu, dass viele ‚entbehrliche' Fremdwörter aus der Verwaltungssprache verschwanden und durch Verdeutschungen ersetzt wurden. Viele dieser Verdeutschungen sind heute noch im Amtsdeutsch gebräuchlich. Im allgemeinen Sprachgebrauch aber sind manche dieser Verdeutschungen nie heimisch geworden und werden heute durch das frühere Fremdwort ersetzt. Beispiele sind *Foto* für *Lichtbild* und *Kopie* für *Zweitschrift* oder *Durchdruck*.

Auf Grund dieser Kritik und auch aus eigener Einsicht formulierten Verwaltungen daher schon vor über 100 Jahren ihre Ziele für einen guten Schreibstil folgendermaßen:

> Die amtliche Schreibweise soll knapp und klar sein und sich dem allgemeinen Sprachgebrauche anschließen. Entbehrliche Fremdwörter sind zu vermeiden [...]. (Pfordten 1908, 48)

Heute sehen die Schreibempfehlungen ähnlich aus. Dies deutet darauf hin, dass sich Grundlegendes bisher nicht geändert hat. Ein Beispiel aus Berlin:

> Die Schriftsätze sollen knapp, klar und umfassend sein. Auf eine leicht verständliche Darstellung in gutem Stil und höflicher Form ist Wert zu legen. Es sind einfache Sätze zu bilden und geläufige Wörter zu verwenden. Unentbehrliche Fachausdrücke sind zu erläutern, wenn diese zum Verständnis des Empfängers erforderlich ist. Zu vermeiden sind insbesondere überflüssige Zusätze und Wiederholungen, ein steifer Satzbau mit vielen Hauptwörtern sowie entbehrliche Modewörter. (Gemeinsame Geschäftsordnung für die Berliner Verwaltung [GGO] I)

Zu dieser Empfehlung werden Hinweise und Formulierungshilfen geliefert. Verständlichkeit institutioneller Texte ist heute in vielen Bereichen unseres Lebens von großer Bedeutung. Diese Verständlichkeit wird zunehmend, auch von Seiten der Gesetzgeber, eingefordert. Gebrauchsanweisungen, Patienteninformationen, Versicherungsbedingungen sind einige Beispiele, deren Schwerverständlichkeit uns immer wieder begegnet. Und in diesen Bereich der so genannten Experten-Laien-Kommunikation gehört auch die Verwaltungssprache. Verwaltungen sollten also möglichst verständlich formulieren und Transparenz zeigen. Ein Verstoß gegen das Transparenzgebot kann heute dazu führen, dass Bescheide für nichtig erklärt werden können. Zum Beispiel durfte nach einem Urteil des Landessozialgerichts Nordrhein-Westfalen vom 24. Mai 2006 in einem Klagefall um Arbeitslosengeld dieses nur dann gekürzt werden, wenn im Kürzungsbescheid die Rechtsfolgenbelehrung verständlich formuliert worden war (AZ: L 12 AL 87/05). Deshalb forderte schon 1995 die Europäische Union in einer Bekanntmachung dazu auf, eine „klare und einfache Sprache" in Gesetzesdokumenten und Verordnungen zu verwenden („Avis sur une langue simple et claire", 95/C 256/03, Journal officiel des Communautés européennes, 2 octobre 1995). Und eine neuere Dienstleistungsrichtlinie legt für Behörden der Europäischen Union fest, dass sie Informationen „in einfacher und verständlicher Sprache" bereithalten müssen (Richtlinie 2006/123/EG, Artikel 6 Absatz 2). Die Mitgliedstaaten sollten entsprechende Rechts- und Verwaltungsvorschriften bis Ende 2009 in Kraft setzen.

Ebert (2011, 16 ff.) nimmt eine Unterteilung in drei verschiedene Kategorien von Verständigungsbarrieren vor und unterscheidet zwischen fachsprachlichen Barrieren, bürokratiestilistischen Verständigungsbarrieren und beziehungsgefährdenden Barrieren. Die fachsprachlichen Barrieren lassen sich unter dem Begriff „redundanzloser Stil" zusammenfassen, welcher Verständnisprobleme erzeugt, die durch einfache Umstellungen gelöst werden könnten. Der redundanzlose Stil beinhaltet bspw. den übermäßigen Gebrauch von ungeklärten Fachwörtern, den ausgeprägten Nominal- und Passivstil und überlange Wortzusammensetzungen. Oft wird in der Verwaltungssprache ein unangemessener oder falscher Gebrauch von sprachlichen Mitteln gemacht, den Ebert als bürokratiestilistische Verständigungsbarriere bezeichnet. Beispiele hierfür wären unklare Abkürzungen (z. B.: *u. A. w. g. = um Antwort wird gebeten*), unpassende Floskeln, Funktionsverbgefüge ohne Bedeutungsmehrwert (z. B.: *in Kenntnis setzen = mitteilen*) oder auch unnötige Gesetzesverweise mitten im Text, die den Lesefluss erheblich stören. Den Verstoß gegen Akzeptanz-, Glaubwürdigkeits- und Wahrheitsregeln sowie gegen Regeln des Respekts und des Vertrauens sieht Ebert als beziehungsgefährdende Barrieren an. Unpersönlichkeit bspw. schränkt die Kooperationsbereitschaft ein und sorgt zudem für Unklarheiten. Das Verhältnis zwischen Bürger und Behörde wird weiter geschädigt, weil Verwaltungstexte nur sehr bedingt serviceorientiert sind, nicht voraussetzungslos informieren und der Zweck eines Schreibens nur selten direkt ersichtlich ist. Bürger sollten zudem als Partner ernst genommen werden, ohne dass der Anschein von Machtanmaßung, Bevormundung oder Misstrauen entsteht.

Um die bestehende Kommunikationssituation zu ändern, wurden verschiedene Instrumente zum Schreiben und zur Neuformulierung entwickelt und bereitgestellt. An erster Stelle findet man redaktionelle Sprachratgeber und Leitfäden für die Textgestaltung, oft mit Vorher-/Nachher-Beispielen oder Mustertexten. Neueren Datums sind die Einrichtung lexikalischer Datenbanken und die Erarbeitung spezieller Softwareprogramme, die auf problematische Formulierungen beim Schreiben amtlicher Texte aufmerksam machen und Alternativformulierungen anbieten. Dennoch bleibt die Optimierungsaufgabe schwierig, da den Ansprüchen nach Klarheit und Einfachheit lange gewachsene traditionelle Strukturen und die Forderungen nach Rechtssicherheit entgegenstehen.

Neben das Ziel, Verwaltungssprache klarer, einfacher und verständlicher zu machen, tritt die Intention, antiquierte und autoritäre, undemokratische Sprachstrukturen und damit auch Zugangsbarrieren zu amtlichen Texten abzubauen. Denn in Befragungen wurde wiederholt festgestellt, dass viele Bürgerinnen und Bürger, besonders im Verkehr mit bestimmten Ämtern wie etwa den Sozialämtern, immer wieder auf ihnen zustehende Rechte und Ansprüche verzichten, weil sie Probleme mit dem amtlichen Schriftverkehr haben (z. B. Textverstehen, korrektes Ausfüllen von Formularen, Formulierung von Eingaben).

Punktuelle Abhilfe bringen neuere Projekte von Kommunen und Behörden wie in Arnsberg, Bochum, Soest oder Winsen an der Luhe, zu denen ausführliche Ergebnisberichte, Empfehlungen oder Buchveröffentlichungen vorliegen (z. B. Ebert 2006). In diesen Projekten arbeiten Behörden (Verwaltungsfachleute als Textproduzenten) mit Linguisten, Kommunikationsfachleuten und Juristen zusammen. In vielen Verwaltungen hat sich daher das verbreitete Bild von einer Behörde gewandelt – weg vom autoritären Gehabe eines Obrigkeitsstaates.

3 Spezifische Strukturmerkmale in Deutschland

Geblieben sind aber bis heute bestimmte allgemeine Merkmale und Sprachstrukturen, die von der Öffentlichkeit als ‚typisches Amtsdeutsch' angesehen werden und meist schon auf den ersten Blick Verwaltungstexte als sprachliche Sonderformen erkennen lassen. Dazu gehören die Unpersönlichkeit der Texte, ein belehrender und teilweise immer noch autoritärer Duktus sowie Verhaltensanweisungen, die den Handlungsspielraum der Rezipienten einschränken (z.B *genauestens*; *in glaubhafter Weise)* und vor allem eine Vielzahl an Nominalisierungen (z. B. die *Inaugenscheinnahme*).

Im Einzelnen zielen diese Empfehlungen und Leitlinien auf folgende, altbekannte Merkmale, Sprachstrukturen und Problemzonen der fachexternen Verwaltungskommunikation:

- zahlreiche, teilweise überlange Hauptsätze: *Ich hoffe, Ihnen meinen Standpunkt ausreichend erläutert zu haben und gebe Ihnen hiermit nochmals Gelegenheit, Betrag von 0,00 DM innerhalb einer Woche nach Erhalt dieses Schreibens unter Angabe des o. a. Aktenzeichens auf eines der u. a. angegebenen Konten der Stadtkasse zu überweisen*;
- attributive Partizipialkonstruktionen: *der vorgenannte Betrag*; *die unbegründete Säumigkeit*; *aufgrund Ihrer... festgestellten Verhältnisse*; *unter Einhaltung der umseitig genannten Frist*; *die in der Kopfleiste enthaltenen näheren Angaben*;
- Auslassung des Imperativs bzw. Ersetzung durch andere (formale) Konstruktionen: *ist mir mitzuteilen*; *ist es erforderlich ... Ihren Sozialversicherungsausweis bei mir zu hinterlegen*;
- Adverbien aus Substantiv und adjektivischem Flexions-/Derivationsmorphem: *behördenseitig*; *bauseits*; *zwangsweise*;
- Typenhaftigkeit: *Aufgrund Ihres o. a. Antrags gewähre ich Ihnen hiermit die Wiedereinsetzung in den vorigen Stand (§ 52 OWiG)*;
- behördentypische Begründungen und dazugehörige Erläuterungen: *ist es mir aus rechtlichen Gründen versagt*; *Die somit feststehende Rechtskraft des Bußgeldbescheides begründet Ihre Zahlungspflicht*;
- Unpersönlichkeit, Entindividualisierung: *die obige Person ist verstorben*; *Innerhalb dieses Zeitraums vorgebrachte Bedenken und Anregungen werde ich bei meiner Entscheidung berücksichtigen*;
- häufiger (unnötiger) Gebrauch von Funktionsverben: *sage ich Ihnen meinen Dank*; *Nehmen Sie deshalb bitte bis zum... die Zahlung zum Kassenzeichen auf*;
- häufige Nominalisierungen: *fehlende Glaubhaftmachung*; *Eignungsfeststellungsverfahren*; *die Sichtung Ihrer Bauvorlagen*;
- belehrender Charakter: *Rechtsbehelfsbelehrung*; *weise ich vorsorglich darauf hin*;
- Obrigkeitsstil: *mahne ich Sie ab*; *Auf die unten angegebene Bankverbindung der Stadt mache ich aufmerksam*; *versage ich Ihnen die Hilfe zum Lebensunterhalt ganz*;

- Komprimierungen (Aufladung von Einfachsätzen durch nominale Ketten, Präpositionalphrasen u. a.): *Zur Aufklärung der vorbezeichneten Ordnungswidrigkeit bitte ich Sie, nachfolgende Fragen möglichst eingehend zu beantworten und diesen Bogen im beigefügten Freiumschlag innerhalb von 10 Tagen zurückzusenden*;
- verfahrenstechnische Floskeln: *ermessensfehlerfrei*; *unbedingt erforderlich*;
- Unklarheiten (für juristische Laien) bei feststehenden Formulierungen *innerhalb einer Woche*; *nach Zugang des Schreibens*;
- Verweise auf Gesetze: *gem. § 11 GKG, Nr. 7700*; *unter Bezug auf § 46 OWiG i. V. m. § 51 Abs. 1 StPO*;
- häufiger Gebrauch von Abkürzungen: *der o. g. Antrag*; *HzL* (=Hilfe zum Lebensunterhalt); *zu den o. a. Zahlungsterminen*;
- Verwendung juristischer Fachterminologie: *Antrag auf Wiedereinsetzung in den vorigen Stand*; *Bußgeldbescheid niederlegen*; *abstellen auf*;
- hochabstrakte, rechtssprachliche Formulierungen: *Die Nachweise müssen von einer oder einem staatlich anerkannten Sachverständigen oder sachverständigen Stelle nach § 85 Abs. 2 Satz 1 Nr. 4 BauO NW aufgestellt und geprüft sein (§ 68 Abs. 5 a + b BauO NW)*;
- Mischung aus Persönlichkeitsstil (*Sie haben mir; ich darf Sie darauf hinweisen)* und ‚behördlichem Verkündigungsstil' (*Genehmigungs- und Erlaubnisvorbehalte nach anderen Rechtsvorschriften bleiben unberührt*);
- Massive Einschränkung des Handlungsspielraums der Rezipienten: *genauestens*; pünktlich; *unverzüglich*; *unaufgefordert*; *glaubhaft*; *unberechtigt*; *unbegründet*; *in glaubhafter Weise*.

Diese Beispielliste aus einem Bochumer Projekt zur Optimierung der Verwaltungssprache, das vor einigen Jahren durchgeführt wurde (Blaha u. a. 2001, Händel u. a. 2001), bestätigt im Übrigen weitgehend die aus sprachkritischer und wissenschaftlicher Literatur bereits bekannten Schwachstellen (z. B. Korn 1956, Wagner 1976, Becker-Mrotzek 1999, Fluck 2004 und 2006, Gogolok 2005).

Es sind diese typischen Stilmerkmale, anhand derer leicht zu erkennen ist, dass es sich um einen amtlichen Text handeln muss. Um z. B. dem Anspruch an Genauigkeit nachzukommen – so zeigt es die vorstehende Liste – werden häufig Präpositionen, die logische Beziehungen verdeutlichen, und Funktionsverbgefüge verwendet (z. B.: *durch Verschuldung; eine Genehmigung erteilen*). Darüber hinaus findet in Verwaltungstexten ein übermäßiger Gebrauch des Nominalstils statt. Abstrakte Substantive können in vielen Fällen ganze Wortgefüge enthalten (z. B.: *Planfeststellungsbeschluss: Jemand hat beschlossen, einen Plan festzustellen*) (Ebert 2011, 15). Ein weiteres typisches Erkennungsmerkmal ist, dass innerhalb der Amtssprache keine Imperative vorkommen und Pronomen nur sehr selten verwendet werden. Grund hierfür ist die Konzeption einer rechtlich-institutionellen Sprache, die alle Menschen gleich behandeln soll, und so einen unpersönlichen und emotionslosen Sprachstil entstehen lässt (z. B. *Betreten auf eigene Gefahr*). Letztendlich ist das häufige Auftreten von Gesetzesverweisen und Rechtsbegriffen, hinter denen sich oftmals ganze Rechtssätze verbergen (z. B.: *grobe Fahrlässigkeit*), ein weiteres sehr auffälliges Merkmal von amtlichen Texten.

4 Blick auf Europa

Ein weitgehendes Unbehagen an der Gestaltung verwaltungs- und rechtssprachlicher Texte in der Politik und Öffentlichkeit hat dazu geführt, dass heute europaweit zunehmend darüber nachgedacht wird, wie diese Texte den Forderungen der Bürger und den diversen Verständlichkeitsgeboten der Gerichte entsprechend formuliert werden können.

Viele der zuvor angeführten ‚traditionellen' Strukturen finden sich in der heutigen europäischen Verwaltungssprache wieder, wenn auch mit veränderten Gebrauchsfrequenzen und in teilweise stark abgewandelter Form. So wurde etwa seit Ende des 19. Jahrhunderts in Deutschland der Einfluss des Lateinischen stark zurückgedrängt und formelhafte lateinische Wendungen wurden durch landessprachige ersetzt (z. B. *zu Händen, eigenhändig* für lat. *ad manum, ad manus*). In Italien und Spanien dagegen sind noch viele Latinismen geblieben (z. B. *quorum, in situ*) und zusätzlich Gallizismen in die Verwaltungssprache aufgenommen worden (z. B. *carnet, affaire,* Calvo Ramos 1980, 57 ff.).

Geblieben sind aber bis heute bestimmte allgemeine Merkmale und Sprachstrukturen, die als behördentypisch gelten. Sie werden, mit negativer semantischer Komponente europaweit zum Beispiel als *bürokratisch* oder *Verwaltungschinesisch* bezeichnet:
- Deutsch: *Amtssprache, Verwaltungssprache* (*Verwaltungschinesisch*);
- Französisch: *langue de l'administration, style administratif*; *style officiel*;
- Italienisch: *linguaggio administrativo, linguaggui burocratico* (*burocratese*);
- Polnisch: *urzedowy* – Behördensprache, *oficjalny* – offizielle Sprache;
- Spanisch: *lenguaje administrativo* (Ziel: *lenguaje ciudadano* – ‚bürgerorientierte Sprache').

Zu den die Einzelsprachen übergreifenden Strukturen der Verwaltungssprache (Fluck 2004) gehören zum Beispiel:

Unpersönlichkeit:
- Deutsch: *Die obige Person ist verstorben*;
- Französisch: *il convient de me fournir...*;
- Italienisch: *Il Quirinial, si rende noto che ...*;
- Spanisch: *esta gobierno civil, examinado el recurso de ...*

Obrigkeitsstil und belehrender Charakter:
- Deutsch: *Rechtsbehelfsbelehrung*; *weise ich vorsorglich darauf hin*;
- Französisch: *vous êtes tenue de m'informer*;
- Italienisch: *denuncia dei redditi, forza pubblica*;
- Spanisch: *mi autoridad; los usarios se obligarán a ...*

Einschränkung des Handlungsspielraums der Rezipienten:
- Deutsch: *unverzüglich, glaubhaft*;
- Französisch: *sous huit jours, autant que possible*;
- Italienisch: *ostativo, adempimento*;
- Spanisch: *hasta tanto que, en obervancia de ...*

Häufige Nominalisierungen (Hauptwortstil):
- Deutsch: *Glaubhaftmachung*;
- Französisch: *la quote-part, la non production des documents...*;
- Italienisch: *impossidenza, discrezionalità*;
- Spanisch: *planificacinó, adquicisión y titularidad.*

Solche Erscheinungen wären kaum zu beanstanden, wenn man Verwaltungssprache als reine Fachsprache betrachten würde. Verwaltungssprache als Fachsprache heißt, dass es sich um eine für die Verwaltung spezifische Auswahl und Verwendung sprachlicher Mittel handelt. Zu unterscheiden sind aber der bürgerferne fachinterne, also verwaltungsinnere Bereich, mit der Festlegung abstrakter Prinzipien und speziellen fachsprachlichen Äußerungen, vom fachexternen Bereich mit konkreten Äußerungen eines an die Öffentlichkeit gerichteten Verwaltungshandelns. Und dieser institutions- bzw. fachexterne Bereich ist es, der das öffentliche Interesse an der Verwaltungssprache vornehmlich bestimmt und immer wieder zu Kritik geführt hat und auch weiterhin führt.

5 Verwaltungssprache und juristische Sprache

Verwaltungssprache ist eng mit der juristischen Sprache und der Gesetzessprache verknüpft. Von daher erstaunt es nicht, dass sie mit vielen juristischen Termini zu tun hat. Diese sind den Nichtjuristen meist unverständlich oder sie haben oft eine andere Bedeutung als in der Alltagssprache (z. B. *Besitz, Eigentum*). Insofern behindern viele Ausdrücke die Staat-Bürger-Interaktion, weil sie erklärungsbedürftig sind, selbst wenn sie in Form rein deutscher Gemeinsprache erscheinen. Zwei Beispiele dazu sind die *Wiedereinsetzung in den vorigen Stand* und das in ein Amtsschreiben eingedrungene *Restmüllbehältervolumen*. Beide Termini kommen in Verwaltungstexten vor. Der erste Ausdruck gehört zur Juristensprache, der zweite zur Sprache der

Abfallwirtschaft. Die Verwendung solcher Fachausdrücke trägt entscheidend dazu bei, dass viele Amtstexte nicht verstanden oder zumindest als eigenartig angesehen werden.

Die Verwaltungssprache ist Mittlerin zwischen Rechtssprache, verschiedenen Fachsprachen und Gemeinsprache – oder sollte es wenigstens sein. Die Verwaltung wendet bestehende Gesetze an, konkretisiert sie, führt sie aus (Legalitätsprinzip). Um diese Aufgabe zu leisten, sind die Ämter vom Gesetzgeber mit bestimmten Machtbefugnissen ausgestattet. Im *Verwaltungsakt*, der für die Betroffenen *begünstigend* oder *belastend* sein kann, werden Einzelfälle geregelt. Unter diesem zentralen Regelungsinstrument versteht das Verwaltungsrecht

> [...] jede Verfügung, Entscheidung oder andere hoheitliche Maßnahme, die eine Behörde zur Regelung eines Einzelfalls auf dem Gebiet des öffentlichen Rechs trifft und die auf unmittelbare Rechtswirkung nach außen gerichtet ist. (§ 35 Verwaltungsverfahrensgesetz, VwVfG)

Der Verwaltungsakt manifestiert sich im behördlichen Bescheid, der deshalb die wichtigste Textsorte im Verwaltungshandeln darstellt. Das Schreiben birgt für den Autor mehrere Risiken wie die mögliche Korrektur durch seine Vorgesetzten, die ablehnende Reaktion der Empfänger oder die Kritik der Gerichte. Um diesen Risiken zu entgehen, bezieht sich der Textproduzent gerne auf Gesetze oder beruft sich auf Normen, die ihn absichern können. Er bleibt – auch sprachlich – beim bewährten Muster, das ihn vor unliebsamen Überraschungen schützen kann. Dadurch erhält die Sprache ihren oft rückwärtsgewandten Charakter mit Formulierungen, die eigentlich von der Sprachgemeinschaft längst ‚ad acta' gelegt sind (Heinrich 2008, 213–231).

Die Meinung der Bevölkerung über die kommunikative Barriere ist seit Jahrzehnten eindeutig: 1978 waren es laut einer im Auftrag des Bundeskanzleramtes durch das Heidelberger Sozialwissenschaftliche Institut SINUS durchgeführten Umfrage für die .Zeitschrift „Hör Zu" 80 % der Befragten einer Meinungsumfrage in der damaligen Bundesrepublik, die mit Amtstexten Schwierigkeiten hatten und Amtsdeutsch und Unverständlichkeit kritisierten (Hör Zu 14/1979); und in einer Ende 2008 durchgeführten bundesweiten Meinungsumfrage gaben sogar 86 % der Befragten an, dass sie Schwierigkeiten beim Lesen und Verstehen amtlicher und juristischer Texte haben und sich Verbesserungen wünschen (Eichhoff-Cyrus u. a. 2009).

Ämter und Politik reagieren auf solche Änderungswünsche zögerlich, verschließen sich aber nicht. Wenigstens seit dem 18. Jahrhundert gibt es immer wieder Vorschriften, die eine bürgernahe und verständliche Gesetzes- und Verwaltungssprache verpflichtend machen wollen. Bekannt geworden für ihre Sprachempfehlungen ist die Kabinettsorder Friedrich II. (1780) zur Abfassung des Allgemeinen Landrechts für die Preußischen Staaten von 1794:

> Ihr müßt also vorzüglich dahin sehen, daß alle Gesetze für Unsere Staaten und Unterthanen in ihrer eigenen Sprache abgefaßt, genau bestimmt und vollständig gesammlet werden. (Allgemeines Landrecht 1996, 39)

Doch die besten Vorschläge und Erlasse helfen nichts, wenn das Training einer bürgernahen Sprache nicht in die Aus- und Fortbildung der Verwaltungsfachleute aufgenommen wird.

Deshalb sollten zum Beispiel Fach- oder Pseudofachausdrücke mit einer Erklärung versehen werden, die den Sachverhalt veranschaulicht und eine Verstehenshilfe anbietet. Wer adressatenbezogen schreibt, kann die möglichen Fragen der Rezipienten antizipieren. So könnte z. B. die bereits erwähnte „Wiedereinsetzung in den vorigen Stand" mit etwa folgender Erläuterung versehen werden: „Wenn Sie ganz oder fast ganz unverschuldet eine Frist versäumt haben (z. B. weil sie schwer krank oder länger im Urlaub waren), dann können Sie einen Antrag stellen mit dem Ziel, dass die überzogene Frist als nicht versäumt gilt".

Fachtermini zu verwenden, ist also nur *innerhalb* einer Verwaltung problemlos möglich. Sobald sich aber ein Amt an die Öffentlichkeit wendet, ist Wissenstransfer gefragt, d. h. Erläuterung, Paraphrasierung oder Umschreibung der Fachterminologie. Sonst wird Fachsprache für die Rezipienten wirklich zu einer Fremdsprache, zum *Fachchinesisch*, das in einem demokratisch orientierten Staatswesen so nicht akzeptabel ist. Neben Leichtverständlichkeit als Zielvorgabe gibt es weitere Anforderungen an Verwaltungstexte im fachexternen Bereich, die ebenfalls erfüllt werden müssen: Akzeptanz, Höflichkeit, Serviceorientierung, Rechtssicherheit. Diese Anforderungen umzusetzen, fällt vielen Behörden schwer, und zwar sowohl in Deutschland wie in vielen anderen Ländern (Fluck/Blaha 2010a). Gründe dafür sind u. a. mangelnde sprachliche Erfahrung, Ausbildungssituation, knappes Zeitbudget und fehlende Trainingsmaßnahmen.

6 Hilfestellung für Bürgerinnen und Bürger: Textoptimierung und Technologieeinsatz

In unserer Zeit prägen die Stichworte Verwaltungsmodernisierung und Bürgernähe das Handeln, auch das sprachliche, der Behörden. Dabei geht es an vorderster Stelle, neben verstärkter Adressaten- und Serviceorientierung, um das ‚alte' und ‚neue' Verständlichkeitspostulat. An ihrer Erfüllung und Umsetzung wird Bürger-Staat-Kommunikation gemessen und beurteilt. Hinter dem alten Postulat steht das Verlangen nach einer verstehbaren, vernunft- und zeitgemäßen Verwaltungssprache und der Ablösung von Autoritäten. Unter dem neuen Postulat ist vor allem die Forderung nach Allgemeinverständlichkeit und damit nach demokratischer Teilhabe an Entscheidungsprozessen zu verstehen, die ebenso das einzelne Individuum wie die Gesellschaft insgesamt betreffen.

Auch wenn es viele Ansätze für eine Verbesserung der Situation gibt, beseitigt oder völlig reformiert wurde die Verwaltungssprache dadurch noch lange nicht, dazu ist sie nach einer Formulierung Ernst Strouhals (1996) zu ‚therapieresistent', d. h. sie spricht auf die angebotenen Hilfs- und Heilmittel nicht oder kaum an. Es ist für diesen Sachverhalt aufschlussreich, dass im Zusammenhang mit der Arbeit an einem Verwaltungssprachenprojekt mit der Stadt Bochum der Brief eines Mitarbeiters der Landesversicherungsanstalt Nordrhein-Westfalen beim Projektleiter eintraf, in dem er seinen viele Jahre währenden Kampf gegen die Verwendung zweier sowohl in Gesetzes- wie Verwaltungstexten häufig verwendeter autoritärer Wörter – er möchte nicht *belehrt* werden und nichts *gewährt* bekommen – schildert:

> 1992: Der Bundesminister für Arbeit und Sozialordnung begrüßt seinen Vorschlag, verweist aber auf 80 zu ändernde Textstellen;
> 2000: Das Bundesministerium der Justiz verweist ihn in seiner Antwort darauf, dass 126 Gesetze betroffen wären und geändert werden müssten;
> 2002: Der Redaktionsstab der GfdS beim Bundestag reagiert vorsichtig und will das Thema zur Sprache bringen, sieht aber Bedenken bei manchen Juristen.

Fazit des kämpferischen Bürgers in seinem Brief: „Meine Bemühungen um eine Verbesserung der bürgernahen Verwaltungssprache wurden samt und sonders ‚ausgebremst'".

Wenn auch nicht ein Einzelwort den Text ausmacht und eine einzelne Textveränderung allein zu mehr Bürgernähe führt, so wird doch deutlich, dass Bemühungen um Sprachveränderungen einen langwierigen Prozess darstellen. Und das gilt vor allem dann, wenn in gesetzlichen Vorgaben entsprechende Termini verwendet und später als Präformulierungen wieder eingesetzt werden, wie im angeführten Beispiel.

Dennoch gibt es Lichtblicke. Als herausragendes Beispiel für ein ausländisches Projekt, soll der digitale Amtshelfer „HELP" aus Österreich besonders hervorgehoben werden. Er hat die Kommunikation zwischen Behörden und Bürgern in starker Weise verbessert. Auf der Website www.help.gv.at existiert seit 1997 eine behördenübergreifende Anlaufstelle, welche über die Amtswege in Österreich ausführlich und laiengerecht informiert:

> Help versteht sich als Drehscheibe zwischen Behörden und Bürgern und Bürgerinnen, wobei Transparenz, Übersichtlichkeit, die Konzentration auf das Wesentliche und dadurch vor allem die Verständlichkeit im Vordergrund stehen, das heißt, es wird besonders großer Wert auf gut verständliche Informationen auch bei komplizierten und umfangreichen Texten gelegt. (Rund 2010, 85)

HELP verfährt zwar grundsätzlich nach denselben Prinzipien wie z. B. das Arbeitsblatt der Kreisverwaltung Soest (Alltagssprachliche Formulierungen, Geschlechterfreundliche Sprache usw.), doch zeigt der landesweite Online-Ratgeber in Österreich eindrucksvoll, wie eine bürgernahe und benutzerfreundliche Kommunikation zwischen Behörden und Bürgern auch in Deutschland aussehen könnte. Während die Bemühungen hinsichtlich eines Sprachwandels in Ämtern und Behörden zwar auch in Deutschland immer weiter fortschreitet, ist ein vergleichbarer Bürgerservice mit gezielten Informationsangeboten nicht vorhanden. Insbesondere die ständig steigenden Nutzerzahlen der österreichischen Online-Plattform (450.000 Anwendersitzungen/Monat) unterstreichen den Stellenwert und die Strahlkraft dieser Unternehmung.

Auch die Einführung geschlechtergerechter Sprache in Deutschland zeigt, dass Änderungen möglich sind. Wie sehr sich gesellschaftspolitischer Wandel in der Amtssprache niederschlagen kann, zeigt die Verpflichtung der Mitarbeitenden auf die sprachliche Gleichstellung. Gab es früher wirklich nur den *Amtmann* männlichen Geschlechts, so ist seit Beginn des 20. Jahrhunderts auch die *Amtmännin* in Gebrauch. Die Frauenbewegung hat es aber in den 1980er-Jahren erreicht, dass (zuerst daneben, dann anstatt der *Amtmännin*) heute *Amtsfrau* oder *Amtfrau* als offizielle Bezeichnungen eingeführt worden sind.

7 Formulare als Textsorte mit Entscheidungsrelevanz

Ein wichtiges Mittel der Staat-Bürger-Interaktion ist das Formular, das von den Bürgerinnen und Bürgern Angaben verlangt, die für eine Entscheidung benötigt werden. Es vermittelt seit Jahrhunderten als Erfassungs- und Kommunikationsmittel zwischen Behörde und Bürgern und dient der Rationalisierung und Effektivierung des Informationsflusses. Häufig dienen Formulare dazu, die Anspruchsberechtigung einer Eingabe einzuschätzen:

> Formulare können am Anfang (z. B. Antragsformular) und am Ende (z. B. Bescheid- bzw. Urkundenvordrucke) eines Verwaltungsprozesses stehen, oder im Verlauf des Vorganges hinzutreten. Formulare sind also Erfassungsbögen bzw. –masken, die individuelle Daten für administrative Bearbeitungsprozesse in normierter Form sammeln bzw. die entsprechenden Daten nach Abschluss eines Bearbeitungsverfahrens an einen Empfänger übermitteln. (Ewert 2003, 18)

Bekannte Beispiele sind z. B. das Wohngeldantragsformular oder die Steuererklärung. Viele Formulare sind so kompliziert, dass ihnen vom Amt eine Seite oder auch mehrere Seiten Erläuterungen und Ausfüllhilfen mitgegeben werden müssen. Doch auch diese garantieren oft noch nicht, dass die erwünschten Angaben problemlos und im Sinne der Verwaltung eingetragen werden können. Das hängt damit zusammen, dass Formulare mehrere Ziele verfolgen und folgende vier Funktionen beinhalten können:

1. Interaktionsfunktion,
2. Gewährleistungsfunktion,
3. Organisationsfunktion,
4. Subsumtionsfunktion.

(Brinckmann/Grimmer u. a. 1986, 11 ff.)

Ein Großteil der schriftlichen Kommunikation zwischen Bürger und öffentlicher Verwaltung umfasst das Ausfüllen und Evaluieren von Formularen oder Vordrucken, die doppelt adressiert sind. Sie richten sich an den Bürger, werden aber dann vor allem Bestandteil einer Verwaltungsakte. Sie sind damit nach Becker-Mrotzek/Scherner (2000, 634) sowohl wissenserhebend wie wissensvermittelnd (so genannte Mitteilungs-/Fragevordrucke). Ihre Einträge werden, wie schon Grosse (1981) festgestellt hat, für die Verwaltung entscheidungsrelevant:

> Der ‚Vordruck' ist neben dem formlosen Antrag der wichtigste Weg, auf dem die schriftliche Kommunikation des Bürgers mit der Verwaltung abläuft, meist in Form der Einbahnstraße, also asymmetrisch. Die Behörde führt mit dem Bürger ein streng formalisiertes Interview auf ein Ziel hin, nämlich die Entscheidungsfindung aufgrund der Informationsauswertung. (Grosse 1981, 271)

Um die erhobenen Antworten zutreffend einordnen zu können, beziehen sich die Fragen auf bestimmte Kategorien, welche

> sprachlich durch Legaldefinitionen und Begriffsbestimmungen der Verordnungen und Verwaltungsanweisungen bestimmt [sind], die der Bürger im allgemeinen aber nicht kennt. (Stickel 1981, 297 f.)

Dieser Sachverhalt kann sich negativ auf die Antragstellung bzw. die Entscheidung über eine Anspruchsberechtigung auswirken.

Neben Verstehensfähigkeit ist daher auch eine Kenntnis der Verwaltungsorganisation gefragt, um die gestellten Fragen richtig zu erfassen und beantworten zu können. Heute kommt in der Staat-Bürger-Interaktion auch der Einrichtung von Formularservern und Formularportalen eine große Bedeutung zu, die zu neuen Informationsmöglichkeiten führen (Ewert 2003).

Insgesamt tragen die beschriebenen Gegebenheiten dazu bei, dass diese Art von Verwaltungstexten als Kommunikationsmittel zwischen Bürger und Verwaltung meist nicht so effizient sind, wie sie es sein könnten. Möglichkeiten einer effektiven und bürgerfreundlichen Formulargestaltung, vom lesefreundlichen Layout bis zur verständlichen Formulierung, zeigt u. a. Schwesinger (2007).

8 Ausblick

Um die Staat-Bürger-Interaktion zu optimieren, sind auf der Produzentenseite verschiedene Maßnahmen ergriffen worden: Schreibvorschriften für einzelne Institutionen, Ausarbeitung von Leitfäden für die Textproduzenten, Mitarbeiter-Schulungen mit Schreibseminaren, Kooperation mit Kommunikationsfachleuten, Etablierung von technischen Hilfsdiensten und etliches mehr.

Die Sprache der Verwaltung zeigt sich dabei als eine Kommunikationsform, die zwischen Fach(sprach)lichkeit und Allgemeinverständlichkeit einen Ausgleich suchen muss. Er gelingt aber eher selten. Grundlegende Reformen der Verwaltungssprache waren bisher relativ wenig erfolgreich, denn Verwaltungssprache besitzt eine besondere ‚Therapieresistenz'.

Die durchgeführten Projekte zeigen insgesamt, dass eine Verbesserung der Bürger-Verwaltungskommunikation nicht allein durch eine nachträgliche Überarbeitung der produzierten Texte zustande kommt, sondern vor allem durch eine Veränderung der Ausbildungssituation, die mehr sprachbezogene Elemente enthalten muss. Nicht zu vergessen ist die Einrichtung bürgerfreundlicher Servicestellen und Hilfsportale, die Hinweise zur Kommunikation mit der Verwaltung anbieten. Nur auf diese Weise kann es langfristig gelingen, eine alle Seiten zufriedenstellende Staat-Bürger-Kommunikation und -Interaktion zu erreichen.

9 Literatur

Allgemeines Landrecht für die Preußischen Staaten von 1794. Textausgabe. Einf. v. Hans Hattenauer. Bibliogr. v. G. Bernert. Berlin 31996.

Becker, Peter (2010): Kulturtechniken der Verwaltung. Forschungsbericht. Schweizerisches Bundesarchiv Bern. Zit. nach: www.bar.admin.ch/themen/01555/01556/?lang=de–BAR-Forschungsberichte. (abgerufen am 03.01.2014).

Becker, Peter (Hg.) (2011): Sprachvollzug im Amt. Kommunikation und Verwaltung im Europa des 19. und 20. Jahrhunderts. Bielefeld.

Becker-Mrotzek, Michael (1999): Die Sprache der Verwaltung als Institutionensprache. In: Lothar Hoffmann u. a. (Hg.): Fachsprachen. Ein internationales Handbuch zur Fachsprachenforschung und Terminologiewissenschaft. Band 14.2, Berlin/New York (Handbücher zur Sprach- und Kommunikationswissenschaft 14.2), 1391–1402.

Becker-Mrotzek, Michael/Maximilian Scherner (2000): Textsorten der Verwaltung. In: Klaus Brinker u. a. (Hg.): Text- und Gesprächslinguistik. Ein internationales Handbuch zeitgenössischer Forschung. 1. Halbd. Berlin/New York, 628–640.

Blaha, Michaela u. a. (2001): Verwaltungssprache und Textoptimierung – ein Bochumer Pilotprojekt und seine Evaluation. In: Muttersprache 111, H.4, 289–301.

Brinckmann, Hans/Klaus Grimmer u. a. (1986): Formulare im Verwaltungsverfahren; Wegbereiter standardisierter Kommunikation. Darmstadt.

Bundesverwaltungsamt – Bundesstelle für Büroorganisation und Bürotechnik (Bbb) (2002): BBB-Arbeitshandbuch „Bürgernahe Verwaltungssprache" 4. Auflage. Köln [nur online beim Bundesverwaltungsamt: bva.bund.de].

Calvo Ramos, Luciana (1980): Introducción al estudio del lenguaje administrativo. Madrid.

Deppert, Alex (2001): Verstehen und Verständlichkeit, Wissenschaftstexte und die Rolle des themaspezifischen Vorwissens. Wiesbaden.

Ebert, Helmut (2006): Handbuch Bürgerkommunikation. Moderne Schreibkultur in der Verwaltung. Berlin.

Ebert, Helmut (2011): Verwaltungssprache aus Sicht der Sprachwissenschaft. In: Michaela Blaha/ Hermann Wilhelm (Hg.): Verständliche Sprache in Recht und Verwaltung – Herausforderungen und Chancen. Frankfurt a. M., 13–23.

Eichhoff-Cyrus, Karin M. u. a. (Hg.) (2009): Wie denken die Deutschen über die Rechts- und Verwaltungssprache? Eine repräsentative Umfrage der Gesellschaft für deutsche Sprache. Wiesbaden.

Ewert, A. Erhardt (2003): Formularservice im kreisangehörigen Raum. Potsdam (KWI-Projektberichte 3).

Fluck, Hans-R. (2004): Sprachliche Aspekte der Bürger-Verwaltungs-Kommunikation – Situationsbeschreibung und Forschungsperspektiven. In: Muttersprache 2004, 3, 193–205.

Fluck, Hans-R. (2006): Probleme der Bürger-Verwaltungs-Kommunikation in Deutschland und anderen europäischen Ländern. In: Estudios Filológicos Alemanes. Revista del Grupo de Investigación Filología Alemana. Sevilla, 75–86.

Fluck, Hans-R. (2010a): Die Amtssprache. In: Thomas Schindler/Carsten Sobik (Hg.): Das Amt. Alltag, Verwaltung, Öffentlichkeit. Marburg (Hessische Blätter für Volks- und Kulturforschung), N. F., 27–38.

Fluck, Hans-R. (2010b): IDEMA (Internetdienst für eine moderne Amtssprache) – ein dialogorientiertes Projekt zur Optimierung von Verwaltungstexten. In: Nicole Hinrichs/Anika Limburg (Hg.): Gedankenstriche – Reflexionen über Sprache als Ressource. Für W. Boettcher zum 65. Geburtstag. Tübingen, 298–309.

Fluck, Hans-R./Michaela Blaha (2010): Verwaltungssprache in Europa: zur Einführung. In: Fluck/ Blaha (2010a), 11–19.

Fluck, Hans-R./Michaela Blaha (Hg.) (2010a): Amtsdeutsch a. D.? – Europäische Wege zu einer modernen Verwaltungssprache. Tübingen (Arbeiten zur Angewandten Linguistik, 4).

Fluck, Hans-R./Michaela Blaha (2010b): Im Verhinderungsfalle wird der Widerspruchsführer gebeten, dies mitzuteilen. Geheimnisse des Amtsdeutschen. Freiburg.

Gogolok, Kristin (2005): Die Verwaltungssprache als Untersuchungsgegenstand linguistischer und interdisziplinärer Analysen: Theorie und Praxis. In: Fachsprache 27. 3–4, 99–114.

Grosse, Siegfried (1979): Allgemeine Überlegungen zur sprachlichen Fassung von Vordrucken und Formularen. In: Siegfried Grosse/Wolfgang Mentrup (Hg.): Bürger – Formulare – Behörde. Wissenschaftliche Arbeitstagung zum Kommunikationsmittel Formular. Mannheim (Forschungsberichte des IdS, 51), 11–24.

Händel, Daniel u. a. (2001): Bürgernahe Verwaltungstexte. Ein Kooperationsprojekt der Stadt Bochum und der Ruhr-Universität zur Textoptimierung. In: Fachsprache 23, 3–4, 139–152.

Heinrich, Peter (2008): Verwaltunssprache zwingt sich auf, um sich nicht aussetzen zu müssen. In: Detlef Treubrodt/Denis Kirstein (Hg.): Auf dem Weg zur Hochschule für öffentliche Aufgaben – Aufsätze aus der Rechts-, Polizei-, Wirtschafts- und Sozialwissenschaft. Festschr. F. Prof. Hans Paul Prümm. Berlin, 213–231.

Knoop, Ulrich (1998): Kritik der Institutionensprache am Beispiel der Verwaltungssprache. In: Lothar Hoffmann u. a. (Hg.): Fachsprachen. Ein internationales Handbuch zur Fachsprachenforschung und Terminologiewissenschaft. 1. Halbbd. Berlin/New York (Handbücher zur Sprach- und Kommunikationswissenschaft 14.1), 866–874.

Korn, Karl (1959): Sprache in der verwalteten Welt. 2. ergänzte Aufl. Olten/Freiburg i. Br.

Kreis Soest (Hg.) (2012): Verwaltungstexte verständlich schreiben – 8 Grundsätze. Soest.

Luhmann, Niklas (1964): Funktion und Folgen formaler Organisation. Berlin.

Luhmann, Niklas (1966): Theorie der Verwaltungswissenschaft. Bestandsaufnahme und Entwurf. Köln.

Pfordten, Theodor von der (1908): Der dienstliche Verkehr und die Amtssprache. Auf der Grundlage der Bekanntmachung der Zivil-Staatsministerien vom 28. April 1901 unter besonderer Berücksichtigung des Dienstes bei den Justizbehörden. 2. verbesserte Aufl. München.
Rehbein, Jochen (1998): Die Verwendung von Institutionensprache in Ämtern und Behörden. In: Lothar Hoffmann u. a. (Hg.): Fachsprachen. Ein internationales Handbuch zur Fachsprachenforschung und Terminologiewissenschaft. 1. Halbbd, Berlin/New York (Handbücher zur Sprach- und Kommunikationswissenschaft 14.1), 660–675.
Rund, Johannes (2010): HELP – die Drehscheibe zwischen Behörde und BürgerInnen. In: Fluck/Blaha (2010a), 85–90.
Şahin, Nurşen (2010): Verständliche Verwaltungstexte – eine juristische Unmöglichkeit? In: Fluck/Blaha (2010a), 65–72.
Schwesinger, Borries (2007): Formulare gestalten: Das Handbuch für Gestalter und Anwender zu Hürden, Chancen und Gestaltungsfragen. Mainz.
Stickel, Gerhard (1981): Bei den kommunikativen Bedingungen und dem Sprachgebrauch der Behördenvordrucke nachgefaßt. In: Die Sprache des Rechts. Bearb. von Ingulf Radtke (Der öffentliche Sprachgebrauch, Bd.II). Stuttgart, 284–304.
Strouhal, Ernst (Hg.) (1996): Bescheid geben. Die österreichische Verwaltunssprache im Zeitalter der elektronischen Verfügbarkeit [Themenheft] Sonderband des European Journal for Semiotic Studies, Vol. 8.1.
Wagner, Hildegard (1972): Die deutsche Verwaltungssprache der Gegenwart. Eine Untersuchung der sprachlichen Sonderform und ihrer Leistung. Düsseldorf.
Weber, Max (1980): Wirtschaft und Gesellschaft. Grundzüge der verstehenden Soziologie. 5. rev. Aufl., besorgt von J. Winckelmann. Tübingen.

Anke Müller

22. Verständlichkeit der Verwaltungssprache

Abstract: „Verwaltungsmodernisierung“, „Bürgerorientierung“, „Schlanker Staat“, „E-Government“, „Einheitlicher Ansprechpartner“, „Verwaltung 2.0“ – diese Begriffe finden wir im Portfolio fast jeder öffentlichen Verwaltung. Die Verwaltung ist bestrebt, bürgernah zu sein. Allein die Schöpfung dieses Begriffs zeigt, dass es hier etwas zu überbrücken gilt. Er macht deutlich, dass die Verwaltung nicht per se auf einer Ebene mit dem Bürger agiert und kommuniziert, sondern hierfür eine Annäherung erforderlich ist.

Die Fachliteratur bespricht dieses Thema seit Jahrzehnten und darüber hinaus. Wir verfügen daher über einen reichen Schatz an theoretischer Auseinandersetzung mit der Verwaltungssprache und ihren typischen Merkmalen, die uns das Warum ihrer Unverständlichkeit erklärt. Ebenso gibt es zahlreiche Stilfibeln, Projektberichte und Leitfäden, die uns anhand praktischer Beispiele zeigen, wie man es besser machen kann. Am Ende jeder fachlichen Auseinandersetzung steht jedoch die Frage, wie man im alltäglichen Handeln den entscheidenden Schritt zu einer verständlichen und dadurch verständigen Interaktion zwischen Bürger und Verwaltung schafft. Es gilt daher, die Verhinderungsfaktoren für eine bürgernahe Verwaltungssprache zu identifizieren und abzubauen und diese mit einer kombinierten Ausbildungs-, Schulungs- und Trainingsstrategie wirksam werden zu lassen.

1 Kategorisierung von Verwaltungstexten

Die Handlungsfelder von Verwaltungssprache sind äußerst vielfältig. Völlig unabhängig davon, welche Kritik man an den unterschiedlichen Merkmalen der Verwaltungssprache übt, gilt für jegliche Art von Kommunikation, dass sie adressatengerecht sein muss, um erfolgreich zu sein. Je nachdem, mit wem die Verwaltung kommuniziert, in welcher Form sie interagiert und mit welchem Ziel sie sich an ihren Adressaten wendet, ist die Sprache hierauf auszurichten. In Anbetracht der vielfältigen Beziehungen zwischen Verwaltungen – vor allem lokalen Verwaltungen – und Bürgerinnen und Bürgern sowie anderen externen Adressaten ist dies längst kein unbedeutender Nebenschauplatz mehr. Bei steigenden Anforderungen an die staatliche Daseinsvor-

DOI 10.1515/9783110296198-022

sorge und steigenden Steuerzahlungen sind Bürger in zunehmendem Maße nicht mehr bereit, eine Entscheidung des Staates, die in ihre Rechte eingreift oder nicht die erwünschte Leistung mit sich bringt, vorbehaltlos zu akzeptieren. Wieviel schwerer fällt es da, eine Entscheidung hinzunehmen, die unverständlich bleibt? Selbst positive Entscheidungen verpuffen in ihrer Wirkung, wenn der Empfänger sich zunächst sprachlich mit dieser auseinandersetzen muss, um sie zu verstehen.

Da sowohl hoheitliches als auch faktisches Verwaltungshandeln heutzutage so zahlreich wie vielfältig ist, merkt Fluck (2008, 117) mit Verweis auf Becker-Mrotzek und Scherer (2000, 628) zu Recht an, dass eine Kategorisierung von Verwaltungstexten bisher nur unvollständig vorgenommen wurde. Dennoch soll hier zumindest ein Überblick über die häufigsten Textsorten in der Verwaltung gegeben werden. Eine umfangreiche Korpusanalyse würde sich hier dringend anbieten, um die Erfordernisse der Kommunikation der Verwaltung mit ihren Bürgerinnen und Bürgern auch textsortenspezifisch zuordnen zu können.

Die **mündliche Kommunikation** der Verwaltung mit ihren Bürgerinnen und Bürgern ist bisher nur vereinzelt in der Fachliteratur betrachtet worden. Wesentliche Kommunikationssituationen sind:
- Vorsprachen von Bürgern zur mündl. Anhörung nach §28 Verwaltungsverfahrensgesetz (VwVfG),
- Vorsprachen von Bürgern zu Informationszwecken,
- Telefonate mit Mitarbeitern der Verwaltung bzw. einem Call-Center,
- Öffentliche Informationsveranstaltungen,
- Bürgerbeteiligungsverfahren (z. B. Beiräte, Werkstattverfahren),
- Öffentliche Sitzungen politischer Gremien,
- Öffentliche Anhörungsverfahren (z. B. bei der Erhebung von Straßenbeiträgen nach dem Kommunalabgabengesetz (KAG NRW)),
- Öffentliche Fachveranstaltungen der Verwaltung.

Jegliche Form der **schriftlichen Kommunikation** findet in der Regel zunächst in eine Richtung – von der Behörde zum Bürger – statt, ohne dass eine direkte Rückwirkungsmöglichkeit besteht. Treten Verständlichkeitsprobleme auf, haben Bürger keine Möglichkeit, diese mitzuteilen und die Behörde keine direkte Möglichkeit, Missverständnisse auszuräumen oder Unverständliches zu erläutern. Gerade bei der schriftlichen Kommunikation mit dem Bürger ist die Verwaltung daher umso stärker gefordert, adressatengerecht zu formulieren.

Die Anzahl und die Unterschiedlichkeit der schriftlichen Kommunikationsformen zwischen Behörde und Bürger nimmt stetig zu. Seit Anfang/Mitte der 90er Jahre hat mit der steigenden Zahl der Internetauftritte von Behörden auch eine rasante Entwicklung neuartiger Textformen stattgefunden. Die folgende Auflistung ist daher ein erster Vorschlag zur Kategorisierung von schriftlichen Verwaltungstexten, der sich noch vertiefen lässt:

Texte mit rechtlicher Verbindlichkeit

- Förmliche Bescheide (Verwaltungsakte i. S. v. § 35 VwVfG)
- Vorstufen eines Bescheides wie die Anzeige von Ordnungswidrigkeiten (z. B. ‚Knöllchen‘) oder Anhörungen (§ 28 VwVfG)
- Richtlinien und Verordnungen mit direkter Wirkung für den Bürger (z. B. Benutzungsordnungen für öffentliche Einrichtungen)
- Amtliche Bekanntmachungen
- Auszüge aus Registern/Rollen

Texte ohne rechtliche Verbindlichkeit

- Einfache Schreiben der Verwaltung mit diversen Zwecken (auch per E-Mail):
  - Antworten auf Anfragen ohne rechtliche Wirkung
  - Reaktionen auf Beschwerden
- Zahlreiche Texte zur Information von Bürgern:
  - Informationsschreiben, -broschüren und -flyer
  - Pressemitteilungen
  - Merkblätter
  - Plakate
  - Wegweiser und Beschilderungen
  - sämtliche Texte im Internetauftritt einer Behörde
- Protokollarische Texte wie Gratulationen, Einladungen, Nachrufe
- Antragsformulare

2 Merkmale der Verwaltungssprache

Wenn man in der Sache nicht direkt betroffen ist, regen die Stilblüten, die Verwaltungssprache gelegentlich treibt, zum Schmunzeln an und lassen an vielen Stellen den Leser ungläubig den Kopf schütteln. Wer betroffen ist, einen unverständlichen Bescheid entziffern muss und dabei gar eine für ihn belastende Entscheidung der Verwaltung hinnehmen muss, wird weder das eine noch das andere tun. Er wird im Zweifelsfall dem Bescheid widersprechen und sich in einen Konflikt mit der Behörde begeben.

Seit es Verwaltungssprache gibt, wehren sich Kritiker gegen ihre Formelhaftigkeit und ihre Umständlichkeit. Diese Schwerfälligkeit der Verwaltungssprache wird vor allem durch eine Schriftlichkeit begründet, die durch die bei Rehbein beschriebene „applikative Vertextung“ von bereits in Gesetzestexten verbalisiertem Wissen lediglich eine jeweilige Neuorganisation von Wissenselementen darstellt (Rehbein 1998, 666 f.), die auf einen konkreten Sachverhalt angewandt werden. Knoop bezeichnet die kritisierten Formen und Wendungen der Verwaltungssprache in Rückgriff auf einige andere Arbeiten zu diesem Thema als „angemessene, differenzierende und reichhaltige Ausdrucksweise“ (1998, 870). Ihre Effektivität zeichnet sich dadurch aus, dass bestimmte Termini und Wendungen ganze Wissenskomplexe in wenigen Worten bündeln und dadurch eine Erläuterung des Zusammenhangs entbehrlich wird (Öhlschläger 1986, 30).

So zweckmäßig jedoch die Verwaltungssprache als Fachsprache innerhalb der Verwaltung ist, bleibt das Problem der Verständlichkeit für externe Adressaten. Um diesen angesprochenen Verlust aufzufangen, ist eine relativ hohe kommunikative Leistung durch die Mitarbeiterinnen und Mitarbeiter in Behörden erforderlich, die durch die Förderung des Sprachvermögens und des Sprachbewusstseins trainiert werden muss (Berger 2008, 297 f.). So formuliert Lambertz auch seine sechste These zum aktuellen Forschungsstand zur bürgernahen Verwaltungssprache:

> Sprache muss als wichtiges Handwerkszeug der Verwaltungsmitarbeiter anerkannt und geschult werden. (Lambertz 1991, 149)

Zu den Merkmalen der Verwaltungssprache gibt es zahl- und umfangreiche Analysen in unterschiedlichen Detaillierungsgraden. Die Merkmale werden in diesem Beitrag nicht im Einzelnen aufgelistet und analysiert. Einige Arbeiten, die sich hiermit intensiv befassen, sind daher im Literaturverzeichnis markiert [*].

An dieser Stelle werden zwei ausgewählte Merkmale anhand aktueller Beispiele nachvollzogen, um aufzuzeigen, dass die Kritik nach wie vor aktuell ist und unverständliche Verwaltungssprache immer wieder ‚passiert‘, wenn nicht durch gezielte sprachliche Schulung der Mitarbeiter daran gearbeitet wird.

2.1 Nominalstil – „Verhauptwortungen“ – Wortneuschöpfung

Ein häufig beobachtetes Merkmal in Verwaltungstexten ist der Nominalstil – Grahner nennt das Ergebnis „Verhauptwortungen“, um die Absurdität dieser sprachlichen Prozedur zu verdeutlichen (2011, 58). Hierbei handelt es sich um ein „gesamtsprachliches Phänomen“ (Jansen 1994, 59), welches häufig zur Verdichtung, zur Betonung oder zur zeitlichen Abstufung verwendet wird oder aber, um einen verbindlichen Fachterminus zu gebrauchen (Ebert 2006, 20).

Ein Beispiel für eine Nominalisierung und zugleich eine Wortneuschöpfung ist der Terminus „Attraktivierung“, der erst seit wenigen Jahren in Verwaltungstexten vorzufinden ist. Mittlerweile liest man diesen Begriff überaus häufig in Projektbeschreibungen der Verwaltung. Da ist von „Attraktivierung der Innenstadt“, von der „Attraktivierung des Einzelhandelsstandortes“, von der „Attraktivierung der Strandpromenade“ oder auch von der „Attraktivierung des Hallenbades“ die Rede. Während man sich in Online-Foren trefflich darüber streitet, ob dieser Terminus überhaupt ‚existiert‘ und unabhängig von der Frage, ob es das zugehörige Verb „attraktivieren“ gibt, muss man sich die Frage stellen, ob er eine Berechtigung hat. In einigen Fällen fasst er sicher eine Fülle komplexer Inhalte zusammen. Lambertz verweist in dieser Hinsicht auf eine in Wien von Pfeiffer, Strouhal und Wodak durchgeführte Studie aus dem Jahr 1987, in der festgestellt wurde, dass die Probanden den Inhalt eines Textes mit vielen Substantivierungen besser wiedergeben konnten als die Vergleichsgruppe den entsprechend mit verbalen Konstruktionen aufgebauten Text (1990, 303). Mit einer Gegenthese verweist Jansen (1994, 59) auf die Verwaltungstexten anlastende Schwerfälligkeit:

> Das Tatwort ist kräftig und anschaulich, es trägt den Satz und ist sein Rückgrat. Wenn aber eine Handlung durch ein Hauptwort umschrieben wird, so verliert die Sprache ihren Glanz und ihre Farbigkeit, sie wird schlaff und langweilig.

Im Falle von:

> Ziel ist die Ertüchtigung und Attraktivierung der jeweiligen Straße (bzw. des Straßenabschnittes) oder des Quartiers, z. B. durch Verbesserung der Sauberkeit, Sicherheit, des Marketings oder der Aufenthaltsqualität. (http://www.jan-wiegels.de/meldungen/5-neues-aus-mölln-oktober-2013, abgerufen am 05.11.2015)

muss man ihm ohne Zögern recht geben. Zumindest zeigt dieses Beispiel, dass ein Text wesentlich ansprechender gestaltet werden kann, wenn man verbale Konstruktionen verwenden und Nominalisierungen vermeiden würde.

2.2 Wechsel der Sprecher- und Adressatenperspektive

Dieses Merkmal findet man in erster Linie in der Textform der behördlichen Antragsformulare. Gerade Formulare potenzieren durch ihre vorgegebene Form die Starrheit der Verwaltungssprache und lösen daher bei vielen Bürgern Berührungsängste aus. Rehbein definiert das Formular im Rückgriff auf andere Definitionen als „Liste mit durch die Behörde fixierten Kategorien, in die die Bürger ihre Lebenssachverhalte durch Ankreuzen und Ausfüllen einordnen“ (Rehbein 1998, 665). Die Handlungsmöglichkeiten des Bürgers werden hier im Gegensatz zum formlosen Antrag stark verkürzt (Becker-Mrotzek 1999, 1397). Lambertz spricht daher auch von einer „asymmetrischen Kommunikation“ (1990, 279).

Anhand des Beispiels des Formulars für die Beantragung der Sozialleistung Arbeitslosengeld II nach dem Sozialgesetzbuch, Zweites Buch (SGB II), soll das Merkmal der wechselnden Perspektive verdeutlicht und gleichzeitig gezeigt werden, wie eine bürgerfreundliche Überarbeitung eines Formulars gelingen kann. Für die Beantragung dieser Leistung zur Sicherung des Lebensunterhaltes gibt es ein bundeseinheitliches Formular der Bundesagentur für Arbeit. Im Jahr 2007 habe ich eine mittlerweile veraltete Fassung dieses Formular bereits einer – nicht veröffentlichten –

linguistischen Untersuchung unterzogen und hierzu Bürger einer nordrheinwestfälischen kreisangehörigen Gemeinde befragt.

Ein hier nachgewiesenes Merkmal der Verwaltungssprache war die im Formular stetig wechselnde Perspektive der sprachlichen Äußerung, was unweigerlich zur Verwirrung der ausfüllenden Person führte. In dem Formular aus dem Jahr 2007 kamen sowohl verkürzte Formulierungen in der anonymisierten dritten Person (z. B. „Allgemeine Daten des Antragstellers") und die direkte Ansprache in der zweiten Person („Haben Sie in den letzten drei Monaten [...]?") als auch vollständige Perspektivwechsel in die erste Person („Ich bin alleinstehend [...].") vor. Häufig fanden diese Wechsel innerhalb einzelner Rubriken des Formulars und ohne ersichtlichen Grund statt und behinderten die Orientierung der Bürgers im Text. So gaben bei der Befragung 14 von 30 Personen an, sich in dem Formular nicht gut zurecht gefunden zu haben. Das aktuelle Antragsformular (abrufbar unter: http://www.arbeitsagentur.de) geht hier einen durchgängig konsequenten Weg, indem sämtliche Fragestellungen in der ersten Person erfolgen („Ich bin verheiratet [...].", „Zu meiner Bedarfsgemeinschaft gehören [...]."). Wechselt die Perspektive und die Behörde spricht den Antragsteller in der zweiten Person an – beispielsweise bei Ausfüllhinweisen oder Handlungsanweisungen – wird dies durch eingerückte Passagen in grüner Schrift hervorgehoben. Die Übersichtlichkeit im laufenden Text bleibt so erhalten und steigt insgesamt erheblich.

Die Perspektive wird in Antragsformularen zudem durch die Verwendung von Proformen verdeutlicht („Ich", „Meine"). Diese übernehmen insofern eine appellative Funktion, als sie die Distanz zwischen unpersönlichem Formular und persönlicher Lebenssituation, die es zu erfassen gilt, überwinden. Der Bürger bekommt dadurch das Gefühl, dass sich der ausgefüllte Antrag auf ihn bezieht. Bereits ein optimales Formular wird auf Grund seiner verkürzten Darstellungsmöglichkeiten immer die Schwierigkeit in sich bergen, dass Antragsteller sich hier mit höchstpersönlichen Informationen in ein verallgemeinerndes System einordnen müssen und dieses als unzureichend empfinden werden. Eine stärkere Verwendung von Proformen löst dieses Problem nicht, erhöht jedoch die Möglichkeit der Identifikation.

Im Antragsformular aus 2007 war die Verwendung von Proformen nur in sehr geringem Umfang vorhanden. Unpersönliche Stichwortfragen waren hingegen die Regel. So verwundert es nicht, dass 13 von 30 Personen in der Befragung das Gefühl hatten, dass ihre persönliche Situation im Antragsformular nicht entsprechend erfasst wird. Im aktuellen Antragsformular wurde die Anzahl von Proformen erheblich erhöht. Durch diese und weitere Veränderungen typischer Merkmale der Verwaltungssprache in Formularen ist es gelungen, dieses bürgerfreundlich, verständlich und übersichtlich zu gestalten.

3 Hilfestellung für eine gute Verwaltungssprache

Die Sprachkritik des ausgehenden 19. Jahrhunderts und in der ersten Hälfte des 20. Jahrhunderts richtete sich vor allem gegen eine Berechtigung der Verwaltungssprache als Fachsprache. Den damaligen Erscheinungsformen, beispielsweise als „Kanzleisprache“ oder auch „Papierstil“ bezeichnet, wird vor allem „ihre Weitschweifigkeit, Umständlichkeit, Gespreiztheit und unschöne Diktion“ (Knoop 1998, 867) zur Last gelegt mit der gleichzeitigen Forderung, dass sich die Verwaltungen der Allgemeinsprache bedienen sollen. Dahingegen erkennt die Kritik seit den 60er Jahren diese grundsätzliche Berechtigung an (Wagner zitiert bei Rehbein 1998, 870) und fordert statt einer Aufhebung der Verwaltungssprache die Verbesserung ihrer Funktionalität (Knoop 1998, 868).

In der Literatur der letzten beiden Jahrzehnte zur Verwaltungssprache, findet man neben der theroetischen Auseinandersetzung vor allem eine große Fülle praktischer Ratgeber, die Verwaltungstexte in den Blick nehmen und neue Lösungen für die typischen Merkmale aufzeigen. In erster Linie konzentrieren sich die Arbeiten dabei auf Bescheide; die erarbeiteten Ergebnisse sind jedoch ebenso auf andere Textsorten anwendbar. Es zeigt sich hier also eine neue Art der lösungsorientierten Sprachkritik, die nicht nur programmatisch eine Vereinfachung und stärkere Adressatenorientierung fordert, sondern Angebote macht, die im Arbeitsalltag angewendet werden können.

Die Ansätze sind hier sehr unterschiedlich, jedoch allesamt hinsichtlich ihrer Übertragbarkeit in die Praxis konkret. Berger (2004) beispielsweise – weder Verwaltungsfachmann noch Linguist, sondern Journalist und Medientrainer – arbeitet rein auf der stilistischen Ebene und formuliert als Erkenntnisse aus einem Projekt mit dem Landkreis Harburg im Jahr 2004 zehn allgemeine Regeln, die die Mitarbeiter von Behörden anwenden sollen, wenn sie Verwaltungstexte formulieren. Anhand zahlreicher Beispiele füllt er diese Regeln mit Inhalt und gibt eine Anleitung für das „perfekte Schreiben“ (2004, 63 ff.). Der Ratgeber ist praxisorientiert und dabei knapp und präzise gehalten und eignet sich daher gut für einen Einstieg in die Thematik. Ein Klassiker als Beispiel: Verwenden Sie Verben statt Hauptwörter – warum sollte man etwas „zur Auszahlung bringen“, wenn man es schlicht „auszahlen“ kann (Berger 2004, 22).

Ebert (2006) hingegen verfolgt mit seinem „Handbuch Bürgerkommunikation“, welches aus einem Projekt mit der Stadt Arnsberg entstanden ist, einen ebenso praxisorientierten, jedoch auch über die Stilistik hinausgehenden, kommunikationstheoretischen Ansatz. Neben der Stil- und Textebene nimmt er auch Fragen des Identitätsmanagements, der Beziehungsstrukturen zwischen Bürger und Verwaltung, der unterschiedlichen Textsorten in einer Verwaltung sowie des Schreibprozesses in den Blick. Das Literaturverzeichnis dieses Beitrags weist weitere Werke aus [**], die sich mit der konkreten Überarbeitung von Verwaltungstexten auseinandersetzen.

Darüber hinaus setzen sich mittlerweile viele Behörden aktiv mit diesem Thema auseinander. Mit der Unterstützung von Sprachwissenschaftlern, Juristen und Verwaltungspraktikern nehmen sie ihr Repertoire an externer Kommunikation unter die Lupe und verbessern eine große Anzahl ihrer Texte. Das derzeit umfangreichste Projekt in dieser Hinsicht ist die Arbeit der Forschungsstelle für verständliche Sprache der Ruhr-Universität Bochum unter der Leitung von Hans-Rüdiger Fluck. Die Forschungsstelle beschäftigt sich mit der verständlichen Abfassung von fachsprachlichen Texten mit einem Schwerpunkt in der Kommunikation zwischen Staat/Verwaltung und Bürger. Ausgangspunkt hierfür war ein Projekt mit der Stadt Bochum (Fluck 2008, 124 ff.).

Aus dem Projekt heraus wurde die Gesellschaft IDEMA (Internet-Dienst für eine moderne Amtssprache) gegründet, die Behörden und Unternehmen vielfältige Dienstleistungen anbietet, um ihre schriftliche Kommunikation mit Bürgern und Kunden zu verbessern (näher erläutert bei Blaha 2008, 284 ff.; Blaha 2010, 59 ff.; Fluck 2008, 131 ff.).

So unterschiedlich die Ansätze ausgestaltet sind, gehen sie alle davon aus, dass man größere Verständlichkeit für den Bürger nur erreichen kann, wenn man von den typischen Merkmalen der Verwaltungssprache abweicht und unter Einbeziehung des lebensweltlichen Kontextes des Bürgers formuliert. Jedoch geraten selbst Verwaltungen, die bewusst daran arbeiten, ihre Kommunikation bürgerorientiert zu gestalten, immer wieder in die ‚Fachsprachen-Falle'. Die Ausdrucksweise der Verwaltung wird nach wie vor von einer Mehrheit der Bürger als umständlich, abgehoben und unverständlich bezeichnet (Eichhoff-Cyrus, Umfrage der Gesellschaft für Deutsche Sprache 2008).

Hierfür gibt es diverse Verhinderungsgründe. Sie führen dazu, dass Behörden zwar wissen, dass sie etwas verändern müssen und ihnen auch ausreichendes Material zur Verfügung steht, um diese Veränderungen bewirken zu können, sich aber trotzdem sowohl in der Ausführung als auch am allgemeinen Bild des Bürgers nicht durchbruchartig etwas ändert.

4 Verhinderungsfaktoren für eine bürgernahe Verwaltungssprache

Würde man die Umfrage der Gesellschaft für deutsche Sprache aus dem Jahr 2008 heute, rund sieben Jahre später, wiederholen, könnte man ihr ein ähnliches, maximal leicht verschobenes Ergebnis prognostizieren. Warum also ändert sich das Bild des Bürgers über die Verwaltung nicht grundlegend, und warum ändert sich die Kommunikation zwischen Verwaltung und Bürger nur so schleppend? Warum sind die Vorwürfe gegenüber der Verwaltung bereits seit Jahrzehnten aktuell? Warum nehmen

Behörden nur so zeitverzögert und in weiten Teilen gar nicht auf, was die Wissenschaft ihnen rät?

Diese Fragen lassen sich keineswegs erschöpfend mit dem Unvermögen von Behörden und ihren Mitarbeiterinnen und Mitarbeitern beantworten und auch nicht mit der Unterstellung eines mangelnden Willens oder einer bewussten Aufrechterhaltung des Über- und Unterordnungsverhältnisses zwischen Bürger und Staat. Vielmehr gibt es eine Reihe von Faktoren, die hier eine Rolle spielen und die den Prozess verlangsamen und behindern. Einige entscheidende Faktoren sollen hier dargestellt werden – sie gilt es abzubauen oder ihnen entgegenzuwirken.

4.1 Regelungsdichte

These: Die enorme Regelungsdichte im Bereich der Beziehungen zwischen Bürger und öffentlicher Verwaltung bedingt eine Überlastung der Mitarbeiterinnen und Mitarbeiter und damit die gefühlte Notwendigkeit, sich eng an den gesetzlichen Ausgangstext zu halten, um rechtssicher zu formulieren.

Bei der Ausübung ihrer hoheitlichen Befugnisse wenden Verwaltungsbehörden rechtliche Regelungen auf die Lebenssachverhalte von Bürgern an. Verwaltungsbehörden und hier in erster Linie die lokalen Gebietskörperschaften sind diejenigen Behörden, die im größten Umfang mit Bürgern unmittelbar kommunizieren. Gerade in den letzten Jahrzehnten lässt sich intensiv beobachten, wie die Lebenswirklichkeit eines jeden Bürgers immer zahlreicheren gesetzlichen Regelungen unterliegt. Immer komplexere lebensweltliche Beziehungen und Abhängigkeiten sowie die zunehmende Bevölkerungsdichte und die damit verbundenen Herausforderungen führen zu neuen Regelungsbedürfnissen.

Häufig werden neue Aufgaben von Bund und Land auf die Kommunen übertragen oder bestehende Aufgaben durch neue erforderliche Verfahren erweitert, ohne dass hierfür ein ausreichender finanzieller Ausgleich stattfindet. Diese immer erheblichere Regelungsdichte bei nicht gleichmäßig steigenden finanziellen und personellen Ressourcen führt dazu, dass steigende Aufgaben in der gleichen zur Verfügung stehenden Zeit erledigt werden müssen.

In solchen Fällen wird die gute sprachliche Bearbeitung eines Bescheides zum einen zeitlich immer zurückstehen. Hinzu kommt die Tatsache, dass bei hoch abstrakten und komplexen gesetzlichen Regelungen die Mitarbeiter bei der Anwendung der Regelung auf einen Einzelfall eher dazu tendieren werden, den Text aus dem Gesetz zu übernehmen, anstatt eine eigene Formulierung zu finden, um zu vermeiden, rechtlich falsch zu formulieren (Margies 2008, 259).

4.2 Akzeptanz und Unterstützung durch die Behördenleitung

These: Umfassende Veränderungsprozesse in Behörden müssen wie in allen größeren Institutionen von der Leitung getragen werden.

Egal von welcher Stelle innerhalb einer Behörde der Anstoß kommt, in der Regel wird und muss die Behördenleitung ein Projekt zur Verbesserung der von der Behörde verfassten Texte initiieren und den damit verbundenen Veränderungsprozess mittragen (Margies 2008, 265).

Wird dieser Prozess aus der Mitte der Verwaltung initiiert, beispielsweise durch einen Fachbereich, der sehr stark mit Bürgerinnen und Bürgern kommuniziert, kann dies innehalb dieses Bereiches eine wesentlich höhere Aktzeptanz für das Projekt bedeuten. Jedoch wird sich nur unter sehr günstigen Voraussetzungen – Projekte dieser Art werden in der Regel von Personen vorangetrieben, die dafür Mehrarbeit ohne einen entsprechenden Ausgleich in Kauf nehmen – ein übergreifender Effekt in anderen Bereichen oder gar in der gesamten Behörde einstellen. Soll das Vorhaben Akzeptanz in der gesamten Behörde finden, ist ein Gesamtkonzept mit einem ausdrücklichen Bekennen dazu unerlässlich.

Damit einher geht zudem, dass es personeller Ressourcen bedarf, um den behördenübergreifenden Veränderungsprozess umzusetzen (Wilhelm 2011, 52f.). Diese müssen von der Führungsebene eingeräumt und vor allem bei der Personalplanung berücksichtigt werden.

4.3 Veränderung der Sprache – Veränderung der Einstellung

These: Veränderungen der Sprache setzen einen Bewusstwerdungsprozess in der Verwaltung voraus – sprachliche Korrekturen allein helfen nicht.

Bereits in seiner Auseinandersetzung mit dem Thema einer bürgernahen Verwaltungssprache aus dem Jahr 1991 formuliert Lambertz sehr treffend das Dilemma, das er in der sprachlichen Überarbeitung von Texten sieht. Rein sprachliche Überarbeitungen helfen seines Erachtens nur bedingt, da „Veränderungen der Sprache Veränderungen der Einstellungen bedingen" (374). Diese These verliert nicht an Aktualität – vor allem vor dem Hintergrund, dass Veränderung immer Bereitschaft zur Veränderung voraussetzt. Will man „Bürgernähe" nicht zu einem reinen Schlagwort verkommen lassen (Lambertz 1991, 373), sondern nachhaltig die Kommunikation mit dem Bürger verbessern, gehören hierzu auch die Beschäftigung einer Behörde mit Leitbildfragen und die Verankerung eines bürgerfreundlichen, serviceorientierten Handelns in jeglicher Hinsicht (Ebert 2006, 62f.). Blaha und Wilhelm warnen davor, Texte „leichtfertig auf flott zu trimmen" und weisen darauf hin, dass verständliche Sprache immer persönliches Engagement voraussetzt und sich als Paradigma in den täglichen Arbeitsabläufen wiederfinden muss (Blaha/Wilhelm 2011, 10). Ihre Feststellung, dass die Beschäftigung mit Sprache einer institutionellen Verankerung bedarf (Blaha/Wilhelm 2011, 10), bedeutet, dass es nicht ausreichend ist, die von Verwaltungen produzierten Texten zu redaktionell verbessern, sondern, dass sich die dahinter liegenden Kommunikationsroutinen verändern müssen.

4.4 Adressat ist nicht im Mittelpunkt

These: Ein guter Bescheid ist noch lange kein bürgerfreundlicher Bescheid. (Wilhelm 2011, 45 ff.)

Die Erkenntnis aus dem Beitrag Wilhelms aus dem Jahre 2011 ist so einfach wie zutreffend. Der Mitarbeiter einer Verwaltung, der einen Bescheid erstellt, wird in der Regel wissen, welche Aussagen sein Bescheid enthalten soll. Für ihn stehen der zu entscheidende Sachverhalt und die zu überbringende Nachricht im Mittelpunkt – für die Erledigung seiner Arbeit ist es wichtig, aber zunächst auch ausreichend, diese Inhalte rechtlich präzise wiederzugeben.

Ziel eines behördlichen Textes – vor allem gilt dies für rechtswirksame Bescheide – ist jedoch, dass der Empfänger dessen Inhalt als für sich bindend annehmen kann (Ebert 2010, 48 ff.). Der Empfänger liest das Schreiben vor dem Hintergrund seiner eigenen lebensweltlichen Erfahrung; diese muss der Ersteller des Textes daher berücksichtigen und bei seinen Formulierungen einbeziehen (Ebert 2006, 10 f.). Damit wird das Verstehen eines Textes für Ebert zum „kontext-abhängigen Gemeinschaftshandeln“:

> Zugespitzt gesagt besteht die Verständlichkeit eines Textes darin, wie genau ein Schreiber die textlichen Verstehensanweisungen auf die Verstehensroutinen und Verstehensmöglichkeiten der Leser hin berechnet. [...] Der Schreiber hat eine Bringschuld, der Leser eine Holschuld. (Ebert 2006, 23)

Wilhelm weist zudem darauf hin, dass die Bedeutung einer guten sprachlichen Leistung der Behörde steigt, wenn es sich um Ermessensentscheidungen handelt (Wilhelm 2011, 48). Er warnt daher vor der „stereotypen Verwendung von Textbausteinen“. Diese sichern zwar einheitliche Verwaltungsentscheidungen, jedoch muss der Bürger so individuell durch einen Text angesprochen werden, dass er seinen eigenen Lebenssachverhalt hierin einordnen kann. Nur so kann Akzeptanz erreicht und können Rechtsbehelfe vermieden werden und nur so kann die Verwaltung eine Glaubwürdigkeit erreichen, auf deren Basis ihr der Bürger Vertrauen in ihre Entscheidungen entgegenbringt (Ebert 2006, 115 ff.).

4.5 Verständige Bürgerinnen und Bürger

These: „Der Bürger muss die Bereitschaft aufbringen, sich mit bestimmten Sonderformen der Verwaltungssprache vertraut zu machen und sie in ihrer funktionalen Notwendigkeit zu akzeptieren." (Lambertz 1991, 152)

Ebert nennt als Gelingensbedingung für eine verständige Kommunikation zwischen Verwaltung und Bürger ein reziprokes Bemühen um Verständigung (2011, 21). In der Fachsprachenkritik wird entsprechend seit Beginn der 90er Jahre auch die Ausbildung einer „verständigen und umgänglichen" Bürgerschaft durch einen Dialog zwischen Verwaltung und Bürger und demnach ein positives Hinwirken auf einen „verstehenden Bürger" gefordert (Knoop 1998, 871). Diese Betrachtungsweise des Bürgers entspricht nicht mehr dem hergebrachten Über- und Unterordnungsverhältnis zwischen Bürgern und Staat, sondern erfüllt die Anforderungen an ein vertrauensvolles, partnerschaftliches Verhältnis. Fluck fordert daher Folgendes:

> Zu den Lösungsvorschlägen für eine bürgernahe Gesetzes- und Verwaltungssprache sollten gehören: die Aufnahme sprachbezogener Themen in die Ausbildung der Verwaltungsfachleute sowie die Aufklärung der Bürgerinnen und Bürger über Gesetzgebung, Verwaltungshandeln und Verwaltungsverfahren im Sinne einer Rechtskunde, dazu die Ausarbeitung eines bürgerorientierten Glossars zur Gesetzes- und Verwaltungssprache (auch mehrsprachig in multimedialer Form). (Fluck 2008, 134)

Dieses Forschungsfeld einer reziproken Annäherung und Verständigung bleibt zu bestellen und könnte gerade in der Ausbildung und Forschung in den Verwaltungsfachhochschulen und -akademien zu einer gewinnbringenden Erkenntnisquelle werden.

4.6 Stereotype Rollenbilder

These: Mitarbeiterinnen und Mitarbeiter von Behörden müssen sich ein neues Verständnis ihrer Rolle erarbeiten. Die Erfahrungen im Subordinationsverhältnis zwischen Bürger und Verwaltung sind zu gefestigt, um kurzfristig überwunden zu werden.

Dem unter 4.4 und 4.5 aufgezeigten reziproken Verständigungsbemühen zwischen Verwaltung und Bürgerschaft stehen stereotype und tradierte Rollenverständnisse entgegen. Die bereits zitierte Studie des Institutes für Demoskopie Allensbach (2008) hat in einer zweistufigen Frage erhoben, dass auch viele Personen, die so gut wie nie Schreiben von Ämtern, Behörden, Gerichten oder Anwaltskanzleien bekommen, die Rechtssprache für völlig unverständlich (17 %) oder weniger gut verständlich (immerhin 41 %) halten. Hieraus zieht die Studie im Rückgriff auf die Betrachtungen von

Warnke (2004) den Schluss, dass die Beurteilung von unverständlicher Verwaltungssprache nicht ausschließlich auf eigenen Erkenntnissen beruhen muss, sondern auch auf tradierte Ansichten zur Verwaltungssprache zurückgeführt werden kann. Verwaltungssprache würde nach dieser Ansicht zum automatischen Abgrenzungsmerkmal des Bürgers zur Verwaltung, ohne dass überhaupt eine Auseinandersetzung mit einzelnen Verwaltungstexten stattgefunden hat.

Kritiker der Verwaltungssprache ergänzen hierzu, dass die Mitarbeiter von Behörden das Über- und Unterordnungsverhältnis von Staat und Bürger bewusst durch Sprache immer wieder aufs Neue beleben. Dahinter steckt der Vorwurf einer immer noch währenden Autopoiesis der Verwaltung und ihrer Mitarbeiter, um den eigenen Status zu festigen und die Abgrenzung zum Bürger aufrecht zu erhalten (Becker-Mrotzek 1999, 1393 f.).

5 Wie kann verständliche Verwaltungssprache trotzdem gelingen?

Trotz des tradierten Vorwurfs gegen die Verwaltung und die von ihr verwandte Sprache zeigen zahlreiche Beispiele, dass es sich für Behörden lohnt, sich auf den Weg zu einer für den Bürger verständlichen Formulierung ihrer schriftlichen und mündlichen Kommunikation zu machen. Hierzu gibt es diverse Möglichkeiten, die sich in ihrem Wirkungsgrad erheblich unterscheiden. Zu Recht verweist Blaha (2011, 110) darauf, dass es für diesen Prozess keine Musterlösung gibt. Um Nachhaltigkeit zu erreichen, ist vielmehr eine Mischung verschiedener Methoden erforderlich – vor allem ist es unerlässlich, die Mitarbeiterinnen und Mitarbeiter, die Texte für Bürgerinnen und Bürger formulieren, eng in diese Arbeit einzubeziehen (Burkard/Frey/Hörstmann 2011, 62 f.).

5.1 Leitfäden für bürgernahe Verwaltungssprache

Viele Behörden, die an ihrer Kommunikation mit den Bürgerinnen und Bürgern arbeiten möchten, entscheiden sich, ihren Mitarbeiterinnen und Mitarbeitern Leitlinien für ein bürgernahes Formulieren ihrer Schreiben und sonstigen Texte vorzugeben. In solchen Fällen entstehen – oft mit Unterstützung externer Experten – Leitfäden, Handbücher oder auch verbindliche Handlungsanweisungen, die allgemeine Vorgaben machen und zuweilen auch sehr konkrete Formulierungshilfen geben. Ein Beispiel hierfür ist der rein mit behördeninterner Expertise entwickelte Leitfaden „Amtsdeutsch ade – Ein Leitfaden für bürgernahe Verwaltungssprache" der Stadt Salzgitter.

Bereits etwas älter, deshalb aber nicht weniger aktuell ist der „Leitfaden zur bürgernahen Verwaltungssprache", der von der Stadt Bochum gemeinsam mit der Ruhr-

Universität Bochum erstellt wurde – ein Beispiel für die Einbindung von externem Sachverstand. Derartige Leitfäden entstehen in der Regel durch eine Analyse bestehender Verwaltungsschreiben, aus denen dann Verbesserungsvorschläge abstrahiert werden.

Häufig werden Leitfäden zur bürgernahen Verwaltungssprache nicht nur für einzelne Behörden, sondern von übergeordneter Instanz für eine Vielzahl von Behörden erstellt. Beispielhaft sind hier das Arbeitshandbuch „Bürgernahe Verwaltungssprache" der Bundesstelle für Büroorganisation und Bürotechnik des Bundesverwaltungsamtes oder die Broschüre „Freundlich, korrekt und klar – bürgernahe Sprache in der Verwaltung" des bayerischen Staatsministeriums des Inneren (2009) zu nennen, die sich generell an alle deutschen Behörden wenden.

Leitfäden sind jedoch lediglich von Nutzen, wenn sie im Anschluss durch die Mitarbeiter angewendet werden. Der nicht bindende Charakter eines Leitfadens birgt die Gefahr, dass dieser eben lediglich als Vorschlag betrachtet wird. So führt auch der Leitfaden der Stadt Salzgitter (2010) in seinem Schlusskapitel aus:

> Die Projektgruppe ist sich bewusst, dass die Praxis oft wenig Zeit lässt, vorhandene „scheinbar bewährte" Schreiben zu überarbeiten. Deshalb haben wir zusammen mit Kolleginnen und Kollegen aus den Fachdiensten in einer zweitägigen „Schreibwerkstatt" mehrere Schreiben auf den Prüfstand gestellt. [...] Um die bürgernahe Verwaltungssprache weiter zu fördern, soll eine regelmäßige Schreibwerkstatt eingerichtet werden.

5.2 Überarbeitung des Bestandes

Mit der Erstellung eines Leitfadens auf der Basis der Analyse einzelner Schreiben beginnt erst die eigentliche Arbeit. In jeder Behörde gibt es eine große Anzahl Standardschreiben, die es auf der Basis von Leitfäden oder der Fachliteratur zu überarbeiten gilt. Dies kann eine Projektgruppe – auch wenn sie idealerweise von externen Linguisten unterstützt wird – weder in der Menge noch in der fachlichen Tiefe leisten. Interne und externe Experten können lediglich den Mitarbeitern, die diese Texte täglich nutzen, Hilfestellung geben, um sie zu überarbeiten. Hierfür ist die Ressource Zeit entscheidend. Gerade in Behörden, die in erheblichem Umfang mit Bürgern schriftlich kommunizieren, existieren oft unzählige Texte, die es zu erneuern gilt.

Je nach Behördenstruktur und -größe, je nach Intensität des schriftlichen Bürgerkontaktes und je nach Anzahl der einzubeziehenden Mitarbeiter muss der Prozess sehr unterschiedlich organisiert werden. Einige allgemeingültige Rahmenbedingungen lassen sich dennoch formulieren:

- Ein Bekenntnis der Behördenleitung zu dem Projekt ist unverzichtbar. Das Projekt sollte zudem an zentraler Stelle angesiedelt sein, um eine entsprechende Legitimation innerhalb der gesamten Behörde zu erhalten.

- Die mittlere Führungsebene ist einzubinden, damit sie die gewünschte Veränderung mitträgt und nicht im Zweifelsfall sogar zurückholt.
- Es bedarf einer Projektgruppe, die den Prozess organisiert.
- Im Rahmen der Bestandsaufnahme des Textrepertoires der Behörde ist zu entscheiden, aus welchen Fachbereichen Mitarbeiter involviert werden müssen, um die erforderliche Fachlichkeit abzudecken.
- Es ist hilfreich, Mitarbeiter aus der Rechtsabteilung oder entsprechenden externen Fachverstand hinzu zu ziehen, um die Texte nach der Überarbeitung auf ihre Rechtssicherheit zu überprüfen (Berger 2008, 298).

5.3 Schulungen

Die beiden Lösungsansätze unter 5.1 und 5.2 beziehen sich auf Texte, die in einer Behörde bereits vorhanden sind. So hoch jedoch der Standardisierungsgrad auch ist, gibt es immer auch solche Texte, die einzelfallbezogen formuliert werden müssen. Oft ist dies auch in standardisierten Texten der Fall, wenn einzelfallbezogene Passagen eingefügt werden müssen.

Möchte man diese Texte künftig bürgernah formulieren, muss man die Zeit aufwenden, Mitarbeiter zu schulen. In Schulungen sollten sowohl bereits vorhandene Schreiben bearbeitet als auch neue Texte ‚freihändig' erstellt werden. Auch Texte für die Öffentlichkeitsarbeit erarbeiten zu lassen, kann eine gute Übung sein, um sich über die Anforderungen an bürgerfreundlich formulierte Schreiben bewusst zu werden. Hier ist der Blickwinkel von vorneherein anders. Sowohl die Wahrnehmung der Position des Bürgers verschiebt sich vom Klienten zum Kunden als auch die Aufgabe vom Bescheiden hin zum Informieren.

Eine weitere zu empfehlende Übung ist das Erstellen von Antworten auf Beschwerden von externen Akteuren. Hier ist die Aufgabe das Vermitteln einer Position. Die Aufgabe ist umso effektiver, wenn es sich um eine Beschwerde aus einem fachfremden Bereich handelt. Ohne tiefere Kenntnis von der jeweiligen Materie zu haben, kann man hier trainieren, einem Bürger die Entscheidung der Verwaltung so näher zu bringen, dass dieser sie verstehen und ggf. auch aktzeptieren kann.

5.4 Training on the job

Betrachtet man die Möglichkeiten, die Schulungen im Bereich der sprachlichen Fähigkeiten mit sich bringen, kommt man sehr schnell auch an den Punkt, wo sie an ihre Grenzen gelangen. Die bisher vorhandenen Ratgeber und vorgeschlagenen Prozessstrategien enden häufig an dieser Stelle und verkennen damit, dass ein weiterer entscheidender Schritt erforderlich ist, um die erworbenen Kenntnisse im Arbeitsalltag anwendbar zu machen. Folgende Probleme sind Schulungen, die rein der Verbesserung der sprachlichen Fähigkeiten dienen, inhärent:

- Schulungen stellen immer eine momentane Beschäftigung mit einem Thema dar. Um die erlernten Kenntnisse im Anschluss auch im beruflichen Alltag wirksam werden zu lassen, ist eine hohe Motivation erforderlich, die häufig dem Arbeitsdruck und der Vielzahl der fachlich zu verarbeitenden Informationen weichen muss.
- In Schulungen kann nur sehr beispielhaft gearbeitet werden; die Anwendung erlernter Fähigkeiten und Kenntnisse auf die eigenen Texte fällt oft schwer.

Diese Probleme können auch durch regelmäßige Schreibwerkstätten (Berger 2008, 298) nur teilweise aufgefangen werden. Wesentlich intensiver können sich Trainer und Mitarbeiter im Rahmen eines Trainings am Arbeitsplatz mit dem Einüben einer neuen Formulierungsweise auseinandersetzen. Gerade in Kombination mit einer vorausgegangenen Schulung lassen sich die gewonnenen Erkenntnisse mit der alltäglichen Formulierungsarbeit verbinden und so eine nachhaltige Veränderung erreichen.

Idealerweise würde man für ein derartiges Coaching kleinere homogene organisatorische Einheiten einer Behörde auswählen. Dies können beispielsweise Mitarbeiterinnen und Mitarbeiter eines Teams sein oder Mitarbeiter, die in einem Sachgebiet oder einer Abteilung eine ähnliche Aufgabe bearbeiten. In einer vorausgehenden gemeinsamen Schulung kann man zunächst übergreifende Aspekte erarbeiten und das Verständnis für eine neue sprachliche Ausrichtung erreichen und dann an den folgenden Tagen in die Textbearbeitung mit Einzelpersonen oder Kleinstgruppen einsteigen. Diese Vorgehensweise bringt die folgenden Vorteile mit sich:

- Die individuellen sprachlichen Voraussetzungen des jeweiligen Mitarbeiters können berücksichtigt und genutzt werden. Die individuelle Kreativität im Umgang mit Sprache kann gestärkt oder ausgebaut werden.
- Die Mitarbeiter lernen, dass eine neue Art zu formulieren, wenn sie einmal eingeübt ist, nicht mehr Zeitaufwand als der bisherige Stil fordert.
- Dadurch, dass der Trainer sich in das Arbeitsumfeld begibt, fällt die nicht unerhebliche Barriere weg, das Erlernte auf den eigenen Arbeitsalltag zu übertragen. Der Trainer behält sich nicht ausschließlich die externe Sichtweise vor, sondern zeigt die Bereitschaft, sich auch mit allen anderen Faktoren, die die tägliche Arbeit beeinflussen, auseinanderzusetzen (tägliche Arbeitsabläufe und Routinen, Zeitmanagement, kollegiales Zusammenwirken etc.).
- Die Mitarbeiter erfahren zudem eine Zufriedenheit mit den von ihnen erstellten Texten in direktem Bezug zu ihrem täglichen Arbeitsumfeld. Akzeptanz und Multiplikatoreneffekte steigen dadurch.

5.5 Einbeziehung der Fachhochschulen für öffentliche Verwaltung und der Ausbildungsinstitute

Alle bisherigen Erkenntnisse zeigen, dass für eine wirklich bürgernahe Verwaltungssprache ein Paradigmenwechsel in der öffentlichen Verwaltung erforderlich ist. Dieser darf bei künftigen Generationen jedoch nicht erst einsetzen, wenn sie ihre Arbeit in der Behörde beginnen. Zu diesem Zeitpunkt gilt es in der Regel, sich nach einer theoretischen Ausbildung und mehreren Verwaltungspraktika in einem spezifischen Gebiet der Verwaltung detaillierte Fachkenntnisse anzueignen. Gerade in diesem Stadium wird sich jeder neue Mitarbeiter auf die vorhandene Fachkompetenz der langjährig erfahrenen Kollegen verlassen. So kommt es an dieser Stelle besonders häufig dazu, dass auch der hergebrachte Formulierungsstil übernommen wird und dieser so in die nächste Generation übergeht.

Um dies zu vermeiden müssen Auszubildende bereits während ihres Studiums oder ihrer Ausbildung auch in sprachlicher Hinsicht unterrichtet und geprüft werden. Dies kann im Rahmen der juristischen Methodik erfolgen oder auch in speziellen Seminaren, in denen textsortenübergreifend gearbeitet wird (siehe hierzu die Vorschläge von Wilhelm 2011, 41 ff.). Vielfach gehören diese Unterrichtsinhalte heute bereits zum Lehrplan. Wichtig wäre aber auch, dass die Behörden während der praktischen Ausbildungsabschnitte einen Fokus auf das Erlernen einer bürgernahen Kommunikation legen – schriftlich wie mündlich.

Die Fachhochschulen für öffentliche Verwaltung sollten darüber hinaus auch verstärkt in konkrete Projekte zur bürgernahen Verwaltungssprache in Behörden eingebunden werden. Zu jeder Studienordnung gehören mittlerweile Projekt- oder Seminararbeiten, die die Studierenden zu bestimmten Themen anfertigen. Studierende könnten in diesem Rahmen ihre Kenntnisse und erlernten Fertigkeiten zur bürgernahen Verwaltungssprache in konkreten Projekten in Behörden einbringen und in einem gewissen Umfang auch gemeinsam mit der Projektleitung wissenschaftlich begleiten und evaluieren.

5.6 Instrumentenkoffer

Die Vor- und Nachteile der dargestellten methodischen Vorgehensweisen zeigen, dass es hier nicht den einen richtigen Weg gibt. Entschließt sich eine gesamte Behörde, sich für ihre Kommunikation mit ihren Bürgern einer verständlicheren Sprache zu bedienen, ist dies ein Großprojekt, in dessen Vorbereitung zunächst eine genaue Anlayse der folgenden Punkte und Fragen erforderlich ist:

- Sind alle erforderlichen Rahmenbedingungen gegeben?
- Es muss eine Projektgruppe zusammengestellt werden, die den Prozess organisiert, übergreifende Fragen bearbeitet und die sich aus internen und idealerweise auch externen Experten zusammensetzt.

- Eine Auftaktveranstaltung ist sinnvoll, um übergreifend zu dokumentieren, dass man sich auf neue Wege begibt.
- Welche Bereiche der Verwaltung sind betroffen, und wie können diese in sinnvolle Gruppen eingeteilt werden?
- Wie viele Mitarbeiter sind zu schulen, und wie werden diese eingeteilt? Muss mit Multiplikatorenmodellen gearbeitet werden? Welche Zeitressourcen müssen eingeplant werden?
- Welche Textsorten sind betroffen, und erfordern diese Textsorten eventuell eine differenzierte Aufarbeitung?
- Zur Schaffung einer grundsätzlichen Akzeptanz der Mitarbeiter für das Projekt empfiehlt es sich, positive Ergebnisse schnell zu verbreiten (Intranet, Mitarbeiterzeitungen, Infoveranstaltungen etc.).
- Was ist schon da? Haben einzelne Bereiche oder Mitarbeiter bereits Ergebnisse erzielt? Diese gilt es aufzugreifen und als bereits vorhandene Erfolge in das Projekt zu integrieren.

Wie diese Aspekte zeigen, ist es erforderlich, sehr individuell auf eine Behörde oder deren einzelne Bereiche einzugehen und ein angepasstes Programm zu entwickeln. Auch die Ausführungen zur Kategorisierung von Verwaltungstexten machen deutlich, dass bürgerferne oder bürgernahe Verwaltungssprache keine einheitlichen Phänomene sind und die unterschiedlichen Textsorten je nach Kommunikationsform einer sehr spezifischen Betrachungsweise bedürfen.

Wird man als Trainer oder als interne Projektgruppe beauftragt, einen derartigen Prozess gemeinsam mit den Mitarbeiterinnen und Mitarbeitern einer Behörde durchzuführen, trägt konzeptuell nur das Bild des Instrumentenkoffers. Zur Vermittlung einer bürgernahen Verwaltungssprache ist daraus – passend zu den vorgefundenen Gegebenheiten dieser Behörde – ein bedarfsgerechtes Maßnahmenpaket zusammenzustellen, welches sowohl die erforderlichen Inhalte als auch eine differenzierte Palette organisatorischer und methodischer Verfahren beinhaltet. Die bisherigen Strategien sollten unbedingt um das entscheidende Element des Trainings am Arbeitsplatz ergänzt werden – nur so kann der erforderliche und überaus komplexe Veränderungsprozess langfristig und damit nachhaltig gelingen.

6 Literatur

Bayerisches Staatsministerium des Inneren (1999): Freundlich, korrekt und klar. Bürgernahe Sprache in der Verwaltung. München 2009. [**]

Blaha, Michaela (2010): Amtsdeutsch a. D.? – Auf dem Weg zu einer verständlichen Verwaltungssprache. In: Fluck/Blaha, 59–64. [*]

Blaha, Michaela/Hermann Wilhelm (2011): Verständliche Sprache in Recht und Verwaltung – Herausforderungen und Chancen. Frankfurt. [**]

Blaha, Michaela (2011): Typische Texte aus der Verwaltung – und wie man es besser macht. In: Blaha/Wilhelm, 89–111. [**]
Becker-Mrotzek, Michael (1999): Die Sprache der Verwaltung als Institutionensprache. In: Lothar Hoffmann/Hartwig Kalverkämper/Herbert Ernst Wiegand (Hg.): Fachsprachen. Ein internationales Handbuch zur Fachsprachenforschung und Terminologiewissenschaft. 2. Halbband. Berlin/New York, 1391–1400 (Handbücher zur Sprach- und Kommunikationswissenschaft 14.2). [*]
Becker-Mrotzek, Michael/Maximilian Scherer (2000): Textsorten der Verwaltung. In: Brinker u. a. (Hg.): Text- und Gesprächslinguistik. Ein internationales Handbuch zeitgenössischer Forschung. 1. Halbband. Berlin/New York, 628–641 (Handbücher zur Sprach- und Kommunikationswissenschaft 16.1).
Berger, Peter (2004): Flotte Schreiben vom Amt. Eine Stilfibel. Köln/Berlin/München. [**]
Berger, Peter (2008): Post vom Amt – mal verständlich. Bürgerfreundliche Amts- und Verwaltungssprache. In: Eichhoff-Cyrus/Antos, 295–300. [**]
Bundesverwaltungsamt – Bundesstelle für Büroorganisation und Bürotechnik (1998): BBB Arbeitshandbuch Bürgernahe Verwaltungssprache. Köln 2002. [**]
Burkard, Sabine/Stefanie Frey/Jürgen Hörtsmann (2011): Behördendeutsch – Wir wollen, dass Sie uns verstehen!. In: Blaha/Wilhelm, 61–68.
Ebert, Helmut (2006): Handbuch Bürgerkommunikation. Moderne Schreibkultur in der Verwaltung – der Arnsberger Weg. Berlin. (Medienpraxis 8). [*/**]
Ebert, Helmut (2010): Verständlichkeit und Vertrauen – die kommunikative Seite der Rechts- und Verwaltungssprache. In: Fluck/Blaha, 45–57. [*]
Ebert, Helmut (2011): Verwaltungssprache aus Sicht der Sprachwissenschaft. In: Blaha/Wilhelm, 13–23. [*]
Eichhoff-Cyrus, Karin M./Gerd Antos (Hg.) (2008): Verständlichkeit als Bürgerrecht? Die Recht- und Verwaltungssprache in der öffentlichen Diskussion. Mannheim u. a. (Duden Thema Deutsch Band 9). [*]
Eichhoff-Cyrus, Karin/Gerd Antos/Rüdiger Schulz (2008): Wie denken die Deutschen über die Rechts- und Verwaltungssprache? Eine repräsentative Umfrage der Gesellschaft für Deutsche Sprache durchgef. vom Institut für Demoskopie Allensbach u. a.. Wiesbaden.
Fluck, Hans-Rüdiger (2008): Verwaltungssprache unter dem Einfluss der Gesetzessprache. In: Eichhoff-Cyrus/Antos, 117–135. [*]
Fluck, Hans-Rüdiger/Michaela Blaha (Hg.) (2010): Amtsdeutsch a. D.? Europäische Wege zu einer modernen Verwaltungssprache. Tübingen. [*]
Grahner, Claudia (2011): Zehn Jahre Textoptimierung als Teil der Verwaltungs-modernisierung bei der Stadtverwaltung Bochum. In: Blaha/Wilhelm, 55–59. [**]
Jansen, Ralf (1994): Moderne Korrespondenz in der Verwaltung. Sankt Augustin (Fortbildung und Praxis 42). *Anmerkung:* Bis zur 4. Auflage: Gunkel, Werner (1961): Die Sprache der Verwaltung. Bad Godesberg. [*]
Knoop, Ulrich (1998): Kritik der Institutionensprache am Beispiel der Verwaltungssprache. In: Lothar Hoffmann/Hartwig Kalverkämper/Herbert Ernst Wiegand (Hg.): Fachsprachen. Ein internationales Handbuch zur Fachsprachenforschung und Terminologiewissenschaft. 1. Halbband. Berlin/New York, 866–873 (Handbücher zur Sprach- und Kommunikationswissenschaft 14.1). [*]
Lambertz, Thomas (1990): Bürgernahe Schriftsprache in der Verwaltung. Reformbemühungen und öffentliche Rezeption seit Bestehen der Bundesrepublik Deutschland mit einer Dokumentation für die Großstädte, unter besonderer Berücksichtigung der sprachlichen Fassung von Vordrucken aus den Städten Duisburg und Münster [Dissertation]. Bonn. [*]

Lambertz, Thomas (1991): Bürger – Sprache – Verwaltung. Zur Verbesserung der Kommunikation zwischen Rathaus und Bürgerschaft (DST-Beiträge zur Kommunalpolitik A13).
Margies, Burkhard (2008): Warum das Amtsdeutsch so beharrlich ist – und wie man es verändern kann. In: Eichhoff-Cyrus/Antos, 284–267. [*]
Öhlschläger, Günther (1986): Ästhetik, Präzision und Effizienz in der Sprache. In: Alfred Krause (Hg.): Sprache als Medium und Verständigungsmittel zwischen Wissenschaft, Wirtschaft, Verwaltung und Öffentlichkeit. Bonn, 30–33 (Schriften der Akademie des Deutschen Beamtenbundes A2).
Rehbein, Jochen (1998): Die Verwendung von Institutionensprache in Ämtern und Behörden. In: Lothar Hoffmann/Hartwig Kalverkämper/Herbert Ernst Wiegand (Hg.): Fachsprachen. Ein internationales Handbuch zur Fachsprachenforschung und Terminologiewissenschaft. 1. Halbband. Berlin/New York, 660–671 (Handbücher zur Sprach- und Kommunikationswissenschaft 14.1). [*]
Stadt Bochum/Ruhr Universität Bochum (2000): Ein Leitfaden zur bürgernahen Verwaltungssprache. Tipps zum einfachen Schreiben. Bochum. [**]
Stadt Salzgitter (2010): Alles klar?! Amtsdeutsch Ade. Ein Leitfaden für bürgernahe Verwaltungssprache. Salzgitter. [**]
Warnke, Ingo H. (2004): Schwerverständlichkeitsannahme als Stereotyp. Die Differenz von Kenntnis und Beurteilung der deutschen Gesetzessprache. In: Kent D. Lerch (Hg.): Recht verstehen. Verständlichkeit, Missverständlichkeit und Unverständlichkeit von Recht. Berlin/New York, 441–454 (Die Sprache des Rechts 1).
Wihelm, Hermann (2011): Bescheidaufbau und Verwaltungssprache. In: Blaha/Wilhelm, 41–54. [**]

VI. Rechtssprache und Justiz

Janine Luth

23. Rezeption von Gerichtsentscheidungen in der Öffentlichkeit durch Medien

Abstract: Gesetzestextänderungen, Gerichtsverhandlungen und -entscheidungen sind nahezu täglich Gegenstand medialer Berichterstattung. Printmedientexte können daher – neben anderen Angeboten medialer Darstellung – für den Laien als ein wesentlicher Zugang zu brisanten Rechtsverfahren gelten. Der Beitrag zeigt, wie die fachlich stark verdichtete Expertenkommunikation innerhalb der Institution Recht einem breiteren Publikum vermittelt wird. Dazu werden drei Beispielanalysen vorgestellt, denen diskurslinguistische Verfahren zu Grunde liegen, und die damit an die Rechtstextarbeit anschließen. Es werden dazu Sprachgebrauchsmuster und Sprachgebrauchstopoi sowie Bildmuster in Printmedientexten ermittelt. Die Analysen haben auch zum Ziel, Unterschiede zwischen den Sprecherhandlungen der Expertenwelt und denen der Alltagswelt zu benennen. Neben den klassischen journalistischen Textsorten (Meldung, Bericht, Reportage, Kommentar, Interview) werden in den Studien auch Leserbriefe herangezogen.

1 Einleitung

Es ist selbstverständlich, dass nur eine geringe Anzahl von gerichtlichen Verfahren überhaupt einen Widerhall in den Medien erfahren kann, hält man sich allein die in Deutschland ansässigen Gerichte des Bundes und der Länder vor Augen: Laut Bundesministerium der Justiz und für Verbraucherschutz existieren 1095 Gerichte (Stand Februar 2015, vgl. dazu die Homepage des BMJV). Es lässt sich erahnen, wie viele Rechtsfälle im Jahr zur Verhandlung kommen. Die meisten Gerichtsverfahren vollziehen sich daher ohne eine größere Aufmerksamkeit in der medialen Berichterstattung, sie finden keinen Eingang in die (über)regionalen Publikationsorgane oder die sozialen Netzwerke und tauchen nicht in TV- bzw. Radiobeiträgen auf. Gerichtsentscheidungen müssen also bestimmte Voraussetzungen erfüllen, um überhaupt von einem breiteren Publikum – über die mediale Aufbereitung – wahrgenommen zu werden, und somit in das Blickfeld einer im engeren Sinne nicht fachlich vorgebil-

DOI 10.1515/9783110296198-023

deten Gruppe zu treten. Die Gründe, warum über einen Fall in den Medien berichtet wird, können verschiedener Art sein, hier seien nur einige genannt: Spricht das Bundesverfassungsgericht (BVerfG) Recht, ist die Aufmerksamkeit per se höher als bei anderen Gerichten, denn mit den Entscheidungen des höchsten nationalen Gerichts in Deutschland gehen nicht selten grundsätzliche Weichenstellungen für die Legislative und das gesellschaftspolitische Leben einher. Sobald eine prominente Person aus beispielsweise der Wirtschaft, der Politik oder dem Sport in ein Rechtsverfahren verwickelt ist, wird die Verhandlung häufig von einer hohen Medienaufmerksamkeit begleitet, woraus nicht selten eine Skandalisierung, ein „Medienskandal" (Burkhardt 2015), erwächst. Aber auch über die Themen (siehe in jüngerer Zeit den NSU-Prozess) kann sich eine besondere Aufmerksamkeit einstellen. Vielfach werden Gesetzesänderungen von der medialen Berichterstattung kritisch begleitet, da diese das Alltagsleben der Menschen ganz direkt betreffen können. Die Medienvertreter nehmen eine zentrale Rolle ein, wenn sich der Laie über Rechtsverfahren informiert, weshalb hier ein Blick auf die Transformation von Gerichtsentscheidungen in den Mediendiskurs geworfen werden soll.

2 Forschung zu medialer Berichterstattung über das Recht

Es besteht eine Vielzahl an Literatur zur medialen Be- und Weiterverarbeitung von juristischen Verfahren, dies sowohl aus soziologischer, medientheoretischer und rechtswissenschaftlicher wie auch aus historisch-politikwissenschaftlicher Perspektive. Es soll hier daher kein Überblick über die Forschungsliteratur dargeboten werden, da dieser notwendigerweise bruchstückhaft bleiben müsste. Ein erster Anker zur Orientierung in diesem Gebiet kann aber die Auseinandersetzung mit der Öffentlichkeit des Verfahrens (zunächst als Gerichts- oder Saalöffentlichkeit, schließlich als Medienöffentlichkeit) als wesentlicher Bestandteil des Rechts sein (einleitend vgl. hierzu Alber 1974; Fögen 1974; von Coelln 2005; im Bereich der Strafjustiz Danziger 2009, 1 ff.).

Als weiterer relevanter (Denk-)Anstoß für die Auseinandersetzung, wie das Recht in die Öffentlichkeit hineinwirkt, können die Schriften von Vismann (2000, 2011, 2012) herangezogen werden, da sie als eine Grenzgängerin zwischen der Rechtswissenschaft, der Philosophie und der Medientheorie gelten kann. In den rechtswissenschaftlichen Analysen wiederum werden zum Öffentlichkeitsbegriff die Arbeiten von Luhmann (2009) und Habermas (2006) prominent rezipiert, womit auch ein Übergang zu den sprach- und medienwissenschaftlichen Arbeiten gegeben ist. Für medien- wie sprachwissenschaftliche Analysen ist der Öffentlichkeitsbegriff gleichermaßen von Relevanz (vgl. zum Beispiel Imhof u. a. 2013). So zeigen die Schriften um die Publizistikforscher Imhof und Bonfadelli aus medienwissenschaftlicher Perspektive gesellschaftspolitische Zusammenhänge auf, die auch das Recht tangieren. Diese Arbeiten verfügen über einen Anknüpfungspunkt zu den in diesem Beitrag vorgestellten Beispielanalysen. Medienwissenschaftliche Studien können dabei auch auf die „Enthüllungsfunktion von Medien", die gerade bei Rechtsfällen ins Gewicht fällt, vertieft eingehen (vgl. hierzu Pöttker 2008 am Beispiel der Dreyfus-Affäre). Manche bedeutende Rechtsverfahren, wie die Nürnberger Prozesse oder der RAF-Prozess, sind aus verschiedenen Disziplinen wissenschaftlich untersucht worden.

Mit Blick auf die Sprachwissenschaft lässt sich feststellen, dass bisher nur wenige (diskurslinguistisch orientierte) Versuche unternommen worden sind, die Rezeption von Gerichtsentscheidungen und die damit verbundene Transformation des Experten- in den Laiendiskurs im engeren Sinne zu untersuchen (wobei selbstverständlich zahlreiche Studien, die sich einem spezifischen Themenkomplex widmen, auch juristische Fragestellungen in der medialen Darstellung mitbetrachten). Für die Mediendiskursanalyse insgesamt gilt dies nicht, hier existiert mittlerweile eine breitere Forschungsbasis, wie beispielsweise die Sammelbände „Mediendiskurse – Bestandsaufnahme und Perspektiven" (Fraas/Klemm 2005) oder „Mediendiskursanalyse. Diskurse – Dispositive – Medien – Macht" (Dreesen/Kumięga/Spieß 2012) komprimiert aufzeigen. Die beiden Sammelbände sind mit einer Diskurslinguistik nach Foucault (Warnke 2007) verknüpft und stellen Fallstudien zu in den Medien diskutierten Sachverhalten vor. Einschlägig in diesem Bereich sind auch die Arbeiten des Soziologen Keller (siehe zum Beispiel seine Analyse zu Umwelt und Abfall in der Presseberichterstattung, Keller 2009). Für die Auseindandersetzung mit Gerichtsprozessen bietet sich auch die Critical Discourse Analysis (CDA) an (vgl. zur CDA/Kritischen Diskursanalyse Reisigl/Ziem 2014, 89):

> Das Ziel seines Ansatzes [gemeint ist Norman Fairclough als Mitbegründer der CDA, Anmerkung J. L.] besteht darin, lingustische Analysemethoden mit soziologischen Theorien zu einer soziologisch fundierten Sprachtheorie zu verbinden, die sich dazu eignen soll, die generelle Bedeutung und Funktion von Sprache für Prozesse gesellschaftlichen Wandels herauszuarbeiten. (Pundt 2008, 55)

Auch wenn die oben erwähnten diskurslinguistischen Arbeiten und die CDA Überschneidungen aufweisen, so ist der Anspruch, eine „sozialkritische Auseinandersetzung" (ebd.) mit den herrschenden gesellschaftlichen Machtverhältnissen vorzunehmen, bei der CDA ausgeprägter. Der Diskursbegriff wird in diesem Beitrag allerdings nicht separat erläutert, da sich zum Diskursbegriff im Recht eigene Beiträge in diesem Band finden.

Die Studien, die hier zur Rezeption von Gerichtsentscheidungen in der Öffentlichkeit vorgestellt werden, lassen sich dem Paradigma der pragma-semiotischen Textarbeit nach Felder (2012, 115 ff.) zuordnen (siehe z. B. die Mediendiskursanalysen von Vogel 2009; Jacob 2011; Mattfeldt 2014) und stehen mit den methodischen Ansätzen, wie sie beispielsweise Busse (2007), Gardt (2007), Konerding (2005), Müller (2007) und Warnke (2007) verfolgen, in Zusammenhang (vgl. Felder 2012, 121). Das pragma-semiotische Paradigma berücksichtigt fünf linguistische Beschreibungsebenen (Ebene der Lexeme, die syntagmatische Ebene, die Ebene von Äußerungseinheiten auf Satzebene, die Textebene und die Ebene der Text-Bild-Beziehungen, Felder 2012, 118) und will veranschaulichen, „wie ein Textproduzent als Diskursprotagonist oder ein Textrezipient" alltagsweltliche oder fachspezifische Wissensrahmen zu den Wissensrahmen seiner eigenen Lebenswelt in Beziehung setzt (Felder 2012, 130).

3 Institutionelle und textuelle Rahmenbedingungen

Massenmedien spielen nach verbreiteter Ansicht bei der menschlichen Sozialisation eine tragende Rolle. Nach Busse ist Realität im „Zeitalter der Massenmedien nurmehr das, was nach gesellschaftlichen Regeln der Aufmerksamkeitssteuerung aufbereitet ist" (Busse 1996, 351). Zwar bilden Medien nicht die alleinige Quelle der Wirklichkeits- und Meinungsbildung, denn auch das Individuum stellt durch eigene Erfahrungen und Gespräche die veröffentlichte Meinung kritisch auf den Prüfstand, allerdings kommt einflussreichen Publikationsorganen primär die Möglichkeit zu, Themen überhaupt zu setzen (vgl. Felder 2009, 14). In der sich wandelnden Medienwelt steigt auch die Möglichkeit der Partizipation, denn der Einzelne kann sich durch direkte Online-Interaktion oder Blogs gezielter und schneller in die mediale Verarbeitung der Welt einbringen (vgl. Fraas/Klemm 2005a, 5). Klassische Printmedientexte können dennoch weiterhin als relevant bei der Konstitution von Wissen gelten. Dabei gilt es auch, zwischen der Konstruktion von Wirklichkeiten insgesamt und der Konstitution von Sachverhalten innerhalb einer Medienrealität zu unterscheiden (vgl. zur Wirklichkeit in den Medien auch Merten/Schmidt/Weischenberg 1994):

> In der Rezeption von gesellschaftspolitisch relevanten Ereignissen und Wissensbeständen haben wir es demnach mit gestalteten Materialien in sprachlicher Form zu tun, die individuelle und idiolektal instruierte Wirklicheiten in kollektiv rezipierte (Medien-)Realität verwandelt haben. Massenmediale Sprach- und Bildzeichen und Zeichenverkettungen sind daher ein perspektivierter Ausschnitt von Welt zur interessengeleiteten Konstitution von Realität im Spektrum verschiedener Wirklichkeiten. (Felder 2013, 174)

a) Rahmenbedingungen im Recht

Wie die Beiträge in diesem Band nahelegen, ist die sprachimmanente Perspektivierung (vgl. Köller 2004) und die sprachliche „Zubereitungsfunktion" (Jeand'Heur 1998, 1292) von Sachverhalten für das Recht ebenso von Bedeutung wie für die Auseinandersetzung mit Printmedientexten. Die institutionellen Rahmenbedingungen zwischen der juristischen Expertenwelt und der redaktionellen Arbeit der Publikationsorgane unterscheiden sich jedoch maßgeblich darin, dass in der juristischen Domäne die mit der entsprechenden Macht versehenen Akteure Recht setzen können (vgl. Felder 2003, 249), „im alltagsweltlichen Diskurs müssen sie sich auf Grund ihrer

Plausiblität durchsetzen" (Felder 2003, 261). Diese Macht, etwas als Norm zu setzen, existiert im Journalismus nicht, allerdings ist der Einfluss darauf, wie sich Ereignisse im kollektiven Gedächtnis einer Gesellschaft verankern, hoch. Vielfach werden Gerichtsentscheidungen überhaupt nur durch die journalistisch aufbereitete Berichterstattung wahrgenommen, sodass Journalisten zwar kein Recht setzen können, aber den Meinungsbildungsprozess in der Öffentlichkeit bis zu einem gewissen Grad anleiten können (vgl. die Diskussion um die *Vierte Gewalt*).

Weithin bekannnt ist, dass das Recht eine stark institutionalisierte Domäne darstellt und bestimmten Gepflogenheiten unterliegt, die derjenige, der sich professionell – als Richter, als Anwalt, als Sachverständiger, als Wissenschaftler – in dem System bewegt, ganz natürlich beherrscht (und somit normalerweise auch sehr genau weiß, wenn er/sie davon abweicht). Darunter fallen sowohl Sprachgebrauchsmuster und argumentative Routinen als auch die interne Organisation von rechtlichen Abläufen (z. B. Instanzendurchschreitung, Prozessordnungen) und – als wesentlicher Aspekt – die Dogmatik des Rechts. Sowohl das Fachwissen als auch die Fachsprachlichkeit sind im Recht – wie in den meisten anderen professionalisierten Bereichen auch – stark verdichtet. Die Besonderheit im Recht ist jedoch, dass bei vielen relativen Laien ein hohes Interesse sowie auch die Notwendigkeit besteht, an diesem Bereich zu partizipieren. Die institutionellen Rahmenbedingungen (vgl. hierzu auch Busse 1992, 309 ff.), die bei der Untersuchung der Kommunikation innerhalb der Domäne „Recht" berücksichtigt werden sollten, werden in diesem Handbuch an verschiedener Stelle betont und erläutert, sodass sie hier keiner näheren Betrachtung bedürfen.

b) Rahmenbedingungen redaktioneller Produktion und Distribution

Es soll ebenfalls ein Blick auf die „Eigenlogik und Strukturprinzipien der Medien im Kontext von Öffentlichkeit und öffentlicher Kommunikation" geworfen werden (Spieß 2012, 79). So betonen Holly und Püschel (2007, 151), dass eine Analyse nicht nur auf die Syntax, den Wortschatz und Wortbildungsmuster zu beschränken sei, sondern auch die sozio-ökonomischen Bedingungen berücksichtigt sein sollten, unter denen Medienberichterstattung erfolgt (vgl. Holly/Püschel 2007, 152 f.). Fast das gesamte 20. Jahrhundert (bis zu den 80er Jahren) hatten klassische Printmedien eine Alleinstellung im Bereich des geschriebenen Worts, sie konnten aktuell und vielfach auch weltweit verbreitet über Ereignisse, Hintergründe und Zusammenhänge berichten, wobei sich bereits im Laufe dieser Zeit eine Wandlung des Rezipienten „vom Durchleser zum auswählenden Leser" (Holly/Püschel 2007, 154) beobachten ließ (um die Zeitungsgeschichte aufzuarbeiten, müsste man freilich viele Jahrhunderte weiter zurückgehen). Seit dem Ausgang des 20. und vor allem zu Beginn des 21. Jahrhunderts stehen diese Presseerzeugnisse jedoch unter zunehmenden Druck der online basierten Angebote: So müssen die Verlagshäuser zum einen für ihre Produkte ein tragfähiges Online-Konzept entwerfen und dabei auch mit Gratisangeboten konkurrieren (im Bereich der Informationsmedien), sich zum anderen aber auch mit Blogs und anderen Social-Media-Angeboten ins Verhältnis setzen, die wiederum nochmals andere Chancen, aber auch Probleme mit sich bringen und keineswegs uneingeschränkt als Beförderer einer Demokratisierung innerhalb der Gesellschaft angesehen werden (vgl. dazu Imhof 2015, 24):

> [...] Ressourcen (Geld, organisatorische Strukturen, publizistisches Know-how, Personal etc.) sind unabdingbare Voraussetzungen für eine gesellschaftlich relevante Berichterstattung, sind aber gerade im Bereich der sozialen Medien Mangelware. Insofern muss man der im Termini des ‚Bürgerjournalismus' oder des ‚partizipativen Journalismus' zum Ausdruck gebrachten Hoffnung, dass Social Media die Ausfallbürgschaft eines sich in einer strukturellen Krise befindenden Mediensystems (Nutzungsschwund der Informationsmedien, Einnahme- und Ressourcenverluste, beschleunigte Konzentration und Vielfaltsverluste) antreten, mit grosser Skepsis begegnen. (Eisenegger/Orizet/Schranz 2015, 235)

Online-Newssites, die gegenüber den gedruckten Medien den Vorteil haben, Nachrichten schneller, in Hypertextstrukturen verlinkt sowie mit unmittelbaren Interaktionsmöglichkeiten zu verbreiten, werden daher auch bereits wieder zu den „klassischen Kanälen" gerechnet (Eisenegger/Orizet/Schrank 2015, 233) – neben Print, TV, Rundfunk –, um dann von den Social Media-Angeboten unterschieden zu werden. Kritisch wird bei den Verschiebungen innerhalb des Medienangebots (etwa durch die Zusammenlegung von Redaktionen zur Einsparung von Ressourcen oder die Machtakkumulation bei einzelnen Medienkonzernen) zu beobachten sein, ob die Berichterstattung zu rechtlichen Inhalten von entsprechend vorgebildeten Fachjournalisten geleistet wird oder stärker von juristischen Laien, was zulasten der Qualität gehen könnte. Weiterhin stellt sich in diesem Zusammenhang die Frage, ob von einer starken Zuschneidung hin auf vermarktungsträchtige Fälle gesprochen werden kann, wie etwa die Verfahren „Kachelmann" oder „Nadja Benaissa" (siehe dazu Meyer 2013, 358–377), bei denen das Schicksal der Personen fokussiert wird. Bei diesen beiden Fällen, aber auch bei weniger prominenten Beteiligten, kann außerdem eine mediale Vorverurteilung – auf lexikalischer Ebene beispielsweise durch Bezeichnungen wie „Vollgaskiller" für einen Fahrer innerhalb eines Verkehrsunfalls mit Todesfolge (Fechner 2012, 49) – Auswirkungen im nachfolgenden Gerichtsprozess haben. Solche skandalisierte Berichterstattung trägt weiterhin dazu bei, welches Wissen sich über rechtliche Zusammenhänge innerhalb der Gesellschaft etabliert.

c) „Öffentlichkeit" im Kontext von Recht und Medien

Der vorstehende Abschnitt verdeutlicht bereits, warum neben anderen Faktoren der öffentliche Raum, in dem sich mediale Berichterstattung vollzieht (vgl. Spieß 2012, 91), eine zentrale Rolle spielt. Spieß betrachtet Öffentlichkeit als „Bedingung, Rahmen und Strukturmechanismus massenmedialer Diskurse" (ebd.) sowie als Gegenstück zur Privatheit (Spieß 2012, 92). Denn, so Spieß (ebd.) weiter, was öffentlich geäußert wird, ist prinzipiell allen Menschen zugänglich. Dies knüpft an die grundsätzliche Öffentlichkeit der Gerichtsverfahren an, wobei Verfahren auch unter Ausschluss der

Öffentlichkeit stattfinden können. Üblicherweise sind die Entscheidungen aber auf den Homepages der Gerichte gut dokumentiert.

Damit entsteht eine „Medienöffentlichkeit", die der „Meinungsbildung" dienen soll, was die Relevanz der medialen Berichterstattung unterstreicht (vgl. ebd.). Ähnlich betrachtet den schwierig zu bestimmenden Begriff der Öffentlichkeit auch Felder, der zudem zwischen „öffentlicher Meinung" und „veröffentlichter Meinung" unterscheidet:

> Wenn wir im Folgenden die Rezeption von Gerichtsentscheidungen in Printmedien untersuchen, so analysieren wir die ‚veröffentlichte Meinung'. Es handelt sich aus der Gesamtheit der Meinungen um diejenigen, die die Chance haben, ‚öffentlich' zu werden. (Felder 2003, 246)

Die veröffentlichte Meinung ist also keineswegs gleichbedeutend, mit dem, ‚was die Öffentlichkeit denkt'. Hierbei sei auch noch ein kurzer Einschub zum Terminus „Medium" bzw. „Medien" gemacht, der ebenfalls mehrdeutig ist. Fraas und Klemm (2005a, 5) verdeutlichen, dass mit „Medium" sowohl Zeichensysteme (wie etwa Sprache) als auch ein von Menschen geschaffenes Hilfsmittel zum Abbau von Kommunikationsgrenzen bezeichnet werden kann. Mit dem Plural *(Print)Medien* sind im Folgenden die untersuchten Publikationsorgane, die Zeitungen, gemeint. Die Berichterstattung im Rundfunk und im Fernsehen muss hier ausgeklammert werden, da dazu zusätzlich eine Berücksichtigung der mündlichen Kommunikation vonnöten wäre.

Um die Printmediendiskurse zu den Gerichtsentscheidungen angemessen erfassen zu können, werden in den Beispielanalysen verschiedene Typen von Medientexten herangezogen: Nach einer gängigen Unterscheidung von Burger sind dies Berichte, Kommentare, Reportagen, Meldungen und Interviews (Burger/Luginbühl 2014, 227). Es handelt sich vor allem deshalb um einschlägige Textsorten, weil sie informations- und/oder meinungsbetont sind (vgl. ebd.). Als weitere Textsorte wurden Leserbriefe in die Korpora integriert, um gemeinsprachliche Sprechereinstellungen noch stärker berücksichtigen zu können.

Schließlich kann eine Mediendiskursanalyse, die die Wissenskonstitution über gesellschaftlich relevante Sachverhalte und Themen offenlegt, auch zu einer demokratischeren Teilhabe beitragen, indem fachlich stark verdichtete Vorgänge für den relativen Laien transparent gemacht werden (vgl. Felder 2006).

4 Exemplarische Analysen zur medialen Vermittlung des Rechts

Im mittlerweile aus verschiedenen Richtungen untersuchten Feld *Sprache und Recht* ist die Rezeption von Gerichtsentscheidungen in der Öffentlichkeit durch Medien zögerlicher angegangen worden. Aus diskurslinguistischer Hinsicht sollen hier exemplarisch die Studien von Felder (2003), Vogel (2012) und Luth (2015) vorgestellt werden.

Allen drei Studien geht eine Untersuchung der Gerichtsentscheidungen aus der internen Fachkommunikation voraus, sodass erste Problemfelder bereits erkannt und beleuchtet werden konnten. Sodann wird geprüft, welche Besonderheiten sich in der Rezeption der Entscheidungen in Medien ermitteln lassen. Der Schwerpunkt der Analysen liegt dabei auf klassischen Zeitungsmedien, wobei Vogel auch den Einfluss von Online-Medien auf die Printmedien einbezieht (vgl. Vogel 2012, 83). Das gemeinsame Anliegen der drei Untersuchungen ist herauszufinden, welche „Unterschiede zwischen juristischer und alltagsweltlicher Sachverhaltskonstitution" sich herausstellen lassen (Felder 2003, 248).

4.1 Rezeption der Gerichtsentscheidungen: Sitzblockaden (Felder 2003)

Felder legte 2003 eine erste Studie vor, wie sich die Transformation von Gerichtsentscheidungen in Medientexte diskurslinguistisch untersuchen lässt. Er erstellte dazu ein Korpus, das nicht nur aus Texten zu der von ihm auch in fachsemantischer Sicht untersuchten Sitzblockade vor dem Sondermonitionslager der Bundeswehr in Großengstingen besteht (vgl. Felder 2003, 248), sondern sich auch mit vergleichbaren Fällen von Sitzblockaden beschäftigt. Zusammengefasst geht es bei solchen Entscheidungen um die Frage, ob Demonstranten durch „rein passives Sitzen" (Felder 2003, 181) – demnach vor allem durch ihre körperliche Anwesenheit – vor bestimmten Einrichtungen den juristischen Tatbestand der Nötigung im Sinne § 240 StGB ausüben, wenn sie dadurch zum Beispiel Transportwagen an der Durchfahrt behindern. Hierzu müsste Gewalt angewendet worden sein (§ 240, Abs. 1) und das Zweck-Mittel-Verhältnis müsste als verwerflich (§ 240, Abs. 2) erkannt werden (vgl. Felder 2003, 133). Die Teilnehmer der Sitzblockade in Großengstingen wurden angeklagt und zunächst vom Amtsgericht wegen Nötigung zu einer Geldstrafe verurteilt, woraufhin sich eine Reihe weiterer Entscheidungen anschloß, da unter den Richtern stark umstritten war, ob man tatsächlich von einer ‚nur psychisch' ausgeübten Gewalt sprechen könne (vgl. Felder 2003, 189). Selbst unter den Richtern des BVerfG war dies umkämpft, was die abweichenden Meinungen dreier Verfassungsrichter belegen (vgl. Felder 2003, 184). Neben dem Gewaltbegriff ist auch der Verwerflichkeitsbegriff umstritten, der an sich bereits vager ist. Es stellt sich bei diesem Begriff des Weiteren die Frage, ob die Betrachtung des Zwecks (Verhindern der Weiterfahrt – Nahziel bzw. auf Rüstungsgefahren hinweisen oder allgemeiner ausgedrückt: auf gesellschaftlich relevante/sicherheitspolitische Themen oder Gefahren hinweisen – Fernziel) in Relation zu den eingesetzten Mitteln (die Sitzblockade) bei der Beurteilung der Verwerflichkeit

Berücksichtigung erfährt (vgl. Felder 2003, 198). Auch dies wird von den Richtern unterschiedlich beurteilt.

Felder stellt in der linguistischen Analyse der fachinternen Kommunikation zunächst semantische Kämpfe um die rechtlich relevanten Termini „Gewalt" und „Verwerflichkeit" vor und spiegelt das Fachtext-Korpus dann an dem journalistischen Textkorpus.

Die Untersuchung der Printmedientexte gliedert sich in drei Teile: 1. Wortsemantische Untersuchungen in Printmedien, 2. Sprecherhandlungen in Printmedien, 3. Sprachgebrauchstopoi in Printmedien. Felder stellt dabei fest, dass die Autoren vielfach nicht nur einen fachlich differenzierten Blick vermissen lassen, sondern vielmehr ein alltagssprachliches Verständnis an die Texte heranführen, wobei an das Medium Sprache insgesamt eine zu hohe Erwartung herangetragen wird, was dieses mit Blick auf die sprachliche Eindeutigkeit zu leisten vermag. Dieser Umstand ist jedoch auch aus dem Expertendiskurs vertraut. Der fachliche Einfluss wird am sichtbarsten durch direkte Zitate, die von den Autoren aus den Pressemitteilungen der Gerichte oder Agenturmeldungen übernommen werden. Es wird dabei deutlich, dass im rechtssprachlichen Diskurs – anders als in anderen Wissenschaftsdisziplinen – Begriffsdefinitionen mit einem normativen Geltungsanspruch gesetzt werden (Felder 2003, 257). Doch finden sich solche Bedeutungs- und Referenzfixierungsversuche auch im journalistischen Textkorpus gehäuft, wobei – wie schon erläutert – hier nicht die Möglichkeit besteht, Bedeutungen als Norm zu setzen (vgl. Felder 2003, 249). Verbindend dabei ist jedoch, dass sowohl im juristischen Diskurs als auch im gemeinsprachlichen Diskurs vielfach versucht wird, ‚den' alltagsweltlichen Wortgebrauch, im Sinne eines überzeitlich allgemeingültigen Gebrauchs, zu ermitteln (vgl. Felder 2003, 289 f.). Davon zeugt das folgende Beispiel eines Leserbriefschreibers, mit dem sich verdeutlichen lässt, dass auch juristische Laien Sprachnormierungsversuche vornehmen und damit ein ähnliches Verhalten wie im Fachdiskurs an den Tag legen:

> Falsch ist jedoch die Bewertung einer Sitzblockade als Gewalt im Sinne des § 240 Strafgesetzbuch. Gewalt ist aggressives, mit Kraftentfaltung verbundenes Verhalten – zumindest nach dem allgemeinen Sprachgebrauch. (Leserbrief von Andreas Funke in der *Frankfurter Rundschau* vom 10.05.1988, zitiert nach Felder 2003, 249)

Es lässt sich beobachten, dass Politiker, Journalisten, Protagonisten des Protestes sowie auch der interessierte Bürger für sich in Anspruch nehmen, Sprachgebrauch als „falsch" bzw. als „richtig" einstufen zu können (vgl. Felder 2003, 258 f.), ein Verhalten, das aus zahlreichen öffentlich geführten Diskussionen vertraut erscheint. Problematisch ist aus Sicht Felders (2003, 250 f.) dabei, dass diese Versuche der Wortauslegung häufig rein wortsemantisch bleiben würden, ohne dass sich die Sprecher mit den pragmatischen Besonderheiten des juristischen Diskurses vertraut machen würden (was vielleicht auch nicht erwartbar ist). Er zeigt einen solchen semantisch verkürzten Bedeutungsfixierungsversuch anhand der juristischen Termini „Fernziel" und „Nahziel", die in einem journalistischen Text alltagssprachlich kontextualisiert werden und damit zu Missverständnissen führen:

> Das eigentliche Kuriosum ihrer Entscheidung scheint den obersten Strafrichtern gar nicht bewusst zu sein: Was sie als ‚Fernziel' der Blockierer definierten und als möglichen Rechtfertigungsgrund für die Tat für unbeachtlich erklärten – die Beseitigung der Mittelstreckenwaffen auf deutschem Boden –, ist per Abkommen bereits erreicht und wird de facto zumindest teilweise verwirklicht sein, noch bevor die letzten Täter ihr rechtskräftiges Strafurteil in Händen halten. (*Die Zeit* vom 20.05.1988, zitiert nach: Felder 2003, 251)

Der oben bereits kurz erwähnte Zusammenhang zwischen der Verwerflichkeit einer Tat und dem Fernziel einer Person oder Gruppe, die sich an Sitzblockaden beteiligt, sei hier noch einmal in Erinnerung gerufen: Der Terminus „Fernziel", der nicht über die Normtexte konkretisiert ist, wohl aber über den erweiterten Fachdiskurs, meint nicht etwa ein „fernes Ziel" im Sinne eines „nicht oder nur schwer zu erreichenden Ziels", sondern mit ihm wird geprüft, ob es bei der Beurteilung der Verwerflichkeit einer Handlung neben dem Nahziel, hier Verhindern der Weiterfahrt, möglichweise weitere Beweggründe, die Fernziele, gab, die als Zweck in Relation zum eingesetzten Mittel, hier die Blockade, zu berücksichtigen wären. Die Richter müssen nicht klären, ob das politische Ziel der Demonstranten erreichbar ist oder nicht (vgl. Felder 2003, 251). Hieran zeigt sich, dass unser „Alltagsverständnis" (Felder 2003, 252) juristische Sprecherhandlungen üblicherweise nur schlecht erfassen kann, auch wenn uns die Ausdrücke vertraut vorkommen, dazu sind die rechtssprachllichen Eigenheiten zu komplex. Felder schlägt daher vor, bei der Arbeit mit Gerichtsentscheidungen stärker mit den in der Untersuchung des Fachdiskurses gewonnenen Sprachhandlungstypen „Sachverhalt-Festsetzen", „rechtliche Sachverhaltsklassifizierung" und „Entscheiden" zu arbeiten, da mit ihnen verdeutlicht werden könnte, welche Sprecherhandlung der Richter gerade ausführt und wozu diese im Verlauf des Verfahrens notwendig ist.

Auch bekannte Persönlichkeiten, wie der mittlerweile verstorbene Rhetorikprofessor Walter Jens, der auch als aktiver Teilnehmer an den Sitzblockaden fungierte, bringen sich in den Diskurs ein und müssen, da sie nicht über die Befugnisse der Rechtssetzung verfügen, auf ihre eigene Autorität im Diskurs vertrauen, wenn sie ihre Bedeutungs- und Referenzfixierungsversuche durchsetzen möchten (vgl. Felder 2003, 254). Im Fall von Walter Jens bezieht sich dies auf den Verwerflichkeitsbegriff. Durch das Heranziehen von sinn- und sachverwandten Adjektiven (zu *verwerflich*) wie *amoralisch* oder *sittenlos* versucht Jens zunächst deutlich zu machen, in welchen negativen Rahmen die Sitzblockaden gestellt wurden. Sodann urteilt er, dass es sich bei *verwerflich* nicht um einen juristischen Terminus handeln würde, sondern dass auch ein Richter das Adjektiv im Sinne des „Gemeinverständnisses" verwende. Dies ist jedoch nicht der Fall. Der Richter muss und wird sich auf rechtliche Kommentarliteratur berufen. Nach Felder (2003, 254) kämpfen verschiedene Diskursprotagonisten in verschiedenen Diskursen gegeneinander: die einen – hier die rechtsprechenden Richter – bedienen sich rechtssprachlicher Diskursgepflogenheiten und beanspruchen in ihrer Argumentation mitunter auch die Bedeutung alltagsweltlich gebrauchter Ausdrücke bestimmen zu können [...]. Andere Personen wie Walter Jens versuchen im nicht fachsprachlichen Diskurs auf der Grundlage postulierter moralischer Integrität Bedeutungs- und Referenzfixierungsversuche sowohl in der Gemeinsprache als auch der Rechtssprache vorzunehmen [...]

Grundsätzlich haben Personen, die juristische und nicht-juristische Bedeutungs- und Referenzfixierungsversuche vornehmen, aber ähnliche Schwierigkeiten, wenn sie nicht-fachliche Sprachgepflogenheiten zur Untermauerung ihrer Argumentation heranziehen, im juristischen Diskurs können Bedeutungsfixierungen jedoch gesetzt werden (vgl. Felder 2003, 261). Daneben wird auch deutlich, dass manche Redakteure und Leserbriefschreiber die rechtlichen Fragestellungen anhand eines Vergleichs mit von ihnen erdachten Fällen erhellen oder kontrastieren möchten, was jedoch meist nicht adäquat gelingt (vgl. Felder 2003, 265).

Kritisch wird in der Medienberichterstattung die Uneinheitlichkeit hinsichtlich der Gerichtsentscheidungen gesehen, was mit Blick auf andere Rezeptionen von Gerichtsentscheidungen ein Sprachgebrauchstopos zu sein scheint: Gesetze sind eindeutig. In den Printmedien werden die Ausführungen der Richter teilweise als „heilloses Begriffswirrwarr" gedeutet (*Stuttgarter Zeitung* vom 18.2.1988, zitiert nach Felder 2003, 262). Auch das folgende Zitat untermauert den Wunsch nach Festigkeit der Rechtsprechung:

Der Bundesgerichtshof und das Bundesverfassungsgericht haben hier die Rechtsprechung verundeutlicht. Das hindert den Gesetzgeber freilich nicht, seinen Willen durchzusetzen gegenüber der Unsicherheit, die sich bei der dritten Gewalt ausbreitet. Die Gerichte sind an die Gesetze gebunden; sie sollten klar sein und eindeutig – und wenn das Verhalten neue Wege nimmt, muß der Gesetzgeber seinen Vorrang wiederherstellen. (*Frankfurter Allgemeine Zeitung* vom 03.04.1987, zitiert nach Felder 2003, 284)

Es wird hier auch deutlich, dass der Redakteur davon ausgeht, dass die Legislative an die Judikative klare Handlungsanweisungen geben kann und über eine Art „Vorrang" verfügt. Solche Wünsche nach „Klarstellung" (die häufig auch vom BVerfG gefordert wird) sind in der medialen Rezeption von Gerichtsentscheidungen weit verbreitet.

Felder eröffnet mit seiner Pilot-Studie zur Rezeption von Gerichtsentscheidungen in den Printmedien die Möglichkeit zur weitergehenden Untersuchung, indem er die grundsätzlichen Unterschiede und Gemeinsamkeiten des juristischen und gemeinsprachlichen Diskurses aufzeigt (Felder 2003, 289 ff.). Die Gerichtsentscheidungen können schließlich auch mit dem bereits hier von ihm angelegten Paradigma der *pragma-semiotischen Textarbeit* untersucht werden (Felder 2012).

4.2 Rezeption der Rechtsnormgenese und Gerichtsentscheidungen: Die Online-Durchsuchung

In der Studie zur Rechtsnormgenese der Online-Durchsuchung (OD) wird ein Korpus aus 383 diachron ausgewählten Texten aus überregionalen Zeitungen und Zeitschriften (*Spiegel/Spiegel Online*; *Frankfurter Rundschau* (*FR*); *Welt/Welt am Sonntag*; *Tageszeitung* (*taz*); *Frankfurter Allgemeine Zeitung* (*FAZ*)) untersucht (vgl. zum Korpusaufbau Vogel 2012, 288). Eine besondere Rolle spielen dabei auch Online-Medien, die allerdings aus forschungspraktischen Gründen in der Studie nicht ausführlich betrachtet wurden. Die kritische Diskussion in Foren oder Blogs spiegelt sich aber in den Printmedien wider und kann über die Printmedientexte vermittelt ebenso einbezogen werden (Vogel 2012, 83). Vogel (2012, 289) stellt dabei fest, dass die OD vor allem lebensweltlich und kaum normweltlich konkretisiert wird. Zum Hintergrund: Nach Vogel ist das Feld der OD und damit auch der Regelungsgegenstand intersubjektiv unklar. Eine „möglichst konkret[e], doch perspektivisch wertneutral[e]“ Beschreibung könnte in den Worten Vogels wie folgt aussehen:

> Verfassungskonforme Befugnisse sowie technische Möglichkeiten für ermittelnde Behörden, aus der Ferne und für Betroffene nicht erkenntlich digitale Daten auf informationstechnischen Systemen zu durchsuchen, intendiert oder nicht intendiert zu verändern, sicherzustellen und auszuwerten. (Vogel 2012, 9)

Die historisch-diskursiven Hintergründe zur OD erläutert Vogel (2012, 58 ff.) ausführlich, sie können hier nur stark verkürzt wiedergegeben werden: 2006 erhält die OD „juristisch und lebensweltlich konkretere Konturen“ mit einer ersten Genehmigung einer OD durch den Ermittlungsrichter des BGH (Vogel 2012, 68). In der Folge kommt es jedoch auch zu ablehnenden Entscheidungen des Ermittlungsrichters, da die (verdeckte) OD durch die strafprozessualen Ermächtigungsnormen nicht gedeckt sei. Daraufhin entwickelt sich eine äußerst kontroverse Debatte um die Möglichkeit einer strafprozessualen Ermächtigungsgrundlage zur OD (kontextualisiert beispielsweise mit der Abwehr von terroristischen Angriffen) (vgl. Vogel 2012, 69). Die mediale Berichterstattung zur OD berücksichtigt dabei vor allem die Gerichtsentscheidungen und die einzelnen Stationen des Gesetzgebungsverfahrens (vgl. Vogel 2012, 83).

Eine juristisch qualifizierte Einordnung der OD in den Zeitungen lässt sich dabei nur in Ausnahmefällen beobachten, stattdessen spitzt sich die Betrachtung auf die Debatte zwischen Gegnern und Befürwortern zu. Als Beispiel, wie der Sachverhalt in die öffentliche Berichterstattung eingeführt wird, sei ein Beleg aus *Spiegel Online* angeführt, den Vogel als ersten Anhaltspunkt für die Aufmerksamkeit der Medien für die OD ausgemacht hat:

> Geplant sind mehrere hundert neue Stellen für Verfassungsschutz und Polizei sowie die Anschaffung neuester Technik, mit der die Staatsschützer bespielsweise ‚entfernte PC auf verfahrensrelevante Inhalte hin durchsuchen können, ohne tatsächlich am Standort des Gerätes anwesend zu

> sein‘ – sogenannte Online-Durchsuchungen. Der Verfassungsschutz soll künftig in der Lage sein, Telefongespräche via Internet abhören zu können. (zitiert nach Vogel 2012, 289)

Diesen Beleg wertet Vogel als „gänzlich alltagssprachlich (lebensweltlich)“ (ebd.), das darin enthaltene Zitat „entfernte PC auf verfahrensrelevante Inhalte hin durchsuchen können, ohne tatsächlich am Standort des Gerätes anwesend zu sein“ entstammt dem Originaltext zum „Programm zur Stärkung der Inneren Sicherheit“. Im Kontext der genannten BGH-Entscheidungen zur Genehmigung von OD taucht die Debatte verstärkt auch in der Medienberichterstattung auf, wobei vor allem die *taz* eine Vorreiterrolle einnimmt (vgl. ebd.). Die stark lebensweltlich geprägten Sachverhaltskonkretisierungen ziehen sich nach den Beobachtungen Vogels durch den gesamten Verlauf der Berichterstattung, die nur marginal normweltlich vorgeht, sondern vielmehr unspezifisch bei pauschalisierenden und medial selbstreferentiellen Konzeptualisierungen verharrt. Vogel stellt dabei fest, dass nur in Ausnahmefällen und auch nur in Kommentaren oder Essays direkt auf z. B. Normtextentwürfe eingegangen werde, sodass nicht von einer juristisch differenzierenden Auseinandersetzung mit den Gesetzesentwürfen gesprochen werden kann. Die Diskussion in den Medien bleibe beim Austausch allgemeiner Argumente und Konzepten, der tatsächliche Fachdiskurs werde nicht in die Öffentlichkeit hineingetragen. Im Zentrum stehen dabei EREIGNISSE und AKTEURE sowie DIE ALLGEMEINE LEBENSWELT/SICHERHEITSPOLITIK (mit der Notation *Kapitälchen* wird im Folgenden auf die Ebene der Sachverhalte/Referenzobjekte verwiesen). Diese Sachverhalte/Referenzobjekte sollen hier in aller Kürze vorgestellt werden:

Zunächst hält Vogel (2012, 293) fest, dass konservative Medien wie *Die Welt* sowie tendeziell auch die *FAZ* die OD im Kontext einer LEBENSWELT, die ‚latent-akut von Terrorakten bedroht‘ (mit der Notation der einfachen Anführungszeichen wird im Folgenden auf die Ebene der Konzepte verwiesen) ist, betrachten. Im Gegensatz dazu wird in linksliberalen Medien, zu denen vor allem die *taz*, aber tendeziell auch die *FR* und *Der Spiegel* gerechnet werden, die OD mit einer SICHERHEITSPOLITIK, die von ‚staatlichen Überwachungsgelüsten‘ geprägt ist, kontextualisiert. Wie Felder beobachtet auch Vogel (2012, 295) in der Auseinandersetzung mit den EXEKUTIVEN und LEGISLATIVEN EREIGNISSEN eine Tendenz zur überwiegend wertneutralen und von Agentur-Einflüssen geprägten Berichterstattung, die einen ähnlichen allgemeinen Wissenstand aufweist. Unterbrochen wird diese teilweise durch die Verknüpfung der Hauptereignisse mit unterschiedlichen Teilereignissen, welche die bereits erwähnte Ablehnung oder Zustimmung zur OD stützen.

Für die Gruppe der Akteure stellt Vogel fest, dass die Gegner, aber auch die Befürworter der OD, jeweils aus der Fremdperspektive betrachtet werden. Interessant sind dabei die Ausdrücke, mit denen auf die Befürworter/Gegner referiert wird: Linksliberale Medien betrachten die Befürworter der OD als *Terrorhysteriker* oder *Hardliner* (Vogel bezeichnet dies mit dem Konzept ‚Sicherheitsfanatiker‘), während die Gegner aus der Perspektive der konservativen Medien als ‚unsachlich bzw. emotional geleitet‘ wahrgenommen werden, was sich in den Substantiven *Angst vorm Bundestrojaner* oder *Furcht vor Online-Durchsuchungen* niederschlägt. Sie werden aber auch sehr ablehnend als *Datenschutzalarmisten* oder *Grundrechtsfundamentalisten* bezeichnet oder als ‚Blockierer‘ dargestellt. Im Ganzen lässt sich die Konstitution der OD nach Vogel (2012, 303) in zwei verschiedene Muster differenzieren: „Die OD als ‚sachliches Ermittlungsinstrument zur Kriminalitätsbekämpfung‘“ (eher in konservativen Medien verbreitet). Auf dieses Konzept wird mit Ausdrücken wie *Online-Ermittlung* und *Fahndungsinstrument* rekurriert; bei der FAZ findet sich, eventuell durch eine interne Sprachregelung gesteuert, auch der Ausdruck *Online-Fahndung*. Das zweite, dem gegenüberstehende Konzept, das sich eher in linksliberalen Medien finden lässt und das zudem mit einer höheren sprachlichen Varianz verbunden ist, lässt sich wie folgt fassen: „OD als ‚staatlich organisiertes, moralisch verwerfliches bis kriminelles Eindringen in Bereiche, die der Kenntnisnahme entzogen sein sollen‘“ (Vogel 2012, 305). Dabei wird die OD ausdrucksseitig mit illegalen bzw. nicht-legitimen Methoden in Verbindung gesetzt: *Ausschnüffeln, Ausspähen, Spionage, heimliche Einbrüche in den Computer.*

Zum Abschluß wird in Vogels Analyse auch ein Blick auf die „Online-Durchsuchung in Bildern“ (2012, 313) geworfen. Grundsätzlich wird in einer Mediendiskursanalyse auch die Bildebene berücksichtigt, da diese zum Beispiel wertvolle Hinweise liefern kann, in welchem Kontext ein journalistischer Beitrag erscheint, gerade wenn zuvor schon divergierende Konzeptualisierungen von Befürwortern und Gegnern ausgemacht werden konnten. Hierzu wurden die ersten 2000 Bildbelege (in der Bildersuche) zum Ausdruck *Online-Durchsuchung* bzw. *Onlinedurchsuchung* erhoben und auf Relevanz sortiert: 109 Bilder wurden als wiederkehrend und mit dem Thema tatsächlich verknüpft erachtet und anschließend kontextuell ausgewertet. Anhand dieser Auswertung kommt Vogel zu dem Ergebnis, dass sich in die OD befürwortender Kotextumgebung folgende Bildmuster als wiederkehrend erweisen: *Zielkreis über Festplatte, Bildschirm mit Muslimen oder Terroristen, Bildschirm mit Polizeibeamten* (vgl. ebd.). In einer die OD ablehnenden Kotextumgebung werden verstärkt Karikaturen gefunden, die auf Diskursprotagonisten wie den damaligen Innenminister Wolfgang Schäuble Bezug nehmen und ironisierend wirken. Manche Bilder rücken Schäuble allerdings auch in die Nähe von diktatorischen Systemen und bringen ihn in Verbindung mit Personen wie Erich Honecker (*Stasi 2.0*). Schäuble avancierte zu dieser Zeit ganz eindeutig zum Feindbild der OD-Gegner. Manche Bildmuster sind als wertneutral zu beurteilen (Vogel 2012, 316): *Router mit Kabel, Bildschirmausgabe, Lupe vor Bildschirm.*

In der Gesamtbetrachtung der Ergebnisse wird sehr deutlich, dass „die Medienberichterstattung bei der Normgenese der OD eine wichtige Rolle“ spielt (Vogel 2012, 317). Er schränkt jedoch ein, dass sich die mediale Prägung kaum normweltlich (juristisch) vollzieht, sondern diese vor allem einen lebensweltlichen „Diskurshorizont“ (Vogel 2012, 295 ff.) bildet: Medien können zu einem „konsistenten Weltbild (Hintergrundkulisse)“ sowie zu einem „gemeinsamen Ereignishorizont“ (etwa hinsichtlich einer Timeline) (Vogel 2012, 317) beitragen. Auf diese Rahmenerzählungen können sich dann auch die weiteren Akteure, etwa die Politiker, beziehen. Die Auseinandersetzung mit den Normtexten jedoch spielt nach Vogels Ergebnissen nur eine marginale Rolle; Versuche, „Rechtssemantik explikativ in Alltagssemantik zu transformieren", finden sich nur äußerst selten (Vogel 2012, 318).

4.3 Rezeption der Gerichtsentscheidungen: Der Fall Görgülü

Mit dem Terminus „Fall Görgülü" wird ein aufsehenerregender Sorgerechtsfall bezeichnet: Ein lediger Vater, Görgülü, stritt dabei um das Sorgerecht (bzw. im weiteren Verlauf der Prozessgeschichte alternativ auch um das Umgangsrecht) für seinen Sohn, der von der leiblichen Mutter bereits kurz nach der Geburt zur Adoption frei gegeben wurde und in einer Pflegefamilie lebte. Die Pflegefamilie war auch nach der Vaterschaftsanerkennung (im Sinne des Herrn Görgülü) nicht bereit, das Kind in die Familie des leiblichen Vaters wechseln zu lassen (und wurde darin vom Oberlandesgericht bestätigt), woraus sich ein mehrjähriger Sorgerechtsstreit zwischen verschiedenen Gerichten entwickelte (darunter Amtsgericht Wittenberg (AG); Oberlandesgericht Naumburg (OLG); Europäischer Gerichtshof für Menschenrechte (EGMR); BGH und BVerfG). Erst nach acht Jahren wurde entschieden, dass das Kind nun doch von der Pflegefamilie in Görgülüs Familie wechseln sollte. Das Verfahren stand des Weiteren im Verdacht der Rechtsbeugung durch das OLG und zog eine BVerfG-Entscheidung nach sich, in der die Verfassungsrichter Aussagen über die Kompetenz-Verteilung zwischen EGMR und BVerfG trafen, da Görgülü sich mit seinem Anliegen – nach der Ausschöpfung aller nationalen Instanzen – auf den Schutz seines Familienlebens nach Art. 8 der Europäischen Menschenrechtskonvention berief (vgl. zur Fallgeschichte Luth 2015, 88).

Es wurden insgesamt 96 Artikel (*FAZ*; *Süddeutsche Zeitung* (*SZ*); *Mitteldeutsche Zeitung* (*MZ*); *FR*; *Die Welt*; *Der Spiegel*) untersucht, die im Zeitraum von 2004 bis 2011 erschienen sind und sich primär mit dem Fall Görgülü auseinandersetzen (vgl. zum Korpusaufbau Luth 2015, 72 f.):

> Primär bedeutet in diesem Fall, dass entweder die konkreten Fragen des Sorge- und Umgangsrechts beleuchtet oder die Bindungswirkungen von EGMR-Urteilen im Zusammenhang mit dem Urteil Görgülü diskutiert werden. Hierzu wurden ergänzend 14 Leserbriefe herangezogen. (Luth 2015, 234)

Voraus ging auch hier eine Analyse des Fachdiskurses. Für die Untersuchung der Printmedientexte zum Fall Görgülü ist zunächst festzuhalten, dass zwei juristische Konflikte eine Rolle im Verfahren spielten (bzw. drei, da auch der Vorwurf der Rechtsbeugung von der Medienöffentlichkeit verfolgt wurde, allerdings wurde dies nicht in der Studie behandelt): Dies ist zum einen der Verbleib des Kindes in seiner Pflegefamilie bei gleichzeitigem Wunsch des leiblichen Vaters, das Kind möge in seine Familie wechseln, womit die Frage nach den Rechten von ledigen Vätern einherging, und zum anderen die Frage nach der Bindungswirkung (*Beachtung* der Entscheidung oder *Berücksichtigung* der Entscheidung als Fahnenwörter) von Entscheidungen des EGMR im nationalen Recht (vgl. Luth 2015, 235). Das journalistische Textkorpus wurde auf semantische Kämpfe (vgl. Felder 2003; 2006) auf Bedeutungs- und Bezeichnungsebene sowie auf weitere Auffälligkeiten auf der Lexem-, der Syntagmen- und der Satzebene im Paradigma der pragma-semiotischen Textarbeit hin untersucht.

Nach der Recherche wird der Rechtsstreit zum ersten Mal im Jahr 2004 – mit dem Urteil des EGMR vom 26.02.2004 – aufgegriffen (Beleg *taz* vom 27.02.2004). Die kontinuierliche Beobachtung des Falls und die Rezeption in allen untersuchten Publikationsorgangen lässt sich jedoch erst mit der BVerfG-Entscheidung am 14.10.2004 feststellen: Erst mit dieser Entscheidung, deren argumentative Entfaltung sich vor allem um die Souveränität der Grundrechte im Zusammenspiel mit der Europäischen Menschenrechtskonvention dreht, rückt der Fall Görgülü in das Blickfeld der Öffentlichkeit und wird dann weiterverfolgt. Der Fall Görgülü im Recht unterscheidet sich demnach von dem medial zubereiteten Fall Görgülü (vgl. Luth 2015, 235).

Wie bereits Felder (2003) und Vogel (2012) festgestellt haben, lässt sich auch für die hier betrachtete Medienrezeption festhalten, dass starke Einflüsse der Pressemitteilungen der Gerichte sowie der Agenturmeldungen nachvollzogen werden können (direkte Zitate, Paraphrasierungen etc.). Man kann also davon sprechen, dass eine *subtile Perspektivensetzung* (vgl. Luth 2015, 236) bereits durch die Pressemitteilungen der Gerichte vorgenommen wird, die durch die Textsorte *Kommentar* wieder aufgebrochen werden kann (vgl. von Polenz [3]2008, 14). So lässt sich in den informationsbetonten Texten eine erwartbar relativ starke Homogenität feststellen. Gerade in Bezug auf das Kindeswohlkonzept, das in der fachlichen Kontroverse umstritten war, richten sich die Berichterstatter stark an den Pressemitteilungen oder den Entscheidungstexten aus.

Die Analyse, mit welchen Lexemen auf den Sorgerechtsfall als EREIGNIS rekurriert wird, ergibt, dass meist der stärker wertneutrale Ausdruck *Streit* verwendet wird, der die emotionale und persönliche Seite des Falls betont, jedoch am Ende des langjährigen Prozesses auch von einem *Justizskandal* gesprochen wird (*SZ* vom 18.10.2008, zitiert nach Luth 2015, 239). Der Ausdruck *Skandal* (in Verbindung mit dem institutionell gesteuerten Bereich Justiz) verweist dabei stärker auf eine übergeordnete Ebene, die das rechtliche System betrifft, in dem es zu Fehlern gekommen ist. Damit treten verschiedene Sachverhaltsebenen des Falls zutage. Das Substantiv *Streit* wird meist noch durch bewertende Adjektive wie *beispiellos* oder *spektakulär* attribuiert. Damit steht das Konzept des ‚Alleinstellungsmerkmals' bzw. auch der ‚skandalösen Entscheidung' im Vordergrund. Der betroffene Vater selbst bezeichnet in Interviews die GERICHTLICHEN UND VORMUNDSCHAFTLICHEN EREIGNISSE als „staatlichen Kindesraub" und als „Zwangsadoption" (*MZ* vom 15.07.2004, zitiert nach Luth 2015, 240). Durch das Kompositum *Zwangsadoption* werden die Leser an gewaltsame, erzwungene und vor allem unrechtmäßige Kindeswegnahmen in der nationalsozialistischen Willkür- und Terrorherrschaft oder in der DDR-Diktatur erinnert. Es ist auch in einigen wenigen weiteren Artikeln belegt (z. B. in der *FAZ* vom 15.04.2005).

Für das zweite induktiv durch die Analyse des Fachdiskurses festgestellte Subthema „Hierarchieverhältnis zwischen BVerfG und EGMR" wurden ebenfalls auffällige und markante Lexeme und Mehrworteinheiten herausgearbeitet (vgl. dazu Luth 2015, 242). Die bereits erwähnte Entscheidung des BVerfG vom 14.10.2004, die im Zusammenhang mit der zuvor vom EGMR gemachten Entscheidung steht, findet in der medialen Berichterstattung besondere Berücksichtigung: Der Sachverhalt BEZIEHUNG ZWISCHEN DEN GERICHTEN wird mit Lexemen und Syntagmen konstituiert, die von den Konzepten ‚Behauptung der nationalen Souveränität und Kontrollmechanismus' und ‚Kompetenzstreit' ausgehen, wie beispielsweise *Machtkampf* oder der *Kampf der Gerichte*. Als Syntagma mit Schlüsselfunktion kann dabei die Nominalphrase „das letzte Wort" gelten. Diese Mehrworteinheit wird von den Gerichten auch in ihren Entscheidungsbegründungen verwendet und untermauert den Souveränitätsanspruch des BVerfG (vgl. Luth 2015, ebd.):

> Es geht hier um Grenzfälle. Die markanten Sätze aus Karlsruhe dürfen nicht als Aufforderung an staatliche Stellen mißverstanden werden, nun in jedem Fall zu prüfen, ob sie eine völkerrechtliche Regelung und deren Umsetzung für sinnvoll halten. Das Verfassungsgericht hat im Gegenteil deutlich gemacht, daß die deutschen Gerichte verpflichtet sind, die Menschenrechtskonvention zu beachten – was sie bisher oft genug ignoriert haben. (*FAZ* vom 23.10.2004, zitiert nach Luth 2015, 243)

In dem hier untersuchten Diskurs ist auf der Sachverhaltsebene umstritten, wie die Kompetenzen zwischen den Gerichten verteilt sind: Es stehen sich dabei die beiden Konzepte ‚Behauptung des Machtanspruchs durch Abgrenzung' und ‚Gemeinsamkeit durch Verhandlung' gegenüber. Die Akteure selbst – die Richter – weisen einen solchen Disput allerdings zurück, was sich anhand von Interviews mit den Experten plausibilisieren lässt (vgl. Luth 2015, 243). So beruft sich der ehemalige Verfassungsrichter und Vorsitzende des Ersten Senats am BVerfG, Hans-Jürgen Papier, in dem Interview „Straßburg ist kein oberstes Rechtsmittelgericht" (*FAZ*) vom 9.12.2004, einerseits auf das Kooperationsverhältnis zwischen EGMR und BVerfG, macht aber andererseits auch sehr deutlich, wo die Grenzen in der Kompetenzenteilung liegen (zitiert nach Luth 2015, 243 f.):

> FAZ: Ihr Gericht hat in Deutschland das letzte Wort. In Europa hat Straßburg das letzte Wort. Wie sieht es aus, wenn in einem bestimmten Fall beide Gerichte verschieden antworten? Wer hat dann das allerletzte Wort?
>
> Papier: Das Grundgesetz ist eine sehr völkerrechtsfreundliche Verfassung. Aber sie verzichtet nicht auf das letzte Wort als Ausdruck staatlicher Souveränität. Es geht darum, daß die besten Lösungen im Grundrechtsschutz entwickelt werden. Es geht also nicht um Machtfragen oder Rivalitäten, sondern um eine notwendige Feinabstimmung bei der Wahrnehmung der jeweiligen Aufgaben der Gerichtshöfe.

Schließlich soll abschließend noch betrachtet werden, wie die Leserbriefschreiber auf den Fall reagieren: Wie in der Untersuchung von Vogel (2012) zeigt sich auch im Fall Görgülü die stark emotionale Perspektive in der medialen Rezeption der Gerichtsentscheidungen (was bei dem Thema des Sorgerechts natürlich noch naheliegender ist als bei der Online-Durchsuchung):

> Mit großer Aufmerksamkeit verfolgen wir den Fall des Vaters Kazim Görgülü, dem sein Sohn Christopher gewaltsam vorenthalten wird. Schlimmer noch, dem Kind wird sein Vater, werden seine Wurzeln einfach aus dem Leben gestrichen. Es hat keine Chance sich dagegen zu wehren. Wer sind diese Menschen, die so etwas bestimmen wollen und was maßen sie sich an? Es wird ständig, auch vom Gesetzgeber, immer vom Kindeswohl gesprochen. Klar und deutlich ist aber auch formuliert, zum Kindeswohl gehören an aller erster Stelle die Eltern und die Familie. [...]. (Leserbrief von Marianne Heß in der *MZ* vom 29.01.2005, zitiert nach Luth 2015, 250 f.)

Die Leserbriefschreiber schlagen sich zumeist auf eine Seite und versuchen – häufig gefühlsbetont – für den Verbleib des Kindes in der leiblichen Familie oder der Pflegefamilie zu argumentieren. Dabei verwenden sie zwar die Termini, die auch im Fachdiskurs umstritten sind (etwa *Kindeswohl*), beurteilen diese aber anhand ihrer eigenen Vorannahmen rein alltagssemantisch.

5 Ausblick und Schluss

Im Feld der rechtslinguistischen Arbeiten stellt die Untersuchung der Rezeption von Gerichtsentscheidungen durch Medien derzeit noch die Ausnahme dar. Mit den hier gezeigten Beispielanalysen wird daher auch die Hoffnung verknüpft, dass zukünftig noch weitere Forschungsprojekte in diesem Bereich angestoßen werden: Eine Analyse der Transformation von Expertendiskursen in die Welt der relativen Laien, vermittelt über Mediendarstellungen, kann viel über gesellschaftspolitische Entwicklungen und Strömungen aussagen. Wie werden Protagonisten des internen Diskurses in der Öffentlichkeit dargestellt? Welche Sprachgebrauchstopoi lassen sich wiederholt nachweisen? Welchen Aspekten des Fachdiskurses wird in den Medien besondere Aufmerksamkeit zuerkannt und werden jene stark emotionalisiert vermittelt? Wie stark ist der aufmerksamkeitssteuernde Einfluss der gerichtlichen Presseerklärungen auf die mediale Wahrnehmung des Rechts, und wie kann diese Einflussnahme transparent gemacht und kritisch reflektiert werden?

Gerade die Betrachtung von Gerichtsentscheidungen ist dabei ein lohnenswerter Gegenstand, weil hier äußerst komplexe Wissensstrukturen der Institution Recht, die in der Konsequenz das gesamte Zusammenleben einer Gesellschaft beeinflussen, auf die alltagssemantische Sicht der Rechtsunterworfenen treffen. Wenn die Identifikation mit dem Rechtsstaat als erstrebenswert in der Gesellschaft erachtet wird, dann muss die Übertragung von der rechtlichen Fachwelt in die Vermittlungswelt (also die

Transformationsmöglichkeiten rechtlichen Denkens und Handelns) intensiver untersucht werden. Dabei kommt Akteuren aufseiten der Medien eine zentrale Rolle zu. Mediendiskursanalysen zeigen dabei sehr prägnant, dass sich keineswegs nur die Rechtsexperten berufen fühlen, Bedeutungs- und Referenzfixierungsversuche zu unternehmen (bzw. zu setzen), sondern auch die Redakteure und Rezipienten treffen Aussagen darüber, welchen Sprachgebrauch sie als „richtig" oder „falsch" bewerten. Dabei werden jedoch die pragmatischen Rahmenbedingungen, denen die Entscheidungen im Recht stets unterliegen, nur sehr rudimentär mitgedacht. Ziel der Analysen dürfte also auch sein, für einen reflektierteren Umgang mit Gerichtsentscheidungen in der Vermittlung hin zur Öffentlichkeit einzutreten.

6 Literatur

Alber, Peter-Paul (1974): Die Geschichte der Öffentlichkeit im deutschen Strafverfahren. Berlin.

Burger, Harald/Martin Luginbühl (2014): Mediensprache. Eine Einführung in Sprache und Kommunikationsformen der Massenmedien. 4. Aufl. Berlin/Boston.

Burkhardt, Steffen (2015): Medienskandale. Zur moralischen Sprengkraft öffentlicher Diskurse. 2. Aufl. Köln.

Busse, Dietrich (1992): Recht als Text. Linguistische Untersuchungen zur Arbeit mit Sprache in einer gesellschaftlichen Institution. Tübingen (Reihe Germanistische Linguistik 131).

Busse, Dietrich (1996): Öffentlichkeit als Raum der Diskurse. Entfaltungsbedingungen von Bedeutungswandel im öffentlichen Sprachgebrauch. In: Karin Böke/Matthias Jung/Martin Wengeler (Hg.): Öffentlicher Sprachgebrauch. Praktische, theoretische und historische Perspektiven. Georg Stötzel zum 60. Geburtstag gewidmet. Opladen, 347–358.

Busse, Dietrich (2007): Diskurslinguistik als Kontextualisierung – Sprachwissenschaftliche Überlegungen zur Analyse gesellschaftlichen Wissens. In: Warnke, 81–105.

Coelln, Christian von (2005): Zur Medienöffentlichkeit der Dritten Gewalt. Rechtliche Aspekte des Zugangs der Medien zur Rechtsprechung im Verfassungsstaat des Grundgesetzes. Tübingen (Jus publicum 138).

Danziger, Christine (2009): Die Medialisierung des Strafprozesses. Eine Untersuchung zum Verhältnis von Medien und Strafprozess. Berlin (Berliner Juristische Universitätsschriften, Strafrecht 37).

Dreesen, Philipp/Łukasz Kumięga/Constanze Spieß (Hg.) (2012): Mediendiskursanalyse. Diskurse – Dispositive – Medien – Macht. Wiesbaden.

Eisenegger Mark/Joël Orizet/Mario Schranz (2015): #Journalismus 2.0 – Ein Beitrag zur Qualitätssteigerung? In: Imhof u. a., 233–258.

Fechner, Frank (2012): Forensische Medienbeeinflussung und mediale Verfahrenslenkung – Zur Rolle der Medien bei der Rechtsfindung. In: Frank Fechner (Hg.): Zeugenbeeinflussung durch Medien. Philosophische, psychologische und juristische Gedanken zu einem Aspekt der „Litigation-PR". Ilmenau, 11–57 (Medienrechtliche Schriften 9).

Felder, Ekkehard (2003): Juristische Textarbeit im Spiegel der Öffentlichkeit. Berlin/New York (Studia Linguistica Germanica 70).

Felder, Ekkehard (2006): Semantische Kämpfe. Macht und Sprache in den Wissenschaften. Berlin/New York (Linguistik – Impulse & Tendenzen 19).

Felder, Ekkehard (2009): Sprache – das Tor zur Welt!? Perspektiven und Tendenzen in sprachlichen Äußerungen. In: Ekkehard Felder (Hg.): Sprache. Im Auftrag der Universitätsgesellschaft Heidelberg. Berlin, 13–57 (Heidelberger Jahrbücher 53).
Felder, Ekkehard (2012): Pragma-semiotische Textarbeit und der hermeneutische Nutzen von Korpusanalysen für die linguistische Mediendiskursanalyse. In: Ekkehard Felder/ Marcus Müller/Friedemann Vogel (Hg.): Korpuspragmatik. Thematische Korpora als Basis diskurslinguistischer Analysen. Berlin/Boston, 115–174 (Linguistik – Impulse & Tendenzen 44).
Felder, Ekkehard (2013): Linguistische Diskursanalyse im Forschungsnetzwerk „Sprache und Wissen“. In: Willy Viehöver/Reiner Keller/Werner Schneider (Hg.): Diskurs – Sprache – Wissen. Wiesbaden, 167–197.
Fögen, Marie Theres (1974): Der Kampf um Gerichtsöffentlichkeit. Berlin.
Fraas, Claudia/Michael Klemm (Hg.) (2005): Mediendiskurse. Bestandsaufnahme und Perspektiven. Frankfurt a. M. u. a.
Fraas, Claudia/Michael Klemm (2005a): Diskurse – Medien – Mediendiskurse. Begriffserklärungen und Ausgangsfragen. In: Fraas/Klemm (Hg.), 1–8.
Gardt, Andreas (2007): Diskursanalyse. Aktueller theoretischer Ort und methodologische Möglichkeiten. In: Warnke, 27–52.
Habermas, Jürgen (2006): Strukturwandel der Öffentlichkeit. Untersuchungen zu einer Kategorie der bürgerlichen Gesellschaft. Mit einem Vorwort zur Neuauflage 1990. Frankfurt a. M. (Suhrkamp-Taschenbuch Wissenschaft 891).
Holly, Werner/Ulrich Püschel (2007): Medienlingustik. Medialität von Sprache und Sprache in Medien. In: Sandra Reimann/Katja Kessel (Hg.): Wissenschaften im Kontakt. Kooperationsfelder der Deutschen Sprachwissenschaft. Tübingen, 147–162.
Imhof, Kurt u. a. (Hg.) (2013): Stratifizierte und segmentierte Öffentlichkeit. Wiesbaden (Mediensymposium).
Imhof, Kurt u. a. (Hg.) (2015): Demokratisierung durch Social Media. Wiesbaden (Mediensymposium 2012).
Imhof, Kurt (2015): Demokratisierung durch Social Media? In: Imhof u. a., 15–26.
Jacob, Katharina (2011): Diskurs um Verantwortung. Ethische Dimensionen wirtschaftlichen Handelns. Eine linguistische Mediendiskursanalyse. Frankfurt a. M. u. a. (Europäische Hochschulschriften, Linguistik 373).
Jeand'Heur, Bernd (1998): Die neuere Fachsprache der juristischen Wissenschaft seit der Mitte des 19. Jahrhunderts unter besonderer Berücksichtigung von Verfassungsrecht und Rechtsmethodik. In: Lothar Hoffmann/Hartwig Kalverkämper/Herbert Ernst Wiegand (Hg.): Fachsprachen. Ein internationales Handbuch zur Fachsprachenforschung und Terminologiewissenschaft. 1. Halbband. Berlin/New York (Handbücher zur Sprach- und Kommunikationswissenschaft 14).
Keller, Reiner (2009): Müll – Die gesellschaftliche Konstruktion des Wertvollen. Die öffentliche Diskussion über Abfall in Deutschland und Frankreich. 2. Aufl. Wiesbaden.
Köller, Wilhelm (2004): Perspektivität und Sprache. Zur Struktur von Objektivierungsformen in Bildern, im Denken und in der Sprache. Berlin/New York.
Konerding, Klaus-Peter (2005): Diskurse, Themen und soziale Topik. In: Fraas/Klemm, 9–38.
Luhmann, Niklas (2009): Die Realität der Massenmedien. 4. Aufl. Wiesbaden.
Luth, Janine (2015): Semantische Kämpfe im Recht. Eine rechtslinguistische Analyse zu Konflikten zwischen dem EGMR und nationalen Gerichten. Heidelberg (Schriften des Europäischen Zentrums für Sprachwissenschaften 1).
Mattfeldt, Anna (2014): Helfen oder töten? Die Mediendebatte um die Sterbehilfe. Eine diskurslinguistische Kausalitätsanalyse. Frankfurt a. M. u. a. (Europäische Hochschulschriften, Deutsche Sprache und Literatur 2041).

Merten, Klaus/Siegfried J. Schmidt/Siegfried Weischenberg (Hg.) (1994): Die Wirklichkeit der Medien. Eine Einführung in die Kommunikationswissenschaft. Opladen.
Meyer, Myrna (2014): Der Gerichtsprozess in der medialen Berichterstattung. Die Macht der mediengeprägten öffentlichen Meinung und die Rolle der Prozessbeteiligten in der heutigen Mediengesellschaft. Baden-Baden (Materialien zur rechtswissenschaftlichen Medien- und Informationsforschung 70).
Müller, Marcus (2007): Geschichte, Kunst, Nation. Die sprachliche Konstituierung einer „deutschen" Kunstgeschichte aus diskursanalytischer Sicht. Berlin/New York (Studia linguistica Germanica 90).
Polenz, Peter von (2008): Deutsche Satzsemantik. Grundbegriffe des Zwischen-den Zeilen-Lesens. 3. Aufl. Berlin/New York (DeGruyter Studienbuch).
Pöttker, Horst (2008): Öffentlichkeit als Seismograph? Über Bedingungen der Enthüllungsfunktion von Medien am Beispiel der Dreyfus-Affäre. In: Heinz Bonfadelli u. a. (Hg.): Seismographische Funktion von Öffentlichkeit im Wandel. Wiesbaden, 57–79 (Mediensymposium 10).
Pundt, Christian (2008): Medien und Diskurs. Zur Skandalisierung von Privatheit in der Geschichte des Fernsehens. Bielefeld.
Reisigl, Martin/Alexander Ziem (2014): Diskursforschung in der Linguistik. In: Johannes Angermuller u. a. (Hg.): Diskursforschung. Ein interdisziplinäres Handbuch, Band 1. Theorien, Methodologien und Kontroversen. Bielefeld, 70–110 (DiskursNetz 1).
Spieß, Constanze (2012): Das Dispositiv als Erweiterungspostulat linguistischer Diskursanalyse – ein Vorschlag zur Analyse öffentlich-politischer Mediendiskurse. In: Dreesen/Kumięga/Spieß, 77–111.
Vismann, Cornelia (2000): Akten. Medientechnik und Recht. Frankfurt a. M. (Fischer-Taschenbücher, 14927, Forum Wissenschaft, Kultur & Medien).
Vismann, Cornelia (2011): Medien der Rechtsprechung. Frankfurt a. M.
Vismann, Cornelia (2012): Das Recht und seine Mittel. Frankfurt a. M.
Vogel, Friedemann (2009): Aufstand – Revolte – Widerstand. Linguistische Mediendiskursanalyse der Ereignisse in den Pariser Vorstädten. Frankfurt a. M. u. a. (Europäische Hochschulschriften, Linguistik 343).
Vogel, Friedemann (2012): Linguistik rechtlicher Normgenese. Theorie der Rechtsnormdiskursivität am Beispiel der Online-Durchsuchung. Berlin/New York (Sprache und Wissen 9).
Warnke, Ingo H. (Hg.) (2007): Diskurslinguistik nach Foucault. Theorie und Gegenstände. Berlin/New York (Linguistik – Impulse & Tendenzen 25).

Internetquelle

Homepage des Bundesjustizministeriums der Justiz und für Verbraucherschutz (BMJV): http://www.bmjv.de/DE/Startseite/Startseite_node.html [Zugriff zuletzt am 13.01.2016]

Karin Luttermann

24. Multilingualität im europäischen Rechtsdiskurs

Abstract: Die Sprachenvielfalt ist ein charakteristisches Merkmal der Europäischen Union. Die Sprachenverordnung stellt die Amts- und Arbeitssprachen der Mitgliedstaaten jeweils gleich: Nach dem mehrsprachigen Grundprinzip kommunizieren die EU-Organe derzeit intern und mit den Unionsbürgern in 24 EU-Sprachen. Die Praxis dagegen hält mit dem Anwachsen der Sprachen unter Beibehaltung ihrer Gleichrangigkeit nicht mehr Schritt und handelt aus Gründen der Effizienz zunehmend monolingual. Der Europäische Gerichtshof ist der Dreh- und Angelpunkt für die Multilingualität im europäischen Rechtsdiskurs, indem er verbindliche Kriterien für verständliche Kommunikation und einheitliche Rechtssemantik formuliert. Ermittelte Divergenzen müssen durch Sprachen- und Rechtsvergleich einheitlich gelöst werden. Aber auch das Gericht verwendet nur eine Verfahrenssprache und nur eine Arbeitssprache (Französisch). Letzteres ohne jede Rechtsgrundlage. In den letzten Jahren wurden Sprachenmodelle entwickelt, die unterschiedlich ansetzen, um das EU-Sprachenregime zu reformieren.

1 Einleitung

Das Menschlichste, was wir haben, ist doch die Sprache.
(Theodor Fontane, Unwiederbringlich)

Ein buntes Sprachenmosaik ist ein charakteristisches Merkmal Europas und der Europäischen Union. In Europa veranschlagt man rund 60 autochthone und allochthone Sprachen und noch ungefähr 140 weitere Sprachen. Die indoeuropäischen Sprachen bilden die größte Gruppe der Sprachen Europas. Sie versammeln sowohl die meisten Einzelsprachen als auch die meisten Sprecher. Darunter befinden sich das Deutsche und Niederländische als Vertreter der germanischen Subkategorie und das Französische und Spanische als romanische Sprachen. Daneben gibt es noch andere Sprach-

DOI 10.1515/9783110296198-024

familien: etwa die finno-ugrischen Sprachen Estnisch und Ungarisch, die zu den uralischen Sprachen gehören, die Gruppe der balto-slavischen Sprachen mit Lettisch, Litauisch und Polnisch oder das Maltesische, das die einzige semitische Sprache in Europa ist. Allerdings verfügen nicht alle Sprachen über denselben Status. Den Amtssprachenstatus der Europäischen Union haben gegenwärtig 24 Sprachen (Ziffer 2.2).

Durch das Aufrechterhalten der sprachlichen Vielfalt kommt die Europäische Union grundsätzlich de jure ihrem Motto „In Vielfalt geeint" nach. Sie bekennt sich vordergründig zur Pluralität der Sprachen in den europäischen Einrichtungen (Ziffer 2). Die kommunikative Wirklichkeit unterscheidet sich allerdings von dem vielbeschworenen Plurilingualismus. Tatsächlich gehen die EU-Organe und Institutionen eigene Wege und reduzieren die Sprachen drastisch (Ziffern 3 und 4). Das Markenamt in Alicante etwa erlaubt Anmeldungen nur in Deutsch, Englisch, Französisch, Italienisch und Spanisch. In dem neu geschaffenen Amt des Hohen Vertreters der Union für Außen- und Sicherheitspolitik sind Englisch und Französisch allein Arbeitssprachen. In bestimmten EU-Organen wird die Anzahl der Sprachen aus praktischen Gründen sogar auf eine einzige verringert. Die europäischen Grundlagentexte (Primär- und Sekundärrecht) geben jedoch anderes vor.

Eine Reform des EU-Sprachenregimes ist überfällig für Effizienz und Übersetzungsqualität. In den letzten Jahren wurden Sprachenmodelle entwickelt, die unterschiedliche Antworten auf die Sprachenfrage geben (Ziffer 5). Die Spannweite reicht von einzelsprachlichen Ansätzen auf der Basis künstlicher und natürlicher Sprachen über rein praktische und soziolinguistische Erwägungen bis hin zu regionalen oder rechtslinguistischen Überlegungen. Mit der Rechtslinguistik ist zugleich eine Kernaussage dieses Handbuchartikels angesprochen, wonach die Aspekte Rechtssicherheit und Verständlichkeit für sprachliche Reformvorhaben mit zu bedenken sind.

2 Sprachenvielfalt in der europäischen Rechtskommunikation

2.1 Zum Forschungsstand

Es gibt inzwischen eine Fülle an Literatur zur Sprachenvielfalt in der Europäischen Union (vgl. hierzu auch Schübel-Pfister in diesem Band). Intensiv behandelt werden aus rechtslinguistischer Perspektive vor allem die Themen Sprachengebrauch in den europäischen Organen, Minderheiten- und Regionalsprachen, Sprachenmodelle, Übersetzung, Sprachenvergleich sowie individuelle Mehrsprachigkeit und Bildung. Zwischen den Themen eine klare Grenzlinie zu ziehen, ist nicht immer einfach, weil sie – wenn auch mit unterschiedlicher Schwerpunktsetzung – im Kern die europäische Sprachenpolitik behandeln. Monographien zu einem dieser Themen sind eher selten. Es überwiegen interdisziplinäre Sammelbände, die mehrere Themen abdecken und insbesondere den Globalisierungsprozess als Herausforderung sehen und mit der Sprachenfrage Zukunftsperspektiven verbinden (Ahrens 2003). Aus der dazu existierenden breiten Forschungsliteratur werden für die Zwecke dieses Beitrags drei Schwerpunkte herausgegriffen.

Eine Dimension der Multilingualität im europäischen Rechtsdiskurs bilden Arbeiten zur Stellung der großen europäischen Sprachen, namentlich der deutschen Sprache (Lohse/Arnold/Greule 2004). Durch den zunehmenden Gebrauch des Englischen werden die anderen Sprachen verdrängt und verlieren an Funktion und Bedeutung. Um diesem Prozess kraftvoll entgegenzuwirken, wird zuweilen eine Charta für die europäischen Hochsprachen gefordert (Stickel 2008). In den deutschen Rechtswissenschaften dominiert zwar die deutsche Sprache. Allerdings gewinnen auch im nationalen Kontext Bestrebungen an Gewicht, Englisch neben Deutsch als Gerichtssprache in bestimmten Wirtschaftsverfahren zuzulassen. Eine zweite Dimension umfasst Arbeiten, die für eine sprachliche Neuordnung nicht auf die Praxis der EU-Organe abstellt, sondern Meinungen über das EU-Sprachenregime erfragt. Jörg Witt rückt die Unionsbürger in den Mittelpunkt und stellt 760 Bürgern aus 15 Mitgliedsländern die Frage, wohin die Sprachen Europas steuern. Er ermittelt, dass die Befragten für die Rechtskommunikation solche Sprachen präferieren, die Amtssprache ihres Landes sind und die sie als Fremdsprache auch beherrschen. Auf der Grundlage der empirischen Befunde plädiert er für eine Unterscheidung der Arbeitssprachen auf Politiker- und Beamtenebene. Da die Arbeitssprachen für die Textproduktion und Textrezeption immens wichtig sind, verspricht Witt (2010, 247) sich von dem Vorschlag eine „höhere Qualität der Dokumente", eine „bessere Eignung zur Nutzung" und den „immense(n) Vorteil, daß trotz einer sinnvollen und notwendigen Änderung keine Sprache endgültig ausgeschlossen wird."

Eine weitere Dimension behandeln Arbeiten zu den Voraussetzungen von Sprachenvielfalt im europäischen Recht. Im Fokus stehen sprachenpolitische Maßnahmen zur Förderung von Mehrsprachigkeit und Kulturkontakt (Kruse 2012). Die EU-Rechtsordnung ist multilingual aufgebaut. Welche Sprachenpolitik die Union für ihre Bürger verfolgt, beschreibt Sandra Nißl. Sie zeichnet die Implementierung der Mehrsprachigkeitspolitik zur Verwirklichung der Lissabon-Strategie in einschlägigen Verträgen nach, und zwar insbesondere unter Berücksichtigung der Aufgabe der Europäischen Kommission, Gesetze zu initiieren, der Rolle der Minderheitensprachen und der Programmziele für Lebenslanges Lernen. Nißl (2011, 292) kommt zu dem Ergebnis, dass eine Aufwertung anderer Sprachen durch eine entsprechende Politik vorgenommen und das Sprachengefüge durch eine adäquate Mitarbeiterschulung verändert werden könne.

Im Bereich des angeglichenen Rechts ist die Rechtsverständlichkeit vergleichend zwischen den Mitgliedstaaten nicht ernsthaft empirisch untersucht. Die Forschung behandelt bislang kaum Fragen, wie Unionsbürger multilinguale Rechtstexte verstehen und wie die Texte für Adressaten verständlicher gemacht werden können. Da aber alle Rechtsakte in allen Amtssprachen gleichermaßen verbindlich sind, muss sichergestellt sein, dass in allen Sprachen derselbe Inhalt zum Ausdruck gebracht wird. Erst wenn alle Sprachfassungen in den Mitgliedsländern die gleiche Rechtswirkung entfalten, kann es „europäische Verständlichkeit" geben (Luttermann 2002, 110). Multilingualität im europäischen Rechtswesen ist für die Angewandte (Rechts-) Linguistik ein Konzept für die Zukunft und kann für die europäische Integration einen wichtigen Beitrag leisten.

2.2 Historische Entwicklung

Den europäischen Rechtsdiskurs konstituieren aktuell 24 EU-Sprachen. Die europäische Rechtsordnung ist versprachlicht in: Bulgarisch, Dänisch, Deutsch, Englisch, Estnisch, Finnisch, Französisch, Griechisch, Irisch, Italienisch, Kroatisch, Lettisch, Litauisch, Maltesisch, Niederländisch, Polnisch, Portugiesisch, Rumänisch, Schwedisch, Slowakisch, Slowenisch, Spanisch, Tschechisch und Ungarisch. Die Europäische Union will die Sprachen ihrer Mitgliedstaaten gleich behandeln und hat schon 1958 in der Verordnung Nr. 1 zur Regelung der Sprachenfrage für die Europäische Wirtschaftsgemeinschaft in Artikel 1 Deutsch, Französisch, Italienisch und Niederländisch als die Amts- und Arbeitssprachen ihrer Organe festgelegt. Darauf einigten sich die sechs Gründerländer der Montanunion (Belgien, Deutschland, Frankreich, Italien, Luxemburg, Niederlande) durch Vermittlung eines Interimsausschusses (Luttermann 2007, 52–56). Die Verordnung ist die erste Verordnung der Europäischen Gemeinschaft im Sekundärrecht überhaupt und wird in den Erweiterungsrunden nur in der Sprachenanzahl angepasst. Im Grundsatz, vom Gedanken der Gleichbehandlung und Gleichstellung der Amtssprachen der einzelnen Mitgliedsländer, ist sie bis heute unangetastet.

Die Sprachenfrage birgt schon mit Gründung der Europäischen Gemeinschaft für Kohle und Stahl großes Konfliktpotential. Namentlich Deutschland und Frankreich streiten um die sprachliche Vormachtstellung in der Europäischen Union. Da die Gründerstaaten sich nicht auf vier authentische Sprachen einigen können, wird Französisch die alleinige Vertragssprache des 1952 in Kraft getretenen Pariser Vertrages (Artikel 100 EGKSV). Die Einigung auf ein egalitäres Prinzip erfolgt fünf Jahre später. Am 25. März 1957 unterzeichnen die sechs Länder der Europäischen Gemeinschaft für Kohle und Stahl die Verträge zur Gründung der Europäischen Wirtschaftsgemeinschaft und der Europäischen Atomgemeinschaft. Die Vertragssprachen sind Deutsch, Französisch, Italienisch und Niederländisch. Im Gegensatz zum Pariser Vertrag stellen die Römischen Verträge mit Artikel 358 AEUV (ex-Artikel 314 EGV) die Sprachen auf eine Ebene. Alle Folgeverträge halten an dem egalitären Prinzip fest, so dass die Amtssprachen der beitretenden Länder zugleich immer auch EU-Sprachen werden.

Aus der Gründergemeinschaft entsteht durch eine Serie von Erweiterungen die Europäische Union. Mit der Norderweiterung im Jahre 1995 wächst die Union auf 15 Mitgliedstaaten und elf Amtssprachen (Dänisch, Englisch, Griechisch, Portugiesisch, Spanisch, Finnisch, Schwedisch). Neun Jahre später treten auf einen Schlag zehn Mitgliedsländer bei. Die Union erhält neun neue Amtssprachen (Estnisch, Lettisch, Litauisch, Maltesisch, Polnisch, Slowakisch, Slowenisch, Tschechisch, Ungarisch). Die 20 EU-Sprachen werden 2007 erneut um drei Sprachen (Bulgarisch, Irisch, Rumänisch) und 2013 um eine Sprache (Kroatisch) erweitert. Die Europäische Union vereint jetzt 28 Staaten und mehr als 500 Millionen Menschen. Den Sprachenpool bilden nun drei Alphabete (Lateinisch, Griechisch, Kyrillisch) und 24 Amtssprachen, die 552 mögliche Sprachenpaare für die Übersetzung ergeben. Das schrittweise Anwachsen der EU-Sprachen unter Beibehaltung der multiplen sprachlichen Gleichrangigkeit ist einerseits weltweit einzigartig und im Ausmaß beachtlich. Andererseits verlangt der Plurilingualismus der Rechtskommunikation in Europa auch viel ab, will man, dass die Texte rechtssicher und verständlich sind und die Unionsbürger erreichen.

2.3 Vier Spracharten

Dieselben EU-Sprachen werden je nach Handlungskontext und Funktion bezeichnet als Amtssprachen, Vertragssprachen, Verfahrenssprachen und Arbeitssprachen. Der Kontext der *Amtssprachen* ist das Sekundärrecht, d. h. die Verordnung Nr. 1 zur Regelung der Sprachenfrage für die Europäische Wirtschaftsgemeinschaft (Artikel 342 AEUV, ex-Artikel 290 EGV). Die Amtssprachen dienen den EU-Organen für die externe Kommunikation. In ihnen werden Verordnungen und andere Schriftstücke von allgemeiner Geltung formuliert und im EU-Amtsblatt publiziert (Artikel 4 und 5 VerO Nr. 1/58). Die Veröffentlichungen des Gerichts erscheinen ebenfalls in den in der Ratsverordnung genannten Sprachen (Artikel 7 VerO Nr. 1/58 und Artikel 40 EuGH VerfO). In den *Vertragssprachen* sind die Verträge der Europäischen Union abgefasst. Zu den primärrechtlichen Quellen gehören die Verträge von Rom (1957), Maastricht (1992), Amsterdam (1997), Nizza (2001) und Lissabon (2009). Da die Vertragstexte verbindliche Rechtskraft haben, muss gewährleistet sein, dass jeweils ein einziger mehrsprachiger Vertrag präzise in allen Sprachen inhaltlich übereinstimmt und Rechtssicherheit bietet. Dabei muss man sich aber bewusst sein, dass „zwischen den verschiedenen Vertragssprachen mitunter weitreichende Unterschiede bestehen" (Vedder/Heintschel von Heinegg 2012, 240, Artikel 55 EUV, Rnr. 5), was auch semantische Bedeutungsverschiedenheiten meint (Ziffer 4.2).

Der Europäische Gerichtshof ist dafür zuständig, mit Textdivergenzen umzugehen und mehrsprachige Rechtstexte auszulegen. Ein Verfahren vor dem Gerichtshof wird in einer Verfahrenssprache geführt. Das Urteil ist allein in dieser Verfahrenssprache gültig. Es ist in alle anderen EU-Sprachen zu übersetzen. Die Übersetzungen sind allerdings kein Original, d. h. sie sind nicht wie eine Verfahrenssprache verbindlich. Dadurch und durch die Tatsache, dass die Sprachenregelung weder im Primärrecht noch in der Sprachenverordnung von 1958, sondern gesondert in der EuGH-Verfahrensordnung behandelt wird, unterscheidet sich der Europäische Gerichtshof von den anderen EU-Organen erheblich. Der Begriff *Arbeitssprache* erstreckt sich nicht nur auf den Sprachengebrauch innerhalb eines EU-Organs, sondern auch auf die Kommunikation der verschiedenen EU-Organe und Abteilungen miteinander, wenn sie zum Beispiel über Gesetzesvorhaben diskutieren oder beraten. In der Europäischen Union ist jede Arbeitssprache zugleich Amtssprache (Artikel 1 VerO Nr. 1/58). Umgekehrt gilt das aber in der Sprachwirklichkeit nicht.

3 Diskurswirklichkeiten in EU-Organen und Institutionen

3.1 Sprachenpraxis

Die Europäische Union bekennt sich in den Grundlagentexten und sprachenpolitischen Dokumenten zur Multilingualität im Recht. Auf einem anderen Blatt stehen die Auswirkungen auf den tatsächlichen Sprachengebrauch einzelner EU-Organe. Als nachteilig gelten vor allem Sprachdivergenzen in Rechtsakten (Ziffer 4.2). Hinzu kommt, dass vielfach bestimmte Übersetzungen nicht rechtzeitig oder gar nicht vorliegen. Dem egalitären Prinzip „gebricht es an einer entsprechenden rechtlichen, ökonomischen, politischen und gesellschaftlich-kulturellen Umsetzung“ (Ehlich 1999, 322). Die Gleichberechtigung aller offiziellen und aller Arbeitssprachen werde selten oder nie zur Debatte gestellt. Aber in der Praxis sei eine Beschränkung der Zahl der Arbeitssprachen – sogar auf eine einzige – die selbstverständlichste Sache der Welt (van Els 2006, 18). Im Alltag der europäischen Organe geht Effizienz einher mit einer Abkehr von der Vielsprachigkeit zugunsten pragmatischer Herangehensweisen im Sprachengebrauch, „da die theoretische Gleichrangigkeit in der Praxis nicht durchhaltbar ist“ (Weber 2009, 56). Oder die Sprachenreduktion auch politisch-ideologisch gewollt ist, insofern man die Dominanz einer Sprache bzw. weniger Sprachen bewusst hinnimmt.

Die EU-Organe können in ihren Geschäftsordnungen über die Ausgestaltung der Sprachenfrage selbst entscheiden und Sprachen reduzieren (Artikel 6 VerO Nr. 1/58). Davon machen sie aber so gut wie keinen Gebrauch. Stattdessen erkennen sie vordergründig alle 24 Amts- und Arbeitssprachen an. In Wirklichkeit setzen sie sich einfach ohne Rechtsgrundlage darüber hinweg und gestalten tägliche Arbeitsprozesse weniger vielsprachig aus. Das Europäische Parlament, das zusammen mit dem Ministerrat Legislativbefugnis hat, hält sich als Repräsentant der europäischen Bevölkerung noch am engsten an die Vorgaben sprachlicher Gleichberechtigung und präsentiert sich als „Meister der Mehrsprachigkeit" (europarl.europa.eu; abgerufen am 30.12.2013). Theoretisch ist dem auch so. Faktisch jedoch ist das Vollsprachenregime aufgrund von Zeitmangel nicht immer einzulösen und werden zunehmend Dokumente nur noch auf Nachfrage der Abgeordneten in bestimmte Sprachen übersetzt. In nicht-offiziellen Sitzungen sind vor allem Englisch und Französisch in Gebrauch.

Auch die Geschäftsordnung der Europäische Kommission schreibt vor, dass ihre Beschlüsse in den verbindlichen Sprachen zu veröffentlichen sind (Artikel 18 GO EK). Vorschläge für neue EU-Rechtstexte sind in allen Amts- und Arbeitssprachen zu formulieren. Als interne Arbeitssprachen haben sich seit 2001 Deutsch, Englisch und Französisch herausgebildet, wobei Englisch eine Vorherrschaft einnimmt. Englisch ist heute mit mehr als 80 Prozent die am meisten gebrauchte Arbeitssprache. In Französisch werden lediglich sieben Prozent und in Deutsch zwei Prozent der Texte erarbeitet (Luttermann 2013, 112–113). Diese Sprachenpraxis ist problematisch, weil die EU-Kommission europäisches Recht schmiedet. Sie hat das alleinige Gesetzesinitiativrecht und ihre Beamten wirken in den Arbeitsgruppen des Ministerrats mit, der ebenfalls bevorzugt in den drei Sprachen kommuniziert. Die Dominanz des Englischen ist insgesamt durch die Praxis belegt, aber keineswegs in einem Vertragswerk offiziell festgeschrieben.

3.2 Gleichheit und Verständlichkeit

Die Europäische Union ist nicht nur eine Wirtschafts-, sondern auch eine Wertegemeinschaft. Zu ihren Grundwerten gehören Demokratie und Gleichheit (Artikel 2 EUV). Für die Mitgliedstaaten bedeutet der Gleichheitsgrundsatz, dass alle Staaten auf einer Stufe stehen und keiner vor dem anderen rangiert. Diskriminierungen wegen der Sprache sind verboten (Artikel 21 EGRC). Der Europäische Gerichtshof hat in dem Fall *Bickel und Franz* zur sprachlichen Gleichstellung von Unionsbürgern Maßstäbe gesetzt und Deutsch vor einem italienischen Gericht in Bozen als Verfahrenssprache in Strafsachen zugelassen (EuGH, Urteil vom 24.11.1998, Rs. C-274/96). Darüber hinaus hat das Gericht nun entschieden, dass alle Unionsbürger – nicht nur deutschsprachige Italiener – auch Zivilklagen in Südtirol auf Deutsch einreichen dürfen (EuGH, Urteil vom 27.03.2014, Rs. C-322/13). Die Urteile stellen zugleich klar, dass alle Bürger vor dem Gesetz gleich sind. Die Gleichheit vor dem Gesetz,

> eine der elementaren Grundanliegen jeder Gerechtigkeitsordnung, baut darauf, dass die sprachliche Anordnung von allen Adressaten in gleichem Inhalt verstanden werden kann. (Kirchhof 2002, 205)

Die Bedingungen der Produktion und Rezeption müssen mithin so beschaffen sein, dass unabhängig von der nationalen Herkunft Bürger den Rechtstexten entnehmen können, welche Rechte und welche Pflichten die europäische Rechtsordnung ihnen einräumt und auferlegt. Das mehrsprachige Recht muss in allen EU-Sprachen genau das Gleiche aussagen (Ziffer 2.1). Schließlich muss die Gleichheit der Mitglieder (Bürger und Staaten) vor den Gesetzen der Europäischen Union gewährleistet sein. Es muss Rechtssicherheit bestehen. Gegenwärtig ist die sprachliche Sicherheit nur eine Illusion:

> Eine zweifelhafte oder falsche Version in auch nur einer einzigen Sprache ergibt nämlich Rechtsunsicherheit in allen Mitgliedstaaten, denn in jedem von diesen gilt jede Sprachversion. (Gallas 2007, 52; Ziffer 4)

Bislang können Unionsbürger nicht wie üblich im nationalen Recht auf die Sprachfassung in ihrer Muttersprache vertrauen, sondern müssen grundsätzlich alle Versionen abgleichen, um Sprachdivergenzen auszuschließen. Das dürfte kaum zu bewältigen sein. Benötigt werden also rechtssichere Vorgaben in verständlicher Sprache. Es liegt im Interesse der Bürger, dass „die Entscheidungen möglichst offen und möglichst bürgernah getroffen werden“ (Artikel 1 Absatz 2 EUV) und transparent sowie „für die Betroffenen vorhersehbar“ sind (EuGH, Urteil vom 27.09.2006, Rn. 42, Rs. T-43/02 – Jungbunzlauer AG; EuGH, Urteil vom 12.09.2007, Rn. 3, Rs. T-36/04 – Association de la presse internationale ASBL). Rechtsakte, die diesen Anforderungen nicht genügen, werden aufgehoben. Was wird getan, um den Forderungen nach Bestimmtheit und Offenheit, die in der Praxis nicht selten Probleme aufwerfen, bestmöglich nachzukommen?

3.3 Leitfaden zur Abfassung von Rechtstexten

Für die Verbesserung der redaktionellen Qualität von gemeinschaftlichen Rechtsvorschriften haben die Kommission, das Parlament und der Rat einen so genannten *Gemeinsamen Leitfaden* erarbeitet (ABl. Nr. C 73 vom 17.03.1999). Ihn ergänzt die interinstitutionelle Vereinbarung *Bessere Rechtsetzung* (ABl. Nr. C. 321 vom 31.12.2003), die sich um Einfachheit, Transparenz und Kohärenz bemüht. Der Leitfaden (2003, 7: econbiz.de; abgerufen am 30.12.2013) bindet die Juristischen Dienste der drei Organe zwar nicht, fordert die Textproduzenten aber nachhaltig dazu auf, „den europäischen Bürgern Rechtsakte vorzulegen, in denen die Ziele der europäischen Union und ihre Umsetzung klar zum Ausdruck kommen“. Der europäische Leitfaden ist im nationalen deutschen Recht in etwa vergleichbar mit dem Handbuch der Rechtsförmlichkeit, das Empfehlungen für eine verständliche Rechtssprache gibt und vom Bundesministerium der Justiz herausgegeben wird (BMJ 2008). Für die verschiedenen Arten von Rechtsakten ergeben sich unterschiedliche Formulierungsweisen. Dazu führt die zweite Leitlinie aus. So ist bei den verbindlichen Verordnungen darauf zu achten, dass ihre Adressaten eindeutig und detailliert die Rechte und Pflichten erkennen, wohingegen Richtlinien offener verfasst werden und den Mitgliedsländern bei der

Umsetzung einen ausreichenden Ermessensspielraum lassen sollen. Der Leitfaden setzt sprachwissenschaftliche Forschungen zur interkulturellen Kommunikation in Rechtstexten um, indem er etwa die Wahl von Modus, Verb- und Zeitform auf die Art des Rechtsaktes bezieht.

Im Verfügungsteil verbindlicher Akte sollen im Französischen die Verben im Indikativ Präsens stehen (*les membres introduisent*). Im Englischen wird für dasselbe Konzept die Konstruktion mit dem Hilfsverb *shall* und Infinitiv gebraucht (*the members shall introduce*). Denn die anglo-amerikanischen Ideale von individueller Freiheit und persönlicher Autonomie verlangen, dass zwischen der Forderung eines Sprechers (in diesem Fall den EU-Organen) und seinem Adressaten ein respektvoller Umgang besteht. Ein Sprecher kann seinem Willen zwar Ausdruck verleihen, dies hat jedoch in einer Art und Weise zu geschehen, die dem Adressaten einen persönlichen Freiraum zur Umsetzung lässt. *Shall* vermittelt den höflichen Freiraum, der Handlungsaufforderung nachzukommen. Da „Franzosen [erwarten], dass routinemäßige Instruktionen (...) viel direkter ausgedrückt werden, als dies im Englischen in der entsprechenden Situation angemessen wäre“ (Pörings/Schmitz 2003, 156), ist der französische Indikativ Präsens zu verwenden. Er lässt vergleichsweise weniger Freiraum, denn auf das Subjekt folgt direkt das Vollverb, d. h. die auszuführende Handlung. – Wie gestaltet nun das höchste EU-Gericht Multilingualität im europäischen Rechtsdiskurs?

4 Sprachenverwendung am Europäischen Gerichtshof

4.1 Bedeutungsfindung durch Rechtssprachenvergleich

Im politischen System der Europäischen Union nimmt der Europäische Gerichtshof die Rolle der Judikative ein, indem er über die europäischen Vorschriften wacht. Er kontrolliert, ob und inwieweit Exekutive und Legislative das Europarecht beachten. Dazu gehören vor allem die völkerrechtlichen Bestimmungen, das Primär- und Sekundärrecht. Die Unionsgerichtsbarkeit sichert „die Wahrung des Rechts bei der Auslegung und Anwendung der Verträge“ (Artikel 19 Absatz 1 Satz 2 EUV, ex-Artikel 220 EGV). Doch in welcher Sprache ist es zu wahren? Die Europäische Union verfügt über keine einheitliche Sprache namens Europäisch. Auch gibt es keine Gesetzesgrundlage dafür, wie mehrsprachige Texte auszulegen sind. Weiter hilft hier die EuGH-Rechtsprechung, die sich klar zu Auslegungsfragen äußert und verschiedene Auslegungstopoi (grammatisch, historisch, systematisch, teleologisch, vergleichend) gewichtet (vgl. dazu auch Schübel-Pfister in diesem Band).

Die grammatische Auslegung ist auf den Wortlaut gerichtet, wobei das Unionsrecht multilingual zu analysieren ist. Die historische Auslegung ist an dem Willen des Normgebers und der Entstehungsgeschichte orientiert, spielt aber aufgrund der Dynamik des Unionsrechts lediglich eine untergeordnete Rolle. Einen vergleichsweise größeren Einfluss haben die systematische Auslegung, die den Regelungskontext analysiert, und die teleologische Auslegung, die auf den Sinn und Zweck einer Norm abstellt. Die vergleichende Auslegung meint den Sprachen- und Rechtsvergleich (Kulturvergleich). Das mehrschrittige Interpretationsverfahren sieht vor, alle Sprachfassungen eines gemeinschaftsrechtlichen Textes miteinander zu vergleichen. Keinesfalls darf der Wortlaut einer Bestimmung für sich isoliert betrachtet werden. Ermittelte Sprachdivergenzen müssen rechtssprachenvergleichend aufgelöst und einer einheitlichen gemeinschaftsrechtlichen Lösung zugeführt werden. Im Fall „Codan" begründet der Europäische Gerichtshof das Erfordernis, die einzelnen Sprachfassungen in der mehrsprachigen Rechtskommunikation unter Berücksichtigung aller Amtssprachen einheitlich auszulegen (EuGH, Urteil vom 17.12.1998, Rn. 25–26, Rs. C-236/97 – Codan).

Das Abzielen auf Rechtseinheit bringt jedoch mit sich, dass „Rechtsbegriffe im Gemeinschaftsrecht und in den verschiedenen nationalen Rechten nicht unbedingt den gleichen Gehalt haben müssen" (EuGH, Urteil vom 06.10.1982, Rn. 19, Rs. 283/81 – C.I.L.F.I.T). Das Unionsrecht verwendet eine eigene Terminologie, die vom Bedeutungsgehalt national geprägter Begriffe in bestimmten Fällen abweicht. Dafür ist der „Fischfang"-Fall ein anschauliches Beispiel, den Sprachwissenschaftler schon detailliert analysiert haben (Luttermann 2011, 59–61). Eine funktional-semantische Sprachanalyse der Entscheidungsgründe ergibt, dass der Gerichtshof Wissenskonzepte in den EU-Sprachen neu miteinander vernetzt. In seiner Konzeption meint *fangen*, die Fische aufzuspüren und in den Fangnetzen so festzuhalten, dass sie sich nicht mehr ungehindert bewegen können und von ihrem natürlichen Lebensraum, dem Meer, abgeschnitten sind. Die Bedeutungsdetermination rückt vom englischen Verständnis *taken from the sea* ab. Darunter wird der Vorgang verstanden, die mit Fischen gefüllten Netze aus dem Wasser zu ziehen und an Bord des Schiffes zu heben. Damit wird das Prinzip der autonomen Auslegung von Rechtsakten manifest. Die europarechtlich geprägten Begriffe haben ihren eigenen, durch Rechtssprachenvergleich gefundenen Sinn.

Die Begriffsautonomie geht zuweilen sogar soweit, dass der Europäische Gerichtshof gegen den eigentlichen Wortlaut interpretiert:

> Die Beseitigung sprachlicher Unstimmigkeiten im Wege der Auslegung kann unter gewissen Umständen dem Ziel der Rechtssicherheit zuwiderlaufen, insofern nämlich als einer oder mehrere der betreffenden Texte dann vielleicht in einer Weise ausgelegt werden müssen, die zu der natürlichen und gewöhnlichen Bedeutung der Worte im Widerspruch steht. (Urteil, EuGH vom 03.03.1977, Rn. 1, Rs. 80/76 – North Kerry Milk)

Das Urteil räumt explizit Sprachdivergenzen („sprachliche Unstimmigkeiten") zwischen einzelnen Sprachfassungen ein. Es wird also billigend in Kauf genommen, dass die Texte teils nicht rechtssicher und verständlich sind. Divergenzen gefährden allerdings maßgeblich die Rechtssicherheit von Unionsbürgern und können ganz konkret zu wirtschaftlichen oder sozialpolitischen Konsequenzen führen, wenn dadurch etwa Beihilfen oder Subventionen gestattet oder eben nicht gestattet werden (Ziffer 4.2). Die Übersetzungen der Urteile, insbesondere durch den Umweg über die Arbeitssprache Französisch, erhöhen die Gefahr, dass Text- und Bedeutungsdivergenzen entstehen (Ziffer 4.3).

4.2 Sprachdivergenzen

Ein Beispiel für die rechtlichen Folgen von Sprachdivergenzen bei Kindergeldleistungen bildet der Fall Koschniske (EuGH, Urteil vom 12.07.1979, Rs. 9/79 – Koschniske). Die deutsche Staatsangehörige Marianne Koschniske klagte gegen den niederländischen Raad van Arbeid, weil dieser ihr kein Kindergeld für ihre drei minderjährigen Kinder bewilligte. Die Klägerin bezog eine Invalidenrente und lebte mit ihrem werktätigen Ehemann in Deutschland, der schon Kindergeld vom deutschen Staat erhielt. Jedoch war in der niederländischen Fassung der EWG-Verordnung zur Anwendung der Systeme zur sozialen Sicherheit bei Familien, die innerhalb der Gemeinschaft zu- und abwandern, nur die Rede von der Berufstätigkeit der Ehefrau (*diens echtgenote*), die Kindergeldzahlungen aus einem anderen Mitgliedsland ausschließt. In der deutschen Fassung war stattdessen mit *Ehegatte* ein Begriff gewählt worden, der beide Geschlechter umfasst. Der maskuline unmarkierte Term steht sowohl für den *Ehegatten* als auch für die *Ehegattin*. Diese Äquivalenz gilt ebenso in den anderen Versionen mit Dänisch *aegtefälle*, Englisch *spouse*, Französisch *conjoint* und Italienisch *coniuge*.

Um die Akkumulation von Sozialleistungen zu verhindern und die Gleichbehandlung der Geschlechter zu wahren, entschied der Europäische Gerichtshof allerdings dahingehend, dass der Begriff *diens echtgenote* im Rahmen der Verordnung auch auf den Ehemann zu beziehen ist, der eine Berufstätigkeit in einem anderen Mitgliedsland ausübt. Das Urteil hat die Zahlungseinstellung zur Folge. Die Interpretation entspricht jedoch nicht dem tatsächlichen niederländischen Sprachgebrauch, was gerichtsseitig selbst eingeräumt wird:

> Wenn man ausschließlich von der niederländischen Fassung dieser Vorschrift ausgeht, kann der Eindruck entstehen, daß sich der verwendete Begriff ausschließlich auf eine Person weiblichen Geschlechts bezieht. (EuGH, Urteil vom 12.07.1979, Rn. 5, Rs. 9/79 – Koschniske)

Der Europäische Gerichtshof generiert also die weibliche Form *echtgenote*, die Ehegattin, auch für die maskuline Form *echtgenoot*, den Ehegatten. Mit dem grammatischen System des Niederländischen ist diese Auslegung nicht zu vereinen. Nur das generische Maskulinum referiert auf beide Geschlechter (Luttermann 2011, 62).

Beispiele dieser Art zeigen, dass Unionsbürger nicht ausschließlich auf die in ihrer Muttersprache veröffentlichte Version vertrauen können, sondern sämtliche Fassungen berücksichtigen müssen. Die EuGH-Judikatur sieht „die Auseinandersetzung mit fremdsprachigen Fassungen als selbstverständliche Rechtspflicht der Unionsbürger" (Schübel-Pfister 2004, 511) und fordert diese Pflicht auch ein:

> Die Notwendigkeit einer einheitlichen Auslegung der Gemeinschaftsverordnungen [...] zwingt dazu, die Vorschrift unter Berücksichtigung ihrer Fassungen in den anderen Amtssprachen auszulegen. (EuGH, Urteil vom 12.07.1979, Rn. 6, Rs. 9/79 – Koschniske)

Ein problematischer Status Quo! Wie soll das gehen? Schübel-Pfister (2004, 511) führt weiter aus, dass nicht einmal die deutschen Gerichte systematisch Sprachvergleiche praktizieren. Vielmehr bilden in der Regel allein die englische und die französische Sprachfassung den Vergleichsmaßstab. Hinzu kommen weitere Einschränkungen im Sprachengebrauch.

4.3 Konzentration auf eine Verfahrenssprache und eine Arbeitssprache

Der Europäische Gerichtshof weist einige sprachliche Besonderheiten auf. Dazu gehört, dass nicht – wie sonst üblich (Ziffern 2.2 und 2.3) – die Sprachenverordnung von 1958 die Sprachenregelung fixiert, sondern die eigene Verfahrensordnung im achten Kapitel in den Artikeln 36 bis 42 (ABl. L 265 vom 29.9.2012, S. 1; vgl. Artikel 342 AEUV, ex-Artikel 290 EGV; http://eur-lex.europa.eu/LexUriServ/LexUriServ.do?uri=OJ:L:2012:265:0001:0042:DE:PDF; abgerufen am 30.12.2013). Danach wird ein Gerichtsverfahren grundsätzlich in einer einzigen Verfahrenssprache geführt. Dafür kommen zunächst einmal alle EU-Sprachen in Frage (Artikel 36 EuGH VerfO). Auf Antrag kann aber auch eine andere Sprache ganz oder zum Teil zugelassen werden (Artikel 37 Absatz 1 Nr. b EuGH VerfO). Zudem besteht für Zeugen oder Sachverständige die Möglichkeit, ihre Erklärungen ebenfalls in einer anderen Sprache abzugeben (Artikel 38 Absatz 7 EuGH VerfO). Das Gericht hat also die Möglichkeit, das Sprachentableau zu weiten, etwa um Regional- und Minderheitensprachen. Obwohl der Gerichtshof immer in einer Verfahrenssprache handelt, also monolingual, sieht er sich selbst als ein vielsprachiges Organ. Seine Sprachenregelung, so gibt er auf seiner Homepage kund, sei weltweit einmalig, da jede Amtssprache Verfahrenssprache sein könne (curia.europa.eu/jcms/jcms/Jo2_6999; abgerufen am 30.12.2013).

In Klageverfahren kann der Kläger grundsätzlich die Verfahrenssprache frei wählen (Artikel 37 Absatz 1 EuGH VerfO). Sie findet während der gesamten Verhandlung einer Streitigkeit Verwendung. Das Gericht kommuniziert darin schriftlich und mündlich mit den Verfahrensbeteiligten (Artikel 38 Absatz 1 EuGH VerfO). Alle öffentlichen Äußerungen, die Schlussanträge und das Gerichtsurteil werden in dieser Sprache verfasst. Das Urteil ist in alle Amtssprachen vollständig zu übersetzen und in den amtlichen Sammlungen in den 24 Sprachen zu veröffentlichen (Artikel 40 EuGH VerfO). Um dieses Übersetzungsprocedere leisten zu können, hat der Gerichtshof mit der Generaldirektion Übersetzung eine eigene Dienststelle eingerichtet (Ziffer 4.4).

Der Europäische Gerichtshof nimmt aufgrund seiner Arbeitsweise eine sprachliche Sonderrolle ein. Anders als bei den übrigen EU-Organen, die grundsätzlich mehr als eine Arbeitssprache nebeneinander benutzen (Ziffer 3.1), hat sich hier das Französische als alleinige interne Arbeitssprache durchgesetzt. In der Verfahrensordnung ist davon allerdings nicht die Rede. Vielmehr begründet der Gerichtshof sein Vorgehen auf der eigenen Homepage damit, dass er bei den Beratungen eine gemeinsame Sprache brauche, die traditionell das Französische sei (curia.europa.eu/jcms/jcms/Jo2_10739; abgerufen am 30.12.2013). Diese sprachliche Konzentration wiederum führt in der Gerichtspraxis zu einem hohen Übersetzungsaufkommen, weil alle verfahrensrelevanten Texte ins Französische übersetzt werden müssen, um eine interne Arbeitsgrundlage zu schaffen (Luttermann 2015, 237–239). Auch das Gerichtsurteil entsteht zunächst darin, bevor es letztendlich in die jeweilige Verfahrenssprache transferiert wird.

An der Arbeitssprachenpraxis ist besonders problematisch, dass allein die Urteilsversion in der Verfahrenssprache rechtsverbindlichen Charakter hat (Artikel 41 EuGH VerfO), obwohl es sich faktisch um eine Übersetzung aus dem Französischen handelt. Hinzu kommt die Fehleranfälligkeit von Übersetzungen, die hier eine fatale Dimension annehmen kann. Denn sofern die Verfahrenssprache nicht Französisch ist, kann bereits das verbindliche Urteil in der Verfahrenssprache fehlerhaft sein, was sich möglicherweise in weiteren Übersetzungen, bei der Übertragung des Urteils in die anderen Amtssprachen, fortsetzt. Dieser Umstand setzt zudem den Kläger unter Druck, Französisch als Verfahrenssprache zu wählen, um Fehler möglichst zu vermeiden. Andererseits wird die französische Übersetzungsabteilung regelrecht überflutet von all dem Material, das zu übersetzen ist, und arbeitet unter hohem Zeitdruck, um die Gerichtsurteile für die Adressaten in den verschiedenen Sprachen öffentlich zu machen. Dadurch können sich ebenfalls Sprachdivergenzen einschleichen.

Doch seit dem Jahre 2003 wird aufgrund von Sparmaßnahmen und zeitlichen Engpässen selektiert und nicht mehr jedes Urteil in alle Amtssprachen übersetzt. Es gibt Urteile, die nur noch in der jeweiligen Verfahrenssprache und auf Französisch erscheinen, „weil man sie als nicht so wichtig für die Jurisprudenz des Gerichtshofs erachtet“ (Levits 2007, 46), und die statt in allen 24 Sprachen in den amtlichen Sammlungen allein in der Verfahrenssprache und in der französischen Sprache im Internet einsehbar sind. Damit minimiert man zwar den Übersetzungsaufwand, spart Zeit und Geld, begibt sich zugleich aber in das Fahrwasser von Beliebigkeit, weil die Auswahlkriterien nicht transparent sind. Mit Artikel 40 EuGH VerfO ist das nicht zu vereinen. Insgesamt ist die Sprachwirklichkeit am Europäischen Gerichtshof fragwürdig angesichts der Widersprüche zur Sprachenregelung der Verfahrensordnung, die mit der Konzentration auf eine Verfahrenssprache und eine Arbeitssprache zu einer Bevorzugung von Französisch führt. Auch die Generalanwälte haben sich aus den genannten Gründen darauf verständigt, die Schlussanträge vorzugsweise in der Arbeitssprache und nicht in der Muttersprache zu verfassen, was wiederum der französischen Sprache nützt.

4.4 Übersetzungsleistungen

Am Europäischen Gerichtshof hat die Generaldirektion Übersetzung jährlich ein Übersetzungsvolumen von rund 1.000.000 Seiten und ist die größte Dienststelle des Organs. Im Jahr 2012 beschäftigte sie 924 Übersetzer, was 44,7 Prozent des Personals ausmacht (curia.europa.eu/jcms/jcms/P_80908; abgerufen am 30.12.2013). Die Generaldirektion muss alle Sprachkombinationen abdecken. Die Übersetzung ist für die Unionsgerichtsbarkeit ein Schlüsselbegriff und kommt im achten Kapitel der Verfahrensordnung des Gerichts gleich neunmal vor (Artikel 36–42 EuGH VerfO). Der italienische Sprachwissenschaftler und Literat Umberto Eco bezeichnet die Übersetzung als „die Sprache Europas" (Vortrag, Kongress der literarischen Übersetzung am 14.11.1993 in Arles; abgerufen am 30.12.2013), die Verständigung erst ermöglicht. Andererseits können die auftretenden Sprachdivergenzen nicht darüber hinwegtäuschen, dass Übersetzungsleistungen sich als Schwachpunkt in der Kommunikation erweisen und zu Missverständnissen führen können (Ziffer 4.3). „The devil is in the translation", warnt Henning Koch (2008, 46), und die Realität gibt ihm Recht.

Die Generalanwälte des Europäischen Gerichtshofs haben schon mehrfach divergierende Urteilsfassungen aufgedeckt und umformuliert. Zudem machte 1999 ein Reflexionspapier des Gerichtshofs auf die Überbelastung der Direktion Übersetzung aufmerksam. Er hielt es für erforderlich, auf die Krisensituation hinzuweisen, zu der die unzureichende Ausstattung des Übersetzungsdienstes geführt hatte. Die Situation drohte, seine Arbeit zu lähmen. Durch die Osterweiterung hat sich die Situation keineswegs gebessert. Im Gegenteil! Mit dem Eintritt neuer Mitgliedsländer geht ein überproportionaler Anstieg von neu zu kombinierenden Sprachen einher. Betrug bei elf Amtssprachen vor der Osterweiterung die Zahl noch 110 Sprachkombinationen, so sind es gegenwärtig bei 24 Amtssprachen 552 Sprachrichtungen (die falsche Angabe von 622 Richtungen auf der EuGH-Homepage wurde durch den Hinweis der Verfasserin an den Presse- und Informationsdienst korrigiert; Ziffer 2.2). Erschwerend kommt hinzu, dass in manchen Sprachen der beigetretenen Länder im interlingualen Verhältnis die entsprechende nationale Rechtssemantik mangelt, wie jetzt im Kroatischen, sodass beim Übersetzen der Rechtstexte teilweise Neologismen geschaffen werden. Daraus erwachsen vielfältige Vermittlungsanforderungen für den interkulturellen Dialog.

Ein grundlegendes Problem der Übersetzungstätigkeit am Gerichtshof liegt in der Vormachtstellung des Französischen als einzige interne Arbeitssprache. Ihr Gebrauch fördert die Orientierung an französischen Rechtskonzepten und Rechtstermini bei der Ausarbeitung der Urteile und unterdrückt, multilingual zu denken. Die Richter laufen Gefahr, die Rechtssprache anderer Rechtsordnungen zu negligieren und sprachliche Monokultur zu perpetuieren. Zudem ist oft aufgrund der Länge der entworfenen Urteile in der Beratersprache und des Zeitmangels nicht gewährleistet, dass die Rechts- und Sprachsachverständigen die Texte auf ihre Richtigkeit unter Beachtung früherer Urteile hinreichend kontrollieren und abgleichen. Ungereimtheiten in der französischen Erstfassung und Sprachdivergenzen in der jeweiligen Verfahrenssprache sind damit Tür und Tor geöffnet. Terminologiedatenbanken und automatische Übersetzungshilfen wie IATE und SYSTRAN können zwar das steigende Übersetzungsaufkommen bewältigen helfen, ihr Einsatz kann aber keine „Rechtsförmlichkeitskontrolle“ (Schübel-Pfister 2004, 475) ersetzen und schafft selbst weitere (eigenartige) Probleme.

5 Sprachenmodelle zur Reformierung des EU-Sprachenregimes

5.1 Ansätze

Die Abkehr vom Vielfaltsprinzip in den EU-Organen und Institutionen ermöglicht zum einen ein effizienteres Arbeiten, bedeutet andererseits, dass ein plurilinguistischer Sprachengebrauch innerhalb der Europäischen Union nicht gegeben ist. Dabei muss insgesamt bedacht werden, dass die Binnenkommunikation für das Recht ein hoher Machtfaktor ist. Die Organe, insbesondere die EU-Kommission, die das Gesetzesinitiativrecht hat, und der Europäische Gerichtshof, der für die einheitliche Anwendung des Europarechts zuständig ist, sind die Arenen der politischen Willensbildung und formen Recht. Die Diskurswirklichkeit stellt die Grundprinzipien der Union auf den Kopf und schafft ohne eine gesetzliche Grundlage einfach Fakten, um die Effizienz in der Interaktion der Organe weiter zu stärken (Ziffern 3.1 und 4.3). Die Kluft zwischen Anspruch und Wirklichkeit bedarf einer Lösung. Vor diesem Hintergrund stellt sich die Frage nach dem Wert und der Zukunft der Sprachenvielfalt. Antworten geben unterschiedliche kommunikative Ansätze (Ziffern 5.2 und 5.3).

Dabei kommt es vor, dass die Antworten in sich widersprüchlich sind. Sandra Nißl (2011, 114) zum Beispiel hält die Verwendung einer einzigen Sprache als Lingua franca für keine gerechte Lösung. Mehrsprachigkeit sei vielmehr eine Besonderheit der Union, die es zu wahren gelte. Im gleichen Atemzug stellt sie (2011, 114) dann jedoch die Frage, welche Sprache (im Singular!) diese Aufgabe übernehmen sollte.

Der Fixpunkt ist, das „Neben- und Miteinander der europäischen Sprachen richtig auszubalancieren“ (germanistenverband.de/aktiv/tutzing.html; abgerufen am 30.12.2013). Diesen Weg hat das Europäische Referenzsprachenmodell schon eingeschlagen, indem es den Dialog der Kulturen praktiziert (Ziffer 5.3). Dagegen stehen Lösungsansätze zum Sprachengebrauch in den EU-Organen unter Vernachlässigung der adressatenspezifischen Kommunikation mit den Unionsbürgern.

5.2 Einsprachige Modelle

Monolinguale Sprachenmodelle sind auf den ersten Blick die einfachste Lösung, die Idee der Einheit Europas zu dokumentieren. Sie zielen darauf, die Sprachenvielfalt ganz abzuschaffen und sich auf eine Sprache zu konzentrieren. Im Fokus der Argumentation stehen vor allem Latein, Esperanto und Englisch. Für die Bildungssprache Latein sprechen in erster Linie sprachhistorische und sprachkulturelle Gründe (Dalton 2013, 27). Argumentiert wird damit, dass Latein die Grundlage vieler europäischer Sprachen bilde, in der Wortbildung flexibel sei und die Lexik sich zu einer eigenständigen Rechts- und Verhandlungssprache weiterentwickeln könne. Im Jahr 1999 wurden unter finnischer Präsidentschaft wöchentlich Meldungen auf Latein herausgebracht, da Deutschland und Österreich Ratstreffen boykottierten. Ursache dafür war, dass Deutsch als Arbeitssprache auf den Ratssitzungen fehlte. Latein privilegiert keinen Sprecher, da es niemandes Muttersprache ist. Die Debatte über die Einführung der Plansprache Esperanto als neutrales und ideologiefreies Kommunikationsmittel in den EU-Organen wurde nach der großen Beitrittswelle im Jahr 2004 wiederbelebt. Sie gilt als die Sprache, die am ehesten eine friedfertige Kommunikation zwischen den europäischen Völkern ermöglicht und der allgemeinen Völkerverständigung dient (Nißl 2011, 121–124). Esperanto orientiert sich in Wortschatz, Morphologie und Syntax teils an bereits bestehende Sprachen, es spiegelt aber keine Bezugskultur wider.

Englisch spielt vergleichsweise in der Diskussion um die Sprachverwendung in den EU-Organen die größte Rolle (Luttermann 2013, 115–117). Wie keine andere Sprache ruft die Debatte um Englisch als Lingua franca Gegner und Befürworter gleichzeitig auf den Plan. Dabei halten sich die Argumente die Waage. Zum einen wird betont, dass zweieinhalbmal so viele Menschen Englisch verwenden als es englische Muttersprachler gibt. Englisch ermöglicht interkulturelle Kommunikation zwischen Nationalitäten, bei denen keiner die jeweilige Muttersprache des anderen beherrscht. Es ist eine sehr plurizentrische Sprache, eine Welt- und Wissenschaftssprache, in der EU-Organe bereits effektiv kommunizieren: „It would be more efficient to operate in EU institutions with but one language, the only realistic candidate being English“ (House 2008, 64). Andererseits führt Englisch als Verkehrssprache zum „Abbau der inhaltsorientierten Kulturparameter“ und zu „einer Verarmung der kulturellen Vielfalt und der Gemeinsamkeiten in Europa“ (Clyne 2002, 73). Hinzu kommt, dass die

Entwicklung zu einer Einsprachigkeit mit Englisch angloamerikanische Weltansichten begünstigen und plurilinguale europäische Werte konterkarieren würde.

5.3 Mehrsprachige Modelle

Selektive Mehrsprachenmodelle (Drei- und Fünfsprachenmodell, spanisches Modell) stellen wenige ausgewählte Sprachen auf der Arbeitssprachenebene nebeneinander und beachten genauso wie einsprachige Modelle die anderen Sprachen nicht weiter. Das *Dreisprachenmodell* setzt soziolinguistisch an und bestimmt als Arbeitssprachen Englisch, Französisch und Deutsch (Ammon 2012). Die Sprachen repräsentieren die wirtschaftlich und numerisch starken Mitgliedsländer gemäß Bruttoinlandsprodukt, Sprecherzahl und Amtssprachenstatus, wobei zwischen den Ländern in der Binnendifferenzierung wiederum beachtliche Unterschiede etwa in der Wirtschaftskraft und dem Status als staatliche Amtssprache bestehen. So ist Deutsch in fünf Ländern der Europäischen Union Amtssprache (Belgien, Deutschland, Italien/Südtirol, Luxemburg, Österreich), Französisch und Englisch in drei Ländern (Belgien, Frankreich, Luxemburg bzw. England, Irland, Malta). Die meisten EU-Organe siedeln auf französischsprachigen Gebieten (Brüssel, Luxemburg, Straßburg). Ammon (2012) geht es darum, die Hegemonie von Englisch, die zu Lasten gerade auch des Deutschen geht, zu beschränken. Auch Sandra Nißl (2011, 125) erachtet das Sprachentrio als eine praktikable Lösung, um die Stellung des Französischen und Deutschen zu verbessern und die (Rechts-)Kommunikation nicht in einem Einsprachenregime mit Englisch enden zu lassen. Drei Sprachen seien besser als die alleinige Dominanz des Englischen. Das *Fünfsprachenmodell* umfasst zusätzlich noch Italienisch und Spanisch und wird schon praktisch angewandt beim Europäischen Markenamt in Alicante.

Das *spanische Modell* nimmt die Autonomiebestrebungen Spaniens zum Ausgangspunkt für den Umgang mit mehreren Sprachen gleichzeitig. Die spanische Sprachpolitik bevorzugt das Kastilische gegenüber den auf dem Staatsgebiet gesprochenen Regionalsprachen Baskisch, Galizisch und Katalanisch. Jeder Spanier ist verpflichtet, die Staatssprache zu beherrschen und berechtigt, sie zu verwenden. Neben Kastilisch existieren in sechs eigenständigen Kommunen regionale Amtssprachen, in denen die Bürger mit den örtlichen Behörden kommunizieren können und einen Anspruch auf Schulunterricht haben. Ein Sprecher des Kastilischen kann aufgrund seiner privilegierten Stellung im Gegensatz etwa zu einem Baskisch sprechenden Bürger auf dem gesamten Staatsgebiet das Recht geltend machen, seine Sprache einzusetzen. Entscheidungen der nationalen Judikative ergehen ausschließlich auf Kastilisch. Übertragen auf Europa fungiert Englisch als offizielle Sprache, während die Sprachen in den Mitgliedsländern – so wie in den autonomen Gebieten – zwar anerkannt und untereinander gleichwertig, aber auf der supranationalen Ebene dem Englischen untergeordnet sind. Die einzelnen Mitgliedstaaten haben die Aufgabe, auf ihrem Territorium die jeweils eigene Amtssprache zu schützen und zu fördern.

Das *Europäische Referenzsprachenmodell* unterscheidet sich von den vorgenannten Sprachenmodellen, indem es alle Amts- und Arbeitssprachen in den interkulturellen Rechtsdialog einbindet (Luttermann 2015, 240–241). Das Modell setzt rechtslinguistisch an und stützt die Handhabung argumentativ auf die EuGH-Rechtsprechung sowie auf primär- und sekundärrechtliche Textquellen. Es will die sprachliche Vielfalt in den EU-Organen erhalten und zugleich Rechtssicherheit und Verständlichkeit schaffen. Methodisch steht das Modell für eine referenzsprachliche Etablierung und Prüfung des Gemeinschaftsrechts mit muttersprachlicher Übersetzung in die jeweiligen Amtssprachen der einzelnen Mitgliedsländer. Für das System aus Referenz- und Muttersprachen ist Interdisziplinarität elementar. Linguisten, Juristen und Übersetzer formulieren gemeinsam die Rechtsakte in zwei Referenzsprachen (Deutsch und Englisch). Sämtliche Fragen, ob juristischer oder linguistischer Natur, werden rechtssprachenvergleichend zwischen den Referenz- und Muttersprachen beantwortet (Luttermann/Luttermann 2004, 1008–1010). Nur von den beiden Referenzsprachen darf in die anderen Sprachen übersetzt werden, aber nicht vice versa, weil die Referenzsprachen als Prüfmaßstab dienen und eine Kontrollfunktion einnehmen. Für die Übersetzung sorgen die Mitgliedstaaten nach Maßgabe des Subsidiaritätsprinzips (Artikel 5 EUV) eigenverantwortlich und unter Berücksichtigung einzelsprachenabhängiger Transferprozesse von der Fach- in die Gemeinsprache, damit die Bürger die Rechtstexte auch verstehen und nutzen können. Dabei muss man sich bewusst sein, dass bestimmte Begriffe in einer nationalen Rechtsterminologie bereits semantisch anders besetzt und von nationalen Gerichten in der vom EU-Recht abweichend rechtskulturellen Prägung bestätigt sind. Das Modell ist praktikabel und effizient, „ohne aber die Vorteile der Mehrsprachigkeit des Rechts bei der Auslegung zu verspielen“ (Engberg 2009, 190).

6 Ausblick

Das *Europäische Referenzsprachenmodell* zeigt einen Weg, der im Hinblick auf Sprachenvielfalt und zweckrationales Arbeiten ausgewogen ist und die Rechtskommunikation am Europäischen Gerichtshof und zwischen den Unionsbürgern demokratisch regelt. Die beiden Referenzsprachen Deutsch und Englisch basieren auf demokratischen Mehrheitserwägungen gemessen an Sprechern des Deutschen als Muttersprache und des Englischen als Fremdsprache. Das Gericht hält den Ansatz, die Sprachenwahl auf die „bekanntesten Sprachen“ zu beschränken für „sachgerecht und angemessen“ (EuGH, Urteil vom 09.09.2003, Rn. 94, Rs. C-361/01 P – Kik). Hinzu kommt, dass das Referenzsprachenmodell das einzige Modell ist, das durch den Gebrauch von Deutsch und Englisch Kontinental- und Fallrecht zusammenführt. Für die Richter wiederum können die verschiedenen Sprachfassungen ein geeignetes Hilfsmittel sein, um Sprachdivergenzen und Unklarheiten durch Rechts- und Sprachenvergleich auszuräumen. Somit erweist sich die Mehrsprachigkeit für die Qualität der Rechtsprechung und für die Rechtssicherheit der Unionsbürger als eine lohnende Herausforderung.

7 Literatur

Ahrens, Rüdiger (Hg.) (2003): Europäische Sprachenpolitik. Heidelberg.

Ammon, Ulrich (2012): Language policy in the European Union. In: Bernard Spolsky (Hg.): Cambridge Handbook of Language Policy. Cambridge, 570–591.

Bundesministerium der Justiz (Hg.) (2008): Handbuch der Rechtsförmlichkeit. 3. Auflage. Köln.

Clyne, Michael (2002): Eignet sich Englisch zur europäischen Lingua franca? In: Heinrich Kelz (Hg.): Die sprachliche Zukunft Europas. Mehrsprachigkeit und Sprachenpolitik. Baden-Baden, 63–76.

Dalton, Matthew (2013): Lovers of Latin Try to Sell a Dead Tongue. In: The Wall Street Journal No. 215, 27.

Ehlich, Konrad (1999): Der deutsche Weg und die europäische Schiene – einsprachig oder mehrsprachig? In: Deutsch Lernen 4, 311–325.

Engberg, Jan (2009): Durchschaubarkeit durch Vielfalt – Vorteile eines mehrsprachigen Rechtssystems und ihre linguistische Beschreibung. In: Muttersprache 3, 181–191.

Gallas, Tito (2007): Herausforderungen der Sprachenvielfalt bei der Abfassung von Rechtstexten. In: Roswitha Fischer (Hg.): Herausforderungen der Sprachenvielfalt in der Europäischen Union. Baden-Baden, 51–59.

House, Juliane (2008): English as lingua franca in Europe today. In: Guus Extra/Durk Gorter (Hg): Multilingual Europe: Facts and Policies. Berlin, 63–85.

Kirchhof, Paul (2002): Nationalsprachen und Demokratie in Europa. In: Konrad Ehlich/Venanz Schubert (Hg.): Sprachen und Sprachenpolitik in Europa. Tübingen, 205–220.

Koch, Henning (2008): A Legal Mission: The Emergence of a European 'Rationalized' Natural Law. In: Hanne Petersen u. a. (Hg.): Paradoxes of European Legal Integration. Aldershot, 45–63.

Kruse, Jan (2012): Das Barcelona-Prinzip: Die Dreisprachigkeit aller Europäer als sprachenpolitisches Ziel der EU. Frankfurt am Main.

Levits, Egils (2007): Probleme der Sprachenvielfalt am Europäischen Gerichtshof. In: Roswitha Fischer (Hg.): Herausforderungen der Sprachenvielfalt in der Europäischen Union. Baden-Baden, 44–50.

Lohse, Christian/Rainer Arnold/Albrecht Greule (Hg.) (2004): Die deutsche Sprache in der Europäischen Union. Rolle und Chancen aus rechts- und sprachwissenschaftlicher Sicht. Baden-Baden.

Luttermann, Claus und Karin (2004): Ein Sprachenrecht für die Europäische Union. In: Juristenzeitung 20, 1002–1010.

Luttermann, Karin (2002): Der Diebstahlstatbestand im Verständlichkeitstest. Deutsches Strafrecht und europäischer Kontext. In: Lars Eriksen/Karin Luttermann (Hg.): Juristische Fachsprache. Münster, 95–114.

Luttermann, Karin (2007): Mehrsprachigkeit am Europäischen Gerichtshof. Das Referenzsprachenmodell für ein EU-Sprachenrecht. In: Dorothee Heller/Konrad Ehlich (Hg.): Studien zur Rechtskommunikation. Bern, 47–80.

Luttermann, Karin (2011): Sprachgebrauch in der vielsprachigen Institutionenkommunikation: Semantische Funktionalität bei Sprachkontakt. In: Kerstin Kazzazi u. a. (Hg.): Eichstätter Sprachgeschichten. Ein Kolloquium zu Ehren von Elke Ronneberger-Sibold. Würzburg, 51–72.

Luttermann, Karin (2013): Die Europäische Union und ihre Sprachen im Spannungsfeld zwischen Vielsprachigkeit und Einsprachigkeit – Lösungsansatz zum Sprachengebrauch. In: Marina Wagnerová/Gerald Sander (Hg.): Die Rechtssprache in der internationalen Diskussion. Hamburg, 109–130.
Luttermann, Karin (2015): Deutsch als Wissenschaftssprache und als Arbeitssprache in der Europäischen Union. In: Michael Szurawitzki u. a. (Hg.): Wissenschaftssprache Deutsch – international, interdisziplinär, interkulturell. Tübingen, 231–244.
Nißl, Sandra (2011): Die Sprachenfrage in der Europäischen Union. Möglichkeiten und Grenzen einer Sprachenpolitik für Europa. München.
Pörings, Ralf/Ulrich Schmitz (Hg.) (2003): Sprache und Sprachwissenschaft: Eine kognitiv orientierte Einführung. 2. Auflage. Tübingen.
Schübel-Pfister, Isabel (2004): Sprache und Gemeinschaftsrecht. Die Auslegung der mehrsprachig verbindlichen Rechtstexte durch den europäischen Gerichtshof. Berlin.
Stickel, Gerhard (2008): EFNIL – Für die Vielfalt der europäischen Hochsprachen. In: Osnabrücker Beiträge zur Sprachtheorie 74, 75–91.
van Els, Theo (2006): Multilingualismus in der Europäischen Union. In: Dieter Wolff (Hg.): Mehrsprachige Individuen – vielsprachige Gesellschaften. Frankfurt am Main, 11–30.
Vedder, Christoph/Wolff Heintschel von Heinegg (Hg.) (2012): Europäisches Unionsrecht. Handkommentar. Baden-Baden.
Weber, Peter (2009): Kampf der Sprachen. Die Europäische Union vor der sprachlichen Zerreißprobe. Hamburg.
Witt, Jörg (2010): Wohin steuern die Sprachen Europas? Probleme der EU-Sprachpolitik. 2. Auflage. Tübingen.

Isabel Schübel-Pfister

25. Multilingualität in der supranationalen Judikative und Rechtspraxis

Abstract: Das Sprachenrecht der Europäischen Union basiert auf der Anerkennung der Amtssprachen aller Mitgliedstaaten als gleichberechtigte Vertrags-, Amts- und Arbeitssprachen auf Unionsebene. Das Unionsrecht ist mehrsprachig und in allen Sprachfassungen gleichermaßen verbindlich. In der Praxis der Unionsorgane wird die Gleichrangigkeit der Arbeitssprachen vielfach zugunsten der Konzentration auf einzelne Verkehrssprachen durchbrochen. Alleinige interne Arbeitssprache des Europäischen Gerichtshofs ist das Französische, während seine Urteile nur in der jeweiligen Verfahrenssprache verbindlich sind. Dieses Spannungsverhältnis begünstigt die Entstehung von Divergenzen zwischen den verschiedenen Sprachfassungen eines Urteils. Bei den EU-Normtexten kann es zu Sprachdivergenzen in Form von Begriffs- oder Bedeutungsdivergenzen kommen, die der Gerichtshof im Wege sprachvergleichender Wortlautauslegung und anhand anderer Interpretationsmethoden auflöst. Diese Vorgehensweise trägt dem Vertrauen der Unionsbürger in ihre eigene Sprachfassung nicht immer Rechnung. Auch die mitgliedstaatliche Judikative und Rechtspraxis ist mit der Multilingualität der Europäischen Union als Bestandteil ihrer reichen kulturellen Vielfalt und der Verfassungsidentität ihrer Mitgliedstaaten befasst.

1 Einleitung: Multilingualität und Recht

Multilingualität ist weder ein typisch juristisches Thema noch ein spezifisch europäisches Phänomen. Man denke nur an das alttestamentarische Bild von der babylonischen Sprachverwirrung, die als Hemmschuh bei der Konstruktion von materiellen wie ideellen Gebäuden, als Bedrohung bei der Schaffung gemeinsamer Werke empfunden wurde. Die confusio linguarum wird in zahlreichen Beiträgen als Synonym für die Sprachensituation in der Europäischen Union herangezogen (statt vieler Berteloot 1987, 1 ff.; Huntington 1991, 321 ff.; Martiny 1998, 227 ff.). In der Tat wirft die Mehrsprachigkeit des Rechts im Allgemeinen und des Unionsrechts im Besonderen vielfältige Herausforderungen aus sprach- wie aus rechtswissenschaftlicher Sicht auf

DOI 10.1515/9783110296198-025

(vgl. die Beiträge in Fischer 2007; Müller/Burr 2004; Bibliographie bei Nussbaumer 1997, 11 ff.; vgl. hierzu auch K. Luttermann in diesem Band). Hierzu gehören auch die – hier nicht näher zu behandelnden – Rechtsfragen des Schutzes sprachlicher Minoritäten in Europa (dazu Mäder 1997, 29 ff.) sowie der Vereinbarkeit sprachlicher Vorgaben mit den unionsrechtlichen Grundfreiheiten (dazu Bansch 2005, 24 ff.). Den Schwerpunkt der nachfolgenden Ausführungen bildet – nach einer allgemeinen Grundlegung (dazu 2.) – die Rechtspraxis, insbesondere die Rechtsprechung unter Mehrsprachigkeitsbedingungen, wobei die supranationale Perspektive des Gerichtshofs der Europäischen Union (Europäischen Gerichtshofs – EuGH) (dazu 3.) und die transnationale Perspektive der deutschen Gerichte (dazu 4.) unterschieden wird. Der Beitrag schließt mit einem Ausblick auf die Bedeutung der Multilingualität in der mitgliedstaatlichen Verfassungsidentität (5.).

2 Multilingualität im Sprachenrecht der Europäischen Union

2.1 Die unionsrechtliche Sprachenregelung

2.1.1 Vertrags-, Amts- und Arbeitssprachen

In der Europäischen Union als Staaten- und Sprachenverbund sind *Vertragssprachen*, *Amtssprachen* und *Arbeitssprachen* zu unterscheiden (näher Huber 1992, 1 ff.; Kahl 2006, 386 ff.; Schübel-Pfister 2004, 52 ff. m. w. N.). Unter Vertragssprachen bzw. authentischen Sprachen versteht man diejenigen Sprachen, in denen der Wortlaut völkerrechtlicher Verträge – hier der Gründungs- und späteren Beitrittsverträge der Union – verbindlich ist. Mit dem Begriff der Amtssprache wird die offizielle Sprache eines Staates oder Staatenverbundes für Rechtssetzung, Verwaltung, Rechtsprechung und kulturelle Angelegenheiten bezeichnet, also die Sprache, in der seine Organe nach außen tätig werden. Arbeitssprache ist die Sprache, die von den Organen im internen Gebrauch und im Verkehr untereinander verwendet wird.

Die *Vertragssprachen* der Europäischen Union sind in Art. 55 EUV geregelt, auf den Art. 358 AEUV für den Vertrag über die Arbeitsweise der Europäischen Union verweist. Danach sind die Gründungsverträge in den Sprachen aller Mitgliedstaaten abgefasst und in allen Sprachfassungen gleichermaßen verbindlich. Mit dem Beitritt eines neuen Mitgliedstaats kommt dessen Amtssprache als Vertragssprache hinzu. Im Unterschied zu den authentischen Sprachen der Gründungs- und Beitrittsverträge sind die *Amts- und Arbeitssprachen der Unionsorgane* nicht unmittelbar im Primärrecht geregelt, sondern gemäß Art. 342 AEUV einer sekundärrechtlichen Normierung vorbehalten. In Umsetzung dieser Vorschrift erklärt die *Verordnung Nr. 1* des Rates v.

15.4.1958 zur Regelung der Sprachenfrage für die Europäische Wirtschaftsgemeinschaft (ABl Nr. 17 v. 6.10.1958, 385) die authentischen Sprachen auch zu Amts- und Arbeitssprachen der Europäischen Union. Nach dem Wortlaut der Verordnung sind alle Sprachen sowohl in der externen Kommunikation als auch im internen Gebrauch der Unionsorgane grundsätzlich gleichberechtigt. Dies bedeutet etwa, dass Stellenausschreibungen für EU-Beamte in allen Amtssprachen veröffentlicht werden müssen (EuGH, Rs. C-566/10 P, Italien/Kommission, EuZW 2013, 62 zur Sprachenfrage beim EU-Personalauswahlverfahren). Derzeit ist das Unionsrecht in 24 Sprachen gleichermaßen verbindlich. Es gilt das „*Verfassungsprinzip der gleichrangigen Vielsprachigkeit*" (Mayer 2005, 367 ff.).

2.1.2 Das Sprachenregime der einzelnen Organe

Trotz der formalen Gleichberechtigung der Unionssprachen besteht nach herrschender Meinung (statt vieler Berteloot 1987, 7; Milian-Massana 1995, 485, 492) nur die Möglichkeit, nicht zugleich die Pflicht der Organe, alle Amtssprachen auch als Arbeitssprachen zu verwenden. Dies wird aus Art. 6 der Verordnung Nr. 1 abgeleitet, der es den *Organen der EU* überlässt, in ihren *Geschäftsordnungen* festzulegen, „wie diese Regelung der Sprachenfrage im Einzelnen anzuwenden ist". Von dieser Ermächtigung haben Europäisches Parlament, Rat und Kommission in unterschiedlicher Weise Gebrauch gemacht (im Einzelnen Schübel-Pfister 2004, 62 ff.). Während im Europäischen Parlament traditionell großen Wert auf die gleichberechtigte Verwendung aller Amts- und Arbeitssprachen gelegt wird, findet insbesondere in der internen, vorbereitenden Tätigkeit der Europäischen Kommission nur ein eingeschränktes Sprachenregime Anwendung. Dies wirkt sich vor allem auf das Rechtssetzungsverfahren in der Europäischen Union aus (s. 2.2.).

2.1.3 Verfahrenssprache und interne Arbeitssprache des EuGH

Nach Art. 7 der Verordnung Nr. 1 wird die Sprachenfrage für das Verfahren des *Europäischen Gerichtshofs* in dessen *Verfahrensordnung* geregelt. Sedes Materiae der Sprachenregelung ist das Achte Kapitel (Art. 36–42) des Ersten Titels der Verfahrensordnung (VerfO) v. 25.9.2012 (ABl Nr. L 265 v. 29.9.2012, 1). Nach Art. 36 VerfO sind alle Amts- und Arbeitssprachen der Union als *Verfahrenssprache* vor dem EuGH zugelassen. Die Bestimmung der jeweiligen Verfahrenssprache richtet sich nach den detaillierten Vorgaben in Art. 37 VerfO, der dem Grundgedanken folgt, dass die Mitgliedstaaten gegenüber den Unionsorganen sprachwahlprivilegiert sind. In Vorabentscheidungsersuchen ist die Sprache des vorlegenden Gerichts Verfahrenssprache (Art. 37 Abs. 3 VerfO). Die Schlussanträge und die Entscheidungen des Gerichtshofs sind gemäß Art. 41 VerfO allein in der Fassung der Verfahrenssprache verbindlich.

Unabhängig von der offiziellen Verfahrenssprache vollzieht sich die gesamte interne Arbeit des Gerichtshofs bis zum heutigen Tag faktisch in französischer Sprache (K. Luttermann 2007, 47 ff.). Die Konzentration auf diese *interne Arbeitssprache* wirft neben rechtspolitischen auch juristische Bedenken unter dem Gesichtspunkt der Gleichberechtigung aller Mitgliedstaaten und ihrer Amtssprachen auf (Hirsch 1999, 1 ff.; Mancini/Keeling 1994/1995, 397 ff.). Infolge des Spannungsverhältnisses zwischen offizieller Verfahrenssprache und interner Arbeitssprache kann es mitunter zu Divergenzen in den verschiedenen Sprachfassungen eines Urteils kommen (Schübel-Pfister 2004, 75 f.), die der Gerichtshof nach Art. 103 Abs. 1 VerfO als offenbare Unrichtigkeit auf Antrag oder von Amts wegen berichtigt (vgl. z. B. den Berichtigungsbeschluss des EuGH v. 7.3.2013, Rs. C-145/10 REC: Ersetzung des Ausdrucks „Fotografie" durch „Porträtfotografie" in der verbindlichen deutschen Urteilsfassung). Gegebenenfalls muss sich der einzelstaatliche Rechtsanwender, insbesondere das ein Vorabentscheidungsersuchen initiierende Vorlagegericht, mit zunächst unentdeckten Abweichungen in den Urteilsfassungen auseinandersetzen und hierzu das Urteil nicht nur in der verbindlichen Verfahrenssprache, sondern auch in der internen Arbeitssprache konsultieren (s. 4.).

2.2 Multilingualität in der Rechtssetzung

2.2.1 Mehrsprachige Erstellung der Unionsrechtstexte

Unabhängig von der in Art. 6 der Verordnung Nr. 1 vorgesehenen Befugnis der Unionsorgane, ihr Sprachenregime in ihren Geschäftsordnungen zu konkretisieren, lässt sich in der Praxis eine starke Tendenz feststellen, den Grundsatz der Gleichberechtigung aller Amts- und Arbeitssprachen zugunsten der Konzentration auf einige wenige Verkehrssprachen zu durchbrechen. Während ursprünglich das Französische die alleinige lingua franca der täglichen Organpraxis darstellte, wird heute in allen Organen und Einrichtungen – der Gerichtshof ausgenommen – vorwiegend das Englische verwendet (K. Luttermann 2013, 115 ff.). Inwieweit das Deutsche als interne Arbeitssprache effektive Anerkennung findet, wird nicht eindeutig beurteilt (näher Huber 1992, 1 ff.; Kürten 2004, 119 ff. sowie die Beiträge in Lohse 2004, 1 ff.). Das unionale Rechtssetzungsverfahren vollzieht sich nur in einzelnen internen Arbeitssprachen, welche de facto die – offiziell nicht existierenden – Originalfassungen der unionalen Rechtsakte darstellen. Dies steht in einem Spannungsverhältnis zu der in der Verordnung Nr. 1 angeordneten gleichen Authentizität aller Sprachfassungen und wirft vielfältige Auslegungsprobleme auf (s. 3.2.).

2.2.2 Sprachdivergenzen im unionalen Rechtssetzungsprozess

Bei der Erstellung von Rechtstexten in allen Amtssprachen der Union leisten der Sprachendienst der Europäischen Union sowie die dem Juristischen Dienst angehörigen Rechts- und Sprachsachverständigen, die *juristes-linguistes*, wertvolle Unterstützung. Gleichwohl kommt es im unionalen Rechtssetzungsprozess immer wieder zu *Sprachdivergenzen*, also zu dem – bei plurilingualen Rechtstexten allgemein bekannten – Phänomen, dass die verschiedenen sprachlichen Fassungen voneinander abweichen. Sprachdivergenzen können in Form von Begriffs- oder Bedeutungsdivergenzen auftreten. Bei *Begriffsdivergenzen* stimmen schon die in den verschiedenen sprachlichen Fassungen verwendeten Begriffe zur Bezeichnung einer bestimmten Sach- und Rechtslage nicht überein. Die Mehrdeutigkeit kann sich dabei entweder aus einer einzelnen unklaren Sprachfassung für sich genommen (Polysemie) oder aus dem Vergleich der verschiedenen, isoliert betrachtet eindeutigen Sprachfassungen (Diskrepanz) ergeben (näher Loehr 1998, 57 ff.). Während es bei den Begriffsdivergenzen an der formellen Übereinstimmung der Sprachfassungen fehlt, sind *Bedeutungsdivergenzen* durch eine formelle Übereinstimmung bei inhaltlichen Unterschieden gekennzeichnet (vgl. Kirchhof 1987, 1 ff.). Der Übergang zwischen Begriffs- und Bedeutungsdivergenzen ist fließend; die Gründe für ihre Entstehung sind vielfältig.

2.2.3 Begriffsdivergenzen im Unionsrecht

Die Ursachen für das Auftreten von *Begriffsdivergenzen* sind – neben einer mitunter mangelhaften Qualität der Ursprungstexte – primär auf der Übersetzungsebene zu finden (C. Luttermann 1998, 151 ff.). Neben der zeitlichen Beanspruchung der Übersetzer spielen insbesondere die hohe Technizität und die juristisch-ökonomische Komplexität der Unionsrechtstexte etwa im Steuer-, Zoll- und Agrarrecht eine Rolle. Begriffsdivergenzen stellen sich häufig als Redaktionsversehen oder schlichte „*Übersetzungsfehler*“ dar, die auf Eile, Normflut und die Verwendung technischer Begriffe zurückzuführen sind. Ein anschauliches Beispiel ist das von einem deutschen Gericht initiierte Vorabentscheidungsverfahren in der Rechtssache „Lubella“, das darauf beruhte, dass in der deutschen Fassung der strittigen Verordnung der Begriff „Sauerkirschen“ fälschlicherweise mit „Süßkirschen“ wiedergegeben worden war (EuGH, Rs. C-64/95, Slg. 1995, I-5105).

Schlichte Übersetzungsfehler machen selbst vor dem – an sich besonders sorgfältig redigierten – Primärrecht nicht halt. So schien man bis in die 1990er Jahre eine eindeutige Abweichung der italienischen Fassung des Kartellverbots nach Art. 85 EGV a. F. (jetzt Art. 101 AEUV) von allen übrigen Sprachfassungen nicht bemerkt zu haben. Gemäß dem italienischen Wortlaut mussten die inkriminierten Kartellabsprachen eine Wettbewerbsverfälschung „bezwecken *und* bewirken“, während in allen anderen Sprachfassungen die Konjunktion „*oder*“ verwendet wurde. Erst der EuGH löste diese Sprachdivergenz letztverbindlich auf (EuGH, Rs. C-219/95 P, Ferriere Nord/ Kommission, Slg. 1997, I-4411). Wegen eines ähnlich banalen Übersetzungsfehlers soll es sogar zu Konfusionen über den Zeitpunkt des Inkrafttretens des Vertrags von Amsterdam gekommen sein.

2.2.4 Bedeutungsdivergenzen im Unionsrecht

Im Unterschied zu den Begriffsdivergenzen beruhen *Bedeutungsdivergenzen* auf der Systemgebundenheit des Rechts und sind daher bei mehrsprachigen Rechtstexten in gewissem Umfang unvermeidbar (Hilf 1973, 24; zweifelnd Weyers, in: de Groot/ Schulze 1999, 151, 154). Für diese echten „*Verständnisfehler*" sind die auf der Eigengesetzlichkeit der Sprachen beruhende Unübersetzbarkeit bestimmter Begriffe sowie die unterschiedlichen mitgliedstaatlichen Verständnishorizonte und Rechtsinstitute verantwortlich. Auch wenn die Unionsrechtsordnung aus Sicht des EuGH einen autonomen Charakter aufweist, sind unionale Rechtstexte traditionell mit national geprägten Begrifflichkeiten formuliert, die durch die Interpretationstätigkeit des EuGH erst Schritt für Schritt einen unionsrechtlichen Sinn gewinnen (Kjær in Sandrini 1999, 63, 71). Mitunter bestehen aber auch Unterschiede zu den im nationalen Recht geläufigen Begrifflichkeiten, die ihrerseits einen Sprachvergleich erforderlich machen (vgl. z. B. die Schlussanträge von Generalanwältin Kokott v. 26.10.2012, Rs. C-370/12, zu sprachlichen Nuancen im Bail-out-Verbot des Art. 125 AEUV).

Neben unbewussten Bedeutungsdivergenzen, die sich auf die fehlende juristische Qualifikation der Übersetzer zurückführen lassen, werden von den politischen Akteuren immer wieder *bewusste Bedeutungsdivergenzen* in Kauf genommen oder gar provoziert, um politische Differenzen sprachlich zu kaschieren. Nach wie vor in Erinnerung sind die Kontroversen über den Passus in der Präambel der Charta der Grundrechte der Europäischen Union (Grundrechte-Charta), der ursprünglich auf das „kulturelle, humanistische und religiöse Erbe" in der europäischen Tradition hinweisen sollte. Da die französische Delegation hierdurch ihr laizistisches Verständnis von Staat und Kirche verletzt sah, einigte man sich schließlich auf den französischen Text „patrimoine spirituel et moral". Auf Druck der deutschen Delegation wurde dennoch in der deutschen Fassung der Terminus „geistig-*religiöses* und sittliches Erbe" verwendet.

3 Multilingualität in der supranationalen Judikative – Die Auslegung des mehrsprachigen Unionsrechts

3.1 Die Bedeutung des Sprachvergleichs in der supranationalen Judikative

In der Rechtsprechung des EuGH nehmen die Urteile, die sich mit der sprachlichen Problematik der Unionsrechtstexte auseinandersetzen, mit zunehmender Sprachenzahl einen immer breiteren Raum ein (Baaij 2012, 217 ff.; Schilling 2011, 1460 ff.; zur zahlenmäßigen Bedeutung Schübel-Pfister 2004, 170 ff.). Besonders häufig kommt es im Zoll-, Steuer- und Agrarrecht zu Auslegungsfragen aufgrund von Unterschieden zwischen den einzelnen Sprachfassungen (vgl. Lohse 2002, 393 ff.). Die Befassung des Gerichtshofs mit Sprachdivergenzen wird in den meisten Fällen von den Verfahrensbeteiligten angestoßen, die entweder zur Unterstützung ihres Vorbringens auf eine ihnen günstige Sprachfassung rekurrieren oder sich umgekehrt darauf berufen, dass sie auf den Wortlaut ihrer heimischen Sprachfassung vertrauen durften und sich nicht mit einer ihnen fremden Sprachfassung auseinandersetzen mussten. In seltenen Fällen wurden Sprachdivergenzen erst von den Generalanwälten entdeckt oder gar erstmals vom Gerichtshof selbst in seinem Urteil thematisiert. Die nationalen Regierungen, die Erklärungen zu den beim EuGH anhängigen Verfahren abgeben können, befassen sich meist nur dann mit der Sprachenproblematik, wenn der Rechtsstreit in ihrem Mitgliedstaat zu aufsehenerregenden rechtspolitischen Auseinandersetzungen geführt hat (vgl. etwa EuGH, Rs. C-6/98, ARD, Slg. 1999, I-7599, zur Frage, ob die Bestimmung der zulässigen Zahl von Werbeunterbrechungen im Fernsehen nach dem Brutto- oder dem Nettoprinzip zu erfolgen hat).

3.2 Die Behandlung von Sprachdivergenzen durch den EuGH

Nach Art. 19 Abs. 1 Satz 2 EUV sichert der Europäische Gerichtshof die Wahrung des Rechts bei der Auslegung und Anwendung der Verträge. Der Bewältigung der aus der Mehrsprachenauthentizität des Unionsrechts resultierenden *Interpretationsprobleme* kommt hierbei eine zentrale Bedeutung zu. Bei der Behandlung von Sprachdivergenzen folgt der EuGH grundsätzlich dem klassischen Kanon der im nationalen wie im internationalen Recht anerkannten Auslegungsmethoden, greift also neben dem Wortlaut auf das System, den Sinn und Zweck sowie die Entstehungsgeschichte der Vorschrift zurück (dazu allgemein Bengoetxea 1993, 1 ff.; Rasmussen 1992, 135 ff.). Diese allgemeinen Auslegungsregeln sind für völkerrechtliche Verträge, zu denen im Ausgangspunkt auch die EU-Verträge gehören, in Art. 31 ff. der Wiener Konvention über das Recht der Verträge (WVRK) kodifiziert, die in Art. 33 eine Spezialvorschrift für mehrsprachige Verträge enthält (näher Hilf 1973, 73 ff.). Hiervon ausgehend hat der Gerichtshof seine eigenen Interpretationsmethoden zur Bewältigung von Sprachdivergenzen entwickelt bzw. die international anerkannten Auslegungsmethoden mit eigener Gewichtung und Akzentuierung versehen.

3.2.1 Sprachvergleichende Wortlautauslegung

In manchen Fällen löst der Gerichtshof Divergenzen zwischen den verschiedenen sprachlichen Fassungen durch eine *sprachvergleichende Wortlautauslegung* auf, ohne weiteren Auslegungsmethoden ein substantielles Gewicht beizumessen. Die Notwendigkeit eines Vergleichs der verschiedenen sprachlichen Fassungen ergibt sich daraus, dass nicht eine Sprachfassung für sich allein, sondern alle gleichermaßen verbindlichen Sprachfassungen zusammen den Wortlaut des Gesetzes bilden. Bereits in einem Grundsatzurteil aus dem Jahr 1967 betonte der EuGH:

> Die Notwendigkeit einheitlicher Auslegung der Gemeinschaftsverordnungen schließt jedoch eine isolierte Betrachtung der erwähnten Textfassung aus und gebietet, sie bei Zweifeln im Lichte der Fassungen in den anderen drei Sprachen auszulegen und anzuwenden. (EuGH, Rs. 19/67, van der Vecht, Slg. 1967, 461, 473)

Auch in späteren Entscheidungen hebt der EuGH die Notwendigkeit der *einheitlichen Auslegung des Unionsrechts* hervor, die spiegelbildlich mit der Ablehnung eines Vorrangs der landessprachlichen Fassung einhergeht (vgl. etwa EuGH, Rs. C-372/88, Cricket St Thomas, Slg. 1990, I-1345; EuGH, Rs. C-125/12, Promociones y Construcciones, Umsatzsteuer-Rundschau 2013, 510). Die Gegenüberstellung der verschiedenen sprachlichen Fassungen führt häufig zu dem Ergebnis, dass entweder eine einzelne Sprachfassung – typischerweise die Fassung in der Verfahrenssprache – unklar ist oder mehrere Sprachfassungen in Widerspruch zu einander stehen. Wenn der EuGH seine Entscheidung anhand einzelner oder mehrerer Sprachfassungen trifft, billigt er ihnen in concreto Vorrang vor den übrigen, für unbeachtlich erklärten Fassungen zu. In diesen – vergleichsweise seltenen – Fällen dient die Heranziehung weiterer Interpretationskriterien allenfalls der Abrundung und Absicherung des durch sprachvergleichende Wortlautauslegung gefundenen Auslegungsergebnisses.

Ein typisches Beispiel für diese Vorgehensweise ist die von einem niederländischen Gericht vorgelegte Rechtssache „Koschniske“, in der der Gerichtshof einen eingehenden Vergleich aller damals verbindlichen Sprachfassungen der streitigen Norm vornahm. Der niederländische Text der streitigen Durchführungsverordnung sah die Bewilligung von Familienbeihilfen nur für die „echtgenote“, also die Ehefrau, nicht aber für den Ehemann vor. Der Vergleich des EuGH mit den fünf anderen sprachlichen Fassungen der Vorschrift ergab, dass diese sämtlich einen Begriff verwendeten, der sowohl männliche als auch weibliche Arbeitnehmer erfasste; daher legte der EuGH auch die niederländische Formulierung in diesem Sinne aus (EuGH, Rs. 9/79, Koschniske, Slg. 1979, 2717 Rn. 6 f.; dazu aufgrund einer sprachwissenschaftlichen Analyse der Vorschrift kritisch Braselmann 1992, 55, 61 ff.; K. Luttermann 2011, 62). Dieses Ergebnis würde sich im Übrigen ohnehin aus dem im primären Unionsrecht verankerten Grundsatz der Gleichbehandlung von Mann und Frau ergeben.

3.2.2 Heranziehung weiterer Auslegungsmethoden

In den meisten Fällen beschränkt sich der EuGH nicht auf einen Vergleich der verschiedenen sprachlichen Fassungen einer Norm. Vielmehr weist er auf das Erfordernis der *Heranziehung weiterer Auslegungsmethoden* hin, denen er eigenständiges oder sogar entscheidendes Gewicht bei der Auslegung zumisst. Diese „metasprachliche" Vorgehensweise (Pescatore 1984, 989, 1000) begründet der Gerichtshof folgendermaßen:

> Die Beseitigung sprachlicher Unstimmigkeiten im Wege der Auslegung kann unter gewissen Umständen dem Ziel der Rechtssicherheit zuwiderlaufen, insofern nämlich, als einer oder mehrere der betreffenden Texte in einer Weise ausgelegt werden müssen, die zu der natürlichen und gewöhnlichen Bedeutung der Worte in Widerspruch steht. Folglich ist es besser, die Möglichkeiten zu erkunden, wie die streitigen Fragen gelöst werden können, ohne dass irgendeinem der betreffenden Texte der Vorzug gegeben wird. (EuGH, Rs. 80/76, Kerry Milk, Slg. 1977, 425 Rn. 11 f.; EuGH, Rs. C-72/95, Kraaijeveld, Slg. 1996, 5403 Rn. 25).

Herkömmlicherweise beginnt der Gerichtshof seine Auslegungstätigkeit mit der sprachvergleichenden Wortlautauslegung, bevor er in weiteren Schritten systematische, teleologische und mitunter auch historische Erwägungen anstellt. Das Auslegungsergebnis wird dann aufgrund einer Gesamtschau der durch Anwendung der verschiedenen Auslegungsgrundsätze gelieferten „Indizien" getroffen. Diese nunmehr klassische Vorgehensweise formulierte der EuGH erstmals in zwei Urteilen aus den 1970er Jahren (EuGH, Rs. 6/74, Moulijn, Slg. 1974, 1287; EuGH, Rs. 33/77, Bouchereau, Slg. 1977, 1999 Rn. 13 f.), auf die er in seinen Judikaten bis zum heutigen Tag Bezug nimmt (vgl. etwa EuGH, Rs. C-546/11, Dansk Jurist- og Økonomforbund, Neue Zeitschrift für Verwaltungsrecht 2013, 1401 Rn. 37):

> Ein Vergleich der verschiedenen sprachlichen Fassungen der genannten Bestimmung zeigt, dass [sie] verschiedene Ausdrücke verwenden, so dass man aus der verwendeten Terminologie keine rechtlichen Folgerungen ziehen kann. Die verschiedenen sprachlichen Fassungen einer Gemeinschaftsvorschrift müssen einheitlich ausgelegt werden; falls die Fassungen voneinander abweichen, muss die Vorschrift daher nach dem allgemeinen Aufbau und dem Zweck der Regelung ausgelegt werden, zu der sie gehört.

Generell weist der EuGH der systematischen und teleologischen Auslegung im Unionsrecht eine größere Rolle zu als die meisten nationalen und internationalen Gerichte in ihrem Zuständigkeitsbereich (s. Streinz 2016, Rn. 625). Im Vergleich dazu kommt der historischen Auslegung im Unionsrecht angesichts seines dynamischen Charakters nur eine untergeordnete Rolle zu. Diese allgemeinen Aussagen beanspruchen auch und gerade für die Fälle des Auftretens von Sprachdivergenzen Geltung. Hier rückt die Wortlautauslegung vielfach zugunsten der *systematisch-teleologischen* Auslegung in den Hintergrund. Die Bedeutung der teleologischen Auslegung sowie die Möglichkeiten und Grenzen einer sprachvergleichenden Untersuchung lassen sich plastisch anhand des „Britischen Fischerei-Falles" aufzeigen. Darin ging es um die Bestimmung des – für die Erhebung von Einfuhrzöllen maßgeblichen – Ursprungslands eines Seefisches. Der Gerichtshof arbeitete heraus, dass die französische Fassung „extraits de la mer" sowohl „aus dem Meer herausgenommen" als auch „vom Meer getrennt" bedeuten könne, während die englische Wendung „taken from the sea" auf die vollständige Entfernung aus dem Wasser, die deutsche Formulierung „gefangen" hingegen auf den – auch im Wasser möglichen – Einfangvorgang hindeutete. Da der EuGH somit aus der verwendeten Terminologie rechtlich nichts ableiten konnte, traf er seine Entscheidung anhand der Zielsetzung der Verordnung, die Einfuhrzölle demjenigen Land aufzuerlegen, dessen Schiff den Fisch im Wasser aufgespürt hat (EuGH, Rs. 100/84, Kommission/Vereinigtes Königreich, Slg. 1985, 1169; näher Martiny 1998, 227, 241 f.; aus linguistischer Sicht kritisch Braselmann 1992, 55, 70 ff.; Loehr 1998, 117 ff.).

3.2.3 Aktueller Beispielsfall

Die seit Jahrzehnten praktizierte Vorgehensweise des Gerichtshofs sei exemplarisch anhand einer aktuellen Auslegungsfrage betreffend die Richtlinie über missbräuchliche Klauseln in Verbraucherverträgen (Richtlinie 93/13/EWG v. 5.4.1993, ABl. Nr. L 95, 29) erläutert. Ein niederländisches Gericht legte dem EuGH die Frage vor, ob ein zwischen einem gewerblichen Vermieter und einem zu privaten Zwecken handelnden Mieter geschlossener Mietvertrag über Wohnraum in den Anwendungsbereich der Richtlinie fällt. In seinem Urteil (EuGH, Rs. C-488/11, Asbeek Brusse, Europäische Zeitschrift für Wirtschaftsrecht 2013, 596) weist der Gerichtshof zunächst darauf hin, dass die niederländische Fassung von Art. 1 der Richtlinie, in dem der Vertragspartner des Verbrauchers als „verkoper" („Verkäufer") bezeichnet wird, von den anderen Sprachfassungen abweicht. In diesen wird durchgängig ein Ausdruck mit einer umfassenderen Bedeutung verwendet, so etwa „professionnel" in der französischen, „seller or supplier" in der englischen und „Gewerbetreibender" in der deutschen Fassung.

Angesichts dieses sprachvergleichenden Befundes leitet der Gerichtshof im zweiten Schritt zu seiner ständigen Rechtsprechung über, wonach es die Notwendigkeit einheitlicher Anwendung und Auslegung des Unionsrechts ausschließt, sie in einer ihrer Fassungen isoliert zu betrachten, sondern es vielmehr gebietet, sie nach dem wirklichen Willen ihres Urhebers und dem verfolgten Zweck im Licht ihrer Fassung in allen Sprachen auszulegen. Bei der nachfolgenden historischen, systematischen und teleologischen Auslegung stellt der Gerichtshof fest, dass der Begriff „verkoper" in Art. 2 der niederländischen Fassung der Richtlinie ebenso definiert wird wie in den anderen Sprachfassungen, nämlich als „eine natürliche oder juristische Person, die (...) im Rahmen ihrer gewerblichen oder beruflichen Tätigkeit handelt". Hieraus schließt der EuGH, dass der Gesetzgeber nicht die Absicht hatte, den Anwendungsbereich der Richtlinie auf Verträge zwischen Verkäufer und Verbraucher zu begrenzen. Der Anwendungsbereich der Richtlinie bestimmt sich allein nach der gewerblichen Eigenschaft der Vertragspartner und ist grundsätzlich für alle Vertragstypen, nicht nur für Kauf-, sondern etwa auch für Mietverträge, eröffnet. Abschließend betont der EuGH den verbraucherschützenden Zweck der Richtlinie, dem gerade bei einem – rechtlich komplexen, kostenintensiven und für den Mieter elementar wichtigen – Wohnraummietvertrag besondere Bedeutung zukommt.

3.2.4 Besondere Auslegungsregeln

Im Völkerrecht werden neben den allgemeinen Auslegungsgrundsätzen der Art. 31 ff. WVRK verschiedene *besondere Auslegungsregeln* für mehrsprachige Vertragstexte diskutiert (dazu Hilf 1973, 73 ff. m. w. N.). Zu nennen sind der Vorrang der landessprachlichen Fassung, die Mehrheitsregel, die Klarheitsregel, die Günstigkeitsregel, die Gemeinsamer-Nenner-Regel und die Arbeitssprachenregel (zusammenfassend Schübel-Pfister 2004, 139 ff.). Ähnliche Diskussionen werden in plurilingualen nationalen Rechtsordnungen wie Belgien, Kanada und der Schweiz geführt (s. die Nachweise bei Schübel-Pfister 2004, 250 ff.). Wie bereits dargelegt, lehnt der EuGH einen Vorrang der landessprachlichen Fassung – zu Recht – ab. Die übrigen besonderen Auslegungsregeln haben – trotz teils gegenteiliger Beteuerungen des Gerichtshofs – in unterschiedlichem Ausmaß Eingang in seine Judikatur gefunden (instruktiver Überblick in den Schlussanträgen der Generalanwältin Stix-Hackl v. 11.1.2005, Rs. C-265/03).

Auch wenn sich der Gerichtshof expressis verbis gegen die Anwendung der *Mehrheitsregel* ausgesprochen hat, trifft er in manchen Fällen, insbesondere bei der Auslegung des Gemeinsamen Zolltarifs, eine Entscheidung anhand der Mehrzahl der Sprachfassungen (vgl. z. B. EuGH, Rs. 55/87, Moksel, Slg. 1988, 3845 Rn. 16 ff.; EuGH, Rs. C-64/95, Lubella, Slg. 1996, I-5105 Rn. 18). Mehrheitsentscheidungen sind angesichts der Gleichberechtigung aller Amtssprachen kritisch zu betrachten und können allenfalls eine erste Orientierungshilfe bei der Auslegung darstellen. Ähnliches gilt für die vom EuGH mitunter herangezogene *Klarheitsregel* (vgl. z. B. EuGH, Rs. 35/75, Matisa, Slg. 1975, 1205; EuGH, Rs. 45/03, Universität München, Slg. 1984, 267), die zwar in manchen Fällen möglich und sinnvoll sein mag, aber ebenfalls der Absicherung anhand weiterer Interpretationsmethoden bedarf.

Die *Günstigkeitsregel*, also der Vorrang der dem Bürger günstigen Sprachfassung, fand Eingang in eines der ersten und wichtigsten Urteile des Gerichtshofs zur Behandlung von Sprachdivergenzen (EuGH, Rs. 29/69, Stauder, Slg. 1969, 419 Rn. 4). Verfahrensgegenstand war eine an alle Mitgliedstaaten gerichtete Kommissionsentscheidung zur Abgabe verbilligter Butter an Sozialhilfeempfänger. Während die Berechtigten nach der deutschen und niederländischen Formulierung einen „auf ihren Namen ausgestellten Gutschein" vorlegen mussten, forderte die französische und italienische Fassung lediglich die Vorlage eines – auf welche Weise auch immer – „individualisierten Gutscheins". Auf die Klage eines Deutschen, der sich gegen die Pflicht zur Offenbarung seines Namens wandte, entschied der EuGH, dass der am wenigsten belastenden Auslegung der Vorzug zu geben sei, die noch zur Individualisierung der Berechtigten genüge. Entgegen einer verbreiteten Annahme im Schrifttum (Huntington 1991, 321, 336; Milian-Massana 1995, 485, 502) stellt die Günstigkeitsregel aber keine allgemeine Auslegungsmaxime des EuGH dar, sondern nimmt lediglich Indizfunktion bei der Ermittlung des zutreffenden Auslegungsergebnisses ein. Die mitunter im Widerspruch zur Günstigkeitsregel stehende *Gemeinsame-Nenner-Regel* lässt sich in der Rechtsprechung des Gerichtshofs – zu Recht – nicht nachweisen.

3.2.5 Die Bedeutung der Originalfassungen

Die Anwendung der *Arbeitssprachenregel* scheint a priori schon wegen des formalen Gleichlaufs von Amts- und Arbeitssprachenregime in der Union ausgeschlossen. Allerdings stellt die gleichmäßige Verwendung aller Unionssprachen bei der Erstellung des Primär- und Sekundärrechts eine bloße Fiktion dar. Der Rechtssetzungsprozess spielt sich größtenteils in einigen wenigen internen Arbeitssprachen ab (s. 2.2.). Im Schrifttum divergieren die Meinungen zu der Frage, inwieweit der tatsächlichen Urfassung der streitigen Vorschrift bei der Auslegung eine besondere Bedeutung zukommt (bejahend etwa Bruha 1995. In: Bruha/Seeler, 83, 100; verneinend z. B. Everling 1992, 376, 387). Der EuGH hat sich von der Arbeitssprachenregel, die auch als *Grundsatz der führenden Sprache* bezeichnet wird, unter Hinweis auf die Gleichberechtigung aller Amts- und Arbeitssprachen distanziert. Gleichwohl ergibt die Untersuchung der einschlägigen Judikatur, dass der Gerichtshof mitunter ausdrücklich (z. B. EuGH, Rs. C-449/93, Rockfon, Slg. 1995, I-4291 Rn. 33) und noch häufiger konkludent (z. B. EuGH, verb. Rs. 138 u. 139/86, Direct Cosmetics Ltd., Slg. 1988, 3937 Rn. 31) die Existenz bzw. die hervorgehobene Bedeutung der Originalfassung der streitigen Vorschrift bei deren Auslegung anerkannt hat.

Auch in aktuellen Entscheidungen setzt der EuGH die Fassung in der Verfahrenssprache oft primär bzw. ausschließlich in Relation zur französischen Sprachfassung, die – neben dem Englischen – häufig als Entwurfsfassung in den Normtexten fungiert und zudem als interne Arbeitssprache des Gerichtshofs dient. So verglich der EuGH in einem italienischen Fall die italienische Richtlinienfassung „pubblicità ingannevole *ed* illegittimamente comparativa" nur mit der französischen Formulierung „publicité trompeuse *ou* publicité comparative illicite", um zu dem Ergebnis zu gelangen, dass die Begriffe „irreführende Werbung" und „vergleichende Werbung" nicht kumulativ, sondern alternativ zu verstehen sind (EuGH, Urt. v. 13.3.2014, Rs. C-52/13, Posteshop SpA). In einem dänischen Fall setzte der Gerichtshof die dänische Fassung der Altersdiskriminierungsrichtlinie zunächst in Relation zu ihrer französischen Fassung, bevor er ergänzend auf den spanischen, deutschen, englischen und polnischen Wortlaut Bezug nahm (EuGH, Rs. C-546/11, Dansk Jurist- og Økonomforbund, Neue Zeitschrift für Verwaltungsrecht 2013, 1401 Rn. 35, 38). Zwar spricht für diese Vorgehensweise eine gewisse tatsächliche Vermutung, dass die Urfassung den Sinn und Zweck der Vorschrift am treffendsten wiedergibt. Diese Vermutung genügt jedoch nur dann dem Verfassungsprinzip der gleichrangigen Vielsprachigkeit, wenn sie nicht absolut ist, sondern im Einzelfall durch die Heranziehung weiterer Auslegungsmethoden widerlegt werden kann.

3.3 Sprachdivergenzen und Vertrauensschutz

Der Umgang des Gerichtshofs mit Sprachdivergenzen ist in zweifacher Hinsicht kritikwürdig. Zum einen trägt seine Judikatur dem Grundsatz der Gleichberechtigung aller Amtssprachen nicht hinreichend Rechnung. Trotz der formal gleichen Verbindlichkeit der Sprachfassungen sind manche Sprachen ‚gleicher' als andere, indem ihnen faktisch ein größeres Gewicht in der Auslegungstätigkeit des EuGH zukommt. Zum anderen negiert die Rechtsprechung mitunter die berechtigten Interessen der Unionsbürger, die sich auf den Wortlaut ihrer heimischen Sprachfassung verlassen haben. Dies ist auch vor dem Hintergrund des Verbots der Diskriminierung aus sprachlichen Gründen nach Art. 21 der Grundrechte-Charta problematisch. So konstatierte der EuGH in einem bekannten Urteil (EuGH, Rs. C-296/95, EMU Tabac u. a., Slg. 1998, I-1605), auf das er auch später Bezug nimmt (EuGH, Rs. C-5/05, Joustra, Slg. 2006, I-11075), dass sich das von ihm gefundene Auslegungsergebnis mit besonderer Deutlichkeit aus der dänischen und der griechischen Fassung des Textes ergebe. In dieser und ähnlichen Entscheidungen fordert er die Auseinandersetzung mit fremdsprachigen Fassungen als selbstverständliche Rechtspflicht der Unionsbürger ein. Daher hat ein ungarisches Gericht ein Vorabentscheidungsersuchen an den EuGH mit der Frage gerichtet, ob das Unionsrecht einem Unionsbürger zur Seite steht, der im Vertrauen auf seine Sprachfassung einer EU-Verordnung bestimmte Dispositionen getroffen hat, ohne sich der eventuell abweichenden Bedeutung weiterer Sprachfassungen vergewissert zu haben (Rs. C-74/13).

4 Multilingualität in der mitgliedstaatlichen Judikative und Rechtspraxis

4.1 Anspruch: Umfassende Pflicht zum Sprachvergleich?

4.1.1 Das C.I.L.F.I.T-Urteil des EuGH

Innerstaatliche Rechtsanwender wie Gerichte, Behörden und Unionsbürger sind täglich mit der Mehrsprachigkeit des Unionsrechts konfrontiert. Der Europäische Gerichtshof kann der ihm nach Art. 19 EUV übertragenen Aufgabe der Wahrung des Rechts nur nachkommen, wenn er infolge der Vorlage von Rechtsfragen durch die nationalen Gerichte nach Art. 267 AEUV Gelegenheit zur Stellungnahme erhält. Im Rechtsprechungsdialog mit dem EuGH ist der einzelstaatliche Richter als *„juge commun de droit communautaire“* zur Auslegung und Anwendung des multilingualen Unionsrechts berufen. In der Rechtssache „C.I.L.F.I.T.“ (EuGH, Rs. 283/81, Slg. 1982, 3415) hatte sich der Gerichtshof grundlegend zur Pflicht mitgliedstaatlicher Gerichte geäußert, fremde Sprachfassungen bei der Auslegung einzubeziehen. Aus Sicht des EuGH entfällt die Vorlagepflicht eines letztinstanzlichen Gerichts nach Art. 267 Abs. 3 AEUV nur dann, wenn die richtige Anwendung des Unionsrechts derartig offenkundig ist, das kein vernünftiger Zweifel an der Entscheidung der gestellten Frage besteht (*„Acte clair“-Theorie*). Das innerstaatliche Gericht müsse allerdings davon überzeugt sein, dass auch für die Gerichte der übrigen Mitgliedstaaten und den Europäischen Gerichtshof selbst die gleiche Gewissheit bestehe, wofür ein Vergleich aller verbindlichen Sprachfassungen unter Berücksichtigung etwaiger Begriffs- oder Bedeutungsdivergenzen erforderlich sei.

4.1.2 Die Rechtssache „Intermodal Transports“

Die „Acte clair“-Judikatur hat der Gerichtshof in der Rechtssache „Intermodal Transports“ grundsätzlich bestätigt (EuGH, Rs. C-495/03, Slg. 2005, I-8151). Allerdings hat er seine Ausführungen, die auf eine voraussetzungslose, systematische und umfassende Pflicht der nationalen Gerichte zum Sprachvergleich hinausliefen, nicht wiederholt. Vielmehr hat sich die Generalanwältin in den zugrundeliegenden Schlussanträgen, die bei grundlegenden Entscheidungen des Gerichtshofs stets mit heranzuziehen sind, sogar ausdrücklich gegen die „praktisch untragbare Bürde“ der nationalen Gerichte gewandt, eine unionsrechtliche Vorschrift in jeder der offiziellen Unionssprachen zu prüfen (Schlussanträge der Generalanwältin Stix-Hackl v. 12.4.2005, Rn. 99). Angesichts der vielen Auslegungsvariablen im Unionsrecht müsse die Feststellung, wann ein „Acte clair“ vorliege, letztlich der Beurteilung durch das nationale Gericht überlassen werden. Der EuGH ist dieser Einschätzung nicht entgegen getreten.

4.2 Wirklichkeit: Die tatsächliche Praxis der mitgliedstaatlichen Judikative

4.2.1 Sprachdivergenzen in EU-Rechtstexten

Die pragmatische Herangehensweise der Generalanwältin in der Rechtssache „Intermodal Transports“ wird der tatsächlichen Praxis der mitgliedstaatlichen Judikative deutlich besser gerecht als die hohen Anforderungen im C.I.L.F.I.T.-Urteil, wie eine Analyse der deutschen Rechtsprechung zeigt. In Deutschland ist die deutsche Sprache als verbindliche Gerichtssprache (§ 184 des Gerichtsverfassungsgesetzes) und Amtssprache (§ 23 des Verwaltungsverfahrensgesetzes) normiert (Lässig 1980, 1 ff.). Dies schließt es freilich nicht aus, dass deutsche Gerichte bei der Auslegung und Anwendung des Unionsrechts auch die anderen gleichermaßen verbindlichen Sprachfassungen berücksichtigen. Im praktischen Regelfall wird der deutsche Richter bei der Beurteilung eines Falles aber nur bzw. zunächst seine eigene Sprachfassung zugrunde legen. Die Gerichte führen allenfalls bei entsprechendem Anlass, d. h. bei Zweifeln an der eigenen Sprachfassung, einen Sprachvergleich durch, der sich dann regelmäßig auf die englische und/oder französische Sprachfassung der Norm beschränkt. So hatte sich das Bundesverwaltungsgericht mit der Frage auseinanderzusetzen, ob eine EU-Verordnung zu landwirtschaftlichen Betriebsprämien eine widerlegbare oder eine unwiderlegbare Vermutung enthält (BVerwG, Beschl. v. 29.1.2013, 3 B 31.12). Angesichts des nicht eindeutigen deutschen Wortlauts und inspiriert von einem in der juristischen Literatur durchgeführten Sprachvergleich zog das Gericht die englische Formulierung („shall be“) und die französische Wendung („sont considérées“) zur Begründung seiner Annahme einer unwiderleglichen Vermutung heran. Die Heranziehung zusätzlicher Sprachfassungen ist die Ausnahme (vgl. BVerwG, 6 C 14.11, Neue Zeitschrift für Verwaltungsrecht 2013, 139: Vergleich mit der von der Klägerin zitierten französischen, spanischen und italienischen Fassung einer EU-Richtlinie).

Gelangen die deutschen Gerichte nach derartigen „selektiven“ Sprachvergleichen zu für sie eindeutigen Auslegungsergebnissen, sehen sie von einer Vorlage an den EuGH nach der Acte clair-Doktrin ab. Ob dies zu Recht erfolgt, kann nur noch das Bundesverfassungsgericht prüfen, wenn im Rahmen einer Urteilsverfassungsbeschwerde eine Verletzung des Rechts auf den gesetzlichen Richter – wozu auch der EuGH gehört – nach Art. 101 Abs. 1 Satz 2 GG gerügt wird. Bei der Überprüfung der Einhaltung der Vorlagepflicht beschränkt sich das Bundesverfassungsgericht auf die Beanstandung evidenter, nachgerade willkürlicher Verstöße. Eine Verletzung des Art. 101 Abs. 1 Satz 2 GG wegen Nichtvorlage einer Sprachdivergenz an den EuGH hat das Bundesverfassungsgericht noch nie festgestellt. Vielmehr hat es dem Bundesgerichtshof in einem Fall mit durchaus knappem Sprachvergleich bescheinigt, dass er sich eingehend mit den verschiedenen sprachlichen Fassungen der EU-Richtlinien, der Terminologie des Unionsrechts und der Rechtsprechung in den anderen Mitgliedstaaten auseinandergesetzt habe (BVerfG, 2 BvR 276/90, NJW 1992, 678).

4.2.2 Sprachdivergenzen in EuGH-Urteilen

Im Rechtsprechungsdialog mit dem EuGH kann die mitgliedstaatliche Judikative nicht nur mit Sprachdivergenzen in unionsrechtlichen Primär- oder Sekundärrechtstexten, sondern auch mit Divergenzen in den verschiedenen Sprachfassungen eines EuGH-Urteils befasst sein (s. 2.1.3.). Ein anschauliches Beispiel hierfür ist ein Urteil des Bundesverwaltungsgerichts betreffend die Flüchtlingsanerkennung bei schwerwiegenden Verletzungen der Religionsfreiheit (BVerwG, 10 C 23.12, Neue Zeitschrift für Verwaltungsrecht 2013, 936). Auf Vorlage des Bundesverwaltungsgerichts hatte der EuGH (Rs. C-71/11 u. C-99/11, Neue Zeitschrift für Verwaltungsrecht 2012, 1612) entschieden, unter welchen Voraussetzungen Eingriffe in die Religionsfreiheit als Verfolgungshandlungen im Sinne von Art. 9 der Flüchtlingsschutz-Richtlinie (RL 2011/95/EU v. 13.12.2011, ABl. Nr. L 337, 9) angesehen werden können. Das Bundesverwaltungsgericht stellte fest, dass der Gerichtshof in der allein verbindlichen deutschen Sprachfassung des Urteils nur den Begriff „verfolgt“ verwendete, ohne dies ausdrücklich auf eine strafrechtliche Verfolgung zu beziehen. Aus dem Vergleich mit der (arbeitssprachlichen) französischen sowie der englischen und italienischen Fassung des Urteils ergab sich jedoch, dass nur strafrechtliche Verfolgungshandlungen erfasst sein sollten.

4.3 Die Rechtsprechung des Bundesverfassungsgerichts

In seiner eigenen Auslegungstätigkeit hatte sich das Bundesverfassungsgericht bislang kaum jemals mit den verschiedenen sprachlichen Fassungen einer unionsrechtlichen Bestimmung auseinanderzusetzen. Dies rührt daher, dass Prüfungsmaßstab des Bundesverfassungsgerichts allein das deutsche Grundgesetz ist, während das Unionsrecht nur mittelbar, etwa im Rahmen der Ultra-vires-Kontrolle, eine Rolle spielt (dazu näher Kaiser/Schübel-Pfister 2011, 545, 556 ff.). So stellte das Bundesverfassungsgericht in seinem „Honeywell“-Urteil (BVerfGE 126, 286 = NJW 2010, 3422) die verschiedenen Sprachfassungen der „Mangold“-Entscheidung des EuGH (EuGH, Rs. C-144/04, Slg. 2005, I-9981) einander gegenüber, um über das Vorliegen einer Kompetenzüberschreitung des Gerichtshofs in der genannten Entscheidung befinden zu können.

Zukünftig könnten sich kontroverse Auslegungsfragen etwa bei der Grundrechte-Charta stellen, die in der Rechtsprechungstätigkeit von EuGH und Bundesverfassungsgericht gleichermaßen relevant wird und von besonderer Bedeutung für das sensible Verhältnis der beiden ‚europäischen Verfassungsgerichte' zueinander ist. Ein Beispiel hierfür ist die deutsche Fassung von Art. 51 der Charta, die mit „*Anwendungsbereich*" überschrieben ist, während nach Abs. 1 Satz 1 die Charta für die Mitgliedstaaten „ausschließlich bei der *Durchführung* des Rechts der Union" gilt. Zur Reichweite der Grundrechte-Charta sind bereits erste widersprüchliche Entscheidungen des EuGH einerseits (EuGH, Rs. C-399/11, Melloni, NJW 2013, 1215; EuGH, Rs. C-617/10, Åkerberg Fransson, NJW 2013, 1415) und des Bundesverfassungsgerichts andererseits (BVerfG, 1 BvR 1215/07, NJW 2013, 1499) ergangen.

5 Ausblick: Multilingualität und Verfassungsidentität

Der Europäische Gerichtshof befasst sich nicht nur mit Sprachdivergenzen in EU-Rechtstexten, sondern wird auch zur Beurteilung der Zulässigkeit nationaler Sprachregelungen im Lichte der EU-Grundfreiheiten und des sonstigen Unionsrechts aufgerufen. Durch seine Rechtsprechung zieht sich wie ein roter Faden die Erkenntnis, dass der eigenen Sprache des Unionsbürgers eine zentrale Gewährleistungsfunktion bei der Wahrnehmung seiner Rechte zukommt (näher Schübel-Pfister 2004, 261 ff.). Jüngst hat der EuGH entschieden, dass die Möglichkeit, die deutsche Sprache vor den Zivilgerichten der Provinz Bozen zu gebrauchen, nicht allein den in dieser Region wohnhaften italienischen Staatsbürgern vorbehalten werden darf. Angesichts des unionsrechtlichen *Diskriminierungsverbots* und der *Freizügigkeitsgarantie* muss jedem Unionsbürger ein solches Recht offen stehen (EuGH, Urt. v. 27.3.2014, Rs. C-322/13). Eine entsprechende Entscheidung hat der Gerichtshof schon früher in Bezug auf Deutsch als Gerichtssprache bei Strafverfahren in Südtirol getroffen (EuGH, Rs. C-274/96, Bickel und Franz, Slg. 1998, I-7637).

Protektionistisch motivierten Sprachregelungen der Mitgliedstaaten erteilt der Gerichtshof regelmäßig eine Absage. Ein Dekret der Flämischen Gemeinschaft in Belgien verpflichtete – unter Androhung der Nichtigkeit – alle Arbeitgeber mit Betriebssitz in diesem Gebiet, grenzüberschreitende Arbeitsverträge auf Niederländisch abzufassen. Der EuGH befand, dass die Regelung eine unverhältnismäßige Beschränkung der Arbeitnehmerfreizügigkeit darstelle, weil sie sich auf nicht-niederländischsprachige Arbeitgeber und Arbeitnehmer abschreckend auswirke (EuGH, Rs. C-202/11, Las, EWS 2013, 248). Zugleich erkannte er Bestrebungen der Mitgliedstaaten zum Schutz und zur Förderung ihrer Amtssprachen als Bestandteil ihrer nationalen Identität im Sinn des Art. 4 Abs. 2 EUV an. Schließlich wahrt die Europäische Union nach Art. 3 Abs. 3 Unterabs. 4 EUV und nach Art. 22 der Grundrechte-Charta den

Reichtum ihrer kulturellen und sprachlichen Vielfalt – einen Reichtum, den es auch zukünftig zu bewahren gilt.

6 Literatur

Baaij, Cornelis J. W. (2012): Fifty years of multilingual interpretation in the European Union. In: Peter M. Tiersma/Lawrence M. Solan (Hg.): The Oxford Handbook of Language and Law. Oxford, 217–231.

Bansch, Vanessa (2005): Sprachvorgaben im Binnenmarktrecht. Sprachenvielfalt und Grundfreiheiten. Baden-Baden.

Bengoetxea, Joxerramon (1993): The Legal Reasoning of the European Court of Justice. Oxford.

Berteloot, Pascale (1987): Jurilinguistique à la Cour de Justice. Saarbrücken.

Braselmann, Petra (1992): Übernationales Recht und Mehrsprachigkeit. Linguistische Überlegungen zu Sprachproblemen in EuGH-Urteilen. In: Europarecht, 55–74.

Bruha, Thomas/Hans-Joachim Seeler (Hg.) (1998): Die Europäische Union und ihre Sprachen. Baden-Baden.

Everling, Ulrich (1992): Zur Auslegung des durch EG-Richtlinien angeglichenen nationalen Rechts. In: Zeitschrift für Unternehmens- und Gesellschaftsrecht, 376–395.

Fischer, Roswitha (Hg.) (2007): Herausforderungen der Sprachenvielfalt in der Europäischen Union. Beiträge und Diskussionen vom Symposium am 20./21. April 2006 an der Universität Regensburg. Baden-Baden.

Groot, Gerard-René de/Reiner Schulze (Hg.) (1999): Recht und Übersetzen. Baden-Baden.

Hilf, Meinhard (1973): Die Auslegung mehrsprachiger Verträge. Eine Untersuchung zum Völkerrecht und zum Staatsrecht der Bundesrepublik Deutschland. Berlin.

Hirsch, Günter (1999): Der Europäische Gerichtshof – Eine Ansicht von innen –. In: Monatsschrift für Deutsches Recht, 1–5.

Huber, Peter M. (1992): Deutsch als Gemeinschaftssprache. In: Bayerische Verwaltungsblätter, 1–7.

Huntington, Robert (1991): European Unity and the Tower of Babel. In: Boston University International Law Journal, 321–328.

Kahl, Wolfgang (2006): Sprache als Kultur- und Rechtsgut. In: Veröffentlichungen der Vereinigung der Deutschen Staatsrechtslehrer, 386–471.

Kaiser, Karen/Isabel Schübel-Pfister (2011): Der ungeschriebene Verfassungsgrundsatz der Europarechtsfreundlichkeit: Trick or Treat? In: Linien der Rechtsprechung des Bundesverfassungsgerichts, 545–571.

Kirchhof, Paul (1987): Die Bestimmtheit und Offenheit der Rechtssprache. Berlin.

Kjær, Anne Lise (1999): Überlegungen zum Verhältnis von Sprache und Recht bei der Übersetzung von Rechtstexten der Europäischen Union. In: Peter Sandrini (Hg.): Übersetzen von Rechtstexten. Fachkommunikation im Spannungsfeld zwischen Rechtsordnung und Sprache. Tübingen, 63–79.

Kürten, Markus A. (2004): Die Bedeutung der deutschen Sprache im Recht der Europäischen Union. Berlin.

Lässig, Curt Lutz (1980): Deutsch als Gerichts- und Amtssprache. Berlin.

Loehr, Kerstin (1998): Mehrsprachigkeitsprobleme in der Europäischen Union. Eine empirische und theoretische Analyse aus sprachwissenschaftlicher Perspektive. Frankfurt a. M.

Lohse, Christian W. (2002): Sprachenvielfalt und einheitliche Rechtsanwendung in der EG – Dargestellt am Beispiel der Umsatz-/Mehrwert-Steuer. In: Umsatzsteuer-Rundschau, 393–405.

Lohse, Christian W. (Hg.) (2004): Die deutsche Sprache in der Europäischen Union. Rolle und Chancen aus rechts- und sprachwissenschaftlicher Sicht. Baden-Baden.
Luttermann, Claus (1998): Juristische Übersetzung als Rechtspolitik im Europa der Sprachen. Eine wirtschaftsrechtlich-linguistische Betrachtung. In: Europäische Zeitschrift für Wirtschaftsrecht, 151–157.
Luttermann, Karin (2007): Mehrsprachigkeit am Europäischen Gerichtshof. Das Referenzsprachenmodell für ein EU-Sprachenrecht. In: Dorothee Heller/Konrad Ehlich (Hg.): Studien zur Rechtskommunikation. Bern, 47–80.
Luttermann, Karin (2011): Sprachgebrauch in der vielsprachigen Institutionenkommunikation: Semantische Funktionalität bei Sprachkontakt. In: Kerstin Kazzazi u. a. (Hg.): Eichstätter Sprachgeschichten. Ein Kolloquium zu Ehren von Elke Ronneberger-Sibold. Würzburg, 51–72.
Luttermann, Karin (2013): Die Europäische Union und ihre Sprachen im Spannungsfeld zwischen Vielsprachigkeit und Einsprachigkeit – Lösungsansatz zum Sprachengebrauch. In: Marina Wagnerová/Gerald Sander (Hg.): Die Rechtssprache in der internationalen Diskussion. Hamburg, 109–130.
Mäder, Werner (1997): Sprachordnung und Minderheitenschutzrechte in Deutschland, Zeitschrift für Ausländerrecht und Ausländerpolitik, 29–37.
Mancini, Giuseppe Federico/David T. Keeling (1994/1995): Language, Culture and Politics in the Life of the European Court of Justice. In: The Columbia Journal of European Law, 397–413.
Martiny, Dieter (1998): Babylon in Brüssel? Das Recht und die europäische Sprachenvielfalt. In: Zeitschrift für Europäisches Privatrecht, 227–252.
Mayer, Franz (2005): Europäisches Sprachenverfassungsrecht. In: Der Staat, 367–401.
Milian-Massana, Antoni (1995): Le régime linguistique de l'Union Européenne. Le régime des institutions et l'incidence du droit communautaire sur la mosaïque linguistique européenne. In: Rivista di Diritto Europeo, 485–512.
Müller, Friedrich/Isolde Burr (Hg.) (2004): Rechtssprache Europas. Reflexion der Praxis von Sprache und Mehrsprachigkeit im supranationalen Recht. Berlin.
Nussbauer, Markus (1997): Sprache und Recht. Heidelberg.
Pescatore, Pierre (1984): Interprétation des lois et conventions plurilingues dans la Communauté européenne. In: Cahiers de Droit 25, 989–1010.
Rasmussen, Hjalte (1992): Towards a normative theory of interpretation of community law. In: The University of Chicago Legal Forum, 135–178.
Schilling, Theodor (2011): Multilingualism and multijuralism: Assets of EU legislation and adjudication? In: German Law Journal, 1460–1491.
Schübel-Pfister, Isabel (2004): Sprache und Gemeinschaftsrecht. Die Auslegung der mehrsprachig verbindlichen Rechtstexte durch den Europäischen Gerichtshof. Berlin.
Streinz, Rudolf (2016): Europarecht. 10. Aufl. Heidelberg.

VII. Sprachgebrauch im Kontext des Tathergangs

Mustafa T. Oğlakcıoğlu/Jan C. Schuhr

26. Verbotene Sprache

Abstract: Der folgende Beitrag möchte einen Überblick darüber geben, in welchen Varianten der Gebrauch von Sprache bei Strafe verboten ist. Sprache und Recht haben die zentrale Abhängigkeit von Regeln gemein, unterscheiden sich aber in der Art der Regeln (unten 2). Auch das Strafrecht befasst sich nicht nur mit expliziten Äußerungen (unten 3). Ein Grundproblem sprachbezogener Ge- und Verbote liegt in Umfang und Intensität der Freiheitseingriffe; dies ist verfassungsrechtlich bedeutsam, wirft aber auch spezifisch strafrechtliche Fragen nach Legitimität und Grenzen auf (unten 4). Weitgehende Sprachverbote sind zwar konstruierbar (unten 5.1). V. a. knüpfen Straftatbestände aber an Sprechakte als eine Handlungsform unter anderen an; daneben gibt es spezifische Äußerungsverbote (unten 5.2). Abschließend werden letztere anhand der Beleidigung und Volksverhetzung näher vorgestellt (unten 6).

Weil die strafrechtlichen Regeln grundsätzlich überall für jedermann gelten, enthält das Strafrecht die „allgemeinen Sprachverbote" unseres Rechts. Andere Rechtsgebiete enthalten etliche weitere Rechtsregeln über Äußerungen. So besteht etwa ein Gutteil des Prozessrechts darin, zu regeln, wer im Verfahren was wann wozu sagen darf bzw. sagen muss. Wettbewerbsrecht regelt u. a., wo und mit welchem Inhalt werbliche Äußerungen gemacht werden dürfen etc. Der vorliegende Beitrag beschränkt die Betrachtung auf das Strafrecht.

1 Ein Beispiel

A sagt zu B: „Sie sind ein Idiot!"

Sprachlich ein gelungener Satz. Grammatikalisch ist er wohl geformt. Er ist kurz und verständlich. In der Anrede ist er sogar höflich. Mehr noch: Es lassen sich leicht Fälle ausmalen, in denen man ihn als „zutreffend" bezeichnen würde. Er ist sicherlich nicht als psychiatrische Diagnose gemeint und damit weder als eigentliche Tatsachenbehauptung, noch als – aufgrund besonderer Expertise – kompetente Bewertung. Deshalb ist er nicht im strengen Sinne wahrheitsfähig. Er enthält ein Werturteil.

DOI 10.1515/9783110296198-026

Doch bei hinreichend dümmlich-hinterhältigem Vorverhalten des B könnte die Äußerung des A ohne weiteres zutreffen.

Trotzdem leidet der Satz an einem schweren Fehler. Er ist unzulässig – rechtlich unzulässig. A verletzt den sozialen Geltungsanspruch von B, er beleidigt ihn. Nun könnte auch dies unter besonderen Umständen gerechtfertigt sein, aber in der Regel ist eine solche Äußerung strafbar (nach § 185 StGB), und zwar selbst dann, wenn ein verständiger neutraler Beobachter der Situation inhaltlich der Wertung zustimmen würde.

2 (Straf-)Rechtliche Verbote und Sprachspiele

Jedes Sprachspiel hat Regeln. Sie machen das Sprachspiel gerade aus. Zu diesen Regeln gehören grammatikalische, semantische, logische, je nach Weite der betreffenden Betrachtung eventuell sogar physikalische (nämlich die Möglichkeit der physischen Übermittlung im jeweiligen Sprachmedium betreffende) und vielerlei Arten sozialer Regeln (dazu Wittgenstein 1953, insb. §§ 7, 22 f., 546; vgl. auch Buchholz 1998, S. 60 ff.).

In die letztere Kategorie fallen die rechtlichen Regeln. Sie beanspruchen – aus der Innenperspektive des Rechts – Vorrang vor den anderen Regeln (zumindest soweit diese nicht in unabänderlichen Naturgesetzlichkeiten bestehen). Ob hierin eine Besonderheit rechtlicher Regeln liegt, mag allerdings dahinstehen. Etliche weitere Regelsysteme beanspruchen in ihrer Innenperspektive wohl ganz entsprechend Vorrang vor allen anderen (insbesondere für religiöse und andere weltanschauliche Regeln dürfte dies oft gelten). Die rechtlichen Regeln sind allerdings durch besondere Exekutionsinstitutionen gekennzeichnet. Zum Wesen des Sprachspiels gehört es, dass grundsätzlich alle Regelverstöße Folgen haben – die Regel zeigt sich gerade in der Reaktion der Mitspieler auf den Regelbruch. Soziale Konsequenzen – auch Sanktionen (z. B. den Delinquenten nicht mehr zu grüßen) – werden regelmäßig an den Regelbruch geknüpft. Im Recht, zumal im Strafrecht, bestehen jedoch eigene Institutionen wie die Polizei, Staatsanwaltschaften, Strafgerichte und Justizvollzugsanstalten, um den Regelbruch zu ermitteln, festzustellen und zu ahnden. In einer weiten linguistischen Perspektive kann man auch all deren Tätigkeiten als Teil des Sprachspiels, den gesamten Ablauf also als Sprachspiel betrachten. Es ergibt sich aber eben ein Sprachspiel mit besonderen Aspekten, nämlich eines mit Gittern aus Eisen und Stahl.

Die Betrachtung insgesamt als Sprachspiel dürfte nützlich sein, um Fragen der Legitimität rechtlicher Regeln über die Verwendung von Sprache anzugehen. Es wäre keineswegs legitim, sie beliebig zu setzen; gerade auch nicht in einer Demokratie mit grundsätzlich positivem Strafgesetz (wobei „positiv" für „gesetzt", nämlich von einem Gesetzgeber in schriftlicher Form erlassen, steht), und prinzipieller inhaltlicher Prärogative des parlamentarischen Gesetzgebers. Wenn sprachliche Ausdrucksweisen verboten werden, so sollte dies nur der sozialschädlichen Wirkung der betreffenden Aussagen wegen geschehen. Verfassungsrechtlich gesprochen: Der in der Anordnung eines Deliktstatbestandes liegende Eingriff in die allgemeine Handlungsfreiheit der Beteiligten und gegebenenfalls weitere Grundrechte ist (selbst am vergleichsweise niedrigen Maßstab von Art. 2 Abs. 1 GG) nur gerechtfertigt, wenn der Gesetzgeber damit einen legitimen Zweck verfolgt.

3 Varianten verbotener sprachlicher Ausdrücke

Im Ausgangsbeispiel ging es um einen Satz, und zwar um einen gesprochenen. In welchem Medium die Mitteilung erfolgt, ist dabei grundsätzlich gleichgültig. Wenn A an B einen entsprechenden Brief geschrieben hätte, eine E-Mail, oder gar eine entsprechende Äußerung in einen gedruckten Beitrag aufgenommen hätte, wäre das für ihn strafrechtlich in keiner Weise günstiger zu bewerten gewesen. Rechtlich kommt es in der Regel allein auf den Aussagegehalt an. Zu diesem Grundsatz bestehen allerdings Ausnahmen. So knüpfen insbesondere Tatbestände der Pornographie oft an das Vorliegen einer „Schrift" an, wobei auch dieser Begriff weit verstanden, aber regelmäßig zumindest noch eine Verkörperung vorausgesetzt wird, an der es bei einer schlichten Übertragung in Netzen (ohne Zwischenspeicherung auf einem nichtflüchtigen Datenträger) gegebenenfalls fehlt.

Sprachbezogene Strafvorschriften knüpfen keineswegs nur an explizite Aussagen an. So werden etwa öffentlich gezeigte Flaggen und Hoheitszeichen besonders geschützt und u. a. derjenige bestraft, der „beschimpfenden Unfug daran verübt" (bzgl. inländischer Symbole § 90a Abs. 2 StGB; bzgl. ausländischer § 104 StGB). Das Verwenden von Kennzeichen verfassungsfeindlicher Organisationen und schon etliche Vorbereitungshandlungen dazu sind nach § 86a StGB strafbar. Auch hier geht es um Inhalte von Aussagen, nicht Zeichen als solche. Wer etwa in einer Studie über römische Mosaike eine Hakenkreuzstruktur abbildet, verwendet dieses Symbol nicht als verfassungsfeindlich. Wer hingegen eine Hakenkreuzfahne schwenkt, greift einen Gebrauch aus dem Dritten Reich auf und macht, wenn er nicht zugleich deutliche Gegenindizien setzt, nach allgemeinem Verständnis in unserer Gesellschaft implizit eine verfassungsfeindliche Aussage. Wie häufig wegen (wirklicher oder vermeintlicher) Verstöße gegen solche Vorschriften ermittelt wird, gehört zu den von der Bundesrepublik als grundsätzlich geheimhaltungsbedürftig eingestuften (oder gar nicht erst erhobenen) statistischen Daten über Staatsschutzdelikte.

4 Grenzen des Strafrechts

Verbote bestimmter Symbole und Verbote von Äußerungen eines bestimmten Inhalts sind unmittelbar sprachbezogen und müssen als solche in besonderer Weise gerechtfertigt werden, denn sie verbieten unmittelbar höchstpersönliche Ausdrucksformen. Wie im Volkslied taucht in der Strafrechtslehre immer wieder die Wendung auf, die Gedanken seien frei. Erst die äußerliche Betätigung und diese allein im Hinblick auf ein konkretes strafbewehrtes Verbot bzw. Gebot konstituiert eine Straftat. Bestraft wird der Täter weder dafür, was er denkt, noch dafür, wie er ist, sondern nur für das, was er tut (Joecks 2011, Rn. 39 ff.; Eisele 2014, Vor § 13 Rn. 2014). Sprachverbote geraten indes leicht in die Nähe eines indirekten Verbotes von Gedanken. Und sie haben stets auch eine gesellschaftliche bzw. politische Komponente: Die offene Gesellschaft und das freiheitliche Gemeinwesen setzen voraus, dass ihre Mitglieder ihre Gedanken – gute wie schlechte – mitteilen und darauf erwidern können.

4.1 Strafrechtliche vs. außer(straf)rechtliche Verbote und Sanktionen

Viele Äußerungen, die man nach den Regeln der Höflichkeit und der Selbstachtung als rationales, gemeinschaftsfähiges Wesen für sich behalten sollte, stehen nicht unter Strafe. Selbst grob unmanierliche Äußerungen sind erst in Extremfällen rechtswidrig. Das hat dann zur Folge, dass der Betroffene einen zivilrechtlichen Unterlassungsanspruch und für erlittene Schäden ggf. auch einen (ebenso zivilrechtlichen) Ersatzanspruch gegen den Delinquenten hat. Das macht die Rechtsverletzung indes noch nicht strafrechtlich verfolgbar. Wer laut fluchend an einem Kinderspielplatz vorbeiläuft, mag gesellschaftlich nur dann zu entschuldigen sein, wenn er dafür einen besonderen Grund hat, etwa am Tourette-Syndrom leidet. Strafrechtlich hat er hingegen grundsätzlich nichts zu befürchten, denn er verstößt nicht gegen ein vorher im Gesetz bestimmtes und dort mit Strafe bewehrtes Verbot. Dass sein Verhalten sozial geahndet werden mag (er z. B. von den Eltern der Kinder nicht mehr gegrüßt wird), steht auf einem anderen Blatt.

Es ist nicht einmal allgemein strafbar, sich mit Straftaten zu brüsten oder solche anzukündigen. Man kann anderen stolz erzählen, dass man seine Kinder – in diesen Zeiten erst Recht – mit dem Gürtel züchtige. Wenn glaubhaft vorgetragen, begründet das einen Anfangsverdacht für strafrechtliche Ermittlungen hinsichtlich der behaupteten (gefährlichen) Körperverletzung und ggf. weiterer Delikte zu Lasten der Kinder (vgl. BGHSt 12, 62, 64; Fischer 2015, § 223 Rn. 38a; das Recht auf gewaltfreie Erziehung verbürgt § 1631 Abs. 2 BGB). Die Behauptung als solche ist hingegen nicht isoliert strafbar. Man kann sich auch im Stadtpark auf eine Bierkiste stellen und laut ankündigen, in sieben Tagen seine Frau auf grausame Art und Weise zu ermorden, weil diese einen jahrelang drangsaliert habe. Wenn glaubhaft vorgetragen, wären Passanten daraufhin sogar – unter Strafandrohung – verpflichtet, diese Ankündigung bei der Polizei anzuzeigen (§ 138 StGB). Eine eigene Strafbarkeit dieser Ankündigung ergibt sich aber erst dann, wenn sie den Tatbestand der Bedrohung (§ 241 StGB) verwirklicht. Dazu muss sie sich auch an das Opfer oder eine diesem nahestehende Person richten. Die weitere Voraussetzung, dass sie die Begehung eines Verbrechens zum Gegenstand hat (d. h. einer Straftat, die nicht mit weniger als einem Jahr Freiheitsstrafe bestraft werden darf, § 12 Abs. 1 StGB), wäre hier, wo es um einen Mord geht, erfüllt.

Ohne diese besonderen Eigenschaften der angekündigten Straftat läge indes nicht einmal eine „Erregung öffentlichen Ärgernisses" vor (die nach § 183a StGB strafbar wäre). Denn diese erfasst nicht etwa allgemein sozial grob inadäquates Verhalten, sondern gehört zu den Sexualdelikten und verlangt sexuelle Handlungen, die die Erheblichkeitsschwelle des § 183g Nr. 1 StGB überschreiten müssen (mit Grenzziehungsschwierigkeiten z. B. bei „nur kurzem Grapschen"; zur in die Jahre gekommenen Rechtsprechung BGH NStZ 1983, 553, zur Kritik an ihr Hörnle 2012, § 184g Rn. 22). Verlangt wird dafür – bei gewissen regionalen Unterschieden – untechnisch ausgedrückt, dass tatsächlich vorgenommene Handlungen das Prädikat der freiwilligen Selbstkontrolle „FSK 18" verdienen oder durch Körpersprache und ggf. Utensilien (man denke an das Hantieren mit Gurken, Bananen etc.) ein nach dem Kontext der Darbietung eindeutiger und sittlich inakzeptabler Bezug zu solchen Handlungen hergestellt wird. Wiederum ist die Schwelle strafrechtlicher Relevanz also erst unter qualifizierten Anforderungen erreicht (wobei die Rechtsregel im Übrigen auf die sittlichen Regeln und einen eindeutigen und erheblichen Verstoß gegen diese rekurriert). Etwas niedriger liegt indes die Schwelle einer Ordnungswidrigkeit (mit der Sanktion der Geldbuße, aber ohne Kriminalstrafe, d. h. weder Freiheitsstrafe noch Geldstrafe im eigentlichen Sinne) nach § 118 OWiG. Diese erfasst die „Belästigung der Allgemeinheit". Sie setzt – einigermaßen vage – eine „grob ungehörige Handlung" voraus, verlangt allerdings einschränkend wiederum, dass diese „geeignet ist, die Allgemeinheit zu belästigen oder zu gefährden und die öffentliche Ordnung zu beeinträchtigen".

4.2 Verbotene Sprache und fragmentarischer Charakter des Strafrechts

Die Androhung und Verhängung der Sanktion (Kriminal-)Strafe ist nur als allerletztes Mittel in besonders erheblichen Fällen sozialschädlichen Handelns legitim (*ultima-ratio*-Grundsatz des Strafrechts, dazu Hassemer/Neumann 2013, Vor § 1 Rn. 72; Roxin 2006 § 2 Rn. 97 ff.). Das bedeutet zugleich: Strafrecht soll nicht alles Unrecht (als Straftat) erfassen, sondern „fragmentarisch" sein, nur ausgewählte Delikte mit einer Strafdrohung belegen, und es ist gerade die Aufgabe der Strafgesetze (v. a. des Strafgesetzbuchs), diese Kriminaldelikte zu bestimmen. Dies sind keine bloß außerrechtlichen Fragen der Legitimität, vielmehr ist im Anwendungsbereich des Strafrechts eine besonders rigide Angemessenheits- bzw. Verhältnismäßigkeitsprüfung verfassungsrechtlich geboten, auch wenn die (Verfassungs)Rechtsbindung des Gesetzgebers nicht immer effektiv wirkt (dazu Albrecht 2010, § 29 I, § 32 Abs. 4). Strafgesetzgeberischer Aktionismus ist grundsätzlich fehl am Platz (zu Beispielen statt vieler Kudlich/Oğlakcıoğlu 2015, 275 ff.). Die in der Politik verbreitete Vorstellung, Strafrecht sei ein kostengünstiges Mittel, um auch dort sichtbar gegen Missstände vorzugehen, wo es an konkreten Strategien zu deren Beseitigung fehlt, beruht auf mehreren Irrtümern. Erstens ist die in Gesetzesinitiativen gern wiederholte Behauptung „Kosten: keine" nicht nur für die unmittelbaren Vollzugskosten meist ungenau, sondern ignoriert auch die erheblichen, aber schwer kalkulierbaren volkswirtschaftlichen Kollateralschäden durch das Ausweiten von Rechtsrisiken und der Vermehrung vager Vorschriften. Zweitens ist Strafrecht nur geeignet, um bereits übliche, allen Adressaten konkret bekannte Verhaltensregeln mittels Sanktionsdrohungen dauerhaft zu festigen, aber nicht als originäres Kommunikationsmittel und schon gar nicht als bloß symbolischer Akt. Denn wenn die Bürger nicht genau wissen, wie sie die Norm befolgen sollen, werden sie dazu durch die Strafdrohung nicht angeleitet.

Dass unvorsätzliches und damit auch fahrlässiges Verhalten „im Regelfall" straflos bleibt (mit etlichen Ausnahmen für Fahrlässigkeit), wird ebenso mit diesem Prinzip begründet. Gerade auch verbotene Sprechakte bleiben bei nur fahrlässiger Begehung fast durchwegs straffrei. Rutscht jemandem eine beleidigende, bekenntnisbeschimpfende oder hetzerische Bemerkung heraus oder „denkt er unabsichtlich laut" (und wird dies in einem Prozess auch so festgestellt), scheidet eine Bestrafung aus. Gut vorstellbar ist dies in Fällen, in denen sich der Täter nicht bewusst ist, dass seine Äußerung von Dritten vernommen bzw. verstanden werden könnte (und zwar akustisch, vgl. noch 6.1.1). Ebenso ist denkbar, dass sich der Täter der beleidigenden Wirkung einer bestimmten Geste nicht bewusst ist. Ein aus Daumen und Zeigefinger gebildeter Kreis bedeutet unter Deutschen „alles okay" oder in Bezug auf Speisen „delikat", symbolisiert in anderen Sprachgemeinschaften aber oft eine menschliche Körperöffnung und gilt als obszöne Schmähung (weitere Beispiele unter http://www.focus.de/reisen/service/tid-33033/). Weiß dies der Gestikulierende nicht, mag sich ein Adressat aus einem anderen Kulturkreis zwar in seinem Achtungsanspruch verletzt sehen (und ggf. „objektiv verletzt" sein), dies löst aber noch keine Strafbarkeit aus, solange der Täter insoweit ohne Vorsatz handelt.

5 Arten der Verbote von Sprechakten

5.1 Verbot von Sprachen und „übersinnlichem Sprachgebrauch"

Zunächst gibt es strafrechtlich sanktionierte Verbote ganzer Sprachen. Gemeint ist das Verbot, in einer ganz bestimmten Sprache zu kommunizieren bzw. zu publizieren. So waren bis 1991 in der Türkei nicht nur muttersprachlicher Kurdisch-Unterricht an staatlichen Schulen verboten (Art. 42 Abs. 9 der Verfassung), sondern auch kurdischsprachige Medien. Die Darlegung, Verbreitung und Veröffentlichung von Gedankengut in einer anderen Sprache als dem Türkischen stand gem. Art. 2 des Gesetzes Nr. 2932[12] sogar unter der Androhung von sechs Monaten bis zu zwei Jahren Haft. Auch samische Sprachen („Lappisch") waren in den staatlichen Schulen der nordischen Länder bis in das 20. Jahrhundert hinein verboten. Derartige Verbote sind rechtlich meist einfach strukturiert und erfassen jede Äußerung in der verbotenen Sprache oder zumindest solche Äußerungen in bestimmten Medien oder unter bestimmten Umständen (z. B. in der Öffentlichkeit). Als Maßnahme einer Assimilationspolitik steht ihnen im deutschen Verfassungsrecht heute das Diskriminierungsverbot des Art. 3 Abs. 3 GG entgegen, das die Muttersprache als ein die Persönlichkeit prägendes Merkmal explizit umfasst (Langenfeld 2015, Art. 3 Rn. 51 ff.). Strafrechtliche Sanktionierung scheidet im pluralistischen Rechtsstaat aus. In anderen Rechtsgebieten, etwa dem Arbeitsrecht, kennen allerdings auch wir zum Teil entsprechende Verbote und Sanktionen (dazu Hinrichs/Stütze 2011, 113).

Vergleichbar, aber deutlich schwächer wären Verbote, „Zauberformeln" o. Ä. auszusprechen. Einen Tatbestand der Hexerei kennt das aufgeklärte Strafrecht allerdings nicht mehr (zusammenfassend Krey 2014, 19 ff.), und selbst „abergläubische Versuche" einer „Körperverletzung oder Tötung" allein durch Worte (Verfluchen, Voodoo-Zauber etc.) bleiben in den meisten aufgeklärten Rechtsordnungen ohne Konsequenz. Im deutschen Strafrecht würde dem Täter schlicht abgesprochen, sich einen Ursache-Wirkungs-Zusammenhang vorzustellen (weil eine unmittelbar tödliche Wirkung von Sprache weit jenseits aller naturwissenschaftlicher Modelle liegt), und daher sein Vorsatz (normativ) verneint (Kudlich/Schuhr 2014, § 22 Rn. 24 f.; zum Ganzen auch Streng 1997, 862, 868).

5.2 Äußerungen und Sprechakte als Teil der Tatbestandsverwirklichung

Ungleich gebräuchlicher als Verbote ganzer Sprachen, „Zaubersprachen" bzw. von „schwarzer Sprachmagie" sind Tatbestände, die an das gesprochene Wort oder andere Sprechakte als wichtigste Form der Einflussnahme auf Mitmenschen anknüpfen, und zwar als Tathandlung (bzw. zurechnungsbegründenden Teil der Tathandlung oder Verhalten im Vorfeld der eigentlichen Rechtsgutsverletzung, das als erster Schritt zur ggf. verabredeten Begehung von Unrecht bereits selbständig tatbestandlich erfasst wird). Der Gegenstand solcher Verbote, die wiederum Sprachhandlungen betreffen, ist dann keineswegs unmittelbar die Sprache, sondern vielmehr die Bewehrung anderer rechtlicher Regeln. Solche Verbote, bei denen der Sprachbezug erst auf den zweiten Blick augenfällig wird, sind in unserer Rechtsordnung so zahlreich, dass die folgende Darstellung nur Schlaglichter auf sie werfen, aber keinen Anspruch auf Vollständigkeit erheben kann.

5.2.1 Sprechakte als Mittel, einen Erfolg herbeizuführen

Die Standardform einer Straftat ist das Erfolgsdelikt. Bestraft wird danach, wer den im jeweiligen Tatbestand vorausgesetzten „Erfolg" der Tat (beim Totschlag den Tod eines anderen Menschen, bei der Körperverletzung die Gesundheitsschädigung oder körperliche Misshandlung usw.) herbeiführt – ganz egal, auf welche Weise dies geschieht. Sie können auch durch sprachliche Äußerungen verwirklicht werden, wenn und soweit diese zumindest mittelbar eine entsprechende „Kausalkette in Gang setzen". Beispiel: Der wütende Ehemann lauert seiner Frau nachts im Badezimmer auf, erschreckt sie durch ein „Buh" und bewirkt so, dass seine schreckhafte Gemahlin auf den glatten Fliesen ausrutscht und sich eine Prellung zuzieht. Hier liegt im Ausruf die Körperverletzungshandlung (bei Vorsatz strafbar nach § 223 Abs. 1 StGB, bei Fahrlässigkeit nach § 229 StGB). Die Tat hat hier weniger mit der sprachlichen Bedeutung der Äußerung zu tun, als mit der äußeren Art des Äußerungsakts. Noch deutlicher – und ein noch anschaulicherer Fall unmittelbarer Verursachung des Erfolges – wäre dies, wenn der Mann durch den Schalldruck eine Hängelampe so erschüttert, dass diese auf seine Gattin niedergeht.

Unter dem Aspekt der Sprache interessanter ist eine verwandte Fallgruppe, die wir (bei im Detail uneinheitlicher Grenzziehung) eher nicht der Kausalität zuordnen, sondern als „mittelbare Täterschaft" (§ 25 Abs. 1 Alt. 2 StGB) erfassen. Das sind Fälle, in denen „eigentlich ein Vordermann die Tat begeht", sie diesem aber (z. B. weil er die Situation nicht hinreichend überblickt) nicht zugerechnet werden kann, und der Hintermann genau dieses Defizit gezielt ausnutzt (und evtl. sogar herbeiführt), um den tatbestandsmäßigen Erfolg zu bewirken. Hier beruht das Defizit oft auf Fehlvorstellungen des Vordermannes und die Manipulation erfolgt mit Mitteln der Sprache. Beispiele: Der Beifahrer bietet dem Fahrer an, ihn in die Parklücke zu lotsen. Wie von vornherein beabsichtigt, macht er seine Zeichen dabei so, dass das Fahrzeug und der nächste Wagen am Ende der Parklücke beschädigt werden. Unmittelbar bewirkt den Schaden hier zwar der Fahrer, doch der begeht mangels Vorsatz keine Sachbeschädigung. Eine Sachbeschädigung in mittelbarer Täterschaft (§§ 303 Abs. 1, 25 Abs. 1 Alt. 2 StGB) begeht hingegen der Beifahrer. Seine Tathandlung nimmt er dabei zunächst explizit mit Worten vor (durch die er den Irrtum hervorruft, er werde sich um ein schadloses Einparken bemühen) und dann durch Gesten mit sprachlicher Bedeutung.

Ein weiteres Bespiel: Eine Ärztin deutet auf eine Schachtel mit Pillen und gibt einem Pfleger den Auftrag, diese einem bestimmten Patienten zu verabreichen. Er nimmt an, dies diene der Behandlung. Tatsächlich wirken diese Pillen für den Patienten tödlich. Der Pfleger tut, wie ihm geheißen. Er tötet den Patienten unmittelbar; ihm kann mangels Vorsatz aber kein Totschlag vorgeworfen werden. Die Ärztin hingegen hat letztlich „nur geredet", ist aber mittelbare Täterin des Totschlags (§§ 212 Abs. 1, 25 Abs. 1 Alt. 2 StGB). Die Verhaltensregel, die sie verletzt hat, ist letztlich eine aus dem Totschlagsverbot abgeleitete Verhaltensregel, nämlich nicht eine andere Person zu einem Totschlag zu steuern. Diese Verhaltensregel ist zwar nicht explizit auf sprachliche Beeinflussung begrenzt. Die Beeinflussung von Verhalten anderer Personen geschieht aber regelmäßig in sprachlicher Weise.

In Fällen, in denen der Tatbestand eine „eigenhändige" Vornahme durch den Täter voraussetzt, versagt die Konstruktion einer mittelbaren Täterschaft. So muss z. B. (etwas vereinfacht) die Falschaussage durch den Zeugen selbst geschehen und die Falschbeurkundung durch den Urkundsbeamten. Bisweilen enthält das Strafgesetz dann aber selbständige Tatbestände, die gerade die einer mittelbaren Täterschaft entsprechende Manipulation erfassen und dann typischerweise auch gerade durch (explizite oder implizite) sprachliche Äußerungen verwirklicht werden. So ist das in den gerade gegebenen Beispielen: Das Verleiten zur Falschaussage stellt § 160 StGB selbständig unter Strafe und die mittelbare Falschbeurkundung § 271 StGB. Freilich sind hier auch schon die Ausgangsdelikte (Falschaussage bzw. Falschbeurkundung) selbst sprachlicher Natur; darauf wird gleich noch zurückzukommen sein (unten 5.2.3.).

5.2.2 Sprechakte als Teilnahmehandlungen

Allgemeine Konstruktionen wie die mittelbare Täterschaft sind unter dem Gesichtspunkt verbotener Sprache besonders wichtig, weil sie eine große Vielzahl allgemeiner (überhaupt nicht weiter sprachbezogener) Delikte – unter anderem – zu Verboten bestimmter Sprachnutzung ausgestalten. Daher sei noch eine weitere einschlägige Rechtsfigur des Allgemeinen Teils des StGB vorgestellt, nämlich die Anstiftung. Bei ihr ist der Bezug zur Sprache sogar noch klarer als bei der mittelbaren Täterschaft. § 26 StGB verbietet das „Bestimmen" eines Dritten zur Haupttat und meint damit, dass man nicht den Tatentschluss eines anderen zur strafbaren Tat hervorrufen darf (zusammenfassend Stübinger 2011, 611; zum Genügen einer „Mitursächlichkeit" BGHSt 45, 373; NStZ 2000, 421). Das Hervorrufen des Tatentschlusses geschieht meist sogar durch explizite Aufforderung. Auf die umstrittenen Details, welche konkreten Anforderungen an diesen sprachlichen Akt zu stellen sind, soll hier nicht weiter eingegangen werden. Einig ist man sich aber darüber, dass die bloße Schaffung einer tatanreizenden Situation nicht genügen kann (hierzu Heghmanns 2000, 487). Vielmehr wird eine Beeinflussung mittels kommunikativer Einflussnahme verlangt, die Strafjuristen als „geistigen Kontakt" bezeichnen (auch zu den angedeuteten Streitfragen Heine 2014, § 26 Rn. 4; Joecks 2011, § 26 Rn. 11 ff.). Selbst wer als außenstehender Dritter bei einer zunehmend energisch werdenden Diskussion unauffällig ein Messer auf den Tisch legt, in der Hoffnung, einer der beiden Streithähne werde später zum Messer greifen und den anderen verletzen, wird, auch wenn dieser Wunsch wahr wird, nicht als Anstifter zur gefährlichen Körperverletzung (§§ 223 Abs. 1, 224 Abs. 1 Nr. 2, 26 StGB) bestraft. Wenn hingegen das Hinlegen des Messers als implizite Aufforderung wahrnehmbar und zu verstehen ist, dann genügt dies für eine solche Strafbarkeit.

In sehr ähnlicher Weise wird als Beihilfe (§ 27 StGB) erfasst, wenn jemand einem anderen zu dessen Tat Hilfe leistet. Das muss keineswegs durch Sprache erfolgen, kann aber mittels Sprache geschehen. Dies gilt insb. für die sog. (und umstrittene) psychische Beihilfe, wenn der Gehilfe den Täter „in dessen Tatentschluss bestärkt", indem er ihm etwa zujubelt, ihn diesbezüglich lobt (Kudlich 28. Ed., § 27 Rn. 9, 9.1.), auf den Like-Button klickt usw. (zum Ganzen Krischker 2013, 490 ff.). Auch andere Formen der Beihilfe können sprachlich erfolgen, etwa indem der Gehilfe dem Täter technische Ratschläge zur Tatbegehung erteilt, Informationen gibt, welche die Tatbegehung erleichtern (Baupläne einer Bank, Zugangscodes) etc. (Kudlich 28. Ed., § 27 Rn. 3 ff.).

Die Strafbarkeit eines Teilnehmers (d. h. Anstifters oder Gehilfen) nach §§ 26, 27 StGB setzt voraus, dass es tatsächlich zur Ausführung der „Haupttat" – mindestens in Form eines Versuchs derselben – kommt. In diesem Sinne ist die Teilnahme (wenngleich nur limitiert) „akzessorisch" (gegenüber der Haupttat). Für die Anstiftung zu Verbrechen i. S. d. § 12 Abs. 1 StGB (Taten, die im Mindestmaß mit Freiheitsstrafe von nicht unter einem Jahr bedroht sind) macht § 30 Abs. 1 StGB davon indes eine Ausnahme (zur dogmatischen Einordnung und Grundproblemen dieser Vorschrift BGHSt 32, 133, 135, Joecks 2011, § 30 Rn. 1 ff. und Zaczyk 2013, § 30 Rn. 1, 4 f.). Nach § 30 Abs. 2 StGB ist zudem strafbar, wer sich zur Begehung eines Verbrechens bereit erklärt, wer das Erbieten eines anderen (ein Verbrechen zu begehen) annimmt oder wer mit einem anderen verabredet, ein Verbrechen zu begehen oder zu ihm anzustiften. Wenn der geneigte Leser also irgendwann einmal mit dem Gedanken spielt, eine Bank zu überfallen, würde er nicht erst durch den bewaffneten Raub gem. § 249, 250 Abs. 1, Abs. 2 StGB oder dessen Versuch strafbar. Derart „böse Gedanken" sind strafrechtlich nur so lange frei, wie man sie für sich behält. Bereits das (ernsthaft auf das Verbrechen gerichtete) Gespräch mit einem potentiellen Komplizen ist strafbarer Teil der Straftat, und das unabhängig davon, ob letztlich eine Mittäterschaft oder eine Anstiftung im Raum stehen.

Wiederum gibt es nicht nur diese allgemeine Figur, sondern knüpfen auch einige Deliktstatbestände schon an Verhalten der Vereinbarungsstufe der Tat an. So genügt es etwa für die Korruptionsdelikte der §§ 108e, 299 ff. und 331 ff. StGB, einen Vorteil zu fordern, anzubieten bzw. sich versprechen zu lassen (näher dazu z. B. Schuhr 2014, §§ 331 ff. Rn. 33 f. m. w. N.).

5.2.3 Sprechakte als typischer „Handlungsteil" von Deliktstatbeständen mit weiteren Voraussetzungen

Wenden wir nun den Blick, der sich bislang auf allgemeine Strukturen von (diversen) Straftaten gerichtet hat, einzelnen Deliktstypen bzw. einzelnen Deliktstatbeständen zu. Dabei spielen solche, die gezielt bestimmte Äußerungen unter Strafe stellen (dazu unten 5.2.4.), weiterhin eine eher untergeordnete Rolle. Ungleich häufiger sind

Straftaten, die zwar typischerweise verbal oder zumindest anderweitig kommunikativ begangen werden, deren Unrecht aber nicht in der Kommunikation als solcher, sondern in deren Folgen liegt. Dafür seien zunächst einige Beispiele vorgestellt.

Falsche Aussagen vor Gericht (und weiteren zur Eidesabnahme befugten Stellen) sind nach § 153 StGB strafbar, wenn sie – das ist heute der Regelfall – unbeeidet bleiben, und sonst als Meineid nach § 154 StGB. Das Unrecht gründet hier in der Manipulation der Beweisaufnahme und deren Folgen im Verfahren, die Tathandlung liegt aber in der Aussage vor dem Gericht (und ggf. deren irreführender Unvollständigkeit). Strafbar ist allerdings schon – entsprechend den obigen Erläuterungen zu § 30 StGB – der Versuch der Anstiftung; für das Verbrechen des Meineides ergibt sich dies unmittelbar aus § 30 StGB, für uneidliche Falschaussagen wird dies in § 159 StGB eigens angeordnet. Die Vorfeld- und Versuchsstrafbarkeit wird indes – nicht nur bei diesen Delikten, sondern stets – durch Rücktrittsmöglichkeiten begleitet: Wer die Vollendung der Tat verhindert (u. U. schlicht indem er den Versuch rechtzeitig abbricht), bleibt nach § 24 StGB bzgl. des Versuchs und nach § 31 StGB bzgl. der Verabredung straffrei. Vor Gericht genügt dafür die Korrektur unwahrer Behauptungen, wenn diese noch im Rahmen der Vernehmung erfolgt. Falsche Auskünfte gegenüber Polizisten und Staatsanwaltschaft werden zwar nicht von den §§ 153 ff. StGB erfasst, oft indes als Strafvereitelung gem. § 258 StGB. Die Handlung muss dazu der gänzlichen oder teilweisen Vereitelung der Bestrafung oder Strafvollstreckung dienen.

Zu den klassischen Kommunikationsdelikten zählt auch der Betrug nach § 263 StGB. Die Tathandlung besteht auch bei ihm in der Behauptung von Tatsachen (oder dem Unterlassen ihrer Mitteilung unter Verletzung einer Aufklärungspflicht). Die Behauptung muss unwahr sein und zu einem Irrtum beim Adressaten führen, der diesen wiederum zu einer schädigenden Verfügung über Vermögen veranlasst (zu den Voraussetzungen im Einzelnen Kudlich/Oğlakcıoğlu 2014, Rn. 206 ff.). Hier liegt also ein spezielles Lügeverbot vor. Geschützt wird mit ihm indes unmittelbar nur Vermögen, indirekt zugleich das für den Wirtschaftsverkehr nötige Vertrauen in Geschäftspartner. Neben dem allgemeinen Betrug gibt es weitere Spezialdelikte mit zum Teil abweichender Schutzrichtung, etwa den „Steuerbetrug“ in Form der Steuerhinterziehung (§ 370 AO) zum Schutz der monetären Interessen des Fiskus.

Die Kommunikationsakte sind hier jeweils „Zwischenstationen“ der eigentlichen Rechtsgutsverletzung. Die Tatbestände setzen zwar zum Teil den Eintritt eines Erfolges (der Betrug z. B. einen Vermögensschaden) voraus oder zumindest den förmlichen Abschluss eines andauernden Ereignisses (z. B. die Entlassung des Zeugen nach Abschluss seiner Vernehmung). Bzgl. des vom Täter regelmäßig intendierten Erfolges – der falschen Entscheidung des Gerichts bzw. seiner Bereicherung durch die irrtumsbedingte Verfügung beim Betrug – bleibt es aber bei einer Vorverlagerung der Strafbarkeit. Statt auf die letzte Möglichkeit des Täters zur Beeinflussung dieser intendierten Ereignisse wird bzgl. des Beginns der Versuchsstrafbarkeit auf den Beginn der Kommunikationshandlung (vgl. Kudlich/Schuhr 2014, § 22 Rn. 38 ff. und BT-Drs. V/4095, 11) und bzgl. der Vollendung der Tat auf das Ende des Kommunikationsakts bzw. einen durch sie bewirkten Zwischenerfolg abgestellt. Einige Tatbestände knüpfen auch unmittelbar (ohne die Voraussetzung des Eintritts eines tatbestandlichen Erfolgs) an solche Kommunikationsakte an. So genügt für einen Kapitalanlagebetrug nach § 264a StGB, dass der Verkäufer im Zusammenhang mit dem Vertrieb von Wertpapieren mittels Prospekten gegenüber einem größeren Kreis von Personen unrichtige Angaben macht oder nachteilige Tatsachen verschweigt; beim Subventionsbetrug nach § 264 StGB genügt es, dass der Täter bei der zuständigen Behörde über subventionserhebliche Tatsachen unrichtige oder unvollständige Angaben macht. Der Kreditbetrug verlangt gemäß § 265b StGB lediglich, dass der potentielle Kreditnehmer den Finanzdienstleister über seine wirtschaftlichen Verhältnisse täuscht bzw. etwaige Verschlechterungen nicht mitteilt.

Die Kommunikationsakte bilden nicht einmal die äußerste Grenze der Vorverlagerung. So stellt es § 265 StGB (Versicherungsmissbrauch) unter Strafe, bestimmte Umstände herbeizuführen, die dann später zu einer täuschenden Kommunikation verwendet werden sollen. Nach diesem Tatbestand wird z. B. bestraft, wer eine entsprechend versicherte Sache beschädigt, zerstört oder beiseiteschafft, um später einen Versicherungsbetrug zu begehen, ohne dass es zu dessen Kommunikationsakten überhaupt noch kommen muss.

5.2.4 Reine Äußerungsverbote

Den letzten Typ strafrechtlich verbotener Sprache bilden Delikte, die allein an die Behauptung einer Tatsache oder den Ausspruch eines Werturteils oder einer Haltung anknüpfen. Man kann sie als Äußerungsdelikte bezeichnen. Dass der Übergang der soeben behandelten Delikte zu diesen fließend ist, zeigen schon die dort gegebenen Beispiele der §§ 264 ff. StGB. Weil der unmittelbare „Außenwelterfolg“ der Äußerungsdelikte nur darin besteht, dass die Tathandlung (akustisch, visuell, ...) wahrgenommen wird (bei einigen nicht einmal tatsächlich wahrgenommen werden muss), ist bei diesen Delikten besonderes Augenmerk auf ihre Legitimation zu legen. Dazu lassen sie sich nach Schutzrichtungen kategorisieren.

Zunächst existieren sprachliche Verbote, die ausschließlich Individualinteressen (insb. Ehre und Entscheidungsfreiheit) schützen. Hierzu zählen die Beleidigungsdelikte (§ 185 ff. StGB) und die Bedrohung gem. § 241 StGB (während die Nötigung nach § 240 StGB zwar oft ebenfalls durch Sprechakte begangen wird, aber eben auch einen Nötigungserfolg voraussetzt und daher zu dem oben anhand des Betrugs exemplifizierten Deliktstyp gehört). Auch das Offenbaren von Privat- oder Betriebsgeheimnissen (§ 203 StGB, § 17 UWG) lässt sich als Äußerungsdelikt in diesem Sinne einordnen. Die Legitimation solcher Delikte ergibt sich daraus, dass der Täter mit seiner Äußerung eine Einzelperson in ihren rechtlich geschützten Interessen unmittelbar angreift.

Daneben existieren sanktionsbewehrte Äußerungsverbote, die überindividuelle Rechtsgüter schützen, etwa die Rechtspflege (so die bereits angesprochene Strafvereitelung, aber auch umgekehrt das Vortäuschen einer Straftat gegenüber einer Behörde oder sonst zur Entgegennahme von Anzeigen zuständigen Stelle, § 145d StGB) oder die Funktionsfähigkeit des staatlichen Subventionswesen oder der Kreditwirtschaft. In eine ähnliche Richtung gehen die Amtsanmaßung (§ 132 StGB) und der Missbrauch von Titeln (§ 132a StGB). Die Legitimation solcher Delikte steht und fällt damit, dass hinter ihnen tatsächlich ein schützenswertes Gut steht und dieses gerade eines strafrechtlichen Schutzes bedarf. Bei vielen der gegebenen Beispiele ist das plausibel, doch z. B. die Grenzziehung zwischen den geschützten Titeln und anderen Bezeichnungen ist keineswegs immer zwingend. Und unter dem Topos, man müsse das „Vertrauen der Allgemeinheit in ... schützen" werden zunehmend mehr Delikte zum Schutz sog. „Allgemeinrechtsgüter" geschaffen, ohne dass immer einsichtig wäre, weshalb außerstrafrechtliche Schutzmechanismen nicht mehr ausreichen sollen.

Schließlich gibt es Verbote, die bloße Äußerungen ohne eine bestimmte Angriffsrichtung erfassen. Meist handelt es sich dabei um Delikte, welche die Aufrechterhaltung des status quo der öffentlichen Sicherheit und Ordnung bezwecken. Hierzu zählen etwa die Volksverhetzung gem. § 130 StGB, die Anleitung zu (noch im Vagen bleibenden) Straftaten gem. §§ 91, 130a StGB, die Gewaltdarstellung gem. § 131, die Beschimpfung von Bekenntnissen gem. § 166 StGB, aber auch verbotene Werbung (für den Drogenkonsum gem. § 29 Abs. 1 Nr. 8 BtMG oder für den Abbruch der Schwangerschaft gem. § 219a StGB).

Diese strafrechtlichen Verbote betreffen Äußerungen mit „Bekenntnischarakter", die wir in unserer Rechtsgemeinschaft „nicht hören wollen". Sie enthalten eine mehr oder minder starke Aufforderung zu verbotenem und sogar strafbarem Verhalten, aber eben keinen für eine Erfassung als Teilnahme hinreichend konkreten Straftatbezug. Dieser Inhalt macht die Delikte nachvollziehbar, die vergleichsweise schwache Ausprägung und v. a. die Interpretationsabhängigkeit der bloßen Äußerung, die gerade keinen konkreten Erfolgsbezug hat und – wie alle Sprechakte – ihre Bedeutung nicht unmittelbar in sich selbst tragen kann, sondern immer mehr oder minder stark „im Auge des Betrachters" liegt, macht sie aber zugleich problematisch. Sie sind Instrumente eines wehrhaften Rechtsstaats und einer wehrhaften Demokratie, laufen aber zugleich Gefahr, die für eine Demokratie nötigen und vom Rechtsstaat zu schützende Freiheit und Pluralität unverhältnismäßig einzuschränken. Sie stehen in unausweichlichen Konflikten insbesondere zu Meinungs-, Glaubens- und Gewissensfreiheit (Art. 4, 5 GG). Einige dieser Delikte sind „politisch aufgeladen", und das ist auch wegen des damit verbundenen hohen Maßes an Unbestimmtheit unabhängig davon problematisch, wie widerwärtig die inkriminierte Haltung sein mag und wie begrüßenswert ihre Bekämpfung im gesellschaftlichen und politischen Diskurs. Die in solchen Delikten enthaltenen „einschränkenden" Voraussetzungen, dass z. B. die Äußerung „geeignet ist, den öffentlichen Frieden zu stören", liefern die Anwendung der Vorschriften in besonderem Maße den Wandlungen des Zeitgeistes aus.

In Zeiten des Web 2.0, in denen Kommunikationsformen und „Etikette“ selbst im Umbruch sind, ist das besonders gravierend. Wo es an der unmittelbaren Konfrontation mit den Adressaten fehlt, wandeln und reduzieren sich auch die Mechanismen der Selbstzensur. Das legitimiert nicht den Inhalt rechtsfeindlicher Äußerungen, bedeutet aber einen Wandel der Gebrauchspraxis der Medien und der sprachlichen Ausdrücke, einen Wandel des Kontextes der „öffentlichen Äußerungen“ und zugleich ihrer Bedeutung. Das Problem der Interpretation spitzt sich dabei zu – und zwar gerade durch eine „Demokratisierung“ der Äußerungsmöglichkeiten in öffentlichen Medien. Probleme des Anwendungsbereichs nationalen Strafrechts treten hinzu. (Beispiel: Kommt das deutsche Strafrecht zur Anwendung, wenn Kim Kardashian ein pornographisches Bild von sich auf Instagram postet, das in Deutschland wie überall sonst auf der Welt abrufbar ist, sonst aber keinen besonderen Inlandsbezug aufweist?) Deshalb ist der Gesetzgeber gut beraten, von einer Ausweitung solcher Vorschriften Abstand zu nehmen, und die Anwendung der bestehenden Vorschriften muss zurückhaltend erfolgen. Umgekehrt zeigt das Maß, in dem Facebook und Co. zu einem Forum für Bekenntnisbeschimpfung, Gewaltdarstellung, Aufruf zu Straftaten und Volksverhetzung oder schlicht allgemeine Beleidigungen werden aber auch, dass der Archetyp „aufgeklärter, toleranter und weltoffener Bürger“ und damit die offene Gesellschaft in Extremfällen eben auch mittels Strafdrohungen aufrechterhalten werden muss. Das Strafrecht der Demokratie trifft hier unausweichlich auf eines seiner Kernprobleme, nämlich die Frage, inwieweit der erwachsene Bürger noch erzogen und „Abweichler“ („Asoziale“?) dafür bestraft werden dürfen, wer und wie sie sind und was sie denken. Die Rechtsgemeinschaft darf und soll zu verstehen geben, dass eine verfassungsfeindliche Weltanschauung allenfalls toleriert wird und dies auch nur solange, wie der Betreffende „Ruhe gibt“. Die Mittel des Strafrechts hat sie dabei aber, gerade um ihrem eigenen Anspruch der Freiheit, Offenheit und Pluralität gerecht zu werden, nur mit großer Zurückhaltung einzusetzen.

6 Äußerungsdelikte an zwei Beispielen näher betrachtet

Abschließend seien zwei Beispiele für Äußerungsdelikte – als unmittelbare „Sprachverbote“ – noch etwas näher betrachtet, und zwar die Beleidigung als Delikt mit individueller und die Volksverhetzung als Delikt mit überindividueller Schutzrichtung.

6.1 Der Tatbestand der Beleidigung, § 185 StGB

Ungewöhnlich karg formuliert das Gesetz den Tatbestand des § 185 StGB. Seit Beifügung der amtlichen Überschriften im Jahr 1975 wiederholt der unverändert gebliebene, deutlich ältere Wortlaut des Tatbestands praktisch nur mehr seine Überschrift „Beleidigung" und ordnet an, dass eine solche mit Freiheitsstrafe bis zu einem Jahr oder mit Geldstrafe bestraft wird. Dieser Begriff wird in Rechtsprechung und Lehre dahingehend konkretisiert, dass unter einer Beleidigung die Kundgabe der eigenen Nicht- oder Missachtung zu verstehen sei (Sinn 2014, § 185 Rn. 7, 10 m. w. N.). Von „Ehre", die § 185 StGB ja schützen soll, spricht diese Begriffsbestimmung aus gutem Grund gar nicht erst. Sie ist ein rechtlich schwer zu fassendes Gut oder, wie Maurach es formuliert, das „mit den hölzernen Handschuhen des Strafrechts am schwersten zu erfassende und daher am wenigsten wirksam geschützte Rechtsgut unseres Strafrechtssystems" (Maurach/Schröder/Maiwald 2003, § 24 Rn. 1). Weitgehend einig ist man sich darüber, dass § 185 StGB im Wesentlichen Werturteile erfasst (statt vieler Fischer 2015, § 185 Rn. 5), die Behauptung ehrrühriger Tatsachen hingegen nur insoweit, wie sie gegenüber dem Betroffenen selbst geschieht. Das Verbreiten ehrrühriger (unzutreffender) Tatsachenbehauptungen sowie solche Behauptungen gegenüber einzelnen Dritten werden hingegen als Verleumdung bzw. üble Nachrede nach §§ 186, 187 StGB sanktioniert. Dabei setzt der Tatbestand des § 186 StGB die Unwahrheit nicht einmal voraus, so dass der Täter sich auch mit vermeintlich wahren Äußerungen strafbar macht, es sei denn, die Wahrheit lässt sich im Verfahren positiv nachweisen. Die Bürger haben nämlich auch untereinander die für ein friedliches Miteinander essentielle gegenseitige Unschuldsvermutung zu achten, und eine Ausnahme von ihr besteht nur für rechtsförmlich nachweisbare Vorwürfe.

Zur Reichweite der Beleidigungsdelikte gibt es zahlreiche Streitfragen und Nebenkriegsschauplätze (m. w. N. dazu z. B. SSW-StGB/Sinn 2014 und Fischer 2015, in ihren Kommentierungen zu und vor § 185): Sind auch Kollektive (wie juristische Personen) vom Ehrschutz erfasst? Wann bezieht sich eine Beleidigung überhaupt auf das Kollektiv als solches, wann auf einzelne oder alle Mitglieder einer klar umgrenzten Gruppe, wann nur vage auf eine strafrechtlich so nicht schutzfähige unspezifische Personenmehrheit? Gewährt § 185 StGB auch postmortalen Ehrschutz? Muss der potenziell Beleidigte die Äußerung akustisch wahrgenommen haben, muss er sie auch inhaltlich nachvollziehen können? Wie weit reichen „beleidigungsfreie Sphären", die einen offenen Gedankenaustausch innerhalb besonderer Vertrauensbeziehungen gestatten (BVerfGE 90, 255, 261)?

6.1.1 Kundgabe der Nicht- und Missachtung

All diese Fragen spielen selbstverständlich nur eine Rolle, wenn die Äußerung überhaupt als Beleidigung angesehen werden kann (und ggf. im Rahmen dieses Interpretationsproblems). Dies wird gemeinhin angenommen, wenn dem Betroffenen sein ethischer, personaler oder sozialer Geltungs- bzw. Achtungsanspruch ganz oder teilweise abgesprochen wird (BayObLG NJW 2005, 1291). Dies muss durch Auslegung der jeweiligen Äußerung ermittelt werden, wobei den Begleitumständen der Äußerung und dem Sprachgebrauch der jeweiligen Bevölkerungsgruppe besondere Bedeutung zukommen (BVerfGE 93, 266, 295).

Die Grundsätze lassen (Strafgerichten und Verfolgungsbehörden) erheblichen Interpretationsspielraum. Solange keine Formalbeleidigung vorliegt (die ihrerseits nach verfassungsrechtlichen Grundsätzen noch nicht zwingend unter den Tatbestand fallen muss, dazu sogleich), der Täter das Opfer also insbesondere nicht mit Kraftausdrücken belegt, wird von den genannten Faktoren auch abhängen, ob eine Äußerung überhaupt als „böswillig“ (und vorsätzlich) angesehen wird. Denn das Gericht kann dem Täter ja nicht „in den Kopf sehen“, sondern muss Indizien würdigen. So wird der Bedienung in einer Studentenkneipe sicherlich keine Beleidigungsabsicht zuzuschreiben sein, wenn sie den „zwei Kurze“ bestellenden Gast duzt. Ob dies in einem 3-Sterne-Restaurant ebenso gilt, ist dagegen immerhin fraglich (vgl. OLG Düsseldorf JR 1990, 345); allerdings dürften die Mechanismen des Marktes einen Rückgriff auf das Strafrecht auch insoweit durchaus entbehrlich machen.

Die Justiz hat sich oft gerade mit tatsächlichen oder vermeintlichen Beleidigungen gegenüber Polizisten zu befassen. Zu den wiederkehren Fallkonstellationen jüngerer Zeit gehört dabei die Abkürzung „A. C. A. B.“, insbesondere auf T-Shirts. Sie steht in einschlägigen Kreisen für „all cops are bastards“ (und die Schutzbehauptung, das Kürzel stehe für „Acht Cola, Acht Bier“, ist kein aussichtsreiches Verteidigungsvorbringen). Wird sie ohne näheren Bezug zu Einzelpersonen gebraucht (genauer dazu Geppert 2013, 553), sehen die Gerichte darin zu Recht meist schon deshalb keine Beleidigung, weil der Kreis der Angesprochenen „zahlenmäßig so groß“ ist, dass sich die ehrverletzende Äußerung „in der Masse verliert und den Einzelnen nicht mehr erreicht“ (zuletzt OLG Nürnberg NStZ 2013, 593). Anders ist dies, wenn der Täter einen individuellen Bezug herstellt, indem er etwa bei seinem Ausruf auf einen Polizeibeamten deutet (OLG Stuttgart NStZ-RR 2009, 50). Wird ein Polizist als „Bulle“ angesprochen, fehlt die herabwürdigende Bedeutung (bzw. die soeben angesprochene „Böswilligkeit“) wohl nur ausnahmsweise, z. B. wenn der Täter „schlaftrunken“ ist und sich üblicherweise „mundartlicher Umgangssprache“ bedient (so LG Regensburg NJW 2006, 629). Während das AG Berlin-Tiergarten keine Beleidigung in der an einen Polizisten gerichteten Bemerkung „Herr Oberförster, zum Wald geht es da lang“, sah (NJW 2008, 3233), wird die Benennung eines Polizeibeamten als „Clown“ auch in Berlin als grundsätzlich abfällig verstanden (KG NJW 2005, 2872). Jede Äußerung kann im Nachhinein als „mehrdeutig“ hingestellt werden, und das Gericht hat sich mit allen ernsthaft in Betracht kommenden Interpretationen zu befassen (vorgeführt am Beispiel von „Sie können mich mal...“ in OLG Karlsruhe NStZ 2005, 158); dies bedeutet jedoch nicht, dass es stets auch die dem Täter günstigste Interpretation als Bedeutung seiner Äußerung ansehen müsste.

Zu durchaus wesentlichen Aspekten „korrekter“ bzw. maßgeblicher Interpretation bestehen dabei weder gesetzliche Vorgaben noch Einigkeit in Rechtsprechung oder Lehre. In der Praxis führt das regelmäßig zu „Gesamtbetrachtungen“ ohne besondere Methode. Nicht einmal die Perspektive, aus der die Bedeutung zu bestimmen ist, ist geklärt. Ein Beispiel für daraus folgende Probleme liefern Bezeichnungen, die nach den Wertungen unserer Rechtsordnung neutral sind, vom Täter aber u. U. pejorativ verwendet werden (z. B. „Du bist doch homosexuell!“, „Du bist ja behindert!“). Auf Basis der in Rechtsprechung und Lehre verbreiteten vagen Vorstellung einer „der Äußerung innewohnenden“ und durch Interpretation „objektiv zu ermittelnden“ Bedeutung (zur sprachtheoretischen Zweifelhaftigkeit namentlich Bung 2004, 56) würde die Einordnung von derlei Attributionen als Beleidigung voraussetzen, dass man die jeweiligen Eigenschaften in diskriminierender Weise als „minderwertig“ einordnet (was gegen Art. 3 GG verstieße, LG Tübingen NStZ-RR 2013, 10). Bei genauerer Betrachtung ist allerdings auch zu berücksichtigen, dass Diskriminierungsverbote gerade deshalb sinnvoll sind, „weil in der Bevölkerung die Abweichungen zwischen dem Regelfall der sexuellen Ausrichtung [usw.] und der Minderheit verbreitet als beachtlich betrachtet wird“ (Kudlich 2013, Fall 113a, S. 100), sprachliche Bedeutung und rechtliche Wertvorgaben also auseinanderfallen. Anders ausgedrückt: Der Sprecher und nicht unbedingt auch der den Sprecher Verurteilende begibt sich in einen Konflikt mit dem Gleichheitssatz.

6.1.2 Meinungs- und Kunstfreiheit: Die verfassungskonforme Auslegung der Äußerungsdelikte am Beispiel der Beleidigung

Die Schwierigkeiten der Auslegung potenzieren sich, sobald die Aussage einen „meinungspolitischen“, künstlerischen oder gesellschaftskritischen Bezug aufweist. Strafrecht und Strafprozessrecht sind nicht selten „geronnenes Verfassungsrecht“ (zum Ausdruck Jahn 2005, 1057 und Reiter 1987, 597, 613). Die Dogmatik der Beleidigungsdelikte ist indes keineswegs in größerem Detail ausgearbeitet als die betreffenden Grundrechte, vielmehr müssen diese grundsätzlich *sub specie* der verfassungsrechtlichen Garantien insbesondere aus Art. 5 GG (Meinungs- und Kunstfreiheit) angewendet werden (Kudlich 2008, 433 f.). Und dieser gebietet für Zweifelsfälle zwischen der Herabwürdigung einer Person und aktiver politische Teilhabe, sachbezogener (wenn auch u. U. drastischer) Kritik bzw. Kunstform eine Auslegung in einem der letzteren Sinne (dazu am Beispiel des Diffamierens als Kunstform im Gangsta-Rap Oğlakcıoğlu/Rückert 2015, 876).

Etabliert hat das Bundesverfassungsgericht dies in seiner „Soldaten sind Mörder“-Entscheidung vom 25.8.1994 (NJW 1994, 2943). Dort ging es um einen Beschwerdeführer, der während des Golfkriegs im Jahr 1991 einen Aufkleber mit der Aufschrift „Soldaten sind Mörder“ und einer faksimilierten Unterschrift „Kurt Tucholsky“ an sein Auto geklebt hatte. Das Bundesverfassungsgericht sah in der Verurteilung wegen Beleidigung eine Grundrechtsverletzung, da in der Alltagssprache auch ein unspezifischer Gebrauch der Begriffe „Mord“ und „Mörder“ durchaus üblich sei, womit dann jede ungerechtfertigte und deshalb zu missbilligende Tötung bezeichnet werde.

Besonders bemerkenswert sind die Ausführungen des Gerichts in einem Beschluss vom 10.10.1995 (BVerfGE 93, 266). Ein Student hatte an einer Straßenkreuzung ein Betttuch mit der Aufschrift „A Soldier is a Murder [sic]" aufgehängt. Das Bundesverfassungsgericht nimmt die als schlicht missglückt erscheinende Formulierung als Anknüpfungspunkt für eine nachdenkliche Lesart: Jeder Soldat könne auch ein potentieller „Mord"(-Fall) sein, womit weniger die Täter-, als vielmehr die Opferrolle des Soldaten betont werde.

Für den Bereich der Satire hat das Bundesverfassungsgericht seine Grundsätze zur Auslegung mehrdeutiger Äußerungen noch erweitert: Die satirische Einkleidung der Äußerung, d. h. die Übertreibung, Verzerrung, Überspitzung, Polemik, und der sachliche Kern der Aussage sind voneinander zu trennen und jeweils einzeln auf einen ehrverletzenden Charakter hin zu untersuchen (BVerfG NStZ 1988, 21; BGH NJW 2004, 596, 597; näher dazu Regge/Pegel 2012, § 185 Rn 18 m. w. N.). Erstere steht unter dem besonderen Schutz der Kunstfreiheit (und letzterer ggf. unter dem der Meinungsfreiheit), wobei die genannten Eigenschaften der Aussage für Satire als Kunstform gerade typisch sind. Eine tatbestandliche Beleidigung kommt unter Zugrundelegung dieses Maßstabs kaum mehr in Betracht.

6.2 Volksverhetzung und die sog. Ausschwitz-Lüge

Zur Abrundung des Bildes sei abschließend noch das wohl prominenteste Beispiel eines konkreten Äußerungsverbots im deutschen Recht angesprochen, die Strafbarkeit der Auschwitz-Lüge. Ein Verbot, sich wissenschaftlich mit Geschehnissen in den Konzentrationslagern des Dritten Reichs und dabei insbesondere auch mit bisherigen wissenschaftlichen Überzeugungen kritisch auseinanderzusetzen, ist damit keinesfalls gemeint und wäre auch nicht zu rechtfertigen. Ihre gute Rechtfertigung findet sie aus einem völlig anderen – wenngleich auch in der Strafrechtswissenschaft nicht selten verkannten – Zusammenhang (zum Stand der strafrechtlichen Diskussion Ostendorf 2013, § 130 Rn. 1 ff.):

Staaten und staatliches Recht (und genauso Sprachspiele im Allgemeinen) funktionieren nur, wenn ihre Regeln „regelmäßig" eingehalten werden. Gelegentliche, möglichst nicht allzu schwere Verstöße schaden dem Einzelnen, gefährden das Sprachspiel als solches aber nicht. Wenn Verstöße hingegen so schwer sind, dass sie das Vertrauen der Mitspieler in den Fortbestand der Regeln erschüttern, oder Regelverstöße in einer Weise geleugnet werden, die an der künftigen Anerkennung der Regeln zweifeln lässt, so stellt dies das System der Regeln insgesamt in Frage. Das Mindeste, was in einem Sprachspiel und erst recht in einem Staat zu geschehen hat, nachdem Regeln in erheblicher Weise verletzt wurden, ist, die Regelverletzung anzuerkennen, möglichst auch als solche auszusprechen und ihre Hintergründe „aufzuarbeiten", um die Regel für die Zukunft zu bekräftigen. Wie erstaunlich es vor diesem Hintergrund ist, wie zügig nach der Kapitulation 1945 staatliche Normalität zurückgekehrt ist, und wie schnell der Fragetyp „wie ist ... nach Auschwitz möglich?“ zu einem nur mehr speziellen philosophischen Interesse wurde, muss hier nicht vertieft werden. Jedenfalls darf ein Staat, der Menschenrechte und Rechtsstaatlichkeit als seine Grundprinzipien begreift, keinen Zweifel daran aufkommen lassen, dass er schwerstes Unrecht, wie im Dritten Reich geschehen, als solches erkennt und Wiederholungen zu verhindern sucht. In einem Volk, in dem solches Unrecht tatsächlich geschehen ist, ist es auch durchaus vernünftig, jedem Einzelnen abzuverlangen, diese historische Tatsache zumindest nicht im Grundsatz aktiv zu bestreiten. Erst wenn der Sprecher solcher Dementi sich bereits durch die Aussage zum gesellschaftlichen Außenseiter machen und sein Verhalten sich so für den Fortbestand der Regeln als irrelevant darstellen würde, wäre seine Falschbehauptung ohne weitere Gefahr. Soweit dürfte Deutschland aber bislang noch nicht wieder genesen sein.

Der Tatbestand der Volksverhetzung (§ 130 StGB) handelt daher nicht nur „äußerlich“ (in der Tathandlung) von Sprache. Er handelt inhaltlich von einem speziellen Erfordernis für den Fortbestand eines Rechtsstaats. Dessen Gründe liegen wiederum tief in der Struktur der Funktionsweise von Gemeinwesen, die selbst wieder sprachliche Form haben bzw. starke Ähnlichkeiten zu sprachlichen Strukturen aufweisen (eingehend dazu Searle, 2010, grundlegend Searle, 1983).

7 Literatur

Albrecht, Peter-Alexis (2010): Kriminologie. Eine Grundlegung zum Strafrecht. 4. Auflage. München.

Buchholz, Kai (1998): Sprachstil und Semantik. München.

Bung, Jochen (2004): Subsumtion und Interpretation. Baden-Baden.

Eisele, Jörg (2014): Kommentierung zu Vor § 13. In: Adolf Schönke/Horst Schröder (Begr.): Kommentar zum Strafgesetzbuch. 29. Auflage. München.

Fischer, Thomas (2015): Beck'scher Kurzkommentar zum Strafgesetzbuch. 2. Auflage. München.

Geppert, Klaus (2013): Zur Frage strafbarer Kollektivbeleidigung der Polizei oder einzelner Polizeibeamter durch Verwendung des Kürzels „a. c. a. b.“. In: Neue Zeitschrift für Strafrecht 2013, 553–559.

Hassemer, Winfried/Ulfried Neumann (2013): Kommentierung zu § 1 StGB. In: Urs Kindhäuser/Ulfried Neumann/Hans-Ullrich Paeffgen (Hg.): Kommentar zum Strafgesetzbuch. Band 1. 4. Auflage. Baden-Baden,

Heghmanns, Michael (2000): Überlegungen zum Unrecht von Beihilfe und Anstiftung. In: Goltdammer's Archiv für Strafrecht, 473–489.

Heine, Günter (2014): Kommentierung zu § 26 StGB. In: Adolf Schönke/Horst Schröder (Begr.): Kommentar zum Strafgesetzbuch. 29. Auflage. München.

Hinrichs, Lars/Sebastian Stütze (2011): Die Sprache im Arbeitsverhältnis nach fünf Jahren AGG: Eine Bestandsaufnahme. In: Neue Zeitschrift für Arbeitsrecht – Rechtsprechungsreport 2011, 113–120.

Hörnle, Tatjana (2012): Kommentierung zu § 184g StGB. In: Wolfgang Joecks u. a. (Hg.): Münchener Kommentar zum Strafgesetzbuch. Band 3. 2. Auflage München.

Jahn, Matthias (2005): Strafprozessrecht als geronnenes Verfassungsrecht – Hauptprobleme und Streitfragen des § 136a StPO. In: Juristische Schulung 2005, 1057–1062.

Joecks, Wolfgang (2011): Kommentierungen zu § 26 StGB und § 30 StGB. In: Wolfgang Joecks u. a. (Hg.): Münchener Kommentar zum Strafgesetzbuch. Band 1. 2. Auflage. München.
Krey, Volker (2014): Von Zauberern und Hexen, rechtshistorische Betrachtung. In: Martin Heger/ Brigitte Kelkr/Edward Schramm (Hg.): Festschrift für Kristian Kühl. München, 19–46.
Krischker, Sven (2013): „Gefällt mir", „Geteilt", „Beleidigt"? – Die Internetbeleidigung in sozialen Netzwerken. In: Juristische Arbeitsblätter 2013, 488–493.
Kudlich, Hans (2013): Prüfe dein Wissen. Besonderer Teil I. 3. Auflage. München.
Kudlich, Hans/Mustafa Temmuz Oglakcioglu (2014): Wirtschaftsstrafrecht. 2. Auflage. Karlsruhe.
Kudlich, Hans/Jan C. Schuhr (2014): Kommentierung zu § 22 StGB. In: Helmut Satzger/Wilhelm Schluckebier/Gunter Widmaier (Hg.): Kommentar zum Strafgesetzbuch. 2. Auflage. Köln.
Kudlich, Hans (2015): Kommentierung zu § 27 StGB. In: Bernd von Heintschel-Heinegg (Hg.): Beck'scher Online Kommentar zum StGB. 28. Edition.
Kudlich, Hans/Mustafa Temmuz Oglakcioglu (2015): „Empörungsstrafrecht" und „Reaktionsgesetze" als grenzüberschreitendes Phänomen der Strafgesetzgebung. In: Tonio Walter u. a. (Hg.): Festschrift für Bernd von Heintschel-Heinegg. München, 275–290.
Langenfeld, Christine (2015): Kommentierung zu Art. 3 des Grundgesetzes. In: Theodor Maunz/ Günter Dürig (Hg.): Grundgesetz. 75. Auflage. München.
Maurach, Reinhart/Manfred Maiwald/Friedrich-Christian Schroeder (2009): Strafrecht Besonderer Teil. Teilband 1. 10. Auflage. Karlsruhe.
Oğlakcıoğlu, Mustafa Temmuz/Christian Rückert (2015): Anklage ohne Grund – Ehrschutz contra Kunstfreiheit am Beispiel des sogenannten Gangsta-Rap. In: Zeitschrift für Urheber- und Medienrecht 11, 876–883.
Ostendorf, Heribert (2013): Kommentierung zu § 130 StGB. In: Urs Kindhäuser/Ulfried Neumann/ Hans-Ullrich Paeffgen (Hg.): Kommentar zum Strafgesetzbuch. Band 1. 4. Auflage. Baden-Baden.
Regge, Jürgen/Christian Pegel (2012): Kommentierung zu § 185 StGB. In: Wolfgang Joecks u. a. (Hg.): Münchener Kommentar zum Strafgesetzbuch. Band 4. 2. Auflage. München.
Reiter, Heinrich (1987): Die Selbstverwaltung in der Sozialversicherung. In: Walter Fürst/Roman Herzog/Dieter Umbach (Hg.): Festschrift für Walter Zeidler. Band 1. Berlin/New York, 597–623.
Roxin, Claus (2006): Strafrecht Allgemeiner Teil I. 4. Auflage. München.
Schuhr, Jan (2014): Kommentierung zu §§ 331 ff. StGB. In: Andreas Spickhoff (Hg.): Beck'scher Kurzkommentar zum Medizinrecht. 2. Auflage. München.
Searle, John (1983): Intentionality. Oxford.
Searle, John (2010): Making the social world. Oxford.
Sinn, Arndt (2014): Kommentierung zu § 185 StGB. In: Helmut Satzger/Wilhelm Schluckebier/Gunter Widmaier (Hg.): Kommentar zum Strafgesetzbuch. 2. Auflage. Köln.
Streng, Franz (1997): Der Irrtum beim Versuch – ein Irrtum? In: Zeitschrift für die gesamte Strafrechtswissenschaft 109, 862–899.
Stübinger, Stephan (2011): Zurechnungsprobleme beim Zusammenwirken mehrerer fahrlässiger Taten am Beispiel der Entscheidung des Bundesgerichtshofs zum Einsturz der Eissporthalle Bad Reichenhall. In: Zeitschrift für Internationale Strafrechtsdogmatik 2011, 602–615.
Wittgenstein, Ludwig (1953): Philosophische Untersuchungen. Oxford.
Zaczyk, Rainer (2013): Kommentierung zu § 30 StGB. In: Urs Kindhäuser/Ulfried Neumann/ Hans-Ullrich Paeffgen (Hg.): Kommentar zum Strafgesetzbuch Band 1. 4. Auflage. Baden-Baden.

Sabine Ehrhardt

27. Texte als Straftat und im Straftatkontext

Abstract: Die Autorenerkennung ist als linguistische und als kriminaltechnische Disziplin in der deutschen und angloamerikanischen Forschungsliteratur ausführlich beschrieben. Für die Texte, die als Untersuchungsobjekte Gegenstand der kriminaltechnischen Disziplin Autorenerkennung sind, gilt das nicht. Lediglich einige wenige Erscheinungsformen anonymer Texte (wie der Erpresserbrief) werden durch detaillierte Studien zugänglich gemacht.

Der vorliegende Beitrag hat zum Ziel, kriminaltechnisch relevante Texte systematisch darzustellen und unter verschiedenen Aspekten zu beschreiben. Von Bedeutung sind in dieser Hinsicht Fragen nach möglichen Klassifikationskriterien, nach dem Bezug zum Straftatgeschehen sowie nach dem Vorkommen von gemeinsamen und unterscheidenden Textmerkmalen. Als Basis dient das AnoText-Korpus, eine Sammlung anonymer Texte, die in einem Zeitraum von zehn Jahren im Bundeskriminalamt zu forensisch-linguistischen Untersuchungen eingereicht wurden.

1 Einleitung

Die Autorenerkennung ist ein Teilgebiet der Forensischen Linguistik, das sich mit der sprachwissenschaftlichen Auswertung von geschriebener Sprache beschäftigt. Texte werden dann zum Gegenstand der Autorenerkennung, wenn sie im Zusammenhang mit einer Straftat, z. B. als Spuren, Relevanz für die Strafverfolgung erlangen. Die Auswertung solcher sprachlicher Spuren wird üblicherweise in Ermittlungsverfahren durch die Polizei und Staatsanwaltschaften sowie in Hauptverfahren durch das Gericht in Auftrag gegeben (zu Methoden und Aufgabenstellungen der Forensischen Linguistik vgl. den Beitrag von Fobbe in diesem Band bzw. Dern 2009 und Fobbe 2011).

Die Autorenerkennung ist in den deutschen Kriminaltechniken keine fest etablierte wissenschaftliche Disziplin. Lediglich das Bundeskriminalamt in Wiesbaden unterhält einen entsprechenden Arbeitsbereich. Doch trotz dieses Umstandes besteht eine mehrere Jahrzehnte umfassende Tradition, im Rahmen der Strafverfolgung Texte sprachwissenschaftlich auszuwerten. Seit Beginn der 1990er Jahre werden die

DOI 10.1515/9783110296198-027

im Bundeskriminalamt ausgewerteten Texte systematisch erfasst und in ein Korpus eingepflegt.

Die Forschungsliteratur zum Thema Forensische Linguistik im Allgemeinen und Autorenerkennung im Besonderen konzentriert sich auf wenige ausgewählte Erscheinungsformen kriminaltechnisch relevanter Texte. Im Zentrum steht dabei der Erpresserbrief, da diese Textsorte sowohl häufig im Rahmen der Strafverfolgung zu Untersuchungen vorliegt als auch mit dem linguistischen Beschreibungsinstrumentarium vergleichweise gut zu fassen ist. Was bislang jedoch fehlt, ist eine umfassende, auf Vorselektion verzichtende Beschreibung derjenigen Texte und Textsorten, die in der Kriminaltechnik zum Untersuchungsgegenstand der Autorenerkennung werden.

Um diesem Defizit entgegenzuwirken, ist es Ziel des vorliegenden Beitrages, die im Kontext der Strafverfolgung auftretenden Erscheinungsformen geschriebener Sprache systematisch darzustellen, statt sie wie bisher punktuell zu beschreiben. Daraus lassen sich – wenngleich sicherlich nicht ohne weiterführende Arbeiten – konkrete Ansätze für die forensisch-linguistische Analyse ableiten, deren Bedeutung durch die Konzentration auf nur wenige markante Textformen nicht hinreichend gewürdigt wurde. Das Analysepotential der Textstruktur- und Textsortenauswertung im Bereich Autorenerkennung lässt sich auf diese Weise erhöhen.

2 Typen, Sorten und Varianten von Texten

Die Forschungsliteratur zum Textbegriff und zum Konzept der Textsorte ist mannigfaltig und bietet für nahezu jeden Blickwinkel eine mögliche Herangehensweise (vgl. bspw. den Forschungsabriss in Brinker u. a. 2000). Aus diesem Grund kann die Diskussion um den Themenbereich Textsorte und Textsortenklassifikation hier nicht aufgegriffen und weitergeführt werden, da dies zwangsläufig den eigentlichen Untersuchungsgegenstand, i. e. die Texte im Kontext der Strafverfolgung, in den Hintergrund rücken ließe. Diese Auffassung entbindet jedoch nicht von der Aufgabe, zur Darstellung dieser Texte angemessene Beschreibungskriterien zu wählen.

In der Literatur zur Forensischen Linguistik, genauer zum Erpresserbrief, wird verschiedentlich auf den Textbegriff, das Konzept Textsorte und die damit verbundenen Schwierigkeiten Bezug genommen (z. B. Busch 2006; Dern 2009, 151 ff.; Fobbe 2011, 67 ff.). Anknüpfungspunkte bilden dabei zumeist die Arbeiten von de Beaugrande/Dressler (1981), Heinemann/Viehweger (1991), Heinemann/Heinemann (2002), Adamzik (2004), Sandig (2006) und vor allem die Textsortendefinition von Brinker (2001). Grundsätzlich ist zu überlegen, inwieweit der Erpresserbrief – und folglich auch andere kriminaltechnisch relevante Texte – überhaupt eigene Textsorten darstellen. Dern (2009, 151) ist in dieser Hinsicht kritisch, da sie das Kriterium des konventionellen Musters mit normierender Wirkung, das Brinker (2001, 135) für die Definition von Textsorten heranzieht, als nicht gegeben ansieht. Fobbe (2011, 75) hingegen argumentiert mit einer pragmatischen Bedeutungserweiterung des konventionellen Musters zu einem „usuelle[n] (oder auch typische[n]) Muster, das noch keine präskriptive Norm ausdrückt“, was den Vorteil bietet, dass auch im Zusammenhang mit weniger verbreiteten, das heißt konventionalisierten Textformen, wie es im vorliegenden Beitrag der Fall ist, der Begriff der Textsorte beibehalten werden kann. Denn es gilt als unstrittig, dass der Grad der Normiertheit eines Musters nicht für jede Textsorte gleich ist und es somit auch wenig bis kaum normierte Muster gibt.

Aufschlussreich an der Diskussion um die Existenz einer Textsorte Erpresserbrief ist, dass sie geführt wird, obgleich nicht in Frage gestellt wird, dass der Erpresserbrief charakteristische Eigenschaften aufweist, mit denen er von anderen Textformen abzugrenzen ist und die zu eindeutiger Identifikation durch den Empfänger eines solchen Textes führen (vgl. Dern 2009, 152). Das Vorhandensein charakteristischer Eigenschaften wird ebenfalls für die anderen Erscheinungsformen kriminaltechnisch relevanter Texte angenommen. Da jedoch alle Texte einem stark eingegrenzten Kontext entstammen, in dem überdies aufgrund des Straftatbezugs wenig gesellschaftlich akzeptiertes Kommunikationsverhalten zu erwarten ist, ist nicht mit einem hohen Grad an Konventionalisierung bzw. Normiertheit zu rechnen. Eine Klassifikation der vorliegenden Texte nach eigenständigen Textsorten scheint für die Texte aus dem forensischen Kontext schwerlich möglich zu sein, wenn das Konzept der Textsorte zu eng gefasst wird. Zudem ist bekannt, dass sich die Autoren der Texte an alltagssprachlichen Textsorten und deren Konventionen orientieren (Dern 2009, 39). Dass eine eigenständige Typologie aber dennoch durchführbar erscheint, ist unter anderem den spezifischen „Sachzwängen“ geschuldet, die sich aus der konkreten Kommunikationssituation im Straftatzusammenhang ergeben und die durchaus typische Realisationsformen entstehen lassen (Dern 2009, 38 f.). Korrekterweise sollte demnach im Folgenden vielmehr von *Realisationsformen*, ggf. auch *Ethnokategorien* (Adamzik 2004, 74) als von *Textsorten* gesprochen werden. Als Subklasse bzw. Varianten teilen sie viele Merkmale mit Vertretern einer Textsorte, aber darüber hinaus weisen sie weitere Merkmale auf, die sie zu spezifischen Ausprägungen dieser Textsorte machen. Eine solche hierarchische Gliederung hat Busch (2006, 153) in Anlehnung an Heinemann/Heinemann (2002, 143) auf den Erpresserbrief angewendet, wobei er allerdings die Verwendung des Begriffs der Textsorte in diesem Kontext nicht problematisiert.

Eine hierarchische Gliederung bietet sich als Ansatz ebenfalls für die Gesamtmenge von kriminaltechnisch relevanten Texten an, um zu einer systematischen Beschreibung der Textvielfalt des Straftatkontextes zu gelangen. Dabei soll im Folgenden die Begrifflichkeit, die Busch (2006, 153) vorschlägt (also *Texttyp – Textsorte – Textsortenvariante – Text[sorten]exemplar*), Verwendung finden. Die hier dargestellte Gliederung der kriminaltechnisch relevanten Texte basiert zuvorderst auf textexternen und situativen Kriterien sowie der Textfunktion (vgl. Adamzik 2004, 48 u. 60 ff.).

3 Texte im Zusammenhang mit Straftaten

Die materielle Grundlage der folgenden Darstellung bildet ein Korpus von anonymen Texten, das der Tatschreibensammlung des Bundeskriminalamts (BKA) entnommen ist (im Folgenden *AnoText*). Die BKA-Tatschreibensammlung wird seit Ende der 1990er Jahre systematisch aufgebaut, indem sämtliche Texte eingestellt werden, die dem Arbeitsbereich Autorenerkennung zur forensisch-linguistischen Untersuchung im Rahmen von Strafverfahren vorgelegt wurden. Darüber hinaus besteht zwischen den Polizeidienststellen und dem BKA eine Vereinbarung über die Zusendung von Texten, insbesondere von Erpresserbriefen, zum Zwecke der kontinuierlichen Erweiterung der Textsammlung, um die Datenbank für Recherchen nach Autor- bzw. Straftatzusammenhängen nutzbar zu machen.

Für den vorliegenden Beitrag werden all diejenigen Texte der BKA-Sammlung herangezogen, die zwischen 2003 und 2012 im Bundeskriminalamt erfasst wurden. Auf diese Weise soll erreicht werden, dass die Vielfalt der Erscheinungsformen geschriebener Sprache in einem Straftatzusammenhang vermittelt werden kann. Ein repräsentativer Ausschnitt liegt hiermit aber evtl. nicht vor, denn forensisch-linguistische Untersuchungen werden nicht nur behördlicherseits durchgeführt, sondern auch von Privatsachverständigen. Deren Untersuchungsmaterial, Fallaufkommen und die damit einhergehende Deliktverteilung sind in ihrer Gänze nicht einschätzbar.

Das AnoText-Korpus der Schreiben von 2003 bis 2012 besteht aus einer Menge von 1.707 Texten mit zusammengenommen 903.918 Wortformen, die sowohl als Reproduktion als auch digitalisiert vorliegen. Bevor die Gesamtmenge der Texte nach diversen Beschreibungskriterien differenziert wird, sind die gemeinsamen Merkmale herauszustellen. Als erstes ist das Merkmal *Text* zu nennen. Dieser Begriff wird hier in der weit gefassten Bedeutung gebraucht, die jegliche kommunikative Äußerungen umfasst, die „im graphischen Kode" (Koch/Oesterreicher 1985, 17) produziert wurden und die aus mehreren inhaltlich zusammenhängenden Sätzen bzw. satzwertigen Einheiten bestehen (vgl. Dern 2009, 33 f.). Den Besonderheiten der Mündlichkeit und Schriftlichkeit bzw. den divergierenden sprachlichen Merkmalen, die sich aus der jeweiligen Konzeption und Realisierungsform (Koch/Oesterreicher 1985, 17) ergeben, ist so zwar nur ansatzweise zu begegnen, dafür lassen sich Sprachäußerungen abgrenzen, die neben der uneindeutigen Zuordnung zu einer Produktionsform das Problem einer uneindeutigen Autorschaftszuschreibung aufwerfen. Die BKA-Textsammlung enthält aus diesem Grund keine Sprachäußerungen, die zwar in geschriebener Form vorliegen, aber im Gesprochenen produziert wurden wie Verschriftungen aus Maßnahmen der Telekommunikationsüberwachung, Protokolle von Zeugen- und Verdächtigenaussagen oder Gedächtnisprotokolle von Telefongesprächen.

Das zweite gemeinsame Merkmal innerhalb des Textkorpus ist der *Kontext*, in dem die Texte stehen. Ihre Auswahl beruht auf der Tatsache, dass sie in Ermittlungs- und Hauptverfahren relevant waren und ihre forensisch-linguistische Analyse der

Strafverfolgung diente. Somit liegt jedem Text ein beschreibbarer Bezug zu einem Straftatgeschehen zugrunde.

Ein drittes gemeinsames Merkmal der untersuchten Texte ist die *Anonymität* ihres Autors, die in direkter Beziehung zum Kontext oder vielmehr der Gefahr der Strafverfolgung steht. Anonymität lässt sich auf verschiedene Weise herbeiführen (vgl. Fobbe 2011, 52). Jedoch haben in der Mehrzahl der Schreiben die Autoren den Texten schlicht keine Absenderangabe und keine Unterzeichnung hinzugefügt. Verschiedentlich wird in den Texten kommentiert, warum sie anonym versandt wurden. Die angegebenen Motive variieren je nach Textsorte. Bei Hinweisschreiben und Bezichtigungen ist mehrfach die Rede von der Angst, durch die tatsächlichen Straftäter aufgespürt zu werden. In anderen Texten wird die offensichtliche Motivation, nämlich nicht als Beteiligter an einer Straftat entdeckt zu werden, thematisiert. Ein Sonderfall in diesem Zusammenhang ist die Verstellung, die das aktive Verschleiern der Autorenidentität umfasst und in den zwei Varianten Dissimulation der eigenen Identität (i. e. willkürliche Manipulationen bzw. Vermeidung von sprachlichen Merkmalen) und Simulation einer anderen Identität auftritt (Ehrhardt 2007, vgl. auch Dern 2006, Seifert 2007, Schall 2008, 322 ff. und Bredthauer 2013). Im weiteren Sinne des Verstellungsbegriffs bzw. der Simulation können hierunter auch Schreiben verstanden werden, bei denen der Autor ein Pseudonym einfügt, das gleichzeitig als Kennwort fungieren kann, sowie Schreiben, in denen der Autor unter dem Namen einer anderen, real existierenden Person schreibt, ggf. auch ohne seine sprachlichen Merkmale zu manipulieren. Dieser Umstand führt dazu, dass das Merkmal der Anonymität bei einigen der hier untersuchten Schreiben nicht eindeutig vorliegt. In 20 Texten sind Absenderangaben eingefügt, die allerdings aus Ermittlungssicht in Zweifel gezogen wurden bzw. die von den im Text angegebenen Personen selbst in Frage gestellt werden. Die forensisch-linguistischen Untersuchungen, mit denen die Autorschaft geklärt werden sollte, erbrachten diesbezüglich keine eindeutigen Ergebnisse und deswegen werden die Schreiben hier ebenfalls berücksichtigt. Anzumerken ist, dass es im gesamten AnoText-Korpus lediglich einen Text gibt, der nicht anonym versandt wurde. Da dieses Schreiben jedoch zweifelsfrei den Erpresserschreiben zuzuordnen ist – der Autor wurde auch entsprechend angeklagt –, findet dieser Text ebenfalls Berücksichtigung.

Die gemeinsamen Merkmale des hier behandelten Textkorpus erschöpfen sich damit bereits. Tatsächlich ist es aussagekräftiger, das AnoText-Korpus insgesamt als eine äußerst heterogene Gruppe von Texten zu beschreiben. Das ist auch nicht verwunderlich, wenn man betrachtet, wie ein Text als Spur im Rahmen der Strafverfolgung Relevanz erlangt. Spuren sind „alle sichtbaren oder latenten materiellen Veränderungen in der Umwelt, die in einem kausalen Zusammenhang mit einem kriminalistisch relevanten Ereignis stehen“ (Geide/Freimuth 2014, 2469). Schriftsprachliche Spuren, also „Schriftstücke, die ihren Aussteller nicht erkennen lassen (z. B. anonyme und pseudonyme Schreiben, Erpresserschreiben, Selbstbezichtigungsschreiben)“ zählen als Urkunden zu den Informations- und Kommunikationsspuren (Geide/Freimuth

2014, 2470). Der kausale Zusammenhang eines Textes zu einer Straftat kann dadurch gegeben sein,
- dass er am Tatort und/oder beim Opfer gefunden wird,
- dass er Informationen über die Straftat zum Inhalt hat (z. B. in Form eines Hinweises oder des sogenannten Täterwissens),
- dass er einem Straftäter zugeschrieben wird,
- dass er eine enge ideologische Verbindung zu einer Straftat aufweist oder
- dass der Text das Instrument zur Begehung der Straftat ist.

Aus dieser Aufzählung ergibt sich, dass a priori keine Einschränkung in der Textsorte vorliegt: Jeder Text kann als Spur kriminaltechnisch relevant werden.

Ein erstes Unterscheidungskriterium für die Schreiben des AnoText-Korpus bildet der Bezug zur Straftat. Auf der obersten Hierarchieebene ergeben sich zwei Texttypen: Texte, die selbst eine Straftat darstellen, und Texte, die als Spuren im Kontext der Strafverfolgung relevant sind. Grundsätzlich ist es natürlich auch möglich, die Texte nach dem Bezug des Autors zum Straftatgeschehen zu unterteilen (etwa *Texte von Tätern* vs. *Texte von Zeugen*). Für einen beachtlichen Teil der vorliegenden Textmenge lässt sich jedoch die Frage nach dem Status des Autors nicht sicher beantworten. Der ungeklärte Status mehrerer Autoren hat seine Ursache unter anderem darin, dass nicht zu allen Texten die Straftaten aufgeklärt werden konnten bzw. dass keine Rückmeldungen aus den Ermittlungen vorliegen. Aus diesem Grund wird die Dichotomie *Texte als Straftat* und *Texte im Straftatkontext* gewählt.

3.1 Texte als Straftat

Dass es Texte gibt, die aufgrund ihrer Sprachverwendung einen Straftatbestand im Wesentlichen erfüllen und somit Instrument der Straftatbegehung sind, ist in der Forensischen Linguistik hinlänglich bekannt (vgl. z. B. Engel 1990, Artmann 1996, Grewendorf 1992). In der Mehrzahl der Publikationen werden sie als *Tatschreiben* bezeichnet. Busch (2006, 51 f.) definiert sie nach vier Kriterien als a) „schriftlich realisiert“, b) „Instrument zur Begehung einer Straftat [...] (kommunikativer Zweck)“, c) „meist nicht öffentlich zugänglich“ sowie d) „häufig anonym verfasst“. Als Beispiele benennt er Droh- und Verleumdungsschreiben sowie Bekennerschreiben. Letztere werden im Folgenden nicht zu den Texten als Straftat gezählt. Zum einen gilt für sie Buschs Kriterium c) „meist nicht öffentlich“ nicht (siehe die Diskussion unten) und zum anderen wird der Klassifizierung die Eigenschaft, Instrument zur Straftatbegehung zu sein, in der engen Bedeutung (i. e. Straftatausführung durch eine spezifische Sprachverwendung) zugrunde gelegt. Bekennerschreiben sind zwar bei extremistischen und terroristischen Delikten fester Bestandteil des Vergehens, aber letztendlich begleiten sie nur die eigentliche Straftat.

Zum Texttyp *Text als Straftat* zählen insgesamt 1.034 Schreiben des AnoText-Korpus (60,6 %). Dieser Texttyp lässt sich wiederum in drei Textsorten unterteilen. Zugrunde gelegt sind der Unterteilung Sprechakte und Sprechaktkombinationen, deren Ausführung strafrechtlich verfolgt werden kann. Die erste und auch größte Gruppe des Texttyps *Text als Straftat* bilden Erpresserschreiben. Mit 566 Texten machen sie ein Drittel (33,2 %) des AnoText-Korpus aus. Erpresserschreiben wurden in der Literatur zur Forensischen Linguistik ausführlich beschrieben (bspw. in Artmann 1996, Burkhardt 2000, Stein/Baldauf 2000, Brinker 2000 u. 2002, Busch 2006, Frick 2007, Hansen 2009, Dern 2009, 141–191; Seifert 2010 und Fobbe 2011, 72–100). Konstitutive Elemente der Textsorte Erpresserschreiben sind Bedrohung, Geldforderung und Aushandeln der Übergabemodalitäten, wobei lediglich die zwei durch ein Konditionalgefüge verbundenen Sprechakte DROHEN und FORDERN in einem Text enthalten sein müssen, um ihn als Erpresserbrief erkennbar zu machen. Busch (2006, 53) und Dern (2009, 155 ff.) zeigen, dass sich Erpresserschreiben als Klasse zusätzlich unterteilen lassen. Dern unterscheidet in einem ersten Schritt den „Solitär" von der „Briefserie", wohingegen Busch „Erstschreiben" und „Folgeschreiben" als Textsortenvarianten des Erpresserschreibens angibt. Die Folgeschreiben lassen sich wiederum differenzieren nach dem Aspekt, der erstrangig im Text präzisiert wird. Die Mehrzahl der Folgeschreiben bezieht sich primär auf die Modalitäten der Geldübergabe, aber das Korpus enthält ebenfalls Briefe, in denen die Drohung verstärkt und die Geldforderung verändert wird (zumeist erhöht als Strafe für Nicht-/Falschreagieren, teilweise aber auch verringert zum Zweck des Anreizes, auf die Erpressung einzugehen). Diese Ausprägungen der Textsortenvariante Folgeschreiben werden in Anlehnung an die Typologie von Busch 2006 hier als Textsortenexemplare geführt (Vgl. dazu Tabelle 1 unten).

Die zweite Gruppe des Texttyps *Text als Straftat* stellen die Drohschreiben dar. Dazu zählen 264 Texte, das heißt 15,5 % der Gesamtmenge. Die kommunikative Funktion dieser Texte wird durch den Sprechakt DROHEN verwirklicht. Die Mehrzahl der Texte ist an Adressaten gerichtet, die in der Öffentlichkeit stehen und/oder als einflussreich wahrgenommen werden (Politiker, Richter, Ärzte, Polizeibeamte, Pfarrer). Drohschreiben gegen Privatpersonen sind mit 53 Texten (3,1 %) eher selten. Die Gründe für diese Verteilung in der Häufigkeit der Textsortenvariante liegen zum einen in der vergleichweise geringen Schwere des Delikts Bedrohung. Ist das Drohschreiben nicht im Zusammenhang mit einer schwereren Straftat versandt worden, so wird ermittlungsseitig nur selten die kriminaltechnische Auswertung im Bundeskriminalamt angestrebt, was wiederum bedeutet, dass diese Texte nicht Eingang in die BKA-Tatschreibensammlung finden. Zum anderen bieten sich (quasi-)öffentliche Personen durch ihre Bekanntheit einem deutlich größeren Personenkreis als Ziel an, als dies bei Privatpersonen der Fall sein dürfte.

In der dritten Untergruppe des Texttyps *Text als Straftat* sind Texte zusammengefasst, deren kommunikativer Zweck durch den Sprechakt BELEIDIGEN realisiert wird. Das AnoText-Korpus enthält 204 Texte (12 %) dieser Textsorte. Eine spezifische

Ausprägung der Beleidigungsschreiben sind Schmähungen, in denen Personen oder Personengruppen aufgrund von Merkmalen wie Ethnie, Religion und Nationalität diffamiert werden. Diese Textsortenvariante ist mit 111 Schreiben, also mehr als der Hälfte der Beleidigungsschreiben, im Korpus vertreten. Sie tritt fast ausschließlich im Zusammenhang mit Rechtsextremismus auf und richtet sich pauschal gegen „Juden" und „Ausländer". In Bezug auf das Delikt fallen Schmähungen unter den Tatbestand der Volksverhetzung (§ 130 StGB).

Zusammenfassend ergibt sich für den ersten Texttyp die folgende Untergliederung (Prozentangaben beziehen sich auf das gesamte AnoText-Korpus):

Tab. 1: Texttyp Text als Straftat

Texte als Straftat	**60,6 %**	**1.034**
Erpresserschreiben	**33,2 %**	**566**
– Solitär		163
– Erstschreiben		115
– Folgeschreiben		288
– Veränderung der Übergabemodalitäten		117
– Verstärkung der Drohung		78
– Veränderung der Geldforderung		25
– Mischformen		68
Drohschreiben	**15,5 %**	**264**
– gegen Privatperson		53
– gegen öffentliche Person		211
Beleidigungsschreiben	**12,0 %**	**204**
– Schmähung (Volksverhetzung)		111
– Beleidigung gegen einzelne Personen		93

Für diese Schreiben ist ein enger Bezug zum Straftatgeschehen gegeben, da der Autor mit seinem Text das Delikt verübt. In besonderer Weise gilt das für eine Textserie aus der Menge der Erpresserschreiben, die aus zwölf Anweisungszetteln einer Bankraubserie besteht: Um sich nicht durch seine Stimme zu verraten, übergibt der Autor am jeweiligen Tatort einen Zettel mit dem typischen erpresserischen Konditionalgefüge. Eine solche zeitliche und räumliche Nähe zum Tatgeschehen ist jedoch für kriminaltechnisch relevante Texte selten. Der Vorteil von geschriebener Sprache – aus Tätersicht – besteht ja gerade darin, dass keine physische Nähe zum Tatgeschehen gegeben sein muss. Wie indirekt der Bezug zur Straftat sein kann, zeigt sich in den Schreiben des folgenden Texttyps.

3.2 Texte im Straftatkontext

Der zweite Texttyp, der mit einer Anzahl von 673 Schreiben im AnoText-Korpus vorliegt (39,4 %), umfasst Texte, die als Spuren in Strafverfahren forensisch-linguistisch untersucht wurden. Die vergleichsweise unspezifische Bezeichnung „Texte im Straftatkontext“ verweist bereits darauf, dass hier Abstufungen entsprechend der Nähe eines Textes zum Straftatgeschehen möglich sind. Eine sehr große Nähe weist die Textsorte der Selbstbezichtigungsschreiben auf. Sie sind mit 216 Texten (12,7 % der Gesamtmenge) im Korpus vertreten und lassen sich dadurch charakterisieren, dass ihre kommunikative Hauptfunktion im Bekenntnis eines Täters zu einer Straftat liegt. Eine Nebenfunktion, die zwar typischerweise in den Schreiben realisiert wird, aber im Grunde fakultativer Bestandteil ist, besteht in der Erklärung der Tathintergründe und des Motivs bzw. in der Rechtfertigung der Tat durch die entsprechenden Umstände (vgl. hierzu auch die Diskussion zu den Hinweisschreiben unten). Selbstbezichtigungsschreiben lassen sich zusätzlich unterteilen in Geständnisse und Bekennerschreiben. Diese Differenzierung ergibt sich aus der Art des Deliktes und damit einhergehend aus der Notwendigkeit eines Bekenntnisses. Geständnisse, wie sie im AnoText-Korpus enthalten sind, stellen das freiwillige, persönliche Bekennen eines Einzeltäters dar und können als private, geradezu vertrauensvolle Kommunikation beschrieben werden, die Einblicke in das Innenleben eines Autors gewähren, wodurch die Straftat und ihr Motiv erklärt werden sollen. Geständnisse als Textsortenvariante der Selbstbezichtigungsschreiben treten sehr selten auf, sie sind mit lediglich 22 Texten im Korpus vertreten. Allerdings ist für die hier berücksichtigten Texte unerlässlich, sie auf Authentizität zu prüfen. Bei ungeklärten Straftaten von hoher Deliktschwere und vor allem von großer öffentlicher Wahrnehmung existiert das Phänomen des „Wichtigtuers“, das heißt, unbeteiligte Personen äußern sich aus Geltungsdrang und anonym gegenüber den Ermittlungsbehörden zu den in den Medien besprochenen Taten, unter anderem eben in Form eines vorgetäuschten Geständnisses. Andererseits enthält das Korpus auch Geständnisse, in denen tatsächlich ein Beteiligter schreibt, weil er/sie sich schuldig fühlt. Ein strafrechtlich verfolgbares Vergehen muss jedoch nicht zwingend vorliegen. Sowohl authentische als auch vorgetäuschte Geständnisse haben gemein, dass sich der Autor im Anschluss an eine Straftat entschließt, das Geständnis zu verfassen, ohne dass hierfür eine deliktinhärente Notwendigkeit besteht.

In Gegensatz dazu sind Bekennerschreiben (194 Texte, i. e. 11,4 % der Gesamtmenge) ein fester Bestandteil von politisch motivierten Delikten und ihr Fehlen wird in den Medien entsprechend kommentiert (Lübbe 2002, 128). Bekennerschreiben begleiten extremistische bzw. terroristische Straftaten. Da sie in enger zeitlicher Nähe zur Straftat veröffentlich werden, gehören sie zur Planungsphase der eigentlichen Straftat. Mit dem Bekenntnis zu einer Straftat wollen die Täter einerseits sich selbst mit ihren politischen bzw. ideologischen Überzeugungen darstellen und andererseits die Straftat durch den größeren gesellschaftlichen Kontext, der in ihrem Text präsentiert wird, legitimieren. In dieser Hinsicht fungieren Bekennerschreiben unter anderem als „Trivialitätsdementis in Bezug auf die Tat, für die die Bekenner Verantwortung übernehmen", da Extremisten und Terroristen nicht als „gewöhnliche Kriminelle" wahrgenommen werden wollen (Lübbe 2002, 129). Dieser Anspruch erhält im Bereich des Extremismus eine weitere Dimension, da dessen Delikte zwar zahlreich sind, aber zumeist eine geringe Deliktschwere aufweisen, bspw. Sachbeschädigungen. (Im Rahmen der Strafverfolgung ergibt sich die Bedeutung dieser Straftaten vor allem durch ihre Zuordnung zu den *Staatsschutz*delikten. So ist zum Beispiel nicht der Farbbeutelwurf gegen eine Häuserfassade an sich bedeutsam, sondern dass diese Tat als gegen „die Verfassung oder gg. den Bestand des Staates oder gg. seine innere bzw. äußere Sicherheit" (Möllers 2001, 1529) gerichtet dargestellt wird.)

Anders als Geständnisse richten sich Bekennerschreiben bewusst an die Öffentlichkeit, indem die Autoren sie an Presseorgane senden oder ins Internet stellen. Die Autoren wollen Veränderungen der Gesellschaftsordnung erreichen, und mit den kommentierten Straftaten verschaffen sie sich die öffentliche Wahrnehmung. In dieser Hinsicht wird das Gesamtpaket aus extremistischer/terroristischer Straftat und Bekennerschreiben zu einer „Kommunikationsstrategie" (Unterholzner 2012, 32 ff.). Dieser Kommunikationsprozess endet nicht zwingend mit den Bekennerschreiben. Der Eintritt in eine öffentliche Diskussion ist von den Tätern nicht nur ausdrücklich gewünscht, sondern sie wollen auch die „Anschlusskommunikation", das heißt das Medienecho, mit ihrem Bekennerschreiben steuern (vgl. Unterholzner 2012, 56). Gelingt dieses Vorhaben nicht, veranlasst sie die – aus ihrer Sicht fehlgeleitete – Berichterstattung in den Medien dazu, erneut mit einem Schreiben zu reagieren. Diese Kommentare zur Medienberichterstattung sind den Bekennerschreiben zu subsumieren.

Formal müssen Bekennerschreiben lediglich aus dem Bekenntnis zur Tat bestehen. Das ist typischerweise in einem kurzen Eingangssatz mit einem Pronomen der 1. Person Plural und dem Verb im Perfekt Aktiv realisiert (Bertram 2012, 62 f.). Da Bekennerschreiben jedoch weitere Funktionen als das eigentliche Bekenntnis aufweisen, bestehen sie dementsprechend aus zusätzlichen Komponenten, die im Licht der These, dass die Einheit von extremistischem/terroristischem Delikt und Bekennerschreiben eine Kommunikationsstrategie bildet, nicht gänzlich als fakultativ anzusehen sind. Zu diesen Komponenten zählen zumindest die „Identifikation/Selbstdarstellung der Gruppe" sowie die „Tatbegründung und wertende Darstellung von politischen/gesellschaftlichen Zuständen" (Bertram 2012, 68–77). Rein fakultative Bestandteile sind Parolen, in denen politische Forderungen formuliert werden und Gleichgesinnte zu Taten aufgerufen werden, Ankündigungen weiterer Taten, Kommentare zur Öffentlichkeitswirksamkeit und Medienberichterstattung sowie das Werben für Verständnis bei unbeabsichtigt Betroffenen der Straftat (vgl. Bertram 2012, 57–88).

Die Textsorte der Positionspapiere, die mit 152 Schreiben (8,9 % der Gesamtmenge) ebenfalls zu den Texten im Straftatkontext zählen, weist einen deutlich weniger direkten Bezug zu einer Straftat auf, als das bei den Selbstbezichtigungsschreiben der Fall ist. Positionspapiere sind Darlegungen politischer Ideologien. Aus Ermittlungssicht werden sie infolge ihrer ideologischen Nähe zu Bekennerschreiben in den Kontext von Straftaten gestellt, obgleich Positionspapiere selbst keinen Hinweis auf Straftaten liefern (müssen). Auch inhaltlich stehen sie den Bekennerschreiben sehr nahe, da sie im Wesentlichen aus der Selbstdarstellung der schreibenden Gruppierungen und der wertenden Darstellung von politischen oder gesellschaftlichen Zuständen bestehen, also aus zwei Aspekten, die bei Bekennerschreiben aufgrund ihrer Bedeutung für die extremistische/terroristische Kommunikationsstrategie als feste Bestandteile zu werten sind. Ähnlich wie Bekennerschreiben können Positionspapiere fakultative Komponenten wie politische Forderungen, Handlungsaufrufe und Solidaritätsbekundungen enthalten. Aber anders als Bekennerschreiben widmen sich Positionspapiere auch grundsätzlichen Fragen, bspw. nach dem angemessenen Vorgehen bei der Durchsetzung politischer Ziele. Bekannt geworden sind in diesem Zusammenhang die linksextremistischen Positionspapiere der *militanten gruppe (mg)* in der so genannten *Militanzdebatte*, die danach fragte, inwieweit es vertretbar, gar notwendig sei, durch schwere Straftaten einer breiteren Öffentlichkeit die Dringlichkeit vor Augen zu führen, mit der gesellschaftliche Missstände abzuschaffen sind. Die großen inhaltlichen Übereinstimmungen zwischen Bekennerschreiben und Positionspapieren lassen eine Zusammenlegung der beiden Textgruppen nicht unplausibel erscheinen. Hier wurde jedoch aufgrund des unterschiedlichen Bezugs zum Straftatgeschehen, der immerhin in der Hauptfunktion der Bekennerschreiben zum Ausdruck kommt, darauf verzichtet.

Neben Selbstbezichtigungsschreiben und Positionspapieren gehören Hinweisschreiben zum Texttyp *Texte im Straftatkontext*. Von ihnen enthält das AnoText-Korpus 173 Texte (10,1 %). Hinweisschreiben liefern Informationen zu einer Straftat, von der der Autor glaubt, sie sei nicht aufgeklärt. Somit weisen sie einen direkten Bezug zu einem Straftatgeschehen auf, obgleich dieser Bezug weniger eng ist als bei den Selbstbezichtigungsschreiben, da Autor und Täter nicht gleichzusetzen sind. Der Autor von Hinweisschreiben präsentiert sich dem Adressaten, der in der Regel eine Ermittlungsbehörde ist, als Helfer, Zeuge oder Mitwisser. Diese Textsorte weist zwei Untergruppen auf, wobei als Unterscheidungskriterium die Art des Hinweises angelegt wird. Die Mehrzahl der Hinweisschreiben sind Bezichtigungen, in denen ein Autor andere Personen als Straftatbeteiligte angibt (insgesamt 142 Texte, i. e. 8,3 % der Gesamtmenge). Ähnlich wie Geständnisse müssen Bezichtigungen nicht authentisch sein. Sie können Ausdruck eines Geltungsdrangs oder Teil einer Verleumdungsstrategie gegen die im Text bezichtigte Person sein. Dem Text ist das jedoch nicht zwingend zu entnehmen, vielmehr den Fallhintergründen bzw. Ermittlungserkenntnissen.

Neben Bezichtigungen, die Hinweise zu Personen geben, enthält das AnoText-Korpus Schreiben, die lediglich Hinweise zur Sache geben. Die Autoren haben zum Ziel, Tathintergründe zu beleuchten und damit Ermittlern einen Anknüpfungspunkt für die Straftataufklärung zu liefern. Aus Ermittlungssicht stellt sich bei diesen Schreiben, die mit 30 Texten (1,8 %) nur selten im Korpus vertreten sind, grundsätzlich die Frage nach der Authentizität, da auch hier „Wichtigtuer" am Werk sein können.

Die Funktion, die Umstände einer Straftat zu beleuchten, teilen die Hinweisschreiben mit den Selbstbezichtigungsschreiben, sodass es möglich wäre, diese Textsorten zu einer Gruppe zusammenzufassen. Das wurde hier unterlassen, da die Unterschiede grundsätzlicher Natur sind: Zum einen ist bei den Selbstbezichtigungsschreiben durch die Gleichsetzung von Autor und Täter ein engerer Bezug zur Straftat gegeben als bei den Hinweisschreiben. Zum anderen erfüllt die große Mehrheit der Selbstbezichtigungsschreiben, nämlich die Bekennerschreiben, weitere Funktionen in ihrem Bezug zur Straftat, die erst durch die Existenz eines Bekennerschreibens zur extremistischen/terroristischen Kommunikationsstrategie wird. Für Hinweisschreiben gilt das nicht, da sich der Autor einerseits in einer anderen Funktion präsentiert (Zeuge oder Mitwisser, nicht aber Teil einer Gruppierung mit gesellschaftlichen Reformzielen) und andererseits die Straftat durch ein Hinweisschreiben i. d. R. keine größere gesellschaftliche Bedeutung zugewiesen bekommt, sondern als ‚gewöhnlicher' krimineller Akt stehen bleibt.

Die letzte Gruppe, die zum Texttyp der Texte im Straftatkontext zählt, besteht aus 133 weiteren Schreiben (7,8 %), die sich allerdings nicht sinnvoll als eine Textsorte benennen lassen und deswegen als Kategorie „Sonstige" geführt werden. Um diese Texte dennoch näher beschreiben zu können, bietet sich die Unterteilung nach dem Handlungsbereich in private, offizielle und öffentliche Kommunikation (Brinker 2001, 139 ff.) an.

Knapp die Hälfte der Schreiben (78 Texte) fällt in den privaten Handlungsbereich. Darunter finden sich Texte, in denen sich Autoren mit unterschiedlichen Anliegen an eine ihnen privat bekannte Person wenden. Folgende kommunikative Funktionen sind vertreten: *sich über gemeinsame Interessen austauschen* (19 Texte), *sich im Zusammenhang mit einer Straftat verabreden* (18 Texte), *Zuneigung/Liebe/Begierde ausdrücken* (12 Texte), *Vereinbarungen treffen/sich absprechen* (8 Texte), *bitten/Forderungen stellen* (6 Texte), *Probleme besprechen* (4 Texte) sowie *von Ereignissen berichten* (4 Texte).

Der offizielle Handlungsbereich bezieht sich auf Kommunikation bspw. zwischen Firmen, Behörden und Geschäftspartnern und weist einen verbindlicheren Charakter als im privaten Bereich auf (Brinker 2001, 140). Darunter fallen 37 Texte. Diese Schreiben lassen sich als *Bewerbung* (6), *Beschwerde* (5), *Einlassung* (4), *Aufforderung* (3), *Behördenschreiben* (3), *Antrag* (2), *Anzeige* (2), *Einladung* (2), *Vertrag* (1) und *Widerspruch* (1) beschreiben.

Mit lediglich 18 Schreiben ist die Menge der Texte des öffentlichen Handlungsbereichs – nach Brinker (2001, 140) die mediale Kommunikation in Presse, Funk und Fernsehen – am geringsten. Hierzu gehören komplette Szenezeitschriften (4), fiktionale Texte (4), Anleitungen (4), Ankündigungen (2), ein Zeitungsporträt, ein Leserbrief, ein Gruß sowie ein Gedicht.

Der Bezug zu einem Straftatgeschehen ist in dieser Textgruppe auf unterschiedliche Art und Weise gegeben. Bei mehreren Texten ist es allerdings nicht möglich, diesen Bezug zu beschreiben, ohne die Frage der Autorschaft zu beantworten – das betrifft die 20 Texte, bei denen der angegebene Autor in Zweifel gezogen wird (siehe oben, vor Abschnitt 3.1) – oder zu entscheiden, ob die offensichtliche kommunikative Funktion des Textes mit der zugrunde liegenden Intention des Autors übereinstimmt. In dieser Hinsicht können häufig allein die Fallhintergründe Entscheidungshilfen sein. So ergibt sich bspw. für die Liebesbriefe des Korpus, dass sie Bestandteil von Stalkingvergehen sind, was bedeutet, dass ihr Straftatbezug durch gänzlich textexterne Merkmale gegeben ist. Andere Texte wiederum werden in den Kontext von Strafverfahren gestellt, weil ein Verdächtiger bzw. Beschuldigter eine fremde Autorschaft vorgibt (z. B. Stellenanzeige, Bittschreiben, Mahnschreiben), die eigene Autorschaft leugnet (vermeintliche Behördenschreiben) oder Verfahrensbeteiligte Zweifel an der Autorschaft hegen (Einlassungen, privater E-Mail-Verkehr). Auch der Kommunikationsgegenstand kann den Straftatbezug herstellen. Mehrere Auszüge aus Chatkommunikation sind Pädophilieforen im Internet entnommen, in denen die Mitglieder sowohl ihre illegalen Vorlieben aus einem sozialen Bedürfnis heraus besprechen als auch Filme und Bilder handeln, was dann unter den Straftatbestand der Verbreitung kinderpornografischer Schriften (§ 184b StGB) fällt.

Die Schreiben des Typs *Texte im Straftatkontext* sind heterogener als diejenigen des ersten Texttyps. Entsprechend den Ausführungen oben ergibt sich die folgende Übersicht (Prozentangaben in Relation zum gesamten Korpus).

Tab. 2: Texttyp Texte im Straftatkontext

Texte im Straftatkontext	**39,4 %**	**673**
Selbstbezichtigungsschreiben	**12,7 %**	**216**
– Bekennerschreiben		194
– Geständnis		22
Positionspapiere	**8,9 %**	**152**
Hinweisschreiben	**10,1 %**	**173**
– Bezichtigungen		142
– Hinweise zur Sache		31
Sonstige	**7,8 %**	**133**
– Private Kommunikation, z. B. Chats (als sozialer Austausch in speziellen Foren), Liebesbriefe, Bittbriefe, Verabredungen im Zusammenhang mit Straftaten		78
– Offizielle Kommunikation, z. B. gefälschte Behördenschreiben, Bewerbungen, Strafanzeigen		37
– Öffentliche Kommunikation, z. B. Szenezeitschriften, Anleitungen, Ankündigung, Leserbrief		18

Die bisherigen Ausführungen zu den einzelnen Texttypen und -sorten dienten der systematischen Darstellung einer großen Textmenge. Sie sind Beschreibungen auf Basis textexterner Merkmale (Bezug zur Straftat, Deliktart, Adressat) sowie auf Basis der Textfunktion. Um sich den einzelnen Textsorten zu nähern, bedarf es jedoch weiterer Beschreibungsdimensionen.

4 Weitere Beschreibungsdimensionen

4.1 Textlänge

Zusätzliche Beschreibungskriterien, die sich wie der Bezug zur Straftat als universelle Kriterien an alle Textsorten anlegen lassen, stehen auf dem Beschreibungsniveau der Textsorte nicht zur Verfügung. Am ehesten von allgemeiner Bedeutung ist die Länge eines Textes, die aus zweierlei Gründen ein wichtiges Maß ist. Einerseits lassen sich über die Textlänge manche Textsorten in ihren Eigenschaften näher charakterisieren. Andererseits wird im Rahmen der Materialkritik über die Textlänge die Eignung eines Schreibens für forensisch-linguistische Auswertungen bestimmt. Verschiedentlich ist bereits darauf eingegangen worden, dass eine zu geringe Textlänge ein wiederkehrendes Problem für Analysen im Sinne der Autorenerkennung darstellt, da sich Schwierigkeiten in der Einschätzung des sprachlichen Verhaltens eines Autors und in der Bewertung der Typizität eines Merkmals für diesen Autor ergeben. So hat bspw. Schall (2004, 553) für eine Menge von 1513 Schreiben aus der BKA-Textsammlung – die jedoch aufgrund des zeitlichen Abstandes nur minimale Überlappung mit AnoText aufweisen kann – festgestellt, dass mehr als die Hälfte aller Texte einen Umfang von weniger als 200 Wörter aufweist. Diese Aussage gilt auch für AnoText, allerdings zeigen sich Unterschiede, differenziert man die Umfangsangaben nach Textsorten.

Die nachfolgende Tabelle gibt für das Korpus insgesamt sowie für die Textsorten separat die Minimal-/Maximaltextlängen und die Textlänge als durchschnittliche Anzahl der Wortformen pro Text an. Da letztere Angabe jedoch durch einzelne Extremwerte zu stark beeinflusst ist, wurde dem arithmetischen Mittel der Median gegenübergestellt, der in der Reihe aller Messwerte für die Textlänge den Wert bei 50 % angibt. Dadurch wird im Vergleich mit dem Mittelwert abschätzbar, ob es bspw. eher viele durchschnittlich lange Texte gibt oder ob es eher viele kurze und wenige, dafür besonders lange Texte gibt. Um die Streuung in den Textsorten untereinander vergleichen zu können, wird der empirische Variationskoeffizient (i. e. der Quotient aus Standardabweichung und Mittelwert) als Streuungsmaß angegeben.

Tab. 3: Textlängen insgesamt und nach Textsorten differenziert

	Minimum, ..., Maximum	Mittelwert	Median	Emp. VarK
AnoText insgesamt	1, ..., 19.818	530	172	2,33
– Erpressungen	6, ..., 5.388	280	140	1,71
– Bedrohungen	1, ..., 2.989	170	92	1,75
– Beleidigungen	3, ..., 2.965	276	108	1,68
– Selbstbezichtigungen	17, ..., 8.239	811	352	1,33
– Positionspapier	56, ..., 19.818	2.038	1.169	1,26
– Hinweisschreiben	13, ..., 4.452	346	206	1,51
– Sonstige	5, ..., 13.578	835	215	2,64

An den Zahlen ist ersichtlich, dass der Texttyp *Texte als Straftat* überwiegend kurze Texte, das heißt Schreiben mit einer Wortanzahl von weniger als 200 Wörtern, umfasst. Im Gegensatz dazu stehen Selbstbezichtigungen und Positionspapiere, die mit einem deutlich größeren Umfang einhergehen. Für die Arbeit in der Autorenerkennung haben diese Zahlen Bedeutung, da sich daran die Auswahl der Untersuchungsmethoden orientiert. Eine qualitative Herangehensweise, wie sie die Fehler- und Stilanalyse repräsentiert (vgl. Fobbe in diesem Band), ist für die überwiegende Mehrheit des ersten Texttyps angemessen. Sie ermöglicht es, selbst bei kurzen Texten markante Befunde zu erheben, mit denen das sprachliche Verhalten eines Autors eingeschätzt werden kann. Für längere Texte wie Selbstbezichtigungen und vor allem Positionspapiere gilt hingegen, dass eine quantitative Herangehensweise eine mögliche Ergänzung darstellt. In diesem Kontext sind auch Veränderungen aufgrund technischer Entwicklungen zu berücksichtigen, denn Datenmengen von kriminaltechnisch relevanten Texten verändern sich im Zuge der ‚Veralltäglichung' von Kommunikationsformen, die das Internet bereitstellt. So weisen Protokolle von Chats sehr schnell Größenordnungen von mehreren Megabyte auf. Darüber hinaus zeigen sich Veränderungen in der Art der Straftatbegehung. Delikte wie die Verbreitung kinderpornografischer Schriften erfordern durch den Austausch von digitalen Daten keinen physischen Kontakt der Täter, wodurch Datenmengen entstehen können, die aufgrund ihrer Größe mit qualitativen Herangehensweisen schlechthin nicht mehr verarbeitbar sind. Abgesehen von arbeitsökonomischen Gründen besteht tatsächlich aufgrund von Entwicklungen der Kommunikationsinstrumente sowie in der Fallrealität die Notwendigkeit, quantitative Bearbeitungstechniken einzusetzen.

Die obenstehende Tabelle zeigt neben den Größenunterschieden im Umfang ebenfalls an, dass Unterschiede zwischen den Textsorten bestehen, was die Streuung angeht. Auch hier zeigt sich, dass im Wesentlichen die zwei Texttypen divergieren. Die Texte im Straftatkontext (ohne Berücksichtigung der unspezifischen Kategorie *Sonstige*) sind nicht nur durchschnittlich länger, sondern weisen auch eine geringere

Varianz innerhalb einer Textsorte auf. Die Ursachen liegen darin, dass in Erpresserbriefen, Drohschreiben und Beleidigungen die obligatorischen Textelemente kurz und bündig ausgedrückt werden können (aber nicht müssen!), wohingegen die anderen Klassen für die Realisierung von argumentativen und beschreibenden Abschnitten unweigerlich mehr Sprachmaterial erfordern.

4.2 Medium

Das oben erwähnte Beispiel der Chatkommunikation verweist auf ein weiteres Kriterium, das vielfach zur Beschreibung von Textsorten herangezogen wird – das Medium, in dem die Texte übermittelt werden und das mit spezifischen sprachlichen Merkmalen einhergeht. Im AnoText-Korpus besteht zwar keine direkte Korrelation zwischen Textsorten und Medium. Jedoch ist es unerlässlich für forensisch-linguistische Untersuchungen, Konzeption und Medium zu berücksichtigen, um individualtypische Merkmale von anderweitig bedingten, mithin erwartbaren Merkmalen unterscheiden zu können. Bei Chatkommunikation sind aufgrund der Konzeption, die der gesprochenen Sprache nahe steht, bspw. unvollständige Sätze und orthografische Abweichungen in viel höherem Maße toleriert und erwartbar als bei geschäftlichen E-Mails (vgl. zusammenfassend Dürscheid 2004, Storrer 2001). Dazu kommen Charakteristika, die sich aus dem Bedürfnis – ggf. auch dem Druck – zur Schreibökonomie ergeben, z. B. Abkürzungen und Emoticons, was Chatkommunikation nebenbei bemerkt mit Textnachrichten (SMS/Tweeds) gemein hat. Insgesamt ist festzuhalten, dass im Allgemeinen die Berücksichtigung des Mediums zwar für die Auswertungen im Rahmen der Autorenerkennung bedeutsam ist, jedoch nicht zur Beschreibung der Textsorten. Lediglich einige spezifische Eigenschaften von Medien (wie Textlänge oder Öffentlichkeitswirksamkeit) machen ihr Erscheinen in den Textgruppen wahrscheinlich oder unwahrscheinlich. So sind Kurznachrichten oder Tweeds durchaus als Erpresser-, Droh- und Beleidigungsschreiben denkbar, weniger jedoch als Positionspapiere und Bekennerschreiben. Umgekehrt ist die Veröffentlichung eines Erpresserbriefs auf einer Internetplattform nicht zu erwarten, im Falle der Bekennerschreiben aber üblich.

4.3 Anonymität und Selbstdarstellung

Eine aufschlussreiche Beschreibungsdimension für das AnoText-Korpus ergibt sich aus dem forensischen Kontext. Aufgrund der Gefahr der Strafverfolgung sehen sich Autoren zur Anonymität gezwungen, was jedoch nicht das Bedürfnis (ggf. auch die Notwendigkeit) zur Selbstdarstellung verringert. In Abhängigkeit vom Bezug des Autors zum Straftatgeschehen werden beide Aspekte, Anonymität und Selbstdarstellung, unterschiedlich realisiert. So anonymisieren die Autoren von Bekennerschreiben ungleich ‚geräuschloser' und verzichten auf individuelle Selbstdarstellung zugunsten der Gruppierung, wohingegen Autoren von Hinweisschreiben Anonymität kommentieren und bemüht sind, sich als glaubwürdig und mit ihren Beweggründen verständlich zu präsentieren. Ein weiterer Typus findet sich unter den Autoren von Erpresserbriefen, die Anonymität bspw. durch Verstellung herbeiführen und in ihren Texten die Geldforderung, vor allem aber die Drohung mit einer Selbstdarstellung, die auf Skrupellosigkeit gepaart mit Umsicht und Intelligenz abzielt, zu untermauern versuchen.

4.4 Autorintention

In Anbetracht des forensischen Kontextes ist es naheliegend, für das jeweilige Textprodukt die mutmaßliche Autorintention zu berücksichtigen. Hinweise auf die Absicht des Autors ergeben sich aus Realisierung und Strukturierung der obligatorischen und fakultativen Bestandteile von Textsorten (vgl. Brinker 1989, 14). Probleme in der Textsortenzuordnung wie auch Unstimmigkeiten und Diskrepanzen im Textaufbau weisen auf Aspekte hin, die dem Autor wichtig sind, ohne dass er/sie diese direkt thematisieren konnte oder wollte. Das AnoText-Korpus enthält bspw. einen Text, der wesentliche Merkmale von mehreren Textsorten der oben dargestellten Typologie aufweist. So schreibt der Autor u. a.,

- dass er einen aktuell ungeklärten Mädchenmord gegenüber einer Staatsanwältin gestanden habe,
- dass er eine weitere Straftat begangen habe, für die ein Unschuldiger verurteilt wurde,
- dass er sich besagter Staatsanwältin stellen werde unter der Bedingung, dass der unschuldig Verurteilte rehabilitiert wird,
- wie die angegebene Bedingung zu erfüllen sei (unter anderem Nachricht in einer Zeitung) sowie
- dass er den unschuldig Verurteilten nur flüchtig kenne und ihn nicht möge.

Das Schreiben enthält Textsortenmerkmale von Geständnissen, Erpresserbriefen (Forderung: Freilassung, Drohung: sich nicht stellen, Erfüllungsmodalitäten: u. a. Kontaktaufnahme über ein Zeitungsinserat) und Beleidigungsschreiben. Die diversen Textbestandteile wirken in ihrer Anordnung willkürlich. Allerdings ist die wiederholte Erwähnung eines vermeintlich unschuldig Verurteilten auffällig. Im Zusammenhang mit dem Unstand, dass eines der Geständnisse den Verurteilten entlastet, liegt die Vermutung nahe, dass sich hier die primäre Intention des Autors offenbart. Die vom Autor postulierte Abneigung gegen den durch seinen Brief Begünstigten hat den Charakter einer Schutzbehauptung, die vom eigentlichen Kommunikationsziel ablenken soll. Der zweimalige Bezug auf einen ungeklärten Mädchenmord, dem in der Zeit des Briefeingangs in der Presse große Aufmerksamkeit zuteil wurde, soll dem Autor die Aufmerksamkeit der Ermittler sichern.

Auf einen weiteren Aspekt sei abschließend hingewiesen. Für alle Textsorten ist grundsätzlich eine detaillierte Analyse der Themenstruktur und thematischen Entfaltung gewinnbringend. Das gilt in besonderem Maße für Positionspapiere und Bekennerschreiben, da sie umfangreiche argumentative Passagen enthalten. Die Autoren pflegen in der Begründung der Straftat und der Darlegung gesellschaftlicher Missstände einen nahezu akademischen Duktus, der sich grundlegend vom Schreibstil der anderen Texte des AnoText-Korpus unterscheidet.

5 Resümee und Ausblick

Die Texte, die Gegenstand forensisch-linguistischer Untersuchungen im Rahmen der Autorenerkennung sind, stellen eine heterogene Klasse dar. Ein Teil des AnoText-Korpus lässt sich zu Textsorten zusammenfassen, die sich infolge kommunikativer Zwänge im Zusammenhang mit der Begehung einer Straftat herausgebildet haben. Die Texte weisen aufgrund ihres Straftatbezugs beschreibbare sprachliche, strukturelle und thematische Spezifika auf, obgleich sie auch auf usuellen Mustern konventioneller Textsorten, deren Merkmale bereits in anderen Kontexten erfasst wurden, basieren können. Ein anderer Teil des AnoText-Korpus besteht aus alltäglichen Textsorten bzw. Ethnokategorien, deren markantestes Merkmal im Problem der Autorschaftszuschreibung liegt, die von den Autoren gefälscht und/oder verhindert wurde.

Die Notwendigkeit für die systematische Darstellung einer größeren Menge kriminaltechnisch relevanter Texte ergibt sich aus zwei Gründen. Erstens ist die Textsorten- und die Textstrukturanalyse ein unabdingbarer Bestandteil jeder forensisch-linguistischen Untersuchung. Für Erkenntnisse im Hinblick auf die Schreibkompetenz eines Autors, auf seinen Bildungsgrad, seine Kenntnisse und Fähigkeiten sowie auf seine Absicht, derentwegen er den Text verfasst, auf seine Textmustervorstellungen sowie seine Strukturvorlieben verfügt die Textsortenanalyse über erhebliches Potenzial. Eine Textsortenanalyse, die sich auf Aussagen zum Medium, Handlungsbereich, Textthema und zur Funktion konzentriert, bleibt notwendigerweise auf einem oberflächlicheren Beschreibungsniveau stehen, wenn die Textsorten der Schreiben, die den Untersuchungsgegenstand bilden, nicht ausreichend differenziert sind. Daraus ergibt sich der zweite Grund für die systematische Darstellung einer größeren Menge kriminaltechnisch relevanter Texte: Sie soll weniger bekannte Textsorten, als es der Erpresserbrief ist, in den Fokus wissenschaftlicher Aufmerksamkeit rücken, um detaillierte Textsortenkenntnisse zugänglich zu machen, die bisher für viele kriminaltechnisch relevante Texte nicht oder nur unzureichend vorliegen.

6 Literatur

Adamzik, Kirsten (2004): Textlinguistik – Eine einführende Darstellung. Tübingen.

Artmann, Peter (1996): Tätertexte: Eine linguistische Analyse der Textsorten *Erpresserbrief* und *Drohbrief*. München.

Beaugrande, Robert-Alain de/Wolfgang Ulrich Dressler (1981): Einführung in die Textlinguistik. Tübingen.

Bertram, Thomas-Sebastian (2012): Bekennerschreiben – Eine textlinguistische Analyse. Magisterarbeit, vorgelegt an der Philosophischen Fakultät der Rheinischen Friedrich-Wilhelms-Universität Bonn im September 2012.

Bredthauer, Stefanie (2013): Verstellung in inkriminierten Schreiben – Eine linguistische Analyse verstellten Sprachverhaltens in Erpresserschreiben und anderen inkriminierten Texten. Köln.

Brinker, Klaus u. a. (Hg.) (2000): Text- und Gesprächslinguistik – Ein internationales Handbuch zeitgenössischer Forschung. Halbbd 1. Berlin.

Brinker, Klaus (1989): Linguistische Textanalyse und forensischer Textvergleich. In: Symposium Forensischer linguistischer Textvergleich – Referate und Zusammenfassungen der Diskussionsbeiträge am 8. und 9 Dezember 1988. Wiesbaden.

Brinker, Klaus (2000): Zum Problem der Autorenerkennung aus textlinguistischer Sicht (am Beispiel von Erpresserbriefen). In: Christa J. Baldauf (Hg.): 2. Symposium Autorenerkennung des Bundeskriminalamtes 3.–5. April 2000. Wiesbaden, 34–53.

Brinker, Klaus (2001): Linguistische Textanalyse: Eine Einführung in Grundbegriffe und Methoden. Berlin.

Brinker, Klaus (2002): Textsortenbeschreibung auf handlungstheoretischer Grundlage (am Beispiel des Erpresserbriefs). In: Kirsten Adamzik (Hg.): Texte – Diskurse – Interaktionsrollen: Analysen zur Kommunikation im öffentlichen Raum. Tübingen. 41--59.

Burkhardt, Armin (2000): Erpresser-Briefe: Linguistische Analysen. 31. Jahrestagung der Gesellschaft für Angewandte Linguistik (GAL), Bremen, 28.–30. September 2000.

Busch, Albert (2006): Textsorte Erpresserschreiben. In: Sigurd Wichter/Albert Busch (Hg.): Wissenstransfer – Erfolgskontrolle und Rückmeldung aus der Praxis. Frankfurt, 51–66.

Dern, Christa (2006): Bewertung inkriminierter Schreiben – Zum Problem der Verwischung von Spuren durch Verstellung. In: Kriminalistik 5, 323–327.

Dern, Christa (2009): Autorenerkennung: Theorie und Praxis der linguistischen Tatschreibenanalyse. Stuttgart.

Dürscheid, Christa (2004): Netzsprache – ein neuer Mythos. In: Michael Beißwenger/Ludger Hoffmann/Angelika Storrer (Hg.): Internetbasierte Kommunikation. Osnabrücker Beiträge zur Sprachtheorie 68, 141–157.

Ehrhardt, Sabine (2007): Disguise in Incriminating Texts – Theoretical Possibilities and Authentic Cases. 8th Biennial Conference of the International Association of Forensic Linguistics (IAFL), Seattle, July 12–15, 2007.

Engel, Ulrich (1990): Tätertexte. In: Hannes Kniffka (Hg.): Texte zu Theorie und Praxis forensischer Linguistik. Tübingen, 417–435.

Fobbe, Eilika (2011): Forensische Linguistik – Eine Einführung. Tübingen.

Frick, Daniel (2007): Der Erpresserbrief. Zwischen Mündlichkeit und Schriftlichkeit. In: Steffen Pappert (Hg.): Die (Un-)Ordnung des Diskurses. Leipzig, 67–84.

Geide, Bernd/Heribert Freimuth (2014): Tatortarbeit, spezielle Methoden der Spurensuche und -sicherung. In: Gunter Widmaier (Hg.): Münchener Anwaltshandbuch Strafverteidigung. 2. Aufl. München, 2465–2482.

Grewendorf, Günther (Hg.) (1992): Rechtskultur als Sprachkultur. Frankfurt.

Hansen, Sandra (2009): Verwaltungssprache in Erpresserbriefen. In: Andrea Bachmann-Stein/ Stephan Stein (Hg.): Mediale Varietäten – Gesprochene und geschriebene Sprache und ihre fremdsprachigen Potenziale. Landau, 296–312.
Heinemann, Margot/Wolfgang Heinemann (2002): Grundlagen der Textlinguistik: Interaktion – Text – Diskurs. Tübingen.
Heinemann, Wolfgang/Dieter Viehweger (1991): Textlinguistik: Eine Einführung. Tübingen.
Koch, Peter/Wulf Oesterreicher (1985): Sprache der Nähe – Sprache der Distanz. Mündlichkeit und Schriftlichkeit im Spannungsfeld von Sprachtheorie und Sprachgeschichte. In: Romanistisches Jahrbuch 36, 15–43.
Lübbe, Hermann (2002): Bekennerschreiben und freundlichere Konsensdementis. In: Zeitung für Literaturwissenschaft und Linguistik 126, 128–143.
Möllers, Martin H. W. (Hg.) (2001): Wörterbuch der Polizei. München.
Sandig, Barbara (2006): Textstilistik des Deutschen. Berlin.
Schall, Sabine (2004): Forensische Linguistik. In: Karlfried Knapp (Hg.): Angewandte Linguistik – Ein Lehrbuch. Tübingen, 455–562.
Schall, Sabine (2008): Anonyme inkriminierte Schreiben – Das Verbergen der Identität eines Autors. In: Steffen Pappert u. a. (Hg.): Verschlüsseln, Verbergen, Verdecken in öffentlicher und institutioneller Kommunikation, 315–348.
Seifert, Jan (2010): Verstellungs- und Imitationsstrategien in Erpresserschreiben – Empirische Studien zu einem Desiderat der forensisch-linguistischen Textanalyse. In: Zeitschrift für angewandte Linguistik 52, 3–27.
Stein, Stephan/Christa Baldauf (2000): Feste sprachliche Einheiten in Erpresserbriefen. Empirische Analysen und Überlegungen zu ihrer Relevanz für die forensische Textanalyse. In: Zeitschrift für germanistische Linguistik 28/3, 377–403.
Storrer, Angelika (2001): Getippte Gespräche oder dialogische Texte? Zur kommunikationstheoretischen Einordnung der Chat-Kommunikation. In: Andrea Lehr u. a. (Hg.): Sprache im Alltag. Beiträge zu neuen Perspektiven in der Linguistik. Herbert Ernst Wiegand zum 65. Geburtstag gewidmet. Berlin, 439–466.
Unterholzner, Bernhard (2012): Bekennerschreiben: Kommunikation als Ereignis. Saarbrücken.

Sachregister

FSC
www.fsc.org
MIX
Papier | Fördert gute Waldnutzung
FSC® C083411

Kolibri 360 GmbH
Ferdinand-Jühlke-Straße 7
99095 Erfurt, Deutschland
produktsicherheit@kolibri360.de